录中国快递业的时光机

《中国邮政快递报》
微信二维码

《中国邮政快递报》
微博二维码

《快递》杂志
微信二维码

《快递》杂志
微博二维码

地址：北京市朝阳区朝阳门外大街19号
华普国际大厦
电话：010-65801105
传真：010-65801102

中国快递年鉴
（2022年卷）

《中国快递年鉴》编辑部　编

人民交通出版社股份有限公司
北　京

内 容 提 要

本年鉴客观记载、全面反映了2022年我国快递业的发展情况以及各地区的进展和主要成就。全书共11部分,分别为:特载、发展概览、发展环境、发展数据、人才建设、市场主体、各地纵览、协会工作、人物志、行业展望和附录。

本书为我国快递领域综合性、资料性、史册性工具书,是读者全面了解我国2022年快递领域发展情况的翔实史料,可供快递行业相关人员及其他社会各界人士阅读参考。

图书在版编目(CIP)数据

中国快递年鉴. 2022年卷/《中国快递年鉴》编辑部编. —北京:人民交通出版社股份有限公司,2023.10

ISBN 978-7-114-19014-8

Ⅰ.①中… Ⅱ.①中… Ⅲ.①快递—中国—2022—年鉴 Ⅳ.①F618.1-54

中国国家版本馆CIP数据核字(2023)第188895号

Zhongguo Kuaidi Nianjian

书　　名:中国快递年鉴(2022年卷)
著 作 者:《中国快递年鉴》编辑部
责任编辑:黎小东
责任校对:赵媛媛　龙　雪
责任印制:张　凯
出版发行:人民交通出版社股份有限公司
地　　址:(100011)北京市朝阳区安定门外外馆斜街3号
网　　址:http://www.ccpcl.com.cn
销售电话:(010)59757973
总 经 销:人民交通出版社股份有限公司发行部
经　　销:各地新华书店
印　　刷:北京市密东印刷有限公司
开　　本:880×1230　1/16
印　　张:44.5
插　　页:6
字　　数:1087千
版　　次:2023年10月　第1版
印　　次:2023年10月　第1次印刷
书　　号:ISBN 978-7-114-19014-8
定　　价:396.00元

《中国快递年鉴》(2022 年卷)

编　委　会

周召华　河北省邮政管理局局长
秦红保　山西省邮政管理局局长
王　鹰　内蒙古自治区邮政管理局局长
王跃刚　辽宁省邮政管理局局长
孙　猛　吉林省邮政管理局局长
张　量　黑龙江省邮政管理局局长
冯力虎　上海市邮政管理局局长
张水芳　江苏省邮政管理局局长
魏遵红　浙江省邮政管理局局长
伍洲文　安徽省邮政管理局局长
王文胜　福建省邮政管理局局长
周慧锋　江西省邮政管理局局长
王德奔　山东省邮政管理局局长
陈　敬　河南省邮政管理局局长
唐顺益　湖北省邮政管理局局长
韦　慧　湖南省邮政管理局局长
周国繁　广东省邮政管理局局长
胡　凯　广西壮族自治区邮政管理局局长
丰圣少　海南省邮政管理局局长
周向东　重庆市邮政管理局局长
徐文葛　四川省邮政管理局局长
陈向东　贵州省邮政管理局局长
魏水旺　云南省邮政管理局局长
王惠文　西藏自治区邮政管理局局长
孙海伟　陕西省邮政管理局局长
袁海东　甘肃省邮政管理局局长
赵群静　青海省邮政管理局局长
胡荣满　宁夏回族自治区邮政管理局局长
邓　淼　新疆维吾尔自治区邮政管理局局长

《中国快递年鉴》(2022年卷)

编　辑　部

编 辑 说 明

《中国快递年鉴》是我国快递领域最具权威的综合性、资料性、史册性工具书，旨在客观记载、全面反映我国快递领域发展情况以及各地区每年度取得的最新进展和主要成就，可为读者全面了解我国快递领域的发展提供翔实的史料。

《中国快递年鉴(2022 年卷)》着重反映 2022 年期间我国快递领域的发展情况。全书共 11 部分，具体内容如下。

1. 特载：包括交通运输部和国家邮政局有关领导的重要讲话及专文专访；

2. 发展概览：包括 2022 年快递服务发展综述，快递领域十大事件，中国快递发展大事记，各省(区、市)快递发展大事记；

3. 发展环境：包括 2022 年市(地)邮政管理工作综述，2022 年施行的快递法律规章及规范性文件，快递标准，快递政策及重要政策解读，同时还辑录了部分省(区、市)、市(地)关于快递服务的政策法规；

4. 发展数据：包括 2022 年邮政行业运行情况及发展统计公报，2022 年快递服务公众满意度调查结果通告；

5. 人才建设：包括 2022 年快递人才队伍建设概述，以及骨干企业人才培养特色举措；

6. 市场主体：介绍了 2022 年快递市场主体发展情况以及我国快递市场 6 家重点企业发展情况；

7. 各地纵览：介绍了全国各省(区、市)快递市场发展及管理情况；

8. 协会工作：介绍了中国快递协会 2022 年工作情况；

9. 人物志：辑录了 6 位业内代表性人物的故事，以及他们眼中行业的创新、变革和发展；

10. 行业展望：介绍了我国快递领域未来的发展趋势；

附录：包括与快递领域有关的重要文件。

《中国快递年鉴(2022年卷)》的出版,得到了国家邮政局各有关部门,各省(区、市)邮政管理部门、中国快递协会及各省(区、市)快递协会、有关快递企业的大力支持。在此,我们向所有为本年鉴编辑出版作出贡献的单位和个人表示衷心感谢!

本年鉴资料内容未包括香港特别行政区、澳门特别行政区和台湾省资料。

《中国快递年鉴》编辑部

2023年6月

中国邮政快递报

China Post and Express News

第1175期　今日4版

国家邮政局主管
国内统一连续出版物号：CN 11-0041

北京国邮创展文化传播有限公司主办
邮发代号：1-46

《中国邮政快递报》社有限公司出版
2022年3月7日　星期一

本报官方微博　本报官方微信

北京2022年冬残奥会隆重开幕

新华社北京3月4日电　绽放生命精彩，礼赞自强不息。北京2022年冬残奥会开幕式4日晚在国家体育场隆重举行，国家主席习近平出席开幕式并宣布北京冬残奥会开幕。

李克强、栗战书、汪洋、王沪宁、赵乐际、韩正、王岐山等党和国家领导人，国际残奥委会主席帕森斯出席开幕式。

残疾人在全球总人口中占比约15%，是休戚与共的人类命运共同体的重要组成部分。北京2022年冬残奥会，是北京2008年残奥会后中国举办的又一全球残疾人体育盛会。

万众瞩目中，最后一棒火炬手——雅典残奥会和北京残奥会获得跳远、三级跳远冠军并打破世界纪录的李端将手中的火炬嵌入"大雪花"造型的主火炬塔中央。北京冬残奥会沿用了北京冬奥会的主火炬设计方式，再次体现了绿色环保理念。

十三届全国人大五次会议在京开幕

习近平汪洋王沪宁赵乐际韩正王岐山等在主席台就座

李克强作政府工作报告　栗战书主持大会

听取关于地方组织法修正草案、关于十四届全国人大代表名额和选举问题的决定草案的说明等

3月5日，第十三届全国人民代表大会第五次会议在北京人民大会堂开幕。党和国家领导人习近平、李克强、汪洋、王沪宁、赵乐际、韩正、王岐山等出席，栗战书主持大会。　新华社记者 鞠鹏 摄

3月5日，第十三届全国人民代表大会第五次会议在北京人民大会堂开幕。国务院总理李克强代表国务院向大会作政府工作报告。　新华社记者 姚大伟 摄

3月5日，第十三届全国人民代表大会第五次会议在北京人民大会堂开幕。大会主席团常务主席、执行主席栗战书主持大会。　新华社记者 黄敬文 摄

新华社北京3月5日电　第十三届全国人民代表大会第五次会议5日上午在北京人民大会堂开幕。近3000名全国人大代表肩负人民重托出席大会，认真履行宪法和法律赋予的神圣职责。

人民大会堂万人大礼堂气氛隆重热烈，主席台帷幕正中的国徽在鲜艳的红旗映衬下熠熠生辉。

大会主席团常务主席、执行主席栗战书主持大会。大会主席团常务主席、执行主席王晨、曹建明、张春贤、沈跃跃、吉炳轩、艾力更·依明巴海、万鄂湘、陈竺、王东明、白玛赤林、丁仲礼、郝明金、蔡达峰、武维华、杨振武在主席台执行主席席就座。

习近平、李克强、汪洋、王沪宁、赵乐际、韩正、王岐山和大会主席团成员在主席台就座。

十三届全国人大五次会议应出席代表2951人。5日上午的会议，出席2790人，缺席161人，出席人数符合法定人数。

上午9时，栗战书宣布：中华人民共和国第十三届全国人民代表大会第五次会议开幕。会场全体起立，高唱国歌。

根据会议议程，国务院总理李克强代表国务院向大会作政府工作报告。报告共分三个部分：一、2021年工作回顾；二、2022年经济社会发展总体要求和政策取向；三、2022年政府工作任务。

李克强在报告中指出，过去一年是党和国家历史上具有里程碑意义的一年。以习近平同志为核心的党中央团结带领全党全国各族人民，隆重庆祝中国共产党成立一百周年，胜利召开党的十九届六中全会、制定党的第三个历史决议，如期打赢脱贫攻坚战，如期全面建成小康社会、实现第一个百年奋斗目标，开启全面建设社会主义现代化国家、向第二个百年奋斗目标进军新征程。一年来，面对复杂严峻的国内外形势和诸多风险挑战，全国上下共同努力，统筹疫情防控和经济社会发展，全年主要目标任务较好完成，"十四五"实现良好开局，我国发展又取得新的重大成就。

李克强在报告中指出，我们深入贯彻以习近平同志为核心的党中央决策部署，贯彻落实中央经济工作会议精神，完整、准确、全面贯彻新发展理念，扎实做好"六稳"、"六保"工作，注重宏观政策跨周期和逆周期调节，有效应对各种风险挑战，主要做了以下工作：一是保持宏观政策连续性针对性，推动经济运行保持在合理区间；二是优化和落实助企纾困政策，巩固经济恢复基础；三是深化改革扩大开放，持续改善营商环境；四是强化创新引领，稳定产业链供应链；五是推动城乡区域协调发展，不断优化经济布局；六是加强生态环境保护，促进可持续发展；七是着力保障和改善民生，加快发展社会事业；八是推进法治政府建设和治理创新，保持社会和谐稳定。

（下转3版）

2022年3月5日上午，第十三届全国人民代表大会第五次会议在人民大会堂开幕。2022年的《政府工作报告》提出，"发展农村电商和快递物流配送""启动乡村建设行动，加强水电路气信邮等基础设施建设""加快国际物流体系建设""充分发挥跨境电商作用，支持建设一批海外仓"。这是自2014年以来，《政府工作报告》连续第九年将"快递"纳入其中，为邮政快递业加快推进"两进一出"工程、实现高质量发展指明了方向。（报道刊发于《中国邮政快递报》2022年第1175期一版）

2022年9月15日下午，国家邮政局党组书记赵冲久在北京督导检查寄递渠道安全和服务保障工作，强调要全面落实“疫情要防住、经济要稳住、发展要安全”的要求，时刻保持清醒头脑、政治定力，坚持最高标准、最严要求、最实举措，确保寄递渠道安全保障万无一失，以实际行动迎接党的二十大胜利召开。图为国家邮政局党组书记赵冲久在北京德邦快递朝外市场街经营分部督导检查寄递渠道安全和服务保障工作。

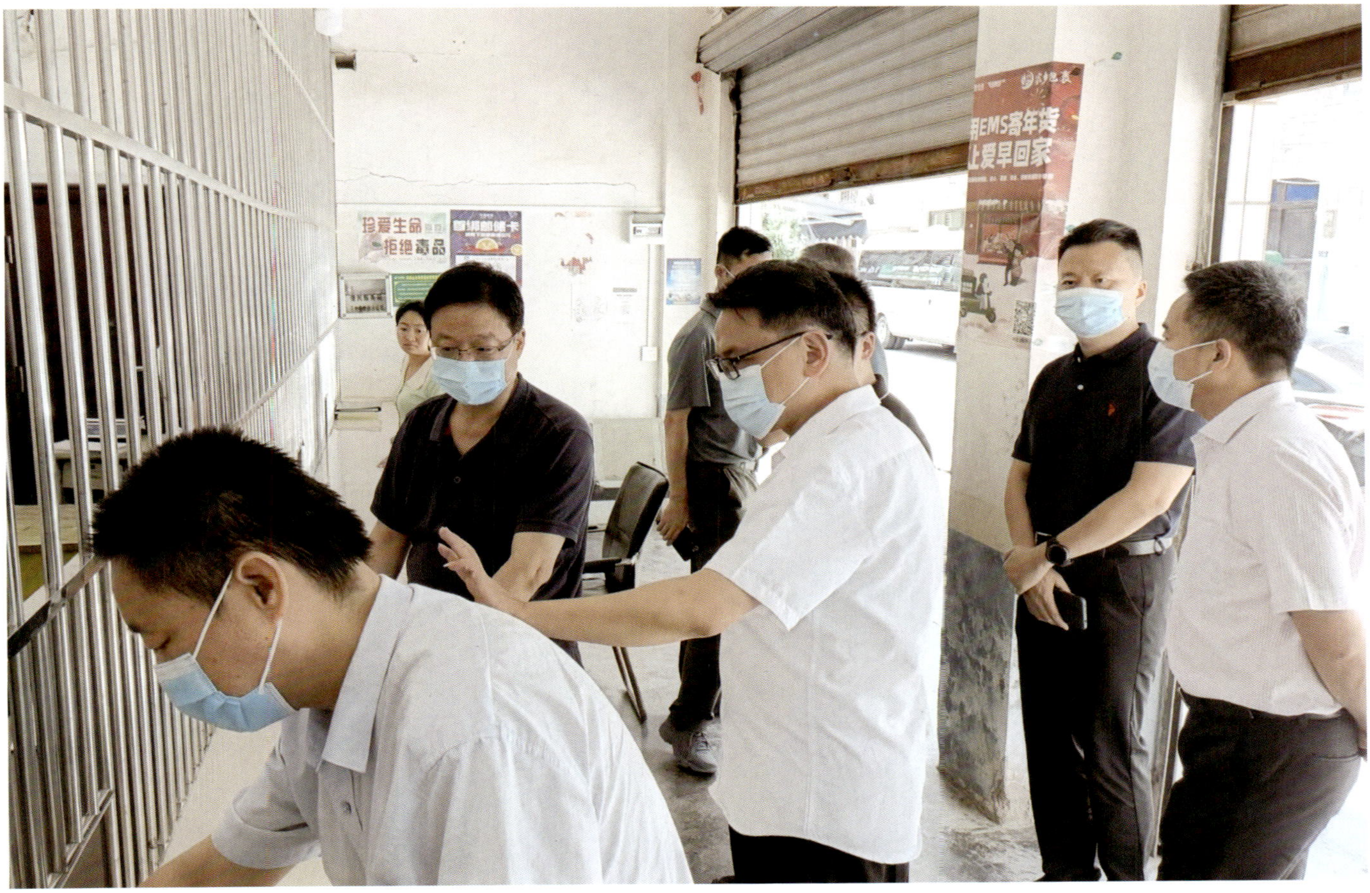

2022年7月25日至26日，国家邮政局副局长戴应军一行赴贵州、重庆调研“邮快合作”“快递进村”等工作情况。戴应军指出，邮政快递是“工业品下乡，农产品出村”的有效途径，邮政企业要秉承“人民邮政为人民”的宗旨，扎实做好邮政普遍服务和“邮快合作”等工作；快递企业要严格依法依规经营，采取多种方式推动“快递进村”工作；各级邮政管理部门要提高思想认识，切实抓好疫情防控，加快推进“邮快合作”“快递进村”等工作，以优异的成绩喜迎党的二十大胜利召开。

2022年4月2日，第四届“强邮论坛”暨邮政快递业数字化转型与高质量发展峰会在京以线上线下相结合的方式举办，聚焦科技赋能、数据要素价值挖掘、行业数字化转型和邮政快递业人才培养等议题。国家邮政局副局长刘君出席论坛开幕式并致辞，强调要以“强邮论坛”的举办为契机，更加务实有效地推动邮政行业科技创新、科技赋能和高层次高素质人才培养，积极为邮政快递业高质量发展和新时代邮政强国建设作出新的更大贡献。

2022年9月5日，第9届亚洲—太平洋邮政联盟邮政产业论坛在泰国曼谷召开。国家邮政局副局长赵民在京出席论坛并致辞。此次论坛聚焦“推动数字化转型”，探讨邮政行业的战略方向、《区域全面经济伙伴关系协定》（RCEP）背景下的亚太区域邮政发展合作前景与实践、数字化转型和在快速变化的市场上如何保持关联性、电子商务生态系统和价值链、区域协同与合作、商业韧性和环境可持续发展、邮政未来趋势与可持续发展等议题。赵民对亚太邮联在深度参与并推动RCEP实施方面提出了4点倡议。

2022年7月22日至23日，国家邮政局副局长廖进荣赴福建参加第五届数字中国建设峰会，廖进荣听取了快递大数据东南研究院和福州局主要负责人关于首度亮相峰会的“快递+福州鱼丸”项目的汇报，充分肯定了运用快递大数据发力农产品上行、助力乡村振兴的做法。其间，廖进荣还对福州市行业安全和疫情防控工作展开调研。廖进荣强调要始终牢记“人民邮政为人民”的初心使命，慎终如始抓好行业安全和疫情防控工作，切实推动行业高质量发展，不断满足人民群众更好用邮需要。

2022年9月1日，国家邮政局副局长陈凯在京视察2022年中国国际服务贸易交易会供应链及商务服务板块中国快递展区，详细了解参展寄递企业的新设备、新技术、新产品、新服务。陈凯指出，要加快产业数字化转型，激活科技要素、强化数据驱动，引领产业链深度融合和高端跃升。要通过科技手段实现科学管理，提升水平、降低成本、提高效率，进一步优化服务体验、提升服务价值。鼓励企业开拓创新、锐意进取，服务好百姓民生、千城百业，为行业高质量发展作出贡献。

2022年，北京冬奥会、全国两会、服贸会、党的二十大、进博会等重大活动相继胜利召开。全系统全行业周密组织、全力投入，坚持最高标准、最严要求、最实举措，突出寄递安全和行业稳定两个重点，统筹做好安全和服务两项保障，严格落实各项安全和服务保障工作，保障了邮政业平稳运行和寄递渠道安全畅通。特别是不断加强行业安全和应急管理，统筹发展和安全，扎实开展平安寄递建设，部署开展寄递渠道涉枪涉爆隐患集中整治、禁毒“净边”和“百日攻坚”等系列行动，进一步夯实安保工作基础。

2022年2月底以来，我国疫情呈现点多、面广、频发的特点，邮政业正常运行经受严峻考验。为打通运行堵点，保障行业畅通，国家邮政局按照国务院物流保通保畅工作机制部署，自4月10日起，迅速启动邮政业保通保畅工作，建立工作机制，强化系统部署，加强政策保障，实施按日调度，开展实时监测，制定督办措施，全力推动邮政业防疫情保畅通工作。进入5月后，行业持续复苏。特别是自12月7日国务院联防联控机制发布《关于进一步优化落实新冠肺炎疫情防控措施的通知》后，单日揽收量保持在3.6亿件以上，迎来新一轮业务高峰。

2022年，快递员群体合法权益保护不断升级。全国多地依托工会组织、快递协会建立行业集体协商机制，聚焦快递员群体劳动报酬、支付办法、工作时间、休息休假、劳动安全保护、奖惩制度等快递员群体最关心、最直接、最现实的利益问题，并将加盟企业的用工管理及劳动者权益维护也一并纳入协商内容。协商机制督促企业向提供正常劳动的快递员支付不低于当地最低工资标准的劳动报酬，并按时足额支付，切实保障快递员群体经济权益。同时，引导企业建立劳动报酬合理增长机制，逐步提高快递员劳动报酬水平；制定快递员劳动定额相关标准，引导企业确定合理劳动定额，落实休息制度，保障快递员休息权利。

2022年7月17日9时07分，一架从深圳宝安机场起飞的黑白涂装、尾翼上标有“SF”字样的顺丰航空B767全货机，冒着大雨缓缓降落在湖北鄂州花湖机场西跑道。之后一架从武汉天河机场飞来的顺丰B757货机和一架从北京大兴机场飞来的南航客机相继落地，标志着中国首个专业货运机场正式投入运营。11月27日，一架由深圳宝安机场起飞的全货机平稳降落在鄂州花湖机场；卸货完毕，这架飞机迅速装载快件，于清晨6时20分返航。这不到两小时的一降一起，标志着鄂州花湖机场货运航线开通运行。

2022年12月1日8时10分，国家邮政局快递大数据平台实时监测数据显示，由极兔速递承运的一箱从福建省漳州市平和县发往厦门市的蜜柚，成为2022年第1000亿件快件。比2021年提前7天达到千亿件，充分彰显了行业发展的强大韧性，为畅通循环促进流通服务民生作出了积极贡献。快递进村服务农产品进城、工业品下乡，快递进厂服务制造业供应链更加稳定精准，快递出海助力民族品牌走向世界。快递，更加紧密地连接起千城百业，造福千家万户。

目录

第一篇　特载

第二篇　发展概览

第三篇 发展环境

第四篇　发展数据

第五篇 人才建设

第六篇 市场主体

第七篇 各地纵览

第八篇 协会工作

第九篇 人物志

第十篇 行业展望

附录

第一篇　特　载

不断开创邮政快递业高质量发展和高效能治理新局面
奋力谱写加快建设交通强国邮政新篇章

——交通运输部部长李小鹏在2022年全国邮政管理工作电视电话会议上的讲话

2022年1月6日

同志们：

很高兴参加2022年全国邮政管理工作会议。刚才，会议传达了中共中央政治局委员、国务院副总理刘鹤同志的重要批示，我们要认真学习领会抓好贯彻落实。军胜同志作了一个很好的工作报告，全面回顾了邮政局2021年的工作，总结了党领导邮政事业发展的经验启示，分析了形势任务，对2022年工作进行了部署。报告贯彻党中央精神，符合邮政快递业发展实际，我都赞同。

2021年是中国共产党成立100周年，是党和国家历史上具有里程碑意义的一年，也是交通运输发展历史上浓墨重彩的一年。这一年，邮政快递业与交通运输其他战线一道，坚持以习近平新时代中国特色社会主义思想为指导，认真贯彻落实党中央、国务院决策部署，坚持稳中求进工作总基调，埋头苦干、扎实奋进，圆满完成了年度各项目标任务，实现了"十四五"良好开局。一是坚持服务大局，扎实做好"六稳""六保"相关工作，积极服务国家重大战略实施。二是坚持服务人民，持续深化供给侧结构性改革，行业发展质效稳步提升。农村寄递物流体系加快完善，"快递进村"水平大幅提升。三是坚持服务基层，着力加强快递员合法权益保障，"放管服"改革持续深化，快递市场秩序进一步规范，行业发展环境不断优化。四是有效统筹发展和安全，疫情防控有力有序，圆满完成重大活动寄递渠道安全和服务保障任务，国际寄递渠道保持畅通。五是党的领导和党的建设全面加强。扎实开展党史学习教育，学党史、悟思想、办实事、开新局，发行建党百年纪念邮票，"我为群众办实事"重点工作取得实效，干部队伍建设不断加强。总的看，2021年邮政快递业忙碌一整年，取得了丰硕成果，大家辛勤付出，成效显著、成绩突出。在此，我代表交通运输部，向全国邮政管理系统广大干部职工和离退休老同志，表示崇高的敬意和诚挚的慰问！

下面，我讲3点意见。

一、深刻认识党领导邮政事业发展的光辉历程和重大成就

去年，以习近平同志为核心的党中央在全党集中开展党史学习教育，隆重庆祝了中国共产党成立100周年，党的十九届六中全会通过了百年党史上第三个历史决议，系统总结了党的百年奋斗重大成就和历史经验，对实现第二个百年奋斗目标作出部署安排。以史为鉴、开创未来，站在"两个一百年"奋斗目标的历史交汇点上回望百年，我们自豪地看到，交通运输事业伴随着中华民族从站起来、富起来到强起来的历史性飞跃，取得

了举世瞩目的成就。邮政业在我国建成交通大国、迈向交通强国的历史进程中发挥了重要作用，书写了辉煌的篇章。

新民主主义革命时期，党领导创建了人民邮政，从革命早期建立“红色交通线”、赤色邮政进行秘密通信，到抗日战争、解放战争时期传递党的声音、畅通政令军令，邮政事业从无到有、从小到大、磨砺成长，在加强信息互通联系、确保中央政令畅通、支持军事斗争等方面发挥了不可替代的作用。邮政事业始终坚持姓党、利军、为民，特别是1948年12月，毛主席为筹办中的《人民邮电》报亲笔题写报头，标定了邮政的价值坐标，指明了邮政的初心使命。

社会主义革命和建设时期，党团结带领人民建设发展新中国邮政，实现邮权统一与回归，修复扩建邮政网络，改善技术装备，基本适应了人民群众用邮需要。1972年，党领导下的人民邮政恢复在万国邮政联盟的合法席位。1949年至1978年间，全国邮路长度增长近7倍，铁路邮路、航空邮路、汽车邮路实现跨越式发展。邮政事业为服务国家经济社会发展和改善人民生活打下坚实基础。

改革开放和社会主义现代化建设新时期，党团结带领人民大力解放和发展邮政生产力，改革邮政体制，实现了邮电分营、政企分开、大部制改革，邮政网络建设突飞猛进，现代快递业迅速萌芽成长，海峡两岸之间实现双向的直接通邮、通商与通航。这个时期，在党的坚强领导下邮政在服务社会、发展经济、促进就业等方面发挥了重要作用，为服务我国经济社会又好又快发展作出积极贡献。

中国特色社会主义进入新时代，在以习近平同志为核心的党中央坚强领导下，邮政业取得了历史性成就、发生了历史性变革，建成了惠及14亿人口、全球最大的邮政普遍服务体系和连接城乡、覆盖全国、通达世界的快递服务体系。快递业务连续7年稳居世界第一，对世界邮政业增长贡献率超过50%。快递网点基本实现乡镇全覆盖，做到了“乡乡有网点、村村直通邮”。行业新业态新模式新服务不断涌现，冷链、大包裹、跨境等高端和新兴领域加速发展，政务服务、生活服务线上线下一体化基本形成。特别是面对新冠肺炎疫情的大战大考，邮政快递业全力保障重要物资、应急物资运输，全力保障物流供应链稳定畅通，彰显了忠诚底色。

回顾党领导下邮政业发展的光辉历程，我们要深刻认识到，邮政事业之所以取得历史性成就、发生历史性变革，最根本的在于党的坚强领导，在于以习近平同志为核心的党中央对邮政工作的高度重视，在于始终践行“人民邮政为人民”的服务宗旨，在于几代邮政人的接续奋斗。

以史为鉴，才能更好开创未来。新的征程上，要坚定历史自信，从历史中汲取前进的智慧和力量，坚持好、发展好、运用好党领导邮政快递业发展的重要经验，推动邮政快递业在“十四五”实现更大发展，更好服务广大人民群众，更好服务加快建设交通强国，更好服务全面建设社会主义现代化国家。

二、深刻把握努力当好中国现代化的开路先锋的历史使命

党的十八大以来，习近平总书记高度重视交通运输工作，作出一系列重要论述。特别是去年10月，习近平总书记出席第二届联合国全球可持续交通大会开幕式并发表主旨讲话，指出新中国成立以来，几代人逢山开路、遇水架桥，建成了交通大国，正在加快建设交通强国；交通成为中国现代化的开路先锋。这充分肯定了我国交通运输发展成就，赋予交通成为中国现代化的开路先锋新使命新定位，为新时代交通运输发展注入了强大动力，让全体交通人倍受鼓舞、倍感振奋、倍增信心。邮政快递业是现代综合交通运输体系的重要组成部分，是现代化开路先锋的重要力量。我们要把思想和行动统一到党中央决策部署上来，深

刻把握努力当好中国现代化的开路先锋的历史使命。

一是要深刻把握当好中国现代化开路先锋的战略定位。习近平总书记多次强调坚持交通先行，提出交通成为中国现代化的开路先锋，集中反映了我们党对交通运输发展规律的新认识，把交通在现代化建设全局中的地位提到了前所未有的新高度。当好中国现代化的开路先锋，就要求率先实现交通运输现代化，为国家现代化建设提供更加有力的支撑、更加坚强的保障、更加有益的探索。这就要求交通运输在行动上冲锋在前、能力上适度超前、发展上率先突破、作用上先行引领，为构建新发展格局、推动高质量发展、全面建设社会主义现代化国家打头阵、闯新路、立新功。

二是要深刻把握当好中国现代化开路先锋的根本遵循。党的十八大以来，习近平总书记高度重视交通运输工作，作出一系列重要论述，深刻回答了交通运输发展定位、发展战略、发展目的、发展理念、发展目标、发展主题主线、发展合作、发展方式、发展保证等一系列重要重大问题，为当好中国现代化的开路先锋提供了根本遵循，我们要学深悟透、入脑入心，落实落细、见行见效。

这里，我想和大家再共同学习一下习近平总书记关于"小蜜蜂"精神的重要指示。2019 年 2 月 1 日春节前夕，总书记在北京前门亲切看望"快递小哥"并通过他们向全国从事邮政快递业 400 万从业者致以新春的祝福。总书记指出，"快递小哥"工作很辛苦，起早贪黑，风雨无阻，越是节假日越忙碌，像勤劳的小蜜蜂，是最辛勤的劳动者，为大家生活带来了便利。"小蜜蜂"精神是总书记对快递小哥们的最高褒奖！"小蜜蜂"精神延续了一代代邮政快递人中涌现出的先进典型的高贵品质，成为邮政快递业全体从业人员的精神象征。我们要牢记总书记嘱托，把邮政快递"小蜜蜂"精神发扬光大。

三是要深刻把握当好中国现代化开路先锋的时代要求。习近平总书记指出，中国要实现的现代化，是人口规模巨大的现代化，是全体人民共同富裕的现代化，是物质文明和精神文明相协调的现代化，是人与自然和谐共生的现代化，是走和平发展道路的现代化。当好中国现代化的开路先锋，必须顺应世界现代化发展潮流，符合我国现代化发展特征，加快实现交通运输现代化。我们要以更高的要求、更足的干劲、更好的成效，推动《交通强国建设纲要》《国家综合立体交通网规划纲要》部署落地见效，在国家现代化建设的各阶段、全过程都要当好开路先锋。

四是要深刻把握当好中国现代化开路先锋的实践途径。推进交通运输现代化，要深刻理解、全面贯彻、更好落实"两个纲要"的部署要求，坚持"与世界相交、与时代相通"，紧跟世界一流水平，紧扣我国现代化建设需要，以构建现代化综合交通体系为核心任务，以实现交通运输基础设施现代化、技术装备现代化、运输服务现代化、行业治理现代化和人才队伍现代化为重点领域，以推进交通运输智慧化、绿色化、一体化、人本化、共享化、全球化为重要路径，以深化改革、创新驱动、开放合作为动力，确保以更高的标准完成"两个纲要"和"十四五"规划已经确立的目标任务。

五是要深刻把握当好中国现代化开路先锋蕴含的精神力量。"开路先锋"，既是战略定位，也是精神要求。"开路先锋"精神，把新时代交通精神熔铸于以伟大建党精神为源头的党的精神谱系中，是对以"两路"精神、青藏铁路精神、港珠澳大桥建设者奋斗精神、"中国民航英雄机组"精神、邮政快递"小蜜蜂"精神等为代表的新时代交通精神丰富内涵的提炼升华。我们要大力弘扬伟大建党精神，大力弘扬以'开路先锋"精神为魂的新时代交通精神，为加快建设交通强国注入更为主动的精神力量，逐梦前行、勇当先锋，为实现中华民族伟大复兴的中国梦不懈奋斗！

三、奋力开启邮政工作新篇章

今年将召开党的二十大，这是党和国家政治

生活中的一件大事，做好各项工作极为重要。希望国家邮政局深入贯彻落实党中央、国务院决策部署，坚持稳字当头、稳中求进，继续做好“六稳”“六保”工作，更加注重服务大局、服务基层、服务人民，加快推动邮政业高效能治理、高质量发展，在加快建设交通强国、努力当好中国现代化的开路先锋新征程中勇挑畅通重担。这里，就做好今年重点工作，我再强调几点。

一是全力确保邮政业安全稳定发展。要稳字当头，把安全稳定作为今年工作的重中之重，统筹发展和安全，确保重要节日、重点时段、重大活动期间行业保持安全稳定。要增强寄递渠道安全监管能力，完善寄递安全政策、标准、规范，层层压实责任，提升本质安全水平，保障人民群众生命财产安全。要扎实做好邮政行业应急管理，持续推进应急管理体系建设。要确保党的二十大和北京冬奥会、冬残奥会期间寄递渠道安全稳定。

二是毫不放松抓好常态化疫情防控。要精准有效落实外防输入、内防反弹要求，抓实抓细人物同防，抓好冷链快递和国际邮件快件防控，坚决防范疫情通过寄递渠道传播。要坚持常态化精准防控和局部应急处置有机结合，及时处置涉疫突发事件。要持续做好从业人员疫苗接种及疫情防控各项工作。

三是认真做好保通保畅工作。要积极开展“快递出海”品牌创建活动，引导企业健全境外网络布局。要强化邮政快递枢纽能力建设，推动与综合交通枢纽体系衔接，支持企业发展海外仓，打造高效能的国际寄递体系。要做好保畅通工作，优化运力资源配置，强化应急运力储备，确保在突发情况下顶得上、不断链、有保障。

四是加快建设统一开放市场。要推动实现邮政普遍服务业务与竞争性业务分业经营，健全邮政普遍服务保障机制。要构建高标准的邮政快递业现代市场体系，完善市场制度规则，增强市场主体活力，引导有序竞争，促进规范发展。要持续深化“放管服”改革，进一步优化管理和服务，加强“十四五”规划宣贯实施，强化法规体系建设，优化邮政快递业营商环境。

五是持续推动邮政发展转型提质增效。要加快普惠邮政建设，强化农村邮政体系作用，支持建设综合服务站，服务乡村振兴战略。要率先推进邮政快递数字化转型，大力发展智慧邮政，推动大数据、互联网、人工智能、区块链等新技术与行业发展深度融合，大力发展冷链寄递、无人配送等新模式，形成新的增长动能。要推动快递包装绿色转型，建立健全法规政策标准和统计监测体系，推进快递包装标准化、绿色化、循环化水平明显提升。

六是加强党对邮政工作的全面领导。要持续抓好理论武装，深入学习贯彻习近平新时代中国特色社会主义思想，巩固拓展党史学习教育成果，不断提高政治判断力、政治领悟力、政治执行力。要落实全面从严治党要求，坚定不移贯彻中央八项规定精神及实施细则精神，毫不松懈纠治“四风”，以自我革命精神深入推进党风廉政建设和反腐败斗争。要贯彻新时代党的组织路线，突出打造过硬本领，打造一支适应新发展格局要求的邮政铁军。要切实保障快递小哥合法权益，拓展深化非公党建试点，增强快递员群体归属感和幸福感。

希望国家邮政局和邮政快递业全体同志继续发扬优良传统，埋头苦干、担当作为，不断开创邮政快递业高质量发展和高效能治理新局面，奋力谱写加快建设交通强国邮政新篇章，在努力当好中国现代化的开路先锋新征程中勇挑畅通重担，以优异成绩迎接党的二十大胜利召开！

春节在即。借此机会，向在座各位同志，并通过你们向邮政快递业广大干部职工、离退休老同志和职工家属致以新春问候！祝大家新春愉快，工作顺利，阖家幸福！

谢谢大家！

大力弘扬伟大建党精神
以改革发展新的优异成绩喜迎党的二十大胜利召开

——国家邮政局局长马军胜在2022年全国邮政管理工作电视电话会议上的讲话

2022年1月6日

同志们:

这次会议的主要任务是:以习近平新时代中国特色社会主义思想为指导,全面贯彻党的十九大和十九届历次全会以及中央经济工作会议精神,认真贯彻落实习近平总书记关于邮政快递业重要指示批示精神,总结2021年工作,分析形势,部署2022年重点任务。下面,我讲三个方面的意见。

一、2021年工作回顾

2021年是中国共产党成立100周年,是党和国家历史上具有里程碑意义的一年,也是邮政快递业发展历程中极不平凡的一年。这一年,我们扎实开展党史学习教育,深入学习贯彻习近平总书记"七一"重要讲话和党的十九届六中全会精神,为奋进新征程、创造新成绩凝聚智慧和力量;这一年,我们积极应对新冠肺炎疫情,奋力完成行业改革发展任务,"千亿万亿"目标胜利完成,寄递服务渠道拓展畅通安全,行业与经济社会发展融合度持续提升,服务构建新发展格局的作用进一步发挥;这一年,我们坚持"服务全领域、激活全要素,打造双高地、畅通双循环"工作思路,稳步推进"两进一出"工程,建成与小康社会相适应的现代邮政业,实现"十四五"良好开局,高质量发展步伐更加坚实有力。

预计全年邮政业业务收入(不含邮政储蓄银行直接营业收入)和业务总量分别完成1.27万亿元和1.36万亿元,同比分别增长15%和24%;快递业务收入和业务量分别完成1.04万亿元和1085亿件,同比分别增长18%和30%。新增社会就业20万人以上,支撑网络零售额接近11万亿元。服务满意度稳中有升,行业运行平稳有序,在经济社会发展中作用凸显,为扎实做好"六稳"工作、全面落实"六保"任务作出了积极贡献。

(一)不断强化党的领导,全面从严治党再上新台阶

一是党史学习教育走深走实。全系统始终把党史学习教育作为一项重大政治任务,按照"学史明理、学史增信、学史崇德、学史力行"的要求,全面部署、扎实推进。坚持"学党史、悟思想",充分发挥局党组理论学习中心组龙头作用,通过宣讲报告会、读书班、培训班、网上专题班、专题组织生活会等方式,全面深入学习《中国共产党简史》等规定内容,及时跟进学习贯彻习近平总书记"七一"重要讲话和党的十九届六中全会精神,引领带动全系统学思践悟,唱响了爱党爱国爱社会主义的昂扬旋律。组建4个巡回指导组,召开推进会、交流会、青年干部座谈会,教育引导广大党员干部职工牢固树立正确历史观、民族观、国家观、文化观,行业有关工作被中央党史学习教育简报引用14次。坚持"办实事、开新局",将"快递进村"和保障快递员群体合法权益作为"我为群众办实事"重点工作扎实推进,进村比例同比提高近30个百分点,派费调整和罚款削减要求有效落实,把学习教育成效转化为促进行业高质量发展的强大动力。举办青年演讲比赛、歌咏比赛、知识竞赛,颁发"光荣在党50年"纪念章,为党的百年华诞营造了热烈浓厚氛围。二是邮政管理干部队伍建设不

断加强。进一步加强系统领导班子建设，制定公务员及时奖励制度，强化干部政治素质培养考察。调整补充20个领导班子，推动提高市地局班子配备率，用好职务职级并行政策，稳妥推进干部交流。加强优秀年轻干部培养选拔，选派106名年轻干部到基层一线历练，大胆使用援派、挂职干部。统筹多种方式提高公务员编配率，推行公务员平时考核，提高年度考核优秀比例。加强“一把手”和领导班子管理监督，开展选人用人专项检查，进一步规范干部及家属兼职和经商办企业。抓好领导干部个人事项报告，依纪依规处理举报申诉。三是快递物流业和快递员群体党建试点工作取得阶段性成果。按照统一部署，在北京、浙江和深圳开展新业态、新就业群体党建工作试点。经过努力，试点单位党的领导全面加强，基层党组织全面完善，工作效能得到全面发挥，纳入管理党员数量增加了21.4%，一线组织数量增加了141.1%，通过党建引领推动行业健康发展、完善行业治理体系和保障从业人员合法权益等工作取得突破性进展。四是正风肃纪反腐向纵深推进。强化政治监督，落实中央八项规定及其实施细则精神，纠治“四风”顽疾，持续解决形式主义问题，拓展基层减负工作，加强监督执纪，紧盯重要节点进行廉政教育提醒，召开系统党风廉政建设会议和专题警示教育大会，开展“三重一大”决策不规范、行政执法不规范等4个方面问题专项整治，查处违规违纪问题。制定加强系统巡视巡察上下联动的若干措施、巡视工作实施办法等制度文件，完成对8个省局党组巡视，实现十九大以来一届任期内巡视巡察全覆盖。五是行业先进文化建设持续加强。大力加强新闻宣传工作，组织行业优秀基层党员代表参加中宣部“践行人民邮政为人民初心使命”专场记者见面会，以“溜索姑娘”尼玛拉木为原型的电影《信者》在全国上映，主要新闻媒体持续加大对行业改革发展宣传力度。精神文明创建活动蓬勃开展，在全行业广泛开展向王顺友、其美多吉等先进模范学习活动，汪勇获得全国道德模范荣誉称号，26人获全国脱贫攻坚先进个人、全国优秀共产党员、全国五一劳动奖章、中国青年五四奖章等称号和表彰，34家单位被授予全国青年文明号。

（二）贯彻落实中央决策部署，服务大局展现新作为

一是建党100周年邮票发行任务圆满完成。我们高度重视、精心组织，全力以赴做好建党百年邮票方案制定和选题、图稿审查等工作，圆满完成发行任务，举办主题邮展和全国少年儿童邮票创作设计作品征集活动，协调港澳邮政发行庆祝建党百年主题邮票，在方寸之间承载和弘扬伟大建党精神，展现中国共产党百年光辉历程。二是“快递进村”扎实推进。加强分类指导，明确分省分阶段推进目标。各地各企业提高站位、负重前进、攻坚克难、梯度推进，取得了显著成效。“快递进村”比例超过80%，江浙沪等地基本实现“村村通快递”，山西、黑龙江、山东等地取得重大政策突破。交快、邮快、快快等合作进一步深化，共同配送、客货邮融合等新模式不断涌现，新增15.5万个建制村实现邮快合作。三是快递员合法权益保障不断加强。对重点品牌快递企业开展“一对一”行政指导，明确工作要求，督导企业落实，中通、韵达等大力推广派费直达快递员模式。中国快递协会出台《快递企业末端派费核算指引（试行）》，研究制定快递员劳动定额，扩大试点适用范围。联合印发推进基层快递网点优先参加工伤保险政策文件，武汉、深圳等地落地实施取得积极成效，安徽省市两级率先实现政策全覆盖。江苏出台首个快递行业省级集体协商指导意见。持续开展“暖蜂行动”和“快递从业青年服务月”，组织慰问活动6560场，协调解决公租房廉租房5068套，新增爱心驿站等服务阵地3万余家，为快递员免费体检义诊39.3万人次。四是区域协调发展持续深化。推进京津冀、长江经济带、粤港澳大湾区、长三角一体化、西部大开发、成渝双城经济圈等重点区域行业发展，打造高质量发展增长极。与广西签署战略

合作协议。积极推进快递示范城市建设。印发实施方案,进一步做好新时代西藏和四省藏区邮政快递工作。五是服务乡村振兴有力有效。持续深挖农村市场潜力,年内培育山西吕梁杂粮、山东日照海鲜、河南信阳毛尖、湖南怀化冰糖橙、重庆粉条、陕西咸阳猕猴桃、宁夏银川枸杞等业务量超千万件的快递服务现代农业金牌项目40个,累计达到100个,全年农村地区收投快递包裹总量370亿件,带动农产品出村进城和工业品下乡进村超1.85万亿元。邮政企业不断完善农村邮政服务体系,全国累计建成农村邮乐购站点34.8万个,培育邮政服务农特产品进城项目958个。落实"四个不摘"要求,定点帮扶指标提前完成。

(三)进一步抓好顶层设计,优化发展环境实现新突破

一是政策供给显著增强。《关于加快农村寄递物流体系建设的意见》《关于做好快递员群体合法权益保障工作的意见》印发实施,天津、河北、吉林、江西、贵州、新疆等地出台落实政策。推动多项涉邮任务纳入中央1号文件及加强县域商业体系建设等重要文件。加快推进邮政领域财政事权和支出责任划分改革,多地积极争取地方资金政策支持,多元化资金保障渠道初步形成。推动涉邮财税金融支持政策落地见效。广东等地出台促进行业高质量发展政策文件。二是规划编制衔接取得重大进展。与发展改革委、交通运输部门联合印发《"十四五"邮政业发展规划》,四个专项规划顺利出台。实施快递"两进一出"工程等重点任务和30余项关联工作纳入国家规划纲要,建设邮政国际寄递中心纳入规划重大工程。联合印发现代综合交通枢纽体系等专项规划,紧密衔接现代综合交通运输体系发展、现代流通体系建设等重点专项规划。省市规划更好融入当地经济社会发展大局,规划统筹引领作用进一步发挥。三是法规体系不断完善。完成《邮政行政执法监督办法》等6件部门规章和规范性文件的制修订工作,黑龙江、浙江和南京、成都等地出台规范促进行业发展的法规规章。出台邮政管理系统法治政府建设五年行动方案和行业"八五"普法规划。修订公平竞争审查制度,依法处理好行政应诉、行政复议,强化行业法治监督。四是"放管服"改革深入推进。推进制订国家局权责清单,优化邮政许可事项,发布行业"证照分离"改革方案,分级开展仿印邮票图案审批,优化经营进出境邮政通信业务审批和农村快递末端备案。推进快递业务经营许可证照电子化,推动部门间数据协同共享,实现政务服务事项全程全网"跨省通办"。包容审慎推进新业态监管,全国累计发放智能快件箱、公共服务站许可共238件。扎实做好许可延续审核工作。

(四)持续推进供给侧结构性改革,行业发展质效获得新提升

一是基础能力不断强化。深化与综合交通运输衔接,快递专用货机保有量超过130架,鄂州航空货运枢纽建成校飞,顺丰转运中心和航空基地等加快建设,京东货运航空公司获批筹建,高铁运输快递线路超过1500条,高运能大型干线车辆达2.85万辆。大型分拨中心智能化改造加快推进,枢纽转运中心基本实现自动分拣全覆盖。末端服务体系不断完善,县乡村共配网络加快构建,智能快件箱规模稳中有升,公共服务站达到16.1万个。邮政企业加大对县乡处理中心、村级站点及冷链设施、车辆设备等建设投入力度。福州邮政快递末端基础设施实现常态化无偿配建。二是科技标准赋能创新发展。邮政快递企业加大科技研发应用,自动分拣在县域小型分拨中心和揽收端加快推广,无人仓技术进一步普及,无人车、无人机在多场景实现常态化运营,大数据、云计算等助力行业实现数字化可视化高效运营。24家行业技术研发中心获第二批认定,快递物流科技装备国产化率明显提升,涌现出中科微至等一批快递物流科技创新上市企业,安徽南陵"全国快递科技创新试验基地"建设成效显著。"三智一码"重点项目攻关积极推进,智能安检系统应用有序铺开,智能语音申诉系统在安徽率先运行,通用寄递地址

编码实现收寄环节应用。实施标准“揭榜挂帅”管理创新,制修订《智能信包箱》《信封》等 14 项标准,首次对现行标准实施情况开展全面评估和复审。三是人才队伍建设持续加强。持续实施职业技能培训“246”工程,年度培训 50 万余人次,遴选年度行业科技英才和技术能手推进计划人选,持续开展快递工程技术人员职称评审,扎实开展快递运营职业技能等级认定试点。举办全国邮政行业职业技能竞赛,推动职业分类大典修订,增设邮件快件安检员新工种。联合开展行业网络招聘活动,为高校毕业生提供就业岗位 3. 2 万个。持续深化政产学研合作,加强共建院校建设,四所现代邮政学院全部实现实体化运作。四是协同发展进一步深化。加强邮政综合服务平台建设,持续深化政邮、警邮、税邮、法邮、医邮合作,法邮合作已覆盖全国 92. 4% 的法院。加快推进“快递进厂”,打造 1908 个快递服务制造业业务收入超百万元项目。巩固与电商协同发展基本盘,联合开展“网上年货节”和“双品网购节”活动,认真做好“双11”“双 12”快递业务旺季服务保障工作,日最高业务量达 6. 96 亿件。

(五)统筹发展和安全,行业综合治理取得新成效

一是疫情防控有力有序。发布《疫情防控期间邮政快递业生产操作规范建议(第七版)》,制定行业疫情防控与寄递服务保障工作指南,抓实抓细防疫措施。坚决抓好进境关口疫情防控,认真落实国际邮件快件处理场所“人”“物”同防、闭环管理措施,实现监督检查全覆盖。全国联动应对突发疫情,河北、内蒙古、云南、甘肃等地果断处置涉疫邮件快件,有效阻断疫情通过寄递渠道传播。按照“应接尽接”原则做好疫苗接种,从业人员接种率达 98. 61% 。二是邮政普遍服务监督和市场监管不断加强。完善“双随机、一公开”监管机制。组织邮政普遍服务、邮票发行监督检查,集中开展乡镇局所专项整治“回头看”,试行邮政代办所监督管理规定,乡镇营投合一单人局所数量减少了 36% ,乡镇委代办局所数量减少了 16% 。巩固提升建制村直接通邮水平,西部地区建制村周投递频次三次及以上的比例超过 98% ,全国建制村投递实地打卡率保持在 97% 以上。圆满完成高校录取通知书寄递任务。全国县级城市党政机关《人民日报》当日见报率达到 85. 76% 。高质量保障中央巡视专用信箱寄递服务。调整优化监督员队伍,基本实现监督员县级全覆盖。会同做好邮政集团负责人薪酬管理及经营业绩考核。清理整顿快递市场秩序,规范市场主体竞争行为,大力整治农村快递服务违规收费问题,严肃查处曝光一批违规收寄“动物盲盒”案件,依法对相关总部型企业未按规定实行统一管理立案调查。推进 12305 与地方政务服务便民热线归并,加强快递市场信用监管,认真做好集邮市场监管工作。三是安全监管和应急处置水平持续提升。强化“三项制度”落实,狠抓“实名不实”问题纠治,大力推进视频联网和安检机联网,接入监控点位 1. 35 万处、摄像头 3. 98 万余个,加快推进“绿盾”工程一期应用。开展作业场地安全管理规范化提升行动,排查治理风险隐患,突出整治“四不”问题,完成 1559 个处理场所的传送带堵缝、人车分流两项重点整治任务。会同最高人民法院等发布司法意见,依法惩治寄递易燃易爆危险物品行为。联合开展寄递渠道禁毒百日攻坚行动,集中整治危化品寄递问题,扎实做好寄递渠道反恐、“扫黄打非”、打击侵权假冒、野生动物保护、用户信息安全保护以及行业关键信息基础设施安全保护等工作。健全行业安全事故事件信息报告制度。联合印发《救灾捐赠包裹寄递服务和安全管理规定》。全面实施维稳应急处置“四个一”机制,妥善处置天天、速尔等企业经营异常事件,有效应对暴雨、台风、地震等自然灾害。高质量做好中国共产党成立 100 周年庆祝活动期间及全国两会、全运会、第四届进博会等重大活动寄递安保工作。四是绿色转型持续推进。深入实施“2582”工程,开展重金属和特定物质超标包装袋、过度包装和随意包装、塑料污染专

项治理,重金属与特定物质超标包装袋实现存量大幅消减,过度包装和随意包装得到初步遏制,可循环快递箱(盒)投放量达630万个,电商快件不再二次包装率达80.5%,新增3.6万个设置包装废弃物回收装置的网点。制定《邮件快件包装管理办法》及配套制度,大力推动用品用具监管方式改革,开展快递包装绿色产品认证,加强行业生态环保监管执法,积极推动多方协同共治。大力推广新能源和清洁能源车辆,保有量突破6万台。

(六)紧跟国家开放战略,国际和港澳台交流合作迈出新步伐

一是对外开放格局持续优化。建立自由贸易试验区邮政快递领域央地协同机制,下放北京自贸区、上海自贸区及临港新片区国际快递许可审批事项,加大地方政策创新力度,深度融入自贸区高质量发展。深化海南邮政业改革开放,参与制定跨境服务贸易负面清单及鼓励类产业目录,配合开展自贸港封关运作。完善行业外商投资负面清单,开展快递领域外商投资项目安全审查。二是"快递出海"加快推进。推进重点城市国际邮件互换局设置,支持郑州建设全国重要国际邮件枢纽口岸。积极拓展国际航空、铁路、海运等常态化跨境寄递渠道,持续推动中欧班列常态化运输邮件和跨境电商商品。聚焦RCEP区域拓展地面网络,部分企业加速进入中东、拉美市场,品牌企业加快海外仓建设布局,累计建成海外仓240个、面积近200万平方米。顺丰收购嘉里物流部分股权,京东物流在港上市。全年国际、港澳台寄递业务量突破22亿件,支撑跨境商品流动额超过4400亿元。三是国际和港澳台交流合作深入开展。我国在第27届万国邮联大会上成功当选新一届行政理事会和邮政经营理事会理事国,候选人当选邮政经营理事会副主席,顺利推动会费和开放等重大改革提案通过,有力维护了万国邮联多边体制和我国利益。成功举办第四届中国(杭州)国际快递业大会,推动与塞尔维亚、阿尔及利亚等"一带一路"沿线国家签署合作协议。强化粤港澳大湾区邮政业交流合作,成功举办第四届内地与港澳邮政高峰会议,妥善做好对台工作。

一年来,我们加强省级以下邮政监管支撑体系建设,新增辽宁和青海2个省级安全中心、44个市级安全中心、79个县级机构,江西和新疆等9个省(区、市)实现市级安全中心全覆盖,江苏、浙江实现县(市)监管机构全覆盖。落实"过紧日子"要求,持续强化预算管理和执行,全系统压减一般公共预算项目支出43%。做好协调拨付养老保险和职业年金缴费资金等工作,明确人员经费具体保障项目。完成审计署对国家局经济责任审计问题整改,高质量推进系统内部经济责任审计工作。修订管理办法,积极推进自身能力建设。强化所属单位考核和绩效管理,推进南戴河培训中心脱钩。做好统计调查工作,强化数据质量管控和发布解读。做好网络安全保障,完成政务内网建设。扎实做好督查、信访、保密、档案、政务信息公开、建议提案办理等工作。加强和改进系统离退休干部和工青妇工作。

同志们!2021年邮政快递业经受住了复杂严峻形势的考验,行业改革发展取得了新成效,实现了"十四五"良好开局。这些成绩的取得,是党中央、国务院坚强领导和亲切关怀的结果,是交通运输部正确领导的结果,是中央各部门、地方各级党委政府和社会各界大力支持的结果,是全行业干部职工团结一心、拼搏奋进的结果。在此,我谨代表国家邮政局,向长期以来关心支持行业改革发展的各级领导和同志们,向全体干部职工和离退休老同志致以崇高的敬意和衷心的感谢!

二、推动高质量发展、高效能治理,在当好中国现代化的开路先锋新征程中勇挑畅通重担

在党成立100周年的重要历史时刻,党的十九届六中全会审议通过《中共中央关于党的百年奋斗重大成就和历史经验的决议》。这是一篇马克思主义纲领性文献,是新时代中国共产党人牢记初心使命、坚持和发展中国特色社会主义的政

治宣言，是以史为鉴、开创未来、实现中华民族伟大复兴的行动指南。党确立习近平同志党中央的核心、全党的核心地位，确立习近平新时代中国特色社会主义思想的指导地位，反映了全党全军全国各族人民共同心愿，对新时代党和国家事业发展、对推进中华民族伟大复兴历史进程具有决定性意义。全系统全行业要深入学习贯彻党的十九届六中全会精神，充分认识党的百年奋斗的历史意义和“十个坚持”的历史经验，切实用全会精神统一思想、激发动力，谱写邮政强国建设的华彩篇章，在新征程中交出无愧于历史和人民的答卷。

学习贯彻全会精神，要将邮政快递业的沧桑巨变放到党的百年奋斗重大成就中观照。新民主主义革命时期，党领导建立红色交通线、赤色邮政、战时邮政，不断发展壮大，造就了一支姓党、为军、利民的解放区邮政力量。社会主义革命和建设时期，党建立了人民邮政，迅速收回国家邮政主权，统一全国网络，领导邮政改善装备、提升服务，开启了邮政事业发展新纪元。改革开放和社会主义现代化建设新时期，党和国家支持邮政业优先发展，先后实施邮电分营、政企分开和深化行政体制改革，按照“一分开、两改革、四完善”的思路，形成了企业自主经营、政府依法管理的邮政体制，修订施行邮政法，建立了邮政普遍服务和邮政市场准入机制，拓展经营邮政金融业务，充分激发了市场主体活力，极大解放了行业生产力，为行业跨越式发展奠定了基础。中国特色社会主义进入新时代，习近平总书记对邮政快递业高度重视、亲切关怀，多次作出重要指示批示，为行业指明了发展方向、提供了根本遵循。国务院出台实施促进快递业发展若干意见、颁布快递暂行条例，行业市场化、法治化、国际化环境进一步优化，推动流通方式转型、促进消费升级、畅通经济循环作用进一步发挥，实现了由小到大的跨越、由弱向强的蜕变，取得了历史性成就、发生了历史性变革，踏上了邮政强国建设的新征程。

学习贯彻全会精神，要从党百年奋斗的历史经验中汲取智慧，更好总结、继承、发扬党领导邮政事业发展的历史经验和重要启示，加快推进邮政强国建设。必须始终坚持党对邮政快递业的全面领导，坚持以习近平新时代中国特色社会主义思想为指导，自觉把党的领导落实到邮政快递业发展各领域各方面，确保行业始终沿着正确方向前进。必须始终坚持以人民为中心的发展思想，牢记“人民邮政为人民”，依靠广大从业人员，弘扬“小蜜蜂”精神，更好解决群众用邮中的“急难愁盼”问题，更好满足人民日益增长的美好生活用邮需要。必须始终坚持走中国特色邮政业发展道路，坚持事业产业双轮驱动，坚持“两个毫不动摇”，充分发挥市场在资源配置中的决定性作用和更好发挥政府作用，发挥双重管理体制优势，充分调动中央和地方两个积极性。必须始终坚持以发展为第一要务，完整、准确、全面贯彻新发展理念，助力加快构建新发展格局，推动行业高质量发展，深化供给侧结构性改革，统筹发展和安全，适应国家经济社会发展需要。必须始终坚持深化改革扩大开放，不断健全完善邮政管理体制，持续推进邮政快递领域深化改革，激发各类要素活力，扩大高水平、制度型开放，坚持创新在引领行业发展中的核心地位，提升行业治理体系和治理能力现代化水平，为推动高质量发展提供强劲动力。

学习贯彻全会精神，必须清醒认识到，发展不平衡不充分仍然是我国邮政快递业面临的主要问题，本质上是发展质量不高。一是大而不强。快递包裹数量占全球一半以上，但综合物流能力不强，嵌入产业链不深，促进产业关联畅通作用不充分；跨境寄递物流供应链自主可控能力不强，无法有效支撑高端制造走出去，国家战略性基础设施作用发挥不充分。二是快而不优。行业增速“领跑”，但与质量、结构、效益、安全不协调。质量不稳，消费者体验还需改善；中高端供给不足，供给适应性和灵活性还需加强；运营还处于价值链中低端、被动依赖局面没有得到根本改变；寄递安全、生产安全、信息安全隐患突出。三是粗而不精。行业总体上处于发展转型阶段，治理资源与规模任务不匹配，治理能力与发展形势不适应，制度刚性还不足，监管盲点交叉点并存，无序发展苗头显现；公共设施难以跟上群众用邮需求，企业经营管理粗放，行业文明有待提升，绿色转型任务艰巨，数据挖掘利用不够。面对这些风险挑战，我们要以更大决心、更大气力、更大勇气，切实加以解决。

学习贯彻全会精神，必须坚持“忠诚、专业、务实”要求，集中精力办好自己的事。当前，我国经济发展面临需求收缩、供给冲击、预期转弱三重压力，百年变局加速演进，外部环境更趋严峻和不确定。中央经济工作会议提出要坚持稳字当头、稳中求进，统筹疫情防控和经济社会发展，统筹发展和安全，加快构建新发展格局，推动高质量发展；强调要着力畅通国民经济循环，加快形成内外联通、安全高效的物流网络，保障产业链供应链稳定，为邮政快递业发展提供了更广阔空间，赋予了更新的使命。邮政快递业既贯通生产、分配、流通、消费各环节，又关联一二三各产业，具有重要的“畅通”功能，仍处在重要战略机遇期。政策引导下，需求侧服务全领域、供给侧激活全要素的步伐加快，经济流通大动脉、畅通民生微循环的价值更加凸显。我们要深化“服务全领域、激活全要素，打造双高地、畅通双循环”的工作思路，注重系统思维、注重统筹结合、注重联动发展，推动行业高质量发展、高效能治理，在“加快建设交通强国、努力当好中国现代化的开路先锋”新征程中勇挑畅通重担。

（一）遵循规律，稳中求进推动行业高质量发展

我们要深刻把握好稳与进的辩证关系，在稳的基础上推动高质量发展，以高质量发展促进更好的稳。一是稳字当头。要稳行业发展态势，确保增速在合理区间，助力“六稳”“六保”；要稳行业运行态势，确保网络平稳运行和基层网点稳定；要稳行业安全态势，贯彻落实总体国家安全观，防范化解重大风险隐患，确保不发生重特大安全事故，为保持平稳健康的经济环境、国泰民安的社会环境和风清气正的政治环境作出积极贡献。二是稳中求进。必须认识到，靠粗放发展，行业可以由小到大，但绝不可能从大变强；靠低效治理，难以有效应对日益复杂的发展难题。因循守旧、墨守成规、穿新鞋走老路，是稳不住、行不通的。要以高效能治理为保障，坚持在规范中发展、发展中规范，明规则、划底线、强监管，推动行业实现质的稳步提升和量的合理增长。三是以进促稳。要充分认识到实现行业高质量发展、高效能治理的长期性、艰巨性、复杂性，不可能一蹴而就。下定决心、保持耐心，不能把持久战打成突击战，也不能把攻坚战打成消耗战。要立足国情业情和发展阶段，遵循发展规律，精准把握时度效，把稳增长、调结构、促改革有机结合起来，以实践的标准检验行业治理成效。

（二）加固底板，夯实高质量发展根基

在持续高速发展过程中，行业底板建设存在一定滞后，需要我们统筹推进、精准施策，夯实安全、质效、规范、绿色的发展基础。一是统筹“三安”。提升企业寄递安全、生产安全、信息安全本质安全水平，增强安全防控能力。维护产业安全，强化投资并购安全审查，助力保障产业链供应链稳定。加强应急管理体系建设，做好应对各类风险挑战的准备。二是实行“三分”。推动成本分区、服务分层、产品分类，稳步实现差异定价、优质优价，实现行业有价值、企业有利润、员工有尊严、用户有好评。规范末端投递行为，保障消费者对投递方式的选择权。支持发展约定投递、改址投递、改时投递等精准服务。将寄递纳入城市公共服务体系，纳入分钟级便民服务圈，强化属地责任，推动末端设施共建共享。三是发力“三治”。旗帜鲜明反对“内卷”，旗帜鲜明反对损害行业权益、员工合法权益和消费者合法权益的行为，旗帜鲜明维护市场秩序。要聚焦重点区域重点环节，细化配套措施，集中治理恶性低价竞争、超范围经

营和空包刷单。要坚决防范不正当竞争，形成工作合力，防范资本无序扩张。四是推进“三化”。坚持减污降碳并重，加快推进快递包装减量化、标准化、循环化，明确行业绿色低碳转型发展实施路径，健全法规政策标准和统计监测体系，倡导简约适度、绿色低碳的生产运营方式和用邮消费模式。加强绿色低碳技术装备推广应用，加快构建快递包装循环利用体系，加快运输和能源结构调整，发展绿色供应链。

（三）补齐短板，激发高质量发展新动能

要在补齐短板上多用力，通过补齐短板挖掘发展潜力、增强发展后劲。当前行业发展还存在一些不协调的短板问题，我们要着力促进城乡区域、生产消费、国内国际、总部末端、高端低端等协调发展。一是深入实施“两进一出”。“快递进村”要提高质效，不仅进得去，更要稳得住、可持续。加快贯通县乡村三级寄递物流服务体系建设，建设村级寄递物流综合服务站，直连小农户与大市场，助力乡村振兴，促进共同富裕。“快递进厂”要形成规模，聚焦重点区域重点领域，推广深度融合典型项目和经验，以点带面，深化产业关联和链条延伸，提升全产业链价值，推动产业集群融合发展。“快递出海”要重点突破，在周边成网络、洲际畅通道、全球布节点，着力提升境内外国际枢纽能级和辐射带动力，增强全球资源配置力和关键环节控制力。加强部门协同，积极参与全球治理，优化出海环境，打通政策堵点。二是提升末端发展能力。规范加盟制管理，全面推进服务安全能力与服务范围相适应。加强基层网点规范化标准化建设，推动向末端赋能，完善价格形成机制和利益分配机制。推进完善网点退出机制，将网络稳定纳入行业信用监管。推动地方政府落实末端设施建设的事权责任。三是统筹区域布局。衔接区域协调发展战略，补齐中西部基础设施短板，进一步做好新时代西藏和新疆邮政快递工作，加强快递经济区和产业园区建设，实现与综合交通枢纽、关联产业协同布局集聚发展。四是提升综合服务能力。深度嵌入采购、制造、销售、消费交互流程，发展库存管理、线边物流、供应链金融和快运业务等，增强价值创造力。发展专业化服务，加强冷链寄递网络建设，提升应急物流能力，提供行业系统解决方案。

（四）锻造长板，打造高质量发展新优势

在发展思路上既要着力破解难题、补齐短板，又要考虑巩固和厚植原有优势。我们要在服务电商、主体培育、科技装备、智慧化等方面继续锻造新优势。一是巩固服务电商优势。巩固电商基本盘，打通信息“堵点”，推动与电商协同布局。丰富产品体系，开展模式创新，支撑农村电商、直播电商、社区电商、跨境电商等业态发展。二是培育世界一流企业。富有竞争力的企业是高质量发展的微观基础，企强才能业兴。推动企业加强核心资源整合，破解资质、跨境通道建设和重大政策等瓶颈，鼓励企业间、上下游间兼并重组，培育壮大具有国际竞争力的现代快递物流企业。推动邮政企业加快改革，巩固发展邮政普遍服务，做强做优做大寄递主业。三是强化创新驱动。强化需求牵引，丰富资本、科技、人才创新生态，在技术、产品、服务等领域持续创新突破。加快发展行业产学研科技体系，推动关键装备提高水平走向国际。加快产业数字化转型，引领产业链深度融合和高端跃升。四是充分激活数据要素。积极参与数据要素市场建设，加快数据要素价值转化，发挥数据对宏观经济“晴雨表”的功能，加强跨部门数据互通，促进维护公共安全，助力制造业、电商敏捷响应市场需求变化。

（五）科学谋划，以高效能治理保障高质量发展

一是强化依法治邮，创新方式提效能。坚持市场化法治化国际化，加强反不正当竞争，以公正监管保障公平竞争。要完善法规政策体系。围绕压实企业主体责任，在重点领域和薄弱环节，细化实化配套规章政策，将有效措施及时上升为制度；启用能够反映质效提升、结构优化的高质量发展

统计指标体系,围绕关键技术、“两进一出”、安全绿色等完善标准体系。要丰富治理方式。健全“双随机、一公开”,开展信用监管、联动监管、分类监管、清单式监管,综合应用日常巡查、专项检查、企业自查等检查方式。要加强信息披露。强化行政处罚、质量服务、网络稳定、社会责任等信息披露,发挥导向作用。

二是强化综合治理,凝聚合力提效能。积极调动各方面积极性,不断完善部门协同、多方共治、双重管理机制。要深化部门协作。拓展部门协同治理领域,推动政策协同、联合监管和共同执法,用好寄递渠道安全管理部门协作机制,完善案件移交与联合侦办机制。落实7号检察建议,主动接受司法监督。要深化上下联动。把市域治理现代化放在突出位置,细化压实地方财政事权与支出责任,积极融入地方发展治理大局,增强地方服务支撑保障。要深化多元共治。指导企业加强内部统一管理,完善现代企业制度,推动协会加大标准规范、团体公约制定力度,引导公众、媒体等社会力量积极参与行业监督,鼓励第三方机构开展行业评价测评认证,打造共建共治共享新格局。

三是强化数字治理,科技赋能提效能。充分发挥行业数据密集的特点和优势,增强事中事后全链条全领域监管能力。要用好“绿盾”工程。加快更新迭代,提升全程全网管控、精准主动发现、自动预警预判等智能监管和应急指挥调度能力;提升各级邮政管理部门应用大数据进行监管的能力,推动监管关口前移。要提升数字治理能力。提高数据开放共享效能,深化“放管服”改革成效;加强数据协同应用,推广数字邮管和快递大脑;筑牢数据安全防线基础,提升全系统全行业网络安全防控能力。要加强科技装备应用。增强通用寄递地址编码、智能视频监控、智能语音申投诉、智能安检检测与自动执法识别等技术装备在监管中的应用深度,加大移动执法科技装备应用,推进在线监管和非现场监管。

三、2022年工作安排

2022年是实施“十四五”规划的关键之年,我们将喜迎党的二十大胜利召开,做好邮政快递业改革发展各项工作意义重大、使命光荣。今年工作的总体要求是:以习近平新时代中国特色社会主义思想为指导,全面贯彻党的十九大和十九届历次全会精神,认真落实中央经济工作会议精神,弘扬伟大建党精神,坚决贯彻习近平总书记关于邮政快递业重要指示批示精神,坚持稳中求进工作总基调,完整、准确、全面贯彻新发展理念,服务加快构建新发展格局,全面深化改革开放,坚持创新驱动发展,推动高质量发展,坚持以深化供给侧结构性改革为主线,统筹疫情防控和邮政快递业改革发展,统筹发展和安全,继续做好“六稳”“六保”工作,持续改善民生,坚持稳态势、强弱项、重监管、提质效,着力推进畅通循环,着力推进行业高质量发展和高效能治理,加快建设邮政强国,以优异成绩迎接党的二十大胜利召开!

预计2022年全行业业务收入完成1.4万亿元,同比增长11%左右;行业业务总量完成1.5万亿元,同比增长12%左右。其中,快递业务收入完成1.16万亿元,同比增长12%左右;快递业务量完成1225亿件,同比增长13%左右。持续提高邮政、快递服务质量,持续提升行业发展质效,持续增强寄递渠道安全保障能力,持续推进快递包装绿色转型,切实保障快递员群体和消费者合法权益。要重点抓好以下六个方面工作。

(一)进一步巩固行业发展态势

一是加强规划政策宣贯落实。扎实开展规划宣贯,加快重大工程重点任务落地。开展邮政快递枢纽城市布局研究,加强与综合货运枢纽政策衔接。研究邮政强国建设指标体系。推动落实重点区域行业发展重点任务,编制好成渝地区双城经济圈行业规划。在浙江共同富裕示范区开展改革创新试点,推动自贸试验区、自贸港行业高质量发展。加强重大政策实施效果评估。

二是强化法规和统计体系建设。推动修改完善《快递暂行条例》,修订《快递市场管理办法》《邮票发行监督管理办法》《邮政业标准化管理办法》。修改施行邮政行政处罚程序、执法证件管理等制度。推动邮政地方性法规、地方政府规章制修订工作。强化行政执法监督和法治人才队伍建设,对重大执法决定实施法制审查,组织开展执法评议。修订行业统计调查制度,开展统计督察整改"回头看",加强季度运行及趋势分析,进一步提升数据质量。

三是提升科技研发和标准化工作水平。继续开展智能安检系统太赫兹技术应用科技攻关,推广应用智能安检系统、智能视频监控系统、智能语音申诉处理系统和通用寄递地址编码,提升安全防控能力、申诉处理效率和用户满意度。修订标准化规章制度,完成《快递服务》、通用寄递地址编码规则、寄递用户个人隐私保护等15项以上标准研制和邮政普遍服务标准修订预研究。

四是切实保障从业人员合法权益。督促快递企业有效落实派费调整承诺,推广实施《末端派费核算指引》。鼓励快递企业直接用工。加快推进基层网点优先参加工伤保险工作,进一步提高全国参保水平。督促快递企业完善快递员投诉甄别和心理疏导机制,建立投诉申辩受理、心理疏导专线。持续开展"暖蜂行动",进一步推动解决快递员在住房、子女教育、医疗体检等方面的实际困难。鼓励企业从农村和边远地区招收员工,提高行业增长的就业带动力。

五是完善行业人才支撑体系。加大高层次、高技能人才建设力度,加快推进高校邮政快递学科专业建设,持续开展从业人员职业技能提升行动,稳步推进快递中高级工程师职称评审工作,推动颁布邮件快件安检员国家职业技能标准。组织第四批全国邮政行业人才培养基地遴选。会同开展2022年高校毕业生网络招聘活动。办好第七届全国"互联网+"快递业创新创业大赛决赛。

(二)进一步深化行业改革开放

一是推动邮政企业深化改革。加快推动邮政普遍服务和竞争性业务分业经营,促进邮政普遍服务高质量发展,做强做优做大国有资本和国有企业,增强国有经济竞争力、创新力、控制力、影响力、抗风险能力。

二是深化"放管服"改革。落实行政许可审批事项清单管理制度,实施许可申请服务提升计划,提升规范化、标准化服务水平。探索建立许可企业承诺服务范围主动申报制度。制定跨省许可申请核定规则,在有条件的地区实行现场预约服务,推动快递业务经营许可电子证照试点应用。持续推进新业态监管服务,试点省内许可"多型合一"管理创新。

三是持续完善国际网络布局。开展"快递出海"品牌创建活动,引导企业健全境外网络布局,重点强化RCEP区域服务网络,进一步拓展洲际海外市场。支持邮政、快递企业创新跨境寄递模式,多渠道建设海外仓网络。优化国际邮件互换局(交换站)布局,支持南京、郑州等地国际邮件处理设施建设,推动快递企业加大进出境快件处理中心建设。

四是进一步强化国际和港澳台交流合作。加强与"一带一路"沿线国家邮政领域交流合作,办好第12届中日邮政政策对话、RCEP论坛等活动,助力"一带一路"高质量发展。加快推进万国邮联修订铁路运邮法规标准,持续推动中欧班列常态化运输邮件和跨境电商商品,鼓励更多企业开行电商专列。深度参与全球邮政治理,做好万国邮联开放改革有关工作。加大国际邮政组织人才培养和推送工作力度。深化内地和港澳邮政峰会机制,加强与港澳邮政更紧密的交流合作。积极推进海峡两岸邮政交流与合作。

(三)进一步提升行业发展质效

一是加快推进产品服务创新。推动落实成本分区、服务分层、产品分类。鼓励电商平台与快递企业完善电商快递定价模式,建立与服务地域相适应的成本分担机制，保障农村地区快递稳定运营。规范快递末端综合服务站运营，巩固智能快件箱建设成果，健全宅递、箱递、站递等末端多元投递体系。引导企业完善产品体系，提供多元化、差异化的快递服务。

二是深入实施“进村”工程。推动地方出台农村寄递物流体系建设落实政策。深化邮快合作，加强“一点多能”村级寄递物流综合服务站建设，加快农村邮路汽车化，促进农村客货邮融合发展，确保年内基本实现建制村“村村通快递”。督促快递企业规范完善服务范围基础地址库，推动与电商平台系统对接，严格落实“按址投递”服务承诺。开展农村电商快递协同示范工作，建设100个农村电商快递协同发展示范区和300个快递服务现代农业示范项目。推动与乡村振兴有效衔接。落实好定点帮扶政策。

三是加快推进“进厂”工程。制定实施快递服务先进制造业“5312”工程实施方案，开展国家级快递服务先进制造业深度融合典型项目和发展先行区创建。提升制造园区的快递设施覆盖率，推动快递功能进园区。组织重点快递企业与制造业龙头企业开展供需对接，形成互利共赢、长期稳定的战略合作关系。加快完善快递服务制造业标准规范，加强在信息、流程、设施等方面衔接。组织开展新一批中国快递示范城市创建工作。

四是持续开展绿色邮政建设。实施行业绿色发展五年行动计划，全面推进减污降碳。开展快递包装绿色产品认证，引导寄递企业优先采购使用认证产品。推进包装减量化，加强包装操作规范化建设，推进产品包装、销售包装和快递包装一体化，深入整治过度包装和随意包装。推进包装标准化，防范重金属和特定物质超标包装进入寄递渠道，深入推进塑料污染治理。推进包装循环化，联合相关部门组织开展规模化应用试点，培育循环模式。推进邮政业用品用具改革，实施“双名录”监管。加大新能源、清洁能源车辆推广应用，探索绿色网点、绿色分拨中心建设。实施“9917”工程，到年底实现采购使用符合标准的包装材料比例达到90%，规范包装操作比例达到90%，可循环快递箱达到1000万个，回收复用瓦楞纸箱7亿个。

（四）进一步强化防范化解重大风险能力

一是毫不放松抓好重大活动安保和常态化疫情防控。以高度的政治自觉性，认真做好党的二十大、北京冬奥会、杭州亚运会和成都大运会等重大活动寄递安保任务。完善行业疫情防控基本制度，坚持“外防输入、内防反弹”，抓实抓细“人”“物”同防。坚持常态化精准防控和局部应急处置有机结合，及时处置涉疫突发事件。持续做好从业人员疫苗接种，推动“加强针”应接尽接。

二是坚守安全底线不动摇。强化寄递安全综合治理，完善联合监管机制，推动“三个责任”落实。严格落实“三项制度”，规范协议用户管理，强化视频联网、安检机联网应用。做好反恐禁毒、“扫黄打非”、打击侵权假冒、野生动植物保护等工作。打好安全生产专项整治三年行动收官战，持续开展“四不”问题整治，全面完成省、市两级处理场所规范化建设目标。完善行业安全生产标准化体系建设，提升安全生产治理水平。加强信息安全风险防控，持续推进网络信息安全工作，加大行业关键信息基础设施安全保护力度，督促企业严格落实等级保护和数据安全保护制度。推动企业加大虚拟安全号码、隐私面单、电子身份证等技术应用，全面加强个人信息安全保护。严厉打击非法泄露、买卖寄递服务信息等行为。抓好“绿盾”工程一期建设成果应用，推进二期有关工作。

三是扎实做好行业应急管理。健全完善行业应急管理机制，做好行业运行安全的监测预警、舆情监测和报告工作。制定突发事件应对处置工作指南，组织开展多种形式应急演练，加强自然灾害、经营异常等突发事件处置。

（五）进一步提升治理能力

一是加强邮政普遍服务监督。精心组织《中国共产党第二十次全国代表大会》等重大题材纪念邮票发行工作，研究修订关于邮票选题的若干规定，加强监督检查。开展乡镇邮政服务专项检查，持续提升农村邮政服务规范化、标准化水平。推进抵边自然村邮政服务普遍覆盖。完善指标测评体系，会同做好邮政集团负责人薪酬管理及业绩考核。完成好党报党刊征订发行任务，巩固提升县级城市《人民日报》当日见报率。全力保障巡视巡察等专用信箱寄递服务，精心组织高校录取通知书寄递服务工作。着力优化监督员结构布局，提高社会监督质效。

二是强化邮政市场监管。持续开展市场秩序整顿，依法严肃查处超许可范围经营、无证经营、委托无许可企业经营等违法行为，斩断快递“黄牛”利益链条。会同有关部门大力纠治利用快递服务信息从事“刷单炒信”行为，突出治理非法使用用户信息、虚构服务交易、倒卖快递运单等违法违规问题。加强对企业履行服务承诺事项监督检查，重点治理不按明示价格提供服务、“掐尖揽件”、附加不合理条件等问题，协同有关部门及时处置企业价格违法、不正当竞争等行为。加强末端服务质量监管，严格规范未按服务约定履行服务义务行为。强化落实总部型企业统一管理责任，研究制定责任落实清单。大力加强信用监管，积极推广信用承诺制度，推动实施严重违法失信对象名单管理。完善集邮票品集中交易市场备案管理，规范经营秩序，突出整治制售伪造集邮票品行为。积极推动12305邮政业用户申诉渠道优化建设。

三是推进服务型政府建设。推进落实中央与地方财政事权和支出责任划分改革，加快构建稳定的多元经费保障机制。加强预算绩效管理和节约型机关建设，扎实做好系统内部审计监督。统筹推进政务服务一体化平台和“互联网＋监管”系统建设，加大政府信息公开和政务信息资源共享力度。完善省局职能职责和机构设置，重点加强安全中心体系管理，积极推动完善县级机构。继续加强事业单位管理，稳妥推进事业单位为人才松绑赋权。加强离退休干部服务管理，做好工会、共青团工作。

（六）加强党的全面领导

一是深入推进党的建设。坚持把深入学习贯彻习近平新时代中国特色社会主义思想作为首要政治任务，巩固深化党史学习教育成果，重点抓好党的十九届六中全会和二十大精神学习贯彻。坚守政治机关职责定位，不折不扣抓好习近平总书记重要指示批示精神和中央决策部署的贯彻落实。深入贯彻支部工作条例，加强党员教育管理，抓实党组织规范化标准化建设，以机关带系统、促行业，推动基层党组织全面进步、全面过硬。按中央部署有序推进快递物流业党建工作，推广试点经验，建立健全党建工作体制，推动快递员群体融入城市基层党建格局，汇聚起推动行业改革发展的强大力量。

二是扎实推进从严管党治党。认真贯彻中央纪委六次全会精神，加强对“一把手”和领导班子监督，加强机关纪委建设。着力强化政治监督，巩固拓展落实中央八项规定及其实施细则精神成果，持续纠治“四风”特别是形式主义官僚主义问题。深化运用“四种形态”，精准监督执纪问责，抓细抓实经常性纪律建设，确保风清气正。以中央巡视为契机进行彻底的政治体检，自觉接受监督检查，抓好整改落实。深入贯彻落实中央关于加强巡视巡察上下联动的意见，不断提高巡视巡察监督质效。

三是进一步加强干部队伍建设。坚持正确选人用人导向，选优配强领导班子和领导干部，加强考核结果运用。完善领导班子和领导干部年度考核工作。积极推动系统干部“对口交流”和国家局机关干部交流。统筹“选、育、管、用”各环节，持续加强年轻干部培养和储备。进一步细化干部提任领导职务资格条件，严格公务员职级晋升标准，精准选人用人。稳步提高全系统公务员编配率。扎实推进平时考核，落实及时奖励办法。继续开展选人用人专项检查。完善干部监督信息台账。做好领导干部报告个人有关事项工作，强化填报提醒辅导。坚持从严考核监督与关心关爱相结合，持续激励干部担当作为。

四是强化行业宣传和精神文明建设。落实意识形态工作责任制。强化舆情监测引导，加强新闻宣传，讲好新时代行业故事。持续弘扬“小蜜蜂”精神，认真开展第五届寻找“最美快递员”活动，大力选树和宣传行业先进典型，继续参与全国青年文明号等创建和评选表彰活动。

同志们，2022年邮政快递业改革发展工作要求高、任务重，需要我们付出更多艰辛、更大努力。让我们更加紧密地团结在以习近平同志为核心的党中央周围，以习近平新时代中国特色社会主义思想为指导，坚决贯彻党中央、国务院决策部署，大力弘扬伟大建党精神，勠力同心、锐意进取，埋头苦干、勇毅前行，以改革发展新的优异成绩喜迎党的二十大胜利召开！

持续推进行业高质量发展　服务加快构建新发展格局 以实际行动迎接党的二十大胜利召开

——国家邮政局局长赵冲久在全国邮政管理系统迎接党的二十大动员部署电视电话会议上的讲话

2022 年 9 月 15 日

同志们：

今天，召开全国邮政管理系统迎接党的二十大动员部署电视电话会议，很高兴以这样的方式与全系统的同志们见面。

我们的邮政管理队伍是一支具有鲜明红色基因和光荣革命传统的“铁军”，始终听党话、跟党走。邮政体制改革以来，特别是党的十八大以来，全系统干部职工沿着习近平总书记亲自擘画的交通强国蓝图，恪守“人民邮政为人民”初心使命，发扬邮政快递“小蜜蜂”精神，开拓创新、拼搏奉献、砥砺奋进，推动行业持续快速发展，服务生产、促进消费、畅通循环的现代化先导性作用不断增强。

当前，全国上下正在喜迎党的二十大胜利召开。今天的会议，就是要深入学习贯彻习近平总书记在省部级主要领导干部专题研讨班上的重要讲话精神和中央政治局会议精神，贯彻落实党中央、国务院部署要求，就全系统全行业做好党的二十大安全服务保障各项工作进行动员部署，全力服务保障保持平稳健康的经济环境、国泰民安的社会环境、风清气正的政治环境，以实际行动迎接党的二十大胜利召开。

日前，国家邮政局印发了《中国共产党第二十次全国代表大会期间寄递渠道安全和服务保障工作实施方案》，全系统要抓好贯彻落实。下面，我再强调几点意见：

一、提高政治站位，坚决把思想和行动统一到中央关于党的二十大决策部署上来

今年 7 月 26 日，习近平总书记在省部级主要领导干部“学习习近平总书记重要讲话精神，迎接党的二十大”专题研讨班上发表了十分重要的讲话，强调党的二十大事关党和国家事业继往开来，事关中国特色社会主义前途命运，事关中华民族伟大复兴。

党的二十大是在全党全国各族人民迈上全面建设社会主义现代化国家新征程、向第二个百年奋斗目标进军的关键时刻召开的一次十分重要的大会。大会将高举中国特色社会主义伟大旗帜，坚持马克思列宁主义、毛泽东思想、邓小平理论、“三个代表”重要思想、科学发展观，全面贯彻习近平新时代中国特色社会主义思想，认真总结过去 5 年工作，全面总结新时代以来以习近平同志为核心的党中央团结带领全党全国各族人民坚持和发展中国特色社会主义取得的重大成就和宝贵经验，深入分析国际国内形势，全面把握新时代新征程党和国家事业发展新要求、人民群众新期待，制定行动纲领和大政方针，动员全党全国各族人民坚定历史自信、增强历史主动，守正创新、勇毅前行，继续统筹推进“五位一体”总体布局、协调推进“四个全面”战略布局，继续扎实推进全体人民共同富裕，继续有力推进党的建设新的伟大工程，继续积极推动构建人类命运共同体，为全面建设社会主义现代化国家、全面推进中华民族伟大复兴而团结奋斗。

习近平总书记高度重视安全工作，把防范化解国家安全风险摆在突出位置。在安全发展理念上，总书记强调要“坚持人民至上、生命至上、安全第一”，“把国家发展建立在更加安全、更为可靠的

基础之上”；在处理安全与发展的关系上，总书记强调，“统筹发展和安全”“贯彻总体国家安全观，构建大安全格局”；在落实安全责任上，总书记强调，要落实“党政同责、一岗双责、齐抓共管、失职追责”，做到“管行业必须管安全、管业务必须管安全、管生产经营必须管安全”（“三个必须”要求）；在工作方法上，总书记强调，要坚持“标本兼治、综合治理、系统建设”，“采取风险分级管控、隐患排查治理双重预防性工作机制，推动安全生产关口前移”“坚持底线思维，增强忧患意识，提高防控能力，着力防范化解重大风险”；在平安寄递方面，总书记强调“一刻也不能放松”，“严格落实责任，坚持标本兼治、多方施策，综合治理、系统治理，网上网下一起抓，形成工作合力。”

全系统要深入学习领会习近平总书记重要讲话精神，深刻领悟“两个确立”的决定性意义，进一步增强“四个意识”、坚定“四个自信”、做到“两个维护”，深刻认识做好党的二十大邮政快递安全服务保障工作的极端重要性。准确把握政治标准，牢记“国之大者”，扛稳抓牢党的二十大邮政快递安全服务保障的重大政治责任，作为行业加强党的领导、践行“两个维护”、走好“第一方阵”的政治自觉和检验标尺；准确把握结果导向，切实增强使命感、责任感和紧迫感，以“时时放心不下”的极端负责态度，层层压实责任，狠抓党的二十大邮政快递安全服务保障重点任务落实；准确把握安全底线，把维护政治安全放在首位，坚持最高标准、最严要求、最实举措，统筹推进行业发展和安全，全面加强风险隐患排查整改，全面提升行业本质安全水平，不断增强政治判断力、政治领悟力、政治执行力，坚决做到守土有责、守土负责、守土尽责，坚决遏制重特大事故发生，全力维护国家安全和社会大局稳定。

二、保持战略定力，全方位守住党的二十大期间行业安全发展底线

国家局党组高度重视做好党的二十大邮政快递安全服务保障各项工作。及时成立以我为组长的领导专班，建立工作机制，制定工作方案，加强对重点地区、关键环节的调度，有效加强对全国邮政快递业在党的二十大期间寄递渠道安全和服务保障工作的统一指挥和统筹指导。我们毫不放松抓好疫情防控，着力推进保通保畅，全力支持市场主体发展，推动国家扎实稳住经济一揽子政策措施和接续政策在行业有效落地。我们正在积极妥善做好应对四川泸定地震相关工作，有力有序推进快递员权益保障、机要通信、邮票发行、“扫黄打非”、宣传舆论等工作。总体来看，行业整体运行平稳，恢复态势良好，寄递渠道安全畅通。同志们付出了大量艰辛努力，大家辛苦啦！

在看到成绩的同时，也要清醒认识到行业安全发展存在的问题和面临的挑战。从发展环境来看，我国发展的内外部环境依然复杂严峻，受新一轮疫情等超预期因素影响，经济下行压力明显加大，疫情期间供应链受阻等因素对邮政快递业务量短期增速和行业发展带来一定影响。从生产安全来看，企业安全生产基础仍较薄弱，部分企业片面追求经济效益，安全生产主体责任“挂空挡”，部分加盟制企业总部对全网安全掌控能力不强，落实安全法规制度不严不实，安全事故时有发生。从寄递安全来看，实名收寄、收寄验视、过机安检“三项制度”落实有盲区，涉枪涉爆涉毒和涉黄涉非等违规寄递行为花样翻新，发现查处手段不足。从信息安全来看，邮政快递领域已产生积累了大量数据信息，社会舆论高度关注，网络安全如遭“破防”、重要数据如被窃取、用户信息如被大面积泄露，容易成为各类风险的传导器、放大器，后果不堪设想。从疫情防控来看，当前疫情形势仍然严峻复杂，邮件快件分拨中心人员多、件量大、来源复杂，首站处理进口国际邮件快件的场所，直接接触境外邮件快件，部分快递企业的疫情防控制度不健全、执行不到位，物品、环境、人员疫情防控难度大。

做好党的二十大邮政快递安全服务保障，使

命光荣，任务艰巨，工作千头万绪，重点是行业安全和稳定两个方面。要全面贯彻总体国家安全观，按照中央重大活动安保要求，认真落实党的二十大期间《寄递渠道安全和服务保障工作实施方案》和国家局《防范化解邮政快递领域重大风险工作方案》，坚持问题导向，增强忧患意识，树牢底线思维，克服麻痹思想、松劲心态、厌战情绪，强化预警预防，分类精准施策，层层压实责任，深入摸排化解行业风险隐患，确保行业安全形势持续稳定。

一是必须确保首都安全。北京是寄递安保工作的核心、前沿、重中之重。北京局要坚决扛起“主力军”的责任，迅速筑牢“主阵地”，积极投身“主战场”，全力以赴确保寄递活动绝对安全。要组织寄递企业对进京邮件快件实行投递前“二次安检”；对寄往安保核心区域和重点部位的邮件快件，配合公安、国家安全等部门实行投递前再次安检，无安检标识邮件快件一律退返。要督促北京市邮政企业落实专投作业要求，对涉及安保核心区域邮件快件实行专人、专车、专线、专区服务、专项检查的“五专”措施。北京局要强化与“环京护城河”地区邮政管理部门的信息互通和协调联动，共同加强对北京市界地区寄递企业安全监管执法检查。对于因处理中心外迁至天津、河北，确实需要在京外实行“二次安检”的快递企业，北京局要与天津局、河北局加强协调联动，共同督促寄递企业落实“二次安检”，还要与当地公安、国家安全部门做好沟通协调，对京外“二次安检”结果予以确认。

二是必须严把关键环节。全系统全行业要牢固树立“一盘棋”思想，千方百计确保寄往北京等重点地区邮件快件绝对安全。在寄递安保活动实战阶段，各地对寄往北京等重点地区的邮件快件一律强化安全检查，并按照“谁收寄，谁负责”“谁安检，谁负责”要求，逐一加盖或者粘贴收寄验视戳记和过机安检标识。要督促企业严格落实寄递安全“三项制度”，着力查堵涉枪涉爆、涉黄涉非、涉毒涉危（危险化学品）等禁寄物品；严格执行寄递物品临时管控措施，一律不得收寄和投递寄往北京的“低慢小”航空器、穿越机等物品。要按照统一部署，加强进京邮件快件收寄、投递环节的管控和处理环节的消毒，防止疫情通过寄递渠道传播。要督促各企业严格执行北京进口冷链食品防疫指引等规定，在无法保证冷链物品防疫安全的情况下，不得收寄、投递以邮件快件形式寄往北京的进口冷链食品。要扎实做好邮政快递服务保障工作，及时掌握企业运行动态，指导企业加强人力、物力、运力储备保障，全力满足人民群众寄递服务需求。企业总部所在地省（区、市）邮政管理部门要督促指导企业总部做好全网运营监测和调度疏导，防止进京邮件快件积压。

三是必须紧盯重点工作。要扎实推进行业安全生产大检查，督促寄递企业整治清除各类风险隐患，力争实现可防性亡人事故归零，坚决遏制重特大事故发生。要深入开展安全生产专项整治三年行动集中攻坚战，以分拨中心、营业场所、员工宿舍等人员密集场所为重点，督促寄递企业全面加强人员、车辆、消防、用电、机械操作等安全管理，全面纠治违章指挥、违规作业、违反劳动纪律“三违”行为，抓紧解决设备设施不达标、现场管理不到位、员工着装不规范、作业操作不合规“四不”突出问题。要督促寄递企业加强业务管理信息系统安全和用户信息保护工作，严防恶意攻击、网络瘫痪，确保生产作业系统稳定运行，严防发生用户信息泄露事件。开展“扫黄打非”专项督导检查，严格落实好寄递安全“三项制度”和禁限寄规定，全方位提升人防、物防、技防水平和全链条、全流程防控力度，坚决阻截涉黄涉非物品通过寄递渠道流通传播。

四是必须抓好应急维稳。各级邮政管理部门要按照国家局工作部署，督促寄递企业落实安全主体责任，及时发现和消除安全隐患，将国务院安全生产十五条硬措施不折不扣落实到位。一旦发生突发事故（件）要做到快速反应、科学应对、依法处置，按规定及时、准确报送相关信息，严禁迟报、谎报、漏报、瞒报。要抓好行业维稳工作,督促企业总部落实行业维稳“四个一”要求,及时发现苗头性倾向性问题,有效防范化解基层网点矛盾纠纷,坚决防止发生大规模群体性事件。

三、坚持从严从实,高质量做好党的二十大期间行业安全服务保障

全系统全行业要全面落实“疫情要防住、经济要稳住、发展要安全”的要求,必须把党的二十大邮政快递安全服务保障工作摆在更加突出位置,时刻保持清醒头脑、政治定力,坚定做好自己的事,统筹推进行业安全和服务两方面保障工作,确保行业平稳运行,向党中央、国务院,向全国人民交出一份合格的答卷。

一是坚决抓实抓细行业疫情防控各项重点工作。在压紧压实疫情防控责任方面,各级邮政管理部门要认真贯彻落实党中央、国务院决策部署和国务院联防联控机制工作要求,坚持“外防输入、内防反弹”总策略和“动态清零”总方针不动摇,坚持高效统筹疫情防控和行业发展,强化落实邮政快递企业主体责任和邮政管理部门行业监管责任,切实加强人员密集场所以及从业人员管理,持续做好疫苗接种、核酸检测等基础性工作。在提高应急处突能力方面,要建立健全平急一体的突发疫情应急处置工作机制,确保一旦发生疫情立即从常态化防控转到应急处置;遇有行业涉疫突发事件,要严格按照“一停二消三查四保”原则,及时启动应急处置工作,配合相关部门及时做好停运封控、通风消毒、隔离检测、疫情排查等工作;特别是发现涉疫邮件快件,源头省份要及时通报输入省份,根据国家局部署和地方防疫部门专业指导,果断精准处置,坚决杜绝疫情通过寄递渠道传播。在强化督导检查方面,要依托联防联控机制,强化行业疫情防控监督检查,重点对进口国际邮件快件首站消毒处理、省际邮件快件经转处理等重点场所实施全覆盖监督检查;要督促寄递企业加强管理,严防发生从业人员聚集性疫情;当地一旦发生疫情,要马上对寄递企业进行调度指导、提出工作要求,督导寄递企业减少从业人员外出,降低生产作业场所人员密度,减少人员流动和接触,做到“不扎堆”。近期要结合行业实际严格落实国务院联防联控机制综合组印发的《2022年国庆假期及前后新冠肺炎疫情防控工作方案》各项部署要求,落实行业主管部门责任,按照各地根据实际作出的具体安排,适当加密快递从业人员核酸检测频次,每两天开展一次核酸检测,提高疫情监测灵敏性;加强高校涉邮疫情防控,严格落实校内邮政快递服务网点疫情防控要求。国家局机关和在京单位要按照属地要求,严格人员管理,压实四方责任,从严从紧抓好国庆假期及前后首都疫情防控有关工作。

二是坚决落实行业保通保畅各项重点工作任务。全系统要充分认识保通保畅工作的长期性、复杂性、艰巨性,始终保持战略定力,持续推进行业保通保畅工作长效化、制度化、常态化,切实巩固行业保通保畅工作稳定态势。要系统梳理属地分拨中心、营业网点的关停情况,就所处区域、范围、受影响程度等要素进行综合研判,落实有关政策规定,有效规范行业分拨中心等基础设施关停程序,有序推动分拨中心、营业网点解封。要充分运用前期积累的保通保畅经验,用好用足国务院物流保通保畅工作机制已出台政策,分类对标精准施策,及时疏解积压邮件快件,推广使用无接触投递设施,切实保障末端微循环畅通。要聚焦疫情发生地区基层快递员急难愁盼,加强行业运行监测,督促企业总部加大投入力度,为快递员提供基本生活保障,维护快递员队伍稳定。要加强与相关部门的沟通,依托地方保通保畅工作机制解决邮政快递业相关堵点卡点问题,对本级工作机制无法解决的难点问题,及时报国家局工作专班,推动国务院物流保通保畅工作机制协调解决。

三是坚决保障高质量的邮政服务。邮政机要通信方面,各级邮政管理部门要站在维护国家政治安全的高度,精心组织、周密部署,务必把每个

环节、每个细节都谋划到位、落实到位；要督促邮政企业“按密级、分渠道”做好会前、会中、会后各类涉密文件传递；要高度关注邮路运行情况，督促邮政企业加强调度，确保特殊紧急情况下安全畅通；要认真开展党的二十大机要通信监督检查，发现问题，坚决纠治、及时整改。邮票发行监管方面，全力做好《中国共产党第二十次全国代表大会》纪念邮票发行工作，确保邮票印制质量，合理安排发运时间，保证邮票按时到达销售网点尤其是偏远地区销售网点，确保邮票顺利发行；组织开展专项监督检查，加大重点地区检查力度，切实保障消费者权益。邮政服务方面，北京局要落实会议组织有关要求，督促指导邮政企业选派优秀服务人员，做好党的二十大驻会邮政服务；要加强对重点区域邮政服务保障情况的监督检查，确保邮政场所和渠道安全通畅，确保驻会邮政服务优质高效。

四是坚决从巩固党执政基础的高度做好快递员群体合法权益保障。要全面落实既定任务，全系统应认真梳理7部门《关于做好快递员群体合法权益保障工作的意见》所明确的各项任务，以更加务实、有力的举措加快推动各项政策和任务的实施，确保落到实处见到实效；各级邮政管理部门要进一步凝聚部门合力，创新模式方法，共同破解瓶颈难题。要切实强化行业监管，将压力传导到寄递企业，特别是督促企业总部有效落实主体责任，确保快递员群体合法权益得到保障。要严格落实属地责任，相关地方邮政管理部门应加强协调，对无正当理由低价竞争、实施差异化派费等事项，树立主责意识，加大纠治力度，为全网治理作出积极贡献。要全力争取地方支持，各级邮政管理部门应发挥双重管理体制优势，进一步落实中央与地方财政事权和支出责任划分改革，主动在加快智能快件箱（信包箱）和公共服务站建设、将快递员群体纳入当地住房、医疗、子女教育等民生保障体系等方面继续加强协调，争取地方政府的支持，更好保障好快递员群体的合法权益。

五是坚决巩固行业稳中向好发展态势。要扛起畅通经济循环的使命担当，努力实现年初确定的预期目标，助力加快建设全国统一大市场。要进一步强化政策法规支撑，持续推进“十四五”规划实施，做好交通强国建设涉邮试点工作，加强与综合货运枢纽补链强链政策衔接，推动修订《快递市场管理办法》；用足用好国家扎实稳住经济一揽子政策措施，推进落实稳定行业发展态势的23条具体措施。要进一步强化行业改革创新，深化“放管服”改革，持续开展许可规范化、标准化建设，强化科技标准赋能，推进快递包装绿色转型。要进一步强化重点工程实施，深入推进“快递进村”，持续推动村级寄递物流综合服务站建设，继续推广邮快、交邮、客货邮融合发展等模式，大力推进农村邮路汽车化，确保年底符合条件的建制村快递服务基本覆盖；大力推进“快递进厂”，组织快递服务先进制造业深度融合典型项目和发展试点先行区创建，引导快递企业提升制造园区的快递设施覆盖率，推动快递功能进园区、入厂区；稳步推进“快递出海”，继续加强品牌创建和国际业务合作，引导企业完善境外网络布局，多渠道建设海外仓，进一步拓展洲际快递服务，持续推动中欧班列常态化运邮，不断提升跨境寄递服务能力。

四、强化责任担当，切实维护党的二十大期间行业稳定运行

我们在建党百年庆祝活动、北京冬奥会等重大活动中，圆满完成了中央交给的政治任务，在实践中磨练了队伍、提高了能力、积累了经验，形成了比较成熟有效的工作方法。我们要坚定信心、振奋精神、迎难而上，在党的二十大安全服务保障工作中续写荣光，确保行业安全稳定运行，决不能出问题。

一是加强组织领导。各级邮政管理部门要认真落实“三个必须”要求，坚持“一把手”负总责、亲自抓，确保工作到位、力量到位、责任到位，按照“四个融入”要求扎实开展中央巡视发现问题整改

工作，统筹抓好邮政快递业疫情防控、保通保畅、安全生产、行业稳定、值班值守、保密检查、网络安全和学习宣传贯彻等各项工作。各地要按照国家局方案要求，分层分级建立党的二十大寄递安全和服务保障工作领导机构，建立健全国家、省、市三级联动和政府、协会、企业三维互动的保障机制。各省(区、市)局和各企业总部要细化本地区、本企业党的二十大期间安全和服务保障工作方案。

二是完善工作机制。建立包保机制，国家局对各省(区、市)邮政快递业安全稳定工作实施分片包干督导，各省(区、市)要组织实施辖区内行业安全稳定分片包干督导。近期，我和其他局领导也将按分工，加强对重点地区、重要点位的督导调研。各地要建立督查工作机制，尤其是领导干部要深入一线检查督促，及时发现、解决存在的突出矛盾和问题，做到问题隐患不清零不放过、任务措施不具体不放过、责任分工不明确不放过。要充分调动各方积极因素，发挥寄递渠道联合监管、平安中国建设协调小组等工作机制作用，主动加强与政法、公安、国家安全、交通运输等部门协作，加大联合执法力度，形成齐抓共管、群防群治、联防联控的工作合力。

三是强化值班值守。即将到来的国庆假期，也是党的二十大安全服务保障实战阶段的开端，要统筹做好节日值班值守、安全生产和重大活动安保工作。各级邮政管理部门要针对当前行业特点和近期有关安全事故(件)，坚持早部署、早防范、早处置。在实战阶段，要实行 24 小时值班和领导带班制度、安全信息“零报告”制度，值班部位要压实岗位职责，做好值班联络、请假报备、文电收转、重大突发事件及紧急事项请示报告等工作。凡因工作不力导致发生重大安全问题，或落实值班值守和信息报告制度不严不实，造成严重后果的，将严肃追责。

四是全面压实责任。要全面压实企业主体责任、行业监管责任，层层压实领导责任、监管责任、主体责任和岗位责任。要督促寄递企业严格落实安全主体责任，建立健全隐患排查和责任倒查工作机制，严格各项安全管理制度。督促企业切实吸取事故教训，对消防用电、车辆交通、机械操作等事故易发环节进行重点排查整治，全面提升企业本质安全水平。各级邮政管理部门要强化督导、狠抓落实，集中组织力量采取明查暗访、联合执法、突击检查等方式开展监督检查，及时发现和消除安全隐患，严防发生安全生产亡人事故，从严从快查处违反“三项制度”企业，形成有效震慑。要深化邮政快递领域个人信息安全治理专项行动，督促行业各关键信息基础设施运营者及时整改攻防演习中发现的问题，加强寄递渠道安全监管“绿盾”工程应用，提升安全监管质效。

五是注重宣传引导。要加强党对意识形态和新闻宣传工作的领导，坚持不懈用习近平新时代中国特色社会主义思想凝心铸魂，稳中求进、守正创新，强化行业新闻宣传服务行业的效用。要精心做好党的二十大行业宣传工作，继续配合做好迎接党的二十大主题成就展筹备工作，制定行业党的二十大宣传工作方案，做好舆情监测引导和处置。要充分运用好行业报纸、杂志、网站、新媒体等媒介，深入挖掘宣传全系统全行业干部群众学习贯彻的典型事迹和良好风貌，汇聚起全行业创新创业的磅礴力量。要稳住行业新闻宣传“主阵地”，加强行业新闻宣传工作队伍建设，加强一报一刊订阅推广，打通党的二十大精神在行业基层生根的“最后一公里”。

最后，我再强调一点，全系统全行业要认真学习领会党的二十大精神，按中央部署抓好党的二十大精神宣贯落实，把思想统一到党的二十大精神上来，把力量凝聚到党的二十大确定的各项任务上来。通过党组理论学习中心组、集中专题培训、支部党员大会、党小组会、党课、主题党日开展、青年理论学习小组学习等多样多层次的学习形式，引导、督促广大党员干部认真研读党的二十大精神的思想精髓、核心要义，原原本本、原汁原味的学习好党的二十大精神。要以党的二十大精神为指导抓好行业党建各项工作。

同志们，国庆佳节将至，借此机会，向同志们致以美好的节日祝福，并通过你们，向节日期间仍坚守岗位的全国邮政职工、“快递小哥”、邮政管理系统干部职工表示亲切慰问！

同志们，奋进新征程，建功新时代。在这个特殊、关键时期，让我们更加紧密团结在以习近平同志为核心的党中央周围，全面贯彻习近平新时代中国特色社会主义思想，深刻领悟“两个确立”的决定性意义，始终牢记“国之大者”，完整、准确、全面贯彻新发展理念，强化使命担当，守住红线底线，踔厉奋发、勇毅前行、团结奋斗，全力做好党的二十大邮政快递安全服务保障各项工作，持续推进行业高质量发展，服务加快构建新发展格局，以实际行动迎接党的二十大胜利召开！

坚持以人民为中心的发展思想
以邮政业的高质量发展书写交通强国邮政新篇章

——国家邮政局局长赵冲久第53届世界邮政日致辞

2022年10月9日

在举国喜迎党的二十大胜利召开、欢庆中华人民共和国73华诞的日子里，我们迎来了第53届世界邮政日。借此机会，我谨代表国家邮政局，向关心、支持我国邮政业发展的各地区、各部门和社会各界，表示崇高的敬意和衷心的感谢！向我国邮政业的广大干部职工和全世界邮政业的同行们，致以节日的问候和良好的祝愿！

今年世界邮政日的主题是“邮政守护地球家园”，充分彰显了邮政这个全球最大实体服务网络守护地球这个人类共同家园的责任与担当，充分体现了邮政业创造守护美好生活、服务构建人类命运共同体的价值与追求，充分表达了世界邮政致力于推动绿色转型、实现可持续发展的前景与决心。

邮政业是国家重要的社会公用事业，邮政体系是国家重要的战略性基础设施和社会组织系统之一。党的十八大以来，在以习近平同志为核心的党中央坚强领导下，我国邮政业取得了历史性成就、发生了历史性变革，进入了年快递件量过千亿件、年快递收入上万亿元的新阶段。我们坚持邮政基本公共服务属性，坚守“传邮万里、国脉所系”根脉，促进邮政快递网络和服务“双下沉”，实现了建制村直接通邮，提高了邮政普遍服务能力，建成了世界上最为通达、最为普惠、规模最大、受益人数最多的邮政快递网络。我们坚持以畅通循环、促进流通为己任，发挥贯通一二三产业，拥有资金流、信息流、物流“三流合一”的优势，在服务乡村振兴、扩大内需战略，支撑线上新型消费、稳固产业链供应链中发挥了重要作用，快递已经成为反映经济活力的“风向标”和经济发展的“晴雨表”。我们坚持人民邮政为人民的永恒初心，邮政快递已经成为无处不在、无人不用的生活场景，过去“家书抵万金”，如今“快递暖人心”，特别是在新冠肺炎疫情发生后，数百万快递员冒疫奔忙、逆行冲锋，递送生活必需，送去人间温暖，彰显了使命担当。我们坚持走可持续发展道路，积极适应经济新常态，积极推动普惠邮政、智慧邮政、安全邮政、诚信邮政、绿色邮政建设，坚定不移深化供给侧结构性改革，积极参与全球邮政治理，我国邮政业已成为全球邮政业发展的动力源和稳定器。

看到成绩的同时，我们更要清醒认识到，当今世界正经历百年未有之大变局，国际环境日趋复杂，新冠肺炎疫情影响广泛深远，不稳定性不确定性因素陡然增多，邮政业在更好发挥畅通经济循环、促进共同繁荣、实现文明交融、保护通信权益等方面的作用面临巨大挑战，更需要切实加强党对邮政业的全面领导，坚持以新发展理念为引领，以融入新发展格局为支点，以满足人民用邮需要为根本，以提升治理体系能力为基础，发挥好全球邮政这张大网在政策沟通、设施联通、贸易畅通、资金融通、民心相通方面的独特作用，为促进共同发展作出更大贡献。

第一，完整、准确、全面贯彻新发展理念，推动行业高质量发展。要坚持创新发展不动摇打造发展优势，始终把创新作为引领发展的第一动力，加强创新体系和创新能力建设，强化自主创新，大力发展智慧邮政和智慧快递，加快推动行业由“互联网+”向“智能+”蜕变跃升。要坚持协调发展不动摇补齐发展短板。高效衔接区域协调发展战略，实现与综合交通枢纽、关联产业协同布局集聚发展。要坚持绿色发展不动摇促进低碳环保。将“绿色邮政”融入美丽中国建设中，积极构建与绿色理念相适应的法律、标准、政策体系建设，持续优化运输结构，加快推进快递包装减量化、标准化、循环化。要坚持开放发展不动摇增强国际竞争力。拓展海外服务布局，更好服务“一带一路”建设，加快构建多点支撑的境外寄递枢纽，增强国际寄递网络的连通性和稳定性，提升跨境服务能力。要坚持共享发展不动摇提升普惠水平。坚持人民共享发展成果，强化通政便民利商功能，提升邮政普遍服务均等化水平，推动快递服务更为便捷更广覆盖更加优质。

第二，始终胸怀“国之大者”，更好服务构建新发展格局。要建强网络，提升畅通循环能力。积极融入现代综合交通体系，建强主枢纽、贯通大通道、优化全网络，聚焦产业数字化、数字产业化，推动大数据、互联网、人工智能、区块链等新技术与行业深度融合，不断提升打通大动脉、畅通微循环的能力。要补链强链，助力现代流通体系。深入推进“两进一出”工程，更好融入生产、分配、流通、消费各个环节，通过推进“快递进村”，打造服务现代农业的直通车；通过推进“快递进厂”，打造服务先进制造业的移动仓；通过推进“快递出海”，建强稳固国际产业链供应链的桥头堡。要降本增效，服务实体经济发展。坚持以网络化、智能化为抓手，在资源配置、信息传输、自动分拣等方面转型升级，进一步提升寄递效率，降低物流成本，为构建全国统一大市场贡献行业力量。

第三，坚持以人民为中心，更好满足人民群众美好用邮需要。要始终坚守人民邮政初心。深入贯彻以人民为中心的发展思想，传承好“一封信一颗心”“情系万家、信达天下”的优良传统，坚持办好年度邮政业更贴近民生实事，更好解决人民群众美好用邮需要中的“急难愁盼”问题，不断增强人民群众用邮的获得感、幸福感和安全感。要持续提升服务能力。推动邮政普遍服务业务与竞争性业务分业经营，切实加强邮政普遍服务保障；规范末端投递行为，推进快递成本分区、服务分层、产品分类；引导快递企业加强核心资源整合，培育壮大具有国际竞争力的现代快递物流企业。要坚定维护快递员合法权益。认真落实《关于做好快递员群体合法权益保障工作的意见》，坚持法治化、规范化、市场化工作路径，着力解决好快递员群体最关心、最直接、最现实的合法权益问题，更好为创造者创造、为守护者守护。

第四，聚焦高效能治理，为行业行稳致远提供强有力支撑保障。要完善行业法规体系。推动修改邮政法和快递暂行条例，持续深化“放管服”改革，持续优化行业营商环境，坚持依法治邮，着力打造高效规范、公平竞争的市场秩序。要加强行业治理。推动有效市场和有为政府更好结合，不断加强邮政普遍服务监督，强化邮政市场监管。切实加强行业资本监管、规范资本运作，防范资本无序扩张。要统筹发展和安全。坚持行业领域传统安全和非传统安全一体统筹，坚持人防物防技防有机结合，统筹推进行业寄递安全、生产安全、信息安全和应急处置，慎终如始抓好行业疫情防控，严防重特大公共安全事故发生。要参与全球邮政治理。坚定维护万国邮联多边机制，顺应全球邮政治理变革，大力开展双多边邮政和快递合作，推动我国邮政业发展的理念、标准等走出去，为全球邮政业转型发展和行业治理贡献中国智慧和中国方案。

志之所趋，无远弗届；行而不辍，未来可期。党的二十大召开在即，我们要更加紧密地团结在以习近平同志为核心的党中央周围，踔厉奋发、勇毅前行，坚定不移加快交通强国邮政篇建设步伐，以实际行动迎接党的二十大胜利召开！

统一思想 凝聚共识
在加快建设交通强国、努力当好中国现代化的
开路先锋新征程中勇挑畅通重担

——国家邮政局副局长戴应军在2022年全国邮政管理工作电视电话会议上的总结讲话

2022年1月6日

同志们：

今天，我们采用电视电话会议的形式召开了2022年全国邮政管理工作会议。经过大家共同努力，我们用一天时间完成了会议各项议程。大家普遍反映，这次会议深入学习贯彻党的十九大和十九届历次全会精神以及中央经济工作会议精神，是一次统一思想、凝聚共识的会议，是一次鼓舞人心、务实奋进的会议，为做好明年邮政管理工作明确了任务、提出了要求，也鼓舞了士气、提振了信心，达到了预期目的。下面，受国家局党组和军胜同志委托，我就贯彻落实会议精神，再讲三点意见。

一、关于本次会议

刚过去的2021年，是中国共产党成立100周年，是党和国家历史上具有里程碑意义的一年，国家实现了第一个百年奋斗目标，开启了向第二个百年奋斗目标进军的新征程。这一年也是我国邮政快递业发展史上极不平凡的一年，我们胜利完成了“千亿万亿”目标，实现了“十四五”良好开局。新年伊始，我们召开全国邮政管理工作会议，对于全系统全行业以史为鉴、开创未来，意气风发向着第二个百年奋斗目标迈进具有重要意义和深远影响。会上，我们传达学习了刘鹤副总理重要批示精神，刘鹤副总理充分肯定了2021年包括邮政快递业在内的交通运输行业取得的成绩。交通运输部李小鹏部长作了重要讲话，充分肯定了2021年全国邮政管理工作取得的新成效，对今年工作提出了殷切期望。军胜同志作了工作报告，从6个方面全面总结了2021年的工作成效；分析了行业改革发展面临的新形势、存在的主要问题和不足，提出要深化“服务全领域、激活全要素，打造双高地、畅通双循环”工作思路，注重系统思维、注重统筹结合、注重联动发展，推动行业高质量发展、高效能治理，在“加快建设交通强国、努力当好中国现代化的开路先锋”新征程中勇挑畅通重担；明确了2022年工作的总体要求，部署了6个方面21项重点任务。军胜同志的报告谋划科学、目标清晰、主题突出，具有很强的指导性、针对性和可操作性。会上，北京局等10家单位代表作了交流发言，分享了各自的好做法和好经验，对我们做好下一步工作具有很好的借鉴意义。

由于电视电话会议难以安排分组讨论，请各单位各部门对军胜同志的工作报告自行组织学习研讨，并将讨论结果及时报国家局办公室；会后，国家局还将就2022年邮政快递业更贴近民生实事征求意见，请大家及时反馈，国家局将认真研究吸纳，修改完善后印发实施。各地邮政管理部门要及时将向本地党委、政府报告本次会议的情况，广泛争取地方对邮政管理工作的支持，组织开好本地区的邮政管理工作会议。各部门各单位要全面传达会议精神，结合各自实际抓紧把会议提出的部署要求落实落细落地，明确任务、做好分工、真抓实干，把各项工作抓出实实在在、看得见摸得

着的成效。要推动各项工作任务早部署、早实施、早发力，确保今年实现良好开局。

二、坚决把各项工作任务落到实处见到实效

2022 年将召开党的二十大，这是党和国家政治生活中的一件大事。谋划和做好全年的工作，意义重大、使命光荣。我们必须坚持稳字当头、稳中求进，坚持精准发力、综合施策，坚持清单管理、挂图作战，确保干一件成一件。军胜同志在工作报告中对今年工作进行了全面部署，两个专业会还将进一步细化安排相关任务。这里，对几项工作再做一些强调。

第一，关于加强规划实施和区域战略落实。在“十四五”规划实施工作中，各省（区、市）局要把落实国家“十四五”规划纲要、国家级重点专项规划涉邮任务，与落实行业规划结合起来，指导市（地）局把国家、行业和地方规划实施好。要深入落实区域重大战略和区域协调发展战略，按照中央部署、国家局明确的工作重点和地方政府要求，找准自身定位，主动融入国家战略布局和地方发展大局之中。北京、上海、广东和其他在区域发展中具有龙头作用的省市局要发挥好带动作用，与相关省局协同推进区域内邮政快递业高质量发展。

第二，关于疫情防控。岁末年初特别是春运期间，人流物流加密，疫情防控任务艰巨繁重。要坚持“外防输入、内防反弹”不动摇，做到科学防控、精准防控，坚决防止疫情通过寄递渠道传播，全力以赴做好行业疫情防控工作。要督促企业做到人员防控到位、物资储备到位、能力保障到位、措施精准到位，坚持“人”“物”同防，推进行业从业人员疫苗“应接尽接”和加强免疫接种工作，规范做好直接接触进口物品人员的个人防护、日常监测和定期核酸监测，对分拨中心、服务网点等重点场所采取严格的环境监测和卫生措施，坚决阻断疫情通过寄递渠道传播蔓延，巩固行业疫情防控的良好态势。

第三，关于邮政普遍服务监督。要持续夯实农村邮政服务，继续巩固扩大乡镇局所专项整治成果，针对乡镇地区邮政投递频次和投递深度等重点开展监督检查。压实邮政企业主体责任，进一步压降营投合一单人局所、委代办局所数量，强化补白局所运营管理，提升乡镇邮政服务能力。持续巩固建制村直接通邮成果，稳步提高农村投递服务水平，提高西部地区建制村每周投递三次以上比例。要持续优化城市邮政服务，结合经济社会发展和人民群众用邮新需要，开展城市地区邮政服务能力水平摸底调查。加强城市邮政普遍营业场所监督检查，提升城市邮政服务规范化、标准化水平。要保障好专项寄递服务，督导邮政企业继续做好党报党刊发行和巡视巡察等专用信箱寄递服务工作，高质量提供冬奥会邮政服务，精心组织高校录取通知书寄递等工作。

第四，关于快递员群体合法权益保障。各省（区、市）局要全面贯彻落实 7 部门《关于做好快递员群体合法权益保障工作的意见》，推动属地加快出台配套政策，细化任务措施。要保障快递员合法收入，试行快递员劳动定额标准，全面推开《末端派费核算指引》，督促企业保持末端派费水平合理稳定，持续优化快递员考核项目，严禁对寄自特定区域的快件实施非正常派费结算和巧立名目增加罚款、截留派费等行为。要完善法规标准体系，加快修订《快递市场管理办法》，推动落实企业总部在网络稳定、快递员权益保障等方面的统一管理责任，试点实施《快递服务站收投服务规范》和《智能快件箱投递业务操作指引》，规范快递末端收投服务行为。

第五，关于绿色低碳发展。要深入贯彻落实习近平生态文明思想和习近平总书记关于快递包装绿色治理重要指示批示精神，持续强化行业绿色发展理念，打好行业污染防治攻坚战。要加快推进快递包装绿色转型，实施“9917”工程，深入推进快递包装绿色治理。加强《固体废物污染环境防治法》《邮件快件包装管理办法》宣贯实施，加大

监督检查和行政执法力度。加强邮政快递领域塑料污染治理,加大可循环、易回收快递包装推广应用力度,开展可循环快递包装规模化应用试点。要稳步推进行业节能减排,落实国家碳达峰碳中和总体部署,研究探索符合行业特点的碳排放管理的方法和路径,引导寄递企业优化组织作业方式,构建绿色寄递运输体系,统筹优化网络布局,稳步推进邮政快递业碳达峰碳中和进程。

第六,关于邮政快递服务进军营。去年国家局在内蒙古锡林郭勒、宁夏银川两地试点推进军营邮政网点规范化服务,取得了初步成效。海南省邮政管理系统主动对接驻军部队,在部队营区设立邮政快递服务网点,解决快递进军营"最后一公里"难题,得到了部队官兵的充分肯定和高度赞扬。从掌握的情况来看,对邮政快递服务,部队官兵生活有需求、邮快合作有基础、军队政策有优惠。今年,国家局将会同邮政集团全面系统梳理已服务军营的200个邮政网点情况,在此基础上推动在军营网点开展邮快合作,打造为军服务综合平台,为部队官兵提供更规范、更优质的邮政快递服务。各地邮政管理部门要积极主动对接本地主要驻军,指导企业扎实做好邮政快递服务进军营工作。

第七,关于深化政治巡视巡察。全系统要深入学习领会习近平总书记关于巡视工作重要论述,准确把握新时代巡视工作要求,全面、细致、扎实做好迎接中央巡视各项工作,全方位、高质量抓好整改。要全面总结系统巡视巡察经验做法,制定全系统巡视五年规划(2021—2025)。加强巡视巡察队伍建设和经费保障,注重发挥系统双重管理优势,着力构建上下联动监督网。要健全全系统巡视巡察与各类监督统筹衔接、协调协同、贯通融合机制,进一步强化思想贯通、责任贯通、机制贯通,推动形成协同高效的监督格局。加强对全系统巡察工作特点规律的研究把握,注重发挥主观能动性,推动上下一体规范,做到同向发力、同频共振。

第八,关于财政事权划分改革和过紧日子。要以落实已出台的省级改革方案和推动出台市级方案为着力点,推动邮政领域中央、省、市三级支出责任的具体化、比例化和数量化,提升邮政领域地方财政事权与支出责任匹配度,尽快建立稳定的地方财政资金保障渠道,加强地方资金与中央财政拨款资金的统筹衔接和规范使用,构建多元经费保障机制。要将过紧日子作为预算管理长期坚持的基本方针,继续推进节约型机关建设,确保已建立的良性工作机制"不倒退"、已证明行之有效的实施措施"不反弹"。要进一步强化预算收支管理,坚持先有预算后有支出,严禁超预算、无预算安排支出,认真落实绩效主体责任,切实提高财政资金使用效益。要进一步完善督查督办工作机制,继续按月调度落实过紧日子要求和财政事权划分改革工作,落实好预算执行监控预警机制。

第九,关于行业新闻宣传。要认真学习习近平总书记关于新闻舆论工作的重要论述,充分认识做好新闻宣传对行业发展的重要性。行业新闻宣传工作人员要进一步提高政治站位,强化政治担当,始终坚定不移地同党中央保持高度一致,始终坚守党的喉舌性质和意识形态主阵地属性,始终坚持以人民为中心的工作导向。报社要自觉承担起党的新闻舆论工作职责和使命,坚持党管意识形态、党管媒体的原则,加强对移动互联时代媒体发展规律的研究,加快推进传统媒体与新兴媒体融合发展,不断巩固拓展行业新闻宣传工作的"主阵地"和"主根系",要善于整合利用各级各类媒体资源,用情用力讲好行业故事、传播行业正能量,持续提升行业媒体的传播力、引导力、影响力、公信力。全系统各单位各部门要加大对行业融媒体平台建设和报刊采编、发行工作以及新闻发布工作的支持力度,推动行业媒体做大做强。

三、扎实做好岁末年初各项工作

当前,行业正处于春节前业务旺季,生产运行繁忙。前不久,中办、国办印发了《关于做好2022

年元旦春节期间有关工作的通知》，国家局党组专门进行了部署，各单位各部门要抓好贯彻落实，毫不松懈做好岁末年初各项工作。

一要切实保障寄递渠道安全稳定。岁末年初历来是安全生产的关键时期，也是各类事故的高发期，保安全、保畅通的任务更重、要求更高。我们要树牢底线思维，坚持人民至上、生命至上，严格落实安全生产责任制和管理制度，强化安全隐患排查治理，严密防范涉枪涉爆、涉恐涉毒、涉黄涉非等危险违禁物品流入寄递渠道，坚决遏制重特大事故发生。要落实属地管理责任、源头稳控措施和多元化解机制，深入排查寄递企业在网络稳定、拖欠工资、事故赔偿、市场秩序以及从业人员保障等方面的矛盾纠纷，把各类不稳定因素和群体性苗头解决在萌芽、化解在基层，切实维护全网稳定运行。要引导企业做好春节期间运力调配，提前谋划节后生产安排，指导企业尽早恢复生产运营，对“马鞍效应”进行逆周期调节，做好舆论引导，确保春节期间行业安全平稳运行，巩固稳中有进的良好态势。

二要切实抓好行业重点群体关心关爱和走访慰问工作。要深入落实好总书记对“快递小哥”关心关爱指示要求，心系群众冷暖，真心真情关爱“快递员工”等重点群体，在节日期间下沉到基层网点、生产一线，扎实开展好年底走访慰问送温暖等活动，真正把民生实事办到人民群众心坎上。要关爱广大干部职工，加强党内激励关怀帮扶，帮助困难职工解决实际困难，走访慰问行业模范、离退休老同志，让大家度过一个欢乐祥和的春节。

三要切实抓好廉洁勤俭过节。要持续推进正风肃纪，持续释放从严信号，严格执行中央八项规定及其实施细则精神，严肃惩治违规发放津贴补贴或者福利，严防“节日腐败”。要严查节日期间享乐奢靡突出问题，聚焦疫情防控、安全生产、民生保障、政务服务等，坚决纠治影响党中央决策部署贯彻落实、漠视侵害群众利益的形式主义、官僚主义。要教育引导全系统全行业广大党员干部转作风树新风，反对铺张奢侈，倡导勤俭节约，营造风清气正的节日氛围。

四要切实抓好值班值守工作。要落实好岗位职责，严格执行24小时专人值班和领导干部在岗带班、外出报备等制度，要健全全系统应急值守联动机制，确保政令畅通。要提前做好应急保障准备，遇有重特大突发事件或者其他重要紧急情况，要第一时间请示报告并及时妥善处置。

最后，在新春佳节来临之际，我代表国家邮政局提前给大家拜个早年，祝同志们新春愉快、工作顺利、阖家幸福！谢谢大家！

走好产教融合、科技兴邮之路
为邮政快递业高质量发展和新时代“邮政强国”建设作出新的更大贡献

——国家邮政局副局长刘君在第四届“强邮论坛”暨邮政快递业数字化转型与高质量发展峰会上的讲话

2022 年 4 月 2 日

各位代表，老师们、同学们：

大家好！在北京邮电大学精心筹备和各方共同努力下，第四届“强邮论坛”开幕了。我谨代表国家邮政局对论坛的举办表示热烈祝贺！持续举办“强邮论坛”，是贯彻落实党中央重大决策部署，实施“人才强邮”“科技兴邮”战略的有力举措，是为“政产学研”协同、产教融合协作、激发创新创造活力搭建的重要平台。

邮政快递业是国家重要社会公用事业，是服务生产生活、促进消费升级、畅通经济循环的现代化先导性产业，邮政体系是国家战略性基础设施和社会组织系统之一。邮政体制改革特别是党的十八大以来，邮政快递业保持了健康快速发展的良好态势。国家邮政局坚决落实党中央、国务院决策部署，聚焦打赢三大攻坚战，坚定不移深化供给侧结构性改革，坚定不移服务国内国际双循环，为推动经济社会持续健康发展作出积极贡献。2021 年，我们坚持“服务全领域、激活全要素，打造双高地、畅通双循环”，积极应对新冠肺炎疫情，经受住了复杂严峻形势的考验，奋力完成行业改革发展任务，建成了与小康社会相适应的现代邮政业，服务构建新发展格局的作用进一步发挥。全行业经济总量再创新高，占 GDP 比重已超过 1%，特别是快递业务量突破 1000 亿件，连续 8 年稳居世界第一，行业与经济社会发展融合度持续提升，行业高质量发展的步伐更加坚实有力。

习近平总书记指出，发展是第一要务，人才是第一资源，创新是第一动力。踏上新的赶考之路，推动邮政快递业高质量发展和邮政强国建设，必须持之以恒地抓好人才建设、抓好科技创新、抓好各方协同。

一是着眼“抓好后继有人这个根本大计”，加快推进新时代“人才强邮”。功以才成，业由才广。到 2025 年，我国邮政快递业的目标是在规模实力、创新能力、基础网络、服务水平、治理效能等方面实现新跃升，在经济社会发展中的基础性战略性先导性作用更加突出，在全球邮政快递业发展中的地位更加凸显。这些目标的实现，必须要靠一支颇具规模、结构优化、素质优良的行业人才队伍来支撑。做好新时代行业人才工作，使命光荣、意义重大。“十四五”期间，国家邮政局将继续深入实施新时代“人才强邮”战略，坚持党管人才、坚持“四个面向”，加强顶层设计、完善制度机制，在助力国家“建设世界重要人才中心和创新高地”中，持续做好邮政快递业全方位培养引进用好人才工作。

二是紧盯“新一轮科技革命和产业变革”，大力推进新时代“科技兴邮”。当今世界正经历百年未有之大变局，科技创新是其中一个关键变量。科技创新从来没有像今天这样深刻影响着国家的前途命运，从来没有像今天这样深刻影响着百姓的生活福祉。当前，邮政快递业在科技革命和产业变革推动下加快转型升级，智慧邮政、智慧快递、区块链、大数据、云计算、物联网、人工智能等先进技术与行业结合越来越紧密，人民用邮的体验感持续改善。但我们也清醒地看到，行业发展不平衡不充分，大而不强、快而不优、粗而不精，仍

然是我国邮政快递业面临的主要问题。这些短板弱项问题的解决，必须向科技创新要答案。“十四五”时期的邮政快递业，将继续聚焦“智能+”，加快推进科技创新，不断健全科技研发体系、完善技术标准体系、打造技术产品体系、建立科技测评体系、发掘行业数据价值，切实为行业转型升级和高质量发展蓄势赋能。

三是加强“政产学研深度融合”，聚力推进新时代“同心邮驿”建设。多年的实践证明，邮政事业建设发展离不开一代又一代邮政人勠力同心、接续奋斗。邮政管理部门、市场主体、共建院校、科研机构、行业协会和专家组织是一个有机的整体、完备的体系。一个“邮”字把我们紧紧联系在一起，正因为这个“邮驿”情怀和共同追求，我们相聚在“强邮论坛”，大家都是邮政事业建设发展的见证者、实践者、参与者和贡献者。站在新时代邮政强国建设的新起点，面对更加艰巨的风险与挑战，我们更需要社会各界的援手和支持。我们要坚定“政产学研”的合作方向，走好产教融合、科技兴邮之路，用我们的智慧、热情、追求，合力创造邮政事业更加美好的未来。

各位代表，新时代是奋斗者的时代。希望大家以本届“强邮论坛”的举办为契机，更加务实有效地推动邮政行业科技创新、科技赋能和高层次高素质人才培养，积极为邮政快递业高质量发展和新时代“邮政强国”建设作出新的更大贡献！

最后，预祝第四届“强邮论坛”圆满成功！

谢谢大家！

加强党建引领 选树先进典型
在全面推进中华民族伟大复兴的新征程上贡献行业力量

——国家邮政局副局长赵民在2022年“新就业形态劳动者温暖服务季”启动仪式上的讲话

2022年11月3日

尊敬的陈刚书记，各位领导、同志们：

在全党、全国各族人民正在深入学习贯彻党的二十大精神的关键时刻，举办“新就业形态劳动者温暖服务季”活动，为包括400多万快递员群体在内的新就业形态劳动者送去温暖，充分体现了党中央的高度重视，体现了全国总工会和各级工会部门对新就业形态劳动者的关心关爱。在这里，我代表国家邮政局向在快递等领域一线工作岗位上默默贡献、辛勤劳动的广大新就业形态劳动者致以崇高的敬意！向长期以来关心关爱快递员等新就业形态劳动者的全国总工会、各地党委政府、各级工会组织表示衷心的感谢！

习近平总书记在党的二十大报告中指出，要加强灵活就业和新就业形态劳动者权益保障。习近平总书记心系“平凡”，多次就关心关爱快递员群体作出重要指示批示，为我们加强以快递员群体为代表的新就业群体关心关爱和合法权益保障提供了有力遵循、指明了前进方向。

国家邮政局坚决贯彻落实习近平总书记重要指示批示精神，积极推动快递员群体合法权益保障工作，在全行业深入开展关爱快递员“暖蜂行动”，会同全国总工会等6部门制定印发《关于做好快递员群体合法权益保障工作的意见》，连续6年将关爱快递员工作列为年度更贴近民生实事。同时，积极深化与全国总工会的协同配合，国家邮政局有关部门会同中国国防邮电工会持续推动京东、顺丰等企业不断健全工会工作内部协商机制；指导各地邮政管理部门配合当地工会部门深化探索实践，针对工资、派费、保险等涉及快递员切身利益事项开展集体协商；推动快递企业积极建会、引导入会，配合工会部门全力推进快递企业“会站家”建设和“工会进万家”等活动，有效发挥工会组织团结凝聚服务作用，切实把快递员群体吸引过来、组织起来、稳固下来。

下一步，国家邮政局将深入学习贯彻党的二十大精神，坚决贯彻落实习近平总书记在党的二十大报告中提出“加强新经济组织、新社会组织、新就业群体党的建设”重要指示要求，进一步加强同全国总工会的协同配合，以推动快递行业党建工作为契机，加强党建引领，通过加强快递企业党建带动群团建设，切实发挥企业工会作用，引导广大快递小哥积极入会，扎实开展好“寻找最美快递员”“快递从业青年服务月”等活动，加强典型选树和榜样引领，积极发挥快递员群体参与基层治理积极作用，将400多万名快递员牢牢团结凝聚在党的周围，始终听党话、跟党走，在全面建设社会主义现代化国家、全面推进中华民族伟大复兴的新征程上贡献行业力量。

谢谢大家！

坚定不移贯彻落实党中央确定的防控方针政策
扎实做好行业疫情防控工作

——国家邮政局副局长廖进荣在全国邮政快递业疫情防控电视电话会议上的讲话

2022 年 7 月 14 日

同志们：

按照国家局工作部署，今天我们召开行业疫情防控电视电话会议，主要任务是：深入学习习近平总书记关于疫情防控工作重要指示精神，认真贯彻党中央、国务院决策部署，落实国务院联防联控机制工作要求，分析形势、明确任务、完善措施，进一步做好邮政快递业疫情防控工作。刚才安全监督管理司通报了邮政快递业疫情防控大检查情况，浙江局、海南局作了交流发言，讲得都很好。发现问题是解决问题的基础，十个省做到了全覆盖，非常好。下面，为进一步加强当前行业疫情防控工作，我再重点强调四点意见：

一、切实提高政治站位，进一步深化对做好行业疫情防控工作重要性的认识

*（一）做好疫情防控工作是行业践行“两个维护”的政治要求。*新冠肺炎疫情发生以来，习近平总书记亲自指挥、亲自部署，提出“坚定信心、同舟共济、科学防治、精准施策”总要求，明确“外防输入、内防反弹”总策略、“动态清零”总方针，关键时刻作出重要指示，为做好疫情防控工作提供了科学指引和根本遵循。针对近期国内疫情复杂形势，习近平总书记多次作出重要指示批示，2022 年 3 月 17 日主持召开中央政治局常委会会议并发表重要讲话，4 月 29 日在中央政治局会议上进一步作出部署。5 月 5 日，习近平总书记再次主持召开中央政治局常委会会议听取汇报并发表重要讲话，充分肯定常态化疫情防控取得的阶段性成效，深刻分析当前疫情形势，明确疫情防控进入新阶段后的目标任务，对抓紧抓实疫情防控工作作出全面部署。6 月 28 日，习近平总书记在湖北省武汉市考察时强调，“当前，疫情还没有见底，外防输入、内防反弹压力还很大。坚持就是胜利。要克服麻痹思想、厌战情绪、松劲心态，抓实抓细疫情防控各项工作，同时要尽可能推动经济平稳健康发展”。习近平总书记的殷殷嘱托，充分体现了对国内外疫情形势的深刻认识、对疫情规律的深刻理解和对我国国情实际的深刻把握，贯穿了着眼长远的战略决断、强烈的使命担当、真挚的为民情怀，全系统全行业要坚决把思想和行动统一到习近平总书记重要指示精神上来，自觉践行“两个维护”，坚定信心，保持定力，提升本领，有效应对复杂严峻的疫情形势。

*（二）做好疫情防控工作是行业落实党中央决策部署的必然要求。*疫情要防住、经济要稳住、发展要安全，这是党中央的明确要求。全系统全行业要以强烈的责任感、使命感，坚决贯彻落实党中央确定的防控方针政策，继续坚持重点场所管理不放松、从业人员防护不放松、防控责任落实不放松、防疫宣传引导不放松；保证防控节奏不变、力度不减、标准不降，一刻不放松，一丝不马虎，要有时时放不下的责任感、紧迫感，抓实抓细疫情防控各项工作，坚决杜绝防疫工作中的“跑冒滴漏”，坚决守住不让疫情通过寄递渠道传播的底线。

*（三）做好疫情防控工作是行业保持健康发展的前提条件。*今年以来，行业先后发生了 3 起聚集性疫情造成行业内感染人员多，涉疫快件数量大、波及范围广，累计感染从业人员 239 人，涉疫

快件数量达 701.6 万件，涉及 31 个省（区、市）。在对用户权益和疫情防控大局造成不良影响，同时严重影响了行业疫情的形象，大部分地区对行业消毒、核酸检测、从业人员隔离观察等防控措施进一步收紧，增加了企业负担，降低了行业效率，极大影响了全行业的平稳运行。全系统全行业要深刻吸取教训，举一反三，坚决筑牢行业疫情防控屏障，高效统筹谋划疫情防控和寄递服务保障工作，为推动经济平稳健康发展贡献行业力量。

二、充分认识行业疫情防控面临的新形势，进一步增强风险意识

一是疫情形势依然严峻复杂。当前，全球疫情持续反弹，我国外防输入压力不断增大。奥密克戎 BA.5 亚分支正在成为全球主要流行毒株，并在我国引发本土聚集性疫情。截至 7 月 13 日，31 个省（区、市）和新疆生产建设兵团报告新增确诊病例 121 例。其中境外输入病例 35 例；本土病例 86 例，涉及甘肃、广东、上海、江西、海南、江苏、内蒙古、河南、重庆共 9 个省（区、市），防控形势依然严峻复杂。奥密克戎变异株传染性强，无症状感染者多，对防控工作和措施提出了更高的要求。

二是疫情防控政策逐渐精准。6 月 8 日，国务院联防联控机制综合组全文公布了《新型冠状病毒肺炎防控方案（第九版）》（以下简称“第九版防控方案”）。方案全面落实“外防输入、内防反弹”总策略和“动态清零”总方针，针对奥密克戎变异株的特点，因时因势对疫情监测、风险人员的隔离管理、中高风险区划定标准等进行了调整。第九版防控方案对防控措施的调整，决不是放松防控，而是要求更高、更准、更规范，要进一步提高疫情防控的科学性、精准性，充分利用资源，提高防控效率，统筹做好疫情防控和经济社会发展各项工作。政策的调整，都是因时制宜对防控举措作出的重要优化，符合科学防控、精准施策精神。与此同时，我们也要认识到，优化政策绝不等于放松疫情防控。疫情还没有见底，外防输入、内防反弹压力依然很大。

三是行业疫情防控工作存在的风险和隐患还不少。部分邮政管理部门和企业仍然存在麻痹松懈思想，认为自身在过去没有出现大的问题，就放松要求，对疫情形势没有足够重视。一些企业管理混乱，从业人员底数不清、身份信息掌握不准，未对劳务派遣人员、合作单位驻场工作人员实施严格统一管理。生产作业场所管理松懈，邮件快件消毒不规范。从业人员健康防护管理薄弱，不戴口罩、不按要求定期核酸检测、不接种疫苗的情况仍然存在。疫情防控是一项长期性、系统性工作，全系统全行业必须高度重视起来，进一步强化风险意识、紧迫意识，将疫情防控工作作为重中之重，毫不松懈、慎终如始全面抓好行业疫情防控工作各项措施落实。

三、坚持问题导向，抓严抓实抓细行业疫情防控措施

“逆水行舟、不进则退。”坚持就是胜利，不是一句口号，是人在阵地在的坚守。全系统全行业要坚决克服认识不足、准备不足、工作不足等问题，坚决克服轻视、无所谓、自以为是等思想，密切关注疫情发展变化，不断总结经验教训，完善防控体系，优化防控措施，坚决筑牢疫情防控屏障。

一是强化人员管理。坚持“人物同防”，人是重点和关键。一要摸清人员底数。对从业人员包括进入生产作业场所的劳务派遣员工、临时工、合作单位人员、来自外地运输车辆司乘人员严格实施统一管理，不留盲区。二要建立健全制度。做好核酸检测和疫苗接种等情况收集整理，健全疫情防控基础台账。实现群防群控，是保证疫情防控大局稳定的根基。三要深化疫情防控教育培训。督促从业人员落实执行“戴口罩”“勤洗手”“测体温”“不聚集”“一米线”“健康监测”等基本防护措施，实行“持证上岗”“持健康码上岗”等管理措施。

二是强化定期核酸检测。强化核酸检测工作

是提高行业疫情防控监测预警灵敏性、及时性的有效手段。对于我们行业而言，实施较高频次核酸检测更是预防聚集性疫情的重要手段。这次，第九版防控方案对我们行业从业人员核酸检测工作提出了更高的要求，总体上核酸检测频次加密了近一倍。全系统全行业要全面落实第九版防控方案关于风险职业人群监测的相关规定：与入境人员、物品、环境直接接触的人员要每天开展1次核酸检测；从业环境人员密集、接触人员频繁、流动性强的快递从业人员要每周开展2次核酸检测。其他人员核酸检测工作根据地方疫情防控部门相关规定执行。对于邮政快递业涉及的两类风险职业人群，要形成清单，动态管理，确保第九版防控方案有关核酸检测的要求落实到位。需要注意的是，当地市一级出现1例及以上本土病例时，要根据国邮发〔2022〕24号文件相关规定，整个地市的各类分拨中心从业人员、病例所在县（区）生活、工作的营业网点从业人员要每天进行1次核酸检测。近期国务院联防联控机制督导组就发现某些地区快递从业人员未按要求定期核酸；行业疫情防控大检查情况也显示，邮政快递从业人员不按要求进行定期核酸检测问题突出，下一步要作为工作重点，大力加以解决。

三是强化重点场所管控。从今年行业聚集性疫情暴露出的问题来看，重要场所管控不到位是引发聚集性疫情的直接因素。为避免此类问题再次发生，对于邮件快件处理场所等人员密集、空间封闭，容易发生聚集性疫情的场所，要落实通风换气、清洁消毒、体温检测等常态化防控措施。要严格分拨中心场地管理，实施分区作业、分类管理，认真查验出入处理中心人员健康码、行程码和核酸检测阴性证明，做好体温检测，并查验或者登记身份信息。要对从业人员包括进入生产作业场所的劳务派遣员工、临时工、合作单位人员严格实施统一管理，同时要固定人员岗位，实施分区作业。要加强外地货车司乘人员闭环管理，避免与分拨中心作业人员接触。辖区内发生本土疫情后，要配合执行当地疫情应急处置措施，同时根据防控需要可采取缩短工作时间、控制场所人员密度等措施。对于直接接触进口国际邮件快件装卸、分拣操作人员，要严格实行闭环管理和规范操作，确保作业场地通风良好，督促做好作业过程中的个人防护。

四是强化预防性消毒。消毒是防控新冠肺炎疫情的有效措施和手段。第九版防控方案对我们行业消毒提出了明确要求。近期，国家局也在研究出台行业消毒工作规范。全系统全行业要按照第九版防控方案规定和国家局相关规范要求做好消毒工作。一是在中高风险区等实施封管控措施区域内，要对快递集散点等区域环境开展预防性消毒。二是强化进口国际邮件快件“首站消毒责任制”落实工作。按照国务院联防联控机制要求，国家局已经印发通知，取消进口国际邮件快件静置期。但是，这绝不意味着放松对进口国际邮件快件的疫情防控工作。对于进口国际邮件快件实施“首站消毒”是行业外防疫情输入的关键一环，一定要牢牢把住。由于国际邮件快件处理场所对高风险和低风险进口邮件快件进行混合作业处理，所以我们要都逐件进行外包装各面消毒，邮件快件总包及装运容器一并消毒。三是推动消毒工作标准化和规范化，科学精准实施消毒工作，确保消毒效果，避免过度消毒和重复消毒。

此外，我还想强调的是，全系统要严格落实疫情防控“九不准”工作要求，落实国家统一的疫情防控政策，坚决防止疫情防控简单化、一刀切和层层加码。各省局要按照国家局要求，配合做好国家局转办的相关问题核查处置工作。

四、加强应急处置，确保各项应急处置措施真正落实到位

一是压实防控责任。邮政管理部门要坚决扛起疫情防控的政治责任，认真履行行业监管责任，持续整治行业疫情防控中的形式主义、官僚主义，切实做到守土有责、守土担责、守土尽责，严防行业内部发生聚集性疫情，严防疫情通过寄递渠道

传播扩散。创新工作方式,跟上防控形势的变化。北京局摸清底数,全市 12 万人。企业总部要全面压实疫情防控统一管理责任,坚持“谁的品牌,谁负责;管品牌必须管疫情防控”的原则。企业的管理水平、管理能力薄弱。要统一管理。企业自己发现问题,不能等着管理部门发现问题。各地要全面融入地方疫情防控体系,切实加强与属地沟通协作,及时向地方党委政府反映情况、争取支持,积极推动落实“四方责任”。

二是及时提级管控。当地一旦发生疫情,邮政管理部门要第一时间开展应对处置,加强组织领导,明确任务分工,完善工作机制,加强指挥调度,按照所在地疫情防控工作部署积极妥善应对。要详细评估疫情对行业影响,在地方可能采取相关管控措施前,做好预安排。要提升疫情应急处置能力,一旦发生行业涉疫事件,要早发现、快处置,采取科学严格的管控措施,露头就打、以快制快、并联推进、日清日结,坚决防止疫情通过寄递渠道传播。各企业总部要做好调整寄往该地区邮件快件流量流向的准备,在做好疫情防控的前提下,尽快妥善处理现有邮件快件,防止大量积压。同时要加大对疫情发生地所属企业的巡查力度,督促所属企业严格执行行业疫情防控基本制度;重点抓好处理中心封闭管理、从业人员核酸检测和健康防护、外来货车司乘人员闭环管理等措施的落实。疫情发生地区的邮政管理部门和企业,特别是各级领导干部和企业负责人,要靠前指挥,深入一线,及时掌握情况,及时发声指挥,及时采取行动。

三是强化监督检查。当地一旦发生疫情,邮政管理部门要及时加大辖区行业疫情防控监督检查工作力度。对于承担进口国际邮件快件首站消毒责任的处理场所,要建立重点监管台账,做到严防死守,靶向监督,做到每个月实地检查一次。对于其他处理场所;要进一步加大检查频次和力度,做到检查覆盖无死角。对于基层营业网点,要结合实际增加抽检比例和检查频次;要注重多方联动,充分发挥协同监管作用,压紧压实“四方责任”。对于通过“绿盾”工程等相关信息系统监控、巡检发现的问题,以及地方政府相关部门检查发现和通报的问题,都要认真调查、严肃处理。对发现的问题,综合运用责令整改、行政约谈、警示通报、信用惩戒等手段,压实压紧企业防控主体责任;对限期未整改、整改后再犯等情形要坚决予以行政处罚,绝不姑息放任。要按照国家局市场司前期下发的检查要求和处罚案由,强化监督执法;坚决杜绝只约谈整改,不行政处罚,行业监管失之于宽失之于软的问题。对涉嫌违反公共卫生、治安管理等法规制度的,要将有关问题线索移交有关部门及时依法处。

同志们,目前全球疫情仍处于高位,病毒还在不断变异,疫情的最终走向还存在很大不确定性,远没有到可以松口气、歇歇脚的时候。我们要保持头脑清醒,坚决克服麻痹思想、厌战情绪、侥幸心理、松劲心态,从拥护“两个确立”、做到“两个维护”的政治高度,坚决把思想和行动统一到习近平总书记重要指示精神上来,坚定不移贯彻落实党中央确定的防控方针政策,把防控责任担起来,把制度措施落下去,扎实做好行业疫情防控工作,以实际行动迎接党的二十大顺利召开。

踔厉奋发　勇毅笃行
以邮政市场监管工作的新成绩迎接党的二十大胜利召开

——国家邮政局副局长陈凯在2022年全国邮政市场监管工作电视电话会议上的讲话

2022 年 2 月 16 日

同志们：

这次会议的主要任务是：以习近平新时代中国特色社会主义思想为指导，全面贯彻党的十九大和十九届历次全会以及中央经济工作会议精神，深入落实习近平总书记关于邮政快递业重要指示批示精神，按照2022 年全国邮政管理工作会议部署，总结 2021 年工作，分析形势，细化实化2022 年重点任务。下面，我讲三个方面的意见。

一、2021 年主要工作

2021 年是中国共产党成立 100 周年，是迈进“十四五”、奋进新征程的开局之年。面对疫情防控和百年变局考验，全国邮政市场监管队伍立足新发展阶段，贯彻新发展理念，服务构建新发展格局，坚持稳中求进工作总基调，以推动行业高质量发展为主题，以推进供给侧结构性改革为主线，以党史学习教育活动为引领，深入贯彻“两全两双”工作思路，全面推进“两进一出”工程，着力保障行业安全稳定，大力提升绿色发展水平，坚决维护公平竞争秩序，推动各项工作取得新的重要进展。2021 年，全国快递业务收入累计完成 10332.3 亿元，同比增长 17.5%；快递业务量累计完成 1083.0 亿件，同比增长 29.9%。行业新增社会就业 20 万人以上，支撑网络零售额 10.8 万亿元，在经济社会发展中的作用进一步凸显，为“六稳”“六保”作出了积极贡献。各级邮政管理部门共同努力，扎实推进“快递进村”和保障快递员群体合法权益两项党史学习教育“我为群众办实事”重点工作，获得党史学习教育中央第二十一指导组充分肯定。李克强总理作出重要批示，充分肯定邮政快递业有序发展对各方面工作的重要意义。

（一）强化政策赋能，不断优化发展环境

一是加强规划政策引领。《中华人民共和国国民经济和社会发展第十四个五年规划和 2035 年远景目标纲要》提出，加强邮政设施建设，实施快递“进村进厂出海”工程，为行业发展明确重点。《“十四五”邮政业发展规划》和《“十四五”快递业发展规划》印发实施，系统谋划未来五年发展。《国务院办公厅关于加快农村寄递物流体系建设的意见》和 7 部门《关于做好快递员群体合法权益保障工作的意见》出台，进一步完善行业高质量发展政策体系。各级邮政管理部门联合有关部门推动快递员优先参加工伤保险、健全城市商业体系、农村客运高质量发展、商贸物流高质量发展、平台网约劳动者职业伤害保障试点等工作，为保障快递员合法权益、快递末端服务能力建设、推进快递进村等提供更多政策保障。

二是稳固行业发展态势。行业积极响应“就地过年”号召，“春节不打烊”取得实质性突破，节后复工速度超出预期，实现良好开局。全行业提前谋划、周密部署，妥善应对电商双周期促销模式，确保旺季整体运行平稳，业务量增长符合预期，圆满完成保障任务，得到国务院领导肯定。“网上年货节”“双品网购节”等活动有效开展，快递与电子商务协同发展更加深入。《中国快递示范城市评定和管理办法》印发实施，进一步提升创建工作规范化水平。大连、杭州、泉州、南昌、武汉等示范城市加强组织领导,不断丰富政策供给,进一步提升快递业发展质量,发挥了良好的示范引领作用。

三是保障快递员群体合法权益。对重点品牌快递企业开展"一对一"行政指导,明确工作要求,督导企业出方案、涨派费、减罚款,在57个城市建立"3420"快递员固定联系队伍。中通、韵达等品牌大力实施派费直达快递员模式,企业承诺得到履行。中国快递协会出台《快递企业末端派费核算指引(试行)》,并加大推广力度,研究制定快递员劳动定额标准。联合出台推进基层快递网点优先参加工伤保险的政策,安徽率先实现省市两级优先参加工伤保险政策全覆盖,武汉、深圳等城市落地实施取得积极成效。天津、辽宁、吉林、贵州、西藏、青海等21个省(区、市)出台实施意见。江苏出台首个快递行业省级集体协商指导意见。持续开展关爱快递员"暖蜂行动"和"快递从业青年服务月"活动,组织慰问活动6560场,协调解决公租房、廉租房5068套,新增爱心驿站等服务阵地3万余家,为快递员免费体检、义诊39.3万人次,购买或赠送保险覆盖90余万人次。按照党中央统一部署,在北京、浙江、深圳等地圆满完成快递物流业党建工作试点任务,取得明显成效。

四是筑牢行业疫情防控屏障。严格落实"外防输入、内防反弹"要求。发布《疫情防控期间邮政快递业生产操作规范建议(第七版)》,制定行业疫情防控与寄递服务保障工作指南,明确涉疫突发事件应对处置"一停二消三查四保"原则,及时根据形势任务调整工作部署。加强行业防疫政策解读,有效回应社会关切。河北、内蒙古、河南等省局积极应对局部疫情影响,强化疫情防控信息报告工作。北京、重庆等省局及时妥善处置涉疫突发事件,形成一系列值得推广的做法。行业从业人员纳入国务院联防联控机制首批疫苗接种和优先开展加强免疫接种的重点人群范围。各地邮政管理部门大力推动疫苗接种相关政策落地,努力为从业人员提供便利,总接种率达到99.3%,基本实现"应接尽接"目标。

(二)深化供给改革,持续提升发展质量

一是加快推进"快递进村"。深入实施"快递进村"三年行动方案,印发《国家邮政局关于加快推进"快递进村"工程的通知》,明确分省分阶段推进目标。江西、湖北、广西等13个省(区、市)出台农村寄递物流体系建设实施意见,山西、黑龙江、山东、新疆等省(区、市)加大财政支持力度,各地因地制宜、分类推进,取得显著进展。全年"快递进村"比例提升近30个百分点,江浙沪等地基本实现"村村通快递"。农村快递市场潜力进一步释放,年内培育出山西吕梁杂粮、山东日照海鲜、河南信阳毛尖、湖南怀化冰糖橙、重庆粉条、陕西咸阳猕猴桃、宁夏银川枸杞等40个业务量超千万件的快递服务现代农业金牌项目,累计达到100个。全年农村地区收投快递包裹总量达370亿件,带动农产品出村进城和工业品下乡进村总额超1.85万亿元。

二是积极推动"快递进厂"。快递业与制造业融合发展更加深入,打造出1908个年业务收入超百万元的快递服务制造业项目,支撑制造业总产值1.38万亿元,产生快递业务量37.06亿件。山东济南、福建厦门、广东广州等城市发挥制造业优势,引导快递企业提供仓配一体化、供应链管理、末端订单配送等服务,形成较为成熟的经验。浙江杭州、安徽芜湖、山东临沂等城市引导快递企业入厂、入园,积极培育重点产业、重点园区和重点项目,支撑制造业产值不断扩大。江西景德镇、湖南长沙等城市搭建平台,组织制造企业与快递企业加强业务对接,促进产业链上下游融合。

三是持续推进"快递出海"。快递企业积极开展海外仓建设,累计建成海外仓240个、面积近200万平方米。拓展国际航空、铁路、海运等常态化跨境寄递渠道,加强RCEP区域境外地面网络建设,在东南亚地区继续深挖电商快递市场,加速进入中东、拉美市场。顺丰收购嘉里物流部分股权，京东物流在港上市。全年国际、港澳台寄递业务量突破22亿件，支撑跨境商品流通额超过4400亿元。

四是继续增强末端服务供给。坚持末端服务多元化发展方向，继续推广智能快件箱、快递公共服务站等末端服务模式，试点实施《快递服务站收投服务规范》，公共服务站保有量达到16.1万个。中国快递协会研究制订《智能快件箱投递业务服务指引》，强化末端行业自律。上海局制定行政协助工作操作指南，就新建住宅小区和商务楼宇智能快件箱服务用房设置向规划资源部门提供行政协助意见，有效推进邮政快递业新终端工程建设。

（三）夯实安全基础，坚决维护行业稳定

一是圆满完成重大活动安保任务。精心组织、周密部署，坚持最高标准、最严要求、最周密措施，突出寄递安全和行业稳定两个重点，统筹做好安全和服务两项保障，圆满完成中国共产党成立100周年庆祝活动保障工作，同时顺利完成全国"两会"、第十四届全运会、北京服贸会、广州广交会、上海进博会等多项重大活动寄递安保任务，实现"四个严防、三个确保"工作目标，得到中央领导同志批示肯定。

二是着力提升安全生产治理能力。压紧压实企业安全生产主体责任，强化安全监管压力传导。开展作业场地安全管理规范化提升行动，集中整治作业场地设备设施不达标、现场管理不到位、发式着装不规范、作业操作不合规"四不"突出问题，920个省级以及发生过操作亡人事故、风险隐患突出的地市级作业场地，完成第一阶段整治任务。1559个处理场所完成传送带堵缝、人车分流两项重点整治任务，消除1万多个装卸伸缩机缝隙隐患点位，排查整治1995处建筑结构、储油储气等重大安全隐患。按照现行统计标准，全年亡人事故数、事故亡人数同比减少55.6%，全行业未发生较大等级以上安全生产事故。

三是深入实施平安寄递建设。充分发挥寄递安全联合监管机制作用，持续强化综合治理，严密防范涉枪涉爆、涉毒涉危、涉黄涉非物品、侵权假冒商品、受保护野生动植物等流入寄递渠道。会同最高人民法院等发布司法意见，依法惩治寄递易燃易爆危险物品行为。联合公安部、国家禁毒办开展寄递渠道禁毒百日攻坚行动，共破获涉寄递渠道毒品犯罪案件1700余起，抓获毒品犯罪嫌疑人3800多名，缴获各类毒品4.3吨，有力净化寄递环境。邮政业安全中心组建数据研判专班，发挥快递大数据驱动作用。山西、江苏等省（区、市）深挖一批团伙网络线索，云南省依托国家禁毒大数据云南中心破获案件25起。内蒙古、福建、湖北等省（区、市）在邮件快件分拣处理中心设立毒品查缉站，形成情侦堵一体化的寄递渠道缉毒模式。扎实推进"扫黄打非"工作，查缴各类非法出版物近1.82万件，向有关部门提供线索138条。强化总部责任，对快递企业未按规定落实安全统一管理责任的行为进行立案查处。"绿盾"工程（一期）通过竣工验收，两个现代化机房顺利建成，22个信息系统逐步推广应用，298个监控中心投入使用，视频联网和安检机联网系统接入监控点位1.35万处、摄像头3.98万个、安检机2200多台，监管支撑更加有力。安徽省发布国内首个邮政快递业风险管控领域地方标准。

四是不断强化行业应急维稳。全面实施行业应急维稳处置"四个一"管理机制，联合应急管理部、民政部印发《救灾捐赠包裹寄递服务和安全管理规定》。与公安、网信等部门加强沟通协作，积极排查化解涉稳风险，及时妥善处置苏宁天天快递业务调整、速尔快递进入破产程序、极兔速递收购百世快递等企业经营异常或者重大经营调整事件。有效应对台风"烟花"、河南强降雨、东北强降雪、云南漾濞和青海玛多地震等自然灾害影响以及涉行业负面舆情。辽宁、四川等省局积极推进突发事件应急处置和信息报告。

（四）加快包装治理，全力推动绿色发展

一是持续完善法规标准政策体系。出台《邮件快件包装管理办法》，印发执法案由。发布《邮件快件限制过度包装要求》《农产品寄递服务及环保包装要求》《寄递包装射频识别（RFID）应用技术要求》等行业标准，完成《快递电子运单》国标制定工作。落实国办转发的《关于加快推进快递包装绿色转型的意见》，实现省级实施意见全覆盖。广东、重庆、甘肃等19个省（区、市）争取到地方政府对邮政业污染治理、新能源车辆等支持经费2100多万元。

二是持续推进绿色转型。圆满完成“2582”工程任务，两个专项治理顺利实施，重金属与特定物质超标包装袋实现存量大幅消减，过度包装和随意包装得到有效遏制，全行业可循环快递箱（盒）投放量达630万个，电商快件不再二次包装率达80.5%，新增3.6万个设置包装废弃物回收装置的网点。开展行业生态环境保护工作评价，组织各省局和主要品牌寄递企业总部开展自评和复评；持续开展邮政快递业生态环保产品、技术和模式征集活动，110个项目纳入名录库。通过大量实地调研、问卷调查、座谈评估，提出邮政业用品用具监管方式改革工作方案。大力推广新能源和清洁能源车辆，全行业保有量突破6万台。北京等10个省（区、市）试点建设绿色网点、绿色分拨中心。各地邮政管理部门加大执法力度，全年共实施行政处罚485起。浙江、湖南、海南等14个省（区、市）立案处罚数量超过15起。

三是积极推动协同共治。配合做好固废法执法检查，接受全国人大常委会专题询问。会同国家发改委、商务部印发《关于开展可循环快递包装规模化应用试点的通知》，启动试点工作。联合市场监管总局建立实施快递包装绿色产品认证制度，共为68家企业颁发81张证书，稳妥推进快递包装检测服务市场化。与生态环境部、国家发改委、交通运输部等部门共同开展塑料污染治理专项行动、“无废城市”建设试点、标准化物流周转箱应用等工作。持续开展“邮来已久、绿动未来”宣传活动，会同国家机关事务管理局举办“绿色快递进机关”主题活动，倡导“使用绿色快递、绿色使用快递”。

（五）优化营商环境，有效提升监管效能

一是持续优化行政审批管理。国家局和31个省局开通许可证寄递服务，安徽、广西两地率先实现分支机构名录寄递地市局全覆盖。国家局和24个省局、23个市（地）局开通许可办理现场预约服务。推进“证照分离”改革，会同国办电证办发布快递许可证电子证照标准。实施许可实地核查路径集约化管理和落地豁免政策，已有688家企业受益。在北京自贸区、上海自贸区及临港新片区范围，国际许可审批事项分别下放至北京局、上海局。有序推进新业态监管，全国累计发放服务站许可158件，智能箱许可85件，除西藏外实现新业态服务监管全覆盖。迎战许可延续审查高峰，包括德邦、百世等品牌总部企业在内的5421家企业完成许可延续审查。

二是健全完善市场监督执法机制。研究修订《快递市场管理办法》。深化“双随机、一公开”监管机制建设，河北局修订“3334”执法检查操作指引，上海局出台行政指导工作办法，多个省局全面实行随机抽查计划管理，不断提高执法检查工作效能。加强快递市场信用监管，持续组织开展法人主体信用评定，山东局依托省政务信息平台与地方部门实现市场主体信用信息共享，江苏局、四川局对违法失信企业实施信息披露惩戒。贯彻国办优化便民服务热线部署，出台指导意见，推动12305热线向地方12345热线归并。落实驻部纪检监察组要求，深入开展邮政行政执法不规范问题专项治理，查改问题740余个，有效提升执法规范化水平。

三是着力营造公平竞争环境。大力整顿快递市场秩序，强化突出问题治理。浙江局建立“义乌为核心、区域联动、发现即处理、省内溯源头、跨省推移送、品牌抓管理”的市场秩序治理机制。河南、海南等省局依法治理超地域范围经营等无序竞争行为，天津、新疆等省（区、市）局严肃查处违规处理无着快件行为，广西玉林局依法对快递企业泄露用户个人信息的“刷单”行为作出行政处罚。国家局联合市场监管总局等7部门开展“网剑行动”，突出治理农村快递服务违规收费问题，会同国办督查室、市场监管总局对6家品牌快递企业总部开展行政指导，促进农村快递服务规范健康发展。广东局联合有关部门发布严禁农村快递服务违规收费行为通告，坚持从严监管，压实企业合规经营责任。陕西等局聚焦信访、申诉、网民留言等反映的突出问题，集中整治未按名址投递等行为，切实维护用户合法权益。各地扎实做好集邮市场监管工作，严厉打击伪造集邮票品行为。2021年，各级邮政管理部门共查处违法违规问题6800余个，作出行政处罚5744起，罚款总额5574万元，有力维护了市场秩序。

同志们！2021年，快递业延续快速发展态势，邮政市场平稳有序运行，行业发展活力持续释放，服务经济循环作用日益凸显，实现了“十四五”良好开局。这些成绩的取得，是深入学习贯彻习近平新时代中国特色社会主义思想的结果，是认真贯彻落实习近平总书记关于邮政快递业重要指示批示精神的结果，是国家邮政局党组正确领导的结果，是广大寄递企业践行行业宗旨、创新奋斗的结果，也是全国邮政市场监管干部勇于担当、攻坚克难、辛勤付出的结果！在此，我谨代表国家邮政局党组，向广大快递从业者和邮政市场监管干部致以诚挚的问候和衷心的感谢！

二、稳中求进推动行业高质量发展、高效能治理

党的十九届六中全会通过的《中共中央关于党的百年奋斗重大成就和历史经验的决议》强调，必须实现创新成为第一动力、协调成为内生特点、绿色成为普遍形态、开放成为必由之路、共享成为根本目的的高质量发展，推动经济发展质量变革、效率变革、动力变革。实现高质量发展既是立足当前经济形势的谋划，又是着眼未来长远大势的擘画，是开启全面建设社会主义现代化国家新征程、实现第二个百年奋斗目标的根本路径。

党的十八大以来，快递业深入贯彻落实习近平总书记重要指示批示精神，坚持稳中求进工作总基调，坚持深化供给侧结构性改革，坚持在新发展格局中担当“畅通”使命，要素资源流动活跃，产业融合日趋紧密，市场活力全面迸发，行业发展取得了长足的进步。同时，行业在高质量发展、高效能治理方面与建设邮政强国的目标之间还有不小差距。2022年全国邮政管理工作会议指出，发展不平衡不充分仍然是我国快递业面临的主要问题，其本质上是发展质量不高，行业大而不强、快而不优、粗而不精。从今后发展阶段的较长周期看，快递业仍处于重要的战略机遇期，生机勃勃、充满活力，也伴随着“成长中的烦恼”。在业务结构方面，我国快递包裹量虽已稳居世界第一，但过度依赖电子商务，服务制造业水平不高，国际寄递物流体系建设基础薄弱，综合竞争力还不强。在发展方式方面，快递业将在较长周期内保持中高速增长，但供给结构调整偏慢、供给能力短板突出、低端同质化竞争严重，影响了行业高质量发展的势头，实现发展质量、结构、规模、速度、效益、安全的有机统一任重道远。在治理能力方面，邮政市场监管工作为行业健康发展保驾护航，但在推动农村寄递物流体系建设、提升末端服务水平、加快行业绿色转型、保障行业安全稳定等方面面临不少挑战，治理体系和治理能力尚有很大的提升空间。

在推进快递业“十四五”发展的关键时期，要充分发挥市场在资源配置中的决定性作用，更好发挥政府作用，就必须坚持高质量发展、高效能治理。实现高质量发展，必须解决好发展质的问题，完整、准确、全面贯彻新发展理念，服务加快构建新发展格局，深入贯彻“两全两双”工作思路，加固底板、补齐短板、打通挡板、锻造长板、创造样板。当前，就是要坚持稳字当头、稳中求进，稳住行业发展态势、运行态势、安全态势，紧紧依靠发展来破解发展中的问题。

（一）推动"三分"，完善供给体系

要立足寄递服务本质，不断深化供给侧结构性改革，从提高供给质量出发，优化要素资源配置，扩大有效供给，提升供给结构对需求变化的适应性和灵活性。一是推动成本分区。引导快递企业建立与经营成本相适应的定价体系，实现差异定价、优质优价。统筹考虑城乡人口密度、运输成本、收投效率等多种因素，实行不同地域、不同对象、不同时效水平、不同投递方式的区分定价。实施服务范围精细化管理，建设精确到社区、村庄的地址库，实现承诺服务范围与实际服务范围的准确匹配。以合理定价带动形成合理的收入分配机制，保障快递员合理收入水平。二是推动服务分层。重视需求侧管理，切实保障用户选择权，提高末端服务规范化水平，推动快递企业实现运单地址和投递履约的协调统一，完善智能快件箱、快递服务站等服务管理，鼓励发展约定投递、改址投递、改时投递等精准服务。引导快递企业在下单环节明确告知寄件人投递方式，并在运单信息中对投递方式分类标记。强化快递与电子商务协同发展，打通信息"堵点"。三是推动产品分类。鼓励快递企业在标准快件、电商快件之外，开发限时快递、冷链快递、逆向快递等产品，规范发展代收货款、签单返还等服务。在做优快递业务的基础上，拓展库存管理、线边物流、供应链金融和快运业务等专业化服务，深度嵌入采购、制造、销售、消费交互流程，增强价值创造力。

（二）统筹"三安"，筑牢平安体系

安全是发展的前提，发展是安全的保障。要牢固树立安全发展理念，统筹发展和安全，把安全贯穿发展全过程、全环节、全领域，抓源头严治理、抓基础补短板、抓协作强监管、抓执法严责任，防范化解各种风险，筑牢安全屏障。一是坚决抓好生产安全。发展决不能以牺牲人的生命为代价，这必须作为一条不可逾越的红线。要坚持管行业必须管安全、管业务必须管安全、管生产经营必须管安全，全面抓好安全生产责任制和管理、防范、监督、检查、奖惩措施的落实，加强安全生产标准化、规范化建设，把安全责任落实到岗位、落实到人头，加强监管执法，确保不发生重特大安全事故，提升本质安全水平。二是主动抓好寄递安全。从严从实从细抓好实名收寄、收寄验视、过机安检"三项制度"落实、加强寄递渠道安全风险预警和防控，对苗头性问题早发现、早处理，扎紧篱笆，坚决把违禁物品封堵在寄递渠道之外，全力维护国家安全、公共安全和行业安全稳定。三是有效保障信息安全。严格落实网络安全工作责任制，完善行业网络安全、数据安全有关标准和规范。加强行业关键性基础设施安全保护，进一步规范个人信息收集、存储、使用、加工、传输、提供、公开等处理。加强信息安全监管，依法打击不当处理个人信息行为。

（三）落实"三化"，打造环保体系

要坚持生态优先绿色发展，提升绿色治理能力，稳步增强行业绿色低碳发展的内生动力，促进邮政快递业发展全面转型，让绿色成为高质量发展的鲜明底色。一是构建行业生态环保治理"四梁八柱"。加强行业绿色发展法规体系建设，完善绿色发展标准体系，建立生态环保工作评价体系，加强行业生态环保政策供给，完善包装产品标志、认证等管理制度。推进邮政业用品用具监管方式改革。二是加大包装治理力度。全面贯彻固废法，继续落实"禁、限、减、循、降"五字要求，以标准化为基础、减量化为手段、循环化为保障，扎实推进快递包装绿色治理。加强邮政快递领域塑料污染治理，推进源头包装减量，提升绿色环保包材和可循环包材应用比例。加强上下游协同治理，推动建立电商快递信息化对接机制，扩大用户对环保包材的选择范围。三是促进绿色低碳发展。落实国家碳达峰碳中和工作部署，围绕"十四五"邮政业绿色发展行动计划，明确行业绿色低碳转型发展实施路径，探索建立行业碳排放核算、报告机制，研究统计测算方法，加强节能减排管理。结合行业实际，推广绿色低碳运输方式和生产方式。

（四）发力“三治”，优化市场体系

公平竞争的市场秩序是行业健康发展的重要前提。当前，快递市场“价格战”问题突出，并与“刷单”“黄牛”等问题相互交织，破坏了公平竞争的市场秩序。要坚持治标治本，系统谋划，有序推进，更好发挥有为政府作用。既抓总部企业的统一管理责任，又抓加盟企业的具体违法违规行为，有效运用市场监督管理手段，坚决规范治理，斩断灰色利益链条。同时，有效发挥快递协会行业自律作用，倡导市场主体共同抵制不当竞争行为，遏制行业“内卷”，促进形成健康的竞争机制，推动构建适应行业发展规律和特点的市场监管体系。一是坚决治理快递“刷单”问题。既要督促总部企业加强对本品牌快递单号的集中有效管理，又要加大对加盟企业刷单行为的查处力度。要加强对空包、虚拟单号等刷单行为纠治，联合相关部门坚决打击快递企业伙同电商企业虚构交易等行为。二是严肃治理跨区经营问题。要结合各地实际，加强分析研判，摸清快递“黄牛”问题底数、活动规律、利益链条，加强跨地域协作，推动实施联合治理，依法查处未经许可经营快递业务、超地域范围经营快递业务、委托未经许可企业经营快递业务等违法行为。三是规范治理低价无序竞争问题。要聚焦重点区域、重点环节，对价格洼地给予重点关注，坚决纠治利用资本手段实施低于成本的价格倾销的无序竞争行为，防止“价格战”现象在快递“主产区”反弹。要从保证快递服务质量和安全、保障用户及快递员群体合法权益、维护市场秩序的角度，运用综合监管措施有效传导压力，形成倒逼机制，达到纠治目的。

（五）推进“两进一出”工程，激活发展动能

要落实服务全领域、畅通双循环要求，有效增加服务广度深度、深化产业协同联动，发挥好“畅通”作用，服务好经济循环。一是推动“快递进村”上水平。要在“稳得住”上下功夫。积极推动“节流”，健全农村寄递物流末端共同配送体系，实现农村快递降本增效。着力共建村级寄递物流综合服务站，实现“多站合一、一站多能”。持续推动“开源”，发挥快递通商兴业便民作用，以农村寄递物流体系建设撬动农村现代产业体系和农村电商的潜在需求，深度融入乡村振兴。二是促进“快递进厂”拓宽度。要加强企业引导，编制分行业指南，实现每个重点领域一套“说明书”。要深度挖掘产前、产中服务路径，鼓励快递企业建团队、开专网、强基础，在工业互联网中大展拳脚，打造专业化物流服务能力，实现工厂进得去、物资管得了、服务跟得上。做实“5312”工程，实现深度融合项目立得住、可持续，深度融合先行区有政策、有特色，发挥好典型引领作用。规范服务制造业项目统计口径，做到数据经得起推敲、成果经得住检验。三是实现“快递出海”开新局。鼓励快递企业以健全网络、提升能力为重点，积极实施借船出海、拼船出海、造船出海。支持企业拓展国际航线，利用中欧班列增加运能，借助国际道路运输资源提升运力，打造立体化的国际干线通道。鼓励共建合作平台，统筹利用货代、运输、清关、仓储等资源。引导企业培养、引进熟悉国际规则和快递实务的高级管理人才，提高国际化运营能力。

（六）强化高效能治理，提供发展保障

实现高质量发展，需要高效能治理提供有效保障和基础支撑，把制度优势更好地转化为治理效能，推动有效市场和有为政府更好结合，更大力度地解放和发展生产力。一是实施法治化治理。要坚持在规范中发展、在发展中规范，明规则、划底线、强监管，设置好“红绿灯”。以保护产权、维护契约、统一市场、平等交换、公平竞争、有效监管为基本导向，完善法律制度，为市场主体提供公正、稳定、可预期的法治环境。二是完善规范化执法。深化“放管服”改革，放出活力，管出质量、安全和公平，提升政务服务效能。加强邮政市场行政执法队伍教育培训和执法监督，健全“双随机、一公开”机制，加强信用监管，提升行政执法规范化、科学化水平。三是推进信息化监管。发挥“绿盾”工程等行业信息系统的监管实战作用，实现事

前管许可准入、事中管监督检查、事后管问题处置皆可在线办、一网通。充分运用大数据资源,建立科学合理的仿真模型,注重行业运行监测和风险预警,对监管相对人、市场和社会舆情进行科学分析和有效回应。四是落实属地化责任。不断提升省、市两级邮政管理部门监管能力,有效落实属地监管责任。切实发挥省、市两级邮政业安全中心作用,强化服务支撑保障职能。推动有条件的地区建设县级邮政监管机构,壮大基层监管队伍。通过法律法规授权、委托执法等方式,实现监管下沉,充分发挥县级监管机构在安全监管、服务发展、应急维稳等工作中的重要作用。

三、2022 年工作安排

2022 年党的二十大将胜利召开,也是实施“十四五”规划的关键之年,做好邮政市场监管工作意义重大、使命光荣。我们要认真贯彻落实全国邮政管理工作会议明确的总体要求,以习近平新时代中国特色社会主义思想为指导,全面贯彻党的十九大和十九届历次全会精神,认真落实中央经济工作会议精神,弘扬伟大建党精神,坚决贯彻习近平总书记关于邮政快递业重要指示批示精神,坚持稳中求进工作总基调,以深化供给侧结构性改革为主线,统筹疫情防控和邮政快递业改革发展,统筹行业安全和稳定,深入做好“六稳”“六保”工作,加快推进“两进一出”工程,稳态势、补短板、强监管、反内卷、提质效,进一步推进行业高质量发展和高效能治理,加快建设邮政强国,有效服务构建新发展格局,以优异成绩迎接党的二十大胜利召开!

预计,2022 年快递业务收入完成 1.16 万亿元,同比增长 12% 左右;快递业务量完成 1225 亿件,同比增长 13% 左右。着力推动服务“三分”逐步落地、快递“三安”全面启动、绿色“三化”加速推进、行业“三治”取得成效,切实保障快递员群体和消费者合法权益。要重点抓好以下六个方面工作。

(一)落实发展关键任务,助力行业提质增效

一是积极推动产品服务创新。推动快递企业完善电商快递定价模式,建立与服务地域相适应的成本分担机制,实施“成本分区”,保障农村地区快递可持续运营。引导企业加强产品分类体系设计,完善与电商平台的寄递服务分层对接机制,提供多元化、差异化的快递服务。修订《快递服务》国家标准。指导中国快递协会制定电商快递冷链服务标准、快递服务产品分类标准、快递企业电商大客户服务合同推荐文本,完善快递服务团体标准和行业自律规范体系。规范快递服务站运营,巩固智能快件箱建设成果,健全宅递、箱递、站递等末端多元投递体系。大力发展冷链、供应链等新业务,不断提高行业服务经济社会发展的水平。积极开展新一轮中国快递示范城市创建工作,探索行业高质量发展创新路径。

二是深入推进“快递进村”。联合有关部门出台文件,加快贯通县乡村电子商务体系和快递物流配送体系。开发建设快递进村信息系统,督促快递企业完善服务范围基础地址库,严格落实“按址投递”服务承诺。会同有关部门组织开展 100 个农村电商快递协同发展示范区和 300 个快递服务现代农业示范项目创建。各省(区、市)要推动实现省级农村寄递物流体系建设实施意见全覆盖。坚持分类施策,完善县乡村三级服务体系,大力推动村级寄递物流综合服务站建设,固化进村成果,实现建制村快递服务基本覆盖。

三是加快推进“快递进厂”。制定实施快递服务先进制造业“5312”工程实施方案,组织开展国家级快递服务先进制造业深度融合典型项目和发展先行区创建工作。加快完善快递服务制造业标准规范和分领域指南,引导企业在信息、流程、设施等方面加强衔接。引导快递企业提升制造园区的快递设施覆盖率,推动快递功能进园区、入厂区,组织重点快递企业与制造业龙头企业开展供需对接,形成互利共赢、长期稳定的战略合作关系。

四是稳步推进“快递出海”。组织开展“快递出海”品牌创建活动，按照“小循环带动大循环”的思路，引导企业完善境外网络布局，重点强化RCEP区域服务网络，进一步拓展洲际快递服务。积极推动中欧班列运输快件，加强进出境快递基础设施建设，引导快递企业加强国际业务合作，推动地方落实通关便利政策，进一步畅通进出境快递物流渠道。加强快递企业海外发展统计分析工作，及时了解企业诉求，协调解决有关问题。

（二）防范化解风险隐患，维护行业平稳运行

一是重点抓好重大活动安保和应急维稳工作。高度重视、严密组织、切实有效做好党的二十大寄递安保工作，统筹完成北京冬奥会、杭州亚运会等重大活动寄递安保工作，确保重要节点、重点区域平稳、安全、有序运行。及时总结梳理应急管理实践经验，制定突发事件应对处置工作指南，健全应急管理机制。加强跨部门沟通协作，强化问题线索甄别研判。组织开展多种形式的应急演练，提升自然灾害、事故案件、负面舆情等突发情况处置能力，妥善应对加盟纠纷、主体重组、企业转型、市场出清等涉稳事件。加强指挥调度，有效防范化解各类风险，将矛盾风险化解在萌芽、化解在基层。

二是毫不松懈抓好行业常态化疫情防控。严格落实《疫情防控期间邮政快递业生产操作规范建议》《邮政快递业疫情防控与寄递服务保障工作指南》等行业疫情防控基本制度，坚持“外防输入、内防反弹”，抓实抓细“人”“物”同防，特别要严格防范境外疫情通过寄递渠道输入。坚持常态化精准防控和局部应急处置有机结合，根据疫情形势，及时调整工作着力点、侧重点和应对举措，涉疫区域要严格按照“一停二消三查四保”要求及时妥善应对处置。确保国务院联防联控机制关于邮政快递从业人员优先开展新冠病毒疫苗加强免疫接种的政策落到实处，推动“应接尽接”“应接快接”，进一步筑牢从业人员免疫屏障。

三是切实保障快递员合法权益。推广实施《快递企业末端派费核算指引》，切实保障快递员合理收入。督促快递企业完善快递员投诉甄别和心理疏导机制，建立投诉申辩受理、心理疏导专线，让快递员苦有所诉、难有所助、忧有所解。各省（区、市）要实现省级实施意见全覆盖。加大政策执行力度，督促企业有效落实派费调整承诺。加快推动基层快递网点优先参加工伤保险，新增20万快递员办理优先参加工伤保险登记。持续开展“暖蜂行动”和“快递从业青年服务月”活动，进一步推动解决快递员在住房、子女教育、医疗体检等方面的实际困难。组织开展快递员权益保障满意度调查。

（三）提升安全治理能力，筑牢行业安全基础

一是强化安全生产基层基础基本功。发挥邮政快递业安全生产协调领导机制作用，督促企业严格落实安全主体责任和总部安全保障统一管理责任。出台《邮政快递业安全管理体系（SMS）建设指南（试行）》、行业安全问题隐患和制度措施“两个清单”以及安全生产专家库管理办法，进一步完善安全生产制度体系，保持监管高压态势。升级安全生产警示告诫措施，对发生亡人事故的品牌进行行政约谈并予以信息曝光。建立健全安全信息员制度，督促企业着力提升基层一线人员防范禁寄物品、杜绝违章冒险作业的安全意识，构建安全生产“群防群治”新格局。保持年内行业安全生产形势稳定向好，杜绝重特大安全事故发生。

二是打好寄递安全主动仗。以落实“七号检察建议”为契机，健全完善寄递渠道安全联合监管机制。研究制定加强寄递渠道安全管理的指导意见，着力完善责任体系、制度措施和体制机制。严格落实“三项制度”，规范协议用户管理，强化视频联网、安检机联网应用，推广应用“三智一码”。加强形势研判，精准分析问题，完善对策措施，加强工作协同和监督检查，深入开展“扫黄打非”工作。压实总部企业主体责任，健全完善工作机制，深入推广“画像法”，严格落实查、堵、截、控措施，严防涉黄涉非物品流入寄递渠道。

三是加强信息安全风险防控。研究制定邮政快递业落实《个人信息保护法》《关键信息基础设施安全保护条例》等相关法律法规的制度措施。加大行业关键信息基础设施安全保护力度,督促企业严格落实等级保护和数据安全保护制度。推动企业加大虚拟安全号码、隐私面单、电子身份证等技术应用,全面加强个人信息安全保护。

(四)深化快递包装治理,提高绿色发展水平

一是加强环保制度供给。推动修改《快递暂行条例》关于快递包装的规定,出台《邮政快递业生态环保违法行为举报管理办法》《邮件快件包装操作规范备案管理规定(试行)》《邮政业生态环保信息报告规定(试行)》。组织制定《快递包装重金属和特定物质限量》《快递循环包装箱》《邮件快件包装回收与循环指南》等标准。落实国家碳达峰碳中和工作部署,研究制定行业绿色低碳发展政策文件。探索开展行业碳排放摸底调查,研究制订《邮政业碳排放测算指南》。深入贯彻国办转发的快递包装绿色转型意见,落实邮政业污染防治属地责任,推动出台相关扶持政策。

二是全面推进包装绿色转型。全面落实固废法,健全台账,细化措施。大力实施"9917"工程,年底实现采购使用符合标准的包装材料比例达到90%,规范包装操作比例达到90%,可循环快递箱达到1000万个,回收复用瓦楞纸箱达到7亿个。会同有关部门组织实施可循环包装规模化应用试点,有力推进快递包装绿色产品认证,做好行业生态环保产品、技术和模式公开征集,提升社会公众对快递包装绿色治理的感知度。有效实施定期报告和通报制度,优化评价指标和流程,持续开展行业生态环保评价工作。推进邮政业用品用具监管方式改革,开展检测服务市场化试点,建立"双名录"公开制度,筹建数据监测分析平台,组织监督抽查与产品质量抽检。

三是稳步推进行业节能减排。继续推广使用新能源或清洁能源汽车,引导寄递企业利用营业网点、分拨中心开展充电桩、换电站等配套设施建设,到2022年底,全行业新能源、清洁能源汽车保有量达到7万辆。不断提高生态环保治理水平,鼓励企业优化运输结构,推广应用甩挂运输、多式联运等组织模式,降低运输能耗排放。全面总结绿色网点、绿色分拨中心建设试点工作经验,结合行业实际,稳步推进绿色基础设施建设。

(五)聚焦行业突出问题,开展集中整治行动

一是完善市场监督管理制度。修订《快递市场管理办法》,强化政府监管职能,丰富监管规制手段。印发《快递市场总部型企业统一管理责任落实清单》,强化快递品牌总部型企业统一管理责任约束。探索建立以提示、警示、约谈、曝光等方式为主的行政指导工作机制,做好行政指导与检查执法的衔接。完善违法案件线索推送和移转机制。

二是继续开展安全生产专项整治三年行动。督促企业对生产作业场地实行动态管理,持续巩固处理场所"传送带堵缝、人车分流"两项重点整治任务,全面完成第二阶段"四不"问题整治任务,实现地市级作业场地全覆盖。加强消防安全、交通安全及重大安全隐患排查整治工作,严防群死群伤事故发生。

三是统筹开展寄递渠道安全相关整治行动。扩大"寄递渠道禁毒百日攻坚行动"成果,继续与有关部门开展联合攻坚。加强"三项制度"落实情况的巡查执法,统筹做好寄递渠道涉枪涉爆隐患整治、打击侵权假冒、野生动植物保护等专项行动的部署实施,不断净化寄递环境。

四是集中开展个人信息保护专项行动。联合有关部门开展用户个人信息保护专项行动,抓好信息系统巡查和线下实地检查,强化追根溯源和问题处置,切实堵塞企业信息管理漏洞。在邮政快递领域全面推广面单信息技术隐藏保护措施,力争年内实现90%以上面单覆盖。与"空包刷单"整治相结合,依法治理出售、泄露或者非法提供用户个人信息和利用快递服务信息虚构交易等违法违规行为。

五是持续开展快递包装综合治理行动。巩固重金属和特定物质超标包装袋、邮件快件过度包装随意包装两项专项治理成果，加大对过度包装、随意包装的整治力度，严密防范重金属和特定物质超标包装进入寄递渠道。深入推进行业塑料污染治理，完善塑料污染治理实施方案，北京等6省（区、市）要按规定进度完成治理任务，实现邮政快递网点禁止使用不可降解的塑料包装袋、塑料胶带、一次性塑料编织袋。

六是全面开展市场秩序整顿专项行动。继续抓好快递市场秩序整顿，加大超许可地域范围经营行为的执法力度，集中纠治“黄牛”、附加不合理条件等无序竞争问题。严肃处理未按名址投递快件、农村快递服务违规收费等侵犯消费者合法权益行为。密切关注、有力纠治重点地区低价无序竞争，及时干预非理性竞争行为。完善集邮票品集中交易市场备案管理措施，突出整治制售伪造变造集邮票品行为，规范集邮市场经营秩序。

（六）创新管理服务模式，提升行业治理效能

一是深入落实“放管服”改革要求。落实行政许可审批事项清单管理制度，实施许可申请服务提升计划，实现在线填报内容与政策要求同步呈现、与申请材料有机关联，提升许可申请规范化、标准化水平。按照网络型企业经营规律，探索建立许可企业承诺服务范围主动申报制度。制定跨省许可申请核定规则。提升三级邮政管理部门“互联网＋政务服务”水平，具备条件的市（地）局分批开通许可证（分支机构名录）寄递服务，年内服务覆盖率达到90%；有条件的省（区、市）、市（地）局向申请人提供许可办理现场预约服务。贯彻落实国务院“证照分离”改革工作部署，试点应用快递业务经营许可证电子证照。持续推进新业态监管服务，支持相关省局开展省内许可“多型合一”管理创新试点。扎实完成2940件许可延续审核工作。

二是切实发挥信用监管作用。做好市场法人主体信用评定工作，推动实施信用承诺制度和严重违法失信名单管理。强化信用评定结果应用，加大违法失信信息披露力度，借助社会监督力量，增强市场主体诚信经营意识，提升服务水平。畅通12305邮政业用户申诉渠道，认真受理用户申诉的服务质量突出问题，力争全年快递服务用户申诉率控制在百万分之三以下。

三是着力提升监管基础能力。落实“互联网＋监管”要求，推动建设生态环保信息系统，推进寄递渠道安全监管“绿盾”工程（二期）立项工作，提高信息化监管水平。切实抓好“绿盾”工程（一期）建设成果应用，将应用系统登录率、安检机联网开机率、视频联网在线率、执法案件线上办理率分别提升至“70%、70%、80%、85%”以上；加强应用案例和使用情况通报，推动应用常态化、制度化、实效化，进一步突出“绿盾”工程在行业治理中的关键支撑作用。探索开展非现场执法措施应用，加强监管业务系统之间互通共享。按照驻部纪检监察组工作部署，适时开展邮政行政执法不规范问题专项治理“回头看”。持续推进监管支撑体系构建，进一步发挥邮政业安全中心对省级安全中心的业务监督和工作指导作用，扩大地市级安全中心建设覆盖范围，发挥好现有安全中心的服务支撑保障作用，有条件的地区要在县级机构建设及履职能力上实现突破，不断充实专业化监管力量。

同志们，成绩来之不易，未来更需努力。让我们紧密团结在以习近平同志为核心的党中央周围，坚决贯彻习近平总书记关于邮政快递业的重要指示批示精神，坚决落实国家邮政局党组决策部署，不忘初心、牢记使命，不负时代、不负人民，踔厉奋发、勇毅笃行，以邮政快递业持续健康发展的新成效，以邮政市场监管工作的新成绩，迎接党的二十大胜利召开！

第二篇　发展概览

第一章　2022 年快递服务发展综述

2022 年是邮政管理系统和邮政快递业历史上极不平凡的一年，全系统全行业坚持以习近平新时代中国特色社会主义思想为指导，认真学习贯彻党的二十大精神，深入贯彻落实习近平总书记重要指示批示精神和党中央、国务院决策部署，按照“疫情要防住、经济要稳住、发展要安全”要求，努力克服疫情影响，团结奋进、不畏艰辛、勇毅坚守，全力推进行业保通保畅，全面落实中央巡视整改任务，奋力推动行业高质量发展，稳住了行业发展的基本盘，在当好中国现代化的开路先锋新征程中勇挑重担，为经济社会发展作出了积极贡献。

一、政策环境持续优化，行业影响力显著增强，疫情防控和保通保畅工作有力有序

快递业是现代服务业的重要组成部分，是推动流通方式转型、促进消费升级的现代化先导性产业。近年来，快递业在降低社会流通成本、支撑电子商务、服务生产生活、扩大就业渠道等方面发挥了不可替代的积极作用。

2022 年，快递业发展继续获得党中央、国务院的关注和重视，政策环境持续优化，行业影响力显著增强，社会关注度明显提升。“快递”连续 9 年被纳入政府工作报告。李克强总理在政府工作报告中提出：“发展农村电商和快递物流配送。”邮政快递业连续 11 年被纳入中央一号文件。中央一号文件《中共中央　国务院关于做好 2022 年全面推进乡村振兴重点工作的意见》明确提出：“加快农村物流快递网点布局，实施‘快递进村’工程，鼓励发展‘多站合一’的乡镇客货邮综合服务站、‘一点多能’的村级寄递物流综合服务点，推进县乡村物流共同配送，促进农村客货邮融合发展。”

与此同时，中共中央、国务院《关于加快建设全国统一大市场的意见》，中共中央、国务院《扩大内需战略规划纲要（2022－2035 年）》，中共中央、国务院《关于构建数据基础制度更好发挥数据要素作用的意见》，国务院《“十四五”数字经济发展规划》，国务院《“十四五”节能减排综合工作方案》，国务院《“十四五”推进农业农村现代化规划》，国务院《“十四五”国家应急体系规划》，国务院《关于加快推进政务服务标准化规范化便利化的指导意见》，国务院《扎实稳住经济的一揽子政策措施》，中共中央办公厅、国务院办公厅《关于推进社会信用体系建设高质量发展促进形成新发展格局的意见》，中共中央办公厅、国务院办公厅《关于推进以县城为重要载体的城镇化建设的意见》，中共中央办公厅、国务院办公厅《乡村建设行动实施方案》，中共中央办公厅、国务院办公厅《关于新时代进一步加强科学技术普及工作的意见》，中共中央办公厅、国务院办公厅《关于加强新时代高技能人才队伍建设的意见》，国务院办公厅《推进多式联运发展优化调整运输结构工作方案（2021－2025 年）》，国务院办公厅《关于做好跨周期调节

进一步稳外贸的意见》，国务院办公厅《关于促进内外贸一体化发展的意见》，国务院办公厅《“十四五”城乡社区服务体系建设规划》，国务院办公厅《关于推动外贸保稳提质的意见》，国务院办公厅《关于进一步优化营商环境降低市场主体制度性交易成本的意见》，国务院办公厅《关于加快推进“一件事一次办”打造政务服务升级版的指导意见》，国务院办公厅《“十四五”现代物流发展规划》，国家发展改革委等部门《关于加快推进城镇环境基础设施建设的指导意见》，国家发展改革委等14部门《关于促进服务业领域困难行业恢复发展的若干政策》，人力资源社会保障部等8部门《关于实施重点群体创业推进行动的通知》，交通运输部、国家铁路局、中国民用航空局、国家邮政局、中国国家铁路集团《现代综合交通枢纽体系“十四五”发展规划》，交通运输部、国家铁路局、中国民用航空局、国家邮政局《关于加快建设国家综合立体交通网主骨架的意见》，工业和信息化部、国家发展改革委、科技部等11部门《关于开展“携手行动”促进大中小企业融通创新（2022－2025年）的通知》，人力资源社会保障部、全国总工会、中国企业联合会/中国企业家协会、全国工商联《关于做好高温天气下劳动者权益保障工作的通知》，国家发展改革委、国家统计局、生态环境部《关于加快建立统一规范的碳排放统计核算体系实施方案》，财政部、农业农村部、国家乡村振兴局、中华全国供销合作总社《关于进一步做好政府采购脱贫地区农副产品有关工作的通知》，科技部、财政部《企业技术创新能力提升行动方案（2022－2023年）》，国家发展改革委《关于进一步完善政策环境加大力度支持民间投资发展的意见》，国家发展改革委《长三角国际一流营商环境建设三年行动方案》，农业农村部《“十四五”全国农产品产地市场体系发展规划》，工业和信息化部《中小企业数字化转型指南》，全国总工会《关于深入推进“兜底建”工作的指导意见》等文件，为统筹疫情防控与行业发展、快递基础设施建设、产业协同发展、寄递渠道安全保障、绿色发展、人才队伍建设等提供了一系列重要的政策支持。

2022年，《人民日报》、新华社、中央广播电视总台等中央主流媒体对快递业持续关注，全年中央媒体和行业媒体共刊（播）发国家邮政局新闻信息1792条（篇），其中《人民日报》147篇，新华社134篇，中央电视台233条（其中新闻联播67条）。2022年，通过参加中央宣传部新闻发布会和“奋进新时代”主题成就展、组织中央媒体开展“非凡十年·邮政快递篇”云采访、在国家邮政局网站和行业媒体开设专题专栏等多种形式，做好迎接庆祝宣传贯彻党的二十大重大主题宣传。通过参加国务院联防联控机制新闻发布会、组织媒体集体采访、开设专题专栏等多种形式，统筹做好常态化疫情防控、保通保畅和推动行业改革发展的新闻报道工作，做好加快农村寄递物流体系建设、保障快递员群体合法权益、快递业务旺季服务保障和年快递量1000亿件等重点工作和重大事件的宣传报道，顺利举办第八届快递“最后一公里”峰会，做好涉邮舆情监测和舆论引导，为邮政管理工作和行业高质量发展营造良好的舆论氛围。精心组织开展第五届“寻找最美快递员”活动，持续做好关爱快递员“暖蜂行动”宣传报道，对快递员基层保障话题展开深度调查和报道，做好行业精神文明建设宣传。加快行业全媒体传播体系建设步伐，配合推进邮政管理融媒体平台建设，夯实行业媒体融合发展的基础；不断提升办报办刊办网水平，行业媒体“双微”粉丝量超150万，快递头条App注册会员数达28万人；国邮视频矩阵建设加快推进，国家局和中国邮政快递报社抖音号全年制播短视频超1000部，总播放量2.8亿次，单条最高播放量7700万次，粉丝量增长到36.7万；推出首届快递网络春晚直播活动，全网累计观看超百万人次。

2022年，我国快递业在国民经济中的基础性作用更加凸显，快递服务成为统筹疫情防控和经济社会发展不可或缺的重要组成部分。全年邮政行业寄递业务量完成1391亿件，同比增长2.7%；行业业务收入完成1.35万亿元，同比增长6.9%。其中，快递业务量完成1105.8亿件，同比增长2.1%；业务收入完成1.06万亿元，同比增长2.3%。支撑实物商品网络零售额近12万亿元。服务满意度保持稳定，行业运行平稳有序，在经济社会发展中作用凸显，为扎实做好"六稳"工作、全面落实"六保"任务作出了积极贡献。

行业疫情防控和保通保畅工作有力有序。毫不放松抓好行业疫情防控。适时修订行业疫情防控规范，强化薄弱环节管理，加强日常监督检查。持续抓好疫苗接种工作，从业人员疫苗接种率、加强免疫接种率稳定在90%以上。妥善处置行业突发疫情，有效阻断疫情通过寄递渠道扩散。"新十条"出台后，及时优化调整疫情防控措施，取消从业人员定期核酸检测、邮件快件消毒等要求，稳妥做好过渡期的工作，切实维护行业稳定运行。全力以赴做好保通保畅工作。建立行业保通保畅工作机制，依托国务院工作机制出台多个专项政策。坚持分级分类分区推进，指挥调度全网资源，强化央地协同、部际协作，有效解决因疫情造成的不通不畅问题。"新十条"出台后，坚决落实党中央、国务院决策部署，坚持"保供应、保畅通、保稳定、保安全"，针对医疗物资寄递需求上升和行业用工受疫情影响严重的新情况，按日开展工作调度，对外通报全国主要品牌快递企业运行监测情况，稳定社会预期，努力推动分拨中心和营业网点应开尽开、积压邮件快件快速疏解、行业业务量快速回升。按照中央应对疫情工作领导小组的安排，组织力量驰援北京，迅速改善邮件快件积压状况，首都地区寄递服务快速恢复正常。

二、行业保持稳健快速发展，市场规模实现更大跨越

（一）年业务量突破1100亿件，业务规模连续9年稳居世界第一

业务规模全球领先。2022年，全国快递业务量完成1105.8亿件，同比增长2.1%。快递业务量创历史新高，日均快件处理量超过3亿件。我国快递业务量超过美、日、欧发达经济体之和，连续9年稳居世界第一，成为新冠疫情大流行背景下全球快递包裹市场发展的稳定器和动力源。

业务收入持续提升。2022年，全国快递业务收入完成1.06万亿元，同比增长2.3%。快递业成为拉动经济增长的重要动力，对扎实做好"六稳"工作、全面落实"六保"任务发挥重要作用。

（二）稳中求进，快递业务旺季服务保障能力继续稳步提升

国家邮政局监测数据显示，2022年"双11"期间（11月1日至11日），全国邮政快递企业共处理快递包裹42.72亿件，日均处理量是日常业务量的1.3倍。其中11月11日当天共处理快递包裹5.52亿件，是日常业务量的1.8倍。除部分地区受疫情影响外，全网运行总体较为平稳。邮政快递业积极应对，全力保障旺季平稳运行，努力打造安全旺季、畅通旺季、暖心旺季。

2022年"双11"快递业务旺季主要呈现出以下几个特点。

一是行业运行更加平稳。电商平台11月1日"开门红"进一步分流了"双11"当天业务量的峰值，业务"双高峰"成为电商平台"双11"促销的一种常态，有效缓解了邮政快递企业旺季期间揽收投递量陡增的压力。

二是快递电商协同更加紧密。通过广泛运用大数据等技术，电商平台进一步强化分析研判，将大量预售商品前置存储至邮政快递企业的仓储场地和网点，邮政快递企业针对性调配运力、人员等各类资源，使得商品发货速度更快更便捷，48小时发货及时率与72小时时限准时率均有所提升。

三是科技应用更加深入。全行业新投入900多套自动化处理设备，"网点管家"、智慧安检、地址围栏等技术更加成熟，邮政快递企业大力推广运用智能快件箱等无接触递送模式，整体作业效率持续提升。

四是防疫措施和保通保畅更加有力。国家邮政局指导各地邮政管理部门加强对企业落实疫情防控要求的监督检查,强化关键环节和重点场所、人员防控,严防疫情通过寄递渠道传播扩散。同时,在各地党委政府的支持下,受疫情影响的邮政快递分拨中心和网点较10月底明显减少,末端微循环更加畅通。

(三)快递市场结构呈现三大突出特点

在主体结构方面,市场集中度维持高位。2022年,快递市场集中度仍然维持在较高水平。2022年,快递与包裹服务品牌集中度指数CR8为84.5。

在产品结构方面,畅通国内国际双循环作用不断增强,异地快递保持强劲发展态势。异地业务量累计完成957.7亿件,同比增长4.0%,比行业增速高1.9个百分点。业务量占比达86.6%,连续4年超过80%,成为推动快递市场规模扩大的主要驱动力量,促进产品技术要素跨区流动、畅通国内市场循环的能力稳步提升。

在区域结构方面,发展更趋优化。中部发展持续加快,整体规模继续扩大。2022年,中部地区快递业务量比重上升1.1个百分点,快递业务收入比重上升0.5个百分点。

行业基础设施水平保持稳步提升。顺丰鄂州花湖机场、京东航空投入运营。航空网络布局加快。"昆明—林芝"航线验证飞行取得圆满成功,高高原服务能力再次提升。开通"丹东—南京""银川—南京""乌鲁木齐—西宁—杭州""温州—东京""香港—圣保罗""郑州—科隆""深圳—纽约""宁波—大阪""南宁—金奈""南宁—德里""青岛—仁川""杭州—吉隆坡""无锡—大阪""西安—首尔""西安—塔什干—伊斯坦布尔""成都—加德满都""昆明—德里""深圳—大阪""南宁—曼谷""乌鲁木齐—莫斯科""杭州—新西伯利亚—莫斯科""上海—大阪""合肥—亨茨维尔""南宁—达卡""南宁—孟买""成都—拉合尔""杭州—安克雷奇—纽约"等国内外货运航线。

内江东兴区客服中心、长沙智慧物流产业园、川滇渝智能科技电商物流园、苏南智慧电商物流产业园、西南(昆明)智能科技电商产业园、福建永安电商产业园等基础设施建设项目有力推进,上海智慧物流数据库创新应用中心成立,客户服务与供应链服务能力进一步增强,大数据创新应用进一步深化。快递企业不断加大枢纽节点建设力度,在上海、浙江等多地布局、投用智慧科技、电商物流产业园,启用广州、东莞、成都、信阳等地分拨、仓储中心,推动转运设施从单一功能体向集仓储分拣、冷链供应链、产业孵化等功能于一体的综合产业设施升级。廊坊、徐州等地规划企业总部项目的投资建设,带动地区转运功能升级,提升区域辐射能力。

加大境外能力建设,跨境服务水平有效提升。快递企业进一步加大海外网络建设,推动在老挝实现当地服务有效覆盖。多渠道开通出海通道,通过跨境冷链专线、"包机+冷链"、迪拜集运服务、沙特小包专线等方式,着力提升国际寄递服务能力。在西班牙、奥地利、丹麦、尼泊尔、墨西哥等国家开通国际电商专递,增办集运服务,设立小包专线,提供多元化国际寄递服务产品。在巴西建立全国性自有配送网络,加大拉丁美洲市场服务力度。开通俄罗斯海铁联运服务与定期直达货运航班。创新跨航司联程运输模式,开辟多程空运无缝衔接的高效出口路径,进一步提升东南亚快递服务能力。陆续开通至泰国、柬埔寨、老挝、越南、缅甸等东盟国家的集运专线,有效提升RCEP地区跨境服务效能。运用全程冷链、一柜到底模式,积极拓宽东南亚鲜花服务网络。

末端服务能力不断提升。推广末端集约化服务方式,开展末端收投服务试点,累计布放智能快件(信包)箱36.2万组,建设快递营业网点和末端服务站34.3万个。快递企业针对末端服务供给不均衡问题,加大资源共享与共享平台建设力度,弥补单品牌网络密度短板,提升快递流转效率,满足快速寄件需求。无接触派件服务在末端广泛应用,为满足疫情期间居民基本生活保障和基地需求发挥作用。聚焦时效提升与按需服务两个领域,优化服务模式,完善作业流程。一方面,加大前置仓、网格仓配置,开展服务站直送,缩短服务时限,促进效率提升。另一方面,通过推出超时赔付、服务站上门收派件、专属客服、派前电联、改址投递、按需派送等服务,令消费者感受到更贴心、暖心、安心的寄递体验。

科技创新能力持续提升。快递企业持续深耕科技研发,助推行业效率与产业效率双升级。无人化、自动化、智能化水平进一步提升。在无人化方面,快递企业通过首批功能型无人车行业标准测试,实现县域地区无人车配送常态化运行,积极拓展新零售、园区内无人配送,推动无人车应用场景范围进一步扩大。在自动化方面,快递企业为提升末端能效,在末端网点推动自动分拣机配备,推进末端与总部产能同步扩大,末端网点快件分拣能力明显提升。在智能化方面,上线数字化管理工具,提升分公司管理效能,实现分拨中心和派件网点的有效衔接,进一步提高运递效率。通过将电商卖家客服、快递企业客服及智能客服进行绑定,有效减轻人工客服工作压力,更好实现多数服务的及时响应。

三、行业发展环境持续优化,发展态势稳中向好

(一)不断优化发展环境,有力服务国家战略

一是政府治理能力显著增强。印发深入推进邮政管理部门法治政府建设的实施意见。省级安全中心实现全覆盖,新增 33 个市级安全中心、19 个县级机构,其中 11 个省(区、市)实现了市级安全中心全覆盖。完善准入管理,开展快递业务经营许可证电子证照签发试点,稳妥推动并购重组企业许可整合,加强经营场所许可审核管理。深入实施“双随机、一公开”监管,认真履职,加大监管力度,强化落实监管责任。重点整治未按址投递、末端服务违规收费等突出问题,深入整治以“价格战”为主要表现形式的恶意竞争行为。

二是加强与综合交通运输体系融合。组织国家“十四五”规划纲要邮政寄递工程建设,加强行业规划宣贯。落实交通强国战略,印发邮政强国建设行动纲要重点任务分工方案,开展邮政强国建设评价指标体系研究,与交通运输部联合印发加快建设国家综合立体交通网主骨架意见,配合做好综合货运枢纽强链补链和交通强国试点工作。落实中央财经委部署,加强邮政快递基础设施建设。印发成渝地区双城经济圈邮政业发展规划。

三是千方百计支持市场主体稳定。细化国务院扎实稳住经济一揽子政策措施涉邮任务,宣传解读助企纾困、减税降费相关政策文件,行业企业全年享受税费减免超过 100 亿元。依法规范和引导邮政快递业资本健康发展,协同加强业内企业上市活动管理。

四是加快农村寄递物流体系建设。落实加快农村寄递物流体系建设意见,联合商务部等 8 部门出台加快贯通县乡村电子商务体系和快递物流配送体系有关工作通知。深入推进“快递进村”工程,累计建成 990 个县级寄递公共配送中心、27.8 万个村级快递服务站点,全国 95% 的建制村实现快递服务覆盖。推进“客货邮”融合发展,加快农村邮路汽车化,新增农村投递汽车近 2 万辆,累计开通交邮联运邮路 1888 条。

五是加快推进产业协同发展。累计培育快递服务现代农业年业务量超千万件金牌项目 117 个、邮政农特产品出村“一市一品”项目 822 个,有力服务乡村振兴。联合工业和信息化部印发快递服务先进制造业“5312”工程实施方案。会同海关总署批准设立石家庄国际邮件互换局(交换站)。主要寄递企业累计设立海外仓 249 个。持续推动中欧班列常态化运输邮件和跨境电商商品,全年发运超过 4500 个集装箱。

(二)供给侧结构性改革持续推进,推动行业发展质效取得新提升

一是科技标准赋能创新发展。贯彻落实中央

推进共同富裕、新时代西部大开发战略，出台支持浙江、贵州邮政快递业高质量发展意见。推进“三智一码”研发应用，加强智慧邮政建设，促进北斗系统推广。完成通用寄递地址编码规则等17项标准制修订，探索开展国际标准化工作。

二是持续深入做好快递员群体合法权益保障工作。实现省级落实政策全覆盖。推广快递企业末端派费核算指引，开展快递员劳动定额试点，提高末端派费和降低服务类罚款要求得到有效落实。推动制定优先参加工伤保险政策，新增参保57.5万人。联合人力资源社会保障部出台职业技能提升工程实施方案，开展技能培训57.7万人次，新增5244人取得快递工程专业职称。颁布邮件快件安检员国家职业技能标准，新增快递站点管理师等3个新职业。持续开展关爱快递员“暖蜂行动”，新建爱心驿站3万余家，协调解决保障房3500余套。

三是加快推进快递包装绿色治理。遵循“禁、限、减、循、降”治理思路，推进快递包装标准化、减量化、循环化、无害化。积极构建与绿色理念相适应的法规政策标准体系，印发包装操作规范备案管理规定，建立行业生态环境保护工作信息报告制度，发布《快递电子运单》等标准。实施“9917”工程，全行业采购使用符合标准的包装材料和规范包装操作比例均超过90%，回收复用瓦楞纸箱7.1亿个。持续推进行业过度包装和塑料污染治理，北京、上海、江苏、浙江、福建、广东6省(市)邮政快递网点基本实现新“限塑令”阶段性目标。实施邮政业用品用具“双名录”管理，公布检测机构名录18家、生产企业名录642家。推进快递包装产品绿色认证，为102家企业颁发125张证书。开展绿色快递“五进”活动，宣传行业绿色治理成效。

(三)统筹发展和安全，提升行业综合治理水平

一是市场监管不断加强。深入实施“双随机、一公开”监管，健全随机抽查配套制度，优化随机抽查事项清单，强化落实“照单履职”责任。2022年各级邮政管理部门共开展邮政市场行政执法检查3.1万人次，检查市场主体1.4万家次，办理邮政市场行政执法案件6077件。深入开展快递市场秩序整顿，着力整治快递“黄牛”、低价无序竞争、未按约定方式投递、快递末端服务违规收费等突出问题，西南5省集中开展农村地区快递末端服务违规收费问题整治。加强快递市场服务价格水平监测，重点整治义乌、揭阳、南通等地低价无序竞争行为。12部门印发网络市场监管专项行动方案，治理快递“刷单”问题。

二是安全监管和应急处置水平持续提升。持续深化生产安全治理。深入推进“绿盾”工程视频联网、安检机联网应用，在疫情防控背景下有效发挥“互联网+监管”支撑作用。开展安全生产大检查大排查大整治，集中作业场地“四不”问题治理，消除装卸伸缩机缝隙隐患2万多处。深入推进平安寄递建设。深化寄递安全“三项制度”落实，推广使用邮政业智能安检设备，增设邮件快件安检员新工种，在线培训安检员3800余人。发布电子烟限寄管理通告，出台野生动植物、易制毒化学品、危险化学品、药品等禁限寄管理系列政策制度。会同公安部、国家互联网信息办公室开展邮政快递领域个人信息安全治理专项行动。推动出台《快递电子运单》国家标准，大力推广应用虚拟号码、隐私运单等技术措施，全行业隐私运单日均使用量超2亿单。着力完善安全监管机制。深入落实“七号检察建议”，12部门联合出台加强邮件快件寄递安全管理工作的指导意见，深化寄递安全综合治理。出台强化落实企业安全生产主体责任的指导意见，强化政府监管、属地管理、企业主体“三个责任”落实。健全完善安全监管支撑保障体系，邮政业安全中心实现省级全覆盖，年内新增市级邮政业安全中心33个。坚决做好行业应急维稳工作。推进行业应急管理体系建设，加强运行监测预警，及时排查化解各种矛盾纠纷，妥善处置各类突发事件，有效应对极端天气、地震等突发

事件影响。

四、快递服务评价体系继续完善

2022年,以服务满意度、时限准时率等为主要指标的快递服务质量评价体系持续完善。为加强快递服务质量监测,客观反映企业服务水平,促进快递业发展质效提升,国家邮政局组织第三方机构对2022年快递服务满意度进行了调查,对全国重点地区快递服务时限准时率进行了测试。

(一)快递服务总体满意度保持稳定

2022年,快递服务满意度调查监测对象包括9家快递服务品牌,具体为:邮政速递、顺丰速运、中通快递、圆通速递、韵达速递、申通快递、京东快递、德邦快递和极兔速递。

调查范围覆盖50个城市,包括各直辖市、省会城市和19个快递业务量较大的城市。

满意度调查采用在线调查方式,由2022年使用快递服务的用户对受理、揽收、投递、售后和信息5个方面进行满意度评价,共获得有效样本10万个。时限测试采用系统数据抽样方式,业务范围为国内异地快件,共获得有效样本811万个。

调查显示,2022年快递服务公众满意度得分为83.4分,同比微降0.3分。在5项二级指标中,受理服务、揽收服务、售后服务得分分别为89.1分、88.3分、74.5分,同比分别上升0.1分、0.5分、2.0分;投递服务、信息服务得分分别为84.4分、83.7分,同比分别下降0.7分、3.1分。

受疫情影响,虽然个别指标有所下降,但快递服务发挥连通线上线下功能,有效满足人民群众对生活物资、医疗物资等现实需求,赢得了广大用户更多的包容、理解和认可。第三方机构2022年8月对10种商业服务的满意度调查结果显示,快递服务得分为81.1分,排名第二。

2022年快递服务公众满意度得分排名前三位的品牌为顺丰速运、京东快递、邮政速递。

(二)快递服务时限水平略有下降

2022年全国重点地区快递服务全程时限为58.82小时,受疫情影响,同比延长1.74小时;72小时准时率为77.82%,同比下降0.12个百分点。其中,寄出地处理时限为7.56小时,寄达地处理时限为10.76小时,基本保持了2021年时效水平。

在疫情影响相对较小的第三季度,快递服务全程时限为56.74小时,同比缩短1.47小时,较第二季度缩短6.23小时;72小时准时率为80.39%,同比提高2.10个百分点,较第二季度提高6.82个百分点。

五、加强国际和港澳台合作交流

深入参与万国邮联开放改革等重大议题磋商。妥善处置国际邮政领域重大敏感问题。与亚太邮联共同举办RCEP背景下亚太区域邮政发展合作会议。推进内地与港澳邮政交流合作。巩固两岸通邮成效。

六、市场主体积极投身公益事业,传递行业正能量

2022年,邮政企业和各快递企业在努力提升快递服务质量和水平的同时,积极履行企业社会责任,参与各种公益活动,回报社会,传递爱心和行业正能量。

中国邮政积极持续推进组织开展各类公益活动。

2022年5月,中国邮政“母亲邮包”项目迎来10周年。10年来,“母亲邮包”项目累计实施资金超过2亿元、发放数量达100多万个,超过百万人受益。

2012年5月,由中国妇女发展基金会发起、以中国邮政开启绿色通道为服务支撑的“母亲邮包”项目正式启动。该项目主要选取困境母亲日常生活必需品,发动社会各界通过“一对一”捐助的模式,将主要由生活必需品组成的“母亲邮包”准确递送至困境母亲手中,帮助她们解决生活中的困难。

10年间,中国邮政运用遍布城乡、通达全国,

特别是能够深入农村困难地区的网络优势，为“母亲邮包”公益项目提供服务支撑；积极发挥网点优势，开放全国营业网点作为“母亲邮包”项目的线下捐赠渠道，搭建起捐赠便捷、救助精准、公开透明的捐赠平台；同时，以营业网点为阵地，开展多种形式的公益活动，凝聚更多社会资源，发挥宣传推广的平台作用。随着“互联网＋公益”时代的到来，中国邮政与时俱进，不断创新服务模式，利用微信、朋友圈等加大对项目的宣传推广力度，丰富公益场景，引导民众参与“指尖公益”，营造“公益人人可及”的良好社会氛围，进一步扩大了项目的社会影响力。

中国邮政还大力强化全网协作，在北京、西安、成都、广州、郑州、武汉设置了6个分仓集散中心，覆盖全国，统筹安排实物接收、仓储、信息处理、发运等工作；开发的慈善公益信息系统，具有包裹入库、信息处理、名址信息热敏打印、扫码妥投、物流信息跟踪查询等功能，可提升项目的管理效率，确保包裹的运递时效和服务质量。

顺丰积极履行企业社会责任，支持公益慈善，在医疗、教育等多领域持续开展志愿公益活动。

2022年，顺丰公益基金会全年公益总支出11740万元。22个志愿者协会组织开展公益活动148场次，活动参与7226人次，志愿服务时长1206286小时。

顺丰莲花助学项目启动于2012年，旨在建立人与人之间更好的联系，帮助困境学生顺利完成学业，成长为具有优秀品格，能够适应社会发展，并愿意反哺社会的美好青年。2022年，顺丰莲花助学项目总投入3182万元，其中奖助学金发放2938万元。顺丰公益基金会持续深化莲花助学项目落地实施，在“经济支持”“心理与健康”“成长赋能”方面完成了项目整体架构优化和升级的目标。

顺丰暖心儿童医疗救助项目致力于推动0～18岁患有相关疾病困境患儿早发现、早治疗、早康复，在医疗救助和人文关怀两方面助力患儿身心健康成长，同时助推“大病不出省”和儿童医疗行业发展。2022年，顺丰暖心项目全年投入5027万元，医疗救助模块新增资助患儿及孤儿3160名；人文关怀模块的6处顺丰暖心空间共服务患儿及家人4420人次。顺丰公益基金会在医疗救助模块全面升级项目救助管理系统，提升用户体验和患儿救助效率。顺丰暖心项目基于新的战略规划，在全面筑牢医疗救助基本盘的同时，大力发展人文关怀的项目特色，通过一系列暖心关怀和成长陪伴举措，助力顺丰暖心项目帮助过的孩子成长为向上向善的美好青年。

中通致力扶贫助残，爱心助学。

2022年3月至9月，中通组织举办2022年度公益运动会暨“圆梦1＋1”爱心助学活动，在公司内募集超过15万元爱心物资，捐赠至云南、河南、山西等地偏远山区的学校；同时向上海市华新镇残疾儿童康育院捐款5万元，帮助采购专业康复医疗设备和康复物资。

中通联合上海市青浦区爱心助学促进会开展扶贫助学活动，2022年1对1资助了100位云南省盈江县贫困家庭的学龄儿童和瑞丽市勐秀乡勐典小学的贫困家庭学生入学，并为每个儿童连续捐助6～9年。

圆通自成立以来，义利兼顾、致富思源，深入贯彻习近平总书记关于企业家精神的讲话要求，以“德善圆通”建设为牵引，主动作为、回报社会，彰显企业社会责任感，特别是在关爱残障弱势群体等方面践行企业公民使命，为社会创造更大价值。

2022年，圆通在助残、助困、助学等方面共计实施60多个公益项目。

“圆梦行动”是圆通与中国残联达成战略合作后于2021年共同推进扶残助残、共富共享的重大项目。项目依托“圆梦家园”终端和“云客服”两大平台，为残疾人及其家庭提供2万个就业创业岗位，打造互联网经济新业态下残疾人就业创业、共富新模式。截至2022年12月，“圆梦行动”已取得了阶段性进展，全网吸纳残疾人 9000 多人，与 23 个省（区、市）签订圆梦助残行动战略合作协议，建设圆梦家园门店近 5000 家，并在北京和杭州组建残疾人共享客服中心。

2022 年 4 月，圆通浙江助残基地暨杭州共享客服中心正式投入运营。基地办公区占地面积 900 平方米，宿舍占地面积 700 平方米，除办公场所外，还设有就餐区、茶水室、阅览室、缓压间、娱乐区等，宿舍配备独立淋浴房、独立卫生间等配套设施设备，为残疾人提供优质的办公环境及住宿环境。基地设有岗前培训、业务强化、管理提升等课程，可针对不同的人群进行不同培训，切实实现平等就业、共同富裕的目标。

2022 年 5 月 15 日是全国助残日，主题为“促进残疾人就业，保障残疾人权益”，圆通总部“圆梦行动”项目组在全网部署开展面向残疾人的座谈会、招聘会、走访慰问、文体活动等，董事局主席喻渭蛟还通过视频向全网残疾人员工送上节日祝福。

2022 年，圆通在全国共举办面向残疾人的专场招聘会 30 余场，参与、组织残疾人职业技能培训超百次，以实际行动帮助残疾人就业创业，提高残疾人职业技能水平和就业层次。

韵达坚持通过开展公益慈善活动助推社会进步，积极践行可持续发展理念，传递企业正能量。

韵达公益基金会 2019 年发起“韵 · 苗”助学项目。2022 年，韵达公益基金会已先后向青海西宁、重庆铜梁等多地困难学子捐赠助学金。截至 2022 年底，已先后为上海、四川、新疆、河南、青海等地的 800 余名家庭暂时遇到困难、品学兼优的学子提供资助，助力他们健康成长，为他们的梦想添加动力。

9 月 5 日，四川甘孜州泸定县发生 6.8 级地震。地震发生后，韵达总部协同四川省分公司第一时间联系网点，了解受灾情况，并指导网点开展灾后运营恢复工作。密切关注灾情动态，同时协调四川省分公司尽全力满足灾区物资运输需求。身处震区的泸定网点和石棉网点在第一时间投入抗震救灾工作，加入志愿者队伍，协助救灾物资转运，用实际行动为抗震救灾工作贡献力量。

申通始终秉承“有爱申通”的公益理念，积极融合社会力量，践行社会责任，坚持向社会传递正能量。

6 月，在世界献血者日到来之际，申通各地员工自发组织参与无偿献血活动，让爱心在热血中传递。在厦门市中心血站，12 名身着申通工服的身影出现在献血活动现场，他们是来自申通厦门网点的献血小分队。在献血区，前来献血的申通员工纷纷挽起袖管，躺在采血椅上，献出自己的青春热血。

申通市场部发起暖心计划，首站公益之旅抵达陕西佳县，为程家沟希望小学的孩子们送去一批学习用品。同时，通过自有电商平台“跳跳商城”与“申鲜生活”线上销售平台将销售额的 5% 计入公益捐款，建立针对贫困学生的一对一助学机制。

申通永康网点联合当地团市委和志愿者协会，在营业厅设立了“一杯水”公益爱心休息站，户外工作者如快递员、外卖配送员、环卫工人、交警、城管等都可以到营业厅内免费乘凉休息、喝水、充电。同时，增设爱心冰箱，将公益服务从室内休息站向外“延伸”，把清凉送到路边。在休息站外面放置冷柜，里面放满矿泉水、防暑药品等，在箱体贴上明显免费标记，在旁边也放上的醒目告示牌，方便来往的户外工作者直接自助取用。

自 2019 年 8 月申通联手中国残疾人福利基金会进行“集善扶贫健康行 · 互联乐业”项目签约以来，已经在桂林、萍乡、庆阳等地建立爱心座席，向百余名位残疾人提供就业机会。截至 2022 年 7 月，申通快递已经为 102 位残疾人及残疾人家属提供了包括话务客服和在线客服在内的多种工作岗位。多年来，申通一直积极参与爱心公益事业，积极探索利用互联网技术，打破身体条件、工作时间、沟通障碍、地域限制等因素对残疾人的制约，探索与残疾人和贫困群众共融共赢的帮扶模式。

德邦积极弘扬中华传统美德，传递社会正能量。公司通过制定《德邦快递见义勇为人员奖励和保障规定》，并设有见义勇为专项经费，正面激励员工在做好本职工作的同时谨记社会责任，形成了“企业激励员工，员工做好服务，共同回馈社会”的文化氛围。

2022 年，德邦员工荣获“见义勇为奖”8 人。

2022 年 6 月，安徽省宿州市西王村一名老人不慎失足落水，德邦员工周远航听到求救声后立即救援，及时救援老人上岸并送去诊治。为表彰周远航勇救落水老人，德邦授予其“德邦快递见义勇为英雄”荣誉称号，颁发见义勇为嘉奖令及 3000 元奖金。

2022 年 7 月，在广东省韶关市翁源县新江镇长岗梁高速公路上，一辆货车自燃起火，德邦货车司机陈海洋和卢恒先后给现场救援人员提供 4 个灭火器，并协助其他驾驶员灭火，待消防车赶到后方才离去。德邦为他们颁发了见义勇为专项奖金。

2022 年全国部分省(区、市)、市(地)邮政立法情况

省(区、市)、市(地)	日期	事件
浙江	2022 年 3 月 18 日	《中国(浙江)自由贸易试验区条例》经浙江省第十三届人民代表大会常务委员会第三十五次会议修订通过,自 2022 年 5 月 1 日起施行
福建	2022 年 5 月 27 日	2022 年 5 月 27 日,《福建省邮政条例》由福建省第十三届人民代表大会常务委员会第三十三次会议通过,自 2022 年 7 月 1 日起施行
湖北	2022 年 7 月	根据 2022 年 5 月 26 日湖北省第十三届人民代表大会常务委员会第三十一次会议《关于集中修改涉及公共卫生体系建设省本级地方性法规的决定》,《湖北省邮政条例》进行了第三次修正
青海	2022 年 11 月 29 日	2022 年 11 月 29 日青海省第十三届人民代表大会常务委员会第三十六次会议通过《关于修改〈青海省邮政条例〉等五部地方性法规的决定》,自公布之日起施行
潍坊	2022 年 12 月 22 日	《潍坊市快递条例》于 2022 年 12 月 22 日经潍坊市第十八届人民代表大会常务委员会第六次会议通过
南阳	2022 年 5 月 21 日	《南阳市邮政快递管理办法》于 2022 年 5 月 21 日经南阳市政府第 70 次常务会议研究同意印发,自印发之日起施行
商丘	2022 年 9 月 13 日	《商丘市邮政快递管理办法》于 2022 年 9 月 13 日经商丘市政府同意印发,自印发之日起施行
漯河	2022 年 9 月 15 日	《漯河市邮政快递管理办法》于 2022 年 9 月 15 日由漯河市政府印发,自印发之日起施行
焦作	2022 年 2 月 14 日	《焦作市邮政快递管理办法》于 2022 年 2 月 14 日经焦作市政府同意印发,自印发之日起施行,有效期限为三年

2022 年国家相关部门支持快递发展的部分政策文件

发布机构	政策文件名称
国务院办公厅	关于印发"十四五"现代物流发展规划的通知
商务部 国家邮政局 中央网信办 国家发展改革委 农业农村部 市场监管总局 国家乡村振兴局 中华全国供销合作总社	关于加快贯通县乡村电子商务体系和快递物流配送体系有关工作的通知
交通运输部 国家铁路局 中国民用航空局 国家邮政局 中国国家铁路集团有限公司	关于加快推进冷链物流运输高质量发展的实施意见
交通运输部 国家铁路局 中国民用航空局 国家邮政局	关于加快建设国家综合立体交通网主骨架的意见
国家邮政局 工业和信息化部	关于印发《快递业与制造业融合发展"5312"工程工作方案》的通知

2022 年全国部分省(区、市)支持快递发展政策

省(区、市)	支持政策文件名称
北京	北京市商务局 北京市邮政管理局 北京市市场监督管理局 北京市财政局 北京市卫生健康委员会 北京市医疗保障局关于印发《餐饮零售外卖快递从业人员免费定期核酸检测实施指导意见》的通知(京商函字〔2022〕457 号)
	北京市人力资源和社会保障局 北京市邮政管理局 国家税务总局北京市税务局关于做好本市基层快递网点优先参加工伤保险工作的通知(京人社工发〔2022〕38 号)
	北京市就业工作领导小组关于印发《首都技能人才"金蓝领"培育行动计划实施方案》的通知(京就发〔2022〕4 号)

续上表

省(区、市)	支持政策文件名称
天津	天津市人民政府办公厅印发关于助企纾困和支持市场主体发展若干措施的通知(津政办规〔2022〕6 号)
	天津市人民政府办公厅关于印发天津市加快农村寄递物流体系建设实施方案的通知(津政办发〔2022〕18 号)
	天津市关于做好基层快递网点优先参加工伤保险工作的通知(津人社局发〔2022〕9 号)
河北	关于印发《2022 年河北省推进“快递进村”加快农村寄递物流体系建设工作要点》的通知(冀邮组办〔2022〕2 号)
	关于印发《河北省邮政快递业基础设施建设工作推进小组及办公室工作规则》《重点事项任务清单》的通知(冀邮基建组〔2022〕1 号)
	关于保障全省邮政快递业畅通运行的通知
	关于印发《河北省推进交邮融合发展实施方案(2022 －2025 年)》的通知(冀交运〔2022〕503 号)
	关于深化交邮融合创建省级农村物流服务品牌的通知(冀交运〔2022〕343 号)
	关于做好快递员气象预警信息服务的通知(冀气发〔2022〕48 号)
	关于加强交通物流金融服务的通知(银石发〔2022〕112 号)
	关于印发《河北省推进基层快递网点优先参加工伤保险工作实施方案》的通知(冀人社字〔2022〕76 号)
	关于开展快递行业集体协商工作的指导意见(冀人社字〔2022〕78 号)
	关于转发《人力资源社会保障部等 10 部门关于开展新就业形态就业人员职业伤害保障试点工作的通知》的通知(冀人社字〔2022〕61 号)
	关于进一步落实助企纾困支持政策的通知(冀邮管传〔2022〕45 号)
山西	山西省邮政管理局　山西省自然资源厅　山西省住房和城乡建设厅关于推进智能信包(快件)箱建设的通知(晋邮管〔2022〕5 号)
	山西省邮政管理局　山西省发展和改革委员会关于做好遴选山西省农村寄递物流运营企业工作的通知(晋邮管〔2022〕15 号)
	山西省邮政管理局　山西省发展和改革委员会关于公布全省农村寄递物流运营企业的通知(晋邮管〔2022〕40 号)
	山西省财政厅　山西省发展和改革委员会　山西省邮政管理局关于印发《全省农村寄递物流服务全覆盖省级专项补助资金管理办法》的通知(晋财建〔2022〕49 号)
	山西省发展和改革委员会　山西省财政厅　山西省邮政管理局关于印发《2022 年农村寄递物流服务　全覆盖实施方案》的通知(晋发改经贸发〔2022〕32 号)
	山西省人民政府关于印发山西省设镇标准和设街道标准的通知(晋政发〔2022〕5 号)
	山西省人民政府办公厅关于印发 2022 年省级重点工程项目名单的通知(晋政办发〔2022〕15 号)
	关于推进城市完整居住社区建设的通知(晋建设字〔2022〕52 号)
	山西省人力资源和社会保障厅　山西省邮政管理局关于印发《推进基层快递网点优先参加工伤保险实施方案》的通知(晋人社厅发〔2022〕32 号)
	山西省人民政府办公厅关于印发山西省促进服务业领域困难行业恢复发展若干措施的通知(晋政办发〔2022〕33 号)
	山西省人民政府办公厅关于印发山西省推进服务业提质增效 2022 年行动计划的通知(晋政办发〔2022〕35 号)
	山西省人民政府办公厅关于印发山西省“十四五”城乡社区服务体系建设规划的通知(晋政办发〔2022〕55 号)
	山西省人民政府办公厅关于印发山西省进一步释放消费潜力促进消费持续恢复实施方案的通知(晋政办发〔2022〕77 号)
	山西省人民政府关于印发山西省“十四五”推进农业农村现代化规划的通知(晋政发〔2022〕21 号)
	山西省人民政府办公厅关于印发山西省促进专业镇高质量发展实施方案的通知(晋政办发〔2022〕80 号)
	山西省人民政府办公厅关于印发强化市场主体倍增要素服务保障若干措施(试行)的通知(晋政办发〔2022〕7 号)

续上表

省(区、市)	支持政策文件名称
山西	关于印发《关于支持乡村振兴重点帮扶县加快发展的若干政策措施》的通知(晋乡振发〔2022〕11号)
	关于印发《山西省寄递物流疫情防控总仓建设规范(试行)》的通知(晋疫情防控办发51号)
	关于印发山西省巩固脱贫攻坚成果2022电商帮扶行动方案的通知(晋电扶贫组办3号)
	关于印发《山西省寄递物流行业新冠肺炎疫情防控工作方案》的通知(晋交运管发171号)
	山西省人民政府关于加快建立健全我省绿色低碳循环发展经济体系的实施意见(晋政发〔2022〕12号)
	山西省人民政府关于印发山西省营商环境创新提升行动方案的通知(晋政发〔2022〕16号)
内蒙古	内蒙古自治区人民政府关于印发自治区2022年坚持稳中求进推动产业高质量发展政策清单的通知(内政发〔2022〕7号)
	内蒙古自治区人民政府办公厅关于推动电子商务加快发展若干措施的通知(内政办发〔2022〕39号)
	内蒙古自治区人民政府办公厅关于印发自治区冷链物流发展实施方案的通知(内政办发〔2022〕82号)
	内蒙古自治区人民政府关于印发自治区"十四五"节能减排综合工作实施方案的通知(内政发〔2022〕17号)
	内蒙古自治区人民政府办公厅关于印发自治区促进服务业高质量发展实施方案(2022版)等政策文件的通知(内发改经贸字〔2022〕531号)
	内蒙古自治区交通运输厅　内蒙古自治区邮政管理局　内蒙古自治区人力资源和社会保障厅等11部门关于印发《做好快递员群体合法权益保障工作实施方案》的通知(内交发〔2022〕509号)
辽宁	辽宁省人民政府办公厅关于印发《辽宁省加快农村寄递物流体系建设实施方案》的通知(辽政办发〔2022〕31号)
	关于进一步做好疫情常态化防控物流保通保畅有关工作的通知(辽保通保畅办发〔2022〕3号)
	辽宁省进一步加强交邮合作推进农村寄递物流体系建设的意见(辽邮管〔2022〕35号)
	关于印发《2022年塑料污染治理联合专项行动方案》的通知(辽环函〔2022〕201号)
吉林	关于推进快递业党建工作的指导意见(吉邮党组〔2022〕30号)
	吉林省人民政府办公厅关于积极应对新冠肺炎疫情进一步促进商务经济平稳发展若干措施的通知(吉政办明电〔2022〕8号)
	关于《吉林省新电商产业高质量发展实施方案》的征求意见函(吉安委办〔2022〕34号)
	关于印发《关于推动生活性服务业补短板上水平提高人民生活品质的若干举措》的通知(吉发改社会联〔2022〕141号)
	吉林省商务厅等12部门关于印发《城市一刻钟便民生活圈建设行动实施方案》的通知(吉商流通发〔2022〕8号)
	关于印发《吉林省推进多式联运发展优化调整运输结构工作方案(2022—2025年)》的通知(吉交联发〔2022〕16号)
	吉林省关于推进深化跨境贸易便利化改革优化口岸营商环境的若干措施(吉商口岸〔2022〕8号)
	关于印发吉林省贯彻落实《数字乡村发展行动计划(2022—2025年)》重点任务分工方案的通知(吉委网通办〔2022〕15号)
	关于推动农村客运行业高质量发展的通知(吉交联发〔2022〕2号)
	关于推动外贸保稳提质的若干措施(吉商贸发〔2022〕34号)
	吉林省人民政府关于印发稳定全省经济若干措施的通知(吉政发〔2022〕9号)
黑龙江	关于加强市级邮政业安全监管服务保障支撑体系建设有关事宜的通知(黑编办〔2022〕38号)
	黑龙江省交通运输厅　黑龙江省邮政管理局印发《关于进一步推进农村客货邮融合发展工作的指导意见》的通知(黑交规〔2022〕12号)
上海	上海市人民政府办公厅印发《关于加快本市农村寄递物流体系建设的实施意见》的通知(沪府办发〔2022〕16号)
	上海市人民政府办公厅关于印发《上海市推进多式联运发展优化调整运输结构实施方案》的通知(沪府办发〔2022〕19号)

续上表

省(区、市)	支持政策文件名称
上海	上海市人民政府关于印发《上海市“十四五”节能减排综合工作实施方案》的通知(沪府发〔2022〕12 号)
	上海市人民政府办公厅关于印发《上海市 2022 年优化营商环境重点事项》的通知(沪府办发〔2022〕10 号)
	关于上海市促进“五型经济”发展的若干意见
	上海市人民政府关于印发《上海市助行业强主体稳增长的若干政策措施》的通知(沪府规〔2022〕12 号)
	上海市人民政府关于印发《上海市加快经济恢复和重振行动方案》的通知(沪府规〔2022〕5 号)
	上海市人民政府办公厅关于印发《上海市全力抗疫情助企业促发展的若干政策措施》的通知(沪府办规〔2022〕5 号)
	上海市人民政府办公厅关于印发《上海市推进高端制造业发展的若干措施》的通知(沪府办规〔2022〕10 号)
	上海市人民政府办公厅印发关于支持本市相关行业和企业稳岗留工有序运行若干政策措施的通知(沪府办规〔2022〕18 号)
	上海市交通委员会等 8 部门关于做好本市快递员群体合法权益保证工作的实施意见(沪交综〔2022〕62 号)
江苏	中共江苏省委组织部　中共江苏省委非公有制企业和社会组织工作委员会　江苏省邮政管理局印发《关于推进快递业党建工作的指导意见(试行)》(苏组通〔2022〕13 号)
	关于切实做好畅通邮政快递末端配送“最后一公里”有关工作的通知(苏物流领导小组办发〔2022〕27 号)
	江苏省人民政府办公厅关于加快农村寄递物流体系建设的实施意见(苏政办发〔2022〕14 号)
	江苏省交通运输厅等 5 部门《关于加快推广“交通运输 + 邮政快递 + 农村社区”农村寄递物流服务模式的通知》(苏邮管〔2022〕42 号)
	《江苏省“十四五”邮政业发展规划》任务分工方案(苏邮管〔2022〕23 号)
	关于切实做好畅通邮政快递末端配送“最后一公里”有关工作的通知(苏物流领导小组办发〔2022〕27 号)
	中国人民银行南京分行　江苏省交通运输厅　江苏省邮政管理局《关于用好交通物流专项再贷款　助力交通物流业纾困发展的通知》(南银发〔2022〕56 号)
	关于进一步做好全省邮政快递服务防疫情保畅通工作的通知(苏疫指办发〔2022〕33 号)
浙江	关于贯彻落实“七号检查建议”寄递渠道“春雷”专项行动的实施意见(浙检发〔2022〕2 号)
安徽	中共安徽省委　安徽省人民政府关于做好二〇二二年全面推进乡村振兴重点工作的实施意见(皖发〔2022〕1 号)
	安徽省“十四五”服务业发展规划
	安徽省商务厅　安徽省财政厅　安徽省乡村振兴局关于印发我省实施县域商业建设行动相关配套政策的通知(皖商办建函〔2022〕288 号)
	安徽省人民政府办公厅关于印发安徽省冷链物流发展实施方案(2022－2025 年)的通知(皖政办秘〔2022〕31 号)
福建	福建省人民政府关于印发福建省积极应对疫情影响进一步帮助市场主体纾困解难若干措施的通知(闽政〔2022〕9 号)
	关于印发新时代进一步推动福建革命老区振兴发展实施方案的通知(闽政〔2022〕3 号)
	福建省政府办公厅关于印发福建省加快农村寄递物流体系建设实施方案的通知(闽政办〔2022〕14 号)
	关于印发福建省推进绿色经济发展行动计划(2022－2025 年)的通知(闽政办〔2022〕42 号)
	关于印发福建省贯彻“十四五”冷链物流发展规划实施方案的通知(闽政办〔2022〕53 号)
	关于印发福建省“十四五”推进农业农村现代化实施方案的通知(闽政文〔2022〕288 号)
	关于印发福建省“十四五”节能减排综合工作实施方案的通知(闽政〔2022〕17 号)
	关于印发商贸物流高质量发展专项行动工作方案的通知(闽商务〔2022〕27 号)
	关于印发促进内外贸一体化发展的实施意见的通知(闽商务〔2022〕69 号)
	关于完整准确全面贯彻新发展理念做好碳达峰碳中和工作的实施意见(闽委发〔2022〕14 号)
	关于印发福建省实施乡村振兴战略十大行动 2022 年重点任务的通知(闽委振兴组〔2022〕2 号)

续上表

省(区、市)	支持政策文件名称
福建	关于印发福建省推进乡村建设行动实施方案的通知(闽委农组〔2022〕2 号)
	关于印发福建省数字乡村发展行动计划(2022－2025 年)的通知(闽委网信办〔2022〕148 号)
	关于印发福建省 2022 年数字乡村发展工作要点的通知(闽委网信办〔2022〕149 号)
	关于做好进一步释放消费潜力促进消费持续恢复有关工作的函(闽发改服务函〔2022〕297 号)
	关于印发福建省全面加强基础设施建设实施方案的通知(闽发改交通〔2022〕451 号)
	关于印发福建省推进基层快递网点优先参加工伤保险工作实施方案的通知(闽人社文〔2022〕28 号)
	关于印发 2022 年全省城乡建设品质提升实施方案的通知(闽城建提升〔2022〕1 号)
	关于做好《福建省“十四五”生态省建设专项规划》有关工作的函(闽生态函〔2022〕6 号)
	福建省生态文明建设领导小组办公室关于印发福建省生态文明建设 2022 年实施计划的通知(闽生态〔2022〕1 号)
	关于印发《福建省减污降碳协同增效实施方案》的通知(闽环保综合〔2022〕12 号)
江西	中共江西省委　江西省人民政府关于推进农业农村高质量发展奋力打造新时代乡村振兴样板之地的意见(赣发〔2022〕1 号)
	江西省人民政府印发关于科学精准做好疫情防控推进经济强劲发展若干措施的通知(赣府发〔2022〕9 号)
	江西省人民政府办公厅转发省发展改革委关于推动生活性服务业补短板上水平提高人民生活品质行动方案的通知(赣府厅字〔2022〕15 号)
	江西省人民政府办公厅关于印发江西省促进商贸消费提质扩容三年行动方案(2022－2024 年)的通知(赣府厅字〔2022〕43 号)
	江西省人民政府办公厅转发省供销合作社联合社关于推进“互联网＋第四方物流”供销集配体系标准化规范化品牌化建设实施意见的通知(赣府厅字〔2022〕31 号)
	江西省商务厅　江西省邮政管理局等 17 部门关于加强全省县域商业体系建设促进农村消费的实施意见(赣商务建设字〔2022〕6 号)
	江西省人力资源和社会保障厅　江西省邮政管理局关于做好基层快递网点优先参加工伤保险工作的通知(赣人社字〔2022〕100 号)
	江西省邮政管理局　江西省文化和旅游厅　中国邮政集团有限公司江西省邮政分公司关于印发《进一步提升江西省旅游景区邮政服务水平的实施方案》的通知(赣邮管〔2022〕54 号)
山东	山东省人民政府关于印发山东省“十四五”节能减排实施方案的通知(鲁政字〔2022〕213 号)
	关于贯彻落实习近平总书记“三个走在前”重要指示精神加快建设交通强国山东示范区的实施意见(交规划发〔2022〕66 号)
河南	河南省人民政府关于印发支持现代物流强省建设若干政策的通知(豫政〔2022〕27 号)
	河南省人民政府办公厅关于印发河南省加快农村寄递物流体系建设实施方案的通知(豫政办〔2022〕30 号)
	河南省人民政府办公厅关于印发支持物流行业纾困解难若干政策措施的通知(豫政办〔2022〕54 号)
	河南省交通运输厅　河南省邮政管理局　中国邮政集团有限公司河南省分公司关于印发河南省推进县域城乡交通运输一体化实施方案的通知(豫交文〔2022〕19 号)
	河南省交通运输厅　河南省邮政管理局　河南省发展和改革委员会　河南省人力资源和社会保障厅　河南省商务厅　河南省市场监督管理局　河南省公安厅　河南省总工会关于印发关于落实快递员群体合法权益保障工作实施方案的通知(豫交文〔2022〕79 号)
	河南省人民政府关于印发河南省贯彻落实稳住经济一揽子政策措施实施方案的通知(豫政〔2022〕19 号)
	中共河南省委　河南省人民政府关于印发《河南省加快交通强省建设的实施意见》《河南省综合立体交通网规划(2021－2035 年)》的通知
	河南省人民政府关于印发河南省加快推动现代服务业发展实施方案的通知(豫政〔2022〕31 号)

续上表

省(区、市)	支持政策文件名称
河南	河南省人民政府办公厅关于印发河南省进一步释放消费潜力促进消费持续恢复实施方案的通知(豫政办〔2022〕63号)
	河南省人民政府办公厅关于印发河南省推进多式联运高质量发展优化调整运输结构工作方案(2022－2025年)的通知(豫政办〔2022〕72号)
	河南省交通运输厅　河南省财政厅　中国人民银行郑州中心支行　中国银行保险监督管理委员会河南监管局　河南省地方金融监督管理局关于印发河南省交通运输"运通贷"业务实施方案的通知(豫交文〔2022〕130号)
湖北	中共湖北省委　湖北省人民政府印发关于做好2022年全面推进乡村振兴重点工作的意见(鄂发〔2022〕1号)
	湖北省委办公厅　省政府办公厅印发关于开展美好环境与幸福生活共同缔造活动试点工作的通知(鄂办发〔2022〕23号)
	湖北省城乡社区服务体系建设"十四五"规划
	湖北省人民检察院　省公安厅　省邮政管理局关于健全完善寄递渠道安全监管协作配合机制的意见(鄂检会〔2022〕1号)
	湖北省委农办　省乡村振兴局　省邮政管理局关于做好2022年全省农村寄递物流体系建设有关重点工作的意见
	湖北省乡村振兴局　省财政厅　省邮政管理局关于开展打通农村寄递物流"最初一公里"和"最后一公里"试点工作的通知
	湖北省邮政管理局　省经济和信息化厅关于转发快递业与制造业融合发展"5312"工程工作方案的通知(鄂邮管〔2022〕35号)
湖南	中共湖南省委　湖南省人民政府关于做好2022年"三农"工作扎实推进乡村振兴的意见(湘政办发〔2022〕1号)
	湖南省人民政府办公厅关于印发《湖南省"十四五"城乡社区服务体系建设规划》的通知(湘政办发〔2022〕52号)
	湖南省人民政府办公厅关于印发《湖南省冷链物流体系建设行动方案(2022－2025年)》的通知(湘政办发〔2022〕45号)
	湖南省发展和改革委员会关于印发《湖南省塑料污染治理2022年工作要点》的通知(湘发改环资〔2022〕453号)
	湖南省发展和改革委员会等8部门关于印发《加快推进快递包装绿色转型的若干措施》的通知(湘发改环资规〔2022〕126号)
	湖南省发展和改革委员会关于印发《湖南省"十四五"循环经济发展行动计划》的通知(湘发改环资〔2022〕416号)
	湖南省人力资源和社会保障厅　湖南省邮政管理局关于湖南省基层快递网点优先参加工伤保险工作实施意见(湘人设规〔2022〕7号)
广东	中共广东省委　广东省人民政府关于做好2022年全面推进乡村振兴重点工作的实施意见(粤发〔2022〕7号)
	中共广东省委网络安全和信息化委员会办公室等部门关于印发《广东省贯彻落实〈数字乡村发展行动计划(2022－2025年)〉实施方案》的通知(粤委网办发〔2022〕2号)
	广东省乡村振兴促进条例(广东省第十三届人民代表大会常务委员会公告第114号)
	广东省人民政府关于印发2022年省《政府工作报告》重点任务分工方案的通知(粤府〔2022〕13号)
	广东省人民政府办公厅关于印发《加快推进广东预制菜产业高质量发展十条措施》的通知(粤府办〔2022〕10号)
	广东省人民政府办公厅关于印发广东省促进服务业领域困难行业恢复发展若干措施的通知(粤办函〔2022〕40号)
	广东省人民政府关于印发中国(韶关)等8个跨境电子商务综合试验区实施方案的通知(粤府函〔2022〕58号)
	广东省人民政府办公厅关于加快推进现代渔业高质量发展的意见(粤府办〔2022〕15号)
	广东省人民政府办公厅关于印发广东省推进多式联运发展优化调整运输结构实施方案的通知(粤府办〔2022〕25号)

续上表

省(区、市)	支持政策文件名称
广东	广东省人民政府关于印发广东省贯彻落实国务院扎实稳住经济一揽子政策措施实施方案的通知(粤府〔2022〕51号)
	广东省人民政府办公厅关于印发农业农村部　广东省人民政府共同推进广东乡村振兴战略实施2022年度工作要点的通知(粤办函〔2022〕234号)
	广东省工业和信息化厅关于印发《2022年广东省数字经济工作要点》的通知(粤工信数字产业函〔2022〕13号)
	广东省发展改革委　广东省生态环境厅关于印发广东省塑料污染治理行动方案(2022—2025年)的通知(粤发改资环函〔2022〕1250号)
	广东省商务厅　广东省住房和城乡建设厅等18部门关于推进城乡一刻钟便民生活圈建设加快品牌连锁便利店发展的实施意见(粤商务建字〔2022〕14号)
	广东省人民政府关于印发广东省"十四五"节能减排实施方案的通知(粤府〔2022〕68号)
	广东省总工会等部门关于推进广东省新就业形态劳动者入会和权益保障工作的若干意见(粤工总〔2022〕28号)
	广东省人民政府办公厅关于印发广东省推进冷链物流高质量发展"十四五"实施方案的通知(粤府办〔2022〕28号)
	广东省发展改革委关于印发《广东省循环经济发展实施方案(2022—2025年)》的通知(粤发改资环〔2022〕390号)
	广东省发展改革委关于印发《广东省"十四五"现代流通体系建设实施方案》的通知(粤发改贸易〔2022〕430号)
	广东省邮政管理局　广东省交通运输厅　广东省发展和改革委员会　广东省人力资源和社会保障厅　广东省商务厅　广东省市场监督管理局　广东省总工会关于印发《广东省保障快递员群体合法权益若干措施》的通知(粤邮管联〔2022〕1号)
	广东省邮政管理局关于印发《广东省快递企业省内总部统一管理责任制实施办法(试行)》的通知(粤邮管〔2022〕61号)
	广东省邮政管理局　广东省烟草专卖局关于严格规范涉烟物品寄递行为的通告(粤邮管联〔2022〕9号)
	广东省邮政管理局关于印发广东省农村寄递物流县级快件处理中心和乡镇快递网点建设指引(暂行)的通知(粤邮管函〔2022〕85号)
广西	关于印发促进邮政快递业高质量发展实施方案的通知(桂政办发〔2022〕25号)
	关于印发推进多式联运高质量发展优化调整运输结构实施方案(2022—2025年)的通知(桂政办发〔2022〕50号)
	关于印发推进基层快递网点优先参加工伤保险工作实施方案的通知(桂人社函〔2022〕78号)
	关于开展农村电商与快递物流协同发展电商快递服务下乡活动的通知(桂商电商发〔2022〕54号)
	关于印发《广西统筹推进农村物流高质量发展行动方案(2022—2025年)》的通知(厅发〔2022〕29号)
海南	关于做好2022年全面推进乡村振兴重点工作的实施意见(琼发〔2022〕1号)
	中共海南省委　海南省人民政府关于印发《海南省深入打好污染防治攻坚战行动方案》的通知(琼发〔2022〕18号)
	中共海南省委　海南省人民政府印发《关于新时代加快完善社会主义市场经济体制的实施意见》(琼发〔2022〕10号)
	关于印发《海南省加快农村寄递物流体系建设若干措施》的通知(琼府办〔2022〕3号)
	海南省人民政府关于印发《海南省碳达峰实施方案》的通知(琼府办〔2022〕27号)
	海南省人民政府办公厅关于加快推进政务服务标准化规范化便利化的实施意见(琼府办〔2022〕49号)
	海南省人民政府办公厅关于印发《海南省工伤保险基金统收统支实施方案》的通知(琼府办函〔2022〕40号)
	关于印发《海南自由贸易港进一步优化营商环境行动方案(2022—2025年)》的通知(琼府办函〔2022〕183号)
	海南省现代物流业发展奖补资金管理实施细则(琼发改规〔2022〕3号)
	关于印发《海南省"十四五"现代流通体系建设实施方案》的通知(琼发改经贸〔2022〕503号)

续上表

省(区、市)	支持政策文件名称
海南	关于印发 2022 年海南省降低物流成本纾困帮扶措施的通知(琼发改经贸〔2022〕589 号)
	关于印发《海南省进一步降低物流成本实施方案(2022－2025 年)》的通知(琼发改经贸〔2022〕605 号)
	关于印发《新海陆岛物流园区建设规划》的通知(琼发改经贸〔2022〕909 号)
	关于印发《海南省县域商业体系建设实施方案》的通知(琼商电〔2022〕26 号)
	关于印发《海南省智慧赋能引领新型消费加快发展的实施方案》的通知
	关于印发《海南省物流保通保畅工作任务清单》等文件的通知(琼交运输〔2022〕190 号)
	关于推动海南农村客运高质量发展的意见(琼交运输〔2022〕126 号)
	关于开展 2022 年海南省现代物流业发展奖补资金(邮政快递业方向)申报工作的通知
	关于印发《海南省推进多式联运发展优化调整运输结构实施方案》的通知(琼交运输〔2022〕486 号)
	关于做好基层快递网点优先参加工伤保险工作的通知(琼人社规〔2022〕3 号)
	关于印发《海南省城乡社区服务体系建设规划(2022－2025 年)》的通知(琼民发〔2022〕15 号)
	关于印发《海南省新就业形态就业人员职业伤害保障实施办法(试行)》的通知(琼人社规〔2022〕6 号)
	关于印发《海南省通用航空发展近期行动方案(2022－2023 年)》的通知(琼交民航〔2022〕290 号)
	关于印发《海南省新能源汽车推广和产业培育三年行动方案(2022－2024 年)》的通知
	海南省工业和信息化厅关于印发《海南省 2022 年鼓励使用新能源汽车若干措施》的通知(琼工信汽车〔2022〕52 号)
	关于印发《〈海南省乡村建设行动实施方案(2022－2025 年)〉起草任务分工方案》的函(琼乡振函〔2022〕11 号)
	关于印发《贯彻落实〈关于推进海南自由贸易港乡村人才振兴的十条措施〉责任分工方案》的通知(琼委乡村振兴办〔2022〕4 号)
	关于印发《2022 年海南数字乡村发展工作要点》的通知(琼网办〔2022〕32 号)
	关于鼓励引导农村地区高质量发展庭院经济的实施意见(琼委农办〔2022〕38 号)
	海南省委农村工作领导小组关于印发《海南省乡村建设行动实施方案(2022－2025 年)》的通知(琼委农〔2022〕11 号)
	海南省邮政管理局关于印发《海南自由贸易港邮件快件监管中心布局及建设方案》的通知(琼邮管〔2022〕42 号)
	海南省新型冠状病毒肺炎疫情防控工作指挥部《关于印发海南省国际邮件快件疫情防控工作指引(试行)的通知》(琼肺炎指〔2022〕24 号)
	海南省生活垃圾分类领导小组办公室《关于印发海南省 2022 年生活垃圾分类工作任务清单的通知》
重庆	加快重庆市邮政快递业高质量发展战略合作协议
	重庆市人民政府办公厅关于加快农村寄递物流体系建设的实施意见(渝府办发〔2022〕39 号)
	加快重庆市邮政快递业高质量发展战略合作协议任务分解
	綦江区农村物流三级服务体系融合发展示范创建方案
	重庆市县域商业发展"十四五"规划(2022－2025 年)(渝商务发〔2022〕11 号)
	中国(重庆)自由贸易试验区"十四五"规划(2021－2025 年)(渝府办发〔2022〕58 号)
	关于印发重庆市进一步释放消费潜力促进消费持续恢复若干措施的通知(渝府办发〔2022〕72 号)
	重庆市县域商业建设行动专项资金管理实施细则(渝商务发〔2022〕18 号)
	促进脱贫人口稳岗就业十三条政策措施(渝乡振发〔2022〕8 号)
	重庆临空经济示范区建设实施方案(2022－2025 年)(渝府办〔2022〕23 号)
	关于促进内外贸一体化发展的实施意见(渝府办发〔2022〕109 号)
	关于开展农村物流三级服务体系融合发展示范创建工作的通知(渝交发〔2022〕20 号)
	关于实施企业吸纳就业社会保险补贴"直补快办"的通知(渝人社发〔2022〕47 号)

续上表

省(区、市)	支持政策文件名称
四川	中共四川省委办公厅　四川省人民政府办公厅关于印发《2022 年全省经济工作要点》的通知(川委办〔2022〕1 号)
	中共四川省委办公厅　四川省政府办公厅印发《关于以乡村国土空间规划引领县域内片区高质量发展的指导意见》(川委办〔2022〕16 号)
	中共四川省委办公厅　四川省人民政府办公厅印发《关于推动城乡建设绿色发展的实施方案的通知》(川委办〔2022〕19 号)
	四川省人民政府关于印发进一步稳定和扩大就业十五条政策措施的通知(川府发〔2022〕12 号)
	四川省人民政府关于加快推进政务服务标准化规范化便利化的实施意见(川府发〔2022〕15 号)
	四川省人民政府办公厅关于印发《四川省加快农村寄递物流体系建设的实施方案》(川办发〔2022〕7 号)
	四川省发展和改革委员会关于印发《关于推动生活性服务业补短板上水平提高人民生活品质的行动方案》的通知(川发改社会〔2022〕407 号)
	四川省商务厅等 17 部门关于印发《县域商业体系建设行动实施方案(2022 年—2025 年)》的通知(川商市建〔2022〕7 号)
	四川省交通运输厅　四川省商务厅　四川省邮政管理局　中国邮政集团有限公司四川省分公司关于印发《推动"交商邮"融合发展构建乡村振兴农村物流保障体系试点工作实施方案》的通知(川交函〔2022〕147 号)
	四川省交通运输厅等 10 部门关于深入实施"金通工程"推进乡村运输可持续发展的实施意见(川交函〔2022〕200 号)
	四川省交通运输厅　四川省商务厅　四川省邮政管理局　中国邮政集团有限公司四川省分公司关于公布"交商邮"融合发展试点单位的通知(川交函〔2022〕342 号)
	四川省人力资源和社会保障厅　四川省邮政管理局关于做好基层快递网点优先参加工伤保险工作的通知(川人社办发〔2022〕9 号)
	四川省大数据中心　四川省政府政务服务和公共资源交易服务中心　四川省邮政管理局　中国邮政集团有限公司四川省分公司关于印发《四川省"政务服务 + 邮政"工作方案》的通知(川数中心函〔2022〕130 号)
	中国人民银行成都分行　四川省交通运输厅　四川省邮政管理局关于用好交通物流专项再贷款助力四川道路货运物流行业纾困解难的通知(成银发〔2022〕37 号)
	四川省邮政管理局　四川省商务厅　四川省农业农村厅关于推进川货寄递工作的通知(川邮管〔2022〕14 号)
	推动成渝地区双城经济圈建设联合办公室关于印发《深化重庆四川合作推动成渝地区双城经济圈建设 2022 年重点任务》的通知(双城办〔2022〕1 号)
	四川省推进成德眉资同城化发展领导小组办公室　四川省发展和改革委员会关于印发《贯彻落实〈成都都市圈发展规划〉重点任务分工方案》的通知(川成德眉资同城办〔2022〕6 号)
	四川省数字乡村发展统筹协调机制办公室关于印发《四川省数字乡村发展统筹协调机制方案》的通知
	现代农业"10 + 3"产业体系推进办公室关于印发《2022 年川粮油产业工作要点》等 9 个工作要点的通知(川农产业推进办〔2022〕2 号)
	四川省乡镇行政区划和村级建制调整改革"后半篇"文章专项工作领导小组关于印发《支持以乡村国土空间规划引领县域内片区高质量发展的政策清单》的通知(川两改组〔2022〕2 号)
贵州	贵州省乡村振兴促进条例
	贵州省促进服务业领域困难行业恢复发展的实施方案(黔府办函〔2022〕42 号)
	贵州省商贸物流高质量发展专项行动工作方案(2022 — 2025 年)(黔商发〔2022〕4 号)
	贵州省人力资源社会保障厅　贵州省邮政管理局关于做好基层快递网点优先参加工伤保险工作的通知(黔人社通〔2022〕92 号)

续上表

省(区、市)	支持政策文件名称
西藏	西藏自治区人民政府办公厅关于印发西藏自治区推进多式联运发展优化调整运输结构工作实施方案(2021－2025年)的通知(藏政办发〔2022〕34号)
	西藏自治区发展和改革委员会等6部门关于中国邮政集团西藏分公司存在困难问题的支持意见(藏发改基础〔2022〕85号)
	西藏自治区商务厅等8部门关于印发《西藏自治区关于加强县域商业体系建设的实施意见》的通知(藏商发〔2022〕110号)
	关于印发《西藏自治区邮政快递行业基础设施关停关闭处理流程规定》的通知(藏物流领导小组发〔2022〕39号)
	西藏自治区邮政管理局　西藏自治区商务厅关于加快农村寄递物流体系建设的实施意见(藏邮管〔2022〕21号)
	西藏自治区人力资源和社会保障厅　西藏自治区邮政管理局关于推进基层快递网点优先参加工伤保险工作的通知
陕西	陕西省邮政管理局　陕西省人民检察院关于落实最高人民检察院"七号检察建议"进一步加强寄递渠道安全管理工作的通知(陕邮管〔2022〕8号)
	关于成立陕西省农村寄递物流体系建设工作领导小组的通知(陕交发〔2022〕53号)
	陕西省农村寄递物流体系建设工作领导小组办公室关于加快推进我省农村寄递物流体系建设工作的通知(陕交函〔2022〕569号)
	关于印发《陕西省推进基层快递网点优先参加工伤保险工作实施方案》的通知(陕人社函〔2022〕75号)
	陕西省邮政管理局关于印发《关于进一步强化安全生产责任落实坚决防范遏制重特大事故的若干措施》的通知(陕邮管〔2022〕33号)
	陕西省邮政管理局关于关于印发《快递企业在陕总部统一管理责任清单(试行)》的通知(陕邮管〔2022〕46号)
	关于印发《陕西省邮政快递行业基础设施关停关闭处理流程》的通知(陕邮通畅办发〔2022〕4号)
	关于进一步做好邮政快递服务保障工作的紧急通知(陕通畅办函〔2022〕130号)
甘肃	甘肃省人民政府印发关于进一步稳定和扩大就业若干措施的通知(甘政发〔2022〕33号)
	甘肃省人民政府关于印发甘肃省贯彻落实稳住经济一揽子政策措施实施方案的通知(甘政发〔2022〕37号)
	甘肃省人民政府办公厅关于印发第十次全国深化"放管服"改革电视电话会议重点任务贯彻落实措施的通知(甘政办发〔2022〕137号)
青海	中共青海省委组织部　青海省邮政管理局关于加强党建引领促进"快递进村"的通知(青组字〔2022〕59号)
	关于实现"开门红"保障"全年稳"的若干措施
	青海省人民政府办公厅关于印发青海省推进多式联运发展优化调整运输结构工作实施方案的通知(青政办〔2022〕24号)
	青海省人民政府办公厅　甘肃省人民政府办公厅关于印发兰州—西宁城市群发展"十四五"实施方案的通知(青政办〔2022〕5号)
	青海省人民政府办公厅转发省发展改革委青海省推动生活性服务业补短板上水平提高人民生活品质行动方案(2022－2025年)(青政办〔2022〕37号)
	青海省财政厅等9部门关于印发现代物流体系建设财税支持政策的通知(青财工字〔2022〕284号)
	青海省2022年新型城镇化和城乡融合发展工作要点(青发改规划〔2022〕268号)
	青海省服务业发展联席会议办公室关于印发青海省2022年服务业发展工作要点的通知(青发改产业〔2022〕416号)
	关于印发《青海省"十四五"现代流通体系建设方案》的通知(青发改财贸〔2022〕398号)

续上表

省(区、市)	支持政策文件名称
宁夏	宁夏回族自治区人民政府办公厅关于印发加快全区农村寄递物流体系建设实施方案的通知(宁政办发〔2022〕18号)
	宁夏回族自治区人民政府办公厅转发自治区发展改革委关于推动生活性服务业补短板上水平提高人民生活品质的行动方案(2022－2025年)的通知(宁政办函〔2022〕20号)
	宁夏回族自治区交通运输厅等部门关于做好快递员群体合法权益保障工作的实施意见(宁交办发〔2022〕18号)
	关于做好基层快递网点优先参加工伤保险工作的通知(宁交办发〔2022〕48号)
	关于加强县域商业体系建设促进农村消费的实施意见(宁商发〔2022〕1号)
	促进商贸物流高质量发展的实施意见(宁商发〔2022〕20号)
	关于推动使用交通物流专项再贷款有关工作的通知(宁银发〔2022〕42号)
	宁夏回族自治区现代物流业高质量发展包抓机制专班办公室关于印发《现代物流业高质量发展实施方案(2022年—2027年)》的通知(宁物流包抓办发〔2022〕3号)
	宁夏回族自治区物流保通保畅工作机制指挥部关于印发《宁夏回族自治区物流保通保畅工作方案》的通知(宁通畅指发〔2022〕4号)
	宁夏回族自治区邮政管理局　宁夏回族自治区工业和信息化厅联合印发《宁夏快递业与制造业融合发展“5312”工程实施方案》的通知(宁邮管发〔2022〕65号)
新疆	关于在快递、外卖、货车司机行业发展集体协商试点工作的通知(新工发〔2022〕19号)
	关于印发进一步深化交通运输与邮政快递融合发展助力服务乡村振兴二作实施方案的通知(新交运〔2022〕7号)
	关于做好基层快递网点优先参加工伤保险工作的通知(新人社函〔2022〕35号)
	关于做好基层快递网点优先参加工伤保险工作的通知(兵人社函〔2022〕61号)
	关于印发《兵团农村客货邮融合发展示范创建指南》的通知(兵交发〔2022〕85号)
	关于印发《自治区邮政快递业服务葡萄酒产业发展实施意见》的通知(新邮管〔2022〕60号)
	关于加强快递包装废弃物回收工作的通知(新邮管〔2022〕76号)

第二章　2022 年快递领域十大事件

2022 年，邮政业抓实抓细疫情防控，持续推进保通保畅，高质量发展阔步向前。2022 年底，由《快递》杂志编辑部发起的票选“2022 年中国快递领域十大事件”得到了网友积极响应。综合网友的投票，并征求邮政管理部门、行业专家、学者的意见，《快递》杂志编辑部对部分备选事件进行了合并、梳理，最终推选出“2022 年中国快递领域十大事件”。

1. 快递小哥当选党的二十大代表

2022 年 10 月 16 日，中国共产党第二十次全国代表大会在北京人民大会堂开幕，中国邮政其美多吉、京东物流宋学文、圆通速递马石光等 8 名邮政业代表参会。

10 月 22 日，京东快递小哥宋学文亮相“党代表通道”，谈起快递行业十年间飞速发展，给大家生活带来了便利，人们对网购的需求更多样化，对快递服务品质的要求更高，快递员这个职业也获得了更多的尊重和认可。“把普通的事情做到极致就是不普通不平凡，我会为美好生活继续加油干。”宋学文表示，党的二十大描绘的蓝图让他充满接续奋斗的信心，他相信也能带动身边的快递员继续做好本职工作。

此外，快递员代表还亮相北京冬奥会。2022 年 2 月 4 日晚，在北京冬奥会开幕式上，传递中国国旗的代表团中有一位邮政业代表——来自顺丰的快递小哥刘阔。他感叹，现场交递国旗是一生值得回味的荣耀瞬间。

2. 邮政业全力开展保通保畅工作

2022 年 2 月底以来，我国疫情呈现点多、面广、频发的特点，邮政业正常运行经受严峻考验，部分环节出现堵点，邮快件揽收量、投递量有所下滑，部分地区发生生产作业场所封停、从业人员隔离、邮件快件积压等情况，服务网络一度运行不畅。为打通运行堵点，保障行业畅通，国家邮政局按照国务院物流保通保畅工作机制部署，自 4 月 10 日起，迅速启动邮政业保通保畅工作，建立工作机制，强化系统部署，加强政策保障，实施按日调度，开展实时监测，制定督办措施，全力推动邮政业防疫情保畅通工作。进入 5 月后，行业持续复苏。特别是自 12 月 7 日国务院联防联控机制综合组发布《关于进一步优化落实新冠肺炎疫情防控措施的通知》后，单日揽收量保持在 3.6 亿件以上，迎来新一轮业务高峰。

3. 邮政业完成重大活动保障工作

2022 年，冬奥会、全国两会、服贸会、党的二十大、进博会等重大活动相继胜利召开。全系统全行业周密组织、全力投入，坚持最高标准、最严要求、最实举措，突出寄递安全和行业稳定两个重点，统筹做好安全和服务两项保障，严格落实各项安全和服务保障工作，保障了邮政业平稳运行和寄递渠道安全畅通。特别是不断加强行业安全和应急管理，统筹发展和安全，扎实开展平安寄递建设，部署开展寄递渠道涉枪涉爆隐患集中整治、禁毒“净边”和“百日攻坚”等系列行动，进一步夯实安保工作基础。

4. 行业高质量发展迈上新台阶

2022 年，全行业着力建立健康发展、充满活力、规范有序的快递末端市场竞争格局，筑牢安全防线，保护快递员合法权益，突破多年来制约行业运行的定价模式、商业模式和管理模式，主动求变,积极应变。

创新发展打造发展优势,创新体系和创新能力,大力发展智慧邮政和智慧快递,行业加速由“互联网 +”向“智能 +”蜕变跃升。协调发展补齐发展短板,高效衔接区域协调发展战略,实现与综合交通枢纽、关联产业协同布局集聚发展。绿色发展助力美丽中国建设,积极构建与绿色理念相适应的法律、标准、政策体系,加快推进快递包装标准化、减量化、循环化、无害化。开放发展增强国际竞争力,拓展海外服务布局,更好服务“一带一路”建设,加快构建多点支撑的境外寄递枢纽,增强国际寄递网络的连通性和稳定性,提升跨境服务能力。共享发展提升普惠水平,强化通政便民利商功能,邮政普遍服务均等化水平提升,快递服务更为便捷、更广覆盖、更加优质。

12 月 1 日上午 8 时 10 分,国家邮政局快递大数据平台实时监测数据显示,由极兔速递承运的一箱从福建省漳州市平和县发往厦门市的蜜柚,成为 2022 年第 1000 亿件快件。比 2021 年提前 7 天达到千亿件,充分彰显了行业发展的强大韧性,为畅通循环促进流通服务民生作出了积极贡献。快递进村服务农产品进城工业品下乡,快递进厂服务制造业供应链更加稳定精准,快递出海助力民族品牌走向世界。快递,更加紧密地连接起千城百业,造福千家万户。

5. 快递企业发力末端服务升级

“末端服务升级”成为 2022 年快递企业竞争的焦点。9 月 5 日,顺丰宣布全国 50 城“派件不上门,承诺必赔付”,如果快递员在没有获得收件人的同意的情况下,未按标准上门派送,收件人可获得 5 元客户体验保障红包。菜鸟申请注册了“菜鸟送货上门”商标,将“送货上门”提升到战略目标级别,通过自营的菜鸟直送、加盟式的菜鸟驿站以及联合快递公司等多种方式,为有需求的消费者提供确定性的上门服务。中通快递推出“中通标快”产品,重点保障时效精准化承诺、末端定制化派送,快递员在派送时,电联客户了解其收货需求,做到上门派送等按需派送。圆通速递推出主打优先中转、按需派送、专属客服等核心功能的“圆准达”产品。韵达速递“智橙网”要求快递员按照送货上门、本人签收等收件人需求处理快件。

6. 全国各地开展快递员权益“集体协商”

2022 年,快递员群体合法权益保护不断升级。全国多地依托工会组织、快递协会建立行业集体协商机制,聚焦快递员群体劳动报酬、支付办法、工作时间、休息休假、劳动安全保护、奖惩制度等快递员群体最关心、最直接、最现实的利益问题,并将加盟企业的用工管理及劳动者权益维护也一并纳入协商内容。协商机制督促企业向提供正常劳动的快递员支付不低于当地最低工资标准的劳动报酬,并按时足额支付,切实保障快递员群体经济权益。同时,引导企业建立劳动报酬合理增长机制,逐步提高快递员劳动报酬水平;制定快递员劳动定额相关标准,引导企业确定合理劳动定额,落实休息制度,保障快递员休息权利。

7. 中国民营快递首进世界 500 强

2022 年 8 月 3 日,《财富》杂志发布 2022 年世界 500 强排行榜。榜单显示,中国邮政排名第八十一位,连续三年进入百强行列。营业收入排名世界邮政第一位,利润排名世界邮政第一位。

中国民营快递企业顺丰首次进入世界 500 强,以 321 亿美元的营收位列第 441 名。顺丰入选世界 500 强并非易事。2021 年顺丰业绩呈现“低开高走”的态势,由于疫情等多方面因素影响,顺丰出现了上市后的首次亏损,令市场一度担忧。顺丰通过战略层、客户与产品层、成本层、运营层采取的多项行之有效的经营举措与管理优化,成功推动业绩逐季修复。

8. 邮政业航空货运迈上新台阶

2022 年 7 月 17 日 9 时 07 分,一架从深圳宝安机场起飞的黑白涂装、尾翼上标有“SF”字样的顺丰航空 B767 全货机，冒着大雨缓缓降落在湖北鄂州花湖机场西跑道。之后一架从武汉天河机场飞来的顺丰 B757 货机和一架从北京大兴机场飞来的南航客机相继落地，标志着中国首个专业货运机场正式投入运营。11 月 27 日，一架由深圳宝安机场起飞的全货机平稳降落在鄂州花湖机场；卸货完毕，这架飞机将迅速装载快件，于清晨 6 时 20 分返航。这不到两小时的一降一起，标志着鄂州花湖机场货运航线开通运行。

2022 年以来，邮政业加快全货机引进节奏，圆通全年引进 7 架新货机，顺丰陆续投运 9 架新运力，包括 6 架远程宽体全货机。此外，京东航空 8 月底正式投入运营，将实现全国核心板块多个城市流向“夕发朝至”，“一地发全国”的特快航空覆盖率提升至 95% 以上。

9. 京东物流收购德邦快递

2022 年 3 月，关于京东物流收购德邦的消息首次公开披露，京东物流以 89.76 亿元收购德邦 66.49% 股份。京东物流表示，收购可让公司就货运服务快速获取一张覆盖全国的快运网络，有效提升集团网络能力。其次，双方可共享网络资源，提升规模效应。此外，德邦在制造业拥有较好的服务能力和客户群，能帮助公司实现从消费端、流通端到生产端一体化供应链拓展，进一步提升市场份额。

2022 年 11 月 22 日，京东集团董事会主席刘强东发布全员信表示，自 2023 年 1 月 1 日起，逐步为十几万德邦的兄弟们缴齐五险一金，确保每个德邦兄弟都能“老有所养，病有所医”，同时集团拿出 100 亿元人民币，为包括全体德邦兄弟在内的所有集团基层员工设立“住房保障基金”。

10. 快递企业签约足坛巨星提升全球影响力

2022 年 11 月 26 日，极兔速递宣布，足球巨星梅西正式成为其全球品牌代言人。这笔签约不仅能提升品牌知名度，也有利于快递出海，加快全球网络布局。目前，极兔速递的快递网络覆盖印度尼西亚、越南、马来西亚、菲律宾、泰国、柬埔寨、新加坡、中国、沙特阿拉伯、阿联酋、墨西哥、巴西和埃及等 13 个国家，服务全球逾 25 亿人口。

2022 年，快递企业没有放缓出海的步伐，行业在全球网络布局、国际枢纽建设和海外落地配送等方面的能力和水平均有一定程度的提升。五大全球性国际邮政快递枢纽集群加快建设，跨境远程运输能力得到明显增强。开通温州—东京、长沙—列日、南宁—金奈、宁波—大阪等多条国际全货运航线，以及香港—圣保罗、郑州—科隆、深圳—纽约等多条国际货运包机航线，为构建双循环提供了自主可控渠道。快递企业不断优化升级海外服务模式，丰富服务产品体系，在美国、西班牙、丹麦和尼泊尔等国开通了电商专递、快捷小包、小包专线、跨境冷链专线与集运服务，增强了全链条、多元化和门到门的服务能力。

第三章 2022 年中国快递发展大事记

李小鹏部长出席 2022 年全国邮政管理工作会议

1 月 6 日，2022 年全国邮政管理工作会议在京召开。交通运输部部长李小鹏出席会议时强调，希望国家邮政局和邮政快递业全体同志继续发扬优良传统，埋头苦干、担当作为，不断开创邮政快递业高质量发展和高效能治理新局面，奋力谱写加快建设交通强国邮政新篇章，在努力当好中国现代化的开路先锋新征程中勇挑重担，以优异成绩迎接党的二十大胜利召开。

2022 年全国邮政管理工作电视电话会议在京召开

1 月 6 日，2022 年全国邮政管理工作电视电话会议在北京召开。会议传达学习中共中央政治局委员、国务院副总理刘鹤重要批示精神，总结 2021 年工作，分析形势，明确提出 2022 年行业改革发展工作的总体要求和主要任务。交通运输部部长李小鹏出席会议并讲话，国家邮政局党组书记、局长马军胜作工作报告，局党组成员、副局长戴应军、刘君、赵民、陈凯出席会议。马军胜强调，全行业要深化"服务全领域、激活全要素，打造双高地、畅通双循环"的工作思路，注重系统思维、注重统筹结合、注重联动发展，推动行业高质量发展、高效能治理，在"加快建设交通强国、努力当好中国现代化的开路先锋"新征程中勇挑畅通重担。

开元旦假期全国邮政快递业运行总体安全平稳

国家邮政局监测数据显示，1 月 1 日至 3 日全国邮政快递业运行总体安全、平稳有序，揽收快递包裹 9.2 亿件，同比增长 22.6%；投递快递包裹 9.6 亿件，同比增长 26.5%。元旦假期，国家邮政局认真贯彻落实中央决策部署，全系统全行业进一步健全疫情防控机制，慎终如始严格抓好"外防输入、内防反弹"工作，落实疫情防控期间邮政快递生产作业场所操作规范建议，认真执行邮政快递作业车辆、作业和服务场所消毒、通风等防控要求，坚持"人""物"环境同防，有效降低疫情传播风险，扎实做好常态化疫情防控下元旦放假期间邮政快递业安全服务保障各项工作。

李小鹏部长出席 2022 年中国邮政集团工作会议

1 月 7 日，2022 年中国邮政集团有限公司工作会议在京召开。交通运输部部长李小鹏出席会议时强调，希望中国邮政集团全体同志继续发扬优良传统，埋头苦干、担当作为，加快推动集团高质量发展，为加快建设交通强国、努力当好中国现代化的开路先锋奋勇前进，以优异成绩迎接党的二十大胜利召开。

马军胜局长出席中国邮政集团有限公司 2022 年工作会议

1 月 7 日下午，国家邮政局党组书记、局长马军胜出席中国邮政集团有限公司 2022 年工作会议，强调要更加紧密地团结在以习近平同志为核心的党中央周围，踔厉奋发、笃行不怠，为推动邮政集团实现"二次崛起"，全面建设现代化邮政强国而努力奋斗，以优异成绩迎接党的二十大胜利召开。中国邮政集团有限公司党组书记、董事长刘爱力讲话，党组副书记、总经理张金良作工作报告。

陈凯副局长在北京调研邮政快递业生态环保工作

近日，国家邮政局党组成员、副局长陈凯率队在北京调研，深入多家快递集中共配点和分拨中心，了解邮政快递行业生态环保工作开展情况，并与北京市邮政管理局和部分企业代表座谈。陈凯强调全系统全行业要深入贯彻落实习近平总书记关于邮政快递业的重要指示批示精神，采取有效措施扎实推进行业生态环保工作，维护市场秩序有序稳定，切实做好快递小哥合法权益保障工作，努力推进行业绿色高质量发展。

国家邮政局公布2021年100个快递服务现代农业金牌项目

近日，为进一步发挥快递服务现代农业项目示范引领作用，国家邮政局发出通知，决定授予江苏宿迁花木等100个项目为“2021年快递服务现代农业金牌项目”。2021年，快递业积极服务现代农业发展，持续增加服务供给，不断创新服务模式，推动农产品出村进城，全年共培育出100个业务量超千万件的快递服务现代农业项目，在提升农产品流通效能、促进农民增收、助力乡村振兴方面取得了显著成效。

邮政快递业25名快递小哥荣获全国交通技术能手称号

近日，交通运输部印发关于授予蒋华等245名同志全国交通技术能手称号的决定，邮政快递业的蒋教芳等25名快递小哥荣列其中。习近平总书记高度重视技能人才队伍建设，十分关心关爱快递小哥的权益保障，多次作出重要批示指示。在中央人才工作会议上，习近平总书记指出“国家发展靠人才，民族振兴靠人才”。国家邮政局坚决贯彻习近平总书记重要指示批示精神，深入实施“人才强邮”战略，努力培养造就行业高技能人才。获得全国交通技术能手称号的快递小哥要珍惜荣誉、再接再厉，大力弘扬劳模精神、劳动精神、工匠精神和“小蜜蜂”精神，继续发挥示范引领作用，为邮政强国建设贡献力量。

青海门源县发生6.9级地震，邮政管理部门启动应急响应

1月8日1时45分，青海海北州门源县（北纬37.77度，东经101.26度）发生6.9级地震，震源深度10千米。随后，门源县又发生4次地震。地震造成邻近的甘肃张掖市、武威市、金昌市、兰州市、临夏州等多地震感明显。地震发生后，邮政管理部门立即启动应急预案进行处置。国家邮政局党组书记、局长马军胜第一时间对青海省邮政管理局进行调度和慰问，要求邮政管理部门及时妥善组织做好应对地震影响相关工作，做好灾区及相应区域邮政快递业恢复、网点人员生活物资保障计划，切实保障邮政快递从业人员人身安全、确保机要通信安全运行、保证邮件快件正常投递，并做好维护行业安全稳定等工作。

国家邮政局召开青年干部意见建议征集座谈会

1月12日，国家邮政局召开青年干部意见建议征集座谈会。会议强调，全系统广大青年干部要牢记习近平总书记的嘱托，不负国家邮政局党组的殷切期望，肩负历史使命，坚定前进信心，在邮政快递业管理工作的宽广舞台上，以朝气蓬勃的精神、昂扬向上的状态和求真务实的作风，努力在各自岗位上做出更加优异的成绩，努力成为新时代可堪大用的栋梁之材，以智慧和汗水奏响一曲无愧于时代的青春之歌。国家邮政局党组书记、局长马军胜出席会议并讲话，局党组成员、副局长赵民主持会议。

国家邮政局召开电视电话会议

1月12日，国家邮政局召开北京2022年冬奥会和冬残奥会期间寄递渠道安全和服务保障工作动员部署电视电话会议。国家邮政局党组书记、局长马军胜强调，全系统全行业要以习近平新时代中国特色社会主义思想为指导，坚持最高标准、最严要求、最实举措，突出寄递安全和行业稳定两个重点，统筹做好安全和服务两项保障，严格落实北京冬奥会期间各项安全和服务保障工作。局党组成员、副局长戴应军主持会议。局党组成员、副局长廖进荣传达北京冬奥会期间寄递渠道安全和

服务保障工作实施方案并作相关部署。

马军胜局长电话调度推进河南省邮政快递业疫情防控和复产保供工作

1月12日，在国家局北京2022年冬奥会和冬残奥会期间寄递渠道安全和服务保障工作动员部署电视电话会议结束后，国家邮政局党组书记、局长马军胜电话连线河南省邮政管理局党组书记、局长訾小春，询问邮政快递业受疫情影响情况，调度推进河南邮政快递业疫情防控和复产保供工作。马军胜强调，要把疫情防控作为当前工作的重中之重，确保这些措施落到实处，精准施策、梯度推进，扎实做好行业疫情防控和复产保供工作。

《关于推进基层快递网点优先参加工伤保险工作的通知》印发

近日，人力资源社会保障部办公厅、国家邮政局办公室联合印发《关于推进基层快递网点优先参加工伤保险工作的通知》，对工作原则、参保范围和计缴方式等进行了明确。去年以来，各级邮政管理部门积极贯彻落实习近平总书记关于关心关爱快递小哥重要指示精神，将保障快递员群体合法权益作为“我为群众办实事”重点工作扎实推进，并取得了积极成效。多地邮政管理部门与当地相关部门联合印发推进基层快递网点优先参加工伤保险政策文件，武汉、深圳等地落地实施取得积极成效，安徽省市两级率先实现政策全覆盖。

马军胜局长慰问北京邮电疗养院2022年冬奥会专项服务保障团队

1月14日下午，国家邮政局局长马军胜到北京邮电疗养院慰问2022年冬奥会专项服务保障团队。今年北京冬奥会期间，北京邮电疗养院有48名人员入选专项服务保障团队，并将进行为期71天的全封闭服务保障工作。马军胜详细了解了保障团队的人员和培训等情况，对其做好准备工作给予充分肯定。马军胜强调，运动健儿为国争光，保障人员也是办好冬奥会的重要一环，做好北京冬奥会保障工作使命光荣、意义重大。要坚持最高标准、最严要求、最实举措，保障冬奥会、冬残奥会顺利召开。

全国邮政管理系统党史学习教育总结电视电话会议召开

1月14日，全国邮政管理系统党史学习教育总结电视电话会议召开。会议总结全国邮政管理系统党史学习教育开展情况、取得的成效和经验，强调要持续推动党史学习教育常态化、长效化制度机制建设，持续巩固拓展党史学习教育成果，在当好中国现代化的开路先锋新征程中勇挑畅通重担，以优异成绩迎接党的二十大胜利召开。党史学习教育中央第二十一指导组组长王一鸣到会指导并讲话。国家邮政局党组书记、局长、局党组党史学习教育领导小组组长马军胜作总结报告。党史学习教育中央第二十一指导组副组长丁龙广，局党组成员、副局长、局党组党史学习教育领导小组副组长戴应军、刘君、赵民、陈凯出席会议。

寄递渠道禁毒百日攻坚行动取得丰硕成果

1月19日，公安部举行的新闻发布会透露，公安部、国家邮政局联合开展寄递渠道禁毒百日攻坚行动以来，破案1709起，其中破获涉寄递渠道部督毒品目标案件62起，打掉团伙网络60余个，抓获吸贩毒人员2946名；公安禁毒部门根据举报破案135起，奖励快递小哥125人，兑现奖励资金84.8万元。

《“十四五”现代综合交通运输体系发展规划》出炉

近日，由国家发展改革委、交通运输部联合有关部门共同研究编制的《“十四五”现代综合交通运输体系发展规划》（以下简称《规划》）正式对外发布。1月19日上午，国家发展改革委举行《规划》新闻发布会。国家邮政局政策法规司司长、新闻发言人曾军山在回答记者提问时表示，邮政快递业是国家重要的社会公用事业，是服务生产、促进消费、畅通循环的现代化先导性产业。国家邮政局将认真落实习近平总书记在第二届联合国全球可持续交通大会上的重要讲话精神，按照《规划》和《“十四五”邮政业发展规划》的部署，在加快建设交通强国、努力当好中国现代化的开路先锋新征程中勇挑畅通重担。

国家邮政局召开《“十四五”邮政业发展规划》宣贯实施工作电视电话会议

1月20日，国家邮政局召开《“十四五”邮政业发展规划》（以下简称《规划》）宣贯实施工作电视电话会议，介绍《规划》有关情况，部署宣贯实施工作。局党组书记、局长马军胜出席会议并讲话，强调全系统全行业要将思想和行动统一到中央决策部署上来，统一到邮政强国建设安排上来，统一到推动“十四五”邮政业高质量发展上来，凝心聚力，踔厉奋发，笃行不怠，在当好中国现代化的开路先锋新征程中勇挑畅通重担，发挥好《规划》统筹引领作用，把美好愿景和壮丽蓝图变为现实。局党组成员、副局长戴应军主持会议。

关于加强北京2022年冬奥会和冬残奥会期间寄递物品安全管理的通告发布

北京2022年冬奥会和冬残奥会（以下简称冬奥会）即将举行。为保障冬奥会顺利举办，国家邮政局、公安部、国家安全部就加强冬奥会期间寄递物品安全管理有关事项发布通告。通告指出，寄递企业应当加强冬奥会期间寄递物品安全检查。通告强调，社会公众应当遵守冬奥会期间寄递物品安全管理规定。通告要求，有关部门应当加强冬奥会期间寄递渠道安全监管。

国家邮政局、共青团中央联合部署启动“快递从业青年服务月”活动

近日，为深入贯彻落实习近平总书记关心关爱快递小哥重要指示精神和党的十九届六中全会精神，联合推进快递从业青年联系服务工作，不断深化开展关爱快递员“暖蜂行动”，国家邮政局、共青团中央联合发出通知，决定1月中旬至2月中旬继续联合开展2022年“快递从业青年服务月”活动。通知要求，各级邮政管理部门、共青团和各邮政、快递企业要结合春节走访慰问，深入快递企业和从业青年群体开展座谈调研，帮助从业青年真切感悟在党的领导下我国全面建成小康社会的历史性成就，积极响应党中央的伟大号召，为实现第二个百年奋斗目标、实现中华民族伟大复兴的中国梦贡献力量。

国家邮政局召开机关离退休干部迎春团拜会暨征求意见座谈会

1月21日，国家邮政局召开机关离退休干部迎春团拜会暨征求意见座谈会。局党组书记、局长马军胜出席会议并讲话，局党组成员、副局长刘君出席会议并传达《中共中央　国务院关于加强新时代老龄工作的意见》精神、中组部全国老干部工作先进集体和先进个人表彰大会和2022年全国老干部会议精神。马军胜强调，国家邮政局高度重视离退休干部工作，希望离退休老干部多提宝贵意见建议，继续关心支持邮政快递业改革发展，继续发挥余热、建言献策、贡献力量，与国家邮政局共同将工作做得更好，推动邮政快递业行稳致远。

马军胜局长主持召开国家邮政局局务会

1月21日下午，国家邮政局局长马军胜主持召开局务会，审议并原则通过《国家邮政局2022年重点工作部门分工意见（送审稿）》《2022年邮政快递业更贴近民生七件实事（送审稿）》，并对做好当前疫情防控和春节、冬奥会寄递渠道服务保障与安全生产作出部署。副局长戴应军、刘君、赵民、廖进荣、陈凯出席会议。国家邮政局机关各司室、直属各单位及中国快递协会负责人参加会议。

马军胜局长主持召开国家邮政局局长办公会

1月24日，国家邮政局局长马军胜主持召开局长办公会，审议并原则同意《国家邮政局2022年会议计划（送审稿）》《国家邮政局2022年培训计划（送审稿）》等文件，强调要依法依规、严格规范、精干高效抓好2022年度会议和培训工作。副局长戴应军、刘君、赵民、廖进荣、陈凯出席会议。马军胜强调，依法依规、严格规范、精干高效抓好2022年度的会议和培训工作，坚持合理、务实、高效的原则，把有限的资金用在刀刃上，对于贯彻落实国家局党组各项工作部署安排，全面完成年度任务目标具有重要意义。

马军胜局长主持召开国家邮政局党组会议

1月24日，国家邮政局党组书记、局长马军胜主持召开党组会议，传达学习贯彻习近平总书记在中国共产党第十九届中央纪律检查委员会第六次全体会议上的重要讲话精神和全会公报，学习贯彻《中国共产党纪律检查委员会工作条例》《中共中央关于加强对“一把手”和领导班子监督的意见》，强调全系统各级党组织要大力发扬新时代党的自我革命精神，不断推动全面从严治党向纵深发展。局党组成员、副局长戴应军、刘君、赵民、廖进荣、陈凯出席会议并作交流发言。中央纪委国家监委驻交通运输部纪检监察组相关同志列席会议。

中共国家邮政局党组召开党史学习教育专题民主生活会

1月25日，中共国家邮政局党组召开党史学习教育专题民主生活会，以“大力弘扬伟大建党精神，坚持和发展党的百年历史经验，坚定历史自信，践行时代使命，厚植为民情怀，勇于担当作为，团结带领人民群众走好新的赶考之路，奋力开创现代化邮政强国建设新篇章”为主题，不断增强“四个意识”、坚定“四个自信”、做到“两个维护”，查摆不足，进行党性分析，开展批评和自我批评。党史学习教育中央第二十一指导组组长王一鸣、副组长丁龙广及有关同志，中央纪委国家监委、中央组织部有关同志，中央纪委国家监委驻交通运输部纪检监察组副组长胡志彬及有关同志到会指导。国家邮政局党组书记、局长马军胜主持会议。局党组成员、副局长戴应军、刘君、赵民、廖进荣、陈凯出席会议。

加强烟花爆竹等易燃易爆物品寄递管控工作

1月25日，为确保人民群众欢乐祥和健康安全过节，扎实做好北京2022年冬奥会和冬残奥会寄递安保工作，国家邮政局发出通知，要求进一步加强烟花爆竹等易燃易爆物品寄递管控工作。通知指出，各地邮政管理部门、各寄递企业要充分认识加强烟花爆竹等易燃易爆物品寄递管控的重要性和紧迫性，结合北京冬奥会、冬残奥会寄递安保和春节期间安全工作要求，迅即传达部署，逐级落实责任，层层传导压力，严防不法分子利用寄递渠道实施违法犯罪行为，严防禁寄物品流入寄递渠道导致重大寄递安全事件。

国家邮政局发布2022年邮政快递业更贴近民生七件实事

1月27日，国家邮政局举行专题新闻发布会，发布2022年邮政快递业更贴近民生七件实事。国家邮政局新闻发言人、办公室主任侯延波表示，今年是国家邮政局连续第六年推出邮政快递业更贴近民生七件实事，将以更好满足人民群众日益增长的美好生活用邮需要为根本目的，突出问题导向，顺应群众期盼，着力提高邮政快递服务质量水平，改善人民生活品质，不断增强人民群众的获得感、幸福感、安全感。

寄递渠道安全监管“绿盾”工程建设项目（一期）顺利通过竣工验收

1月26日，寄递渠道安全监管“绿盾”工程建设项目（一期）竣工验收会议在京组织召开，国家邮政局党组成员、副局长陈凯主持会议。经评审专家组审查通过，竣工验收委员会同意寄递渠道安全监管“绿盾”工程建设项目（一期）通过竣工验收，标志着“绿盾”工程（一期）在历经2年谋划设计和4年建设实施后圆满建成。

国家邮政局领导慰问离退休老同志

新春佳节前夕，国家邮政局党组书记、局长马军胜和局党组成员分别以电话等方式慰问了盛名环、武士雄、盛汇萍等老同志，向他们及其家人送去了诚挚的新春问候和美好的节日祝福。局领导十分关切地询问了老干部的身体状况和生活情况，向他们通报了过去一年全行业继续支撑经济社会发展和保障民生的有关情况，介绍了2022年将坚持稳字当头、稳中求进、以进促稳的工作思路，并衷心感谢老同志对行业改革发展的关心支持，祝愿老同志们新春愉快、健康美满、阖家幸福，希望他们一如既往地关心支持邮政快递业改革发展。

国家邮政局党组通报党史学习教育专题民主生活会情况

1月28日上午，中共国家邮政局党组召开会议通报党史学习教育专题民主生活会情况。受局党组委托，局党组成员、副局长赵民通报会议情况。会议指出，按照中央有关要求，局党组以中央政治局专题民主生活会为标杆，以“大力弘扬伟大建党精神，坚持和发展党的百年历史经验，坚定历史自信，践行时代使命，厚植为民情怀，勇于担当作为，团结带领人民群众走好新的赶考之路，奋力开创现代化邮政强国建设新篇章”为主题，1月25日召开党史学习教育专题民主生活会，中央第二十一指导组全程指导。

戴应军副局长拜会第十一届全国政协副主席黄孟复

1月26日上午，国家邮政局副局长、中华全国集邮联合会会长戴应军一行拜会了第十一届全国政协副主席黄孟复。戴应军汇报了中华全国集邮联合会去年开展的主要工作，以及今年的重点工作。黄孟复副主席对全国集邮联一年来努力克服新冠疫情影响取得的工作成绩给予了充分肯定。黄孟复指出，集邮是高端文化的表现形式，要站在坚定文化自信的高度，加强集邮文化建设，讲好中国故事，为社会主义文化繁荣作出贡献。要在服从疫情防控大局的背景下，创新活动方式，探索开展网络集邮活动，发挥互联网特点和优势，吸引更多群众特别是青少年爱好者参与。要提高邮票设计制作水平，更好传承中华传统文化。

戴应军副局长拜会第十二届全国政协副主席王家瑞

1月27日上午，国家邮政局副局长、中华全国集邮联合会会长戴应军一行拜会十二届全国政协副主席、中国福利会主席王家瑞。戴应军汇报了2021年邮政快递业改革发展成效，以及中华全国集邮联合会开展的主要工作。王家瑞指出，邮政快递业积极应对新冠肺炎疫情，成为经济增长新亮点，在经济社会发展中的作用凸显。在今后工作中，希望深入学习贯彻习近平新时代中国特色社会主义思想，认真贯彻落实党的十九届六中全会精神，贯彻新发展理念，助力加快构建新发展格局，认真总结邮政业发展规律，加强行业治理，推动行业更好发展，为经济社会发展作出新贡献。

国际邮政组织职员（中国）2022年新春视频座谈会举行

1月27日，在传统新春佳节即将来临之际，国际邮政组织职员（中国）2022年新春视频座谈会举行。国家邮政局局长马军胜、中国邮政集团有限公司副总经理王俭与亚太邮联秘书长林洪亮，以及在万国邮联、亚太邮联工作的国际职员，通过视频连线方式齐聚一堂，共同回顾极不平凡的

2021年,展望充满机遇与挑战的2022年,畅叙友情、喜迎新春。国家邮政局副局长赵民主持座谈会。国家邮政局办公室(外事司)、政策法规司、普遍服务司、市场监管司、人事司相关负责人在主会场,中国邮政集团有限公司相关负责人在分会场参加座谈会。

全国邮政管理系统2022年党风廉政建设工作电视电话会议召开

1月28日,国家邮政局召开全国邮政管理系统党风廉政建设工作电视电话会议。会议以习近平新时代中国特色社会主义思想为指导,深入贯彻党的十九大和十九届历次全会精神,以及十九届中央纪委六次全会精神,总结回顾2021年邮政管理系统党风廉政建设和反腐败工作,研究部署2022年工作任务。国家邮政局党组书记、局长马军胜作党风廉政建设工作报告。中央纪委国家监委驻交通运输部纪检监察组组长、交通运输部党组成员邹天敬讲话。局党组成员、副局长戴应军、廖进荣、陈凯,中央纪委国家监委驻交通运输部纪检监察组副组长胡志彬出席会议,局党组成员、副局长赵民主持会议。

马军胜局长在京看望慰问邮政快递业一线员工

1月29日,在中华民族传统节日春节即将来临之际,国家邮政局党组书记、局长马军胜在京调研春节寄递服务保障工作,代表局党组看望慰问仍然奋战在一线的邮政快递业从业者,向他们送去“暖蜂”慰问礼包,向他们致以美好的新春祝福,强调要巩固快递员合法权益保障工作、关心关爱一线员工,服务好百姓民生,为人民群众度过欢乐祥和的春节 贡献行业力量。慰问期间,马军胜代表国家局党组向坚守奋战在一线的全国邮政、快递从业者致以亲切问候,感谢大家的辛勤付出。祝愿大家在新的一年里工作顺利、幸福安康,以生龙活虎、龙腾虎跃的干劲更好地服务人民群众。

国家邮政局、公安部、国家安全部联合督导检查北京冬(残)奥会寄递渠道安全服务保障和疫情防控工作

1月29日下午,国家邮政局党组成员、副局长廖进荣带领由国家邮政局、公安部、国家安全部组成的联合督导组,在北京督导检查北京冬奥会、冬残奥会寄递渠道安全服务保障和疫情防控工作。受国家邮政局党组委托,在督导检查期间,廖进荣看望慰问了邮政快递业一线员工,代表国家邮政局对广大从业人员的辛勤付出表示感谢,并致以新春祝福和节日问候。公安部、国家安全部相关业务局负责同志,国家邮政局市场监管司、普遍服务司以及北京市邮政管理局负责同志随同督导检查。

马军胜局长值班部署春节期间寄递渠道安全与服务保障工作

1月31日,除夕当天,国家邮政局局长马军胜先后与北京、河北、浙江、广东等4省(市)邮政管理局和北京邮电疗养院主要负责同志电话沟通,向他们致以新春祝福,对近期重点工作进行再部署、再强调,要求邮政管理部门绷紧安全之弦,做好值班值守,做好奥运专项服务工作,为人民群众度过欢乐祥和的春节贡献行业力量。此外,在春节这个合家团聚的时刻,国家邮政局市场监管司和邮政业安全中心春节期间坚持值班值守,北京邮电疗养院职工成立专项服务保障团队保障冬奥会有关工作,各寄递企业邮递员和快递员仍然坚守在一线,保障人民群众度过一个欢乐祥和的春节。

万国邮联总局长目时正彦新春祝福

中国邮政业工作人员的敬业精神和奉献精神是整个国际邮政领域和中华民族的骄傲。在全球疫情导致国家和企业关闭的最艰难时刻,正是由于他们的辛勤付出,才成功地保持了邮政的持续运转。在中国农历新年的欢乐庆祝活动之前,我

对他们和他们亲爱的家人表示祝福。我也祝愿所有中国人能够举办一届非常成功的冬奥会，并祝愿所有中国参赛人员好运。不言而喻，我坚信中国的邮政工作人员也应该得到一枚金牌，因为他们在过去两年里做出了巨大的牺牲。

马军胜局长看望慰问行业值班值守人员

2月4日，大年初四，也是冬奥会开幕日，国家邮政局党组书记、局长马军胜一早前往邮政业安全中心和北京邮电疗养院巡视检查值班工作，下午到市场监管司看望慰问值班值守人员。通过检视巡视系统和电话连线北京、天津、河北、内蒙古和山西等省（区、市）邮政管理局负责同志，听取春节期间行业运行和值班情况汇报，对邮政快递业服务保障冬奥会和冬残奥会工作再动员再部署，并向大家致以春节慰问。马军胜强调，全行业要坚持最高标准、最严要求、最实举措，突出寄递安全和行业稳定两个重点，以昂扬的斗志、饱满的热情、奋斗的姿态，高质量统筹做好冬奥会和冬残奥会的服务保障和疫情防控各项任务。

春节假期全国共揽收投递快递包裹7.49亿件

国家邮政局监测数据显示，今年春节期间（1月31日至2月6日），全国邮政快递业共揽收和投递快递包裹7.49亿件，较去年农历同期增长16%，邮政快递传递亲情、温暖人心的作用进一步凸显。春节期间，全国邮政快递业运行情况总体安全稳定，邮政快递服务业务量增幅较大。其中，揽收快递包裹4.2亿件，与2019年、2020年、2021年农历同期相比分别增长545%、338%、12.04%；投递快递包裹3.29亿件，与2019年、2020年、2021年农历同期相比分别增长645%、280%、21.6%。自1月17日春运开始以来，截至2月6日，全国邮政快递业已累计揽收快递包裹38.9亿件，较去年农历同期增长34.1%；投递快递包裹44.6亿件，增长36.94%。

国家邮政局党组新春慰问干部职工

2月7日，春节假期后的第一个工作日，国家邮政局党组书记、局长马军胜，局党组成员、副局长戴应军、刘君、赵民、廖进荣、陈凯亲切慰问局机关各司室和直属单位干部职工，向他们致以新春祝福，为他们做好新一年工作加油鼓劲。2月的北京，春意盎然，阳光明媚。马军胜一行走进各办公室、值班室、机房，与大家亲切交谈，了解各司室和直属单位职工精神面貌，询问大家假期以及节后的生活、工作等情况，并向节日值班坚守人员表示感谢，对大家节后迅速投入工作给予肯定。

国家邮政局发出通知，要求做好节后邮政快递业复工复产安全稳定工作

2月11日，国家邮政局发出通知，要求强化节后邮政快递业复工复产安全防范，切实消除安全生产事故隐患，确保行业安全平稳运行。通知指出，面对春节保障、北京冬奥会安保和行业疫情防控三重考验，各级邮政管理部门、各寄递企业认真贯彻国家邮政局部署要求，强化安全生产动员部署、检查督导和值班调度，全力保障寄递渠道安全畅通和行业安全稳定，安全形势总体平稳。

马军胜局长主持召开国家邮政局党组会议

2月11日，国家邮政局党组书记、局长马军胜主持召开党组会议，学习贯彻习近平总书记近期重要讲话、重要文章精神，传达学习中共中央办公厅、国务院办公厅印发《关于更加有效发挥统计监督职能作用的意见》，听取关于贯彻落实习近平总书记对邮政快递业重要指示进展情况的汇报，强调全系统各级党组织要贯彻落实党中央重大决策部署，踔厉奋发，笃行不怠，着力提升邮政快递业发展质效。局党组成员、副局长戴应军、刘君、赵民、廖进荣、陈凯出席会议。中央纪委国家监委驻交通运输部纪检监察组副组长胡志彬列席会议。

马军胜局长主持召开国家邮政局局长办公会

2月14日，国家邮政局局长马军胜主持召开局长办公会，审议并原则通过《2022年全国邮政市场监管工作电视电话会议工作方案》，强调全系统全行业要以习近平新时代中国特色社会主义思想为指导，全面贯彻党的十九大和十九届历次全会精神，认真落实局党组要求和全国邮政管理工作电视电话会议精神，安排部署好今年各项工作任务，以优异成绩迎接党的二十大胜利召开。副局长戴应军、刘君、赵民、廖进荣、陈凯出席会议。

2022年全国邮政市场监管工作电视电话会议召开

2月16日，国家邮政局召开2022年全国邮政市场监管工作电视电话会议。会议以习近平新时代中国特色社会主义思想为指导，全面贯彻党的十九大和十九届历次全会以及中央经济工作会议精神，深入落实习近平总书记关于邮政快递业重要指示批示精神，按照2022年全国邮政管理工作会议部署，总结2021年邮政市场监管工作，分析形势，细化实化2022年重点任务。局党组成员、副局长陈凯作工作报告。会上，辽宁、安徽、江西、海南4省邮政管理局作邮政市场监管工作经验交流发言。

马军胜局长主持召开国家邮政局局长办公会

2月22日，国家邮政局局长马军胜主持召开局长办公会，审议并原则通过《2022年全国邮政普遍服务监督管理工作电视电话会议方案》《邮件快件包装操作规范备案管理规定（试行）》《邮政业生态环境保护工作信息报告规定（试行）》，听取了《关于进一步加强邮件快件寄递安全管理工作的指导意见》起草有关情况的汇报。会议强调，要以习近平新时代中国特色社会主义思想为指导，全面贯彻党的十九大和十九届历次全会精神，坚决贯彻习近平总书记关于邮政快递业重要指示精神，踔厉奋发、笃行不怠，着力推进畅通循环，着力推进高质量发展和高效能治理，以实际行动迎接党的二十大胜利召开。副局长戴应军、刘君、赵民、廖进荣、陈凯出席会议。

“快递进村”被写入2022年中央一号文件

2月22日，《中共中央　国务院关于做好2022年全面推进乡村振兴重点工作的意见》，即2022年中央一号文件发布。这是21世纪以来第19个指导“三农”工作的中央一号文件。中央一号文件提出，要加快农村物流快递网点布局，实施“快递进村”工程。中央一号文件还提出，鼓励发展共享用工、多渠道灵活就业，规范发展新就业形态，培育发展家政服务、物流配送、养老托育等生活性服务业。大力开展适合农民工就业的技能培训和新职业新业态培训。

2022年全国邮政普遍服务工作电视电话会议召开

2月24日，国家邮政局与中国邮政集团有限公司联合召开2022年全国邮政普遍服务工作电视电话会议。会议以习近平新时代中国特色社会主义思想为指导，全面贯彻党的十九大和十九届历次全会以及中央经济工作会议、中央农村工作会议精神，深入贯彻落实习近平总书记对邮政快递业的重要指示精神，认真落实2022年全国邮政管理工作电视电话会议要求，总结2021年邮政普遍服务工作，部署2022年重点任务。国家邮政局党组成员、副局长戴应军，中国邮政集团有限公司党组成员、副总经理康宁出席会议并讲话。财政部经济建设司有关负责同志出席会议。

2022年寄递渠道安全管理领导小组第一次会议召开

2月24日，2022年寄递渠道安全管理领导小组第一次会议在京召开，回顾总结了2021年寄递渠道安全管理取得的成效，全面分析了当前面临的形势，并结合贯彻落实最高人民检察院“七号检察建议”，就进一步健全完善领导小组工作机制、做好2022年寄递渠道安全管理工作进行研究部署。领导小组组长、国家邮政局局长马军胜强调，要以习近平新时代中国特色社会主义思想为指导，强化协同、踔厉奋发、笃行不怠，统筹发展和安全，狠抓各项责任措施落实，全力推动寄递渠道安全管理工作再上新台阶。领导小组副组长、国家邮政局副局长廖进荣主持会议。

国家邮政局、共青团中央联合开展“新春复工走基层”慰问快递小哥活动

2月24日，国家邮政局党组成员、副局长赵民带队，联合共青团中央组成慰问组，开展快递从业青年服务月“新春复工走基层”慰问快递小哥活动，调研行业党建工作、检查复工复产情况，为快递小哥送上“暖蜂”慰问礼包并致以美好的新春祝福。共青团中央，国家邮政局市场监管司、机关党委和北京市邮政管理局有关负责同志参加慰问。

马军胜局长主持召开国家邮政局党组会议

2月25日，国家邮政局党组书记、局长马军胜主持召开党组会议，审议并原则通过《国家邮政局党建工作领导小组2022年全面从严治党工作要点（送审稿）》《全国邮政管理系统2022年党风廉政建设工作要点（送审稿）》《全国邮政管理系统2022年审计工作要点（报审稿）》，强调全系统各级党组织要对照工作要点狠抓落地见效，确保年度各项任务圆满完成。局党组成员、副局长戴应军、刘君、赵民、廖进荣、陈凯出席会议。中央纪委国家监委驻交通运输部纪检监察组副组长胡志彬列席会议。

2022年邮政快递业网络招聘活动启动

近日，为贯彻落实党中央、国务院“稳就业”“保就业”决策部署，做好2022届高校毕业生就业工作，进一步优化邮政快递业人才结构，国家邮政局办公室、教育部办公厅联合下发通知，共同举办2022年邮政快递业面向高校毕业生网络招聘活动。本次活动时间为2022年3月1日至8月31日。活动期间，国家邮政局组织动员全国邮政快递业用人单位提供适合高校毕业生就业的岗位。各省级邮政管理局将积极组织有意愿的用人单位参与，用人单位通过审核后可自主免费发布招聘信息并安排专人负责网上招聘信息的维护，并及时回应毕业生的求职需求。

2022年全国邮政行业人才工作领导小组会议召开

3月1日，国家邮政局召开2022年全国邮政行业人才工作领导小组会议，深入学习贯彻习近平总书记关于人才工作的重要指示精神、中央人才工作会议精神和全国邮政管理工作电视电话会议精神，总结2021年的行业人才工作，谋划2022年的重点工作，强调要准确理解、深刻把握新时代人才工作的新理念新战略新举措，扎实推进行业人才重点工作落实，为高质量发展高效能治理提供重要支撑。国家邮政局党组书记、局长马军胜出席会议并讲话，局党组成员、副局长刘君主持会议。

国家邮政局召开机关党委全委（扩大）会议暨2022年度机关党建和纪检工作会议

3月2日，国家邮政局召开第四届机关党委第七次全委（扩大）会议暨2022年度机关党建和纪检工作会议，传达学习近期习近平总书记重要讲话精神和党中央重要会议精神，深入贯彻习近平总书记在中央和国家机关党的建设工作会议上的重要讲话精神，审议2022年局机关党建工作要点和纪检工作要点，推进机关党的建设高质量发展。局党组成员、副局长、机关党委书记赵民出席会议并讲话。赵民强调，各级党组织和党员干部要切实增强政治敏锐性和政治责任感，主动研判、深入把握大局大势，自觉围绕党中央决策部署和国家邮政局党组重点任务谋划工作、推动发展，推动机

关党的建设高质量发展，以优异成绩迎接党的二十大胜利召开。

国家邮政局召开推进邮政业服务“一带一路”建设工作领导小组全体成员会议

3月2日，国家邮政局召开推进邮政业服务“一带一路”建设工作领导小组全体成员会议。会议审议通过了邮政业服务“一带一路”建设2021年工作总结和2022年重点工作安排。国家邮政局党组成员、副局长赵民主持会议并讲话。赵民指出，要深入学习领会习近平总书记重要指示精神，进一步增强工作责任感、使命感和紧迫感，把思想认识和行动统一到党中央、国务院重要决策部署上来，面对新问题和新挑战，努力探索新路径，携手共进、勇毅前行，全面推动行业服务“一带一路”建设高质量发展。

国家邮政局部署全国两会期间寄递渠道安全服务保障工作

近日，国家邮政局发出《关于做好2022年全国两会期间寄递渠道安全服务保障工作的通知》，要求各级邮政管理部门、各邮政快递企业以习近平新时代中国特色社会主义思想为指导，坚决贯彻落实总体国家安全观，统筹做好全国两会和北京冬残奥会期间寄递安全服务保障工作，进一步加强组织领导，深入动员部署，细化工作措施，严格落实责任，坚决维护邮政快递业安全稳定运行和寄递渠道安全畅通，确保全国两会顺利召开。

陈凯副局长赴安徽调研

2月28日至3月2日，国家邮政局党组成员、副局长陈凯率队赴安徽合肥、六安、阜阳、亳州、宿州等地，专题调研农村寄递物流体系建设、邮政市场监管及快递从业人员合法权益保障等工作情况，检查指导合肥灾备中心运行维护工作，并与安徽省人民政府何树山副省长举行工作会谈。陈凯强调，安徽局在邮政管理工作实践中具有创新的思维、务实的作风，工作扎实、亮点频出。希望在下一步工作中保持稳中求进势头，持续推动“三分”，统筹“三安”，落实“三化”，发力“三治”，铆足劲头、脚踏实地、结合实际，推动各项工作上台阶、见成效。

政府工作报告第九次提到“快递”

3月5日上午，第十三届全国人民代表大会第五次会议在人民大会堂开幕。政府工作报告提出，“发展农村电商和快递物流配送”“启动乡村建设行动，加强水电路气信邮等基础设施建设”“加快国际物流体系建设”“充分发挥跨境电商作用，支持建设一批海外仓”。这是自2014年以来，政府工作报告连续第9年将“快递”纳入其中，也再次为行业“两进一出”发展指明了方向。报告提出，“发展农村电商和快递物流配送”“启动乡村建设行动，加强水电路气信邮等基础设施建设”。

国家邮政局“云旁听”全国两会人大代表审议

3月6日，十三届全国人大五次会议河南代表团第二小组全天举行代表小组会议，上午审议政府工作报告，下午审查计划报告和草案、预算报告和草案。国家邮政局党组成员、副局长刘君及机关各司室、相关直属单位负责同志通过政务网络视频方式“云旁听”了审议。刘君指出，各部门要认真听取并及时回应人大代表和政协委员对邮政快递业工作的意见建议，坚持将办理工作与年度重点工作紧密结合，着力解决代表委员提出的事关人民群众切身利益的热点难点，切实将代表委员的真知灼见转化为行业发展动力。

国家邮政局召开2022年预算管理工作电视电话会议

3月9日，国家邮政局召开2022年度预算管理工作电视电话会议，传达国家邮政局党组2022年预算管理工作要求，部署全系统2022年财务管理重点工作任务。国家邮政局党组成员、副局长刘君出席会议并讲话，强调要深刻领会年度预算安排主要精神，精准把握“严要求、守底线、促提升”的预算管理要求，重点落实好“深化改革、提升绩效、清核资产、完善内控”4 项任务，全力做好系统 2022 年预算管理工作。刘君强调，要认真贯彻落实《国务院关于进一步深化预算管理制度改革的意见》精神，在“严要求、守底线、促提升”上下功夫、求实效。

马军胜局长主持召开国家邮政局党组会议

3 月 10 日，国家邮政局党组书记、局长马军胜主持召开党组会议，深入学习贯彻习近平总书记近期重要讲话精神，听取落实“七号检察建议”工作进展情况汇报。强调全系统各级党组织要把贯彻落实好党中央决策部署作为重大政治任务，坚持稳字当头、稳中求进，勇于担当、积极进取，持续深化行业改革发展，为推动高质量发展注入强大动力。局党组成员、副局长戴应军、刘君、赵民、廖进荣、陈凯出席会议。

国家邮政局召开 2022 年定点帮扶工作会议

3 月 11 日，国家邮政局召开定点帮扶工作会议，认真学习贯彻习近平总书记重要指示精神，回顾2021 年定点帮扶工作，谋划 2022 年定点帮扶工作重点任务。会议强调，要以习近平新时代中国特色社会主义思想为指导，同心协力、攻坚克难，努力做好定点帮扶工作，以实际行动把党中央、国务院的决策部署贯彻落实到位，以优异成绩迎接党的二十大胜利召开。局党组成员、副局长赵民主持会议并讲话。国家邮政局定点帮扶工作小组成员单位、河北省邮政管理局、中国快递协会负责人，国家邮政局选派挂职干部、驻村第一书记参加会议。

马军胜局长主持召开国家邮政局传达学习全国两会精神会议暨党组中心组(扩大)学习会

3 月 11 日，国家邮政局党组书记、局长马军胜主持召开传达学习全国两会精神会议暨党组中心组(扩大)学习会，传达学习习近平总书记重要讲话精神，对邮政快递业深入学习贯彻落实全国两会精神进行部署。局党组成员、副局长戴应军、刘君、赵民、廖进荣、陈凯出席会议。全国政协委员、普遍服务司司长马旭林传达全国两会精神。马军胜强调，面对新的形势和任务，全系统全行业紧扣迎接宣传贯彻党的二十大这条主线，围绕政府工作报告对行业的部署，坚持稳态势、强弱项、重监管、提质效，着力推进畅通循环，着力推进行业高质量发展和高效能治理，全力以赴抓实抓细抓好邮政快递业改革发展各项工作，圆满完成年度目标任务。

国家邮政局要求从严从紧压实责任做好邮政快递业疫情防控工作

3 月 11 日，国家邮政局召开邮政快递业疫情防控领导小组会议，深入学习贯彻习近平总书记关于疫情防控的重要指示精神，认真落实党中央、国务院决策部署，从严从紧、压实责任做好邮政快递业疫情防控工作。局党组书记、局长马军胜主持会议并讲话，局党组成员、副局长戴应军、刘君、赵民、廖进荣、陈凯出席会议。会后，国家邮政局召开各省(区、市)邮政管理局和各主要寄递企业负责人参加的疫情防控工作视频调度会议，安排部署具体工作。

马军胜局长检查督导邮政快递业疫情防控工作

3 月 12 日，国家邮政局党组书记、局长马军胜在京检查督导邮政快递业疫情防控工作，强调全系统全行业要深入学习贯彻习近平总书记重要指示精神，认真落实党中央、国务院决策部署，从严从紧压实责任，强化防控措施，落实工作安排，做好邮政快递业疫情防控工作，保障行业稳定运行。普遍服务司、市场监管司和北京市邮政管理局相关负责同志陪同检查督导。

国家邮政局派出工作组赴浙江省指导疫情处置工作

浙江省杭州市余杭顺丰速运中转场发生员工

感染新冠肺炎后，国家邮政局高度重视，3月13日派出由局党组成员、副局长陈凯带队的工作组赴浙江指导当地开展疫情处置工作。14日上午，工作组召开座谈会，传达学习习近平总书记关于新冠肺炎疫情防控工作的重要指示精神，贯彻近期全国疫情防控工作电视电话会议要求，落实国家邮政局党组决策部署；了解行业疫情处置进展情况，研判分析形势，指导做好浙江省行业疫情防控工作。陈凯强调，要进一步提高政治站位，坚决担负起疫情防控的重大政治责任。要切实筑牢防控关口，抓紧排查涉疫风险，落实好"一停二消三查四保"等措施。要切实强化"四方"责任，加强与属地防疫力量的沟通协作，不断完善社会共防体系。

国家邮政局在义乌召开寄递企业座谈会

3月16日，国家邮政局在浙江义乌召开寄递企业座谈会，局党组成员、副局长陈凯出席会议，要求全系统全行业要始终坚持"稳字当头、稳中求进"的发展总基调，依法经营、夯实基础、提升质效，不断推动高质量发展和高效能治理。会议听取了义乌邮政管理局关于市场秩序整治工作情况汇报以及有关寄递企业的意见建议。去年以来，义乌快递市场秩序逐步规范，成果来之不易。陈凯强调，国家邮政局对于维护快递市场公平健康秩序、维护快递员群体合法权益、保障末端网点稳定运行的决心是坚定的。全系统全行业要持续巩固规范成果，切实向高质量、提质效、反内卷的目标迈进。

马军胜局长主持召开国家邮政局党组扩大会议

3月18日，国家邮政局党组书记、局长马军胜主持召开党组扩大会议，传达学习贯彻中共中央政治局常务委员会会议精神和习近平总书记重要讲话精神，强调全系统各级党组织要把思想和行动统一到党中央决策部署上来，切实把疫情防控作为重大政治任务来抓，从严从实抓好行业疫情防控工作。局党组成员、副局长戴应军、刘君、赵民、廖进荣出席会议。马军胜强调，要从严从实、抓好抓细疫情防控工作。要统筹好疫情防控和经济社会发展，采取措施保障邮政快递服务有序进行，为维护群众正常生产生活平稳有序作出贡献。要强化宣传引导，深入宣传行业在疫情防控工作中的有效举措，为行业疫情防控注入正能量。要关心关爱邮政快递从业人员。

国家邮政局召开邮政快递业疫情防控视频会议

3月19日，国家邮政局召开邮政快递业疫情防控视频会议，传达学习中共中央政治局常务委员会会议和习近平总书记重要讲话精神，贯彻落实国务院联防联控机制会议部署，按照国家邮政局党组扩大会议要求，对全系统全行业疫情防控工作进行再动员再部署。国家邮政局党组成员、副局长廖进荣出席会议并讲话。会议要求，全系统全行业要认真学习贯彻习近平总书记重要讲话精神，进一步把思想和行动统一到党中央、国务院决策部署上来，提高政治站位，树牢底线思维，切实扛起疫情防控政治责任，从严从实抓好疫情防控工作，保障行业平稳有序运行。

国家邮政局部署开展"喜迎二十大、永远跟党走、奋进新征程"主题教育实践活动

为迎接党的二十大和庆祝中国共青团成立100周年，按照共青团中央相关部署要求，近日，国家邮政局党建工作领导小组办公室、全国邮政行业共青团工作指导委员会发出通知，要求在全国邮政快递业青年群体中组织开展"喜迎二十大、永远跟党走、奋进新征程"主题教育实践活动。通知指出，在邮政快递业青年群体中广泛宣传党的十八大以来党和国家事业取得的历史性成就、发生的历史性变革，宣传习近平总书记对青年的关心关怀，学习党领导中国青年运动的光辉历程，为建设现代化邮政强国以及实现第二个百年奋斗目标、实现中华民族伟大复兴的中国梦凝聚起强大青春力量。

马军胜局长主持召开国家邮政局党组会议

近日，国家邮政局党组书记、局长马军胜主持召开党组会议，传达学习贯彻习近平总书记关于“3·21”东航 MU5735 航空器飞行事故重要指示精神和李克强总理等中央领导同志批示要求，强调全系统全行业要举一反三，层层压实责任，加强隐患排查，确保邮政快递业安全平稳运行。局党组成员、副局长戴应军、刘君、赵民、廖进荣出席会议。中央纪委国家监委驻交通运输部纪检监察组相关同志列席会议。马军胜指出，全系统全行业要坚持人民至上、生命至上，牢固树立安全发展理念，坚持安全第一、预防为主、综合治理的方针，坚决做到“两手抓、两手硬”，统筹抓好行业安全和疫情防控工作，为党的二十大胜利召开创造良好环境。

马军胜局长主持召开国家邮政局局长办公会

3 月 31 日，国家邮政局局长马军胜主持召开局长办公会，审议并原则通过《国家邮政局落实〈政府工作报告〉重点工作实施方案(送审稿)》，强调全系统要切实提高政治站位，以抓铁有痕、踏石留印的决心，狠抓重点工作落实，推动邮政快递业高质量发展、高效能治理。副局长戴应军、刘君、赵民、廖进荣、陈凯出席会议。马军胜指出，要切实提高政治站位，进一步增强落实《政府工作报告》重点工作的责任感、紧迫感和使命感。要聚焦重点突破难点，加快推动邮政快递业高质量发展、高效能治理。要凝心聚力实干为要，进一步抓好邮政管理系统自身建设。国家邮政局机关各司室、直属单位主要负责人参加会议。

第四届“强邮论坛”在京举办

4 月 2 日，第四届“强邮论坛”暨邮政快递业数字化转型与高质量发展峰会在京以线上线下相结合的方式举办，论坛聚焦科技赋能、数据要素价值挖掘、行业数字化转型和邮政快递业人才培养等议题。国家邮政局党组成员、副局长刘君出席论坛开幕式并致辞，强调要以“强邮论坛”的举办为契机，更加务实有效地推动邮政行业科技创新、科技赋能和高层次高素质人才培养，积极为邮政快递业高质量发展和新时代邮政强国建设作出新的更大贡献。北京邮电大学校长徐坤出席会议并致辞，亚太邮联秘书长林洪亮线上出席会议并作报告。本届论坛由国家邮政局指导，北京邮电大学主办，国家邮政局发展研究中心、中国邮政快递报社协办。

马军胜局长主持召开国家邮政局党组会议

4 月 2 日，国家邮政局党组书记、局长马军胜主持召开局党组会议，传达学习习近平总书记近日对安全生产的重要指示、李克强总理对安全生产的重要批示精神，中共中央政治局常务委员会会议和全国安全生产电视电话会议精神，要求全系统各级党组织要切实把思想和行动统一到习近平总书记重要指示精神上来，统一到党中央、国务院决策部署上来，坚持以人民为中心的发展思想，牢固树立“人民至上、生命至上”理念，统筹发展和安全，全面提升安全发展水平，为党的二十大胜利召开创造良好安全环境。国家邮政局党组成员、副局长戴应军、刘君、赵民、廖进荣、陈凯出席会议。中央纪委国家监委驻交通运输部纪检监察组副组长胡志彬列席会议。

国家邮政局要求开展邮政快递业安全生产大检查

近日，为深入贯彻落实习近平总书记关于安全生产重要论述以及对“3·21”东航 MU5735 航空器飞行事故重要指示精神，举一反三，深刻吸取事故教训，采取有力措施清除各类风险隐患，坚决遏制重特大事故发生，确保人民生命财产安全，确保邮政快递业持续健康发展，国家邮政局发出通知，决定于 4—12 月开展全行业安全生产大检查。通知强调，各级邮政管理部门、各寄递企业要切实把思想和行动统一党中央、国务院决策部署上来，主要领导深入一线，会同有关部门全面排查整治行业安全风险隐患，层层抓好组织实施。

国家邮政局部署开展"社会主义核心价值观主题实践教育月"活动

4 月 7 日，为深入贯彻落实习近平总书记关于精神文明建设的重要论述，积极推进新时代文明实践中心建设，不断深化群众性精神文明创建活动，推动社会主义核心价值观在邮政快递业落地落实。按照交通运输部统一部署，经国家邮政局同意，国家邮政局办公室印发通知，决定 4 月在全行业开展"社会主义核心价值观主题实践教育月"活动（以下简称"主题实践教育月"活动）。"主题实践教育月"活动以习近平新时代中国特色社会主义思想为指导，坚持稳中求进、守正创新，以社会主义核心价值观为引领，结合疫情防控要求有针对性地开展"主题实践教育月"活动，为党的二十大胜利召开营造良好氛围。

国家邮政局召开邮政快递业安全生产电视电话会议

4 月 8 日，国家邮政局召开邮政快递业安全生产电视电话会议，认真学习领会习近平总书记等中央领导同志重要指示批示和全国安全生产电视电话会议精神，深入分析行业安全面临的突出问题，部署下一阶段安全生产重点任务。局党组书记、局长马军胜出席会议并讲话，强调全系统全行业要深入学习贯彻习近平总书记关于安全生产重要指示精神，不断增强"四个意识"、坚定"四个自信"、做到"两个维护"，切实把思想和行动统一到党中央、国务院决策部署上来，坚决抓好安全生产和疫情防控各项工作落实落地，切实防范遏制重特大事故发生，为经济社会发展营造良好环境，以实际行动迎接党的二十大胜利召开。局党组成员、副局长廖进荣主持会议。

中央第十二巡视组巡视国家邮政局党组工作动员会召开

根据中央关于巡视工作的统一部署，近日，中央第十二巡视组巡视国家邮政局党组工作动员会召开。会前，中央第十二巡视组组长祝树民与国家邮政局党组书记、局长马军胜见面沟通，通报了巡视工作有关安排。会上，祝树民作了动员讲话，对深入学习贯彻习近平总书记关于巡视工作重要论述和党中央决策部署，扎实开展巡视工作提出要求。马军胜主持会议并讲话。国家邮政局领导班子成员，中央第十二巡视组、中央巡视办、中央纪委国家监委驻交通运输部纪检监察组有关同志出席会议，国家邮政局机关各司室、直属各单位负责同志，机关纪委、人事司、巡视办相关负责同志，巡视工作联络组负责同志在主会场列席会议。

《关于切实做好货运物流保通保畅工作的通知》印发

近日，国务院应对新型冠状病毒感染肺炎疫情联防联控机制印发《关于切实做好货运物流保通保畅工作的通知》，部署切实做好货运物流保通保畅有关工作。通知深入贯彻落实党中央、国务院决策部署，要求各地区、各部门全力保障货运物流特别是医疗防控物资、生活必需品、政府储备物资、邮政快递等民生物资和农业、能源、原材料等重要生产物资的运输畅通，切实维护人民群众的正常生产生活秩序。一是要全力畅通交通运输通道。二是要优化防疫通行管控措施。三是要全力组织应急物资中转。四是要切实保障重点物资和邮政快递通行。五是要加强从业人员服务保障。

国家邮政局要求切实做好邮政快递业保通保畅工作

4 月 11 日，国家邮政局发出通知，要求认真贯彻落实《国务院应对新型冠状病毒感染肺炎疫情联防联控机制关于切实做好货运物流保通保畅工作的通知》精神，切实做好邮政快递业保通保畅工作。通知指出，各级邮政管理部门、各邮政快递企业要清醒认识当前疫情防控的复杂性、艰巨性，坚决贯彻党中央、国务院关于疫情防控工作决策部署，认真落实行业疫情防控各项规范要求，切实筑牢行业防疫屏障。要充分认识行业稳定运行对畅通产业链和上下游的重要意义、对服务支持疫情防控工作和经济社会发展的重要作用，扎实落实相关部署，切实满足人民群众寄递服务需求。

税宣与快递“同行”，打造“移动宣传阵地”

为切实落实好2022年“我为纳税人缴费人办实事暨便民办税春风行动”的各项举措，开展好第31个全国税收宣传月活动，税务部门联合邮政部门、快递物流企业、外卖平台，推出税宣主题邮寄包裹，并邀请配送骑手担任税惠政策宣传员，将组合式税费支持政策送到纳税人缴费人手中。在安徽，国家税务总局萧县税务局和中国邮政速递物流股份有限公司合作开展税收宣传活动，快递配送员在派送邮件的同时，将组合式税费支持政策打包送到纳税人缴费人手中。在重庆，国家税务总局秀山县税务局与当地中通快递、百世快递等多家物流企业深入合作，联合推出印有组合式税费支持政策的新版快递邮寄包装盒，方便企业和市民及时查阅。

马军胜局长主持召开国家邮政局局长办公会

4月14日，国家邮政局局长马军胜主持召开局长办公会，听取2022年一季度邮政行业经济运行情况汇报，审议并原则通过《“十四五”邮政业发展规划》和国家相关专项规划涉邮任务分工方案、《国家邮政局2022年行业生态环境保护工作要点》《2022年“快递进村”工作要点》等文件，强调全系统全行业要以习近平新时代中国特色社会主义思想为指导，全面贯彻落实党的十九大和十九届历次全会精神，全力落实中央经济工作会议精神和《政府工作报告》各项部署，以钉钉子精神抓好各项工作落实落地，努力完成全年目标任务。副局长戴应军、刘君、赵民、廖进荣出席会议。

国家邮政局召开2022年全国两会建议提案交办会

4月14日，国家邮政局召开2022年全国两会建议提案交办会，深入学习贯彻习近平总书记关于做好建议提案办理工作的重要指示精神，传达学习国务院常务会议精神、2022年全国人大建议交办会和全国政协提案交办会精神，通报2021年国家邮政局办理全国两会建议提案的情况，部署2022年全国两会建议提案办理工作。局党组成员、副局长刘君主持会议并讲话，强调要坚持以习近平新时代中国特色社会主义思想为指导，认真贯彻落实习近平总书记在全国两会期间重要讲话和全国两会精神，坚持以人民为中心，认真办好代表委员们对邮政快递业提出的宝贵意见建议，推动办理成果转化为促进邮政快递业高质量发展、高效能治理的政策措施，以实际行动迎接党的二十大胜利召开。

“4·15”全民国家安全教育日保密公益宣传片《保密防线》发布

2022年保密公益宣传片《保密防线》于“4·15”全民国家安全教育日面向全社会发布。宣传片以总体国家安全观为指导，重点突出“保守国家秘密，公民人人有责”这一主题，旨在增强社会公民保密意识，筑牢安全保密防线。保密公益宣传片立足诠释“保密为了人民、保密依靠人民”的理念，以“每个人心中都有一道保密防线”开篇，通过个人和家庭、社会和国家等各场景保密防线连接，说明保密防线对国家安全、社会发展、个人成长的重要意义，呼吁全社会筑牢安全保密防线，共同守护国家秘密安全。此次发布的保密公益宣传片，由国家保密局制作推出。

国家邮政局举行2022年第二季度例行新闻发布会

4月15日，国家邮政局举行2022年第二季度例行新闻发布会，介绍农村邮政服务体系建设工作情况。国家邮政局新闻发言人、普遍服务司司长马旭林表示，“十三五”以来，国家邮政局坚决贯彻落实习近平总书记关于邮政快递业的重要指示批示精神和党中央、国务院关于加快农村寄递物流体系建设的决策部署，践行人民邮政为人民的初心使命，扎实推进农村邮政服务体系建设。农村邮政寄递物流服务水平得到显著提升，更加有力地支撑畅通城乡经济循环，有效助力精准扶贫、巩固脱贫攻坚成果，服务乡村振兴。

国家邮政局学习贯彻习近平总书记重要指示精神

4月16日，国家邮政局党组书记、局长马军胜主持召开专题会议，认真学习习近平总书记在海南考察时关于疫情防控工作的重要指示，研究部署进一步做好行业疫情防控工作，强调要深入学习贯彻习近平总书记重要指示精神，全面落实党中央、国务院部署要求，果断处置行业涉疫事件，强化重点部位防控措施，从严从实抓好疫情防控，坚决打赢常态化疫情防控攻坚战，最大限度减少疫情对经济社会发展的影响。局党组成员、副局长廖进荣出席会议。

国家邮政局召开邮政快递业疫情防控视频调度会议

4月17日，国家邮政局召开邮政快递业疫情防控视频调度会议，深入学习贯彻习近平总书记关于疫情防控工作的重要指示精神，对行业疫情防控工作再部署再强调，对处置太原清徐韵达分拨中心涉行业疫情再安排再落实。国家邮政局党组成员、副局长廖进荣出席会议并讲话。会议传达学习习近平总书记关于疫情防控工作的重要指示精神，强调全系统全行业要切实把思想和行动统一到习近平总书记重要指示精神上来，统一到党中央、国务院决策部署上来，深刻认识做好邮政快递业疫情防控的特殊重要性，提高政治站位，强化责任担当，坚定必胜信心，抓实各项举措，坚决构筑邮政快递业疫情防控屏障。

国家邮政局迅速传达全国保障物流畅通促进产业链供应链稳定会议精神

4月18日，全国保障物流畅通促进产业链供应链稳定电视电话会议召开后，国家邮政局迅速组织传达会议精神，要求坚决把思想和行动统一到党中央、国务院决策部署上来，坚决落实“人民至上、聚焦重点、分类施策、规范流程、公开透明、狠抓细节”的总要求，充分发挥邮政快递业在畅通微循环和保障“最后一公里”物资配送方面的作用，全力以赴为实现“民生托底、货运畅通、产业循环”提供坚实保障。国家邮政局党组书记、局长马军胜主持并传达会议精神，局党组成员、副局长戴应军、刘君、赵民、廖进荣、陈凯出席会议。

国务院联防联控机制就从严从实抓好疫情防控工作有关情况举行发布会

4月19日下午3时，国务院联防联控机制召开新闻发布会，交通运输部、农业农村部、国家卫生健康委、国家邮政局相关司局负责同志和有关专家将出席，介绍从严从实抓好疫情防控工作有关情况，并回答媒体提问。国家邮政局市场监管司副司长边作栋就邮政快递业疫情防控和保通保畅工作回答了记者提问。

第六届全国“互联网+”快递业创新创业大赛现场总决赛顺利举行

近日，“菜鸟网络杯”第六届全国“互联网+”快递业创新创业大赛现场决赛顺利举行。受疫情影响，原计划线下举办的现场总决赛采取完全线上的比赛形式。专家线下集中，参赛队伍云端竞逐。各组专家分别到北京、合肥两个赛点集中评审，各参赛团队按照赛程安排和抽签顺序依次线上参赛答辩。本届大赛最终将产生金奖8名、银奖13名、铜奖26名、入围奖50名以及优秀组织奖、特别贡献奖和最受关注奖。目前，大赛组委会办公室正在进行最后的汇总、审核和报批流程，最终结果将于近期发布。

邮政快递业保通保畅促进产业链供应链稳定电视电话会议召开

4月20日，国家邮政局召开邮政快递业保通保畅促进产业链供应链稳定电视电话会议，认真贯彻习近平总书记重要指示精神，落实全国保障物流畅通促进产业链供应链稳定电视电话会议精神，部署全行业做好保通保畅工作。局党组书记、局长马军胜出席会议并讲话，强调全系统全行业要坚定信心、科学谋划、主动应对，坚持上下一条心、全国一盘棋，把握好疫情防控、经济社会发展和安全生产的辩证统一关系，把行业保通保畅工作放在全局工作的重要位置，全力促进产业链供应链稳定运行，努力实现稳网络、稳态势、稳队伍的目标，切实满足人民群众邮政快递服务需求。局党组成员、副局长陈凯主持会议。

“双品网购节”期间邮政快递服务有保障

在商务部召开“第四届双品网购节暨非洲好物网购节”专题新闻吹风会上，邮政局市场监管司副司长边作栋表示，为了让广大消费者顺利、安心地收到邮件快件，在前期工作基础上，4月20日，国家邮政局专门对邮政快递业保通保畅工作进行了全面部署，动员各地邮政管理部门和邮政快递企业做好相关工作。在网购节邮政快递服务保障方面，重点抓好三方面的工作。一是从严从实抓好疫情防控。二是全力保障服务网络畅通。三是切实保障从业人员合法权益。边作栋表示：“我们将实行动态跟踪、及时调度，千方百计化解现阶段邮政快递业面临的难点堵点问题，全力推进行业保通保畅工作，努力保障好消费者的邮政快递服务需求。”

国家邮政局、公安部、国家互联网信息办公室联合启动邮政快递领域个人信息安全治理专项行动

4月21日，国家邮政局、公安部、国家互联网信息办公室联合召开电视电话会议，部署开展为期半年的邮政快递领域个人信息安全治理专项行动。专项行动小组组长、国家邮政局副局长廖进荣出席会议并讲话。公安部网络安全保卫局政委孙劲峰、刑事侦查局副局长姜国利，国家网信办网络数据管理局副局长方新平对相关工作进行部署。国家邮政局相关司室及直属单位负责人在主会场参加会议；各省（区、市）、市（地）邮政管理部门、公安机关网安和刑侦部门、网信部门负责人，各寄递企业总部、主要电商平台负责人在各分会场参加会议。

国家邮政局党组发出通知，要求严明纪律作风、严肃纠治“四风”、崇廉尚俭过节

近日，国家邮政局党组发出关于“五一”、端午期间严明纪律作风严肃纠治“四风”的通知，要求各省（区、市）邮政管理局党组，国家邮政局直属各单位、机关各司室党组织，持续加固中央八项规定精神堤坝，坚决防止“四风”问题反弹回潮，营造崇廉尚俭、风清气正的节日氛围。通知强调，要坚持不懈加强监督执纪。“五一”、端午是纠治“四风”的关键节点，必须扭住不放、寸步不让，驰而不息、长管长严。各级内设纪检机构要切实履行党内监督专责，坚持尺度不松、节奏不变、力度不减，严防不正之风反弹。

国务院常务会议：5月1日至年底，对符合条件的快递收派收入免征增值税

国务院总理李克强4月27日主持召开国务院常务会议，决定加大稳岗促就业政策力度，保持就业稳定和经济平稳运行；听取交通物流保通保畅工作汇报，要求进一步打通堵点、畅通循环。会议指出，一要保障交通骨干网络高效运行。督促收费站、服务区应开尽开，疏通机场、港口集疏运。二要打通物流微循环。推动因疫情关停的快递等网点恢复运营。保障农资农产品运输。三要强化重点区域、行业和企业物流保障，用好应急物资中转站，实行非接触式接驳。四要加强对货运经营者帮扶。5月1日至年底，对符合条件的快递收派

收入免征增值税。尽快推出 1000 亿元再贷款支持物流仓储等企业融资。合理支持车贷延期还贷。五要确保车辆通行证快申快办、全国互认。

国家邮政局党组召开(扩大)会议传达学习中共中央政治局会议精神

4 月 29 日,国家邮政局党组召开(扩大)会议,传达学习中共中央政治局会议精神,部署邮政快递业贯彻落实具体工作,强调全系统全行业要坚决贯彻落实党中央决策部署,确保邮政快递业安全稳定运行。局党组书记、局长马军胜主持会议,局党组成员、副局长戴应军、刘君、赵民、廖进荣、陈凯出席会议。会议要求,各级邮政管理部门和企业总部要加强值班值守,完善应急预案,开展应急演练,切实提高应急处置处理能力;相应工作专班要坚持日调度工作机制,加强企业调度能力,加大督办事项落实力度,确保行业生产有序、安全、稳定。

马军胜局长主持召开国家邮政局党组会议

4 月 29 日,国家邮政局党组书记、局长马军胜主持召开党组会议,传达学习贯彻习近平总书记近期重要讲话精神,审议国家邮政局关于深入推进邮政管理部门法治政府建设的实施意见,强调全系统各级党组织要认真贯彻落实习近平总书记重要讲话精神,狠抓工作落实,加快推动邮政快递业高质量发展、高效能治理,以优异成绩迎接党的二十大胜利召开。局党组成员、副局长戴应军、刘君、赵民、廖进荣、陈凯出席会议。中央纪委国家监委驻交通运输部纪检监察组副组长胡志彬列席会议。

“五一”假期全国邮政快递业揽投快递包裹 28.1 亿件

国家邮政局监测数据显示,2022 年“五一”假期(4 月 30 日至 5 月 4 日),全国邮政快递业运行平稳,揽收快递包裹 13.4 亿件,同比增长 2.3%;投递快递包裹 14.7 亿件,同比增长 19.7%。“五一”期间,邮政快递业坚决贯彻落实党中央“疫情要防住、经济要稳住、发展要安全”的部署要求,统筹做好疫情防控和邮政快递业服务保障工作。特别是在保通保畅方面,邮政快递业充分发挥在打通大动脉、畅通微循环和保障“最后一公里”物资配送方面的优势和作用,继续推动有序恢复干线、支线和末端运输,积极协调推动符合条件的邮政快递分拨中心解封,加快邮政快递业复工复产步伐,聚焦邮政快递末端服务,推广无接触投递设施,打通邮件快件进小区“最后一百米”,全力保障防疫物资、民生物资和生产物资的有序调配,优先保障和满足防疫物资、紧急药品和生活必需品的运递需求,努力确保人民群众基本生活不受影响。

邮政行业组织开展优秀人才走访宣传主题活动

“五一”国际劳动节来临之际,邮政行业组织开展“传递关心关爱　激励成长成才”优秀人才走访宣传主题活动。此次活动由国家邮政局人事司指导,国家邮政局职业技能鉴定指导中心主办,中国邮政快递报社、中国快递协会协办,上海寻梦信息技术有限公司支持。活动期间,多地组织了形式多样的走访宣传主题活动。河北、辽宁、黑龙江、安徽、江西、云南、西藏等 17 个省(区、市)高度重视,结合疫情防控实际,通过企业走访调研、专题采访、座谈交流,或采用发慰问信、在线视频等形式,看望、慰问行业优秀人才,在全行业营造尊重劳动、尊重知识、尊重人才、尊重创造的良好氛围。

马军胜局长主持召开国家邮政局党组会议

5 月 7 日,国家邮政局党组书记、局长马军胜主持召开党组会议,传达学习贯彻中共中央政治局常务委员会会议精神和习近平总书记对湖南长沙居民自建房倒塌事故作出的重要指示精神,审议并原则通过《国家邮政局关于进一步强化安全生产责任落实坚决防范遏制重特大事故的若干措施（送审稿）》，强调全系统全行业要把思想行动统一到党中央决策部署上来，抓细抓实邮政快递业疫情防控工作，为党的二十大胜利召开营造安全稳定社会环境。局党组成员、副局长戴应军、刘君、赵民、廖进荣出席会议。中央纪委国家监委驻交通运输部纪检监察组副组长胡志彬列席会议。

第六届全国“互联网+”快递业创新创业大赛获奖结果揭晓

近日，国家邮政局印发通知，正式公布“菜鸟网络杯”第六届全国“互联网+”快递业创新创业大赛获奖结果。《“鲜智运”智能生鲜箱》等8个作品获得金奖，《碳中和目标驱动下的组装式循环包装及系统方案创新设计》等13个作品获得银奖，《“超”级“荔”量——荔枝电商物流护航者》等26个作品获得铜奖，《瓦楞小王“纸”——创二代再生纸业的开拓者》等2个作品获得最受关注奖，重庆邮电大学等10个参赛单位获得优秀组织奖，安徽财贸职业学院获得特别贡献奖。第六届大赛以“递传梦想，创赢未来”为主题，大赛采用单位初赛和全国总决赛两级赛制，设置了创新产品设计、工作流程优化、创业计划实施三类比赛项目。

国家邮政局召开疫情防控领导小组会议研究部署进一步做好行业疫情防控工作

5月14日晚，国家邮政局党组书记、局长马军胜主持召开邮政快递业疫情防控领导小组会议，进一步学习习近平总书记关于疫情防控工作的重要讲话精神，研究部署从严从实进一步做好行业疫情防控工作。局党组成员、副局长戴应军、刘君、赵民、廖进荣、陈凯出席会议。就贯彻落实习近平总书记重要讲话精神和党中央决策部署，结合近期行业疫情新情况，抓细抓实行业疫情防控工作，马军胜提出三点要求：一是提高站位，统一思想，坚决贯彻落实党中央决策部署。二是从严从紧、压实责任，切实做好北京市房山区韵达快递长阳分部相关聚集性疫情处置。三是举一反三，担当作为，深入开展涉疫风险和安全隐患排查。

国家邮政局进一步部署加强北京邮政快递业疫情防控工作

5月16日，国家邮政局召开进一步加强北京邮政快递业疫情防控工作视频部署会议，深入贯彻习近平总书记关于疫情防控工作的重要讲话精神，传达邮政快递业疫情防控领导小组会议精神，对抓紧抓实全国特别是北京地区邮政快递业疫情防控工作进行再部署再强调，对切实做好北京市房山区长阳镇韵达公司生产经营场所聚集性疫情处置工作进行再督促再安排。国家邮政局党组成员、副局长廖进荣出席会议并讲话。会议强调，全系统全行业要切实增强做好行业疫情防控工作的责任感、紧迫感，切实做到“五个到位”，筑牢邮政快递业防疫屏障。

国家邮政局党组研究部署进一步强化行业疫情防控工作

5月18日，国家邮政局党组书记、局长马军胜主持召开党组会议，进一步学习贯彻中共中央政治局常务委员会会议精神和习近平总书记关于疫情防控的重要指示精神，贯彻国务院有关会议和文件精神，审议并原则通过《关于切实做好新冠肺炎疫情流行期间邮政快递业防控工作的通知》等文件，强调要坚决贯彻落实党中央确定的疫情防控方针政策，抓实抓细行业疫情防控各项工作，筑牢行业防疫屏障。局党组成员、副局长戴应军、刘君、赵民、廖进荣、陈凯出席会议。

邮政快递业部署深入学习贯彻习近平总书记在庆祝中国共产主义青年团成立100周年大会上重要讲话精神

近日，全国邮政行业共青团工作指导委员会发出通知，要求全系统全行业各级团组织深入学习贯彻习近平总书记在庆祝中国共产主义青年团成立100周年大会上重要讲话精神。通知强调，习近平总书记的重要讲话，充分体现了以习近平同志为核心的党中央对共青团的重视关怀和对青年一代的关心关爱，是送给全体共青团员和各级团组织、团干部最珍贵的节日礼物。学习好宣传好贯彻好习近平总书记重要讲话精神，是当前和今后一个时期的重要政治任务，对做好新时代邮政快递业青年工作具有重大、深远意义。

31个省（区、市）邮政管理局全部纳入省联防联控机制

5月20日，福建省邮政管理局申请列入省联防联控机制获得批准。至此，全国31个省（区、市）邮政管理局纳入省联防联控机制实现全覆盖，为行业疫情防控进一步加强组织保障。这是在国家邮政局和邮政业保通保畅工作领导小组的指导下，各省（区、市）邮政管理局坚持"外防输入、内防反弹"总策略和"动态清零"的总方针，深入落实部门责任，融入地方防疫大局，推动纳入各省级联防联控工作机制，取得的明显成效。自各地邮政管理部门陆续被纳入省联防联控机制以来，全国共出台邮政快递业保通保畅政策省级文件81份、市级政策61份，对做好邮政快递业疫情防控、启用重点物资运输车辆全国统一通行证等工作进行部署。

国家邮政局召开局长办公会

5月23日，国家邮政局局长马军胜主持召开局长办公会，审议并原则通过《国家邮政局关于帮助寄递企业纾困解难 稳定行业发展态势的意见（送审稿）》《国家邮政局2022年定点帮扶工作重点任务计划安排》《国家邮政局安全生产专家库管理办法（试行）（送审稿）》《中欧班列运邮（跨境电商商品）2021年工作总结和2022年工作要点》《推进"十四五"时期抵边自然村邮政普遍覆盖三年行动方案（2022－2024）》等文件，强调要以"时时放心不下"的责任感，求真务实、担当作为，不折不扣把党中央的决策部署在邮政快递业落实到位。副局长戴应军、刘君、赵民、廖进荣出席会议。

国家邮政局召开会议通报北京市纪委监委对韵达快递长阳分部聚集性疫情事件中邮政监管责任调查和问责情况

5月25日，国家邮政局党组书记、局长马军胜主持召开会议，通报北京市纪委监委对韵达快递长阳分部聚集性疫情事件中邮政监管责任调查和问责情况，强调全系统全行业要深刻吸取事件教训，进一步提高政治站位，抓细抓实抓严行业疫情防控各项工作。局党组成员、副局长戴应军、赵民、廖进荣出席会议。会议指出，国家邮政局党组坚决支持北京市纪委监委对韵达快递长阳分部聚集性疫情事件中邮政监管责任调查和问责处理决定。全系统要从政治意识、全局观念、担当精神、能力本领、工作作风等方面吸取教训，改进工作。

国家邮政局召开全系统疫情防控工作警示教育会议

5月27日，国家邮政局以视频会议方式召开全系统疫情防控工作警示教育会议，深入学习习近平总书记关于疫情防控工作重要指示精神，认真贯彻党中央、国务院决策部署，以案为鉴、统一思想、压实责任、攻坚克难，全力以赴战疫情、防风险、保稳定、促发展。局党组书记、局长马军胜讲话，中央纪委国家监委驻交通运输部纪检监察组组长邹天敬出席。局党组成员、副局长戴应军主持，局党组成员、副局长刘君、赵民、陈凯，中央纪委国家监委驻交通运输部纪检监察组副组长胡志彬出席，局党组成员、副局长廖进荣部署当前行业疫情防控重点工作。

国家邮政局23条举措帮助寄递企业纾困解难

近日，为深入贯彻落实党中央、国务院决策部署，统筹疫情防控和邮政快递业发展，国家邮政局印发《关于帮助寄递企业纾困解难稳定行业发展

态势的通知》，从落实减免税政策、保障末端网点运行、维护快递员合法权益等方面，提出六项任务23条具体措施，力促稳定行业发展态势。通知要求，全系统全行业要加强党的领导，提高政治站位，以“时时放心不下”的责任感，认真落实行业疫情防控和助企纾困解难措施，加强政策储备，以实际行动迎接党的二十大胜利召开。

国家邮政局、北京市邮政管理局督导检查北京邮政快递业疫情防控工作

5月27日，由国家邮政局党组成员、副局长廖进荣带队，国家邮政局、北京市邮政管理局组成检查组，以“四不两直”方式，对北京市邮政快递业疫情防控工作开展督导检查。在督导检查中，廖进荣强调，当前行业疫情防控工作面临严峻考验，要统一思想、压实责任、攻坚克难，奋战疫情。一是提高政治站位。二是深入排查隐患。深刻汲取行业涉疫事件教训，以案为戒，迅速开展疫情防控风险大排查、大检查。三是健全防疫措施。各企业要细化实化疫情防控内控管理，落实人员工作、居住“两点一线”要求。四是做好服务保障。在做好疫情防控工作前提下，积极稳妥推进保通保畅工作，服务民生保供。五是加强安全生产。

国家邮政局督导检查北京邮政快递业疫情防控工作

按照国家邮政局工作安排，5月31日，国家邮政局党组成员、副局长廖进荣带队继续在北京市督导检查邮政快递业疫情防控工作，并看望国家邮政局派驻企业防疫工作组的干部代表。5月31日下午，廖进荣一行先后赴京东、顺丰营业网点以及极兔北京分公司督导检查疫情防控情况，对企业制度建设、场所管理、消毒处理、宣传教育、人员核酸检测和健康防护等情况进行检查，并要求各企业认真落实首都疫情防控制度和行业疫情防控工作要求，继续强化内部管理，从严从紧、从细从实落实各项措施，坚决筑牢行业疫情防控屏障。廖进荣一行还专程看望国家邮政局派驻到极兔、顺丰等企业防疫工作组的干部代表，与驻点干部交谈。

端午假期全国邮政快递业运营呈现逐步恢复向好态势

今年端午节放假期间(6月3日至5日)，邮政快递业一方面坚决落实党中央疫情防控要求，一方面科学调配人力、运力和场地等资源，优化干线运输和末端投递路线，全力保障服务网络有序畅通运行，节日期间总体运行平稳，全国邮政快递业揽收快递包裹约9.4亿件，与去年端午节同期相比增长17%；投递快递包裹约9.7亿件，与去年端午节同期相比增长13.1%。从日均揽投量情况来看，端午节放假期间日均揽收、投递量均已超过3亿件，恢复到去年的平均水平，比五一放假期间分别增长16.8%和10%。

李克强总理考察交通运输部并主持召开座谈会

6月6日，中共中央政治局常委、国务院总理李克强到交通运输部考察，并主持召开座谈会。他强调，要在以习近平同志为核心的党中央坚强领导下，落实党中央、国务院部署，全面贯彻新发展理念，高效统筹疫情防控和经济社会发展，进一步畅通交通物流，保障市场主体运行，稳住经济大盘。座谈会上，交通运输部作了汇报。李克强说，交通运输是市场经济的经脉，也是保障民生、防控疫情的重要支撑。要切实做到疫情要防住、经济要稳住、发展要安全，进一步打通交通物流大动脉和微循环，加强重点行业、区域和企业货运保障。各地各部门要强化协同联动，推动货运量尽快实现正增长，为二季度经济合理增长提供支撑，保持中国经济长期向好、平稳健康发展。

国家邮政局与重庆市人民政府签订《加快重庆市邮政快递业高质量发展战略合作协议》

近日，国家邮政局与重庆市人民政府签署《加

快重庆市邮政快递业高质量发展战略合作协议》(以下简称《合作协议》),推进重庆市邮政快递业高质量发展,进一步发挥邮政快递业服务重庆生产生活、促进消费升级、畅通经济循环作用。《合作协议》提出,双方将在做好规划衔接实施,打造西南地区快递业发展高地,加快推进“进村”工程,加快推进“进厂”工程,加快推进“出海”工程,推进邮政快递业冷链运输体系建设,推进重庆市邮政快递业安全、环保和文化工作,加强科技创新基地和人才队伍建设8个方面进行深度合作。

马军胜局长主持召开国家邮政局党组会议

6月8日,国家邮政局党组书记、局长马军胜主持召开党组会议,传达学习贯彻习近平总书记重要讲话精神、致2022年六五环境日国家主场活动的贺信精神,审议并原则通过《国家邮政局2022年整治形式主义为基层减负工作要点(送审稿)》,强调全系统全行业要切实提高政治站位,敢于担当,主动作为,确保党中央决策部署在行业落地落实。局党组成员、副局长戴应军、刘君、赵民、廖进荣出席会议。中央纪委国家监委驻交通运输部纪检监察组副组长胡志彬列席会议。

国家邮政局召开会议学习贯彻李克强总理考察交通运输部并主持召开座谈会精神

继6月6日传达学习中共中央政治局常委、国务院总理李克强考察交通运输部并主持召开座谈会精神后,6月8日,国家邮政局党组书记、局长马军胜主持召开党组会议研究贯彻措施,强调全系统全行业要坚决贯彻落实以习近平同志为核心的党中央关于“疫情要防住、经济要稳住、发展要安全”的要求,认真学习领会、贯彻落实李克强总理重要讲话精神,努力补短板强弱项,保通保畅,企稳向前,在稳住经济大盘中作出行业应有贡献。局党组成员、副局长戴应军、刘君、赵民、廖进荣出席会议。中央纪委国家监委驻交通运输部纪检监察组副组长胡志彬列席会议。

中共中央宣传部就新时代加快建设交通强国的进展与成效举行发布会

6月10日上午,中共中央宣传部举行“中国这十年”系列主题新闻发布会,交通运输部副部长徐成光、国家铁路局副局长安路生、中国民用航空局副局长董志毅、国家邮政局副局长戴应军介绍新时代加快建设交通强国的进展与成效,并答记者问。戴应军指出,党的十八大以来,国家邮政局始终坚持以习近平新时代中国特色社会主义思想为指导,深入学习贯彻习近平总书记关于邮政快递业重要指示批示精神,认真贯彻落实党中央、国务院决策部署,坚定不移打好三大攻坚战,坚定不移深化供给侧结构性改革,坚定不移畅通经济社会循环,邮政快递业实现了由小到大的跨越,建成了与小康社会相适应的现代邮政业,迈上了交通强国邮政篇建设的新征程。

国家邮政局召开政务公开领导小组会议

6月10日上午,国家邮政局召开政务公开领导小组会议,深入学习贯彻全国政务公开领导小组会议精神,研究部署2022年国家邮政局政务公开重点任务。局党组成员、副局长、政务公开领导小组组长刘君出席会议并讲话。刘君要求,各单位各部门要持续提高政务公开工作实效。坚持问题导向,查短板补弱项,加强政策解读,积极回应公众关切,提高公开工作质量。强化能力建设,严格落实《政府信息公开条例》,加强政府网站内容管理,落实网络意识形态责任制和网络安全责任制,做好保密审查。统筹全系统一盘棋,加强政务公开工作的培训、指导、监督,层层压实责任,调动形成工作合力。

国家邮政局召开全国邮政快递业安全生产大检查暨2021年度安全生产工作考核汇报会

根据党中央、国务院决策部署和全国安全生产大检查工作安排,国务院安全生产考核巡查综合检查组第八组将对国家邮政局开展安全生产大检查综合督导和2021年度安全生产考核。6月13日，国家邮政局召开全国邮政快递业安全生产大检查暨2021年度安全生产工作考核汇报会，综合检查组第八组组长、文化和旅游部党组成员、副部长杜江讲话，国家邮政局党组书记、局长马军胜主持。局党组成员、副局长廖进荣汇报邮政快递业安全生产工作相关情况。马军胜表示，国务院安委会部署开展安全生产大检查和考核，必将有力推动邮政快递业真正树牢安全发展理念，深入查找短板弱项，指导行业不断改进和强化安全生产工作。

马军胜局长主持召开国家邮政局局长办公会

6月14日，国家邮政局局长马军胜主持召开局长办公会，审议《2021年邮政普遍服务监管报告（送审稿）》《2021年度快递市场监管报告（送审稿）》和邮政快递业落实《国务院关于印发扎实稳住经济一揽子政策措施的通知》的工作方案，强调要以习近平新时代中国特色社会主义思想为指导，坚决贯彻习近平总书记关于邮政快递业重要指示精神，按照党中央"疫情要防住、经济要稳住、发展要安全"的要求，高效统筹疫情防控和行业发展，全力巩固当前行业企稳回升的态势，保持战略定力，凝心聚力，努力完成全年各项目标任务。副局长戴应军、刘君、赵民、廖进荣、陈凯出席会议。

马军胜局长主持召开国家邮政局党组会议

6月16日，国家邮政局党组书记、局长马军胜主持召开党组会议，传达学习习近平总书记在四川考察时的重要指示精神，听取2021年寄递渠道平安建设考核情况报告，强调全系统全行业要进一步提高政治站位，按照党中央决策部署狠抓工作落实，高效统筹疫情防控和行业改革发展，以实际行动迎接党的二十大胜利召开。局党组成员、副局长刘君、赵民、廖进荣、陈凯出席会议。中央纪委国家监委驻交通运输部纪检监察组副组长胡志彬列席会议。会议强调，要落实落细党中央"疫情要防住、经济要稳住、发展要安全"的要求，高效统筹疫情防控和邮政快递业改革发展，统筹发展和安全，充分发挥行业服务生产、促进消费和畅通循环的重要作用，有效服务经济社会发展大局。

陈凯副局长赴商务部就数字政府建设开展交流

应商务部办公厅邀请，6月16日，国家邮政局党组成员、副局长陈凯率队赴商务部就数字政府建设开展交流。商务部党组成员、副部长盛秋平以及相关司局负责同志参加了座谈与交流活动。座谈期间，盛秋平介绍了商务部深入贯彻习近平总书记在中央深改委第25次会议上的重要讲话精神，目前正在研究开展商务领域数字政府建设相关工作。陈凯在讲话中对商务部门近年来对邮政快递业发展给予的大力支持表示感谢，介绍了全国邮政快递业与电子商务协同发展情况，重点阐述了国家邮政局在推进数字化转型特别是大数据应用方面取得的初步成效。国家邮政局市场监管司、邮政业安全中心相关负责同志随同参加。

马军胜局长主持召开国家邮政局党组会议

6月22日，国家邮政局党组书记、局长马军胜主持召开党组会议，传达学习中共中央政治局会议精神和习近平总书记在中共中央政治局第四十次集体学习时的重要讲话精神，强调全系统各级党组织要按照党中央决策部署狠抓贯彻落实，扎实推进巡视巡察工作和反腐败斗争，努力营造系统风清气正良好政治生态。局党组成员、副局长戴应军、刘君、赵民、廖进荣、陈凯出席会议。中央纪委国家监委驻交通运输部纪检监察组副组长胡志彬列席会议。

"快递进村"工程邮快合作数据对接签约仪式举行

6月23日，国家邮政局邮政业安全中心、中国邮政集团有限公司以及顺丰、京东、中通、圆通、韵达、申通、极兔等7家快递企业以线上签约的方式签署《"快递进村"工程邮快合作数据对接协议》。

国家邮政局党组成员、副局长陈凯出席签约仪式并讲话，强调要切实做好数据对接，深入推进邮快合作，加快建设农村寄递物流体系，更好满足农村生产生活和消费升级需求，为全面推进乡村振兴、畅通国内大循环作出重要贡献。就下一步工作，陈凯提出了三点要求。一要以协议签署为起点，扎实有序推进数据对接。二要以数据对接为牵引，深入有效推进邮快合作。三要以邮快合作为助力，持之以恒完善农村寄递物流体系。

3部门联合召开主要电商平台企业涉邮政快递个人信息安全治理专项行动推进会

6月23日，国家邮政局市场监管司、公安部十一局、国家网信办网络数据管理局联合召开主要电商平台企业涉邮政快递个人信息安全治理专项行动视频推进会，通报前期专项行动中查办的典型案件和发现的突出问题，进一步厘清思路、统一认识，压紧压实信息安全责任，强化个人信息安全源头治理，切实提升邮政快递个人信息安全防护的能力和水平。国家邮政局市场监管司、邮政业安全中心、公安部十一局、国家网信办网络数据管理局负责同志在主会场参会，阿里巴巴、拼多多、京东、当当、抖音、快手、苏宁易购、唯品会等8家主要电商平台企业分管负责人及信息安全部门负责人在分会场参会。

国家邮政局举办2022年邮政行业规划工作培训班

6月24日，国家邮政局举办邮政行业规划工作培训班，解读“十四五”邮政业规划，推进规划宣贯实施，为推动行业高质量发展、建设邮政强国贡献力量。目前，全系统共编制印发了“1+4+31+N”部邮政业规划。本次培训班围绕“十四五”邮政业发展规划、邮政事业发展规划、快递业发展规划、邮政业国际发展规划和邮政业监管体系建设规划实施重点，以及京津冀、长江经济带等区域重大战略实施工作要点、规划重大工程实施情况等进行讲解。培训班还邀请了交通运输部相关部门负责人介绍现代综合交通枢纽体系“十四五”发展规划。河北、吉林和广东省邮政管理局相关负责人就邮政业规划工作进行交流。

全国邮政快递职业教育教学指导委员会换届成立大会暨第一次全体委员会议召开

6月28日，全国邮政快递职业教育教学指导委员会（以下简称邮政快递行指委）换届成立大会暨第一次全体委员会议在京召开。国家邮政局党组成员、副局长刘君出席会议，国家邮政局人事司、邮政快递行指委秘书处相关负责同志在主会场参会，邮政快递行指委委员线上参加会议。刘君充分肯定了上一届邮政快递行指委的工作成效，对新一届邮政快递行指委的成立表示祝贺。结合国家职业教育改革发展要求和邮政快递业高质量发展所需，对新一届邮政快递行指委工作提出三点希望：一是深化改革创新，主动服务行业需求。二是深化提质培优，赋能行业产教融合。三是深化协作配合，完善共育共建新格局。

第七届全国“互联网+”快递业创新创业大赛通知正式印发

近日，“菜鸟网络杯”第七届全国“互联网+”快递业创新创业大赛通知由国家邮政局办公室正式印发。本届大赛由国家邮政局主办，国家邮政局职业技能鉴定指导中心和安徽财贸职业学院共同承办，中国快递协会、中国邮政快递报社、安徽省邮政管理局协办，菜鸟网络科技有限公司、全国邮政快递职业教育教学指导委员会、中国高校孵化器联盟、邮政业科技创新战略联盟、中关村网络教育产业联盟特别支持。本届大赛设定为单位初赛和全国总决赛两级赛制，包括动员部署、单位初赛、全国总决赛3个阶段。

马军胜局长主持召开国家邮政局局长办公会

7月6日，国家邮政局局长马军胜主持召开局长办公会，研究进一步加强疫情期间行业保通保畅工作指导意见，审议并原则通过2022年邮政业标准项目计划（送审稿），强调要坚决落实党中央“疫情要防住、经济要稳住、发展要安全”的总体要求和国务院物流保通保畅工作领导小组的安排部署，巩固行业保通保畅工作成果，有效降低疫情对行业的影响。副局长戴应军、刘君、赵民、廖进荣、陈凯出席会议。会议指出，今年邮政业标准化工作时间紧、任务重，要进一步加大工作力度，全力以赴确保年度标准项目计划按期完成，推动标准化工作走在前列，更好地发挥标准在行业发展中的引领、支撑和保障作用。

中国常驻日内瓦代表陈旭大使会见万国邮政联盟国际局总局长目时正彦

7月6日，中国常驻联合国日内瓦办事处和瑞士其他国际组织代表陈旭大使在瑞士伯尔尼会见万国邮政联盟国际局总局长目时正彦，双方就中国与万国邮联合作等交换意见。陈旭大使祝贺目时正彦履新，强调中方将一如既往支持并积极参与万国邮联各项事务，支持国际局的工作。目时正彦赞赏中国对万国邮联工作的大力支持和重要贡献，表示愿加强万国邮联同中方的沟通协调，进一步深化双方合作。

中华全国总工会走访国家邮政局并召开座谈会

7月7日，中华全国总工会书记处书记、党组成员邹震带队走访国家邮政局并召开座谈会。座谈会前，国家邮政局党组书记、局长马军胜会见邹震一行，双方就推进快递员群体合法权益保障和促进快递业高质量发展等工作交换意见。在随后召开的座谈会上邹震讲话，中国国防邮电工会主席、分党组书记刘迎祥等参加座谈，国家邮政局党组成员、副局长赵民主持座谈会。赵民表示，国家邮政局将与中华全国总工会、中国快递协会一道，不断完善协同工作机制，搭建沟通合作平台，扎实推动快递员群体合法权益保障工作再创新局面、再上新台阶。

国家邮政局党组传达学习习近平总书记在中共中央政治局第四十次集体学习时的重要讲话精神

7月8日，国家邮政局党组书记、局长马军胜主持召开党组会议，传达学习习近平总书记在中共中央政治局第四十次集体学习时的重要讲话精神，就邮政管理系统贯彻落实提出要求。中央纪委国家监委驻交通运输部纪检监察组组长邹天敬讲话。局党组成员、副局长戴应军、刘君、赵民、廖进荣、陈凯，中央纪委国家监委驻交通运输部纪检监察组副组长胡志彬出席。会议强调，全系统各级党组织要把学习贯彻习近平总书记重要讲话精神作为重大政治任务，与深入学习领会党百年奋斗的历史经验结合起来，与深入学习领会习近平总书记在十九届中央纪委六次全会上的重要讲话精神结合起来，切实把全面从严治党要求体现到行业改革发展全过程各方面，以实际行动迎接党的二十大胜利召开。

中国代表团线上出席第40届泛非邮联行政理事会年会

7月4日至14日，第40届泛非邮联行政理事会年会在刚果民主共和国首都金沙萨举行。应泛非邮联秘书长西丰多·契夫·莫尤邀请，国家邮政局与中国邮政集团有限公司组成中国代表团，作为观察员线上出席了会议。刚果民主共和国总理萨玛·卢孔德·基恩格、邮电和信息通信技术部长奥古斯丁·基巴萨·马利巴、泛非邮联秘书长西丰多·契夫·莫尤、万国邮联国际局总局长目时正彦出席开幕式并致辞。泛非邮联45个成员国邮政管理部门、邮政企业代表和来自中、美、日、法等国邮政部门及其他合作机构的观察员以线上线下结合方式参加了会议。

国家邮政局召开全国邮政快递业疫情防控电视电话会议

为深入学习贯彻落实习近平总书记关于疫情

防控工作重要指示精神，7月14日，国家邮政局召开全国邮政快递业疫情防控电视电话会议，分析形势、明确任务、完善措施，部署进一步做好邮政快递业疫情防控工作。国家邮政局党组成员、副局长廖进荣出席会议并讲话。会议强调，要充分认识行业疫情防控面临的新形势，进一步强化底线思维。《新型冠状病毒肺炎防控方案（第九版）》是国家根据形势任务的变化对疫情防控作出的重要优化，对行业疫情防控工作提出了更高要求，全系统全行业必须高度重视，坚决落实。要始终将疫情防控工作作为重中之重，毫不松懈、慎终如始抓好各项防控措施落实到位。

国家邮政局召开局长办公会

7月15日，国家邮政局局长马军胜主持召开局长办公会，听取今年上半年邮政快递业经济运行情况汇报，并对下半年重要工作进行安排部署。会议强调，全系统全行业要以习近平新时代中国特色社会主义思想为指导，深刻领会党中央"疫情要防住、经济要稳住、发展要安全"的明确要求，高效统筹疫情防控和经济社会发展，高效统筹发展和安全，落实落细扎实稳住经济一揽子政策措施，以钉钉子精神抓好各项工作落实落细，以实际行动迎接党的二十大胜利召开。副局长戴应军、刘君出席会议。

中央第十二巡视组向国家邮政局党组反馈巡视情况

根据党中央部署，7月18日，中央巡视工作领导小组召开十九届中央第九轮巡视集中反馈会议，传达学习习近平总书记听取中央第九轮巡视综合情况汇报时的重要讲话精神，通报巡视发现的共性问题，对巡视整改工作作出总体部署。7月19日，中央第十二巡视组向国家邮政局党组反馈了巡视情况。组长祝树民分别向国家邮政局党组书记、局长马军胜和国家邮政局党组领导班子反馈了巡视情况。马军胜主持向领导班子反馈会议并就做好巡视整改工作讲话。

国家邮政局党组传达学习习近平总书记重要讲话精神

7月20日，国家邮政局党组书记、局长马军胜主持召开党组会议，传达习近平总书记听取十九届中央第九轮巡视情况汇报时的重要讲话精神、十九届中央第九轮巡视集中反馈会议精神和中央第十二巡视组巡视国家局党组情况反馈意见，研究部署巡视整改工作。局党组成员、副局长戴应军、刘君、赵民、廖进荣、陈凯出席会议。中央纪委国家监委驻交通运输部纪检监察组副组长胡志彬列席会议。会议强调，要坚决扛起巡视反馈问题整改政治责任，层层传导压力，切实增强整改工作责任感紧迫感。要把巡视反馈问题整改当作走好"第一方阵"、践行"两个维护"的"试金石"，切实抓好整改措施落实。要统筹用好巡视成果，贯通融合推进行业改革发展。

戴应军在贵州重庆调研农村地区邮政普遍服务和"快递进村"等工作

7月25日至26日，国家邮政局戴应军副局长一行赴贵州、重庆调研邮政普遍服务、邮快合作、快递进村等工作情况。戴应军指出，邮政快递是"工业品下乡，农产品出村"的有效途径，邮政企业要秉承"人民邮政为人民"的宗旨，扎实做好邮政普遍服务和"邮快合作"等工作；快递企业要严格依法依规经营，采取多种方式推动"快递进村"工作；各级邮政管理部门要提高思想认识，切实抓好疫情防控，加快推进快递进村、邮快合作等工作，以优异的成绩喜迎党的二十大胜利召开。国家邮政局普遍服务司相关负责同志、贵州局和重庆局主要负责同志参与调研。

中共国家邮政局党组印发通知

近日，按照中共中央办公厅转发的《中央宣传部 中央组织部关于认真组织学习〈习近平谈治国理政〉第四卷的通知》要求，中共国家邮政局党组印发《关于在全国邮政管理系统认真组织学习〈习近平谈治国理政〉第四卷的通知》。全系统广大党员干部要将学习《习近平谈治国理政》第四卷与第一卷、第二卷、第三卷作为一个整体，读原著学原文、悟原理知原义，系统全面掌握习近平新时代中国特色社会主义思想形成和发展的脉络，深刻理解其核心要义、精神实质、丰富内涵、实践要求，真正做到虔诚而执着、至信而深厚，切实把学习成效转化为推动行业高质量发展、高效能治理的强大动力。

2022 年邮政快递业安全生产协调领导小组第一次会议召开

7 月 28 日，国家邮政局召开 2022 年邮政快递业安全生产协调领导小组第一次会议，认真学习贯彻习近平总书记关于安全生产重要指示精神、李克强总理批示要求和全国安全生产电视电话会议精神，总结上半年行业安全生产工作，研究部署下阶段重点任务。邮政快递业安全生产协调领导小组组长、国家邮政局副局长廖进荣出席会议并讲话。国家邮政局机关相关司室、直属单位，中国邮政集团有限公司负责人在主会场参会。北京、上海、江苏、浙江、广东等省（市）邮政管理局，各快递企业总部负责人在各地分会场参会。

国家邮政局党组传达学习习近平总书记重要讲话精神

7 月 29 日，国家邮政局党组书记、局长马军胜主持召开党组会议，传达学习习近平总书记重要讲话精神，强调全系统各级党组织要坚决贯彻落实党中央重大决策部署，始终保持战略定力，坚定做好自己的事，以实际行动迎接党的二十大胜利召开。局党组成员、副局长戴应军、赵民、廖进荣、陈凯出席会议。中央纪委国家监委驻交通运输部纪检监察组有关同志列席会议。会议审议《中共国家邮政局党组落实十九届中央第九轮巡视反馈意见集中整改阶段工作方案（送审稿）》《中共国家邮政局党组贯彻落实〈关于推动党史学习教育常态化长效化的意见〉（送审稿）》，并研究了其他事项。

赵民副局长视频会见万国邮联行政理事会主席伊萨克・格纳巴・尧

7 月 29 日下午，国家邮政局副局长赵民在北京以视频形式会见万国邮联行政理事会主席、科特迪瓦邮政总局长伊萨克・格纳巴・尧。双方就万国邮联事务和加强中非在邮政领域合作深入交换了意见。赵民表示，中非是休戚与共的命运共同体，是守望相助的好兄弟、好朋友、好伙伴。中方愿与科特迪瓦及非洲各国邮政部门进一步加强在国际邮政事务中的沟通协调，深化在电子商务、能力建设、绿色发展和数字化转型等领域的交流合作，共同为提升发展中国家在全球邮政治理中的话语权，促进中非邮政发展和经贸往来作出贡献。

国家邮政局召开 2022 年全国邮政管理系统半年工作会

近日，国家邮政局召开 2022 年全国邮政管理系统半年工作会，深入贯彻落实习近平总书记重要讲话精神，全面落实党中央、国务院决策部署，总结 2022 年上半年工作，部署巡视整改和下半年重点工作。局党组书记、局长马军胜出席会议并讲话，强调要坚持稳中求进工作总基调，坚决彻底做好中央巡视反馈问题整改，坚决巩固行业回升向好发展趋势，坚决做好疫情防控和风险防范工作，以实际行动迎接党的二十大胜利召开。局党组成员、副局长刘君主持会议，局党组成员、副局长赵民解读《国家邮政局党组落实十九届中央第九轮巡视反馈意见集中整改阶段工作方案》，局党组成员、副局长廖进荣、陈凯出席会议。中央纪委国家监委驻交通运输部纪检监察组有关同志列席会议。

国家邮政局、人力资源社会保障部联合印发方案实施邮政快递业职业技能提升工程

为贯彻落实党中央、国务院关于加强技能人才队伍建设的决策部署，衔接落实人力资源社会保障部等4部门《“十四五”职业技能培训规划》和“技能中国行动”有关要求，近日，国家邮政局、人力资源社会保障部印发《邮政快递业职业技能提升工程实施方案》（以下简称《方案》），提出要聚焦人才强国、人才强邮战略目标，努力造就一支适应新形势新任务、有理想守信念、敢担当讲奉献、技能精湛、素质优良的技能人才队伍。《方案》提出八方面主要任务。《方案》要求，要从加强组织领导、加大投入力度、营造良好氛围三方面为相关政策落实提供工作保障。

国家邮政局党组召开会议

8月18日，国家邮政局党组书记、局长马军胜主持召开党组会议，传达学习习近平总书记重要讲话精神，听取2022年上半年贯彻落实习近平总书记关于邮政快递业重要指示精神情况汇报，审议《中央第十二巡视组巡视国家邮政局党组反馈意见的整改方案》《中央巡视专项检查国家邮政局党组巡视工作情况反馈意见的整改方案》，强调全系统全行业要坚决贯彻落实党中央各项决策部署，坚定不移推进邮政快递业改革发展，以实际行动迎接党的二十大胜利召开。局党组成员、副局长戴应军、刘君、赵民出席会议。中央纪委国家监委驻交通运输部纪检监察组副组长丹向东列席会议。

国家邮政局举办处级干部学习贯彻党的十九届六中全会精神暨任职培训示范班

8月18日至19日，国家邮政局举办处级干部学习贯彻党的十九届六中全会精神暨任职培训示范班，深入学习贯彻党的十九届六中全会精神和习近平总书记在中央党校（国家行政学院）中青年干部培训班上的重要讲话精神，落实公务员法和《干部教育培训工作条例》有关要求，切实帮助新任职处级干部提高政治素质、党性修养和履职能力，更好地适应新时代、新形势、新任务和新岗位要求。本次培训为期两天，以线下线上相结合的方式进行，全系统有600多名干部报名参加。

全国邮政行业人才工作领导小组召开会议

8月19日，全国邮政行业人才工作领导小组召开会议，总结回顾了今年年初以来行业人才工作开展情况，对贯彻落实国家邮政局、人力资源社会保障部联合印发的《邮政快递业职业技能提升工程实施方案》及下阶段重点工作进行了研究部署。会议强调，全系统全行业要胸中有大势、心中有大局，以高度的使命感、责任感和紧迫感，持续用攻坚克难的劲头、真抓实干的作风，不断开创行业人才工作新局面，为推动邮政快递业高质量发展和邮政强国建设提供坚实人才保障。国家邮政局党组成员、副局长刘君主持会议并讲话。

邮政行业职业教育快递技能大赛来了

近日，第三届全国邮政行业职业教育快递技能大赛通知正式印发，这一专门为职业院校高职快递相关专业在校生量身打造的技能大赛全新出炉。邮政行业职业教育快递技能大赛已举办过两届。本届大赛为预赛和决赛两级赛制，共设四个赛项：快递数字化经营（博弈）、快递综合业务设计、快递综合作业实施、快递运营管理“1+X”职业能力测评。大赛由国家邮政局人事司、全国邮政快递职业教育教学指导委员会指导，国家邮政局职业技能鉴定指导中心主办，重庆城市管理职业学院承办，国邮创展（北京）人力资源服务有限公司协办，上海寻梦信息技术有限公司冠名支持，深圳市中诺思科技股份有限公司提供技术支持。

国家邮政局召开2023年度部门预算编制布置电视电话会议

8月25日，国家邮政局召开2023年度部门预

算编制布置电视电话会议，传达中央2023年度预算编制工作精神，落实局党组预算管理工作要求，部署下半年重点工作任务。局党组成员、副局长刘君出席会议并讲话。会议指出，今年上半年，全系统牢牢把握过紧日子总方针，实现了预算执行平稳有序。各单位勠力同心、攻坚克难，开源节流取得明显成效，社保资金清算实现历史性突破。会议要求，今年下半年，各单位要认真落实中央巡视问题整改，全力以赴保工资，严格规范预算执行，加强横向资金管理，强化底线思维、红线意识，防范化解重大风险，切实提高系统财务管理质效，确保全系统有序运行、健康发展。

国家邮政局召开局长办公会

8月26日，国家邮政局局长马军胜主持召开局长办公会，审议并原则通过《国家邮政局关于进一步加强省级以下邮政业安全中心规范运行的通知》《邮政行业技术研发中心管理办法》《国家邮政局办公室关于进一步加强文件会议管理的通知》和2023年第一批纪念邮票选题方案，强调全系统全行业要抓实抓细抓严各项规范措施落地实施，稳步推进行业高质量发展、高效能治理。副局长戴应军、刘君、赵民、廖进荣、陈凯出席会议。国家邮政局机关各司室、相关直属单位及中国快递协会负责人参加会议。

第十三届亚太邮联代表大会在泰国曼谷开幕

8月29日，第十三届亚洲—太平洋邮政联盟代表大会在泰国曼谷开幕。本届大会适逢亚太邮联成立60周年，来自亚太邮联32个成员国、万国邮联等国际组织的200余名代表和观察员出席了大会开幕式。国家邮政局、中国邮政集团有限公司、香港邮政署和澳门邮电局组成中国代表团，以线上线下方式参加大会。代表团团长、国家邮政局副局长赵民及中国邮政集团有限公司副总经理温少祺在京出席了开幕式。本届大会为期5天，将审议通过亚太邮联改革、财务、培训、实物业务和电子商务、供应链整合等工作报告和计划，修订亚太邮联法规，选举产生新一届亚太邮联秘书长，并举办亚太邮联成立60周年庆祝活动。

国家邮政局召开党组理论学习中心组（扩大）专题学习会议

8月29日至30日，国家邮政局党组书记、局长马军胜主持召开局党组理论学习中心组（扩大）专题学习会，通过个人自学、领导领学、研讨交流的方式，深入学习贯彻习近平新时代中国特色社会主义思想特别是习近平经济思想和关于巡视工作重要论述，深刻领悟“两个确立”的决定性意义，增强“四个意识”、坚定“四个自信”、做到“两个维护”，完整、准确、全面贯彻新发展理念，坚决扛起中央巡视整改政治责任，聚力推动整改任务落地见效，不断推动行业高质量发展，以实际行动迎接党的二十大胜利召开。局党组成员、副局长戴应军、刘君、赵民、廖进荣、陈凯出席会议并领学重点篇章和作主题发言。

第六届中国邮政“919电商节”在京启动

9月1日，第六届中国邮政“919电商节”在京启动。中国邮政集团有限公司党组书记、董事长刘爱力出席并致辞。国家邮政局党组成员、副局长戴应军出席启动仪式。今年的“919电商节”，中国邮政强化“邮政919，丰收欢乐购”主题，推出乡村振兴“万单计划”、“百大品牌”特惠、社区团购“万团齐发”等十大活动，助力农民创利增收、农村消费提质、农业兴旺发达，全面构建邮政农村电商新生态，为乡村振兴注入新活力。

国家邮政局党组书记调整

9月2日上午，中央组织部有关负责同志出席国家邮政局领导干部会议，宣布中央决定：赵冲久同志任国家邮政局党组书记，马军胜同志不再担任国家邮政局党组书记职务。

第八届快递"最后一公里"峰会在京举行

9月2日,以"韧中求进　星光不负"为主题的第八届快递"最后一公里"峰会在京举行。来自国家发展改革委、商务部、国务院发展研究中心、国家邮政局等有关部门和邮政、快递、电商、关联产业等企业以及研究机构的专家和代表汇聚一堂,共话行业末端服务之势,共商推进行业末端服务之举,共谋续写行业发展新篇章。峰会还发布了研究报告《疫情后,哪些行业趋势变得更确定》。国家邮政局党组成员、副局长陈凯出席会议并致辞。本次峰会由中国邮政快递报社主办,国家邮政局发展研究中心、国家邮政局邮政业安全中心、国家邮政局职业技能鉴定指导中心、中国快递协会支持。美团配送、京东物流、丰巢网络、橙仕汽车等为峰会提供公益支持。

国家邮政局党组通知要求中秋国庆期间持续深入纠治"四风"

中秋、国庆两节将至,国家邮政局党组发出通知,要求全系统持续加固中央八项规定精神堤坝,持之以恒反"四风"树新风,确保节日期间崇廉尚俭、风清气正,以实际行动迎接党的二十大胜利召开。通知指出,要筑牢思想防线,坚决扛起重大政治责任。要强化行为约束,坚决杜绝"四风"反弹回潮。要高悬纪律利剑,坚决查处顶风违纪行为。

中国出席亚太邮联成立60周年庆典

9月2日,第十三届亚洲—太平洋邮政联盟代表大会在泰国曼谷闭幕,当天下午,亚太邮联隆重举办成立60周年庆典。万国邮联总局长目时正彦和副总局长奥斯瓦尔多,来自国际民航组织、世界海关组织、国际电联、亚太电信等国际组织有关负责人和与会200多名代表、观察员参加了庆祝活动。国家邮政局派员实地参加了庆祝活动。闭幕全会上举行了新一届亚太邮联秘书长选举和新一届亚太邮联执行理事会主席国、副主席国选举。印度通信部邮政副总局长维纳亚·普拉卡什·辛格击败新西兰候选人林西·威尔成功当选新一届亚太邮联秘书长。泰国和中国分别当选新一届亚太邮联执行理事会主席国和副主席国。

第9届亚太邮联邮政产业论坛在泰国召开

9月5日,第9届亚洲—太平洋邮政联盟(以下称亚太邮联)邮政产业论坛在泰国曼谷召开。来自亚太邮联20多个成员国、万国邮联、世界海关组织等国际组织近100名代表,以线上线下方式参加为期两天的研讨活动。国家邮政局副局长赵民在京出席论坛并致辞。此次论坛聚焦"推动数字化转型",探讨邮政行业的战略方向、《区域全面经济伙伴关系协定》(RCEP)背景下的亚太区域邮政发展合作前景与实践、数字化转型和在快速变化的市场上如何保持关联性等议题。亚太邮联秘书长林洪亮、万国邮联国际局副总局长马里安·奥斯瓦尔德和世界海关组织亚太地区能力建设办公室负责人仓本智和等在论坛上致辞。

7个新版邮政快递职业教育专业简介正式发布

近日,教育部发布新版《职业教育专业简介》(以下简称《简介》)。新版《简介》全面贯彻新发展理念,服务产业转型升级需要,展现职业教育专业升级与数字化改造的最新成果,覆盖新版专业目录全部19个专业大类、97个专业类的1349个专业。新版简介中,邮政类专业共7个。其中,中职3个,分别为邮政快递运营、邮政快递安全技术和邮政通信服务专业;高职专科3个,分别为邮政快递运营管理、邮政快递智能技术和邮政通信管理专业;高职本科1个,为邮政快递管理专业。

邮政快递领域个人信息安全治理取得积极进展

9月9日,国家邮政局联合公安部举行邮政快递领域个人信息安全治理专项行动专题新闻发布会。据介绍,经过各部门和全行业上下共同努力,专项行动成效明显，隐私面单推广工作在行业内全面铺开，日均使用量达到1亿单左右，累计侦破窃取、贩卖寄递信息案件189起，寄递企业信息安全基础得到进一步夯实。国家邮政局市场监管司副司长（主持工作）林虎表示，下一步，国家邮政局将加快修订、制定相关规范和标准，完善邮政快递业个人信息保护制度体系；加大邮政快递领域涉个人信息安全违法违规行为的查处力度，从技术、制度、管理层面加强信息安全风险管控；加快推广使用隐私面单和虚拟号码等安全防范技术，确保年底实现隐私面单基本覆盖的目标。

国家邮政局党组召开会议

9月9日，国家邮政局党组书记赵冲久主持召开党组会议，传达学习中央政治局会议、中央全面深化改革委员会第二十七次会议精神和习近平总书记对四川甘孜泸定县6.8级地震作出的重要指示精神，审议并原则通过《中央第十二巡视组巡视国家邮政局党组反馈意见的整改方案》《中共国家邮政局党组中央巡视选人用人工作专项检查情况反馈意见整改方案》《〈邮政强国建设行动纲要〉重点任务分工方案》，强调全系统全行业要按照党中央决策部署狠抓工作落实，坚定不移推进邮政快递业改革发展，以实际行动迎接党的二十大胜利召开。局党组成员、副局长戴应军、赵民、廖进荣、陈凯出席会议。中央纪委国家监委驻交通运输部纪检监察组副组长丹向东列席会议。

中秋假期全国共揽投快递包裹超17亿件

国家邮政局监测数据显示，今年中秋假期（9月10日至12日），全国邮政快递业运行总体安全、平稳有序，共揽收快递包裹8.52亿件，与2021年中秋假期相比增长0.24%，日均揽收量与2020年中秋国庆假期相比增长24.8%；投递快递包裹9.31亿件，与2021年中秋假期相比增长0.11%，日均投递量与2020年中秋国庆假期相比增长37.9%。

赵冲久局长到中国邮政集团有限公司调研并召开座谈会

9月14日，国家邮政局党组书记赵冲久到中国邮政集团有限公司调研并召开座谈会。赵冲久强调，要以习近平新时代中国特色社会主义思想为指导，坚决贯彻党中央、国务院决策部署，继续发扬邮政铁军优良传统，埋头苦干、担当作为，确保邮政寄递安全和稳定运行，加快推进邮政事业高质量发展，以优异成绩迎接党的二十大胜利召开。国家邮政局党组成员、副局长戴应军出席会议。中国邮政集团有限公司董事长刘爱力和集团公司领导班子成员出席会议。赵冲久强调，党的二十大即将召开，“十四五”规划深入推进，国企改革三年行动将要完成，新发展格局正在加快构建。做好邮政改革发展工作任务艰巨、意义重大、使命光荣。

全国邮政管理系统迎接党的二十大动员部署电视电话会议召开

9月15日，国家邮政局召开全国邮政管理系统迎接党的二十大动员部署电视电话会议，深入学习贯彻习近平总书记在省部级主要领导干部专题研讨班上的重要讲话精神和中央政治局会议精神，贯彻落实党中央、国务院部署要求，就全系统全行业做好党的二十大安全服务保障工作进行动员部署。国家邮政局党组书记赵冲久作动员部署讲话。局党组成员、副局长戴应军主持会议，局党组成员、副局长赵民、廖进荣、陈凯出席会议。国家邮政局机关各司室、直属各单位和中国快递协会负责同志等在主会场参加会议；国家邮政局机关处以上干部，各省（区、市）、市（地）邮政管理局全体干部在各分会场参加会议。

赵冲久局长在京督导检查寄递渠道安全和服务保障工作

9月15日下午，国家邮政局党组书记赵冲久在北京督导检查寄递渠道安全和服务保障工作，强调要全面落实“疫情要防住、经济要稳住、发展要安全”的要求，时刻保持清醒头脑、政治定力，坚持最高标准、最严要求、最实举措，确保寄递渠道安全保障万无一失。国家邮政局党组成员、副局长廖进荣一同督导检查。赵冲久听取了北京市邮政管理局关于近期行业疫情防控和寄递安保工作的汇报，并先后到中国邮政集团有限公司北京市机要通信局、德邦快递朝外市场街经营分部、顺丰速运北京分拨处理中心实地督导检查。国家邮政局办公室、普遍服务司、市场监管司和北京市邮政管理局主要负责同志参加督导。

国家邮政局党组召开会议

9月20日，国家邮政局党组书记赵冲久主持召开党组会议，传达学习习近平总书记重要讲话、重要论述、重要指示精神和中共中央政治局会议精神，听取邮政管理系统今年以来履行全面从严治党主体责任情况汇报，审议并原则通过《中共国家邮政局党组关于加强对“一把手”和领导班子监督的若干措施》，强调全系统要着力推动党中央决策部署落地见效，全力以赴推进邮政快递业改革发展。局党组成员、副局长戴应军、赵民、廖进荣、陈凯出席会议。中央纪委国家监委驻交通运输部纪检监察组有关同志列席会议。

关于加强中国共产党第二十次全国代表大会期间寄递物品安全管理的通告

中国共产党第二十次全国代表大会将于近期在北京举行。为保障党的二十大顺利举办，近日，国家邮政局、公安部、国家安全部联合发布《关于加强中国共产党第二十次全国代表大会期间寄递物品安全管理的通告》(以下简称《通告》)，就党的二十大期间寄递物品安全管理工作作出部署。《通告》要求，邮政快递企业应当加强党的二十大期间寄递物品安全检查。《通告》强调，社会公众应当遵守党的二十大期间寄递物品安全管理规定。《通告》要求，有关部门应当加强党的二十大期间寄递渠道安全监管。

赵冲久局长赴国家邮政局邮政业安全中心调研并部署寄递安保二作

9月20日，国家邮政局党组书记赵冲久到邮政业安全中心调研并部署寄递渠道安全和服务保障工作，强调要以习近平新时代中国特色社会主义思想为指导，落实好党中央决策部署，充分发挥快递大数据平台作用，进一步做好寄递安保工作，以实际行动迎接党的二十大胜利召开。国家邮政局党组成员、副局长廖进荣一同调研部署。赵冲久指出，当前，党的二十大即将召开，邮政业安全中心要进一步提高政治站位，坚决把思想和行动统一到党中央的决策部署上来，以“时时放心不下”的责任感，以殚精竭虑、如履薄冰的工作态度，切实抓好寄递渠道安全和服务保障等各项工作。

国家邮政局召开做好党的二十大期间寄递渠道安全服务保障工作企业总部视频调度会

9月21日，国家邮政局组织主要邮政快递企业总部召开视频调度会议，对做好党的二十大期间寄递渠道安全服务保障工作进行再部署再安排，强调要提高政治站位，统一思想认识，强化责任担当，落实好中央“疫情要防住、经济要稳住、发展要安全”的要求，坚持以最高标准、最严要求、最强措施，强化落实邮政快递企业主体责任，全面抓好党的二十大期间寄递安全服务保障各项工作，守住疫情防控底线，保障行业平稳运行，确保寄递渠道安全畅通，为党的二十大胜利召开贡献行业力量。国家邮政局党组成员、副局长廖进荣出席会议并讲话。

2022年度中国邮政快递报社通联工作电视电话会议召开

9月21日，2022年度中国邮政快递报社通联工作电视电话会议召开。会议深入贯彻落实习近平总书记关于新闻舆论工作和媒体融合发展的重要论述精神，全面落实党中央、国务院有关决策部署，认真落实全国邮政管理系统迎接党的二十大的动员部署电视电话会议要求，总结党的十八大以来行业新闻宣传工作，部署今后一个时期重点任务，为全面建设现代化邮政强国汇聚强有力的舆论支撑，以实际行动迎接党的二十大胜利召开。国家邮政局党组成员、副局长陈凯出席会议并讲话。辽宁、江苏、浙江、安徽、四川5省邮政管理局负责同志在会上作交流发言。会议对2022年度通联工作先进集体、先进个人，优秀特约撰稿人，优秀通讯员进行了表彰。

赵冲久局长调研北京邮电疗养院、职业技能鉴定指导中心、中华全国集邮联合会

9月20日至21日，国家邮政局党组书记赵冲久到北京邮电疗养院、职业技能鉴定指导中心和中华全国集邮联合会调研并慰问干部职工，分别听取工作汇报，强调要以习近平新时代中国特色社会主义思想为指引，落实好党中央决策部署，聚焦主责主业，凝心聚力、尽职尽责，进一步提升工作能力和水平，扎实做好各项工作，为邮政快递业发展发挥更大的支撑作用。国家邮政局党组成员、副局长，中华全国集邮联合会会长戴应军，国家邮政局党组成员、副局长廖进荣，中华全国集邮联合会常务副会长赵晓光分别参加调研。

国家邮政局召开局长办公会议

9月22日，国家邮政局召开局长办公会议，审议并原则通过《关于支持贵州邮政快递业高质量发展，助力贵州在新时代西部大开发上闯新路的实施意见》《邮政行业统计调查制度》和《快递包装分类与代码》国家标准，强调要狠抓政策供给落地落实落细，确保行业改革发展稳步推进。赵冲久主持会议。副局长赵民、廖进荣、陈凯出席会议。会议指出，全系统全行业要进一步提高政治站位，发挥邮政快递业在服务生产生活、促进消费升级、畅通经济循环中的积极作用，助力贵州在新时代西部大开发上闯新路。会议强调，《邮政行业统计调查制度》是夯实行业统计基础，保障行业统计数据质量的有力工具，必须将调查制度设计好、落实好、执行好、管理好。

邮政快递业7人获“全国青年岗位能手(标兵)”

近日，共青团中央、人力资源社会保障部联合印发《关于命名表彰第21届全国青年岗位能手的决定》，授予王欣等50名同志“全国青年岗位能手标兵”称号，授予崔嫚等850名同志“全国青年岗位能手”称号。此次被命名表彰的900名全国青年岗位能手及标兵，经择优遴选、严格把关、集中评审和社会公示产生，是各行各业职业青年的优秀代表。经全国邮政行业团指委及相关单位认真遴选和推荐，邮政快递业共有7名青年获奖。下一步，全国邮政行业团指委将继续聚焦团结凝聚行业广大青年，服务行业改革发展，在青年人才培养工作上布新局、谋新篇，更好为加快建设交通强国邮政篇凝聚青春力量。

国家邮政局党组书记与局属单位主要负责同志集体谈话

9月23日，国家邮政局党组书记赵冲久以电视电话会议形式与局属单位主要负责同志集体谈话，强调全系统各级党组织要进一步增强“四个意识”、坚定“四个自信”、做到“两个维护”，认真贯彻落实习近平总书记关于全面从严治党重要论述精神，坚决扛起管党治党政治责任，推进全面从严治党向纵深发展。局党组成员、副局长赵民主持会议并通报有关情况。会议强调，推进全面从严治党首先从政治上看，把管党治党政治责任真正担起来、落下去。推进全面从严治党，要强化对“一把手”和领导班子监督。推进全面从严治党，要勇于担当敢于斗争。推进全面从严治党，要守住防线筑牢底线。

赵冲久局长调研中国邮政快递报社

9月27日，国家邮政局党组书记赵冲久到中国邮政快递报社调研并慰问干部职工，听取工作

汇报、进行座谈交流，鼓励大家继续保持昂扬斗志，攻坚克难、巩固成效，找准定位、扩大影响，为邮政强国建设汇聚强有力的舆论支撑。赵冲久强调，要坚持政治家办报办刊，在行业新闻宣传工作中始终坚持正确政治方向，牢牢把握正确舆论导向。要服务国家邮政局工作大局，胸怀中华民族伟大复兴战略全局，生动呈现邮政快递业从大到强、迈向邮政强国的壮阔进程，讴歌新时代邮政快递人自强自信、守正创新的昂扬风貌，展现行业推动高质量发展的生动实践。要坚守“人民邮政为人民”初心使命，更多宣传基层和群众，更好反映群众呼声。

赵冲久任国家邮政局局长

人力资源社会保障部网站9月29日消息，国务院任免国家工作人员，任命赵冲久为国家邮政局局长。免去赵冲久的交通运输部副部长职务；免去董志毅的中国民用航空局副局长职务；免去马军胜的国家邮政局局长职务。此前，9月2日上午，中央组织部有关负责同志出席国家邮政局领导干部会议，宣布中央决定：赵冲久同志任国家邮政局党组书记，马军胜同志不再担任国家邮政局党组书记职务。

新版《中华人民共和国职业分类大典》新增3个邮政快递类职业（工种）

近日，人力资源社会保障部正式发布了新修订的《中华人民共和国职业分类大典》。本次修订将近年来发布的新职业信息收录到大典之中，共计新增168个职业，调整后，职业分为8个大类，净增了158个新的职业，现在职业数达到了1639个。本次修订后的大典涉及邮政快递领域职业共17个，工种15个。这次大典修订工作，是自1999年颁布首部国家职业分类大典以来的第二次全面修订。人力资源社会保障部表示，新版大典充分适应和反映了近年来经济结构特别是产业结构变化，适应和反映了社会结构特别是人口、就业结构变化，适应和反映了人力资源开发与管理特别是人力资源配置需求，对于经济社会各领域都具有重要价值。

国家邮政局召开党组理论学习中心组（扩大）学习会

9月30日，国家邮政局党组书记、局长赵冲久主持召开党组理论学习中心组（扩大）学习会，深入学习贯彻习近平总书记关于全面从严治党重要论述和《党委（党组）落实全从严治党主体责任规定》，强调全系统各级党组织要充分发扬自我革命精神，切实加强对“一把手”和领导班子监督，坚定不移推进全面从严治党向纵深发展，为推动行业改革发展提供坚强政治保证。局党组成员、副局长戴应军、赵民、陈凯作重点研讨交流和书面交流，局党组成员、副局长赵民、廖进荣领学相关内容。国家邮政局政策法规司、人事司、发展研究中心、邮政业安全中心主要负责同志围绕学习主题，结合思想和工作实际，分别进行研讨发言。

国家邮政局召开局长办公会

9月30日，国家邮政局局长赵冲久主持召开局长办公会，审议《疫情防控期间邮政快递业生产操作规范建议（第八版）（送审稿）》《邮政快递行业基础设施关停关闭处理流程规定（送审稿）》，强调要坚决抓实抓细行业疫情防控各项重点工作，持续推进行业保通保畅，坚持高效统筹疫情防控和行业发展。副局长赵民、廖进荣、陈凯出席会议。会议指出，全系统全行业要进一步压紧压实疫情防控责任，必须认真贯彻落实党中央、国务院决策部署和国务院联防联控机制工作要求，坚持“外防输入、内防反弹”总策略和“动态清零”总方针不动摇，坚持高效统筹疫情防控和行业发展。

赵冲久局长赴邮政业安全中心调度指导寄递渠道安保工作

10月5日，国家邮政局党组书记、局长赵冲久前往邮政业安全中心调度指导寄递渠道安全和服务保障工作，与进京业务量前十位和环京省（区、市）邮政管理局负责同志视频连线，检查指导国庆期间邮政快递业业务运行、疫情防控、保通保畅、值班值守等工作，慰问坚守一线的工作人员。赵冲久强调，要深入贯彻落实习近平总书记关于“疫情要防住、经济要稳住、发展要安全”的重要指示精神，统筹发展和安全，毫不放松抓好疫情防控，坚定不移抓实寄递安全各项工作，以实际行动迎接党的二十大胜利召开。国家邮政局党组成员、副局长廖进荣一同调度指导。

国庆假期全国邮政快递业运行安全平稳

今年国庆假期，邮政快递业按照“疫情要防住、经济要稳住、发展要安全”的要求，扎实做好服务经济和民生等各项保障工作，确保寄递渠道安全畅通和行业平稳运行，为人民群众度过安乐祥和的节日营造了良好寄递服务环境。国家邮政局高效统筹疫情防控和行业发展，始终把维护行业安全稳定摆在重要位置，切实保障节日期间寄递服务质量。监测数据显示，10 月 1 日至 7 日，全国邮政快递业运行安全平稳，共揽收快递包裹 21.35 亿件，与 2021 年同比增长 7.23%；投递快递包裹 19.67 亿件，与 2021 年同比增长 2.61%。

中国获评万国邮联 PDL 10 级国家

10 月 7 日（中部欧洲时间），在瑞士伯尔尼举行的世界邮政日仪式上，万国邮联（UPU）发布了 2022 年邮政发展综合指数（2IPD）报告。中国、奥地利、法国、德国、日本和瑞士脱颖而出，成为 2IPD 指数的 PDL 10 级国家。万国邮联总局长目时正彦向 PDL 10 级的国家颁发“表彰函”。万国邮联表示，PDL 10 级代表了顶级邮政业绩的同行群体，上述六个国家充分利用了其邮政商业模式的力量，在邮政服务方面取得最高水平的成功，提供了世界级的邮政服务，并为其国家的社会经济增长作出了重大贡献。在获得 2IPD 最高分的地区中，中国位列亚太地区第一名。位列非洲、阿拉伯地区、欧洲和独联体地区、工业化国家、拉丁美洲和加勒比地区第一名的分别是喀麦隆、沙特阿拉伯、爱沙尼亚、瑞士、哥伦比亚。

万国邮联国际局总局长发表第 53 届世界邮政日致辞

10 月 9 日是第 53 届世界邮政日，今年世界邮政日的主题是“邮政守护地球家园”。万国邮联国际局总局长目时正彦发表致辞称，应对气候变化并非易事。真正的行动需要真正的投资，但这些投资将为我们的未来带来回报。他表示，应对气候变化的行动也将推动我们在实现社会经济发展目标方面取得进展。我们必须考虑在邮局、网络和自身边界之外我们的影响。这个星球上的每个人、每家企业和每个国家都与这场斗争休戚相关。我们必须共同努力，确保子孙后代拥有更美好的未来。目时正彦敦促万国邮联各会员国政府与公共和私营伙伴合作，确保邮政部门所需的气候投资。

赵冲久局长发表第 53 届世界邮政日致辞

10 月 9 日是第 53 届世界邮政日，国家邮政局局长赵冲久在世界邮政日的致辞中介绍，当前，我国邮政业进入了年快递件量过千亿件、年快递收入上万亿元的新阶段。下一阶段，国家邮政局将继续发挥好全球邮政这张大网在政策沟通、设施联通、贸易畅通、资金融通、民心相通方面的独特作用，为促进共同发展作出更大贡献。第一，完整、准确、全面贯彻新发展理念，推动行业高质量发展。第二，始终胸怀“国之大者”，更好服务构建新发展格局。第三，坚持以人民为中心，更好满足人民群众美好用邮需要。第四，聚焦高效能治理，为行业行稳致远提供强有力支撑保障。

全国邮政管理系统“喜迎二十大　邮政谱新篇”职工书法作品展

举世瞩目、万众期盼的党的二十大即将召开。为了团结全系统广大干部职工深刻领悟“两个确立”的决定性意义，进一步增强“四个意识”、坚定“四个自信”、做到“两个维护”，始终凝聚在以习近平同志为核心的党中央周围，以昂扬的精神状态和实际行动迎接党的二十大胜利召开，局精神文明建设指导委员会在全国邮政管理系统组织举办了“喜迎二十大　邮政谱新篇”职工书法比赛。全系统各单位精心组织、认真推荐，共收集到参赛作品77件。书法作品以“喜迎党的二十大胜利召开”为主要内容，抒发了邮政管理系统党员干部职工爱党爱国爱行业的美好情怀、对党的二十大胜利召开的热切期盼和对以习近平同志为核心的党中央的衷心拥护。

国家邮政局召开定点帮扶工作推进会议

10月12日，国家邮政局召开定点帮扶工作推进会议，深入贯彻落实习近平总书记关于巩固拓展脱贫攻坚成果同乡村振兴有效衔接的重要指示精神，听取定点帮扶工作进展情况汇报，对定点帮扶工作重点任务进行再部署。局党组成员、副局长赵民主持会议并讲话。2022年，国家邮政局坚决贯彻落实党中央决策部署，坚决落实“四个不摘”要求，着力突出“五个振兴”，汇集行业力量，克服疫情影响，持续推动定点帮扶工作打开新局面、取得新成效。会议强调，要聚焦年度任务，做好定点帮扶重点工作。要强化党建统领，压实帮扶责任。国家邮政局定点帮扶工作组各部门(单位)负责同志参加会议。

国家邮政局赴上海督导检查党的二十大寄递安全服务保障工作

10月8日至12日，国家邮政局党组成员、副局长陈凯一行在上海开展党的二十大寄递渠道安全和服务保障工作督导检查，听取上海市邮政管理局有关工作情况汇报，赴韵达、中通、圆通、极兔、申通等品牌企业总部督导调研，实地检查上海邮政国际分公司寄递安全服务保障情况。陈凯强调，要提高政治站位，强化责任担当，以最高标准、最严要求、最强措施，全力抓好党的二十大期间寄递渠道安全和服务保障各项工作。一是切实保障寄递渠道安全。二是毫不放松抓好疫情防控。三是扎实做好寄递服务保障工作。四是强化落实安全服务保障责任。督导检查中，陈凯一并听取了相关企业在业务发展、生态环保、科技创新、快递员合法权益保障等方面的情况汇报。

中共国家邮政局党组召开会议传达学习党的十九届七中全会精神

10月13日，国家邮政局党组书记、局长赵冲久主持召开党组(扩大)会议，传达学习党的十九届七中全会精神。局党组成员、副局长戴应军、赵民、廖进荣出席会议。中央纪委国家监委驻交通运输部纪检监察组有关负责同志列席了会议。会议指出，党的十九届七中全会是党的二十大召开前夕一次十分重要的会议。全系统各级党组织要认真学习、深刻领会、深入贯彻党的十九届七中全会精神，进一步把思想和行动统一到全会精神上来，以良好的精神状态和优异的工作成绩迎接党的二十大胜利召开。国家邮政局机关各司室、相关直属单位负责同志参加会议。

我国快递包装绿色治理工作取得初步成效

10月14日，国家邮政局举行2022年第四季度例行新闻发布会，介绍邮政快递业绿色发展“9917”工程进展情况。截至9月底，全行业采购使用符合标准的包装材料和规范包装操作两个比例均达到90%，累计投放可循环快递箱(盒)978万个，在邮政快递营业揽投网点布设回收装置12.2万个，回收复用瓦楞纸箱6.4亿个，快递包装绿色治理工作取得初步成效。国家邮政局市场监管司副司长管爱光表示，下一步国家邮政局将坚持系统治理、综合施策，落实减量化、标准化、循环化和“禁、限、减、循、降”基本思路，围绕“9917”工程不放松，层层传导压力，加强督促考核，强化责任落实，确保年底前圆满完成既定目标。

国家邮政局召开党的二十大期间寄递安保和行业疫情防控视频调度会

10月14日，国家邮政局召开党的二十大期间寄递安保和行业疫情防控视频调度会议，对寄递安保和疫情防控工作进行再强调再部署，要求坚决维护寄递渠道安全，坚决落实落细行业疫情防控措施，以实际行动迎接党的二十大胜利召开。国家邮政局党组成员、副局长廖进荣出席会议并讲话。会议指出，近期各级邮政管理部门和各企业全力以赴投入党的二十大期间寄递安保和疫情防控工作，加强调度检查，付出了巨大努力。会议强调，党的二十大即将召开，全系统全行业要在前期工作基础上，进一步强化政治意识，按照国家邮政局部署全力以赴落实好党的二十大期间寄递渠道安全和服务保障各项措施，加强监督检查，督促问题整改，消除风险隐患。

陈凯副局长赴江苏督导检查党的二十大寄递渠道安全和服务保障工作

10月12日至14日，国家邮政局党组成员、副局长陈凯一行赴江苏无锡、南京等地督导检查党的二十大寄递渠道安全和服务保障工作，并实地调研农村寄递物流体系建设等行业发展情况。在无锡，陈凯专题听取了省、市两级邮政管理部门工作汇报。陈凯一行还实地察看了无锡市快递物流业党群服务中心、苏南快递产业园、无锡菜鸟未来园区和京东智能快递车试点，深入快递企业分拨中心、末端网点开展党的二十大寄递安保督导检查。在南京，陈凯一行深入溧水区洪蓝街道交邮合作仓配运营中心、陈卞村服务“三农”综合便民驿站考察。在苏期间，陈凯先后会见省、市、县地方负责同志，就推动行业更好服务地方经济社会发展交换了意见。

国家邮政局组织党员干部集中收看习近平在中国共产党第二十次全国代表大会上的报告

10月16日上午，中国共产党第二十次全国代表大会在北京人民大会堂隆重开幕，习近平代表第十九届中央委员会向党的二十大作报告。国家邮政局党组成员和局机关广大党员干部认真集中收看。上午10时整，大会开幕。习近平代表第十九届中央委员会向大会作了题为《高举中国特色社会主义伟大旗帜　为全面建设社会主义现代化国家而团结奋斗》的报告。报告凝聚人心、催人奋进。通过收看开幕会直播，认真聆听报告，大家纷纷表示，要不忘初心、牢记使命，继续踔厉奋发、笃行不怠，做好本职工作，为中华民族伟大复兴而努力奋斗。

国家邮政局举办邮政快递业生态环保电视电话培训班

10月18日至19日，国家邮政局举办邮政快递业生态环保工作电视电话培训。各省（区、市）邮政管理局分管局领导、处室负责人，相关地市级邮政管理局和国家邮政局碳达峰碳中和工作领导小组成员单位相关人员共200余人参加了培训。此次培训，聚焦补短板、强弱项、锻长板，突出“9917”工程实施、邮政快递业塑料污染治理、邮件快件过度包装治理等重点工作，积极稳妥推进碳达峰碳中和、“无废城市”建设和可循环快递包装规模化应用试点设置培训内容，采取邀请专家辅导、重点工作解析、典型经验介绍、行业协会分享等丰富多样的培训方式。

国家邮政局党组传达学习党的二十大精神

10月24日，国家邮政局党组书记、局长赵冲久主持召开党组（扩大）会议，传达学习中国共产党第二十次全国代表大会精神，强调全系统全行业要迅速兴起学习宣传贯彻党的二十大精神热潮，踔厉奋发、勇毅前行，奋力谱写加快建设邮政强国新篇章。党的二十大代表，国家邮政局原党组书记、局长马军胜出席会议。局党组成员、副局长戴应军、赵民、廖进荣、陈凯出席会议。会议强调，全系统全行业要自觉从党的二十大精神中找方向、找方法、找路径，紧密联系行业实际，做好结合转化文章。要把学习宣传贯彻党的二十大精神摆上重要议事日程，切实加强组织领导，迅速兴起学习宣传贯彻党的二十大精神热潮。

中国快递协会召开2022年快递业务旺季服务保障工作协调动员会

10月25日，中国快递协会组织召开2022年快递业务旺季服务保障工作协调动员会，传达国家邮政局快递业务旺季服务保障工作要求，发挥高效顺畅的沟通协调机制作用，共同应对旺季服务保障过程中可能出现的问题和困难，确保党的二十大胜利召开后的首个快递业务旺季行业平稳运行与寄递渠道安全畅通。

国家邮政局党组传达学习习近平总书记重要讲话和批示精神

10月27日，国家邮政局党组书记、局长赵冲久主持召开党组会议，传达学习习近平总书记在10月25日二十届中共中央政治局会议和二十届中共中央政治局第一次集体学习时的重要讲话精神，以及对中央和国家机关年轻干部下基层接地气的重要批示精神，强调要切实增强贯彻落实的政治自觉，坚持从自身做起，坚持以上率下，推动全系统各级党组织和党员干部坚决把思想和行动统一到党中央精神上来，确保中央决策部署不折不扣落到实处。局党组成员、副局长赵民、廖进荣、陈凯出席会议。中央纪委国家监委驻交通运输部纪检监察组有关负责同志列席会议。

国家邮政局召开局长办公会

10月27日，国家邮政局局长赵冲久主持召开局长办公会，审议2022年快递业务旺季服务保障工作方案，听取2022年三季度邮政行业经济运行情况汇报，审议《邮政业智能视频监控系统采集设备技术要求》等3项邮政行业标准和《快递包装重金属与特定物质限量》强制性国家标准。副局长赵民、廖进荣、陈凯出席会议。会议指出，全系统全行业要认真梳理总结历年旺季服务保障好的经验和做法，以最佳状态、最实举措、最优业绩，全力确保今年旺季安全畅通、平稳有序，努力打造安全旺季、畅通旺季、暖心旺季。会议指出，要主动对标对表、狠抓落地落实，全力冲刺、扎实做好今年剩下两个多月的工作，确保高质量完成全年目标任务。

2022年快递业务旺季服务保障工作动员部署电视电话会议召开

10月28日，国家邮政局召开2022年快递业务旺季服务保障工作动员部署电视电话会议，强调全系统全行业要认真贯彻落实党的二十大精神，执行错峰发货机制，突出“六个重点”，以最饱满的热情、最昂扬的斗志、最顽强的作风投入旺季服务保障工作，全力保障快递业务旺季平稳运行，切实打造安全旺季、畅通旺季、暖心旺季。国家邮政局党组成员、副局长陈凯出席会议并作动员部署讲话。会议指出，全系统全行业要集中精力、全力以赴，抓住迎来业务旺季的重要契机，不断夯实行业发展底盘，为明年良好发展打下坚实基础，为行业稳健运行提供重要保障，推动邮政快递业实现高质量发展。会上，国家邮政局市场监管司对2022年快递业务旺季服务保障工作方案进行了解读。

赵冲久局长电话调度河南邮政快递业疫情防控和复产保供工作

10月31日上午，国家邮政局党组书记、局长赵冲久听取河南省邮政管理局专题汇报，电话调度河南邮政快递业疫情防控和复产保供工作，强调要认真贯彻落实党的二十大精神，慎终如始做好全行业疫情防控和保通保畅工作，确保高质高效完成全年目标任务。赵冲久对河南局近期工作推进情况予以肯定，强调要认真学习宣传贯彻党的二十大精神，迅速在全系统全行业兴起学习宣传贯彻党的二十大精神热潮。要认真梳理总结历年旺季服务保障和党的二十大期间安保工作取得的成功经验，全力打造安全旺季、畅通旺季、暖心旺季。要全面落实“疫情要防住、经济要稳住、发展要安全”总要求，切实保障行业安全畅通平稳运行，着力满足人民群众寄递服务需求。

国家邮政局党组召开会议

10月31日，国家邮政局党组书记、局长赵冲久主持召开党组会议，传达学习习近平总书记重要讲话、重要指示精神，传达学习《中共中央关于认真学习宣传贯彻党的二十大精神的决定》和国务院常务会议精神，审议并原则通过中共国家邮政局党组《学习宣传贯彻党的二十大精神工作方案》，强调全系统全行业要坚决贯彻落实党中央决策部署，踔厉奋发、勇毅前行、团结奋斗，奋力谱写交通强国邮政新篇章。局党组成员、副局长赵民、廖进荣、陈凯出席会议。

国家邮政局召开邮政管理系统警示教育电视电话会议

11月1日，国家邮政局召开邮政管理系统警示教育电视电话会议，学习贯彻党的二十大精神，通报邮政管理系统违规违纪违法案例。局党组书记、局长赵冲久出席会议，宣讲党的二十大精神，并以讲党课形式作警示教育讲话，强调要全面加强党的纪律建设，坚持以严的基调强化正风肃纪，坚定不移推进全面从严治党，推动形成更加健康的政治生态，为邮政快递业高质量发展、高效能治理提供坚强政治保证。中央纪委国家监委驻交通运输部纪检监察组副组长丹向东讲话。局党组成员、副局长赵民主持会议并通报有关案例。局党组成员、副局长戴应军、廖进荣、陈凯出席会议。

赵冲久局长赴京东物流传达党的二十大精神并督导旺季服务保障工作

11月1日，国家邮政局党组书记、局长赵冲久调研京东物流，传达学习贯彻党的二十大精神，督导检查“双11”旺季筹备工作，强调要把思想和行动统一到党的二十大精神上来，把党的二十大精神体现到当前和今后各项工作中去，以实际成果展现新气象、体现新作为。要把握机遇、巩固态势、突出重点、真抓实干做好旺季服务保障工作。国家邮政局党组成员、副局长陈凯一同调研。赵冲久指出：一要深刻领悟“两个确立”的决定性意义。二要坚定对马克思主义中国化时代化的崇高信仰。三要深刻领会新时代新征程中国共产党的使命任务。四要深刻把握行业发展各项任务目标。五要认真做好党的二十大精神的学习宣传。

15名邮政快递领域人员获交通运输青年科技英才称号

近日，交通运输部办公厅印发《关于公布2022年度交通运输青年科技英才名单的通知》，确定140名同志入选2022年度交通运输青年科技英才。其中，国家邮政局推选的15名候选人入选，分别为北京国邮科讯科技发展有限公司胡倩、潘迪，邮政科学研究规划院有限公司余艳，中国邮政集团有限公司云南省分公司方鹏，中国邮政集团有限公司河南省分公司刘亚伟，顺丰科技有限公司唐勇、陈桓，北京京东远升科技有限公司孙勇，北京邮电大学魏伟，南京邮电大学孙哲，西安邮电大学李永飞，重庆邮电大学万粒，北京印刷学院朱磊，石家庄邮电职业技术学院谭宇硕，青岛酒店管理职业技术学院潘华南。

“新就业形态劳动者温暖服务季”启动

11月3日，2022年“新就业形态劳动者温暖服务季”启动仪式在京举行。据悉，从2022年11月到2023年1月，各级工会将面向快递员、外卖配送员等新就业形态劳动者，通过开展一系列关爱服务行动，推动解决新就业形态劳动者的急难愁盼问题。全国总工会党组书记、副主席、书记处第一书记陈刚，国家邮政局党组成员、副局长赵民出席仪式并讲话。全国总工会党组成员杨宇栋主持仪式。启动仪式还发布了《新就业形态劳动者劳动经济权益维护状况及工会工作情况报告》，对新就业形态劳动者未来的关爱工作提出了建议与思考。邮政、顺丰、京东、中通等企业的新就业形态劳动者代表和工会负责人参加活动。

赵冲久局长赴中国快递协会调研

11 月 3 日，国家邮政局党组书记、局长赵冲久前往中国快递协会学习宣传党的二十大精神，勉励协会立足全行业改革发展实际，充分发挥政府企业间桥梁纽带作用，踔厉奋发、勇毅前行，推动行业高质量发展。在听取中国快递协会汇报后，赵冲久对协会敢打敢拼、冲锋向前的奋斗精神给予充分肯定。他指出，协会第三届理事会成立以来，面对复杂困难的外部发展环境，认真贯彻落实党中央决策部署，按照国家邮政局工作要求，围绕中心、服务大局，加强服务联系、强化自身建设，各项工作取得了显著成效，在推动快递业高质量发展进程中发挥了特殊的重要作用。

中共国家邮政局党组印发贯彻落实《中共中央关于认真学习宣传贯彻党的二十大精神的决定》的实施意见

为深入学习宣传贯彻党的二十大精神，把全国邮政管理系统广大党员干部的思想和行动统一到党的二十大精神上来，把力量凝聚到党的二十大重大决策部署上来，落实到加快建设交通强国邮政篇各项任务上来，国家邮政局党组近日印发《中共国家邮政局党组贯彻落实〈中共中央关于认真学习宣传贯彻党的二十大精神的决定〉的实施意见》（以下简称《实施意见》）。《实施意见》要求，要全面准确学习领会党的二十大精神。《实施意见》明确，要认真做好党的二十大精神的学习宣传。既要整体把握、全面系统，又要突出重点、抓住关键。《实施意见》提出，要坚持知行合一，贯彻落实好党的二十大作出的重大决策部署。

第三届全国邮政行业职业教育快递技能大赛预赛顺利举办

11 月 3 日，第三届全国邮政行业职业教育快递技能大赛预赛顺利举办，来自全国 45 所高校的 78 个团队共 300 多名选手参加了比赛。本届预赛采用在线方式，赛项主要有快递运营管理“1 + X”职业能力测评和快递数字化经营（博弈）。预赛进行过程中，各参赛团队成员高度重视、密切协作、全力投入，在赛项比拼中尽力发挥水平，体现出扎实的专业知识和较高的综合能力，也展示了良好的职业素养。比赛结果也反映出各高校快递相关专业较高的教育教学和人才培养水准。各参赛单位和选手认真执行大赛有关规定，遵守竞赛纪律，确保了竞赛顺利有序完成。

国家邮政局督导组督导快递业务旺季服务保障工作

11 月 11 日，国家邮政局党组书记、局长赵冲久带队赴邮政业安全中心督导快递业务旺季服务保障工作，强调全系统全行业要认真贯彻落实党的二十大精神，准确把握今年快递业务旺季服务保障工作面临的严峻形势，狠抓制度措施落地落细，确保行业安全平稳运行。局党组成员、副局长陈凯一同督导。督导组对全系统全行业以饱满的热情、昂扬的斗志、顽强的作风，集中精力、全力以赴投入当前各项工作给予肯定。督导组强调，全系统全行业要不断强化对快递业务旺季服务保障工作的特点性把握、规律性探索和经验性总结，有针对性补短板、强弱项，不断健全完善制度机制，切实提高行业治理能力和治理水平，推动邮政快递业实现高质量发展。

“双 11”当天全国快递处理量达 5.52 亿件

今年是邮政快递业自 2010 年以来第 13 次迎战快递业务旺季。国家邮政局监测数据显示，11 月 1 日至 11 日，全国邮政快递企业共处理快递包裹 42.72 亿件，日均处理量是日常业务量的 1.3

倍。其中11月11日当天共处理快递包裹5.52亿件,是日常业务量的1.8倍。目前除部分地区受疫情影响外,全网运行总体较为平稳。邮政快递业积极应对,全力保障旺季平稳运行,努力打造安全旺季、畅通旺季、暖心旺季。预计“双11”旺季产生的邮件快件将在11月20日前基本完成投递。

国家邮政局印发通知

为贯彻落实国务院应对新型冠状病毒肺炎疫情联防联控机制综合组《关于进一步优化新冠肺炎疫情防控措施科学精准做好防控工作的通知》要求,优化防控工作二十条措施(以下简称“二十条措施”)在邮政快递业的落地实施,国家邮政局近日印发通知,要求进一步优化措施科学精准做好行业疫情防控工作。通知强调,要确保优化调整措施落实到位。各级邮政管理部门、各邮政快递企业要清醒认识“二十条措施”对行业科学精准做好疫情防控工作提出了更高的要求,抓好行业优化调整防控措施的政策解读、培训指导、风险应对“三个关键”,不断提高行业疫情防控的主动性、精准性、系统性,抓紧抓实抓细各项工作。

国家邮政局党组召开会议

11月14日,国家邮政局党组召开会议,传达学习习近平总书记重要讲话精神和有关指示精神,原文学习党的二十大报告,传达国务院疫情防控工作会议精神,研究部署进一步加强行业疫情防控工作,强调全系统全行业要坚决贯彻落实党中央决策部署,坚持守土有责、守土负责、守土尽责,稳步推进邮政快递业改革发展。会议由局党组书记、局长赵冲久主持,局党组成员、副局长戴应军、赵民、廖进荣、陈凯出席会议,中央纪委国家监委驻交通运输部纪检监察组有关同志列席会议。

国家邮政局召开局长办公会议

11月14日,国家邮政局召开局长办公会议,审议并原则通过国家邮政局《落实〈国务院办公厅关于进一步加强商品过度包装治理的通知〉工作措施和任务分工》,强调全系统全行业要牢固树立绿色发展理念,加快推进过度包装治理工作,扎实推动行业绿色转型发展。会议由局长赵冲久主持,副局长戴应军、赵民、廖进荣、陈凯出席会议。会议指出,全系统全行业要认真学习宣传贯彻党的二十大精神,坚持以习近平生态文明思想为指导,聚焦行业绿色发展和绿色治理难点、堵点问题,持续推进邮件快件过度包装治理工作。

国家邮政局党组召开理论学习中心组(扩大)专题研讨交流会

11月15日,国家邮政局党组召开理论学习中心组(扩大)专题研讨交流会,围绕全面准确把握“9个深刻领会”,深入学习党的二十大精神、习近平总书记在大会上的报告和党章,深刻认识党的二十大的丰硕成果,准确把握报告的丰富内涵、精神实质、实践要求,深刻领悟“两个确立”的决定性意义,增强“四个意识”、坚定“四个自信”、做到“两个维护”,自觉用党的二十大精神统一思想、统领行动,在新时代新征程上展现行业新气象新作为。局党组书记、局长赵冲久主持交流会,作重点研讨交流并讲话,局党组成员、副局长戴应军、赵民、廖进荣、陈凯出席交流会并作重点研讨交流。

国家邮政局召开六省(区)保通保畅工作专题调度会议

11月17日,国家邮政局邮政快递业保通保畅工作领导小组办公室召开六省(区)保通保畅工作专题调度会议,传达贯彻中央领导同志重要批示精神,强调要认真贯彻党的二十大精神,进一步统一思想,凝聚各方力量,加大工作力度,持续做好行业保通保畅工作,稳定行业发展态势,服务产业链供应链,有效发挥对实体经济的支撑作用,为稳定产业链供应链贡献行业力量。国家邮政局党组成员、副局长陈凯出席会议并讲话。内蒙古、河南、西藏、甘肃、青海、新疆六省(区)邮政管理局主要负责同志汇报了本辖区行业保通保畅工作推进整体情况。

国家邮政局召开邮政业应对新冠肺炎疫情工作领导小组会议

11月18日,国家邮政局召开邮政业应对新冠肺炎疫情工作领导小组会议,进一步贯彻落实中央政治局常务委员会会议部署,落实国务院联防联控机制二十条优化措施要求,就科学精准做好行业疫情防控工作进行再动员再部署。局党组书记、局长赵冲久主持会议并讲话,局党组成员、副局长戴应军、赵民、廖进荣、陈凯出席会议。会议强调,要进一步优化调整行业疫情防控措施,完善行业防控工作机制,提高疫情防控的针对性、有效性。要高效统筹疫情防控和行业保通保畅工作。要从严从紧做好系统内部疫情防控工作。国家邮政局机关各司室、直属单位负责同志参加会议。

国家邮政局召开党组会议

11月21日,国家邮政局召开局党组会议,认真传达学习习近平总书记在出席二十国集团领导人第十七次峰会、亚太经合组织第二十九次领导人非正式会议和系列元首外交活动时的重要讲话和近期贺电(信)精神,继续原文学习党的二十大报告。国家邮政局党组书记、局长赵冲久主持会议,党组成员、副局长戴应军、赵民、廖进荣、陈凯出席会议。中央纪委国家监委驻交通运输部纪检监察组负责同志出席会议。会议强调,全系统各级党组织要按照邮政业应对新冠肺炎疫情工作领导小组会议部署,压紧压实企业主体责任和部门监管责任,有力有效防范遏制疫情在行业的扩散蔓延。要关心关爱一线快递员群体,确保末端网点稳定。

国务院常务会议:保障电商、快递网络畅通

国务院总理李克强11月22日主持召开国务院常务会议,部署抓实抓好稳经济一揽子政策和接续措施全面落地见效,巩固经济回稳向上基础;决定向地方派出督导工作组,促前期已出台政策措施切实落地。会议指出,各地各部门贯彻党中央、国务院部署,扎实实施稳经济一揽子政策和接续措施,为扭转二季度前期经济下滑态势、稳住经济大盘提供了有力支撑。四季度经济运行对全年经济十分重要,当前是巩固经济回稳向上基础的关键时间点。会议指出,要持续保障交通物流畅通。物流保通保畅工作机制要不间断协调,保障主干道和微循环畅通,保障港口等集疏运正常运行,及时打通堵点,维护产业链供应链稳定和进出口通畅。

隐私面单日均使用量超1.5亿单

近年来快递业务量不断增长,全国日均快递业务量已超3亿件,数亿件快递产生和积累的大量寄递数据信息,给个人信息保护带来严峻挑战。今年3月至9月,国家邮政局、公安部、国家网信办3部门联合开展了邮政快递领域个人信息安全治理专项行动。在各部门和邮政快递业的共同努力下,此项专项行动成效明显。目前,全行业隐私面单日均使用量超1.5亿单,主要寄递企业自有渠道收件已基本实现全覆盖;累计破获窃取、贩卖快递信息案件206起,快递电商信息安全协同治理机制有效确立,寄递企业信息安全管理水平明显提升,人民群众使用寄递服务的获得感、安全感、满足感得到增强。

国家邮政局党组召开会议

11月28日,国家邮政局党组召开会议,认真传达学习习近平总书记对河南安阳市凯信达商贸有限公司火灾事故作出的重要指示精神、近期贺电(信)精神,继续原文学习党的二十大报告,研究部署贯彻落实工作。局党组书记、局长赵冲久主持会议,党组成员、副局长戴应军、赵民、廖进荣、陈凯出席会议。会议指出,当前正值疫情防控的

紧要关头，又临近各项工作冲刺收官的年终岁尾，统筹疫情防控、改革发展、安全生产的任务较重。全系统各级党组织要坚决把思想和行动统一到习近平总书记关于做好安全生产工作的重要指示精神上来，始终坚持人民至上、生命至上，自觉强化底线思维、忧患意识，切实守牢安全底线。

全国邮政快递网络运行总体平稳

近日，一则关于“快递停运”的消息在电商和快递圈内广泛传播。有网友根据个别快递公司发给合作商家的停发站点表格，得出目前快递全国网点“大面积停摆”的结论。国家邮政局表示，该消息不实。目前，确实有部分地区受疫情影响网点封停，但占比不大，全国邮政快递网络运行总体平稳。国家邮政局有关负责人表示，自11月21日以来，全国邮政快递日均揽收量约2.6亿件，投递量约2.7亿件，日均服务超5亿人次。在当前疫情环境下，确实存在部分快递网点和从业人员作业存在受限情况，产业链上下游也受到一定影响，导致部分消费者在下单后出现短期内难以及时收到商品现象。

国家邮政局部署切实加强邮件快件隐私面单推广应用工作

近日，国家邮政局印发《关于切实加强邮件快件隐私面单推广应用工作的通知》（以下简称《通知》）。今年3月，国家邮政局、公安部、国家互联网信息办公室联合开展邮政快递领域信息安全专项治理行动以来，邮政快递领域个人信息安全治理取得了显著成果。《通知》指出，各级邮政管理部门要充分认识推进邮件快件隐私面单应用工作的重要性和紧迫性，将其作为年底前行业安全监管一项重点任务来抓，加强领导，严促落实，务求必成。《通知》强调，要严格监督检查，抓好规范落实。要加强宣传引导，营造良好氛围。《通知》还要求各级邮政管理部门要指定专人负责，精心组织，细化措施，全力推动相关工作落实。

2022年我国快递业务量提前七天超千亿件

12月1日上午8时10分，国家邮政局快递大数据平台实时监测数据显示，一箱从福建省漳州市平和县发往厦门市的蜜柚，成为2022年第1000亿件快件。今年以来，邮政快递业认真落实“疫情要防住、经济要稳住、发展要安全”的要求，顶住多重超预期因素影响，加大保通保畅，强化纾困解难，快递业务量比去年提前7天达到千亿件，充分彰显了行业发展的强大韧性，为畅通循环促进流通服务民生作出了积极贡献。国家邮政局市场监管司副司长（主持工作）林虎指出，加快农村寄递物流体系建设，是“十四五”期间邮政快递业的重点任务。下一步，国家邮政局将大力推广农村寄递末端共同配送，进一步畅通农产品上行的寄递渠道。

国家邮政局召开邮政快递业安全生产视频调度会

根据国家邮政局党组部署，12月1日，国家邮政局党组成员、副局长廖进荣主持召开邮政快递业安全生产视频调度会，认真学习习近平总书记关于河南安阳特别重大火灾事故重要指示精神，深入分析行业安全生产尤其是消防安全面临形势，对年终岁尾安全生产和疫情防控等工作进行再部署再推动再落实。会议要求，要全面开展风险隐患排查整治，切实堵塞安全漏洞。一是要深入开展消防安全隐患排查。二是要全面排查整治行业各类生产安全隐患。三是要有效防范应对当前行业疫情风险。四是要强化安全生产督导检查和监管执法。会上，海南省、重庆市邮政管理局，中国邮政集团有限公司、顺丰速运有限公司做了交流发言。

2022年全国“宪法宣传周”来了

今年12月4日是第九个国家宪法日，也是我国现行宪法公布施行四十周年。记者29日从全国普法办获悉，2022年全国“宪法宣传周”宣传活动将从12月4日启动,持续至12月10日。2022年全国“宪法宣传周”宣传活动的主题为“学习宣传贯彻党的二十大精神,推动全面贯彻实施宪法”。重点宣传内容包括:突出学习宣传党的二十大精神、突出学习宣传习近平法治思想、突出学习宣传宪法,以及突出学习宣传现行宪法公布施行四十年的深远历史意义。

国家邮政局召开党组会议

12月5日,国家邮政局召开局党组会议,认真传达学习习近平总书记同蒙古国总统呼日勒苏赫,老挝人民革命党中央总书记、国家主席通伦,欧洲理事会主席米歇尔举行会谈时的重要讲话精神和近期贺电(信)精神,继续原文学习党的二十大报告。国家邮政局党组书记、局长赵冲久主持会议,党组成员、副局长戴应军、刘君、赵民、廖进荣、陈凯出席会议。中央纪委国家监委驻交通运输部纪检监察组负责同志出席会议。会议强调,要深刻领会党的二十大关于教育科技人才、法治建设、国家安全等方面的重大部署。要坚持创新驱动发展战略。要落实全面依法治国战略。要坚决贯彻总体国家安全观。

国家邮政局呼吁消费者多多理解

国家邮政局数据显示,12月1日至12日,全网揽收量约为43.03亿件,同比上升5.6%。12月12日当天,全国邮政、快递企业共揽收邮(快)件4.53亿件,与2021年“双12”基本持平。进入12月以来,邮政快递业加快复苏,迎来新一轮业务高峰,特别自12月7日国务院联防联控机制发布《关于进一步优化落实新冠肺炎疫情防控措施的通知》以来,单日揽收量保持在3.6亿件以上。当前,快递企业正在加快统筹全网资源,保障平稳渡过业务高峰。业务旺季,广大快递员冒疫奔忙,工作负荷重、投递压力大,加之天气寒冷,室外作业十分辛苦,可能出现寄递服务时限延迟的情况,请广大用户给予更多的包容、理解和支持。

国家邮政局调度首都邮政快递业末端畅通工作

12月13日,国家邮政局就保障首都邮政快递业末端畅通工作对北京市邮政管理局和各快递企业总部进行调度,强调要深入贯彻习近平总书记关于疫情防控的一系列重要指示精神,落实党中央、国务院决策部署,实施好“二十条”和“新十条”,全力以赴做好首都行业疫情防控和保通保畅工作,保障首都邮政快递微循环畅通。进入12月以来,邮政快递业加快复苏,迎来新一轮业务高峰,目前全国单日揽收量保持在3.6亿件以上。快递业迎来新一轮业务高峰,末端投递压力较大。为保障寄递渠道的畅通,国家邮政局持续推进保通保畅工作,动态疏解积压的邮件快件。各快递企业正在加快统筹全网资源,保障平稳渡过业务高峰。

国家邮政局在京督导检查邮政快递业“最后一公里”末端投递工作

12月14日上午,根据国家邮政局党组工作安排,局党组成员、副局长廖进荣率队在北京市督导检查邮政快递业“最后一公里”投递工作,转达局党组书记、局长赵冲久对行业从业人员的关心慰问,看望奋战在基层一线的从业人员。廖进荣强调,要深入贯彻落实党中央、国务院决策部署,全力保障末端投递高效运行,满足首都市民寄递服务需求,为首都保供体现行业担当。廖进荣强调,要进一步采取有力有效举措,保障首都行业安全畅通和平稳运行。一是要切实提高政治站位。二是要将保障企业稳定运行作为头等大事。三是要积极帮助企业解决实际困难。四是要着力做好快递员关心关爱工作。

国务院办公厅印发《“十四五”现代物流发展规划》

日前,国务院办公厅印发《“十四五”现代物流发展规划》(以下简称《规划》)。《规划》是我国现代物流领域第一份国家级五年规划,对于加快构建现代物流体系、促进经济高质量发展具有重要意义。《规划》作出六方面工作安排,包括加快物流枢纽资源整合建设、构建国际国内物流大通道、完善现代物流服务体系、延伸物流服务价值链条、强化现代物流对社会民生的服务保障、提升现代物流安全应急能力;提出三方面发展任务,包括加快培育现代物流转型升级新动能、深度挖掘现代物流重点领域潜力、强化现代物流发展支撑体系;从优化营商环境、创新体制机制、强化政策支持、深化国际合作、加强组织实施等方面,对加强实施保障提出明确要求。

国务院物流保通保畅工作领导小组办公室印发通知进一步畅通邮政快递服务保障民生物资运输

近日,为科学精准保障邮政快递稳定运行,保障民生物资高效运输,更好维护人民群众正常生产生活秩序,国务院物流保通保畅工作领导小组办公室印发《关于进一步畅通邮政快递服务保障民生物资运输的通知》。通知指出:一要统筹做好邮政快递保通保畅工作。二要有效落实网络稳定运行属地责任。三要充分发挥骨干邮政快递企业作用。四要全面落实邮政快递疫情防控举措。五要切实加强行业抗疫保供宣传引导。

国家邮政局党组召开扩大会议

12 月 19 日,国家邮政局党组召开扩大会议,传达学习中央经济工作会议精神,传达学习习近平总书记在近期重要会议、外事活动上的重要讲话以及贺电(信)精神。国家邮政局党组书记、局长赵冲久主持会议,局党组成员、副局长赵民、廖进荣出席会议。会议强调,全系统全行业要坚决贯彻落实党的二十大精神,扎实落实中央经济工作会议部署,做好 2023 年邮政管理工作,为推动经济运行整体好转、实现质的有效提升和量的合理增长提供有力服务保障。会议强调,要深切缅怀江泽民同志的光辉业绩,深切缅怀江泽民同志的杰出理论贡献,深切缅怀江泽民同志的革命精神和革命风范。

国家邮政局部署邮政快递服务畅通工作

12 月 19 日,国家邮政局党组书记、局长赵冲久先后主持召开专题会议和党组会,认真学习贯彻习近平总书记关于疫情防控的重要指示精神,落实党中央、国务院决策部署,就切实做好当前及春节期间的邮政快递服务畅通工作,有效满足人民群众对民生物资和医疗物资的寄递需求进行部署。国家邮政局党组成员、副局长廖进荣也先后主持召开省级邮政管理部门和 15 家品牌邮政快递企业保通保畅工作专题调度会议,就落实专题会议的部署提出明确要求、作出具体安排。同一天,国家邮政局还印发了《关于切实畅通邮政快递服务保障民生物资医疗物资寄递的通知》。

国家邮政局专题研究邮政快递服务畅通工作

12 月 21 日,国家邮政局党组书记、局长赵冲久主持召开专题会议,认真学习贯彻习近平总书记关于疫情防控的重要指示精神,落实党中央、国务院决策部署,就做好当前全国邮政快递业保通保畅保供工作,有效满足人民群众的寄递需求进行部署。国家邮政局党组成员、副局长廖进荣、陈凯出席会议。会议指出,保持邮政快递业畅通有序对恢复社会正常生产生活秩序、服务疫情防控大局具有十分重要的意义。国家邮政局将每日向各省(区、市)通报邮政快递业务量、投递量变化情况。会议要求,各级邮政管理部门要督促寄递企业承担社会责任。国家邮政局将每日对外通报全国主要品牌快递企业运行监测情况,推动企业落实主体责任。

中共国家邮政局党组印发通知

2023 年元旦、春节将至,中共国家邮政局党组近日印发通知,要求深入贯彻落实党的二十大决策部署,锲而不舍落实中央八项规定及其实施细则精神，持续发力做好纠“四风”树新风工作，坚决遏制节日期间不正之风反弹回潮，确保风清气正、廉洁过节。通知指出，要压实政治责任，全面统筹部署。要聚焦突出问题，风腐一体纠治。严肃监督执纪，持续释放从严信号。

国家邮政局召开党组会议

12 月 26 日，国家邮政局党组召开会议，传达学习中央农村工作会议精神，学习贯彻习近平总书记纪念现行宪法公布施行 40 周年署名文章和近期重要讲话、贺信（贺电）精神，继续原文学习党的二十大报告，审议并原则通过了《中共国家邮政局党组关于维护党中央集中统一领导的规定（送审稿）》等文件。国家邮政局党组书记、局长赵冲久主持会议，局党组成员、副局长戴应军、刘君、赵民、廖进荣、陈凯出席会议。

国家邮政局召开学习贯彻党的二十大精神专题研讨会

12 月 26 日至 28 日，国家邮政局召开学习贯彻党的二十大精神专题研讨会，深入学习党的二十大精神，围绕加快构建新发展格局、着力推动高质量发展，系统梳理总结过去五年和新时代十年来邮政快递业发展成就及存在的问题不足，科学谋划 2023 年和今后一个时期的发展思路和重点任务，将党的二十大作出的重大决策部署落实到行业改革发展各方面全过程。国家邮政局党组书记、局长赵冲久出席会议并作总结讲话，局党组成员、副局长戴应军、刘君、赵民、廖进荣、陈凯结合分管领域作交流发言。

国家邮政局召开局长办公会议

12 月 28 日，国家邮政局召开局长办公会议，审议并原则通过《〈“十四五”邮政事业发展规划〉任务分工方案》《关于推进新时代邮政普遍服务高质量发展的意见》《快递市场管理办法（修订草案）》及《寄递服务用户个人信息保护要求》《明信片》两个行业标准，听取关于授予 2022 年快递服务现代农业金牌项目和中国快递示范城市评选工作情况汇报，强调要全力推动各项重点工作落地落实，为行业改革发展提供强有力支撑。国家邮政局局长赵冲久主持会议，副局长戴应军、刘君、赵民、廖进荣、陈凯出席会议。

国家邮政局发出通知

12 月 28 日，为深入学习贯彻党的二十大精神，认真落实《中共中央办公厅　国务院办公厅关于做好 2023 年元旦春节期间有关工作的通知》要求，国家邮政局发出通知，要求统筹做好元旦春节期间邮政管理各项工作，服务保障人民群众欢乐祥和过节。通知要求，各级邮政管理部门要进一步做好自身疫情防控工作，确保日常有序运转、干部职工身体健康。通知强调，要持续做好行业保通保畅工作，要抓紧抓实行业安全生产工作，要真心真情关爱干部群众，要坚持纠“四风”树新风，扎实做好值守应急工作。

2022 年度全国邮政快递业青年安全生产示范岗出炉

近日，国家邮政局发出通知，公布入选 2022 年度全国邮政快递业青年安全生产示范岗名单。其中，北京顺丰丹棱街业务部、邮政航空邮件处理中心国内总包转运作业班组、京东朝阳区南磨房乡磨房北路农光里站等 70 个集体被认定为 2022 年度全国邮政行业青年安全生产示范岗，北京市邮政管理局、天津市邮政管理局、上海市邮政管理局等 6 家单位获优秀组织奖。

邮政快递业 3 案例入选 2022 年全国消费帮扶助力乡村振兴优秀典型案例

近日，国家发展和改革委员会发布 2022 年全国消费帮扶助力乡村振兴优秀典型案例，邮政快递业《邮政服务宁德古田食用菌“出村进城”》《探索消费帮扶新机制　打通脱贫地区经济“大动脉”》《打通“堵点” 让“农产品上行”之路越走越顺》等3个案例入选。今年以来，国家邮政局深入实施“快递进村”工程，完善三级寄递物流体系建设，开展农村电商协同示范，深化邮快、快快、快商合作，促进农村客货邮融合发展，畅通工业品下乡农产品进城双向流通渠道，进一步拓宽农民增收致富的渠道，有效带动脱贫群众就业增收、促进脱贫地区产业结构优化，取得了良好的工作效果。

“2023 全国网上年货节”正式拉开帷幕

12月30日，商务部会同中央网信办、工业和信息化部、市场监管总局、国家邮政局和中国消费者协会共同指导举办的“2023 全国网上年货节”正式拉开帷幕。作为2023年商务领域首场全国性消费促进活动，本届年货节横跨元旦、春节两个重要节日，紧扣人民美好生活需要、节日市场采购需求、消费场景应用创新、内外城乡市场联通、网络消费环境优化，广东主会场和各地分会场均策划了精彩纷呈的配套活动和启动仪式，各电商平台也围绕“好物年货节”“美好城市年货节”“福‘企’年货节”“数商兴农线上大集”等主题推出系列活动，更好满足人民群众的新春期待。

第三届全国邮政行业职业教育快递技能大赛决赛圆满落幕

近日，第三届全国邮政行业职业教育快递技能大赛决赛圆满落幕，来自全国26所高校的30个团队参加了决赛。经过预赛和决赛，湖南现代物流职业技术学院周雨芬等3个团队获得一等奖、山东信息职业技术学院冯婧等6个团队获得二等奖、惠州城市职业学院梁骅鸣等9个团队获得三等奖、安徽水利水电职业技术学院宋蒙蒙等6个团队获得优胜奖。曾恋之等5名指导教师获得优秀指导教师奖。二等奖以上团队的参赛选手，经复核通过将获得快递运营管理“1+X”职业技能等级证书（高级）。

第四章 2022年各省(区、市)快递发展大事记

北京市快递发展大事记

北京局等7部门联合加快推进快递包装绿色转型

1月,北京市邮政管理局、市发展改革委、市经济和信息化局、市生态环境局、市城市管理委、市商务局、市市场监管局等7部门联合印发《北京市关于推进快递包装绿色转型的若干措施》。措施根据国家层面加快推进快递包装绿色转型意见,充分结合北京市快递体量较大、网络健全、输入型特征明显、同城业务占比较高等特点,落实《北京市生活垃圾管理条例》《北京市塑料污染治理行动计划(2020－2025年)》等法规政策要求,细化责任分工,实化任务要求,聚焦快递包装生产、使用、回收、处置等全链条各环节,明确强化标准落实与认证管理、推动包装源头减量、加强包装规范管理、推广可循环快递包装应用、规范快递包装废弃物回收和处置、加强政策支持、强化组织实施等七方面21条措施,涉及相关单位30余家。措施的出台实施,对巩固北京市快递包装绿色治理工作成果、落实生活垃圾分类及塑料污染治理要求具有重要意义。

动员部署2022年冬奥会和冬残奥会寄递渠道安全服务保障工作

1月,北京局联合市公安局、市国家安全局召开2022年冬奥会和冬残奥会期间寄递渠道安全服务保障工作动员部署会,市局班子成员,相关处室、各派出机构主要负责人,公安、国安部门有关负责同志,全市19家寄递企业主要负责人及重点区域网点负责人120余人参加会议。会议下发了《2022年冬奥会和冬残奥会期间北京市寄递渠道安全服务保障工作方案》,对加强疫情防控,落实“三项制度”、强化安全生产、保障寄递服务等七个方面工作提出明确要求。邮政、京东、韵达三家企业负责人做了表态发言。市公安局、市国家安全局有关负责同志就有关工作提出要求。

杨晋柏副市长听取北京局专题工作汇报

1月26日,北京市人民政府副市长杨晋柏听取北京局专题工作汇报。北京局党组书记、局长王跃对首都邮政快递业发展现状、北京局基本情况以及近年来服务首都经济社会发展的主要工作开展情况进行了专题汇报。杨晋柏充分肯定了首都邮政快递业在助力北京经济社会发展、服务民生等方面作出的重要贡献。他指出,北京局立足首都“四个中心”“四个服务”城市战略定位,在行业疫情防控、北京重大活动安全保障、民生物资配送等方面发挥了不可或缺的重要作用,为首都“六稳”“六保”作出了突出贡献。杨晋柏强调,要针对留京过年人数倍增以及疫情防控等因素,全力保障好春节期间寄递服务,加强民生物资供给;要统筹行业安全和发展,充分发挥市场主体作用,不断提高邮政快递业服务质量,推进行业高效能治理,促进行业高质量发展。

北京局获市发展改革委等5部门致信感谢

2月,北京市发展和改革委员会、市安全生产委员会办公室、市无障碍环境建设专项行动专班办公室、市重大动植物疫情应急指挥部办公室及

市就业领导小组办公室 5 部门分别致信北京局，感谢北京局在创造良好发展环境、维护首都安全稳定、推进邮政无障碍环境建设、维护首都生物安全及稳就业保就业等工作中作出的积极贡献。

北京局获市委生态文明建设委员会表彰

3 月，中共北京市委生态文明建设委员会召开 2022 年全体会议，对第一届首都生态文明建设先进集体和先进个人进行表彰，北京局快递包装绿色治理等工作获肯定。“首都生态文明奖”是北京市生态文明建设领域的最高奖项，由中共北京市委、北京市人民政府进行表彰，每三年评选一次，2022 年为首次评奖，北京局工作即获肯定，孙东山同志荣获首都生态文明建设先进个人称号。

快递基础设施建设再获北京市政策支持

3 月，北京市人民政府正式印发《北京市新增产业的禁止和限制目录（2022 年版）》，北京局作为目录联席会议成员单位，参与修订，并为快递基础设施建设争取政策支持。目录（2022 年版）规定“禁止新建和扩建快递服务，承担快递寄递、便民服务的快递企业分支机构，智能快件箱和快递服务站运营企业，以及符合相关规划的快递处理场所除外”，在目录（2018 年版）基础上，进一步细化快递服务措施，增加对智能快件箱和快递服务站运营企业的支持。这是继 2018 年北京局成为目录联席会议成员单位，争取到邮政基本服务不受限制、快递服务有条件限制的有利政策后，再一次争取到利好政策，为行业发展进一步拓宽了政策空间。

北京冬奥组委、全国政协致信感谢北京局

3 月，北京冬奥组委和全国政协分别致信北京局，感谢北京局在重大活动中主动担当，攻坚克难，圆满完成各项安全服务保障任务，特别是北京冬奥组委先后两次致信感谢，对北京局工作给予高度评价。北京冬奥组委在感谢信中指出，北京局深入贯彻习近平总书记关于冬奥会和冬残奥会筹办工作的重要指示精神，为冬奥盛会成功举办提供了有力支持，在城市运行及环境保障工作中勇于担当，特别是闭环管理签约饭店和集中住地快递接收管理方面作出了重要贡献，充分体现了高度的政治站位和强烈的责任担当。全国政协对“两会”期间的邮政服务表示充分肯定，并在感谢信中特别点赞了邮政公司员工，对邮政队伍过硬的政治素质、强烈的责任意识和无私奉献的敬业精神给予高度评价。

北京局连续三年获市年度绩效考评及安全生产工作考核优秀等次

3 月，北京市人民政府办公厅、北京市安委会办公室分别印发文件，通报 2021 年度绩效考评及安全生产工作考核结果，北京局在两项考核中均获得优秀等次，并被评为“安全生产工作突出成绩单位”，这也是北京局连续第三年获得两项考核优秀等次。

北京局连续两年荣获平安北京建设考核优秀等次

4 月，北京市委平安北京建设领导小组印发《关于 2021 年度平安北京建设工作考核结果的通报》，北京局在考核中获优秀等次，这是北京局连续第二年荣获优秀等次。

北京局发放自贸区内第一张国际快递业务经营许可证

近日，北京局向北京快达供应链管理有限公司颁发了国际快递业务经营许可证，这是北京自贸区内第一家由省级邮政管理部门核准的国际快递业务许可企业，是自贸区“下放国际快递业务（代理）经营许可审批权”政策的第一个项目。自下放国际快递业务（代理）经营许可审批权工作启动以来，北京局主动对接国家邮政局相关司室和北京市有关部门，研究制定承接工作方案，于 2021 年 3 月获得国家邮政局批复，实现政策落地。此

后，北京局与北京临空经济核心区管委会座谈交流，进一步细化工作举措，召开专题会宣贯政策，联合市“两区”办进行政策解读，对申请企业实施“一对一”服务指导。2022 年 4 月 18 日，北京局实现首个项目落地，成功发放自贸区内第一张国际快递业务许可证。

3 部门联合推进北京市快递电动三轮车火灾防范工作

4 月 12 日，北京局与市消防救援总队、市商务局联合印发《关于进一步加强本市外卖和邮政快递领域电动自行车电动三轮车火灾防范工作方案》，共同推进全市邮政快递电动三轮车火灾防范工作。方案结合行业实际，从完善企业管理制度、加强台账信息管理、购置达标车辆电池、落实集中充电管理、强化消防宣传培训等方面，压实邮政快递企业主体责任。同时，强化行业管理部门、安全综合监管部门、属地管理部门各方责任落实，建立工作沟通联络和协作配合机制，强化安全监管联动，形成部门工作合力。

北京邮政快递从业人员定期核酸检测纳入免费范围

4 月，北京市政府办公厅印发《关于继续加大中小微企业帮扶力度　加快困难企业恢复发展的若干措施》，邮政快递获政策支持，从业人员定期核酸检测纳入免费范围。自常态化定期核酸检测工作开展以来，为切实减轻企业负担，北京局向市领导报送了专题报告，并借助会议、调研等机会多次反映诉求，争取核酸检测政策支持，按照当前行业定期核酸检测要求测算。

北京发布实施《新冠疫情流行期间邮政快递配送人员防控指引》

5 月 9 日，北京局联合市疾病预防控制中心发布《新冠疫情流行期间邮政快递配送人员防控指引》。防控指引明确要求，邮政快递企业应严格执行国家邮政局、北京市有关疫情防控文件规定和政策要求，企业和配送人员要严格落实企业防疫主体责任和个人防护责任，严格落实常态化疫情防控措施。防控指引包含邮政快递企业防疫措施、配送人员防控指引、生产服务过程防控指引三个层面的内容，具体包括坚持人物环境同防、加强人员日常管理与住宿管理、配足并规范使用防疫物资、做好场所与工具用品清洁消毒、做好来京邮件快件消毒、加强进口邮件快件常态化疫情防控、建立“白名单”管理机制、落实核酸检测与疫苗接种工作、加强配送人员卫生防护、优化揽投服务模式等具体规范指引。

《北京市“十四五”时期交通发展建设规划》出台

5 月，北京市政府印发《北京市“十四五”时期交通发展建设规划》，首都邮政快递业多项内容纳入规划。交通规划提出，打造北京天津雄安全球性国际邮政快递枢纽集群。完善货运交通枢纽节点功能，支持“一市两场”货运航线发展，统筹规划全货机业务，重点发展中转、冷链、多式联运等特色业务，满足对高端消费品和国际国内快件服务需求，服务建设国际消费中心城市。加快综合货运枢纽多式联运换装设施与集疏运体系建设，统筹转运、保税、邮政快递等功能，提升多式联运效率与物流综合服务水平。

北京市快递从业人员职业技能提升三年行动圆满收官

6 月，2021 年快递员培训补贴资金 1073.38 万元拨付到位，标志着北京市快递从业人员职业技能提升三年行动（2019－2021）圆满完成。北京局始终认真学习贯彻习近平总书记关心关爱“快递小哥”重要指示精神，落实国家邮政局等 7 部门《关于做好快递员群体合法权益保障工作的意见》，与市人社、财政等部门加强协作配合，持续提高行业人才素质。三年来，累计开展职业技能培训 49073 人，占全市快递从业人员总数近 50%，其中符合申请补贴条件35644人,落实补贴资金2495.08万元。

顺丰崔颖、京东乔峻楠获2022年“北京市生活垃圾分类达人”荣誉称号

6月,北京市生活垃圾分类推进工作指挥部办公室印发《关于公布2022年“北京市生活垃圾分类达人”评选结果》,北京顺丰速运有限公司崔颖、北京京讯递科技有限公司乔峻楠获2022年“北京市生活垃圾分类达人”荣誉称号。

北京市快递行业妇女工作委员会成立

9月27日,北京市快递行业妇女工作委员会成立大会召开。北京局局长、快递行业党委书记金京华,市妇联党组成员、副主席韦江到会并讲话,国家邮政局机关党委、市委组织部有关负责同志出席会议。大会通报了妇工委筹备工作情况,宣布了妇工委成立批复和委员任命。快递行业妇工委主任黄立群同志做表态发言。市妇联党组成员、副主席韦江同志对快递行业妇工委的成立表示祝贺并寄予期望,从坚持思想引领,促进融合融入,加强工作规范三方面对快递行业妇工委工作提出指导意见。强调要牢记“党建带妇建、妇建促党建”的工作要求,充分发挥妇工委桥梁纽带作用,在妇女工作提质增效上取得新成绩。要把行业女性群体紧密团结在党的周围,引导她们做伟大事业的建设者、文明风尚的倡导者,要不断促进妇女工作与快递业务工作的深度融合,努力总结形成快递行业妇女工作的“北京经验”。

北京局部署推动快递协会深度参与党建引领快递行业治理

10月,北京局印发《北京市快递协会参与党建引领快递行业治理的实施意见》,进一步强化行业监管部门与行业协会工作协同,巩固党建引领行业治理工作链条,着力构建“党建强、发展强”的行业党建工作格局,提升行业党建工作效能。根据国家邮政局和北京市关于进一步加强党建引领行业治理的相关工作要求,北京局在充分调研座谈的基础上,联合快递协会研究出台了意见。意见梳理明确了快递协会参与行业党建工作的指导思想、职责定位、力量配备、具体任务和工作要求,着力推动快递协会在组织推进社区伙伴成长行动,广泛发动快递企业参与“三行动、六个带头人”等专项工作,常态化开展关心关爱快递员活动,助力群团工作,壮大治理力量等方面发挥桥梁纽带作用和行业自律作用,进一步提升快递员群体的获得感、幸福感、归属感。

京东快递员彭东方家庭入选“2022年首都十大最美家庭”榜

为深入宣传贯彻党的二十大精神,进一步加强家庭家教家风建设,推动社会主义核心价值观在家庭落地生根,由北京市纪委监委、市委组织部、市委宣传部、首都文明办、市教委、市妇联联合主办的寻找“首都最美家庭”活动,经过线上票选、评委会评选,最终选出年度“十大首都最美家庭”,12月发布揭晓。京东快递员彭东方家庭入选“2022年度首都十大最美家庭”榜单。京东快递员彭东方家庭,用勤劳的双手创造自己的幸福生活,也点亮了万家灯火。抗击疫情,他们勇敢逆行,在封控小区内就地转化为志愿者。保通保畅,他们与时间赛跑,急居民之所急,义务帮忙求医送药。他们用奔波的脚步,丈量城市发展,为千家万户送去温暖和幸福。

天津市快递发展大事记

天津市实施可循环快递包装绿色发展创新行动

1月，天津市发展改革委印发《天津市循环经济发展"十四五"规划分工方案》，将实施可循环快递包装绿色发展创新行动列入天津市十大重点专项行动，推动邮政快递业循环发展。方案提出，"十四五"期间将进一步引导邮政快递企业加快节能减排、新能源、资源回收再利用等技术的开发利用。加快研发适合快递配送的新能源汽车产品，建设充电桩等配套基础设施；加强快递领域塑料污染治理，推进快递包装材料源头减量；统一快递包装物的规格尺寸、物理和安全环保性能；加强上下游协同，减少电商快件二次包装；大力推动培育可循环快递包装新模式，发展"互联网 + 回收"新业态，规范快递包装废弃物分类投放和清运处置。到2025年，全市电商快件基本实现不再进行二次包装，可循环快递包装应用规模达到30万个，可循环中转袋使用率达到95%以上。

多项邮政快递业内容纳入天津自贸区发展"十四五"规划

1月，中国(天津)自由贸易试验区管理委员会印发《中国(天津)自由贸易试验区发展"十四五"规划》，多项邮政快递业内容被纳入其中。规划明确构建规模化、网络化的航空快递服务体系，建设全国重要的航空快递转运中心；争取利用定期客轮航班运力资源发展日、韩海运快件业务；积极推动RCEP框架下，中日韩口岸和海关的互助合作，构建便捷通关绿色通道，推动三国之间互设"海外仓"和海外运营中心，打造日韩跨境电商合作示范区；加快发展绿色设计、绿色制造、绿色包装、绿色物流等绿色业态，探索绿色产品认证；赋予自贸试验区更大自主发展、自主改革和自主创新管理权限，依据国家层面对有关领域的支持政策，争取将国家有关部委部分事项下放自贸试验区。

天津印发综合立体交通网规划纲要实施方案利好邮政快递业

1月，天津市政府印发《天津市贯彻落实〈国家综合立体交通网规划纲要〉实施方案》，邮政快递业发展获多项政策支持。方案明确，到2035年建成世界一流智慧绿色枢纽港口、国际航空物流中心，实现货物国内1天送达、周边国家2天送达、全球主要城市3天送达，有力支撑国内国际双循环新发展格局建设，实现京津冀主要城市货物3小时送达，有力支撑京津同城化、京津冀一体化发展。展望2050年，在全国率先建成人民满意、保障有力、世界前列的交通强市。

天津市领导批示肯定2021年天津市邮政管理工作

1月，天津市副市长孙文魁在市邮政管理局呈报的《关于2021年主要工作完成情况及2022年工作思路的报告》上作出批示，充分肯定2021年全市邮政管理系统所做工作以及为天津疫情防控和经济社会发展作出的贡献。批示指出，过去的一年，全市邮政管理系统干部职工勇于担当、积极作为，工作取得明显成效，为天津市疫情防控和经济社会发展作出了重要贡献。今年的工作安排，既坚持了高标准，又符合天津实际，望狠抓落实，以优异成绩迎接党的二十大胜利召开。

天津市"创新基层治理 关爱快递小哥"行动正式启动

3月1日，天津市民政局启动"创新基层治理·关爱快递小哥"行动。市民政局局长吴松林，市民政局副局长、社会组织管理局局长刘丽红出席活动，市邮政管理局副局长庞冠新应邀出席活动并讲话。“创新基层治理·关爱快递小哥”行动是依托街道（乡镇）社会工作服务站、社区（村）党群服务中心、社区养老服务中心、老年日间照料中心设立“快递小哥”暖心益站，开展政策、生活、心理、议事等系列暖心服务，以此引导“快递小哥”群体成为助力基层社会治理的积极力量。首批投入使用的65家暖心益站，能够提供休息、取水、热餐、充电、如厕等服务，部分益站还能提供阅读、文娱活动、防疫物资等服务。为及时了解“快递小哥”需求，实现精准服务，益站还设立了服务微信小程序，“快递小哥”可通过扫描二维码对益站建设、设施配备、服务内容提出建议与需求清单。接下来，3500套“暖心包裹”将通过市快递协会和各街道（乡镇）社工站发放到“快递小哥”手中。

邮政快递业绿色转型有关内容获支持

3月，天津市政府办公厅印发《天津市生态环境保护“十四五”规划》，邮政快递业绿色转型等有关内容被纳入其中。规划提出推动交通领域绿色转型，持续推进“公转铁”，开展电商快递班列等多式联运试点示范创建；推动车辆升级优化，2024年底前，全市基本停止使用国三及以下排放标准邮政车；大力推进新能源或清洁能源汽车使用，物流配送等行业新能源汽车比例不低于80%。规划明确强化固体废物污染防治，推进白色污染治理，加强源头管控，有序限制、禁止部分塑料制品生产、销售和使用，推广使用可降解可循环易回收的替代产品。推进物流、网络购物平台绿色包装的应用。到2025年，不可降解的塑料包装袋、塑料胶带、一次性编织袋等快递包装全面禁止使用。

天津局推动天津国际邮件交换站扩容提质

3月30日，天津市邮政管理局组织召开天津国际邮件交换站（海运功能）扩容提质专题工作推动会。天津局副局长庞冠新，东疆保税港区党委常委、管委会副主任李公良，市邮政分公司党委委员、副总经理刘彦波出席。国际邮件交换站是担负与国外邮政机构或其所委托的运输机构进行国际邮件总包交换的部门，根据邮件运输方式的不同，主要设立在航空口岸或海港。此前，按照国家邮政局重点区域邮政业2022年工作部署，为实现天津国际邮件规模化“海空”联动，天津局积极与东疆保税港区管委会沟通，协调推进天津国际邮件交换站进驻东疆港，完善东疆电子商务主题园区多式联运寄递体系。会上，与会同志充分交换意见，就推进天津国际邮件交换站（海运功能）扩容提质、缓解北京国际邮件运输压力、积极参与建设天津“双枢纽”国际货运中心达成两点共识。

邮政快递业生态环保多项内容获支持

3月，天津市政府办公厅印发《天津市加快建立健全绿色低碳循环发展经济体系的实施方案》，邮政快递业生态环保多项工作内容被纳入其中。一是打造绿色物流体系。优化运输结构，推广高效运输组织模式。高标准建设航空物流园，积极打造多式融合、灵活高效的货运服务体系。推行邮件快件绿色包装，淘汰更新或改造老旧车船，推动城市物流配送、邮政快递等领域优先使用新能源或清洁能源汽车等绿色低碳运输工具。二是促进绿色产品消费。推动绿色产品和绿色服务认证，推广应用绿色产品。三是倡导绿色低碳生活方式。开展邮件快件过度包装和随意包装专项整治。

天津市加快农村寄递物流体系建设

4月，天津市政府办公厅印发《天津市加快农村寄递物流体系建设实施方案》，建立区级寄递物流公共分拨中心、乡镇寄递物流集散中心、村级寄递物流综合服务站三级服务体系，提高农村寄递物流供给能力和服务质量，实现便民惠民寄递服务全面覆盖，更好满足农村生产生活和消费升级需要,为全面推进乡村振兴,加快农业农村现代化提供有力保障。

天津市领导批示肯定邮政管理系统和邮政快递业疫情防控工作

4月24日,天津市委副书记金湘军对市邮政管理系统和邮政快递业疫情防控工作作出批示,予以充分肯定。批示指出,全市邮政管理系统和邮政快递业落实"外防输入、内防反弹"总策略,统筹疫情防控和服务民生,及时处置涉疫突发事件,有力服务全市疫情防控大局,作出积极贡献。向同志们表示感谢!望继续认真落实市委、市政府要求,持之以恒抓好疫情防控工作,发挥邮政快递业保通保畅、服务民生重要作用,以优异成绩迎接党的二十大胜利召开!

天津海外联谊会致函感谢天津局

4月,天津局收到天津海外联谊会感谢函。感谢函称,为深入贯彻落实习近平总书记对香港抗疫工作作出的重要指示精神,该会筹集了部分防疫物资捐赠香港,援助抗疫工作。在此期间,天津局与顺丰速运(天津)有限公司积极提供帮助,全力保障物资运输,谨向邮政管理局的无私援助和鼎力支持致以衷心的感谢和崇高的敬意。

天津市邮政快递业两人荣获全国五一劳动奖章

在第132个"五一国际劳动节"即将到来之际,中华全国总工会对全国五一劳动奖和工人先锋号进行表彰。其中,天津全程德邦物流有限公司靳立军、中国邮政集团有限公司天津市和平区分公司刘婷荣获全国五一劳动奖章。

天津市快递员群体被纳入住房保障体系

5月,天津市政府办公厅印发《天津市加快发展保障性租赁住房实施方案》,明确将快递员等从事基本公共服务的群体纳入保障性租赁住房重点保障范围。此政策将有助缓解快递员群体居住困难问题,切实提升快递员群体的获得感、幸福感。

3部门联合出台基层快递网点优先参加工伤保险文件

6月2日,天津市邮政管理局联合市人社局、市税务局印发《关于做好基层快递网点优先参加工伤保险工作的通知》,全面推动实施基层快递网点优先参加工伤保险工作。通知确定了全市基层快递网点优先缴纳工伤保险的参保范围、参保缴费、待遇保障等内容,明确了各级人社部门、邮政管理部门、社保经办机构的工作职责及部门间协作配合机制。文件的出台为全市基层快递网点优先参加工伤保险提供了政策支撑,为保障快递员群体合法权益奠定了良好基础。

天津局印发行业生态环保工作要点

6月,天津局印发《天津市邮政管理局2022年行业生态环境保护工作要点》,聚焦推动行业节能减排和加快推进快递包装绿色转型,明确1项重点工程和5项重点工作任务。工作要点明确,大力推进市邮政业生态环保"9918"工程,到2022年底前,实现采购使用符合标准的包装材料比例达到90%,规范包装操作比例达到90%,可循环快递箱达到10万个,回收复用瓦楞纸箱800万个。

3部门出台意见提升寄递渠道安全联合监管效能

8月,天津局联合市检察院、市公安局出台《关于完善寄递渠道安全监管协作机制的意见》。意见明确,邮政管理部门应当全面加强基础保障能力建设、寄递新业态监管、寄递安全监管、企业主体责任落实和培训宣传工作;公安机关应当依法打击通过寄递渠道实施的贩卖、运输毒品、枪支、弹药、爆炸物、野生动物及其制品、危险化学品等违法犯罪活动,不断提升打击犯罪能力和水平;人民检察院应当充分履行法律监督职责,强化立案监督和侦查活动监督,依法追捕起诉漏罪漏犯,不断提升监督办案质量和效果。

天津海运职业学院邮政网点暨校内物流生产性实训基地揭牌成立

8月23日，天津海运职业学院邮政网点暨校内物流生产性实训基地的揭牌仪式圆满举行，开启天津市校园邮政网点转型与邮快合作的新篇章。天津海运职业学院邮政网点将以邮政普遍服务网络为基础，以快递服务资源为平台，打通校园快递“最后一百米”服务瓶颈，与校方共促进、共融合。天津海运职业学院搭建了基于“电—仓—配—训”实训体系的智慧物流人才培养模式，全链路、递阶性、多场景构建了直播电商、生产性仓储、配送和虚拟仿真实训四大环节，将生产任务与实训教学任务相融合。从直播电商到仓储物流，再到网点运营，包括包裹寄递退换货全流程实训，天津海运职业学院设计32个典型工作任务，致力于培养行业、技术、数据深度融合的高素质物流技术技能人才。此次设立的校内物流生产性实训基地，进一步深化邮政快递业与职业教育融合发展，构建职业教育与企业用人有效衔接的人才培养机制，实现校园市场的深度开发和效益提升。

天津市邮政快递业1个集体8名个人获市公安局通报表扬

9月，天津市公安局印发通报，对2021年度全市单位内部治安保卫工作成绩突出的100个集体、200名个人予以表扬。其中，天津市邮政快递业1个集体、8名个人榜上有名。顺丰速运（天津）有限公司公共事务部获评天津市2021年度单位内部治安保卫工作成绩突出集体，市邮政管理局市场监管处副处长吴广磊、市邮政管理局第一分局市场监管科科长王海宁、红桥区邮政分公司综合办公室安保员梁力、天津邮区中心局综合办公室保卫主管诸葛志国、宁河区邮政分公司办公室安全员宋海勇、天津顺丰速递有限公司经理王晨、天津全程德邦物流有限公司安保部高级经理刘长浩、天津圆和通物流有限公司安保监察部经理高翔等8人获评天津市2021年度单位内部治安保卫工作成绩突出个人。

天津市入选首批国家综合货运枢纽补链强链城市公示名单

9月21日，交通运输部公示2022年国家综合货运枢纽补链强链首批城市，天津市成功入选。中国邮政集团有限公司天津市分公司、天津建通仓储服务有限公司（京东品牌下企业）相关建设项目纳入项目清单。

第三届“海河工匠杯”技能大赛成功举办

10月28日，第三届“海河工匠杯”技能大赛——2022年天津市职工职业技能大赛快件处理员赛项在天津滨海新区先进制造职业技能公共实训中心顺利举办，来自邮政、顺丰、京东、德邦、中通、圆通、申通、韵达、极兔的9支代表队，49名选手参赛。本次技能大赛快件处理员赛项由市人社局、市总工会、团市委、市妇联共同主办，天津保税区总工会、市邮政管理局承办，为市级一类赛事。大赛职业（工种）为快件处理员，比赛分为快递职业能力测评和快递技能实操两部分，理论测试采用计算机答题方式进行，实操测试分为总包接收处理、快件分拣、快件安检三个项目，对参赛选手进行全面综合考核。经过激烈比拼，来自天津京邦达供应链科技有限公司的韩磊荣获快件处理员赛项第一名，来自中国邮政集团有限公司天津分公司的尹贵昌获第二名，来自顺丰速运（天津）有限公司的周庆磊获第三名。

张工调研检查元旦期间城市运行保障工作并看望慰问一线职工

12月31日，天津市委副书记、市长张工调研城市运行保障工作，检查假期全市值班值守情况，看望慰问一线职工。张工首先来到河西区顺丰长青速运营业点，了解上岗人数、服务区域、收派件量等情况。“疫情期间，广大快递小哥坚守岗位，将便利和温暖送到千家万户，向你们致以节日的问候和祝福！”他说，快递业是保障生活、医疗等重要民生物资运输“微循环”的关键行业，责任重、贡献大。习近平总书记对快递小哥十分关心，希望大家牢记总书记的重要讲话精神，甘当新时代为民服务“小蜜蜂”，更好服务城市运转和群众生活。张工叮嘱相关部门要切实维护快递小哥合法权益，出台更多实实在在举措，不断提升大家的获得感、归属感、幸福感。

河北省快递发展大事记

河北县乡村三级快递物流体系建设被纳入省政府工作报告

2月，河北省政府印发《2022年政府工作报告重点任务分工方案的通知》，完善县乡村电商体系、快递物流体系等内容被列为2022年省政府工作报告重点任务。通知明确，要实施项目带动战略，挖掘乡村消费，完善县乡村电商体系、快递物流体系，加快农贸市场改造升级，充分释放农村消费潜力。通知对具体工作进度安排和保障措施进行了明确，要求全省60%以上行政村建设农村快递服务站点，规范快递企业加盟制管理，全面推进基础服务能力与服务范围相适应。

北京冬奥组委感谢河北局圆满完成冬奥会和冬残奥会交通运输保障任务

3月18日，北京2022年冬奥会和冬残奥会组织委员会向河北局发来感谢信，对在北京冬奥会期间作出的积极贡献给予高度肯定。北京冬奥组委指出，在圆满完成北京冬奥会各项交通运输保障任务过程中，河北局以高度的政治责任感和历史使命感，全力参与交通运行保障工作，为实现交通运行安全有序发挥了重要作用，用实际行动践行了“简约、安全、精彩”的办赛要求，作出了积极贡献。

《河北省推进基层快递网点优先参加工伤保险工作实施方案》发布

3月，河北局联合省人社厅制定《河北省推进基层快递网点优先参加工伤保险工作实施方案》。实施方案明确了目标任务、政策标准和实施步骤及保障措施等，通过实施启动阶段、督导参保阶段和全面总结阶段，有序推进基层快递网点优先参加工伤保险工作。到2022年底，力争全省范围内实现已取得邮政管理部门快递业务经营许可、具备用人单位主体资格的基层快递网点的快递员群体参加工伤保险动态全覆盖。到2023年底，力争实现已在邮政管理部门进行快递末端网点备案、不具备用人单位主体资格的基层快递网点的快递员群体参加工伤保险动态全覆盖。稳步推进在“快递进村”工程中建成的乡镇邮政综合服务站、村级寄递物流综合服务点的快递员群体参加工伤保险。实施方案要求，人社部门与邮政管理部门建立统筹调度工作机制，强化部门间数据交换和业务协同，共同推进快递企业、基层快递网点参加工伤保险工作。邮政管理部门要加大监管力度，督促快递企业、基层快递网点为其各类用工形式的快递员及时办理工伤保险参保。

河北省县级邮政业安全中心建设工作取得新进展

4月，河北省承德市滦平县、承德县、丰宁满族自治县、宽城满族自治县、兴隆县等5县和保定市高阳县、清苑区、望都县、定兴县、高碑店市等5市县区，共10个县级邮政业安全中心陆续获得地方编办批复成立，均为地方交通运输部门所属的股级公益一类事业单位，共核定事业编制46名。

10个县级邮政业安全中心的成立,是全省在推动县级监管体系建设方面取得的又一重大进展,起到了良好的示范引领和保障作用。

河北出台指导意见推动快递行业集体协商

4月,河北局和省人社厅、省总工会、省快递协会联合印发《关于开展快递行业集体协商工作的指导意见》,引导快递行业建立健全集体协商制度,有效协调快递行业劳动关系双方利益,解决快递行业劳动者急难愁盼问题。指导意见明确,要切实发挥集体协商制度在维护和改善快递行业劳动者劳动保障权益中的重要作用,将劳动用工、算法规则、劳动定额、计件单价、休息休假、劳动保护、职业发展等作为行业集体协商的重点,着力规范劳动用工管理,提升劳动者参保水平,实现合理收入,保障休息休假,优化工作环境,推动职业发展,切实实现好、维护好、发展好快递行业劳动者的劳动保障权益,促进行业持续健康发展。指导意见提出,至“十四五”末,全省各地要普遍开展快递行业集体协商,已建工会快递企业行业集体合同覆盖率动态保持在80%以上,快递行业集体协商质效不断增强,快递行业劳动者权益保障逐步改善,就业队伍更加稳定,行业劳动者的获得感、幸福感、安全感持续提升。

河北加快建设“一点多能”的村级寄递物流综合服务点

4月,河北省委办公厅、省政府办公厅印发《河北省农村人居环境整治提升五年行动实施方案(2021－2025年)》,明确坚持基本公共服务均等化,重点围绕文教医养服,加快补齐短板、提升弱项,不断提高群众生活便利化水平。邮政快递业获政策利好。实施方案提出,实施“快递进村”工程,鼓励发展多站合一的乡镇客货邮综合服务站,加快建设“一点多能”的村级寄递物流综合服务点。加强农村超市、门店建设和监督管理,优化整合村级电商服务站,畅通线上线下结合的工业品下乡、农产品出村渠道。加强农村食品、药品、农资、农机等质量监管,严厉打击假冒伪劣行为,保护群众合法权益。到2025年,农村电商村级服务站全面优化。

河北加快推进促进内外贸一体化发展

4月,河北省政府印发《河北省促进内外贸一体化发展的若干措施》,明确促进内外贸融合发展,畅通国内国际双循环。邮政快递业获政策利好。若干措施提出,一是创新内外贸融合发展新模式,建立健全数字化商品流通体系,支持电子商务、数字服务等企业“走出去”,加快建设国际寄递物流服务体系和国际物流供应链,开拓国际市场。二是加快国际道路运输便利化,推进城市绿色货运配送低碳、集约、高效发展,支持邯郸、唐山、秦皇岛开展国家级“绿色货运配送示范工程”创建。支持中欧班列发展,结合河北省中欧(中亚)班列建设和粮食、能源安全重点,鼓励大型物流企业和跨境电商企业在主要节点国家布局海外仓,稳定畅通国际物流通道。三是加快邮政快递业发展,推动县域快递物流园区和寄递公共配送中心建设,实施“百千万”工程,推进“快递进厂”,落实国家邮政局“快递出海”品牌创建活动,支持寄递企业与跨境电商联动发展,加快进出境快件处理中心建设,构建符合跨境电商发展需要的寄递服务网络。

河北邮政快递业获全省首张重点物资运输车辆电子通行证

4月21日,河北省应对新型冠状病毒肺炎疫情工作领导小组办公室印发《关于启动重点物资运输车辆通行证制度的通知》,要求4月23日零时起,河北省率先启动全国统一式样的重点物资运输车辆电子通行证,由邮政管理部门负责核发全省邮政快递类电子通行证。经过连夜奋战,于4月23日凌晨1时6分成功为沧州市快递企业办理全省首个货车电子通行证,为全省保通保畅打下坚实基础。

河北邮政快递业一人一集体荣获全国荣誉称号

5月,河北邮政快递业荣获两项全国荣誉称号:涿州申通快递荣获"全国工人先锋号"称号,中国邮政集团有限公司沧州市分公司揽投一站张永基同志荣获"全国五一劳动奖章"称号。

王正谱省长考察调研京东物流鹿泉基地

5月17日,河北省省长王正谱专题到京东物流鹿泉基地调研,了解企业在运输、仓储、配送、人员上岗等方面情况。他强调,要深入学习贯彻习近平总书记重要指示精神,认真落实"疫情要防住、经济要稳住、发展要安全"要求,抓好疫情防控,畅通物流保供,全力推进现代商贸物流产业高质量发展。王正谱说,商贸物流作为基础性支柱产业,一头连着生产,一头连着消费,关联带动效应强,对于促进生产、拉动消费、保障民生具有重要意义,尤其在防疫保供中发挥了关键作用。希望企业大力发展智慧物流,加快从信息化、数字化向数智化转变,加强与生产制造企业深度融合,整合物流资源,提升商品流通效率,增强供应链韧性和应急保供能力。他要求石家庄市和省有关部门主动靠前服务,从用地、用工、税费减免等方面给予物流企业支持,扎实做好物流保通保畅,助力物流产业高质量发展。

胡启生副省长调研邮政快递业

6月2日,河北省副省长胡启生到中国邮政集团有限公司河北省分公司调研。他现场考察了石家庄邮政邮电园支局、河北邮政指挥调度中心,详细了解邮政一体化服务、保通保畅工作情况。胡启生指出,近年来,河北省邮政分公司统筹疫情防控和企业经营发展,不断拓展邮政"通政、通商、通民"的深度和广度,以实际行动体现了行业"国家队"的责任和担当。要围绕全省大局,发挥行业优势,助力全省经济社会高质量发展。要进一步做好保通保畅工作,科学调配人力、运力和场地等各方资源,全力保障邮政服务网络有序畅通运行,做到邮路运输、投送配送、保供保需不中断,维护产业链供应链稳定。要积极融入乡村振兴战略,依托邮政点多、线长、面广的优势,加强县乡村三级物流体系建设,推进"交邮合作""邮快合作",促进工业品下乡、农产品进城,以"流通"促"振兴"。要强化极致创新理念,持续推进经营模式、服务方式创新,切实提高寄递效率和服务质量。要认真谋划积极争取重大项目、重大平台在河北落地,为稳定经济大盘作贡献,以实际成效迎接党的二十大胜利召开。

河北局印发《河北省邮政业行政处罚裁量基准(2022年版)》

6月,河北局印发并公布了《河北省邮政业行政处罚裁量基准(2022年版)》。《河北省邮政业行政处罚裁量基准(2022年版)》对现行邮政业法律法规规章设置的行政处罚进行了规范,同时涵盖了反恐怖主义、固体废物污染环境防治和安全生产等有关法律常用处罚条款,结合具体罚则中罚款金额、跨度等情况,划分了裁量阶次、裁量情节和相应处罚标准。

胡启生副省长在调研座谈中提出推进"交邮"合作共享

6月6日,河北省副省长胡启生先后来到荣乌高速新线监控通信分中心、张六庄综合养护中心、雄安北服务区,京雄高速车路协同初步效果展示段、森思泰克雷达试验安装段进行调研,并主持召开高速公路路衍经济及交通产业发展调研座谈会。他指出,发展路衍经济,既是稳定经济运行的需要,也是推动交通产业转型发展的需要。各地各有关部门要解放思想,学习借鉴先进经验,以产业思维挖掘路衍经济潜力,为全省高质量发展注入新动能。胡启生要求,要着眼服务乡村振兴,推进"交邮"合作共享,利用高速服务区、收费站以及县域公路治超站、养护工区等,构建县乡村三级邮政物流服务体系,为农产品进城、工业品下乡提供支撑。要推动交通产业绿色低碳智慧发展，以数字化智能化技术拓展交通运输高质量发展新空间。要强化部门协同，坚持试点先行，用市场的逻辑谋事，用资本的力量干事，凝聚路衍经济发展合力。

河北局加强全省交通物流金融服务助力邮政快递企业纾困

7月，河北局联合中国人民银行石家庄中心支行、省交通运输厅印发《关于加强交通物流金融服务的通知》。通知对加强交通物流金融服务提出了五方面措施。一是抓好交通物流领域市场主体金融服务。要求各金融机构加大对“两企两个”群体金融支持力度（“两企”指道路货物运输企业和物流配送企业，“两个”指道路普通货物运输个体工商户和个体普通货运车辆车主）。优先支持承担疫情防控和应急运输任务较重的运输企业贷款申请。二是创新符合交通物流领域融资特点金融产品。要求各金融机构加强金融科技运用，充分利用现有系统，将移动互联网技术同交通物流的金融需求深度融合，提升数据处理和信息挖掘能力，创新适合交通物流领域融资特点的线上信贷产品，有效满足“两企两个”群体融资需求。三是用足用好央行各项货币政策工具。推动交通物流专项再贷款精准投放，要充分发挥好中国农业发展银行等交通物流专项再贷款主办行的优势，做好贷款各类要素信息审核工作，及时梳理符合条件的客户清单，积极向上级行申请专项再贷款资金，全力满足道路货运物流“两企两个”群体融资需求。四是组织开展多层次、多形式的政银企对接活动。要求各有关部门建立常态化的政银企对接机制，加强协调配合和政策解读，针对货运物流行业协会或商会、货运物流企业集聚的产业园区等重点群体、重点区域，指导金融机构通过进园区、进协会（或商会）、进企业等多种方式，不断扩大银企对接的广度和深度。五是加强组织领导。要求各有关部门坚持党建引领，切实加强组织领导，结合当地实际、部门实际细化实化工作措施，确保政策落地见效，为“民生托底、货运畅通、产业循环”提供坚实保障。

河北局联合省气象局开展快递员气象预警信息服务

7月，河北省气象局和河北省邮政管理局联合印发《关于做好快递员气象预警信息服务的通知》，在深入贯彻习近平总书记关心关爱快递小哥重要指示批示精神，落实《关于做好快递员群体合法权益保障工作的意见》方面做了积极有益的探索。通知要求，邮政管理部门负责统计、提供邮政快递网点负责人信息，气象部门负责畅通面向快递员的气象预警信息服务渠道，根据邮政管理部门提供的网点负责人信息，通过多种方式高效发布天气预警信息。邮政快递网点负责人在收到气象预警信息后，根据实际情况及时调整作业方式，并及时告知所管理的快递从业人员，保障从业人员及时了解天气变化，合理安排室外作业时间、作业区域和劳动强度。

胡启生副省长专题调度邮政快递业基础设施建设工作

8月，河北省副省长胡启生主持召开专题调度会，听取河北局及石家庄、唐山、廊坊、保定、邢台市政府关于邮政快递业基础设施建设项目推进情况的汇报，要求解放思想，提升核心竞争力，以产业思维服务邮政基础设施建设，加快推进全国现代商贸物流基地建设，为全省高质量发展注入新动能。会上，石家庄、唐山、廊坊、保定、邢台市政府分管负责同志就加快推进相关工作进行了发言，省发展改革委、财政厅、自然资源厅、交通运输厅分管负责同志参加会议。

王正谱省长主持召开省长办公会研究全省邮政快递业基础设施建设工作

8月3日，河北省省长王正谱主持召开省长办公会，听取河北局工作情况汇报，研究全省邮政快递业基础设施建设工作。副省长胡启生、省政府秘书长朱浩文参加会议，省发展改革委、财政厅、自然资源厅、交通运输厅、商务厅列席会议。王正谱指出，邮政快递业是经济流通、社会流动、生活保障不可或缺的基础支撑。建设全国现代商贸物流重要基地，是京津冀协同发展规划纲要对河北的功能定位。各地各部门要统一思想，深入学习贯彻习近平总书记重要指示精神，认真落实全省经济工作推进会议部署，充分认识邮政快递业基础设施建设的重要性，立足区位优势，明确目标任务，推进邮政快递业基础设施建设，加快形成内畅外联、辐射全国的物流网络。要加快物流业项目建设，把邮政快递业基础设施建设列入省重点项目清单，做好项目引进、建设、运营全方位服务保障，启动实施一批条件成熟的“十四五”项目，引进储备一批优质项目，以高质量项目带动商贸物流产业高质量发展。要健全快递物流体系，加强寄递综合服务点建设，加快推进“快递进村”，构建县乡村三级快递物流服务网络，畅通末端物流配送“微循环”。要优化物流业空间布局，发挥“东出西联、承南接北”区位优势，科学规划建设物流园区，提高土地集约利用水平，降低物流综合成本，提高物流配送效率。要完善工作机制，密切部门协作，压实市县责任，加强统筹调度，及时协调解决问题，推动各项任务落地落实。

河北邮政快递业两人获“全国青年岗位能手”称号

10月，共青团中央、人力资源社会保障部联合印发《关于命名表彰第21届全国青年岗位能手的决定》，授予河北顺丰速运有限公司唐山分公司快递员李建超、献县中通速递服务有限公司快递员李桐桐“全国青年岗位能手”称号。全国青年岗位能手评选表彰是共青团中央、人力资源社会保障部共同组织开展的为党育人、为国育才的重要品牌工作，旨在选树和宣传先进青年典型，大力弘扬职业精神、工匠精神、奋斗精神，为党发现、培养、凝聚青年人才。

胡启生副省长要求推动邮政快递业高质量发展

10月26日，河北省邮政快递业维护市场秩序暨基础设施建设工作视频会议在石家庄召开。副省长胡启生出席会议并讲话。他指出，邮政快递业是服务生产生活、促进消费升级、畅通经济循环的现代化先导性产业，是高质量发展的重要支撑。要深入学习贯彻党的二十大精神，围绕全国现代商贸物流重要基地功能定位，坚持发展与规范并重，加快基础设施建设，加强行业市场监管，推动邮政快递业高质量发展。胡启生要求，要全力抓投资、上项目，加快推进邮政快递业基础设施建设，吸引更多快递企业区域性总部、集散中心、结算中心等落地河北。要着力构建县乡村三级寄递物流体系，推动邮政快递业与现代农业、先进制造业融合发展，畅通农产品上行和工业品下行渠道。要全力保障邮政快递运输车辆通行顺畅、从业人员上岗通行、经营场所应开尽开，确保寄递渠道顺畅有序。要统筹发展与安全，抓好常态化疫情防控，强化寄递安全综合治理，保障从业人员合法权益。各级各有关部门要及时协调解决行业发展瓶颈制约，健全部门执法联动机制，凝聚工作合力推进邮政快递业发展。

河北启动2022年“新就业形态劳动者温暖服务季”活动

11月3日，河北省2022年“新就业形态劳动者温暖服务季”活动启动仪式在石家庄举行。2022年11月至2023年1月，河北全省工会将协同邮政管理和人社、交通运输、市场监管等部门及相关行业协会，面向快递员、网约车司机等新就业形态劳动者，组织开展温暖服务季系列活动。河北省交通运输厅、省邮政管理局及石家庄市总工会有关负责人出席启动仪式并致辞。

胡启生副省长调研时要求切实保障人民群众寄递服务需求

12月19日，河北省副省长胡启生到石家庄市菜鸟驿站剑桥春雨店、石家庄邮区中心局藁城邮件处理中心、顺丰石家庄陆运中转场，调研邮政快递保通保畅工作。他指出，要深入学习贯彻党的二十大精神，认真落实优化落实疫情防控新十条措施，全面恢复邮政快递行业正常运行，切实保障人民群众寄递服务需求。胡启生要求，要加快恢复邮政快递作业场所有序运转，推动营业网点和末端服务站点应开尽开，及时补充人力、运力缺口，畅通邮政快递末端“微循环”。要保障进京邮件快件渠道畅通，全力做好人力、物力、运力储备调配工作。要优先保障重要物资处理投递，对防疫物资、医疗药品器械、生活必需品等急需使用物资，要优先处理、优先投递，对群众反映的投申诉问题，要急事急办、要事先办。要加强从业人员关心关爱，对邮政快递企业在防疫物资、疫苗接种等方面给予支持，优先保障防疫物品，保护从业人员身体健康。各地各有关部门要进一步推进邮政快递基础设施建设，切实做好要素保障服务，不断完善寄递网络布局，全面提升邮政快递保通保畅能力和水平。

山西省快递发展大事记

山西两项目入选国家邮政局快递服务现代农业金牌项目

1月，国家邮政局公布“2021年快递服务现代农业金牌项目”名单，“运城苹果”和“吕梁杂粮”两个“快递+”项目上榜，分别位列第20位和46位，这也是“运城苹果”连续四年摘得金牌，“吕梁杂粮”首次上榜。“快递进村”工程实施以来，山西省邮政管理局深入贯彻落实国家邮政局安排部署，聚焦“南果中粮北肉东药材西干果”省级战略部署，引导全省行业充分发挥平台优势，创新服务模式，积极开展快递服务现代农业工作，持续培育全省快递服务现代农业金牌项目。其中，“运城苹果”年度寄递量达到2400.49万件，拉动消费10.38亿元。“吕梁杂粮”寄递量达1346.2万件，拉动消费4.03亿元。“快递+特色农业”取得了经济效益和社会效益双丰收，实现了多方共赢，有效服务了地方经济发展。

山西局联合两部门推进智能信包（快件）箱建设

1月，山西局联合省自然资源厅、省住房和城乡建设厅印发《关于推进智能信包（快件）箱建设的通知》，合力推进全省智能信包（快件）箱建设工作。通知要求，各地要提高对推进智能信包（快件）箱建设工作的认识，创新公共服务设施管理方式，将智能信包（快件）箱纳入城市公共配送体系，纳入房屋建设公共配套设施，纳入地方为民办实事项目，满足人民群众对更好用邮的新需求。

山西启动市场主体倍增工程利好邮政快递业

1月，山西省委、省政府印发《关于实施市场主体倍增工程的意见》，明确支持农村寄递物流体系建设，加强快递园区、分拨中心建设用地保障。意见明确，一要推进全省农村寄递物流体系建设。对农村地区下行快件给予补贴，坚持尊重市场规律，分类指导推进，采取先易后难，实现全部覆盖，以此加快推进“互联网+”农产品出村进城。二要优化企业用地供给。实施差别化地价政策，符合条件的战略性新兴产业项目可在工业用地最低价基础上优惠出让。加大分拨配送中心用地保障力度。适应快递业快速发展形势，快递园区快递公共投递服务站等基础设施要与城乡公共服务设施用地同步规划。

《山西省邮政业发展“十四五”规划》正式发布

1月，山西局、省发展改革委联合印发《山西省邮政业发展“十四五”规划》。规划明确“十四五”时期的行业发展目标，提出到2025年，山西省邮政快递业的基础产业作用更加凸显，基础设施建设更加健全，产业政策环境更加完善，邮政普遍服务水平持续提升，快递规模和实力不断提升，市场主体实现倍增。邮政业在山西全方位推动高质量发展中的基础性战略性作用更加显著，在全国邮政业发展格局中地位更加凸显。

实现农村寄递物流服务全覆盖被纳入2022年山西省民生实事

山西省“两会”期间，省长蓝佛安代表省政府公开承诺，2022年将集中力量办好12件民生实事，实现农村寄递物流服务全覆盖首次纳入其中，行业发展喜获重大政策利好。此次纳入民生实事，标志着农村寄递物流服务全覆盖工作已上升至省级战略层面，基本形成了山西局与省发改委联合牵头，省政府统一考核，各级人民政府一体建设的工作格局，将有力推动农村寄递市场繁荣，为畅通城乡循环，助力乡村振兴提供有力支撑。

汤志平副省长慰问调研山西局

2月14日，山西省副省长汤志平专程调研山西局，慰问党员干部职工，勉励全省系统在新的一年，认真贯彻落实省委省政府决策部署，振奋精神，砥砺奋斗，顽强拼搏，再创佳绩，不断开辟山西邮政管理事业高质量发展新局面。汤志平高度肯定山西省邮政管理工作和邮政快递业发展成绩。他指出，邮政快递业增速快、潜力大，是极具活力的朝阳产业，是现代服务业的重要组成部分，是壮大互联网经济的重要支撑，是新基建发展的重要参与者，长期保持高速增长，对于推动山西经济社会发展具有重要意义。

省政府工作报告多项利好政策惠及邮政快递业

2月，山西省第十三届人民代表大会第六次会议胜利召开，省长蓝佛安作政府工作报告，其中多项利好政策惠及邮政快递业发展。报告明确，要加快建设农产品冷链物流，开展农村三级寄递物流体系建设，让工业品下乡、农产品进城更加顺畅；要进一步强化政策支持，降低市场主体营商成本，优化涉企用地供给，推进“房证同交”“地证同交”改革，降低综合物流成本；要培育壮大物流龙头企业和网络货运平台，建设太原、大同、临汾国家物流枢纽，打造内陆型国际物流中心。报告同时指出，要着力推动现代服务业发展提质增效，积极发展流量型经济，培育电子商务、无接触配送等新业态，培育直播电商基地、跨境电商示范区，拓展跨境电商业务，加大海外仓建设力度，做大外贸新业态。

山西省2022年农村寄递物流服务全覆盖实施方案正式发布

2月，山西省发展改革委、省财政厅、省邮政管理局联合印发《2022年农村寄递物流服务全覆盖实施方案》，聚焦办好2022年省政府民生实事，切实解决农村群众寄递难题，畅通城乡循环体系，有效助力乡村振兴。方案指出，要在全省80个县、11个县级市，涉及911个乡镇、16094个建制村，同步开展农村寄递物流体系建设，2022年底实现农村寄递物流服务全覆盖，2023－2024年持续推动、巩固发展，基本形成开放惠民、集约共享、安全高效、双向惠民的农村寄递物流体系。方案明确，要引导邮政、快递企业等加强资源共享，鼓励支持统仓共配，聚焦“一特色三标准”目标，推动每个县(市)培育形成一种符合实际的农村寄递物流模式，每个乡(镇)新建或改造提升一个标准化快递综合服务站，每个建制村设立一个标准化村级快递便民服务点，保证建制村每天一频次以上标准化寄递物流服务。为切实推动项目建设，确保实效，2022－2024年省级财政资金对农村地区下行快件进行差异化适当补助，进一步发挥政府资金牵引作用，推动快递网络下沉。

邮政快递服务基础设施被纳入省设镇设街道标准

3月，山西省人民政府印发《山西省设镇标准》《山西省设街道标准》，邮政快递服务作为设镇设街道基本条件及指标被纳入两个标准。文件指出，两个标准与全省城镇化发展进程相适应，有利于推动构建简约高效的（乡镇）管理体制和治理体系，进一步优化城市空间布局和规模结构。两个标准从总体要求，基本条件及指标，可适当放宽设镇、设街道的情形三个方面对山西省设镇、设街道标准作出规范。两个标准明确，山西省设镇、设街道应当综合考虑人口与面积、经济条件、公共服务、基础设施等基本条件及指标。其中，拟设镇、设街道辖区内的基础设施应当比较完备，邮政快递服务等要达到相关要求。

邮政快递业四个项目被纳入2022年省级重点工程项目

3月12日，山西省人民政府办公厅发布《关于印发2022年省级重点工程项目名单的通知》，明确将邮政快递业四个项目建设纳入2022年省级重点工程项目。通知明确，山西省2022年省级重点工程项目总计518项，涵盖产业、科技创新、基础设施、社会民生四大领域。其中，山西省农村寄递物流体系建设项目以及太原邮件处理中心项目（太原市）、山西蓝远快递物流园项目（晋城市）、山西中通新建电商快递产业园及包装生产线项目（晋中市）3个快递园区建设纳入产业领域商贸物流项目。

大同全力打造全省农村寄递物流体系建设先行示范区

3月，大同市发展改革委、财政局、邮政管理局联合印发《大同市农村寄递物流服务全覆盖实施方案》，全力打造全省农村寄递物流体系建设先行示范区。方案要求，2022年大同市将在浑源、广灵、灵丘、阳高、天镇、左云等6县开展农村寄递物流服务全覆盖建设并结合大同实际，在平城、云冈、云州、新荣等4个区实施农村寄递物流服务提升工程。方案明确，将组织推进县级寄递物流仓配中心建设、农村地区寄递服务基础设施完善、农村地区寄递服务资源整合、配套政策扶持强化等重点任务，通过统仓共配方式，全面推进农村地区寄递服务全覆盖。

山西局紧急部署行业疫情防控和稳运行保通畅工作

4月13日，太原市韵达快递（清徐）分拨中心、朔州市应县韵达快递部分员工初筛阳性，山西省邮政快递业首次突发聚集性疫情。为进一步贯彻落实国家邮政局党组、省委省政府决策部署，山西省邮政管理局印发紧急通知，采取有力措施，统筹安排疫情防控和稳运行保通畅工作。通知要求，全省行业要切实提高政治站位，坚决树牢临战思维，充分认识当前疫情防控的严峻复杂性，坚决守牢不发生疫情外溢和隐匿传播底线，坚决果断做好涉疫聚集性疫情的处置工作，严密防范疫情通过寄递渠道传播扩散。

山西发布《推进基层快递网点优先参加工伤保险工作实施方案》

4月，山西局联合省人力资源和社会保障厅印发《推进基层快递网点优先参加工伤保险工作实施方案》，全面推进基层快递网点优先参加工伤保险工作。方案明确："用工灵活、流动性大的基层快递网点可优先办理参加工伤保险，其中，已取得邮政管理部门快递业务经营许可、具备用人单位主体资格的基层快递网点，可直接为快递员办理优先参加工伤保险；在邮政管理部门进行快递末端网点备案、不具备用人单位主体资格的基层快递网点，由该网点所属的具备快递业务经营许可资质和用人单位主体资格的企业法人代为办理优先参保，原则上在快递业务经营许可地办理参保，承担工伤保险用人单位责任。"此外，方案还明确了指导思想、基本原则、参保方式、工伤认定、待遇支付、保障措施等，为加快推进全省基层快递网点优先参加工伤保险，切实保障快递员群体合法权益奠定了基础。

山西局成立全省邮政快递业保通保畅工作专班

4月，山西局印发《关于成立山西邮政快递业保通保畅工作专班的通知》。通知明确，全省邮政快递业保通保畅工作专班，工作专班组长由山西局主要负责人担任，分管副局长任副组长，成员由机关相关部门和省邮政业安全中心负责人组成，负责统筹协调、指挥调度全省邮政快递业保通保畅工作，着力稳态势、稳网络、稳队伍，实现"干线网络无堵点、邮件快件无积压"和"保民生物资运递畅通、保城乡商品寄递畅通"的"两无、两保"工作目标。

山西出台促进服务业发展若干政策利好邮政快递业

4月，山西省人民政府办公厅发布《山西省促进服务业领域困难行业恢复发展的若干措施》《山西省推进服务业提质增效2022年行动计划》。措施提出，延续服务业增值税加计抵减，扩大"六税两费"适用范围等财税政策，支持服务业提质增效，明确对农村地区下行快件给予补贴，促进行业发展。措施进一步对服务业行业提出精准防疫要求，不得非经流调、无政策依据对相关服务业场所实施关停措施、延长关停时间；不得擅自增加对服务业的疫情防控措施。要求各级人民政府建立疫情防控措施层层加码问题反映、核实、纠正专项工作机制。计划提出，大力发展生产性服务业，创新农村寄递物流模式，2022年底实现全省农村寄递物流服务全覆盖，完善寄递末端网络，推动智能投递设施、快递公共服务站建设。

汤志平副省长调研督导寄递物流业疫情防控及恢复常态化运营

4月27日下午，山西省副省长汤志平深入中通快递太原转运中心、顺丰速运太原小店集散中心，实地调研督导疫情防控工作，查看快递企业恢复常态化运营情况。汤志平指出，要认真落实省委、省政府的部署要求，统筹推进疫情防控和经济社会发展，坚持人物环境同防，抓实抓细各项防控措施，持续提高科学精准防控水平。要严格执行省里最新印发的寄递物流行业疫情防控工作方案和总仓（分拨中心）管理指导意见，坚决做好源头管控，落实"第一落点"消杀责任，加强寄递从业人员防疫管理，坚决防止因管理不到位而导致疫情传播扩散。要执行统一的行业管理规定，防止政出多门、层层加码，加强寄递服务保障，帮助企业纾困解难，积极稳妥推进寄递服务网络有序恢复、畅通运行，推动寄递物流业平稳健康发展，切实保障人民群众生产生活需求。

邮政快递业被纳入山西省绿色低碳循环发展经济体系

5月，山西省人民政府印发《关于加快建立健全山西省绿色低碳循环发展经济体系的实施意见》。意见明确，要构建绿色低碳循环发展的流通体系，推广绿色低碳运输工具，城市物流配送、邮政快递等领域要优先使用新能源或清洁能源汽车，进一步提升物流绿色发展水平。要构建绿色低碳循环发展的消费体系，扩大绿色产品消费规模，推动电商平台设立绿色产品销售专区；倡导绿色低碳生活方式，推进过度包装治理，推动生产经营者严格遵守限制商品过度包装的强制性标准，加快快递包装绿色转型。

山西邮政快递业三人荣获2022年山西省五一劳动奖章

5月，山西省五一劳动奖表彰大会在太原召开，中国邮政集团有限公司大同市左云县分公司乡邮投递员皇甫永军、阳泉市全顺中通快递有限公司业务员任丽军、晋城市快递行业工会联合会主席杨芳等三名同志荣获"2022年山西省五一劳动奖章"。

山西《物流体系优化》入围第六届全国“互联网+”快递业创新创业大赛

5月，阳泉邮政分公司提交的《物流体系优化》，荣获第六届全国“互联网+”快递业创新创业大赛入围奖。《物流体系优化》聚焦百姓有需求、农村有市场、邮政有能力，加快构建县乡村三级寄递物流体系，利用邮政普遍服务网络遍布城乡优势，依托农村小商超、便民服务店、邮乐购店等村级服务站点，加大与快递、交通合作，让农民群众“足不出村”就可以享受邮政寄递和农村电商、代缴代收、农资分销、惠农贷等综合服务，积极破解农村寄递服务“最后一公里”难题。

邮政快递业多项内容被纳入省推进服务业提质增效2022年行动计划

5月，山西省人民政府办公厅发布《关于印发山西省推进服务业提质增效2022年行动计划的通知》，创新农村寄递物流模式和完善寄递末端网络等邮政快递行业相关内容纳入其中，多项利好政策惠及邮政快递业发展。计划指出，要创新农村寄递物流模式，开展全省农村寄递物流体系建设，逐步构建开放惠民、集约共享、安全高效、双向畅通的农村寄递物流体系，到2022年底实现全省农村寄递物流服务全覆盖。计划明确，要完善寄递末端网络，加快推动邮政、快递末端基础设施建设，纳入城镇老旧小区改造工作体系。鼓励邮政快递企业和社会第三方企业共同建设末端综合服务场所，加快社区、高等院校、商务中心、地铁站周边等末端节点布局，推动智能投递设施、快递公共服务站建设。

山西将邮政快递末端设施纳入城市完整居住社区建设

5月，山西省住建厅、省自然资源厅、省邮政管理局等15部门联合印发《关于推进城市完整居住社区建设的通知》和《完整居住社区建设标准（试行）》。通知要求，要大力推进完整居住社区建设，建立协调配合工作机制，将邮件和快件寄送设施、邮政快递末端综合服务站列入社区服务配套设施。通知明确，居住社区应建设配套智能信包（快件）箱等邮政通信设施，建立物业管理服务平台，推动物业服务向邮件快件收发等领域延伸。通知还结合完整居住社区等级，对邮政快递末端综合服务站建设面积、智能快递柜格口数量提出了建设要求。

山西首届“三晋最美快递员”名单揭晓

5月，经预审筛选、综合考察、评审公示等程序，山西省首届“三晋最美快递员”名单揭晓，任丽军、李春雨、孟飞燕、岳钟林、韩剑锋、张日军、郭建宇、胡月灵、薛建财、高鹏等10名快递员获评“三晋最美快递员称号”。此次“三晋最美快递员”评选活动由山西省邮政管理局主办，山西省快递协会、山西晚报联合承办。旨在展示山西省邮政快递行业安全规范、优质高效的服务理念，展现新时代快递员良好的精神风貌，通过学习宣传快递员的先进事迹，树立行业文明新风，传播行业正能量，进一步提升行业服务质量和服务水平。

山西局被评为“促进山西经济社会发展重要贡献单位”

5月，山西省年度目标责任考核领导小组办公室反馈了山西省邮政管理局2021年度目标责任考核等次评定结果，山西局被评为“促进山西经济社会发展重要贡献单位”，其中党建工作考核获“优秀”等次。

邮政快递业多项内容被纳入省“十四五”城乡社区服务体系建设规划

7月，山西省人民政府办公厅发布《关于印发山西省“十四五”城乡社区服务体系建设规划的通知》，邮政快递业多项内容纳入其中。通知指出，要完善城乡社区为民服务功能，加强城乡社区综合服务站建设，发挥综合服务平台和枢纽作用，推动供销、金融、邮政等各类服务入驻整合，实行“一站式服务”。以城乡社区综合服务设施和专业服务机构为依托，实现基本公共服务城乡社区全覆盖，让居民就近就便办理和享受基本公共服务。通知明确，全面推进城乡社区“一刻钟便民生活圈”建设，加快推进农村“生活服务圈”建设，推动物流配送、快递、再生资源回收网点设施辐射符合条件的村（社区），进一步优化城乡社区便民服务供给。通知同时明确，推进数字社区服务圈建设，大力发展社区电子商务，鼓励发展无接触配送，进一步推进城乡社区服务数字化建设。

邮政快递业多项内容被纳入省促进绿色消费实施方案

7 月，山西省发展改革委等 6 部门印发《促进绿色消费实施方案》，邮政快递业多项内容被纳入其中。方案明确，全面促进邮政快递等重点领域消费绿色转型，一是大力发展绿色交通消费，积极引导寄递企业新增或更新使用新能源车辆。二是全面促进绿色用品消费，要求快递企业落实主体责任，推进在邮政快递网点设置符合国家或地方标准的包装废弃物回收装置，逐步实现网点设置全覆盖。三是加快发展绿色物流，实施物流行业绿色发展五年行动计划，全面推进减污降碳。积极推广绿色快递包装，引导寄递企业优先采购使用获得绿色认证的快递包装产品。推进包装减量化，加强包装操作规范化建议，推进产品包装、销售包装和快递包装一体化，深入整治过度包装和随意包装。实施行业发展“9917”工程，推广应用低克重高强度快递包装纸箱、免胶纸箱、可循环配送箱等快递包装新产品，鼓励通过包装结构优化减少填充物使用。

孙洪山副省长督导调研寄递渠道安全管理工作

7 月 19 日上午，山西省副省长、省公安厅厅长孙洪山赴山西顺丰速运有限公司小店集散中心、太原中瑞通达快递有限公司（中通快递）营业网点，专题督导调研寄递渠道安全管理工作。孙洪山在调研中指出，各企业要切实加强生产运营管理，夯实安全生产基础，带头执行交通规则，引导基层快递员在驾乘三轮车时规范佩戴头盔，积极参与文明交通创建。他强调，公安部门要进一步发挥维护社会公共安全的重要作用，加强与行业主管部门合作，协调解决突出问题和困难，推动全省邮政快递业安全健康稳定发展。

山西局出席“山西这十年”系列主题发布会

9 月 6 日，中共山西省委宣传部举行“山西这十年”系列主题新闻发布会（省交通运输厅专场）。山西局党组成员、副局长赵光出席发布会并回答记者提问，系统介绍新时代全省邮政快递业主要发展成就。

建设农村寄递物流体系被纳入省“十四五”推进农业农村现代化规划

9 月，山西省人民政府印发《山西省“十四五”推进农业农村现代化规划》，明确支持加快建设农村寄递物流体系，畅通城乡循环，推动城乡要素高效循环。规划明确，要完善县乡村三级物流配送体系，构建农村物流骨干网络，改造提升农村寄递物流基础设施，打造农村物流服务品牌，探索推进乡村智慧物流发展；要整合优化邮政、交通、商贸、供销等物流资源，加快县乡村三级物流服务网络和节点建设；要实施电商进农村综合示范，畅通工业品下乡、农产品进城双向流通渠道，拓展农村消费新业态新模式；要加快建设产地贮藏、预冷保鲜、分级包装、冷链物流、城市配送等设施，构建仓储保鲜冷链物流网络。

山西打造专业镇快递物流发展获支持

10 月，山西省人民政府办公厅印发《山西省促进专业镇高质量发展实施方案》。专业镇是以县（市、区）为基本地理单元，主导产业相对集中、经济规模较大、专业化配套协作程度较高的经济形态，是集群经济的基本形式。促进专业镇高质量发展，是山西推动全省特色产业做大做强，带动就业富民，走出一条具有山西特色的集群经济发展新路子的重要实践。实施方案明确，要积极引导企业扩大生产规模，发展电子商务、快递物流等专业化配套服务，提高就业吸纳能力，实现城镇和农村劳动力就近就业、“家门口”就业，巩固拓展脱贫攻坚成果，促进乡村振兴。要加快提升专业镇信息化发展水平，推动专业镇企业用好5G、大数据、物联网等新一代信息技术，开展物流配送、电子商务等业务，实现数字化转型和智能化升级。要举办产供销对接活动，健全完善流通体系，畅通产业循环、市场循环。要加强公共服务平台建设，鼓励专业镇企业、行业组织、高校等共同打造物流配送、电商平台等多功能公共服务平台。

郑连生书记调研党的二十大期间寄递渠道安全保障和法治建设工作

10月17日，山西省委常委、政法委书记郑连生深入太原市实地调研督导党的二十大期间寄递渠道安保和法治建设工作，强调要以习近平新时代中国特色社会主义思想为指引，深入学习领会党的二十大精神，不断提升依法治邮水平，切实保障党的二十大期间寄递渠道安全畅通。

刘旸副省长高度肯定全省邮政管理工作成效

11月1日，山西局局长秦红保专题向省人民政府副省长刘旸汇报农村寄递物流服务全覆盖民生实事、旺季服务保障、安全生产、疫情防控和保通保畅等工作。刘旸高度肯定全省邮政管理工作成效，勉励山西局立足新征程，担当新使命，争取新作为。刘旸要求，要全力巩固和拓展农村寄递物流服务全覆盖成效，坚持办好民生实事，不断推动快递电商高效贯通发展，有效促进城乡生产和消费衔接，助力巩固脱贫攻坚成果，促进乡村振兴。要强化保通保畅，将邮政、快递作为民生重点，坚持打通大动脉、畅通微循环，加强统筹调度，妥善做好“双11”“双12”等旺季服务保障工作，有效保障防疫物资、紧急药品和基本生产生活物资运递，满足人民群众寄递需求。要全力做好年终岁尾安全生产工作，持续深化平安寄递建设，切实强化安全生产监管，压实企业主体责任，从严从实抓好常态化疫情防控，确保行业健康平稳运行。

山西农村寄递物流服务基本实现全覆盖

截至2022年10月底，山西省农村寄递物流服务全覆盖民生实事基本完成，117个县(市、区)的1082个乡镇100%建成快递综合服务站，20356个建制村100%实现通快递、100%实现3个以上品牌快递直投，其中，91个县(市)初步建成农村共配网络，16094个建制村新建快递网点，县、乡、村物流节点基本建成，引导形成了“交快”“邮快”“快快”等多种融合发展新模式，农村地区快递服务基本实现全覆盖，城乡循环更加畅通，年内拉动运城苹果、吕梁杂粮、山西老陈醋、长治小米等特色农产品上行销售超5000余万件，拉动产值超18亿元，巩固脱贫攻坚、促进乡村振兴作用持续展现。

蓝佛安省长专题调研农村寄递物流服务全覆盖民生实事

11月9日至10日，山西省委副书记、省长蓝佛安深入晋中市昔阳、和顺、左权三县宣讲党的二十大精神，调研产业项目建设、巩固脱贫成果和乡村振兴等工作时，专题调研和顺县农村寄递物流服务全覆盖工作，充分肯定民生实事推进成效，明确表示予以支持。调研中，蓝佛安详细询问农村寄递物流发展情况，山西局局长秦红保现场进行了汇报。蓝佛安强调，发展农村寄递物流是民生要事，必须突出邮政快递业的公共服务属性，继续加大财政支持力度，依托交快、邮快、快快合作等模式，巩固提升农村寄递物流服务质效，推动各类农村公共服务与邮政快递服务网络聚合，有力有效全面深化快递电商高效贯通发展。

蓝佛安省长批示肯定农村寄递物流服务全覆盖民生实事

11月，山西省省长蓝佛安在山西局呈报的《关于农村寄递物流服务全覆盖民生实事进展情况的报告》上作出批示，高度肯定全省农村寄递物流服务全覆盖工作成效。蓝佛安批示指出：对省邮政管理局推动农村寄递物流服务全覆盖所做的努力表示肯定。要进一步研究加快农产品上行措施，畅通农产品进城通道。刘旸副省长也在《报告》上作出批示：省邮政管理局大力推动农村寄递物流服务全覆盖民生实事，为畅通城乡循环，释放农村消费潜力，促进乡村振兴作出贡献，希望进一步融入山西发展大局，对接发展规划，实现更高质量发展。

山西出台支持鼓励全省快递企业招聘用工政策

12月，人民群众对邮政快递的服务需求旺盛，揽投力量出现阶段性供给不足。在国家邮政局和省委、省政府高度关心和大力支持下，山西局会同人社等部门深入研究、主动作为，推动省人力资源和社会保障厅及时印发《关于支持鼓励全省快递企业招聘用工的通知》，明确快递企业用工扶持政策，帮助企业拓展巩固用工渠道，从政策端支持保障行业高质量稳定运行，满足群众用邮用快需求。

内蒙古自治区快递发展大事记

《内蒙古自治区"十四五"邮政业发展规划》正式印发

1月，经内蒙古自治区人民政府同意，内蒙古自治区邮政管理局、自治区发展和改革委员会、自治区交通运输厅联合印发《内蒙古自治区"十四五"邮政业发展规划》。规划提出，到2025年，全区建成"一张网络"，即建成深入城乡、辐射国际、智能高效、绿色安全的全区寄递服务网络；实现"三个融合"，即实现自治区邮政业与农牧业、电子商务、制造业深度融合；提升"四个能力"，提升寄递服务能力、跨境寄递能力、绿色科技能力、行业治理能力；实施"七个工程"，即实施寄递枢纽建设工程、城市末端服务能力提升工程、快递进村工程、冷链快递工程、快递进厂工程、快递出海工程、邮件快件绿色包装工程；为推进规划落地实施，将从组织领导、政策保障、强化队伍建设、评估考核等四个方面着手，强化对规划实施的组织领导、综合配套和基础保障。

"快递进村""保障快递小哥权益"被写入自治区政府工作报告

1月，内蒙古自治区第十三届人民代表大会第六次会议开幕，"快递进村""保障快递小哥权益"被写入自治区政府工作报告。工作报告提到，2022年要大力推进服务业提质提效，要"全面推进物流业现代化，加快呼和浩特、乌兰察布—二连浩特、满洲里国家物流枢纽和巴彦淖尔国家骨干冷链物流基地建设，健全农村牧区寄递物流体系，基本实现村村通快递"。还要着力兜底线保基本补短板，持续增进民生福祉。"健全灵活就业劳动用工和社保政策，保障快递小哥、外卖骑手等群体权益。"

自治区2022年坚持稳中求进推动产业高质量发展政策清单利好邮政快递业

2月20日，内蒙古自治区人民政府印发《内蒙古自治区2022年坚持稳中求进推动产业高质量发展政策清单》，涉及邮政快递业的四项利好政策列入清单，全区邮政快递业发展再获利好。政策清单中明确，一是按照补贴后区域内业务总体盈亏平衡和自主可持续经营等原则，以快递进村单量、单件成本、派送距离和服务发生区域等为依据，对实际发生的快递进村业务服务，按照每单不超过0.3元，由各盟市制定实施差异化后补贴政策。二是落实城市配送车辆便利通行政策，对运输生活必需品、鲜活农产品、冷藏保鲜产品、邮政寄递等实际民生物资的新能源和清洁能源配送车辆，取消通行限制，在城市公共停车场、货物装卸点等停车场地免收停车费。三是鼓励农村牧区客运货运邮政快递融合发展，给予国家城乡交通运输一体化示范县投资补助200万元，打通农牧民出行消费“最后一公里”。四是新增和更新快递物流配送车辆使用新能源汽车的比例不低于30%。

内蒙古局与自治区国防邮电工会合力推进快递员权益保障工作

2月，内蒙古局与自治区国防邮电工会就推进全区快递员权益保障等工作进行座谈，深入交流探讨下一步工作思路。双方就下一步工作达成一致意见：一要建立快递员权益保障工作联席会议制度，及时研究协调解决工作推进中出现的问题，全面了解掌握工作情况，确保工作任务的落实；二要在民营快递企业员工和快递行业工会联合会中推选代表担任自治区国防邮电工会委员；三是“自治区五一劳动奖章”人员推荐工作中，要向民营快递企业一线员工、农牧民工倾斜；四要依托快递行业工会联合会，全力推进快递行业集体协商机制的建立，构建和谐的劳动关系，切实维护快递员合法权益。

邮政快递业作为重点内容被纳入《内蒙古自治区“十四五”现代物流发展规划》

2月，内蒙古自治区发展和改革委员会印发《内蒙古自治区“十四五”现代物流发展规划》，邮政快递业作为重点内容被纳入规划。规划在发展目标中明确提出，自治区“十四五”期间邮政快递骨干网络运转高效，邮件处理中心、快递分拨中心等基础设施处理能力显著提升；盟市综合快递物流园区、旗县分拨中心、乡镇服务站点实现全覆盖，基本实现建制村“村村通快递”，末端网络便捷多样；跨境寄递渠道更加通畅，邮件快件通关时效明显提高。

自治区两部门联合推进基层快递网点优先参加工伤保险工作

3月，内蒙古局、自治区人力资源和社会保障厅联合转发《关于推进基层快递网点优先参加工伤保险工作的通知》，并对各盟市人力资源社会保障部门和邮政管理部门推动基层快递网点优先参加工伤保险工作提出要求。通知明确，推进基层快递网点优先参加工伤保险工作事关快递员群体合法权益保障，各地要高度重视用工灵活、流动性大的基层快递网点优先参加工伤保险工作，推动网点从事快递收寄、分拣、运输、投递和查询服务的从业人员全覆盖。通知同时对基层快递网点优先参加工伤保险的缴费主体、缴费基数、基准费率等内容进行了明确。

内蒙古局与中国移动通信集团内蒙古有限公司签署战略合作协议

4月2日，内蒙古自治区邮政管理局与中国移动通信集团内蒙古有限公司签署战略合作框架协议，双方将重点围绕全区邮政快递行业和通信领域产业发展需求，结合新一代5G移动通信技术的发展，开展“快递进村”合作、基础资源共享、信息化服务、融合发展等业务合作。

自治区邮政快递业末端建设再获利好政策

4月，自治区商务厅、自治区发展和改革委员会、自治区民政厅、自治区人力资源和社会保障厅、自治区邮政管理局等12部门共同印发《内蒙古自治区城市一刻钟便民生活圈建设工作方案》，将智能信包箱（快件箱）纳入社区公共服务设施建设，邮政快递业末端建设获利好。方案明确提出要：支持智能信包箱（快件箱）等便利设施进社区，完善“一站式”便民服务功能。优先配齐和支持与居民日常生活密切相关的邮政快递综合服务点、前置仓等基本保障类业态进社区，在安全、合法的前提下采取“一点多用”、服务叠加等方式发展微利业态，保障生活必需。提升运营创新能力，鼓励服务叠加增客流，延伸服务降成本的“一店多能”模式，搭载代收代发、上门服务等项目，通过跨界经营提高便民服务能力。

赤峰市领导与内蒙古局共商推动创建全国电商快递协同发展示范区

5月12日，内蒙古赤峰市委常委、红山区委书记陈占英一行到访内蒙古自治区邮政管理局，就创建全国电商快递协同发展示范区工作进行座谈交流，并考察自治区顺丰分拨中心、呼市国际快件监管中心。内蒙古自治区邮政管理局党组书记、局长钟奇志参加座谈，党组成员、副局长王鹰陪同调研。

孙绍骋书记听取疫情防控工作汇报

5月12日，内蒙古自治区党委书记孙绍骋听取自治区政府疫情防控工作汇报，强调要持续加强邮政快递业疫情防控工作，筑牢“外防输入”防线，保障物流畅通。汇报会上，孙绍骋详细了解了邮政快递业车辆通行保障和进口国际邮件消毒消杀措施落实情况。孙绍骋要求，要坚决落实党中央关于疫情防控方针政策，认真学习贯彻习近平总书记5月5日在中央政治局常委会上的重要讲话精神，始终坚持“外防输入、内防反弹”总策略和“动态清零”总方针不动摇。要强化“四方责任”落实，尤其是涉入境、冷链、邮政快递、交通运输等重点行业责任，严格落实重点场所防控措施。要继续巩固筑牢口岸防线，加强进境货物、邮件检测管控消杀等工作。要按照党中央关于疫情要防住、经济要稳住、发展要安全的重要要求，毫不放松落实常态化疫情防控各项措施，完善突发疫情应急处置机制，坚决守住不发生疫情规模性反弹的底线，保持经济平稳运行和社会和谐稳定。

内蒙古局联合自治区住房和城乡建设厅全力保障邮政快递民生服务畅通

5月，内蒙古局联合自治区住房和城乡建设厅转发《住房和城乡建设部办公厅　国家邮政局办公室关于做好疫情防控期间寄递服务保障工作的通知》，就切实保障邮政快递民生服务畅通运行提出明确要求。通知明确，在满足当地联防联控机制和防疫要求情况下，不得随意增加限制条件，阻碍邮政快递企业进入写字楼、商业区、居民小区等区域向用户提供服务，尽可能为邮政快递企业划定专用通道、提供邮件快件投递专门区域，保障寄递服务有序规范进行。通知要求，全面宣传物流保通保畅的重大意义，稳定社会预期，保持“最后一百米”服务畅通。加强部门联动，如遇本地发生疫情，要共同协调当地疫情防控部门为快递员办理投递通行证，在符合当地疫情防控的前提下，最大程度保障末端投递服务。

内蒙古商贸职业学院选送项目获“菜鸟网络杯”第六届全国“互联网＋”快递业创新创业大赛银奖

5月，“菜鸟网络杯”第六届全国“互联网＋”快递业创新创业大赛全国总决赛落下帷幕。包括清华大学、北京邮电大学、南京邮电大学和内蒙古商贸职业学院在内的26只参赛队伍进入总决赛，经过激烈角逐，内蒙古商贸职业学院选送的“‘递’鲜草，解牧户之所急”项目荣获银奖。

内蒙古局印发2022年度生态环境保护工作要点

5月19日，内蒙古局印发《内蒙古自治区邮政管理局2022年行业生态环境保护工作要点》，从强化法规标准政策体系的贯彻落实、加快推进快递包装绿色转型、稳步推进行业节能减排、持续推进协同共治、强化组织实施等五个方面对2022年内蒙古邮政业生态环境保护工作进行部署。

内蒙古局联合自治区团委开展“青听”活动

5月20日，内蒙古局、自治区团委联合开展“喜迎二十大、永远跟党走、奋进新征程‘青听’——我为群众办实事　体验快递工作　关爱快递小哥活动”。本次活动中，内蒙古局为各领域青年代表挑选联系十余个邮政快递网点，组织青年代表与快递小哥同行同劳，深入体验快件分拣、装车、派送的工作全过程。在活动中，青年代表在快递小哥的指导下亲身试驾快递派送车辆，对快件进行分拣装车，并与快递小哥同行进入目标派送小区，拨打电话送“件”上门。体验活动结束后，自治区团委、内蒙古局邀请参与此次活动的青年代表、快递小哥以及部分寄递企业负责人进行座谈。

内蒙古邮政快递监测专班开通全区邮政快递保通保畅服务热线

5月，自治区邮政快递监测专班开通24小时值守热线（白天热线：0471-3263906；夜间热线：0471-3366809），及时解决企业诉求和关切。邮政快递企业及从业人员可针对物业服务企业随意增加限制条件，阻碍邮政快递企业进入写字楼、商业区、居民小区等向用户提供服务等情况；车辆通行证办理发放、运输线路不畅、从业人员返岗复工、设立无接触投递设施、参与抗疫保供工作等问题进行反映。服务热线将按照“特事特办、急事急办”原则，根据问题线索涉及领域第一时间转办属地加强邮政快递监测管理工作专班或邮政管理部门协调相关单位或部门迅速处理，并及时跟踪、反馈、督办，全力保障做好邮政快递业保通保畅工作。

内蒙古局机关志愿服务队荣获自治区直属机关抗击疫情优秀志愿服务集体荣誉称号

5月，内蒙古自治区党委直属机关工委通报表彰了疫情防控优秀志愿服务团队，内蒙古自治区邮政管理局机关志愿服务队榜上有名。

《内蒙古自治区“十四五”邮政业绿色发展行动计划》发布

5月26日，内蒙古局印发《内蒙古自治区“十四五”邮政业绿色发展行动计划》。行动计划明确了“十四五”期间，内蒙古邮政业要深入贯彻习近平总书记重要指示批示精神，全面落实党中央、国务院、国家邮政局决策部署，立足新发展阶段，服务新发展格局，将绿色理念贯穿邮政业发展全方位、各环节和全流程，加快推进自治区邮政业绿色低碳转型，建设亮丽北疆，服务美丽中国的总体工作思路。明确了2022年底采购使用符合标准包装材料比例、按照规范包装操作比例、可循环包装和回收复用包装数量、新能源或清洁能源车辆等各项重点任务指标的阶段性目标。确定了2025年底内蒙古邮政业在形成绿色低碳生产方式、快递包装减量化、标准化和循环化、运输装备清洁低碳化、发展模式集约高效化等方面的行动最终目标。

快递员、快件处理员技能比赛被列为2022年自治区职工职业技能A类赛工种

6月，内蒙古自治区总工会、人力资源和社会保障厅联合印发《关于举办“建功‘十四五’奋进新征程”2022年自治区职工职业技能比赛的通知》。根据通知要求，全区将组织开展自治区87个工种职工职业技能比赛，其中A类赛33个，B类赛54个。快递员、快件处理员职业技能比赛被列为本次竞赛A类赛工种。对技能竞赛中取得优异成绩的选手，将按照《内蒙古自治区职工职业技能比赛奖励实施办法（试行）》规定给予奖励。

快递包装治理被纳入自治区“十四五”节能减排综合工作实施方案

6月,内蒙古自治区人民政府印发《内蒙古自治区“十四五”节能减排综合工作实施方案》,邮政业包装治理内容被纳入实施方案。方案确定了实施节能减排的十项重点工程,在“交通物流节能减排工程”中明确提出,要“全面推广绿色快递包装,引导电商企业、邮政快递企业选购使用获得绿色认证的快递包装产品”。方案还就优化运输组织模式、推广新能源和清洁能源汽车等方面作出要求部署。

内蒙古局助力推动全区“快递进村”政策落地

6月,内蒙古局印发《内蒙古自治区“快递进村”差异化补贴政策成本测算指导意见》,以人员成本、运输成本等45个指标维度为依据,立足全区实际,明确相关标准,对全区不同地区、不同模式下的“快递进村”平均单件成本进行测算,进一步夯实政策落地依据。指导意见明确,根据《内蒙古自治区人民政府关印发自治区2022年坚持稳中求进推动产业高质量发展政策清单的通知》,各盟市局要按照补贴后区域内业务总体盈亏平衡和自主可持续经营等原则,以快递进村单量、单件成本、派送距离和服务发生区域等为依据,推动地方政府对实际发生的快递进村业务服务,按照每单不超过0.3元,制定实施差异化补贴政策。指导意见对业务模式、享受政策补贴的快递进村标准等概念进行了进一步明确。同时对测算标准、依据进行了数据分析,合理分析研判人员成本、运输成本等指标,确保“快递进村”平均单件成本符合地区实际。

内蒙古局联合自治区党委宣传部召开主题新闻宣传媒体见面会

6月15日,内蒙古局联合自治区党委宣传部召开“乡村振兴里的‘快递路’”主题新闻宣传媒体见面会,推介邮政快递业在保通保畅和促进乡村振兴中的工作亮点。人民网内蒙古频道、央广网、新华融媒、内蒙古广播电视台、《内蒙古日报》、呼和浩特广播电视台、《呼和浩特日报》等15家中央驻区、自治区以及呼和浩特市主流媒体的23名记者参加见面会。见面会上,内蒙古局介绍了邮政快递行业服务乡村振兴情况、乡村振兴服务政策出台及落地情况、快递电商协同发展情况;内蒙古邮政分公司、内蒙古顺丰速运、内蒙古京东快递三家企业分别就“四流”解“三难”助力乡村振兴、保障生鲜冷链运输工作和创新服务方式助力乡村振兴与产业发展介绍了邮政快递服务乡村振兴典型案例。与会人员与媒体记者进行了互动交流。

内蒙古邮政业深度参与自治区生活垃圾分类治理

6月,内蒙古自治区人民政府办公厅印发《关于成立自治区生活垃圾分类工作领导小组的通知》,内蒙古自治区邮政管理局作为成员单位,内蒙古自治区邮政管理局主要领导同志作为领导小组成员,深度参与自治区生活垃圾分类治理工作。在《内蒙古自治区住房和城乡建设厅等部门〈关于进一步推进生活垃圾分类工作的实施意见〉的通知》中明确提出,要“鼓励和引导销售、快递、外卖等企业严格落实限制商品过度包装的有关规定,避免过度包装。可采取押金、以旧换新等措施加强产品包装回收再利用。落实国家有关塑料污染治理管理规定及《内蒙古自治区关于加强塑料污染治理工作实施方案》,禁止或限制部分一次性塑料制品的生产、销售和使用”。

内蒙古一所院校开设“邮政快递智能技术”专业

2022年,内蒙古交通职业技术学院经自治区教育厅审批、教育部备案开设“邮政快递智能技术”专业,2022年秋季开始招生,填补了自治区普通高校邮政快递方向专业的空白,拓宽了自治区邮政快递行业培养高技能人才的通道。“邮政快递智能技术”专业基于人工智能、大数据和物联网等快递信息技术和自动化技术，面向“互联网+”和智能制造培养工学和管理学相结合的智慧快递高端复合型工程技术人才。能够从事快件派送收、处理、客户关系管理、市场开发、数据分析、安全检查、设备维护、运营管理等工作。学院表示将把握新增专业建设的契机，不断加强教师队伍建设，完善课程体系，不断提升教育教学水平。发挥示范引领作用，为自治区培育高层次邮政快递业人才奠定基础。

自治区11部门联合印发做好快递员群体合法权益保障工作实施方案

7月27日，经自治区人民政府同意，内蒙古自治区交通运输厅、邮政管理局、人社厅、发展改革委、公安厅、司法厅、商务厅、市场监管局、医疗保障局、总工会、团委等11部门联合印发《内蒙古自治区做好快递员群体合法权益保障工作实施方案》，为切实保障快递员群体合法权益、促进快递业持续健康发展提供政策支持。方案提出，到“十四五”末，全区快递员群体合法权益保障的相关制度机制基本健全，全区快递员群体薪资待遇更趋合理，社保权益得以维护，专业技能有效提高，企业用工更加规范，从业环境更加优化，就业队伍更加稳定，职业的自我认同和社会认同持续增强，全区快递员群体的获得感、幸福感、安全感持续提升。

自治区首批305名快递员取得职业技能等级证书

8月，赤峰市305名快递员拿到了职业技能等级证书，成为自治区首批拥有职业技能等级证书的“快递小哥”，他们可享受职业资格证书同等的政府培训补贴，就业创业优惠及技能人才待遇政策。

内蒙古局联合人社厅推进邮政快递从业人员职业技能、安全技能提升培训工作

8月，内蒙古局、人力资源和社会保障厅联合印发《关于组织开展2022年度邮政快递业职业技能、安全技能提升培训有关工作的通知》。通知指出，要认真贯彻落实自治区人力资源和社会保障厅、发展和改革委员会等18部门联合制定的《“技能内蒙古行动”实施方案（2022－2025年）》，明确到2022年底，开展各类职业技能培训3000人次，为自治区邮政快递业高质量发展提供人才保障。对符合条件的邮政快递企业职工参加岗前培训、安全技能培训、新型学徒制培训或职业技能提升培训，按照相关规定，给予职业技能培训补贴或参保职工职业技能提升补贴。各部门要明确目标、强化责任，合力推动工作落实。符合条件的应组织培训人员进行职业技能等级评价，取得职业技能等级证书。

内蒙古局会同财政、商务两部门共同推进县域商业体系建设

8月10日，内蒙古局与自治区财政厅、商务厅、邮政公司围绕县乡村商业网络体系和农村快递物流体系建设联合召开工作推进会议，就发挥邮政公司行业龙头企业作用，畅通三级物流配送体系，促进县域消费升级等方面进行了交流磋商。面对当前工作推进中存在的县域共配中心处理及仓储能力不足、产业支撑力不强、融合度不高等问题。与会各方在要以市场需求为导向，保障政策引导资金投入效果的前提下，逐步完善县乡村三级网络体系，强化商业体系建设，加强信息沟通和政策有效衔接等方面达成了共识。

内蒙古又一校企合作项目落地

8月19日，内蒙古交通职业技术学院与内蒙古顺丰速运有限公司签署“顺丰订单班”校企合作协议并举行了顺丰人才培养基地揭牌仪式，推动又一校企合作项目落地。签约仪式上，内蒙古交通职业技术学院党委副书记、院长范体贵简要介绍了学院基本概况、发展规划和办学特色，以及校企合作的目标和原则。他指出，在国家大力发展

现代职业教育、倡导产教融合政策指引下，双方要本着创新机制、优势互补、合作共赢的原则，紧扣地区发展需要，深化校企融合，推动专业紧密对接产业，启动开放性、全方位、深层次的合作，实现携手联动、资源共享、共谋发展的良好局面，推动快递行业高质量发展。

内蒙古局市场监管处获自治区政协承办社情民意信息工作先进部门称号

8 月，内蒙古局市场监管处获自治区政协承办社情民意信息工作先进部门称号，市场监管处王亚楠同志获工作先进个人表彰。

自治区两部门开展农村快递服务违规收费问题整治行动

9 月 29 日，内蒙古局联合自治区市场监督管理局印发《关于集中开展农村快递服务违规收费问题整治的通知》，决定自 10 月 1 日起，在全区范围内联合组织开展农村快递服务违规收费问题整治行动。通知要求，要进一步强化治理农村快递服务违规收费问题重要性和必要性的认识，切实增强责任感和紧迫感，抓实治理措施，加大治理力度，紧盯问题数量多、发生频次高的地区和对象，采取联合检查、联合执法等针对性措施，集中力量，重点整治。着力解决群众“急难愁盼”问题，力争通过两个月的集中整治工作，有效遏制违规收费问题，为党的二十大胜利召开营造良好的寄递服务环境。

内蒙古局用工作评价启发行业绿色治理智慧

11 月，内蒙古局印发《关于开展 2022 年行业生态环境保护工作评价的通知》，正式开展对 2022 年度行业生态环境保护工作的考核评价。通知以贯彻习近平总书记关于快递包装绿色治理工作的重要指示批示精神为核心思想，围绕自治区邮政管理工作会议部署和快递包装减量化、标准化和循环化目标，按照“禁、限、减、循、降”的实施路径，明确了评价主体、评价内容与方法、工作步骤和方案、工作总体要求等四方面内容，系统部署了 2022 年度生态环境保护评价工作，同步印发《2022 年生态环境保护评价自评表》，对评价细则因地制宜，细化分解。

自治区出台指导意见有序推动邮政快递企业复工复产

11 月，自治区新冠肺炎疫情防控指挥部印发《关于做好邮政快递企业复工复产工作的指导意见》，明确六项工作措施，安全稳妥有序推动受疫情影响封闭和停产的邮政快递分拨处理场所、营业网点和末端驿站的复工复产，为城乡居民生活必需品保障、疫情防控物资运送、企业复工复产供应链物流保障提供有力支持。

自治区常务副主席调研督导邮政快递复工复产

11 月 19 日，自治区党委常委、自治区常务副主席黄志强调研督导呼和浩特市邮政快递行业疫情防控和复工复产工作进展，内蒙古局局长钟奇志及呼和浩特市政府、呼和浩特市邮政管理局领导陪同调研。黄志强一行先后赴赛罕区讨号板新村、新城区顺丰滨水新村营业网点、新城区恼包快递电商产业园调矸、检查、督导复工复产和疫情防控情况，对呼和浩特市邮政快递行业有序复工复产和闭环管理等工作给予了充分肯定，并就加强疫情防控的前提下尽快有序复工复产作出具体要求和指导。黄志强要求，要认真落实国务院物流保通保畅调度会议要求，确保全市邮政快递业尽快步入正常运行轨道，主动回应百姓对生活物资寄递的关切和诉求，满足人民群众寄递服务需求。

国家邮政局领导与自治区领导举行视频工作会谈

11 月 23 日，国家邮政局党组书记、局长赵冲久以视频方式与内蒙古自治区副主席艾丽华举行工作会谈，共同听取内蒙古邮政快递业发展情况汇报,就充分发挥邮政快递业优势作用、全力助推内蒙古经济社会发展交换意见。局党组成员、副局长廖进荣参加会谈。

自治区党委常委、市委书记到呼市京东快递物流园调研

12 月 1 日,自治区党委常委、呼和浩特市委书记包钢一行深入和林格尔新区,实地调研京东亚洲一号内蒙古智能物流园,呼和浩特市局局长马鸿昌陪同。调研中,包钢书记详细了解了企业用工管理和物流配送等情况,要求继续增加运力、优化流程,提升配送效率,确保各类快件安全及时送达。

内蒙古局进一步压缩 4 项行政许可承诺办结时限

为进一步提升政务服务成效,落实“两优”专项行动要求,内蒙古局在前期工作和充分调研的基础上,对区、市两级邮政管理部门 4 项行政许可的承诺办结时限进行了进一步压缩。12 月,内蒙古局通过实现全程网办和“零跑腿”,进一步优化办理环节,在经营进出境邮政通信业务审批等 4 项行政许可事项承诺时间已经较法定时限减半的基础上,将承诺办结时限由 10 天压缩至 7 天,压缩率达到 30%,仅为法定办结时限的 35%。

自治区、市级多部门联合开展关爱快递员专项慰问活动

12 月,内蒙古自治区总工会、自治区国防邮电工会、自治区邮政管理局、快递协会,呼和浩特市总工会、呼和浩特市邮政管理局等部门联合开展关爱快递员专项慰问活动,全力打造“暖心服务季”。慰问组深入京东、顺丰、邮政的分拨中心和营业网点,为疫情防控期间参与保供配送的快递员送去 400 份价值 8 万元慰问礼包。同时要求各寄递企业一是要严把常态化疫情防疫安全关,提高安全防范意识,配备充足的口罩、消毒液、手套等防疫物资,保障快递员身体健康;二是要严把安全生产关,严格落实寄递安全“三项制度”。同时,叮嘱快递员务必做好个人疫情防护,注意安全出行、劳逸结合。

辽宁省快递发展大事记

辽宁发布推动商贸物流高质量发展专项行动工作方案

1 月,辽宁省商务厅、省邮政管理局等 10 部门联合印发《辽宁省推动商贸物流高质量发展专项行动工作方案》。方案以深入贯彻党的十九大和十九届历次全会精神为指导,明确到 2025 年商贸物流基础设施更加完善,基本建成城乡协调、区域协同、国内外有效衔接的多层次商贸物流网络的目标。方案提出,推广商贸物流新模式新业态、提高商贸物流智能化水平、引导商贸物流标准化发展、发展绿色商贸物流、建设城乡高效配送体系、推动末端配送站点建设、推动供应链物流发展、鼓励大型商贸企业建设物流中心、培育商贸物流骨干企业、支持农产品冷链物流发展、提高冷鲜食品冷链配送水平、优化商贸物流网络布局等 15 项工作任务,并明确了各部门的工作职责。方案同时提出,构建良好营商环境、加大政策支持力度、建立工作联系机制、鼓励行业组织发展等 5 项保障措施。

辽宁局加入东北海运大通道建设工作专班

3 月,按照国家邮政局“快递出海”工作部署,辽宁局加入东北海陆大通道建设工作专班,更加有力地推进“快递出海”工程实施。东北海陆大通道建设是辽宁省第十三次党代会、省十三届人大六次会议明确的重点任务,是辽宁省委、省政府关注的重点工作。工作目标包括实现海铁联运和多

式联运“最后一公里”基本打通,通关效率大幅提高,通道物流组织水平显著提升等。工作任务包括建立通道,搭建开放的公共信息平台,鼓励机场、航空物流、快递、货代等协同打造货运平台,促进通道资源联动共享,实现与“单一窗口”互联互通。鼓励国有、民营企业参与通道建设运营,设立区域总部,发展跨区域、跨产业的合作联盟等。

辽宁局联合相关部门共商进一步促进航空快递发展

3月,辽宁局组织民航辽宁监管局、省邮政分公司、南航货运物流沈阳分公司召开座谈会。与会各方进行了交流探讨,内容包括推动航空快递发展,促进邮政快递业提升质效;统筹为季节性特色生鲜产品开通专线,实现丹东草莓、大连樱桃、盘锦河蟹等开拓全国市场等。会议达成三点共识。一是继续深化常态化沟通协调机制,各方加强合作交流,建立联席会议制度。二是继续强化企业主体责任。着力提升企业一线从业人员安全意识和能力水平,严格落实寄递安全“三项制度”。三是要坚持目标导向,逐步形成运行平稳有序、消费者满意度不断提升的良好格局。

辽宁局制定全省“快递进村”专项工作方案

3月,辽宁局制定《辽宁省“快递进村”工程推进方案》。方案明确了五项工作任务。一是尽快推进《辽宁省关于加快推进农村寄递物流体系建设的实施方案》出台。二是开展调研督导。要求省、市、县三级邮政管理部门深入调查研究,全面了解和掌握具体情况,有针对性地制定工作措施。三是开展培训指导。要求各市局组织开展专题培训,对企业相关工作人员、服务站点服务人员等进行相关法律法规、服务标准的培训指导。四是开展调度推进。辽宁局将“快递进村”工作纳入局重点工作督办项目,定期通报督办工作完成情况。五是开展现场交流和总结表彰。省局将召开“两进一出”工程推进会,推广先进模式、总结经验,实地体验、现场交流,全面提升服务质效。方案还明确了“快递进村”工作的时间安排。

辽宁两家单位在第六届全国“互联网+”快递业创新创业大赛取得优异成绩

5月,国家邮政局公布了第六届全国“互联网+”快递业创新创业大赛获奖结果,辽宁黑北健科技有限公司、辽宁对外经贸学院在本次大赛中取得了优异成绩。辽宁黑北健科技有限公司的参赛作品“直线双层交叉带物流分拣机”获得第六届全国“互联网+”快递业创新创业大赛社会组金奖。辽宁对外经贸学院参赛作品《快递驿站智慧取件流程优化——以菜鸟为例》荣获入围奖,是辽宁省唯一获此佳绩的高校。

辽宁出台实施方案强化紧急运输准备

5月,辽宁省政府制定《辽宁省贯彻落实“十四五”国家应急体系规划任务分工及实施方案》,其中明确了省邮政管理局的职责分工。方案提出,要强化灾害应对准备,凝聚同舟共济的保障合力。要强化紧急运输准备,依托大型骨干物流企业,统筹建立涵盖铁路、公路、水运、民航等各种运输方式的紧急运输储备力量,健全社会紧急运输力量动员机制。加快建立储备充足、反应迅速、抗冲击能力强的应急物流体系。加强紧急运输绿色通道建设,完善应急物资及人员运输车辆优先通行机制。建设政企联通的紧急运输调度指挥平台,提高供需匹配效率,减少物资转运环节,提高救灾物资运输、配送、分发和适用调度管控水平。

辽宁推进农村寄递物流体系建设

5月,辽宁省商务厅、省邮政管理局等17部门联合印发《辽宁省加强县域商业体系建设促进农村消费实施方案》。方案提出了具体目标,明确到2025年,基本实现县城有综合商贸服务中心和县级物流配送中心,乡镇有商贸中心和快递服务网点,村村有便民商店和寄递服务。全省建设改造县级物流配送中心70个，每个县（市、涉农区）至少1个。方案细化了具体任务，提出要改造提升县级物流配送中心，提供物流快递件的仓储、分拣、中转、配送等服务，配送至县城和主要乡镇村。对有条件的乡镇、村物流或快件吞吐总量占比20%以上的，快递配送从县到村、从村到县不超过3日。除上述基本型功能外，还扩充增强型和提升型功能，适用不同占地面积和人口密度的县、涉农区。此外，方案还提出了要完善农产品流通骨干网、加快补齐冷链设施短板、发展农村物流新模式新业态、建设改造农村快递物流末端网络、发展农村物流共同配送等多项工作举措。

辽宁出台文件支持邮政快递业保通保畅

5月，辽宁省交通运输厅、省公安厅、省财政厅等16部门联合印发《辽宁省支持道路货运企业和货车司机纾困发展的若干措施》。措施提出12项举措，包括执行核酸检测免费政策、实施货车“包容免罚”措施、降低货车检验检测费用、实行房产租金减免政策、落实保险机构支持政策、加强货运企业贷款支持、减免货运企业相关税费、延缓货运企业各类缴费、改善货车司机从业环境、改进货运安全培训教育、优化大件货物运输审批、简化货运证件办理手续等。

辽宁推进农村物流网络节点体系建设

5月，辽宁局联合省交通运输厅、省邮政分公司召开了加快推进农村物流网络节点体系建设工作沟通会议。会议确定，各级交通运输主管部门积极会同邮政、供销、商务等部门定期研判会商，及时协调解决问题，争取国家、地方政府支持，凝心聚力共同推进农村物流网络节点体系建设工作。从2022年起，按照国家确定的现有站场改造和资源整合等方式，每个市每年至少建成1个县级农村物流中心，每个县每年至少建成2个乡镇运输服务站、10个村级农村物流服务点，力争到“十四五”末，全省县、乡、村三级农村物流网络节点体系基本建成。

辽宁强化快递包装绿色治理

5月，辽宁省发展和改革委员会印发《辽宁省塑料污染治理2022年工作要点》，工作要点进一步贯彻落实了党中央、国务院决策部署和国家邮政局等相关工作要求，推动全省塑料污染治理工作取得更大成效。工作要点明确了总体思路和主要任务。其中在塑料制品源头减量行动工作任务中，将“强化快递包装治理”和“引导寄递企业在营业网点设置包装废弃物回收装置，城市网点基本实现全覆盖”纳入其中。

辽宁推进快递包装绿色转型

6月，辽宁省发展改革委、省工业和信息化厅等6部门联合开展全省“绿色消费进万家”活动，相关部门出台《辽宁省促进绿色消费若干措施》，邮政快递业多项内容被纳入其中。措施提出，发展绿色交通消费，大力推动公共领域车辆电动化，提高城市公交、城市物流配送、邮政快递等新能源汽车占用比例；促进绿色用品消费，推进过度包装治理，推动生产经营者遵守限制商品过度包装的强制性标准，逐步实现商品包装绿色化、减量化和循环化。措施明确，加快发展绿色物流配送，积极推广绿色快递包装，引导电商企业、快递企业优先选购获得绿色认证的快递包装产品，促进快递包装绿色转型；鼓励企业使用商品和物流一体化包装，更多采用原箱发货，大幅减少物流环节二次包装，推广应用低克重高强度快递包装纸箱、免胶纸箱、可循环配送箱等快递包装新产品，鼓励通过包装结构优化减少填充物使用。措施提出，加快城乡物流配送体系和快递公共末端设施建设，完善农村配送网络，创新绿色低碳、集约高效的配送模式，大力发展集中配送、共同配送、夜间配送。

辽宁局组织对全省快递企业开展信用评定

6月，辽宁局组织各市局完成了对辖区快递企业信用评定工作。本次信用评定主要依据《辽宁省邮政快递业信用分级分类评定细则》,从许可管理、服务质量、安全生产、社会责任、表彰奖励等指标出发,对全省法人企业和直属分支机构进行了全面综合评定。经过初评、审定,一般信用企业885家,无失信企业。

辽宁出台实施方案推进农村寄递物流体系建设

6月,辽宁省政府办公厅正式印发《辽宁省加快推进农村寄递物流体系建设实施方案》。方案分为指导思想、原则目标、体系建设、重点任务、保障措施等5方面。明确了各省直机关和市政府的具体工作职责。在重点任务方面,包括4项工作内容。一是全面推进“快递进村”工程,在2025年底基本实现主要品牌快递服务进村全覆盖。落实快递企业辽宁总部主体责任,完善符合农村实际的分配激励机制,保障偏远农村网点、从业人员合法权益,确保农村快递网络可持续运行。二是完善农产品上行发展机制,为农产品、海产品上行提供专业化供应链寄递服务。2022年6月底前建设14个以上快递服务现代农业示范项目,助力乡村振兴。开展省内帮扶产品认定,及时更新完善产品名录,助力消费扶贫产品外销。三是加快农村寄递物流基础设施补短板,大力支持农村寄递物流基础设施改造提升;鼓励有条件的乡、村设置智能快件(信包)箱。推进乡镇邮政局(所)改造和服务转型,加快农村邮路汽车化。四是深化寄递领域“放管服”改革,简化农村快递末端网点备案手续。全面实现网上备案和“一次都不用跑”,取消不合理、不必要限制,鼓励发展农村快递末端服务。鼓励区县快递企业加盟服务多个品牌,实行集约化经营。

辽宁局与省住房和城乡建设厅联合发文做好疫情防控期间寄递服务保障工作

7月,辽宁局联合省住房和城乡建设厅转发《住房城乡建设部办公厅 国家邮政局办公室关于做好疫情防控期间寄递服务保障工作的通知》,并结合辽宁实际提出了进一步的工作要求。通知要求,各市住房和城乡建设部门、邮政管理部门要加强协作,按照当地联防联控机制要求,结合职责,及时协调解决寄递服务遇到的困难。通知明确,各市住房城乡建设部门要指导物业服务企业和相关单位在符合疫情防控要求的前提下,保障邮政、快递企业进入住宅小区、商务楼宇等物业管理区域提供正常的寄递服务,发现随意增加限制条件、妨碍邮政、快递企业正常服务的,督促及时整改。各市邮政管理部门要指导邮政、快递企业从业人员配备必要的防护物品、设施,加强邮政快递车辆及邮件快件的消毒、通风工作,配合物业服务企业做好登记备案、体温检测等工作。

辽宁出台《2022年塑料污染治理联合专项行动方案》

7月,辽宁局、省生态环境厅等12部门联合出台《2022年塑料污染治理联合专项行动方案》。方案明确,2022年9月1日至10月31日开展塑料污染治理联合专项行动。行动的主要内容为:督导塑料污染治理相关责任落实和重点工作任务推进,包括邮政快递企业落实邮件快件限制过度包装及降低快递包装袋使用强度工作;沈阳、大连市建成区的邮政快递网点禁止使用不可降解的塑料包装袋、一次性塑料编织袋等,降低不可降解的塑料胶带使用量,其他城市建成区邮政快递网点减少使用不可降解的塑料包装袋、塑料胶带、一次性塑料编织袋等;相关单位对电商外卖平台、环卫部门、回收企业在重点区域投放快递包装、外卖餐盒等快递包装回收设施情况。方案决定成立5个现场核实工作组,分别由各部门分管负责同志带队赴各市开展现场核实。

辽宁邮政企业国际寄递综合服务能力迈上新台阶

7月,位于沈阳市苏家屯区的辽宁邮政企业国际邮快件监管中心顺利通过沈阳海关部门验收。这对提升辽宁省邮政企业邮快件通关便利化水平、促进外贸及跨境电商发展、融入“一带一路”建设具有重要意义，标志着辽宁省国际寄递业务综合服务能力迈上新台阶。辽宁邮政企业国际邮快件监管中心占地8000平方米，是东北地区唯一具备“三关合一”功能的海关监管场所。场内设有4条自动查验分拣线，可实现6秒同屏比对、分拣全自动、监控全覆盖；海关部门可在集中查验室实现CT机智能审图、全方位监控和一体化监管。同时，每条分拣线均具备邮件、快件、跨境电商三种业务处理功能，通过科技赋能真正实现多模式同场同时作业，打破了以往业务种类物理隔离壁垒，大幅提升口岸通关效能。新场地投入使用后，日均处理能力最高可达5万件，业务涵盖国际邮件、商业快件、跨境电商9610/9710/9810等多种进出口模式，有利于打造“清关配送一体化”的跨境电商综合服务平台，助力辽宁省外向型经济高水平发展。

辽宁局联合多部门出台实施方案开展网络市场监管专项行动

9月，辽宁省市场监督管理局、省邮政管理局等13部门联合印发《辽宁省2022网络市场监管专项行动实施方案》。方案明确，2022年网络市场监管重点是严禁过度包装商品、非法交易的野生动植物及禁止使用的猎捕工具、非法集邮品、涉枪涉爆物品、侵权假冒伪劣商品等，要求加大监测频次，严厉打击违法经营和非法寄递行为。方案还明确了动员部署、组织实施和总结提升阶段的具体工作任务，并提出了专项行动工作要求。

辽宁推进城镇化建设助力邮政快递业发展

9月，辽宁省发展改革委相继印发《辽宁省推进以县城为重要载体的城镇化建设实施方案》和《辽宁省贯彻落实〈关于推进以县城为重要载体的城镇化建设的意见〉分工方案》，邮政快递业发展获政策利好。实施方案明确，要健全商贸物流网络。发展物流中心和专业市场，打造工业品和农产品分拨中转地。根据需要建设铁路专用线，依托交通场站建设物流设施。建设具备运输仓储、集散分拨等功能的物流配送中心，发展物流共同配送，鼓励社会力量布设智能快件箱。

辽宁发展多式联运为邮政快递业优化运输结构添动力

10月，辽宁省政府办公厅印发《辽宁省推进多式联运高质量发展优化调整运输结构行动方案（2022—2025年）》，邮政快递业获政策利好。方案明确，到2025年，全省多式联运发展水平明显提升，运输结构显著优化，全面完成全省多式联运高质量发展交通强国试点任务，初步建成东北海陆大通道，形成大宗货物及集装箱中长距离运输以铁路和水路为主的发展格局，建成安全可靠、便捷经济、集约高效、绿色低碳的多式联运设施体系与服务体系。方案要求，要培育全程化经营主体，积极培育商品车、冷链物流、电商快递等专业化服务主体；以平台为支撑、以资本为纽带、股权合作为方式，打造一批多式联运龙头骨干企业。

吉林省快递发展大事记

吉林局被纳入吉林省短缺药品供应保障工作会商联动机制成员单位

1月，由吉林省卫健委牵头，吉林省邮政管理局等15个部门被纳入吉林省短缺药品供应保障工作会商联动机制成员单位，明确了短缺药品保供稳价联动机制主要职责和有关工作要求。吉林省短缺药品供应保障工作会商联动机制是深化医药卫生体制改革的一项重大制度创新，对于健全药品供应保障体系、保障群众基本用药、减轻患者用药负担、推进健康吉林建设都具有十分重要的意义。吉林省局主动研究改革完善全省短缺药品保供稳价机制相关工作,认真落实相关工作任务和议定事项,相互支持,形成合力,健全全省短缺药品保供稳价高效运行的长效工作机制。

吉林省委省政府领导充分肯定2021年全省邮政管理系统工作

1月,吉林省邮政管理局就2022年全国邮政管理工作会议和2021年全省邮政快递业发展情况向省委省政府进行了专题汇报,省委书记景俊海、省长韩俊、副省长蔡东分别作出批示,充分肯定2021年全省邮政管理系统一年来取得的成绩。景俊海批示:“省邮政管理局统筹疫情防控与经济发展,为全省发展作出了突出贡献。望再接再厉,再创佳绩。”韩俊批示:“2021年,全省邮政系统紧紧围绕中心、服务大局,高效落实发展举措,为全省经济社会平稳健康发展作出了行业贡献。对此,给予充分肯定,并向邮政系统的同志们表示诚挚的祝贺和问候!新的一年,要坚持以习近平新时代中国特色社会主义思想为指引,全面落实中央决策部署和省委、省政府工作要求,充分发挥‘双重管理’优势,坚持稳中求进工作总基调,深入落实‘一主六双’高质量发展战略,在寄递物流体系建设方面再下功夫,构建产业融合发展新格局,为吉林振兴率先实现新突破作出新的更大贡献,以优异成绩迎接党的二十大胜利召开。”蔡东批示:“2021年,省邮政管理局围绕中心、服务大局,统筹推进常态化疫情防控和邮政快递业高质量发展,行业运行稳中有升,产业融合日趋紧密,寄递渠道安全畅通,服务满意度不断提升,工作成效明显,成绩值得肯定。新的一年,要继续开拓创新,强化监管,优化服务,切实维护各方合法权益,为新时代吉林全面振兴全方位振兴贡献积极力量。”

《吉林省维护新就业形态劳动者劳动保障权益实施办法(试行)》出炉

1月,吉林省邮政管理局联合省人社厅、省发展改革委等15部门正式印发《吉林省维护新就业形态劳动者劳动保障权益实施办法(试行)》。实施办法明确企业应当依法合规用工,履行用工主体责任,关心关爱劳动者,改善劳动保护条件,提高劳动者权益保障水平。符合确立劳动关系情形的,企业应当依法与劳动者订立和履行劳动合同。企业应当完善劳动者劳动报酬规则,建立与工作任务、劳动强度相匹配的收入分配机制,保障合理劳动收入。企业应当监督其合作用工企业依法为劳动者参加社会保险并缴纳社会保险费。

吉林省邮政业多项内容被纳入2022年省政府重点工作目标责任制清单

2月,吉林省政府印发《2022年省政府重点工作目标责任制》,吉林省邮政快递行业多项内容被纳入目标责任制清单,通过压力传导,注入工作动力,激发市场活力,深挖行业潜力,全省邮政快递业高质量发展迎来政策利好,为顺利推进全年重点工作任务完成奠定坚实基础。目标责任制本着任务明确、目标明确、责任明确的原则,每项任务只明确1个部门作为牵头承办主体,实行月调度、季报告管理。省邮政管理局作为牵头单位有1项工作任务,重点完成2022年“快递进村”工程中新建3000个村级快递服务网点的工作目标。同时,作为主要配合单位有3项工作任务,协助省商务厅抓好长春、珲春、吉林3个跨境电商综合试验区建设,支持发展海外仓建设,支持综保区建设加工制造、跨境电商等重点项目;协助省政数局加强社会信用体系建设;协助省乡村振兴局促进省级乡村重点帮扶县提升整体发展水平,创建1000个左右宜居宜业美丽乡村示范村。

韩俊省长肯定全省邮政管理系统2021年工作并对2022年工作寄予希望

2月,吉林省政府召开中直驻吉单位座谈会,省政府领导同志及办公厅有关负责人和中直驻吉35个单位主要负责人参加会议,10个单位代表进行了发言。省委副书记、省长韩俊同中直驻吉单位进行了座谈交流，充分肯定各单位为吉林省经济和社会发展作出的贡献。韩俊充分肯定邮政行业一年来的工作成绩，对全系统全行业为吉林省经济社会平稳健康发展作出的积极贡献提出表扬，并对2022年工作提出了希望。一是保障民生工作扎实有效，在实现“村村通邮”的基础上，积极推进“快递进村”工程，提前完成3000个村级服务网点建设目标，联合多部门印发农村寄递物流体系实施方案，为提升百姓用邮满意度作出贡献。二是希望继续发挥行业优势，保持行业稳定运行，2022年，在实现业务量增速有效增长的同时，努力实现业务收入突破138亿元。同时，要研究制定支持邮政快递产业链发展的专项政策和解决重点问题的工作方案，全力推进邮政快递产业链的延伸拓展。三是对行业寄予殷切希望，省邮政管理局要坚持以习近平新时代中国特色社会主义思想为指引，全面落实中央决策部署和省委、省政府工作要求，充分发挥“双重管理”优势，坚持稳中求进工作总基调，深入落实“一主六双”高质量发展战略，在寄递物流体系建设方面再下功夫，构建产业融合发展新格局，为吉林振兴率先实现新突破作出新的更大贡献。

吉林省局举办“快递进村”攻坚年启动仪式

2月，为实现2022年“快递进村”工程在广度上拓展、在深度上延伸、在应用上创新、在监管上加强，吉林省局举办“快递进村”攻坚年启动仪式并制定印发《2022年吉林省“快递进村”工程推进方案》。方案指出，2022年是三年行动的攻坚年，我们要持续发力、重拳出击，以攻坚的拼劲啃下“村村通快递”的硬指标，全面推进快递进村“1668”工程。即：到2022年底，建制村快递服务通达率达到100%；村级快递综合服务站达到6000个；推进6个以上主要品牌入驻；按照“八有”标准打造站点。方案要求，按照“六个强化”的工作思路，统筹推进实施。

“绿色快递”被纳入《吉林省“十四五”节能减排综合实施方案（征求意见稿）》

2月，《吉林省“十四五”节能减排综合实施方案（征求意见稿）》正式印发，“绿色快递”被纳入其中。实施方案明确，推进新能源、清洁能源车辆在城市公交、城市配送等领域应用，推广绿色低碳运输工具。有序推进充换电、加注（气）、加氢等基础设施布局。实施方案要求，要推进快递包装绿色转型，提升循环中转袋（箱）、集装单元器具等应用比例，引导电商企业、快递企业选购使用获得绿色认证的快递包装产品。

刘凯副省长专题调研邮政快递业复工复产工作

5月8日，吉林省副省长刘凯一行深入邮政快递企业分拨中心和营业网点，对邮政快递业复工复产和行业发展情况进行实地调研。调研结束后，刘凯主持召开座谈会，听取省邮政管理局全省邮政快递业复工复产工作情况汇报和企业意见建议，代表省政府对邮政快递业广大干部职工致以诚挚的慰问和感谢，强调邮政快递业服务千家万户，在稳定物价稳定民心、服务全省经济社会发展方面作用显著，省委省政府高度重视邮政快递业复工复产工作，对邮政快递业统筹疫情防控和复工复产工作给予充分肯定，表示将一如既往支持邮政快递业发展，对存在的困难和问题，在落实既有相关政策的基础上，坚持具体问题具体分析，一件一件落实并解决。

吉林局向刘凯副省长专题汇报邮政行业经济运行情况

5月，按照吉林省统计局《关于上半年全省经济走势分析的研究报告》分析，第三产业受疫情影响严重，恢复期较上一季度下降9%～10%。吉林省副省长刘凯专题调度邮政行业经济运行高质量发展指标完成情况，研究稳住经济工作有关举措。吉林省邮政管理局巨登照局长就1—4月份全省邮政行业经济运行高质量发展指标完成情况进行了专题汇报。刘凯表示，全省邮政快递业要采取多种方式，尽快恢复业务收入、业务总量、快递业务量、快递业务收入四个主要指标不断增长，重点做好以下工作。一是要全面落实助企纾困政策。按照省政府印发《关于应对新冠肺炎疫情冲击进一步帮助市场主体纾困解难若干政策措施的通知》《吉林省保障物流畅通促进产业链供应链稳定的若干措施》等文件精神，深入研究把握政策内容，指导企业用好政策红利。二是要推进行业高质量发展。落实行业“十四五”规划、支持邮政业高质量发展若干措施、农村寄递物流体系建设实施方案等政策文件。完成“快递进村”3000 个工作任务，用好专项资金，力争实现 100% 进村目标。协调相关部门推动智能信包箱、智能快件箱等基础设施网络布局和城镇老旧小区智能信包箱建设改造。促进快递业与制造业深度融合发展，加快推进快递包装绿色转型，构建“包容审慎”的新业态监管格局。三是要继续推动全行业复工达产。针对全行业受疫情冲击较大的困境，加强请示报告，寻求省、市(州)政府的支持，积极与各单位各部门沟通协调，努力帮助企业解决痛点难点问题，渡过难关，尽快实现达产增效。

吉林省新冠肺炎疫情防控物资保障组致信感谢吉林局

5 月，吉林省发展改革委(省新冠肺炎疫情防控物资保障组牵头单位)向省邮政管理局发来感谢信，对全省邮政管理系统在疫情期间作出的突出贡献表示感谢。致信表示，2022 年 3 月初，我省突发新冠疫情，病情来势汹汹，为害甚烈，给全省人民生产生活和生命安全造成严重影响。在党中央、国务院坚强领导下，吉林省委、省政府坚决贯彻习近平总书记重要讲话重要指示批示精神，坚持动态清零总方针不动摇和“人民至上、生命至上”理念，打响疫情防控歼灭战、阻击战、保卫战。疫情防控期间，贵局对我委牵头承担的物资保障工作给予了大力支持，在此，谨代表省发展改革委向省邮政管理局致以崇高敬意和衷心感谢！

吉林局与省烟草专卖局(公司)建立联合工作机制

6 月，为严厉打击利用寄递渠道违法寄递烟草专卖品，加强烟草、邮政管理两部门协作配合，规范寄递渠道市场秩序，吉林省邮政管理局和省烟草专卖局(公司)建立联合工作机制，成立打击寄递渠道涉烟违法行为工作领导小组，联合印发《关于建立烟草、邮政联合工作机制的通知》。通知明确责任分工，强化协作配合，以工作例会、信息共享为基础，将联合执法作为重点工作。一是在重点邮政快递企业省总部或烟草专卖局(公司)建立烟草、邮政管理监督检查办公室，严厉打击物流寄递环节涉烟违法行为；二是联合办理“邮政业寄递安全监督检查证”，在严格落实疫情防控措施的基础上，依法加强日常监督检查；三是组织开展寄递渠道涉烟违法专项行动，对案情复杂、案值巨大的涉烟案件，组织相关部门成立联合专案组，共同研究案情，会商打击对策，实施协同作战。

吉林局印发邮政快递业进一步强化安全生产责任

6 月，吉林省邮政管理局制定印发《吉林省邮政快递业进一步强化安全生产责任落实坚决防范遏制重特大事故的实施方案》，对行业安全生产工作进行再强调再部署。方案围绕严格落实邮政管理部门和邮政快递企业安全生产责任，深入扎实开展安全生产大检查，切实加强快递员安全管理，重拳出击开展安全生产“打非治违”专项行动，统筹做好疫情防控和应急管理工作等六个方面对安全生产工作进行安排部署，聚焦目标任务，突出工作重点，将任务细化、量化、具体化，为全省邮政快递业严格落实“三管三必须”要求，进一步强化安全生产责任落实绘制了时间表、路线图。

韩俊省长调研邮政快递业助力稳经济增长工作

6 月 10 日，吉林省委副书记、省长韩俊在长春市就邮政物流助力稳经济增长工作开展调研。他强调，要深入贯彻习近平总书记关于高效统筹疫情防控和经济社会发展的重要讲话重要指示精神，落实党中央、国务院部署，按照省委、省政府要求，提高邮政物流体系建设，助力全省经济快速恢复稳定增长。韩俊充分肯定了邮政快递业在疫情期间体现的行业担当，高度评价了吉林邮政快递业助力吉林经济发展的工作成效以及在积极服务国家乡村振兴战略等方面发挥的重要作用。韩俊强调，一是加强邮政快递业与地方经济产业链深度融合，落实好“工业品下乡、农产品进城”工作，大力发展冷链物流，对接“肉牛工程”，深度融合吉林大米、人参、木耳、玉米深加工产业，做到“上行下行关键是上行，上下都行；买好卖好重点要卖好，买卖都好”。二是做好服务制造业，发挥行业资源、业务和服务优势，和包括“一汽”在内的省内支柱型企业构建起全面、长期和稳定的战略合作伙伴关系。三是加快建设邮政寄递新处理场地建设，推进快递物流智慧园区建设，省政府将在园区场地选址和征地方面给予支持。四是研究快递物流业在现代农业建设和乡村振兴中更好发挥邮政作用，完善三级物流体系，融入县域商业体系，积极落实“双千工程”。五是继续做好普遍服务工作，确保党报党刊及时投递、机要通信万无一失，确保党的声音得到及时传递。

吉林省邮政业安全中心印发落实疫情防控重点工作实施方案

6月，吉林省邮政业安全中心印发《吉林省邮政业安全中心关于落实疫情防控重点工作的实施方案》。方案指出，要明确“两个定位”，发挥“两个作用”，以“绿盾”工程应用为抓手，扎实推进建立疫情防控台账、强化视频系统巡查、强化宣传教育培训、优化信息系统功能、开展专家指导服务、畅通12305申诉热线等当前行业疫情防控六项重点任务，切实维护邮政快递业安全稳定运行态势。方案要求，要强化政治站位，坚决落实党中央、国务院和国家局党组的各项决策部署，坚决筑牢疫情防控屏障。要强化组织实施，成立由一把手任组长的疫情防控重点工作领导小组，确保措施落地、责任到人。要强化责任落实，全面支撑保障行业疫情防控、安全生产和保通保畅等重点工作。

两部门谋划“十四五”时期“交邮”融合发展新格局

6月，吉林省交通运输厅党组书记、厅长李平同省邮政管理局党组书记、局长王鹰会面，共同谋划“十四五”时期交通和邮政融合发展之路。双方就进一步加强“十四五”时期交通运输领域和邮政行业规划衔接，促进产业链整合；支持快递产业园区建设，完善冷链基础设施配套；健全吉林省县、乡、村三级寄递服务体系，补齐农村寄递物流基础设施短板，加快“客货邮”发展，满足农村生产生活和消费升级需求，促进乡村振兴等方面进行了深入交流和探讨。双方明确，要以“客货邮一体化”发展和“快递进村”工程为依托，加强交通和邮政农村体系、末端配送体系、协同发展体系、冷链寄递体系的“四个体系建设”，全面提升交通和邮政领域的重大战略支撑能力，可持续发展能力，优质服务供给能力，行业现代治理能力和创新驱动能力。加快农村寄递物流基础设施建设，推动农产品上行。到2025年，基本形成开放惠民、集约共享、安全高效、双向畅通的农村交通邮政寄递物流体系，实现乡乡有网点、村村有服务，农产品运得出、消费品进得去，供给能力和服务质量显著提高，便民惠民交通寄递服务基本覆盖。

吉林省局联合5部门共同推进支持邮政服务乡村振兴工作

6月，吉林省政府办公厅组织省邮政管理局、农业农村厅、商务厅、乡村振兴局、畜牧局和省邮政分公司召开专题会议，共同研究支持邮政在服务现代农业建设和乡村振兴发展中更好发挥作用。会议要求,由农业农村厅牵头、各部门配合组建支持邮政助力乡村振兴工作专班,加强统筹调度、综合协调、督促指导,发动地方政府参与建立纵向到县市、到镇村的工作机制。研究制定支持吉林省邮政分公司助力乡村振兴“1 + N”工作方案,以及实施“双千工程”、建强品牌、畅通商业流通体系和物流体系等多个执行方案,明确责任分工、责任人、时间节点和工作举措,高效开展工作,全力打造“双千工程”产销供全链条赋能示范项目。

吉林邮政快递业与新电商产业融合高质量发展获政策利好

7 月,为贯彻落实《吉林省“十四五”电子商务发展规划》和《吉林省人民政府办公厅关于推进新电商经济高质量发展若干措施的意见》,吉林省商务厅联合省邮政管理局等部门印发《吉林省新电商产业高质量发展实施方案》,邮政快递业与电子商务深度融合高质量发展获政策利好。实施方案明确提出,要推进新电商物流协同发展。一是要优化快递企业布局,发挥新电商产业集聚效应,以产业集聚和供应链产品集聚吸引“三通一达”、极兔等快递物流企业集聚,形成优势互补、布局合理、良性竞争的协同发展格局。二是要提升物流快递效率,支持京东等知名平台企业创建物流云仓和区域性仓储中心,指导美团、拼多多等企业优化我省中心仓、前置仓布局,降低我省新电商企业物流成本,提升物流效率。三是要完善农村配送网络,多层面发展电商物流业务,鼓励建立公共仓储物流中心,为中小网商提供服务。加快发展产地预冷、冷冻运输、冷库仓储和定制配送等冷链物流,为生鲜农产品电子商务提供保障。四是要促进跨境物流通关,支持跨境电子商务海关监管场所建设,推动打造畅通高效的公铁海空立体化物流通道,支持开通国际货运航线,积极探索利用货运包机、中欧班列、卡车航班和铁海联运等方式拓展跨境物流通道。

吉林省研究制定“1 + 6”工作方案支持邮政助力乡村振兴

7 月,吉林省研究制定《支持邮政助力乡村振兴工作方案》,相关部门同步制定六个执行方案,明确在现代农业建设和乡村振兴中更好发挥邮政作用。方案要求,全面贯彻党的十九大和十九届历次全会精神,以 2022 年中央一号文件提出的“农业稳产增产、农民稳步增收、农村稳定安宁”为目标,支持邮政在农业农村发展新的历史方位中找准定位,发挥优势,在发展壮大乡村产业、加快农业现代化步伐等方面发挥作用,持续增强邮政服务全省乡村振兴的核心能力。按照政府引导、市场运作,统筹兼顾、突出重点,示范引领、全面推开的原则,以支持邮政打造“双千工程”为样板,逐步探索服务“三农”的新模式,以农业规模化、集约化、现代化为发展方向,以新型农业经营主体提质增效为目标,支持邮政在推动农业适度规模经营快速发展等方面发挥作用。

吉林省政协副主席赵晓君调研指导现代快递物流体系建设工作

7 月,吉林省政协副主席赵晓君带领省政协经济委及部分省政协委员、专家学者,围绕“加快现代物流体系建设,融入新发展格局”对吉林省邮政快递业发展开展实地调研。赵晓君指出,要以加快现代快递物流发展为根本动力,围绕我省“一主六双”高质量发展战略,发展新能源、新装备、新材料、新农业、新旅游、新电商“六新产业”和建设新基建、新环境、新生活、新消费“四新设施”为主攻方向,抓好“五个一工程”,即:一个专班,突出顶层设计;一个规划,“全国一张网、一局棋”;一个系统化体系;一个指挥调度中心平台;一支高素质专业化的产业队伍。着力优化网络、做强企业,切实加强现代快递物流体系软硬件建设,全面形成现代快递物流发展优势,提高效率,降低成本,为做好全国统一大市场的吉林分工、双循环发展格局中的吉林板块,全面打造吉林现代快递物流体系,推动吉林全面振兴全方位振兴提供强有力支撑。

吉林局发布邮政快递业助企纾困政策一览表指导企业用好政策红利

7月，按照《国家邮政局关于帮助寄递企业纾困解难稳定行业发展态势的通知》中明确的二十三条措施内容，吉林省邮政管理局对国务院及有关部委、省政府及有关部门2022年发布的涉及邮政快递业纾困解难、稳定发展相关政策文件进行梳理，形成《吉林省邮政快递业助企纾困政策一览表》并发布，指导邮政快递企业明晰政策要点，用好享足政策红利。一览表从政策名称、内容、依据作出了详细的解读，并明确政策执行的期限，公布政策实施单位及咨询电话。涵盖快递收派服务收入免征增值税、增值税期末留抵退税、小微企业“六税两费”减免、阶段性缓缴企业社会保险费、一次性扩岗补贴、事业保险稳岗返还、技能提升补贴、阶段性降低失业保险工伤保险费率、防疫消杀补贴、减免小微企业和个体工商户房屋租金、降低用水用电用气成本、畅通进出境快递物流渠道、完善县乡村三级物流配送体系、金融支持等29个方面，68项具体措施，其中，国家级措施21项，省级措施47项。

刘凯副省长深入吉林局进行调研指导

7月，吉林省副省长刘凯来到吉林省邮政管理局机关，就推进全省邮政快递业高质量发展有关情况进行调研，并召开座谈会。刘凯指出，上半年，省邮政管理局坚决落实习近平总书记关于邮政快递业的重要指示批示精神，高效统筹疫情防控和邮政快递业高质量发展，推动产业融合日趋紧密，保障寄递渠道安全畅通，促使服务满意度不断提升，特别是疫情期间邮政快递业为全省抗击疫情作出了突出贡献，各项工作取得了明显成效，成绩值得肯定。刘凯强调，全省邮政管理系统要坚持以习近平新时代中国特色社会主义思想为指引，贯彻落实省委、省政府各项工作部署，坚持稳中求进工作总基调，深入推进“一主六双”高质量发展战略，促进行业发展数字化智能化，提高行业监管能力和监管水平，切实保障行业安全生产，加强行业人才队伍建设，在寄递物流体系建设方面再下功夫，抓好快递进村和快递出村进城，构建产业融合发展新格局，以实际行动迎接党的二十大胜利召开。

吉林局出台实施意见加快推进全省现代快递物流服务网络体系建设

7月，吉林省邮政管理局印发《关于加快推进全省现代快递物流服务网络体系建设的实施意见》，全面落实“一个规划、一个意见、一个措施、两个方案”行业利好政策，支持引导邮政、快递企业拓展服务网络、提升开放水平，集聚集群高质量发展。实施意见按照“打通上下游、拓展产业链、画大同心圆、构建生态圈”和“两全两双”的工作思路，围绕吉林省“一主六双”“六新产业”和“四新设施”的建设方向，实施邮政快递枢纽能力提升工程，打造布局合理、智能高效的现代枢纽，培育辐射全国、通达国际的枢纽集群。着力构建“一核心、五枢纽、四集聚、二口岸”的“1+5+4+2”现代快递物流骨干网，即：建成1个全国性的长春邮政快递枢纽核心、5个省域交换型和4个区域集聚型的市（州）邮政快递枢纽以及长春、延边2个国际邮政快递枢纽。建设“县级快递物流集散、乡镇寄递网络节点、村屯综合服务网点”的农村快递物流服务网。到2025年，基本形成“渠道畅通、布局合理、设施完善、融合联动、智能绿色、便捷高效、开放共享”的省、市、县、乡、村五级现代快递物流服务网络体系，实现“区域有核心，市（州）有园区、县（市）有集散、乡镇有节点、村屯通快递”的总目标。

吉林局推动企业开展深度合作确保“邮快合作”高效落地

8月，吉林省邮政管理局组织召开邮政、顺丰、京东深度业务合作电视电话会议，确保“邮快合作”工作扎实推进，按时高质完成“快递进村”工作目标。会上，详细解读了《关于邮政、顺丰、京东企业开展深度业务合作加快推进“快递进村”工作的通知》，从工作目标、工作原则、主要任务、组织领导和保障措施等方面对开展深度合作进行了安排部署，参会企业结合工作实际、行业发展特点对下一步深度合作进行了表态发言。会议强调，邮快合作快递进村对拉动内需、拓展农村消费、巩固邮政普遍服务网络、提升农村邮政服务水平等发挥了积极作用。

吉林省印发推进多式联运发展三年工作方案

8月，吉林省交通运输厅联合省邮政管理局等17部门印发《吉林省推进多式联运发展优化调整运输结构工作方案（2022－2025年）》，进一步提升综合运输效率，降低社会物流成本，促进节能减排降碳，推动交通运输高质量发展。方案以习近平新时代中国特色社会主义思想为指导，立足新发展阶段，贯彻新发展理念，构建新发展格局，以推动高质量发展为主题，以深化供给侧结构性改革为主线，以发展多式联运为抓手，聚焦“一主六双”高质量发展战略实施，完善基础设施网络，创新运输组织模式。方案明确十项主要任务，其中六项涉及邮政快递业。

《吉林省综合交通运输发展“十四五”规划》利好邮政快递业

8月，吉林省政府办公厅印发《吉林省综合交通运输发展“十四五”规划》，快递进村、快递进厂、快递出海、快递物流园区建设和提升邮政快递服务等多项内容被纳入其中，为推动邮政快递业在新形势、新任务下高质量发展提供有力政策支持。规划指出，要全面推进乡村振兴、增进民生福祉，强化邮政快递行业支撑。支持完善物流（货运）设施、发展多式联运，构建外运通道和运输网络，服务乡村振兴、农业农村现代化，带动共同富裕。推动农村物流融入现代交通体系，加快推动县乡村电子商务体系和快递物流体系贯通，建设便捷高效的工业品下乡、农产品出村双向渠道，打造农村物流服务品牌。统筹建设以县级物流中心、乡镇服务站、村级物流服务点为代表的农村三级物流基础设施网络，加快县乡村三级农村物流服务体系构建。延伸农村快递服务深度，实现符合条件的建制村“村村通快递”。推广“电商＋寄递＋农特产品＋金融”模式，拓展对接特色农业、订单农业、精细农业发展空间。

邮政快递业多项工作被纳入吉林省《数字乡村发展行动计划（2022－2025）》重点任务分工方案

8月，吉林省委网信办、省农业农村厅、省发展改革委、省工信厅、省科技厅等部门会同相关单位制定了吉林省贯彻落实《数字乡村发展行动计划（2022－2025）》重点任务分工方案，邮政快递业乡村信息基础设施建设、“快递进村”工程等工作被纳入其中，充分发挥行业在助力乡村振兴中的重要作用。分工方案明确，坚持深化改革、创新驱动；坚持以人为本、内生驱动；坚持统筹协调、城乡融合；坚持规划引领、分类推进的基本原则，到2023年，数字乡村发展取得阶段性进展，农业生产信息化水平稳步提升，农村社会化服务水平较快发展，乡村公共服务水平持续提高，乡村治理效能有效提升。到2025年，数字乡村发展取得重要进展，农业生产经营数字化转型明显加快，智慧农业建设取得初步成效，培育形成一批叫得响、质量优、特色显的农村电商产品品牌，乡村网络文化繁荣发展，乡村数字化治理体系日趋完善。分工方案将邮政快递业纳入三项重点任务。

吉林局打造“一县一品”推动快递服务“吉字号”农特产品

8月，2022年顺丰镇赉嫩江大闸蟹——寄递行业解决方案暨产销对接推介会在白城市镇赉县举行，推动“一县一品”项目，畅通农特产品销售渠道，助力县域经济发展。会议指出，邮政快递业是推动流通方式转型、促进消费升级的现代化先导性产业，是国家战略性基础设施和社会组织系统。特别是党的十八大以来，行业持续快速发展，吉林省邮政快递业直接从业人员达到 4.4 万人，邮政业务总量 108.6 亿元，服务机构和站点达到 1.6 万余家，邮政快递业年处理量已经超过 25 亿件，年服务人口超过 6.2 亿人次，人均使用邮政快递业务量超过 39 件。顺丰快递从物流、仓储、包装、商流等方面展示大闸蟹寄递保障举措，切实做好扶农、助农，强化政企联动与合作，共同推动特色农产品产业升级，打造“一县一品”项目，共同打造区域性特色品牌，助力地方经济发展。

吉林局与交通职业技术学院签订战略合作框架协议

8 月，吉林省邮政管理局与吉林交通职业技术学院签订了政校战略合作框架协议，共同为“吉林省邮政行业人才培养基地”揭牌。吉林局和吉林交通职业技术学院主要领导，顺丰、京东、极兔、通达系等 8 家品牌快递企业省级负责人共同见证签约和揭牌仪式。座谈会上，吉林局局长王鹰介绍了全省邮政快递业发展情况，表示政校企合作是构建多方共同参与、资源共享、优势互补的人才队伍建设新格局，是建立高职教育与邮政快递业协同发展的重要举措，希望双方在推进人才教育培训、共建邮政行业人才培养基地、专业人才培养、快递业创新创业大赛、快递业项目研发和成果转化等方面加强合作，共同推进政校企合作和产教融合。吉林交通职业技术学院书记房立群介绍了学校概况、现代物流管理专业发展及当前该校在产学研合作方面的情况，希望实现政校企多赢、共同发展，依托自身优质的办学资源，为全省邮政行业人才队伍建设提供保障支撑服务。双方围绕推进人才实训基地建设、共建示范专业、助力电商发展、职业技能培训等 7 个方面展开深入交流。与会快递企业负责人提出了进一步加强企业人才队伍建设，培养快递物流专业人才的需求。

吉林省印发“十四五”现代流通体系建设方案

8 月，吉林省发展改革委印发《吉林省“十四五”现代流通体系建设方案》，邮政快递业寄递物流体系建设、冷链基础设施规划、融合创新和智慧绿色发展等 14 个方面重点任务被纳入建设方案中，全省邮政快递业迎来高质量发展良机。建设方案指出，要完善农产品现代流通网络，支持邮政快递企业进驻现代农业产业园、农产品加工集中区、农村合作社、家庭农场和田间地头，立足特色农产品和现代农业发展需要，推动邮政快递企业对接特色农产品，为农产品上行提供专业化供应链寄递服务。要开展县域商业体系建设行动，支持邮政快递企业承接县域商业体系建设的物流配送体系建设项目。要完善区域物流服务网络，推进“快递进村”工程实施，依托商贸、供销、交通、邮政快递等城乡网点资源，完善县乡村快递物流配送体系，提升末端网络服务能力。

吉林省加快推动邮政服务农村物流体系建设

9 月，为深入贯彻落实党中央关于实施乡村振兴战略的重大决策部署，实现巩固脱贫攻坚成果同乡村振兴有效衔接，推动农村物流融入现代交通体系，加快推动县乡村电子商务体系和快递物流体系贯通，吉林局联合省邮政分公司、省邮储分行联合下发《关于联合做好“双千工程”推进工作的通知》，共同推进此项工作。通知指出，“双千工程”是有效发挥邮政推动新型农业经营主体高质量发展的作用的有力举措，旨在利用两年时间，打造 1000 户中邮惠农示范合作社和 1000 户中邮惠农示范家庭农场。通过发挥邮政“四流合一”的资源禀赋优势，推广“邮政 + 农民合作社（家庭农场）+ 上下游企业”中邮惠农模式，为实现乡村全面振兴和农业农村现代化提供有力抓手，实现农民获利、客户获益、邮政获客、政府获赞的“四赢格局”。

吉林省农村寄递物流体系建设获政策利好

9月，吉林省委办、省政府办印发《吉林省乡村建设行动实施方案》，农村寄递物流体系建设获政策利好。方案指出，要拓展客运站物流服务功能，利用既有的供销社基层服务网点、益农信息社、农产品购销代办站等资源，构建县乡村三级农村物流服务网络。依托建制村的运输网络资源，以客运线路和车辆为载体，推进农村客运、邮政快递、农村物流等既有运输网络融合发展。建设县级邮件快件物流集散中心和乡镇共配中心，整合现有资源建设村级寄递物流综合服务站，实现资源共享，提高农村物流配送效率。推进"快递进村"工程，有效提高农村快递网络覆盖率，提升农村地区快递服务水平。

吉林省印发《关于推进以县城为重要载体的城镇化建设的若干举措》

9月，吉林省城镇化工作暨城乡融合发展工作联席会议办公室印发《吉林省关于推进以县城为重要载体的城镇化建设的若干举措》，邮政快递业获政策支持。若干举措提出，要健全商贸流通网络，依托特色资源，做优做精一批专业市场，大力发展农村物流，打造工业品和农产品分拨中转地。充分利用存量设施，布局建设一批集运输、仓储、加工、包装、分拨等功能为一体的公共配送中心，共建共享集电商、快递、物流、冷链多业态发展的快递物流集散中心，支持发展快递、物流共同配送。鼓励社会力量布设智能快件箱，扩大配送投递设施覆盖面。

吉林省快递行业党委正式获批成立

10月，吉林省委组织部印发《关于同意成立中国共产党吉林省快递行业委员会的批复》，吉林省快递行业党委正式成立。吉林省快递行业党委的成立对坚持和加强党对邮政业的绝对领导、推动快递行业党的建设"两个覆盖"具有重要作用，标志着吉林省快递行业党建工作迈入新的阶段。

吉林局联合省委组织部出台指导意见推进快递业党建工作

10月，为进一步加强党对快递业的全面领导，吉林省邮政管理局党组联合省委组织部印发《关于推进快递业党建工作的指导意见》。意见结合全省实际，从建立快递业党建工作领导体制和工作机制、提升党的组织和工作质量、强化党组织作用发挥、赋能行业高质量发展、强化组织领导等5方面内容出台18条具体意见，进一步细化工作举措，指导快递行业党建工作的发展，推动快递业高质量发展、高效能治理。意见要求，要建立快递业党建工作体制机制，健全"抓行业、行业抓"的领导体制和工作机制，推动企业党组织提升工作质量，组织快递企业党员职工深入学习习近平新时代中国特色社会主义思想，建强基层组织，严肃政治生活，充分发挥行业党委组织引领作用，引导行业规范有序，深入实施快递行业党建"头雁工程"，围绕吉林邮政业高质量发展和"1+5+4+2"现代快递物流骨干网建设等工作，板块化推动党组织建设，大力推动"党建+"工作模式。意见还对行业党建工作的责任落实和基础保障工作进行了明确，确保党建引领和行业发展同频共振。

刘凯副省长调研督导寄递渠道安保和疫情防控工作

10月，吉林省副省长刘凯率队赴长春韵达分拨中心和公主岭市范家屯邮政支局就寄递渠道安保和疫情防控工作开展调研，强调要切实提高政治站位，增强底线思维、忧患意识，突出关键重点，从严从实抓好各项工作，确保党的二十大期间寄递渠道安全畅通。刘凯现场听取了吉林局和邮政、快递企业关于寄递渠道安全保障、行业疫情防控、保通保畅促进产业链供应链稳定等方面的情况汇报，并给予充分肯定。他指出，邮政快递业作为国家重要的社会公用事业，是推动流通方式转型、促进消费升级的现代化先导性产业，在国民经济发展、保障人民群众正常生活中发挥着重要的基础性作用。要统筹发展和安全，强化责任担当，紧紧围绕保障寄递安全、助力保通保畅、抓好疫情防控等重点工作，切实履职尽责。要坚持“四守”原则，守牢“人、物、环境”同防的一体防线，确保寄递渠道疫情防控工作常抓不懈、万无一失。要强化信息化监管手段，提升视频联网应用，以丰富的监管手段，推动分拨中心管理、营业网点管理、末端网点管理的各项寄递安全、疫情防控制度有效落实。要巩固保通保畅成果，做好防疫物资、生产物资和居民必需品的运递保障。

邮政快递业绿色包装工作被纳入吉林省“十四五”时期“无废城市”建设方案

11月，吉林省邮政管理局联合省生态环境厅、省委宣传部、省人民检察院、省发展改革委等21部门联合印发《吉林省“十四五”时期“无废城市”建设方案》，全方位推行绿色生产和绿色生活方式，统筹城市发展与固体废物管理，大力推进减量化、资源化、无害化，发挥减污降碳协同效应，提升生态环境治理体系和治理能力现代化水平。建设方案明确，邮政管理部门要配合完成好“废旧物资循环利用体系建设工程”，推进塑料污染全链条治理。要加快快递包装绿色转型，推广可循环绿色包装应用；推动快递包装绿色产品认证，引导寄递企业优先采购使用认证产品；加强包装操作规范化建设，推进产品包装、销售包装和快递包装一体化、减量化。“十四五”期末基本实现邮政快递网点禁止使用不可降解的塑料包装袋、塑料胶带、一次性塑料编织袋，电商快件不再二次包装。

《吉林省邮政快递业基础设施关停关闭处理办法》出台

11月，吉林省邮政管理局联合省交通运输厅以省物流保通保畅机制名义出台《吉林省邮政快递业基础设施关停关闭处理办法》，扎实做好邮政快递业保通保畅工作。办法对照全国物流保畅机制有关规定，结合省情业情和当前疫情防控工作实际，对全省邮政快递业基础设施关闭程序进行了细化完善，按层级明确了各方责任，按流程确定了各项程序，对疫情防控时期邮政快递网络运行和微循环畅通提供了有力支撑。办法从实际出发，将全省各级邮件快件分拨处理中心全部纳入统一物流保通保畅体系统一管理，明确规定在保证疫情防控各项措施落实到位的前提下，最大程度确保分拨处理中心平稳高效运行，确保产业链供应链稳定。

韩俊省长检查邮政行业疫情防控和保通保畅工作

11月，吉林省委副书记、省长韩俊在长春市检查邮政行业疫情防控和保通保畅工作。在中国邮政集团吉林省分公司长春邮区中心，韩俊对邮政保持正常运营给予充分肯定，要求推广邮政加强第三方物流管理的做法，他指出，要坚持“人、物、环境”同防，确保人员、车辆全程可追溯，保障重点物资运输。在京东快递长春前进营业部华昌街店，韩俊与工作人员深入交流，详细了解京东物流各项疫情防控措施落实情况，他指出，第三方物流对于保障民生、防疫保供作用重要，全市快递小哥全部奋战在一线，保障门店稳定运营，要关心关爱快递小哥，对场地、车辆、货物进行严格消杀，确保订单及时送达，有效满足群众采购需求。

邮政快递业保通保畅工作被纳入吉林省政府专项督查

11月30日，为高效统筹邮政快递业疫情防控和保通保畅工作，确保快递物流运输和末端配送通畅，吉林省政府督查室联合省邮政管理局对全省基层邮政快递网点运营情况开展联合督查。为有效解决行业疫情防控和保通保畅工作中存在的问题和困难,按照省政府主要领导指示要求,联合省政府督查室出台《邮政快递网点保通保畅专项督查方案》。方案明确,对县级及以上邮政快递分拨中心运营情况、基层邮政快递网点运营情况、从业人员上岗情况开展专项督查,落实市(州)政府督查室自检自查责任,邮政管理部门系统调度责任,省政府督查问题线索抽查核验责任,形成专项督查报告并报送省政府。方案要求,要细化邮政快递业保通保畅工作措施。坚持第九版,落实二十条,提高防控的科学性、精准性和实效性,全力保障物流运输和末端配送通畅;要推动邮政快递网点应开尽开,对已关停的邮政快递分拨中心和营业网点,满足解封条件的要尽快予以解封;要加强从业人员精准管理,对实施居家隔离从业人员,在严格落实防疫措施前提下,推动尽快返岗复工。

吉林局人大代表建议、政协提案办理工作受到省政府督查室表扬

12月,吉林省邮政管理局收到省政府督查室发来的表扬函,吉林局在2022年人大代表建议、政协提案办理工作中,受到代表委员和省人大、省政协有关专门委员会的好评。省政府督查室表扬函指出:“你局办公室,在2022年人大代表建议、政协提案办理工作中,按照省政府办理通知要求,严格执行有关办理规定,积极接收承办的建议提案,规范有序地开展办理工作,依法依规答复代表委员提出的意见和建议,及时与所提建议提案的代表委员及党派进行沟通,圆满完成了全年办理任务。办复结果上传系统及时、依法公开,注意总结并不断创新办理方式方法,办理工作受到代表委员和省人大、省政协有关专门委员会的好评。在此,对办公室及负责人万昌、具体承办人员赵静予以表扬。”

黑龙江省快递发展大事记

黑龙江“十四五”综合交通运输体系发展规划发布

1月,黑龙江省政府办公厅印发《黑龙江省“十四五”综合交通运输体系发展规划》,邮政快递业发展获支持。规划提出,一是提升跨境运输便利化水平。实施“快递出海”工程。鼓励在自贸实验区和跨境电商综试区建立国际配送平台,打造邮件、快件、跨境电商“三关合一”公共监管处理场所。二是提升国际航空货运能力。发挥哈尔滨国际航空枢纽功能,制定优惠政策吸引、支持快递企业在哈尔滨机场设立分拨中心和运营基地,打造空中“丝绸之路”,建设北方快运寄递和航空货运基地。三是提升农村综合物流服务能力。创新农村物流服务模式,建立“种植基地+生产加工+商贸流通+物流运输+邮政金融服务”一体化农村物流服务体系。规划对提升邮政快递服务水平还做出具体安排。

农村寄递物流体系建设写入黑龙江省政府工作报告

2月,黑龙江省第十三届人民代表大会第六次会议举行,加快农村寄递物流体系建设被写入省政府工作报告,并列为2022年省政府重点工作。报告总结2021年工作时指出,现代服务业不断提升。深入挖掘消费潜力,开展“全省消费促进月”等促消费活动。电子商务蓬勃发展,113个电商产业园区入驻企业3472家,示范县网店总数9.9万个、网上零售额增长30%。推进“快递下乡进村”,邮政业务总量增长20.3%。充分肯定邮政快递业发展成效。报告强调,加快农村寄递物流体系建设,推进农村寄递物流与特色产业融合发展。大力发展生产性服务业。加强现代商贸流通体系建设,推进县域集采集配中心体系建设。实施现代物流运行体系建设行动,推动绿色货运配送示范城市和骨干冷链物流基地建设,吸引国内物流

头部企业建设北方快运基地、航空货运基地。

《黑龙江省综合立体交通网规划纲要》发布

2月，黑龙江省委、省政府发布《黑龙江省综合立体交通网规划纲要》，邮政快递业作为重要组成部分列入其中。规划提出，到2035年全省邮政快递实现省内城市间12小时通达，与周边国家重点城市间72小时通达率、与国内重点城市间24小时通达率均达到80%以上。规划对未来邮政快递业空间布局进行了整体谋划，提出形成1核（哈尔滨）、4支点（齐齐哈尔、大庆、绥化、佳木斯）、2口岸（黑河、绥芬河）组成的邮政快递枢纽布局，依托综合立体交通网，以哈尔滨为中心，布局航空邮路、铁路邮路、公路邮路。

黑龙江省委1号文件支持农村寄递物流体系建设

3月，《中共黑龙江省委　黑龙江省人民政府关于做好2022年全面推进乡村振兴重点工作的实施意见》发布，强调"全省2022年基本实现建制村全部通快递"。意见围绕聚焦富民产业促进乡村发展方面明确提出，推进"快递进村"，鼓励发展"多站合一"的乡镇客货邮综合服务站、"一点多能"的村级寄递物流综合服务点，推进县乡村物流共同配送，促进农村客货邮融合发展，基本实现建制村全部通快递。

黑龙江局部署开展快递末端网点专项整治百日行动

4月，黑龙江局部署开展为期100天的快递末端网点专项整治行动。专项行动自4月21日开始，7月30日结束。专项整治主要包括五个方面内容：一是依法查处开办快递末端网点未按规定备案等违反备案规定行为；二是依法查处违反快递服务标准严重损害用户利益行为；三是依法查处安全设备不达标、安全管理制度不落实等违法违规行为；四是依法查处涉及用户信息安全问题；五是依法纠治其他扰乱快递市场经营秩序的行为。

黑龙江《2022年深入推进"快递进村"工作实施方案》出台

4月，黑龙江局制定下发《2022年深入推进"快递进村"工作实施方案》，进一步安排部署"快递进村"工作。方案确定了深入推进"快递进村"工程两项年度目标。一是对于相对距离远、基础条件差、进村难度大的建制村实施重点攻坚，基本实现全省建制村的全面覆盖；二是做好已进村快递品牌服务能力水平巩固提升，逐步实现全省快递进村服务稳定运营，奠定由地域覆盖转向品牌覆盖的基础。方案明确了四个方面重点工作措施。一是建立台账，销号管理；二是一村一策，精准推进；三是纵向推动，横向监督；四是落地政策，落实法规。

黑龙江邮政快递业2名个人被授予青年五四奖章

5月，全国、省青年五四奖章评选结果揭晓，黑龙江省邮政快递业1名从业人员被授予中国青年五四奖章，1名从业人员被授予黑龙江省青年五四奖章。黑龙江航瑞道路运输代理有限公司中通快递网点快递员杨铭被授予中国青年五四奖章。大庆市汇通速递快递员周建鑫被授予黑龙江省青年五四奖章。

黑龙江局推动机关党建和业务工作深度融合

5月，黑龙江局制定出台《关于推动黑龙江省邮政管理局机关党建和业务深度融合的具体措施》，全面提高机关党建工作质量。措施明确，要牢固树立机关党建和业务工作融合发展理念，将深入学习领会习近平总书记关于机关党的建设系列重要讲话和关于邮政业的重要指示批示精神作为推动党建与业务工作融合的重要遵循，纳入党组会议日程，将邮政行业法律法规纳入党组中心组理论学习内容，突出党建在谋划"快递进村"、保障行业安全稳定、行业保通保畅、从业人员职业技能提升、“暖蜂行动”等重点工作时的引领作用。把讲政治的要求落实到业务工作全过程，在做决策、定政策、抓落实等各个环节落实党的全面领导。完善机关党建和业务工作融合发展机制，将机关党建和业务工作融合情况纳入年度党建考核中。充分发挥党支部在推动业务工作中的战斗堡垒和党员先锋模范作用，不断强化党支部的政治功能和规范化建设。建设精通党务、熟悉业务的干部队伍，加强业务干部与党建干部双向交流。

黑龙江发布“十四五”冷链物流发展规划

5月，黑龙江省发展改革委发布《黑龙江省“十四五”冷链物流发展规划》，推动全省冷链物流高质量发展，更好满足人民日益增长的美好生活需要。规划从优化体系布局、提高运输服务质量、夯实冷链物流基础、完善冷链物流网络、提高服务水平、推进数字化绿色化、强化全方位支撑、加强全链条监管提出主要任务和支持政策，邮政快递业多项内容被纳入其中。规划明确提出，依托商贸、供销、交通、邮政快递等城乡网点资源，提升冷链寄递末端网络服务能力，建设县属冷链集配中心或物流快递中心、乡(镇)属冷链服务中心或冷链门店、村属寄递物流综合服务站的三级农村冷链物流网络体系。加快推进“快递进村”工程，鼓励供销社、邮政快递、交通运输、电商等企业共建共用冷链物流设施，完善生鲜品下行通道。整合村邮站、客运站点、农村商超、基层供销社、末端寄递服务网(站)点等资源，新建或改造村级寄递物流综合服务站。按照“田头市场 + 新型农业经营主体 + 农户”的模式，以及“电商 + 产地仓 + 快递物流”仓配模式，提高农产品上行效率。

黑龙江局推进邮政业服务乡村振兴

5月，黑龙江局印发《2022年黑龙江省邮政业服务乡村振兴工作要点》。要点就持续推进邮政业服务乡村振兴工作提出五方面14项工作任务。要点指出，要深入贯彻落实国家、省加快农村寄递物流体系建设政策文件，完善县乡村三级寄递服务体系，进一步加快补齐行业在偏远农村地区的短板弱项，用好用活《推动物流降本提质增效的实施意见》《加快农村寄递物流体系建设若干措施》相关补贴鼓励政策，将邮政、快递网络全面延伸下去。要点强调，推进县乡村末端共同配送，提升邮快合作覆盖率和代投量，扎实抓好“快递进村”工作，确保年内基本实现建制村全部通快递。鼓励快递企业深耕农村市场，发挥快递服务农村电子商务主渠道作用，助力农产品外销，全省力争再建2个以上快递服务现代农业示范项目。开展农村电商快递协同示范，全省力争建设1个农村电商快递协同发展示范区。

黑龙江出台稳经济大盘实施方案利好邮政快递业

6月，黑龙江省政府印发《贯彻落实国务院扎实稳住经济一揽子政策措施实施方案》，多项政策惠及邮政快递业。方案深入落实物流保通保畅政策措施，全面取消对来自疫情低风险地区货运车辆的防疫通行限制，严禁硬隔离县乡村公路，不得擅自关停高速公路收费站、服务区、铁路车站和民用运输机场。对来自或进出疫情中高风险地区所在地市的货运车辆，落实“即采即追即走”制度。落实客货运司机、快递员异地免费核酸检测政策。方案持续加大对邮政快递企业政策支持力度。鼓励符合条件的邮政、快递企业申报省级重点物流企业称号，对首次认定的省级重点物流企业给予一次性50万元奖励。深入贯彻《哈尔滨国际航空货运枢纽建设奖励暂行办法》，支持邮政快递企业在哈尔滨机场建设航空货物快件分拨中心。

“十四五”黑龙江省邮政业发展规划任务分工方案发布

6月，黑龙江局印发《〈“十四五”黑龙江省邮政业发展规划〉和省级专项规划涉邮任务分工方案》，就“十四五”黑龙江省邮政业发展规划和省级专项规划涉邮任务落实工作进行细化分工，确保

“十四五”期间邮政快递业改革发展各项任务目标如期完成。分工方案围绕发展目标指标、空间布局建设、主要任务措施、重点工程任务等四方面，细化为62项具体任务，并逐项列出牵头单位、配合单位，明确时间表、路线图、责任人。分工方案融合了黑龙江省“十四五”综合交通运输体系发展规划、黑龙江省“十四五”数字经济发展规划等5个省级专项规划的涉邮任务，为如期完成各项任务目标奠定了坚实基础。

黑龙江两部门发文推动基层快递网点可优先参保工伤保险

7月，黑龙江省人力资源和社会保障厅与黑龙江省邮政管理局联合印发《黑龙江省推进基层快递网点优先参加工伤保险工作实施方案》，切实维护快递员的合法权益，加强快递员群体工伤保障，促进快递业持续健康发展。方案要求，严格落实人社部、国家邮政局关于参保范围、计缴方式、经办服务、待遇支付等方面的规定，并按照国民经济行业分类标准确定的行业分类，全面推进全省快递企业、基层快递网点参加工伤保险，切实保障快递员工伤保险权益。

邮政快递业23名个人获评省级劳动模范

7月，黑龙江省委、省政府印发《关于表彰黑龙江省劳动模范的决定》，其中，王传艳、姚建军、姬冬梅等行业23名个人获评省级劳动模范。

黑龙江局印发2022年全省邮政业生态环保工作要点

7月，黑龙江局印发《2022年黑龙江省邮政行业生态环境保护工作要点》，全面部署2022年全省邮政业生态环保工作，加快推进全省快递包装减量化、标准化和循环化。要点明确，全省邮政业要努力完成国家邮政局“9917”工程目标任务安排，即2022年底前，实现采购使用符合标准的包装材料比例达到90%，规范包装操作比例达到90%，全省可循环快递箱（盒）使用量达到7万个，回收复用瓦楞纸箱数量达到1400万个。

黑龙江局加快推进全省邮件快件包装操作规范备案工作

8月，黑龙江局下发《关于进一步做好邮件快件包装操作规范备案工作的通知》，对进一步做好邮件快件包装操作规范备案工作提出具体要求。通知指出《邮件快件包装操作规范备案管理规定（试行）》对邮件快件包装操作规范备案的内容、要求、方式及审核流程等方面作出了明确规定，对落实《邮件快件包装管理办法》有关规定，强化企业邮件快件包装操作规范具有重要意义。各市（地）局要提高认识，认真贯彻落实。通知强调各市（地）局要强化责任落实，加强对企业的指导，及时审查备案材料，提出审查意见，加快工作进度。通知要求各市（地）局要加强监督执法。对于寄递企业未制定或未按要求备案包装操作规范的，依法依规立案查处违法行为，规范寄递市场经营秩序。

黑龙江出台指导意见推进农村客货邮融合发展

8月，黑龙江局联合省交通运输厅印发《关于进一步推进农村客货邮融合发展工作的指导意见》，农村客货邮融合发展获政策支持。意见提出，2022年和2023年全省每年打造1～3个样板县、设立10个以上客货邮综合服务站、开通20条以上客货邮合作线路，2024年所属县（市）超过3个的市（地）均有一个样板县，到2025年底，农村客货邮融合发展工作推广到所有县（市）。意见还明确了各项保障措施，提出各地要制定农村客货邮融合发展工作方案，落实省政府出台政策中涉及农村物流体系建设相关补贴政策，统筹各类资源，争取形成发展合力。

黑龙江省邮政快递业两家企业被认定为2021年省级重点物流企业

8月，黑龙江省提升交通运输效能工作专班办公室印发《关于公布2021年“省级重点物流企业”名单的通知》，黑龙江省顺丰速运有限公司(顺丰)、黑龙江圆通速递有限公司(圆通)被认定为2021年省级重点物流企业，每家企业预计将分别获得首次认定一次性50万元的奖励。为贯彻落实《黑龙江省人民政府办公厅推动物流降本提质增效的实施意见》，黑龙江局主动配合省交通运输厅共同制定了《黑龙江省重点物流企业认定办法》，经企业申报、市级初审、专家评审、网上公示等程序，最终全省共有7家物流企业入选2021年“省级重点物流企业”名单。

黑龙江启动现代物流产业发展专项行动利好邮政快递业

9月，黑龙江省发展改革委印发《黑龙江省现代物流产业发展专项行动方案(2022－2026年)》，邮政快递业获政策利好。方案提出，到2026年，基本建成供需适配、内外联通、安全高效、智慧绿色的现代物流体系，建成全国物流高质量发展示范区及东北亚物流高地。方案要求，完善城乡配送基础设施网络，鼓励商贸流通、邮政、快递、物流等企业开展市场化合作，构建覆盖广、节点密的物流设施网络，实现统一仓储、分拣、运输、配送、揽件。完善县、乡、村物流设施，形成县级物流配送中心、乡(镇)级配送站和村级配送网点的三级联动配送网络，促进城乡商贸物流一体化发展。方案指出，积极发展绿色包装体系，鼓励使用轻量化包装、循环包装、生物降解包装等环境友好型物流包装，避免过度包装与二次包装。方案对邮政快递业基础设施项目明确资金支持，提出积极争取中央预算资金和政府专项债券资金支持已列入省邮政业发展规划的物流基础设施配套项目。

黑龙江局部署“十四五”时期“无废城市”建设工作

9月，黑龙江局下发《关于切实做好“十四五”时期“无废城市”建设有关工作的通知》，对列入“十四五”时期“无废城市”名单的哈尔滨、大庆、伊春市邮政管理局提出具体要求。通知要求，哈尔滨、大庆、伊春市邮政管理局要充分认识到做好“无废城市”建设是深入贯彻落实习近平生态文明思想的重要举措，是实现上下游协同、全链条治理的重要途径。要认真学习《“十四五”时期“无废城市”建设工作方案》，推动将方案中绿色网点(分拨中心)建设、快递包装绿色转型等行业任务落地落实落细。

快递包装绿色治理被列入省污染防治攻坚战目标

10月，黑龙江省生态环境保护督查工作领导小组印发《黑龙江省深入打好污染防治攻坚战责任分工方案》，将邮政快递业生态环保工作统筹安排，提出了任务目标。方案明确，要强化快递包装绿色治理，加强电商和快递规范管理，推进可循环快递包装应用，逐步建立健全快递包装生产、使用、回收、处置全链条治理长效机制。今年以来，黑龙江局高度重视快递包装绿色治理工作，大力实施“9917”工程，指导市(地)局因地制宜推进行业生态环保工作，大力整治塑料污染，稳步推进“无废城市”试点建设。

王一新副省长肯定全省邮政管理工作成效

10月18日，黑龙江省委常委、副省长王一新专题听取省邮政管理局关于近期党的二十大寄递安保、快递进村、行业疫情防控和保通保畅等工作汇报，并给予充分肯定，勉励全省邮政快递业再接再厉，再创佳绩，圆满完成本年度行业发展各项工作任务。王一新强调，一是全面拓展寄递服务的普遍性，提升寄递网络的通达性，推动将服务延伸至偏远村屯，更好服务全省乡村振兴战略。二是着力在物流降本提质增效上下功夫，通过加强监管，不断提升服务质量，更好满足群众所需。三是全力抓好安全生产工作，确保行业安全生产各项规章制度落实到位，安全生产责任体系运行有效。四是扎实做好快递员群体权益保障工作，联合多部门推进快递小哥优先参加工伤保险，采取多种方式提升快递小哥自我职业认同感。五是切实做好行业保通保畅工作，积极协调相关部门有效化解涉疫地区邮件、快件积压问题，引导快递企业成为重要的抗疫力量。六是积极参与哈尔滨国际航空枢纽建设，鼓励寄递企业发展跨境寄递业务，布局海外仓，服务对俄边境贸易发展。

张金丰副部长肯定全省邮政管理工作成效

10月21日，黑龙江省委组织部副部长张金丰专题听取黑龙江局关于重点工作开展情况的汇报，对于黑龙江局履行邮政行业监管责任，服务地方经济发展，维护党的二十大期间的行业安全稳定，统筹行业疫情防控及保通保畅，健全完善快递行业党建工作机制等方面取得的工作成效给予充分肯定。勉励全省邮政管理局要一如既往，切实加强党对邮政业的全面领导，带领全省邮政行业干部职工，巩固和深化邮政快递进村的成果，拓宽工作思路，充分利用农村快递网点的平台，调动激发“第一书记”在农村电子商务发展的积极性，加快推进农林特产品进城。要聚焦“党建赋能”，进一步加强快递行业党建工作，发挥快递行业党委组织引领作用，依托快递党组织加大对快递员群体合法权益保障服务力度，引导快递企业更好服务保障民生，快递员群体积极主动融入城市治理。

黑龙江邮政快递业启动“非凡十年路　再启新征程”主题宣传活动

11月9日，黑龙江局、省总工会、团省委、黑龙江日报报业集团共同主办的“非凡十年路　再启新征程”主题宣传活动在哈尔滨市启动，持续到2023年1月结束。本次活动以宣传贯彻党的二十大精神为主题，重点宣传黑龙江省邮政快递人坚守初心的底色和信仰，邮政行业十年来取得的非凡成就，邮政快递企业为龙江经济社会发展作出的突出贡献，快递小哥在平凡岗位的感人故事、优秀品质和奉献精神，目的是进一步向全社会讲好邮政快递故事，广泛凝聚尊重关爱快递一线从业者的社会共识，营造促进邮政快递业健康发展的良好社会氛围，激励全系统全行业为推动党的二十大精神在龙江大地落地生根，助力谱写龙江全面振兴新篇章贡献力量。

黑龙江全面兑现物流降本提质增效奖励政策

11月，黑龙江省提升交通运输效能工作专班办公室公布2021年度黑龙江省物流扶持资金认定企业名单及奖励金额。黑龙江省顺丰、京东、极兔、德邦4个主要品牌快递企业获得省政府制定的关于企业年营业收入首次达到3亿元、5亿元、10亿元档次的达标奖励，京东、极兔、韵达3个主要品牌快递企业获得新增自动化、智能化设备设施及托盘循环共用系统项目奖励，全省重点品牌快递企业共获奖励金额超一千万元，极大提振了企业发展信心。为贯彻落实《黑龙江省人民政府办公厅关于推动物流降本提质增效的实施意见》，黑龙江省邮政管理局配合省交通运输厅共同制定了《关于开展2021年黑龙江省物流扶持资金申报工作的通知》，经企业申报、市级初审、专家评审、网上公示等程序，最终确定物流扶持资金认定企业及奖励金额。

黑龙江出台新规保障邮政快递畅通

11月，黑龙江省应对新型冠状病毒感染肺炎疫情工作领导小组指挥部审定印发《防疫封控期间邮政快递业运营操作指引》，旨在提升行业、企业自我防控能力基础上，尽可能保障邮政快递畅通循环、促进消费的功能，最大限度满足人民群众民生服务需求。指引贯彻科学精准的防控要求，结合实际对邮政快递行业在疫情频发形势下不关门、不停业、不阻断进行了政策安排。明确提出“当各地有零星散发疫情时，一律不准关停关闭各级邮政快递分拨中心、营业网点等基础设施”

“建立邮政快递企业和从业人员白名单，优先办理相关证明提供车辆通行和人员通勤保障”“当邮政快递分拨中心或营业网点发生疫情时，不得整体封停，要精准施策，按照疫情可控的最小单元划定管控范围”等，对有效应对严峻复杂的疫情形势，推进落实行业保通保畅工作起到指引和促进作用。

黑龙江局关心下一代工作委员会成立

11月，为深入贯彻落实党的二十大精神，认真贯彻落实习近平总书记对加强新业态、新就业群体党建工作及关心关爱快递小哥重要指示批示精神，加强党对快递业的全面领导，以“党建带关建”，切实履行关心快递员群体工作的主体责任，统筹做好快递员的关心关爱工作，激发快递员更好的服务民生、奉献社会，增强快递员群体的归属感、幸福感和成就感，黑龙江局关心下一代工作委员会成立，为黑龙江省委关心下一代工作委员会成员单位，黑龙江局主要领导任黑龙江省委关心下一代工作委员会副主任。

黑龙江局举办“寻找最美快递员”评选活动

11月30日，黑龙江局联合省总工会、团省委、黑龙江日报报业集团，共同开展“点赞‘小蜜蜂’——寻找最美快递员”评选活动。活动会评选出10名“最美快递员”和20名“优秀快递员”。本次活动将通过深入挖掘我黑龙江省快递员立足岗位、敬业奉献、服务社会的感人事迹，展现新时代龙江快递员爱岗敬业、为民服务、勇于奉献的情怀和良好精神面貌，进一步弘扬劳动精神、奋斗精神、奉献精神、创造精神、勤俭节约精神，助力培育时代新风新貌。通过培树行业典范、传播行业正能量，持续提升“快递小哥”的职业荣誉感、幸福感、获得感，推动全省邮政快递业持续健康发展。

全省邮政行业发展成效获省领导批示肯定

11月，黑龙江省省长胡昌升、副省长王一新先后在黑龙江省邮政管理局呈报的《关于1—10月份全省邮政业发展情况的报告》上作出批示，充分肯定黑龙江省邮政行业发展成效。省政府两位领导批示指出，全省邮政业增速今年在全国一路领先，值得肯定。

黑龙江省领导点赞邮政快递业

12月，在黑龙江省疫情防控工作调度会上，省委常委、副省长王一新强调：近期，省疫情防控指挥部出台的《进一步规范公路货运及邮政快递疫情防控管理专项工作方案》，是为了明确这一领域疫情防控的标准规范，避免没有统一标准而导致“层层加码”问题，说到底，是为了保护这一群体。他们是幸福的使者，是社会保通保畅、保供保需的重要力量，承载着畅通经济循环的重任。我们各级政府部门要高度重视，要给予关爱保护，多加肯定赞扬，不能指责轻视，更不能管死管废，不要搞反了，要重视发挥他们更加积极的作用。

黑龙江局迅速落实畅通邮政快递服务保障民生物资运输通知要求

国务院物流保通保畅工作领导小组办公室《关于进一步畅通邮政快递服务保障民生物资运输的通知》下发后，黑龙江局迅速组织落实，第一时间就落实通知要求情况和省内邮政快递业疫情防控形势向省委常委副省长王一新同志进行了汇报。王一新高度重视，立即作出安排部署。在12月17日全省疫情防控调度会上，王一新提出四点要求：一是各市（地）、县（区）政府一定要多支持多关爱邮政快递人员，采取积极措施，帮助邮政快递业应对困难，保障基本防疫物资需求，特别是一线人员用的N95口罩要保障供给；二是各市（地）、县（区）对已经感染的邮政快递从业人员所需的治疗药品要给予保障；三是要采取人员调剂等应急措施应对邮政快递从业人员人力不足的问题；四是对邮政快递员的工作给予支持理解，各小区物业禁止对邮政快递员正常工作设置障碍。王一新指出：邮政快递业是保障民生物资运输的主力军，从业人员冒疫奔波，接触人多，感染概率大，已有部分市地从业人员发生了大规模感染。当前黑龙江省正处于极寒天气，邮政快递从业人员工作辛苦，“双12”旺季保障期仍在持续，三重因素叠加，对全省邮政快递业冲击影响较大。各市（地）、县（区）一定要高度重视，迅速行动，采取积极措施应对，避免对民生物资运输造成较大影响。

梁惠玲副书记调研慰问快递保供工作

12月31日，黑龙江省委副书记、代省长梁惠玲在哈尔滨市调研元旦期间快递保供工作，看望慰问坚守岗位的一线工作人员。她强调，要深入贯彻落实党的二十大精神，认真落实党中央、国务院决策部署和省委要求，更好统筹疫情防控和经济社会发展，加强基本民生保障，全力做好保供给、保畅通、保安全等工作，确保人民群众过一个平安祥和的节日。在黑龙江圆通速递有限公司，梁惠玲听取圆通智创园区项目建设情况介绍，实地调研圆通小件自动分拣转运中心，详细了解快递全周期运营、企业生产经营恢复和员工疫情防控情况。她强调，快递企业速度与服务是关键，要多措并举保障运力，不断提高服务质量，全力确保快递配送的时效性。梁惠玲叮嘱快递从业人员增强防护意识，做好个人自我防护；强调要加强对员工的关心关爱，提供良好的工作和休息条件。

上海市快递发展大事记

上海局加强寄递服务保障助力“网上年货节”顺利开展

1月10日，由市商务委、市网信办、市经信委、市市场监管局、市邮政管理局、市消保委、市委宣传部、市文旅局联合主办的“2022上海网上年货节”正式开启。为助力活动开展，上海局积极加强寄递服务保障，推进活动开展。年货节期间，上海地区揽收2.32亿件，投递2.24亿件，全市寄递渠道整体运行平稳有序。

上海4部门共同开展节前慰问一线快递小哥活动

1月18日，上海局团委会同团市委、市建交团工委和青浦区团委组成慰问组前往快递企业生产作业场地慰问依旧坚守岗位的一线快递小哥。在圆通速递华新网点和中通快递浦西转运中心，慰问组一行详细了解了快递小哥的工作时长、身体状况、劳动关系等生产生活方面遇到的困难和春节期间的生活工作安排等情况，并向坚守在工作岗位上的快递从业人员赠送了温暖礼包和象征“虎年大吉”的吉祥布偶和春联。团市委副书记史逸婵充分肯定了一线快递从业人员不畏严寒、不辞劳累的敬业精神，特别是在春节来临之际仍坚守在岗，确保了市民的年货等物资能及时到达手中；亲切叮嘱他们要主动做好自身疫情防护，注意生产安全和春节出行；同时希望他们能继续发扬吃苦耐劳、甘于奉献的精神，以更踏实的工作回报社会的关心关爱。

上海8部门联合印发关于做好本市快递员群体合法权益保障工作的实施意见

2月，上海局联合市交通委、市发展改革委、市人力资源和社会保障局、市商务委、市市场监管局、市总工会、团市委制定印发《关于做好本市快递员群体合法权益保障工作的实施意见》。实施方案提出，到“十四五”末，快递员群体合法权益保障实现“四有”“四更”工作目标，快递员群体的职业的自我认同和社会认同持续增强，获得感、幸福感、安全感持续提升，确保上海快递员权益保障工作走在全国前列，为全国快递员权益保障工作提供上海样板。实施方案明确，加强党群保障支撑体系建设、形成合理收益分配机制、保障快递员合理劳动报酬、提高快递员社会保险水平、优化安全生产作业环境、落实快递企业主体责任、规范企业加盟和用工管理、加强网络稳定运行监管、完善职业发展保障体系等9项主要任务，并细化了工作举措，明确了部门责任。

《上海市关于高质量落实〈区域全面经济伙伴关系协定〉(RCEP)的若干措施》正式发布

2月，《上海市关于高质量落实〈区域全面经济伙伴关系协定〉(RCEP)的若干措施》正式发布，围绕“加快货物贸易高质量发展”“加快服务贸易创新发展”“深化双向投资合作”“建设高水平区域合作平台”“加强对企业服务”以及“积极打造一流营商环境”6个方面，制定了22项任务清单，邮政快递业发展获政策利好。若干措施提出，一要推动区域内跨境电子商务市场融合。鼓励RCEP成员国的跨境电子商务平台在本市运营，支持本市制造和贸易企业入驻平台，进一步扩大纺织服装、化妆品、高端消费品等商品进出口。二要提升通关便利度。对抵达海关监管作业场所且完整提交相关信息的RCEP成员国原产的快运和易腐货物，通常情况下实行6小时内放行，提升跨境电商进口商品通关便利化水平。三要强化政策配套和服务保障。鼓励有条件的企业在RCEP区域市场建设海外仓和海外运营中心等服务设施，以企业对企业(B2B)方式为外贸提供综合配套服务。支持对跨境电商出口海外仓的货物落实出口退(免)税政策。支持在自由贸易试验区内建设“丝路电商”合作交流引领区。

邮政快递业再次被纳入“新基建”建设目标

3月，《上海市新型基础设施建设2022年重点工作安排》和《上海市新型基础设施建设第三批重大项目清单》正式出台，继续把智慧物流分拣中心、智能快件箱建设纳入了“新基建”工程建设等内容，明确了具体工作部署和计划安排，邮政快递业基础设施政策支持力度不断加大。为贯彻落实工作安排和项目清单，上海局扎实做好“新基建”工程建设工作。在2021年新建智能快件箱6000余组的基础上，2022年计划新建智能快件箱5000组，推动符合设置条件的住宅小区智能快件箱布设比例达到90%，商务楼布设比例大幅提高。此外，根据项目清单的工作要求，积极协调推进申通智慧物流分拣中心项目和韵达智慧物流枢纽分拣中心项目。计划在2023年前建设申通智慧物流分拣中心，运用AI等技术实现分时分区货量推演、车路停泊智能调度、分拣轨迹视觉追踪、包裹错分即时提醒等智慧化应用，建成后年配送订单可达3.6亿个。计划在2025年前新建2幢韵达物流转运车间，建成后进一步扩大快递分拣能力。

李强书记检查邮政快递业疫情防控和市民生活服务保障情况

4月19日，中共上海市委书记李强前往中国邮政集团公司上海市寄递事业部同城业务分公司检查疫情防控工作和市民生活服务保障情况，看望慰问持续坚守岗位的一线保供人员。李强指出，要坚决贯彻习近平总书记重要指示精神，坚持“动态清零”总方针不动摇，持续紧盯物资保供和就医配药等市民群众最关切的难点堵点问题，更好发挥国有企业托底保障作用，充分用好平台企业渠道资源优势，进一步整合力量、完善布局、畅通通道、强化兜底，为打赢疫情防控攻坚战提供有力支撑。李强对邮政系统积极响应号召、承担物资和药品供应配送任务表示感谢，深入了解工作人员闭环管理、集中居住以及防疫措施落实情况。每到一处，李强向一线保供人员表示慰问，感谢大家不计得失、持续奋战，全力投身支持疫情防控和物资供应配送工作。他指出，要更好履行国企使命担当，把物资保供作为当前最紧迫的事情，下更大力气、尽最大努力，兜好底、保基本、保民生。在严格执行防疫要求的前提下，所属超市卖场、配送中心、社区网点和连锁药店要应开尽开，保供人员要应出尽出，统筹城市物流配送资源，加大市内配送力度，切实打通保供“最后一公里”“最后100米”。要立足当前、着眼长远，进一步创新思路、优化布局、科学配置，使保供网点成为社区基础设施的重要组成部分，让更多市民群众可以就近就便获得基本生活物资保障，切实解除后顾之忧。要更加关心重视快递骑手的安全防护，从严落实各项防疫规定要求，从严执行“一日两检”健康监测，细致做好后勤保障，让大家更加安全、安心地投入工作。

龚正市长检查邮政快递业疫情防控和复工复产情况

5月24日，上海市委副书记、市长龚正前往位于常德路的顺丰网点检查疫情防控和复工复产情况。龚正指出，要深入贯彻落实习近平总书记重要讲话和指示批示精神，按照市委部署要求，高效统筹疫情防控和经济社会发展，强化责任落实、细化运行准备、优化政策供给，加快促进各类市场主体复工复产，奋力夺取大上海保卫战的胜利。龚正强调，要深入落实“疫情要防住、经济要稳住、发展要安全”要求，加快供应链产业链持续恢复，积极有力提升各类市场主体复工率、达产率。要统筹做好疫情防控、复工复产和安全生产，压紧压实“四方责任”，强化发现、处突、管控和自我健康管理“四个机制”。各类企业要加强内部管理，建立完善预案，备足防疫物资，加强与政府部门的应急联动，守牢疫情防控和安全生产的底线。各级政府部门要积极听取企业特别是中小企业意见诉求，快速响应各行各业复工复产需求，加大政策供给力度，加快打通堵点痛点，积极破解矛盾问题，引导广大市场主体探索适合自己的复工复产方式，推动更多市场主体恢复活力。

上海局联合市人社局积极推进基层快递网点优先参加工伤保险

5月，上海局和市人社局联合出台《关于做好本市基层快递网点优先参加工伤保险工作的通知》，在本市全面推进基层快递网点优先参加工伤保险工作。根据通知，快递企业应当依法参加各项社会保险，对于用工灵活、流动性大的基层快递网点可优先办理参加工伤保险，并享受上海市工伤保险相关政策待遇。通知明确了基层快递网点优先参加工伤保险的参保范围和主体、计缴方式以及相关工作要求。通知强调，本市邮政管理、人社等相关部门要各司其职，加强业务协同，增强队伍建设，确保工作平稳有序推进，本市社保经办机构要创新工作方式，针对快递行业特点，简化优化经办流程，提升保障效能。通知自7月1日起施行，有效期5年。

上海局统筹做好疫情防控和经济恢复重振工作

4月，上海进入大上海保卫战。自4月1日至5月底，全行业参与保供保通保畅运输车辆累计约8.1万辆次，运送生活物资累计约36万吨，参与人员累计约18万人次。持续开展利好行业恢复重振的相关工作。积极组织国务院和上海市助企纾困政策行业培训，将快递收派收入免征增值税等国家政策向企业进行详细讲解。同时大力推动防疫和消杀支出分档定额补贴政策纳入《上海市加快经济恢复和重振行动方案》，并于5月30日召开行动方案宣贯会，面向邮政快递企业上海分公司和基层网点进行政策宣贯。宣贯会深入讲解了防疫和消杀支出分档定额补贴政策，同时对缓缴社会保险费、减免房产税和城镇土地使用税、发放电商平台消费优惠券、加大培训补贴力度和贴息贴费等共计17条行业相关政策进行了详细讲解。此外，上海局积极维护快递小哥合法权益，与市人社局积极沟通，于5月16日正式印发出台《关于做好本市基层快递网点优先参加工伤保险工作的通知》，指导企业降低用工风险，提供规范用工保障，确保优先参加工伤保险工作有效落实和推进。6月1日，上海市进入全面恢复正常生产生活秩序阶段，本市邮政快递业在落实常态化疫情防控工作的基础上，紧锣密鼓推进运能运力恢复。当日，快递业务量突破1100万件，超过平时日均水平。2022年，新冠疫情给上海邮政快递业带来严峻挑战。为贯彻落实党中央、国务院、国家邮政局及市政府关于助企纾困工作的决策部署，确保政策红利落到实处、发挥实效、应享尽享，上海局下好助企纾困“及时雨”，打好助企纾困“组合拳”。到年底，助企纾困相关政策红利已精准“落袋”，上海全行业共获各项税费减免、资金补贴总计约46.52亿元。

上海局举办见义勇为快递小哥代表表彰会暨上海市“关爱勤劳小蜜蜂　寻找最美快递员”活动启动仪式

8月11日，上海局举办了见义勇为快递小哥代表表彰会暨上海市“关爱勤劳小蜜蜂　寻找最美快递员”活动启动仪式。上海局党组书记、局长冯力虎主持并讲话。局党组成员、纪检组长、副局长余洪伟传达全国见义勇为英雄模范表彰大会精神并宣读开展向见义勇为快递小哥王江北学习的通知。市邮政管理局指出，全行业要深入学习王江北时刻将人民群众的安危放在最高位置，不忘根本、坚守初心的朴实情怀；大力弘扬立足平凡岗位，以高度的责任心和良好的服务态度，踏实肯干、爱岗敬业的奉献精神；广泛宣传不顾个人安危，勇于挺身而出、见义勇为的英勇行为。通过广泛开展学习活动，引导和激励邮政快递业广大从业人员积极践行社会主义核心价值观，勇于承担社会责任，弘扬社会正气，为上海加快建设具有世界影响力的社会主义现代化国际大都市作出贡献，以实际行动迎接党的二十大胜利召开。上海市快递行业协会会长周德刚宣布上海市首届“关爱勤劳小蜜蜂　寻找最美快递员”活动正式启动。活动将在上海市快递行业精神文明创建工作指导小组的领导下进行，由上海市快递行业协会具体实施。据了解，首届“关爱勤劳小蜜蜂 寻找最美快递员”活动在8－12月期间举办，面向全市邮政快递企业一线从业人员。经过企业推荐、网络投票、公示评审等阶段，活动共将评选出10名上海市“最美快递员”和10名“最美快递员”入围奖。

邮政快递业被纳入《上海市数字经济发展“十四五”规划》

8月，《上海市数字经济发展“十四五”规划》正式出台，智能快件箱等“新终端”建设内容被纳入全市数字经济发展工作，邮政快递业高质量发展获政策利好。规划明确，加大智能快件箱在社区、商务楼宇、医院、学校、机关和园区等场所的布设力度。顺应消费升级需求，支持新型消费发展，加快布局智能商业终端，推动实体商业数字化、智能改造和跨界融合。围绕引流、降本、提升用户体验，提升商业运行管理效率。

上海邮政快递业环保地方标准正式立项

9月，上海局申报的《快递包装循环共用指南》地方标准制定项目经网上公开征求意见、专家评审和公示后正式立项。根据《2022年上海市邮政快递业生态环境保护工作要点》《关于加快推进快递包装绿色转型的意见》和《“十四五”邮政业绿色发展行动计划》的相关要求，上海局大力实施“9954”绿色工程，认真推进快递过度包装治理，完善相关法律法规标准，在快递包装循环共用标准编制方面取得积极进展。在前期调研、分析基础上，上海局与市质量和标准化研究院充分对接，积极开展共用指南地方标准立项申报工作，共用指南制定工作被列入2022年度上海市地方标准制修订项目计划。标准制定后，可为上海市快递包装的循环共用工作提供标准化技术指导，有利于提高上海快递包装资源利用效率，实现快递包装的绿色化、减量化、可循环，切实推进快递业绿色包装工作，助力快递业的绿色低碳发展。

上海发布实施意见加快农村寄递物流体系建设

9月，上海市人民政府办公厅正式印发《关于加快本市农村寄递物流体系建设的实施意见》。这是上海贯彻落实《国务院办公厅关于加快农村寄递物流体系建设的意见》的重要举措,是上海市邮政快递业深入贯彻落实习近平总书记重要指示精神的有力抓手。实施意见提出“四条原则”:一是坚持以人民为中心、惠及民生;二是坚持乡村振兴、融合发展;三是坚持市场主导、消费升级;四是坚持资源共享、协同推进。实施意见明确到2025年的建设目标:形成开放惠民、集约共享、安全高效、双向畅通的农村寄递物流体系,基本消除寄递物流公共服务能力城乡差别,农村寄递物流供给能力和服务质量显著提高,便民惠民寄递物流服务全覆盖。

上海局组织召开邮快合作框架协议签约仪式

9月23日,为加快推进本市农村寄递物流体系建设,全面实施“两进一出”工程,上海局组织召开邮快合作框架协议签约仪式,推动“邮快合作”,为上海邮政快递业建设农村寄递物流体系打下坚实基础。签约仪式上,中国邮政集团有限公司上海市分公司与顺丰、圆通、申通、中通、韵达、德邦、极兔等7家民营品牌快递企业签订了框架协议。按照协议约定,双方本着“开放共享、因地制宜、整合资源、合作共赢”的原则,依托各自现有网络资源,以推进邮政服务与快递服务协同发展为合作内容,服务电商发展和乡村振兴,实现行业高质量发展。签约仪式上,上海局解读了上海市政府办公厅印发的《关于加快本市农村寄递物流体系建设的实施意见》。意见明确到2025年的建设目标:形成开放惠民、集约共享、安全高效、双向畅通的农村寄递物流体系,基本消除寄递物流公共服务能力城乡差别,农村寄递物流供给能力和服务质量显著提高,便民惠民寄递物流服务全覆盖。

中国(上海)工业品在线交易节首次发布上海“两业”融合发展典型案例

9月28日,由上海局、上海市经济和信息化委员会指导,上海市快递行业协会、上海市物流协会、上海长三角产业互联网促进中心合作,上海信息投资咨询有限公司辅助开展的快递物流业与制造业深度融合发展典型案例(场景)首次通过中国(上海)工业品在线交易节发布,圆通速递有限公司和上海翔运国际货运有限公司联合申报的“助力国产大飞机翱翔蓝天——翔运国际与航空制造业融合”等15个典型案例入选。

浦东快递行业综合党委揭牌仪式举行

10月13日,浦东新区区委组织部、浦东邮政管理局联合举办浦东新区快递行业综合党委揭牌仪式。浦东新区快递外卖群体党建工作联席会成员单位代表、区社会工作党委直(所)属综合党委专职副书记、快递企业党组织负责人、“快递小哥”党员代表出席揭牌仪式。此次成立的全市首家快递行业综合党委是织密快递行业组织网络的又一次创新举措,浦东局将进一步加强党对快递行业的全面领导,推进党建工作与行业治理深度对接、同频共振、融合共促,推动行业党建工作再上新台阶。

上海推进多式联运发展优化调整运输结构

10月,上海市政府办公厅印发《上海市推进多式联运发展优化调整运输结构实施方案》,邮政快递业多项内容被纳入其中。实施方案明确,一是提升综合货运枢纽建设。构建层次清晰、高效有序的多级城市配送体系,完善大型转运中心和配送末端设施布局。推动传统货运场站完善现代物流功能,提升多式联运换装效率,推进临港多式联运中心建设。二是优化多式联运组织模式。加快发展航空货运,探索“航空+”多式联运业务。加快构建国际航空货运网格,建立高效的现代航空货运体系;积极促进“公转铁”“公转水”,支持铁路寄递骨干网络构建,积极推动公路寄递网络升级优化和水路运输资源利用。三是深化信息资源共享与应用。深化“互联网+”应用,加快铁路、港口、机场、海运、空运等部门企业信息系统对接和数据共享,加快推进北斗系统、区块链技术的应用,加强物流信息对接和业务协同。四是提高技术装备绿色化水平。积极探索氢燃料电池的多场景、多领域商业性示范应用,力争在重型载重货车、船舶能源清洁化领域取得突破。五是深化重点领域改革。加快构建信用为基础的新型监管机制,不断提升事中事后监管服务水平。优化许可办理手续及流程,推广电子运输证,实现长三角货运企业、人员资质资格互查互认。六是完善政策保障体系。加大财政资金对运输结构调整和多式联运发展的支持力度,落实资金投入保障。做好国际航运中心建设专项资金、节能减排专项资金等财政资金的使用评估和优化工作,提升资金扶持的精准度和有效性。

上海韵达货运有限公司获企业职业技能等级认定机构资质

11 月,上海市人社局正式印发通知,同意上海韵达货运有限公司为本市企业职业技能等级认定机构。上海韵达成为继上海顺衡物流有限公司之后,本市快递行业第二家获得企业职业技能等级认定资质的企业。未来,上海韵达可面向本单位员工自主开展职业技能等级认定,员工所获证书与市人社局系统联网,可在网络上随时查询并享受与职业资格证书同样的政策待遇。上海韵达本次备案通过的认定职业为供应链管理师,等级为三级(高级),目前,第一批认定工作正在紧锣密鼓地筹备中,预计将在 11 月中旬全部完成。通过认定的员工不仅能获得广泛认可的技能等级,而且能得到相应的薪酬补贴、福利资金、荣誉激励,以及更广阔的职业发展空间。同时,根据上海局与市人社局联合印发的《关于加强快递从业人员职业技能提升工作的通知》,符合条件的员工还可在完成认定并取得相应证书后,通过指定途径申领职业技能提升专项补贴。

上海局开展党的二十大精神进快递员群体(系列)活动

11 月,上海邮政快递业先进典型全国人大代表、邮政分拣员柴闪闪,全国五一劳动奖章获得者、申通党员驾驶员关立平参加了上海市党的二十大精神进新就业群体系列活动启动仪式。该系列活动将依托“党群服务中心”,通过线上导学、线下知识竞赛等,进一步推动新就业群体“原原本本学、带着问题学、结合实际学、创新形式学”,让党的二十大精神入脑入心。上海局将以此为契机,联系地方组织部门、工会部门,将微党课、小材料置入“党群服务中心”“户外职工爱心接力站”等服务阵地,在服务过程中把党的二十大精神带给快递小哥;引导快递企业将微党课、小材料置入企业微信公众号、内部培训小程序等,推动党的二十大精神进快递园区、进企业、进网点,抓好从业人员和一线快递员的学习,扩大全行业学习宣传的覆盖面,切实把党的二十大精神转化为加快建设邮政强国、努力当好中国现代化开路先锋的奋进力量。

上海局深化党建引领快递行业“六共”行动被纳入市建设交通系统“党建引领基层治理重点项目”

11 月,上海市委出台《关于进一步加强党建引领基层治理的若干措施》,加快形成为基层赋权、减负、增能的强大合力,其中明确将落实快递员等重点群体服务管理纳入制度安排,为快递行业党建工作注入了强大动力。为深入贯彻落实若干措施,市建交党委印发《关于开展党建引领基层治理“三个行动”的工作方案》,发布了《市建设交通系统“党建引领基层治理重点项目”》,并明确将快递行业“六共”行动纳入党建引领基层治理重点项目,进一步推动快递小哥积极融入基层治理。

上海快递发展指数发布

11 月 30 日,“上海快递发展指数发布会暨

‘快递业绿色发展’高峰论坛”在沪成功举办。上海市邮政管理局副局长余洪伟出席发布会并致辞。发布会上，余洪伟副局长、青浦区商务委张隽主任共同启动指数发布，市快递行业协会会长周德刚发布2021年度和2022年第三季度上海快递发展指数，指数编制单位国家邮政局发展研究中心对编制思路进行了解读。数据显示，2021年上海快递发展指数为161.3，同比提高8%，2022年第三季度上海快递发展指数为215，同比增长3.3%，较二季度提升20%。从指数来看，全行业经受住疫情考验，上海快递发展指数呈现整体上扬态势，充分展现了上海邮政快递业的韧性、稳定性与可持续性。

上海稳岗补贴细则出台

12月24日，《上海市人民政府办公厅印发关于支持本市相关行业和企业稳岗留工有序运行若干政策措施的通知》发布，明确指出，将阶段性发放稳岗补贴，鼓励电商平台和邮政快递企业持续提供快递、外卖服务，2022年12月25日至2023年1月27日期间，对重点监测的电商平台和邮政快递企业，给予上岗工作的一线人员每人每天60元补贴；特别的，对元旦期间（2022年12月31日至2023年1月2日）和春节期间（2023年1月21日至1月27日）上岗工作的一线人员，给予每人每天150元补贴。并指出要支持外来务工人员节后加快返岗复工，实施春节返岗交通补贴，2023年1月28日至2月5日期间，企业租用大巴车跨省“点对点”组织外来务工人员返岗，或劳务协作输出地包车输送市外务工人员返岗的，按照实际包车费用的50%给予补贴，每家企业最高不超过30万元。该政策的出台，有利于全力保障上海市邮政快递业平稳运行，也充分体现了市委市政府对邮政快递业一线从业人员上岗作业的关心关爱。

上海局精神文明创建取得丰硕成果

上海局持续做好行业精神文明创建工作。2022年，4月中华全国总工会召开表彰大会热烈庆祝“五一”国际劳动节，上海市邮政快递业2个先进集体、个人得到表彰，顺丰速运集团（上海）速运有限公司通州经营分部荣获“全国工人先锋号”称号，中国邮政集团有限公司上海市机要通信局交通室接发组组长段长俊获得“全国五一劳动奖章”。9月，市邮政快递业7个先进获评上海市“五一劳动奖”“工人先锋号”等荣誉称号。中国邮政集团有限公司上海市杨浦区分公司获评“五一劳动奖状”；上海韵达货运有限公司机动派送员陈登龙、中国邮政集团有限公司上海市普陀区分公司曹杨新村邮政支局党支部书记、副经理（主持工作）徐磊、中国邮政集团有限公司上海市黄浦区分公司外滩邮政支局党支部书记、经理江亮等3人获评“五一劳动奖章”；中国邮政集团有限公司上海市静安区分公司石门二路邮政支局南京西路营业部、中国邮政集团有限公司上海市徐汇区分公司华泾邮政支局华泾社区营业所、上海迅赞供应链科技有限公司（京东物流）上海保供专班等3个班组获评“工人先锋号”。9月，闵行区组织举办了“凝新聚力　暖新同行”闵行有“新”人联盟成立仪式暨“随申办”小哥全域服务地图上线主题活动，此次被授予“闵行新骑士”勋章的7位优秀“小哥”代表中，有党员先锋骑手、有主动亮出身份的退伍军人、有参与疫情防控的最美逆行者。其中，已经从业24年的申通快递员伍大兴，也获得了“闵行新骑士”勋章。他二十年如一日扎根在闵行莘庄，虽然不善言辞，但始终用自己的行动践行着骑手的使命。12月，国家邮政局公布了入选2022年度全国邮政快递业青年安全生产示范岗名单。其中，中国邮政集团有限公司上海市国际业务分公司国际邮件防疫专班、中通快递集团——道路安全管控部上榜，上海市邮政管理局获优秀组织奖。

江苏省快递发展大事记

江苏邮政快递业获评多项国家级省级“扫黄打非”荣誉称号

1月，苏州工业园区顺丰速运有限公司昆山分公司成功获评第五批全国“扫黄打非”进基层示范点；中国邮政集团有限公司南通市通州区分公司荣获2021年江苏省“扫黄打非”进基层示范标兵称号，中国邮政集团有限公司南京市鼓楼分公司、中国邮政集团有限公司靖江市分公司、中国邮政集团有限公司宿迁市分公司服务质量部获2021年江苏省“扫黄打非”进基层示范点称号。

储永宏副省长批示肯定邮政管理工作

1月10日，江苏省副省长储永宏专题听取了省邮政管理局关于全国邮政管理工作会议精神及全省邮政管理工作情况的汇报。1月12日，储永宏作出专题批示，肯定2021年全省邮政管理工作取得的成绩，并对2022年工作提出要求。批示指出，2021年全省邮政管理系统认真贯彻落实党中央、国务院和省委、省政府工作部署，扎实推进“快递进村”“快递进厂”“快递出海”，不断提升人民群众用邮体验，为全省“十四五”实现良好开局作出了邮政贡献。新的一年，全省邮政管理系统要坚持以习近平新时代中国特色社会主义思想为指导，完整准确全面贯彻新发展理念，深入践行“人民邮政为人民”服务宗旨，认真落实省第十四次党代会部署要求，统筹发展和安全，扎实做好疫情防控工作，奋力扛起“争当表率、争做示范、走在前列”光荣使命，以优质高效的邮政服务为交通强省和交通运输现代化示范区建设作出新的更大贡献，迎接党的二十大胜利召开！

江苏邮政快递业“三大跨越”实现“百千万亿”目标

2021年，江苏邮政快递业统筹疫情防控和经济社会发展，积极践行新发展理念，助力构建新发展格局，不断提升人民群众用邮体验，行业发展“三大跨越”实现“百千万亿”目标。全省邮政快递行业规模迈上新台阶：全年完成邮(快)件业务量114亿件，同比增长18.8%，在2020年邮(快)件业务量96亿件的基础上，成功跨上“百亿”台阶；完成邮政行业业务收入1001.1亿元，同比增长8.9%，在2020年邮政行业业务收入919.5亿元的基础上，成功跨上“千亿”台阶；支撑实物商品网上零售超过1万亿元，同比增幅20%，占全社会消费品零售总额的24%，成功跨上“万亿”台阶。

快递发展内容被写入省政府工作报告及民生实事项目

1月20日，江苏省第十三届人民代表大会第五次会议在江苏大会堂隆重开幕。大会主席团常务主席、省委书记吴政隆主持大会，代省长许昆林代表省人民政府向大会作政府工作报告。报告提出，要促进消费持续恢复，办好“苏新消费”四季系列主题购物节，推动线上线下消费融合发展，把江苏的产品销到全国、卖到全球。支持南京、苏州、徐州创建国际消费中心城市和区域消费中心城市，完善城市和县城商业体系，贯通县乡村电子商务体系和快递物流配送体系，打响江苏全域“消费福地”品牌。报告指出，2022年还将安排12类50件民生实事，实行清单式管理、项目化推进，着力解决人民群众的“急难愁盼”问题，更好满足人民群众对美好生活的向往。其中，第10大类第41件提出，“交邮融合，推进稳定运营100个乡镇客运站邮政快递服务和100条交邮融合示范线路，服务农民快递收寄700

万件以上”。

加快农村寄递物流体系建设实施意见获审议通过

2月8日，江苏省委副书记、省长许昆林主持召开省政府第99次常务会议，审议通过《关于加快农村寄递物流体系建设的实施意见》。会议要求，要以实施意见出台为契机，坚持以人民为中心、惠及民生，推进市场主导、政府引导，不断完善体系、提高效率，实现资源共享、协同推进；要充分发挥农村邮政的网络优势，有效统筹寄递物流与农村电商、交通运输等协同发展，提升农村寄递物流体系运行效率，持续推动服务网络下沉和关联产业融合；要建立常态化工作协调机制，邮政管理、交通运输部门要发挥好牵头部门作用，其他相关部门要各司其职、协同配合。

全省交通运输现代化示范区建设推进会议肯定快递进村工作成效

2月14日，江苏省委、省政府召开江苏交通运输现代化示范区建设推进会议。省委书记吴政隆出席会议并讲话，交通运输部部长李小鹏书面致辞，省长许昆林主持会议。会上，吴政隆充分肯定交通运输工作取得的成绩，特别指出，江苏在全国率先基本实现快递进村全覆盖，对畅通城乡循环、服务乡村振兴战略、提升农民生活品质都具有重要意义，有效提升了人民群众的获得感、幸福感、安全感。要进一步完善配送网络体系，在有条件的地区逐步向自然村拓展，不断满足人民群众的需求，为扛起光荣使命、谱写新的篇章提供坚实支撑。

江苏快递职业被纳入2022年紧缺型技能培训补贴工种

2月，江苏5部门联合发布2022年第一季度高技能人才培训补贴50个紧缺职业(工种)目录，快递员、快件处理员两个工种被纳入其中，本年度每季度发布的(工种)目录均对全年有效。这是自2020年以来，江苏连续3年将快递员纳入高技能人才培训补贴工种目录。

快递进村被写入2022年江苏省委1号文件

2月，《中共江苏省委　江苏省人民政府关于做好2022年全面推进乡村振兴重点工作的实施意见》印发。文件提出，深入实施“快递进村”工程，加强“一点多能”的村级寄递物流综合服务点建设。

江苏局全面完成2021年行业生态环保“29551”工程

2021年，江苏省邮政管理局认真贯彻落实国家邮政局工作部署，深入推进邮政行业生态环保工作，开展重金属和特定物质超标包装袋、过度包装专项治理，电商快件不再二次包装率达96%，可循环快递箱(盒)使用量达58万个，主要品牌寄递企业备案网点包装废弃物回收装置覆盖率达68%，建成快递绿色网点150个，全面完成全省邮政业生态环保“29551”工程任务目标。全省邮政业生态环保行政处罚案件数明显增加。

江苏绿色快递相关内容被纳入全省绿色低碳循环发展经济体系

2月，江苏省人民政府发布《关于加快建立健全绿色低碳循环发展经济体系的实施意见》，绿色快递相关内容被纳入其中。实施意见明确提出，在健全绿色低碳循环发展的流通体系中要求“加快新能源或清洁能源汽车在城市物流配送、邮政快递等领域应用”“支持物流企业构建数字化运营平台，推进智慧物流发展，加快传统物流业智慧化改造”“整合末端物流配送资源，优化城市配送三级节点体系”“深入落实生产者责任延伸制度，引导生产企业建立逆向物流回收体系”。

江苏发布加快农村寄递物流体系建设实施意见

2月20日，由江苏省邮政管理局牵头起草的《省政府办公厅关于加快农村寄递物流体系建设的实施意见》正式印发，全省农村寄递物流体系建设工作进入新阶段，政策基础进一步夯实。实施意见要求：到2025年，建设县级寄递公共配送中心或快递产业园区不少于30个、乡级寄递公共配送中心不少于100个、村级寄递物流综合服务站不少于1万个，形成开放惠民、集约共享、安全高效、双向畅通的县乡村三级农村寄递物流体系，实现乡乡有网点、村村有服务，农产品运得出、消费品进得去，农村寄递物流供给能力和服务质量显著提高，便民惠民寄递服务全面覆盖。

快递绿色包装要求被纳入江苏污染防治攻坚战实施意见

2月，江苏省委、省政府发布《关于深入打好污染防治攻坚战的实施意见》，绿色快递包装相关内容写入其中。实施意见明确提出，加快形成绿色低碳生活方式，构建快递包装产品绿色标准体系，推进在快递营业网点设置包装回收区。

江苏3部门印发推进快递业党建工作指导意见

3月14日，江苏省委组织部、省委两新工委和省邮政管理局党组联合印发《关于推进快递业党建工作的指导意见（试行）》。指导意见以习近平总书记关于新业态新就业群体党建工作的重要指示批示精神为指导，落实中组部和国家邮政局党组加强快递物流业和快递员群体党建工作部署要求，结合江苏实际，从建立健全快递业党建工作领导体制和工作机制、强化快递企业党组织政治功能、提升快递业党的组织和工作覆盖质量、拓展快递业党组织和党员发挥作用的有效途径、突出抓好头部企业和快递业集聚区党建工作、切实加强对快递业党建工作的组织领导等6个方面，进一步细化工作举措。指导意见对党建工作体制机制进行了系统性的调整和优化，并针对行业党组织运行过程中存在的人员、经费、场地缺乏保障等难点问题，出台了一系列务实可操作的举措。

江苏出台入境邮件快件疫情防控工作指引

3月，江苏省邮政管理局推动省进口物品疫情防控组出台《江苏省入境邮件快件疫情防控工作指引（试行）》。指引从入境邮件快件的防疫措施、从业人员的防疫措施、场所环境的防疫措施、宣传引导、应急处置等5个方面提出了17条工作意见，明确了入境邮件快件的消毒、运输车辆的消毒、投递环节的风险提示、从业人员核酸检测频次、邮件快件核酸检测频次、从业人员岗前审查、投递前静置期设置、涉疫邮件快件处置等具体要求。指引坚持"人、物、环境同防"，以入境邮件快件及所涉及物品、接触人员、存放场所、运输工具等为重点，实行全流程规范防控，为行业科学精准防控提供了遵循，全力保障疫情期间全行业安全平稳有序运行。

江苏要求进一步做好全省邮政快递服务防疫情保畅通工作

4月10日，江苏省新冠肺炎疫情联防联控指挥部办公室下发《关于进一步做好全省邮政快递服务防疫情保畅通工作的通知》，要求统筹发展和安全、统筹疫情防控和经济社会发展，进一步筑牢寄递渠道防疫安全屏障，为疫情防控提供有力的寄递服务保障。

江苏局部署开展快递业党建品牌创建活动

4月，江苏省邮政管理局党组印发《江苏省快递业党建品牌创建活动实施方案》，就进一步加强快递业党建工作，培育党建特色品牌工作作出部署。品牌创建活动结合贯彻落实《关于推进快递业党建工作的指导意见（试行）》，分为宣传发动、论证规划、指导培育、评估评审、成果运用等5个阶段，将坚持围绕服务中心、服务群众、服务发展的原则有序推进。

江苏局联合省工信厅评审快递业与制造业深度融合发展典型项目

4月14日，江苏省邮政管理局联合省工业和信息化厅组织召开了专家评审会，对2021年度全省快递业与制造业深度融合发展典型项目进行了全面评审。快递服务欧莱雅化妆品制造项目、快递服务常州汽车零部件及配件制造项目等10个项目通过评审并进入两业深度融合典型项目公示名单。2020年，江苏局与省工信厅联合印发《关于促进邮政快递业与制造业深度融合发展的实施意见》。为推进相关工作全面开展，2021年，两部门联合开展了全省快递业与制造业深度融合发展典型项目遴选工作。2022年初，各市邮政管理局会同工业和信息化局按照参评范围和标准在当地组织遴选，共推荐申报13个项目。经江苏局与省工信厅再次审核，相关专家从模式先进、方向领先、成效显著等方面对各个项目进行评审评分，确定年快递业务量超1000万件的10个项目通过评审并成为拟报批公示的两业深度融合典型项目。

江苏17部门印发县域商业体系建设实施方案

4月14日，省商务厅、省邮政管理局等17部门联合印发《江苏省县域商业体系建设实施方案》，要求补齐乡镇商贸流通基础设施短板，提升商贸流通公共服务质量，促进农村电商和物流融合发展。实施方案提出，“十四五”期间，大力推动实施“县域商业建设行动”，以县镇(乡)村商业网络体系和物流配送体系为重点，建设和改造升级一批县域商业、物流配送、农产品流通设施和网点。到2025年，全省建设改造乡镇商贸中心200个以上、村级便民店2000个以上、县级物流配送网点50个以上、村级末端配送网点10000个以上，建设农产品产地冷藏保鲜设施300个以上，培育40个左右县域电商产业集聚区。

储永宏副省长检查邮政行业疫情防控工作

4月15日上午，江苏省副省长储永宏一行专程前往江苏邮政南京邮区中心，检查行业疫情防控工作。南京邮区中心主要承担全国发往江苏的各类邮件进口处理和集散发运，是江苏邮政规模最大的邮件处理中心。在邮区调度指挥中心和邮件处理现场，省邮政公司主要负责人详细汇报了防疫情保畅通及做好抗疫物资配送、服务政务民生、服务地方经济等方面的情况。储永宏对邮政企业发挥自身优势全力做好疫情防控和保供保畅工作表示肯定，要求继续压紧压实主体责任，确保人员“零感染”，保障疫情防控期间邮政服务正常运行。同时，还对寄递运输车辆通行情况进行了现场督办，要求相关部门研究对策措施，全力确保寄递服务网络有序畅通运行，保障重点物资和人民群众基本生活物资运递。

江苏启动全国统一式样“重点物资运输车辆通行证”审核发放工作

4月25日，江苏邮政快递业首批811张全国统一式样“重点物资运输车辆通行证”由各级邮政管理部门审核发放。为做好货运物流保通保畅工作，江苏省新冠肺炎疫情联防联控交通口岸防控组印发《关于启用全国统一式样〈重点物资运输车辆通行证〉的通知》，明确邮政快递运输车辆的通行证由省邮政管理局统一印制，由市、县(市、区)邮政管理部门审核发放。据此，江苏局下发紧急通知启动邮政快递行业全国统一式样“重点物资运输车辆通行证”审核发放工作，并明确相关管理要求：一是要按照“谁发放、谁负责，谁审核、谁负责”原则，在发放通行证前严格审核申请人、车辆、司乘人员、48小时内核酸检测阴性证明、健康码和行程卡、线路等信息，切实用于保障邮件快件运输；二是要协同属地政府切实做好邮件快件运输车辆和司乘人员的闭环管理工作，确保通行证发放以后管控力度不减弱，对疫情防控不力的企业要立即停发通行证并及时督促其整改到位；三是要加强通行证发放工作的组织领导工作，落实专人负责，每日报告通行证发放情况。

江苏全面促进消费对完善三级物流配送体系提出要求

4月，江苏省完善促进消费体制机制工作联席会议印发《全面促进消费2022年工作要点》，明确要求完善三级物流配送体系。工作要点要求，加快建设城乡高效配送体系，强化综合物流园区、配送(分拨)中心服务城乡商贸能力，完善县乡村三级物流配送体系，实施“快递进村”工程。积极发展商贸物流新业态新模式，推广共同配送、集中配送、夜间配送等集约化配送模式，完善即时配送、网订店取等末端配送模式。推进农产品冷链物流发展。健全绿色物流体系，支持建设绿色分拣中心。支持医药、家电、汽车等专业化物流发展。

江苏局十一条重点措施保障邮政快递网络运行通畅

4月10日以来，根据国务院、省政府物流保通保畅工作机制部署，江苏邮政管理部门积极协调属地防疫指挥机构，推动快递车辆通行、分拨中心和营业网点恢复运营等政策落地实施。数据显示，5月6日，全省行业邮快件揽收量达到2340万件，投递量达到2000万件。为贯彻落实邮政快递业保通保畅促进产业链供应链稳定的相关工作要求，江苏局积极推动落实十一条重点措施：一是始终坚持人民至上；二是建立健全工作机制；三是发挥党建引领阵地；四是严格抓好疫情防控；五是畅通运输车辆通行；六是保障分拨中心运转；七是打通末端投递网络；八是强化从业人员保障；九是畅通投诉申诉渠道；十是积极履行社会责任；十一是加强新闻宣传引导。

江苏邮政业发展内容被纳入省“十四五”深入推进农业数字化建设实施方案

5月，江苏省政府办公厅印发《“十四五”深入推进农业数字化建设实施方案》，推进邮政快递基础设施数字化改造等内容纳入其中。方案要求，推进基础设施数字化改造，加快农村流通服务数字化，支持重点园区、规模农场打造农产品产地骨干冷链物流基地，推进冷链物流设施数字化改造，分类推进“快递进村”工程，健全县乡村三级寄递物流体系。同时，要实施产业数字化强链增效工程，以数据流带动技术流、资金流、人才流、物资流等要素向产业链集聚，助力现代农业产业链优化升级。

江苏省出台促进绿色消费实施方案推动行业绿色发展

5月，江苏省出台《促进绿色消费实施方案》，加快推动快递业绿色发展。实施方案明确提出，大力发展绿色配送，全面推进过度包装治理，严格贯彻落实限制商品过度包装的强制性国家标准，提升商品包装绿色化、减量化、循环化水平。深化快递包装绿色产品认证推进工作，引导企业优先选购使用获得绿色认证的快递包装产品，鼓励使用商品和物流一体化包装，大幅减少物流环节二次包装，到2025年电商快件不再二次包装率达99%以上。鼓励选择可循环、可复用快递包装，健全快递包装投放回收机制和配套设施。在保证寄递安全的前提下，优先采用简约包装，推广应用低克重高强度快递包装纸箱、免胶纸箱、可循环配送箱、标准化物流周转箱等新产品，鼓励合理减少填充物使用。

2021年度全省快递业与制造业深度融合发展典型项目出炉

6月，江苏省邮政管理局与省工信厅联合发布2021年度全省快递业与制造业深度融合发展典型项目，“快递服务苏州欧莱雅化妆品制造项目”等10个快递业务量超1000万件项目入选。

江苏出台措施着力构建内外联通的现代物流网络

6月，江苏省政府办公厅印发《关于促进内外贸一体化发展的若干措施》，贯彻落实国务院相关文件精神，着力破除内外贸一体化制度性障碍，加快实现内外贸的高效运行。其中，多项内容涉及邮政快递业。若干措施要求，构建内外联通的现代物流网络，推进南京国际货邮核心口岸等项目建设，加快发展国际寄递物流服务，鼓励邮政快递企业开展跨境寄递国际运输网络布局，支持邮政航空增开国际货运航线。拓展中欧班列通道，优化线路布局，推动邮政快递班列等特色班列开行，促进运贸融合发展。在国际物流重要节点设置海外仓，为企业提供通关、仓储配送、营销展示、退换货和售后维修等服务。优化城市物流配送网络，推进南京等城市绿色货运配送示范工程创建，提升城市货运配送效率。加快补齐农村物流基础设施短板，完善县乡村三级快递物流配送体系。同时，提出加快内外贸融合创新发展，推进跨境电子商务综合试验区建设，支持跨境电商产业园、海外仓等载体平台发展，做大做强本土跨境电商平台，优化寄递服务，更好对接国内国际市场。

江苏推广“交通运输＋邮政快递＋农村社区”农村寄递物流服务模式

6月15日，江苏省邮政管理局、交通运输厅、民政厅、商务厅、农业农村厅联合印发《关于加快推广“交通运输＋邮政快递＋农村社区”农村寄递物流服务模式的通知》。通知提出了具体目标：“十四五”期末，全省在乡镇交通场站建设和稳定运营寄递公共配送中心100个以上，并在其他乡镇交通场站广泛引入邮政快递服务功能；开通交邮融合镇村公交示范线路100条以上，示范效应彰显，交邮融合线路运营逐步成为常态；在全省农村社区党群服务中心（综合服务中心）叠加建设寄递物流综合服务站5000个以上；建设快递服务现代农业示范项目100个以上；基本建成具有江苏特色的“交通运输＋邮政快递＋农村社区”农村寄递物流服务模式。

江苏邮政业消费者申诉云平台上线运行

6月，新话务系统“江苏省邮政业消费者申诉云平台”正式上线运行，江苏省邮政管理局组织开展新系统上线培训，省邮政业消费者申诉中心全体人员参加培训。培训邀请“申诉云平台”开发单位相关技术人员对系统进行详细的讲解，从账号登录、呼叫中心工作台、通话记录、通话操作等方面全面阐述并进行实际操作演示。申诉中心话务人员现场对话机、软件系统进行模拟实景操作，并进行了现场交流答疑，取得了较好的实训效果。

江苏省委组织部划拨100万元支持快递行业党建工作

6月，江苏省委组织部向省邮政管理局划拨100万元专项资金，支持快递行业党建工作。近年来，江苏局为加强党对快递业的全面领导，大力推动快递行业党组织建设，在全国率先实现13个设区市快递行业党委全覆盖，推动市快递行业党委实体化运作，13个设区市快递行业党委直接管理67个党支部和887名党员，得到中组部肯定，并写入相关报告。为有效解决制约行业党建工作的人力、经费不足等短板问题，江苏局联合省委组织部、省委两新工委出台《关于推进快递业党建工作的指导意见（试行）》，积极发挥省新业态新就业群体党的建设工作专班作用，加强与省委组织部沟通联系，积极争取工作和经费支持。

交邮融合被纳入省政府2022年度十大主要任务百项重点工作

6月，江苏省政府办公厅印发《省政府2022年度十大主要任务百项重点工作》，将全年任务进行细化分解，并提出可实施、可检查、可考核的年度工作目标，要求扎实推进共同富裕，持续增进民生福祉。其中，明确交邮融合目标任务，要求推进稳定运营100个乡镇客运站邮政快递服务和100条交邮融合示范线路，服务农民快递收寄700万件以上。根据工作部署，省邮政管理局、交通运输厅、民政厅、商务厅、农业农村厅进一步明确乡级寄递公共配送中心、镇村公交、村级寄递物流综合服务站、农产品上行寄递服务网络等4个层级的建设要求，正在加快推广"交通运输+邮政快递+农村社区"农村寄递物流服务模式，确保重点工作扎实推进、落地见效。

江苏3部门建立寄递安全监管协作配合工作机制

6月，江苏省邮政管理局、省检察院、省公安厅联合下发《关于建立健全寄递安全监管协作配合工作机制的意见》，进一步强化寄递渠道常态化安全监管，共同打击寄递违禁品违法犯罪活动，促进寄递业持续健康发展。意见要求，全省检察机关、公安机关和邮政管理部门建立联席会议制度和重大情况通报制度，落实行政执法与刑事司法衔接的相关规定，联合开展寄递业、社会面普法宣传，共同组织业务交流、案件研判、监督检查，强化协作配合，坚决查处寄递违禁品犯罪行为，推动寄递安全监管常态化。

江苏省防指办印发通知取消入境邮件快件静置期

7月，江苏省疫情防控指挥部办公室印发《关于优化入境邮件快件疫情防控工作的通知》，明确取消入境邮件快件静置期。通知明确，直接从江苏省入境的邮件快件，在完成清关后要落实"首站消毒责任制"，由入境邮件快件首站处理场所实行闭环管理，在逐件进行外包装各面消毒、邮件快件总包及装运容器一并消毒后，进入后续分拣、运输、投递流程，不再实行投递前静置期管理；对于从外省入境且已完成首站消毒、结束闭环管理、寄达江苏省的入境邮件快件，后续流程相关的生产作业场所和工作人员疫情防控管理，参照国内邮件快件相关要求实施，不再实行投递前静置期管理。

江苏出台政策推进多式联运发展利好邮政业

7月，江苏省政府办公厅印发《江苏省推进多式联运发展优化调整运输结构行动计划（2022－2025年）》。邮政业在枢纽布局、快递出海、产品开发、信息资源共享等方面获得支持。一是加快货运枢纽布局建设。优化布局多式联运枢纽场站，推动铁路物流基地、重点港口、枢纽机场、物流园区融合发展，强化货物转运、保税监管、邮政快递、冷链物流等综合服务功能。二是推动中欧（亚）班列提质增效。推进自贸区专列、跨境电商专列、邮政快递专列等特色班列开行。三是丰富多式联运服务产品。推动冷链、危化品、国内邮件快件等专业化多式联运。四是提升信息资源共享水平。推动交通运输、商务、海关、邮政等部门政务服务信息共享，强化多式联运数据交换电子报文标准应用。五是推进运输服务规则衔接。建立与多式联运相适应的规则协调和互认机制，深入推进多式联运"一单制"，完善标准体系，加快推广应用新技术，提升多式联运全程运输数字化水平。

江苏局启动快递员"先锋骑手"培育工作

7月，江苏省邮政管理局印发《关于开展快递员"先锋骑手"培育工作的通知》，在全省启动快递员"先锋骑手"培育工作。"先锋骑手"是江苏省委部署的新业态新就业群体先锋系列培育工作的一个重要组成部分，旨在发掘两新群体中党员、发展对象和入党积极分子中的先进典型，树立示范标杆。培育工作以设区市为单位，采取自下而上、上下结合的推荐方式。江苏局要求各地坚持以把党员培养成骨干、把骨干发展成党员为方向，努力把快递企业基层党支部委员及荣获过市级以上荣誉的"快递小哥"培育为快递行业"先锋骑手"。

江苏举行中欧班列"江苏号"邮政班列首发仪式

7月28日，江苏举行中欧班列"江苏号"邮政班列首发暨"快递出海"战略合作签约仪式。省交通运输厅党组成员、副厅长梅正荣，省邮政管理局党组书记、局长张水芳，省海外企业集团有限公司党委副书记、总裁杨笠，中国邮政集团江苏省分公司党委书记、总经理陈智泉，省交通运输厅、省邮政管理局、省班列公司、省邮政分公司相关负责人，顺丰、极兔、京东、圆通、韵达、联邦等品牌快递企业江苏省公司负责人出席仪式。江苏“快递出海”借助新通道迈出新步伐。

江苏局推动专项再贷款助力行业纾困发展

7月，江苏省邮政管理局、人民银行南京分行、省交通运输厅联合印发《关于用好交通物流专项再贷款助力交通物流业纾困发展的通知》，积极推动专项再贷款在江苏快递业落地见效，全面助力行业纾困发展。通知明确了专项再贷款的支持主体与贷款要求、基本要素与操作方式、合格银行与相关要求，对相关工作进行了全面部署：一是要求提高政治站位，强化货运物流保通保畅金融服务；二是要求建立“白名单”制度，确保专项再贷款使用精准合规；三是要求加强信息共享，保障主体资质认定准确；四是要求深化政银合作，积极开展融资对接专项行动。通知印发后，全省各级邮政管理部门迅速行动，全面摸底，与相关部门密切协作，完成企业主体资格进行审核推荐工作，并由省局向人民银行南京分行报送“建议白名单”。首批“建议白名单”上49家中小微快递企业已全部纳入全省交通物流专项再贷款“白名单”。

江苏局开展全省快递包装绿色治理专项行动

7月，江苏省邮政管理局印发《关于开展2022年全省快递包装绿色治理专项行动的通知》。此次专项行动重点督促寄递企业严格执行固废法、《邮件快件包装管理办法》，严肃整治行业生态环保领域违法违规行为。通知要求各市局开展督导检查，依法严肃查处未向协议用户书面告知包装物要求、未制定包装操作规范、未对从业人员进行包装操作培训、过度包装、未按要求报告一次性塑料制品使用情况等行为。

江苏实现市级快递行业党委实体化运作全覆盖

8月，随着南京市顺丰、中通两个快递企业党组织转隶市快递行业党委，江苏省13个设区市快递行业党委全部转为实体化运作。

江苏省快递行业党委获批成立

8月17日，江苏省委组织部下发批复，同意成立中国共产党江苏省快递行业委员会。明确行业党委隶属省委两新工委，由省邮政管理局党组领导和管理。近年来，江苏局积极承担统筹指导全省快递业党建工作责任，发挥行业主管部门作用，加强部门协同，压实企业责任，统筹各方资源，推动全省快递行业党建工作持续迈出新步伐。在全国率先实现设区市快递行业党委全覆盖，率先实现实体化运作全覆盖。26个快递业体量较大的县（市、区）成立快递行业党委，另有33个县（市、区）将快递行业纳入地方党建联盟。

江苏局召开省快递行业党委成立大会

8月29日，江苏省快递行业党委成立暨行业党建工作推进会在南京召开。省委两新工委副书记季振华，省邮政管理局党组书记、局长，省快递行业党委书记张水芳出席会议并讲话。会上，省委组织部组织三处处长、两新工委办公室主任张云军同志宣读《关于成立中国共产党江苏省快递行业委员会的批复》，季振华、张水芳同志为行业党委揭牌，无锡市快递行业党委、连云港海州区快递外卖行业党委负责人和盐城市快递党员代表作交流发言。

江苏四个交邮融合项目入选第三批农村物流服务品牌

10月，交通运输部、国家邮政局联合发布了第三批农村物流服务品牌，南通市海门区“交邮合作·惠民兴村”、南京市江宁区“交邮融合、统仓共配”、睢宁县“e路相睢物畅其流”、沛县“电子商务+共同配送+快消供应链”等4个交邮融合服务项目入选。

江苏要求大力发展社区邮政快递服务

10月，江苏省人民政府办公厅印发《江苏省“十四五”城乡社区服务体系建设规划》，大力发展邮政快递服务成为完善城乡社区服务格局、提升城乡社区服务供给品质的重要措施。规划提出，要健全城乡社区公共空间综合利用机制，合理规划建设文化、体育、商业、物流等服务设施，提升为民服务功能。要适应农村经济社会发展，增加建制村和较大自然村基本公共服务供给，提升邮政、金融、电信、供销、广播电视等公共事业服务水平；要完善便民服务功能，全面推进城市一刻钟便民生活圈、农村3公里生活圈建设，大力发展与社区居民日常生活密切相关的邮政快递综合服务点等便民服务。

江苏进一步推进“快递进村”工作

10月，江苏省邮政管理局印发通知进一步推进“快递进村”工作，要求全面推广“交邮社”服务模式，因地制宜设置村级寄递物流综合服务站，有效降低农村末端寄递成本，加快形成开放惠民、集约共享、安全高效、双向畅通的县乡村三级农村寄递物流体系。通知主要提出六方面工作要求：一是全面推广“交邮社”服务模式，鼓励邮政快递企业积极参与农村客货运站点改造，开通客货邮合作线路，在有条件的农村社区党群服务中心（综合服务中心）设置智能快件箱；二是积极推动邮快合作，加强农村邮政基础设施和服务网络共享，支持邮政企业公平参与农村寄递服务市场竞争；三是合力服务农产品出村进城，鼓励邮政快递企业推进农产品产地冷藏保鲜设施建设，将寄递服务延伸到农产品生产现场；四是细化完善台账管理，定期报送和持续完善“快递进村”基础信息；五是积极推动政策覆盖，全面贯彻省政府办公厅和相关部门关于农村寄递物流体系建设和“交通运输＋邮政快递＋农村社区”服务模式相关文件要求，尽快推动地方配套措施；六是积极开展示范创建，开展快递服务现代农业省级示范项目和交邮融合公交示范线路建设。

快递包装被纳入省“十四五”生态环保重点事项清单

10月，江苏省印发《“十四五”生态环境保护规划》重点事项清单，快递包装绿色转型相关工作被纳入其中，并明确了任务分工。快递包装绿色转型相关工作共有2项被列为重点事项：一是制定并发布限制生产、销售和使用一次性不可降解塑料袋等相关办法，建立和完善快递包装袋等终端制品的技术标准，研发集成由秸秆、玉米芯等农业废弃物到可降解材料的全产业链关键技术，由省发展改革委、生态环境厅牵头，省市场监管局配合；二是在快递行业推行绿色包装，加强快递包装回收体系建设，由省邮政管理局牵头，省商务厅、发展改革委、市场监管局配合。

江苏省冷链物流发展规划要求发展冷链寄递

10月，江苏省人民政府办公厅印发《江苏省冷链物流发展规划（2022－2030年）》，为邮政快递业发展冷链寄递带来政策利好。规划提出的主要任务中有多项涉及邮政快递业：一是畅通生鲜消费品冷链双向通道。推进电商、邮政快递企业整合产地冷链物流资源，建设或改造一批县域冷链物流节点，加强“产地集采＋干线运输＋销地配送”冷链物流一体化上行组织，促进生鲜农产品保质减损。依托“快递进村”工程，鼓励供销、邮政快递、交通运输、大型流通企业等共建共用冷链物流设施。二是聚焦重点领域，提升专业冷链服务水平。围绕阳山水蜜桃、东台西瓜、兴化香葱、邳州白蒜、响水西兰花等特色果蔬品牌，推进邮政、快递、供销系统和生鲜电商企业建立从产地到销地的果蔬冷链全程温控体系，扩大品牌农产品辐射范围和消费规模。围绕阳澄湖大闸蟹、盱眙龙虾、固城湖螃蟹、兴化大闸蟹等特色水产品，推进养殖、捕捞加工龙头企业与冷链物流、电商快递和连锁餐饮等企业共建从产地到消费终端的保鲜冷链物流体系。依托主销区大型水产品交易市场，推进速冻库、冷藏库、加工车间、封闭月台、邮政快递冷链物流等设施建设，提升水产品冷链分拨配送能力。三是提升冷链相关产业价值链水平。创新发展“冷链物流＋新零售”模式，依托“一县一业”“一村一品”品牌，强化电商快递冷链全程温控和质量管控，扩大品牌农产品影响力和销售范围。规划还将邮政管理部门纳入省级冷链物流发展协调推进工作机制。

绿色快递包装被纳入省“十四五”节能减排综合实施方案

10月，江苏省政府发布《江苏省“十四五”节能减排综合实施方案》，绿色快递包装等相关内容纳入其中。实施方案明确提出，要“推广普及电子面单、环保袋、循环箱、绿色回收箱，推广使用循环包装和生物降解包装材料，引导电商企业、邮政快递企业选购使用获得绿色认证的快递包装产品”，协同推进降碳、减污、扩绿、增长，确保完成全省“十四五”节能减排目标任务。

快递绿色包装成为省“无废城市”建设必选指标

11月，江苏省打好污染防治攻坚战指挥部办公室印发《江苏省“无废城市”建设指标体系》，快递绿色包装使用率被确定为“无废城市”建设的必选指标。指标体系由37项必选指标、28项可选指标和各地自选指标组成。快递绿色包装使用率作为生活领域源头减量方面的必选指标之一被列入指标体系，要求到2025年，建设城市的快递绿色包装使用率不低于60%，并由邮政管理部门提供考核的数据来源。

江苏局联合省人社厅部署推进行业职业技能提升工程

为推动落实《国家邮政局　人力资源和社会保障部关于印发〈邮政快递业职业技能提升工程实施方案〉的通知》文件精神，11月，江苏省邮政管理局、省人社厅联合发文部署推进邮政快递职业技能提升工程。两部门从六个方面作出部署。

江苏成立省快递业党群服务中心

11月，中共江苏省委编委及编办批复，同意在江苏省邮政业安全中心增挂江苏省快递业党群服务中心牌子，增加3名全额拨款事业编制，专门从事快递行业党建具体工作。根据批复，江苏省快递业党群服务中心的职责任务是：协助贯彻落实快递行业党建工作有关政策要求，参与指导行业基层党组织建设，承担行业党建日常工作，参与制定、完善快递业党建工作制度规定，开展快递业党建工作研究。

江苏局出台快递市场监管领域轻微违法行为不予处罚和从轻减轻处罚暂行规定

12月，江苏省邮政管理局积极贯彻落实新修订的《中华人民共和国行政处罚法》，制定出台《江苏省快递市场监管领域轻微违法行为不予处罚和从轻减轻处罚暂行规定》。暂行规定全文共18条，主要体现三个方面：一是突出重点领域。对现行执法事项进行全面梳理，结合行政许可、备案等监管重点内容制定不予处罚清单并实行动态管理。同时，全面排除情节严重的违法行为，对于触及安全底线、严重危害市场公平竞争秩序等严重违法行为，不予列入清单。二是聚焦“轻微违法”。全面梳理轻微违法行为，设定不予处罚的具体条件，在法定裁量权限范围内不予处罚或者从轻减轻处罚，使市场主体不因轻微违法影响正常经营。三是坚持效果导向。对“违法行为轻微”“危害后果轻微”“及时改正”“主观过错”“初次违法”等方面的判定因素作出细化规定，为基层执法提供明确指引，引导执法人员正确掌握行政处罚裁量方法。

江苏局启动省级快递服务现代农业示范项目建设

12月，江苏省邮政管理局、省农业农村厅联合印发《关于做好省级快递服务现代农业示范项目创建和入库推荐工作的通知》，启动省级快递服务现代农业示范项目建设。通知要求，省邮政管理局与省农业农村厅联合建立“省级快递服务现代农业示范项目”项目库，组织开展农产品寄递物流规模化发展等7大主题示范项目创建。2022年，由各市局联合农业农村局联合推荐入库项目；2023年至2024年，做好入库项目的跟踪和指导工作；2024年底前，确立100个快递服务现代农业示范项目名单。通过省级快递服务现代农业示范项目建设，推动形成一批发展先进、创新活跃、富有活力的典型样板，探索可复制可推广的经验和模式，积极拓展农产品销售渠道，示范引领寄递物流与现代农业协同发展。

江苏采取措施全力保障邮政快递稳定畅通

12月19日，江苏省物流保通保畅工作领导小组办公室下发《关于切实做好畅通邮政快递末端配送“最后一公里”有关工作的通知》，全面贯彻落实党中央、国务院决策部署，坚持问题导向，采取有力措施，全力保障邮政快递末端畅通。

全省邮政快递业保通保畅工作部署会议召开

12月21日，江苏省邮政管理局与省交通运输厅联合召开全省邮政快递业保通保畅工作会议，要求保障邮政快递稳定运行，切实打通“最后一公里”，保障人民群众防疫物资等民生物资供应。会议要求，各地各部门要立足于聚焦当前快递业务需求激增、医疗物资需求激增、末端配送人员减少的突出问题，结合疫情发展变化，按照优化疫情防控十条措施等要求，畅通邮政快递末端“微循环”，为人民群众渡过疫情流行期提供充足的物流运输保障；要加大对邮政快递企业的支持力度，在防疫物资配备、疫苗接种等方面给予优先支持；要充分发挥骨干企业作用，尽快补充一线快递人员力量，不再对从业人员进行核酸检测，尽快推动从业人员返岗复工，着力缓解邮件快件积压；要加强与工信、卫健等部门沟通对接，重点保障药品、防疫物资及民生物资配送服务；要按照“早做预案、早做准备”的总体要求，研究制定应急预案，为下一步应对疫情防控的高峰做好充足的准备。

江苏省市领导关心支持邮政快递保通保畅

邮政快递行业稳定畅通关乎人民群众正常生活，关乎经济社会发展大局。为保障邮政快递稳定畅通，江苏全省邮政管理系统主动汇报，加强沟通，积极作为，赢得了省市领导的关心关注和大力支持，全省上下打响了一场邮政快递保通保畅攻坚战、保卫战。省委副书记、省长许昆林在省交通运输厅、省邮政管理局提交的关于做好邮政快递保通保畅工作情况专题汇报上批示“要督促落实，立即解决”。省物流保通保畅工作领导小组办公室随即下发《关于切实做好畅通邮政快递末端配送“最后一公里”有关工作的通知》，明确了邮政快递保通保畅七项具体措施。省委常委、南京市委书记韩立明在专题调研时指出“要优先保障邮政快递从业人员的防疫物资，给坚守在岗位的邮政快递从业人员送去温暖”。省委常委、苏州市委书记曹路宝专门作出批示“保障末端配送能力，关爱好快递员”。无锡市委书记杜小刚指出“医生是生命线、小哥是生活线”。淮安、徐州、无锡、盐城、常州等设区市党政一把手专门调研邮政快递业，关心行业的保通保畅，帮助解决实际困难。

浙江省快递发展大事记

浙江现代快递产业成为全省航空航天装备产业高质量发展重要组成

1月，浙江省印发《浙江省航空航天装备产业高质量发展实施方案(2021－2025年)》，明确“十四五”期间做大做强全省航空航天装备产业，加快打造全球先进制造业基地的发展目标。其中，多项现代快递业任务目标纳入实施方案，成为全省航空航天装备产业高质量发展的重要组成部分予以推进。实施方案明确，要“建设低空物流中心，加快无人机快递物流辅助设施建设”“支持在有条件的通航小镇间开展低空智能综合运输试点，鼓励有条件的快递企业探索规模化商业无人机快递物流试点”“加快中国商飞客户服务训练基地建设，支持中国商飞参与嘉兴圆通物流基地发展”等。

高兴夫副省长批示肯定浙江省邮政管理全年工作成效

1月，浙江省副省长高兴夫在省邮政管理局关于2021年度邮政管理工作的报告上作出批示，高度肯定全省邮政管理系统在2021年所取得的工作成果。高兴夫指出：“2021年，全省邮政管理系统紧紧围绕省委省政府中心工作，主动作为，改革创新，在推进快递业‘两进一出’工程、推动《浙江省快递业促进条例》通过实施、保障快递员群体合法权益、促进行业绿色发展等方面做了大量工作，取得了良好的经济效益和社会效益，向同志们表示感谢和慰问！2022年，希望全省邮政管理系统以习近平新时代中国特色社会主义思想为指导，按照省委、省政府和国家邮政局的决策部署，突出重点，突破难点，更好发挥邮政快递业在畅通经济循环、保障产业链供应链稳定、服务和改善民生等方面的作用，为杭州亚运会等重大活动提供优质的邮政快递服务，在加快建设交通强省的新征程中勇挑重担，为高质量发展建设共同富裕示范区作出更大的贡献，以优异成绩迎接党的二十大顺利召开！”

浙江省发布加快国际航空货运发展的意见

1月，浙江省政府办公厅发布《关于加快国际航空货运发展的意见》，加快建设高水平交通强省，促进国际航空货运发展。邮政快递业多项重要任务被纳入，成为促进国际航空货运发展的重要载体。意见在总体目标中，提出构建“两枢(纽)两特(色)一专(业)”国际航空货运机场体系，形成布局合理、要素聚集、供需匹配、畅通高效的国际航空货运格局。杭州机场成为全国航空物流中心和全球“邮快跨”集散中心，宁波、温州、义乌机场结合产业优势打造航空集散中心，嘉兴机场成为区域航空物流枢纽和长三角多式联运中心。

邮政快递业多项内容被写入2022年浙江省政府工作报告

1月17日，浙江省代省长王浩在省第十三届人民代表大会第六次会议上作政府工作报告。邮政快递业多项内容被写入其中。王浩指出，2021年全省生产总值达7.35万亿元、增长8.5%。其中投资消费较快增长，通过大力推进“浙货行天下”工程，实现了快递进村全覆盖，社会消费品零售总额增长9.7%。同时，对外开放持续扩大，深化自贸试验区创新发展，跨境电商等外贸新业态蓬勃发展，“义新欧”中欧班列增长36%。王浩强调，做好2022年工作，必须坚持稳中求进总基调，以高质量发展建设共同富裕示范区为总牵引，奋力夺取全年经济社会发展的高分报表。其中，在“突出抓好重大项目建设”工作要求中，特别强调了要推动嘉兴机场(圆通货运机场)等项目开工;在“多措并举激活居民消费”方面,强调要“完善城乡一体化智慧物流体系”;在“推动外贸外资平稳发展”方面,强调要“推行跨境电商、海外仓等新业态”,在加快提升制造业核心竞争力方面,强调要强化先进制造业与现代服务业融合发展,做优现代物流等生产性服务业助力制造业向价值链高端攀升。此外,报告还强调要推动杭州片区建设“数字物流先行区”、提升“义新欧”中欧班列市场竞争力、强化现代物流等生产性服务业助推制造业向价值链高端攀升等与邮政快递业联系高度紧密的工作要求。

浙江省发文支持冷链物流高质量发展

1 月,浙江省政府办公厅发布《关于支持冷链物流高质量发展的若干意见》,提高冷链物流服务质量效率,扩大高品质市场供给。意见关于冷链物流项目用地、基础设施建设、推动信息化改造升级、做大做强市场主体、推进企业清费减负、促进车辆通行便利化、强化投融资支持等方面提出了支持政策,邮政快递业冷链发展多项内容纳入其中。

浙江局发布 2022 年省邮政快递业更贴近民生“7 + X”件实事

2 月,浙江局正式发布 2022 年浙江省邮政快递业更贴近民生“7 + X”件实事,提出要以更好满足人民群众日益增长的美好生活用邮需求为根本目的,突出问题导向,顺应群众期盼,在高质量发展建设共同富裕示范区中体现邮政快递业担当,不断增强人民群众的获得感、幸福感、安全感。本次浙江省邮政快递业更贴近民生“7 + X”件实事是在完成国家邮政局 7 个“规定动作”基础上,结合浙江省行业实际,增加 3 个“自选动作”。十件实事聚焦共同富裕示范区建设,突出邮政快递业城乡服务均等化发展,凸显了东部发达省份和快递大省的责任担当。

高兴夫副省长肯定全省疫情防控工作成效

绍兴,宁波,杭州等疫情发生以来,浙江局充分发挥县(市)邮政管理机构全覆盖优势,指导开展省市县三级联动,积极主动做好行业疫情防控工作,推动出台《浙江省国际邮件快件疫情防控工作指引(试行)》,印发《关于切实做好 2022 年元旦春节期间邮政快递业新冠肺炎疫情防控工作的通知》,强化从业人员疫苗接种,加强“人、物同防”工作,截至 2 月,全省行业已完成加强针人数达 114752 人。《省委信息》进行了宣传报道,高兴夫副省长给予批示肯定并提出要求:“站位高、善担当。望慎终如始,进一步认识防控的复杂性、艰巨性,做到人、物同防,确保万无一失。”

省邮政快递业发展成果连续两年荣获全省自贸试验区“十大成果”首位

2 月 17 日,浙江省政府新闻办举行中国(浙江)自由贸易试验区建设新闻发布会。会上公布了新一批自贸试验区“十大成果”落地。其中,浙江局牵头会同相关部门推进的任务合并荣获新一批自贸试验区“十大成果”之首。发布会指出“枢纽自贸区建设落地两大成果,成功开通浙江首条第五航权国际货运航线、运营杭州机场国际邮件交换站,进一步提升自贸试验区空港服务能级”。这也是浙江省邮政快递业发展成果继 2021 年获浙江省自贸区新一批“十大成果”首位后,连续第二年荣获自贸试验区“十大成果”之首。

《浙江省快递业促进条例》正式实施

3 月,《浙江省快递业促进条例》正式施行,这是全国首部以促进快递业发展为主题的省级地方性法规。条例坚持目标导向和问题导向,聚焦规范省域快递业健康发展,注重系统设计和多方协同,从快递的定义、用地保障、快递末端服务、快递专用电动三轮车通行、快递进村、数字快递、绿色快递、从业人员权益保障等内容,明确寄递企业主体责任和法定义务,完善监管治理措施,明确法律责任，立足管用实用，对实践中行之有效的经验和做法予以固化，并实现了制度设计上的突破和创新。条例的颁布实施，对于推动浙江高质量发展建设共同富裕示范区、推动浙江省邮政管理治理体系和治理能力现代化必将发挥重要作用。

浙江全面推进邮快新合作

3月，浙江局推动省邮政分公司与中通、圆通、申通和极兔签订邮快合作框架协议。至此，在浙江局的协调指导下，省邮政分公司与全省所有主要品牌快递企业重新签订了邮快合作框架协议。各方将本着互利共赢的原则，在县乡共配、末端收投、信息对接、服务标准等方面进行深度合作，共同推进快递进村、进居等末端服务。

高兴夫陈凯出席全省邮政管理系统疫情防控调度会

3月14日，全省邮政管理系统疫情防控调度会在杭州召开。浙江省副省长高兴夫、国家邮政局副局长陈凯出席会议并讲话。省政府副秘书长梁群主持会议。省政府办公厅、国家邮政局相关司室负责人，省邮政管理局全体机关干部在主会场参加会议。11个设区市、义乌市政府分管领导和各市、县邮政管理部门全体人员在分会场参加会议。会上，浙江局局长魏遵红通报了顺丰余杭中转场员工感染新冠肺炎事件相关情况，并从强化健康检测、强化环境消杀、强化国内国际快件物理隔离、强化全流程管控、强化隐患清零管理、强化应急处置能力等六个方面提出了工作举措。

黄建发副书记调研桐庐快递企业疫情防控工作

3月15日，浙江省委副书记黄建发赴桐庐调研，分别对中通、圆通桐庐中转部进行疫情防控工作督导检查。浙江局党组书记、局长魏遵红，桐庐县相关负责人陪同。调研组一行实地查看快递企业场地消杀、快件消杀、分拣流程、人员管理等情况，听取桐庐局及企业负责人情况汇报，详细了解桐庐县快递行业疫情防控工作开展情况，并从人防、物防、环境防三方面了解桐庐快递企业疫情防控全流程。对企业存在的问题和不足，进行现场指导并要求整改落实。黄建发强调，快递业企业务必全面落实“外防输入、内防反弹”“人、物、环境同防”各项措施，提升快件、车辆以及生产作业场地的消杀水平，强化重点地区快件管理，同时关心关爱“快递小哥”，在做好行业疫情防控的同时，尽力保障寄递服务有序开展。

高兴夫副省长检查机场口岸和邮政快递疫情防控工作

3月15日，浙江省副省长高兴夫率队检查机场口岸和邮政快递疫情防控工作，要求各地、各部门坚决落实党中央、国务院和省委、省政府关于疫情防控的各项部署，举一反三、做细做实疫情防控工作，坚决打赢当前疫情防控遭遇战、阻击战、歼灭战，保障好人民群众生命财产安全。

浙江自由贸易试验区多项邮政快递业改革举措获立法支持

3月，《中国（浙江）自由贸易试验区条例》经浙江省第十三届人民代表大会常务委员会第三十五次会议修订通过，自2022年5月1日起施行。其中，邮政快递业多项改革举措获立法支持，为进一步提升自贸试验区跨境寄递服务能力奠定了坚实基础。条例第四十六条明确，“自贸试验区推进全球快递智能骨干网络和快递智控服务平台建设。支持快递物流企业在《区域全面经济伙伴关系协定》确定的区域市场和中亚、欧洲、北美等重点地区组建境外分拨体系，开展快递物流服务。注册在自贸试验区内的快递物流企业符合规定条件的，经省邮政管理机构批准，可以从事国际快递业务经营。”第三十一条明确，“自贸试验区应当建立适应跨境电子商务贸易特点的海关、税务、外汇、邮政等管理制度，推动跨境电子商务创新发展。”第十二条明确，“海关、海事、边防检查、海警、金融监管、税务、邮政管理等部门驻自贸试验区的工作机构,依法履行相关行政管理职责,落实有关自贸试验区的政策措施,支持自贸试验区改革创新工作。”此外,条例还对省人民政府及其有关部门、片区所在地设区的市、县(市、区)人民政府和片区管理机构在建立健全与驻自贸试验区工作机构、沟通协调机制以及规划、资金、土地、能源、人才等方面的保障和支持措施予以了明确。

邮政快递业多项内容被纳入2022年省数字乡村发展工作要点

3月,《2022年浙江省数字乡村发展工作要点》印发,“快递进村”工程等邮政快递业多项内容被纳入其中,行业发展融入全省数字化改革发展大局得到进一步深化,助力乡村全面振兴作用得到进一步彰显。工作要点指出,要以数字化改革为牵引,撬动浙江乡村各领域数字化转型发展,加快建设全国数字乡村引领区,扩大数字技术融合应用,促进农民农村共同富裕,打造更多有浙江辨识度的标志性成果,为高质量发展建设共同富裕示范区增添数字化动力。工作要点明确,要持续推进农村新业态新模式发展,实施“互联网+”农产品出村进城工程、电子商务进农村综合示范工程和“两进一出”工程中的快递进村工程,支持发展“种养基地+线上销售+快递物流”“生鲜电商+冷链宅配”等乡村新模式,做大做强网上农博,培育新零售,大力培育直播电商、跨境电商、直播带货等新业态,有效拓宽农产品销售渠道,到2022年底,农产品网络零售额达到1300亿元,累计建成电商专业村2200个。工作要点还明确,要推动完善乡村物流基础设施网络布局,培育乡村物流骨干企业,开展乡村物流创新试点,建设1000个农村快递“共富驿站”。同时,要持续做好省级冷链物流骨干基地和冷链园区建设,建成11个左右冷链物流骨干基地和33个左右省级冷链物流园区。加快“浙农优品”等数字化场景建设推广,形成贯通农业生产、分配、流通、消费各环节的消费应用服务支撑体系。

《浙江省建筑工程配建智能信包末端设施技术标准》出台

3月,浙江局联合省住房和城乡建设厅公告发布《浙江省建筑工程配建智能信包末端设施技术标准》(DBJ33/1260－2022),并于6月1日正式施行。该标准适用于全省新建建筑工地配套建设智能信包末端设施的设计、安装和验收,对进一步规范提升智能信包末端设施建设具有重要意义。标准设置了强制性条款,明确“每个居住街坊应配建一处智能信包末端设施”,有效解决了新建住宅是否要配建智能信包箱的争议问题,为智能信包箱的普及推广铺平了道路。同时,还明确了“智能信包末端设施应为建筑工程配套公共服务设施,并应同时满足邮政、快递使用的要求”,对无障碍和适老设施设计提出了要求,进一步丰富了公共服务属性。标准还对居住建筑、公共建筑、工业建筑和乡村配建智能信包末端设施或信包综合服务站等提出了具体要求。

浙江一客货邮项目获全省第一批服务和融入新发展格局“最佳实践”

4月,浙江省全力打好构建新发展格局组合拳工作专班组织完成第一批服务和融入新发展格局“最佳实践”遴选工作,确定共计22个最佳实践。其中,文成县争创山区“客货邮”融合发展样板荣获最佳实践项目。文成是浙江省26个加快发展县中的重点地区,全县有17个乡镇244个村社,居住分散,交通不便,农村快递物流进村工作仍存在运输成本高,网点建设难等诸多问题。一年来,文成县充分发挥村村通公交的资源优势,利用公交车将偏远山村的快递带至村级综合服务站,由站点经营人于停靠站处接收快递,实现群众“家门口”取快递,破解农村地区物流网络不完善、配送难、送不到家的难题。同时,改造提升县级快递物流分拣转运中心，购置分拣智能流水线等设备，融合各主要品牌快递的识别系统，实现全县80%以上快递的统一分拣配送。通过"草船借箭"的模式，利用农村现有的资源，实现多站合一、多网合一。利用统一配送、集中配送和共同配送模式，达到资源共享、降本增效的目标。

浙江局审发全省首张重点物资运输车辆通行证

4月22日晚，"浙江省重点物资运输车辆通行证系统"审发首张"浙江省重点物资运输车辆通行证"，由省内民生保供企业——中通快递申报承运，从杭州萧山发往江苏苏州，经萧山邮政管理局审核后浙江省邮政管理局正式审发。这也是浙江省审发的第一张全国统一的重点物资运输车辆电子通行证。

浙江局出台邮政快递业保通保畅十项举措

4月，浙江局印发《关于严格落实邮政快递业保通保畅若干措施要求的通知》。在国家邮政局统一部署保通保畅八项举措的"规定动作"基础上，自我加压、奋勇争先，研究制定全省邮政快递业保通保畅十项举措，为有效打通行业运行堵点、破解问题难点夯实了基础。

"浙里快递防疫在线"正式上线

4月28日，浙江局召开全省"浙里快递防疫在线"应用培训，标志着浙江省邮政快递业疫情防控数字化应用正式上线。"防疫在线"主要围绕进口邮件快件省内首站场所、人员、车辆、快件等监管重点，按照"备案申报、扫码进场、人员赋码、快件追溯"全链条管理流程，确保重点场所"应管尽管"，重点人员"应检尽检""应接尽接"，重点快件"快速溯源"，有效提升行业"四早"的主动防控能力。

一快递员被授予"浙江省劳动模范称号"

4月，快递员阮海良被浙江省委、省政府授予"浙江省劳动模范称号"，该荣誉是省委省政府为表彰在各行各业克难攻坚、锐意进取、无私奉献，作出突出贡献的先进个人。阮海良是中国邮政集团有限公司绍兴市分公司皋埠特快揽投部揽投员，在工作上深耕笃行成为行业全能型多面手；服务上心贴心发扬快递递送幸福理念，在疫情中深刻践行"我是党员我先上"；生活中真诚待人，全方位传帮带实现个人与单位共进步。以优质服务和赤诚热情在平凡的工作中作出不平凡的成绩，以不怕苦、不怕累、不停歇的干劲，发扬"小蜜蜂"精神，不断创造新的业绩。

"浙七条"聚力邮政快递业保供保通保畅

5月，经浙江省新型冠状病毒肺炎疫情防控工作领导小组同意，浙江省新型冠状病毒肺炎疫情防控工作领导小组办公室下发《关于进一步做好邮政快递业保供保通保畅的通知》，明确提出七条重点措施，全力保障邮政快递等民生物资运输畅通，切实维护人民群众正常生产生活秩序。

高兴夫副省长充分肯定全省邮政快递业保供保通保畅工作成效

5月，浙江省副省长高兴夫在浙江局《关于全省邮政快递业保供保通保畅的报告》上作出重要批示，充分肯定了全省邮政快递业保供保通保畅工作成效，对进一步做好疫情防控和保通保畅工作提出希望。高兴夫副省长指出，全省邮政快递业善担当，成效好！进一步在严防疫情下确保全面保通保畅。

浙江局多举措保障行业人才"后继有人"

5月，浙江局印发《浙江省邮政管理局2022年人才工作要点》，提出"开展快递从业人员政府补贴性培训1.2万人次，完成快递工程技术人员职称评审400人次，配合国家邮政局做好高校毕业生网络招聘行业企业提供岗位，高标准完成快递小哥优先参加工伤保险工作"。等年度重点工作目标，明确省邮政行业人才指导委员会、职业技能鉴定中心、省快递行业协会等各单位以及部门各处室职责分工，旨在全行业形成大抓人才工作的"集结令""冲锋号"。

浙江局发布全省寄递企业纾困解难稳发展实施方案

6月，浙江局制定印发《全省寄递企业纾困解难稳发展实施方案》，深入贯彻落实党中央、国务院决策部署，落实国家邮政局和省委省政府各项要求，统筹疫情防控和邮政快递业发展，帮助寄递企业纾困解难，稳定行业发展态势。实施方案致力于做好疫情防控和保供保通保畅工作，明确了28项重点任务和保障措施，逐一明确了责任单位和配合部门，要求全面抓好各项政策措施落实，全力提供让全社会放心的安全邮政、快递服务，为行业平稳发展奠定基础。

浙江一交邮商融合发展项目获省领导肯定

6月，浙江省副省长高兴夫在《淳安县深化交邮商融合发展 破解城乡物资双向流通难题》上批示指出，淳安谋划全、落实细、成效好。请交通运输厅、邮政管理局、邮政公司阅研，总结推广好各地好做法好成效，高效推动山区县、海岛县共富建设。

浙江局联合省建设厅发文统筹推进末端寄递服务保障工作

6月，浙江局会同省住房和城乡建设厅联合印发《关于统筹做好末端寄递服务保障工作的通知》。通知要求，要强化末端寄递服务创新和信息化管理，在涉疫地区研究实施快递业务经营许可临时性政策，鼓励邮政、快递企业加快推广甩挂运输，在封控区域和疫情严重城市周边，整合资源，根据需要建立临时仓储、分拨转运中心。充分发挥"浙里快递防疫在线"平台作用，有效提升行业"四早"的精准防控能力。各地邮政管理、建设部门要按照当地联防联控机制要求，加强协作，建立健全有关工作机制，加强对末端寄递服务保障工作宣传，及时协调解决寄递服务遇到的困难。

高兴夫副省长批示肯定全省"双赢攻坚工作"成效

6月12日，浙江省副省长高兴夫在浙江局上报的《关于近期全省邮政快递业常态化疫情防控和经济社会发展双赢攻坚工作情况的报告》上作出批示："省邮政管理局在统筹疫情防控和经济社会发展上站位高、举措实，行动迅速、成效显著，应予充分肯定。有关核酸检测事宜尽快与省防控办对接，按最新标准和要求全省统一落实。"

浙江局推动"两进一出"工程内容写入浙江省第十五次党代会报告

6月22日，中国共产党浙江省第十五次代表大会圆满完成各项议程和任务，胜利闭幕。省委书记袁家军在本次大会上作了题为《忠实践行"八八战略" 坚决做到"两个维护" 在高质量发展中奋力推进中国特色社会主义共同富裕先行和省域现代化先行》的报告，在今后五年的总体要求、奋斗目标和主要任务中，明确提出要"深化'放心消费在浙江'行动和快递'两进一出'工程，构建品质消费普及普惠体系。"为全省系统和行业下一步工作明确了目标和任务。

浙江局助推两大产教融合校企合作项目落地

近年来，浙江局认真贯彻落实党中央、国务院关于邮政业改革发展的重大决策部署，高度重视邮政行业职业教育，加强快递队伍建设，强化人才工作，助推两大产教融合校企合作项目落地。助推行业两个工作室落户学院。在劳模精神、劳动精神、工匠精神基础上，浙江局深入弘扬行业"小蜜蜂"精神，推动浙江邮电职业技术学院与中国邮政绍兴分公司共建玩海良劳模工作室、与浙江申通快递有限公司共建蒋教芳技能大师工作室，通过工作室落地，合作双方将继续讲好邮政快递业高质量发展和邮政强国建设的人才故事，为行业培养更多技艺高超、技能精湛，严谨细致、专注负责、精雕细琢、精益求精、具有责任感的能工巧匠。助推搭建“政产学研用”平台。浙江局通过组织政企校协同，推动提升共建（合作）院校毕业生到行业就业比例，浙江邮电职业技术学院作为首批浙江省邮政行业人才培养基地，与中外运—敦豪浙江公司、浙江顺丰、恒路物流签订订单式人才培养协议，进一步提升技术技能人才培养质量，充分体现“招生即招工”企业就业主体作用。

召开省邮政快递领域个人信息安全治理专项行动推进会

6月27日，浙江省邮政管理局、省公安厅、省委网信办联合召开浙江省邮政快递领域个人信息安全治理专项行动推进会，进一步集中治理全省涉邮政快递领域个人信息安全突出问题，提升行业网络和数据安全管理水平，加强个人信息安全保护，净化寄递安全环境。会议要求，各企业一是要进一步摸排隐患漏洞，要加强对行业上下游衔接和内部人员场所管控等各个环节存在的风险漏洞的摸排。二是要进一步健全工作机制，通过制度约束消除信息安全“真空地带”，从源头化解寄递用户信息泄露安全隐患。三是要进一步狠抓工作落实，要强化企业内部终端日常管理，做好脱敏数据应用工作，省级机构要组织开展督导检查，对照管控机制查落实。四是要进一步加强信息报告。对在工作中发现有窃取、泄露公民个人信息的案件线索，要及时向当地公安部门、邮政管理部门报告。

开展“春雷行动”实战演练

2022年，为贯彻落实最高人民检察院“七号检察建议”进一步加强寄递渠道安全管理工作，由省检察院、省邮政管理局、省公安厅3部门自1月起组织开展春雷专项行动。为立体展示在实施“春雷”专项行动方案中取得的阶段性成果，持续发挥浙江省邮政快递行业治理先发优势，进一步检验毒品、有害生物（制品）流入寄递渠道的应急处置能力。6月30日，浙江省邮政管理局、省检察院、省公安厅主办，湖州市邮政管理局、市检察院、市公安局承办，宁波市邮政管理局、吴兴邮政管理局、南浔邮政管理局和当地疾控部门协办，在湖州圆通公司开展“春雷行动”实战应急演练。此次演练的方案源于实际又高于实战，演练过程环环相扣，贴近实际，将处置过程中违法犯罪行为的处理情况也进行释义通报，通过以案示法的方式普及宣贯相关法律法规知识，具有很强指导意义。

浙江省快递行业党建工作者受表彰

建党101周年之际，浙江省快递行业党建工作捷报频传。中通快递浙江管理中心党总支荣获上级党委颁发的“先进基层党组织”称号、浙江申通党支部荣获靖江街道颁发的“五星党组织”称号、柯桥区快递行业企业党支部荣获柯桥区委授予的“三星级两新党组织”称号、浙江顺丰速运有限公司党总支和顺丰嘉兴平湖党支部分别荣获顺丰集团党委颁发的“先进基层党组织”称号和“抗疫先锋党组织”称号、长安镇韵达快递先锋小哥应急队被评为2022年度长安镇、高新区“战疫团队”。浙江菜鸟供应链管理有限公司在公司党支部积极推荐申报下成功入选2022年浙江省首批数字工厂标杆企业。与此同时，在浙江省快递行业党委的精心培育和积极推荐下，一批党员优秀人才也脱颖而出。顺丰员工刘建兵被杭州市表彰为“新时代好党员”，申通赖志宏和张越朵荣获靖江街道“先锋党员”，赖志宏还被杭州市委组织部表彰为“担当作为好支书”，韵达邓樟华被评为2022年度长安镇、高新区“战疫优秀志愿者”，柯桥申通董建波、嘉兴申通陈建勤被评为“优秀党员”。省快递行业党委还成功推选16名从业人员担任地方“两代表一委员”、1名行业优秀共产党员成为浙江省第十五次党代会代表,推荐13家单位、企业被授予省级"青年文明号"荣誉,4人获评省级"青年岗位能手",推选1家市级行业团工委获"全国五四红旗团委"称号,分别推荐1人获全国优秀共青团员称号和省级"巾帼建功标兵"荣誉等。

一"快递出海"项目获2022年第一批中国(浙江)自由贸易试验区最佳制度创新案例

6月,浙江省自贸办组织五大专题组组长单位代表、专家代表、片区代表等共同评选出了2022年第一批中国(浙江)自由贸易试验区最佳制度创新案例20个。浙江局选送、舟山局试点项目——"快递出海"工程探索跨境快递服务新模式荣获2022年第一批最佳制度创新案例。

浙江局切实推进快递工程中高级职称评审工作

7月,浙江局召开快递工程中高级职称评价条件修订咨询认证会,对已试行三年的《浙江省快递工程技术人员职称评审工作实施方案(试行)》和《浙江省快递工程专业高级工程师和工程师职务任职资格评价条件(试行)》(浙邮管〔2018〕182号)开展现场意见咨询认证。省人力资源和社会保障厅相关领导以及来自机关、高校、行业等11位高评委专家代表参加本次认证会讨论。会上,由省局人事处汇报近三年全省快递工程中高级职称评价工作以及前两轮书面意见征求情况,与会专家对135条意见进行逐一梳理,提出专业性意见建议,并形成最终修订稿。

浙江省快递行业1个集体2名个人获团省委表彰

7月,共青团浙江省委印发文件,授予金华市顺丰速运有限公司团委"浙江省五四红旗团委"称号,授予绍兴圆彤速递有限公司尹奕霁和永康市申通快递有限公司韦明昆"浙江省优秀共青团员"称号。

一单位一项目在全省服务业高质量发展大会中获表彰

8月,浙江省服务业高质量发展大会在杭州召开。浙江省委书记袁家军出席会议并讲话,省委副书记、省长王浩主持。袁家军强调要深入学习贯彻习近平总书记关于服务业高质量发展的重要论述精神,认真落实省第十五次党代会精神,坚持以人民为中心发展思想,以提高供给质量和国际竞争力为导向,突出数字化、融合化、品质化、绿色化、国际化,重塑服务业创新发展体制机制,构建现代化服务产业新体系,全面打响"浙江服务"品牌,加快建设现代服务业强省,为浙江省"两个先行"提供新引擎。会上,浙江菜鸟供应链管理有限公司成功入选服务业重点行业规上企业"亩产效益"领跑者代表单位,受到表彰;龙游县打造乡村物流(快递)智达通应用,建设数字化乡村物流共配中心入选"服务业数字化改革应用"典型案例。近年来,浙江局持续推动邮政快递业高质量发展,菜鸟、顺丰等快递企业迈入良性循环发展轨道,对地方税收贡献逐年加大,得到了地方政府的肯定。龙游县乡村三级物流体系建设持续完善,组建龙游县乡村物流快递共配中心,整合全县18家快递企业,将农村快递整合至物流共配中心进行统一分拣后配送,打通当地农村物流"工业品下行和农产品出村"的双向流通渠道,进一步补齐县村二级物流配送体系短板,构建农产品出村进城、工业品下乡的物流配送一体化服务体系。

多部门发文推动客货邮融合发展

8月,浙江省邮政管理局、省交通运输厅、省发展改革委、省财政厅等11部门联合印发《促进农村客货邮融合推进农村物流高质量发展助力共同富裕示范区建设专项行动》。专项行动聚焦农村寄递物流发展的重点难点问题,推进农村客货邮融合发展,着力优化农村寄递物流网络体系,为深入实施"快递进村"工程开辟了一条"高速通道"。专项行动明确,到2025年,要基本形成城乡一体、服务普惠、便捷高效的县域农村物流服务体系，农村物流数字化专业化水平显著提升，服务能力和质量走在全国前列，实现村村有满足需求、便捷常态的农村物流服务，满足农村居民美好生活向往和农村经济发展需求。

浙江出台意见支持现代物流体系建设推动服务业高质量发展

8月，浙江省委、省政府办公厅印发《关于推动服务业高质量发展的若干意见》，明确指出要将现代物流建设作为重要抓手之一，进一步优化供给结构，打造"556"服务业产业体系。意见要求，要完善空间布局，推动区域服务业协调发展。要持续深化东西部贸易、物流、文旅等领域协作，因地制宜打造区域物流枢纽和制造业配套协作服务中心，提升服务业对第一、二产业发展的支撑能力。同时，意见明确，要将绿色发展作为服务业提质增效的重要环节。要进一步提高服务业绿色发展水平，积极发展绿色物流业，培育一批绿色流通主体，实现仓储、运输、包装、配送物流供应链的绿色低碳发展，推动电商快递等重点领域减塑。

浙江三品牌入选交通运输部农村物流服务品牌第三批清单

8月，交通运输部公布了农村物流服务品牌清单（第三批），浙江省绍兴市嵊州市"推动客货电商深度融合　多方合力助推农村物流创新发展　探索共同富裕之路"、丽水市松阳县"特色产业＋客货邮运输＋电子商务"以及金华市武义县"客货邮融合助力富民增收"三个项目入选。至此，浙江省入选项目总数已达到8个，总数继续位居全国第一方阵。

浙江将在2035年率先全面建成邮政强省

9月1日，国家邮政局印发《关于支持浙江邮政快递业高质量发展助力建设共同富裕示范区的实施意见》。意见明确，到2035年，浙江省邮政快递业实现"统筹协调发展程度更高，发展质量和效益大幅跃升，普惠寄递、创新寄递、绿色寄递、平安寄递达到更高水平，基本实现行业治理体系和治理能力现代化，形成行业高质量发展促进共同富裕的示范样板，率先全面建成邮政强省"的目标。

浙江加快推进高质量发展建设全球先进制造业基地利好邮政快递业

9月，浙江省政府印发《关于高质量发展建设全球先进制造业基地的指导意见》，明确了未来一段时期全省先进制造业的培育目标、实现路径、具体举措和保障政策等，浙江省邮政快递业获发展利好。指导意见指出，到2025年，全球先进制造业基地建设取得重大进展，制造业增加值占全省生产总值比重稳定在1/3左右，规上制造业全员劳动生产率达到35万元/人以上；数字经济核心产业增加值占生产总值比重力争达到15%，高技术制造业增加值占规模以上工业增加值比重达到19%；浙江制造高端化数字化绿色化国际化水平持续领跑全国，在全球价值链创新链产业链的位势明显提升。到2035年，成为全球数字变革创新地、全球智能制造领跑者、全国绿色制造先行区，基本建成全球先进制造业基地。

浙江局推动邮政快递业融入"四港联动"发展推进运输结构优化

9月，浙江省政府印发《深化"四港联动"发展推进运输结构优化实施方案》，邮政快递业发展再获利好。方案要求，要以海港为龙头、陆港为基础、空港为特色、信息港为纽带，着力优化联运通道和枢纽布局，推动技术装备省级和枢纽衔接，深化数字赋能和信息共享，强化多式联运经营模式和市场主题培育，加速构建内畅外联、一体融合、高效智能、绿色低碳的现代物流体系，更好服务新发展格局。

浙江局修订完成快递行业中高级职称评价条件

10月,浙江局联合省人社厅印发《浙江省快递工程专业高级工程师和工程师职务任职资格评价条件(修订)》,明确已试行三年的《浙江省快递工程专业高级工程师和工程师职务任职资格评价条件(试行)》(浙邮管〔2018〕182号)同时废止,标志着历经4个月的修订工作顺利完成,快递行业中高级职称评审有了新的评价标准。

浙江出台现代流通体系建设方案助力邮政快递业高质量发展

10月,浙江省发展改革委出台《浙江省现代流动体系建设方案》,明确邮政快递行业作为浙江现代流通系统重要组成部分,要充分发挥在服务畅通国民经济循环的先导性、战略性、基础性作用,着力构建资源共享、协同发展的流通新生态。方案要求,现代流通服务"双循环"新发展格局能力进一步提升,到2025年底,基本形成"123快货物流圈",实现长三角重点城市1天、国内重点城市2天、全球重要经济体3天送达;全省快递业务量突破300亿件,快递服务体系支撑产业链供应链能力更强,形成5000家以上协作企业,年支撑制造业产值达2000亿元;快递循环包装、标准化托盘等循环技术全面推广应用。

浙江8市实现县级邮政监管机构全覆盖

10月10日,丽水遂昌邮政管理局揭牌成立,实现正式实体化运营。浙江省邮政管理局党组书记、局长魏遵红,遂昌县委副书记、县长李锋出席仪式并共同为遂昌邮政管理局揭牌。至此,全省县级机构已批复成立79个,随着遂昌邮政管理局的揭牌成立,全省8个市县级邮政监管机构实现全覆盖。

浙江局印发《2022年浙江省快递业务旺季服务保障工作方案》

11月,浙江局印发《2022年浙江省快递业务旺季服务保障工作方案》,对浙江省快递业务旺季期间的行业疫情防控、落实保通保畅、规范市场秩序、传递关心关爱以及强化绿色包装等方面作出了明确要求。工作方案要求,要毫不动摇坚持"外防输入、内防反弹"总策略和"动态清零"总方针,认真落实《疫情防控期间邮政快递业生产操作规范建议》《邮政快递业疫情防控与寄递服务保障工作指南(试行)》等行业疫情防控基本制度。落实进口国际邮件快件"首站消毒责任制",加强首站处理场所封闭管理和高风险岗位人员闭环管理,严防境外疫情通过寄递渠道输入;加强重点场所、重点人员疫情防控管理,严格落实定期核酸检测要求。

浙江着力构建现代农资物流配送体系

11月,浙江省人民政府办公厅印发《关于推进现代农资经营服务高质量发展的意见》,其中明确要"大力推进农资流通向现代物流发展""构建现代农资物流配送体系",为"快递进村"工程拓宽新领域提供了政策支撑。意见指出,要优化农资仓储物流布局,加快粮食生产大县等重要农资区域物流中心建设。探索发展智慧农资物流,加快运用数字技术对货源管理、运输装卸、仓储设施等改造升级,提高仓储、调运、分拨、配送等物流环节的智能化水平。鼓励农资企业对规模种植户"一对一""点对点"直供。推广产业农合联定制、科研机构研发、农业农村部门登记备案、农资企业生产配送的配方肥直供新模式。建立农资物流应急保供保畅机制。到2025年,全省形成1小时农资配送服务圈。

高兴夫副省长批示肯定浙江局"双11"快递业务旺季服务保障工作

11月,浙江省副省长高兴夫在浙江局呈报的《关于2022年浙江省快递业"双11"服务保障工作的报告》上作出批示"特殊时期,高效做到了'两不''三保',值得充分肯定"。

浙江邮政快递业全力保障全省医疗物资运输工作

12 月，浙江省保障物流畅通促进产业链供应链稳定总指挥部办公室印发《关于进一步做好医疗物资运输保障工作的通知》，要求全省邮政快递业全力保障各类医疗物资产品和原材料运输，确保行业疫情防控平稳转段、有序运行，维护人民群众正常生产生活秩序。通知强调，各级相关部门要充分认识当前保障医疗物资安全高效运输对于维护人民群众正常生产生活秩序、服务疫情防控大局的重要性，认真落实优化疫情防控“新十条”和最新疫情防控优化措施，健全应急动力储备，强化统筹调度，“一事一协调”保障各类医疗物资运输需求，最大程度保护人民群众生命安全和身体健康，最大限度减少疫情对生产生活秩序和经济社会发展的影响。

安徽省快递发展大事记

安徽省快递包装绿色发展产业联盟成立大会召开

1 月，安徽省快递包装绿色发展产业联盟成立大会在合肥召开。安徽省邮政管理局联合发改、生态环境、科技等部门共同指导筹建安徽省快递包装绿色发展产业联盟。成立大会上，江淮汽车、安徽顺丰、丰原生物企业代表发言，联盟成员单位代表共同签订了联盟章程协议，安徽省邮政管理局、省发展改革委、省生态环境厅、省科技厅领导出席成立仪式。产业联盟提出，到 2022 年，严格落实快递包装材料无害化强制性国家标准，电商和快递规范管理普遍推行，逐步降低不可降解的塑料胶带使用量，快递包装标准化、绿色化、循环化水平进一步提升。到 2025 年，电商快件基本实现不再二次包装，邮政快递网点禁止使用不可降解的塑料包装袋、塑料胶带、一次性塑料编织袋，可循环快递包装应用规模进一步扩大，快递包装基本实现绿色转型。

安徽出台《加快推进农村寄递物流体系建设实施方案》

1 月，安徽省人民政府办公厅印发《加快推进农村寄递物流体系建设实施方案》，立足“锻长补短”，用真金白银的“政策大礼包”，加速推动全省农村寄递物流体系建设，助力安徽乡村振兴。实施方案提出，到 2022 年底，全省建成 300 个村级寄递物流综合服务示范站点，基本实现行政村快递服务全覆盖。到 2025 年，基本形成开放惠民、集约共享、安全高效、双向畅通的农村寄递物流体系以及覆盖全省主要产地和消费地的冷链基础设施网络。将快递业基础设施建设纳入综合交通运输建设投融资政策体系，统筹用好现有资金渠道和城乡交通运输一体化建设、农村电子商务、新农村现代流通服务网络建设等专项政策，积极发挥政府产业基金引导作用。

安徽省政府工作报告多处提及邮政快递业发展

1 月，安徽省第十三届人民代表大会第五次会议胜利召开，省委副书记、省长王清宪代表安徽省人民政府，向大会报告政府工作。在回顾 2021 年安徽省人民政府工作时，王清宪充分肯定全省“快递进村”工作成效，他指出“乡村建设行动扎实推进……建制村快递服务覆盖率达 97.8%”。2021 年，安徽局积极争取、高位推进，加快全省农村寄递物流体系建设，联合省政府办公厅开展专题调研，强化与发改、财政、农业农村、乡村振兴等部门的工作联动，争取到一揽子政策支持，行政村快递服务覆盖率持续提升，农村居民用邮体验不断改善。2022 年，安徽省对邮政快递业发展充满期待。政府工作报告中指出要“实施三产、锻长补短”行动计划,加快构建现代服务产业体系”,并明确指出要“大力发展现代物流业,推进合肥国际航空货运集散中心、芜湖专业航空货运枢纽港建设,争创国家中欧班列集结中心示范工程,申建国家物流枢纽、国家骨干冷链物流基地,引进高能级物流企业,降低社会物流总费用占生产总值比重。”

张曙光副省长批示加快农村寄递物流体系建设

1月,安徽省副省长张曙光就加快农村寄递物流体系建设作出批示。要求农业农村等部门全力配合省邮政管理局推进全省农村寄递物流体系建设。批示指出,“请省农业农村厅主动与省邮政管理部门有效衔接,主动做扎实基础性工作,加快推进全省农村寄递物流体系建设”。2021年以来,安徽局积极作为、主动联系,局主要负责同志率队赴省农业农村厅对接相关工作,确保省政府领导批示落地见效。近期,安徽省委、省政府多位领导就相关内容进行批示指示,省政府办公厅也出台了《加快推进农村寄递物流体系建设实施方案》,多个省直部门积极参与相关工作。这些都体现出安徽省委、省政府高度关注农村寄递物流体系建设,也彰显了邮政快递业在服务民生、畅通循环中的重要作用。

安徽省领导亲切慰问邮政快递业一线从业人员

1月29日下午至30日上午,安徽省委书记郑栅洁、省长王清宪等省领导带着党和政府的深情关怀,亲切慰问全省各条战线坚守岗位的一线干部职工。省政协主席唐良智,省委副书记程丽华,省领导刘惠、虞爱华、张韵声、汪一光、李建中等参加。慰问活动中,省领导来到顺丰望湖城速运营业点,与邮政快递业一线从业人员亲切交谈,了解站点运行、运力保障、假期值守、物资储备等情况,希望他们真情服务百姓民生,全力保畅通、保供应、保安全,切实增强人民群众获得感幸福感安全感。并向春节期间坚守岗位的一线邮政快递业从业人员表达由衷谢意、致以节日问候,要求地方和有关部门做好保障服务,妥善安排好工作与生活,落实好轮休制度,让节日期间坚守岗位的一线工作人员安心在岗、快乐奉献。

安徽省总工会党组书记赴快递企业开展调研、慰问

2月,安徽省总工会党组书记、副主席徐发成,黄山市委书记凌云深入快递企业,调研快递业从业人员权益保障情况并看望慰问快递小哥。徐发成强调,快递小哥作为新就业形态劳动者,为国家的发展作出了巨大贡献,各级工会组织要加强落实习近平总书记关心关爱“快递小哥”的重要指示精神,加大快递员群体合法权益保障,充分发挥行业工会职能作用,为快递小哥勤劳的“小蜜蜂”送去党和政府的关怀、工会组织的温暖。凌云表示,快递小哥在平凡的岗位上,在忙碌的身影中,把千家万户最需要的东西送到了老百姓的手里,送到了市民的手里,非常的辛苦。辛苦背后也非常的光荣。在平凡的岗位上,为这个社会、为每一个家庭送去温暖,要求要加强快递小哥权益保护,充分发挥行业工会职能,不断提升从业人员归属感和获得感,特别是在春节期间做好自身交通安全和疫情防控。慰问期间,徐发成还代表省总工会向黄山市快递行业工会联合会送上了10万元慰问金。

安徽省委省政府出台政策支持邮政快递业发展

2月,安徽省委、省政府出台政策文件,要求实施好三次产业高质量协同发展行动计划,推动市场主体体质扩量增效,邮政快递业再获政策利好。文件集中释放了一系列政策红利,助推含邮政快递业在内的市场主体高质量发展,更明确提出“邮政快递企业在农村建设的保鲜仓储设施用电,实行农业生产用电价格”“支持快递物流企业与制造企业协同共建供应链,培育一批具有全球竞争力的物流供应链创新示范企业,各地财政适当给予补助”“快递物流企业仓储用地符合条件的,按规

定享受城镇土地使用税优惠政策”等行业针对性支持措施。

安徽顺丰获得省委、省政府表彰

2月，安徽省委办公厅、省政府办公厅印发表彰通报，安徽顺丰速运有限公司荣获“安徽省现代服务业企业30强”荣誉称号。

安徽省邮政快递业多项工作内容被列入省政府年度重点工作

2月，《安徽省人民政府关于2022年重点工作及责任分解的通知》正式印发，安徽省邮政管理系统多项工作内容被列入其中。通知明确“实施三产‘锻长补短’行动计划，加快构建现代服务产业体系”，要求“大力发展现代物流业”“推进合肥国际航空货运集散中心建设”，针对性支持邮政快递业发展，畅通国家邮件快件通关渠道，安徽局被列为责任单位。通知还明确“实施一产‘两强一增’行动计划，推进乡村全面振兴”，提出“农村产品网络销售额超千亿元”，要求进一步完善农村寄递物流体系建设，助力农产品上行。

安徽邮政国际业务分公司9610商业专线（美国）首发成功

2月，由安徽发往美国的跨境电商快件小包裹顺利签收，标志着中国邮政集团有限公司安徽省国际业务分公司推出的9610商业专线（美国）首发成功。在邮政管理、海关等部门的大力支持下，该批跨境电商小包搭载合肥—洛杉矶全货机飞抵美国，如期完成境外清关并在抵美第4日送达。为持续给安徽跨境电商企业提供稳定、快捷的国际快递服务，省邮政国际业务分公司整合优势资源，推出了9610美国路向商业专线产品。该产品可为跨境电商企业提供从包裹揽收处理、出口申报、国际航空运输、境外清关和派送的全流程门到门服务，全程时限7～10天可控，有效提升了跨境电商轻小件产品出口的市场竞争力。在稳定运营美向9610商业专线后，省邮政国际业务分公司将结合合肥新桥机场国际航空运力情况，逐步开通英国、韩国和日本路向9610商业专线，助推安徽跨境电商发展。

安徽印发新型基础设施建设规划利好邮政快递业

2月，安徽省发展改革委印发《安徽省“十四五”新型基础设施建设规划》，邮政快递业多项内容被纳入其中。新型基础设施以新发展理念为引领，以技术创新为驱动，以信息网络为基础，提供数字转型、智能升级、融合创新服务的现代化基础设施体系，在经济社会发展中具有重要作用。规划明确，到2025年，实现建制村快递服务全覆盖。规划还对末端智能投递设施、智慧物流园区建设等进行了详细安排。行业相关内容纳入规划，既显示出行业高速发展得到更多关注和支持，也间接体现出邮政快递业公共服务属性日益增强。

安徽省“十四五”服务业发展规划利好邮政快递业

2月，安徽省发展改革委印发《安徽省“十四五”服务业发展规划》，多项涉及邮政快递业内容被纳入其中。规划提出，加快建设开放口岸和海外仓，支持外贸企业、跨境电商企业等在合肥中欧班列沿线布局建设运营海外仓，增强集结、分拨、配送功能，到2025年，建设、使用海外仓超过400个。加密国际货运通道，推动合肥新桥、芜宣机场协调联动、错位发展，开通加密至欧美、日韩、东南亚等国际航空货运班线，到2025年，开通国际全货机航线13条左右。大力发展冷链物流，完善冷链物流网络体系，到2025年，创建国家骨干物流基地3～4个，冷库总库容700万吨以上。规划强调，强化省级政府城乡建设用地指标使用管控力度，加强对物流、快递、仓储等服务业用地保障。规划还对大力发展农村电商、跨境电商，强化物流快递支撑服务，引导服务业集聚发展、与相关产业融合发展等做了安排。

安徽省有效投资攻坚行动方案利好邮政快递业

3 月,安徽省政府印发《安徽省有效投资攻坚行动方案(2022)》。方案明确,实施服务业"锻长补短"投资专项行动,2022 年完成投资 2800 亿元以上。加快建设一批省级示范物流园区,积极引进高能级物流企业,高标准打造国家物流枢纽,支持有条件的市创建新的国家骨干冷链物流基地。方案将京东安徽产业园、中外运供销物流园、皖西南快递和电商协同发展试验区、黄淮海(宿州)智慧物流产业园、韵达(南陵)快递物流综合产业园、韵达东至快递电商总部项目基地、顺丰电商产业园(二期)、韵达亳州现代产业园、京东芜湖智能供应链产业园、韵达博望智慧物流产业园、京东物流(亳州)供应链产业基地、亳州电商快递产业园、利辛智慧物流电商产业园、黄山绿色空铁物流园等 15 个行业关联项目(共计投资 522.48 亿元)纳入 2022 年省级协调调度重点基础设施项目清单管理。

安徽省出台支持通用航空产业发展若干政策利好邮政快递业

3 月,安徽省政府办公厅印发《关于支持通用航空产业发展若干政策的通知》。通知明确提出,要加快推进通用航空产业发展的决策部署,推动安徽通用航空产业高质量发展,助力"三地一区"建设。鼓励发展通用航空消费新市场,对开展低空旅游、应急救援、飞行体验、物流快递等市场化服务的通用航空运营企业,各地可采取财政补贴、贴息支持、购买服务等方式扶持其发展。

安徽省"十四五"农业农村现代化规划利好邮政快递业

3 月,《安徽省"十四五"农业农村现代化规划》发布。规划以推动农村高质量发展为主题,聚焦科技强农、机械强农,快递便农,推进经营市场化、服务社会化,实现农业全面提质增效,多项行业内容被列入其中。规划明确,要顺应消费结构升级趋势,推动以市场促进流通、以消费引导生产,加快完善农产品流通网络,补齐冷链设施短板。要扩大电子商务进农村覆盖面,加快培育农村电子商务主体,引导电商、物流、商贸、金融、供销、快递等市场主体到乡村布局,积极发展农村物流共同配送。要通过科技集成、主体集合、产业集群,统筹布局生产、加工、物流、研发、示范、服务等功能,建设现代农业产业园。要支持农产品商贸、冷链物流企业发展,鼓励专业化冷链物流企业与大型食品生产、加工、流通企业资源整合,开展供应模式创新。鼓励有条件的地区建设面向农村地区的共同配送中心,建立仓储配送中心和快递公共取送点,推动县(市、区)建设农村物流中心、镇(乡)建设综合运输服务站、村建设综合运输服务点,基本建成覆盖县、乡、村三级的农村物流网络体系。

安徽省快递企业提质增效

3 月,中国物流与采购联合会对第三十三批 A 级物流企业开展了综合评估,合肥中睿达通快递有限公司获评 4A 级物流企业,合肥金韵装卸服务有限公司获评 3A 级物流企业。安徽顺丰也已获评 5A 级物流企业。近年来,越来越多代表我省物流业发展水平和发展方向的优质快递企业进入了 A 级物流企业行列。A 级物流企业的发展环境、市场占有率、服务功能和服务水平进一步改善和提高,A 级物流企业的品牌得到了政府、企业、市场的广泛认同,其价值稳步提升。

安徽局持续深化"绿盾"工程信息化应用

4 月,安徽省邮政管理局印发《视频巡查监管系统使用暂行规定》,规范邮政业视频巡查监管系统使用,推进行业高效能治理,提升非现场执法水平,促进寄递企业安全主体责任和邮政管理部门监管责任落实。

安徽省出台促进服务业领域困难行业恢复发展若干政策措施

4月，安徽省委、省政府出台《促进服务业领域困难行业恢复发展若干政策措施》，对支持发挥邮政快递业保服务、保民生、保供应、保稳定起到帮扶作用。文件提出，要强化用电用气服务保障，对家庭农场、农民合作社、供销合作社、邮政快递企业等在农村建设的保鲜仓储设施用电，实行农业生产用电价格。对承租国有企业经营性用房或产权为行政事业单位房产的中小微企业（含服务业小微企业）、个体工商户，免收2022年3个月（2月、3月、4月）房屋租金。完善县乡村三级物流配送体系，发展县域现代流通服务体系，支持符合条件的项目争取中央财政服务业发展资金。加快推进农产品冷链物流发展、产地流通基础设施建设等项目建设，支持符合条件的项目争取服务业发展资金。

邮政快递业多项内容纳入安徽省“十四五”物流业发展规划

4月，安徽省发展改革委印发《安徽省“十四五”物流业发展规划》，邮政快递业多项内容纳入其中。规划提出，要推动邮政快递业转型提质。深入实施快递“进厂”“进村”和“出海”工程，积极吸引国内快递企业区域总部落户，建设一批特色快递产业园区。深入促进快递物流干线运输与普铁、高铁、航空等干线运输服务对接融合，推动干线运输、区域分拨、城乡配送网络协同和资源整合共享。鼓励发展“网订店取”“自助提货”等末端配送模式。高质量推动快递物流与电子商务协同发展，促进线上线下联动，提升电商快递服务水平。积极拓展国际快递服务网络，优化跨境电商物流服务，鼓励传统货代、物流企业拓展电商服务等业务，为中小跨境网商提供统一采购、仓储和配送等服务，逐步形成与跨境电商相适应的快递物流体系。支持合肥、芜湖创建“中国快递示范城市”，推动芜湖、蚌埠建设全国性邮政快递枢纽城市。规划还对发展冷链物流、航空物流、高铁物流、新业态新模式等做了部署，设定了到2025年底实现快递业务量65亿件的目标。

安徽省“十四五”城乡社区服务体系建设规划利好邮政快递业

4月，安徽省印发《安徽省“十四五”城乡社区服务体系建设规划》。规划提出，要全面推进城市社区“15分钟便民生活圈”建设，开展社区便民商业服务，完善社区基本保障类服务，鼓励发展特色休闲服务，满足社区居民多样化需求，推动物流配送、快递、再生资源回收网点设施辐射符合条件的村（社区），支持相关企业在村（社区）设置网点。持续优化社区服务功能布局。将综合服务设施建设纳入国土空间规划，推进新建社区综合服务设施标准化、规范化建设，确保新建社区商业和综合服务设施面积达标，建设智能快递箱（信包箱）和邮政快递末端综合服务站等配套设施。探索建立无人物流配送系统，为居民提供便捷、高效、智能的社区服务。

安徽省委一号文件利好邮政快递业

4月，《中共安徽省委　安徽省人民政府关于做好2022年全面推进乡村振兴重点工作的实施意见》正式印发，对全省2022年乡村振兴重点工作作出全面部署。文件多处提及邮政快递业，行业发展再获政策利好。意见明确：实施“快递进村”工程，快递服务基本实现行政村全覆盖，居全国前列。这是安徽省委连续第四年通过一号文件明确支持农村快递末端服务设施建设。意见还指出，“建设开放共享的县域共配服务中心，改造‘多站合一’的乡镇客货邮综合服务站、‘一点多能’的村级寄递物流综合服务点，推进县乡村物流共同配送”“实施农产品仓储冷链设施建设行动，新增农产品产地冷藏保鲜设施600个，累计超5500个”。

安徽省出台《进一步支持市场主体纾困发展的若干政策和举措》

4月，安徽省政府办公厅印发《进一步支持市场主体纾困发展的若干政策和举措》，邮政快递业获利好。举措从降本减负、金融支持、援企稳岗、支持困难行业、保持生产生活平稳有序等方面，出台23条具体政策和举措。对餐饮、零售、旅游、民航、公路水路铁路运输等特困行业企业给予不超过50万元的一次性稳定就业补贴。鼓励各地采取发放补贴等措施，缓解货车司机等货运经营者困难，降低物流快递成本。针对做好货运物流保通保畅，迅速启动路警联动、区域协调的保通保畅工作机制，及时解决路网阻断堵塞等问题，确保交通主干线畅通；落实统一规范的通行证制度，使用省级或以上防控机构统一规定的“重点物资运输车辆通行证”，实行“一车一证一线路”，保障疫情医疗防控物资、鲜活农产品、重点生产生活物资、农业生产资料、能源物资、邮政快递等各类重点物资运输车辆快速便捷通行；对进出全域封闭城市在周边设立的物资中转站点的货车司乘人员，在严格落实闭环管理措施、24小时内核酸检测阴性情况下，实行通信行程卡“白名单”管理模式。

安徽省出台保障物流畅通十条措施惠及邮政快递业

4月，安徽省疫情防控应急综合指挥部印发《保障物流畅通促进产业链供应链稳定十条具体措施》。措施结合实际，强调要坚持以人民为中心，建立以省委省政府主要负责人负总责的工作机制，对货车司机实行“即采即走即追”的管理模式，尽快发放使用统一通行证，布局运营应急物资运输中转站，特事特办解决重点地区物流供应链突出问题，坚持公开透明、接诉即办抓好个案协调，用足用好助企纾困政策，充分调动各方面积极性，坚决维护社会大局稳定。安徽省局作为保通保畅工作机制指挥部成员单位，参与了措施的起草讨论。措施针对当前邮政快递业在保通保畅中存在的突出问题特别指出，“各地不得擅自关停快递物流园区，确因疫情防控需要临时关停的，要明确关停期限。园区产权方及入驻企业防疫工作到位，符合解除关停条件的，应立即解除关停。园区关停期间，各地应设置合适的备用场地，满足货物分拣处理实际需要。”

快递员代表参加安徽省庆祝“五一”国际劳动节

5月，安徽省总工会召开2022年庆祝“五一”国际劳动节暨劳模先进代表座谈会，安徽局推荐的中国邮政集团有限公司合肥市分公司快递员刘冬参会并作交流发言。刘冬在2021年安徽省邮政行业职业技能竞赛中斩获快递员工种第一名的佳绩，他在交流发言中将“做最勤劳的小蜜蜂”作为自己的工作追求，表示在防控疫情中用好专业技能，做好保供保畅工作，为更多的人传递幸福。安徽局始终高度重视行业人才队伍建设工作，通过举办行业职业技能竞赛、从业人员技能培训、职称评审和人才评价等工作举措，培养和选拔了一批行业优秀技能人才和专业技术人才，为安徽省行业人才队伍建设提供了坚实的人才保障和智力支撑。

安徽省领导看望慰问合肥快递小哥先进代表

5月，安徽省委书记郑栅洁、省长王清宪一行亲切看望慰问全国劳模、省五一劳动奖章获得者、安徽工匠、快递小哥等代表，向全省广大劳动群众和青年致以节日的问候。合肥市及安徽省快递职业技能大赛快递员组冠军、安徽省五一劳动奖章获得者、合肥邮政速递揽投员刘冬接受慰问。郑栅洁等与刘冬等一线劳动者一一握手，送上节日祝福，对大家扎根岗位热情劳动、创新创造取得的成绩表示钦佩和感谢。勉励大家继续发挥好示范带头作用，只争朝夕、埋头苦干，在各自岗位上创造更大业绩。郑栅洁在看望慰问中说，劳动最光荣，奋斗最美丽。全省广大劳动群众和青年要深入学习贯彻习近平总书记考察安徽重要讲话精神，坚定不移听党话、跟党走，大力弘扬劳模精神、劳动精神、工匠精神，把个人事业融入复兴伟业，积极投身全省经济社会发展主战场，围绕发展所需、群众所急创造性劳动，努力把平凡做成不平凡。要干一行、爱一行，积极适应科技革命和产业变革的需要，勤学苦练、深入钻研，提升技术技能水平，练就一身真本领，努力成为行家里手、业务好手。要争先进、当表率，紧跟时代、肩负使命，忠诚尽职、奋勇争先，用模范行为影响一片、带动一片，让劳模精神代代传承，让青春在奋斗中更加出彩，努力为建设现代化美好安徽贡献智慧和力量，以优异成绩迎接党的二十大胜利召开。

安徽省加快推进数字经济发展实施方案支持邮政快递业

5月，安徽省印发《加快推进数字经济发展实施方案》。方案提出，着力加强数字技术创新体系建设，着力推进数字产业化和产业数字化，着力优化数字发展生态，着力夯实数字基础设施，不断做强做优做大数字经济，为建设经济强、格局新、环境优、活力足、百姓富的现代化美好安徽提供有力支撑。方案明确，要激发服务业数字化发展活力，规划建设一批智慧物流园区和智能快递分拣中心，推动物流装备信息系统建设，提升物流仓储的自动化、智能化水平。

安徽省“十四五”塑料污染治理工作方案支持邮政业生态环保工作

5月，《安徽省“十四五”塑料污染治理工作方案》发布。方案明确规定，在源头减量方面，商品零售、电子商务、外卖、快递、住宿等重点领域不合理使用一次性塑料制品现象大幅减少，电商快件基本不再二次包装，可循环快递箱（盒）使用量达到30万个。督促指导电子商务、外卖等平台企业和快递企业制定落实一次性塑料制品减量相关规则。推广国家发布的绿色包装产品推荐目录，推广电商快件原装直发，大幅减少电商商品再寄递环节的二次包装。鼓励通过建立绿色发展联盟、股权合作、第三方运营等方式，探索开展可循环快递包装投放和回收设施共建联营。在全省范围内推广标准化物流周转箱循环共用。积极推进快递包装产品绿色认证，鼓励寄递企业优先采购使用绿色产品，将包装减量化、标准化、循环化等要求纳入服务协议。探索建立行业共享共用的可循环快递包装基础设施。鼓励电子商务平台（含外卖平台）、快递企业与环卫单位、回收企业等开展多方位合作，加大快递包装、外卖餐盒等塑料废弃物规范回收力度。

安徽省邮政业青年代表受表彰

5月14日上午，安徽省“喜迎二十大、永远跟党走、奋进新征程”主题团日活动在合肥举行。安徽省委书记郑栅洁出席活动并讲话。省委副书记、省长王清宪，省政协主席唐良智，省委常委，省人大常委会、省政府、省政协有关负责同志出席。全国“两红两优”获得者代表，全国优秀共青团员，合肥德邦货运代理有限公司负责人员计亚琦参加活动及颁奖仪式。计亚琦作为邮政快递从业青年中的杰出代表，一直以争当青年榜样、行业先锋严格要求自己。他积极发挥团员的先锋模范作用，成立合肥德邦党支部、团支部及妇联，建立首个快递行业青年之家、心理咨询室，团结和带领身边团员立足岗位、发挥作用、服务社会。他表示，将以本次活动为契机，继续在本职岗位上发挥好团员先锋模范作用，再立新功。

《安徽省外贸发展提升三年行动方案》支持快递出海

5月，安徽省印发《安徽省外贸发展提升三年行动方案》。方案明确提出，要整合跨境电商企业和物流企业境内外仓储及物流配送资源，依托中欧班列目的站、航线枢纽城市等关键节点打造“安徽外贸集散中心”。引导和支持我省建设或使用公共仓的企业与“海外智慧物流平台”等开展合作,实现海外仓信息资源共享共用。力争到2024年,全省企业建设或使用海外仓超过400个,公共海外仓服务省内企业超过1000家。要密切跟踪国际物流价格趋势变化,引导和支持外贸企业与航运企业签订长期协议。会同行业商协会组织开展中小微外贸企业与航运企业物流对接会。支持金融机构向符合条件的小微外贸企业提供物流方面的普惠性金融支持。要完善航空物流基础设施,推进合肥国际航空货运集散中心、芜湖专业航空货运枢纽港建设,支持合肥新桥机场争取第五航权,稳定并拓展对欧洲、美国、东南亚、日韩等国际货运航线。力争到2024年,开通国际全货机航线9条,国际货邮吞吐量达到8万吨。

安徽省冷链物流发展实施方案利好邮政快递业

5月,安徽省政府办公厅发布《安徽省冷链物流发展实施方案(2022－2025年)》,加快全省冷链物流发展,邮政快递业获政策利好。方案提出,到2025年,争创国家骨干冷链物流基地3～4个,建设省级冷链物流基地15个左右,搭建衔接产地销地、覆盖城市乡村、连通国内国际的冷链物流网络,建成畅通高效、安全绿色、智慧便捷、保障有力的现代冷链物流体系。方案明确,推进“快递进村”工程,鼓励供销、邮政快递、交通运输、电商等共建共用冷链物流设施,扩大农村高品质生鲜消费品、高效医药产品供给。引导大型生鲜电商、连锁商超、电商快递企业等联合布局城乡一体冷链物流网络,打造“上行下行一张网”。加大城市冷链前置仓等“最后一公里”设施建设力度,推广应用智慧冷链自动售卖机、冷链自提柜等,扩大城市冷链网络覆盖面。支持快递、电商企业研发生鲜农产品寄递包装,推进商品化包装与冷链包装一体化。鼓励物流企业提供“干线运输＋区域分拨＋城市配送”服务。支持有条件的地方发展城市冷链即时配送,促进生鲜零售、餐饮、体验式消费融合创新。积极发展“分时段配送”“无接触配送”“夜间配送”,动态优化城市配送路径,提升城市冷链配送效率。鼓励快递企业开展疫苗、生物医药、中医药等专业化温控供应链服务。

安徽省率先完成农村寄递物流体系建设政策制度全覆盖

5月31日,合肥市人民政府2022年第10次常务会议审议通过该市《加快农村寄递物流体系建设行动方案》,这标志着安徽省率先实现省、市两级农村寄递物流体系建设政策保障制度全覆盖。

安徽省印发稳住经济一揽子政策措施实施方案的通知

6月,《安徽省人民政府关于印发稳住经济一揽子政策措施实施方案的通知》发布,邮政快递业获政策支持。通知从多方面畅通物流通道:全面取消来自低风险地区客货车辆的防疫通行限制,不再查验48小时内核酸检测证明。对来自或进出疫情中高风险地区所在地的货运车辆,严格落实“即采即走即追”制度。不得擅自关停高速公路服务区、港口码头、铁路车站、民用运输机场和快递物流园区。对外省客货运司机、快递员、船员到我省免费检测点进行核酸检测和抗原检测,当地政府视同本地居民纳入检测范围,享受同等政策,所需费用由各地财政予以保障。对持有48小时内核酸检测阴性证明的货运司乘人员,实行提前报备、点对点运输等封闭管理措施,或派人引导、装卸货后立即返回;对核酸检测结果超过48小时的货运司乘人员,进行核酸采样后,在确保可追踪的前提下予以快速放行。有条件的地区要通过信息化手段,提高行程卡绿色带星号驾驶员提前报备效率。通知还对物流枢纽及冷链物流基础设施建设基础设施建设进行了详细安排。

安徽局组织邮政快递企业签订生态环保工作承诺书

6月,为推动行业绿色低碳发展,加快推进快递包装绿色治理，切实促进全省行业生态环保工作，确保完成国家邮政局“9917”工程和行业污染防治各项目标任务。安徽省邮政管理局积极发挥引导作用，组织全省十余家品牌区域总部寄递企业签订《安徽省邮政业生态环保工作承诺书》，以实际行动倡导绿色发展理念。承诺书中明确企业在2022年底前完成量化指标，积极推动快递绿色包装、绿色消费，大力开展节能减排工作，全面推进封装用品绿色化、减量化、循环化，发挥好绿色发展主体作用，切实履行社会责任，树立行业绿色高质量发展新形象。

安徽出台交通物流专项再贷款政策助力快递企业纾困解难

6月，安徽省邮政管理局联合中国人民银行合肥中心支行、省交通运输厅印发《关于推动交通物流专项再贷款运用的通知》，助力纾解快递企业困难、稳定行业经济增长。通知明确，专项再贷款重点支持受疫情影响经营困难的道路货物运输企业和物流配送企业，具体包括道路普通货物运输企业、网络平台道路货物运输企业、“司机之家”运营企业、中小微物流配送和快递企业。道路货物运输企业应具有交通运输部主管部门核发的“道路运输经营许可证”，需提供近三年自有货运车辆数及车辆牌照、车辆行驶证；中小微快递企业应当具有邮政快递管理部门核发的“快递业务经营许可证”（含分支机构）。通知要求建立联合工作机制，打造对接平台，共享信息资源，发挥多部门合力。在邮政管理部门的协调下，已有多家快递企业提出贷款需求。

安徽省出台文件支持邮政快递业生态环保工作

6月，安徽省出台《安徽省塑料污染治理2022年工作要点》，对邮政快递业绿色发展给予政策支持。文件要求，要贯彻落实《邮件快件包装管理办法》《邮件快件限制过度包装要求》《邮件快件包装操作规范备案管理规定（试行）》等管理规定，进一步健全快递包装治理的监管手段和具体措施。要逐步减少使用不可降解的塑料包装袋、一次性塑料编织袋、不可降解塑料胶带，进一步提高低克重高强度快递包装箱和免胶带使用比例。要公开向社会征集邮政业生态环保新产品、新技术和新模式，加强塑料替代品供需对接。要进一步抓好快递包装绿色产品认证制度落实，推进认证结果采信，鼓励快递包装生产企业获得认证。

安徽省出台分级建立交通运输企业“白名单”政策

6月，安徽省交通运输厅发布《关于分级建立交通运输企业“白名单”的通知》，以保障疫情防控期间运输服务保障工作。通知明确加强“白名单”企业服务管理，将邮政快递企业纳入交通运输企业“白名单”，并享受“白名单”企业的纾困扶持政策，对满足符合交通物流专项再贷款条件的“白名单”的邮政快递企业，由各地交通运输主管部门积极协助对接有关金融机构，满足贷款资金需求。通知明确“白名单”企业的范围及要求，“白名单”企业原则上具备良好的安全生产和信用记录，一定数量的自营车辆；分级建立“白名单”企业，各市、县确定纳入交通运输“白名单”的邮政快递企业规模、数量，由各市交通运输局汇总名单后报送省交通运输厅。

安徽省出台邮政快递从业人员定期核酸检测工作方案

6月，安徽省新冠肺炎疫情防控应急指挥部办公室印发《安徽省邮政快递人员定期核酸检测工作方案（试行）》，对实施全省邮政快递从业人员定期核酸检测工作相关事项作出规定。方案明确了邮政快递行业定期核酸检测人员范围，强调邮政快递从业人员核酸检测坚持分级分类原则，根据工作岗位、所处场地不同，将从业人员防控等级划分为重点、普通两类，分类分级实施从业人员核酸检测；坚持“应检尽检”原则，按照规定的核酸检测频次实施检测，各地可根据疫情防控形势变化对核酸检测频次进行动态调整；坚持全员免费检测，各地不得以收费等任何形式增加企业负担。

安徽立法促进大别山等革命老区振兴发展利好邮政快递业发展

6月，安徽省人大常委会会议表决通过《安徽省促进大别山等革命老区振兴发展条例》，邮政快递业获利好。条例提出，县级以上人民政府应当支持革命老区发展金融、现代物流、电子商务、信息服务等生产性服务业，统筹推进农村产业融合发展示范园、蔬菜标准园、农业标准化示范区、冷链物流基地、农产品批发市场、农村电商、快递进村建设。

安徽出台支持新能源汽车政策利好邮政快递车辆通行

7月，安徽省发展改革委出台《关于印发支持新能源汽车和智能网联汽车产业提质扩量增效若干政策的通知》。通知明确规定，鼓励快递物流等领域配送车辆由传统燃油车、低速电动车、电动三轮车等更换为新能源汽车。对悬挂新能源汽车号牌的货车（重型货车和危险物品运输车辆除外）在市区道路不限行（含高架桥、快速路）。对已向邮政管理部门备案的新能源邮（快）件末端揽投车辆，在不影响道路通行的情况下，允许在划定区域临时停靠不超过30分钟。相关市已有停放免费（临时停靠）政策高于此项标准的，按就高不就低执行。鼓励各市对新能源汽车在省内高速公路的通行费用给予补贴补助。鼓励各市开放更多街区、道路、机场、港口等作为智能网联汽车示范应用场景。在依法依规的前提下，支持开展开放物流配送车等示范应用。文件的颁布，将对邮政快递业更新换代使用新能源汽车和智能网联汽车起到推动作用。安徽局将以此为契机，推动行业使用新能源汽车和智能网联汽车，不断提升邮政业绿色服务能力，为安徽绿色邮政业发展增光添彩。

安徽省出台稳外贸稳外资促消费行动方案支持邮政快递业发展

7月，安徽省人民政府办公厅印发《稳外贸稳外资促消费行动方案的通知》，邮政快递业获利好。文件从快递出海、电商快递合作、农村寄递物流体系建设等多个方面给予邮政快递业大力支持。文件明确，要保障产业链条通畅。稳步增强国际运力，力争2022年增加3条国际航空货运航线，加密日韩航线，保障重要原料进口。拓展中欧班列通道，优化路线布局，2022年开行量达700列。要培育新型消费。结合“双11”“双12”等线上消费热点时段，平台、企业、协会多方参与，开展“网络购物季”活动。要加强县域商业体系建设。对接乡村振兴战略，开展县域商业建设行动，完善以县城为中心、乡镇为重点、村为基础的县域商业体系。聚焦市场缺位和薄弱环节，重点在补齐县域商业基础设施短板、完善县乡村三级物流配送体系、优化县域消费渠道、增强农村产品上行动能、提高生活服务供给质量等5个方面进行支持。2022年以18个县（区）为试点统筹推进，新建改造提升县级物流配送中心、乡镇商贸中心和乡镇物流快递站点等100个以上。要积极扩大农产品消费。用好中央财政服务业发展专项资金，加强农产品供应链体系建设，完善农产品现代流通体系，重点支持升级改造公益性农产品批发市场、发展农产品冷链物流、完善农产品零售网点、加强产地流通设施建设、强化产销对接长效机制等方面的项目，分别给予最高800万元、500万元、300万元、200万元、30万元补助。大力发展农村电商，畅通农产品上行寄递通道，培育农村电商主体及网销品牌，推广利益联结机制，力争2022年全省农村产品网络销售额突破1000亿元。

安徽省物流提质增效降本三年专项行动计划利好邮政快递业

7月，安徽省发展改革委印发《安徽省物流提质增效降本三年专项行动计划（2022－2024

年）》。文件明确规定，要扩容“消费品下乡、农产品出村”，双向寄递物流服务通道也将升级扩容，到2024年底前，全省稳定运营村级寄递物流综合服务站7000个以上。要大力度引进全球物流龙头和全国合同物流30强、冷链物流30强、供应链物流10强企业等，对新获批的5A级物流企业、5A级网络货运企业以及国家五星、四星级冷链物流企业，给予一次性奖励。在绿色发展方面，将开展可循环快递包装应用试点示范，鼓励使用低克重高强度快递包装箱、免胶纸箱，倡导使用可降解包装材料，减少过度包装。同时降低物流收费，对农村建设的保鲜仓储设施实行农业生产用电价格。

安徽省政府组织开展快递员群体合法权益保障工作专项督导

8月，安徽省人民政府组织相关部门开展快递员群体合法权益保障等工作专项督导。督导组先后赴全省16个市，召开座谈会，听取市政府及相关部门工作汇报，了解当地快递行业发展和快递员合法权益保障工作现状，就加强快递员合法权益保障等工作提出要求。督导组围绕快递员群体合法权益保障相关政策落实，采取检查台账资料、实地走访企业及网点、电话问询一线快递员等方式，现场了解基层快递网点从业人员劳动合同签订、工伤保险参保、内部罚款、派费调整等情况，对发现的问题予以系统整理，形成专题报告并反馈省政府办公厅。为增强实地督导工作实效，安徽局按照省政府办公厅要求，认真研究当前快递从业人员权益保障工作存在的突出问题，聚焦基层网点快递员劳动权利保护，事先提出涉及四个方面共计15项督导任务清单。

安徽省绿色快递包装示范制造联合实验室揭牌

8月25日，安徽省邮政管理局党组书记、局长伍洲文出席安徽省绿色快递包装示范制造联合实验室揭牌暨省邮政公司与丰原集团战略合作签约活动，蚌埠市委、省发展改革委、省邮政公司负责同志出席见证并签约。活动现场，省邮政公司与丰原集团签订了战略合作协议，签约仪式后，由安徽省邮政管理局党组书记、局长伍洲文与蚌埠市委书记黄晓武共同为安徽省绿色快递包装示范制造联合实验室揭牌。

安徽省委书记肯定全省邮政管理工作

8月，安徽省委书记郑栅洁主持召开省委常委会议，专题研究新业态相关工作。省邮政管理局党组书记、局长伍洲文参加会议并汇报邮政快递业相关工作情况，获肯定表扬。郑栅洁指出，扎实做好新业态相关工作，要进一步明确责任，明确每个领域的牵头领导和主管部门，压紧压实属地、相关服务机构和市场主体责任，强化信息联通、力量联合、工作联动。要紧密结合实际，大胆探索创新，与时俱进健全完善相关法规规章和制度，提高工作的规范化、精细化、法治化水平。要加强事中事后监管，聚焦重点区域场所和环节，常态化滚动式开展问题排查，逐一登记建账，实行清单化、闭环式管理。要充分发挥协会团体作用，畅通交流沟通渠道，协调化解风险，引导帮助市场主体和从业人员纾困解忧。

安徽省寄递企业与省绿色快递包装示范制造联合实验室签订绿色快递包装应用战略合作协议

9月，安徽省内各主要寄递企业与省绿色快递包装示范制造联合实验室签订战略合作协议，共同开展绿色快递包装的应用、宣传、推广等工作。推进可循环、易回收、可生物降解材料在快递包装行业的广泛应用，推动快递包装减量化、标准化、循环化。各寄递企业根据政策导向、行业需求和公司需要，向实验室提出产品研发和生产建议。实验室根据寄递企业需求，定向研发绿色快递包装系列产品。建立中试或示范线，为快递包装提供产业化示范，提供测试产品，并积极做好生物基绿色包装材料的市场推广。

安徽省邮政快递业大别山党建教育基地揭牌

9月20日上午,"百名传邮人　万里民心路"主题宣传暨安徽省邮政快递业大别山党建教育基地揭牌仪式在岳西县王步文故居举行。安徽省政协原副主席李宏塔,安徽省邮政管理局党组书记、局长伍洲文,安徽省邮政公司党委书记、总经理刘支宇,安徽新媒体集团党委书记、董事长、总经理章理中,安庆市政府党组成员、副市长唐厚明,岳西县委副书记、县长何斌等出席仪式。安徽省邮政管理局普遍服务处处长王清主持仪式。仪式上,李宏塔和唐厚明共同为"安徽省邮政快递业大别山党建教育基地"揭牌,刘支宇和章理中共同为"百名传邮人　万里民心路"主题宣传图片展揭展。

在世界级制造舞台展示中国快递业发展成就

2022世界制造业大会9月20日在安徽合肥隆重开幕举办。本届大会以"制造世界·创造美好"为主题,以凝聚发展共识,共促开放合作为目标,致力于将世界制造业大会打造成安徽最大、最高开放平台。在安徽省邮政管理局推荐下,本次大会首次邀请制造芜湖市双彩智能科技有限公司(大件摆轮自动分拣设备)、中科微至科技股份有限公司(工业视觉相机)、安徽邮谷快递智能科技有限公司(物流自动分拣装备)三个邮政快递业制造项目参加展出,这是第一次在世界级制造舞台展示中国快递业发展成绩。

《合肥市邮政快递管理办法》颁布

9月,合肥市市长罗云峰签署第215号市政府令,正式颁布《合肥市邮政快递管理办法》,将于2022年11月1日起施行。办法是合肥市首部邮政快递业政府规章,共九章四十五条,立足市情业情,以全面贯彻习近平总书记对邮政快递业的重要指示批示精神和新发展理念为主线,从规划建设、促进发展、绿色发展、服务规范、安全保障、从业人员权益保障和监督管理等方面进行了规范。

安徽局大力推动南陵打造全国快递科技创新试验基地

9月,在2022世界制造业大会工业互联网专场发布会上,"南陵国邮5G+智造产业园"荣获由安徽省5G产业发展联盟颁发的2022年安徽省"5G+工业互联网"十大创新应用奖项。据了解,此次入选应用是从123家企业中遴选,并通过专家评审层层筛选,最终评出10个。

《安徽省邮政管理系统重大活动期间寄递渠道安全服务保障工作责任追究办法》出台

9月,安徽省邮政管理局研究出台《安徽省邮政管理系统重大活动期间寄递渠道安全服务保障工作责任追究办法》。责任追究办法依据《中华人民共和国监察法》《中国共产党问责条例》《中国共产党纪律处分条例》《关于实行党政领导干部问责的暂行规定》等法律法规规定,结合安徽省邮政管理系统实际,明确了重大活动期间寄递渠道安全服务保障工作责任追究的适用范围,并直接列出邮政管理部门及党员领导干部追责问责的八种具体情形。规范了责任追究的方式,即给予相关党组织检查、通报、改组等处理,给予相关责任人给予通报、诫勉、组织调查或组织处理、纪律处分等处理。同时坚持实事求是、权责一致、惩教结合的原则,"一案三查",既追究直接责任者的责任,还追究单位的领导责任、监督责任。

安徽局大力推动寄递企业在皖开展跨境电商业务

11月,在安徽省邮政管理局的大力推动下,菜鸟网络在合肥综合保税区设立菜鸟保税仓、中心仓,利用先进的互联网技术,"链"起电商企业、快递物流仓储、供应链服务等较为完整的产业链,提高了物流快递时效,实现了最快当日下单、次日送达,服务范围覆盖华东及周边地区。

张韵声书记批示肯定邮政管理系统工作

11月,安徽省委常委、政法委书记张韵声专题听取安徽局主要负责同志关于党的二十大期间寄递渠道安保和业务旺季服务保障工作情况的汇报，并在呈报的专报上批示：省邮政管理局在二十大安保维稳行业管理方面积极作为，有序高效开展快递安全服务保障工作，值得肯定。

安徽局全力打通国际寄递物流大通道快递出海再上新台阶

11 月，由顺丰航空执飞的一架波音 747 货机从合肥新桥国际机场飞往美国亨茨维尔，标志着合肥—亨茨维尔国际货运寄递航线开通，飞往亨茨维尔的航班共搭载着 53 吨邮货。2022 年以来，合肥新桥机场先后开通合肥至英国伦敦等 3 条国际货运航线，共有定期国际货运航班 7 条。新航线的开通，进一步加深了合肥与全球重要货运枢纽的航空物流联系，为合肥跨境电商、生产制造企业、寄递企业与全球贸易往来搭建了更加高效快捷的“空中通道”，有助于省内寄递企业“快递出海”，更好地融入新发展格局，也为保障我省产业链供应链安全稳定、畅通抗疫物资运输通道提供有力支持。

阜阳市邮政快递业 1 人荣获省劳动模范称号

11 月，中共安徽省委、安徽省人民政府下发《关于表彰安徽省劳动模范、先进工作者和先进集体的决定》，阜阳市邮政分公司揽收员刘献梅获省级劳动模范称号。刘献梅从事投递工作 15 年，每天投递路线约 50 公里，服务单位 18 个，经营爱心邮路 7 条，义务服务老人 9 位，曾获得“阜阳市五一劳动奖章”“安徽省五一劳动奖章”，被评为“阜阳市劳动模范”。

安徽局完成省级处理中心疫情防控应急演练全覆盖

11 月，安徽省邮政管理局指导邮政快递企业开展疫情防控应急演练，以演练提升实战能力，圆满完成省级处理中心演练全覆盖。演练针对发现核酸检测异常人员、流入流出涉疫邮件快件等情形，模拟发现（接报）异常情况、报告相关部门、人员转运隔离、涉疫件处置、场所消杀、配合检测、配合流调溯源并总结上报等重点流程。此次演练，检验了寄递企业疫情防控应急工作机制运行情况，排查了企业应急处置工作存在的不足，及时总结完善了企业相关应急预案，进一步提高行业科学处置突发涉疫事件的能力。部分演练邀请了地方卫健、应急等部门到场指导。

安徽省总工会赴和县慰问一线快递从业人员

11 月，安徽省总工会张勇副主席一行来到和县向奋战在一线的快递从业人员开展送温暖慰问活动。市总工会喻晓明副主席，县分管副县长、县总工会、县交运局、县邮政管理局主要负责人陪同。活动现场，张勇亲切询问了企业工会组织机构建设、企业工会活动及工会参与安全生产督查等工作开展情况；详细了解了快递小哥的劳动强度、劳动报酬及权益保护等情况。慰问组分别给和县中通、申通、圆通和韵达等企业 10 名快递员代表送去了慰问金，传达了党和政府及工会组织对快递小哥的关心关爱，让新就业形态劳动者切实感受到了工会组织的温暖，同时要求各级工会组织发挥好“娘家人”作用，注重安全教育，切实保障好快递从业人员的劳动权益，继续深入推进关心关爱快递员工作，保障职工权益；并叮嘱大家在工作中务必要做好个人防护、注意出行安全，更好的弘扬新时代劳动精神，展示新业态劳动风采。

安徽省政府出台口岸建设发展行动方案助力“快递出海”

11 月，安徽省政府出台《关于印发安徽省口岸建设发展行动方案的通知》。行动方案明确规定，要加强与省内外口岸间的联动衔接，基本建成辐射全省、连接全国、面向世界的高水平、高能级开放口岸。要打造合肥国际航空货运集散中心，力争每年新增 3 条以上国际及地区全货机航线，到2025年,力争国际航空货邮吞吐量达到14万吨;加快推进芜湖专业航空货运枢纽建设,到2025年,完成京东二期转运中心建设,力争开通5条以上国际全货机航线,国际货邮吞吐量达到12万吨。推动航空口岸与相关邮政企业、快递企业总部深化合作,加快发展国际邮政快递业务。要依托“单一窗口”打通航空、铁路、港航、公路、邮政等各口岸业务联动,为企业提供全程“一站式”通关物流信息服务。要完善区域分拨及配送、国际物流服务、国际快件集散、供应链服务等物流产业体系。要延伸邮包、冷链、商品预包装、运输保险等方面服务创新。

伍洲文局长出席全国快递科技创新实验基地产业发展高端论坛

11月26日,2022年中国通信学会邮政通信委员会学术年会暨全国快递科技创新实验基地(南陵)产业发展高端论坛视频会议隆重举行,安徽省邮政管理局党组书记、局长伍洲文应邀出席并致辞。本次大会以“聚力人才创新　赋能产业未来”为主题,就当前邮政快递智能装备产业技术创新及人才需求开展深入、广泛的交流。

安徽局主要负责同志应邀参加第二届国际新材料大会

11月26日,第二届国际新材料大会在蚌埠盛大开幕,会议采取线上线下相结合的方式。安徽局主要负责同志应邀出席大会开幕式活动。本次大会以“新材料激活产业新动能”为主题,围绕国家高水平科技自立自强的战略部署,深入贯彻落实三次产业高质量协同发展行动计划,打造新材料产业展示交流高端平台,优化发展环境,构筑产业体系,加强上下游对接,加快创新应用,推进新材料产业高端化、绿色化、智能化、集群化发展,助力形成万亿级产业规模,全力打造特色鲜明、拥有核心竞争力的新材料产业发展高地,为“三地一区”建设提供强有力支撑。大会专题活动的产业合作对接环节,安徽省依托企业与中国科技大学实现生物基新材料科研合作。这将进一步深化推动省邮政公司、省主要品牌快递企业与丰原集团的战略合作,进一步发挥安徽省绿色快递包装示范制造联合实验室作用,进一步加快生物基新材料从实验到应用,助力安徽邮政快递业成为包装环境治理的先行领域,服务全省邮政快递业绿色发展、高质量发展。

安徽省80%以上农村地区邮路实现汽车化水平投递

11月,安徽省已实现80.42%以上农村地区邮路实现汽车化投递,农村邮政服务水平得到持续提升。

安徽省出台全面贯彻新发展理念做好碳达峰碳中和工作的实施意见利好邮政快递业

12月,安徽省出台《中共安徽省委　安徽省人民政府关于完整准确全面贯彻新发展理念做好碳达峰碳中和工作的实施意见》,邮政快递业获利好。实施意见指出,要实施多式联运示范工程,推动铁路干线与主要港口、大型工矿企业、物流园区高效联通。完善城乡物流配送网络,推进快递包装、仓储、货运配送绿色转型,提高末端配送效率。要因地制宜推行生活垃圾分类,建立健全生活垃圾收运处置体系。推进塑料污染全链条治理,推动可降解替代产品应用。探索推广创新性碳普惠产品。

安徽局与合肥市政府举行工作会谈

12月,安徽省邮政管理局党组书记、局长伍洲文与合肥市人民政府副市长何逢阳举行工作会谈,就推动合肥市邮政快递业高质量发展、更好地服务地方经济社会发展进行了深入交流。会谈中,何逢阳介绍了合肥市经济发展、产业体系、交通基础设施建设和合肥“中国快递示范城市”建设等情况,他表示,近年来,合肥市邮政快递业持续保持高位高速发展，在服务生产、促进消费、畅通循环等方面发挥了积极作用，特别是疫情期间，为全市生产生活重要物资的保通保畅作出了积极贡献，合肥市政府将继续大力支持邮政快递业发展，希望省邮政管理局一如既往予以指导关心。伍洲文对合肥市委市政府长期以来在政策上、资金上、组织架构上对邮政管理部门及行业发展的支持表示感谢。他强调，安徽省局将继续支持合肥市创建新一轮“中国快递示范城市”，支持合肥市邮政快递业进一步拉高标杆，推动各项工作争先进位。伍洲文对合肥市邮政快递业发展提出四点期望。

蚌埠生产服务型国家物流枢纽入选 2022 年国家物流枢纽建设名单

12 月，蚌埠生产服务型国家物流枢纽入选 2022 年国家物流枢纽建设名单，邮政快递业再获政策利好。蚌埠枢纽的获批，填补了皖北地区国家物流枢纽的空白，成为区域物流高质量发展的重要引擎。该枢纽占地 3.6 平方千米，计划总投资 65.49 亿元，已完成 41.09 亿元，物流集聚效应突出，入驻物流企业 300 余家，港口吞吐量、快递业务量、集装箱吞吐量分别占蚌埠市 45%、60%、90%以上。产业服务能力较强，选址沿淮产业带，服务主要产业区，建设淮河大宗商品交易、蚌埠双基产业流通等平台，完善交易、结算、供需对接等功能，推动以物流链畅通产业链、供应链。对外协同联动密切，依托公铁水运输及“蚌西欧”国际班列等内外通道，协调联动皖北区域、淮河流域、合肥都市圈、长三角区域及国内外重点物流枢纽，放大辐射带动效应。

王翠凤副省长肯定合肥邮政校园综合服务平台建设

12 月，安徽省副省长王翠凤赴安徽职业技术学院调研指导工作，合肥市委常委路军陪同。在邮政校园快递综合服务中心，王翠凤一行实地查看并听取了该中心运营情况的相关汇报后，充分肯定了合肥邮政和安徽职业技术学院共同打造的“校园 + 寄递 + 文化 + 创新创业”的综合化服务平台模式。

何树山副省长肯定邮政管理部门工作成效

12 月，安徽省副省长何树山主持召开分管部门座谈会，听取安徽省邮政管理局专题工作汇报，充分肯定邮政管理部门工作成效。何树山充分肯定邮政管理部门工作成效，他指出，五年来，全省邮政管理系统讲政治、讲大局，工作扎实、成效明显。要统筹谋划好明年及未来五年的工作，谋细谋实工作抓手、落实举措，确保 2023 年工作再上新台阶。

伍洲文局长在第八次青浦圆桌会议南陵峰会上发表致辞

12 月，第八次青浦圆桌会议南陵峰会圆满举办。来自快递物流智能装备行业的专家、学者、企业家齐聚安徽芜湖市南陵县，共商共谋行业发展战略大计。会议以“标准、智能、国产、人才，助力物流装备走向世界”为主题，采取线上线下相结合的方式，邀请了 80 余家行业商协会、行业知名企业和本地企业等共 200 余位代表参加会议。

安徽省快递行业党委获批成立

12 月，中共安徽省快递行业委员会获批成立。安徽省快递行业党委组织关系隶属安徽省委非公经济和社会组织工委，由安徽省邮政管理局党组领导和管理，接受安徽省委非公经济和社会组织工委指导。安徽省快递行业党委主要职责包括，负责指导全省快递行业党建工作；宣传和贯彻执行党的路线方针政策，促进中央、省委、国家邮政局各项决策部署在快递行业的贯彻落实；研究制定加强快递行业党建工作的政策、制度和规划；直接联系指导一批省内大型快递企业、区域公司党建工作等。

福建省快递发展大事记

福建省完成近万名快递小哥专项职业能力技能提升培训考核

福建省邮政管理局认真落实国家邮政局快递职业技能“246”工程建设要求，积极推进行业职业技能人才队伍建设，自2020年部署开展邮政快递职业技能提升行动以来，两年已累计培训考核快递从业人员9475人，争取地方财政补贴资金近600万元。

福建省人大常委会在福州开展邮政业立法调研

2月15日，福建省人大常委会委员、法制委副主任委员、法工委主任李明蓉携调研组一行，深入福州市开展《福建省邮政条例》(修改)立法调研。调研组先后来到福州顺丰速运有限公司晋安花园网点、新建楼盘霞镜新城的信报箱场所、首个配建的万科麓岭花园邮政局所，实地了解顺丰网点快件操作流程、企业实名收寄和收寄验视落实情况，以及邮政管理部门对服务对象的监管方式，对传统信报箱智能化升级改造交流了看法，现场了解首个配建的邮政局所建设运营情况，并进行座谈交流。调研组强调，邮政业关系千家万户，邮政快递末端基础设施对用户接收邮件快件极为必要，应当适时组织专家论证，让立法更好地跟进邮政业发展趋势。

林文斌副省长到福建局调研

3月16日，福建省副省长林文斌一行赴省邮政管理局调研走访，看望了福建局干部职工，详细了解全省邮政快递业发展情况。在听取福建局工作汇报后，林文斌给予充分肯定。他表示，近年来全省邮政快递业发展迅猛，是为数不多保持两位数增长的朝阳行业，在服务百姓、服务经济发展、服务商品、服务乡村振兴等方面做了大量工作。随着电商、网购的发展，邮政快递业也被赋予了新的定义、新的概念，是现代服务业的重要组成部分，壮大互联网经济的重要支撑，新基建发展的重要参与者，对推动全省经济社会发展极具重要。疫情期间，邮政快递业更是在防疫物质运输，保障民生需求等方面发挥了不可替代的作用。座谈会上，林文斌高度重视当前邮政快递业发展过程中遇到的问题，对规划建设邮政快递服务基础设施、信息化监管等作出指示。

福建省市联动共同推动“快递+福州鱼丸”项目

3月，福建省邮政管理局联合福州局召开“快递+福州鱼丸”项目推进工作会，深入研究探讨“鱼快合作”模式，提出通过电商直播带货帮助鱼丸企业拓展销售渠道。会上，菜鸟乡村向各鱼丸企业介绍了天猫等淘系直播平台特点，从销售高峰期、选品、平均客单价、售后处理、流量渠道等多个方面为福州鱼丸量身打造直播方案。邮政、顺丰、中通等寄递企业分别介绍了冷链仓储、航空专线运输、末端上门投递等提供专业化、定制化的寄递服务。此次推进会加深了各方交流理解，为整合各方资源形成工作合力打下良好基础。

福建省进一步破解农村寄递物流体系建设难题

3月，福建省人民政府办公厅印发《福建省加快农村寄递物流体系建设实施方案》，提出“到2025年，基本形成开放惠民、集约共享、安全高效、双向畅通的农村寄递物流体系”的工作目标，明确了建设强化农村邮政、健全末端共同配送、优化协同发展、构建冷链寄递四个体系的具体内容和责任分工；从强化责任落实、确保资金政策扶持到位、纳入乡村振兴考核等方面，细化分类推进“快递进村”工程、完善农产品上行发展机制、加快农村寄递物流基础设施补短板、继续深化寄递领域“放管服”改革四项重点任务。

尹力书记赴泉看望慰问一线快递员

“五一”劳动节前夕，福建省委书记尹力深入泉州市调研疫情防控措施落实、复工复产和安全生产情况，并前往快递网点看望慰问一线快递员。在泉州顺丰速运少林路营业点，尹力一边实地查看营业点收寄区、操作区、打包区、休息区等功能分区，一边听取企业有关情况介绍和泉州局关于邮政行业恢复正常运营情况的汇报，当得知全市各快递分拨中心、邮政普遍服务网点、快递末端服务网点已经全部复工达产后，他表示肯定，还与现场快递员亲切交谈，详细了解他们的工作流程、疫情防控措施落实和每月收入、合法权益保障等情况。尹力指出，任何一份职业都很光荣，快递作为新业态尤为突出。在疫情防控中，快递小哥不辞辛劳，从早到晚在大街小巷里穿梭，为保障群众生活发挥了重要作用，在平凡岗位上干出了不平凡业绩。尹力还叮嘱大家做好自我防护，注意交通安全，做文明守法的新时代劳动者。

福建局组队参加快递行业职工运动会

4月29日上午，为庆祝“五一”国际劳动节，展示全行业干部职工健康、团结、向上的精神风貌，福建省邮政管理局应邀组织参加福州市“工享品质生活　匠造有福之州”邮政快递行业职工运动会。

福州顺丰获第十九届“福建青年五四奖章集体”荣誉称号

在建团百年之际，第十九届“福建青年五四奖章”评选结果正式揭晓，福州顺丰速运有限公司荣获“福建青年五四奖章集体”称号。

福建省领导看望慰问行业劳模和新就业形态劳动者

5月，福建省委常委、统战部部长王永礼一行到福州顺丰洋中路网点看望慰问行业劳动模范和一线职工代表，向一线快递小哥致以节日问候和祝福。在网点，王永礼详细了解企业用工、生产经营、职工服务保障等情况，并同网点的快递小哥亲切交流，称赞他们是民生保障者、疫情时的逆行者。在座谈会上，王永礼听取了劳模和一线职工的意见建议。他指出，要建强工会组织，抓实党建工作，加强劳动者思想政治引领，把解决思想问题同解决急难愁盼问题结合起来，提升广大职工的获得感和归属感。要引导督促平台企业履行社会责任，切实保障职工的劳动报酬、休息休假、社会保险、劳动安全卫生保护等基本权益。要抓好常态化疫情防控，大力推动复工复产，全力以赴把疫情造成的损失补回来。他希望全省工会组织和广大职工大力弘扬劳模精神、劳动精神、工匠精神，发挥职工创新才智，为新发展阶段新福建建设贡献智慧和力量。

《福建省邮政条例》修订草案获省人大常委会审议全票通过

5月27日，新修订的《福建省邮政条例》经省十三届人大常委会第三十三次会议审议全票通过。条例的修订工作坚持以人民为中心的发展思想，以贯彻落实习近平总书记关于邮政业的重要指示批示为主线，重点关注邮政快递基础设施建设、“快递小哥”合法权益保障、提升行业服务水平、推进邮政业绿色发展等问题，回应了社会关注的热点问题，经过广泛立法调研、深入沟通协商、反复研究论证，得到了省政府、省人大的重视与支持。

福建省人大立法保障基层快递员单独参加工伤保险权益

5月27日，新修订的《福建省邮政条例》经省人大常委会第三十三次会议审议通过。其中，条例第四十九条明确提出“可以为灵活性、流动性较大的快递企业从业人员单独办理工伤保险，人力资源和社会保障部门应当建立健全相应的参保机制”。据悉,这是全国范围内首次从立法层面保障基层快递员单独参加工伤保险工作。

福建省邮政快递从业人员疫情防控监测系统上线试运行

6月,“福建省邮政快递从业人员疫情防控监测系统”上线试运行,标志着全省邮政快递业行业疫情防控能力进一步提升,精准防控迈上新台阶。该系统集合从业人员实名登记管理、邮政快递企业场所管理、从业人员健康监测预警处置等功能,实现从业人员健康码现状、疫苗接种情况、核酸检测频次及结果、14天内中高风险地区旅居史等异常信息推送预警功能,数据精确到个人数据,达到精准防控需求。各级邮政管理部门以及邮政快递企业根据异常预警信息及时开展处置,对于核酸检测结果异常以及中高风险旅居史情况的,还将配合属地疫情防控有关部门开展人员管控等。

郭宁宁副省长赴平潭闽台融合邮件处理中心调研

6月6日,福建省委常委、省政府副省长、党组副书记郭宁宁一行赴平潭闽台融合邮件处理中心开展调研指导。郭宁宁详细了解了闽台融合邮件处理中心建设情况、三关合一的运作模式、邮件订单处理量、海关进驻、运能运力及政府奖补等情况,并实地察看了处理中心的生产作业流程。郭宁宁充分肯定了邮政企业在疫情期间充分发挥“国家队”责任和担当,在保障循环畅通方面所作出的重大贡献。她指出,目前闽台融合处理中心处于大有可为的重要战略机遇期,具有很大的发展潜力。邮政企业要抓住发展契机,加大投入智能化、信息化设备,加快通关效率,建设“智慧邮政”,增强综合竞争实力。要充分发挥平潭口岸政策优势、区位优势,通过提升平潭邮件处理综合能力,进而辐射大陆闪地,推动平潭地区实现两岸集散地的战略目标,促进两岸跨境电商发展,确保项目发挥应有效益,服务平潭开放开发。她强调,政府部门要为闽台融合邮件处理中心发展提供有力支撑,加强口岸治理能力,加快监管落地,切实将补贴政策落实到位,为物流企业纾困增效。

福建邮政快递业“十四五”期间绿色发展获支持

福建省邮政快递业深入贯彻落实习近平生态文明思想,认真贯彻国家邮政局及福建省委、省政府生态环保工作部署,持续强化加快推进快递包装绿色转型,推进行业包装减量化、标准化、循环化,按时完成国家邮政局下达的“9917”任务目标,不断优化行业绿色发展环境。2022年以来,福建省陆续出台“十四五”期间支持邮政快递业绿色发展各类政策,《福建省人民政府办公厅关于印发福建省推进绿色经济发展行动计划(2022－2025年)的通知》《福建省人民政府关于印发福建省“十四五”节能减排综合工作实施方案的通知》《福建省生态文明建设领导小组办公室关于做好福建省“十四五”生态省建设专项规划有关工作的函》等文件,明确提出“深化快递业绿色转型升级,电商快件基本实现不再二次包装,可循环快递包装应用规模达30万个”“全面推广绿色快递包装,引导电商企业、邮政快递企业选购使用获得绿色认证的快递包装产品,推广应用瘦身胶带、循环中转袋、可循环快递箱(盒)、标准包装废弃物回收装置,推进邮件快递包装绿色化、减量化和可循环”“加快构建城市绿色配送体系,鼓励配送企业开展集中配送、共同配送、夜间配送等集约化配送模式”“加快推进城市物流配送车辆电动化、新能源化和清洁化”等重点任务,福建邮政快递业“十四五”期间绿色发展获政策利好。

江西省快递发展大事记

《全省邮政管理系统加快农村寄递物流体系建设的实施意见分工方案》出台

1月，江西省邮政管理局印发《全省邮政管理系统加快农村寄递物流体系建设的实施意见分工方案》。分工方案按照《江西省人民政府办公厅关于加快农村寄递物流体系建设的实施意见》，结合全省邮政管理系统实际情况，着力健全县乡村寄递物流体系，补齐农村寄递物流基础设施短板，推动农村产业发展，更好满足农村生产生活和消费升级需求，持续提升人民群众的获得感。分工方案明确，一是加强寄递物流体系建设。加快推进“快递进村”工程，强化邮政体系作用，集约建设公共基础设施，推动关联产业协同发展。二是完善农产品上行发展机制。打造农村电商快递协同发展示范区，实施“一地一品”示范工程，加快发展冷链寄递物流。三是保障农村地区寄递渠道畅通稳定。优化农村寄递物流监管环境，规范农村寄递市场经营秩序，强化农村寄递物流安全管控。

江西局积极推动金融科技赋能乡村振兴示范工程

1月，为推进农村金融机制和模式创新，优化农村金融产品与服务供给，提高农村公共服务与数字化治理能力，中国人民银行南昌中心支行等8部门出台《江西省金融科技赋能乡村振兴示范工程工作方案》，江西局积极落实推动金融科技赋能乡村振兴示范工程，加快推进农村寄递物流体系建设，打造集金融、电商、寄递等功能为一体的农村综合服务平台。一是畅通农村寄递物流体系，引导邮政企业利用资源优势，积极打造基于大数据技术的农业综合服务平台，建立新型农业经营主体需求数据库，向农村经营主体提供满足产前、产中、产后各环节的融资支持，同时提供农产品销售、物流等综合服务，推动惠农兴农，解决农村地区金融网点少、物流网络不发达、电商基础薄弱等问题。二是加强“政邮”合作，提升邮政服务水平，鼓励邮政企业打造基于分布式技术的综合金融服务平台，为农户提供线上社保医保便民缴费、社保养老金发放、惠民惠农补贴发放等综合服务。

快递进村成为江西省两会关注热点

1月17日至20日，江西省十三届人大六次会议和省政协十二届五次会议在南昌顺利召开。快递进村成为省两会关注热点，写进省政府工作报告，引起人大代表和政协委员们的共鸣。代表、委员们提出很多建设性的意见建议。

江西局联合多部门印发实施意见加强县域商业体系建设利好邮政快递业

2月，江西省邮政管理局与商务、发改等17部门联合印发《关于加强全省县域商业体系建设促进农村消费的实施意见》，邮政快递业多项内容纳入其中。实施意见指出，加强县域商业体系建设、促进农村消费，是培育完整内需体系的重要支撑，是提高人民生活品质的重要举措，是实施乡村建设行动的重要内容。制定了县域商业网点、村级商业网点、县域物流枢纽、乡村末端物流、农村电子商务等14个“十四五”时期县域商业体系建设工作目标。

江西省“十四五”农业农村现代化规划利好邮政快递业

2月，江西省人民政府正式印发《江西省“十四五”农业农村现代化规划》，提出要促进农产品流通升级，加快农村电商发展，邮政快递业发展获政策利好。规划明确，一要充分发挥现有市场资源和第三方平台作用，培育多元化农村电子商务市场主体，鼓励支持电商、物流、商贸、金融、供销、邮政、快递等各类电子商务主体加强合作，延伸乡村寄递物流服务网络，构建农村购物网络平台。二要依托农家店、益农信息社、农村综合服务社、村邮站、快递网点、农产品购销代办站等发展农村电商末端网点。三要加强县乡村寄递物流基础设施建设，建设一批农村仓储设施、县镇寄递物流基地、农村电商寄递物流配送站点，完善县域现代化综合运输网络。

江西省邮政快递业多项内容被纳入推进交通强省建设2022年工作要点

3月，江西省推进交通强省建设领导小组办公室印发《推进交通强省建设2022年工作要点》，邮政快递业多项内容被纳入其中。工作要点提出，一要加快快递枢纽建设，建成昌北机场空侧南昌邮件处理中心，加快建设京东亚洲一号南昌向塘物流园二期、苏宁易购江西电商物流中心产业园、中国邮政鹰潭邮件处理及物流仓储中心等项目，开工建设上饶圆通智创园、赣州圆通智创园、南昌圆通智创园等项目。二要推进城乡交通运输一体化，继续巩固建制村“两通”成果，提升农村客运保障能力。积极推进农村客邮融合发展，做好已申报成功（第一批、第二批）农村物流服务品牌的运行分析和跟踪评估并上报，加快推进第三批农村服务品牌申报工作。三要加速物流新业态发展，推动高铁、无人机等新型运载工具在邮政快递业运用。四要推进绿色交通发展，推动交通基础设施废旧材料、设施设备、施工材料等综合利用，提升符合《快递封装用品》国家标准的包装材料使用率。

江西省邮政快递业多项内容被纳入2022年全省商贸物流产业链链长制工作要点

4月，江西省印发《2022年全省商贸物流产业链链长制工作要点》，深化“快递进村”工程等邮政快递业多项内容被纳入其中，明确省邮政管理局作为责任单位要强化调度推进。工作要点提出，一是深化“快递进村”工程。巩固快递服务建制村全覆盖成果，力争实现“邮政+3个及以上快递品牌”覆盖率达100%。提升快递服务农业深度，建设5个农村电商快递协同发展示范区和15个快递服务现代农业示范项目。二是加快补齐冷链物流短板。支持生鲜电商、快递、供销企业因地制宜建设前置仓、分拨仓、配备冷藏和低温配送设备。三是培育“链主型”企业。围绕商贸物流产业链细分领域，在城乡高效配送、医药物流、冷链物流、快递等细分链条重点培育2~3户“链主”型企业。四是推动商贸物流绿色发展。鼓励物流、快递企业创新包装设计，支持使用标准化、减量化和可降解包装材料，减少过度包装和二次包装。五是强化人才培养对接。支持商贸物流行业对从业人员开展职业技能培训并参加相关职业技能等级认定，进一步提高商贸物流企业从业人员的职业素养。搭建校企合作平台，深化产教融合，推动商贸物流企业和院校共育人才体系建设，积极开展专业人才供需对接活动，打造人才交流对接和“招才引智”的“引擎”“高地”。

江西省政府科学精准做好疫情防控推进经济强劲发展利好邮政快递业

4月，江西省人民政府印发《关于科学精准做好疫情防控推进经济强劲发展的若干措施》，采取更加精准务实高效防控措施，有力有序恢复生产生活秩序，邮政快递业获利好。若干措施提出，要坚决贯彻落实国务院联防联控机制关于保畅通的要求，迅速启动省市县三级调度、路警联动、区域协调的保通保畅工作机制，加强路网监测调度，及时解决路网阻断堵塞等问题，确保交通网络不断、应急运输绿色通道不断、必要的群众生产生活物资运输通道不断。要切实保障邮政、快递车辆通行，有条件的地方可增设无接触投递设施，避免邮件快件积压等情况。

大力推进快递进农村被写进江西省推动生活性服务业补短板上水平提高人民生活品质的行动方案

4月，江西省人民政府办公厅转发《省发展改革委关于推动生活性服务业补短板上水平提高人民生活品质的行动方案》，明确提出要大力推进快递进农村。行动方案明确，要激活县乡生活服务消费潜力，加快贯通县乡村三级电子商务服务体系和快递物流配送体系，大力推进电商、快递进农村。完善城乡商业网点布局，鼓励各类连锁商业企业下沉乡村，构建县域寄递物流中心、乡镇寄递物流配送站、城市社区及村级寄递物流综合服务站等城乡高效配送网络体系。行动方案强调，要推动社区服务设施达标建设，结合城镇老旧小区改造和城市居住社区建设补短板，统筹设置幼儿园、托育点、养老服务设施、卫生服务中心（站）、微型消防站、体育健身设施、智能快件箱、快递服务站、家政服务点、维修点、便利店、菜店、食堂以及社区教育、公共阅读和双创空间等。

江西省邮政快递业一批集体和个人荣获2022年江西省五一劳动奖和工人先锋号

4月，2022年江西省五一劳动奖状（章）、工人先锋号荣誉称号揭晓。江西省邮政快递业1家集体荣获五一劳动奖状，5名个人荣获五一劳动奖章，3家集体荣获工人先锋号。

江西省委组织部副部长调研全省快递行业党建工作

5月11日，江西省委组织部副部长王小林一行在南昌调研快递行业党建工作和依托农村党建助推“快递进村”工作情况，江西省邮政管理局主要负责人，南昌市委组织部、经开区相关负责同志陪同。王小林指出，广大快递员走街串巷，联系千家万户、服务亿万群众，是新就业群体的重要组成部分，是劳动大军新的组成部分，是我们党必须依靠和团结凝聚的重要对象。王小林要求，一要加快推进快递行业党建工作，努力实现“两个覆盖”，引导快递企业党建活动经常化、规范化，发挥好党组织战斗堡垒作用和党员先锋模范作用。二要加大快递员关心关爱力度，通过提升快递员社会保障水平、优化快递员生产作业环境等具体举措，将习近平总书记关心关爱快递小哥批示指示精神落地落细。三要有效利用快递员群体走街串巷、进楼入户的职业特点，引导快递小哥积极融入基层治理，当好社情民意“信息员”、城市形象“宣传员”和城市生活“服务员”，激发快递员服务民生、奉献社会工作热情，不断增强参与感、归属感和成就感。

江西省推进“互联网+第四方物流”供销集配体系建设利好邮政快递业

5月，江西省政府办公厅转发省供销合作社联合社《关于推进“互联网+第四方物流”供销集配体系标准化规范化品牌化建设实施意见》，加快供销集配体系标准化规范化品牌化建设，补齐城乡物流基础设施短板，邮政快递业获利好。实施意见提出，推动供销集配运营企业与交通运输和邮政系统企业、骨干快递物流企业、重点商贸流通企业等主体联合合作，充分利用供销合作社系统闲置场地、县级物流园区厂房或者新增建设用地，采取改造、划转、合作、新建等方式，打造具备快递分拣、货物仓储、寄发集配和电商运营等功能的标准化县级供销集配中心，积极拓展集配站点服务功能，推动快递自动提货柜进村组和居民社区，提升终端站点的运营层次和水平。实施意见明确，聚焦农村市场需求，依法依规联合县域分散经营易聚合且聚合效能高的城乡快递、大宗快消品、农资、农产品等业态，通过共享供销集配中心仓储、分拣功能，集中开展面向终端的配送服务。通过聚合县域内各类商贸业态和物流资源，开展集中寄递服务，形成集中仓储、集中运输、集中配送、集中管理的集约化运营格局，力争降低县域乡村末端寄递成本，减少城乡商品流通和居民寄递费用，使广大群众得到更多实惠。

江西省邮政快递业多项内容被纳入省服务业高质量发展 2022 年工作要点

5 月，江西省服务业发展领导小组印发《江西省服务业高质量发展 2022 年工作要点》，落实“两进一出”工程等邮政快递业内容被纳入其中。工作要点提出，要进一步优化商贸物流网络布局，重点推动县域物流配送体系建设。落实“两进一出”工程，加快推进“快递进村”“快递进厂”“快递出海”。重点解决困扰企业的用地、用工瓶颈，支持快递企业与工业企业同等享有各类园区优惠政策。

江西局部署推进 2022 年行业生态环保工作

5 月，江西省邮政管理局印发 2022 年行业生态环保工作要点，大力实施“9917”工程，加快推进快递包装减量化、标准化和循环化。一是贯彻落实与绿色理念相适应的法规标准政策，深化《邮件快件包装管理办法》宣贯实施，持续加大“双随机一公开”生态环保执法检查力度。二是加快推进快递包装绿色转型，强化行业塑料污染治理，督促寄递企业健全完善绿色采购制度，使用符合国家规定的包装物；加大包装操作规范化建设力度，防止过度包装。三是稳步推进行业节能减排，推广绿色运输，提升行业新能源、清洁能源汽车保有量；扩大绿色网点、绿色分拨中心建设规模。四是持续推进协同共治，落实企业主体责任、政府监管责任，推动污染防治属地责任，争取地方政府对行业绿色发展加大政策支持力度。

江西省政府促进商贸消费提质扩容支持村村通快递

5 月，江西省人民政府办公厅印发《江西省促进商贸消费提质扩容三年行动方案（2022－2024 年）》，明确支持村村通快递。行动方案提出，要实施县域商业建设行动，大力推进主体下沉、渠道下沉、产品下沉，支持鼓励大中型商贸流通企业、连锁经营企业进入县域市场，向农村延伸营销网络。大力推进县乡村三级商业设施改造提升，改造提升一批县城综合商贸服务中心和县域物流配送中心。行动方案明确，要实施商贸物流提效行动，坚持标准化、智慧化、绿色化方向，做强商贸物流产业链，构建便捷高效的城乡配送体系。开展县域物流配送体系建设试点，到 2024 年基本实现县县有物流配送中心、乡乡有配送站、村村通快递。

江西局联合多部门开展邮政快递领域个人信息安全治理专项行动

5 月，江西省邮政管理局与江西省公安厅、江西省互联网信息办公室联合印发通知，部署开展全省邮政快递领域个人信息安全治理专项行动。通知要求，全省各地有关部门、各邮政快递企业要提高思想认识，切实增强责任感和紧迫感，落实专门力量，确定专人负责，确保专项行动各项要求落实到位。各邮政快递企业要积极配合开展专项行动，加强企业内部统筹调度和管理，认真研究制定工作方案，拿出路线图、时间表，抓紧做好动员部署、宣传发动，确保各项措施落实到位。一是开展个人信息和数据安全检查，摸清底数、建立台账，做到全覆盖、无遗漏，配合开展技术检测和现场监督检查。二是开展网络安全应急演练，及时检验防护策略、技术和措施的有效性。三是强化实名收寄制度落实，推广应用实名二维码，推动面单信息与实名信息实时强制核验。四是加强技术创新，加大虚拟安全号码、隐私面单、网络身份认证等技术应用，实现快递面单信息隐私保护。五是常态化开展网络和数据安全培训，健全落实教育培训制度，提升企业从业人员网络安全意识和防护能力。

江西局联合省总工会走访慰问疫情防控一线邮政快递员工

5月31日，在端午节来临之际，江西局联合省总工会前往部分邮政快递企业走访慰问疫情防控一线员工。在省圆通快递、中通快递公司，慰问组向奋战在疫情防控一线生活困难的快递员工发放了慰问金，详细询问他们的工作、生活情况，称赞快递员在疫情期间为保障群众生活物资配送作出了巨大贡献，感谢他们的辛勤付出并提前送上节日的祝福。同时，慰问组还现场参观了企业生产作业现场，了解企业运行、疫情防控和保通保畅工作情况，要求邮政快递企业加大对快递员工的关心关爱力度，切实采取有效措施维护和保障新就业形态劳动者劳动权益。

江西省促进省内外贸一体化发展利好邮政快递业

6月，江西省人民政府办公厅印发《关于促进我省内外贸一体化发展的实施意见》，邮政快递业获利好。实施意见强调，要完善内外联通物流网络，引导外贸企业、跨境电商、物流企业加强业务协同和资源整合，加快布局海外仓好、配送中心等物流基础设施网络，提高物流运作和资产利用效率。优化城市物流配送网络及末端网点，打通城市配送“最后一公里”。统筹推进县域商贸物流基础设施建设和改造升级，推进城乡冷链物流骨干网和“互联网+第四方物流”供销配送体系建设，基本实现县有物流配送中心、乡镇有配送节点、村村通快递。

江西召开省快递行业党委成立大会

6月22日，江西召开省快递行业党委成立大会暨快递行业党建工作试点部署会，省委组织部副部长、省委两新工委书记周训国出席会议并讲话。省邮政管理局党组书记、局长周慧锋主持会议。会议宣读了《关于同意成立中国共产党江西省快递行业委员会的批复》，新余市邮政管理局代表新余市就试点工作进行了表态发言。周慧锋代表省邮政管理局党组就省快递行业党委开展工作提出了要求：一是旗帜鲜明讲政治，充分发挥行业党委的应有作用；二是明晰定位抓落实，充分展现邮管部门的责任担当；三是推动发展出成效，努力构建全省快递行业党建工作新格局。周训国代表省委两新工委对省快递行业党委的成立表示热烈祝贺，对下一步探索加强全省快递行业党建工作提出四点意见。

江西省实施快递进村工程助力乡村建设行动

6月，江西省委办、省政府办印发《江西省乡村建设行动推进方案》，提出要实施快递进村工程，实现村村通快递。推进方案明确，要开展数字乡村建设行动，推动更多村级高频政务服务事项网上办、掌上办、就近办，推进“互联网+政务服务”向农村延伸，依托银行、邮政快递等推动自助服务下沉至乡村。推进方案提出，要实施快递进村工程，多方合力建设乡镇共配中心和村级寄递物流综合服务站，实现村村通快递。

邮政基础设施建设被纳入江西省2022年数字乡村发展工作要点

7月，中共江西省网络安全信息化委员会办公室与省农业农村厅、省发展改革委、省工业和信息化厅、省乡村振兴局、省林业局等联合印发《江西省2022年数字乡村发展工作要点》，邮政基础设施建设等多项内容被纳入其中。工作要点提出，要推动农村基础设施数字化升级改造，鼓励商务、农业、邮政、供销加大县域自动包裹分拣、集配、冷链物流基础设施建设，推进“互联网+递四方物流”供销集配体系标准化、规范化、品牌化建设。要深化农产品电商发展，大力实施“互联网+”农产品出村进城工程。

江西省邮政快递业生态环保工作成效获省人大充分肯定

7月12日，江西省人大常委会副主任张小平带队深入邮政快递企业调研绿色快递物流发展情况，充分肯定行业生态环保工作成效。江西省邮政管理局党组书记、局长周慧锋，全国人大代表肖利平、李秀香、黄俐波，省人大环资委相关人员陪同调研。在听取江西局和部分邮政快递企业相关工作情况汇报后，张小平充分肯定省邮政管理局、全省邮政快递业在绿色发展方面所做的工作和取得的成效，认为省邮政管理局在行业绿色发展方面做了很多工作，行业绿色化、减量化、可循环水平明显提升，极大减少了包装废弃物对环境的污染，为全省生态文明建设作出了积极贡献。张小平指出，快递物流业生态环保工作是生态文明建设的重要组成部分。全省邮政快递企业要持续深入学习贯彻习近平生态文明思想、习近平总书记关于快递包装绿色治理重要指示批示和视察江西重要讲话精神，深刻认识加快发展绿色快递物流的重要性和紧迫性，聚焦“作示范、勇争先”目标要求，紧扣全面建设“六个江西”目标任务，加快推进邮政快递业绿色转型、提质增效，为更高标准打造美丽中国“江西样板”作出新的更大贡献。张小平强调，要始终坚持生态优先绿色发展理念，按照党中央、国务院有关决策部署和省委、省政府工作要求，扎实推进邮政快递业塑料污染治理、快递包装绿色转型、快递垃圾回收利用、行业节能降碳等工作。要强化协同共治，压紧压实各方责任，坚持依法治理，加快形成促进绿色快递发展工作合力，共同促进全省绿色物流高质量发展，以优异成绩迎接党的二十大胜利召开。

江西省邮政行业职业技能竞赛首次入选全省“天工杯”劳动和技能竞赛

7月，江西省总工会办公室印发关于组织开展2022年“天工杯”劳动和技能竞赛的通知，首次将邮政行业职业技能竞赛作为一类赛事列入其中。

2022年江西省新就业形态（快递）选拔赛开赛

7月19日，2022年江西省“天工杯”劳动和技能竞赛主会场启动仪式暨新就业形态（快递）选拔赛在南昌开赛，省人大常委会党组副书记、副主任、省总工会主席刘强，省总工会党组书记、常务副主席邹绍辉，省人社厅党组成员、副厅长王成兵，省邮政管理局党组书记、局长周慧锋，江西交通职业技术学院院长黄明忠等领导出席启动仪式，与会领导现场观摩了2022年江西省“天工杯”劳动和技能竞赛——新就业形态（快递）选拔赛，顺丰、中通和极兔等省级快递品牌的30名高水平选手参加选拔赛。

推进邮政快递业生态环保被纳入江西省碳达峰实施方案

7月，江西省人民政府印发《江西省碳达峰实施方案》，推进行业生态环保工作有关内容被纳入其中。实施方案提出，一要打造智能绿色物流。推进物流业绿色低碳发展，促进物流业与制造业、农业、商贸业、金融业、信息产业等深度融合，培育一批绿色流通主体；加快构建集约、高效、绿色、智慧的城乡配送网络，推进城市配送业态和模式创新。二要推进生活垃圾减量化资源化。加强塑料污染全链条治理，推进快递包装绿色化、减量化、循环化，整治过度包装。三要推动运输工具装备低碳转型。推广应用新能源汽车，推动公共交通、物流配送等城市公共服务和机场运行车辆电动化替代。

江西部署推进快递业与制造业融合发展工作

8月，江西省邮政管理局联合省工信厅部署推进快递业与制造业融合发展工作。一是明确工作目标。到2025年，快递业与制造业融合发展的规模和能力水平显著提升，实现“5312”工程目标：重点围绕汽车、3C电子、医药、服装、轻工等5个领域，覆盖产前、产中、产后等3个环节，培育100个深度融合典型项目、20个深度融合发展试点先行区。二是建立工作机制。督促各市局要高度重视，加强组织，与工信部门强化统筹协调，建立工作机制，积极为快递企业和制造业企业搭建沟通合作桥梁。三是提出措施方案。结合全省制造业特点和产业链重点工作，挖掘快递服务潜能，适应制造业不同领域特征及需求，打造差异化服务模式，提供针对性强的物流解决方案。

江西省邮政快递业被纳入多式联运发展支持政策

8 月，江西省人民政府办公厅印发《贯彻落实推进多式联运发展优化调整运输结构工作实施方案（2021 — 2025 年）》，邮政快递业被纳入相应政策支持范围。实施方案在提升多式联运承载能力和衔接水平等方面，提出加快货运枢纽布局建设，加快南昌昌北国际机场航空物流枢纽基础设施建设，强化枢纽机场货物转运、保税监管、邮政快递、冷链物流等综合服务功能。依托国家物流枢纽、综合货运枢纽布局建设国际寄递枢纽和邮政快递集散分拨中心。丰富多式联运服务产品。大力发展铁路快运，推动冷链、危化品、国内邮件快件等专业化联运发展，鼓励支持省内重点城市申报绿色货运配送示范工程。实施方案还就邮政快递业与其他交通运输服务标准互认、信息共享、装备研发制造提出要求。实施方案在政策保障方面，提出积极争取车购税资金、中央预算内投资等中央资金，统筹省级交通运输发展专项现有资金，大力支持全省多式联运发展和运输结构调整。

加快推进快递包装绿色转型被纳入江西省促进绿色消费实施方案

8 月，江西省发展改革委、省工信厅等部门联合印发《江西省促进绿色消费实施方案》，加快推进快递包装绿色转型等行业生态环保有关工作被纳入其中。实施方案提出，一要推动快递包装绿色产品认证和可降解包装标识制度的落实，推广可循环、可回收、可降解替代用品，落实快递企业快递包装管理责任，推动相关企业建立实施绿色采购制度；发挥政府采购引导作用，推动公共机构严格落实快递包装政府采购需要标准。二要加强快递包装绿色供给，推进快递包装绿色研发、设计和生产，在社区、高校、商务中心等场所规划建设快递共配终端和可循环快递包装回收设施。三要大力实施邮政业绿色发展“9917”工程，全面推进快递包装绿色治理、节能减排等工作，指导企业开展绿色网点和绿色分拨中心建设。

江西局联合多部门推进农村客货邮融合发展

10 月，江西局与交通、公安、财政等 9 部门联合印发《关于推动农村客运高质量发展的实施意见》，推进农村客运、货运、邮政、快递及相关产业融合发展，更好促进农业高质高效、乡村宜居宜业、农民富裕富足。实施意见提出，一要完善安全便捷的基础设施网络，以补齐建设短板、提升综合服务能力为重点，加强对既有综合服务站、乡镇客运站、交管站、公路养护站等设施的升级改造，打造具备客运、货运物流、邮政、快递、供销、电商、旅游、养护管理等综合服务功能的节点设施。二要打造集约共享的融合发展模式，建立健全交通运输与邮政、供销、旅游、商务等部门协调机制，统筹各类资源，构建“一点多能、一网多用、功能集约、便利高效”的农村运输发展新模式。三要推广智慧绿色的服务供给方式，鼓励以县（市、区）为单位，建设农村交通运输综合信息服务平台，有效共享融合农村客运、物流配送、旅游服务等信息，实现站点班次“一键可查”、车辆位置“一键可知”、预约服务“一键可约”，为群众提供便捷精准的乘车服务、高效经济的物流服务、安全规范的旅游服务。四要建立客货邮融合可持续发展长效机制，明确奖补措施。

江西省成立商贸物流产业科技创新联合体

11 月，经省人民政府批准，由省科技厅、省商务厅、省邮政管理局、宜春市人民政府共同举办的商贸物流产业科技创新联合体成立大会在宜春市高安市召开。省科技厅、省商务厅、省邮政管理局和市、县有关负责同志及创新联合体成员单位负责人参加了会议。江西局分管负责同志在创新联合体第一次联席会议上当选第二召集人。此次创新联合体的组建将进一步集中政府、科研机构、企业等各方优势资源，持续发力破解制约邮政快递行业高质量发展的技术瓶颈。

1个快递行业党支部获评全省两新组织党建工作最佳案例

2022年以来，江西省委两新工委部署开展全省首届两新组织党建工作创新案例评选活动。经初评、复评、征求意见等环节，评选出最佳案例13个，优秀案例27个以及优秀组织奖6个。其中，江西省景德镇市乐平市洎阳街道快递小哥党支部案例“小小快递哥 治理大作为”获评最佳案例。

江西局与省总工会联合举行全省快递行业集体合同签约仪式

12月2日，江西省邮政管理局与省总工会在中通江西省管理中心联合举行全省快递行业集体合同签约仪式。省、南昌市总工会和省、南昌市局有关负责同志，10家快递企业负责人、30余名工会代表参加签约仪式。本次签约集体合同规定了包括劳动报酬及支付方式、工作时间和休息休假、劳动保险和福利等多项内容。签约仪式结束后，省、市总工会和省、市邮政管理局向10家快递企业赠送3800余份职工互助保险、500份物资，总计价值约56万元。

江西局与江西旅游商贸职业学院举行邮政快递业人才培养合作洽谈

12月15日，江西省邮政管理局与江西旅游商贸职业学院就全省邮政快递业人才联合培养举行合作洽谈。江西省邮政管理局党组书记、局长周慧锋，江西旅游商贸职业学院党委副书记、院长彭元出席合作洽谈会议并讲话。双方人员围绕邮政快递业人才联合培养方向、模式、具体内容等方面展开了深入交流和探讨。双方一致认为，要整合资源共享，政、校、企在业务培训、基地建设、技能实训等方面进行深度产教融合，探索合作新模式，发掘工作新亮点，逐步形成品牌效应，为助推行业高质量发展和地方经济社会发展提供人才支撑保障。要适应社会发展需要，关注邮政快递领域发展现状和趋势，紧密结合供销冷链物流等要求，培养出一支适应社会需要、素质能力匹配的快递物流行业人才队伍。要深化互信交流，在课程教学研究、人才实训实践、毕业生就业等全方位多角度开展深度合作，共同研究解决合作过程中存在的问题和困难，推动合作持续健康发展。

山东省快递发展大事记

山东发布做好快递员群体合法权益保障工作实施意见

1月，经山东省政府同意，山东省邮政管理局、省发展改革委、省人社局、省公安厅、共青团省委等9部门联合印发《山东省关于做好快递员群体合法权益保障工作的实施意见》。实施意见根据交通运输部、国家邮政局等7部门《关于做好快递员群体合法权益保障工作的意见》，结合山东实际，从劳动报酬、社会保险、作业环境、企业主体责任、规范市场秩序、社会关爱、工会保障机制、职业发展等7个方面提出了具体支持措施，明确相关部门责任分工，形成齐抓共管合力，解决好快递员群体最关心、最现实的权益问题。

山东建立寄递渠道涉烟行为联合监管协作机制

1月，山东省邮政管理局、省烟草专卖局联合建立了打击寄递渠道涉烟违法活动工作机制。一是建立联席会议制度。及时总结工作开展情况，分析形势，制定下步措施。二是建立联络沟通制度。加强日常信息交流，及时传递信息，实现数据共享，提升监管效能。三是建立联合检查制度，开展联合执法检查，进行集中专项整治，发挥协作效能，规范移动衔接，加强经费支持。四是建立培训宣传制度，采取多种方式组织开展专业培训，提升两部门执法办案能力和协作水平，提高邮政寄递从业人员的守法经营意识。

凌文副省长批示肯定全省邮政管理工作成效

1月，山东省副省长凌文在听取山东省邮政管理局《关于2021年全省邮政快递业发展情况和2022年重点工作思路谋划的报告》汇报后，对全省邮政管理工作作出了批示，充分肯定2021年全省邮政管理工作成效，对2022年全省邮政管理工作提出新期望。批示指出，2021年，全省邮政管理系统主动担当、奋勇争先，率先提前一年实现“快递进村”全覆盖，积极服务全省经济社会发展，成绩值得肯定。新的一年，望再接再厉，以敢于“走在前”的担当，推动全省邮政快递业高质量发展，为开创新时代社会主义现代化强省建设新局面作出新的更大贡献。

山东快递进村被写入省政府工作报告

1月23日，山东省第十三届人民代表大会第七次会议开幕，在省政府工作报告中，提到了需求潜力加快释放，率先实现“快递进村”全覆盖。

凌文副省长批示肯定德州快递进村显著成效

1月，山东省政府办公厅刊登《德州市全力构建“县乡村三级服务体系”实现快递进村全覆盖》，对德州市快递进村工作经验做法予以刊发。山东省副省长凌文充分肯定并予以批示。批示指出：“德州市代表我省顺利通过国家邮政局快递进村工作验收，其做法和成效值得肯定。要进一步压实主体责任，完善长效机制，让群众持续获得更多便利服务。”德州市市长朱开国要求认真落实批示要求，继续跟进提升，更好服务群众，争取形成品牌。

山东省委疫情防控领导小组办公室印发国际邮件快件疫情防控技术指引

2月，山东省委统筹疫情防控和经济运行工作领导小组（指挥部）办公室印发《山东省新冠肺炎流行期间国际邮件快件疫情防控技术指引（第一版）》，对国际邮件快件各环节操作提出了明确要求，对从业人员防护作出严格规定，筑牢国际快递疫情防控屏障。技术指引提出，国际邮件快件要按规定开展新冠病毒检测，并对进口邮件快件外包装进行全面的预防性消毒，严格分隔作业区域，设置物理隔断，内外不交叉，加强场所环境和运输工具的消毒工作；国际邮件快件从业人员应遵循“应接尽接”的原则，完成新冠疫苗全程接种，按照规定时间开展核酸检测；直接与境外人员、国际邮件快件接触的高风险岗位人员要落实备案管理，建立健康监测制度，固定工作岗位，提倡闭环或者封闭管理，并提示消费者在接收国际邮件快件时加强个人防护、做好消毒处理。

山东印发做好基层快递网点优先参加工伤保险工作通知

2月，山东省邮政管理局、省人力资源和社会保障厅联合印发《关于转发人社厅发〔2021〕101号文件做好基层快递网点优先参加工伤保险工作的通知》。通知提出，快递企业应当依法参加各项社会保险。快递企业使用劳务派遣方式用工的，应督促劳务派遣公司依法参加社会保险。经邮政管理部门许可或备案用工灵活、流动性大的基层快递网点可优先办理参加工伤保险；其中，具备用人单位主体资格的，可直接为快递员优先参保；不具备用人单位主体资格的，由该网点所属的具备用人单位主体资格的企业法人代为办理优先参保。基层快递网点优先参加工伤保险，承担所属从业人员工伤保险费，快递从业人员个人不缴费。

山东省政府办公厅开展快递服务现代农业专题调研

3月4日，山东省政府办公厅组成调研组赴济宁市，开展快递服务现代农业发展、助力乡村振兴战略专题调研。调研组一行先后来到金乡县卜集镇裕泰有限公司、兴隆镇电商快递产业园，参观农产品加工、销售场地，听取了直播基地、快递配送等相关情况汇报，现场同正在直播的农特产晓波直播、晟赐黑蒜、大蒜酒等主播以及快递包装配送人员进行了详细交流，深入了解了直播平台及快递配送服务工作链条，对深化快递电商融合发展，助力农村特产出村进城，实现现代农业、电商直播、快递业互利共赢的新路子给予了高度评价。调研组表示，将深入总结快递服务现代农业发展经验，及时提交省政府调研报告，积极争取持续加大邮政业发展政策支持，巩固提升“快递进村”工程，进一步畅通农产品上行和工业品下行渠道，促进邮政快递与现代农业协同发展，为打造乡村振兴齐鲁样板发挥邮政行业力量。

山东出台促进电子商务高质量发展若干措施利好快递业发展

3月，山东省政府印发《关于促进电子商务高质量发展若干措施的通知》，快递业发展获用地、资金、信息平台建设等方面政策支持。若干措施提出，提升快递物流支撑能力。推动中央企业、省属国有企业、地方龙头企业联合快递物流企业、商贸流通企业，参与建设县域快递物流配送中心和快递物流信息平台。统筹做好县域快递物流配送中心建设用地保障工作，鼓励存量挖潜，以存量房产和土地资源参与建设的，在不改变用地主体、规划条件的前提下，可在5年内保持土地原用途和权利类型不变。对整合全国性快递物流企业5家以上、实现县域内仓储、分拣、运输、配送、揽件“五统一”的县域快递物流配送中心，以及能够提供实时比价和撮合对接服务、整合县域80%以上快递单量的快递物流信息平台，鼓励有条件的市根据当地发展规划给予适当支持。支持国际性、全国性物流快递企业在省内建设能够通过干线车辆、专机(散航)基本覆盖全国大中型城市业务传输，在省内能够实现设区的市城市网络业务全覆盖的枢纽型分拨中心，省财政对符合条件的新设一级分拨中心，首年度给予一次性支持300万元。

山东印发建设高标准市场体系行动方案利好邮政快递业

3月，山东省政府印发《建设高标准市场体系行动方案》，邮政快递业多项内容被纳入其中，行业发展获利好。行动方案明确，改善提升市场环境和质量，推动市场基础设施互联互通，加快健全县、乡、村寄递物流服务体系，2022年6月底前争创6个农村电商快递协同发展全国示范区，2024年底前建成县县有中心、乡乡有共配、村村通快递的农村寄递物流体系。行动方案提出，推进跨境寄递物流体系建设，推出山东邮政快递中欧班列整列或整柜运输服务。行动方案还强调要大力发展智能市场设施，建设公共性快递分拣处理中心，每年布放1万组以上智能收投终端。

山东局与省供销合作社携手推进助力乡村振兴

4月22日，山东省邮政管理局与省供销合作社服务全省乡村振兴战略合作签约仪式在济南市举行。根据此次协议，双方将充分发挥在各自服务领域的资源优势，推进农村现代流通体系、寄递物流体系融合发展，推进农村快递网络和供销合作社现代商贸流通服务网络共建共用，实现资源共享、优势互补，合力推进提升供销、快递联合下乡进村，服务农民群众和现代农业发展，促进农村消费、农产品上行、农民增收，助力乡村振兴。按照协议，双方将重点在快递分拣配送场站建设、供销物资和快递共配、特色农产品上行服务、构建冷链物流服务体系等方面开展合作。签约仪式后，山东局将与省供销联社不断深化合作，定期跟进合作情况及时解决存在问题，全面推动场站、线路、网点的融合发展，大力提高合作效益，持续扩大合作成果，高质量助力打造乡村振兴齐鲁样板。

强化快递包装治理等多项内容被纳入省塑料污染治理2022年工作要点

5月，山东省发展改革委、省生态环境厅印发《山东省塑料污染治理2022年工作要点》，强化快递包装治理、加大快递行业规范回收力度等多项内容被纳入要点任务。工作要点明确，强化快递包装治理。推动邮政快递业落实《邮政快件限制过度包装要求》，减少使用不可降解的塑料包装袋、塑料胶带、一次性塑料编织袋。推广电商快件原装直发，大幅减少电商商品在寄递环节的二次包装。到2022年底，电商快件不再二次包装比例达90%，采购使用符合标准的包装材料比例达到90%，规范包装操作比例达到90%，可循环快递箱达到40万个，回收复用瓦楞纸箱达到4400万个。工作要点要求，加大快递、外卖行业规范回收力度。在青岛、临沂、枣庄等市开展“互联网+回收”试点，推动电商外卖平台、快递企业与环卫部门、回收企业等开展多方合作，在住宅、办公场所等重点区域合理建设智能化外卖餐盒回收站点和快递包装回收设施，持续提升快递、外卖行业塑料废弃物规范回收水平。

山东加快交通强国山东示范区建设大力支持邮政快递业发展

6月，交通运输部、山东省政府联合印发《关于贯彻落实习近平总书记“三个走在前”重要指示精神加快建设交通强国山东示范区的实施意见》，“快递进村”、农村寄递物流体系建设、寄递安全、县级机构建设等邮政快递业多项重点工作被纳入其中。实施意见明确，巩固“快递进村”成效，率先建成全国领先高标准农村寄递物流体系。推动交通与邮政快递融合发展，在铁路、机场、城市轨道等交通场站建设邮政快递专用处理场所、运输通道、装卸设施，推进乡村邮政快递网点、综合服务站、汽车站等设施资源整合共享，支持农村客运班车代运邮件快件。实施意见明确，加快国际寄递能力建设，支持发展中日韩海运快递，提高青岛、威海、烟台等地进出境快件处理能力。实施一批邮政快递枢纽项目，培育具有全球竞争力的物流供应链龙头企业，支持企业供需对接和运力协调。实施意见明确，提升寄递渠道安全防范和稳定保障能力。健全邮政监管机制，实现县级邮政监管机构全覆盖。

山东局部署开展快递进村“巩固提升”工作

6月，山东省邮政管理局印发《山东省“快递进村”巩固提升工作方案》，部署开展快递进村“巩固提升”工作，加大措施提升快递进村成效，确保走在前列。工作方案明确，全省系统、行业要任务再聚焦，力度再加大，措施再创新，标准再提升，在推进进村全覆盖的基础上，争取全省建成1000个村级便民服务站示范点，各市分别争创1个县级寄递物流示范（中心）园区，1个农村电商快递协同发展全国示范区，1个国家级快递服务现代农业单类产品外销“超千万件”示范项目，实现更大效益更高质量进村。

山东省出台意见加强寄递渠道安全管理工作

8月，山东省邮政管理局、省检察院、省公安厅、省市场监督管理局、省药品监督管理局联合出台《关于加强寄递违禁品监管工作的意见》，通过强化多部门的协同联动，堵塞管理漏洞，形成打击寄递渠道违法犯罪活动的合力，促进寄递行业持续健康发展。意见提出，切实加强邮、检、警、市场监管和药品监管等多部门合作对接，依法全面惩治寄递渠道的违法犯罪活动。要建立日常联络协调机制，实现多部门安全监管方面的信息共享、资源共用，做到办案监管信息流转、寄递违禁品线索核查反馈、风险隐患排查发现的有序配合衔接。意见要求，要建立健全信息互通、部门协同、联管共治的工作机制，开展联合执法或专项行动，充分发挥行政机关行政执法、专业检测职能作用，督促寄递企业严格落实实名收寄、收寄验视、过机安检三项制度，切实将寄递新业态纳入监管范畴，推动完善寄递安全监管体系，提升寄递安全监管能力和水平，确保全省邮政快递业安全稳定运行，为党的二十大胜利召开营造安全稳定环境。

山东省委将快递进村和农村寄递物流体系建设被纳入对各市党政领导班子考核

8月，山东省委将快递进村巩固提升和农村寄递物流体系建设工作纳入2022年度对各市党政领导班子和领导干部推进乡村振兴战略实绩考核，并组织对16市农村寄递物流体系建设工作情况开展了年中分析评估。考核要求，各市巩固快递进村服务要保持4个以上快递品牌进行政村且稳定运行，推进县级园区（3家以上快递品牌入驻）、乡镇快递共配中心（服务不少于3个品牌）建成率分别达到80%、60%，高标准创建电子商务、交通、供销、政务、便民服务等融合的快递服务站达到所辖行政村2%等细化指标，并明确其所占各市党政领导班子和领导干部2022年度考核的分值和比重。

山东局携手山东电力助力城乡建设绿色发展

8月，山东省邮政管理局与山东电力公司助力城乡建设绿色发展战略合作签约仪式在济南市举行。根据此次协议，双方将充分发挥在各自服务领域的资源优势，合力提升全省邮政快递业绿色发展水平，全力推进邮政快递业绿色低碳建设。按照协议，双方将重点推进全省邮政快递业智慧能源产业建设，推动邮政、快递运输车辆电动化，优化城乡寄递运输效率，降低城乡寄递运输能耗；在城市邮政、快递园区和分拨中心全面推动充电站和充电桩建设，实现全覆盖；推动邮政快递业运能结构调整，推进邮政、快递企业围绕生产作业全流程、全方位开展节能减排行动，不断提高绿色办公、节能减排水平，实现“双碳”目标。签约仪式后，山东局将与山东电力不断深化合作，探索拓展行业绿色发展合作领域，完善行业绿色发展合作机制，全面提升行业绿色低碳发展水平，高质量助力城乡建设绿色发展。

凌文副省长批示肯定滨州市无棣县快递进村工作

8月，山东省副省长凌文在《无棣县全力打好“四张牌”打通客货邮为民服务“最后一公里”》上作出批示，充分肯定无棣县深化农村客运与快递物流融合发展的经验做法。

山东局部署推进智慧快递物流园区和自动化分拣中心建设

8月，山东省邮政管理局印发《关于推进智慧快递物流园区和自动化分拣中心建设的意见》，部署推进全省智慧快递物流园区和自动化分拣中心建设。意见明确，到2022年末，每市建成不少于1处邮政快递智慧园区或自动化分拣中心；到2025年末，建成一批5G智慧快递物流园区，实现智慧化、自动化分拣中心在省级全覆盖；到2035年末，全省县域以上寄递企业完成智慧化、自动化分拣中心建设和改造升级，快递物流园区全面实现智慧化。意见提出，从加强园区建设管理数字化应用、推进智能分拣应用、落实智能安检应用、强化智能视频监控应用、实行绿色低碳建设和完善智能调度管理等6个方面推进智慧园区和自动化分拣中心建设。意见还要求强化组织领导，加大政策激励，注重统筹协调，加强与发展改革、财政、商务、交通运输等部门的沟通联系；加强科技和人才支撑，充分发挥市场主体、行业组织的积极作用，推进各项目标任务落实。

山东建设跨境电商综合试验区支持快递“扬帆出海”

9月，山东省政府印发《中国（淄博）跨境电子商务综合试验区实施方案》《中国（日照）跨境电子商务综合试验区实施方案》，明确支持搭建跨境电商产业园区，推进电商平台与快递物流要素集聚，提升国际快递物流运输效率。两方案都将构建跨境智慧快递物流体系作为重点内容。要求搭建集聚平台，推进跨境电商产业集聚区建设，打造融合通关、快递物流、金融等功能于一体的园区平台；要建立跨境物流信息共享机制，构建互联互通的智能信息系统、衔接顺畅的仓储系统、优质高效的运营服务系统，全面提升快递物流信息化、标准化水平。同时，方案提出实行便利通关政策、强化政策资金保障、支持完善基础设施配套建设、鼓励提升跨境电商市场主体和快递货运流通承载能力等保障措施。

济南2项目获国家综合货运枢纽补链强链政策支持

10月，济南市、临沂市联合公布《山东济南临沂城市群国家综合货运枢纽补链强链三年实施方案（2022年—2024年）》，济南市邮政快递业2个项目纳入重点项目清单，行业发展获重大政策利好。济南局抢抓国家强链补链政策实施机遇，主动对接地方政府，发挥邮政快递业在货运枢纽、多式联运建设方面的重要作用，第一时间提供“十四五”期间企业规划建设项目清单，组建工作专班，梳理反馈行业分拨枢纽中心清单等材料，加强国家综合货运枢纽补链强链重点项目调度，指导行业企业高标准做好项目申报工作。济南局推荐的中国邮政集团有限公司山东省分公司邮政快递新能源车辆推广、济南航空邮件处理中心工艺优化改造工程两项目成功纳入《山东济南临沂城市群国家综合货运枢纽补链强链三年实施方案（2022年—2024年）》设备更新类项目清单，申报投资近1.5亿元。项目完成后，预计可获财政奖补资金6000万元。

两部门深入实施农产品寄递销售“创牌工程”

11月，山东省邮政管理局联合省商务厅、农业农村厅印发《关于深入实施农产品寄递销售“创牌工程”的通知》，切实发挥寄递作为农产品出村进城重要渠道作用，更好助力全面乡村振兴。通知指出，深入实施农产品寄递销售“创牌工程”，是推动我省农产品上行的重要举措，各市要把农产品寄递销售“创牌工程”作为服务“稳经济　保民生”大局的重要抓手，围绕实现全省电商寄递配送全覆盖提出的县级有园区仓配、乡镇有集聚共配、村居有网点服务的目标，着力打造和培育全国农村快递电商创新协调发展示范区和快递服务现代农业示范项目，持续巩固我省“创牌工程”在全国的领先水平，为畅通国内大循环提供有力支撑。

山东省疫情防控指挥部印发通知护航邮政快递业保通保畅工作

11月，山东省委统筹经济运行和疫情防控指挥部印发《关于落实〈邮政快递行业基础设施关停关闭处理流程规定〉相关要求的通知》，明确邮政快递渠道为重要民生通道，要求各地保障邮政快递服务畅通。通知要求，各地严禁擅自关停关闭邮政快递基础设施，关停关闭负责中转省际邮件快件的分拨中心，应由省委领导小组（指挥部）批准后实施，关停关闭其他级别邮政快递基础设施的，按照规定程序报批。关停关闭邮政快递基础设施前，应向社会公布相关信息，并积极采取相关措施尽快恢复。同时，建立邮政快递“白名单”制度，将邮政快递企业和从业人员“白名单”，保障通行、通勤，在做好防疫安全的前提下，确保邮政快递末端服务不中断。通知强调，邮政快递业作为疫情防控特殊时期的重要“民生通道”，为服务民生物资供应、医疗防控物资快速调配以及经济社会平稳运行提供了基础性保障，关系到畅通“双循环”和居民生活正常运行，各级各有关部门要切实提高政治站位，加强统筹调度，科学精准防控，在坚决防范疫情通过交通物流渠道传播外溢的同时，全力打通邮政快递服务堵点，进一步畅通邮政快递服务。

河南省快递发展大事记

河南局印发全省邮政业“八五”普法规划

根据国家邮政局《邮政业法治宣传教育第八个五年规划（2021－2025年）》，结合河南省依法治邮工作实际，1月，河南省邮政管理局制定印发《河南省邮政业法治宣传教育第八个五年规划》，大力推动行业“八五”普法工作。规划明确，全省邮政业“八五”普法工作要坚持以习近平法治思想为指导，全面贯彻党的十九大和十九届历次全会精神，以提高普法的针对性和实效性为着力点，全面落实“谁执法谁普法”等普法责任制，坚持在法治轨道上提升全省邮政业治理能力和治理水平。

汪洋副部长调研河南省邮政快递业疫情防控和服务保障工作

1月9日，交通运输部党组成员、副部长汪洋带领调研组赴河南郑州，深入邮政企业分拨中心、快递服务网点调研邮政快递业疫情防控和服务保障工作，亲切慰问邮政行业一线从业人员。河南省邮政管理局党组书记、局长訾小春，党组成员、副局长王志强陪同调研。

孙守刚副省长高度肯定全省邮政管理工作

1月12日，河南省邮政管理局党组书记、局长訾小春向河南省委常委、常务副省长孙守刚作全省邮政管理工作专题汇报，孙守刚充分肯定全省邮政快递业发展和改革成效，特别是邮政快递行业关心关爱快递从业人员、行业疫情防控和保运保通等工作情况。他指出，省邮政管理局工作超前、措施得力、成效突出，为全省经济社会发展大局和疫情防控工作大局作出了积极贡献。

孙守刚副省长批示肯定全省邮政管理工作

1月，河南省邮政管理局向河南省政府呈报《河南省邮政管理局关于全省邮政管理工作情况的报告》，汇报全国邮政管理工作会议主要精神暨全省邮政管理工作情况、全省邮政快递业发展情况，省委常委、常务副省长孙守刚对报告作出批示，高度肯定了全省邮政管理系统在助力河南经济社会发展、重大战略实施方面取得的良好成绩，并对省邮政管理局做好下一阶段工作提出殷切期望。

河南省9部门共同建立加快推进快递包装绿色转型联席会议制度

1月，河南省邮政管理局联合省发展改革委、生态环境厅、住建厅、司法厅、商务厅、工信厅、市场监管局、教育厅等9部门印发《河南省加快推进快递包装绿色转型联席会议制度》和《各部门主要职责》，共同推进全省快递包装绿色转型工作。联席会议制度对主要职能、会议机制、工作规则、工作要求等内容予以明确。各部门主要职责对9个主要部门工作职责进行梳理分工，明确了各厅局的重点任务。

河南局“快递包装治理”等工作获省生态环保委员会高度认可

1月，河南省生态环境保护委员会办公室向河南省邮政管理局致感谢信，对河南局“加强快递包装治理”“推广新能源车辆”给予的支持表示感谢，并在近期印发的《河南省“十四五”循环经济发展规划》，将“快递包装治理”和“新能源车辆推广”列为重点任务。规划明确，推广绿色低碳运输工具，在港口和基础服务、城市物流配送、邮政快递等领域优先使用新能源或清洁能源汽车。支持快递物流企业构建数字化运营平台，鼓励发展智慧仓储、智慧运输，推动建立标准化托盘循环共用制度。提高服务业绿色发展水平。在商品零售、酒店、餐饮、会展、电商快递等领域，逐步禁止或限制使用部分一次性不可降解塑料制品。

河南局正式搭建受理平台建立快递员维权保障机制

2月，根据《河南省邮政管理局关于在全省邮政行业开展保障末端从业人员工资支付专项执法检查的通知》要求，按照"我为群众办实事"实践活动关于"加强快递员群体合法权益保障"重点民生项目部署，河南局初步尝试建立快递员权益保障机制，为快递一线从业人员协调解决拖欠工资65起，涉及金额112.9万元，切实做好快递员群体合法权益保障工作。

河南省邮政快递业多项内容被纳入省政府工作报告重点工作

2月，河南省人民政府印发《河南省人民政府关于明确政府工作报告中提出的2022年重点工作责任单位的通知》，农村寄递物流配送体系、国际邮件枢纽口岸建设等邮政快递业多项内容被纳入其中。通知明确，一是保持经济运行在合理区间，着力扩大有效投资，实施县域商业体系建设行动，完善农村寄递物流配送体系，释放县乡消费潜力。二是加快推进改革开放，提升开放通道新优势，支持郑州建设全国重要国际邮件枢纽口岸，推动中邮航空第二基地落户。

河南省大力推进郑州国际邮件枢纽口岸建设

2月，河南省委书记楼阳生、省长王凯、副省长何金平分别作出批示，表示将大力推进郑州国际邮件枢纽口岸建设，邮政快递业发展获利好。

河南省印发《关于扎实推进基层快递网点优先参加工伤保险工作的通知》

2月，为进一步贯彻落实交通运输部、国家邮政局等7部门《关于做好快递员群体合法权益保障工作的意见》，河南局联合省人社厅印发《关于扎实推进基层快递网点优先参加工伤保险工作的通知》，通知要求：一是合理确定工伤保险基准费率，明确基层快递网点行业风险类别为五类，行业基准费率为1.1%。二是根据基层快递网点的支缴率，在行业基准费率基础上进行浮动，可分别向上浮动至120%、150%或向下浮动至80%、50%。三是对用工灵活、流动性大的基层快递网点统一按照全省上年全口径城镇单位就业人员平均工资和参保人数，计算缴纳工伤保险。四是用工灵活、流动性大的基层快递网点可优先参加工伤保险，直接为快递员办理参保手续，同时对基层快递网点申报人员增减变化情况等提出要求。

河南省委省政府主要领导联名致函国家邮政局局长马军胜

2月，河南省委书记楼阳生、省长王凯联名向国家局马军胜局长致函，代表省委、省政府向国家邮政局长期以来对河南发展的支持帮助表示感谢。

河南省邮政业7个集体荣获表彰

3月，河南省人力资源和社会保障厅、共青团河南省委联合印发《关于命名表彰2019－2020年度河南省青年文明号和青年岗位能手的决定》的决定，全省邮政业共有中国邮政集团有限公司信阳市罗山县分公司投递班等7个集体获得省级青年文明号，河南省顺丰速运有限公司鹤壁市分公司快递员霍雷同志等6名个人获得省级青年岗位能手称号，这是近年来河南省邮政业创建"青年文明号、青年岗位能手"所取得的最好成绩。

《河南省推进县域城乡交通运输一体化实施方案》出炉

3月，为推动城乡交通运输一体化服务体系建设和农村物流发展，河南局联合省交通运输厅、中国邮政集团有限公司河南省分公司联合印发《河南省推进县域城乡交通运输一体化实施方案》。实施方案明确，到2025年基本形成城乡交通运输一体化服务体系，城乡交通运输融合发展更加深入，在全省培育10个客货邮融合发展样板县、30个城乡交通运输一体化示范县，10个国家级农村物流服务品牌，实现农村物流共同配送率达到50%以上；城乡交通基础设施持续完善，基本实现乡镇通二级公路、建制村通路面宽4.5米以上公路、20户以上自然村通硬化路；城乡客运公共服务质量明显提升，建制村通客车比例保持100%，新增5000个以上建制村实现城市公交线路延伸和城乡客运公交化运营线路连接；城乡农村物流服务能力显著增强，农村物流服务覆盖乡镇、建制村比例、建制村直接通邮率、快递进村覆盖率均达到100%；城乡交通运输科技含量持续提升，支持县级农村物流中心或农村物流龙头骨干企业建设的农村交通运输综合信息服务平台接入省综合交通运输管理服务平台；城乡交通运输安全保障体系更加完善，双重预防体系实现全覆盖，安全生产责任事故明显减少。

河南省邮政快递业实现非公党组织全覆盖

3月，河南省顺丰速运有限公司南阳分公司党支部批复成立，标志着河南省17个地市邮政快递业非公党组织实现全覆盖。

共青团河南省邮政行业工作指导和推进委员会成立

3月31日，共青团河南省邮政行业工作指导和推进委员会由共青团河南省委批复成立。省邮政行业团指委由省邮政管理局党组组建和管理，接受共青团河南省委员会、全国邮政行业共青团工作指导委员会的业务指导，拟吸纳成员单位5个，共计有青年2.5万人，团员0.25万人。

《河南省邮政管理系统行政效能监察工作实施办法(试行)》获审议通过

4月，河南省邮政管理局党组审议通过《河南省邮政管理系统行政效能监察工作实施办法(试行)》。河南局党组书记、局长訾小春主持会议并讲话。

河南省政府出台方案加快农村寄递物流体系建设

4月，河南省政府办公厅印发《河南省加快农村寄递物流体系建设实施方案》，县乡共同配送、村级寄递物流综合服务站建设等邮政快递业多项内容被纳入其中，行业发展再获利好。实施方案要求，建设和完善农村邮政体系、末端公共配送体系、协同发展体系、冷链寄递体系，提升农村寄递物流供给能力和服务质量，畅通农产品出村进城、消费品下乡进村渠道，更好满足农村群众生产生活需要。同时，实施方案明确了四个方面的重点任务。

河南局实现基层快递网点参加工伤保险政策省市“全覆盖”

4月，为深入贯彻落实习近平总书记关心关爱快递小哥系列重要指示批示精神，河南省邮政管理局联合省人社厅采取多项举措，扎实推进，实现基层快递网点参加工伤保险政策省市“全覆盖”。

孙守刚副省长对河南邮政快递业保通保畅工作给予肯定

4月24日，河南省物流保通保畅工作领导小组召开会议，研究进一步贯彻落实国务院物流保通保畅有关会议精神，落实全省一季度经济形势分析会精神，对当前和“五一”期间重点工作再安排再部署，省委常委、常务副省长孙守刚出席会议并讲话。会上，河南局党组书记、局长訾小春就河南邮政快递业保通保畅工作落实情况做了专题汇报，提出行业保通保畅面临的主要困难与问题。孙守刚高度重视河南局提出的问题，对河南局保通保畅工作给予了充分肯定，他表示，邮政快递业是重要的民生服务行业，在保障疫情物资运送、保障人民群众正常生活、促进产业链供应链稳定等方面发挥不可替代的基础性作用。

河南4部门联合出台意见推进寄递渠道安全监管治理

4月，河南省人民检察院、河南省公安厅、河南省邮政管理局、河南省禁毒委员会办公室联合出台《关于加强协作配合共同推进寄递渠道安全监管治理的意见》，强化行业主管部门和检察、公安机关的协同联动，加大非法寄递行为查处打击力度，提高寄递渠道安全法治化治理能力，促进河南省寄递行业健康发展。

河南省部署全省邮政快递领域个人信息安全治理工作

4月29日，河南省邮政管理局联合省公安厅、省委网信办共同召开电视电话会议，专题部署全省邮政快递领域个人信息安全治理专项行动。会议强调，要提高政治站位，统一思想行动，充分认识开展本次专项治理工作的重要性、紧迫性、严峻性，主动回应人民群众和社会关切，严格落实各方责任，以实际行动维护国家安全、公共安全、社会稳定；要围绕整改目标，落实具体举措，严格依法治理，压实主体责任，确保专项治理措施落地见效；要坚持齐抓共管，强化协同防控，切实发挥工作合力，高标准要求、高效率推进，全力营造安全稳定的社会环境。

河南省印发《关于落实快递员群体合法权益保障工作实施方案》

4月，河南省邮政管理局联合省交通运输厅、省发展改革委、省人社厅等8部门联合印发《关于落实快递员群体合法权益保障工作实施方案》，全省快递员群体合法权益政策支撑保障工作取得突破性进展。实施方案提出，到“十四五”末，快递员群体合法权益保障的相关制度机制基本健全，快递员群体薪资待遇更趋合理，社保权益得以维护，专业技能有效提高，企业用工更加规范，从业环境更加优化，就业队伍更加稳定，职业的自我认同和社会认同持续增强，快递员群体的获得感、幸福感、安全感持续提升。

河南局推动出台十条措施提升邮政快递业服务保障能力

5月，为统筹做好行业疫情防控和保通保畅工作，努力实现“两无、两保”（“干线网络无堵点、邮件快件无积压”和“保民生物资运递畅通、保城乡商品寄递畅通”）目标，河南局主动作为，科学谋划，着眼当前行业末端“微循环”不畅问题，推动河南省物流保通保畅工作领导小组办公室出台《河南省进一步提升物流配送服务能力全面畅通微循环十条措施》，为常态化疫情防控形势下打通末端梗阻、畅通“微循环”提供了政策保障。

河南局联合多部门发文加快县乡村快递物流配送体系建设

5月，为深入推进全省电子商务与快递物流配送协同发展，加快农村电商发展和快递物流配送体系建设，河南局联合省商务厅、农业农村厅、交通运输厅、邮政公司印发《关于持续推进农村电商发展 加快县乡村快递物流配送体系建设有关工作的通知》。通知提出四个主要任务，一是完善基础设施，优化网络布局。二是补齐冷链短板，提升冷链流通率。三是整合快递物流资源，提高配送效率。四是扩大农村电商覆盖面，提升服务能力。

河南省邮政快递业27名个人7个集体荣获表彰

5月，河南省邮政业27名个人7个集体荣获表彰。其中，中国邮政集团有限公司周口市分公司荣获“全国五一劳动奖状”；平顶山市韵达快递服务有限责任公司操作主管王永平等4人获得“河南省五一劳动奖章”；焦作市森林申通物流有限公司业务员宋晓光等19人获得市级“五一劳动奖章”；中国邮政集团有限公司河南省禹州市分公司投递员刘华杰获得市级“青年五四奖章”；中国邮政集团有限公司洛阳市洛龙古城路邮政支局等2集体获得市级“五一劳动奖状”；中国邮政集团公司三门峡市寄递事业部茅津路揽投部等3集体获得市级“工人先锋号”；河南顺丰速运有限公司周口分公司获得“青年五四奖章集体”；周口申通快递有限公司淮阳分部快递员张亮亮等4个人获得县级“五一劳动奖章”。

郑州国际邮件互换局（交换站）业务正式开通

5月26日，郑州国际邮件互换局（交换站）业务开通仪式在郑州举行，这标志着郑州成为继北京、上海、广州之后的全国第四个国际邮件枢纽口岸，今后进出境的国际邮件可实现在郑州直接集散分拨，既缩短了国际邮件的传递时限，也降低了疫情传播风险，更节约了跨境电商交易的时间与资金成本。同时，将带动郑州机场货邮吞吐量增加，推动资金、人才等要素集聚郑州，推动河南省由交通区位优势向枢纽经济优势转变。

河南省出台《关于加快现代物流强省建设的若干意见》

6月，中共河南省委、河南省人民政府印发《关于加快现代物流强省建设的若干意见》，着力构建以“通道＋枢纽＋网络”为依托的物流运行体系、以特色专业优势物流为支撑的产业发展体系、以科技智慧绿色为引领的创新驱动体系、以降成本提效率为导向的营商环境体系。其中，邮政快递业多项内容被纳入意见重点任务。

河南省印发工作方案推动冷链物流服务网络向农村延伸

6月，河南省委农村工作领导小组印发《河南省贯彻落实〈乡村建设行动实施方案〉工作方案》，农产品仓储保鲜冷链物流设施建设被纳入其中，推动冷链物流服务网络向农村延伸。工作方案要求，到2025年，乡村建设取得明显成效、走在全国前列，农村人居环境持续改善，农村公共基础设施往村覆盖、往户延伸取得积极进展，农村基本公共服务水平稳步提升，农村精神文明显著加强，农民获得感、幸福感、安全感进一步增强。

快递行业被纳入河南省人力资源品牌“河南跑男”建设计划

7月，河南省“人人持证、技能河南”建设工作领导小组印发《河南省人力资源品牌建设的实施意见》。快递行业作为河南省十大人力资源品牌之一——“河南跑男”纳入其中。根据《河南省人力资源品牌建设的实施意见》，河南省将围绕零工经济、快递行业等培育“河南跑男”这一省级人力资源品牌，重点培育邮政（快递）员、邮件（快件）处理员、网约配送等职业群，通过“健全培训评价体系、开展品牌竞赛、扩大就业规模、增强品牌信誉”发展提升人力资源品牌，通过“支持创新创业、培育龙头企业、发展产业园区、加强品牌推介”壮大升级人力资源品牌。到2025年底，“河南跑男”将新增持证10万人次，新增就业创业5万人。

河南省出台文件加快交通强省建设利好邮政快递业发展

7月，中共河南省委、河南省人民政府印发《河南省加快交通强省建设的实施意见》《河南省综合立体交通网规划（2021－2035年）》，着力建设现代化高质量综合立体交通网，实现交通体系、物流枢纽与区域、城市、产业融合发展，初步建成枢纽经济先行区和交通强国示范区。意见明确，到2035年，建成高效率快货物流圈，实现国内1

天送达、周边国家2天送达、全球主要城市3天送达，率先实现“人享其行、物优其流”。到本世纪中叶，建成更高水平、更高质量的交通强省，综合交通运输发展整体水平全国领先，成为具有国际影响力的枢纽经济先行区和世界先进水平的交通强国示范区。规划明确，到2035年，形成“1 + 2 + 4 + N”邮政快递枢纽体系。以郑州、洛阳双城为引领，形成空中丝绸之路和陆上丝绸之路2条国际寄递通道。以郑州、漯河、洛阳、南阳、商丘、信阳、安阳7个枢纽城市为中心，形成联通京津冀、长三角、粤港澳大湾区、成渝地区双城经济圈、长江中游以及天山北坡城市群6个方向的寄递通道，到2035年，形成国际“双城双路”、省际“七城六向”寄递通道和省内市县镇村高效寄递网络。

河南省出台加快平台经济健康发展的实施意见利好邮政快递业

8月，河南省人民政府办公厅印发《关于加快平台经济健康发展的实施意见》，明确支持积极发展第三方物流、智能仓储及城市配送快递、农副产品生鲜冷链等互联网物流服务平台，建设郑州5G + 智慧物流公共服务平台，邮政快递业获政策利好。

邮政快递业多项内容被纳入河南省“十四五”城乡社区服务体系建设规划

8月，河南省人民政府办公厅印发《河南省“十四五”城乡社区服务体系建设规划》，智能信包箱（快件箱）、邮政快递末端服务站建设等邮政快递业多项内容被纳入其中。规划指出，增加行政村和较大自然村基本公共服务供给，提升邮政、金融、电信、供销、广播电视等公共事业服务水平。规划明确，全面推进城市社区一刻钟便民生活圈建设，加快推进农村生活服务便利化，推动物流配送、快递、再生资源回收商业网点向村（社区）延伸。支持建设智能信包箱（快件箱）和邮政快递末端服务站等配套设施，支持快递企业通过驻村（社区）设点、企业合作等方式提升服务质量。

2022第九届郑州物流展暨首届邮政快递展举办

9月7日至9日，为期三天的2022第九届郑州物流展暨首届河南邮政快递包装、设备及新能源物流车展览会在郑州国际会展中心举办，本届展会由河南省邮政管理局作为指导单位，河南省物流与采购联合会、河南省快递协会联合主办，现场设立快递物流与供应链展区、物流智能自动化展区、新能源物流车展区、绿色包装展区、冷链物流展区，吸引了200余家行业品牌企业参展。

河南局出台意见支持南阳建设省域副中心城市

9月，河南省邮政管理局出台《关于支持南阳市邮政快递业高质量发展助力建设河南副中心城市的意见》，提出五个方面支持南阳建设省域副中心城市的意见。支持南阳加快推进农村寄递物流体系建设。支持南阳深入推进“两进一出”工程。支持邮政快递行业绿色发展融入南阳“无废城市”建设。支持南阳成立市级邮政业安全中心和县级邮政监管机构。支持南阳加快推进重点项目建设。

河南省人民政府印发支持政策加快现代物流强省建设

9月，河南省人民政府印发《支持现代物流强省建设若干政策》，出台具体政策推动现代物流强省建设。若干政策提出，利用省级服务业发展专项资金，调整优化支出结构，适当加大支持现代物流业发展投入。争取中央预算内投资支持重大物流项目建设。鼓励各地出台专项资金扶持政策，适度增加设立物流财政专项资金地方申报中央预算内投资、省级服务业发展专项资金的名额。

河南省快递行业党委获批设立

9月21日,中共河南省委组织部下发《中共河南省委组织部关于同意设立中共河南省快递行业委员会的批复》,同意设立河南省快递行业党委。快递行业党委接受中共河南省委非公有制经济组织和社会组织工作委员会领导,接受中共河南省邮政管理局党组指导。

王凯省长对寄递安全保障作出重要批示

9月,河南省省长王凯在河南省邮政管理局报送的《河南省邮政管理局关于中国共产党第二十次全国代表大会期间寄递渠道安全和服务保障工作方案的报告》上作出批示。批示指出,寄递渠道安全是重要的维稳环节,要从严从细压实责任,落实防范措施,确保万无一失。

河南省4个品牌项目入选全国第三批农村物流服务品牌名单

11月,交通运输部办公厅、国家邮政局办公室联合印发《关于公布第三批农村物流服务品牌并组织开展第四批农村物流服务品牌申报工作的通知》,对确定的40个农村物流服务品牌进行了公布,河南省新县"多网融合、智慧集约、普惠生态"、西华县"县乡村三级物流网络+客货邮融合"、孟州市"农村客货同网+交邮融合"、卢氏县"三级节点+信息平台+统一配送"4个品牌项目入选第三批农村物流服务品牌名单。

河南局联合推进智能快件(信包)箱建设

11月,河南省邮政管理局联合省自然资源厅、省住房和城乡建设厅出台《关于推进河南省智能快件(信包)箱建设的实施意见》,联合推进智能快件(信包)箱建设,提升末端收投便民化水平,助力新冠肺炎疫情防控。意见明确,新建住宅小区、商务楼宇、工厂企业、党政机关、高等院校等应按照格口数量标准配置智能快件(信包)箱,与建设项目"同步规划、同步设计、同步建设、同步验收",保障智能快件(信包)箱及其配套设备的维修保养和用地面积,建设管理部门将智能快件(信包)箱服务设施纳入工程竣工验收备案内容,房屋管理部门将规划要求配置的智能快件(信包)箱服务设施纳入新建住宅交付使用许可的公共服务设施核查范畴;对于在建及既有建筑,也要因地制宜选择合适的场地配置智能快件(信包)箱服务设施,结合实际明确智能快件(信包)箱的建设、使用和运维方式,选择相应的运营企业。

河南局联合推进"5352"工程建设促进快递业与制造业融合发展

12月,为推动快递业和制造业深度融合发展,河南局联合省工业和信息化厅出台《河南省快递业与制造业融合发展"5352"工程实施方案》,加快培育快递业与制造业深度融合典型项目,打造河南省深度融合发展试点先行区。方案提出,全省邮政管理部门、工业和信息化部门坚持有效市场和有为政府相结合,引导快递企业聚焦制造业发展需求,到2025年,快递业与制造业融合发展的规模和能力水平显著提升,实现"5352"工程目标。即重点围绕汽车、3C电子、医药、服装、轻工等5个领域,覆盖产前、产中、产后等3个环节,全省培育5个国家级深度融合典型项目,2个国家级深度融合发展试点先行区。

河南局联合8部门出台意见推进邮政业服务乡村振兴

12月,河南省邮政管理局联合8部门出台《关于推进邮政业服务乡村振兴的实施意见》,合力推进农村寄递物流基础设施建设,促进邮政业与现代农业体系融合发展。意见提出,要坚持以农为先,统筹谋划邮政业城乡发展,把服务农业农村摆在优先位置;坚持普惠均衡,处理好政府与市场关系,完善邮政普遍服务乡村振兴供给机制,提高邮政普遍服务质量,持续推进快递普惠化;坚持绿色发展,践行绿水青山就是金山银山理念,创新工作机制、商业模式和服务方式;坚持因地制宜,结合各地区实际和资源特色,科学合理设定阶段性目标任务。到2025年,全省农村寄递物流服务体系基本形成,县、乡、村三级寄递服务网络健全完善,实现村级寄递物流综合服务站全覆盖,全省培育10个客货邮融合发展样板县,30个城乡交通运输一体化示范县,邮政业在农业农村发展和社会治理中发挥重要作用,形成服务乡村振兴的制度框架和措施体系。

河南省政府出台文件畅通邮政快递物流服务保障民生物资高效配送

12月,河南省政府办公厅出台《关于畅通邮政快递物流服务保障民生物资高效配送的通知》,有力保障春节前民生物资和防疫急需用品及时顺畅投递、高效有序配送。

孙守刚副省长调研邮政快递业畅通工作

12月29日,河南省委常委、常务副省长孙守刚带队深入郑州空港四期申通快递分拨处理中心,调研督导邮政快递服务畅通工作。孙守刚听取了河南局关于全省邮政快递业务量、防疫物资和人员储备、企业上岗补贴发放、打通末端投递运行堵点及春节“不打烊”等情况汇报,实地察看了申通快递处理中心作业运营情况,对河南邮政快递业在服务保障民生及保通保畅工作予以肯定。孙守刚强调,邮政快递业对恢复社会正常生产生活秩序、服务疫情防控大局、畅通物资循环供应具有十分重要的作用,要深入学习贯彻党的二十大精神,全力以赴满足人民群众寄递服务需求。

湖北省快递发展大事记

湖北省7部门出台做好快递员群体合法权益保障工作的实施意见

1月,经湖北省政府同意,省交通运输厅、省邮政管理局、省发展改革委、省人力资源和社会保障厅、省商务厅、省市场监督管理局等7部门联合出台《关于做好全省快递员群体合法权益保障工作的实施意见》。实施意见强调快递员群体合法权益保障工作要坚持“依法保障、注重公平,企业主责、强化治理,齐抓共管、综合施策,目标导向、循序渐进”的基本原则,到“十四五”末,全省快递员群体合法权益保障的相关制度机制基本健全,快递员群体薪资待遇更趋合理,社保权益得以维护,专业技能有效提高,企业用工更加规范,从业环境更加优化,就业队伍更加稳定,职业的自我认同和社会认同持续加强,全省快递员群体的获得感、幸福感、安全感持续提升。

湖北省出台促进全省消费扩容升级三年行动方案利好邮政快递业

1月,湖北省人民政府办公厅印发《关于印发促进全省消费扩容升级三年行动方案(2021—2023年)的通知》,提出推进全省消费提质升级、下沉扩容,以高质量供给适应引领创造新需求,建设全国消费中心、全国商贸物流中心,实现消费规模扩大、层级推进、结构升级等目标,邮政快递业迎来发展机遇期。方案重点任务部分提出“支持邮政企业建设村级邮政综合服务站点,发挥邮政网点资源优势,提高村级综合服务站点覆盖率”“推进社区物流共同配送站建设,支持物流、快递企业建设各类公共智能快递服务终端,做好‘最后一公里’配送服务,加强县域商业体系建设,完善县乡村三级物流网络体系”。

湖北省邮政快递业发展内容被写入省政府工作报告

1月,湖北省第十三届人民代表大会第七次会议举行,邮政快递业发展多项内容被写入省政府工作报告。报告指出,2021年,亚洲最大专业货运机场花湖机场建成校飞,"双枢纽、多支线"航运格局加快形成,推动湖北经济牵引力显著提升,向着建成支点目标迈出了坚实步伐。报告要求,2022年要坚定不移服务和融入新发展格局,支持武汉、襄阳、宜昌、十堰、鄂州等建设国家物流枢纽承载城市;完善县乡村三级流通体系,畅通工业品下乡和农产品进城双向渠道;继续深化"放管服"改革,坚持以高水平制度供给推动营商环境革命;扎实推进平安湖北建设,科学精准抓好常态化疫情防控,盯紧重点地区来鄂返鄂人员和进口冷链食品、高风险货物等重点环节,关口前移、闭环管理。

湖北省委一号文件明确提出加快农村寄递物流体系建设

2月,湖北省委、省政府印发《关于做好2022年全面推进乡村振兴重点工作的意见》(鄂发〔2022〕1号),对做好2022年全省"三农"工作,全面推进乡村振兴进行全面部署。其中明确提出"加快农村寄递物流体系建设,解决快递进村'最后一公里'问题""支持快递、物流、电商等市场主体共建共享基础设施和配送渠道"。

《关于健全完善寄递渠道安全监管协作配合机制的意见》出台

3月,湖北省邮政管理局联合省检察院、省公安厅出台《关于健全完善寄递渠道安全监管协作配合机制的意见》,认真贯彻落实最高人民检察院"七号检察建议",依法严厉打击各类利用寄递渠道实施的违法犯罪,完善协作配合机制,推动形成齐抓共管的寄递安全综合治理工作格局。意见积极拓展新时代寄递行业安全监管协作内容,提出了程序性衔接、法律监督以及协作机制等19项任务,均为新增的协作内容,明确了案件移送、证据的收集与使用、案情通报、案件处理回复期限、责任追究、联席会商、观摩庭审、以案释法、安全用邮宣传、警示教育等内容。

湖北局启动全省邮件快件包装操作规范备案管理工作

4月,湖北省邮政管理局印发《湖北省邮件快件包装操作规范备案工作实施方案》,全面启动全省邮件快件包装操作规范备案工作。方案深入贯彻习近平生态文明思想和习近平总书记关于快递包装绿色治理重要指示批示精神,认真贯彻落实国家邮政局《邮件快件包装操作规范备案管理规定(试行)》有关要求,加快推进快递包装减量化、标准化和循环化,推动全省邮政快递业绿色高质量发展。方案明确了全省邮件快件包装备案管理工作的指导思想和省市两级邮政管理部门的工作职责;确定了部署、实施、巩固和总结提升四个实施步骤;提出了提高思想认识、加强行政执法、强化宣贯培训三个方面的工作要求。

湖北省邮政快递业多个集体、个人获全国、全省"五一""五四"表彰

5月,湖北省邮政快递业多个集体、多名个人获全国、全省"五一""五四"表彰。其中,湖北顺丰速运有限公司获2022年"全国五一劳动奖状",中国邮政集团有限公司武汉市江岸区分公司上海路揽投站获评2022年"全国工人先锋号";湖北顺丰速运有限公司唐家墩营业点收派员张裕获第26届"中国青年五四奖章"。襄阳市中通快递员王小亮、中国邮政集团有限公司湖北省崇阳县分公司乡邮员程海清获2022年"湖北五一劳动奖章",湖北顺丰速运有限公司荆门分公司花园巷营业部、中国邮政集团有限公司孝感市分公司网路运营中心获评2022年"湖北省工人先锋号"。

湖北省开展全省农村地区快递服务质量专项整治行动

5月，湖北省邮政管理局联合省市场监管局开展全省农村地区快递服务质量专项整治行动。专项整治行动时间从2022年4月底至12月底，共分为动员部署、自查自纠、巩固提升、抽查总结四个阶段，将重点整治快递末端服务违规收费、未按运单载明地址或未按与用户约定方式投递、委托无许可企业经营快递业务、恶意损坏或拆封调换物品等群众反映强烈的农村地区快递末端服务质量问题。

湖北省启动全省快递企业末端派费核算工作

5月，湖北省邮政管理局联合省快递行业协会召开全省快递企业末端派费核算工作电视电话会议，安排部署全省快递企业末端派费核算工作。会上，省快递行业协会对《湖北省快递企业末端派费核算指引实施方案（试行）》进行了解读，明确了全省开展末端派费核算工作的时间节点、工作内容、工作要求。会议要求各市（州）邮政管理局、快递行业协会和各快递企业要充分认识开展快递末端派费核算工作的重要意义，高度重视，切实增强责任感；精心组织，建立工作机制，组建以协会为主的工作专班，结合实际，制定实施工作方案，开展人员培训，提升工作水平；把握核算原则和要点，坚持核算数据真实准确，保障核算工作的合理性、公允性，确保核算工作质量。

湖北省推动基层快递网点优先参加工伤保险

5月，湖北省人力资源和社会保障厅、省邮政管理局联合印发《关于做好基层快递网点优先参加工伤保险工作的通知》，以推进基层快递网点优先参加工伤保险为切入点和着力点，进一步强化快递员群体工伤保障，大力提升快递员群体社会保险水平。

湖北局建立完善邮政快递企业安全生产责任清单

5月，为深入贯彻落实习近平总书记关于安全生产重要论述，防范邮政快递业生产作业场所重特大事故，筑牢寄递渠道疫情防控防线，确保全省邮政快递业安全平稳畅通，近日，湖北省邮政管理局印发《全省邮政快递企业安全生产责任清单》从开展学习教育、压紧压实安全生产主体责任、落实安全管理制度、夯实企业本质安全、持之以恒抓好疫情防控五个方面工作任务入手，细化41项具体工作内容，并明确工作举措和完成时限，要求各企业结合清单要求和企业实际情况，制定台账，细化措施，开展排查整治，实行销号管理，切实贯彻落实。

湖北局联合省农业农村厅共商农村寄递物流体系建设

6月，湖北省邮政管理局党组书记、局长唐顺益带队赴省农业农村厅，与省委农办主任、省农业农村厅党组书记、厅长、省乡村振兴局党组书记吴祖云会商推动农村寄递物流体系建设工作。湖北局介绍了全省邮政快递业服务农业农村和乡村振兴工作取得的主要成效、存在的困难和短板，就做好农村寄递物流体系建设工作提出了意见和建议。省农业农村厅充分肯定了邮政快递业对于“农业小生产汇入大市场”、打通农产品进城“最初一公里”和消费品下乡“最后一公里”、推动农业农村现代化和全面推进乡村振兴的重要意义，表示将全力支持农村寄递物流体系建设工作，努力推动将农村寄递物流体系建设工作纳入全省“强县工程”建设范畴，建立双方良好沟通协作机制，充分发挥乡村振兴战略实绩考核指挥棒作用，提高农村寄递物流体系建设指标考核权重，联合推进有关重点工作落实落地，推动邮政快递业与农村农业、乡村振兴协同发展。

宁咏副省长组织专题研究推进全省农村寄递物流体系建设工作

6月8日上午，湖北省副省长宁咏召集省农业农村厅、省乡村振兴局、省邮政管理局、省交通运输厅、省商务厅等有关部门，专题研究推进全省农村寄递物流体系建设工作。宁咏对全省农村寄递物流体系建设工作成效给予了充分肯定。他指出，打通农村快递“最后一公里”是农村普惠性公共服务的基础工作之一，十分重要且很有意义。省农业农村厅、省乡村振兴局、省邮政管理局等部门要进一步找准问题短板、加强引导推进、压实工作责任、落实工作举措，将农村寄递物流体系建设列入下基层察民情解民忧暖民心实践活动的重要内容，切实打通工业品下乡、农产品进城的双向通道，方便农民生产生活、助力农民增收。一是压紧压实工作责任，强化工作目标考核。压实地方政府主体责任，充分发挥全面实施乡村振兴战略实绩考核指挥棒作用，提高农村寄递物流体系建设指标考核权重，倒逼责任落实、政策落实、工作落实。二是强化政策支持，突出资源统筹整合。省农业厅和乡村振兴局要在寄递服务末端设施建设和运营等方面等方面给予政策支持。三是突出试点引导，扩大示范效应。要发挥榜样的作用，在做得好的地区召开现场会。鼓励创建农村寄递物流体系建设示范县，将农村寄递物流体系建设与乡村振兴、经县经济、县域商业体系建设等工作有机融合，拉动农村消费，便捷农产品进城，提升服务农村经济社会发展能力。

湖北省部署2022年全省农村寄递物流体系建设重点工作

6月，湖北省邮政管理局联合省委农办、省乡村振兴局出台《关于做好2022年全省农村寄递物流体系建设有关重点工作的意见》。意见围绕政策支持、标准化建设、快递进村、试点示范建设、农产品冷链寄递、优化发展环境、考核督查等七个方面明确了工作要求和内容，指导全省各地各部门把农村寄递物流体系建设各项工作抓实抓细抓到位。

《湖北省邮政条例》明确邮政业突发事件应急管理纳入地方应急管理体系

7月，湖北省第十三届人民代表大会常务委员会第三十一次会议审议通过《湖北省人民代表大会常务委员会关于集中修改涉及公共卫生体系建设省本级地方性法规的决定》，集中修改了一批地方性法规。其中，在《湖北省邮政条例》第四十一条增加了“县级以上人民政府应当将邮政业突发事件应急管理纳入地方应急管理体系”，首次以地方立法形式明确了县级以上人民政府在邮政业突发事件应急管理中的属地责任，提升了邮政业突发事件应急管理的层级，增强了邮政业应对突发事件的组织保障和制度保障。

湖北局联合省乡村振兴局、省财政厅推动农村寄递物流体系建设

7月14日，湖北省邮政管理局联合省乡村振兴局召开全省打通农村寄递物流“最后一公里”和“最初一公里”试点工作部署会议。为了扎实推动全省试点工作，会前，省乡村振兴局、省财政厅、省邮政管理局联合印发《关于打通农村寄递物流“最后一公里”和“最初一公里”试点工作的方案》，明确了试点目标、试点原则、试点安排、试点任务以及工作要求。方案明确试点工作从7月至9月为期三个月，选取潜江市、阳新县、竹溪县、宜城市、江陵县、京山市、安陆市、麻城市、咸安区、随县、宣恩县等12个县(市、区)，明确村级寄递服务网点全覆盖、建设乡镇综合服务站、打造县级共配中心、优化末端配送渠道和加强规范化建设、助力农产品出村进城六大任务。

鄂州花湖机场正式投运

7月17日上午11时36分，一架顺丰公司波音767-300全货机从鄂州花湖机场起飞前往深圳，标志着花湖机场正式投运。省委书记王蒙徽出席机场投运活动并宣布投运。省委副书记、省长王忠林，中国民航局总飞行师万向东，顺丰控股股份

有限公司董事长王卫分别致辞。鄂州花湖机场是亚洲第一个、全球第四个专业货运枢纽机场，定位为货运枢纽、客运支线机场，项目总投资308.4亿元，主体工程于2019年10月开工，已全面完工并于今年6月获得民航中南地区管理局颁发的机场使用许可证。机场航站楼、转运中心等设施按满足2025年旅客吞吐量100万人次、货邮吞吐量245万吨的目标设计，飞行区跑道滑行道系统按满足2030年旅客吞吐量150万人次、货邮吞吐量330万吨的目标设计。机场正式投运后，将形成武汉天河机场以客为主，鄂州花湖机场以货为主的航空客货双枢纽体系，同时充分对接光谷科技创新大走廊，促进武汉、鄂州、黄冈、黄石等地临空经济发展，形成产业聚集区和新的经济增长极。

湖北省打通农村寄递物流“最后一公里”和“最初一公里”进入新阶段

7月，湖北省邮政管理局联合省乡村振兴局、省财政厅印发《关于打通农村寄递物流“最后一公里”和“最初一公里”试点工作的方案》，启动12个县（市、区）试点，进一步畅通农产品出村进城、消费品下乡进村双向流通渠道，全面推进乡村振兴。湖北打通农村寄递物流“最后一公里”和“最初一公里”进入新阶段。

赵海山副省长批示肯定上半年全省邮政管理工作

7月，湖北省邮政管理局向省人民政府专题报告了2022年上半年全省邮政快递业发展与管理工作情况，赵海山副省长作出批示，指出上半年省邮政管理局工作取得显著成绩、值得肯定，要继续努力，力争全年取得更好成绩。

湖北局设立政务服务综合窗口打造高效便捷政务服务环境

8月，为优化政务服务功能，打造更加高效便捷的政务服务环境，充分发挥优化营商环境对高质量发展的牵引作用，湖北省邮政管理局积极落实省政府关于推进省级部门政务服务综合窗口改革要求，因地制宜设置集中场地线下综合服务窗口，按照“前台综合受理、后台分类审批、综合窗口出件”模式，将本局各类审批、咨询服务整合为同标准、无差别的综合窗口服务，达到“一窗受理、综合服务”的效果。综合窗口严格执行政务信息公开、首问责任制、一次性告知、限时办结等工作制度，进一步融合线上线下办事渠道，有效提升群众办事体验，更大力度便企利民。

湖北省快递行业党委成立

9月26日，湖北省快递行业党委成立大会召开。省邮政管理局党组书记、局长，省快递行业党委书记唐顺益、省委组织部三处处长朱春兵共同为行业党委揭牌。会议宣读了省委组织部《关于同意省邮政管理局党组成立中国共产党湖北省快递行业委员会的批复》，湖北顺丰速运有限公司党组织负责人作表态发言。唐顺益在讲话中指出，省快递行业党委的成立是全省快递行业发展的重要里程碑，标志着全省快递行业党建工作迈上了新的发展阶段。各市（州）要根据试点经验和工作实际陆续成立行业党委，将党建工作延伸到全省各快递企业。一要强化政治引领，用心、用力、用情保障快递员群体利益；二要深化建章立制，通过党建引领提高企业管理水平；三要发挥行业优势，服务群众办实事、暖人心。

“快递进村”被纳入湖北省美好环境与幸福生活共同缔造活动

10月，湖北省委办公厅、省政府办公厅印发《关于开展美好环境与幸福生活共同缔造活动试点工作的通知》，快递进村工作被纳入其中。同时，省财政厅印发《湖北省美好环境与幸福生活共同缔造活动“以奖代补”项目资金管理办法》，“快递进村”工作作为惠农服务类被纳入奖补项目范围。办法明确，统筹中央和省级财政资金，采取

“补贴启动、补贴先进”的形式，对美好环境与生活共同缔造活动试点工作给予“以奖代补”，着力完善社区配套基础设施和公共服务设施，打造宜居的社区空间环境，营造持久稳定的社区归属感、认同感、增强社区凝聚力。

周彩娟副书记专题调研寄递安全监管信息化工作

10月19日，湖北省委政法委副书记周彩娟率调研组到省邮政管理局调研指导寄递安全监管信息化工作。在听取相关工作汇报后，周彩娟对全省寄递安全监管信息化建设工作予以肯定。她指出，当前邮政快递业发展迅速，行业面临的安全风险与挑战也不断增加，邮政管理部门要推动邮政快递业深度融入城市基层治理，助力平安湖北建设，为党的二十大胜利召开营造良好的行业环境。要加快已建监管信息系统的应用，进一步优化系统功能，确保系统充分发挥提高监管效能的作用；要加强数据共享，努力实现各数据平台间的互联互通，助力加快推进政法智能化建设，提升基层社会治理效能。

李荣灿副书记批示肯定全省农村寄递物流体系建设工作成效

11月，湖北省委副书记李荣灿对省委农办、省邮政管理局联合呈报的《关于全省农村寄递物流体系建设有关情况的报告》作出批示，肯定全省农村寄递物流体系建设工作取得的成效，并要求及时总结全省各地探索的一些好的做法，在全省推广。

王忠林省长肯定全省快递员群体合法权益保障工作

11月，湖北省政府与省总工会举行2022年联席会议，专题研究快递员群体等新就业形态劳动者权益保障工作，省委副书记、省长王忠林，省人大常委会副主任、省总工会主席刘雪荣出席会议并讲话。王忠林充分肯定了全省快递员群体等新就业形态劳动者合法权益保障工作取得的成效，要求进一步强化就业指导、权益保障、行业服务，用心用情、关心关爱，为新就业形态劳动者提供坚强保障。

赵海山副省长专题研究邮政管理工作

11月16日，湖北省人民政府党组成员、副省长赵海山召开专题会议，听取全省邮政管理系统近期重点工作，研究部署下步工作安排。省人民政府副秘书长赵俊主持会议。会上，省邮政管理局汇报了全省邮政快递业发展和管理主要工作情况。赵海山对全省邮政管理工作取得的成绩给予了充分肯定，指出省邮政管理局在促进行业发展、加强行业监管等方面做了大量工作，为服务湖北经济社会发展、助力平安湖北建设、做好疫情防控和保通保畅作出了重要贡献。赵海山强调，邮政管理部门要着力优化服务、推动引导行业高质量发展，助力塑造新时代湖北九省通衢的快递物流优势，为建设全国构建新发展格局先行区提供有力支撑。一是强化政府服务，打造更好的营商环境。处理好行业发展与监管的关系，推进包容审慎监管，及时解决邮政快递企业发展中面临的困难。二是强化重点项目建设，推动基础设施更完善。充分发挥花湖机场等重要物流枢纽项目优势，带动完善农村地区寄递物流基础设施的建设，为湖北打造全国综合交通快递物流枢纽、助力国内国际双循环作出更大贡献。三是依法履职，确保行业发展更加安全规范。他表示，省政府将强化政策支持、要素保障，全力支持邮政快递业发展与管理工作。

赵海山副省长批示要求支持邮政快递业旺季服务和保通保畅工作

11月，国家邮政局向各省致函，请各地政府对快递业务旺季保障工作予以支持，湖北省副省长赵海山对国家邮政局来函作出批示，要求各级物流保通保畅工作机制要会同邮政管理部门，规范执行邮政快递业关停关闭处理流程规定，确保全省邮政快递业平稳顺畅度过旺季。

国家乡村振兴局肯定湖北省农村寄递物流体系建设工作

11 月，中央农办副主任、农业农村部党组成员、国家乡村振兴局局长刘焕鑫来鄂调研巩固拓展脱贫攻坚成果同乡村振兴有效衔接工作，实地考察了孝感市大悟县新城镇金岭村农村寄递物流点、孝昌县王店镇敦厚村农村寄递物流点，充分肯定了全省打通寄递物流“最后一公里”工作，强调要以宜居宜业和美丽乡村建设为统领，坚持硬件软件一起抓，统筹推进乡村建设、乡村治理和农村精神文明建设，聚焦解决群众急难愁盼问题，提升广大农民群众获得感、幸福感、安全感。

末端寄递设施建设被纳入湖北城乡社区服务体系建设“十四五”规划重点任务分工方案

2022 年，湖北省人民政府印发《湖北省城乡社区服务体系建设“十四五”规划》，其中包括“增加行政村和较大自然村基本公共服务供给，提升邮政、金融、电信、供销、广播电视等公共事业服务水平”“推动物流配送、快递、再生资源回收网点设施辐射符合条件的村(社区)”“建设智能快件箱(信包箱)和邮政快递末端综合服务站等配套设施”等多项任务涉及邮政快递业。为贯彻落实该规划，12 月，省城乡社区治理工作领导小组办公室印发《〈湖北省城乡社区服务体系建设“十四五”规划〉重点任务分工方案》，明确提出“积极推进城市一刻钟便民生活圈建设，加快推进农村生活服务便利化”，由省商务厅、省民政厅、省住建厅、省卫健委、省供销社、省邮政管理局等按职责分工负责。

唐顺益局长会见顺丰集团董事长王卫一行

12 月 26 日，湖北省邮政管理局党组书记、局长唐顺益会见了顺丰控股股份有限公司董事长、总经理王卫一行。王卫就湖北省邮政管理系统多年来对顺丰速运公司的关心支持尤其是对今年企业的疫情防控和保通保畅通工作给予的指导帮助表示衷心感谢，并就下一步加快鄂州花湖机场项目建设运营谈了工作打算，表示顺丰公司不仅将花湖机场定位于航空货运枢纽，更定位于集团运营中心进行打造，着眼于提升顺丰品牌的核心竞争力和服务品质，下步将加大建设力度，力争早日全面投产运营，为湖北建成国际快递物流核心枢纽作出应有的贡献。唐顺益赞扬顺丰集团对湖北经济社会发展、特别是保通保畅以及行业发展等方面作出了很大贡献，尤其是在近三年的疫情防控工作中，千方百计畅通防疫物资、医疗药品和生活物资配送。希望顺丰公司再接再厉，进一步加大在鄂项目投资、运营以及人才培养等方面的力度，湖北邮政管理系统将全力做好服务工作，用心用情当好“店小二”。

湖南省快递发展大事记

湖南副省长批示肯定邮政快递业发展成效

1 月，湖南省副省长陈飞在省邮政管理局报送的《关于 2021 年全省邮政快递业发展情况和 2022 年重点工作思路的报告》上作出批示，肯定全省邮政管理工作成效，对下一步工作提出期望。陈飞同志在批示中指出，邮政为经济社会发展作出了贡献，下步邮政进社区、进农村与综合交通体系和现代物流体系融合，在畅通、便捷、降成本上下功夫，更好地服务高质量发展。

湖南局联合多部门印发加快推进快递包装绿色转型若干措施

3 月，湖南省邮政管理局联合省发展改革委等 7 部门印发《加快推进快递包装绿色转型的若干措施》，进一步强化全省快递行业包装治理，全力推进快递包装绿色转型。若干措施聚焦快递包装生产、使用、回收、处置等全链条各环节，细化责任分工，实化任务要求。通过制定目标、完善快递包装法规政策和标准体系、强化快递包装绿色治理、加强电商和快递规范管理、推进可循环快递包装应用、规范快递包装废弃物回收和处置、完善支撑保障体系、强化组织实施等 8 个方面 20 项举措，进一步压实企业主体责任，强化政策引导和政府监督管理，形成政府监管、行业自律、社会参与三位一体的快递包装协同治理体系。文件的出台实施，对巩固全省快递包装绿色治理工作成果、落实生活垃圾分类及塑料污染治理要求具有重要意义。

农村寄递物流体系建设获湖南省委一号文件支持

3 月，湖南省委省政府印发《关于做好 2022 年“三农”工作扎实推进乡村振兴的意见》，邮政快递业多项内容被纳入文件统筹部署推进。意见要求，深入推进城乡客运一体化和农村客货邮融合发展，鼓励发展“多站合一”的乡镇运输服务站、“一站多能”的村级寄递物流综合服务点。支持大型流通企业以县域和中心镇为重点下沉供应链。支持供销、邮政快递、交通运输、电商企业等开展县域流通设施和服务网络建设。

湖南局联合省人社厅出台基层快递网点优先参加工伤保险实施意见

3 月，湖南省邮政管理局与省人社厅联合印发《关于湖南省基层快递网点优先参加工伤保险工作实施意见》。实施意见明确了基层快递网点优先参加工伤保险的工作原则、参保范围、计缴方式、参保要求等。确定在全省范围内将基层快递网点参加工伤保险基准费率确定为第二类行业基准费率，快递员个人不缴纳工伤保险费。对难以直接按照工资总额计算缴纳工伤保险费的，原则上按照湖南省上年度全口径城镇单位就业人员平均工资计算缴纳工伤保险费。快递员在两个或者两个以上基层快递网点从业的，各基层快递网点应分别为其申报参加工伤保险、缴费。

中通快递湖南管理中心党支部揭牌成立

4 月，中共湖南中汉快递服务有限公司支部委员会正式成立。

快递包装绿色转型被纳入湖南省塑料污染治理 2022 年工作要点

4 月，湖南省发展改革委牵头印发《湖南省塑料污染治理 2022 年工作要点》，快递包装绿色转型多项内容被纳入主要任务推进。要点要求，推动新兴行业替代产品应用。落实《加快推进快递包装绿色转型的若干措施》《邮件快件限制过度包装》要求，进一步提高低克重高强度快递包装箱和免胶箱的使用比例，降低快递包装塑料使用强度。推动可循环快递包装规模化应用，推进产品与快递包装一体化，推广电商快件原装直发，着力减少电商商品在寄递环节的二次包装。加快实施快递包装绿色认证制度，在生鲜配送、散货物流中推广应用可循环可折叠快递包装、可降解塑料袋。鼓励电商、快递企业与第三方回收企业探索合作建立可循环包装跨平台运营体系。

湖南京东快递党支部揭牌成立

5 月，中共湖南京邦达物流科技有限公司支部委员会正式成立，这是湖南第六个省级非公快递企业党组织。湖南京邦达物流科技有限公司党支部表示，党组织的成立为公司发展注入了“根”和“魂”，将充分发挥党组织把方向、管大局、促落实的领导作用，进一步激发党建动能，将党建实际成效转化为推动企业发展的实际成果，以高质量党建引领保障企业高质量发展。

湖南省出台加快农村寄递物流体系建设实施意见

5月，湖南省政府办公厅出台《关于加快农村寄递物流体系建设的实施意见》，为全省邮政快递业推进落实各项重点工作提供了具体遵循。实施意见明确，2022年基本实现快递进村全覆盖，在全省建成至少5个农村客货邮融合发展试点县，培育5个快递服务现代农业示范项目，打造5个农村电商快递协同发展示范区。到2025年，全省基本形成开放惠民、集约共享、安全高效、双向畅通的农村寄递物流体系。实施意见安排部署了强化农村邮政体系作用、优化县域供配设施建设、推动客货邮融合发展、促进产业聚合协同、加快农村冷链物流布局、提升信息一体贯通能力、持续深化"放管服"改革和加强渠道安全运行保障等八项重点任务，进一步明确农村寄递物流设施公共属性，要求建立"省级统筹、市级督导、县级主抓"的工作体系，将农村寄递物流体系建设纳入市州、县市区相关规划和公共基础设施建设范畴，促进寄递服务与乡村振兴有机融合，统筹用好现有资金渠道和专项资金，为农村寄递物流体系建设提供必要的财政保障。

湖南局强化政校合作大力推进行业人才建设

5月，在第六届全国"互联网+"快递业创新创业大赛中，湖南现代物流职业技术学院、湖南邮电职业技术学院等院校斩获一项银奖、一项铜奖、两项入围奖。

快递包装绿色转型被纳入湖南省"十四五"循环经济发展行动计划

5月，湖南省发展改革委印发《湖南省"十四五"循环经济发展行动计划》，快递包装绿色转型被纳入重大工程与行动安排。行动计划要求，推动电商与生产企业加强合作，设计满足电商快递物流配送要求的商品包装，实现重点品类的快件原装直发，减少二次包装。鼓励包装生产、电商、快递等上下游企业建立产业联盟，支持建立快递包装产品合格供应商制度，推动生产企业自觉开展包装减量化。强化快递包装绿色治理，组织开展快递包装绿色产品认证工作，加大绿色循环共用标准化周转箱推广应用力度。支持长沙市开展可循环快递包装规模化应用试点，大幅提升循环中转袋(箱)应用比例。鼓励电商、快递企业与商业机构、便利店、物业服务企业等合作设立可循环快递包装协议回收点，投放可循环快递包装的专业化回收设施。行动计划明确，到2025年，电商快件基本实现不再二次包装，可循环快递包装应用规模达30万个。

邮政快递业多项内容被纳入湖南省冷链体系建设行动方案

6月，湖南省发展改革委印发《湖南省冷链体系建设行动方案》，邮政快递业高质量发展获利好。方案要求，加大城市冷链前置仓等"最后一公里"设施建设力度，鼓励移动冷库、智慧冷链自动售卖机、冷链自提柜等在城市末端配送领域广泛应用，扩大城市冷链网络覆盖范围，畅通"最后一公里"冷链配送。推进"快递进村"工程，引导电子商务、邮政、供销、快递、冷链物流等各类主体开展市场化合作，加强县乡村冷链物流配送基础设施建设，下沉供应链和新型交易模式，打通高品质生鲜消费品和医药下乡进村新渠道。方案提出，鼓励快递企业开展疫苗、生物医药、中医药等专业化温控供应链服务。开展知名冷链物流服务品牌创建工作，培育一批冷链物流百强企业、星级冷链物流企业。

湖南省出台生活性服务业补短板上水平行动方案明确支持"客货邮"融合发展

6月，湖南省印发《湖南省推动生活性服务业补短板上水平提高人民生活品质行动方案(2022—2025年)》,明确支持“客货邮”融合发展。方案从加强公益性基础性服务供给、加快补齐服务场地设施短板、加强服务标准品牌质量建设、强化高质量人力资源支撑、推动服务数字化赋能、培育强大市场激活消费需求、打造市场化法治化国际化营商环境、完善支持政策等方面明确了主要任务。方案强调,要进一步推进农村客货邮融合发展试点,不断完善县乡村三级物流配送体系,大力发展农村电商,开展直播带货助农等消费帮扶活动,支持农产品流通企业、电商、批发市场等与区域特色产业精准对接,建设农村生活服务网络,推进便民服务企业在县城建设服务综合体,在乡镇设置服务门店,在行政村设置服务网点。

湖南“快递小哥”马石光当选中国共产党第二十次全国代表大会代表

7月,湖南省选举产生出席中国共产党第二十次全国代表大会代表。其中,湖南圆通公司“快递小哥”马石光光荣当选中国共产党第二十次全国代表大会代表。党的二十大是我们党进入全面建设社会主义现代化国家、向第二个百年奋斗目标进军新征程的重要时刻召开的一次十分重要的代表大会,是党和国家政治生活中的一件大事。马石光说:“作为一名普通的快递小哥,能够当选党的二十大代表,这是一份荣誉,更是一份沉甸甸的责任。这体现了党和人民对快递业的高度重视和信任,也赋予了我们更重要的使命,更激励着我们继续努力、不负重托。”

陈飞副省长肯定全省邮政管理工作成效

8月,湖南省政府副省长陈飞专题听取了省邮政管理局党组书记、局长韦慧关于上半年全省邮政快递业改革发展、疫情防控、保通保畅、安全生产及下一步工作举措等情况汇报。陈飞对全省邮政管理工作予以肯定,强调要认真落实“三要”要求,慎终如始地抓好行业改革发展各项工作。陈飞要求,一是要以保通保畅为重心,坚决筑牢疫情防控防线,扎实做好全省行业常态化疫情防控。二是持续优化行业发展环境,拓展行业服务深度,加快农村寄递物流体系建设,在强化农村邮政体系作用、推动客货邮融合发展等方面发挥重要作用。三是以民生实事为根本,持续推进快递包装治理绿色转型,加强快递员合法权益保障。四是强化底线思维,以安全生产为红线,全力保障寄递渠道稳定畅通。

湖南局引入烟草、北斗应用共同推动县域共配体系建设

8月23日,湖南烟草北斗应用共建“数字湘烟”体系战略合作框架协议签约仪式在长沙举行,中国烟草总公司湖南省公司、北斗航天卫星应用科技集团有限公司、湖南省邮政业安全中心三方签订合作协议,共同推动烟草配送与县域共配结合,实现资源共享和降本增效。省烟草专卖局(公司)党组书记、局长、总经理孔祥统,省邮政管理局党组书记、局长韦慧,北斗航天卫星应用科技集团有限公司董事长刘贵生出席并见证签约仪式。根据协议约定,三方将基于各自的优势,以湖南省农村寄递物流体系建设为基础,以北斗卫星导航系统在烟草行业的应用为核心,本着互惠互利、优势互补、共同发展的原则,共同推动建设县乡村三级共配网点和统一信息化平台,促进烟草配送与县域共配结合,利用县域共配体系内的分拨仓、终端驿站、运输车辆等进行烟草配送,实现资源共享和降本增效。

韵达长沙分拨中心分布式光伏电站投用年减少碳排放6600余吨

10月,韵达长沙分拨中心屋顶的分布式光伏电站正式投入运营,实现并网发电。这是目前湖南省浏阳市单体装机容量最大的分布式光伏电站,也是韵达全国首个实现并网发电的分布式光伏电站。该分拨中心安装了约5万平方米光伏发

电板,装机容量7.09917兆瓦,年均发电量630万千瓦小时。投入运营后,预计每年可节约标准煤2041.5吨,减少二氧化碳排放6629.7吨、二氧化硫199.4吨、氮氧化物99.8吨,相当于种植了5万棵大树。

邮政快递被纳入湖南省“十四五”城乡社区服务体系建设规划

10月,湖南省政府办公厅印发《湖南省“十四五”城乡社区服务体系建设规划》,邮政快递被纳入便民服务生活圈统筹规划。规划提出要打造便民服务生活圈,全面推进“城市社区15分钟生活圈”和“乡镇便民生活圈”建设。支持在村(社区)合理设置邮政、金融、电信、供销、燃气、电力、供水、广播电视等公共事业服务网点,引导市场和社会力量在村(社区)设立各类便民商业服务网点,发展养老、托育、维修、家政、餐饮、零售、美容美发、物流配送、快递、再生资源回收等便民服务项目。依托村级综合服务设施、供销合作社等强化农村地区农产品收购、农资供应等服务供给。

邮政快递多项内容被纳入湖南省数字乡村发展重点任务

10月,湖南省印发2022年全省数字乡村发展重点工作文件,要求加快推进湖南数字乡村发展工作,充分发挥信息化对乡村振兴的驱动赋能作用,加快构建引领乡村产业振兴的数字经济体系。邮政快递四项内容被纳入重点工作任务:一是推动农村基础设施数字化改造升级,支持商务流通、邮政、快递企业加强农产品产地冷链物流基础设施建设,积极推进冷链物流信息化。二是深化农产品电商发展,推进邮政快递服务农特产品出村进城工作,培育快递服务现代农业示范项目,积极创建国家农村电商快递协同发展示范区,持续推进交通运输与邮政快递融合发展。三是推动农村消费升级,加快农村寄递物流体系建设,分类推进“快递进村”工程,推广农村寄递物流末端共同配送。推进抵边自然村邮政普遍覆盖。四是引导传统商贸物流、邮政企业强化数据驱动,推动产品创新数字化、运营管理智能化、为农服务精准化,支持企业加快数字化、连锁化转型升级。

湖南局联合省人社厅大力推进行业职业技能提升

10月19日,湖南省邮政管理局联合湖南省人力资源和社会保障厅印发《邮政快递业职业技能提升工程实施方案》,就持续提升行业从业者职业技能水平等工作作出安排部署。方案明确提出了“十四五”期间湖南省邮政快递业职业技能提升目标。结合实际将快递员、快递处理员和邮件快件安检员纳入政府补贴培训目录。参加企业新型学徒制培训的给予企业中级工每人每年6000元、高级工每人每年8000元的职业培训补贴。支持线上培训平台建设。指导支持湖南邮电职业技术学院等邮政行业社会评价组织开展技能等级评定。支持推动湖南省邮政行业职业技能鉴定中心转型发展,委托湖南省邮政行业职业技能鉴定中心承担行业人才综合支撑服务。鼓励各地特别是中国快递示范城市长沙市要结合实际出台邮政快递业技能人才队伍建设相关激励保障政策,加大对快递小哥的关心关爱力度。

湖南省《可循环快递包装应用规范》地方标准正式发布实行

12月15日,由湖南省邮政管理局提出,湖南省质量和标准化研究院起草的《可循环快递包装应用规范》地方标准经湖南省市场监督管理局批准,正式发布实行。规范是湖南局提出并指导发布的第一个地方性标准,旨在推动和规范快递企业、包装生产商、电商平台企业、电商企业及消费者等共同参与快递包装的可循环使用和管理。规范主要适用于可循环使用的封套、包装箱、包装袋等快递封装用品的设计、生产、使用和回收利用,规定了可循环快递包装的技术要求和管理要求。

湖南局全力畅通邮政快递服务保障民生医疗物资寄递

12月，湖南局党组书记、局长韦慧亲自带队协调，多次调度部署，争取湖南省物流保通保畅工作机制办公室印发《关于切实畅通邮政快递服务保障民生医疗物资寄递的通知》，进一步打通疫情期间行业运行堵点卡点。通知要求，全省全行业要做好迎接元旦、春节期间寄递业务高峰应对工作，省市邮政管理部门要加强对邮政、顺丰、京东、中通、圆通、韵达、申通等骨干企业的调度，鼓励企业在承担重点物资寄递、保障末端服务畅通等方面体现企业担当，通过发放津补贴、加班费等方式，激励快递员提高作业能力。各地要加大对邮政快递行业支持力度，为邮政快递从业人员提供优先接种第二剂次加强针等基础保障；鼓励各地免费为从业人员配发防疫物资；组织各地党员干部、志愿者就近派驻补充一线投送力量；及时疏解辖区邮政快递运输排队卸货问题，防止出现环节堵塞。通知明确，将邮政快递企业纳入“白名单”制度，及时共享医疗物资生产供应、运输需求等信息，为病毒诊疗药物、解热镇痛药物、抗原检测试剂、N95口罩等急需医疗物资提供服务保障。高度重视农村地区医疗物资寄递服务工作，保障农村地区科学有效应对疫情。

广东省快递发展大事记

广东省实施新规保障快递等行业灵活就业人员失业保险权益

1月1日，广东省人社、财政、税务等3部门联合印发的《广东省灵活就业人员参加失业保险办法（试行）》开始施行，有效期2年，为快递等行业灵活就业人员带来利好政策。办法明确，灵活就业人员，是指法定劳动年龄内在省内从业的下列人员：依托电子商务、网络约车、网络送餐、快递物流等新业态平台实现就业、但未与平台或机构等相关企业建立劳动关系的人员，以及无雇工的个体工商户等。办法还明确了参保缴费、失业保险待遇相关规定。指出参加失业保险的灵活就业人员应当依法依规缴纳失业保险费，失业后依照规定享受失业保险待遇。鼓励新业态平台对其平台从业人员缴纳失业保险费予以补助。在试行期间，对参加失业保险的灵活就业人员单列管理、专项统计和分析评估，可根据评估情况适时调整适用的参保对象范围，可根据其失业保险费收支情况适时调整失业保险缴费工资基数上下限、缴费费率、待遇享受条件等，保证试行工作安全平稳有序开展。

副省长陈良贤批示肯定全省邮政管理工作和邮政快递业发展成效

1月7日，广东省副省长陈良贤在《广东省邮政管理局关于2021年邮政管理工作和邮政快递业发展情况的报告》上批示：2021年，省邮政管理局认真贯彻落实习近平总书记系列重要讲话、重要指示批示精神。攻坚克难、担当作为，统筹疫情防控和行业改革发展，在推进“快递进村”、加强快递员权益保障，促进行业安全稳定发展等方面措施实、亮点多、成效好，为广东经济社会平稳健康发展作出积极贡献，值得肯定，深表感谢！望再接再厉，再创佳绩，作出新贡献！

“2022全国网上年货节”广东专场活动启动

1月10日，广东省商务厅和省委网信办、省工业和信息化厅、省市场监管局、省邮政管理局、省消费者委员会等部门在广州联合举行“2022全国网上年货节”广东专场活动启动仪式。启动仪式上，省邮政管理局对全省邮政快递企业提出三点要求：一是合力打造喜庆的年货节，强化与电商企业的协同，加大在特色农产品优势地区的人力运力投入，推广电商快件原装直发，营造喜庆欢乐的节日气氛。二是合力打造暖心的年货节，切实履行春节期间快递服务“不打烊”的承诺，主动公布节日期间网点运营情况、服务标准，畅通快递员投诉申辩渠道，为春节留守的一线员工提供完善的激励政策和福利待遇，保障快递服务质量。三是合力打造安全的年货节，坚持“人”“物”同防，严格执行《疫情防控期间邮政快递业生产操作规范建议（第七版）》要求，严把境外输入关和进口冷链关，有序开展从业人员加强免疫接种工作，加强岁末年初安全防范，严格执行寄递安全“三项制度”，坚决将各类禁寄物品堵截在寄递渠道之外，确保大家度过一个健康、平安的节日。

广东局收到省新冠肺炎防控指挥办生活物资保障组感谢信

1月17日，广东省新冠肺炎防控指挥办生活物资保障组发来感谢信，对广东省邮政管理局在2021年生活物资和疫情防控工作中作出的积极贡献表示感谢，指出在2021年省内局部地区暴发新冠肺炎疫情，并实施区域封控、管控的情况下，省邮政管理局以高度政治责任感和强烈使命感，全力以赴、及时、高效、规范做好群众生活必需品配送供应，保证了全省广大人民群众、企业用邮服务需求与用邮安全，为全省生活必需品保供稳价作出了重要贡献，彰显了“人民邮政为人民”的服务宗旨和使命担当。

副省长陈良贤调研进境国际邮件快件疫情防控工作

1月28日，广东省副省长陈良贤率队到广东省航空邮件处理中心、中外运-敦豪（DHL）国际航空快件有限公司广州市花都服务中心，调研进境国际邮件快件疫情防控工作情况，并听取省邮政管理局有关工作情况汇报。省政府副秘书长任小铁，省邮政管理局局长周国繁，以及省卫生健康委、海关总署广东分署和广州市邮政管理负责同志等参加调研。调研组一行深入企业进境国际邮件快件处理场地，查看了企业疫情防控措施落实情况，详细了解进境国际邮件快件处理流程。陈良贤指出，邮政快递业在服务疫情防控和经济社会发展工作中发挥了重要作用。要持续认真贯彻落实习近平总书记关于疫情防控的重要指示精神，按照省委省政府有关疫情防控工作要求，坚决做到思想不松、责任不松、措施不松，严格落实“外防输入”各项措施，切实做好进境邮件快件的消毒处理，提示提醒收件人做好个人防护，慎终如始抓好进境国际邮件快件疫情防控工作。

副省长张新春节期间调研指导全省进境国际邮件快件疫情防控工作

1月31日，大年二十九，广东省副省长张新率队到东莞、深圳调研检查疫情防控工作情况，重点指导做好全省进境国际邮件快件疫情防控工作。省邮政管理局局长周国繁参加。张新先后来到东莞市凤岗镇和深圳市实地调研检查疫情防控工作，并听取了周国繁代表省邮政管理局作的关于全省进境国际邮件快件疫情防控工作情况的汇报。张新对省邮政管理局工作给予了充分肯定，要求认真研判分析，坚持预防为主，强化防控措施落实，加强应急值班值守，严防疫情通过寄递渠道输入扩散。当天晚上在深圳，张新还主持召开了全省疫情防控工作电视电话会议，对全省疫情防控重点工作进行部署，强调要加强对进口物资、跨境货物、国际邮件快件等的检测消杀和拆封使用防控，梳理涉疫风险名单，强化风险排查。会上，深圳市委常委、常务副市长黄敏还介绍了深圳市疫情防控有关情况。

副省长陈良贤部署进一步加强全省进境国际邮件快件疫情防控工作

2月1日，大年初一，广东省副省长陈良贤主持召开专题会议，研究部署进一步加强跨境货物和国际邮件快件疫情防控管理相关工作。陈良贤对全省国际邮件快件疫情防控给予充分肯定，强调要进一步摸清底数，加强对进境国际邮件快件的防疫管控力度，把好来源关和收件关，督促快递员在国际邮件快件处理过程中加强个人卫生防护，全程佩戴口罩、手套等防护用品，对每一件国际包裹外包装张贴提示标签，并做好投递前的电话、短信提醒工作，坚决防止疫情通过寄递渠道输入扩散。

省长王伟中要求加强国际邮件快件疫情防控工作

2月3日，大年初三，广东省省长王伟中主持召开省“两节”防控专班疫情防控工作专题会议，深入学习贯彻习近平总书记关于疫情防控工作的重要指示精神，认真落实省委工作部署要求，研判近日省内零星散发疫情防控形势，调度解决存在的突出问题，研究部署下一步工作。王伟中指出，当前正值春节假期，北京冬奥会即将开幕，做好疫情防控工作事关全局、责任重大，一丝一毫都不能松懈。各地、各部门要切实提高政治站位、胸怀“国之大者”，坚决贯彻“外防输入、内防反弹”总策略和“动态清零”总方针，坚持把疫情防控作为第一位的工作抓紧抓实，力争尽快控制疫情，坚决防止扩散外溢，确保全省人民度过一个欢乐祥和的春节。针对跨境货物和国际邮件快件疫情防控管理相关工作，王伟中强调，要严格抓好源头管控，坚持人、物、环境同防，压实行业主管部门监管责任和企业主体责任，及时完善相关机制，围绕入境、仓储、运输、配送、拆封使用等各环节，加强对进口物资、跨境货物、国际邮件快件等检测消杀和拆封使用防控。

副省长陈良贤春节期间到省邮政管理局调研慰问

2月5日上午，广东省副省长陈良贤专程到省邮政管理局调研慰问，看望春节期间值班值守干部职工，向他们送上节日问候和新春祝福，并叮嘱从严从紧做好全省进境国际邮件快件疫情防控工作。陈良贤与参会人员进行亲切交谈，对专班工作给予充分肯定，对大家继续保持昂扬斗志、饱满热情、奋斗姿态坚守岗位，表示由衷的欣慰，强调要切实发挥专班的机制作用，加强统筹协调，从严从紧把好“两个”关口。他要求，要对每一件国际包裹外包装张贴温馨提示标签，投递前电话或短信告知用户做好个人防护，落实收件人风险“双提醒”；要牢固树立“拆件点就是风险点、拆件人就是重点管理人群”的认识，落实场地、岗位、人员“三固定”要求；要督促从业人员在国际邮件快件处理过程中加强个人卫生防护，全程佩戴口罩、手套等防护用品，持续推进新冠疫苗加强针接种和定期核酸检测。陈良贤还嘱咐，北京冬奥会与春节假期重叠，大家坚守岗位，一定要保重身体，保持定力，希望大家再接再厉，继续高标准做好服务保障和疫情防控工作，为人民群众度过欢乐祥和的春节贡献行业力量，全力打赢疫情防控歼灭战。

广东实现跨境电商综试区全覆盖利好邮政快递业

2月8日，国务院发布关于同意在27个城市和地区设立跨境电子商务综合试验区的批复，同意在韶关市、汕尾市、河源市、阳江市、清远市、潮州市、揭阳市、云浮市等27个城市和地区设立跨境电子商务综合试验区。至此，广东实现跨境电商综试区在全省21个地级以上市的全覆盖，总数位居全国第一，邮政快递业发展将进一步迎来重大利好。根据此次批复，新设立的综试区建设要复制推广前五批综试区成熟经验做法，发挥跨境电商助力传统产业转型升级、促进产业数字化发展的积极作用，引导跨境电子商务健康持续创新发展，全力以赴稳住外贸外资基本盘，推进贸易高质量发展。此前广东13个综试区方案中，除明确要实现海关、外汇、税务、商务、市场监管、公安、邮政管理等部门之间数据互通、监管互认、信息互换之外，还提出诸多有利于邮政快递业加快跨境寄递业务发展,更好服务电子商务发展的利好政策。

广东省《政府工作报告》重点任务分工方案提出要深入推进快递业“两进一出”工程

2月28日,广东省人民政府印发《2022年省〈政府工作报告〉重点任务分工方案》,提出要深入推进快递业“两进一出”工程试点。分工方案提出,要制订出台加强县域商业体系建设促进农村消费的实施意见。完善城乡物流服务网络,推动建立农产品全程冷链流通体系。分工方案还明确了一系列需要邮政快递行业参与分工落实的重点任务,包括:一是加快新型消费基础设施建设和载体建设。健全数字化商品流通体系,支持商贸平台建设,加强信息基础设施建设,提升新型消费网络节点布局建设水平。加快推进新设8个跨境电商综试区建设,推动跨境电商示范省创建。建设一批省级电子商务示范园区。二是完善城乡商贸流通体系,加快国家物流枢纽、骨干冷链物流基地、广东供销冷链物流网等建设。三是稳步拓展东盟等“一带一路”沿线市场。出台落实RCEP的政策措施,办好第二届RCEP跨境电商交流会,引导企业用好RCEP红利。推动我省中欧班列高质量发展。四是制定跨境电商示范省创建方案,力争国家批复同意。制定韶关等8个地市的跨境电商综试区建设方案,抓好跨境电商10条措施落地实施推进跨境电商综试区加快发展。五是启动建设大湾区全球贸易数字化领航区。

2021年度广东省“最美快递员”评选揭晓

3月8日,经过预审筛选、公开投票、综合评定等程序,2021年度广东省“最美快递员”名单揭晓,邱伟峰、杨秀万、杨磊等10名“最美快递员”和中国邮政集团有限公司深圳市分公司红荔投递部等5个团队受到表彰。此次评选活动由省邮政管理局、省总工会联合举办,省快递行业协会协办。经过逐级推荐,此次评选活动共收到各个渠道推送的40位“最美快递员”和38个“最美快递员”团队名单。通过公示、评委评议等环节,最终确定10人为“2021年度广东省‘最美快递员’”,5个集体为“2021年度广东省‘最美快递员’团队”。他们来自不同企业和行业各个领域,一个个事迹赢得了行业内外的广泛称赞。

广东省领导到东莞调研进境国际邮件快件疫情防控工作

3月16日,广东省委书记李希,省委副书记、省长、深圳市委书记王伟中到东莞市,就深入学习贯彻习近平总书记关于疫情防控工作的重要指示精神,落实国务院联防联控机制部署要求,全力打好打赢疫情防控硬仗进行调研检查、推动落实。其间,李希、王伟中来到东莞国际邮件互换局调研检查进境国际邮件快件疫情防控工作。东莞国际邮件互换局位于东莞市东城区跨境电商中心园区内,可直接与全球200多个国家(地区)互通邮件,日均处理能力峰值可达200万件。李希、王伟中实地察看邮件收寄和分拣生产流水线,在充分肯定邮政快递行业疫情防控工作的同时,强调要细致抓好工作人员的教育培训和健康管理,严格做好国际邮件快件、生产作业场所、生产设备、运输车辆的检测消杀,确保“外防输入”全链条全流程严丝合缝。

广东省邮政快递业服务预制菜产业高质量发展

3月24日,经广东省人民政府同意,广东省政府办公厅印发《加快推进广东预制菜产业高质量发展十条措施》,提出要构建以国家骨干冷链物流基地、公共型农产品冷链物流基础设施骨干网为主渠道的预制菜流通体系,培育一批跨区域的预制菜仓储冷链物流龙头企业;要依托农产品“12221”市场体系,开展线上线下营销活动,鼓励预制菜企业创建加盟网店;要推动预制菜走向国际市场,并明确将省邮政管理局作为上述措施的责任单位。

广东省出台促进服务业领域困难行业恢复发展政策支持邮政快递业发展

3月24日，经广东省人民政府同意，广东省政府办公厅印发《广东省促进服务业领域困难行业恢复发展的若干措施》，邮政快递业发展获支持。若干措施明确，要支持开展县域商业体系建设，推动“一个上行（农产品上行）”和“三个下沉（供应链下沉、物流配送下沉、商品和服务下沉）”。支持供销合作社开展县域流通服务网络建设提升行动，建设县域集采集配中心，布局建设农产品田头综合服务中心。鼓励有条件的地市对零售企业拓展县域市场、下沉品质商品和服务进行补贴。推进快递进村工程，推进“邮政快递业服务乡村振兴”项目并给予财政扶持。要进一步加强农产品供应链体系建设，完善农产品流通骨干网络，加快推进广东供销公共型农产品冷链物流基础设施骨干网、放心农产品直供配送网建设。若干措施还着眼于广东省服务业企业的实际情况，提出13条普惠性纾困扶持措施，提供税费减免、租金减免、金融支持等帮助。

广州市邮政业安全中心揭牌

3月30日上午，广州市邮政业安全中心正式揭牌成立，标志着全市邮政业安全监管工作迈入新阶段，为行业高质量发展、高效能治理奠定了更加坚实的基础。

《广东省保障快递员群体合法权益若干措施》出台

4月8日，广东省邮政管理局联合省交通运输厅、省发展改革委、省人力资源和社会保障厅、省商务厅、省市场监督管理局、省总工会印发《广东省保障快递员群体合法权益若干措施》。措施结合广东省情业情，聚焦快递员权益保障工作重点环节和关键问题，提出形成合理收益分配机制、保障快递员合理劳动报酬与休息权利、提升快递员社会保险水平、优化快递员生产作业环境、规范快递品牌统一管理责任、规范快递企业用工管理、充分发挥工会组织积极作用、加强网络稳定运行监管、完善职业发展保障体系、健全完善寄递渠道安全监管机制等十项任务措施。

广东省委省政府提出要优化农村物流快递网点布局

4月12日，中共广东省委、广东省人民政府印发《关于做好2022年全面推进乡村振兴重点工作的实施意见》，惠及邮政快递业。实施意见提出，要夯实农业现代化基础支撑，推进“互联网+”农产品出村进城工程试点。推动农村消费提质升级。实施县域商业建设行动。优化农村物流快递网点布局，实现行政村通快递全覆盖。支持打造智慧物流运输快线试点。实施农产品仓储保鲜冷链物流设施建设工程，推进田头智慧小站成套设备补贴试点，在重要农产品主产地建设推广田头智慧小站，年底实现现代农业产业园区全面布点。加快供销冷链物流网建设，支持开展县域流通服务网络建设。

广东省政府印发中国（韶关）等8个跨境电商综试区实施方案利好邮政快递业

4月12日，广东省人民政府印发中国（韶关）等8个跨境电子商务综合试验区实施方案。强调要抓好韶关、河源、汕尾、阳江、清远、潮州、揭阳、云浮等8个跨境电子商务综合试验区建设工作，推动全省贸易高质量发展，邮政快递业发展获利好政策支持。8个综试区方案均提出要实现商务、海关、税务、市场监管、邮政管理、外汇等部门间数据互通和信息共享。除云浮外，其他7个综试区方案均明确，要通过链接金融、物流快递、电子商务平台、外贸综合服务企业等，为跨境电子商务企业提供物流、金融等供应链服务。除揭阳外，其他7个综试区方案均明确，要形成布局合理、层次分明、衔接顺畅、功能齐全的跨境物流分拨配送和运营服务体系。

广东省出台数字经济工作要点提出要加快邮政快递业升级

4 月 13 日，经广东省人民政府同意，广东省工业和信息化厅印发《2022 年广东省数字经济工作要点》，提出要加快邮政快递业升级。工作要点提出，要完善邮政业信息化监管平台，推进邮政业智能安检系统研发和智能视频监控系统试点；要加快邮政快递业升级，推动县域城乡寄递物流运输的无人化、绿色化和智能化，有效构建公共集约、便民高效、辐射全国、覆盖城乡的物流网络。

广东局颁发全省邮政快递领域首张全国互认重点物资运输车辆通行证

4 月，广东省邮政管理局通过"广东省重点物资运输车辆通行证信息共享系统"正式颁发了全省邮政快递领域首张全国统一式样的"广东省重点物资运输车辆通行证"，该通行证由深圳顺丰速运有限公司申报，深圳市邮政管理局负责初审，车辆始发地为深圳市宝安区。

广东局获评全省系统防范化解道路交通安全风险工作优秀主办单位

4 月 23 日，广东省安全生产委员会印发通报，对全省系统防范化解道路交通安全风险工作成绩突出单位进行表扬。广东省邮政管理局获评"优秀主办单位"，同时也是唯一获通报表扬的中直驻粤单位。

广东省邮政快递业将进一步提升服务渔业效率

4 月 29 日，经广东省人民政府同意，广东省政府办公厅印发《关于加快推进现代渔业高质量发展的意见》，提出要提升快递物流行业服务渔业效率，引导快递企业加强冷链物流服务能力建设，鼓励创建以电商、大型社区为依托的产销对接渠道。广东省邮政管理局指出，快递是保证水产品新鲜送达各地的重要方式，2021 年全省邮政快递业为服务疫情影响下的开渔期作出了积极贡献，在优质寄递服务的助力下，海鲜产品销售规模日益增长，获得了渔民和消费者们的纷纷点赞。2021 年，汕头市南澳岛共有 6 个品牌快递企业增设了 13 个快递末端网点，占该海岛全部网点数的 40%，更好地满足了海鲜产品多样化的寄递需求；从阳江寄出的海鲜快件实现 80% 的增长；邮政企业建设以海产品为产品载体的基地项目，开通极速鲜专线直达邮路，通过冷链车提供省内次日达、省际邮件 48 小时内送达服务；顺丰速运用现代信息技术和现代化包装、航空资源保障等方式为生鲜类快件提供高效服务；京东为海鲜产品提供专业包装，海鲜较多的站点保障直发线路，同时在每个海鲜快件上贴上生鲜产品优先派送标识，一律使用京东的特快业务，优先中转，优先派送，在派送端为每个站点配置冰箱，保证海产品享受全程冷链服务……各地各寄递企业持续发力，推动快递服务渔业效能不断提升。

广东省邮政快递业 7 个集体、10 名个人获表彰

5 月，全国和广东省"五一""五四"表彰名单揭晓，广东省邮政快递业 7 个集体、10 名个人获表彰。其中，深圳顺丰泰森控股(集团)有限公司重货收派员秦文冲获"全国五一劳动奖章""广东青年五四奖章"，广东享通速递有限公司团支部书记杨汉盛获评"全国优秀共青团干部"；中国邮政集团有限公司茂名市电白区分公司获"广东省五一劳动奖状"；广州德邦物流服务有限公司龙兴重货分部快递员组长陈俊安、中国邮政集团有限公司珠海市分公司城区寄递事业部高级揽投员周锦河、梅州市顺丰速运有限公司营业点快递员丘伟、中国邮政集团有限公司中山市分公司工会与离退休管理岗员工罗燕萍、中外运-敦豪国际航空快件有限公司中山分公司江济源、中外运-敦豪广东分公司派送员黄树粤、中国邮政集团有限公司珠海市分公司城区寄递事业部柠溪投递部高级投递员钟韶辉、中国邮政集团有限公司广东省广州邮区中心省际运输班长途邮运司机谢永军等 8 名

个人获评“广东省五一劳动奖章”；广州顺丰速运有限公司中环广场速运营业部、饶平中通快递有限公司客服部出港班组、中国邮政集团有限公司广东省始兴县分公司北门路支局、中国邮政集团有限公司佛山市寄递事业部政务营销中心等4个集体获评广东省“工人先锋号”；中国邮政集团有限公司韶关市曲江区分公司城东支局营业员张歆曼获评“2021－2022年度广东省优秀共青团员”。

广东省委常委叶贞琴调研邮政快递业服务乡村振兴工作情况

5月17日，广东省委常委叶贞琴到省邮政分公司，就深入贯彻习近平总书记关于“三农”工作的重要论述，推进邮政快递业服务乡村振兴工作进行走访调研，并听取省邮政管理局有关工作情况汇报。叶贞琴指出，近年来，全省邮政快递业紧紧围绕服务乡村振兴主线，积极落实省委省政府工作部署，在加快推进农村物流体系建设、“12221”农产品市场体系建设、助力构建新型乡村助农服务体系、开展乡村振兴驻镇帮镇扶村工作等方面做了大量工作，取得显著成效，对此表示衷心感谢。他强调，邮政业是国家重要的公用事业，是推动流通方式转型、促进消费升级的现代化先导性产业，邮政体系是国家战略性基础设施和社会组织系统，贯彻落实好乡村振兴战略，是新时代邮政业必须肩负起的重大政治任务，是新时代邮政业必须紧紧围绕、重点服务的大局，省委省政府将一如既往重视和支持全省邮政快递业发展，希望全省邮政快递业进一步增强社会责任感和使命感，立足新阶段新形势新要求，充分发挥好行业在服务全省乡村振兴工作中的作用，展现担当，形成合力。

广东省第十三次党代会向邮政快递业释放利好

5月22日，中国共产党广东省第十三次代表大会在广州市开幕，省委书记李希代表中共广东省第十二届委员会在大会上所作的工作报告中，“推动农村水电路气网邮等设施提档升级”等多项内容惠及邮政快递业。报告提出，要持续实施新一轮基层党建三年行动计划，加强新业态、新就业群体党建工作。要巩固提升对外经贸合作水平，大力发展数字贸易、跨境电商等新业态，打造一批全球性重要产品中转集拼中心和大宗商品储运基地，牢牢掌握要素配置关键环节、供需对接关键链条、内外循环关键通道，推动高质量引进来、高水平走出去。要坚持软硬联通并举，打造国际一流湾区和世界级城市群。推进基础设施互联互通，加快建设“轨道上的大湾区”“数字湾区”，让人流、物流、资金流、信息流更便捷流动。要全面加强现代化基础设施体系建设。坚持系统谋划、整体协同，让支撑经济发展、促进内外循环的“骨骼”更强壮、“血脉”更畅通。强化网络型基础设施的先导支撑，聚焦联网、补网、强链，大力发展高速铁路、城际铁路、城市轨道和货运铁路，完善东联闽浙、西接桂黔、北通湘赣、南至海南的省际交通网络，加快建设“12312”出行交通圈和“123”快货物流圈。要强化城乡基础设施的统筹保障，推进国家新型城市基础设施建设试点，推动农村水电路气网邮等设施提档升级，让城乡运行更高效、更安全、更智慧。

广东局主要负责同志和两名快递小哥当选为省第十三次党代会代表

5月22日至25日，中国共产党广东省第十三次代表大会在广州召开。其间，省委书记李希代表中共广东省第十二届委员会作了工作报告并获大会批准。广东省邮政管理局党组书记、局长周国繁作为省第十三次党代会代表出席会议并参加所在的省直机关代表团第一组分组讨论。另，广州顺丰速运有限公司快递员邓兴斌、顺丰深圳分公司快递员秦文冲2名快递员作为快递行业代表、省第十三次党代会代表出席大会。

两部门联合发文保障疫情防控期间邮政快递民生服务畅通运行

5月23日，广东省邮政管理局联合省住房和城乡建设厅印发通知，多举措维护末端寄递服务正常运转，切实保障疫情防控期间邮政快递民生服务畅通运行。通知要求，要畅通邮政快递末端揽投服务。各地住房城乡建设、邮政管理部门要强沟通协作，向社区、广大居民、物业服务企业宣传货运物流保通保畅的重大意义，保障“最后100米”邮政快递服务畅通。支持邮政快递企业在符合疫情防控要求的前提下，进入住宅小区、商务楼宇、各类园区和相关单位提供正常的寄递服务，不得随意增加限制条件，阻碍邮政快递企业揽收投递服务。

广东出台贯彻落实国务院《扎实稳住经济的一揽子政策措施》实施方案利好邮政快递业

5月31日，广东省人民政府印发《广东省贯彻落实国务院〈扎实稳住经济的一揽子政策措施〉实施方案》，邮政快递业发展获利好政策支持。实施方案明确，要严格落实国家已出台的制造业、科学研究和技术服务业、电力热力燃气及水生产和供应业、软件和信息技术服务业、生态保护和环境治理业、民航交通运输仓储和邮政业等6个行业留抵退税政策，确保存量留抵税额全额退还、增量留抵税额按月全额退还。要全面取消对来自疫情低风险地区货运车辆的防疫通行限制，着力打通制造业物流瓶颈，加快产成品库存周转进度。客货运司机、快递员、船员到异地免费检测点进行核酸检测和抗原检测，所在地政府视同本地居民纳入监测范围、享受同等政策，所需费用由地方财政予以保障。要按照国家部署加快推进县域商业建设行动，推动“一个上行（农产品上行）”和“三个下沉（供应链下沉、物流配送下沉、商品和服务下沉）”。实施方案还提出了一系列普惠性扶持政策，帮助邮政快递企业恢复发展。

《广东省乡村振兴促进条例》为乡村邮政快递业发展提供法治保障

6月1日，广东省第十三届人民代表大会常务委员会第四十三次会议表决通过《广东省乡村振兴促进条例》，自2022年9月1起施行。条例明确，支持涉农企业、农民专业合作社、农业社会化服务组织、供销合作社、邮政物流企业、银行保险机构等开展生产托管服务、技术服务、农民培训、金融服务，以及农产品保鲜、加工、包装、仓储、流通等服务。加强乡村快递服务站点建设，鼓励实行乡村快递服务政策性补助。支持在农产品生产基地、渔港建设具有仓储保鲜、物流配送、新品种推广、直播营销等功能的农产品综合服务站点。

广东局与省烟草专卖局深化联合监管协作机制

6月20日，广东省邮政管理局与广东省烟草专卖局联合印发《关于深化广东省寄递渠道涉烟违法行为联合监管协作机制的意见》，提升全省寄递渠道联合打击涉烟违法行为治理效能。意见指出，广东省邮政管理、烟草专卖部门要建立打击寄递渠道涉烟违法活动联合工作机制，确定领导小组，形成联席会议制度，明确开展联合打击行动工作任务。一是强化监管检查，进一步加强对寄递渠道涉烟违法行为的日常监管和查处力度，加大对寄递环节重大涉烟案件指导协调力度，确保相关案件依法查处到位；二是强化信息共享、资源共用，加强沟通协作，及时互通线索情报，强化案件移送和执法衔接，依法移交相关案件；三是强化宣传教育和培训，做好相关法律法规的宣传教育，适时组织开展专项行动和普法宣传活动。

副省长陈良贤批示充分肯定全省邮政行业发展成效

6月27日，广东省副省长陈良贤在广东省邮政管理局呈报的工作报告上作出批示，充分肯定广东省邮政行业发展成效，指出行业保持稳健增长势头不容易，强调要落实好减税降费政策，关心关爱快递从业人员，统筹好疫情防控和经济稳增长，为大局作出应有的贡献。

农业农村部、广东省政府共同实施广东乡村振兴战略

6月30日，经农业农村部、广东省人民政府同意，广东省政府办公厅印发《农业农村部　广东省人民政府共同推进广东乡村振兴战略实施2022年度工作要点》，明确要推进“快递进村”和农村寄递物流体系建设。工作要点提出，要推进农产品仓储保鲜、冷链物流设施建设和广东供销公共型农产品冷链物流基础设施骨干网建设。要畅通“农产品上行、工业品下行”双向通道，优化农村快递网点布局，实施“快递进村”工程，构建县镇村三级农村物流网络。

广东省交通物流专项再贷款落地实施政策利好邮政快递业

7月7日，由中国人民银行广州分行、广东省交通运输厅联合主办的交通物流专项再贷款落地实施政策宣讲会暨银企对接会在广州召开。此次会议采取“现场会议＋线上直播”形式，重点对中国人民银行和交通运输部联合印发的《关于设立交通物流专项再贷款有关事宜的通知》和《关于用好交通物流专项再贷款的补充通知》进行分析与解读，就交通物流专项再贷款政策的适用对象、申请条件、审核及报销要求等进行了详细讲解，明确了具有邮政管理部门核发的“快递业务经营许可证”（含分支机构）的中小微快递企业可以申请交通物流专项再贷款项目，行业发展再获政策支持。

广东省出台数字乡村发展实施方案推进农村寄递物流体系建设

7月8日，广东省委网络安全和信息化委员会办公室等10部门联合印发《广东省贯彻落实〈数字乡村发展行动计划（2022－2025年）〉实施方案》，推进农村寄递物流体系建设。实施方案明确，要推进乡村基础设施数字化升级。优化农村信息服务基础设施建设，有序推进农业农村、商务、邮政、供销等部门农村信息服务站点的整合共享。搭建公共型智慧冷链物流系统，加快农产品收购加工、冷链运输、冷链仓储数字化，实现农产品冷链仓储运输全程温控管理，加快冷链物流向乡村延伸。实施方案要求，要培育壮大乡村新业态。深化农村电商发展。开展“互联网＋”农产品出村进城工程省级试点。深入推进电子商务进农村，巩固提升综合示范成效，进一步完善农村电商公共服务体系，夯实农村电商发展基础。推进农村寄递物流体系建设，加快推进“快递进村”工程。实施方案还强调，要打造智慧绿色乡村。推进快递行业绿色发展，开展快递包装产品绿色认证，深入推进快递包装绿色治理。为保障各项措施落地见效，实施方案还提出加强组织领导、加强财政金融政策支持、加强人才支撑、加强宣传引导等保障措施。

《广东省塑料污染治理行动方案（2022－2025年）》进一步明晰邮政快递业绿色发展路径

7月25日，经广东省人民政府同意，广东省发展改革委、广东省生态环境厅印发《广东省塑料污染治理行动方案（2022－2025年）》，进一步明晰全省邮政快递业绿色发展路径。行动方案目标提出，到2025年，塑料污染治理机制运行更加有效，地方、部门和企业责任有效落实，塑料制品生产、流通、使用、回收、处置全链条治理成效更加显著，白色污染得到有效遏制。源头减量力度显著增强，商品零售、电子商务、邮政快递、餐饮外卖、展会活动、宾馆酒店等重点领域不合理使用一次性塑料制品现象大幅减少，电商快件基本实现不再二次包装，可循环快递包装保有量达到200万个。

联邦快递大幅提高广州口岸操作中心处理能力

7月28日，广东省机场集团物流有限公司与全球最具规模的速递运输公司之一联邦快递宣布,计划在广州白云国际机场建设白云机场国际4号货站(联邦快递华南操作中心)项目,扩建和升级广州口岸操作中心。全新的联邦快递华南操作中心将位于广州白云国际机场的联邦快递亚太区转运中心内,力争于2025年竣工验收。该设施占地面积将超过4.1万平方米,包括办公区域、分拣系统、操作场地和仓库等,比现有的联邦快递在广州白云国际机场的口岸操作中心面积扩大超过1倍,预计每小时最高可分拣2.5万个进出口包裹和文件,分拣效率为现时的广州口岸操作中心处理能力的3倍。

广东局印发《关于深入推进广东省邮政管理系统法治政府建设的实施意见》

8月2日,广东省邮政管理局印发《关于深入推进广东省邮政管理系统法治政府建设的实施意见》。实施意见要求,广东省邮政管理系统要加快政府职能转变,推动有效市场和有为政府更好结合;要健全依法行政制度体系,加快推进行业治理规范化程序化法治化;要健全行政决策制度体系,提升行政决策公信力和执行力;要健全行政执法工作体系,全面推进严格规范公正文明执法;要健全矛盾纠纷化解体系,依法妥善解决群众合理诉求;要健全行政权力制约和监督体系,促进行政权力规范透明运行;要强化法治建设科技保障,提升法治政府建设数字化水平;要加强党的领导,完善广东省邮政管理系统法治政府建设推进机制。到2035年底,基本建成职能科学、权责法定、执法严明、公开公正、智能高效、廉洁诚信、人民满意的广东省邮政管理系统,满足基本建成邮政强省的需要。

广东省快递企业分支机构名录寄递服务实现地市全覆盖

8月,广东省21个地市全部完成快递企业分支机构名录寄递服务功能的开通及首发寄递。

广东省推进多式联运发展优化调整运输结构利好邮政快递业发展

8月13日,经广东省人民政府同意,广东省政府办公厅印发《广东省推进多式联运发展优化调整运输结构实施方案》,邮政快递业发展获政策支持。实施方案强调,要提升基础设施能级。提升多式联运通道能级,推动构建“三横、四纵、两联”的省域综合立体交通网主骨架。加快完善多式联运集疏运网络,推动珠三角、粤东、粤西三个港口集群协同发展,拓展干线港国际航线和物流服务网络。完善货运枢纽功能布局,推动广州、深圳机场航空货运枢纽转运设施建设,配套完善货物转运、保税监管、邮政快递、冷链物流等综合服务功能,鼓励有条件的地市研究论证建设专业性货运枢纽机场可行性,布局建设空(高)铁联运场站。支持将广州—深圳打造为全球性国际邮政快递枢纽集群,推动佛山、东莞、珠海、揭阳等地建设全国性邮政快递枢纽,支持邮政快递枢纽与国家物流枢纽、综合货运枢纽共建共用。

广东省推进城乡一刻钟便民生活圈建设支持快递进社区

8月30日,广东省商务厅联合省邮政管理局等部门印发《关于推进城乡一刻钟便民生活圈建设加快品牌连锁店发展的实施意见》,明确支持快递进社区。实施意见提出,要丰富商业形态保障基本需求,优先配齐基本保障类生态,配置与居民日常生活密切相关的便利店、超市和快递服务点、智能快件箱等进社区,保障生活必需。要加强物流配送能力建设。推动共同配送、集中配送、夜间配送,支持设立前置仓,增强物流配送能力,提高配送效率。

广东省快递企业省内总部统一管理责任制实施办法出台

8月30日,广东省邮政管理局依据有关法律法规和政策文件要求，印发《广东省快递企业省内总部统一管理责任制实施办法（试行）》。该实施办法于2022年9月1日起实施。实施办法明确，广东省快递企业省内总部，是指该快递企业在广东省范围内注册成立的，经该品牌的全国总部授权，履行总部对该品牌在广东省范围内统一管理责任的全资或控股子公司或分公司。快递企业省内总部要认真落实对该品牌在广东省内的统一管理责任，并认真做好与其全国总部的协调工作。

广东省政府出台“十四五”节能减排实施方案推进邮政快递业绿色发展

8月31日，广东省人民政府印发《广东省“十四五”节能减排实施方案》。实施方案明确，到2025年，全省节能减排政策机制要更加健全有力，重点行业、重点产品能源利用效率和主要污染物排放控制水平要基本达到国际先进水平，经济社会发展全面绿色低碳转型取得显著成效。实施方案提出，要实施交通物流节能减排工程。大力推广新能源汽车，各地市新增或更新的城市物流配送、轻型邮政快递、轻型环卫车辆使用新能源汽车比例达到80%以上。发挥铁路、水运的运输优势，推动大宗货物和长途货物“公转水”“公转铁”及“水水中转”，建设完善集疏港铁路专用线，大力发展铁水、公铁、公水等多式联运。推进绿色仓储和绿色物流园区建设，推广标准化物流周转箱。强化快递包装绿色转型，加快推进同城快递环境友好型包装材料全面应用。

广东局与广州海关签订共同促进邮政业发展合作备忘录

9月19日，广东省邮政管理局与广州海关签订共同促进邮政业发展合作备忘录，建立健全海关、邮政管理部门联系配合机制，提升联合管理效能，推动粤港澳大湾区邮政业高质量发展。根据合作备忘录，双方将以推进粤港澳大湾区邮政业高质量发展为主线，围绕寄递安全、疫情防控、场所管理、数据共享等方面，促进双方职能优势互补、信息资源共享和执法协同联动，具体在建立联系配合机制、加强寄递企业管理、夯实寄递安全管理、优化开放发展环境、开展风险联合研判、加强疫情防控工作、强化场地和物流管理、加强政策法规宣讲等方面展开深入合作，共同提升寄递网络安全性、便捷性、稳定性、通达性。

广东省7部门联合发文推进快递员等新就业形态劳动者入会和权益保障工作

9月20日，广东省总工会、广东省邮政管理局等7部门联合印发《关于推进广东省新就业形态劳动者入会和权益保障工作的若干意见》，明确通过推动快递员等新就业形态劳动者加入工会的方式最大限度做好劳动保障权益维护相关工作。若干意见从坚持党建带动工建、强化思想政治引领、完善工会组织建设、拓宽劳动者入会渠道、团结职工建功立业、培养选树先进典型、建设工会服务阵地、提升工会普惠精准服务等方面进行了具体的工作部署，既覆盖新就业形态劳动者劳动保障权益工作各个方面，也明确了建会入会等工会工作职责。

广东出台推进冷链物流高质量发展“十四五”实施方案支持冷链寄递发展

9月23日，广东省政府办公厅出台《广东省推进冷链物流高质量发展“十四五”实施方案》，就广东省“十四五”时期推进冷链物流高质量发展的主要目标和重点任务做了具体安排。实施方案明确，到2025年，要基本建成符合广东省产业结构特点、适应经济社会发展需要的冷链物流体系，区域冷链物流综合实力稳居全国前列。实施方案提出，要完善县乡村冷链快递物流体系。鼓励邮政快递企业、供销合作社和其他社会资本在农产品田头市场合作建设预冷保鲜、低温分拣、冷藏仓储等设施。鼓励引导生鲜农产品经营主体加强与配送、快递等专业冷链物流企业合作，推行多品种、小批量、多批次的共同配送模式。要严格落实收费公路鲜活农产品运输“绿色通道”政策，对整车合法装载运输全国统一的《鲜活农产品品种目录》内产品的冷藏运输车辆，免收车辆通行费。对家庭农场、农民合作社、供销社、邮政快递企业等在农村建设的保鲜仓储设施用电执行农业生产电价。

梅州兴宁“电商物流＋农村客货同载＋商超联运”入选全国第三批农村物流服务品牌

10月8日，交通运输部办公厅、国家邮政局办公室公布第三批农村物流服务品牌，梅州市兴宁市“电商物流＋农村客货同载＋商超联运”成为入选。

广东省循环经济发展实施方案支持快递包装绿色转型

10月21日，经广东省政府同意，省发展改革委印发《广东省循环经济发展实施方案（2022－2025年）》，支持加快推进快递包装绿色转型。实施方案要求，要深入实施快递包装绿色转型行动。支持符合条件的城市和快递企业开展可循环快递包装规模化应用试点示范，大幅提升循环中转袋（箱）应用比例。推动电商与生产商合作，实现重点品类的快件原装直发。支持建立快递包装产品合格供应商制度，推动生产企业自觉开展包装减量化。鼓励电商、快递企业与商业机构、便利店、物业服务企业等合作设立可循环快递包装协议回收点，投放可循环快递包装的专业化回收设施。到2025年，电商快件基本实现不再二次包装，邮政快递网点禁止使用不可降解的塑料包装袋、塑料胶带、一次性塑料编织袋。

广东局联合省工信厅推动快递业与制造业融合发展

11月，广东省邮政管理局联合省工业与信息化厅开展快递业与制造业融合发展项目库建设和第一批融合发展试点先行区申报工作，扎实推进快递业与制造业深度融合发展。一是联合印发文件，推动实施全省快递业与制造业融合发展“5312”工程。积极广泛动员企业参与项目创建和入库申报，并整合工作力量，建设快递业与制造业融合发展长效机制。二是指导各市局就做好快递服务制造业项目库申报、快递业与制造业深度融合发展试点先行区创建等工作，对企业进行培训，切实提升工作能力，确保申报工作有序开展。三是强化工作督导。严格对各市局推荐项目进行审核和督导，及时反馈国家邮政局审核意见，保障申报质量。截至目前，全省共申报涉及轻工、汽车、3C电子、服装、医药等行业类别的快递服务制造业项目180个。

广东局出台农村寄递物流县级快件处理中心和乡镇快递网点建设指引

11月8日，广东省邮政管理局结合实际，印发《广东省农村寄递物流县级快件处理中心和乡镇快递网点建设指引（暂行）》。指引对县级快件处理中心和乡镇快递网点的选址、场地面积、服务标识、设施设备配置、上墙制度、信息化系统、经营资质等方面提出了具体要求。

副省长陈良贤调研快递业务旺季安全服务保障和疫情防控工作

11月11日，广东省副省长陈良贤率队到顺丰华南航空枢纽（广州）、圆通快递华南转运中心、邮政华南陆路邮件处理中心调研2022年快递业务旺季安全服务保障和疫情防控工作，看望慰问一线从业人员，听取行业发展情况汇报并充分肯定省邮政管理局工作，尤其是统筹疫情防控和行业旺季生产，支持广东经济、就业稳定取得积极成效，希望加快推进广东邮政快递业高质量发展。

广东省物流保通保畅工作机制部署切实保障邮政快递服务

11 月 28 日，广东省物流保通保畅工作领导小组办公室印发通知，要求全省各地认真贯彻落实国务院常务会议和国务院物流保通保畅工作领导小组总指挥（全体）调度会议部署要求，科学严格落实“五个严禁”要求，细化入粤货车“落地检”服务，加强入粤货车司机人文关怀，切实保障应急物资中转和邮政快递服务。通知强调，各地要严格规范邮政快递基础设施关停关闭行为，对因防疫需要确需关停关闭的，要按照《规范交通物流基础设施关停关闭和运输服务限制运行工作指南》《邮政快递行业基础设施关停关闭处理流程规定》，严格履行报批程序，提前向社会公布，并采取措施尽快恢复，全力保障邮政快递末端服务有序运转。对已经关停的邮政快递分拨中心和营业网点，满足解封条件的要尽快解封。实施“静默”或者封控管理的地区要通过建立邮政快递企业和从业人员“白名单”、实施封闭管理等措施，采取增设临时投递设施、划定特定交接区、实施无接触物品交换等方式，提供邮件快件配送服务，切实保障邮政快递“最后一百米”末端服务不断不乱，有序运转。要健全完善突发情况下应急预案，指导各地加强邮政快递应急站点、物资和人员储备，切实提高应急响应和处置能力，保障邮政快递服务持续稳定运行。

广东省“十四五”现代流通体系建设实施方案利好邮政快递业

12 月 2 日，经广东省人民政府同意，广东省发展改革委印发《广东省“十四五”现代流通体系建设实施方案》，邮政快递业发展获利好政策支持。实施方案明确，到 2025 年，全省现代流通体系初步建成，粤港澳三地市场一体化水平明显提升，商品和要素跨区域流通更加顺畅，“通道 + 枢纽 + 网络”现代物流运行体系基本建成，城乡一体、线上线下融合、内外贸互促的商贸流通体系率先建成，交通运输承载能力、金融服务保障能力、信用监管支撑能力进一步增强，流通市场主体创新实力和国际竞争力明显提升，应急保障能力和绿色发展水平显著提升，流通成本持续下降、效率明显提高，对畅通国民经济循环的基础性、先导性、战略性作用显著提升。

广西壮族自治区快递发展大事记

广西局推动全区三级行业疫情防控工作专班实现全覆盖

1 月，广西壮族自治区疫情防控指挥部办公室召开第五次会商会议，专题研究部署全区邮政快递业疫情防控工作。自治区邮政管理局党组书记、局长韦慧就自治区邮政快递疫情防控工作专班成立和对国际邮件快件的监管情况进行汇报。会议结束后，广西壮族自治区邮政管理局根据会议精神，就如何采取更有效的措施进一步加大岁末年初特别是春运期间邮政快递业疫情防控工作进行专题部署，同时要求全区各地采取有力措施推进成立邮政快递疫情防控工作专班。广西壮族自治区、市、县区三级邮政快递疫情防控工作专班实现全覆盖。

广西发布《推进基层快递网点优先参加工伤保险工作实施方案》

3 月，广西壮族自治区邮政管理局联合自治区人社厅印发《推进基层快递网点优先参加工伤保险工作实施方案》，全面推进基层快递网点优先参加工伤保险工作。该实施方案根据人力资源社会保障部办公厅、国家邮政局办公室《关于推进基层快递网点优先参加工伤保险工作的通知》要求，结合广西实际制定。方案提出了总体要求、工作目标，进一步细化工作步骤，明确责任分工，通过摸底调研、实施启动、督导参保、交流总结四个阶段，有序推进基层快递网点优先参加工伤保险工作。

广西将邮政快递业绿色环保纳入“十四五”清洁生产实施方案

3月，广西壮族自治区发展和改革委员会等10部门联合印发《广西“十四五”清洁生产实施方案》，将邮政快递业绿色环保工作纳入推进服务业清洁生产范畴。该方案明确推动电子商务、外卖、快递等行业包装减量与可降解包装替代、包装物循环利用，推行快递包装绿色产品认证，逐步减少使用一次性不可降解塑料包装袋、胶带和一次性塑料编织袋，全面推广使用电子运单，加强物耗信息化管理，减少固体废弃物的产生。

广西发布促进邮政快递业高质量发展实施方案

4月，广西壮族自治区人民政府办公厅发布《促进邮政快递业高质量发展实施方案》，旨在以习近平新时代中国特色社会主义思想为指导，全面贯彻落实党的十九大和十九届历次全会精神，深入贯彻落实习近平总书记视察广西“4·27”重要讲话精神和对广西工作的系列重要指示要求，以推动邮政快递业高质量发展为主题，以深化供给侧结构性改革为主线，以“进村进厂出海”工程为主要抓手，统筹发展和安全，着力强化邮政快递基础网络、畅通跨境寄递通道、激发资源要素活力、拓展服务领域链条、促进产业深度协同，为建设新时代中国特色社会主义壮美广西贡献邮政快递力量。

广西出台推进农村物流高质量发展行动方案

6月，广西壮族自治区党委办公厅、政府办公厅联合印发《广西统筹推进农村物流高质量发展行动方案（2022－2025年）》，这是全国首个以省级“两办”名义印发推进农村物流高质量发展的文件。行动方案提出：2022－2023年，要基本建成开放惠民、集约共享、安全高效、双向畅通的农村物流体系，全区每个县（市、区）建成1个县级物流配送中心，每个建制村建成1个村级寄递物流综合服务站，中心乡镇寄递物流中转站应建尽建，市县全区自然村“村村通快递”，建制村“快递天天送”，冷链物流、电子商务快速发展。2024－2025年，要全面建成布局合理、设施先进、链条完整的农村物流体系，实现快递“送上门”、冷链“通地头”、电商“全覆盖”、物流“一张网”，农村物流供给能力和服务质量达到全国一流水平。行动方案配套的《关于支持农村物流高质量发展的若干措施》提出：对新建或改造的县级物流配送中心，同时服务3个以上品牌寄递物流企业满1年，按照实际投资额的10%给予一次性补贴，单个项目补助资金最高为1500万元；对采用统仓共配模式且有3家以上寄递物流企业进驻共用，持续稳定运营1年以上的县级物流配送中心，给予一次性运营补贴，补贴资金最高为100万元；对新建或改造的具备寄递物流配送、仓储、代收代发等综合便民服务功能，有3家以上寄递物流企业进驻共用且依法运营满1年的中心乡镇寄递物流中转站、村级寄递物流综合服务站，通过以奖代补的方式对建设主体给予一次性奖补，奖补资金最高为2万元；对新纳入国家农村电商快递协同发展示范区的县（市、区），通过以奖代补的方式给予200万元奖励；“十四五”期间，对广西农村客货邮融合发展样板县给予一次性补贴，补贴资金最高为500万元。

广西局完成总部企业包装操作规范备案

为贯彻落实国家邮政局《邮件快件包装操作规范备案管理规定（试行）》有关要求，加快推进快递包装减量化、标准化和循环化，推动全区邮政快递业绿色高质量发展，广西壮族自治区邮政管理局多措并举组织开展邮件快件包装操作规范备案管理工作。截至6月22日，15家主要品牌省级区域总部已完成备案。

广西邮政快递业1个集体2名个人获表彰

8月,广西壮族自治区总工会发文表彰先进集体和个人。邮政快递业1个集体荣获自治区“工人先锋号”称号,2名个人荣获自治区“五一劳动奖章”。

广西局联合人社部门印发方案推进行业职业技能提升工程

12月,广西壮族自治区邮政管理局联合自治区人力资源和社会保障厅印发《全区邮政快递业职业技能提升工程实施方案》,进一步推进全区邮政快递业职业技能提升工程。方案要求,一是各级邮政管理部门、人力资源社会保障部门要牢固树立人才是第一资源的理念,把邮政快递业职业技能提升作为重要民生工程,加强组织领导,健全工作机制。二是加大投入力度,探索多元化资金投入机制,拓宽资金投入渠道。统筹发挥好企业职工教育培训经费、就业补助资金、职业技能提升行动专账结余资金等各类资金的作用。三是营造良好氛围,利用报刊、广播、电视、门户网站、政务微博、政务微信、手机客户端等平台和载体,宣传加强职业技能培训工作的方针政策,通过多种载体渠道,展示新时代邮政快递人的风采,传播行业正能量,营造有利于行业技能人才成长成才的良好环境。

广西签发全国首张快递业务经营许可证电子证照

12月21日15时,广西壮族自治区邮政管理局向广西德邦物流有限公司签发全国首张快递业务经营许可证电子证照。

广西3个集体入选全国邮政快递业青年安全生产示范岗

12月,国家邮政局发出通知,公布入选2022年度全国邮政快递业青年安全生产示范岗名单。其中,中国邮政集团有限公司南宁市分公司城区寄递事业部琅东营业部、广西顺丰速运有限公司金凯速运营业点、广西京东信成供应链科技有限公司江南营业部等3个集体榜上有名。

海南省快递发展大事记

冯飞省长部署全省春节疫情防控工作时要求高度重视物防工作

1月27日,海南省新型冠状病毒肺炎疫情防控工作指挥部专题会暨“两节”疫情防控工作专班会议在海口召开,研究部署海南省春节疫情防控工作。省长、省新型冠状病毒肺炎疫情防控工作指挥部总指挥冯飞出席会议并讲话。冯飞指出,要充分认识当前疫情防控工作的严峻性,时刻紧绷疫情防控这根弦,严格按照国务院联防联控机制和我省有关要求,扎实做好疫情防控工作,要高度重视物防工作,在国际邮件等渠道实现全覆盖管控、全过程溯源,坚决堵塞输入漏洞,把牢“外防输入”关口。要切实把各类防控措施落到实处,全力守住来之不易的疫情防控成果,确保人民群众度过健康平安的春节。

海南局制定印发全省邮政业“八五”普法工作实施方案

1月,海南省邮政管理局印发《海南省邮政业法治宣传教育第八个五年规划实施方案(2021—2025年)》,对海南省邮政业“八五”普法工作作出安排部署。实施方案紧密衔接国家邮政局《邮政业法治宣传教育第八个五年规划(2021—2025年)》和海南省委省政府“八五”普法工作安排,结合邮政业工作实际,提出了总体工作目标,到2025年,全省邮政管理部门依法治理水平明显提升,普法工作体系更加健全；邮政管理部门、业内企事业单位、行业协会的法治意识进一步提高，邮政快递用户群体依法用邮意识逐步增强；全省邮政行业遵法学法守法用法的自觉性和主动性显著提升，行业法治环境更加优化。实施方案明确了学习宣传习近平法治思想、学习培养宪法观念和宪法意识、突出学习宣传落实民法典、宣传贯彻邮政业法律法规、深入宣传自贸港法律法规、学习贯彻党章和党内法规等6个方面主要任务，提出了工作要求。

海南省关于加快农村寄递物流体系建设若干措施出台

1月，海南省人民政府办公厅印发《海南省关于加快农村寄递物流体系建设若干措施》，为加快全省农村寄递物流体系建设注入强劲动力。措施坚持目标引领，提出了到2023年将邮政普遍服务委代办局所占比降至3%以下，全省培育出15个邮政快递服务特色农业项目；到2025年前全省建成3个以上客货邮融合发展示范县（区），基本实现全省乡镇有综合寄递物流服务中心，实现有条件的建制村邮件快件收投服务基本全覆盖等工作目标。措施突出优化协同发展体系、补齐农村寄递物流基础设施短板、完善农产品上行发展机制和推动农村寄递绿色转型发展，充分彰显了海南特色。

王斌副省长春节前夕赴邮政快递业调研慰问

1月30日除夕前夕，海南省副省长王斌带队赴邮政快递业调研走访，亲切慰问奋战在一线的行业干部职工。王斌一行来到国际邮件互换局监控调度室，通过仔细观看视频监控、交流询问，详细了解了邮政企业落实常态化疫情防控措施、国际邮件快件日常消杀流程、行业人员疫情管理及疫苗接种等情况，对邮政管理部门指导行业落实疫情防控工作给予高度肯定，同时要求邮政企业要持续压实安全生产责任，强化疫情常态化防控措施，坚持“人”“物”同防。随后，王斌一行来到海口邮件处理中心察看邮政企业自动化分拣设施设备，了解国内邮件快件处理情况及春节期间业务发展情况，对2021年邮政快递业快速发展服务海南自贸港建设作出的贡献表示赞许和肯定，对一线干部职工的坚守付出、无私奉献表示感谢和敬意。新的一年，希望大家接续奋斗，在助力海南自贸港建设中作出新的更大贡献。

海南省快递业务量收增速跑赢全国

1月，海南省邮政快递业以“起步即冲刺，开局即决战”的气势，实现首月“开门红”。全省邮政快递业业务收入（不包括邮政储蓄银行直接营业收入）完成5亿元，同比增长近20%；其中，快递服务企业业务量完成1513万件，同比增长超30%；业务收入完成3.4亿元，同比增长超24%，业务量收增速跑赢全国。1月，全省快递处理量约9000万件，快递揽收单日最高峰值超63万件，呈现“快递服务快速增长、快递市场供需两旺”的特点，全省邮政快递服务对生活生产相关产业支撑和赋能力度进一步增强。

海南省邮政快递业内容被列为全年主要工作任务写入省政府工作报告

2月，海南省第六届人民代表大会第五次会议举行，健全农村寄递物流体系、推动实施绿色包装等涉及邮政快递业内容被写入省政府工作报告，并经省政府常务会议审议列为2022年政府工作报告主要工作任务。

海南省出台政策支持基层快递网点优先参加工伤保险

2月，海南省邮政管理局、省人力资源和社会保障厅、省社会保险服务中心联合印发《关于做好基层快递网点优先参加工伤保险工作的通知》，支持基层快递网点优先参加工伤保险。通知明确，全省行政区域内用工灵活、流动性大的基层快递网点(含邮政网点,下同)可优先单险种参加工伤保险,将基层快递网点中不完全符合确立劳动关系但企业对劳动者进行管理的,从事快递收寄、分拣、运输、投递、查询等服务的从业人员,纳入工伤保险保障范围。通知规定,从业人员在参保缴费期内,因工作遭受事故伤害或者患职业病的,其工伤认定、劳动能力鉴定、待遇标准等按照《工伤保险条例》《海南经济特区工伤保险若干规定》及国家和省相关配套规定执行。

海南省1—2月快递业务量收增速跑赢全国

1—2月,海南省邮政行业业务收入(不包括邮政储蓄银行直接营业收入)累计完成8.19亿元,同比增长18.78%;业务总量累计完成6.06亿元,同比增长18.29%。其中,快递业务量完成2504.93万件,同比增长36.58%;业务收入累计完成5.46亿元,同比增长23.95%,快递业务量收增速分别超过全国16.98个百分点和10.15个百分点。2月份全省快递业务量完成990.94万件,同比增长46.57%;业务收入完成2.04亿元,同比增长22.53%,全省邮政快递业继续保持“开门红、开门稳”的良好发展态势。

海南省发布现代物流业奖补资金管理实施细则

3月,海南省邮政管理局联合省发展改革委、省财政厅制定印发《海南省现代物流业发展奖补资金管理实施细则》。实施细则主要明确省级财政资金支持和补助邮政、快递企业建设快递分拨中心、运营中心、数据处理中心,购置快递智能分拣设备,使用循环包装箱(盒)及“两进一出”工程建设等事项,并对资金使用管理、申报流程等作了具体规定。涉及邮政快递业的具体奖补额度为:对邮政、快递企业建设快递分拨中心、运营中心、数据处理中心投资额1亿元以上的,给予200万元补贴。对邮政、快递企业购置快递智能分拣设备投资300万元以上的,按购置金额的15%给予补贴,最高不超过100万元。对邮政、快递企业使用循环包装箱(盒)超过15万件的,按累计使用量每件奖励0.4元;购买符合国家相关标准的可降解绿色环保包装袋超过20万个的,按累计购买量每个奖励0.3元,每家企业最高奖励不超过20万元。每年安排1000万元支持邮政、快递企业开展快递进村、快递进厂、快递出海等业务。

推进农村寄递物流体系建设被纳入海南省委乡村振兴工作部署

3月,《中共海南省委 海南省人民政府关于做好2022年全面推进乡村振兴重点工作的实施意见》印发,将“加快农村物流快递网点布局,实施‘快递进村’工程,鼓励发展‘多站合一’的乡镇综合服务站、‘一点多能’的村级寄递物流综合服务点,推进县乡村物流共同配送”等涉及邮政快递业相关内容纳入其中。省委1号文件将农村寄递物流体系建设相关内容纳入其中,充分体现了海南省委省政府对加快农村寄递物流体系建设的高度重视,是邮政快递业在海南经济社会发展中作用地位日益凸显、影响力不断提升的具体体现。

海南省邮政快递企业购买使用新能源汽车将享受政策补贴

4月,海南省工业和信息化厅印发《海南省2022年鼓励使用新能源汽车若干措施》,明确了对在海南购买使用新能源货车、新能源环卫车、新能源客车,个人及其他领域购买新能源汽车的鼓励措施等。措施鼓励使用新能源货车,明确2022年1月1日至12月31日期间,对在海南购买含邮政快递配送车辆在内的新能源载货营运汽车新车并在省内注册登记的,自车辆注册登记起一年内核算里程达3万公里后,按重型、中型、轻型及以下每辆车分别可申领3万元、2万元、1万元的运营服务补贴。

海南省部署开展全省邮政快递领域个人信息安全治理专项行动

4月27日，海南省邮政管理局、海南省公安厅、中共海南省委网络安全和信息化委员会办公室联合召开电视电话会议，部署开展为期半年的全省邮政快递领域个人信息安全治理专项行动。海南省公安厅网警总队负责人对相关工作进行部署，海南省邮政管理局副局长华雄出席会议并讲话，省委网信办网络安全部门负责人出席会议。会议传达了全国邮政快递领域个人信息安全治理专项行动部署电视电话会议精神，并解读《海南省邮政快递领域个人信息安全治理专项行动方案》。

推进“快递进村”相关工作被纳入海南省委一号文件分工方案

4月，中共海南省委农村工作领导小组对2022年省委一号文件相关工作任务进行细化分解，将推进“快递进村”相关工作纳入2022年全面推进乡村振兴重点工作任务分工方案之中。分工方案中提出“加快农村物流快递网点布局，实施‘快递进村’工程，鼓励发展‘多站合一’的乡镇综合服务站、‘一点多能’的村级寄递物流综合服务点，推进县乡村物流共同配送”。近年来，海南省委、省政府高度重视和关心支持邮政快递业发展，海南省人民政府办公厅印发有关政策文件对推进“快递进村”工程给予财政支持，并出台了海南省加快农村寄递物流体系建设若干措施，明确了推进“快递进村”工程和村级寄递物流综合服务站建设。

海南省领导同志批示肯定海南省邮政快递业一季度经济运行发展成效

4月，海南省省长冯飞、副省长倪强等领导同志分别批示肯定海南省邮政快递业一季度经济运行发展成效并提出希望，批示指出省邮政管理局主动作为，推动行业实现“开门红、开门稳”，予以肯定，再接再厉。

冯飞省长主持会议审议《海南自由贸易港邮件快件监管中心布局及建设方案》

7月12日，海南省省长、推进全岛封关准备工作专班组长冯飞在海口主持召开推进全岛封关准备工作专班第三次领导小组会议，传达学习中央有关要求，听取全岛封关准备工作整体推进情况汇报，研究部署下一阶段工作，审议《海南自由贸易港邮件快件监管中心布局及建设方案》。冯飞指出，推进全岛封关运作是当前海南自贸港建设的中心工作，全省各级各部门要提高站位，进一步增强责任感、紧迫感，落实好海南主体责任，齐心合力推动封关运作准备工作各项任务开展，力争交出高分答卷。强调要进一步完善工作专班及6个专项工作组工作推进机制，围绕全岛封关运作“三张清单”明确的任务事项逐条落实推进，扛起责任、主动作为，聚焦最紧迫、最重大的事项加快推进各项工作，加快推动硬件设施重点项目建设，倒排工期、挂图作战，确保按照时间节点完成建设任务等。

海南局推动属地政府出资购买政务便民寄递服务实现全省市县全覆盖

7月，海南省邮政管理局推动属地政府出资购买政务便民寄递服务实现全省市县全覆盖，让群众办事“少跑腿、少花钱”，为海南自贸港营商环境优化发挥了行业作用。

海南省领导肯定海南省邮政快递业上半年发展成效

7月，海南省邮政管理局呈报的上半年全省邮政快递业经济运行情况专报获得省委书记沈晓明、省长冯飞、省委常委巴特尔、副省长倪强等领导圈阅及批示，对海南省邮政快递业经济运行成绩给予肯定鼓励。

海南自由贸易港邮件快件监管中心布局及建设方案发布

7月，经海南省人民政府同意，海南省邮政管理局正式印发《海南自由贸易港邮件快件监管中心布局及建设方案》。方案由总体要求、布局方案、建设方案、建设实施等4个方面内容组成。根据《海南自由贸易港建设总体方案》要求，充分结合海南邮政快递业发展实际，按照协同推进、合理布局、高标建设、便利通行的原则，提出了以海口为主、三亚为辅的海南自由贸易港邮件快件监管中心布局思路，明确了项目建设规范要求以及属地政府、业主单位、各相关部门的职责任务分工、建设时限要求等。

“建功自贸港　快递勇担当”2022年寻找海南最美快递员活动启动仪式

7月25日，海南省邮政管理局会同省总工会联合举办“建功自贸港　快递勇担当”2022年寻找海南最美快递员活动启动仪式，海南局党组书记、局长丰圣少，海南省总工会党组成员、副主席张丙亮出席，省邮电教科文卫工会、省局和海口局机关干部，省快递企业协会和各主要品牌快递企业代表近百人参加启动仪式。张丙亮向全省广大邮政快递职工致以诚挚问候和美好祝愿，希望通过选树活动营造全社会关心关爱快递小哥的良好社会氛围。

海南邮政快递业纳入海南省降低物流成本纾困措施扶持范围

8月，海南省邮政管理局积极沟通协调推动邮政快递业纳入省发展改革委制定出台的《2022年海南省降低物流成本纾困扶持措施》的扶持范围。措施明确要加大对物流设施的投入，对企业新建冷库、购买冷藏设备、冷藏车辆，建设分拨中心、运营中心、数据处理中心，投资快递智能分拣设备，使用循环包装箱（盒）、购买可降解绿色环保包装袋等给予一定比例的资金奖补支持，并每年安排1000万元支持“两进一出”工程。对执行全货机航线的企业按照进出港货运量及航程，给予货运量补贴。同时，措施还加大对物流项目银行授信贷款，加大对交通物流领域信贷支持力度，阶段性降低通行附加费等。

行业多项政策利好被纳入《海南省进一步降低物流成本实施方案（2022－2025年）》

8月，经海南省邮政管理局多次沟通争取，海南省发展和改革委员会印发的《海南省进一步降低物流成本实施方案（2022－2025年）》将推动各市县出台车辆通行政策、降低过海成本、加强物流人才培养等涉及邮政快递业相关内容纳入其中。

村级寄递物流综合服务站建设等工作被纳入《海南省“十四五”现代流通体系建设实施方案》主要任务

8月，海南省发展和改革委员会印发《海南省“十四五”现代流通体系建设实施方案》，将建设村级寄递物流综合服务站、推进高铁快运与电商快递融合及推进国际邮件、快件监管中心建设等作为加快发展现代物流体系的重要内容，纳入方案主要任务。方案明确，鼓励邮政、供销、商贸流通企业在快递未通达的行政村，建设一批村级寄递物流综合服务站；推进高铁快运与电商快递融合，加强铁路干线对接公路集疏运、国际航空运输网络；完善海口、三亚、博鳌、东方机场的航空货运网络布局，推进国际邮件、快件、跨境电商监管中心建设。方案的印发，为统筹推进海南现代流通体系软硬件建设、培育壮大现代流通企业和服务构建新发展格局提供了政策支撑。

《海南省碳达峰实施方案》出台

8月，海南省人民政府印发《海南省碳达峰实施方案》，将循环快递包装智能回收设施设备建设和推进邮政快递业新能源车辆应用等工作纳入方案重点任务。方案部署了8大项、30条重点任务，提出了到2025年、2030年实现的总体目标，为推动实现碳达峰明确“路线图”和“时间表”。方案提出，积极推进城市绿色货运配送发展，推动新能源和清洁能源车船在城市轻型物流配送、邮政快递、铁路货场、港口和机场服务等领域应用；到2022年，分别在海口市、三亚市200个居住小区（或商业、办公场所）设置可循环快递包装智能回收设施设备；2025年，分别实现海口市、三亚市50%的居住小区、商业和办公场所设置可循环快递包装智能回收设施设备。

海南省领导批示肯定邮政快递业保障致敬援琼医疗队特刊寄递工作

9月，海南省委常委、省委宣传部部长王斌同志对海南局协调做好致敬援琼医疗队特刊寄递服务保障工作作出批示，肯定了海南局积极克服疫情困难，连续奋战，协调邮政企业将2万余份致敬援琼医疗队特刊寄递至全国20个省份表示谢意。

海南省开展2022年寻找“最美快递员”颁奖活动

9月26日，由海南省邮政管理局和省总工会指导，省教科文卫邮电工会、省快递行业协会主办，海南广播电视总台交通广播承办的“建功自贸港　快递勇担当”2022年寻找海南最美快递员评选活动颁奖仪式在海口举行，10名“海南最美快递员”和5个“海南最美快递团队”受到表彰。海南省人大常委会副主任、省总工会主席陆志远出席颁奖仪式并作讲话，海南省邮政管理局和省总工会相关同志参加。海南邮政、海南顺丰、海南京东等16家省内主要品牌快递企业负责人及快递员代表80余人参加活动。陆志远为5个“海南最美快递团队”颁奖，向全省邮政快递业职工致以国庆节日美好祝愿，勉励大家要努力锻造绝对忠诚的政治品格，坚定不移听党话跟党走。要自觉培养积极进取的学习态度，在海南自贸港建设的伟大实践中展现风采。要大力弘扬行业榜样的实干精神，在海南自贸港建设中体现人生价值。要创新服务方式，共同营造关心关爱快递小哥的浓厚氛围。

海南邮政2022年首批租赁新能源汽车交付使用

9月，中国邮政集团有限公司海南省分公司2022年与浙江某汽车租赁企业签约租赁的首批14辆新能源汽车在海口、三亚完成交付，分别分配给海口市邮政分公司和三亚市邮政分公司使用。首批新租赁的新能源汽车交付使用，标志着海南邮政农村邮路汽车化正式拉开序幕，海南省邮政快递业绿色运输工作取得积极进展。

农村寄递物流体系建设相关工作被纳入海南省乡村建设行动实施方案重点任务

10月，中共海南省委农村工作领导小组印发《海南省乡村建设行动实施方案》，将农村寄递物流体系建设相关工作纳入方案年度目标和重点任务。方案明确了2022－2025年期间推进乡村建设的年度目标，提出到2025年全省行政村快递服务实现基本全覆盖。方案部署了23项重点任务，提出了推动电商服务站、村邮站、供销农村综合服务社及农村便利店等基层网点资源整合，支持物流快递企业开展共同配送，推进乡村运输服务站点与村级寄递物流综合服务站一体化建设，发展农产品专业化寄递服务，深化交通运输与邮政快递融合发展等涉及农村寄递物流体系建设的工作措施。

王路副省长调研指导陵水黎安国际教育创新试验区邮政快递服务工作

11月，海南省副省长王路带队深入陵水黎安国际教育创新试验区调研指导邮政快递服务工作，听取海南局汇报关于陵水黎安国际教育创新试验区邮政快递服务工作思路，要求认真做好试验区邮政快递服务工作，用心用情用力服务好试验区院校师生。

海南省出台新海陆岛物流园区建设规划支持邮政快递业高质量发展

11月，海南省出台《新海陆岛物流园区建设规划》,其中多项内容涉及邮政快递业,为加快全省邮政快递业高质量发展注入强劲动力。规划坚持目标引领,按照海南自由贸易港建设要求和海南经济社会发展需要,建设并统一主体管理,实现货物集散、存储、分拨、转运等多种功能的物流设施群和物流产业聚集区。明确提出加强冷链基础设施网络建设,打造出岛快速冷链通道,提供高质量的冷链快递物流服务,发挥物流业在海南自贸港建设中的基础性、先导性和引领性作用。从邮政快递中转处理功能、延伸通用航空服务功能等方面统筹布局新海陆岛物流园区服务功能,聚集运输寄递资源,打造全省邮件快件集散中心;在园区设置顶层空间,规划布局直升机或无人货机功能,实施便利的商务服务和邮件快件配送服务。

海南省领导批示肯定全省快递业务旺季服务保障工作

11 月,海南省省长冯飞等省领导在海南省邮政管理局关于加强疫情防控情况下确保行业保通保畅做好 2022 年快递业务旺季服务阶段性工作情况报告上作出批示,肯定全省快递业务旺季服务保障等工作。“双 11”期间,海南省行业发展表现十分亮眼,快递业务量同比增长超 31%,体现行业强劲的发展势头,充分发挥了邮政快递业服务生产生活、助力消费就业、促进经济循环等积极作用。全省行业统筹疫情防控和行业发展,加强研判、周密部署、狠抓落实,确保了今年“双 11”快递业务旺季期间全省邮政快递业安全平稳运行,取得了阶段性积极成效,实现了“两不”“三保”的阶段工作目标。

海南省 4 家寄递企业或个人获电商平台禁塑奖励

12 月,“绿动自贸港　禁塑我先行”2022 海南省电商平台禁塑工作宣传推广活动总结仪式在海口举行。总结仪式上,2021 — 2022 年度海南电商平台禁塑工作先进集体和先进个人奖励名单揭晓,共 6 个先进集体和 5 名先进个人获得奖励。其中,海南京邦达供应链科技有限公司(海南京东)、海南韵必达快递有限公司(海南韵达)获得先进集体称号,中国邮政集团有限公司高云、海南顺丰速运有限公司李晟哲获得先进个人称号。

海南省规范邮政快递行业基础设施关停关闭处理流程

12 月,海南省疫情防控指挥部印发通知,要求全省各地认真贯彻落实国务院联防联控机制和省疫情防控指挥部相关通知要求,规范邮政快递行业基础设施关停关闭处理流程,扎实做好邮政快递业保通保畅工作。通知强调,各地要严格规范邮政快递基础设施关停关闭行为,对因涉疫需要关停关闭的邮政快递基础设施,要按照相关规定,严格履行报批程序。积极采取相关措施尽快恢复,对于满足解封条件的邮政快递基础设施,要按照规定积极推动邮政快递基础设施解封,保障邮政快递行业平稳运行。

海南省推动进一步提升旅游景区邮政服务水平

12 月,海南省邮政管理局、省文化和旅游厅联合印发进一步提升旅游景区邮政服务水平的工作通知,部署推进旅游景区主题邮局建设,提升旅游景区邮政服务水平。各市(地)邮政管理部门、各市县文化和旅游部门要高度重视主题邮局建设,将主题邮局打造成为传播中华文化和红色基因、宣传海南自由贸易港、服务海南国际旅游消费中心建设的重要窗口。旅游景区要利用现有空间为主题邮局设置提供便利和条件,更新换代现有景区邮政设施设备。鼓励邮政企业结合海南环岛旅游公路建设,打造集旅游服务、特色旅游产品、邮政综合服务为一体的主题邮局。鼓励创新景区邮政服务,为游客提供旅游纪念品、周边特色农产品等在线预约、寄递自提、旅游服务咨询及其他适合旅游景区的特色服务、主题活动等。鼓励邮政企业发挥惠农项目平台优势，在具备条件的情况下，为周边农户、商户提供农品、手工艺品、特色产品等销售及快递物流配送等服务。支持邮政企业通过新媒体和文创产品等宣传地方文化和旅游特色，推介当地旅游文化资源，促进海南旅游业发展。

重庆市快递发展大事记

重庆市4部门联合印发基层快递网点优先参加工伤保险政策性文件

1月，为深入贯彻落实《关于做好快递员群体合法权益保障工作的意见》，切实推动《人力资源社会保障部办公厅　国家邮政局办公厅关于推进基层快递网点优先参加工伤保险工作的通知》落地，重庆市邮政管理局联合市人社局、市财政局、市税务局印发《关于做好基层快递网点优先参加工伤保险工作的通知》，全面推动基层快递网点优先参加工伤保险工作实施。通知进一步明确了基层快递网点优先缴纳工伤保险的参保范围、缴费基数和费率、费款征收、参保主体及待遇享受，为基层快递网点优先参加工伤保险提供了政策支撑。

重庆市邮政快递业突发聚集性疫情应急预案被纳入全市实施方案

1月，为进一步提高应对邮政业突发事件能力，市新型肺炎疫情防控工作领导小组交通运输防控组将《重庆市邮政快递业突发聚集性疫情应急预案》纳入《全市中心城区突发聚集性疫情交通管控工作实施方案》，落实落细属事属地责任。预案分为组织保障、任务分工、工作流程、消毒防护要求等四部分，以“防疫情外溢、防疫情扩散”为目标，以“科学精准、动态调控”为原则，突出实用性，提高可操作性，进一步细化、明确了各相关部门和单位的责任分工，重点就主城区部分区域判定为各级风险区域时应对措施进行了详细的规定，为疫情突发事件的处置等提供更有力的制度保障。

重庆局相关报告获市政府领导批示

1月，重庆市邮政管理局呈报的《关于2022年全国邮政管理工作会议情况的报告》获重庆市副市长郑向东圈阅，要求重庆局认真贯彻落实全国会议精神，推动重庆市邮政快递行业高质量发展。

重庆市邮政快递业两项重点工作被纳入市政府工作报告目标任务

2月，重庆市人民政府办公厅印发《2022年市政府工作报告目标任务分解方案》，邮政快递业两项重点工作被纳入其中，一是发展农村物流配送，二是推进“智慧农业·数字乡村”建设工程。

中欧班列邮快件国内集散分拨中心建设被纳入重庆市服务业扩大开放综合试点首批重点任务清单

2月，重庆市服务业扩大开放综合试点专项工作组印发《重庆市服务业扩大开放综合试点首批重点任务清单》，提出结合中欧班列集结中心建设支持推进中欧班列邮快件国内集散分拨中心建设，由市政府口岸物流办、市邮政管理局为牵头单位，重庆海关为配合单位，沙坪坝区、西永综合保税区为重点承接区域。文件提出，一是成立中欧班列运输快件工作组；二是持续开展中欧班列快件进出口测试，推动中欧班列运输快件试点常态化、运输常态化；三是争取国际快递业务经营许可审批权限下放；四是编制中欧班列集结中心示范工程建设研究方案，力争将邮快件国内集散分拨中心建设纳入该方案项目库；五是进一步加强重庆国际邮件互换局铁路口岸中心建设，服务中欧班列集结中心建设。

重庆市邮政快递业多项重点工作被纳入全市交通工作报告

2 月，重庆市召开交通强市建设领导小组第一次会议暨 2022 年全市交通工作会议，胡衡华市长作重要讲话，邮政快递业多项重点工作被纳入其中。会议强调，一是要实施邮政快递“两进一出”工程，建设城乡配送网络，健全农村物流三级服务体系，推进交邮深度融合，推动运力、场站、数据等共享共用。二是要完善“党政同责、一岗双责”责任体系，坚持“三管三必须”，落实好“十条措施”“两单两卡”等制度，压紧压实企业主体责任、区县属地责任、行业监管责任，全力确保行业安全平稳。三是要保障好快递员群体权益。认真落实总书记关于关心关爱“快递小哥”的重要指示批示精神，深入实施《关于做好快递员群体合法权益保障工作的实施意见》，持续落实 0.1 元每单派费增长机制，确保行业内部罚款项目减少 1/3 以上。

重庆局引导邮政快递企业申报城乡智能高效配送项目

2 月，重庆市出台《2022 年重庆市商务发展专项资金项目(第一批)申报指南》，将与邮政快递业密切相关的城乡智能高效配送项目纳入其中。重庆市邮政管理局高度重视城乡智能高效配送项目申报工作，及时向各分局、各县级机构转发该文件，要求引导邮政快递企业积极申报城乡智能高效配送项目，争取资金支持；同时加强与相关区县(自治县)的沟通联系，做好配合工作，推动邮政快递业高质量发展。申报指南明确，在项目建成并验收合格后，重庆市将按不超过企业实际有效投资(仓储配送设施设备建设和购置费用，现代物流装备购置费用，技术、标准化、智能化及仓配信息系统开发费用等)的 40%、最高不超过 100 万元给予资金补助。据统计，2021 年已有十余家邮政快递企业申报成功并获得补贴资金 399 万元。

邮政快递包装治理工作被纳入《重庆市生活垃圾管理条例》

3 月 1 日，《重庆市生活垃圾管理条例》正式施行，邮政快递包装治理工作被纳入其中。条例从源头减量、资源化利用两个方面明确提出，邮政快递企业应当执行国家快递绿色包装相关标准、规范，优先使用电子运单和可重复使用、易回收利用的包装物，减少包装材料使用。鼓励寄件人使用可降解、可循环使用的环保包装。条例同时鼓励快递收发点设立回收点，采用以旧换新、积分兑换等方式开展可回收物回收。

重庆市两部门进一步完善快递许可协同监管机制

3 月，重庆市邮政管理局与市市场监管局进一步完善快递许可协同监管机制，对快递企业加强监管、形成监管合理等方面进行深入探索。一是建立抄告信息机制。重庆局定期向市市场监管局抄告快递企业许可信息，各分局向各区县(自治县)市场监管局抄告快递企业分支机构备案信息。二是建立闭环管理机制。市场监管部门收到快递企业许可抄告信息和分支机构备案抄告信息后，采取措施督促快递企业及其分支机构办理营业执照或变更营业执照信息。三是建立联合监督检查机制。邮政管理部门与市场监管部门在快递市场监管工作中加强沟通联系，适时对快递企业联合开展监督检查。

郑向东副市长召开邮政快递业高质量发展工作专题会议

3 月 22 日，重庆市政府副市长郑向东主持召开邮政快递业高质量发展工作专题会议。市政府副秘书长游贤勇、市政府办公厅二级巡视员冯中祥参加会议。会议听取了重庆局关于全市重庆市邮政快递业发展情况的汇报。市级相关部门结合工作领域，就推动全市邮政快递业高质量发展提出了具体举措。郑向东表示，邮政快递业是国家战略性、基础性和先导性行业，邮政快递运行情况能够全面、及时、准确反映经济活动，对于研判经济形势、监测行业走势、跟踪区域分工具有重要价值。他强调，要出台支持邮政快递业发展政策，支持市级邮政业安全发展中心建设，将邮政快递业发展工作纳入市政府办公厅专项督查，加强产业协同发展，培育更多金牌项目，建立加快全市邮政快递业发展协调机制。

重庆市邮政快递业多个项目入选2022年市级重大建设项目

3月，重庆市人民政府办公厅印发《关于做好2022年市级重大项目实施有关工作的通知》，全市邮政快递业中通快递渝东（万州）智能科技产业链园区、巴南中通快递西南地区智能电商总部产业园、巴南申通西南总部暨电商物流科技产业园、韵达涪陵快递物流基地、渝北中通智慧电商物流园、京东亚洲一号重庆巴南物流园二期（一号地块）等6个基础设施建设项目被纳入其中。

重庆市正式启动基层快递网点从业人员优先参加工伤保险业务

3月29日，重庆市邮政管理局将首批参加工伤保险的基层快递网点从业人员名单上报至市社保局，标志着重庆正式启动基层快递网点从业人员优先参加工伤保险业务。

重庆市两部门共同打造邮政快递服务先进制造业“金银铜牌”项目

4月，重庆市邮政管理局会同市经济信息委联合印发文件，共同打造邮政快递服务先进制造业“金银铜牌”项目。文件指出，符合条件的工业企业、区县经信主管部门及工业园区、有关服务机构，可按照要求向所在区县经济信息主管部门和本辖区邮政管理部门申报。市经济信息委和市邮政管理局汇总后进行综合研判，并联合组织工作组进行现场核查，并召开专题会议研究确定邮政快递服务先进制造业“金银铜牌”项目。市经济信息委和市邮政管理局将对相关项目给予优先支持，符合申报国家和省（市）级项目、资金和荣誉的优先推荐。

郑向东副市长专题调度交通领域企业纾困解难工作

4月29日上午，重庆市政府副市长郑向东在市交通局主持召开道路货运企业和邮政快递企业纾困解难工作专题会，相关部门及部分邮政快递企业负责人参会。调研会上，郑向东听取了就全市邮政快递保通保畅专班的工作汇报。重庆局党组书记、局长周向东对全市邮政快递业当前面临的困难、行业疫情防控和保通保畅工作情况和下一步重点工作进行了汇报。郑向东对工作成效给予充分肯定，认为重庆局保通保畅成效显著，“行动快、措施实”，关键时候能“抗住压力、顶住风险”。下一步要准确把握当前全市交通领域工作中的挑战和难点，精准对接、纾困解难，增强企业“免疫”力。郑向东要求，邮政快递保通保畅专班各成员单位要立足本职，为民纾困解忧，统筹推进疫情防控和经济社会发展各项工作，针对企业诉求要明确难点，精准施策，为企业纾困解难。他强调，全市上下要深刻认识当前疫情防控工作形势，紧跟党中央、国务院和市委、市政府工作部署，准确把握疫情防控新阶段工作重点，推动疫情防控和经济社会发展两手抓、两手硬、两不误，确保全市疫情防控和经济发展持续和谐平稳。

重庆市邮政快递业7个人、3集体获表彰

5月，中邮涪陵片区分公司1名揽收员荣获“五一劳动奖章”，黔江区圆通公司1名经理荣获“重庆市向上向善好青年”称号，涪陵区韵达公司1名主管获“涪陵最美产业工人”称号，涪陵区顺丰公司1名主管获涪陵区“优秀共青团员”称号，中邮荣昌区分公司1名基层员工获“重庆市优秀共青团员”称号，南川区合益佳装卸搬运有限公司

2名员工分别获南川区“优秀工会干部”和“最美劳动者”称号。中邮巴南区水轮村邮政所和重庆德邦物流有限公司南岸区麦德龙分公司2个集体获重庆市“工人先锋号”，中邮涪陵片区分公司获“涪陵五一劳动奖状”。

重庆市农村寄递物流体系建设获市级专项资金补助

5月，为贯彻落实全市邮政快递业高质量发展专题会议精神，在重庆市邮政管理局的推动下，市乡村振兴局印发文件，向20个区县(自治县)下达共计3000万元专项资金用于推动农村寄递物流体系建设，充分发挥邮政快递业服务乡村振兴、助推产业促进乡村发展的重要作用。

重庆顺丰、德邦被纳入重庆市第一批主要物流通道和服务企业名单

5月，重庆市人民政府口岸和物流办公室印发《重庆市主要物流通道和服务企业名单(第一批)》，顺丰速运重庆有限公司和重庆德邦物流有限公司被纳入运输服务企业名单。

重庆市推动县域物流配送体系建设

5月，重庆市邮政管理局推动市商务委印发《重庆市县域商业发展“十四五”规划》，健全县域物流网络、实施物流统仓共配、创新发展智慧物流、加快发展农村寄递物流等多项邮政快递业重点工作被纳入其中。规划指出，一是推进物流资源整合。发挥交通运输、供销、邮政、快递、电商等行业渠道优势，加快构建“一网多用、一点多能、功能集约、便利高效”的县域物流配送体系，实现县域物流网络集约共享、融合发展。二是推进实施物流统仓共配。引导乡村客运网、邮快网、物流网、旅游网、商业网等“多网合一”，支持邮政、快递、物流、商贸流通等企业开展市场化合作，实现统一仓储、分拣、运输、配送、揽件，建立完善农村物流共同配送服务运营机制。三是大力发展智慧物流。鼓励依托云计算、大数据、物联网等技术，推动物流配送信息化集约化发展，促进农村物流信息互通、数据互联、利益共享，引导市场化物流信息服务向农村市场延伸，提升县域物流分拣、配送能力和信息服务水平。四是推进实施“快递进村”工程。支持在较大乡镇建设一批兼具货运物流、邮政快递、供销、电商、农产品销售等功能于一体的农村物流综合服务节点，基本实现乡乡(镇)有网点、村村有服务，推动“快递进村”降本增效。

重庆铁路口岸成为首个国际铁路邮件进口第一口岸

5月，海关总署下达批复，明确重庆成为全国首个可开展中欧班列进口运邮的城市，重庆铁路口岸成为全国首个国际铁路邮件进口第一口岸。结合“一点清关”这一创新业务模式，即国际邮件自重庆进境运抵后，可直接在本地清关办结全部海关手续，无需再转到主管地海关验放，重庆由此开启进出双向铁路运邮新篇章。

重庆局与市乡村振兴局共商邮政快递业服务乡村振兴

5月，重庆市邮政管理局与市乡村振兴局座谈，共商邮政快递业服务乡村振兴工作。双方围绕邮政快递业服务乡村振兴、打造邮政快递业服务现代农业年寄递量超千万件的金牌项目、推进农村寄递物流体系建设等相关工作进行深入讨论，并取得一致认识。双方将从政策、资金等方面进一步加大支持邮政快递业服务乡村振兴的力度，充分发挥邮政快递业助推产业促进乡村发展重要作用。

重庆市邮政快递业保通保畅获利好政策支持

5月，重庆银保监局印发《关于转发金融支持货运物流保通保畅工作有关文件的通知》，要求进一步加强金融支持货运物流保通保畅工作，邮政快递业再获利好政策支持。通知明确，各银行保

险机构要加强与交通运输、物流仓储等行业主管部门沟通，深入分析重点货运物流企业受疫情影响情况和正常生产经营资金需要，精准有效满足企业信贷需求；及时对货运物流从业人员提供便捷有效的综合金融服务，并视情合理的安排延期或续贷；积极优化创新保险产品和服务，提高货车司机、快递员等群体保险保障水平。

重庆出台政策支持邮政快递业“出海”

5月，重庆市政府办公厅印发《中国（重庆）自由贸易试验区“十四五”规划（2021－2025年）》，提出多项措施支持邮政快递业出海。一是铁路方面，巩固中欧班列（渝新欧）运邮成果，探索开展中欧班列快件进出境业务试点，推进中欧班列（渝新欧）快件寄递运输深化试点，并推动常态化运行，助力陆港型国家物流枢纽建设。二是航空方面，支持设立航空快递转运中心和区域性分拨中心，增加邮件快件进出口新通道，助力空港型国家物流枢纽建设。三是总部经济方面，推动J&T快递中国总部落户重庆，推进中通智慧电商物流园建设。

重庆市两部门联合打造邮政快递服务现代农业“金银铜牌”寄递项目

5月，重庆市邮政管理局与市乡村振兴局联合印发文件，以打造邮政快递服务现代农业“金银铜牌”寄递项目为目标，积极挖掘、培育本土品牌，发挥联农带农作用，共同推进邮政快递业服务乡村振兴工作。文件明确提出3个重点支持方向：一是产销对接，支持农产品精深加工、品牌打造、产销对接等关键环节，促进“卖得出、卖得快、卖得好、卖的远”；二是配套设施建设，支持冷链运输、储存等配套设施建设，鼓励建设标准化生产、加工、仓储基地；三是就业增收，对吸纳3人以上监测对象和脱贫人口务工就业的寄递项目予以适当支持，促进返乡在乡监测对象、脱贫劳动力就业增收。文件要求，有关区县（自治县）乡村振兴局、市邮政管理局相关分局要突出项目重点，结合本区县优势产业项目，认真梳理本区县年度农产品邮政快递寄递业务情况，制定本区县邮政快递服务现代农业金银铜牌寄递项目培育方向，重点支持和积极培育年寄递量接近1000万件金牌项目、接近500万件银牌项目、接近100万件铜牌项目的农业产业营销。要加强统筹协调，进一步细化完善配套设施，找准项目切入点、编实编好项目、及时入库实施，确保项目实施取得预期效果。

重庆局印发方案助力寄递企业纾困解难

6月，重庆市邮政管理局印发《关于帮助寄递企业纾困解难稳定行业发展态势的实施方案》，成立领导小组，下设工作专班，统筹疫情防控和稳定行业发展态势。实施方案从保障邮政快递畅通、落实各项惠企政策、深化供给侧结构性改革、保障快递小哥合法权益、依法稳健监管等方面，进一步细化明确各部门职责分工。实施方案要求，各部门要加强组织领导。认真落实疫情防控和助企纾困解难措施，做到亲自抓、亲自管，确保方案各项具体内容落实到位。要强化风险研判。结合行业实际，组织开展稳定行业发展态势风险研判，及时关注辖区寄递企业经营情况，提前梳理风险点，做到动态更新。要强化值班值守。在积极做好寄递企业纾困解难工作的同时，加强对突发情况的应对处置。

国家邮政局与重庆市人民政府签订《加快重庆市邮政快递业高质量发展战略合作协议》

6月，国家邮政局与重庆市人民政府签署《加快重庆市邮政快递业高质量发展战略合作协议》，推进重庆市邮政快递业高质量发展，进一步发挥邮政快递业服务重庆生产生活、促进消费升级、畅通经济循环作用。合作协议提出，双方将在做好规划衔接实施，打造西南地区快递业发展高地，加快推进“进村”工程，加快推进“进厂”工程，加快推进"出海"工程，推进邮政快递业冷链运输体系建设，推进重庆市邮政快递业安全、环保和文化工作，加强科技创新基地和人才队伍建设等8个方面进行深度合作。明确按照"服务全领域、激活全要素，打造双高地、畅通双循环"的发展思路，到2025年，基本建成普惠城乡、联通区域、辐射国际、高效衔接的寄递基础网络，基本形成支撑生产、惠及民生、保护生态的服务体系。产业辐射和带动效应不断增强，在重庆经济社会高质量发展中基础性、战略性作用显著增强，在全国邮政快递业发展格局中地位与贡献更加凸显。

重庆市邮政快递业8家企业获专项资金补助

6月，重庆市商务委公布了2022年全市城乡智能高效配送项目支持企业名单，全市邮政快递业有8家企业入选，占全部企业的三分之一。市商务委将按照不超过企业实际有效投资的40%、最高不超过100万元给予资金补助。

重庆局联合市供销合作总社推进农村寄递物流体系发展

6月，重庆市邮政管理局与市供销合作总社联合印发文件加快推进农村寄递物流体系建设，推动邮政快递企业和供销系统开展深入合作，加强农村寄递物流设施共建、配送渠道共用共享，降低农村末端寄递成本，形成优势互补、利益共享的发展格局。文件提出六项重点任务，一是推进联合合作，培育区县快递物流运营主体；二是加强业务对接，提升基层组织寄递物流服务能力；三是创新流通服务模式，健全末端共同配送体系；四是建设县级集采集配中心，拓展统仓统配服务；五是整合系统资源，增强农产品上行能力；六是发挥企业优势，推动日用品下乡。文件要求，各区县(自治县)供销社和市邮政管理局各分局要高度重视，结合实际制定工作方案、完善相关措施，切实把农村寄递物流体系建设工作落到实处。

行业发展受重庆市政协副主席肯定

6月21日，重庆市政协经济委和市商务委联合召开"智汇经济圈"第二期活动，重庆市政协委员、重庆局党组书记、局长周向东同志受邀参加。活动现场，周向东委员并围绕"推动国际邮件业务发展，助力自贸试验区建设"进行发言。重庆市政协党组成员、副主席谭家玲对行业发展给予了充分肯定。

重庆出台政策释放消费潜力促进邮政快递业发展

6月，重庆市政府办公厅出台《关于印发重庆市进一步释放消费潜力促进消费持续恢复若干措施的通知》，提出多项措施支持邮政快递业发展，进一步释放消费潜力，促进消费持续恢复回暖。文件提出，一是积极倡导绿色生活方式，推进商品包装和流通环节包装绿色化、减量化、循环化，鼓励支持低克重高强度快递包装纸箱、免胶纸箱、可循环快递箱推广应用；二是充分挖掘县乡消费潜力，深入实施"快递进村"和"互联网+"农产品出村进城等工程，对快递企业在乡镇、村设立网点给予政策和资金支持，推动品牌消费、品质消费进农村；三是完善消费品流通体系，引导企业建设共同配送中心、末端配送服务设施，对末端公共取送点建设给予场地改造、设施设备配备等方面的政策支持，鼓励通过先租后让、租让结合等方式为快递物流企业提供土地。

重庆市邮政快递业高质量发展再获利好政策支持

6月27日，重庆市物流保通保畅工作领导小组办公室印发《关于印发交通运输稳经济大盘保物流畅通一揽子政策措施的通知》，提出全力做好货运物流保通保畅工作等系列政策，全市邮政快递业高质量发展再获利好政策支撑。通知提出，要全面贯彻市委、市政府稳住经济大盘部署要求，严疫情防控，保物流畅通，抓安全生产，稳经济运行。要做好重点物资运输保障，加大通行证申报宣传，畅通线上和线下办理渠道，做到应发尽发。要加快农村物流体系建设，每年支持5个区县建立5个分拣枢纽中心，改造25个乡镇运输服务站，建立125个村级节点，允许现有农村客运车依法依规附带货物，争取示范区县资金补贴。

重庆市邮政快递业1集体1个人获共青团中央表彰

7月，根据共青团中央通报，中邮重庆市分公司中欧班列（渝新欧）国际铁路运邮项目组及渝北片区寄递事业部鸳鸯营业部员工石全分别荣获“2022年全国向上向善好青年集体”和“2022年全国向上向善好青年”称号。

苏宁重庆智慧产业园获国家物流枢纽建设项目中央预算内投资补助

7月，苏宁物流在重庆空港型国家物流枢纽投资建设的苏宁重庆智慧产业园建设项目，成功获批国家物流枢纽建设中央预算内投资补助2200万元。这是继德邦快递在重庆陆港型国家物流枢纽投资建设的项目后，重庆市第二家获得国家物流枢纽建设中央预算内投资的快递企业。

重庆局“四项首个”推动快递出海成效明显

重庆市邮政管理局加快构建国际寄递物流网络，先后推动重庆成为首个国际铁路运邮的城市、首个获批开展铁路运邮试点且率先完成双向铁路运邮的城市、首个开展邮包疏运并全国首发“中国邮政号”专列的城市，也是全国首个开展中欧班列商业快件运输测试的城市。

郑向东副市长慰问高温一线快递小哥

7月，重庆市政府副市长郑向东带队深入重庆邮区回兴中心慰问快递小哥。重庆市邮政管理局党组书记、局长周向东和市交通局一级巡视员王和平陪同。郑向东听取了全市邮政快递业发展情况介绍，了解了企业疫情防控和防暑降温举措，对快递小哥战高温、斗酷暑的辛苦付出表示感谢，并为快递小哥送上清凉饮料等慰问品，嘱咐政企双方负责人要做好高温天气下事故灾害防范，更多关心关爱一线快递小哥，科学安排作息时间，落实好防暑降温措施，切实保障大家的身体健康。

重庆局成功举办2022年全市邮政快递业职业技能大赛

7月26日，重庆市邮政管理局、重庆市总工会联合主办，重庆市国防邮电工会委员会、重庆市邮政行业职业技能鉴定中心、重庆邮电大学共同承办的“建功‘十四五’、奋进新征程”重庆市邮政快递业职业技能大赛在重庆邮电大学圆满闭幕。此次大赛设定理论知识竞赛和技能操作竞赛，技能操作从多物品收寄、派送路线设计、智能快件箱操作等方面对参赛快递员进行综合考量。参赛选手们精神饱满、技术娴熟，充分展示了重庆市邮政快递业从业人员良好的精神风貌和综合技能水平。大赛最终评选出优胜奖5名，三等奖3名，二等奖2名，一等奖桂冠由邮政公司快递员刘辉明摘获。

郑向东副市长批示肯定全市邮政快递业发展成效

8月，重庆市副市长郑向东对重庆局呈报的《关于2022年上半年工作开展情况的报告》作出批示肯定：“成绩可嘉！望继续努力，着眼于重庆发展大局，与支柱产业、民生保障、乡村振兴融合发展。”

重庆市邮政快递业被纳入县域商业建设行动专项资金支持范围

8月，重庆市商务委、市财政局、市乡村振兴局联合印发《重庆市县域商业建设行动专项资金管理实施细则》，明确提出将完善县乡村三级物流配送体系、增强农村产品上行动能、提高生活服务供给质量等邮政快递业服务工作纳入支持范围，对市场主导的投资项目,将按不超过实际有效投资额的40%且不超过最高金额给予资金支持。文件提出,一是完善县乡村三级物流配送体系类项目。建设改造一批县级物流配送中心和乡镇物流分拨站点,完善仓储、分拣、包装、装卸、运输、配送等设施,增强对乡村的辐射能力;整合县域邮政、快递等物流资源,开展日用消费品、农资下乡和农产品进城等物流快递共同配送服务,降低物流成本。二是增强农村产品上行动能项目。引导邮政、快递企业围绕农村产品上行,建设农产品交易市场或集散分拨中心,配备分拣、预冷、初加工、配送等商品化处理设施。三是提高生活服务供给质量类项目。引导农村邮政企业等从传统批发、零售向综合性服务转变,整合购物、同城配送等服务。

重庆市出台就业和社会保险补贴政策支持邮政快递业发展

8月,重庆市乡村振兴局、市发展改革委、市财政局、市人力社保局等4部门出台《促进脱贫人口稳岗就业十三条政策措施》,明确对企业招用脱贫人口给予一次性吸纳就业补贴和社会保险补贴等一系列政策。文件提出,鼓励用人单位招用重庆市脱贫人口,对与脱贫人口签订劳动合同并按规定连续缴纳1年以上且仍在缴纳社会保险费的各类企业,按照6000元/人的标准给予一次性吸纳就业补贴;对与脱贫人口签订劳动合同并按规定缴纳社会保险费的各类用人单位,按其实际为招用人员缴纳的职工养老保险费、职工医疗保险(含大额医疗保险)及失业保险费和工伤保险费全额给予社会保险补贴。

《加快重庆市邮政快递业高质量发展战略合作协议任务分解》出台

9月,经重庆市政府同意,重庆局与市交通局联合印发《加快重庆市邮政快递业高质量发展战略合作协议任务分解》,围绕做好规划衔接实施、打造西南地区快递业发展高地等8个方面,细化分解了30条具体工作任务,共涉及市经济信息委、重庆海关等20余个市级部门。

“巴渝工匠”杯重庆市首届邮政快递业职业技能竞赛启动

9月,由重庆市邮政管理局和市人力社保局共同主办,市邮政行业职鉴中心、市快递协会、市嘉禾职业培训学校共同承办的“巴渝工匠”杯重庆市首届邮政快递业职业技能竞赛正式启动。两个项目分别设置一等奖1名、二等奖2名、三等奖3名及优胜奖若干,由组委会颁发荣誉证书;竞赛根据各单位的组织工作、获奖情况及实际贡献,设置优秀组织奖、特别贡献奖等。另外,本次大赛成绩合格的参赛选手,可按照国家有关规定获得与命题等级对应的职业技能等级证书;两个项目的前6名选手,可在命题层级基础上晋升高一等级。

《重庆市邮政快递业包装箱绿色循环工作实施指南》出台

9月,重庆市邮政管理局出台《重庆市邮政快递业包装箱绿色循环工作实施指南》,探索符合重庆市快递业发展特点的可循环快递包装规模化应用模式,推进可循环快递包装规模化应用。实施指南围绕“坚持生态优先,绿色发展;坚持创新驱动,标准引领;坚持重点突破,整体提升;坚持示范先行,有序推进”四个基本原则,从“完善相关制度、探索体系完善、强化规范管理”三个方面提出十条重点任务,以保障包装箱绿色化、减量化、可循环。

重庆市邮政快递业获县域商业建设行动专项资金补助

9月,重庆市邮政快递企业获县域商业建设行动专项资金补助达1313万元。此前印发的《重庆市县域商业建设行动专项资金管理实施细则》明确提出,将完善县乡村三级物流配送体系、增强农村产品上行动能、提高生活服务供给质量等邮政快递业服务工作纳入支持范围，对市场主导的投资项目，将按不超过实际有效投资额的40%且不超过最高金额给予资金支持。重庆局及时向各邮政快递企业转发文件，积极指导符合条件的寄递企业结合实际申报专项资金支持项目。

重庆市政府出台政策助推“快递出海”

9月，重庆市政府办公厅印发《重庆临空经济示范区建设实施方案（2022－2025年）》，明确提出大力发展航空物流产业等多项措施助推“快递出海”。文件提出，一是推进重庆空港型国家物流枢纽建设，加大国际货运航线开发力度，鼓励航空企业构建通达全球的航空货运网络，加快融入全球“123”航空快运圈（国内1天送达，周边国家2天送达，全球主要城市3天送达）。二是加快发展“航空＋”多式联运，联动国际卡车航班、国内汽运班车、仓储物流、供应链管理、信息服务等产业，打造专业化、智能化、国际化的物流贸易集散中心，助推“西部陆海新通道＋四小时航空”物流通道建设。三是推动航空物流园建设，加快国际快件集散中心等重点项目建设，合理布局仓储物流、航空货运、快件集散等业态。四是吸引国内外知名头部物流企业在渝设立航空快递转运中心和区域性分拨中心。

重庆局联合大渡口区政府推进邮政快递业与制造业融合发展

9月30日，重庆市邮政管理局与大渡口区人民政府签订《关于推动邮政快递业与“重庆小面”产业融合发展的战略合作协议》，全面推进邮政快递业与“重庆小面”产业融合发展。重庆局党组书记、局长周向东出席签约仪式并致辞。合作协议指出，双方本着务实高效、长期合作、共谋发展的原则，加快构建区、乡镇、村（社区）三级物流服务体系，实现村（社区）快递服务全覆盖；推进邮政快递业与制造业、商贸、电子商务、大数据智能化等行业的密切合作，力争将“重庆小面”打造为寄递“金银牌工程”；共建跨境电商服务体系，支持邮政、快递企业与境外电商企业、境外快递企业合作建设跨境贸易电商产业链；进一步完善治理体系建设，推动企业功能整合和服务延伸，融入产业链、服务链和供应链，提升产业层次，更好推动大渡口区经济高质量发展。

重庆市出台促进内外贸一体化发展政策推动邮政快递业高质量发展

10月，重庆市政府办公厅印发《关于促进内外贸一体化发展的实施意见》，提出多项政策推动邮政快递业高质量发展。文件明确，实施“渝贸通道”互联行动，建设内外联通物流网络。加快建设港口型、陆港型、空港型国家物流枢纽。推进口岸物流全流程互联共享、全链条智能协同。完善城市终端配送、寄递设施，打通物流配送“最后一公里”。完善村镇末端网点，推动村级公共服务点全覆盖。

重庆市深化交邮交快合作再次创建农村物流服务品牌

10月，交通运输部办公厅、国家邮政局办公室公布第三批农村物流服务品牌，重庆市巫山县“农村物流＋客货兼运”位列其中，这是继去年綦江区“客货同网”之后，重庆市第2个创建农村物流服务品牌的区县。

重庆局引导邮政快递企业利用西部陆海新通道运输实现新突破

10月，重庆市邮政管理局指导韵达国际利用西部陆海新通道运输重庆产农化产品出口越南的专列发运。该班列共86个标箱约2000吨，全部为农化产品，由重庆发运途经钦州保税港区报关后转海运发往越南胡志明市，全长运行2000多公里。这是由韵达国际携手陆海新通道运营有限公司共同集货发运、联合共建的中国农化产品出口越南的专列，将大大降低运输成本，货运效率也将大幅提高。韵达国际从此将依托西部陆海新通道跨境班列，通过“直采、直购、直运”物流方式，形成“以运带贸、以贸促运、运贸一体化”国际班列运行方式，为重庆市货物发往东盟各国打通一条安全快捷的国际物流新通道，提升客户对外贸易便利化程度，降低企业“走出去”成本，带动更多本地产品通过铁路班列出口至 RCEP 成员国。同时，韵达国际还将依托越南为主的东南亚业务网络，进一步整合海外资源，促进班列与贸易融合发展，积极搭建东盟、中亚、欧洲物流运输网络。

中欧班列（重庆）实现首个双向运邮

10 月 28 日，首班搭载国际邮包的中欧班列（重庆）回程班列自德国发车抵达重庆市铁路口岸。自此，重庆市成为全国首个实现中欧班列双向运邮政策落地的城市，并在全国率先完成中欧班列南通道回程邮包运输。该业务的顺利运行，是重庆市“中欧班列（重庆）邮件集运智能化监管”自贸试验区创新举措的重大拓展，为重庆市打造成为国际铁路货邮枢纽提供有力支撑。截至目前，中欧班列（重庆）累计运输国际邮包 2768.65 万件，货值 21 亿元，运邮总量居全国首位。

重庆市快递行业党委正式成立

11 月 4 日，重庆市邮政管理局组织召开市快递行业党委成立大会，标志着重庆市快递行业在党建引领下开启新篇章，行业党建工作迈上新征程。市委组织部高度重视快递行业党建工作，选派 2 名党建指导员并拨付经费对行业党委予以大力支持，为推动行业党委成立奠定坚实基础。

重庆市邮政快递企业再获就业社会保险补贴政策支持

11 月，重庆市人力社保等部门印发《关于实施企业吸纳就业社会保险补贴“直补快办”的通知》，在重庆市邮政管理局的积极推动下，全市邮政快递企业再获就业社会保险补贴政策支持。通知明确，对用人单位招用脱贫劳动力、登记失业离校 2 年内高校毕业生、重庆市户籍登记失业“4050”人员、低保家庭人员、零就业家庭人员、残疾人，与其签订劳动合同并按规定缴纳社会保险费，按其实际为招用人员缴纳的职工养老保险费、职工医疗保险（含大额医疗保险）及生育保险费、失业保险费和工伤保险费给予社会保险补贴的政策。

重庆局开展“邮快合作”攻坚行动

11 月，重庆市邮政管理局印发《关于开展“邮快合作”攻坚行动的工作方案》，成立“邮快合作”攻坚行动专项工作组，建立区县“邮快合作”包保制度和考核督导机制，按照有为政府和有效市场的原则，组织开展为期 1 个月的“邮快合作”攻坚行动，全力推进“快递进村”各项工作，确保有效完成国家邮政局安排的“快递进村”目标任务，努力实现第一档工作目标有大幅提升，确保农村地区人民群众能享受安全、便捷、高效的快递服务，确保农村地区快递违规收费现象得到有效遏制，确保有效服务乡村振兴，推进行业高质量发展。

四川省快递发展大事记

四川省政府建设自贸试验区协同改革先行区利好邮政快递业

1 月，四川省人民政府印发《四川省人民政府关于印发中国（四川）自由贸易试验区绵阳等 5 个协同改革先行区建设总体方案的通知》，将持续深化自由贸易试验区建设，推进 5 个协同改革先行区物流发展，邮政快递业发展迎来机遇。通知提出，绵阳区要重点发展跨境电商、物流快递等现代服务业，建设开放型经济科技创新发展先行区。成都区要推进跨境电商出口直邮业务发展，在公路口岸场站部署跨境场站系统，推进跨境公路货物运输业务发展，推动成都公路口岸转型升级。遂宁区要建成绿色产业与城镇融合发展示范区域，形成“通道＋枢纽＋网络”现代物流服务体系，成为成渝地区双城经济圈区域性物流中心。广安区要积极申建保税物流中心（B型），瞄准东南亚、南亚等国际市场，推动优势企业和产品“走出去”。支持达州区建设中欧班列组货基地和东盟冷链物流（秦巴）分拨中心，完善高效互联集疏运网络。

四川省将快递服务纳入放心舒心消费城市创建

1月，四川省市场监管局联合省邮政管理局等18部门印发《四川省放心舒心消费城市创建三年行动方案（2022－2024）的通知》，四川局作为成员单位，合力助推四川省推放心舒心消费城市创建。通知强调，要持续改善消费环境、激发消费热情、保障民生需求和提升城市形象。从更大空间尺度配置创新资源要素，优化消费环境，促进消费扩容体制，更好满足人民群众一日益增长的美好生活需求。通知要求，一要加强邮政快递行业监督。二要推进邮政业消费者申诉工作体系建设。三要推动消费者权益保护法治工作。四要强化督导反馈。

四川省2022年经济工作要点促邮政快递业健康发展

1月，中共四川省委办公厅、四川省人民政府办公厅印发《2022年全省经济工作要点的通知》，农村三级物流体系、“金通工程＋天府交邮通”品牌、快递市场主体等内容纳入其中，邮政快递业发展融入全省经济发展大局。通知明确，一要推进县域农村数字商业体系建设。二要增强开放载体支撑能力。三要全面落实面向市场主体的支持政策。

四川省政府工作报告为2022年邮政快递业发展注入新动力

1月，在四川省第十三届人民代表大会第五次会议上省长黄强作的《政府工作报告》中，电商、冷链物流、三级物流体系等邮政快递业工作被纳入2022年政府工作安排，为邮政快递业高质量发展注入新动力。政府工作报告提出，一要着力增强产业链供应链韧性和优势。二要深入实施扩大内需战略。三要强化新就业形态劳动者权益保障。

四川省推进基层快递网点优先参加工伤保险

1月，四川省邮政管理局联合省人社厅印发《关于做好基层快递网点优先参加工伤保险工作的通知》，并联合召开全省视频会议，对通知予以解读和落实。通知以充分调研为基础，结合四川实际，明确了我省基层快递网点优先参加工伤保险的适用范围、参保登记、缴费基数和费率、工伤认定和待遇支付等事项；按照“全省一盘棋”原则，明确了“省级统办、基层落实”的工作方法，通过掌上办、网上办、及时办等多种创新举措，确保基层快递网点优先参加工伤保险工作全省“全覆盖”。

四川省印发加快农村寄递物流体系建设实施方案

2月，四川省政府办公厅印发《四川省加快农村寄递物流体系建设的实施方案》，方案明确，到2025年，全面完成涉农县（市、区）农村寄递物流体系建设，实现县有共配分拨中心、乡镇有接转场所、村有综合服务站，基本形成开放惠民、集约共享、安全高效、双向畅通的农村寄递物流体系。

四川省政府压实重点工作责任分工为邮政快递业发展赋能

2月，四川省人民政府办公厅出台《关于落实

2022年〈政府工作报告〉重点工作分工的通知》，县乡村三级物流体系、冷链快递建等内容获支持。通知强调，一要推动四好农村路提质扩面，打造“金通工程+天府交邮通”品牌，畅通城乡交通运输微循环。二要健全县乡村三级物流体系，开展县域农村数字商业试点。三要从严从细抓好疫情常态化精准防控，建立多点触发的监测预警机制，加强重点人群、重要场所和进口冷链食品核酸检测。

四川局被纳入省极端条件下疫情生活物资保障应急预案成员单位

2月，四川省应对新型冠状病毒肺炎疫情应急指挥部印发《四川省应对极端条件下的新冠肺炎疫情生活物资保障应急处置总体预案》，四川省邮政管理局被纳入生活物资保障组成员单位，将参与保障生活物资运输畅通等工作。预案明确，因疫情发展，在既有运输渠道不能保证生活物资运输需求时，启动应急运力响应，安排应急运力参与应急运输，规范应急运力调度流程；加强运单管理，做好运输协调，及时协调解决运输、物流、配送过程中的问题。

四川省“十四五”信息化规划推进农村寄递发展

2月，中共四川省委网络安全和信息化委员会印发《四川省“十四五”信息化规划》，支持“互联网+寄递”向农村推进。规划提出，要鼓励引导运输信息服务企业建设面向全省各县（市、区）的乡村交通运输综合信息服务平台，持续推进“互联网+农产品”出村进城工程，推进“川”字号农村电商建设，支持“互联网+寄递”向农村推进。要搭建四川省综合交通运输信息平台，发展智能物流服务平台，打造“一带一路”智慧国际区域物流基地。

四川省开展“春风行动”助力和谐劳动关系

3月，四川省邮政管理局联合省人社厅等9部门印发《关于开展2022年度和谐劳动关系“春风行动”的通知》。通知提出，要创新劳动关系基层治理模式和治理方式，以“劳动关系法律服务”“劳动保障权益维护”等六大专项行动为抓手，推动劳动纠纷协商自主、权利义务协商自治、和谐关系协调自为的劳企共同体建设，以“内外循环”运行机制，促进和谐劳动关系高质量发展。

四川局被列入成都都市圈发展规划重点任务责任单位

3月，四川推进成德眉资同城化发展领导小组联合省发改委印发《贯彻落实〈成都都市圈发展规划〉重点任务责任分工方案》的通知，四川局被列入相关责任单位。方案明确，要加速推进基础设施同城同网，推动德眉资物流港（园区）建设。提升国际邮件互换局功能，积极推进跨境电子商务综合试验区建设，完善综合枢纽周边货物换装分拨中心、集装箱拼箱共享中心、冷链物流基地等物流设施。规划建设重点物流园区，强化重要物流站场间快速直通。推行多式联运“一单制”，探索推进单证物权化，共同运营国际班列。要高标准建设冷链物流集配中心，推动川味、川果、川茶等优势产业集聚发展。

农村寄递物流体系建设被写入2022年四川省委一号文件

3月，四川省政府发布《中共四川省委、四川省人民政府关于做好2022年“三农”重点工作全面推进乡村振兴的意见》，加快寄递物流服务体系建设被写入意见。这也是四川省委一号文件连续第8年关注邮政快递行业发展。意见明确，要培育优势特色产业园区，加快建设优势特色产业集群、特色农产品优势区。要加强县域商业体系建设，支持县域综合商贸服务中心、县级物流配送中心、乡镇商贸中心等建设；整合邮政、供销、快递等资源，加快县乡村三级电商和寄递物流服务体系建设；培育壮大农村电商市场主体。

四川省印发《绿色低碳循环发展经济体系实施方案》促快递绿色发展

3月，四川省政府办公厅印发《四川省加快建立健全绿色低碳循环发展经济体系实施方案》，将邮政快递业绿色发展纳入其中。方案明确，要打造绿色物流，推广绿色低碳运输工具，城市物流配送、邮政快递等领域要优先使用新能源或清洁能源汽车。倡导绿色低碳生活方式，推进过度包装治理，推动生产经营者遵守限制商品过度包装的强制性标准。

四川局被列入四川推进乡村振兴战略部署重点工作责任单位

4月，四川省农村工作领导小组印发《关于贯彻落实2022年省委1号文件和省委农村工作会议部署重点工作任务责任分工的通知》，四川省邮政管理局被列入相关工作责任单位。通知明确，实施县域商业建设行动。支持县域综合商贸服务中心、县级物流配送中心、乡镇商贸中心、村级连锁商店和日用品便利店等建设；整合邮政、供销、快递等资源，加快县乡村三级电商和寄递物流服务体系建设；开展中心镇农贸市场建设；培育壮大农村电商市场主体。

四川省印发现代农业烘干冷链物流等9个工作要点

4月，四川省现代农业“10+3”产业体系推进办公室印发“2022年现代农业烘干冷链物流”及川果、川茶等9个工作要点，邮政快递服务现代农业被列入重点任务。工作要点明确，要加强“川果、川菜、川茶”等品牌打造，培育扶持一批专业化农业电商平台，做活线上线下两个市场，擦亮“川果、川茶”等招牌；持续完善农村电商三级公共服务体系，整合邮政快递网点、电商站点、交通客运站等资源，推动“交商邮”融合发展构建乡村振兴农村物流保障体系试点工作；鼓励邮政快递企业在田间地头建立或租赁冷链设备，提升末端冷链寄递能力，提高农产品流通效益，满足农产品“川货寄递”出村进城需求。

四川省将农村寄递物流体系建设被纳入县域商业体系建设统筹推进

4月，四川省商务厅、省邮政管理局等17部门联合印发《县域商业体系建设行动实施方案（2022年—2025年）》，提出到2025年，全省开展物流共同配送的县域不少于150个，基本实现县县有县级物流仓储配送中心，每个行政村原则上有1家农村便利店。

四川省政府出台稳定和扩大就业政策措施惠及快递员群体

4月，四川省人民政府印发《进一步稳定和扩大就业十五条政策措施》，惠及快递员群体。措施明确，支持和规范新经济新业态发展，保障新就业形态从业人员合法权益，组织开展免费技能培训，开展从业人员职业伤害保障试点，确定快递员最低劳动报酬标准和年度劳动报酬增长幅度；加大援企稳岗力度，对不裁员或少裁员的企业给予稳岗返还；对受疫情影响严重而停工停产的中小微企业组织职工以培训代替工作的，按国家规定标准发放一次性留工补助。

四川省大力支持邮政快递业在保通保畅中发挥积极作用

4月29日，四川省委常委、常务副省长罗文组织召开全省物流保通保畅工作机制全体会议，省物流保通保畅工作机制还印发《贯彻落实〈国务院物流保通保畅工作领导小组总指挥（全体）第一次会议任务清单〉工作分工》，明确要求“将邮政快递作为重点对象，切实保障邮政快递车辆通行，满足民生物资末端配送需要”。

四川局联合商务厅农业农村厅推进“川货寄递”

5月，四川省邮政管理局联合省商务厅、农业农村厅印发《关于推进川货寄递工作的通知》,联动推进川货寄递工作。通知明确,打造以“川果”“川味”为代表的“川字号”亿件寄递项目群,2022年“川果”寄递量超2.4亿件,“川味”寄递量超1.2亿件;全力打造千万级品牌“大块头”,大力培育金银铜牌“骨干”项目,着力培育“一地一品”。通知要求,统筹推进农村寄递物流体系、县域商业体系和农产品仓储冷链物流设施建设,实现基础设施共建共享、互联互通,促进交商农邮融合发展;加强示范引领,协同开展“交商邮”融合发展试点和“互联网+农产品”出村进城工程试点,创新农村物流共同配送模式。

四川省开展“交商邮”融合发展试点加快推动农村寄递物流体系建设

5月,四川省邮政管理局联合省交通运输厅等3部门印发《推动“交商邮”融合发展构建乡村振兴农村物流保障体系试点工作实施方案》。方案明确,依托“金通工程”农村出行服务体系,围绕交商邮融合发展,打造“四川品牌”县乡村三级物流商贸体系,到2025年,实现全省农村物流运输县乡村全覆盖,村快递通达率明显提升,形成贯通县乡村电子商务体系和快递物流配送体系。

四川省印发服务业工作要点明确建设三级物流体系

5月,四川省服务业发展领导小组办公室印发《2022年四川省服务业工作要点》,明确建设三级物流体系。要点提出,建设县域农村数字商业体系,打造县乡村三级商贸物流节点示范县;在主要电商平台建设“四川名品馆”,实施消费新市场培育行动;促进现代物流降本增效,加快建设成都、遂宁、达州国家物流枢纽,推动国家物流枢纽布局承载城市泸州、攀枝花创建国家物流枢纽,建设自贡国家骨干冷链物流基地;推动区域服务业协调共进,加快成都建设践行新发展理念的服务业核心城市,发展总部经济、新经济,培育一批商贸、金融、物流、会展等千亿级产业。

四川省邮政快递行业多个集体和个人获省、市表彰

“五一”“五四”期间,四川省、市分别表彰了一批先进集体和个人,邮政快递行业2个集体、30名个人受到表彰。其中,中通四川管理中心(成都中竞物流有限公司)荣获“四川省五一劳动奖状”,DHL四川分公司1名快递员荣获“四川省五一劳动奖章”。中国邮政集团有限公司四川省成都邮区中心获得“四川省五四红旗团委”称号,中通四川管理中心1名员工获得“四川省优秀共青团员”。绵阳市18名快递员荣获“绵阳市最美新就业形态劳动者”称号,1名中通快递员获得“最美绵阳人物”。广汉市1名邮政快递员荣获“德阳市五一劳动奖章”,什邡顺丰和广汉邮政2名快递员分别荣获“德阳市最美新就业形态劳动者”称号。泸州市1名顺丰快递员荣获“泸州市五一劳动奖章”。康定市申通、中通2名快递员分别荣获“甘孜州五一劳动奖章”。射洪邮政和遂宁京东2名快递员分别荣获“遂宁市第六届劳动模范”称号。宜宾市1名邮政公司员工荣获“宜宾市优秀共青团干部”称号。

四川省“清单式”推进县域内片区邮政快递业高质量发展

5月,四川省乡镇行政区划和村级建制调整改革“后半篇”文章专项工作领导小组印发《支持以乡村国土空间规划引领县域内片区高质量发展的政策清单》,明确了邮政快递业任务清单。清单明确,推进城乡交通一体化,完善镇村物流网络,支持推进乡镇村物流节点全覆盖,“十四五”期间安排补助资金4亿余元;整合交通、邮政、商务资源,建设乡镇运输综合服务站1336个,加大中心村融合客货邮商的“金逍驿站”建设力度;实施“川货寄递”工程,组织邮政快递企业围绕片区发展,在乡镇级片区培育“一地一品”寄递项目,为村级片区

产业提供个性化寄递物流服务，满足农产品出村进城需要；推进“快递进村”工程，整合邮政、快递、客运、电商、供销、金融服务等资源，优先在中心镇（村）建设寄递物流综合服务站（点）。

四川省深入实施“金通工程”推动乡村运输邮政快递等产业深度融合

5月，经四川省政府同意，省交通运输、邮政管理、公安等10部门联合印发《关于深入实施“金通工程”推进乡村运输可持续发展的实施意见》，推动乡村运输、邮政快递、物流、供销等产业深度融合。意见明确，一要大力发展乡村邮快网，全面推动交邮融合发展，打造“金通工程·天府交邮通”品牌，统筹规划建设县、乡村三级物流节点，开展交邮合作路线，实现乡村客车代送邮件快件常态化。二要推动落实交通运输、商务、邮政三方合作发展战略框架协议，统筹现有客运站场、邮政快递网点、电商站点、商贸网点等资源，有效利用乡村客运车辆资源，满足农产品进城和生产生活资料下乡双向流通需求。三要研究制定交邮融合营运管理标准和服务规范，促进交邮发展标准化、规范化，开发建设全市交邮融合发展信息平台。四要建立健全交通运输与邮政、商务、旅游、供销等部门协同机制，整合资源，优势互补，构建完善“一点多能、一网多用”的乡村运输发展新模式，统筹解决群众幸福出行、寄递服务、物流配送等“最后一公里”问题。五要强化政策保障，落实县级人民政府的主体责任，构建完善省、市、县三级财政保障机制，开展乡村运输“金通工程示范县”创建，形成乡村运输发展长效机制。

四川省邮政快递行业2人入选2021年度全国“感动交通年度人物”

6月，由交通运输部和中华全国总工会联合开展的“感动交通年度人物”评选结果揭晓，中国邮政集团有限公司四川省若尔盖县分公司网运班组长哈弄夺机荣获“2021年感动交通特别致敬人物”，圆通速递有限公司四川成都锦江四部业务员唐建荣获“2021年感动交通年度人物”。2人入选全国“感动交通年度人物”，是我省邮政快递行业精神文明建设取得的又一成果。

四川省支持邮政快递业参与推进政务服务标准化

6月，四川省政府印发《关于加快推进政务服务标准化规范化便利化的实施意见》，要求加强与邮政快递的合作。意见明确，在推进政务服务标准化规范化便利化进程中，一要提升网上办事服务能力，提升身份认证、事项管理、电子证照、统一物流等支撑系统服务能力，推动线上线下融合发展。二要加快推进“掌上办”“就近办”，推动集成式自助终端向村（社区）、园区、邮政、电信网点等场所延伸。三要拓展便利化办事广度深度，各级政务服务中心要加强与邮政快递公司的合作，不断提高物流效率。四要各部门加强分工协作，建立“三评”制度，将政务服务工作纳入本地区政府年度绩效考核范围。

四川省将邮政快递枢纽建设等纳入综合立体交通网规划

6月，四川省政府正式发布《四川省综合立体交通网规划纲要》，明确提出，到2035年，除个别困难地区外，实现“快速网覆盖区县、干线网畅达乡镇、基础网连接村组”，有力支撑“123快货物流圈”（国内1天送达、周边国家2天送达、全球主要城市3天送达）。

四川省将邮政快递业发展纳入党政班子乡村振兴实绩考核

6月，四川省农村工作领导小组印发《2022年度迎接中央对四川省党政领导班子和领导干部推进乡村振兴战略实绩考核工作责任分工方案》，明确将邮政快递业相关重点工作纳入考核范畴。通知明确，一是实施“数商兴农”工程，推进电子商务进乡村。二是加快农村物流快递网点布局，实施“快递进村”工程，推进县乡村物流共同配送，促进农村客货邮融合发展。支持大型流通企业以县城和中心镇为重点下沉供应链。三是加快实施“互联网＋”农产品出村进城工程，推动冷链物流服务网络向农村延伸，整县推进产品产地仓储保鲜冷链物流设施建设，促进合作联营、成网配套。

四川省专项再贷款助力快递行业纾困解难

6月，四川省邮政管理局会同省交通运输厅、中国人民银行成都分行联合印发《关于用好交通物流专项再贷款助力四川道路货运物流行业纾困解难的通知》，并举行四川省交通物流专项再贷款政策宣传贯彻会暨专项银企信贷签约仪式，强力推进交通物流专项再贷款政策落实落地，全面服务快递行业纾困解难。

成渝地区双城经济圈建设“无废城市”鼓励快递包装绿色转型

7月，四川省政府办公厅、重庆市政府办公厅联合印发《关于推进成渝地区双城经济圈“无废城市”共建的指导意见》，鼓励快递包装绿色转型。意见提出，推进快递包装绿色转型，鼓励快递行业使用可循环快递箱（盒）、循环中转袋，减少二次包装；加强塑料污染治理，限制过度包装，推广使用可降解替代产品，在重庆市中心城区、成都市中心城区等重点区域以及商品零售、电商、外卖、旅游等重点领域，探索可复制推广的塑料减量模式。

邮政快递业发展被纳入成渝地区双城经济圈交通基础设施建设规划

7月，四川省政府办公厅印发《四川省加强成渝地区双城经济圈交通基础设施建设规划》，明确支持邮政快递业发展。规划明确，提升综合货运枢纽功能，巩固提升国家物流枢纽功能，建设宜宾、自贡、内江、南充、乐山、绵阳等区域性物流中心。新建或改扩建一批具有集散、仓储配送、信息交互等功能的公路货运枢纽，完善多层次物流枢纽体系，打造货畅其流、经济便捷、服务高效、安全可靠、绿色环保的现代物流体系。

加快建设全国统一大市场为四川邮政快递业赋能

7月，四川省发展改革委、省市场监管局印发《贯彻落实〈关于加快建设全国统一大市场的意见〉重点任务分工方案》，赋能邮政快递业发展，四川省邮政管理局被列入相关工作责任单位。方案明确，一要建设现代流通网络，推进城乡交通运输一体化示范县创建；二要推广“金通工程＋天府交邮通”发展模式，引导乡镇客运站拓展商贸、物流、邮政等功能；三要全力保障国际物流供应链安全畅通，探索开展国际物流体系建设及创新发展先行先试等相关试点工作；四要全面提升市场监管能力，推动“双公示”“双随机、一公开”“互联网＋监管”等业务标准兼容，加强和改进对平台经济等新业态领域管理服务，鼓励行业协会商会等社会组织出台行业服务规范和自律公约，探索新闻媒体、消费者和公众共同参与的监督机制。

四川省“十四五”节能减排方案支持邮政快递业绿色发展

7月，四川省人民政府印发《四川省“十四五”节能减排综合工作方案》，支持邮政快递业绿色发展。方案提出，提高物流、重点物流园区、配送中心等车辆使用新能源汽车的比例。加快绿色仓储建设，鼓励建设绿色物流园区，加快标准化物流周转箱推广应用。全面推广绿色快递包装，引导电商企业、邮政快递企业选购使用获得绿色认证的快递包装产品。

四川省出台文件利好生活性服务业利好邮政快递业

8月，四川省发展改革委印发《关于推动生活性服务业补短板上水平提高人民生活品质的行动方案》，邮政快递业再获支持。方案要求，一要扩大县乡生活性服务消费，加快贯通县乡村三级电子商务服务体系和快递物流配送体系，大力推进电商、快递进农村，深入开展城乡高效配送试点，优化末端配送网点布局。二要规范行业综合监管，按照“双随机、一公开”要求建立健全检查对象名录库，依托省“互联网+监管”系统，大力推行远程监管、移动监管、预警防控等非现场监管。三要加强生活性服务设施用地保障，将生活性服务设施用地纳入国土空间规划和年度供地计划予以保障，鼓励盘活低效土地和闲置土地并优先用于生活性服务设施建设。四要增强服务主体抗风险能力，健全生活性服务领域应对重大疫情、灾情、事故等应急救援救助机制，对提供群众急需的普惠性生活性服务市场主体特别是小微企业，及时建立绿色通道，强化应急物资供应保障，落实租金减免、运营补贴、税费减免、融资服务等必要帮扶措施。五要鼓励发展线上服务、无接触服务等适应疫情常态化防控要求的生活性服务新模式。

四川省“十四五”综合交通运输发展规划分工赋能邮政快递发展

8月，四川省交通运输厅、省发展改革委联合印发《〈四川省“十四五”综合交通运输发展规划〉主要任务分工方案》，邮政快递行业发展获重点关注，省邮政管理局在分工中被赋予重要任务。方案明确，一要建设广泛的基础网，构建“一核九辅多点”邮政发展总体格局，打造成都“中西部地区邮政快递枢纽中心”“面向亚欧的国际邮件快件集散中心”，完善南充、自贡、达州、绵阳、宜宾、泸州、广元（巴中）等地邮政快递转运（分拨）中心、仓储基地布局建设。二要强化邮政快递末端基础设施建设，深入推进“邮政在乡”，实施“快递七进”“快递两进一出”工程。三要完善多元化、智能化、集约化基地末端服务体系，协同推进智能信报箱等末端设施建设，探索驿站代收、联收联投等多样化模式。

四川省确立首批“交商邮”融合发展试点县

8月，四川省交通运输厅牵头，公布了全省首批“交商邮”融合发展试点县名单，涉及成都、攀枝花、泸州、广元市、遂宁、乐山、南充、眉山市的10个县（市、区）。根据四川省交通运输厅、商务厅、邮政管理局、邮政分公司《推动“交商邮”融合发展构建乡村振兴农村物流保障体系试点工作实施方案》安排，省交通运输厅等4部门共同组织专家，对首批申报全省“交商邮”融合发展试点的县（市区）进行了评审，最终确定成都市蒲江县等10个县（市区）为首批试点县。

四川邮政快递业高效融入美丽四川建设

8月，四川省委、省政府印发《美丽四川建设战略规划纲要（2022－2035年）》，邮政快递业发展被列入其中。纲要明确，一是实施农村物流基础设施建设工程，建设区域性农村物流枢纽平台。二是推进货物运输“公转水（铁）”，大力发展多式联运，布局成都、广元、绵阳等高铁货运物流基地；实施中国西部汽车物流、“空中+陆上”丝绸之路国际空铁公多式联运工程。三是加快物流配送体系建设，创新绿色低碳、集约高效的配送模式；推广新能源和清洁能源运输装备，推进新增和更新替换的城市公共交通、出租、物流配送、环卫车辆全部采用电动或清洁能源车辆。

四川省邮政快递业助力推进高标准市场体系建设

8月，四川省发展改革委印发《贯彻落实〈四川省“十四五”高标准市场体系建设规划〉重点任务分工方案》，邮政快递业多项内容纳入重点任务，并明确由邮政管理部门牵头推动落实。方案明确，一是推动市场基础设施互联互通，推进区域间、城乡间商贸基础设施建设和协同共享，畅通流通网络；支持公共性快递分拣处理中心、智能投递设施等建设。二是实施智能市场发展示范工程，健全成渝地区双城经济圈区域市场跨境电商、跨境寄递物流、跨境支付和供应链管理等扶持机制。三是引导平台企业健康发展,实施教育、医疗、快递物流等网络基础设施改造提升工程,推动互联网医疗、在线教育、第三方物流、及时递送等新型服务平台发展。四是深入推进“双随机、一公开”监管,加强部门联合双随机监管联席会议制度建设,推进市场监管领域部门联合双随机抽查监管常态化;完善“互联网+监管”,建立数字化监管信息资源目录体系。五是健全包容审慎监管制度,完善新兴行业引导和管理办法,制定全省新兴行业分领域分类别指导目录和监管规则。

四川省两地突发地震邮政管理部门迅速启动应急预案

9月5日12时52分,甘孜州泸定县发生6.8级地震,震源深度16千米;12时56分雅安市石棉县发生4.2级地震,震源深度15千米。地震发生后,国家邮政局党组书记赵冲久和党组成员、副局长廖进荣高度重视,第一时间对邮政管理局进行调度和慰问,要求当地邮政管理部门及时妥善组织做好应对地震影响相关工作,切实维护从业人员人身安全,保障机要通信安全运行,确保邮件快件正常寄递和行业安全稳定。四川省邮政管理局及甘孜州邮政管理局立即启动应急预案进行处置,并与雅安市邮政管理局一道,指导行业做好避震抗灾及危险排查工作,对行业情况进行及时了解。四川省邮政管理局要求甘孜、雅安两市州局及时妥善组织做好应对地震影响相关工作,切实保障邮政快递从业人员人身安全、确保机要通信安全运行、保证邮件快件正常投递,并做好维护行业安全稳定等工作。

四川省支持邮政快递参与打造“15分钟政务服务圈”

9月,四川省政府办公厅印发《四川省“一网通办”三年行动方案》,支持邮政快递服务参与打造“15分钟政务服务圈”。方案提出,2024年底前,基本实现高频事项“省内通办”,鼓励各地探索建设智慧化政务服务小屋,依托邮政、银行营业网点等设立基层帮办代办点,提供自助终端办理、快递上门收件、代为核验和办事结果送达等服务,逐步形成“15分钟政务服务圈”。

四川省实施消费帮扶巩固拓展脱贫攻坚成果农村物流体系建设再获支持

10月,四川省发展改革委、省邮政管理局等30部门联合印发《继续大力实施消费帮扶巩固拓展脱贫攻坚成果实施方案》,加快完善物流体系被列为5项重点任务之一。方案明确,一要加强冷链物流体系建设。以产地仓储保鲜为重点,建设多层次农副产品仓储保鲜冷链网络,合理规划布局冷链物流设施。二要不断强化县乡村三级物流网络建设。深入推进“交商邮”合作,推进农村客货邮融合发展,共同打造县乡村三级商贸物流节点,推进县乡村物流共同配送。加快推进农村物流配送体系建设,逐步实现县城物流公共配送中心、乡镇快递物流网点全覆盖。三要加快推进“快递进村”工程。积极推广共享运营,优化城市物流停靠、装卸等作业设施建设和管理,畅通物流运输“最后一公里”。四要提升农副产品流通服务水平。构建从产地到餐桌的绿色、便捷、高效物流通道。打造一批网络覆盖率高、资源整合能力强、运营服务规范的农村物流服务品牌,降低脱贫地区物流成本,提升脱贫地区产品上行能力。

《四川省“十四五”现代流通体系建设实施方案》印发

10月,四川省发展改革委印发《“十四五”现代流通体系建设实施方案》,多项邮政快递行业发展工作再添新动力。方案明确,要建设城乡高效配送体系。完善农村寄递物流体系,引导大型流通企业下沉农村,打造上联生产、下联消费、长期稳定的新型农商关系。全面实施“金通工程”,推进“快递下乡进村”工程,建设中心镇(村)寄递物流综合服务站(点)。要推进优质“川货”线上线下深度融合营销,构建采购、分销、仓储、配送协同的供应链协同平台。打造“川字号”亿件级农产品寄递项目集群,争创15个以上全国快递服务现代农业示范项目。

四川省印发《数字乡村发展行动实施方案》支持快递进村

10月,四川省委网信办牵头印发《四川省数字乡村发展行动实施方案(2022－2025年)》,快递进村等多项工作获得支持。方案明确,要加快农村寄递物流体系建设。深入推进“快递进村”“川货寄递”,打造“金通工程天府交邮通”“交商邮”融合发展品牌,健全县乡村三级电商和寄递物流商贸共配体系,创建快递服务现代农业示范项目和农村电商快递协调发展示范区。

四川省在推动县域民营经济改革试点中鼓励整合县域物流资源

10月,四川省人民政府办公厅印发《四川省县域民营经济改革试点方案》,鼓励整合县域物流资源,邮政快递行业发展获利好政策。方案明确,要建设高效顺畅的流通体系,进一步降低物流成本,鼓励整合县域物流资源,推进智慧公路物流和智慧多式联运。支持物联网等先进技术在物流领域的应用,提高物流服务效率。进一步降低人力成本,鼓励探索推进普遍性和重点领域降费,实施好阶段性降低工伤保险、失业保险费率政策。

《四川省“十四五”城乡社区发展治理分工方案》推动快递末端服务设施建设

11月,四川省民政厅等8部门联合印发《四川省“十四五”城乡社区发展治理分工方案》,要求大力推动快递进社区进乡村。方案提出,推动城乡社区服务设施建设,优化社区服务供给。推动邮政服务和物流配送辐射所有城乡社区,逐步完善邮件和快件寄递等便民服务设施建设;在城市社区全覆盖建立环卫工人、快递小哥、外卖骑手等户外工作者或新型劳动群体休息驿站,实现社区综合服务向非特定性群体拓展。

四川省政协副主席、党组副书记曲木史哈点赞快递进村

11月,在全省政协系统“助力巩固脱贫、助推乡村振兴”专项活动总结交流会召开前,省政协副主席、党组副书记曲木史哈等与会人员一道,对眉山市丹棱县齐乐镇龙鹄村“金通·电商·邮快驿站”进行了考察,现场听取了驿站建设和运营情况汇报,对通过深入推进“快递进村”,切实解决乡村“寄件难”“取件难”问题,助力乡村振兴取得的成效给予充分肯定,并寄望进一步加大工作力度,加强产业协作融合,更好服务乡村振兴和群众生产生活。眉山市委、市政府、市政协领导陪同视察调研。

四川省14部门联合健全跨部门综合监管制度

11月,四川省市场监管局等14部门联合发布《关于强化事前事中事后全链条全领域监管推动平台经济、共享经济规范健康持续发展的指导意见》,要求加强寄递渠道监管,服务经济规范健康发展。指导意见要求,健全市场准入制度,释放市场主体创新活力和内生动力;维护公平竞争市场秩序,严管刷单炒信等违法行为;加强寄递渠道监管,抓好协议客户备案工作,防止禁寄物品流入寄递渠道。

邮政业多项工作获省“十四五”巩固拓展脱贫攻坚成果同乡村振兴有效衔接规划支持

12月,四川省农业农村厅、乡村振兴局联合印发《四川省“十四五”巩固拓展脱贫攻坚成果同乡村振兴有效衔接规划》,快递进村等多项工作获支持。规划明确,强化脱贫地区产业服务支撑,推进“数商兴农”建设“川”字号农村电商建设,实施“川货寄递”工程,创建国家级“互联网＋”农产品

出村进城工程试点县，每年遴选500名农村致富带头人发挥示范引领作用。

四川局组织召开快递行业党委成立暨非公党建工作推进会

12月，四川省邮政管理局联合省委组织部、省委两新工委召开全省快递行业党委成立大会，宣读了省委两新工委《关于同意成立中国共产党四川省快递行业委员会的批复》，省公安厅、人社厅、住建厅、省总工会、团省委等相关部门负责同志出席会议。省两新工委负责同志肯定了全省快递物流业党建工作现场会召开以来，邮政管理系统在快递行业非公党建中的探索努力和取得的阶段性成效。要求省快递行业党委要以党的二十大精神为指引，把稳快递行业正确发展方向，突出上下贯通建行业党委，突出动态清零抓“两个覆盖”，突出协同履职齐抓共管完善快递行业党建工作格局，突出政治引领促作用发挥，突出权益保障强关爱凝聚，扎实推进快递行业党建工作重点工作落实见效。

四川省委出台贯彻党的二十大精神决定利好农村寄递物流体系建设

12月，中共四川省委印发《关于深入学习贯彻党的二十大精神在全面建设社会主义现代化国家新征程上奋力谱写四川发展新篇章的决定》，在谋划新时代治蜀兴川全局中，农村寄递物流体系建设再获利好。决定指出，一要着力推进城乡融合，畅通城乡经济循环，促进城乡资源要素双向流动、优化配置，推动城乡产业协同发展、基础设施一体布局、公共服务普惠共享，加快形成工农互促、城乡互补、协调发展、共同繁荣的新型工农城乡关系。二要构建优质高效的服务业新体系，实施服务业赋能融合计划，推动现代服务业与先进制造业、现代农业融合发展。三要提升区域中心城市能级，支持泸州建设港口型国家物流枢纽城市，支持南充建设区域综合交通物流枢纽。四要建设现代化基础设施体系，推动“金通工程”全域覆盖，深化“交邮合作”，促进“快递进村”。

四川省发文要求确保邮政快递服务畅通保障民生物资运递

12月，四川省物流保通保畅工作机制办公室印发《关于确保邮政快递服务畅通保障民生物资运递的通知》，要求保障邮政快递行业运行通畅。通知明确，全力打通邮政快递堵点卡点，严格规范邮政快递基础设施关停关闭，在人力资源、防疫保障、车辆通行等方面为邮政快递企业给予支持。充分发挥应急保供配送队伍作用，优先保障药品、防疫物资、民生物资等配送和投递服务。健全完善突发情况下应急预案，强化邮政快递人员、物资储备，保障邮政快递服务不中断。加强对邮政快递从业人员的关心关爱，优先为一线从业人员提供N95口罩、消毒剂、抗原检测试剂、新冠治疗药物等防疫物品，为快递人员接种疫苗、进出小区投递作业提供便利，切实保护从业人员身体健康。

四川省提出在深化供销合作社综合改革中推进农村寄递物流体系建设

12月，四川省委办公厅、省人民政府办公厅印发《关于持续深化供销合作社综合改革加快建设为农服务综合平台的意见》，要求加快推进农村寄递物流体系建设，服务乡村振兴。意见要求，深化供销合作社与邮政、快递、交通运输和商贸流通企业的联合合作，推动供销合作社县域流通服务网络与农村电商、快递物流体系有效衔接，发挥“一网多用、双向流通”综合服务功能。意见提出，支持建设对接农业生产端和城乡消费端的全省公共型农产品现代冷链物流骨干网，要求各地在申报专项债券、国土空间规划、税收优惠和通行政策等方面提供便利。

贵州省快递发展大事记

贵州省出台加快推动快递包装绿色转型工作实施方案

1月，贵州省邮政管理局联合省发展改革、工信、生态环境、住建、商务、市场监管等6部门印发《贵州省加快推动快递包装绿色转型工作实施方案》。实施方案围绕进一步加强贵州快递包装治理、推动快递包装绿色转型提出了到2025年，全省快递包装领域政策体系完善，电商快件基本实现不再二次包装，快递包装减量和绿色循环的新模式、新业态发展取得重大进展，快递包装基本实现绿色转型。

贵州省快递员群体合法权益保障工作实施方案出台

1月，贵州省邮政管理局根据交通运输部、国家邮政局、国家发展改革委等7部门联合印发的《关于做好快递员群体合法权益保障工作的意见》，结合贵州实际，联合省交通运输厅、省发展改革委、省人力资源和社会保障厅、省商务厅、省市场监管局、省总工会等7部门印发了《贵州省快递员群体合法权益保障工作实施方案》。实施方案从形成合理收益分配机制、保障快递员合理劳动报酬、提升快递员社会保险水平、完善快递员职业发展保障体系、优化快递员生产作业环境、规范快递企业加盟和用工管理、加强快递网络稳定运行监管、落实部门协同治理责任和地方责任、强化快递员合法权益保障宣传引导等10个方面，明确相关部门责任分工，细化工作任务措施，切实推动快递员群体合法权益保障工作落实落细。

贵州省"快递进村"助力乡村振兴研究入选省委全面深化改革重大调研课题

3月，贵州省委改革办公布《2022年贵州省委全面深化改革重大调研课题名单》，贵州局报送的"贵州'快递进村'助力乡村振兴研究"成功入选。2022年度贵州省委全面深化改革重大调研课题共分为课题立项、中期评估、结题申报、课题结题、成果评选、成果运用6个阶段。"贵州'快递进村'助力乡村振兴研究"拟聚焦全省12个农业特色产业发展，深入研究快递服务现代农业发展之路，助力乡村振兴。

贵州省13部门联合印发商贸物流高质量发展专项行动工作方案

3月，贵州省商务厅、省发展改革委、省邮政管理局等13部门联合印发《贵州省商贸物流高质量发展专项行动工作方案（2022－2025年）》。工作方案明确，到2025年，基本建成内畅外联、智能高效、绿色安全、标准规范的现代商贸物流体系，力争将贵州打造为西南地区重要的商贸物流中心。全省快递进村覆盖率达到100%，建成80个县级物流配送中心，标准化物流载具使用率达到30%，信息化率达到95%，新能源配送车辆使用率大幅提升。

贵州省绿色快递包装地方标准正式发布

6月，贵州省邮政管理局、省产品质量检验检测院、贵州省材料产业技术研究院等单位联合起草的《绿色快递包装使用及回收操作规范》（DB52/T 1670－2022），由省市场监督管理局正式发布。该标准将于2022年9月1日正式施行。该标准由相关领域专家评审组实施评审，经多次修改完善，明确了快递绿色包装使用与回收的术语和定义、基本要求、包装物、包装操作、循环使用、回收。按照国家邮政局及贵州省生态文明建设相关工作部署要求，对封装用品提出了印刷面积、胶带宽度、循环使用次数、操作规范、回收等具体要求，融入了贵州特色。该标准的出台对推动贵州省快递包装绿色转型具有重要意义。

贵州局召开快递进村攻坚暨“邮快合作”整体推进签约会议

8月4日，贵州省邮政管理局组织召开全省快递进村攻坚暨“邮快合作”签约座谈会。会上，贵州局通报了全省快递进村进度，指出快递进村工作开展以来，尤其是2020年邮快合作签约仪式之后，全省通过邮快合作、快快合作、交邮合作、快商合作等方式，快递进村工程迅速推进，全省13299个建制村已有12218个村实现了两个及两个以上快递品牌服务到村。剩余1081个村未实现快递进村，主要集中在偏远地区，拟采用邮快合作方式整体推进，通过以邮政企业兜底、叠加民营快递业务方式实现进村。随后，省邮政公司负责人、快递企业代表（韵达、丰网）依次对邮快合作签约进行表态发言，明确将通力合作，推进快递进村。在参会人员的见证下，省邮政分公司分别与申通、中通、圆通、韵达、极兔、丰网、京邦达7家快递企业贵州省总部现场签约。

贵州省快递业2个集体1名个人荣获省“两红两优”表彰

8月，贵州省人力资源和社会保障厅、共青团贵州省委对2022年获得优秀共青团员、优秀共青团干部、五四红旗团委（团支部）的先进个人和集体进行了表彰。此次表彰中，贵州圆通速递有限公司团支部、贵州中通吉物流咨询服务有限公司团支部双双荣获“贵州省五星红旗团支部”称号，贵州顺丰速运有限公司商贸城营业点负责人刘羽荣获“贵州省优秀共青团员”荣誉称号。

国家邮政局印发国发〔2022〕2号配套文件全方位支持贵州邮政快递业高质量发展

10月，国家邮政局印发《关于支持贵州邮政快递业高质量发展　助力贵州在新时代西部大开发上闯新路的实施意见》，指引贵州全系统全行业进一步提高政治站位，发挥邮政快递业在服务生产生活、促进消费升级、畅通经济循环中的积极作用，助力贵州在新时代西部大开发上闯新路。实施意见明确了指导思想，制定了贵州邮政快递业2025年和2035年两个时间阶段的发展目标，从4个方面提出了14项重点任务。实施意见提出了3个方面的保障措施。

云南省快递发展大事记

《云南省快递员群体合法权益保障工作实施方案》出台

1月，云南省邮政管理局牵头起草和推动出台《云南省快递员群体合法权益保障工作实施方案》。方案经过数次征求意见和多轮修改完善后成稿，方案送审稿报经省人民政府同意，已由省交通运输厅、省邮政管理局、省发展改革委、省人力资源和社会保障厅、省商务厅、省市场监督管理局、省总工会7部门联合印发。方案作为云南邮政快递业第一份聚焦快递人员合法权益保障的专门性文件，聚焦“形成合理收益分配机制、保障快递员合理劳动报酬、提升快递员社会保险水平、优化快递员生产作业环境、落实快递企业主体责任、规范企业加盟和用工管理、加强网络稳定运行监管、加强劳动关系风险防范化解、完善职业发展保障体系”九大措施，确保全省快递员群体的合法权益得到切实维护。

2021年云南省“最美快递员”年度人物揭晓

3月9日，云南省邮政管理局与云南省总工会共同举办了2021年云南省“最美快递员”年度人物发布仪式，正式揭晓全省“最美快递员”年度人物。云南局党组书记、局长魏水旺同志宣读了《关于2021年云南省“最美快递员”年度人物选树情况的通报》，局领导与省总工会等部门有关领导出席发布仪式并为“最美快递员”年度人物颁发证书。马国江、王加伟、白祥、朱艳明、杨胜义、赵立军、益西春初、常宏、黄建明、麻晓玲10名快递员从31名候选人脱颖而出成为“最美快递员”年度人物。他们中既有爱岗敬业、踏实工作的业务骨干，又有乐于奉献、服务人民的先进典型，正是“最美快递员”的真实写照。

多项邮政快递业内容纳入云南省政府部门政策文件

经云南省邮政管理局持续加强与地方政府部门汇报沟通、横向对接，多项邮政快递业内容被纳入云南省政府部门相关政策文件。云南省人民政府印发《关于2022年稳增长的若干政策措施》，明确支持加快实现“快递进村”；云南省发展改革委《云南推动生活性服务业补短板上水平提高人民生活品质行动方案（2022－2025年）》明确“激活县乡生活服务消费”，提出“完善县乡村三级物流体系、多种模式推进快递进村、落实国家和云南省交通领域中央和地方财政事权和支出责任改革方案、支持农村寄递物流基础设施改造提升、落实邮政快递服务末端基础设施建设的地方支出责任”等多项涉邮任务；《中共云南省委农村工作领导小组2022年工作要点》则提出深入实施邮政“网络覆盖”工程。另外，中共云南省委、云南省人民政府印发《云南省综合立体交通网规划纲要》，提出完善铁路、公路、水运、民航、邮政快递等基础设施网络，建设邮政交换枢纽19个，形成“高品质快速网＋高效率干线网＋广覆盖基础网”的综合立体交通网络，推进交通与邮政快递融合发展；云南省人民政府办公厅印发《云南省“十四五”综合交通运输发展规划》，将涉邮内容全方位纳入规划中，纳入内容包括推进“快递进村”工程、完善国际邮件互换局（所）、构建“1＋16”邮政大数据中心、建设“数字邮管”综合信息服务系统、建设16个州市邮政业安全发展中心、建设京东“亚洲一号”昆明现代物流产业园和中通西南（昆明）智能科技电商产业园等，做到了应纳尽纳、应融尽融。

云南省政府办公厅出台实施方案加快农村寄递物流体系建设

4月，云南省政府办公厅印发《云南省加快农村寄递物流体系建设实施方案》，提出健全县、乡、村寄递服务体系，补齐农村寄递物流基础设施短板，到2025年，基本形成开放惠民、集约共享、安全高效、双向畅通的云南农村寄递物流体系，实现乡乡有网点、村村有服务，便民惠民寄递服务基本覆盖。方案聚焦加快农村邮政体系、加快末端共同配送体系、加快协调发展体系、加快冷链寄递体系四大体系建设，明确分类推进“快递进村”工程、完善农产品上行发展机制、加快农村寄递物流基础设施补短板、继续深化寄递领域“放管服”改革四大重点任务。为将方案落到实处，提出多种模式推进“快递进村”、完善县乡村三级物流体系、提升供应链寄递服务水平、打造快递服务现代农业示范项目、优化农村寄递服务模式、吸纳农村劳动力就业创业、加强行业监管和自律、统筹用好资金渠道或专项政策等具体措施。

昆明快递小哥荣获“云南省五一劳动奖章”

5月，云南省庆祝“五一”国际劳动节暨表彰大会在昆明隆重举行，昆明局推荐评选的昆明顺丰快递小哥者发贵荣获“云南省五一劳动奖章”，并作为获奖代表上台受奖。

云南省发布印发快递包装绿色产品认证及推广应用工作通知

5月，云南省邮政管理局与市场监管局联合印发《关于开展快递包装绿色产品认证及推广应用的通知》。通知要求，邮政管理部门要加强与市场监管等有关部门的配合，推进对快递包装物依法实行绿色产品认证，逐步健全行业绿色认证体系。推动快递企业建立绿色采购制度，各快递企业可登录"全国认证认可信息公共服务平台"查询绿色快递包装认证获证企业和产品信息，鼓励优先采购经过快递包装绿色产品认证的包装产品。推动认证结果的采信工作，鼓励和引导消费者使用绿色包装和减量包装。通知同时明确，市场监管部门依法依规对快递包装绿色产品认证活动及结果进行监督管理，鼓励省内包装企业进行快递包装绿色产品认证，提高云南省绿色产品有效供给。

多项邮政快递业内容纳入《云南省"十四五"城乡社区服务体系建设规划》

5月，云南省人民政府办公厅印发《云南省"十四五"城乡社区服务体系建设规划》，旨在推动城乡社区服务体系建设高质量发展和不断满足人民群众更高生活品质新期待，多项邮政快递业内容被纳入其中。城乡社区服务规划明确，到2025年末，实现基本公共服务均等化水平明显提高。"十四五"城乡社区服务体系建设主要涉及邮政快递业重点工作为：一是加快推进农村生活服务便利化，提升邮政、金融、电信、供销、燃气、电、广播电视等公共事业服务水平。二是推动物流配送、快递、资源回收商业网点向村（社区）延伸，强化农村地区农产品收购、农资供应等服务供给。三是优化服务设施布局，推进智能快件箱（信包箱）和邮政快递末端综合服务站等建设。四是实施村级综合服务设施提升工程，完善村级综合服务设施网络，增强村级综合服务功能，建设和完善村级服务站点、物流配送网点等农村电商公共服务体系。

多项邮政快递业内容被纳入省现代物流业发展三年行动

6月，《云南省现代物流业发展三年行动（2022—2024年）》正式印发实施，多项邮政快递业内容被纳入其中，云南局政策规划衔接融入工作取得积极成果。文件提出，要推动电商快递业转型提质，建设一批电商快递物流园区和快件集散中心，引导电商及快递企业集中布局，鼓励电商快递企业参与高铁、航空物流基础设施建设，布局电商快递分拨与配送中心，大力发展航空快递、高铁快运。文件强调，要优化城乡配送设施网络，结合"县域商业体系建设""快递进村"等工作，持续推进县级物流集散中心建设，加快补齐城乡流通体系建设短板，鼓励商贸流通、交通运输、邮政、快递、供销合作社等企业服务和网络下沉。文件明确，要大力发展跨境电商，推动跨境电商、邮政快递等企业布局面向南亚东南亚的跨境电商营销、寄递、集配网络，探索发展"中老班列+跨境电商"模式。

杨斌副省长听取云南局工作汇报

6月，云南省副省长杨斌听取云南省邮政管理局主要负责人工作汇报。云南局针对上半年邮政快递业经济运行、疫情防控和保通保畅情况，以及存在困难、下一步工作举措进行了专题汇报。杨斌对全省邮政快递业工作予以肯定并提出工作要求。一是要辩证看待当前形势，主动、精准、靠前发力，对标目标任务，争取在发展中取得更优成绩。二是要最大限度释放政策红利，在狠抓落实上下功夫。三是要强化底线思维，统筹好疫情防控、行业发展和安全生产。四是要强化效率意识和奋勇争先意识，在作风革命、效能革命上走在前、作表率。五是要扎牢管党治党责任，加强党的领导和党的建设。

云南局获批组建全省快递工程高级职称评审委员会

7月，经省人社厅批准，云南省快递工程高级职称评审委员会顺利组建。根据批复，云南省快递工程高级职称评审委员在云南局的管理下，按照《云南省快递工程技术人才职称评价标准条件（试行）》，评议审定全省企业、事业单位、社会团体、个人经济组织以及自由职业者等直接从事快递工程领域技术工作的人员高级、正高级工程师任职资格。

云南省多项邮政快递业内容被纳入省级政策文件

8月，《云南省“十四五”现代流通体系建设实施方案》《推动生活性服务业补短板上水平提高人民生活品质行动方案》正式印发，多项邮政快递业内容被纳入文件，云南局作为主要的责任部门。实施方案明确提出，要分类推进快递进村工程，鼓励邮政、快递、交通、供销、电商等多方合作，整合末端寄递资源，持续扩大“快递进村”覆盖范围。采取多种模式推进“快递进村”，全省有条件的建制村基本实现“村村通快递”。实施方案要求推动发展改革、商务、农业、交通运输、邮政管理等政府部门和口岸、航空、铁路等企业向社会开放与物流相关的公共数据，推进政府间公共数据共享和协同监管，推进流通信用信息归集共享。行动方案明确，要完善县乡村三级物流体系，支持农村寄递物流基础设施改造提升。打造以“县建快递物流集散中心、乡镇建快递物流服务站、村建快递物流服务点”为支撑的物流服务网络，实现同仓共配，多种模式推进“快递进村”。行动方案强调，要落实邮政快递服务末端基础设施建设的地方支出责任。

云南省快递行业党委获批成立

12月，中共云南省快递行业党委获批成立，党组织关系隶属于中共云南省邮政管理局机关党委，日常工作由中共云南省邮政管理局党组领导，接受云南省委“两新”工委指导，负责指导全省快递行业党建工作。

西藏自治区快递发展大事记

自治区党委常委、昌都市委书记普布顿珠看望慰问“快递小哥”

2月1日上午，大年初一，西藏自治区党委常委、昌都市委书记普布顿珠，昌都市副市长高学文集中看望慰问一线快递小哥，向他们送上诚挚的问候和新春的祝福。普布顿珠首先向春节期间，大家坚守岗位的快递小哥和新业态工作人员表示新春的祝福，并为他们送上慰问金和慰问品。普布顿珠代表市委、市政府向一线辛勤的小蜜蜂表示感谢，希望全体新业态工作人员更好地做好服务。同时，亲切叮嘱快递员们在做好服务的同时也要注意自身出行安全。普布顿珠指出，全市“快递小哥”群体以“勤劳小蜜蜂”的精神，冬顶严寒夏冒酷暑，奔波在城市的各个角落，为广大人民群众提供生活的便利。普布顿珠要求，全市各级各部门要始终把劳动者的冷暖放在心上，提升精细化管理水平，为他们更好工作、更好生活创造条件。要关心关爱劳动者群体，让城市更有温度、更加美丽、更加和谐。

自治区主席严金海看望慰问一线快递小哥调研藏历新年寄递服务保障工作

2月，西藏自治区党委副书记、自治区主席严金海深入申通百世韵达快递分拨中心看望慰问一线快递小哥，并代表区党委、政府，代表王君正书记，向他们致以节日祝福。西藏自治区副主席甲热·洛桑丹增、政府秘书长朱强参加慰问调研。

自治区党委副书记、自治区主席、拉萨市委书记严金海前往镖局集团考察快递行业发展并慰问快递小哥

2月18日，西藏自治区党委副书记、自治区主席、拉萨市委书记严金海同志，自治区副主席甲热·洛桑丹增，拉萨市委市政府相关领导一行在区市邮政管理局负责同志的陪同下前往镖局集团考察快递行业发展和服务保障能力，慰问了奋斗在一线的快递小哥，询问了快递小哥的工作和生活情况，对他们爱岗敬业、勤劳奉献的精神表示了高度的赞赏，勉励他们在光荣的岗位上继续拼搏，为西藏的民族团结、繁荣稳定作出更大的贡献。这充分体现了党和政府对快递行业的关心和支持，对新就业形态劳动者的关怀和爱护。严金海指出，快递行业的发展与老百姓的生活息息相关，已经成为“工业品下乡、农产品进城”双向流通的重要渠道，加快运输效率、提高服务质量，是不断提升人民群众的获得感、幸福感、安全感的必要途径。作为服务民生的重要力量，快递企业要抓住机遇，积极主动推进快递下乡进村，让更多的老百姓享受到方便快捷的快递服务。

全区首例快递基层网点优先缴纳工伤保险在拉萨顺利完成

2月24日上午1时，拉萨市三级政务服务大厅内，拉萨市首例也是西藏自治区首例快递基层网点优先缴纳工伤保险的手续顺利办结，这也标志着全区快递基层网点优先缴纳工伤保险工作拉开了帷幕。

西藏局安排部署全区邮政快递业防疫情保畅通工作

4月，西藏自治区邮政管理局召开工作推进电视电话会议并印发《西藏自治区邮政快递业保通保畅促进产业链供应链稳定的工作机制》，积极推动全区邮政快递业防疫情保畅通工作。

自治区邮政快递业两集体两人获西藏五一劳动奖表彰

4月29日，西藏自治区庆祝“五一”国际劳动节暨表彰大会在拉萨举行，宣读了关于表彰2022年全国、自治区五一劳动奖和工人先锋号的决定，西藏腾通物流有限公司(圆通)、拉萨申通快递发展有限公司获“西藏自治区五一劳动奖状”称号，西藏顺丰速运有限公司运作组组长次仁措姆、中国邮政集团有限公司日喀则市定日县分公司珠峰邮局营业员措姆获“西藏自治区五一劳动奖章”称号。

西藏局积极响应邮政快递业保通保畅工作机制

5月，面对疫情防控的最新形势，西藏自治区邮政管理局积极响应自治区党委、政府及国家邮政局关于邮政快递业保通保畅促进产业链供应链稳定电视电话会议精神，邮政快递业保通保畅工作机制已经纳入西藏自治区保通保畅的应急保障机制中。西藏局成立以局领导为组长的西藏自治区邮政快递业保通保畅工作机制领导小组，坚持在科学精准、动态清零的前提下，把握好疫情防控、经济社会发展和安全生产三者的辩证统一关系，着力稳态势、稳网络、稳队伍，实现“两无、两保”的工作目标。

西藏15部门印发关于加强县域商业体系建设的实施意见

6月，为不断加强行业间业务协同和资源整合，补齐西藏农村商贸发展短板，提升商贸流通公共服务质量，促进农村电商和物流融合发展，区党委农村工作领导小组、西藏自治区商务厅、区邮政管理局等15部门联合印发了《西藏自治区关于加强县域商业体系建设的实施意见》。方案指出，“十四五”时期，将努力建成一批具有集中采购和跨区域配送能力的冷链物流集散中心、一批县域标准化仓储冷链物流设施，改造一批边境贸易中心、一批县域综合商流服务中心、一批县域农贸市

场，培训一批县域商贸流通骨干企业，力争到2025年底基本实现县县有综合商贸服务中心、有冷链基础设施、有标准化农贸市场、有连锁经营，乡村通邮政、快递服务的“四有一通”的良好格局，促进农牧区商业领域全流程高效协同，提升市场主体竞争力和服务水平。

自治区人大常委会副主任、山南市委书记许成仓充分肯定邮政快递业贡献

7月22日，西藏自治区人大常委会副主任、山南市委书记许成仓与自治区邮政管理局在家主持工作的党组成员、纪检组长、副局长史晓东，中国邮政集团有限公司西藏自治区分公司党委书记、总经理王树桥就邮政快递业工作进行座谈交流。山南市副市长、公安局局长刘宗昌以及山南市交通运输局、自然资源局、邮政管理局、邮政分公司的负责同志参加了座谈。许成仓对邮政快递业提出三点期望。一是加强党的领导，强化组织建设，特别是政治建设，加强从业人员的思想教育，宣讲好党的政治理论和民族宗教政策，宣传好国家法律法规制度，提升从业人员国家意识、公民意识和法治意识，确保寄递渠道的安全稳定。二是一如既往地在促进行业发展、带动就业、服务民生、支持边境地区发展上下功夫，以行业力量守护好祖国的安全屏障，共同推进全面建成小康后的社会主义现代化建设。三是发挥国有企业引领作用，坚持“统筹考虑、规划先行、分步推进”原则，以“十四五”规划中期调整为契机，在场地规划、运营模式等各方面提前谋划、开拓创新，全力打造符合现代化标准的现代邮政企业。

自治区党委书记王君正批示要求持之以恒抓好行业疫情防控工作

9月，西藏自治区党委书记王君正在西藏自治区邮政管理局《关于贯彻落实自治区疫情防控工作会议精神情况的报告》上批示：“持之以恒抓好疫情防控工作。”

自治区副主席甲热·洛桑丹增调研邮政业疫情防控及保供保通保畅工作

9月12日，西藏自治区副主席甲热·洛桑丹增深入西藏自治区邮政分公司所属拉萨邮区中心、拉萨市邮政分公司城南营业部等单位，调研西藏邮政疫情防控及保供保通保畅工作等有关情况，看望慰问一线工作者。调研组一行对西藏邮政疫情防控及保供保通保畅工作给予高度肯定，并代表自治区党委、政府，向一线从业人员致以亲切问候、表示衷心感谢，叮嘱他们做好个人防护。

自治区政协副主席白玛旺堆带队深入山南市邮政、京东快递网点检查指导疫情防控工作

10月9日上午，西藏自治区政协副主席白玛旺堆带队深入中国邮政集团有限公司山南市分公司邮件处理中心、京东快递山南市快件分拣处理场所，对山南市邮政快递业疫情防控、党的二十大前后邮政快递业寄递渠道安全生产工作开展督导检查。

《西藏自治区邮政快递行业基础设施关停关闭处理流程规定》发布

12月5日，西藏自治区物流保通保畅领导小组印发《西藏自治区邮政快递行业基础设施关停关闭处理流程规定》，明确在关停关闭邮政快递业基础设施过程中各级联防联控机制审批的程序性要求。西藏局认真落实国务院物流保通保畅工作领导小组要求和国家邮政局安排部署，积极向区党委、政府汇报行业复工复产过程中遇到的问题，自治区政府主要领导高度重视，同意以西藏自治区物流保通保畅领导小组名义印发《西藏自治区邮政快递行业基础设施关停关闭处理流程规定》，更好统筹全区邮政快递行业疫情防控和保通保畅工作，规范因防疫工作需要关停关闭邮政快递行业基础设施工作程序。

西藏局与区商务厅、区邮政分公司签订战略合作协议

12 月 12 日，西藏自治区邮政管理局和区商务厅、西藏邮政分公司签订战略合作协议，建立三方合作机制，打造西藏特色为农服务新体系和新动能。三方立足新发展阶段、贯彻新发展理念、构建新发展格局，发挥各自优势，明确工作责任，完善工作实施路径，建立信息共享机制，以信息驱动为支撑，积极拓展农村快递市场，因地制宜整合县乡村物流配送资源，探索与商贸、快递、农业、交通运输等各类企业在农村地区扩展合作领域和服务内容，通过健全农村寄递物流体系、推进“邮快合作”快递进村、提升站点运营服务能力、拓展服务功能等方式，发展共同配送，开展渠道共建、设施共享、业务代理等合作，共同推动农村、农产品市场体系建设等实现高质量发展，为农产品进城、工业品下乡和农村流通体系建设营造良好发展环境，更好满足农村生产生活和消费升级需求，助力地方经济发展。

陕西省快递发展大事记

陕西省政府出台加快农村寄递物流体系建设实施方案

1 月，陕西省政府办公厅出台《加快推进农村寄递物流体系建设实施方案》。实施方案提出，2022 年全省 75% 的县全面建成县、乡、村三级寄递物流体系，有效助力乡村振兴战略，全省行政村快递服务覆盖率达到 90% 以上。到 2025 年，基本建成便捷、稳定、高效的农村寄递物流体系，实现乡乡有网点、村村有服务，农村寄递物流供给能力和服务质量显著提高。实施方案要求各地各部门要把农村寄递物流体系建设纳入乡村振兴工作整体部署，纳入乡村振兴战略实绩考核，纳入相关规划和公共基础设施建设，落实地方财政支出责任，支持村级寄递物流综合服务站建设，鼓励先行先试、探索创新，引领农村寄递物流服务水平全面提升。

陕西省应对办下发紧急通知要求安全有序做好当前全省邮政快递服务保障工作

1 月 6 日，陕西省应对新型冠状病毒感染肺炎疫情工作领导小组办公室下发《关于安全有序做好当前邮政快递服务保障工作的紧急通知》。通知要求，各市（区）应对新冠肺炎疫情工作领导小组（指挥部）办公室和省邮政管理局：一要有序保障邮政、快递服务。二要提升邮件快件转运投递能力。三要严格落实疫情防控措施。四要确保安全生产责任落实。

2021 年度陕西省快递服务现代农业金银铜牌项目评选结果出炉

为推动快递业积极融入地方经济发展，助力乡村振兴和现代农业发展，2021 年陕西省邮政管理局积极参与国家邮政局金牌项目评选，并在此基础上开展省级银牌、铜牌项目评选工作。西安猕猴桃、宝鸡猕猴桃、咸阳苹果、咸阳猕猴桃、延安苹果寄递量均突破 1000 万件，被国家邮政局授予“2021 年快递服务现代农业金牌项目”。渭南冬枣、宝鸡苹果、西安甜瓜等 3 个项目业务量超过 300 万件，获评陕西省“2021 年快递服务现代农业银牌项目”。西安蓝田樱桃、宝鸡扶风脆柿子等 39 个县的项目业务量超过 10 万件，获评陕西省“2021 年快递服务现代农业铜牌项目”。

徐大彤副省长批示肯定陕西邮政管理工作成效

1 月 20 日，陕西省副省长徐大彤对陕西省邮政管理工作报告作出专题批示。批示指出，2021

年,全省邮政管理系统坚持以习近平新时代中国特色社会主义思想为指导,贯彻落实省委、省政府工作要求,坚持服务大局、服务人民、服务基层,推动行业发展质量持续提升,行业绿色发展水平不断提高,快递员群体合法权益保障机制更加完善,积极助力全省疫情防控工作,圆满完成了各项目标任务,为全省经济社会发展作出了积极贡献。并向全省邮政管理系统的广大干部职工致以衷心感谢和诚挚问候!

陕西省印发《维护新就业形态劳动者劳动保障权益实施办法》

2 月,陕西省人力资源和社会保障厅、省发展改革委、省交通运输厅、省邮政管理局、省应急管理厅、省市场监管局、省医保局、省高级人民法院、省总工会等 9 部门联合印发《维护新就业形态劳动者劳动保障权益实施办法》。实施办法要求,一要依法规范用工,夯实劳动者权益保障主体责任。二要健全保障制度,兜牢劳动者权益保障底线。三要优化工作流程,提升劳动者权益保障服务水平。四要强化组织协调,完善劳动者权益保障工作机制。

陕西一快递小哥荣获“陕西省优秀共青团员”称号

3 月,共青团陕西省委对 2020 — 2021 年度陕西省优秀共青团员、陕西省优秀共青团干部等进行表彰,西安顺丰速运有限公司快递员白勇超荣获“陕西省优秀共青团员”称号。

陕西省政协副主席杨冠军调研指导邮政快递行业平安建设工作

3 月 31 日,陕西省政协副主席杨冠军一行代表陕西省委平安建设领导小组调研指导邮政快递行业平安建设工作。杨冠军对全省邮政快递行业平安建设方面所做的大量工作给予充分肯定。他强调,要认真学习贯彻习近平总书记对平安建设工作的重要指示精神,保持高度政治敏锐性,结合 2022 年各项重大活动安全部署,按照省委的具体要求,结合行业实际抓好落实。要特别注重分析发掘行业数据背后的发展逻辑、发展趋势,找准邮政快递行业在促进陕西经济高质量发展中的独特作用和重要意义,发展安全两手抓。要立足现有的能力和水平,把工作抓得再细一点、再实一点、再具体一点,要盯住突出问题、关键点,一抓到底抓出成效。要充分吸收和借鉴其他兄弟省份的先进经验和典型做法,争取各方面的支持,把全省邮政快递行业平安建设工作抓出特色、抓出水平,为平安陕西建设作出应有的贡献。

《陕西省推进基层快递网点优先参加工伤保险工作实施方案》出台

4 月,陕西省邮政管理局联合省人社厅、国家税务总局陕西省税务局出台《陕西省推进基层快递网点优先参加工伤保险工作实施方案》,推动全省逐步实现快递企业及其从业人员参加工伤保险全覆盖。实施方案明确了基层快递网点优先参加工伤保险的主体和对象、缴费基数和费率、工伤认定和待遇支付等事项,要求各级人力资源社会保障、税务部门要针对快递行业特点、简化优化参保登记、缴费等手续;各市邮政管理部门要充分发挥行业监管职能,鼓励用人单位直接用工,提高自有员工比例,督促用人单位及时为快递员群体办理工伤保险,组织开展督导检查,及时共享数据信息;各基层快递网点应建立快递员花名册、考勤表、工资发放表等台账信息,严格执行安全生产标准、积极开展工伤预防,切实降低安全事故发生率。

陕西多名快递从业者当选“两代表一委员”

4 月,在榆林市第五届人民代表大会第一次会议上,榆林市快递行业协会会长张少帅当选为市人大代表参加会议,并提出加快打造乡镇集快递、商贸、便民服务为一体的乡镇商贸集散中心和打造服务型政府，持续优化营商环境，加快服务业的发展两个建议。同时，他和榆林申通负责人张永刚还作为政协委员参加榆林市榆阳区第十六届委员会第一次会议，提出聚焦加快农村寄递物流体系建设提案。咸阳中通快递公司的快递小哥朱聪磊当选为咸阳市政协委员出席政协咸阳市九届一次会议；汉中顺丰快递员陈忠林、京东快递员罗明作为政协委员参加了政协第六届汉中市委员会第一次会议；榆林米脂县圆通、中通、韵达、极兔快递负责人冯浩渊作为政协委员参加政协米脂县第十届委员会第一次会议，他说有幸成为一名政协委员，深感责任重大，使命光荣，表示将积极参政议政，不辱使命，并提交了关于快递进村问题的提案；靖边县申通快递的负责人白杨作为政协靖边县第十届委员会第一次会议的代表，向大会提交了《加快推进快递物流综合派送体系建设》的提案。

快递员黑金虎荣获“陕西青年五四奖章”

4 月 29 日，第 20 届“陕西青年五四奖章”评选揭晓，来自陕西省榆林市达韵快递有限公司吴堡县分部快递员黑金虎荣获“陕西青年五四奖章”。

陕西邮政快递行业 7 人荣获 2022 年陕西省劳动模范

4 月 29 日，2022 年陕西省庆祝“五一”国际劳动节暨省劳动模范、先进工作者和先进集体表彰大会在西安隆重举行，全省邮政快递行业 7 名从业人员受到表彰。中国邮政集团有限公司西安市北关分公司刘西宁、大荔县邮政分公司朝邑支局投递员张东民、榆林市邮政分公司揽投员边永慧、镇巴县邮政分公司巴山邮政所投递员王永碧、西安顺丰速运有限公司沣东经营分部快递员郝飞飞、西安顺丰速运有限公司宝鸡分公司快递员王鹏、咸阳市中通快递公司世纪大道分公司快递员朱聪磊等 7 人获陕西省劳动模范荣誉称号。此次表彰，是省委省政府对邮政快递业服务大局、服务人民、服务基层，为全省经济社会发展作出贡献的肯定。

陕西省邮政业安全中心与陕科大联手推进信息化建设

5 月，陕西省邮政业安全中心与陕西科技大学围绕邮政业申诉数据分析平台建设、推进邮政快递业发展进行座谈交流。会上，省邮政业安全中心介绍了全省邮政业申诉对接省政务中心 12345 服务热线衔接的基本情况，针对当前省政务服务中心推送数据存在信息不完整、数据分析不全面的问题，希望借助高校的技术和科研优势，共同建设全省邮政业申诉数据分析平台。双方就平台建设进行深入分析，探讨业务需求、实施方案及分工协作等细节，并对后续工作进行安排部署。陕西科技大学表示，将全力以赴支持省邮政业申诉数据分析平台的建设工作，进一步从科研协作、系统开发等方面建立长效合作机制，形成优势互补的合力。

陕西省多方联动推进农村寄递物流体系建设工作

5 月 9 日，陕西省农村寄递物流体系建设工作领导小组办公室印发《关于成立陕西省农村寄递物流体系建设工作领导小组的通知》，进一步强化对全省农村寄递物流体系建设工作的统筹协调，明确省邮政管理局为成员单位。省农村寄递物流体系建设工作领导小组主要职责是贯彻落实中省决策部署，统筹推进全省农村寄递物流体系建设各项工作，研究分析农村寄递物流发展形势，提出政策建议和年度重点工作任务，推动《陕西省人民政府办公厅关于印发加快推进农村寄递物流体系建设实施方案的通知》各项任务落实落地。

陕西局多措并举加快农村寄递物流体系建设

5 月 16 日，推动省农村寄递物流体系建设工作领导小组办公室印发《关于加快推进我省农村寄递物流体系建设工作的通知》，并下发《陕西省农村寄递物流体系建设考核指标建议》，明确了考核目标、考核依据、考核方式，从市、县两个层面制定12项考核指标建议，进一步发挥考核的指挥棒作用，压实各级政府工作责任，提升工作成效。

快递员形象“速小达”核酸贴纸礼赞最美劳动者

5月25日，西安开展又一轮核酸检测，核酸检测后市民都会领到一张图为快递员的核酸贴纸，图上一位快递员正骑着电动车在送快递，宣传语为“劳动美　速小达”。“速小达”就是邮政快递从业者的代表。这是陕西省总工会联合西安市专门推出包括快递员在内的“最美劳动者”系列核酸贴纸。

陕西完成首单快递业务分支机构名录寄递服务

6月23日，汉中局首单“分支机构名录”邮件顺利寄出。

赵一德省长批示肯定全省农村寄递物流体系建设取得阶段性成果

7月29日，陕西省省长赵一德在省农村寄递物流体系建设领导小组报送的关于全省农村寄递物流体系建设工作推进情况的报告上作出批示，充分肯定全省农村寄递物流体系建设工作取得的成果，要求省交通运输厅、省邮政管理局进一步发挥农村寄递物流体系建设领导小组作用，加强统筹协调和督导指导，加快完善县(区)级邮政快递行业监管能力建设，推动各地各部门政策资源共建共享，持续推进全省农村寄递物流体系建设。

陕西省邮政快递业塑料污染治理经验获国家发展改革委肯定

9月，国家发展改革委联合有关部门召开2022年全国塑料污染治理工作电视电话会议，陕西省邮政快递业塑料污染治理工作得到肯定，经验材料被编入《地方塑料污染治理典型经验汇编》。

中欧班列“长安号”运邮专线开行

9月16日上午9时30分，中欧班列“长安号”运邮专线从西安发车。班列历时12天后将抵达波兰的马拉舍维奇，搭载的国际邮件、包裹、商业快件由波兰邮政按封发路向转运至欧洲各国，再行派送，全程门到门时效约需25天，陆运邮件运输渠道将不经过口岸实现直发直运，全程时效较原发运渠道压缩15天左右。此次运邮专线的开行，是中欧班列“长安号”打造邮件陆路通道的重要突破，将大幅提升中欧班列“长安号”的通道服务能力。

陕西局印发快递企业管理责任清单促进行业高质量发展

10月，陕西省邮政管理局印发《快递企业在陕总部统一管理责任清单(试行)》。责任清单从落实企业主要负责人责任、细化在陕总部统一管理责任、落实安全保障责任、行业绿色环保责任、推进快递服务提档升级、保障快递员合法权益等方面对企业管理责任进行细化。省局要求在陕企业总部认真落实省内品牌的统一管理责任，并认真做好与其全国总部的协调工作。要进一步提高思想认识，坚持问题导向，持续加大统一管理投入，不断提高统一管理水平，有效防范遏制各类统一管理责任未落实或落实不到位所导致的管辖企业违法违规行为发生。

赵一德省长肯定陕西邮政快递业十年发展成绩

11月，陕西省省长赵一德在省邮政管理局《非凡十年陕西邮政快递业向高质量发展、高效能治理迈出坚定步伐》专报上作出批示，肯定陕西邮政快递业的发展成就。赵一德批示：我省邮政事业十年成就辉煌，为经济社会发展和人民群众生活品质提升提供了坚实支撑，值得充分肯定。

陕西省基层快递网点从业人员工伤保险参保基本实现全覆盖

按照人力资源社会保障部、国家邮政局工作部署要求，陕西省邮政管理局扎实推动基层快递网点从业人员优先参加工伤保险，截至11月，全省快递从业人员优先参加工伤保险已基本实现全覆盖，提前完成年度工作任务目标。

商南县快递行业工会爱心驿站荣获全国“最美工会户外劳动者服务站点”

12月，全国总工会发布2022年“最美工会户外劳动者服务站点”名单，全国2000个工会户外劳动者服务站点被确认为2022年最美站点，陕西省商洛市商南县快递行业工会爱心驿站名列其中。

陕西局十举措畅通邮政快递服务保障民生物资医疗物资寄递

12月，陕西省邮政管理局下发《关于切实畅通邮政快递服务保障民生物资医疗物资寄递的通知》，要求全省行业认真贯彻落实党中央、国务院决策部署及国家邮政局工作安排，切实做好当前及春节期间的邮政快递服务畅通工作，有效满足人民群众对民生物资和医疗物资的寄递需求。通知要求：一是充分认识邮政快递网络畅通的极端重要性。二是全力畅通邮政快递服务网络。三是有效保证企业末端投递能力。四是积极争取地方政府及部门支持。五是重点保障医疗物资寄递服务。六是切实加强骨干企业对接协调。七是集中做好行业监督检查工作。八是全面落实行业疫情防控举措。九是抓紧制定应急保障工作方案。十是不断强化抗疫保供宣传引导。

中国共产党陕西省快递行业委员会揭牌成立

12月29日，陕西省快递行业党委成立大会在陕西省邮政管理局举行。省委组织部一级巡视员、省委两新工委副书记李宇孝，省邮政管理局党组书记、局长、行业党委书记孙海伟出席会议并讲话。省邮政管理局党组成员、副局长、行业党委副书记薛威主持会议。会议宣读了《中共陕西省委组织部关于同意成立中国共产党陕西省快递行业委员会的批复》。李宇孝、孙海伟共同为行业党委揭牌，快递企业基层党组织代表作了表态发言。

甘肃省快递发展大事记

程晓波副省长批示肯定全省邮政管理工作

1月，甘肃省委常委、常务副省长程晓波就全省邮政管理工作作出批示，肯定2021年工作成效，并对2022年工作提出要求。批示指出，去年以来，全省邮政管理系统认真贯彻落实习近平总书记对邮政快递业重要指示批示精神和省委省政府的部署要求，扎实推进“快递进村”工程和从业人员权益保障、寄递渠道安全管理、行业疫情防控等各项重点工作，着力推动邮政快递与产业深度融合发展，为全省“十四五”实现良好开局作出了积极贡献。批示要求，新的一年，全省邮政管理系统要深入学习贯彻党的十九大和十九届历次全会精神和中央经济工作会议精神，全面落实党中央、国务院和省委省政府各项工作部署，积极主动融入全省发展大局，以畅通循环为目标，抓紧抓实行业疫情防控，不断加强寄递物流体系建设，着力提升行业治理效能和发展质效，实现邮政行业与地方经济发展“同频共振”，在支撑和服务全省经济社会高质量发展中展现更大作为。

甘肃省发布关于做好快递员群体合法权益保障工作的实施方案

2月，经甘肃省政府同意，省交通运输厅、省邮政管理局、省发展和改革委员会、省人力资源和社会保障厅、省商务厅、省市场监督管理局、省总工会联合印发《关于做好快递员群体合法权益保障工作的实施方案》。方案明确了甘肃省快递员群体合法权益保障工作的八项重点任务和三项保障措施。明确提出要将快递员最低劳动报酬标准、年度劳动报酬增长幅度、个人派件提成、人身意外保险和考勤考核休假等重点内容纳入协商范畴，依法签订集体合同；要督促企业保持合理末端派费水平，保证末端投递基本支出，保障快递员基本劳动所得；要鼓励企业建立帮扶互助保障基金，对快递员重大疾病、安全事故、意外伤害等给予一定帮扶；要推进基层快递网点“会、站、家”一体化建设，把工会“四送”（春送岗位、夏送清凉、金秋助学、冬送温暖）品牌活动、技能培训、法律援助进一步向快递员群体延伸，推动各部门现有公共区域劳动者爱心驿站等便民设施向快递员开放，为快递员工提供便利服务；要开展“尊法守法·携手筑梦”服务快递员群体公益法律服务行动，做好快递员群体心理疏导”等内容。

甘肃省政府常务会议审议通过加快农村寄递物流体系建设行动方案

2月28日，甘肃省省长任振鹤主持召开十三届省政府第164次常务会议，研究农村寄递物流体系建设工作，审议通过了《甘肃省加快农村寄递物流体系建设行动方案》。行动方案紧密结合甘肃省委省政府乡村振兴总体战略部署及农村实际，坚持问题导向和目标导向，明确了实施“快递进村”工程、强化农产品上行专业化供应链寄递服务、加快农村寄递物流基础设施补短板、推进农村寄递物流绿色发展等十一项重点任务，以2023年和2025年为节点分两个阶段推进，实现到2025年基本形成开放惠民、集约共享、安全高效、双向畅通的农村寄递物流体系，农产品运得出、消费品进得去，农村寄递物流供给能力和服务质量显著提高的目标。

甘肃省印发行动方案加快推进全省农村寄递物流体系建设

3月，甘肃省政府办公厅印发《加快农村寄递物流体系建设行动方案》，提出以2023年和2025年为节点分两个阶段加快推进全省农村寄递物流体系建设。行动方案明确了“实施‘快递进村’工程，到2025年基本实现全覆盖；推动‘甘味’农产品出村进城，逐步建立覆盖生产流通各环节的冷链寄递物流体系；加快农村寄递物流基础设施补短板，推动建设县级寄递共配中心、乡镇寄递网点改造全覆盖，建设村级寄递物流综合服务站1.5万个以上；开展平安寄递建设；全面落实新冠肺炎疫情防控措施；推进农村寄递物流绿色发展”等11项重点任务，提出了建立工作协调机制、落实财政支出责任、强化指导考核和及时推广典型经验四项组织落实措施。

刘长根副省长听取全省邮政管理工作汇报

3月28日，甘肃省邮政管理局向省政府分管领导刘长根副省长专题汇报了全省邮政管理工作。刘长根听取汇报后，对全省邮政管理工作和行业发展取得的成绩给予充分肯定。同时要求全省邮政管理系统和邮政行业要认真贯彻习近平总书记关于邮政快递业重要指示批示精神，扎实做好快递员群体合法权益保护、行业疫情常态化防控、行业管理和农村寄递物流体系建设等工作，以优异成绩迎接党的二十大和省第十四次党代会胜利召开。

余建副省长肯定全省邮政行业安全管理工作

4月，甘肃省副省长，省公安厅党委书记、厅长余建专题听取全省邮政行业安全管理工作汇报，肯定全省邮政行业安全管理工作。余建对全省邮政邮政行业安全管理工作给予充分肯定，要求全省邮政管理系统和全省邮政行业要进一步提高政治站位，统筹发展和安全，加强同公安等部门的协同联动，强化落实寄递渠道安全“三项制度”，坚决遏制重特大事故发生，确保人民生命财产安全，以优异成绩迎接党的二十大召开。

何伟副省长督查调研邮政快递业疫情防控工作

4月12日，甘肃省政府副省长、省疫情联防联控领导小组副组长何伟在兰州市督查调研邮政快递业疫情防控工作，省邮政管理局党组书记、局长袁海东和兰州市邮政管理局、省局相关处室负责同志陪同。督查调研期间，何伟听取袁海东关于全省邮政快递业疫情防控、复工复产、保供保畅等工作情况汇报后予以充分肯定，并指出：全省邮政快递业要坚决贯彻习近平总书记重要讲话和指示批示精神，统筹发展和安全，坚持外防输入、内防反弹、人物同防，聚焦关键环节和重点部位，坚守寄递行业疫情防控阵地，把牢各道防疫关口，巩固行业疫情防控成果，保障寄递渠道畅通，做好防疫物资、生产物资和居民生产必需品的正常运递，尽最大努力保障社会生产生活。调研检查期间，何伟还向奋战在疫情防控一线和各个生产岗位的邮政、快递从业人员表示慰问，并勉励大家再接再厉、共克时艰，同心协力打赢打好邮政快递业疫情防控阻击战遭遇战。

共青团甘肃省委与甘肃省邮政管理局签订助力乡村振兴框架合作协议

4月，共青团甘肃省委召开甘肃共青团助力乡村振兴工作推进会暨东西部团组织协作签约仪式。会上，共青团甘肃省委与甘肃局签订了助力乡村振兴框架合作协议。框架合作协议明确了组织领导、合作机制、合作要求、合作项目，特别是明确双方在省级层面签订协议、指导市州和县区层面重点围绕扩大组织覆盖、提升非公团建、加强思想引领、服务快递企业发展，服务公益直播、推介“甘味”品牌、开展消费帮扶、助力乡村振兴，开展婚恋交友、技能培训、法治宣传、权益维护、推优入党等活动服务青年所想所需、加强行业青年技术人才和技能人才队伍建设等内容开展合作助推乡村振兴。

邮政快递业多项重点工程被纳入《甘肃省商贸物流高质量发展行动计划(2022－2025)》

4月，甘肃省商务厅、省发展改革委、省财政厅、省邮政管理局等9部门联合印发《甘肃省商贸物流高质量发展行动计划(2022－2025)》，“快递进村”“邮政快递塑料污染治理”等多项邮政快递业重点工程纳入其中。计划明确，加快推进“快递下乡”，扩大“快递进村”覆盖范围，打造“一点多能、一网多用、深度融合”的城乡配送服务网络，促进现有交通、邮政、商贸、供销、快递等系统资源整合，推动网络共享共用，丰富同城配送内容、创新运行机制，走融合共赢的路子，提升城乡配送综合服务效能。计划明确，将智能配送相关设施纳入新建住宅和老旧小区改造工程，推动自助提货柜、智能生鲜柜、智能快件箱(信包箱)等配送设施进社区。延伸配送模式，鼓励电商、快递等企业与实体店、小区物业等开展末端配送服务合作，完善前置仓配送、门店配送、即时配送、网订店取、自助提货等末端配送模式，实现网络化、网格化配送，提高“最后一公里”末端配送效率和服务质量。计划明确，落实禁限塑等一系列政策措施，鼓励企业研发使用可循环的绿色包装和可降解的绿色包装材料，推进邮政、快递塑料污染治理，引导寄递企业使用合格包装产品，推动电商快递不再二次包装，深入推动货物包装和物流器具绿色化、减量化、可循环。规范包装废弃物回收和处置，积极推动邮政、快递网点标准包装废弃物回收装置全覆盖。

甘肃省出台《关于推动生活性服务业补短板上水平提高人民生活品质行动方案(2022－2025年)》

4月，经甘肃省人民政府同意，甘肃省发展和改革委员会出台《关于推动生活性服务业补短板上水平提高人民生活品质行动方案（2022－2025年）》，快递基础设施建设、行业人才队伍建设、快递进村等重点工作再获利好政策，邮政快递业民生属性愈发凸显。方案明确：开展公益性基础性服务供给提升行动，大力发展社区便民服务，推动养老、育幼、物业、快递等生活性服务业融合发展，鼓励家政服务企业加大社区服务网点建设力度；开展场地设施补短板行动，加强城市社区综合服务设施建设，改造或建设小区及周边的养老、托育、助餐、家政保洁、便民市场、便利店、邮政快递末端综合服务站等社区专项服务设施；开展高质量人才培育行动，开展养老护理员、孤残儿童护理员、医疗护理员、残疾人护理员、家政服务、托育服务、快递等生活性服务业职业技能培训；开展生活服务消费促进行动，鼓励城镇市场主体到乡村设点，大力推进电商、快递进农村，缩小城乡居民服务消费差距。

甘肃2部门印发实施方案积极推进基层快递网点优先参加工伤保险工作

5月，甘肃省人社厅、省邮政管理局联合印发《甘肃省推进基层快递网点优先参加工伤保险实施方案》，安排部署全省快递员群体工伤保障问题，进一步保障快递员群体合法权益，进一步提升快递员群体安全感、获得感。提出了“支持行业发展、规范企业用工、创新工作方式、兼顾市场公平”4个工作原则，明确了参保人员和参保范围。

甘肃省人民政府办公厅印发实施意见利好邮政快递业促进内外贸一体化

5月，甘肃省人民政府办公厅印发《关于促进内外贸一体化发展的实施意见》，安排部署甘肃省推动内外贸一体化发展，畅通国内国际双循环措施，邮政快递业在促进内外贸一体化中被委以重任。实施意见指出：要完善内外联通物流网络，建设现代物流体系，优化物流枢纽布局，加快枢纽设施、骨干线路、区域分拨中心、末端配送节点建设。加快推动全省电商同城配送体系建设，发展农村寄递物流，完善县域商贸物流基础设施，降低商品流通成本。加快推进兰州、酒泉国家物流枢纽承载城市建设，积极打造兰州国际班列集结中心、兰州中欧回程班列分拨中心，放大通道枢纽集散分拨优势，畅通内外贸易双向物流。优化境外物流设施布局，支持企业“走出去”，建立海外营销公司、海外仓、分拨中心和冷链仓储物流设施，完善国际营销体系。

“应时优质甘味农产品大品尝”线上线下系列促销活动顺利启动

6月10日，由甘肃省商务厅、省邮政管理局主办，省邮政公司承办，以“数商兴农，惠农富民”为主题的甘肃省“应时优质甘味农产品大品尝”线上线下促销系列活动启动仪式在甘肃兰州主会场和甘肃各市州及天津、济南、青岛、厦门、福州、南京6个东西部协作省市分会场以直播方式同步举行。启动仪式上，展示了全省特色农产品，邀请静宁苹果、兰州百合、甘南牛肉好物推荐官进行了现场推介。同时，与天水分会场“樱桃专场”促销活动进行了云互动，观看了天水樱桃采摘、包装以及邮政快递企业收寄、运输等一片热闹繁忙的丰收全景。启动仪式中，省商务厅、省邮政管理局、省邮政公司组织省内企业与天津、济南、青岛、福州、厦门、南京等地的120多家企业进行了云签约，签约金额达7.8亿元。省商务厅、省邮政管理局、省邮政公司、邮储银行省分行四方就优势互补、资源共享、加强合作共同签订了合作协议。

甘肃省召开加快农村寄递物流体系建设暨快递进村现场推进会议

6月13日至15日，甘肃省加快农村寄递物流体系建设暨快递进村现场推进会议在定西市顺利召开，省市邮政管理局、省市县区邮政企业、定西市政府及相关部门、定西市各县区政府及相关部门领导、相关人员和省农村寄递物流体系建设工作协调机制办公室成员单位负责同志、品牌快递企业省级总部负责人共计460余人以现场观摩和现场会+视频会的方式参加会议。

甘肃局与定西市人民政府召开座谈会并签订战略合作框架协议

6月15日，甘肃省邮政管理局与定西市政府召开定西大物流体系建设座谈会，并签订战略合作框架协议。合作协议提出，要抢抓国家关于新时代推进西部大开发形成新格局、推动黄河流域生态保护和高质量发展的战略新机遇，落实省十四次党代会提出的“一核三带”区域发展格局，积极融入西部陆海贸易物流基地建设战略，统筹推进现代流通体系建设，更好服务定西高质量追赶发展。合作协议明确双方将在做好规划衔接实施、打造快递物流枢纽、加快农村寄递物流体系建设、推动邮政快递与关联产业协同发展、推进邮政快递业安全保障工作、加强人才队伍支撑体系建设等6个方面进行深度合作。双方决定成立定西市人民政府与甘肃省邮政管理局战略合作协调领导小组，适时召开会议，协商合作协议年度推进落实行动计划，沟通协调推进重要合作事项。建立信息通报和交流机制，加强信息沟通，及时通报、交流合作事项进展情况。

甘肃省3部门联合开展“驿路同行”关爱快递小哥主题活动

6月，共青团甘肃省委、甘肃省人社厅与甘肃省邮政管理局联合开展“驿路同行”关爱快递小哥——甘肃省“共青团与人大代表、政协委员面对面”主题活动，各寄递企业青年代表参加活动，省局党组成员、副局长李杰出席会议并致辞。

甘肃省快递行业党委、兰州市快递行业党委正式揭牌

7月1日，中国共产党甘肃省快递行业委员会、中国共产党兰州市快递行业委员会正式揭牌。省委组织部副部长、省委非公有制经济组织和社会组织工作委员会书记刘永杰，省邮政管理局党组书记、局长袁海东，兰州市委常委、市委组织部部长潘喆，兰州市邮政管理局党组书记、局长张鸿燕参加揭牌仪式。甘肃省邮政管理局党组成员、党组纪检组长、副局长李杰主持揭牌仪式。

甘肃省委书记批示肯定全省邮政快递业疫情防控和保通保畅工作成效

8月，甘肃省委书记尹弘，省委常委、常务副省长程晓波分别对省邮政管理局《关于甘肃邮政快递业全力投入疫情防控工作情况汇报》作出批示，肯定全省邮政快递业疫情防控和保通保畅工作成效，并提出要求。

甘肃省两部门联合印发关于进一步规范省市邮政业安全中心管理运行工作的通知

根据《国家邮政局关于进一步加强省级以下邮政业安全中心规范运行的通知》要求，结合省市邮政业安全中心建设实际，省交通运输厅、省邮政管理局联合印发《关于进一步规范省市邮政业安全中心管理运行工作的通知》。就进一步推进省市邮政业安全中心规范管理运行，更好服务全省邮政管理工作大局作出具体安排。通知要求，规范管理工作要以省市机构编制管理部门批复为依据，结合实际、持续发力。省邮政业安全中心要紧盯工作职责，规范全面履职，为各市州邮政业安全中心做好表率。各市州交通运输局、邮政管理局要继续坚持机构、人员、经费、场地、设施、履职“六个到位”原则，对目前存在的问题进行彻底整改；要根据工作职责对省市邮政业安全中心开展业务培训，帮助安全中心认清形势任务、找准工作着力点，尽快进入角色；同时要健全完善邮政业安全中心工作职责、管理体制，引导邮政业安全中心明确各方关系，确保做好邮政监管工作。

《甘肃省进一步释放消费潜力促进消费增长若干措施的通知》利好邮政业

9月，甘肃省人民政府办公厅印发《甘肃省进一步释放消费潜力促进消费增长若干措施的通知》，三级物流配送体系建设、邮政业绿色发展、邮政快递服务农特产品等重点工作被纳入其中，邮政快递业发展再获利好。通知提出，要完善县乡村三级物流配送体系，制定“进村补路费、出村补邮费”等奖补政策，补齐城乡快递“最后一公里”短板。要持续推动城市绿色出行，推进新能源基础设施建设。引导电商企业采用产品原装直发，减少在寄递环节产生二次包装。要支持兰州、天水、张掖、酒泉等市跨区域批发市场整合资源，加快推进国家骨干冷链物流基地建设，制定完善应时特鲜农产品特殊运力保障政策。加快补齐农产品、肉制品、蔬菜“首末一公里”短板，打造“1小时鲜活农产品物流圈”。

甘肃省发布贯彻落实邮政快递业职业技能提升工程实施方案的通知

9月，甘肃省邮政管理局联合省人力资源和社会保障厅印发贯彻落实邮政快递业职业技能提升工程实施方案的通知，就认真学习贯彻习近平总书记关于技能人才队伍建设和邮政快递业发展重要指示批示精神，解决邮政快递行业技能人才队伍建设方面存在的问题，持续提升行业从业者职业技能水平等工作作出安排部署。通知要求各市州邮政管理部门和人力资源保障部门要在全面贯彻落实国家局和人社部邮政快递业职业技能提升工程实施方案的基础上，结合全省邮政快递行业人才队伍建设实际情况，聚焦全省邮政快递行业技能人才队伍建设存在的实际问题，总结近几年持续开展邮政快递行业职业技能培训好的经验和做法，推动已出台的各项政策措施落地见效，优化培训课程设计、简化补贴申领流程、探索企业自主培训模式、推动健全人才评价体系，建立完善的激励保障机制，形成运转顺畅、有序推进的邮政快递行业职业技能培训新机制。

甘肃省基层快递网点优先参加工伤保险实现全覆盖

10月18日，随着天水市武山县韵达快递网点的6名快递员完成参保，全省14个市州24610名基层从业人员实现了参加工伤保险全覆盖（其中10681人参加社保“五险”）。

甘肃省委书记尹弘要求邮政快递在保通保供中更好发挥重要作用

在10月25日召开的甘肃省新冠肺炎疫情联防联控领导小组会议上，省委书记尹弘充分肯定邮政快递业在保通保供方面的突出成绩，要求甘肃邮政快递业在当前疫情防控新形势下继续发挥行业优势，在保通保供方面更好发挥重要作用。10月26日，尹弘在兰州市检查指导疫情防控工作时再次强调，要充分发挥快递平台作用，组织力量做好终端配送，保证居民基本生活需求能够得到满足。

新修订的《甘肃省邮政条例》获表决通过

11月，甘肃省第十三届人民代表大会常务委员会第三十四次会议表决通过了新修订的《甘肃省邮政条例》。新修订的条例是在2012年10月1日起施行的条例基础上进行修订的，包括总则、规划建设和行业发展、邮政服务、快递服务、安全保障、监督管理、法律责任、附则等共八章六十三条。修订后的条例完整、准确、全面贯彻新发展理念；厘清了邮政管理服务机构等各方职责，明确了地方财政对村级寄递物流综合服务站建设给予资金支持，推动邮政、快递与电子商务融合发展等内容；增加了规范经营、车辆便利通行、关爱快递员、绿色环保、行业信用体系建设等方面的内容；强化了寄递安全“三项制度”、邮政业应急管理等安全保障。

甘肃省委副书记、省长任振鹤在省邮政管理局批示肯定全省邮政快递业复工复产工作

12月7日，甘肃省委副书记、省长任振鹤在省邮政管理局上报的《关于全省邮政快递业复工复产情况的报告》上作出批示，肯定全省邮政快递业复工复产工作行动迅速、组织有序，要求全力推动邮政快递业尽快全面恢复，有效助力全省经济发展。

青海省快递发展大事记

青海发布做好快递员群体合法权益保障工作实施方案

1月，经青海省政府同意，青海省交通运输厅、省邮政管理局、省发展改革委等11部门联合印发《关于做好青海省快递员群体合法权益保障工作的实施方案》，为切实维护全省快递员群体合法权益提供了政策支持和保障措施。方案明确，到"十四五"末，全省快递员群体合法权益保障的相关制度机制基本健全，快递员群体薪资待遇更趋合理，社保权益得以维护，专业技能有效提高，企业用工更加规范，从业环境更加优化，就业队伍更加稳定，职业的自我认同和社会认同持续增强，快递员群体的获得感、幸福感、安全感持续提升。

邮政快递业塑料污染治理被纳入青海省"十四五"塑料污染治理行动方案

1月，青海省发展改革委、生态环境厅联合印发《青海省"十四五"塑料污染治理行动方案》，邮政快递业塑料污染治理被纳入其中，为推动全省邮政快递业绿色、高质量发展注入了新动力。方案指出，2020年以来，塑料污染治理工作有序推进，快递领域不合理使用一次性塑料制品现象不断减少，邮政快递网点全面禁止使用不可降解的塑料包装袋，电商快件不再二次包装比例达到了90%以上。方案明确，到"十四五"末，塑料污染治理机制运行更加有效，各部门责任有效落实，多元共治体系基本形成，塑料污染得到有效控制，快递领域全面禁止使用一次性塑料制品，全省可循环快递包装应用达到10万个，电商快件基本实现不再二次包装。

邮政快递业内容被纳入青海省"十四五"商务发展规划

1月，青海省政府办公厅印发《青海省"十四五"商务发展规划》，明确"深入推进电子商务与快递物流协同发展"，涉及多项邮政快递业内容。规划提出，依托农村电商，畅通工业品下乡、农产品进城双向流通渠道；健全三级物流配送体系，推动邮政、供销、交通运输、商贸物流、农业农村等部门和单位及电商、快递企业开放合作共享，共建农牧区物流服务网络和设施；实施"快递电商融合发展工程"，整合商务、快递等现有资源，优化电商综合服务和快递服务网络布局；推广"不见面"交易、"无接触"配送等新服务模式。

青海省交通运输厅厅长对全省邮政管理工作提出希望

1月，青海省交通运输厅党组书记、厅长乌拉孜别克・热苏力汗在听取青海省邮政管理局党组书记、局长赵群静二作汇报后，对2021年全省邮政管理工作给予充分肯定，对2022年全省邮政管理工作提出希望。乌拉孜别克・热苏力汗指出，2021年全省邮政快递行业以习近平新时代中国特色社会主义思想为指导，深入学习贯彻党的十九大、十九届历次全会和省委十三届历次全会精神，全面落实省委省政府、交通运输部、国家邮政局决策部署，积极克服新冠疫情、经济下行和刚性约束等诸多不利因素，立足新发展阶段，贯彻新发展理

念，构建新发展格局，推动高质量发展，着力建设安全高效、绿色智能的现代综合邮政服务体系，顺利实现了“十四五”良好开局，为统筹推进疫情防控和经济社会发展贡献了行业力量。乌拉孜别克·热苏力汗强调，2022年要以更加坚定的信心、更加务实的举措、更加扎实的作风，推动全省邮政快递业更高效能治理、更高质量发展、更高品质服务，努力在当好现代化开路先锋新征程中勇挑畅通重担，以优异成绩迎接党的二十大和省第十四次党代会胜利召开。乌拉孜别克·热苏力汗表示，省交通运输厅将一如既往高度重视、大力支持邮政管理工作。

匡湧副省长批示肯定全省邮政管理工作成效并提出工作要求

1月，青海省副省长匡湧在听取省邮政管理局工作汇报后，对全省邮政管理工作作出了批示，肯定2021年全省邮政管理工作成效，对2022年全省邮政管理工作提出要求。批示指出，2021年，全省邮政快递行业积极作为、勇毅奋进，加快贯通县乡村三级寄递物流体系，全面推动行业绿色转型，扎实做好行业疫情防控，坚决维护行业平稳运行，为畅通经济循环、服务保障民生、助力乡村振兴作出了积极贡献。谨向邮政快递行业广大干部职工致以诚挚问候和衷心感谢！2022年，希望全省邮政快递行业坚持稳字当头、稳中有进，坚定信心、砥砺前行，统筹疫情防控和行业改革发展，持续改善民生，着力畅通循环，推动全省邮政快递业更高效能治理、更高质量发展，深度服务地方经济社会发展大局，以优异成绩迎接党的二十大和省第十四次党代会胜利召开！

青海顺丰开通（西宁—杭州）首条高原牛羊肉运输航线

1月18日凌晨，顺丰速运自有波音757型货机在西宁曹家堡机场顺利起飞，并在杭州成功降落。这架满载着以青海牛羊肉为主的货运专机，是顺丰速运在青海开通的首条全货机货运航线。

全国总工会副主席、青海省委常委马吉孝批示肯定全省邮政管理工作成效并提出工作要求

1月，全国总工会副主席、青海省委常委、省政协副主席、省总工会主席马吉孝在听取省邮政管理局工作汇报后，对全省邮政管理工作作出了批示，肯定2021年全省邮政管理工作成效，对2022年全省邮政管理工作提出要求。批示指出，2021年，省邮政管理局高度重视快递小哥的生产生活及健康，为经济社会发展贡献了行业力量；省总工会在今年工作中加强沟通协作、相互支持、实现双赢。

青海省邮政快递业获多项政策利好

2月7日，青海省政府召开常务会议，审议《关于实现“开门红”保障“全年稳”的若干措施》，其中邮政快递业获多项政策支持，为行业实现“开门红”保障“全年稳”注入了强劲动力。若干措施提出，支持智慧物流发展，加快推进“邮政在乡”“快递进村”工程，探索设立“移动仓库”，开通快递全货机航线，拓宽快递业务航空运输能力；打响做强“青字号”品牌，实施雪多牦牛、乌兰茶卡羊等7个地理标志农产品保护工程；建立对口援青绿色有机农畜产品输出机制；布局建设“青货出青”省外仓，向州县延伸建设“节点仓”，增强面向省内外市场的供给适配性和速配性。

青海省出台推进基层快递网点优先参加工伤保险实施方案

2月，青海省邮政管理局、省人力资源和社会保障厅联合印发《推进基层快递网点优先参加工伤保险的实施方案》，切实推动全省基层快递网点优先参加工伤保险工作落地实施。方案明确了基层快递网点优先参加工伤保险的目标任务、参保范围及方式、缴费基数及费率、实施步骤、保障措施等内容，2022年底前实现全省快递企业及所有

基层快递网点参加工伤保险全覆盖，并将快递员参加工伤保险情况纳入奖补政策、新设网点、督导检查等范畴，作为是否给予资金奖补、是否批准设立新增网点的重要依据。

邮政快递业内容被列入青海省2022年《政府工作报告》重点任务分工方案

2月，青海省政府印发《2022年〈政府工作报告〉重点工作任务分工方案》，邮政快递业发展内容被列入其中，为加快推进行业高质量发展提供了强力支撑。方案指出，2022年是实施"十四五"规划的关键一年，是推进青海现代化建设的重要一年，做好政府各项工作意义重大；《政府工作报告》是省政府向全省人民作出的庄严承诺，是具有法律效力的"军令状""责任书"。方案明确，加快贯通县乡村电子商务体系和快递物流配送体系；倡导简约适度、绿色低碳生活方式；构建废弃物循环利用体系；加快分领域财政事权和支出责任划分改革；坚持"外防输入、内防反弹"，加快推进疫苗接种，科学精准扎实做好常态化疫情防控。

"快递进村"被纳入《兰州—西宁城市群发展"十四五"实施方案》

2月，青海省人民政府办公厅、甘肃省人民政府办公厅联合印发的《兰州—西宁城市群发展"十四五"实施方案》设定相关指标，将"邮政下乡""快递下乡进村"工作纳入构建现代化产业体系，培育发展现代服务业实施计划。方案指出，要协同推动创新和产业发展，构建现代化产业体系，培育发展现代服务业。建设兰州新区京东云仓及青海丝绸之路国际物流城，推进空铁海公多式联运示范工程建设，实施"邮政在乡""快递下乡进村"，促进现代物流业与制造业深度融合。方案要求，各有关部门要加强配合，主动作为，调动本系统力量扎实推进城市群建设工作，在重大政策制定、重大体制创新、重大项目安排等方面加强系统谋划，对标对表方案各项任务举措，以钉钉子精神抓好落实，推动各项任务落地生效。

青海局联合省气象局开展快递员直通式气象信息服务

2月，青海省邮政管理局、省气象局联合印发《关于做好快递员气象信息服务的通知》，在全省快递员群体中开展直通式气象信息服务。通知明确，各县级气象局通过10620121手机短信发布平台、微信群，为本地区快递员适时发布灾害性天气预报、短时临近天气预报、重大节假日天气预测及高级别的气象灾害预警信息，让快递员第一时间了解掌握天气变化，合理安排室外作业时间、作业区域和劳动强度。

杨逢春副省长在调研全省寄递物流体系建设

3月17日，青海省副省长杨逢春调研全省寄递物流体系建设情况，他先后到省邮政业安全监测中心、城东区七一路顺丰速运营业点、西宁邮区中心局和海东市万纬物流园区，了解寄递物流体系建设、安全运营监管、企业运营服务等情况，征求经营管理人员的意见建议。青海省邮政管理局局长赵群静陪同调研。杨逢春指出，加快现代物流业发展，对于补齐发展短板，满足群众需求，拉动内需消费，积极融入新发展格局具有重要作用。寄递物流作为流通领域的重要骨干，要认真贯彻全国和全省"两会"精神，充分发挥自身优势，优化网络布局，拓展服务体系，培育市场主体，加强行业监管，更好满足各族群众高品质生活需求。杨逢春强调，要立足省情实际，大力推广智慧物流，优先发展绿色物流，有序发展专业物流，不断健全应急物流，推动物流体系可持续发展。要加强政策引导，不断完善物流标准化信息化建设，加强网络建设，强化互联互通，促进多式联运，提高流通效率，推动物流体系创新发展。要积极引导物流企业创新业态模式，强化融合联动，拓宽流通渠道，扩大服务覆盖面，稳定产品供应链，更好带动地方经济发展。要加强行业安全监管，做好常态化疫情防控，维护职工合法权益，提高服务保障能力，助力全省经济社会高质量发展。

青海局联合省委组织部合力推进“快递进村”工作

4 月，青海省邮政管理局联合省委组织部印发《关于加强党建引领促进“快递进村”的通知》，坚持党建引领，加快推进“快递进村”迈出新步伐。通知明确，坚持“因地制宜、科学统筹，先行先试、创新载体，全面覆盖、共建共享”原则，由快递企业根据业务需要，商村级组织研究“快递进村”合作方式，试点采取“3＋1”（三类代投点合作模式和智能快件箱）的方式推进“快递进村”。即：一是利用村级组织活动场所开设邮快件代投点，与村级组织签订合作协议，做好快件收投工作；二是选定商店或其他地点开设快件代投点，并与相关业主签订合作协议；三是把促进“快递进村”与帮扶群众结合起来，由村“两委”选定人员以居家或在指定地点设立快件代投点，与快递企业签订合作协议；四是推进“智能快件箱”进村，通过依托电子商务示范项目、协调智能快件箱企业进村等途径，在村级活动场所驻地安装智能快件箱收投快件。

青海省邮政快递业直通式气象信息服务实现全覆盖

4 月 11 日，西宁市广大邮政快递业从业人员收到当地气象部门通过 10620121 平台发送的重要天气提示手机短信，标志着全省 8 个市州全部开通面向邮政快递业的气象信息业务，6800 名从业人员免费享受直通式气象信息服务。

323 张通行证打通青海邮政快递业畅通渠道

4 月 25 日，323 张青海省重点物资运输车辆通行证发到了 9 家邮政快递企业手中，其中 23 张为跨省车辆使用。这是由省内各邮政快递企业申请，经青海省邮政管理局审核通过后，青海省交通运输厅正式盖章审发的第一批邮政快递行业通行证。

匡湧副省长对邮政快递业保通保畅工作进行再部署再要求

4 月，青海省政府副省长、省物流保通保畅工作领导小组副组长匡湧对邮政快递业保通保畅工作进行再部署再要求，为全省邮政快递业提振信心、加油鼓劲、纾困解难。匡湧指出，在严格落实各项疫情防控措施的同时，要有序推进邮政快递业复工复产，尽快配送因静态管理导致的积压滞留快递，认真落实好省物流保通保畅工作 21 条措施，对跨地区、跨省份进出涉疫地区运送重点物资的运输车辆办理通行证，保障人民群众基本生活物资运递需求。

加快推进“快递进村”被纳入青海省 2022 年新型城镇化和城乡融合发展工作要点

4 月，青海省发展改革委印发《青海省 2022 年新型城镇化和城乡融合发展工作要点》，纳入“快递进村”等内容，全省邮政快递业发展获得更多政策利好。要点明确提出，完善县乡村三级物流配送体系，加快推进“快递进村”工程，建设联结城乡的冷链物流、电商平台和农贸市场网络，建设重要农产品仓储设施和城乡冷链物流设施。

青海省 9 部门联合出台现代物流体系建设财税支持政策

4 月，青海省财政厅、发展改革委、邮政管理局等 9 部门联合印发《现代物流体系建设财税支持政策》，切实发挥财政资金支持作用，加快补齐物流业短板弱项，促进物流上下游产业协同发展、形成合力，努力营造公平竞争、健康有序的物流发展环境。政策提出了支持做好发展规划、优化物流网络建设布局、加大支持物流枢纽建设、支持补齐物流配送短板、构建完善农村流通体系、扎实落实好税费配套政策、积极推进数字产业融合等 7 方面重点支持内容。

青海省邮政快递车辆通行证办理实现全覆盖

4月27日至28日，青海省邮政管理局在迅速办理第一批323张全国统一邮政快递车辆通行证的基础上，又组织邮政快递企业通过层层梳理、查漏补缺，办理了第二批76张通行证，至此共办理通行证399张，实现了“应办尽办、全面覆盖”目标。

青海省印发通知从严从实从细做好邮政快递服务防疫情保畅通工作

4月29日，青海省疫情防控处置工作指挥部办公室印发《关于进一步做好全省邮政快递服务防疫情保畅通工作的通知》，要求毫不松懈抓实抓细邮政快递行业疫情防控工作，将邮政快递作为民生重点，充分发挥邮政快递行业在畅通经济循环、支撑疫情防控、服务百姓民生方面的重要作用，有力有效服务经济社会发展大局。

快递业党建等多项内容被纳入青海省深化城市基层党建引领基层治理重点任务分工方案

5月，青海省委组织部、省委政法委、省委编办、省民政厅、省住房城乡建设厅联合印发《关于深化城市基层党建引领基层治理重点任务分工方案》，快递业党建等多项内容被纳入其中，并明确省邮政管理局为责任单位，为助推行业发展注入了新鲜活力、提供了政策支持。方案提出，健全快递物流等企业党组织，加强企业分支机构、分拨中心、仓储基地、基层网点党组织建设，选优配强党组织书记，加强对党员特别是流动党员的教育管理；推动快递物流等企业与街道社区（园区）党建联建；对未建立党组织的企业，引导党员就近就便参加驻点、包片街道社区（园区）党组织活动。

助企纾困政策为青海邮政快递业发展增信心添动力

5月，青海省政府办公厅印发《青海省助企纾困和支持市场主体发展十条措施》，聚焦疫情影响最集中领域，进一步深化政策扶持，支持邮政快递业发展相关内容被纳入其中。措施提出，2022年对物流企业自有或承租的大宗商品仓储设施用地，按所属土地等级适用税额标准的50%计征城镇土地使用税。5月1日起至年底，对符合条件的快递收派服务收入免征增值税。为符合条件的物流企业、货运车辆发放通行证，建立货车司机“白名单”，设置接驳点或中转站，保障货车通行顺畅。实行货车司机“即采即走即追”闭环管理，对“双码一检”符合防疫要求的可以放行。

多项邮政快递业内容被纳入青海省推进多式联运发展优化调整运输结构工作实施方案

5月，青海省政府办公厅印发《青海省推进多式联运发展优化调整运输结构工作实施方案（2021－2025年）》，明确省邮政管理局为责任单位，负责推进落实相关任务。方案提出，以西宁机场三期扩建为契机，提升西宁机场货运转运、保税仓储、邮政快递、冷链物流等综合服务功能；依托西宁市综合保税区、跨境电子商务综合试验区建设，推动西宁邮区中心局和各级各类邮件快件处理中心升级改造，提升西宁市邮政快递枢纽的集聚和辐射效能；大力发展铁路快运，推动冷链、危化品、邮政快递等专业化联运发展；引导邮政快递企业加强机场、货运场站、火车站等交通枢纽的装卸、接驳、仓储功能区建设，提升寄递配套能力；鼓励获得邮政快递业务经营资质的企业，从事与其主营业务相关的多式联运经营活动；鼓励铁路货运、公路货运、航空寄递、邮政快递及新型电商等企业整合资源，加快向多式联运经营人转型；加快推广多式联运等先进运输组织模式，提高铁路在大宗物资、邮寄快件运输中的承运比重，降低运输能耗强度和排放强度。

多项促邮政快递业发展内容被纳入青海省2022年服务业发展工作要点

6月，青海省发展和改革委员会印发《青海省

2022 年服务业发展工作要点》，邮政快递业多项内容被纳入工作要点，为全省邮政快递业更高质量发展提供了强有力政策支持。工作要点提出，一要全面推进全省邮政快递业持续健康有序发展，努力完成全年邮政快递业业务总量 12.5 亿元、业务收入 16.9 亿元的指标。二要以持续巩固建制村通客车工作成果为契机，推动农村客货邮融合发展。三要完善农村寄递物流体系，加快构建县、乡、村三级物流网络，推进“快递进村”工程，着力打造冷链寄递网络，力争到 2022 年底全省“快递进村”覆盖率达到 70%。四要优化末端寄递服务质量，拓展政邮、警邮、税邮、医邮、法邮等各类政务便民服务领域，加快建设快递末端综合服务场所，大力发展无接触投递，积极推广智能投递设施，深化“放管服”改革，实行“一站点、主导末端一备案”，鼓励邮政快递企业整合末端投递资源，实现“一点多能”。

持续推进快递进村等多项重点工作被纳入《青海省“十四五”现代流通体系建设方案》

6 月，青海省发展和改革委员会印发《青海省“十四五”现代流通体系建设方案》，支撑邮政快递业发展多项内容被纳入方案，为推动全省邮政快递业高质量发展提供有力支持政策。方案提出，一要进一步完善县乡村三级物流配送体系，持续推进快递进村工程，按照每个县 1 个的原则建立县级物流仓储分拨配送中心，建立乡镇物流中转站、村级物流综合服务站，有效统筹邮政、供销、快递、便民服务站等站点资源，打造“多站合一、一站多能”的乡村商业网点，加快推广农村寄递物流共同配送模式，全面消除物流网络盲点，切实降低基层配送成本。二要统筹快递物流资源，促成田头市场、家庭农场等与邮政快递网点有效串联，推动城乡双向畅通的物流协同配送。依托邮政快递分拨中心完善专用仓储、隔离区、快速中转换装等应急保障功能，积极打造平急转换的物流基地。三要提升寄递企业专业化服务品质，加快推进邮政快递业竞争性环节市场化改革，构建统一开放的市场环境。增设快递分拨区，鼓励定制化、个性化寄递服务，满足多样化寄递需求。全面推进生鲜快递柜、邮政快递便民服务站等智能终端设施进社区、进商圈。大力推动寄递渠道绿色低碳转型，鼓励引导寄递企业在城区、短途寄递领域使用清洁能源车辆或电动车辆，提高行业新能源车辆占比。

邮政快递业多项内容被纳入青海省推进交通强国建设重点任务

7 月，青海省委、省政府印发《青海省推进交通强国建设重点任务》，将农村寄递物流体系建设、绿色邮政发展等内容作为推进交通强国建设的内容，并明确了省邮政管理局相关职责任务。任务提出，统筹铁路、公路、水运、民航、管道、邮政等基础设施，推动各种运输方式协调融合发展；加强农村邮政基础设施建设，加快实施“快递进村”工程；畅通铁路货运中心、航空货运枢纽、邮政快递分拨中心等与城市主干道的连接，提高干支衔接能力和转运分拨效率；建立县乡村三级物流体系，完善农村配送网络，因地制宜推广农村客运班车承接小件快运等物流服务模式，加快推动“交通 + 邮政”“交通 + 快递”“交通 + 电商”等模式创新，建设“一站多能”综合运输配送服务站，有效解决“最后一公里”问题，畅通双向流通渠道；完善冷链物流基础设施网络和节点体系，打造标准化、信息化冷链物流体系；推进邮件快件包装标准化、可降解化和减量化，提高资源循环再利用水平；深化铁路、公路、水运、民航、邮政等领域改革，建立适应综合交通一体化发展的体制机制。

农村寄递物流体系建设等多项内容获支持

7 月，青海省政府办公厅转发省发展改革委《青海省推动生活性服务业补短板上水平提高人民生活品质行动方案（2022 — 2025 年）》，农村寄递物流体系建设、改善快递末端投递服务等内容被纳入其中,为推动邮政快递业更高质量发展提供了政策支持。方案提出,充分发挥中央和省级资金引领带动作用,统筹设置养老托育、文化休闲、快递服务、便民服务等公共服务设施;支持物业服务企业构建线上线下生活服务圈,为家政服务、电子商务、养老托幼、快递代收等生活服务提供便利,发展智能零售。完善县乡村三级物流网络,统筹县域邮政、供销、电商、快递、商贸流通等各类主体开展市场化合作,发展县域物流“统仓共配”模式;到2025年,县物流仓储分拨配送中心整合县域快递物流资源达到80%以上,乡村站点“多站合一”比例超过50%。

青海省“十四五”冷链物流发展实施方案为邮政快递业高质量发展添动力

7月,青海省政府办公厅印发《青海省“十四五”冷链物流发展实施方案》,明确省邮政管理局为责任单位,负责落实冷链物流基础设施建设、冷链运输配送等相关任务,邮政快递业发展再获政策利好。方案提出,一是科学布局冷链物流空间网络,积极打造西宁国家骨干冷链物流基地,推动建设海东、格尔木区域冷链物流基地,加快建设冷链物流节点,强化冷链物流通道建设;二是加强产销地冷链设施建设,增强“最先一公里”冷链物流服务能力,提高“最后一公里”冷链物流保障水平;三是提升冷链运输能力,统筹公铁航和邮政快递等多种运输方式,提高冷链运输集约化水平,提升冷链物流多式联运组织能力,加快形成适应干线运输、支线转运、城市配送等不同需求的冷藏车运输体系;四是发展城市冷链配送,鼓励商贸流通骨干企业、邮政快递企业、供销合作社等推广车载冷藏箱、保温周转箱、冷藏快递储存箱等设施设备,鼓励农牧业产业化龙头企业等生鲜农产品经营主体加强与物流、电商、快递等企业合作,开展多品种、小批量、多批次的冷链共同配送服务。

青海局用活用好绿色专项资金政策加快推进快递绿色包装转型升级

9月,青海省邮政管理局认真贯彻落实省委省政府、省财政厅关于邮政快递业发展的资金补贴文件精神,结合各地实际,研究制定《青海省邮政业环境污染治理建设资金补贴方案》,真金白银助推快递包装绿色转型升级,全面推进行业绿色发展。方案明确,对申报企业2022年1月以来购买的可循环快递包装箱(盒),按照购买金额50%的比例给予一次性补贴;对一个省级快递绿色分拨中心给予2万元的一次性奖补。方案特别提出,由全省8个市、州邮政管理局根据企业业务量规模,结合实际给予辖区企业资金补贴,作为企业一次性淘汰更换不符合环保标准包装物(包括一次性中转袋、违标塑料袋及封装胶带等)的引导资金,鼓励企业积极采购符合标准的包装材料和可循环快递包装箱,同时要求企业签订《邮政业环境污染治理补贴资金使用承诺书》,今后不再使用非标包装物,从源头规范强化快递绿色包装治理。

青海局部署加强邮政快递业业务外包人员管理

11月,青海省邮政管理局制定印发《关于加强业务外包人员管理的通知》,就加强全省邮政快递业劳务外包人员管理再强调再要求。通知要求:一要建立外包人员健康档案。上岗前核查外包人员新冠疫苗接种、核酸检测、行程码、健康码等信息,符合疫情防控要求方可入职。二要做好外包人员教育培训。将《新型冠状病毒肺炎防控方案(第九版)》《疫情防控期间邮政快递业生产操作规范建议(第八版)》及属地疫情防控政策、行业安全生产、“三项制度”等纳入培训范围,培训合格后方可上岗。三要强化外包人员统一管理。将外包人员(包括临时兼职人员、合作单位人员等在生产作业场所工作的人员)与正式聘用员工一并纳入管理范围,摸清底数、建立台账,实行统一劳动管理,统一闭环管理,统一发放防疫物资,强化督查问责,堵塞管理上的“跑、冒、滴、漏”现象。四要规范外包司乘人员报备。严格遵守道路运输从业人员疫情防控工作要求，主动配合“两码一检”查验，主动通过“青海省疫情防控报备系统”“青信通”货运报备小程序主动报备信息，按要求定期核酸检测，最大程度降低自身感染风险。

青海省安委会肯定邮政管理部门工作成效

11月，青海省安全生产委员会办公室向省邮政管理局发来感谢信，对省邮政管理局在全省“防风险、保安全、护稳定”安全生产大督查大整治期间，支持配合省安委会工作，推动全省安全生产形势平稳向好所做的工作，给予充分肯定。省安委会认为，省邮政管理局以坚定的信心决心、坚强的组织领导、超常的工作举措、扎实的工作作风，认真落实省安委会工作部署，高质量完成了行业领域专题调度和省安委会综合督查工作任务，为推动大督查大整治走深走实作出了积极贡献。

青海省政府主要领导要求做好邮政快递业保通保畅工作

11月，青海省委副书记、省长吴晓军赴西宁市调研疫情防控和保通保畅工作，副省长匡湧作出批示，要求各级各有关部门支持做好邮政快递业保通保畅工作。吴晓军在西宁市极兔速递福禄巷分公司，仔细了解业务开展、装卸作业、分拣操作、包裹消杀、人员防护等情况，现场协调解决相关问题和困难。他说，快递物流行业是疫情防控和恢复正常生产生活的重要一环，快递企业要认真落实行业疫情防控各项规范要求，根据疫情防控形势分区分级有序恢复相关业务，加强场所环境卫生管理，做好配送分拣等风险环节的自查防控，加强从业人员自我防护，积极推行无接触投递方式，保障寄递渠道畅通，做好防疫物资、生产物资和居民生产生活必需品的正常运递。匡湧作出批示：“要在全面做好防控的基础上，有序恢复邮政快递行业正常运行。”

青海邮政“极速鲜”专机航线开通

12月20日，青海邮政“2022－2023”年度冬令极速鲜专机航线开始运行。首批16.7吨高原优质冷鲜牛羊肉由中国邮政航空运往南京，该航线每日一班，计划运行一个月。季节性极速鲜专机航线2021年开通，今年是第三次开始运行，有效地提升了青海出口冷鲜肉特快邮件时限水平，拓宽了青海省牛羊肉销售市场，支撑了高原邮政特快业务经营发展。

《青海省邮政条例（修正案）》获审议通过

12月，青海省第十三届人民代表大会常务委员会第三十六次会议通过《关于修改〈青海省邮政条例〉等五部地方性法规的决定》，自公布之日起施行。此次《青海省邮政条例》修订是2014年10月1日施行以来的第二次修订，适应了邮政快递业高质量发展、高效能治理的需要，意义重大、影响深远。新修订的《青海省邮政条例》主要体现在六个方面。一是条例增加了邮政快递业绿色环保相关内容，指出“邮政企业、快递企业应当履行生态环境保护责任，按照规定使用环保包装材料，实现包装材料的减量化、标准化和循环化”。二是条例增加了寄递安全“三项制度”中的过机安检制度，指出“邮政企业、快递企业应当按照有关规定，在邮件、快件处理场所安装符合强制性国家标准的安全检查设备，配备专业安检员”。三是条例对营业场所重点区域的监控资料保存时间予以了明确，指出“营业场所交寄、接收、验视、安检、提取区域以及智能快件（信包）箱放置区域的监控资料保存时间不得少于九十日”。四是条例进一步压实了寄递企业的安全生产主体责任，指出“邮政企业、快递企业应当建立邮件、快件安全管理制度，及时发现并消除事故隐患”。五是条例适应了新业态新模式发展，将“信报箱”修改为“智能快件（信包）箱”。六是条例对相关罚则进行了相应调整。

宁夏回族自治区快递发展大事记

宁夏回族自治区邮政业安全中心揭牌成立

1月5日，宁夏回族自治区邮政业安全中心正式揭牌成立。自治区交通运输厅相关领导、宁夏邮政管理局、安全中心全体干部职工出席揭牌仪式。自治区交通运输厅党委书记、厅长曹志斌，宁夏局党组书记、局长孙猛共同为安全中心揭牌。

自治区副主席刘可为批示肯定全区邮政快递业发展成效寄望取得更大成绩

1月14日，在专题听取宁夏回族自治区邮政管理局有关工作汇报后，自治区副主席刘可为专门作出批示，充分肯定2021年全区邮政管理工作和邮政快递业发展成效，希望全区邮政快递业更加主动服务和融入地方发展大局，以推进行业高质量发展和高效能治理，助力自治区经济社会发展。刘可为指出，过去一年，全区邮政快递行业认真贯彻落实自治区党委政府和国家邮政局决策部署，统筹抓好疫情防控和行业发展，全力保障寄递服务渠道畅通安全，稳步推进快递进村、快递员群体合法权益保障、平安寄递建设、行业绿色发展等重点工作，成效明显，为服务全区经济社会发展和民生改善作出了积极贡献，实现了“十四五”良好开局。刘可为强调，新的一年，希望全区邮政快递行业深入学习贯彻党的十九大、十九届历次全会和习近平总书记视察宁夏重要讲话精神，弘扬伟大建党精神，运用好党史学习教育成果，以实际行动把中央和自治区决策部署落实到位，完整、准确、全面贯彻新发展理念，统筹发展和安全，聚焦自治区“九个重点产业”，围绕“四大提升行动”，加快推进邮政快递服务网络体系建设，持续推动行业绿色发展，助力乡村振兴和民生改善，促进行业高质量发展和高效能治理，以优异成绩迎接党的二十大和自治区第十三次党代会胜利召开！

邮政快递业发展内容被写入自治区政府工作报告

1月20日，宁夏回族自治区第十二届人民代表大会第五次会议上，自治区主席咸辉向大会作政府工作报告。报告中多项内容涉及促进邮政快递业发展。报告提出，要着力扩大投资消费，切实释放有效需求潜力。优化供应链，加快县域商业体系建设，推动电商快递进村，释放县乡消费潜力。聚焦群众“急难愁盼”问题，办好人居环境等10个方面28项民生实事。其中，民生实事包括农村客货邮商融合发展项目。同时，报告还提出，发挥银川综合保税区功能，加快推进中国(银川)跨境电子商务综合试验区建设，加密国内外直达航班航线，稳定运营国际货运班列等与邮政快递业发展联系紧密、高度契合的工作要求。

宁夏局获自治区政府通报表彰

1月，宁夏回族自治区人民政府印发表彰决定，对包括宁夏局在内部分中央驻宁单位予以通报表彰，肯定宁夏局在2021年始终把服务宁夏经济社会高质量发展摆在突出位置，发挥优势、担当作为，在统筹疫情防控、助力实体经济、优化营商环境、防范化解重大风险等方面所作出的贡献。

自治区农村寄递物流配送获实施意见支持

2月，经宁夏回族自治区人民政府同意，自治区商务厅、发展改革委、农业农村厅、邮政管理局等17部门联合印发《关于加强县域商业体系建设促进农村消费的实施意见》，农村寄递物流配送、冷链快递建设等多个方面内容获支持。实施意见要求，2022－2026年，实施县域商业体系建设行动，建立完善县域统筹、以县城为中心、乡镇为重点、村为基础的农村商业体系。实施意见提出健全农村流通网络、丰富农村消费市场、创新发展流通新业态、完善优化政策保障措施等7个方面18项具体政策措施。实施意见明确，推动冷链快递发展，支持邮政、快递企业依托现有邮件快件处理中心，完善冷链仓储、分拣、配送功能。推动农村寄递物流配送，加快农村物流快递网络布局，实施“快递进村”工程。依托县级商贸物流配送中心、县域邮件快件处理场地、客货运站、电商仓储场地等建设县级寄递公共配送中心。整合乡镇及村邮政、快递、供销、电商等资源，鼓励在乡镇发展“多站合一”货邮综合服务站，在行政村发展“一点多能”寄递物流综合服务点。鼓励各品牌快递企业通过直接设立站点或与多种合作模式，扩大“快递进村”覆盖范围。鼓励支持农村寄递物流企业立足县域特色农产品和现代农业发展需要，创新多类型、个性化、专业化的寄递物流服务。

自治区副主席刘可为批示肯定全区快递服务现代农业成效

2月，宁夏回族自治区政府副主席刘可为在《宁夏邮政管理局关于全区快递服务现代农业情况专报》上作出批示，肯定这项工作做得很有成效，在促进农民增收、乡村振兴方面充分发挥了作用，“快递进村”工程抓得好。

自治区政府专题研究农村寄递物流体系建设

2月21日，宁夏回族自治区政府副主席刘可为主持召开专题会议，审议研究《加快农村寄递物流体系建设实施方案(送审稿)》，提出加快推动完善全区县乡村寄递服务体系，补齐农村寄递物流基础设施短板，更好满足农村生产生活和消费升级，服务乡村振兴。会议研究了全区农村寄递物流体系建设的发展目标和实施原则，提出了强化农村邮政基础支撑、完善农村寄递物流基础设施、提升农产品冷链服务能力、推进“快递进村”工程、建设物流快递服务现代农业示范项目等7项重点任务，提升改造县级物流寄递中心、完善乡村末端站点设施配备、降低乡村末端运营成本等五项支持措施。刘可为强调，要加快农村寄递物流体系建设，打造宁夏发展新优势。

自治区政府专题研究快递员群体合法权益保障工作

2月22日，宁夏回族自治区政府副主席刘可为主持召开专题会议，听取宁夏邮政管理局关于全区快递员群体合法权益保障情况汇报，研究审议《关于做好快递员群体合法权益保障工作的实施意见(送审稿)》。会议指出，“小快递、大民生”，“快递小哥”是服务千家万户的勤劳“小蜜蜂”，切实保障快递员群体合法权益是习近平总书记十分关心和关注的问题，是落实习近平总书记关于邮政快递业重要指示批示精神的有力体现。会议提出，要坚持以人民为中心的发展思想，坚持共同富裕方向，坚持法治化、规范化、市场化工作路径，落实企业主责，强化政府责任，凝聚工作合力，突出抓好9项任务措施和38项具体任务，切实实现好、维护好、发展好全区快递员群体合法权益。刘可为对宁夏邮政管理局在关爱快递员群体方面开展的工作表示充分肯定，并就各级各部门进一步协同做好快递员群体合法权益保障提出四个方面要求。

自治区计划2024年所有建制村实现寄递物流服务全覆盖

2月28日，宁夏回族自治区政府第113次常务会议审议通过《关于加快全区农村寄递物流体系建设的实施方案》，以健全宁夏各县、乡、村寄递物流服务体系，补齐农村寄递物流基础设施短板，推动农村地区流通体系建设，更好满足农村生产生活和消费升级需求。方案提出，到2024年，全区22个县级寄递物流中心全部完成升级改造，193个乡镇寄递物流站全面运营，所有建制村实现寄递物流服务全覆盖，农村寄递物流体系基本建成。

自治区出台实施意见保障快递员合法权益

3月，经宁夏回族自治区人民政府同意，宁夏交通运输厅、邮政管理局、党委组织部、发展改革委、人社厅、商务厅、市场监督管理厅、住建厅、公安厅、团区委、总工会联合印发《关于做好快递员群体合法权益保障工作的实施意见》。实施意见明确了全区快递员群体合法权益保障工作九项重点任务和三项保障措施，在重点任务措施方面提出了党建团建、利益分配、劳动报酬、社会保险、作业环境、企业主体责任、规范管理、网络稳定、职业发展等9项任务措施38项具体任务，结合全区实际进一步明确细化了各项任务的牵头、参与部门和具体要求，初步确立了做好全区快递员权益保障工作的路径。实施意见还增加了"强化快递行业党建引领"部分，旨在加强党对邮政快递行业的领导，多种方式推动快递企业党的组织应建尽建、党的工作有效覆盖，坚持党建带团建，引导青年团员积极向党组织靠拢，保证快递行业正确发展方向。

自治区邮政业多名从业人员荣获自治区"五一劳动奖章"荣誉称号

4月，宁夏回族自治区总工会公示2022年自治区"五一劳动奖"和"工人先锋号"拟表彰对象，邮政银川分公司揽投部经理赵淑香、吴忠韵达快递员朱静涛、固原顺丰速运快递员郭小平拟获自治区"五一劳动奖章"荣誉称号。

两部门联合推进基层快递网点优先参加工伤保险工作

4月，宁夏回族自治区邮政管理局联合自治区人力资源和社会保障厅印发《关于做好基层快递网点优先参加工伤保险工作的通知》，全面推进基层快递网点优先参加工伤保险工作。通知明确了基层快递网点优先参加工伤保险的主体和对象、缴费基数和费率、经办服务和待遇保障等事项，要求各级人社部门要针对快递业特点，创新服务方式、优化办理流程，加强参保培训、畅通绿色通道，做好基层快递网点优先参保推进工作；各市邮政管理部门要采取有效措施督促基层网点及时为快递员办理工伤保险登记并缴费，强化督导检查，加强宣传，指导邮政快递企业做好工伤保险政策宣传和工伤预防工作，不断提升快递员工伤保险依法维权意识和工伤预防意识；各基层快递网点要切实履行用人单位责任，及时为职工办理工伤保险参保缴费，如实申报缴费基数，积极开展工伤预防。

自治区10部门联合印发《促进商贸物流高质量发展的实施意见》

5月，宁夏回族自治区商务厅、发展改革委、交通运输厅、公安厅、邮政管理局等10部门联合印发《促进商贸物流高质量发展的实施意见》。意见明确指出，要在构建商贸物流网络体系，强化商贸物流基础设施建设，健全绿色物流体系等方面发挥邮政快递业作用。

自治区出台交通物流专项再贷款政策帮助快递企业纾困

6月，宁夏回族自治区邮政管理局联合自治区交通运输厅、商务厅、中国人民银行银川中心支行印发《关于推动使用交通物流专项再贷款有关工作的通知》，落实金融机构向交通物流领域提供优惠贷款专项政策，助力宁夏交通物流业纾困，为邮政快递企业保稳定促发展提供政策支持。通知明确，交通物流专项再贷款支持领域主要包括，受新冠肺炎疫情影响暂遇困难的道路货物运输经营者（含道路普通货物运输企业、网络平台道路货物运输企业、"司机之家"运营企业、道路货物运输个体工商户和挂靠普通货运车辆车主）、中小微物流配送（含快递）企业。贷款资金主要用于困难时期交通物流经营支出、置换经营车辆购置贷款等。申请贷款的企业，须经"信用中国"网站查询未被列入严重失信主体名单。道路货物运输经营者和中小微物流配送（含快递）企业贷款期间，金融机构可要求其提供承诺书，承诺就业基本稳定，不拖欠货款、不拖欠工资，维护运输市场稳定。

自治区出台实施方案推进多式联运发展

8 月，自治区人民政府办公厅印发《推进多式联运发展优化调整运输结构实施方案（2022 — 2025 年）》的通知，明确 7 个方面 18 项政策措施，推动各种运输方式深度融合，提升综合运输效率，降低社会物流成本。其中，10 项政策措施直接惠及邮政快递业发展。

自治区政府办公厅印发方案推动生活性服务业补短板上水平

8 月，宁夏回族自治区人民政府办公厅印发《关于推动生活性服务业补短板上水平提高人民生活品质的行动方案（2022 — 2025 年）》，明确提出 4 个方面 24 项政策措施，推动生活性服务业补短板，更好满足人民群众日益增长的美好生活需要。其中，14 项政策措施直接惠及邮政快递业发展。

自治区印发《现代物流业高质量发展实施方案》

9 月，宁夏回族自治区现代物流业高质量发展包抓机制专班办公室印发《现代物流业高质量发展实施方案（2022 年— 2027 年）》，明确提出 3 个方面 21 项政策措施，推动全区现代物流业高质量发展，更好服务黄河流域生态保护和高质量发展先行区建设，满足人民群众日益增长的美好生活需要。其中，多项政策措施直接惠及邮政快递业发展。

宁夏局联合自治区工信厅印发实施方案推动快递业与制造业融合发展

12 月，宁夏回族自治区邮政管理局会同自治区工业和信息化厅联合印发《宁夏快递业与制造业融合发展“5312”工程实施方案》，明确 5 个方面重点工作任务，进一步细化 17 项政策措施，着力推动快递业与制造业深度融合，协同高质量发展。实施方案提出，到 2025 年，全区快递业与制造业融合发展的规模和能力水平显著提升，围绕 5 个重点领域，覆盖 3 个环节，力争培育 1 ~ 2 个快递业与制造业深度融合全国典型项目。

新疆维吾尔自治区快递发展大事记

自治区 11 部门联合印发《关于开展“2022 清风行动”的通知》

3 月，新疆维吾尔自治区林业和草原局、邮政管理局等 11 部门联合印发《关于开展“2022 清风行动”的通知》，决定在全区范围内开展代号为“2022 清风行动”的打击野生动植物非法贸易联合行动。通知明确，要通过联合行动，严厉打击破坏动植物违法犯罪行为，坚决遏制非法猎捕、采集、人工繁育、出售、收购、运输、寄递、食用、经营利用、进出口活动。要通过督导企业自律，引导网络交易、直播、短视频、社交等线上平台，以及市场、餐馆等线下交易场所严格管控非法贸易和经营利用野生动植物行为。将通过宣传行动成果，形成全社会共同关注和保护野生动植物资源的良好局面。

自治区三地州市分别印发《加快农村寄递物流体系建设实施方案》

3 月，克州、阿克苏、吐鲁番等地州市分别印发《加快农村寄递物流体系建设实施方案》，大力推进县乡村三级物流体系建设。方案结合各地实际，明确了指导思想、基本原则、主要目标、重点任务和各单位(部门)具体分工等。方案提出,到2022年底,实现乡乡有网点、村村有服务,农产品运得出、消费品进得去,村级邮政快递服务站基本全覆盖。到2025年底,基本形成开放惠民、集约共享、安全高效、双向畅通的农村寄递物流体系,深度融入现代农业体系和乡村产业发展,农村寄递物流供给能力和服务质量显著提高,乡村便民惠民寄递服务基本覆盖。

自治区印发《关于做好基层快递网点优先参加工伤保险工作的通知》

3月,新疆维吾尔自治区邮政管理局与自治区人力资源和社会保障厅联合印发《关于做好基层快递网点优先参加工伤保险工作的通知》,明确了基层快递网点优先参加工伤保险的工作原则、参保范围、费基费率、待遇享受以及优化经办服务等政策规定。通知明确,基层快递网点优先参加工伤保险要把握支持行业发展,聚焦解决快递员群体工伤保障问题,促进快递业持续健康发展;规范企业用工,督促企业依法用工并参加社会保险,促进企业间开展公平竞争;创新工作方式,适应行业特点简化优化流程,提升保障效能;兼顾市场公平,统筹处理企业发展和维护快递员合法权益的关系,鼓励商业保险作为补充保障方式等原则。

自治区四地州印发快递员群体合法权益保障工作实施方案

4月,克州、博州、阿克苏、哈密等地州市分别印发《关于做好快递员群体合法权益保障工作的实施方案》,切实保障快递员群体合法权益,促进快递业持续健康发展。方案根据自治区《关于做好快递员群体合法权益保障工作的实施意见》,结合各地实际,从强化快递行业党建引领、建立合理收益分配机制、指导企业规范建立劳动关系、保障快递员合理劳动报酬、提升快递员社会保险水平、优化快递员生产作业环境、落实快递企业主体责任、规范企业加盟和用工管理、加强网络稳定运行监管、强化行业人才队伍建设、增强职业社会认同感等11个方面明确相关部门责任分工,细化工作任务措施。

自治区印发《兵团农村客货邮融合发展示范创建指南》

6月,新疆维吾尔自治区邮政管理局联合新疆生产建设兵团交通运输局、中国邮政集团有限公司新疆分公司印发《兵团农村客货邮融合发展示范创建指南》,加强对兵团农村客货邮融合发展示范创建活动指导,进一步提升农村客货邮融合发展水平。创建指南明确,要依托"四好农村路"和城乡交通运输一体化建设,开展兵团农村客货邮融合发展示范创建工作,进一步完善师市、团场(乡镇)、连队(村)三级农村物流网络,深入推进农村客货运、邮政快递融合发展,共享站场运力资源,共建运输服务网络,打造一批兵团农村客货邮融合发展示范样板,探索农村客货运、物流配送、邮政快递等"一点多能、一网多用、功能集约、便利高效"的运输服务新模式,积极创建兵团农村物流服务品牌,形成可借鉴、可复制、可推广的模式和经验。创建指南提出,到2023年,兵团农村客货邮融合发展示范创建取得明显成效,完成2~3个农村客货邮融合发展示范师市创建工作,建成挂牌10~20个农村客货邮综合服务站点,开通10条客货邮合作线路,形成具有兵团特色的农村客货邮服务品牌,促进运输服务可持续稳定运行。

自治区3部门联合发文推动交通运输与邮政快递融合发展

7月,新疆维吾尔自治区邮政管理局联合自治区交通运输厅、中国邮政集团有限公司新疆分公司印发《进一步深化交通运输与邮政快递融合发展助力服务乡村振兴工作实施方案》,深入推进交通运输与邮政快递融合发展。实施方案提出,要坚持以重点县推进为标杆引领,以服务乡村振兴、助力经济高质量发展为宗旨，以资源共享、客货兼顾、运邮结合、融合发展为原则，依托城乡交通运输一体化示范县创建和建制村通客车成果，推进农村客运、货运、邮政快递融合发展，构建“一点多能、一网多用、功能集约、便利高效”的农村邮政快递和交通运输服务发展新模式，完善县乡村三级寄递物流体系建设，助力服务乡村振兴。

新疆局推进扎实稳住经济一揽子政策措施涉邮任务落地见效

7 月，新疆维吾尔自治区邮政管理局印发落实扎实稳住经济一揽子政策措施涉邮任务分工方案，扎实推进稳住经济一揽子政策措施涉邮任务落地见效。分工方案指出，要进一步提高政治站位，增强使命感责任感紧迫感，认真贯彻落实国家邮政局和自治区人民政府决策部署，统筹发展和安全，充分认识落实扎实稳住经济一揽子政策措施涉邮任务的重要意义，着力巩固当前全区邮政快递业企稳回升态势，打通大动脉畅通微循环，保市场主体保就业保民生，努力推动全区邮政快递业平稳健康发展。分工方案从落实财政政策、货币金融政策、保产业链供应链稳定政策、保基本民生政策等四个方面提出了十二条具体措施。

《自治区邮政快递业服务葡萄酒产业发展实施意见》出台

9 月，新疆维吾尔自治区邮政管理局联合自治区工业和信息化厅印发《自治区邮政快递业服务葡萄酒产业发展实施意见》。实施意见提出邮政快递服务葡萄酒产业发展的主要目标，力争到 2025 年，我区天山北麓、伊犁河谷、焉耆盆地、吐哈盆地四大葡萄酒主产区、主要葡萄酒企业聚集区邮政快递服务体系建设实现全面覆盖，逐步推进邮政快递服务进酒庄（企），产业融合发展更加深入，寄递业务量实现较大增长，对葡萄酒产业高质量发展的支撑保障能力明显提升。

新疆局联合自治区住房和城乡建设厅加快推进快递业包装废弃物回收工作

12 月，新疆维吾尔自治区邮政管理局联合自治区住房和城乡建设厅印发《关于加强快递业包装废弃物回收工作的通知》，采取有效措施推动全区邮政快递企业与再生资源回收企业深入合作，为促进生产生活方式绿色转型，加强生态文明建设提供有力支撑。通知明确，到 2025 年，全区快递包装废弃物回收领域治理能力显著增强，快递包装可循环化水平稳步提升，公共服务场所快递包装废弃物回收设施覆盖面、可循环快递包装应用规模进一步扩大。通知提出推动快递包装源头减量、推广循环包装应用、引导邮政快递企业与再生资源回收企业深入合作等方面的工作任务，并明确了各部门的职责分工。

第三篇　发 展 环 境

第一章　2022 年市(地)邮政管理工作综述

2022 年,快递业受到党中央、国务院的亲切关怀,各级党委、政府也对行业发展给予高度重视和充分肯定。各市(地)邮政管理局在国家邮政局、各省(自治区、直辖市)邮政管理局和当地党委、政府的领导下,充分利用中央和地方双重管理的优势,统筹疫情防控和行业发展,推动中央和地方行业利好政策落地实施,营造良好发展环境,各项工作持续取得积极进展。

一、高效统筹疫情防控和行业发展

2022 年,疫情呈多点散发状态。多地在疫情发生后第一时间行动,高效统筹疫情防控和行业发展。

在河北,张家口局完整准确全面贯彻新发展理念,按照“疫情要防住、经济要稳住、发展要安全”总要求,高效统筹疫情防控和行业发展。衡水局坚守行业安全底线,切实增强防范化解重大风险能力,持续抓好行业疫情防控,严格贯彻国家疫情防控最新政策,适时调整行业落实措施。沧州局统筹抓好疫情防控和保通保畅,加强行业疫情监测和指挥调度,积极争取稳岗返岗政策扶持。唐山局严格贯彻国家疫情防控最新政策,适时调整行业落实措施,科学精准做好行业保通保畅工作,切实畅通邮政快递末端“微循环”。

在辽宁,锦州局坚决落实“疫情要防住、经济要稳住、发展要安全”重要要求,统筹发展和安全,对标对表年初制定的重点工作任务,凝心聚力,踔厉奋发,进一步推动邮政快递业高质量发展。阜新局努力克服疫情影响,攻坚克难、砥砺奋进,全力推进行业保通保畅,奋力推动行业高质量发展,稳住了发展的基本盘,为阜新经济社会发展作出了积极贡献。

在吉林,长春局努力克服疫情影响,妥善应对行业突发疫情,着力推进行业保通保畅,持续提升行业治理能力,确保了行业安全平稳运行,取得了较好的成效。白城局结合国家、省相关文件精神,指导企业做好疫情防控工作。一是要求各邮政快递企业落实主体责任,完善疫情防控、保通保畅和相关预案,抓好从业人员教育培训和健康防护、疫苗接种等基础性工作,加强运力资源配置和统筹使用,维护本企业正常运行,保障群众医疗药品、防疫物资、民生物资基本需求。二是要求各邮政快递企业加强营业场所、处理场所、末端网点、驿站等工作环境的通风、清洁,疫情流行期间减少人员流动和聚集、采取无接触交付件等行为保障行业安全。三是要求各邮政快递企业督促从业人员增强个人防护意识,保障从业人员合法权益,做好对从业人员的关心关爱工作。

二、发展环境持续优化

(一)深入推进电商与快递物流协同发展

在内蒙古,呼和浩特局积极发挥各职能部门协同工作机制,全力支持引导邮政快递企业多措并举,创新工作举措,促进农村电商与快递产业相结合,充分发挥邮政快递网点遍布全国的寄递服务网络优势,助力农特产品销售,为农村寄递物流体系发展增加动力。赤峰局借助赤峰市创建全国电商快递协同发展示范区的契机,推动园区智慧化信息化转型升级,搭建电商企业和快递企业相互对接的平台,促进信息互通,协同发展,对标《内蒙古自治区加快农村牧区寄递物流体系建设工作方案》,出台支持快递"两进一出"具体扶持政策,拉动电商与快递协同发展。

在吉林,松原局加强与相关部门沟通协调,完善基础设施,优化网络布局。整合快递资源,提高配送效率。培育市场主体,促进协同发展。规范行业秩序,优化发展环境。推进邮政业与电商快递协同发展,为拉动地方经济发展贡献行业力量。松原市采用电子商务营销、培育"网红"促销、打造平台助销等多种模式,助力新电商发展,快递业与电商融合发展前景向好。一是电子商务营销。围绕扶持壮大"一镇(村)一品一特色",积极打造以松原市主城区为核心的新电商产业集聚区,以县(市、区)电商产业园为多翼的直播电商园区联动矩阵,通过开展网络直播活动,销售查干湖大米、乾安黄小米、四粒红花生、哈萨尔王牛肉干等具有松原特色的农特产品。二是培育"网红"促销。大力实施"千村万人"村播培育计划、"网红"农民和"网红"农产品打造计划,发掘打造"网红",筛选培育乾安小园菜、扶余粘豆包、长岭三青山粉条、查干湖胖头鱼等100余个"松字号"农产品,通过与各大物流快递企业深度合作,实现了主播、商家、货品、客户无缝衔接。三是打造平台助销。做大做强58科创松原跨境电商新经济产业园,构建形成"覆盖""服务""孵化""扶持""赋能"的"5F"服务体系,通过定期举办电商培训、直播带货大赛等活动,持续为该市电商产业发展蓄势聚能。

在江苏,盐城市人民政府办公室印发《关于加快全市电子商务高质量发展的实施意见》,邮政快递业获多项政策支持。意见提出:到2025年,全市电子商务高质量发展取得明显成效。电子商务规模质量实现双提升,快递网络布局不断完善,快递量和业务收入年均增长分别达9%、14%以上。打造智慧文旅品牌,鼓励旅游景区与商贸流通、快递服务、生活服务企业合作,提高线下和线上各项服务协同能力。建优农村电子商务载体,加强县级寄递公共配送中心、邮件处理场地等设施建设,建立"种植养殖基地+生产加工(仓储保鲜)+电商平台+寄递"一体化的供应链体系。支持电子商务企业与农村便利店、快递网点等合作。到2025年,建成农村电子商务服务站点586个以上,基本实现主要品牌快递和电商服务体系行政村全覆盖。健全物流配送体系。支持全市物流园区、货运站、邮件处理场地等结合电子商务发展需求加快改造仓储、分拣、冷链等设施设备,推进自助提货柜、智能生鲜柜、智能快件箱等配送设施进社区,提高末端配送精准服务能力,解决好"最后一公里"难题。

在湖北,黄冈局深入探索电商快递融合发展模式,引导电商、快递企业向供应链融合等领域拓展创新,深入谋划合作项目、不断拓展产业空间,降低电商快递成本,为黄冈产业集群发展聚势集能。荆州局积极推动鄂西南(沙市)智能科技电商快递产业园项目建设,与相关部门加强联动,积极协调项目用水用电,以及门前道路开通等问题,全方位为项目实行"保姆式"服务,助力项目早投产、早达效,为该市打造现代综合交通物流示范区贡献行业力量。黄石局积极为邮政企业与跨境电商搭建合作桥梁,探索本地"快递出海"发展模式,加强与海关等相关部门协调沟通,促进全市跨境电子商务寄递服务高质量发展。

在四川,南充局加强与该市商务局及各县(市、区)人民政府的沟通协调,整合农村电商、快递资源,以"电商+快递"的模式推进农村寄递物流体系建设，持续引导邮政快递企业搭建农户与市场的桥梁，推动邮政快递业、农业及电商的有效融合，为实现乡村振兴贡献行业力量。宜宾局推动电子商务企业与快递物流企业之间加强业务联动，优化快递物流网络布局和服务资源配置，探索农村电商快递共同配送模式，共同疏通堵点、解决痛点、攻克难点，为打通快递“最后一公里”赋能助力。

（二）地方政策扶持助力行业高质量发展

在辽宁，营口市政府印发《营口市贯彻落实国务院、辽宁省扎实稳住经济一揽子政策措施系列专项行动方案》，明确持续优化营商环境，加大助企纾困力度，保障产业链供应链稳定，加大对物流枢纽和物流企业的支持力度，邮政快递业发展获利好。方案提出：一是降低商贸企业经营成本。将电商等企业享受的普惠性减收、免收、缓交“五险一金”政策落实到位，缓交期间不收取滞纳金，不影响员工权益，执行到2022年底。二是支持电商行业复苏发展。利用省120万元专项资金，对符合条件的入驻省级直播电商基地的企业产生的物流快递费用进行补贴，支持电商企业发展。三是支持开展农产品促消费活动。对通过第三方平台或自营平台在线销售本市农产品达到一定金额的企业，给予物流快递费用最高不超过50%的补贴，每家企业最高不超过5万元。组织开展至少2场农产品线上线下融合促销活动，每场活动支持资金最高不超过30万元。累计补贴资金不超过100万元。四是支持省级直播电商示范基地开展促消费活动。对省级直播电商示范基地入驻企业，通过第三方平台或自营平台在线销售发货地为营口的产品，给予其物流快递费用最高不超过50%补贴，每家企业最高不超过20万元。累计补贴金额120万元。并由该市商务局作为牵头单位，财政局、各县（市、区）政府作为责任单位。

在浙江，台州局在深入调研的基础上，积极主动作为，联合相关部门持续推动出台助企惠企政策，聚焦破解难题、精准扶持、广泛宣贯，引导快递企业做大做强，为推动邮政快递业高质量可持续发展提供强有力的政策保障。一是主动作为，部门协作更加密切。多次会同政协、财政、发改、交通、住建、商务、市场监管等部门，召开专题座谈会，研究快递业发展存在的瓶颈问题，共同商讨助推快递业高质量发展的可行性政策。会同政协组织多部门开展“提升快递进质量　构建城乡物流体系”专题视察活动，实地视察邮件处理中心、村邮驿站等点位，政协委员们围绕完善基础设施建设、降低物流成本、提升服务能力、加大财政补助力度等方面提出意见和建议，相关部门现场回应并表态。二是系统推进，政策扶持更加精准。聚焦行业发展瓶颈难题，将邮政快递均等化服务纳入《台州市基本公共服务标准》，绿色发展、“两进一出”写入市“双循环”节点城市建设等重点工作，明确要完善城乡及较大的车站、机场、高校等场所邮政服务网点的规划和建设，推进驿站式邮政快递综合服务站点和邮件、快件智能服务终端建设。拟出台《推动物流高质量发展的若干意见》，对邮政快递企业购置快递分拣设备设施、智能安检机以及年发送量（含进出口量）首次达到5000万单、7000万单和1亿单以上的，分别给予补助。部分县（市、区）相继出台《关于支持邮政快递业发展的若干意见（试行）》，明确了引导快递企业做大做强、支持设备装备更新提升、推进寄递物流体系建设、优化快递行业管理服务等4方面10条支持举措，对设备装备更新提升、推进三级物流体系建设、建设公益性智能快递柜等给予资金支持。如温岭对当年本地年发货量达到2000万件且比上年增长达15%的，对增长率超过15%部分的业务量给予每件0.2元补助。对为温岭5家以上电子商务企业提供仓配一体化服务、年发件量超过1800万件的邮政快递企业，给予最高10万元一次性奖励。三是组团服务，政策宣贯更加广泛。开展送政策入企活动，由局领导分别带队赴企业开展政策宣传，就“两进一出”、绿色包装、工伤保险等重点政策，以及今年新颁布的《浙江省快递业促进条例》进行宣贯和解读，及时向企业解读精准惠企助企纾困56条和稳住经济一揽子政策措施42条等，对企业提出的问题和困惑面对面进行回应和讲解，力争惠企助企政策入人心、落到地、见实效，提升政策的知晓度、覆盖面和企业的满意度、获得感，引导企业增强发展信心，努力做大做强。

在安徽，芜湖市政府出台《芜湖市扶持产业发展政策（2022－2023年）》。政策明确支持现代物流业发展。鼓励农村快递网点建设，支持“快递进村”，对符合奖补政策的企业或个体经营户，按每个网点2万元标准给予一次性运营奖补。支持全国快递科技创新试验基地建设，助力现代化快递物流智能装备产业体系构建，对基地内当年新建投资额达到2500万元的快递物流智能装备产业工业互联网建设项目，给予建设企业一次性奖补500万元。分步实施行业发展科技提升工程，对当年新增自动分拣设备的邮政快递企业，给予设备购置款20%且不高于30万元的一次性补贴。对按要求完成邮政快递末端投递电动三轮车规范提升的企业，按每辆电动三轮车500元标准给予补助。实施行业基层“筑安工程”，推动快递末端网点安防信息化建设，对基层农村新建邮政快递末端网点安装摄像头、配备消防器材等安防设备的企业，按照每个网点2500元标准予以补贴。

滁州市定远县出台《定远县促进电子商务产业发展扶持办法》，明确设立“电子商务发展专项资金”1000万元，用以支持电商快递业发展。办法共20条支持项目，对邮政快递企业场地建设、末端网点建设、快递进村、快递电商协调发展等多方面予以政策支持。办法明确规定：一是对入驻或加盟物流配送中心的快递企业，经报备审核同意后租赁经营场地的，对其按核定标准租赁的面积给予不超过4元/（平方米·月）租金补贴，每家企业每年最高补贴不超过10万元。二是对在村级电商服务网点设立标准化快递末端网点的，按其投入的快递设备设施费用的60%给予一次性补贴，单个网点最高补贴1万元；对到村快递每单给予0.2元补贴，单个网点每年最高补贴不超过1万元。三是快递企业为本地电商提供优良服务、无重大投诉事件，对年业务量首次超过50万件、100万件、150万件，200万件，分别给予5万元、10万元、15万元、20万元的一次性上台阶奖励。另按档次分别给予每单0.05元、0.1元、0.15元、0.2元的一次性补贴，单个企业年最高补贴不超过50万元。另外，为支持农产品网销，对规模电商经营主体销售农产品给予3元/单快递费补助。预计该县邮政快递企业2022年将获得不低于300万元的资金支持。

在福建，厦门市出台《2022－2023年度中央外经贸发展专项资金（跨境电子商务企业扶持项目）管理办法》，大力支持跨境电商独立站建设、公共海外仓建设、综合服务平台建设、集货仓建设及供应链平台建设。办法规定，对拥有自主品牌且独立站上年跨境交易额超过2000万元（含）、5000万元（含）人民币的企业，分别给予20万元、30万元的补助。对符合条件的公共海外仓项目，单个海外仓予以50万元补助，单家企业年度封顶扶持资金200万元。对自有线上跨境电商综合服务平台，上年服务厦门企业超5家（含）且被服务企业通过平台的外销收入超5亿元（含）人民币的企业，一次性给予20万元奖励。对供应链平台上年跨境交易额3亿元（含）人民币以上、平台活跃商户超1000家、工厂占地超1万平方米的平台企业，一次性予以100万元补助。

三明市沙县区政府出台《关于鼓励物流业发展的十条措施》，为邮政快递企业量身打造扶持政策，沙县邮政业发展再获利好。措施对快递企业物流项目用地、快递仓储物流用地给予政策扶持,按企业用地情况给予最高20万元补助;支持物流设施现代化建设,鼓励企业建设、改造冷藏库和购置冷链运输车辆,推动企业购置自动分拣设备、新能源货车、运营智能信包(快件)箱等设备设施,并给予最高30万元的补助;对企业新增投建信息化建设项目、快递公共信息平台项目的,按项目投资额最高补助30万元;支持邮政企业开放农村基础网络,构建农村三级物流配送系统,对行政村门店给予一次性2500元/个建设补助,对建档立卡脱贫村的门店额外给予每年2000元/个运营补助,连续补助3年。

在广东,佛山局协调推动快递企业共计获拨2020年加强城乡物流配送基础设施建设专项扶持资金228.4万元。城乡物流配送基础设施建设专项扶持资金主要用于加快推进城乡快递物流配送体系建设,实现城乡快递物流基础设施一体化发展,引导企业实行规模化经营,降低成本,提高效率,提升快递物流配送服务质量和水平。

在山东,临沂市出台《临沂商城转型升级扶持政策》,明确对符合条件的快递企业予以奖补。扶持政策提出:"做大做强快递物流企业。对本年度商城范围内实际发送单量排名前5名、第6~10名的快递快运物流企业,分别给予20万元、10万元的一次性奖补。"

三、重点工程建设持续稳步推进

(一)"快递进村"向纵深拓展

在河北,沧州局多举措全力推进"快递进村"工作。一是压实企业主体责任。组织辖区各县级品牌快递企业负责人召开了"快递进村"工程推进视频会议,对各县(市、区)"快递进村"工程推进情况进行了通报,突出县级寄递企业"快递进村"主体责任,要求各品牌按比例领取建设任务,其他品牌必须无条件进入,按时间节点完成建点任务。二是深入一线进行督导。实施分组包片督办制,由主要领导带队,分成3个督导组深入一线开展"快递进村"工作督导,对照"进村台账"深入献县、青县、肃宁等地实地查看各个乡村站点的运营管理、业务量收、运行模式情况。同时要求企业对业务量少(平均每月不足15件)、经营困难的点进行了更新、组合。三是严格站点建设标准。严禁企业存在走过场、掺水分、只"数据进村"的情况,新建网点必须符合"四固定三有三不"要求。对快递企业存在的不按址投递,快件丢失、延误,末端违规二次收费等违法违规问题市局将进行严厉打击,督促企业提升服务质量。

在内蒙古,兴安局制定并印发《兴安盟支持邮政快递业高质量发展政策实施细则(试行)》。细则明确了项目补贴期限、标准、申领条件、申报程序等内容,在"快递进村补贴项目"中重点明确,"'快递进村'补贴标准为实施'快递进村'工程的企业,以快递进村单量、单件成本和服务发生区域等为依据,以每单补贴0.2元的标准,对全盟实际发生的快递进村业务服务进行补贴"。细则还就申报材料、申领奖补项目的服务站需具备条件、申报审核流程等方面作出具体要求。

在辽宁,朝阳局主动作为,积极协调对接该市喀左县交通局及喀左辖区内邮政快递企业,不断深化"交邮快合作"水平,着力推进邮政快递服务深化工程项目建设,助推"快递进村"工作各项举措落实落细。在喀左县邮政快递服务深化工程建设过程中,朝阳局主动强化与该县交通等相关部门的沟通联络,深入探索邮政快递行业与交通运输、物流、旅游等产业的融合发展模式,着力建成以"县为中心、镇为支点、村为终端"分层级、广覆盖城乡一体化农村邮政快递网络,辐射电商发展,着力实现城乡覆盖、设施完善、邮路畅通、成本降低、服务提升目标,让工业品下乡、农产品进城渠道更畅通、价格更惠民。

在吉林,延边局由局领导分

别带队深入州内各县(市)乡镇,就“快递进村”工程推进情况开展专项督导检查。督查组先后检查了敦化市和龙井市“快递进村”情况,在敦化市大石头镇,督查组实地察看了哈尔巴岭村、回族村、增益村等地,在龙井市开山屯镇和德新乡,督查组察看了子洞村、石门村、崇民村、兴隆村、龙岩村等地,大石头镇位于敦化市和安图县的国道干线上,德新乡位于龙井市腹地,开山屯镇属于对朝边境抵边乡镇,每个乡镇特色不一。督查组每到一地,都要实地查看村级快递服务点运营情况,与当地村民深入交流,详细了解农村快递网点业务量、品牌入驻、进村快件交接流程及存在的困难问题等情况,并对各网点疫情防控、服务质量、寄递安全等工作提出了具体要求。

在黑龙江,齐齐哈尔局创新工作举措,发挥村委会政治功能,以村委会为基点打造“一点多能”建设计划,多渠道打通快递进村“最后一公里”。齐齐哈尔局深入龙江县七棵树镇双龙村开展座谈,与村干部进行深刻交流,询问了解了双龙村快件投递服务情况,并向其宣传讲解了快递进村的政策和意义,双方就进一步发挥村委会服务村民功能、推进快递进村等有关事宜达成一致。村委会积极支持快递进村工作,将设置专门场所存放快递,并指定专门人员负责快递的保管、登记、派发等工作,村民收取快件的便捷性得到进一步提升,快件安全性得到有力保障。随后,督导组来到村中心超市推进进村工作,协商由快递企业支付派送费用,并为其配备必要的货架等操作设施,提供专门的业务指导,由超市负责对快递进行临时收纳、分类存放,便于村民查找收取,实现足不出户收取快递。

在江苏,盐城市纪委、市委组织部、监委、住建局、农业农村局、商务局、邮政管理局等7部门联合印发《关于加强党建引领“快递进村、产品出村”的实施意见》,进一步助力推动全市农村寄递物流服务体系建设。实施意见提出,坚持党建引领,聚焦农民寄取快递难、销售渠道窄等现实问题,健全县镇村三级物流配送体系,努力实现快递进村“最后一公里”运行高效、产品出村“最初一公里”服务到位的总体目标。一是聚焦“出得去、进得来”,提升基础设施水平,统筹实施“交邮合作”“邮快合作”“快快合作”,建设村级寄递物流综合服务站,选优配强村级快递业务负责人,组建“红色小蜜蜂”快递联络员队伍。二是聚焦“叫得响、卖得好”,提升品牌营销水平,依托京东、苏宁、邮政等电商平台,积极推行“一村一品、一镇一业”,提升阜宁黑猪肉、东台西瓜、射阳大米、大纵湖大闸蟹等“盐”字号区域公共品牌美誉度和市场占有率。三是聚焦“抓得稳、落得实”,提升服务管理水平,深化产业链党建,发挥党建对物流链、服务链引领作用,实现“一条红色快递链,服务群众不断线”,制定快递员关爱政策,鼓励各地对新设立的乡村快递服务网点给予一次性补贴,并将“快递进村”纳入基层党建年度考核和书记抓基层党建述职评议重要内容。

在浙江,丽水局聚焦行业高质量跨越式发展目标,乘势而进打造“丽水山递”品牌,凝心聚力巩固行业党建工作成果,多措并举夯实行业强邮共富基石,加快推进农村寄递物流体系建设步伐。一是联合市委组织部开展党建统领农村寄递物流体系建设专题调研,开展农村寄递物流体系建设经验交流,组织青田、庆元、松阳和景宁4县先行试点,推广遂昌农村寄递物流体系建设成果。二是召开加快推进农村寄递物流体系建设工作专题会议,推动市政府出台《关于加快推进丽水市农村寄递物流体系建设的实施方案》,为各县(市、区)健全三级寄递物流体系,补齐农村基础设施短板提供政策支撑。三是督导各县局广泛开展政企现场会议对接、区域建设方案报送和行业用地规划协调等工作。截至目前共争取到地方经费3336.66万元,规划2025年前全市建成9个县级公共物流配送中心、142个乡镇寄递物流综合服务站、720个集高频需求服务功能的村级数字化“共富驿站”。

在安徽，马鞍山市委组织部牵头，农委、邮政管理局、供销社等部门共同参与的“快递进村”助力集体经济发展试点工程启动实施，该工程旨在助力乡村振兴“最后一公里”。一是根据前期摸底调研，市委组织部分别选取了含山县陶厂镇、和县善厚镇、当涂县石桥镇、博望区新市镇、郑蒲港新区姥桥镇五个产业基础好、寄递物流需求旺盛的乡镇作为“快递进村”助力集体经济发展的试点乡镇。二是引导试点乡镇利用现有土地空间资源筹备建设镇级寄递物流转运分中心和村级示范站点，支持农村集体经济组织建设产地冷藏保鲜设施，引导各类市场主体建设改造产地冷链集配中心，解决农村寄递服务不能到行政村和种养大户身边问题。三是整合市农业农村局和市供销社等各方面资源对试点乡镇进行政策补助，推动冷藏保鲜设施加速落地，鼓励各邮政、快递企业加快村级站点能力建设，创新运营模式，承接代办代收各类农村公共服务和政务服务，实现“一点多能”。

在江西，宜春局在全市范围内开展“快递进村”工作成效巩固提升专项行动。检查组围绕进村快递的品牌数量、进村形式、投递频次、投递服务质量、村级邮政快递服务站建设及运行等内容进行检查。检查发现“快递进村”整体情况较好，进村快递能够及时配送至村级邮政快递服务站。宜春局继续压实各寄递企业“快递进村”主体责任，全面从严落实《快递服务标准》《邮政普遍服务标准》，督促各企业加大人力、物力、财力投入，配齐配全快递投递进村所需人员、车辆等；加大监督检查力度，适时开展回头看，确保“快递进村”工程落细、落实、落到位。加强宣传引导和监督管理，扎实做好“快递进村”成果巩固提升工作，让邮政快递业有效服务乡村振兴，让农村地区群众享受便捷的快递服务。

在山东，德州市委非公有制经济组织和社会组织工作委员会、德州局联合出台《德州市关于实施“红色速递工程”推动“快递进村”的十条措施》，支持推动“快递进村”。一是健全党建工作领导体制。市县依托邮政管理局成立快递行业党委，联合相关党组织组建快递行业党建联盟。二是常态化开展“双查双亮双结对”行动。从快递员中查找党员，从党员中查找快递员，引导快递员党员亮身份、亮职责。三是加快推进党的组织和工作覆盖。通过选派“红色CGO”、建立群团组织等方式，开展好党的工作。实行发展党员计划单列，各县(市、区)从快递员中发展党员数量原则上不低于上一年数量，稳步提高快递员党员比例。四是加强快递物流党建共建。探索推行“四联共建”，通过组织联建、阵地联用、活动联办、党员联育，推动乡镇、村党组织和快递物流网点党建共建。五是健全“快递进村”保障体系。六是以“快递+电商”助力乡村振兴。建立“乡镇党委统一培育品牌、村党支部动员种植与快递服务站快速发件两级联动、N名电商主播线上销售”的“1+2+N”保障机制。七是促进快递行业健康有序发展。落实“双向进入、交叉任职”制度，推动快递行业党组织、党组织书记参与企业生产经营管理活动和管理层有关会议，将党建工作融入企业决策管理和生产经营。八是加强对快递员群体的关怀激励。建立快递员诉求解决机制，设立书记见面日、回音壁、职工热线等，解决快递员身边的“关键小事”。九是探索建立快递员职业化发展通道。十是推动快递员融入城乡基层治理。每年从两新组织党建工作专项经费中列支资金支持“快递进村”工作。工作情况纳入行业党委书记抓基层党建述职评议考核，确保工作取得实实在在的成效。

在河南，焦作局充分利用该市“五星”支部创建的契机，积极与市委组织部、宣传部及各邮政快递企业对接，调动各方资源，实现快递进村的新突破。一是切实扛稳责任。焦作市将快递进村纳入全市“五星”支部“文明幸福星”创建重点任务，并由焦作局负责考核。焦作局积极作为，不等不靠，主动与各县(市、区)政府对接，局主要负责人多次到各基层村考察调研，有力推动了全市快递进村的步伐。二是加强督导检查。为确保快递进村工作持续有力推进，焦作局设立了工作人员包县督导制度，每个县(市、区)明确一名责任人，切实压实责任，提升工作效率。同时，加强检查抽查，采取实地检查和电话访查相结合的方式，每周安排专人对各县(市、区)快递进村情况进行检查，对发现的问题建立整改台账，销号整改。三是充分利用资源。将快递进村工作与“五星”支部创建紧密结合，充分利用各村党建综合体、村干部坐班值班等软硬件便利条件，大力推进偏远山区农村建设寄递物流综合服务站，为广大群众提供取件寄件代办服务，方便群众生产生活。

在湖南，《娄底市城乡客货邮一体化建设工作实施方案》正式印发。方案以构建完善县乡村三级快递物流体系为目标，切实破解工业品下乡“最后一公里”和农产品进城“最初一公里”的突出问题，以规范性要求确保快递100%通达行政村，具备条件地区通达自然村。方案明确了各县(市、区)推进时间表，要求娄星区2022年12月31日前到位，冷水江市、双峰县2023年12月31日前到位，涟源市、新化县2024年12月31日前到位。方案的正式出台，标志着娄底以推进客货邮一体化为主，推进邮快合作进村为辅，引导支持快快、快商、快供等为补充的多渠道快递进村体系基本形成。

在广西，来宾局持续巩固“快递进村”成果，积极推进乡村物流网络节点建设，全面提升乡村物流站点服务能力和水平，引导行业服务乡村振兴。一是推动邮政公司开展邮快合作，组织召开来宾市邮快合作专题推进会，促成邮政公司与韵达快递合作进村。二是积极引导顺丰速运增强乡镇服务能力，将服务延伸进村。

在海南，三亚局多措并举推动“快递进村”。一是增强政治意识和大局意识，夯实工作基础，不断提升服务能力，加强邮快合作，全面提高快递进村“1+4”比例。二是完善工作机制，健全市、区、村三级物流体系建设，推动农村电子商务与“快递进村”协同发展，拓展综合性业务，建设“多站合一、一点多能”的村级寄递物流综合服务站。三是做好“快递进村”末端网点的规范管理，按要求做好备案手续，禁止违规收费行为，严格落实“三项制度”，配备配齐安全设施，消除安全隐患，做到依法依规经营，确保“快递进村”推进工作扎实、安全、可靠。

在贵州，贵阳局坚持以习近平新时代中国特色社会主义思想为指导，按照因地制宜的原则，加快推进“快递进村”工程，探索了驻村设点、直投入户、交快合作、快快合作、邮快合作、快商合作等快递进村模式。通过实地走访、抽样快件寄递测试等方式，对全市“快递进村”情况进行检查，掌握实情，确保“快递进村”取得实效。其中，市内息烽县“通达系”主要品牌快递企业通过融资与息烽县客运公司开展“交快合作”，探索了新的“交快合作”模式，成功创建省“交邮融合+”发展示范县。同时，贵阳局积极推动农村寄递物流与现代农业、农村电商协同发展，助力辣椒、麻辣土豆丝、酸菜、豆腐乳、辣子鸡、猕猴桃、腊肉等农副产品“黔货出山”，目前已成功打造猕猴桃“一地一品”项目。

在云南，迪庆局将充分发挥桥梁纽带作用，结合“放管服”改革要求，优化农村地区快递业务经营许可工作，简化农村快递末端网点备案手续，对合作中出现的服务质量、申诉投诉、安全生产，以及其他可能出现的问题，实时组织召开联席会议，研究讨论解决办法、建立沟通平台和协调机制，通过引导和规范打造一批“标准统一、制度规范、服务优质”的合作网点，以点带面拓展农村邮政快递市场，有效推进“快递下乡进村”工作，更好地服务于乡村振兴。

在西藏，阿里局鼓励快递企业着力提水平、强功能，健全县、乡、村快递服务体系，持续提升人民群众在快递业发展中的获得感。按照统筹规划，政策引领，市场配置，创新驱动，因地制宜，分类推进原则，阿里局主动发挥政府作用，坚持不缺位、不越位，充分发挥市场对资源配置的决定性作用，不限定具体模式，不搞一刀切，根据实际采取梯次递进方式，按年度分步推进，鼓励企业通过“邮快”“快快”“交快”“快商”及驻村设点等多种模式实现下乡进村目标。

在陕西，渭南局持续强化市场监管，督促企业依法经营，提高“快递进村”覆盖面和服务质效，巩固提升快递进村工作成效，确保快递进村下得去、稳得住、可持续。同时大力推广“快递＋电商＋农特产品＋农户”发展模式，助力农产品上行，促进农民增收、农业增效，有效助力乡村振兴，推动邮政快递业更好地服务地方经济社会发展。

在甘肃，庆阳局积极宣传推广华池、环县模式，坚持“政府引导、市场运作、资源共享、协同推进”原则，持续加强调研督导，力推以“县级寄递配送中心、乡镇服务网点、村级寄递物流服务站”建设为主要内容的贯通县、乡、村三级的运输、配送服务网络体系，推动寄递企业与电商、交通、农业等行业深度融合发展，为畅通经济内循环、激发农村内生动力、满足农村群众消费寻求，为全市经济社会发展提供更好的支撑保障。

在青海，海西州委组织部、海西局联合印发《转发〈关于加强党建引领促进“快递进村”的通知〉的通知》，切实发挥农村基层党组织的组织优势和服务功能，以党建引领促进“快递进村”，打通农牧区快递投递“最后一公里”，让农牧区群众享受更加便捷的寄递服务。通知要求，一要提高认识，压实责任。全州各级党委组织部门要提高政治站位，强化责任担当，充分认识加强党建引领促进“快递进村”的重要意义，扎实做好党建引领“快递进村”工作，加快健全完善以“县域为中心、乡镇为节点、村为末端”的农村寄递物流体系，进一步释放农村内需潜力，助推农畜产品出村进城、消费品下乡进村，为全面深入实施乡村振兴战略提供有力支撑。二要协调联动，形成合力。全州各级党委组织部门要加强与州邮政管理部门的沟通联动，加强部门间的沟通联动，建立健全工作协调机制，加强党建引领“快递进村”工作指导，强化工作落实情况的监督检查，协调解决工作推进过程中的困难和问题，合力推进党建引领“快递进村”工作落地落细。各市（县、行委）根据结合村情实际和快递业务需要，进一步细化任务措施，确保目标任务顺利完成。各村级党组织要充分发挥组织优势和服务功能，全力配合支持“快递进村”工作，切实为人民群众办好事、办实事。

在宁夏，固原局持续抓好“快递进村”工作，深入县乡村进行全面摸底、督导，全面掌握全市“快递进村”情况，及时督促寄递企业做好“快递进村”，保障农村群众寄递需求，确保圆满完成 2022 年“快递进村”各项目标任务。

在新疆，昌吉局采取有力措施，进一步推进邮快、快快合作的深度广度，提高村级邮政快递服务站质效，有效巩固了快递进村成果。一是强化管理，加快村级服务站点换档升级。主动向州党委分管领导汇报快递进村工作进展情况，争取地方党委政府的支持。动态更新 440 个村级邮政快递服务站基础信息。严格控制村级邮政快递服务站搬迁他址。升级村级邮政快递服务站“六有”建设。率先试点打造村级邮政快递综合服务站，提升邮政综合服务站比例。推动邮政企业通过增配投递人员、投诉专员，增配投递车辆、提高投递班次等措施，不断提高村级邮件快件的投递能力和水平。二是强化督导，推动快递进村持续发展。为保证快递进村“下得去”“留得住”，通过实地走访、座谈会、监督检查等形式，开展了以邮政快递服务站、邮件快件快递服务、“邮快合作”情况为重点的“回头看”工作，切实了解邮件快件投递频次、深度以及邮快合作中交接、投递、结算等环节的问题，协调制定解决措施，不断增强“邮快合作”的持续性、稳定性。三是强化合作，服务三农助力乡村振兴。加强与各县相关部门合作，发挥“快递进村”综合效应，开展昌吉州农特产品的上行销售活动，与吉木萨尔县政府合作，销售吉木萨尔县大有镇人参果；与阜康市城关镇良繁村开展合作，销售量繁村仙桃；联合各县市将昌吉州棉被系列产品打造为自治区快递服务现代农业银牌项目。解决了农产品销售后运输难的问题，在各地农业合作社、家庭农场等新型农业主体中间产生了积极影响。

（二）“快递进厂”水平稳步提升

在安徽，芜湖局联合该市经信局召开“快递进厂”对接推进会。会议通报了“快递进厂”摸底调研的主要情况，与会企业围绕“快递进厂”的现状、规划及困难开展讨论交流，并提出意见建议。会议明确，各寄递企业要高度重视“快递进厂”工作，充分利用本地产业优势，推动快递企业深度融入优势产业，从仓配、进厂、入园等模式入手，助推相关合作项目模式升级，以点带面，逐步形成具有本地特色的深度融合“进厂”模式，提升全产业链价值。会议要求，各寄递企业应及时掌握了解服务制造企业、服务园区的动态变化和服务项目，了解每月的业务量收，挖掘潜在需求，创新服务模式，主动对接服务，并及时总结经验亮点，助力各县(市)区精准施策，助推“快递进厂”工作有效开展。

在福建，泉州市出台《“十四五”制造业高质量发展专项规划》，对推进先进制造业和现代服务业双向深度融合明确主要任务，“快递进厂”再添助力。规划提出，“推动物流园区、分拨中心、配送中心等物流节点建设，加快培育一批布局集中、用地集约、功能集成的示范物流园区”“落实降低交通通行费标准、加大铁海联运等多式联运的政策补贴力度，推动‘互联网+高效物流’降低成本措施的落实。”对吸引邮政快递企业总部入泉，降低企业成本，推动泉州快递集聚发展有重要促进作用。

在湖北，宜昌局与该市经信局联合印发《关于促进全市快递业服务制造业发展的实施意见》，通过市级“双千”服务平台印发《快递物流服务“双千”活动联系函》，大力推进“快递进厂”，服务制造业。该市快递服务制造业形成了几个样板，在全市发挥示范效应。一是服务安琪酵母供应链流程再造。二是服务纯派乐派服饰嵌入生产车间。三是服务奥美医疗进厂设点。

在重庆，一分局指导辖区邮政快递企业不断优化提高自身服务质量，创新服务供给，主动出击，积极对接制造企业，目前梁平区推动“快递进厂”工程成效初显。一分局为深入推动“快递进厂”工程，指导梁平中通根据制造企业寄递服务需求，进一步丰富寄递服务项目内容。一是为提高物流效率，降低运输成本，安排专车直接进驻厂区提供寄递服务，减少运输途中的破损，丢失风险；二是安排专人进行收发件扫描服务，及时将快件打包发出，节约中转时间；三是安排专业的售后客服进行一对一服务，及时有效处理各类问题，提升用户使用感。通过个性化服务提升了快件时效和减少了售后问题，提高了制造企业对梁平中通的品牌认可度。

（三）“快递出海”工程有序推进

在辽宁，营口市政府出台《营口市现代物流产业发展规划》，对“快递出海”予以支持。规划提出：要构建开放共享的跨境电商物流体系。依托辽宁营口自贸片区、营口综合保税区、营口港保税物流中心、营口国际快件监管中心、国际邮件交换局等国家物流周转集中区域，集聚大型跨境电商企业、进出口供应商、跨境贸易商、国际物流、保税物流、支付结算、大数据处理、咨询研发、培训孵化、报关报检等产业发展要素资源，扩大“保税进、行邮出”规模，实现跨境电商货物快速通关、高效中转集散，打造境内外双向互动开放发展、服务国家“优进优出”需求的国际跨境电商物流体系。鼓励境外品牌企业在保税港区、综合保税区内设立保税仓库、保税展示基地等，打造境外商品物流分拨中心、配送中心和展示交易中心。鼓励营口本土电商物流龙头企业，通过自建合作、并购等方式延伸服务网络，在条件成熟的国家和地区部署海外物流基地和仓配中心。推广跨境贸易电商 O2O 模式，强化综合保税区与区域范围内海鲜水产、乳制品、肉类等专业市场和免税店合作。做大做强保税展览展示交易平台。加快贸能港（营口）进口商品贸易中心发展，大力发展进口消费品物流服务。

在吉林，吉林市人民政府办公室印发《关于做好跨周期调节进一步稳外贸的实施方案》，吉林市局被列入工作领导小组，负责推动加强国际物流保障有关工作，“快递出海”再获政策支持。实施方案提出，引导邮政快递企业积极对接跨境电商，以跨境电商的快速发展带动邮政快递企业进出境邮件快件的寄递业务。完成吉林海关驻车站办事处业务系统授权业务，助力吉林市拓展跨境物流通道。

在江苏，无锡局积极对接圆通航空总部，并联合该市交通局、机场集团，为圆通航空争取相关补贴，组织货源，最终成功促成执飞日本全货机落户苏南硕放机场，缓解了企业“一仓难求”的局面。由圆通航空执飞的这条“无锡—大阪”定期货运航线的开航，打通了无锡至东亚地区的“空中动脉”，将辐射整个苏南地区产业链、供应链、贸易链。

在浙江，舟山局推送“快递出海”工程探索跨境快递服务新模式被列入中国（浙江）自由贸易试验区最佳制度创新案例（2022 年第一批）。舟山局依托港口和货轮资源，充分发挥邮政快递业丰富的供应仓配一体化经验优势，协同该市港航等职能部门，指导快递企业以海事服务为应用场景，提供平台、仓储、物流配送等全要素支撑，向市政府提出相应解决方案。以外轮物资供应为切入点，打造“海事综合服务仓配一体化”项目。即：搭建一个平台，将传统的线下外轮供应模式转移到线上，发挥快递企业仓配优势，运用数字化手段，统一船供配送服务、提升服务质量，打造集仓储、运输、金融等服务为一体的智慧化“快递出海”电商平台。整合一批资源，通过整合物流、信息流、资金流，形成供应链、物流链、资金链全链条的“快递出海”商业新模式。提高运行效率，通过数字赋能，打通与海关部门的数据对接，实现海关线上审批、提升通关效率。形成可复制经验，通过将“快递出海”工程与数字化平台建设相融合，率先在全国乃至全球港口城市形成“快递 + 国际海事服务”模式，逐步推广至全省、全国各港口。

在福建，福州局推进“快递出海”工程，主要做法有四点：一是政策先行，营造好“走出去”环境。近年来福州出台《促进现代物流业加快发展八条措施》《福州市人民政府关于进一步支持货运航空加快发展的意见》，加快航空物流中心建设，提升货邮保障能力。在省商务厅等部门出台的《福建省复制推广跨境电子商务综合试验区成熟经验做法实施方案》《福建省加快推进丝路电商发展十一条措施》等一系列措施背景下，着力打造闽台跨境电商物流黄金通道，持续扩大闽台海上快件规模，做大做强航空寄递物流企业。二是规划引领，构建好“送全球”蓝图。福州局会同商务、发改、交通运输等部门印发《福州市“十四五”综合交通运输发展专项规划》《“十四五”福州市邮政业发展规划》《福州市物流用地专项规划（2020 — 2025 年）》，稳步构建国际寄递服务发展格局，推动福州列入国家物流枢纽城市建设名单，推进海峡两岸交通物流融合发展，推动加快形成经济便捷的闽台物流新通道，拓展至东南亚、大洋洲和欧洲等航空货运专线，完善国际快递航空运输网络，加快推动国际快递行业提质增效。三是基础支撑，打造好"聚四海"枢纽。福州持续强化国际快递基础服务网络建设，加快国际邮件互换局、福州国际快件监管中心及福州跨境电商监管中心场地设施改造，提高规范化、信息化、自动化、智能化管理水平。支持福州快递企业建设国际快件集运仓、台湾边境仓，承接海运快件出口台湾集运业务。在福州、平潭等地建设跨境电商保税进口仓库，做强跨境电商寄递服务。四是渠道畅通，维系好"通八方"网络。加快构建国际航空寄递网络，扩大空中货邮直航范围，推动邮件快件通过国际航运、海运稳定出口。

在广东，揭阳市政府印发《中国（揭阳）跨境电子商务综合试验区实施方案》，有力有序有效推进中国（揭阳）跨境电子商务综合试验区建设，方案举措惠及邮政快递业，行业"快递出海"再获利好。方案指出，通过打通跨境电子商务国际分拨中心，推动揭阳邮政业加速形成较为完备的跨境电子商务全产业链，持续提升揭阳跨境电子商务产业规模，助力外贸高质量发展。用好揭阳"中国快递示范城市"名片，发挥揭阳空铁港综合交通优势，依托现有邮政、顺丰、中通、圆通、韵达、申通等8家快递区域分拨中心集聚优势，搭建揭阳与海外终端销售网络链接的物流配送体系，建设面向粤东、畅通闽粤、辐射全国的跨境电子商务货物集散地。方案强调，加快引进跨境电子商务知名平台企业、集货企业、仓储物流企业、支付机构、人才培训机构等跨境电子商务产业链关键节点龙头企业。支持普宁国际电商城产业园、普宁国际服装城电商产业园、军埔电商村产业园等电商产业园开展跨境电子商务业务，培育一批跨境电子商务龙头企业。

四、快递员权益保障工作深入开展

在山西，长治局多方争取后，长治市总工会印发《关于给市直新就业形态劳动者工会下拨一次性电子餐饮消费券资金的通知》，向长治市快递行业工会联合会拨付一次性餐饮消费券资金20万元，覆盖全市4500余名快递一线从业人员。长治市快递行业工会联合会成立以来，长治局指导行业工会积极争取政策，主动开展服务，多次向市总工会专题汇报工作，本次为全市快递员争取的电子消费券金额达到新就业形态劳动者电子消费券金额的50%。

在内蒙古，呼和浩特局联合该市人社局、发改委、交通运输局等8部门制定印发了《关于维护新就业形态劳动者劳动保障权益的实施意见》，以多部门联合发文的形式强调要充分发挥人社、工会、行业主管部门及各职能部门作用，逐步推行新就业形态企业集体协商制度，推动企业完善工资和保险制度。此次政策出台将进一步指导督促快递行业企业科学合理制定涉及快递员权益保障的制度规则，加大快递员权益保障力度。

在辽宁，沈阳局联合该市人社局印发《关于印发沈阳市做好基层快递网点参加工伤保险工作方案的通知》，全面推进沈阳市基层快递网点优先参加工伤保险工作，加强基层网点快递员工伤保障。通知提出，将全市经邮政管理部门许可或备案的基层快递网点职工纳入工伤保险范围，切实维护快递行业职工工伤保障权益，分散用人单位用工风险。通知对工伤保险参保范围、目标要求、主要任务、具体待遇、职责分工等内容进行了明确。

在江苏，南通局推动2022年邮政快递业更贴近民生实事项目落实，联合该市人社局、总工会、快递行业协会、快递行业工会等4部门成立了南通市快递行业协调劳动关系三方委员，明确年内推动实施快递员权益保障十大实事项目。一是加强党建引领，推动南通快递行业党委实体化运作，吸纳培养江海小蜜蜂快递员群体先进分子入党；二是推广实施《快递企业末端派费核算指引》，督促快递企业有效落实派费调整承诺；三是推动快递行业协会与快递行业工会开展集体协商、签订集体合同，构建和谐劳动关系；四是持续开展暖蜂行动，加强安全生产监督指导，为快递员安全生产提供服务保障；五是开展快递员劳动和技能竞赛，提升快递从业人员素质；六是开展夏送清凉冬送温暖活动，为快递员发放爱心礼包，提升快递职工获得感幸福感；七是开展心理健康讲座进基层活动，组织心理专家为快递员提供心理辅导、心理咨询服务，帮助快递职工纾解压力、健康生活、全面发展；八是组织动员快递员参加“求学圆梦”行动，提升学历层次；九是开展“工会在身边·健康伴我行”快递员疗休养和春秋游活动，保护和促进快递员身心健康；十是新建快递员爱心服务站50个，让快递员就近就便享受服务，解决“遮风挡雨、纳凉取暖、喝水热饭、歇脚如厕”难题。

五、“绿色快递”建设深入人心

在山西，太原局联合该市市场监督管理局开展了以“绿色产品认证助力绿色快递发展”为主题的宣传周活动。活动展示了邮政企业绿色包装宣传片和中国绿色产品认证与标识体系建设成果，组织各品牌快递企业签订了“绿色产品认证　绿色快递　你我同行”倡议书，并向参会快递企业发放了绿色快递包装和绿色产品认证与标识宣传资料。各快递企业代表交流经验，畅谈绿色快递发展规划，表示将共同为行业生态环境作出应有贡献。

在内蒙古，鄂尔多斯局联合该市快递协会发出绿色倡议：一是做绿色发展理念的践行者。在全市范围内积极传播绿色环保理念，倡导绿色消费方式，执行用户回收积分制，凡快递包装回收每达到5千克的用户，可免费邮寄快递一次；二是做绿色包装的主动使用者。各邮政快递企业优先使用经过快递包装绿色认证的包装产品，广大快递消费者在使用快递服务时，拒绝非环保包装材料、拒绝过度包装；三是做循环利用的积极参与者。各邮政快递企业做好快递包装的回收利用，广大快递消费者从我做起，避免暴力拆箱、随意丢弃，助力包装循环利用。

在辽宁，盘锦局深入开展绿色快递进校园宣传教育活动。一是开展绿色宣传，结合“邮来已久、绿动未来”宣传活动，深入大连理工大学盘锦校区，通过悬挂条幅、宣传展板、印发宣传资料等多种形式开展宣传活动，宣传行业绿色发展要求，普及行业绿色环保知识。二是完善校园邮政、快递绿色网点建设，增设绿色回收装置，对可二次利用的包装材料进行回收，鼓励有条件的企业增加校园新能源快递车辆的投入和使用，提升绿色环保能力和水平。三是规范快递用品用具，要求校园内快递服务企业提供符合标准的邮政用品用具，达到绿色环保标准。四是加大培训力度，要求校园内寄递企业严格落实《邮件快件包装管理办法》和《快递封装用品》国家标准，加强员工培训，规范使用绿色环保包装。

在黑龙江，黑河局以“世界环境日”为契机，以“共建清洁美丽世界”为主题，组织全市邮政快递企业开展“绿色宣传周”活动。本次活动采取线上线下相结合的形式，多渠道、多举措开展主题宣传活动，积极倡导绿色理念。一是督导寄递企业开展生态环保宣传，通过悬挂横幅、发放宣传材料的方式，开展线下宣传。二是利用新媒体平台，组织企业集中观看环保宣传片、进行线上答题活动，进一步普及行业相关政策法规，引导企业积极履行社会责任，推动行业绿色发展。三是开展“绿色办公场所”建设工作，倡导节约用纸、用电、用水，减少能源消耗，推动绿色生活风尚深入人心。

在安徽，蚌埠市获批设立安徽省绿色快递包装示范制造联合实验室，并举行了揭牌仪式。联合实验室由安徽局和安徽丰原生物技术股份有限公司联合共建，以生物基材料聚乳酸及生物基聚氨酯为主要原料，共同开展绿色快递包装的产品研发、产业化示范、标准建立、应用宣传推广等工作，推进可循环、易回收、可生物降解材料在快递包装的广泛应用，推动快递包装减量化、标准化、循环化。

六、全力保障寄递渠道安全

在北京，南区局联合丰台区、大兴区、房山区公安部门开展寄递安全专项检查。检查组深入辖区邮政、顺丰、京东、中通、韵达、圆通、极兔等品牌企业，通过调阅监控、现场询问和查阅资料等方式，重点检查企业“收寄验视、实名收寄、过机安检”三项制度落实情况以及疫情防控各项制度落实情况，共检查网点 14 处，出动检查人员 61 人次。针对存在的问题，检查组进行现场指导并要求企业立即整改。检查组要求，一是要进一步增强防范意识，提高识别各类违禁品的能力，对于不能确定安全性的物品，坚决不予收寄。二是要加强寄递安全教育培训，畅通信息报送渠道，如发现违规寄递行为及时向相关部门报告，及时妥善应对处置各类突发事件。三是要认真落实寄递安全管理“三项制度”，全力做好隐患排查整治，及时消除各类安全隐患，全力防止安全事故发生。

在天津，第三分局分别联合静海、西青、津南三区寄递渠道安全管理领导小组成员单位开展寄递渠道安全检查，切实保障全国两会和冬残奥会期间寄递渠道安全畅通，进一步督促企业落实安全生产主体责任。联合执法检查组通过现场询问、查看资料、调阅视频等方式，随机检查了申通天津分拨中心、京东、圆通、中通、韵达、极兔等快递企业和菜鸟驿站、妈妈驿站等末端网点。重点检查企业安全管理制度、教育培训、应急预案及“三项制度”落实和消防、监控等安全设备使用等情况。检查组强调，各企业要严格落实安全生产主体责任，夯实寄递安全“三项制度”，严防禁寄物品进入寄递渠道。要按照安全生产专项整治三年行动要求，加强隐患排查整治，严防重大安全生产事故发生。要切实抓好疫情防控工作，抓紧抓实抓细疫情防控各项措施。同时，要强化值班值守，加强应急管理。

在河北，张家口局为确保重要时期寄递渠道安全和服务保障各项保障措施落实到位，积极发力，结合本地实际，制定分片包干包联检查工作方案，督促各项安全措施落地、落实、落细，深入排查整治事故隐患。一是明确责任分工。对全市寄递企业处理场地、营业网点以及末端网点，重点是直接进京处理场地（邮政、顺丰、德邦）、环京三县（怀来县、赤城县、涿鹿县）进行了分片包干。市级品牌寄递企业由局主要负责人包联负责，邮政、顺丰、德邦、直接进京处理场地，分别由普遍服务处、市场监管处、市邮政业安全中心具体包联。县级品牌寄递企业由局主要领导包联负责，环京三县邮政企业由普遍服务处具体包联，环京三县快递企业由市场监管处具体包联，其他县区由市场监管处具体包联。二是线上线下相结合。线下现场查看企业实名收寄、收寄验视、过机安检、疫情防控、作业现场安全管理等工作落实情况。线上运用“绿盾”工程和市局视频监管系统每日抽查市场监管、实名监管使用情况。三是明确检查内容。确定重要时期寄递渠道安全和服务保障的重点检查内容，重点检查寄递安保部署落实情况，检查各企业是否根据市局党的重要时期工作方案和有关会议文件要求，结合企业实际制定工作落实方案；检查寄递安保措施落实情况，是否严格执行收寄验视制度、是否严格执行实名收寄制度、是否强化过机安检制度、是否开展生产作业场所现场管理和风险隐患排查整治工作；检查是否按规定进行疫情防控，重点检查是否加强邮件快件处理中心等人员密集场所以及从业人员管理；深化快递市场秩序整顿工作，重点查处超地域范围经营快递业务、超业务范围经营快递业务、未经许可经营快递业务等违法违规行为；切实加强北京等重点地区安全管控。

在山西，为进一步强化党的

二十大期间寄递渠道安全和服务保障工作，太原局、朔州局、阳泉局、晋中局、临汾局、吕梁局和山西省邮政业安全中心组织开展专项督导，持续压实企业主体责任，筑牢安全防线。

太原局联合该市公安局、国家安全局、检察院等部门深入中国邮政集团有限公司太原邮区中心和太原国际邮件互换局开展党的二十大寄递渠道安全和服务保障督导检查。督查组现场听取太原邮区中心贯彻落实省市迎接党的二十大动员部署会议精神情况汇报，查看企业安保工作部署、工作方案制定、领导小组成立、领导带班 24 小时值班等资料；同时坚持问题导向，围绕国家邮政局近期通报检查发现的问题和省局“五个强化”要求开展检查。要求企业高度警醒，切实提高政治站位，统筹疫情防控与安全生产，认真落实寄递渠道“三项制度”、疫情防控各项要求，重点做好进入北京邮件快件安全管理和疫情防控措施落实。

朔州局通过现场检查加视频巡检的方式，局领导带队分别对全市行业安全稳定工作实施分片包干督导。督导组现场督导了朔城区、右玉县、应县、怀仁市各邮政快递企业处理场所和营业场所，重点检查了企业主体责任落实和疫情防控开展情况，了解了寄递渠道党的二十大安全保障准备工作，并与邮政企业进行座谈，听取了近期工作和安全服务保障工作情况的汇报。疫情封控期间，通过“绿盾”视频巡检系统线上检查了各市级分拨中心，通过实名监测系统实时关注实名收寄情况。督导组要求各企业要进一步提高政治站位，强化组织领导，层层压实责任，完善内部管理，提升服务质效，严格落实企业主体责任，认真贯彻寄递安全“三项制度”，做好疫情防控各项要求，确保党的二十大期间寄递渠道安全畅通，邮政快递行业安全平稳有序运行。

阳泉局会同该市检察院、公安局、交通局、市场监督管理局开展联合检查，检查范围覆盖全市所有快递分拨中心。此次专项检查重点查看邮政快递企业党的二十大期间安保措施执行情况、三项制度落实情况、各类安全生产设备运行情况、疫情防控措施落实情况等。检察部门还向企业从业人员讲解了“七号检察建议”的重点工作要求。检查组向寄递企业现场宣贯禁寄物品知识和相关法律法规，并要求各寄递企业要按照《中国共产党第二十次全国代表大会期间阳泉市寄递渠道安全和服务保障工作实施方案》要求严格落实，加强对从业人员寄递安全培训，坚持最高标准、最严要求、最强措施，严防发生重大安全生产责任事故，确保阳泉市邮政快递业平稳运行。

晋中局赴晋中大学城和榆次区开展督导检查。督导组深入晋中大学城和榆次区圆通、韵达、申通、中通等品牌快递分拣作业现场，通过查看企业疫情防控台账记录、出港快件安检记录、调取监控录像等方式，详细了解企业疫情防控和党的二十大安保工作落实情况，主要检查了企业贯彻三部门联合通告及企业安全生产主体责任落实和常态化疫情防控工作开展情况，对进京快件安检、验视等工作进行了重点检查，同时对分拣场地“四不”问题整治、传送带堵缝和人车分流“两项任务”整治成效进行再强调再部署。督导组要求，各寄递企业一要进一步提高政治站位，切实增强党的二十大期间防范和化解重大安全风险的使命感、责任感和紧迫感；二要强化组织领导，层层压实责任，确保责任到位、责任到人，增强风险意识，建立健全应急管理体系，进一步提升作业现场管理能力；三要切实履行企业主体责任，严格执行寄递安全“三项制度”，对照党的二十大安保方案要求加强处理场所风险隐患排查治理，守牢安全底线；四要一如既往抓好行业疫情防控工作，尤其是按照最新的《疫情防控期间邮政快递业生产操作规范建议（第八版）》的规定，落实好疫情防控各项制度，坚持做到人、物、环境同防，扎实做好从业人员个人防护、核酸检测、疫苗接种、扫码验码、体温检测等工作，落实落细疫情防控各项制度规范，慎终如始抓好行业疫情防控。

临汾局联合该市人民检察院印发《关于联合开展寄递安全专项检查活动的实施方案》，并成立专项检查组，赴曲沃县、侯马市对寄递企业三项制度落实情况开展安全检查。检查组先后来到侯马邮区中心和中通快递晋南转运中心，重点检查企业寄递安全“三项制度”落实情况，一线人员安全教育培训情况，查看企业疫情防控相关工作台账，与现场安全生产负责人进行了沟通交流，并对检查中发现的问题进行现场反馈，提出整改意见。在检查过程中，检查组向企业网点发放了“七号检察建议”宣传资料，并讲解了“七号检察建议”的背景及主要内容，督促企业工作人员严格遵守相关规定，切实增强邮政快递行业的法治意识和疫情防控意识。

吕梁局严格按照工作方案要求，由局党组成员分片包干，组成三个检查组，采用“四不两直”方式分赴辖区各邮政快递企业一线开展实地督导检查。各检查组先后深入离石、方山、兴县、柳林等地邮政、快递企业分拨场地、营业场所及末端网点进行督导，详细听取各企业关于寄递渠道安全和服务保障的情况报告，重点检查“三项制度”是否执行到位。同时，通过随机抽查、查看台账等形式对各寄递企业疫情防控工作落实情况进行督导检查。吕梁局要求，各寄递企业要进一步提高政治站位，坚决筑牢行业疫情防控防线，严格落实属地疫情防控措施要求，进一步强化从业人员核酸检测、场地消杀等细节管理；严格落实企业主体责任，严格执行寄递安全“三项制度”，严格执行应急值守和信息报告制度，做好风险防范和必要物资储备，积极应对突发事件。确保党的二十大期间全市寄递渠道安全畅通，企业运行平稳有序。

在内蒙古，巴彦淖尔局与该市检察院联合国家安全局、海关缉私分局、公安禁毒支队、烟草专卖局召开“强化寄递安全，落实七号检察建议”座谈会，座谈会上，相关部门结合当前形势对打击寄递渠道犯罪进行充分探讨，特别针对毒情形势、海外寄递毒品、走私烟草等情况进行分析研判，对多部门联合做好党的二十大寄递渠道安保工作达成共识，会后，与会人员赴邮政、顺丰部分营业、处理场所进行法治宣传，督导企业落实“三项制度”，切实加强寄递渠道安全工作。

在辽宁，阜新局深入寄递企业开展危化品寄递安全专项检查。一是增强安全意识，严格落实安全生产主体责任。要求企业认真学习落实安全生产法律法规，加强日常安全生产管理，严防事故发生；二是完善应急预案，加强培训。健全化工类产品寄递应急处置流程，定期组织开展应急演练，加强化学品基本知识、辨别和应急处置等知识教育培训，提高正确应对突发事件能力；三是加大执法检查和责任追究力度。坚持执法必严、违法必究，对安全生产责任制不健全、“三项制度”落实不到位、隐患排查整改不彻底的企业从严处理。

在吉林，通化局全力做好低温寒潮天气寄递安全保障工作，提出四点工作要求：一是要求各企业应对持续低温天气下安全生产，坚决克服麻痹思想和侥幸心理，严格落实安全生产操作规范。二是要求各企业落实安全生产主体责任，紧盯重点环节、重点部位，对用火用电安全隐患进行排查，严防火灾触电等事故的发生。三是提醒各寄递企业及网点要密切关注低温寒潮天气带来的不利影响，密切关注道路结冰情况，时刻注意交通安全，加强对一线员工普及防冻常识。四是加大关怀关爱力度，督导各企业为一线快递员提供早餐和午餐，配备手套和帽子等防寒物资，合理调整人员、车辆和派送频次，强化车辆检修，配齐防滑用品，确保安全上路。

在黑龙江，佳木斯局、鸡西局、伊春局和绥化局深入辖区寄递企业开展春节寄递安全督导检查。佳木斯局采用明察和暗访相结合的方式，督导寄递企业持续做好春节和冬奥会期间寄递渠道疫情防控和安全服务保障工作,并对检查发现的问题督促相关企业立行立改。鸡西局主要负责人带队前往中通、韵达等企业分拣中心,通过现场检查、调阅监控、查看企业资料等形式,重点检查了各企业三项制度落实、北京件以及张家口件单独存放登记、疫情防控等工作落实情况。伊春局组成专项检查组,深入辖区寄递企业开展冬奥会期间寄递渠道专项检查。要求各寄递企业强化责任担当,加强"三项制度"执行力度,坚决抓好常态化疫情防控工作,妥善处置各类突发事件。绥化局联合该市国安、公安部门深入邮政、申通、顺丰等企业处理场所及营业网点,详细检查了企业春节假期及冬奥会期间各项寄递安全服务措施落实情况,重点检查了寄递安全"三项制度"执行、疫情防控、服务保障、安全隐患排查整治、场地组织管理及应急值守等情况。

在上海,宝山局会同静安区人民检察院、市公安局静安分局召开签约仪式,联合签订《关于建立健全寄递安全监管协作配合机制的工作办法》。签约仪式上,静安区人民检察院解读了工作办法,对三方联合打击寄递违禁品违法犯罪活动进行了明确。一是建立常态化沟通联络机制,包括联席会议制度、日常沟通联络制度和数据信息共享制度;二是细化行政执法与刑事司法衔接机制,明确邮政管理部门及时移送涉及寄递违禁品违法犯罪线索、公安机关依法及时立案侦查以及检察机关依法进行立案监督的职责;三是深化协作配合机制,邮政管理部门配合公检部门进行证据材料收集与提取;四是落实寄递安全监管制度,加强部门间联合执法工作的开展;五是健全普法宣传机制,加强对寄递企业和从业人员的普法宣传。

在江苏,无锡局在邮政企业举行寄递安全专场培训,邮政企业相关职能部门、县级分公司负责人及支局邮政营业人员、所有揽投人员共计1000余人参训。培训围绕《邮政业寄递安全监督管理办法》《中华人民共和国反恐怖主义法》《禁止寄递物品管理规定》《邮件快件实名收寄管理办法》等相关法律法规,结合邮政快递业行政执法实践经验,通过具体案例阐述、3部门通告解读等方式,重点对寄递安全"三项制度"进行详细讲解,对党的二十大期间寄递安保工作再传达再部署。

在安徽,安庆局开展为期1个月的寄递安全异地互查行动。本次异地互查以县为单位,由县(市、区)邮政管理局抽调人员进行异地交叉互查,每组随机抽查每个县(市、区)至少3家寄递企业,随机试寄至少4个邮政快递网点,检查范围至少覆盖4个邮政快递品牌,重点检查寄递企业三项制度落实、场地四五六达标、疫情防控、个人信息保护和快递企业许可变更情况。通过异地互查进一步督促辖区寄递企业严格落实寄递安全措施,切实维护寄递渠道安全,异地互查结果将作为本年度市对县邮件快件寄递安全考核打分的重要依据。

第二章　快递法律规章及规范性文件

（2022 年施行）

国家邮政局关于印发《邮件快件包装操作规范备案管理规定（试行）》的通知

各省、自治区、直辖市邮政管理局，中国邮政集团有限公司，各快递企业总部：

为规范邮件快件包装操作规范备案管理工作，加强邮件快件包装操作规范化建设，推进邮件快件包装减量化、标准化和循环化，根据《邮件快件包装管理办法》，国家邮政局制定了《邮件快件包装操作规范备案管理规定（试行）》，现印发给你们，请遵照执行。

国家邮政局

2022 年 3 月 3 日

邮件快件包装操作规范备案管理规定（试行）

第一条　为规范邮件快件包装操作规范备案管理工作，加强邮件快件包装操作规范化建设，推进邮件快件包装减量化、标准化和循环化，根据《邮件快件包装管理办法》制定本规定。

第二条　本规定适用于邮政企业、快递企业、经营邮政通信业务的企业（以下统称寄递企业）制修订邮件快件包装操作规范、备案及相应的监督管理。

第三条　国务院邮政管理部门和省、自治区、直辖市邮政管理机构以及按照国务院规定设立的省级以下邮政管理机构（以下统称邮政管理部门）负责邮件快件包装操作规范备案的监督管理工作。

第四条　跨省、自治区、直辖市经营的寄递企业总部企业，向国家邮政局备案本企业的邮件快件包装操作规范。跨省经营的品牌寄递企业在省、自治区、直辖市的区域管理机构和省内经营的寄递企业，按照所在地省、自治区、直辖市邮政管理局要求报送备案。

第五条　邮件快件包装操作规范备案坚持公平、公开、公正和高效、便利的原则。

第六条　邮政管理部门可以组织寄递企业、行业组织、社会环保组织、科研院所等专家，组建邮政业生态环保专家组，为邮件快件包装操作规范备案审查提供专业支持。

第七条　寄递企业应当根据相关法律规定以及强制性标准制修订本企业包装操作规范，坚持实用、安全、环保原则，符合寄递生产作业和保障安全的要求，注重节约使用资源，避免过度包装，防止污染环境。

第八条　寄递企业应当在包装操作规范实施之日起二十日内向邮政管理部门备案。

在本规定颁布施行前，寄递企业已实施的包装操作规范，应当在本规定颁布之日起二十日内向邮政管理部门备案。

第九条 寄递企业对已备案的邮件快件包装操作规范进行修订的，应当在修订后实施之日起二十日内再次向邮政管理部门备案。

第十条 寄递企业申请备案邮件快件包装操作规范，应当提交申请表、邮件快件包装操作规范正式文本、营业执照复印件、企业授权委托书、经办人的身份证明复印件。

申请表和邮件快件包装操作规范应当加盖企业公章。

第十一条 寄递企业可以通过当面提交、邮寄、在线提交等方式提交备案材料。

邮政管理部门加强信息化建设，在确保信息安全的前提下为寄递企业申请备案提供便利。

第十二条 邮政管理部门应当自接收寄递企业备案材料起七个工作日内，对备案材料的完整性进行审查，提出审查意见。备案材料符合要求的，应当为企业出具接收备案材料回执。备案材料不符合要求，应当退回寄递企业补正。寄递企业应当在七日内补正提交。

寄递企业对所提交材料的真实性负责。

第十三条 邮政管理部门应当自出具接收备案材料回执之日起二十个工作日内，组织开展对寄递企业邮件快件包装操作规范进行评议。

重点评议审查邮件快件包装操作规范是否符合相关法律法规以及强制性标准。跨省、自治区、直辖市经营的寄递企业在各地的分支机构、加盟企业，提交的邮件快件包装操作规范与总部企业已备案规范内容基本一致的，邮政管理部门可以不再组织评议。

第十四条 经审查，寄递企业邮件快件包装操作规范符合相关法律法规以及强制性标准的，邮政管理部门应当向其出具完成备案通知书。

邮件快件包装操作规范不符合有关规定和要求的，邮政管理部门应当通知企业根据相关法律法规以及强制性标准进行修改完善。寄递企业应当在接通知之日起十日内再次提交。

对再次提交备案的邮件快件包装操作规范，邮政管理部门应当对照前一次审查意见进行核实。确需组织评议审查的，可以组织进行评议。

第十五条 邮政管理部门应当自出具接收备案材料回执之日起三十个工作日内完成备案审查工作，最长不得超过四十个工作日。

第十六条 寄递企业拒不按照邮政管理部门要求对邮件快件包装操作规范进行修改完善的，邮政管理部门可以实施约谈告诫。未制定包装操作规范，或者未按要求备案的，邮政管理部门按照《邮件快件包装管理办法》第四十二条处理。

第十七条 本规定由国务院邮政管理部门负责解释。

第十八条 本规定自发布之日起施行。

国家邮政局关于印发《邮政业生态环境保护工作信息报告规定（试行）》的通知

各省、自治区、直辖市邮政管理局，中国邮政集团有限公司，各快递企业总部：

为落实党中央、国务院碳达峰碳中和战略部署，加强邮政业生态环境保护工作，规范信息报告和处理，根据《中华人民共和国邮政法》《中华人民共和国固体废物污染环境防治法》《快递暂行条例》《邮件快件包装管理办法》等法律、法规和规章，国家邮政局制定了《邮政业生态环境保护工作信息报告规定

（试行）》，现印发给你们，请遵照执行。

国家邮政局

2022 年 6 月 1 日

邮政业生态环境保护工作信息报告规定（试行）

第一条 为落实党中央、国务院碳达峰碳中和战略部署，加强邮政业生态环境保护工作，规范信息报告和处理，根据《中华人民共和国邮政法》《中华人民共和国固体废物污染环境防治法》《快递暂行条例》《邮件快件包装管理办法》等法律、法规和规章，制定本规定。

第二条 本规定适用于邮政业生态环境保护工作信息的报告、处理和监督管理等。

第三条 国家邮政局负责全国邮政业生态环境保护工作信息报告的监督管理。

各省（区、市）邮政管理局和省级以下邮政管理机构负责本辖区邮政业生态环境保护工作信息报告的监督管理。

第四条 邮政业生态环境保护工作信息报告应当遵循真实、准确、完整、及时的原则。

第五条 各省（区、市）邮政管理局、跨省经营的品牌寄递企业总部应当按照本规定向国家邮政局报告信息。

邮政企业、快递企业、经营邮政通信业务的企业（以下统称寄递企业）应当向所在地的市（地）邮政管理局报告信息。品牌寄递企业在省（区、市）的区域管理机构应当按所在地省（区、市）邮政管理局要求报告。

邮政业用品用具生产企业向所在地的市（地）邮政管理局报告用品用具的研发、生产和销售等信息。

第六条 跨省经营的品牌寄递企业内部生态环境保护工作信息报告和处理，由总部企业制定相应规定并监督执行。

总部企业应当加强对所属子公司、分支机构、加盟企业的日常管理，强化内部检查和责任考核，组织做好生态环境保护工作信息的收集、报告等工作。

品牌寄递企业在省（区、市）的区域管理机构应当加强区域内企业的日常管理，强化内部检查和责任考核，组织做好生态环境保护工作信息的收集、报告等工作。

第七条 邮政管理部门报告的生态环境保护工作信息主要包括下列内容：

（一）辖区行业生态环境保护工作部署、推动落实、培训和宣传等工作开展情况；

（二）推进邮件快件包装减量化、标准化、循环化工作情况；

（三）邮政业塑料污染治理工作情况，塑料包装袋等一次性塑料制品的使用、回收情况；

（四）推进行业碳达峰、碳中和工作情况；

（五）上级邮政管理部门要求的其他信息。

第八条 寄递企业报告的生态环境保护工作信息主要包括下列内容：

（一）生态环境保护组织机构职责履行、资金投入、培训和宣传等工作开展情况；

（二）开展邮件快件包装减量化、标准化、循环化工作情况；

（三）塑料污染治理要求落实情况，塑料包装袋等一次性塑料制品的使用、回收情况；

（四）推进碳达峰、碳中和工作情况；

（五）生态环境保护创新研发和应用情况；

（六）邮政管理部门要求的其他信息。

第九条 需要报告的数据信息，应当按照“能纳尽纳”的原则纳入行业统计资料，依据《邮政行业统计管理办法》《邮政行业统计调查制度》等相关规定进行上报。

除第一款规定的信息外，寄递企业按照本规定明确的报告内容、频次和时间等进行上报。国家邮政局根据行业生态环境保护工作实际，按年度编制信息报告要点，明确报告内容和要求。

第十条 寄递企业可以通过纸质邮寄、传真等方式报告生态环境保护工作信息。

国家邮政局建设相关信息系统，逐步提升信息报告和处理的信息化水平，优化工作机制和报告流程，实现信息共享共用，避免多头报告和重复报告。

第十一条 邮政业生态环境保护工作信息报告原则上实行半年报。

各省(区、市)邮政管理局、跨省经营的品牌寄递企业总部，应当于每年的1月25日、7月25日前，向国家邮政局分别报送上一年度、本年度上半年的生态环保工作信息。

确因工作客观需要，除上述规定的频次和时间外，邮政管理部门可以要求寄递企业限时报告有关信息，原则上给予不少于五个工作日的准备时间，寄递企业应当按要求报告。

第十二条 邮政管理部门加强工作统筹，规范企业信息报告的内容和频次，避免给企业增加不必要的负担。

第十三条 邮政管理部门及时处理接收的信息，加强信息汇总和数据分析，为行业监督管理和科学决策提供参考依据。

第十四条 邮政管理部门实施定期通报，对信息报告和处理工作过程中发现的问题，及时责令整改。

第十五条 邮政管理部门应当保守在信息接收、报告和处理过程中知悉的企业商业秘密。

第十六条 邮政管理部门和寄递企业完善工作责任制，强化规范管理，健全工作机制，确保所报告生态环境保护工作信息和数据的真实、准确、完整、及时，不得瞒报、错报、漏报和迟报。

第十七条 邮政管理部门应当按照信息报告管理权限加强抽检，对信息的真实性、完整性、准确性进行核实。

第十八条 各省(区、市)邮政管理局和市(地)邮政管理局可以结合本地实际健全细化信息报告制度，推动落实企业主体责任。

第十九条 国家邮政局加强对邮政业生态环境保护工作信息报告的监督管理，严肃查处不及时报告信息、报告内容不真实、拒不整改通报问题等行为。

邮政管理部门对寄递企业瞒报、错报、漏报和迟报等违法违规行为，可以采取约谈告诫等措施。

第二十条 设有派出机构的省(市)邮政管理局可根据辖区实际安排信息报告、信息抽检等工作。

第二十一条 本规定所称一次性塑料制品包括不可降解的塑料包装袋、胶带、塑料编织袋等。

一次性塑料制品细化标准根据国家相关规定予以规范，一次性塑料制品范围根据国家相关规定动态调整。

第二十二条 本规定自印发之日起施行。

关于电子烟产品、雾化物、电子烟用烟碱等限量寄递的通告

根据《中华人民共和国邮政法》、《中华人民共和国烟草专卖法》及其实施条例、《电子烟管理办法》(国家烟草专卖局公告2022年第1号)的规定，寄递电子烟产品、雾化物、电子烟用烟碱等实行限量管理，具体通告如下：

一、寄递电子烟产品每件限量为：烟具2个；电子烟烟弹（液态雾化物）或烟弹与烟具组合销售的产品（包括一次性电子烟等）6个，合计烟液容量不超过12mL。

二、寄递烟液等雾化物及电子烟用烟碱每件限量为12mL。

三、寄递烟具、电子烟烟弹（液态雾化物）、烟弹与烟具组合销售的产品（包括一次性电子烟等）、烟液等雾化物、电子烟用烟碱，每人每天限寄一件，不准多件寄递。

四、对因技术审评、质量监督检验和鉴别检测等特殊情形需超量寄递烟具、电子烟烟弹（液态雾化物）、烟弹与烟具组合销售的产品（包括一次性电子烟等）、烟液等雾化物、电子烟用烟碱，按照属地烟草专卖行政主管部门的有关要求办理。依法取得烟草专卖许可证的电子烟交易主体之间寄递烟具、电子烟烟弹（液态雾化物）、烟弹与烟具组合销售的产品（包括一次性电子烟等）、烟液等雾化物、电子烟用烟碱，按照烟草专卖行政主管部门的有关规定办理。

五、跨境限量寄递参照本通告规定执行。

特此通告。

国家烟草专卖局　国家邮政局

2022年11月22日

第三章 快递标准(索引)

快递电子运单

http://c.gb688.cn/bzgk/gb/showGb?type=online&hcno=A95B161B8D0E3D589ACF02355DA18DFB

通用寄递地址编码规则

http://c.gb688.cn/bzgk/gb/showGb?type=online&hcno=173DB35E1CA95C7EF9CCA37E7E4C1A4E

邮政业寄递车辆智能视频监控系统技术规范

https://www.spb.gov.cn/gjyzj/c100009/c100012/202201/a9ce0525855b4c13a743b5de42813233/files/YZT%200188%E2%80%942022%20%E9%82%AE%E6%94%BF%E4%B8%9A%E5%AF%84%E9%80%92%E8%BD%A6%E8%BE%86%E6%99%BA%E8%83%BD%E8%A7%86%E9%A2%91%E7%9B%91%E6%8E%A7%E7%B3%BB%E7%BB%9F%E6%8A%80%E6%9C%AF%E8%A7%84%E8%8C%83.pdf

邮政业智能视频监控系统接口要求

https://www.spb.gov.cn/gjyzj/c100009/c100012/202201/a9ce0525855b4c13a743b5de42813233/files/YZT%200187%E2%80%942022%E9%82%AE%E6%94%BF%E4%B8%9A%E6%99%BA%E8%83%BD%E8%A7%86%E9%A2%91%E7%9B%91%E6%8E%A7%E7%B3%BB%E7%BB%9F%E6%8E%A5%E5%8F%A3%E8%A6%81%E6%B1%82.pdf

邮政业智能视频监控系统采集设备技术要求

https://www.spb.gov.cn/gjyzj/c100009/c100012/202201/a9ce0525855b4c13a743b5de42813233/files/YZT%200186%E2%80%942022%20%E9%82%AE%E6%94%BF%E4%B8%9A%E6%99%BA%E8%83%BD%E8%A7%86%E9%A2%91%E7%9B%91%E6%8E%A7%E7%B3%BB%E7%BB%9F%E9%87%87%E9%9B%86%E8%AE%BE%E5%A4%87%E6%8A%80%E6%9C%AF%E8%A6%81%E6%B1%82.pdf

邮件快件实名收寄验视操作规范

https://www.spb.gov.cn/gjyzj/c100009/c100012/202201/a9ce0525855b4c13a743b5de42813233/files/%E9%82%AE%E4%BB%B6%E5%BF%AB%E4%BB%B6%E5%AE%9E%E5%90%8D%E6%94%B6%E5%AF%84%E9%AA%8C%E8%A7%86%E6%93%8D%E4%BD%9C%E8%A7%84%E8%8C%83.pdf

无人车邮件快件投递服务规范

https://www.spb.gov.cn/gjyzj/c100009/c100012/202201/a9ce0525855b4c13a743b5de42813233/files/%E6%97%A0%E4%BA%BA%E8%BD%A6%E9%82%AE%E4%BB%B6%E5%BF%AB%E4%BB%B6%E6%8A%95%E9%80%92%E6%9C%8D%E5%8A%A1%E8%A7%84%E8%8C%83.pdf

寄递无人车技术要求

https://www.spb.gov.cn/gjyzj/c100009/c100012/202201/a9ce0525855b4c13a743b5de42813233/files/%E5%AF%84%E9%80%92%E6%97%A0%E4%BA%BA%E8%BD%A6%E6%8A%80%E6%9C%AF%E8%A6%81%E6%B1%82.pdf

邮政快递无人机监管信息交互规范

https://std.samr.gov.cn/hb/search/stdHBDetailed?id=EABCA09724CD2E81E05397BE0A0ACF1B

快件铁路运输安检数据交换规范

https://jtst.mot.gov.cn/hb/search/stdHBDetailed?id=9b00fb09268c396dae1bb7122575218d

安检员(邮件快件安检员)国家职业技能标准

http://www.mohrss.gov.cn/xxgk2020/fdzdgknr/rcrs_4225/jnrc/zyyjnpj/202208/t20220805_480849.html

第四章　快递政策

国务院办公厅关于印发“十四五”现代物流发展规划的通知

国办发〔2022〕17 号

各省、自治区、直辖市人民政府，国务院各部委、各直属机构：

《“十四五”现代物流发展规划》已经国务院同意，现印发给你们，请认真贯彻执行。

国务院办公厅

2022 年 5 月 17 日

（本文有删减）

“十四五”现代物流发展规划

现代物流一头连着生产，一头连着消费，高度集成并融合运输、仓储、分拨、配送、信息等服务功能，是延伸产业链、提升价值链、打造供应链的重要支撑，在构建现代流通体系、促进形成强大国内市场、推动高质量发展、建设现代化经济体系中发挥着先导性、基础性、战略性作用。“十三五”以来，我国现代物流发展取得积极成效，服务质量效益明显提升，政策环境持续改善，对国民经济发展的支撑保障作用显著增强。为贯彻落实党中央、国务院关于构建现代物流体系的决策部署，根据《中华人民共和国国民经济和社会发展第十四个五年规划和 2035 年远景目标纲要》，经国务院同意，制定本规划。

一、现状形势

（一）发展基础。

物流规模效益持续提高。“十三五”期间，社会物流总额保持稳定增长，2020 年超过 300 万亿元，年均增速达 5.6%。公路、铁路、内河、民航、管道运营里程以及货运量、货物周转量、快递业务量均居世界前列，规模以上物流园区达到 2000 个左右。社会物流成本水平稳步下降，2020 年社会物流总费用与国内生产总值的比率降至 14.7%，较 2015 年下降 1.3 个百分点。

物流资源整合提质增速。国家物流枢纽、国家骨干冷链物流基地、示范物流园区等重大物流基础设施建设稳步推进。物流要素与服务资源整合步伐加快，市场集中度提升，中国物流企业 50 强 2020 年业务收入较 2015 年增长超过 30%。航运企业加快重组，船队规模位居世界前列。民航货运领域混合所有制改革深入推进，资源配置进一步优化。

物流结构调整加快推进。物流区域发展不平衡状况有所改善，中西部地区物流规模增速超过全国平均水平。运输结构加快调整，铁路货运量占比稳步提升，多式联运货运量年均增速超过20%。仓储结构逐步优化，高端标准仓库、智能立体仓库快速发展。快递物流、冷链物流、农村物流、即时配送等发展步伐加快，有力支撑和引领消费结构升级。

科技赋能促进创新发展。移动互联网、大数据、云计算、物联网等新技术在物流领域广泛应用，网络货运、数字仓库、无接触配送等“互联网+”高效物流新模式新业态不断涌现。自动分拣系统、无人仓、无人码头、无人配送车、物流机器人、智能快件箱等技术装备加快应用，高铁快运动车组、大型货运无人机、无人驾驶卡车等起步发展，快递电子运单、铁路货运票据电子化得到普及。

国际物流网络不断延展。我国国际航运、航空物流基本通达全球主要贸易合作伙伴。截至2020年底，中欧班列通达欧洲20多个国家的90多个城市，累计开行超过3万列，在深化我国与共建“一带一路”国家经贸合作、应对新冠肺炎疫情和推进复工复产中发挥了国际物流大动脉作用。企业海外仓、落地配加快布局，境外物流网络服务能力稳步提升。

营商环境持续改善。推动现代物流发展的一系列规划和政策措施出台实施，特别是物流降本增效政策持续发力，“放管服”改革与减税降费等取得实效。物流市场监测、监管水平明显提升，政务服务质量和效率大幅改善。物流标准、统计、教育、培训等支撑保障体系进一步完善，物流诚信体系建设加快推进，行业治理能力稳步提升。

（二）突出问题。

物流降本增效仍需深化。全国统一大市场尚不健全，物流资源要素配置不合理、利用不充分。多式联运体系不完善，跨运输方式、跨作业环节衔接转换效率较低，载运单元标准化程度不高，全链条运行效率低、成本高。

结构性失衡问题亟待破局。存量物流基础设施网络“东强西弱”“城强乡弱”“内强外弱”，对新发展格局下产业布局、内需消费的支撑引领能力不够。物流服务供给对需求的适配性不强，低端服务供给过剩、中高端服务供给不足。货物运输结构还需优化，大宗货物公路中长距离运输比重仍然较高。

大而不强问题有待解决。物流产业规模大但规模经济效益释放不足，特别是公路货运市场同质化竞争、不正当竞争现象较为普遍，集约化程度有待提升。现代物流体系组织化、集约化、网络化、社会化程度不高，国家层面的骨干物流基础设施网络不健全，缺乏具有全球竞争力的现代物流企业，与世界物流强国相比仍存在差距。

部分领域短板较为突出。大宗商品储备设施以及农村物流、冷链物流、应急物流、航空物流等专业物流和民生保障领域物流存在短板。现代物流嵌入产业链深度广度不足，供应链服务保障能力不够，对畅通国民经济循环的支撑能力有待增强。行业协同治理水平仍需提升。

（三）面临形势。

统筹国内国际两个大局要求强化现代物流战略支撑引领能力。中华民族伟大复兴战略全局与世界百年未有之大变局历史性交汇，新冠肺炎疫情、俄乌冲突影响广泛深远，全球产业链供应链加速重构，要求现代物流对内主动适应社会主要矛盾变化，更好发挥连接生产消费、畅通国内大循环的支撑作用；对外妥善应对错综复杂国际环境带来的新挑战，为推动国际经贸合作、培育国际竞争新优势提供有力保障。

建设现代产业体系要求提高现代物流价值创造能力。发展壮大战略性新兴产业，促进服务业繁荣发展，要求现代物流适应现代产业体系对多元化专业化服务的需求，深度嵌入产业链供应链，促进实体经济降本增效，提升价值创造能力，推进产业基础高级化、产业链现代化。

实施扩大内需战略要求发挥现代物流畅通经济循环作用。坚持扩大内需战略基点，加快培育完整内需体系，要求加快构建适应城乡居民消费升级需要的现代物流体系，提升供给体系对内需的适配性，以高质量供给引领、创造和扩大新需求。

新一轮科技革命要求加快现代物流技术创新与业态升级。现代信息技术、新型智慧装备广泛应用，现代产业体系质量、效率、动力变革深入推进，既为物流创新发展注入新活力，也要求加快现代物流数字化、网络化、智慧化赋能，打造科技含量高、创新能力强的智慧物流新模式。

二、总体要求

（一）指导思想。

以习近平新时代中国特色社会主义思想为指导，坚持稳中求进工作总基调，完整、准确、全面贯彻新发展理念，加快构建新发展格局，全面深化改革开放，坚持创新驱动发展，推动高质量发展，坚持以供给侧结构性改革为主线，统筹疫情防控和经济社会发展，统筹发展和安全，提升产业链供应链韧性和安全水平，推动构建现代物流体系，推进现代物流提质、增效、降本，为建设现代产业体系、形成强大国内市场、推动高水平对外开放提供有力支撑。

（二）基本原则。

——市场主导、政府引导。充分发挥市场在资源配置中的决定性作用，激发市场主体创新发展活力，提高物流要素配置效率和效益。更好发挥政府作用，加强战略规划和政策引导，推动形成规范高效、公平竞争、统一开放的物流市场，强化社会民生物流保障。

——系统观念、统筹推进。统筹谋划物流设施建设、服务体系构建、技术装备升级、业态模式创新，促进现代物流与区域、产业、消费、城乡协同布局，构建支撑国内国际双循环的物流服务体系，实现物流网络高效联通。

——创新驱动、联动融合。以数字化、网络化、智慧化为牵引，深化现代物流与制造、贸易、信息等融合创新发展，推动形成需求牵引供给、供给创造需求的良性互动和更高水平动态平衡。

——绿色低碳、安全韧性。将绿色环保理念贯穿现代物流发展全链条，提升物流可持续发展能力。坚持总体国家安全观，提高物流安全治理水平，完善应急物流体系，提高重大疫情等公共卫生事件、突发事件应对处置能力，促进产业链供应链稳定。

（三）主要目标。

到2025年，基本建成供需适配、内外联通、安全高效、智慧绿色的现代物流体系。

——物流创新发展能力和企业竞争力显著增强。物流数字化转型取得显著成效，智慧物流应用场景更加丰富。物流科技创新能力不断增强，产学研结合机制进一步完善，建设一批现代物流科创中心和国家工程研究中心。铁路、民航等领域体制改革取得显著成效，市场活力明显增强，形成一批具有较强国际竞争力的骨干物流企业和知名服务品牌。

——物流服务质量效率明显提升。跨物流环节衔接转换、跨运输方式联运效率大幅提高，社会物流总费用与国内生产总值的比率较2020年下降2个百分点左右。多式联运、铁路（高铁）快运、内河水运、大宗商品储备设施、农村物流、冷链物流、应急物流、航空物流、国际寄递物流等重点领域补短板取得明显成效。通关便利化水平进一步提升，城乡物流服务均等化程度明显提高。

——“通道+枢纽+网络”运行体系基本形成。衔接国家综合立体交通网主骨架，完成120个左右国家物流枢纽、100个左右国家骨干冷链物流基地布局建设，基本形成以国家物流枢纽为核心的骨干物流基础设施网络。物流干支仓配一体化运行更加顺畅，串接不同运输方式的多元化国际物流通道逐步完善，畅联国内国际的物流服务网络更加健全。枢纽经济发展取得成效，建设20个左右国家物流枢纽经济示范区。

——安全绿色发展水平大幅提高。提高重大疫情、自然灾害等紧急情况下物流对经济社会运行的保障能力。冷链物流全流程监测能力大幅增强，生鲜产品冷链流通率显著提升。货物运输结构进一步优化，铁路货运量占比较2020年提高0.5个百分点，集装箱铁水联运量年均增长15%以上，铁路、内河集装箱运输比重和集装箱铁水联运比重大幅上升。面向重点品类的逆向物流体系初步建立，资源集约利用水平明显提升。清洁货运车辆广泛应用，绿色包装应用取得明显成效，物流领域节能减排水平显著提高。

——现代物流发展制度环境更加完善。物流标准规范体系进一步健全，标准化、集装化、单元化物流装载器具和包装基础模数广泛应用。社会物流统计体系、信用体系更加健全，营商环境持续优化，行业协同治理体系不断完善、治理能力显著提升。

展望2035年，现代物流体系更加完善，具有国际竞争力的一流物流企业成长壮大，通达全球的物流服务网络更加健全，对区域协调发展和实体经济高质量发展的支撑引领更加有力，为基本实现社会主义现代化提供坚实保障。

三、精准聚焦现代物流发展重点方向

（一）加快物流枢纽资源整合建设。

深入推进国家物流枢纽建设，补齐内陆地区枢纽设施结构和功能短板，加强业务协同、政策协调、运行协作，加快推动枢纽互联成网。加强国家物流枢纽铁路专用线、联运转运设施建设，有效衔接多种运输方式，强化多式联运组织能力，实现枢纽间干线运输密切对接。依托国家物流枢纽整合区域物流设施资源，引导应急储备、分拨配送等功能设施集中集约布局，支持各类物流中心、配送设施、专业市场等与国家物流枢纽功能对接、联动发展，促进物流要素规模集聚和集成运作。

专栏1　国家物流枢纽建设工程

优化国家物流枢纽布局，实现东中西部物流枢纽基本均衡分布。发挥国家物流枢纽联盟组织协调作用，建立物流标准衔接、行业动态监测等机制，探索优势互补、资源共享、业务协同合作模式，形成稳定完善的国家物流枢纽合作机制。积极推进国家级示范物流园区数字化、智慧化、绿色化改造。

（二）构建国际国内物流大通道。

依托国家综合立体交通网和主要城市群、沿海沿边口岸城市等，促进国家物流枢纽协同建设和高效联动，构建国内国际紧密衔接、物流要素高效集聚、运作服务规模化的“四横五纵、两沿十廊”物流大通道。“四横五纵”国内物流大通道建设，要畅通串接东中西部的沿黄、陆桥、长江、广昆等物流通道和连接南北方的京沪、京哈—京港澳（台）、二连浩特至北部湾、西部陆海新通道、进出藏等物流通道，提升相关城市群、陆上口岸城市物流综合服务能力和规模化运行效率。加快“两沿十廊”国际物流大通道建设，对接《区域全面经济伙伴关系协定》（RCEP）等，强化服务共建“一带一路”的多元化国际物流通道辐射能力。

（三）完善现代物流服务体系。

围绕做优服务链条、做强服务功能、做好供应链协同，完善集约高效的现代物流服务体系，支撑现代产业体系升级，推动产业迈向全球价值链中高端。加快运输、仓储、配送、流通加工、包装、装卸等领域数字化改造、智慧化升级和服务创新，补齐农村物流、冷链物流、应急物流、航空物流等专业物流短板，增强专业物流服务能力，推动现代物流向供应链上下游延伸。

（四）延伸物流服务价值链条。

把握物流需求多元化趋势，加强现代物流科技赋能和创新驱动，推进现代物流服务领域拓展和业态模式创新。发挥现代物流串接生产消费作用，与先进制造、现代商贸、现代农业融合共创产业链增值新空间。提高物流网络对经济要素高效流动的支持能力，引导产业集群发展和经济合理布局，推动跨区域资源整合、产业链联动和价值协同创造，发展枢纽经济、通道经济新形态，培育区域经济新增长点。

（五）强化现代物流对社会民生的服务保障。

围绕更好满足城乡居民生活需要，适应扩大内需、消费升级趋势，优化完善商贸、快递物流网络。完善城市特别是超大特大城市物流设施网络，健全分级配送体系，实现干线、支线物流和末端配送有机衔接、一体化运作，加强重点生活物资保障能力。补齐农村物流设施和服务短板，推动快递服务基本实现直投到建制村，支撑扩大优质消费品供给。加快建立覆盖冷链物流全链条的动态监测和追溯体系，保障食品药品消费安全。鼓励发展物流新业态新模式，创造更多就业岗位，保障就业人员权益，促进灵活就业健康发展。

（六）提升现代物流安全应急能力。

统筹发展和安全，强化重大物流基础设施安全和信息安全保护，提升战略物资、应急物流、国际供应链等保障水平，增强经济社会发展韧性。健全大宗商品物流体系。加快构建全球供应链物流服务网络，保持产业链供应链稳定。充分发挥社会物流作用，推动建立以企业为主体的应急物流队伍。

四、加快培育现代物流转型升级新动能

（一）推动物流提质增效降本。

促进全链条降成本。推动解决跨运输方式、跨作业环节瓶颈问题，打破物流“中梗阻”。依托国家物流枢纽、国家骨干冷链物流基地等重大物流基础设施，提高干线运输规模化水平和支线运输网络化覆盖面，完善末端配送网点布局，扩大低成本、高效率干支仓配一体化物流服务供给。鼓励物流资源共享，整合分散的运输、仓储、配送能力，发展共建船队车队、共享仓储、共同配送、统仓统配等组织模式，提高资源利用效率。推动干支仓配一体化深度融入生产和流通，带动生产布局和流通体系调整优化，减少迂回、空驶等低效无效运输，加快库存周转，减少社会物流保管和管理费用。

推进结构性降成本。加快推进铁路专用线进港区、连园区、接厂区，合理有序推进大宗商品等中长距离运输“公转铁”“公转水”。完善集装箱公铁联运衔接设施，鼓励发展集拼集运、模块化运输、“散改集”等组织模式，发挥铁路干线运输成本低和公路网络灵活优势，培育有竞争力的“门到门”公铁联运服务模式，降低公铁联运全程物流成本。统筹沿海港口综合利用，提升大型港口基础设施服务能力，提高码头现代化专业化规模化水平，加快推进铁水联运衔接场站改造，提高港口铁路专用线集疏网络效能，优化作业流程。完善内河水运网络，统筹江海直达、江海联运发展，发挥近海航线、长江水道、珠江水道等水运效能，稳步推进货物运输“公转水”。推进铁水联运业务单证电子化，促进铁路、港口信息互联，实现铁路现车、装卸车、货物在途、到达预确报以及港口装卸、货物堆存、船舶进出港、船期舱位预订等铁水联运信息交换共享。支持港口、铁路场站加快完善集疏运油气管网，有效对接石化等产业布局，提高管道运输比例。

专栏2　铁路物流升级改造工程

大力组织班列化货物列车开行，扩大铁路“点对点”直达货运服务规模，在运量较大的物流枢纽、口岸、港口间组织开行技术直达列车，形成“核心节点 + 通道 + 班列”的高效物流组织体系，增强铁路服务稳定性和时效性。有序推动城市中心城区既有铁路货场布局调整，或升级改造转型为物流配送中心。到2025年，沿海主要港口、大宗货物年运量150万吨以上的大型工矿企业、新建物流园区等的铁路专用线接入比例力争达到85%左右，长江干线主要港口全面实现铁路进港。

（二）促进物流业与制造业深度融合。

促进企业协同发展。支持物流企业与制造企业创新供应链协同运营模式，将物流服务深度嵌入制造供应链体系，提供供应链一体化物流解决方案，增强制造企业柔性制造、敏捷制造能力。引导制造企业与物流企业建立互利共赢的长期战略合作关系，共同投资专用物流设施建设和物流器具研发，提高中长期物流合同比例，制定制造业物流服务标准，提升供应链协同效率。鼓励具备条件的制造企业整合对接分散的物流服务能力和资源，实现规模化组织、专业化服务、社会化协同。

推动设施联动发展。加强工业园区、产业集群与国家物流枢纽、物流园区、物流中心等设施布局衔接、联动发展。支持工业园区等新建或改造物流基础设施，吸引第三方物流企业进驻并提供专业化、社会化物流服务。发展生产服务型国家物流枢纽，完善第三方仓储、铁路专用线等物流设施，面向周边制造企业提供集成化供应链物流服务，促进物流供需规模化对接，减少物流设施重复建设和闲置。

支持生态融合发展。统筹推进工业互联网和智慧物流体系同步设计、一体建设、协同运作，加大智能技术装备在制造业物流领域应用，推进关键物流环节和流程智慧化升级。打造制造业物流服务平台，促进制造业供应链上下游企业加强采购、生产、流通等环节信息实时采集、互联共享，实现物流资源共享和过程协同，提高生产制造和物流服务一体化运行水平，形成技术驱动、平台赋能的物流业制造业融合发展新生态。

专栏3　物流业制造业融合创新工程

在重点领域梳理一批物流业制造业深度融合创新发展典型案例，培育一批物流业制造业融合创新模式、代表性企业和知名品牌。鼓励供应链核心企业发起成立物流业制造业深度融合创新发展联盟，开展流程优化、信息共享、技术共创和业务协同等创新。研究制定物流业制造业融合发展行业标准，开展制造企业物流成本核算对标。

（三）强化物流数字化科技赋能。

加快物流数字化转型。利用现代信息技术推动物流要素在线化数据化，开发多样化应用场景，实现物流资源线上线下联动。结合实施“东数西算”工程，引导企业信息系统向云端跃迁，推动“一站式”物流数据中台应用，鼓励平台企业和数字化服务商开发面向中小微企业的云平台、云服务，加强物流大数据采集、分析和应用，提升物流数据价值。培育物流数据要素市场，统筹数据交互和安全需要，完善市场交易规则，促进物流数据安全高效流通。积极参与全球物流领域数字治理，支撑全球贸易和跨境电商发展。研究电子签名和电子合同应用，促进国际物流企业间互认互验，试点铁路国际联运无纸化。

推进物流智慧化改造。深度应用第五代移动通信（5G）、北斗、移动互联网、大数据、人工智能等技术，分类推动物流基础设施改造升级，加快物联网相关设施建设，发展智慧物流枢纽、智慧物流园区、智慧仓储物流基地、智慧港口、数字仓库等新型物流基础设施。鼓励智慧物流技术与模式创新，促进创新成果转化，拓展智慧物流商业化应用场景，促进自动化、无人化、智慧化物流技术装备以及自动感知、自动控制、智慧决策等智慧管理技术应用。加快高端标准仓库、智慧立体仓储设施建设，研发推广面向中小微企业的低成本、模块化、易使用、易维护智慧装备。

促进物流网络化升级。依托重大物流基础设施打造物流信息组织中枢，推动物流设施设备全面联网，实现作业流程透明化、智慧设备全连接，促进物流信息交互联通。推动大型物流企业面向中小微企业提供多样化、数字化服务，稳步发展网络货运、共享物流、无人配送、智慧航运等新业态。鼓励在有条件的城市搭建智慧物流“大脑”，全面链接并促进城市物流资源共享，优化城市物流运行，建设智慧物流网络。推动物流领域基础公共信息数据有序开放，加强物流公共信息服务平台建设，推动企业数据对接，面向物流企业特别是中小微物流企业提供普惠性服务。

专栏4　数字物流创新提质工程

加强物流公共信息服务平台建设，在确保信息安全的前提下，推动交通运输、公安交管、市场监管等政府部门和铁路、港口、航空等企事业单位向社会开放与物流相关的公共数据，推进公共数据共享。利用现代信息技术搭建数字化、网络化、协同化物流第三方服务平台，推出一批便捷高效、成本经济的云服务平台和数字化解决方案，推广一批先进数字技术装备。推动物流企业“上云用数赋智”，树立一批数字化转型标杆企业。

（四）推动绿色物流发展。

深入推进物流领域节能减排。加强货运车辆适用的充电桩、加氢站及内河船舶适用的岸电设施、液化天然气（LNG）加注站等配套布局建设，加快新能源、符合国六排放标准等货运车辆在现代物流特别是城市配送领域应用，促进新能源叉车在仓储领域应用。继续加大柴油货车污染治理力度，持续推进运输结构调整，提高铁路、水路运输比重。推动物流企业强化绿色节能和低碳管理，推广合同能源管理模式，积极开展节能诊断。加强绿色物流新技术和设备研发应用，推广使用循环包装，减少过度包装和二次包装，促进包装减量化、再利用。加快标准化物流周转箱推广应用，推动托盘循环共用系统建设。

加快健全逆向物流服务体系。探索符合我国国情的逆向物流发展模式，鼓励相关装备设施建设和技术应用，推进标准制定、检测认证等基础工作，培育专业化逆向物流服务企业。支持国家物流枢纽率先开展逆向物流体系建设，针对产品包装、物流器具、汽车以及电商退换货等，建立线上线下融合的逆向物流服务平台和网络，创新服务模式和场景，促进产品回收和资源循环利用。

专栏5　绿色低碳物流创新工程

依托行业协会等第三方机构，开展绿色物流企业对标贯标达标活动，推广一批节能低碳技术装备，创建一批绿色物流枢纽、绿色物流园区。在运输、仓储、配送等环节积极扩大电力、氢能、天然气、先进生物液体燃料等新能源、清洁能源应用。加快建立天然气、氢能等清洁能源供应和加注体系。

（五）做好供应链战略设计。

提升现代供应链运行效率。推进重点产业供应链体系建设，发挥供应链核心企业组织协同管理优势，搭建供应链协同服务平台，提供集贸易、物流、信息等多样化服务于一体的供应链创新解决方案，打造上下游有效串接、分工协作的联动网络。加强数字化供应链前沿技术、基础软件、先进模式等研究与推广，探索扩大区块链技术应用，提高供应链数字化效率和安全可信水平。规范发展供应链金融，鼓励银行等金融机构在依法合规、风险可控的前提下，加强与供应链核心企业或平台企业合作，丰富创新供应链金融产品供给。

强化现代供应链安全韧性。坚持自主可控、安全高效，加强供应链安全风险监测、预警、防控、应对等能力建设。发挥供应链协同服务平台作用，引导行业、企业间加强供应链安全信息共享和资源协同联动，分散化解潜在风险，增强供应链弹性，确保产业链安全。积极参与供应链安全国际合作，共同防范应对供应链中断风险。

专栏6　现代供应链体系建设工程

现代供应链创新发展工程。总结供应链创新与应用试点工作经验，开展全国供应链创新与应用示范创建，培育一批示范城市和示范企业，梳理一批供应链创新发展典型案例，推动供应链技术、标准和服务模式创新。

制造业供应链提升工程。健全制造业供应链服务体系，促进生产制造、原材料供应、物流等企业在供应链层面强化战略合作。建立制造业供应链评价体系、重要资源和产品全球供应链风险预警系统。提升制造业供应链智慧化水平，建设以工业互联网为核心的数字化供应链服务体系，深化工业互联网标识解析体系应用。选择一批企业竞争力强、全球化程度高的行业，深入挖掘数字化应用场景，开展制造业供应链数字化创新应用示范工程。

（六）培育发展物流经济。

壮大物流枢纽经济。发挥国家物流枢纽、国家骨干冷链物流基地辐射广、成本低、效率高等优势条件，推动现代物流和相关产业深度融合创新发展，促进区域产业空间布局优化，打造具有区域集聚辐射能力的产业集群，稳妥有序开展国家物流枢纽经济示范区建设。

发展物流通道经济。围绕共建“一带一路”、长江经济带发展等重大战略实施和西部陆海新通道建设，提升“四横五纵、两沿十廊”物流大通道沿线物流基础设施支撑和服务能力，密切通道经济联系，优化通道沿线产业布局与分工合作体系，提高产业组织和要素配置能力。

五、深度挖掘现代物流重点领域潜力

（一）加快国际物流网络化发展。

推进国际通道网络建设。强化国家物流枢纽等的国际物流服务设施建设，完善通关等功能，加强国际、国内物流通道衔接，推动国际物流基础设施互联互通。推动商贸物流型境外经贸合作区建设，优化海外布局，扩大辐射范围。巩固提升中欧班列等国际铁路运输组织水平，推动跨境公路运输发展，加快构建高效畅通的多元化国际物流干线通道。积极推进海外仓建设，加快健全标准体系。鼓励大型物流企业开展境外港口、海外仓、分销网络建设合作和协同共享，完善全球物流服务网络。

补齐国际航空物流短板。依托空港型国家物流枢纽，集聚整合国际航空物流货源，完善配套服务体系，打造一体化运作的航空物流服务平台，提供高品质“一站式”国际航空物流服务。加快培育规模化、专业化、网络化的国际航空物流骨干企业，优化国际航空客运航线客机腹舱运力配置，增强全货机定班国际航线和包机组织能力，逐步形成优质高效的国际航空物流服务体系，扩大国际航空物流网络覆盖范围，建设覆盖重点产业布局的国际货运通道。

培育国际航运竞争优势。加密国际海运航

线，打造国际航运枢纽港，提升国际航运服务能力，强化国际中转功能，拓展国际金融、国际贸易等综合服务。加快推进长三角世界级港口群一体化治理体系建设。加强港口与内陆物流枢纽等联动，发展海铁联运、江海联运，扩大港口腹地辐射范围。鼓励港航企业与货主企业、贸易企业加强战略合作，延伸境外末端服务网络。

提高国际物流综合服务能力。优化完善中欧班列开行方案统筹协调和动态调整机制，加快建设中欧班列集结中心，完善海外货物集散网络，推动中欧班列双向均衡运输，提高货源集结与班列运行效率。加快国际航运、航空与中欧班列、西部陆海新通道国际海铁联运班列等协同联动，提升国际旅客列车行包运输能力，开行客车化跨境班列，构建多样化国际物流服务体系。提高重点边境铁路口岸换装和通行能力，推动边境水运口岸综合开发和国际航道物流合作，提升边境公路口岸物流能力。推进跨境物流单证规则、检验检疫、认证认可、通关报关等标准衔接和国际互认合作。

专栏7 国际物流网络畅通工程

国际物流设施提升工程。培育一批具备区域和国际中转能力的海港、陆港、空港。发挥国家物流枢纽资源整合优势，加快中欧班列集结中心建设，完善物流中转配套能力，加快形成“干支结合、枢纽集散”的高效集疏运体系；开展航空货运枢纽规划布局研究，提升综合性机场货运设施服务能力和服务质量，稳妥有序推进专业性航空货运枢纽机场建设。

西部陆海新通道增量提质工程。发挥西部陆海新通道班列运输协调委员会作用，提升通道物流服务水平。加强通道物流组织模式创新，推动通道沿线物流枢纽与北部湾港口协同联动，促进海铁联运班列提质增效。推动通道海铁联运、国际铁路联运等运输组织方式与中欧班列高效衔接。

（二）补齐农村物流发展短板。

完善农村物流节点网络。围绕巩固拓展脱贫攻坚成果与乡村振兴有效衔接，重点补齐中西部地区、经济欠发达地区和偏远山区等农村物流基础设施短板，切实改善农村流通基础条件。统筹城乡物流发展，推动完善以县级物流节点为核心、乡镇服务网点为骨架、村级末端站点为延伸的县乡村三级物流服务设施体系。推动交通运输与邮政快递融合发展，加快农村物流服务品牌宣传推广，促进交通、邮政、快递、商贸、供销、电商等农村物流资源融合和集约利用，打造一批公用型物流基础设施，建设村级寄递物流综合服务站，完善站点服务功能。推进公益性农产品市场和农产品流通骨干网络建设。

提升农村物流服务效能。围绕农村产业发展和居民消费升级，推进物流与农村一二三产业深度融合，深化电商、快递进村工作，发展共同配送，打造经营规范、集约高效的农村物流服务网络，加快工业品下乡、农产品出村双向物流服务通道升级扩容、提质增效。推动物流服务与规模化种养殖、商贸渠道拓展等互促提升，推动农产品品牌打造和标准化流通，创新物流支持农村特色产业品质化、品牌化发展模式，提升农业产业化水平。

（三）促进商贸物流提档升级。

完善城乡商贸物流设施。优化以综合物流园区、专业配送中心、末端配送网点为支撑的商贸物流设施网络。完善综合物流园区干线接卸、前置仓储、流通加工等功能。结合老旧小区、老旧厂区、老旧街区和城中村改造以及新城新区建设，新建和改造升级一批集运输、仓储、加工、包装、分拨等功能于一体的公共配送中心，支持大型商超、批发市场、沿街商铺、社区商店等完善临时停靠装卸等配套物流设施。推进智能提货柜、智能快件箱、智能信包箱等设施建设。

提升商贸物流质量效率。鼓励物流企业与商贸企业深化合作，优化业务流程，发展共同配送、集中配送、分时配送、夜间配送等集约化配送模式，优化完善前置仓配送、即时配送、网订店取、自助提货等末端配送模式。深化电商与快递物流融合发展，提升线上线下一体服务能力。

（四）提升冷链物流服务水平。

完善冷链物流设施网络。发挥国家物流枢纽、国家骨干冷链物流基地的资源集聚优势，引导商贸流通、农产品加工等企业向枢纽、基地集聚或强化协同衔接。加强产销冷链集配中心建设，提高产地农产品产后集散和商品化处理效率，完善销地城市冷链物流系统。改善机场、港口、铁路场站冷链物流配套条件，健全冷链集疏运网络。加快实施产地保鲜设施建设工程，推进田头小型冷藏保鲜设施等建设，加强产地预冷、仓储保鲜、移动冷库等产地冷链物流设施建设，引导商贸流通企业改善末端冷链设施装备条件，提高城乡冷链设施网络覆盖水平。

提高冷链物流质量效率。大力发展铁路冷链运输和集装箱公铁水联运，对接主要农产品产区和集散地，创新冷链物流干支衔接模式。发展"生鲜电商+产地直发"等冷链物流新业态新模式。推广蓄冷箱、保温箱等单元化冷链载器具和标准化冷藏车，促进冷链物流信息互联互通，提高冷链物流规模化、标准化水平。依托国家骨干冷链物流基地、产销冷链集配中心等大型冷链物流设施，加强生鲜农产品检验检疫、农兽药残留及防腐剂、保鲜剂、添加剂合规使用等质量监管。研究推广应用冷链道路运输电子运单，加强产品溯源和全程温湿度监控，将源头至终端的冷链物流全链条纳入监管范围，提升冷链物流质量保障水平。健全进口冷链食品检验检疫制度，筑牢疫情外防输入防线。

专栏8　冷链物流基础设施网络提升工程

国家骨干冷链物流基地建设工程。到2025年，面向农产品优势产区、重要集散地和主销区，依托存量冷链物流基础设施群布局建设100个左右国家骨干冷链物流基地，整合集聚冷链物流市场供需、存量设施以及农产品流通、生产加工等上下游产业资源，提高冷链物流规模化、集约化、组织化、网络化水平。探索建立以国家骨干冷链物流基地为核心的安全检测、全程冷链追溯系统。

产地保鲜设施建设工程。到2025年，在农产品主产区和特色农产品优势产区支持建设一批田头小型冷藏保鲜设施，推动建设一批产地冷链集配中心，培育形成一批一体化运作、品牌化经营、专业化服务的农产品仓储保鲜冷链物流运营主体，初步形成符合我国国情的农产品仓储保鲜冷链物流运行模式，构建稳定、高效、低成本运行的农产品出村进城冷链物流网络。

（五）推进铁路（高铁）快运稳步发展。

完善铁路（高铁）快运网络。结合电商、邮政快递等货物的主要流向、流量，完善铁路（高铁）快运线路和网络。加快推进铁路场站快运服务设施布局和改造升级，强化快速接卸货、集散、分拣、存储、包装、转运和配送等物流功能，建设专业化铁路（高铁）快运物流基地。鼓励电商、邮政快递等企业参与铁路（高铁）快运设施建设和改造，就近或一体布局建设电商快递分拨中心，完善与铁路（高铁）快运高效衔接的快递物流服务网络。

创新高铁快运服务。适应多样化物流需求，发展多种形式的高铁快运。在具备条件的高铁场站间发展"点对点"高铁快运班列服务。依托现有铁路物流平台，构建业务受理、跟踪查询、结算办理等"一站式"高铁快运服务平台，推动高铁快运与电商、快递物流企业信息对接。

（六）提高专业物流质量效率。

完善大宗商品物流体系。优化粮食、能源、矿产等大宗商品物流服务，提升沿海、内河水运通道大宗商品物流能力，扩大铁路货运班列、"点对点"货运列车、大宗货物直达列车开行范围，发展铁路散粮运输、棉花集装箱运输、能源和矿产重载运输。有序推进油气干线管道建设，持续完善支线管道，打通管网瓶颈和堵点，提高干支管网互联互通水平。依托具备条件的国家物流枢纽发展现代化大宗商品物流中心，增强储备、中转、通关等功能，推进大宗商品物流数字化转型，探索发展电子仓单、提单，构建衔接生产流通、串联物流贸易的大宗商品供应链服务平台。

安全有序发展特种物流。提升现代物流对大型装备制造、大型工程项目建设的配套服务能力，加强大件物流跨区域通道线路设计，推动形成多种运输方式协调发展的大件物流综合网络。发展危化品罐箱多式联运，提高安全服务水平，推动危化品物流向专业化定制、高品质服务和全程供应链服务转型升级。推动危化品物流全程监测、线上监管、实时查询，提高异常预警和应急响应处置能力。完善医药物流社会化服务体系，培育壮大第三方医药物流企业。鼓励覆盖生产、流通、消费的医药供应链平台建设，健全全流程监测追溯体系，确保医药产品物流安全。

（七）提升应急物流发展水平。

完善应急物流设施布局。整合优化存量应急物资储备、转运设施，推动既有物流设施嵌入应急功能，在重大物流基础设施规划布局、设计建造阶段充分考虑平急两用需要，完善应急物流设施网络。统筹加强抗震、森林草原防灭火、防汛抗旱救灾、医疗救治等各类应急物资储备设施和应急物流设施在布局、功能、运行等方面相互匹配、有机衔接，提高紧急调运能力。

提升应急物流组织水平。统筹应急物流力量建设与管理，建立专业化应急物流企业库和人员队伍，健全平急转换和经济补偿机制。充分利用市场资源，完善应急物流干线运输和区域配送体系，提升跨区域大规模物资调运组织水平，形成应对各类突发事件的应急物流保障能力。

健全物流保通保畅机制。充分发挥区域统筹协调机制作用，鼓励地方建立跨区域、跨部门的应对疫情物流保通保畅工作机制，完善决策报批流程和信息发布机制，不得擅自阻断或关闭高速公路、普通公路、航道船闸等通道，不得擅自关停高速公路服务区、港口码头、铁路车站和航空机场，严禁采取全城24小时禁止货车通行的限制措施，不得层层加码实施“一刀切”管控措施；加快完善物流通道和物流枢纽、冷链基地、物流园区、边境口岸等环节的检验检疫、疫情阻断管理机制和分类分级应对操作规范，在发生重大公共卫生事件时有效阻断疫情扩散、确保物流通道畅通，保障防疫物资、生活物资以及工业原材料、农业生产资料等供应，维护正常生产生活秩序和产业链供应链安全。

专栏9　应急物流保障工程

研究完善应急物流转运等设施和服务标准，对具备条件的铁路场站、公路港、机场和港口进行改造提升，建设平急两用的应急物资运输中转站。完善应急物流信息联通标准，强化各部门、各地区、各层级间信息共享，提高应对突发事件物流保障、组织指挥、辅助决策和社会动员能力。

六、强化现代物流发展支撑体系

（一）培育充满活力的物流市场主体。

提升物流企业市场竞争力。鼓励物流企业通过兼并重组、联盟合作等方式进行资源优化整合，培育一批具有国际竞争力的现代物流企业，提升一体化供应链综合服务能力。引导中小微物流企业发掘细分市场需求，做精做专、创新服务，增强专业化市场竞争力，提高规范化运作水平。完善物流服务质量评价机制，支持企业塑造物流服务品牌。深化物流领域国有企业改革，盘活国有企业存量物流资产，支持国有资本参与物流大通道建设。鼓励民营物流企业做精做大做强，加快中小微企业资源整合，培育核心竞争力。

规范物流市场运行秩序。统筹推进物流领域市场监管、质量监管、安全监管和金融监管，实现事前事中事后全链条全领域监管，不断提高监管效能。加大物流领域反垄断和反不正当竞争执法力度，深入推进公平竞争政策实施。有序放宽市场准入，完善市场退出机制，有效引导过剩物流能力退出，扩大优质物流服务供给。引导公路运输企业集约化、规模化经营，提升公路货物运输组织效率。

专栏10　现代物流企业竞争力培育工程

支持具备条件的物流企业加强软硬件建设，壮大发展成为具有较强国际竞争力的现代物流领军企业，参与和主导全球物流体系建设和供应链布局。支持和鼓励中小微物流企业专业化、精益化、品质化发展，形成一批“专、精、特、新”现代物流企业。

（二）强化基础标准和制度支撑。

健全物流统计监测体系。研究建立物流统计分类标准，加强社会物流统计和重点物流企业统计监测，开展企业物流成本统计调查试点。研究制定反映现代物流重点领域、关键环节高质量发展的监测指标体系，科学系统反映现代物流发展质量效率，为政府宏观调控和企业经营决策提供参考依据。

健全现代物流标准体系。强化物流领域国家标准和行业标准规范指导作用，鼓励高起点制定团体标准和企业标准，推动国际国内物流标准接轨，加大已发布物流标准宣传贯彻力度。推动基础通用和产业共性的物流技术标准优化升级，以标准提升促进物流科技成果转化。建立政府推动、行业协会和企业等共同参与的物流标准实施推广机制。建立物流标准实施评价体系，培育物流领域企业标准“领跑者”，发挥示范带动作用。

加强现代物流信用体系建设。加强物流企业信用信息归集共享，通过“信用中国”网站和国家企业信用信息公示系统依法向社会公开。建立健全跨部门、跨区域信用信息共享机制，建立以信用为基础的企业分类监管制度，完善物流行业经营主体和从业人员守信联合激励和失信联合惩戒机制。依法依规建立物流企业诚信记录和严重失信主体名单制度，提高违法失信成本。

加强物流安全体系建设。完善物流安全管理制度，加强对物流企业的监督管理和日常安全抽查，推动企业严格落实安全生产主体责任。提高物流企业承运物品、客户身份等信息登记规范化水平，加强运输物品信息共享和安全查验部门联动，实现物流活动全程跟踪，确保货物来源可追溯、责任能倒查。提高运输车辆安全性能和从业人员安全素质，规范车辆运输装载，提升运输安全水平。落实网络安全等级保护制度，提升物流相关信息系统的安全防护能力。

专栏11　物流标准化推进工程

研究制定现代物流标准化发展规划，完善现代物流标准体系。加强多式联运、应急物流、逆向物流、绿色物流等短板领域标准研究与制定。制修订一批行业急需的物流信息资源分类与编码、物流单证、智慧物流标签标准，以及企业间物流信息采集、信息交互标准和物流公共信息服务平台应用开发、通用接口、数据传输等标准。完善包装、托盘、周转箱等标准，加强以标准托盘为基础的单元化物流系统系列标准制修订，加快运输工具、载运装备、设施体系等标准对接和系统运作，提高全社会物流运行效率。推动完善货物运输、物流园区与冷链、大件、药品和医疗器械、危化品等物流标准规范。推进危险货物在铁路、公路、水路等运输环节标准衔接。加快制定智慧物流、供应链服务、电商快递、即时配送、城乡物流配送等新兴领域标准。推进面向数字化与智慧化需求的物流装备设施标准制修订。积极参与国际物流标准制修订。

（三）打造创新实用的科技与人才体系。

强化物流科技创新支撑。依托国家企业技术中心、高等院校、科研院所等开展物流重大基础研究和示范应用，推动设立一批物流技术创新平台。建立以企业为主体的协同创新机制，鼓励企业与高等院校、科研院所联合设立产学研结合的物流科创中心，开展创新技术集中攻关、先进模式示范推广，建立成果转化工作机制。鼓励物流领域研究开发、创业孵化、技术转移、检验检测认证、科技咨询等创新服务机构发展，提升专业化服务能力。

建设物流专业人才队伍。发挥物流企业用人主体作用，加强人才梯队建设，完善人才培养、使用、评价和激励机制。加强高等院校物流学科专业建设，提高专业设置的针对性，培育复合型高端物流人才。加快物流现代职业教育体系建设，支持职业院校（含技工院校）开设物流相关专业。加强校企合作，创新产教融合人才培养模式，培育一批有影响力的产教融合型企业，支持企业按规定提取和使用职工教育经费，开展大规模多层次职业技能培训，促进现代物流专业技术人员能力提升。指导推动物流领域用人单位和社会培训评价组织开展职业技能等级认定，积极开展物流领域相关职业技能竞赛。实现学历教育与培训并举衔接，进一步推动物流领域“1+X”证书制度和学分银行建设。对接国际专业认证体系，提高国际化物流人才培养水平，加大海外高端人才引进力度。实施新一轮专业技术人才知识更新工程和职业技能提升行动，推进物流领域工程技术人才职称评审，逐步壮大高水平工程师和高技能人才队伍。

七、实施保障

（一）优化营商环境。

深化“放管服”改革，按规定放宽物流领域相关市场准入，消除各类地方保护和隐性壁垒。依托全国一体化政务服务平台，推动物流领域资质证照电子化，支持地方开展“一照多址”改革，促进物流企业网络化布局，实现企业注册、审批、变更、注销等“一网通办”，允许物流领域（不含快递）企业分支机构证照异地备案和异地审验。推动物流领域（不含快递）资质许可向资质备案和告知承诺转变。完善物流发展相关立法，推动健全物流业法律法规体系和法治监督体系。开展现代物流促进法等综合性法律立法研究和准备工作。严格依法行政依法监管，统一物流监管执法标准和处罚清单。推动跨部门、跨区域、跨层级政务信息开放共享，避免多头管理和重复监管。大力推动货车非法改装治理，研究制定非标准货运车辆治理工作方案。依托国际贸易“单一窗口”创新“通关+物流”服务，提高口岸智慧管理和服务水平。推动部门间物流安检互认、数据互通共享，减少不必要的重复安检。支持航空公司壮大货运机队规模，进一步简化货机引进程序和管理办法，优化工作流程，鼓励航空物流企业“走出去”。

（二）创新体制机制。

完善全国现代物流工作部际联席会议制度，强化跨部门、跨区域政策协同，着力推动降低物流成本等重点工作。深化铁路货运市场化改革，推进投融资、运输组织、科技创新等体制机制改革，吸引社会资本进入，推动铁路货运市场主体多元化和服务创新发展，促进运输市场公平有序竞争。鼓励铁路企业与港口、社会物流企业等交叉持股，拓展战略合作联盟。

（三）强化政策支持。

保障重大项目用地用海。依据国土空间规划，落实《国土空间调查、规划、用途管制用地用海分类指南（试行）》要求，完善物流设施专项规划，重点保障国家物流枢纽等重大物流基础设施和港航设施等的合理用地用海需求，确保物流用地规模、土地性质和空间位置长期稳定。创新物流用地模式，推动物流枢纽用地统一规划和科学布局，提升土地空间集约节约利用水平，支持物流仓储用地以长期租赁或先租后让、租让结合的方式供应。鼓励地方政府盘活存量土地和闲置土地资源用于物流设施建设。支持物流企业利用自有土地进行物流基础设施升级改造。支持依法合规利用铁路划拨用地、集体建设用地建设物流基础设施。

巩固减税降费成果。落实深化税收征管制度改革有关部署，推进现代物流领域发票电子化。按规定落实物流企业大宗商品仓储设施用地城镇土地使用税减半征收、购置挂车车辆购置税减半征收等税收优惠政策。严格落实已出台的物流简政降费政策，严格执行收费目录清单和公示制度，严禁违规收费，坚决治理乱收费、乱罚款、乱摊派，依法治理“只收费、不服务”的行为。清理规范铁路、港口、机场等收费，对主要海运口岸、机场地面服务收费开展专项调查，增强铁路货运收费透明度。对货运车辆定位信息及相关服务商开展典型成本调查，及时调整过高收费标准。

加大金融支持力度。鼓励符合条件的社会资本按市场化方式发起成立物流产业相关投资基金。发挥各类金融机构作用，按照市场化、法治化原则，加大对骨干物流企业和中小物流企业的信贷支持力度，拓宽企业兼并重组融资渠道，引导资金流向创新型物流企业。在仓储物流行业稳妥推进基础设施领域不动产投资信托基金（REITs）试点。鼓励保险公司开发农产品仓储保鲜冷链物流保险，提升鲜活农产品经营和质量安全风险保障水平。

（四）深化国际合作。

推动建立国际物流通道沿线国家协作机制，加强便利化运输、智慧海关、智能边境、智享联通等方面合作。持续推动中欧班列“关铁通”项目在有合作意愿国家落地实施。逐步建立适应国际铁路联运特点的陆路贸易规则体系，推动完善配套法律法规，加强与国内外银行、保险等金融机构合作，探索使用铁路运输单证开展贸易融资。

（五）加强组织实施。

国家发展改革委要会同国务院有关部门加强行业综合协调和宏观调控，协调解决本规划实施中存在的问题，确保规划落地见效。建立现代物流发展专家咨询委员会，加强对重大问题的调查研究和政策咨询，指导规划任务科学推进。推动行业协会深度参与行业治理，发挥社会监督职能，加强行业自律和规范发展，助力规划落地实施。

商务部、国家邮政局等8部门关于加快贯通县乡村电子商务体系和快递物流配送体系有关工作的通知

商流通函〔2022〕143号

各省、自治区、直辖市及新疆生产建设兵团商务、邮政管理、网信、发展改革、农业农村、市场监管部门，各乡村振兴局、供销合作社：

发展农村电子商务和快递物流配送是促进城乡生产和消费有效衔接的重要举措，是全面推进乡村振兴、构建新发展格局的客观要求。为认真贯彻落实党中央、国务院决策部署，深入推进电子商务与快递物流配送协同发展，加快贯通县乡村电子商务体系和快递物流配送体系，现就有关工作通知如下。

一、工作目标

升级改造一批县级物流配送中心，促进县域快递物流资源整合，建设一批农村电商快递协同发展示范区，提升公共寄递物流服务能力，争取到2025年，在具备条件的地区基本实现县县有中心、乡乡有网点、村村有服务。农村电子商务、快递物流配送覆盖面进一步扩大，县乡村电子商务体系

和快递物流配送体系更加健全，农产品出村进城、消费品下乡进村的双向流通渠道更加畅通，人民群众获得感、幸福感不断增强。

二、主要任务

（一）完善基础设施，优化网络布局。鼓励各地结合实际，加强县乡村快递物流配送基础设施建设，升级改造县级物流配送中心，面向乡镇、村及本地生产流通企业、邮政快递企业、合作社、家庭农场等各类主体，提供仓储、分拣、中转、配送等服务。引导农村邮政、快递物流企业利用现有设施资源合作建设乡镇服务站点。依托村邮站、益农信息社、村委会等公共服务设施和夫妻店、便利店、电子商务服务站点等便民商业设施，设立村级寄递物流综合服务站，实现“多站合一、一点多能、一网多用”。鼓励有条件的村布放智能快件箱（信包箱）、快递自提点。通过基础设施建设，基本形成以县级物流配送中心、具有集散功能的乡镇网点和村级寄递物流综合服务站为主体的农村快递物流配送体系。

（二）补齐冷链短板，提升冷链流通率。聚焦鲜活农产品主产区、特色农产品优势区，推进农产品仓储保鲜冷链物流设施建设，加快补齐产地冷链物流短板，促进农产品电子商务高质量发展。结合农产品生产情况和物流集散点网络布局，在具备条件的县域或特大镇建设具有商品化处理能力的产地冷链集配中心，推广移动式冷库。加强农产品供应链建设，引导农产品批发市场加快完善具备物流集散、低温配送等功能的冷链设施。推进农产品冷链标准制修订，加强生鲜农产品质量监管和产品溯源。

（三）整合快递物流资源，提高配送效率。支持农村电子商务、快递物流配送协同发展。引导电子商务、邮政、供销、快递、物流、商贸流通等各类主体开展市场化合作，推动仓储、揽收、分拣、运输、配送“五统一”，场地、车辆、人员、运营、管理“五整合”，提升快递物流配送能力。鼓励具备条件的农村地区探索智慧物流，依托云计算、大数据、物联网等技术，推进农村快递物流数字化、智能化改造，打造仓储、分拣、配送、增值服务等一体化快递物流配送服务体系。发挥邮政网络在边远地区的基础支撑作用，鼓励邮政快递企业整合末端投递资源，满足边远地区群众基本寄递需求。支持农产品产地发展“电子商务＋产地仓＋快递物流”仓配融合模式，提高农产品上行效率。

（四）扩大电子商务覆盖面，提升服务能力。鼓励依托县级物流配送中心、农村快递物流站点等，完善农村电子商务公共服务体系，提供产品开发、品牌孵化、包装设计、数据分析、市场营销等服务，提高农村电子商务应用水平。鼓励大型电子商务企业、流通企业以县镇为重点，下沉供应链和新型交易模式，推动农村流通设施和业态融入现代流通体系。支持农村产业融合发展示范园建设，畅通农产品线上线下多渠道流通，促进农村产业融合发展。建设农村电商快递协同发展示范区，打造快递服务现代农业示范项目，支撑农业转型、农民增收。实施“互联网＋”农产品出村进城工程，建立健全适应农产品网络销售的供应链体系、运营服务体系和支撑保障体系。

（五）培育市场主体，促进协同发展。支持农村邮政、供销、快递物流和商贸流通企业数字化、连锁化转型升级、做大做强，带动县域商业体系建设和促进农村消费。引导农村中小电子商务、快递物流企业采用联盟、股权投资等方式合作，提高市场竞争力。加强农村电子商务、快递物流配送人员培训，强化实操技能，增强创业就业能力。鼓励电子商务平台与快递物流企业深入合作，搭建特色农产品外销平台，推动农产品上行。

（六）规范行业秩序，优化发展环境。简化农村快递末端网点备案手续，鼓励发展农村快递末端服务。修订《快递服务》等标准，规范农村快递经营行为。加强寄递物流服务监管，依法查处未按约定地址投递、违规收费等行为，促进公平竞争，保障用户合法权益。指导从事农村快递物流的企业严格遵守服务规范、安全生产、绿色发展、疫情防控等管理规定，提供规范化服务。引导快递物流企业合理制定价格，探索符合农村实际的成本分担、利益共享等机制，促进电子商务、快递、商贸等企业合作，维护各方权益，推动农村快递物流基础设施共建共用，为农村电子商务快递“最后一公里”配送提供保障。

三、保障措施

（七）加强组织领导，压实主体责任。各地要积极支持农村电子商务和快递物流配送协同发展，建立政府统一领导、多部门共同参与的农村电子商务、快递物流配送协同发展工作协调机制。把贯通县乡村电子商务体系和快递物流配送体系作为保障和改善民生的重要工作，扎实统筹推进。强化“省级统筹、市县抓落实”机制要求，省级主管部门做好政策、资金、资源等要素统筹和成效监督；市县结合本地区实际，实化细化本地区工作方案，强化技术指导和监督考核，压实责任，务求实效。

（八）加强横向协作，形成工作合力。各地有关主管部门要牢固树立一盘棋思想，统筹资金政策，加强沟通协调，突出功能错位和优势互补，避免多头投入、重复建设，共同推动农村电子商务和快递物流配送协同发展。鼓励“一点多能、一网多用”，以共建共享为方向，整合村邮站、益农信息社、电子商务服务站、快递物流站点等网点设施，叠加日用消费品、农资、电子商务、邮政、快递、涉农信息等综合服务功能，更好服务农民生产和生活消费。

（九）加强政策保障，推动工作落地。各地要跟踪研究农村电子商务和快递物流配送发展中面临的问题，积极出台支持政策，发挥中央财政和地方财政资金示范引导作用，带动社会资本加大投入，推动县级物流配送中心、乡镇服务站点、村级寄递物流综合服务站等数字化信息化改造和综合服务提升，综合施策降低农村快递物流成本。推动农村电子商务和快递物流配送发展纳入本地乡村振兴重要工作，加强指导监督检查。

各地要把加快贯通县乡村电子商务体系和快递物流配送体系作为全面推进乡村振兴、加快农业农村现代化的重要任务，加强工作指导，密切跟踪进展。重要情况及时按程序报告有关部门。

商务部　国家邮政局
中央网信办　发展改革委
农业农村部　市场监管总局
国家乡村振兴局　中华全国供销合作总社
2022 年 5 月 18 日

交通运输部　国家铁路局　中国民用航空局　国家邮政局 中国国家铁路集团有限公司 关于加快推进冷链物流运输高质量发展的实施意见

交运发〔2022〕49 号

各省、自治区、直辖市、新疆生产建设兵团交通运输厅（局、委）、邮政管理局，各地区铁路监督管理局，各民航地区管理局，各铁路局集团公司：

为深入贯彻党中央、国务院决策部署，认真落实《“十四五”冷链物流发展规划》，进一步推动冷链物流运输（以下简称冷链运输）高质量发展，更好满足人民日益增长的美好生活需要，服务加快构建新发展格局，提出如下意见。

一、总体要求

以习近平新时代中国特色社会主义思想为指导，全面贯彻落实党的十九大和十九届历次全会精神，完整、准确、全面贯彻新发展理念，以推动冷链物流高质量发展为主题，以深化供给侧结构性改革为主线，以改革创新为根本动力，以满足人民日益增长的美好生活需要为根本目的，着力完善冷链运输基础设施，提升技术装备水平，创新运输服务模式，健全冷链运输监管体系，推进冷链运输畅通高效、智慧便捷、安全规范发展，为保障食品流通安全、减少食品流通环节浪费、推动消费升级和培育新增长点、构建新发展格局提供有力支撑。

二、加快完善基础设施网络

（一）优化枢纽港站冷链设施布局。结合国家冷链物流骨干通道网络建设，依托农产品优势产区、重要集散地和主要销区所在地货运枢纽、主要港口、铁路物流基地、枢纽机场，统筹冷链物流基础设施规划布局，推动铁路专用线进入物流园区、港口码头，完善干支衔接、区域分拨、仓储配送等冷链运输服务功能，提升冷链运输支撑保障能力。

（二）完善产销冷链运输设施网络。支持有条件的县级物流中心和乡镇运输服务站拓展冷链物流服务功能，为农产品产地预冷、冷藏保鲜、移动仓储、低温分拣等设施设备提供运营场所，改善农产品产地“最初一公里”冷链物流设施条件。依托城市绿色货运配送示范工程，在冷链产品消费和中转规模较大的城市，推进建设销地冷链集配中心，研究设置冷链配送车辆卸货临时停车位，推动出台冷链配送车辆便利通行政策，提升城市冷链配送服务质量。鼓励生鲜电商、寄递物流企业加大城市冷链前置仓等“最后一公里”设施建设力度，在社区、商业楼宇等设置智能冷链自提柜等，提升便民服务水平。

三、推动技术装备创新升级

（三）推进冷链运输工具专业化发展。加强冷链运输车辆技术管理，冷链运输车辆应当按规定配备符合标准要求的制冷和温度监测设备，并保持功能良好。强化冷链运输车辆相关标准引导作用，推广应用多温层、新能源冷链运输车辆，支持城市冷链配送车辆安装使用尾板。加快铁路机械冷藏车更新升级，加大货车轴端发电、机车供电、电网取电等技术攻关力度，研发和制造适应小批量、多批次、高时效运输需求的铁路冷藏车型。

（四）促进冷链运载单元标准化发展。推广应用标准化周转箱、托盘、笼车等运载单元以及冷藏集装箱、蓄冷箱、保温箱等单元化冷链载器具，提高带板运输比例。鼓励企业研发应用适合果蔬等农产品的单元化包装，推动冷链运输全程“不倒托”“不拆箱”，减少运输环节损耗。加强冷藏集装箱检验检测，大力发展国际海运标准冷藏集装箱，推动和规范海运冷藏集装箱在道路运输等其他运输方式中的使用。

（五）推广应用智能化温控设施设备。加强温湿度监测设备、卫星定位装置、视频监控设备、电子围栏等在冷链运输车辆、保温箱、集装箱的推广应用，鼓励企业建立完善冷链运输温度监测管理信息系统，实现对冷链运输过程的温湿度实时监测、自动调节、远程控制等，促进冷链运输上下游企业温控信息共享，提升冷链运输过程智能温控管理水平。开展基于区块链和物联网的冷藏集装箱港航服务提升行动，鼓励重点海运企业安装配备冷藏集装箱物联网设备，实现海运企业、代理企业、货主等各方对冷藏集装箱实时跟踪、智能温控、全程可溯。

四、创新运输组织服务模式

（六）创新冷链运输组织模式。依托多式联运示范工程，积极推进冷链物流多式联运发展。鼓励铁路企业开行冷链班列，推动冷链班列与冷链海运直达快线无缝衔接，积极发展“海运 + 冷链班列”海铁联运新模式。推动冷链陆空联运发展，支持发展冷鲜航班和冷链卡车航班网络，探索机场异地货站模式，提升一体化组织服务能力。大力发展面向高端生鲜食品、医药产品的航空冷链物流，支持口岸机场建设具有国际货运、冷链仓储、报关、检验检测检疫等功能的航空货运冷链物流服务通道，提升航空冷链运输效率。

（七）培育冷链运输骨干企业。组织开展冷链运输服务品牌宣传推广工作，宣传推广服务优质、组织高效、安全规范的冷链运输服务模式，打造一批知名冷链运输服务品牌。引导冷链运输企业加强与果蔬、水产、肉类等生产加工企业的联盟合作，积极发展公路冷链专线、多温区共同配送、“生鲜电商＋冷链宅配”、“中央厨房＋食材冷链配送”、“水产品深加工＋冷链运输”等新模式。支持冷链物流企业建设网络货运平台，优化整合产品、冷库、冷链运输车辆等资源，培育龙头冷链物流企业，提升市场集中度。

（八）增强跨境冷链物流服务能力。支持国际物流企业通过合资合作、自建网络、兼并收购等方式，延伸境外地面服务网络，提升跨境冷链物流全程组织能力，培育一批具有较强国际竞争力的现代冷链物流企业。推进国际物流企业与跨境电商平台战略合作，充分发挥海运在跨境冷链物流服务中的优势作用，促进供应链上下游企业协同发展。提升中欧班列集结中心冷链物流服务水平，畅通亚欧陆路冷链物流通道。扩展西部陆海新通道等海铁联运、国际铁路联运、国际道路冷链物流业务。

五、健全完善运输监管体系

（九）建立健全法规标准体系。研究制定道路冷链运输管理规定，健全完善冷链运输监管体系。规范道路冷链运输车辆及从业人员管理，加强食品安全、温控管理等专业知识和技能培训。研究完善冷链物流细分领域运输服务标准规范，加大宣贯力度，提升标准规范应用水平。借鉴国际先进冷链运输行业管理标准和经验，积极参与、倡导国际冷链运输标准制定。

（十）提升数字化监管能力。以进口冷链食品为重点，研究建立道路冷链运输追溯管理制度，依托现有信息系统健全完善道路冷链运输信息追溯管理功能，实现冷链运输车辆、驾驶员、货物、温湿度以及流向信息的动态采集，强化冷链运输过程跟踪监测。依托国家综合交通运输信息平台，与全国进口冷链食品追溯管理平台实现系统对接和信息共享，推动跨部门协同联动，实现冷链物流源头可溯、过程可控、去向可查。

（十一）强化运行监测与统计分析。加强冷链运输市场动态运行监测，定期发布冷链设施、运力装备、运价水平等信息，引导资源合理配置。支持第三方机构开展冷链运输企业服务质量评价，探索建立企业服务质量与行业管理联动工作机制，将评价结果纳入信用体系，引导市场公平竞争、规范发展。建立健全冷链运输统计机制与指标体系，建立涵盖经营业户、冷链设施、运输工具、从业人员等基础数据库。

六、强化政策支持保障

（十二）强化政策支持。利用现有资金渠道和政策，对具有冷链物流功能的综合货运枢纽给予补助。继续严格执行鲜活农产品运输“绿色通道”政策，对整车合法装载运输全国统一的《鲜活农产品品种目录》内产品的车辆，免收车辆通行费。鼓励鲜活农产品车辆通过安装使用 ETC 和预约通行，进一步提升通行效率。

（十三）加强行业自律。鼓励冷链物流相关行业协会发挥桥梁纽带作用，及时向有关政府部门反馈行业发展共性问题，积极开展冷链物流法规标准、冷链知识的宣传普及，推动行业自律、规范发展、诚信经营。支持行业协会统筹冷链物流不同领域、不同环节市场主体需求，推动冷链物流上下游企业产销对接、供需对接，提高行业发展质量。

（十四）注重人才培养。充分发挥职业院校作用，鼓励支持职业院校开展冷链物流相关专业人才培养，优化专业和课程设置，积极创新校企合作、工学结合等人才培养模式。充分发挥企业人才培养的主体作用，搭建创新开放的人才发展平台和培训基地，强化从业人员继续教育和专业技术技能培训，为冷链物流发展提供高素质人才。

交通运输部
国家铁路局
中国民用航空局
国家邮政局
中国国家铁路集团有限公司
2022年4月7日

交通运输部 国家铁路局 中国民用航空局 国家邮政局 关于加快建设国家综合立体交通网主骨架的意见

交规划发〔2022〕108号

各省、自治区、直辖市、新疆生产建设兵团交通运输厅（局、委），各地区铁路监督管理局，民航各地区管理局，各省、自治区、直辖市邮政管理局：

为贯彻党中央、国务院关于全面加强基础设施建设、构建现代化基础设施体系的战略部署，全面落实《交通强国建设纲要》《国家综合立体交通网规划纲要》，加快建设国家综合立体交通网主骨架，提出以下意见。

一、重要意义

国家综合立体交通网主骨架由国家综合立体交通网中最为关键的线网构成，包括6条主轴、7条走廊、8条通道，连接京津冀、长三角、粤港澳大湾区和成渝地区双城经济圈4极，长江中游、山东半岛、海峡西岸、中原地区、哈长、辽中南、北部湾和关中地区8个组群，以及呼包鄂榆、黔中、滇中、山西中部、天山北坡、兰西、宁夏沿黄、拉萨和喀什9个组团，涵盖了“八纵八横”高速铁路网、“71118”国家高速公路网、“四纵四横两网”内河高等级航道的主要线路，实体线网规划里程29万公里左右，是我国综合立体交通网的主通道、国土空间开发的主轴线、国民经济循环的主动脉，也是技术等级最高、运输强度最大的骨干网络。

经过多年建设，我国综合立体交通网主骨架空间格局已基本形成。截至2021年底，国家综合立体交通网主骨架已建成25.1万公里，约占规划里程的86%，有效缩短了区域间、城市群间、省际的时空距离，促进了国土空间开发保护，支撑了经济社会发展，为实现第一个百年奋斗目标提供了基础支撑。进入新发展阶段，面对进入全面建设社会主义现代化国家新征程的新要求，我国综合立体交通网主骨架还存在网络不够完善、结构不够合理、部分通道能力不足、规划建设缺乏统筹、发展质量不高等问题。加快建设主骨架，构建便捷顺畅、经济高效、绿色集约、智能先进、安全可靠的现代化高质量国家综合立体交通网，对于构建新发展格局，畅通国内国际双循环，支撑国家重大战略实施，扩大有效投资，保障国家战略安全，促进共同富裕，当好中国现代化的开路先锋具有重要意义。

二、总体要求

（一）指导思想。

以习近平新时代中国特色社会主义思想为指导，全面贯彻党的十九大和十九届历次全会精神，坚持以人民为中心的发展思想，立足新发展阶段，完整、准确、全面贯彻新发展理念，服务构建新发展格局，以推动高质量发展为主题，以深化供给侧结构性改革为主线，统筹发展和安全，坚持问题导向、目标导向，坚持立足长远、适度超前，坚持系统谋划、整体协同，坚持优化存量、做优增量，坚持绿色集约、创新智能，以多中心、网络化为主形态，以联网补网强链为重点，提升网络效益，增强系统韧性，实现经济效益、社会效益、生态效益、安全效益相统一，加快建设国家综合立体交通网主骨架，构建现代化高质量国家综合立体交通网，加快建设交通强国，当好中国现代化的开路先锋。

（二）建设目标。

到2025年，主骨架能力利用率显著提高，运行效率、服务质量和统筹融合发展水平明显提升，实体线网里程达到26万公里左右。“八纵八横”高速铁路主通道基本建成，普速铁路瓶颈路段基本消除，“71118”国家高速公路网主线基本贯通，普通国道质量进一步提升，国家高等级航道建设取得重要进展，综合交通枢纽体系一体化、集约化、复合化水平明显提高。

到2030年，主骨架基本建成，实体线网里程达到28万公里左右。6条主轴基本实现高速铁路、普速铁路、国家高速公路、普通国道各有2条及以上贯通；7条走廊基本实现高速铁路、普速铁路各有1条贯通，国家高速公路、普通国道各有2条贯通；8条通道基本实现铁路干线、公路干线贯通；多层次一体化的综合交通枢纽体系基本建成。

到2035年，主骨架全面建成，网络韧性显著增强，基础设施质量和安全、智能、绿色水平达到世界前列，有力支撑“全国123出行交通圈”和“全球123快货物流圈”构建，为基本建成交通强国奠定坚实基础。

到本世纪中叶，全面建成现代化高质量国家综合立体交通网，拥有世界一流的综合交通基础设施体系，实现“人享其行、物优其流”，全面建成交通强国，为全面建成社会主义现代化强国提供有力支撑。

三、重点任务

（一）完善网络布局。加强主骨架路线联网、补网、强链，提升网络效益。加快贯通“八纵八横”高速铁路网，加强普速铁路建设和改造，推进既有铁路运能紧张路段能力补强。加强东中部地区、主要城市群国家高速公路拥挤路段扩容改造，加快打通中西部国家高速公路待贯通路段，提升西部地区普通国道二级及以上比例。以国家高等级航道为核心，加快长江干线、西江航运干线、京杭运河等干线航道扩能升级，加快打通长三角、珠三角和支流高等级航道瓶颈节点，积极推进航道向内陆纵深拓展延伸。统筹主骨架和区域路网建设，促进区域协调发展和共同富裕。着力打造轨道上的京津冀，高标准、高质量建设雄安新区对外交通网络。打造长江经济带综合立体交通走廊，提升江海联运、铁水联运发展水平。加强粤港澳大湾区基础设施互联互通，强化与内地联系综合通道。推动长三角地区交通运输更高质量一体化发展，加快对外通道、轨道交通网、高等级航道网建设。畅通成渝地区双城经济圈多向出川出渝通道，加强区域内部交通联络。

（二）加快主轴建设。全面提升京津冀、长三角、粤港澳间3条交通主轴能力，建设提升京沪高铁辅助通道、北京经雄安新区至商丘、上海经宁波至合浦等高速铁路，实施京沪、京港澳、长深等国家高速公路拥挤路段扩容改造，推进G105、G107等普通国道提质改造，推进深中、黄茅海等通道建设，加快建设京杭运河浙江段三级航道等高等级航道。加快畅通成渝连接其他主要城市群的3条交通主轴，加快建设沪渝蓉、西安至重庆等高速铁路，推进柳州至广州、南京至芜湖等普速铁路建设扩能，推进京昆、沪蓉、沪渝等国家高速公路扩容及G108、G321等普通国道改造。实施长江黄金水道扩能工程，重点推进长江口南槽治理二期工程、安庆至芜湖段航道整治工程等项目，加快长江干线航道实现区段标准统一。

（三）加强走廊建设。打通成渝昆高铁通道，加快包头至银川等高速铁路建设，推进黄桶至百色、精河至阿拉山口二线等普速铁路建设。实施京哈、连霍、沪昆等国家高速公路扩容及G312、G320等普通国道改造。加快推进淮河入海水道二期配套通航工程、西江航运干线3000吨级航道工程、西部陆海新通道(平陆)运河工程。

(四)推进通道建设。推进川藏铁路雅安至林芝段建设,推进西安至十堰、襄阳至常德、长沙至赣州等高速铁路建设,逐步打通青银、呼南、厦渝等高速铁路通道,加快贯通呼北、二广等国家高速公路,畅通出疆入藏公路,加大沿边铁路和口岸公路建设力度,加快建设湘江永州至衡阳三级航道,加快推进松花江下游重点浅滩航道工程,推动黑龙江等国际国境河流航道内通外联。

(五)提升枢纽能级。加强国际性、全国性综合交通枢纽城市建设,增强集聚辐射能力。推进综合交通枢纽港站一体化建设,合理预留枢纽站场发展空间。加快建设小洋山北侧集装箱码头、南通通州湾长江集装箱新出海口、钦州港大榄坪南作业区集装箱码头等港口设施。加强进港深水航道和锚地、沿海沿江粮食码头中转仓库、集装箱码头配套危险品堆场等建设。推进广州、深圳、昆明等枢纽机场改扩建,强化国际枢纽机场与轨道交通高效衔接。依托枢纽机场、主要港口、高铁车站打造一批综合客货运枢纽站场,推进湖北国际物流核心枢纽(鄂州)、长沙黄花机场综合客运枢纽、杭州西高铁站综合客运枢纽、海口新海港综合交通枢纽等建设,完善国家邮政快递枢纽体系。加强枢纽集疏运体系建设,加快重要港区、大型工矿企业和物流园区的铁路专用线建设。

(六)完善多式联运。充分发挥各种运输方式比较优势,加快发展多式联运,提高组合效率。推动各种运输方式信息共享、标准衔接、市场一体化。加快发展联程运输,加强各方式间运营信息、班次时刻、运力安排等协同衔接,推进一站购票、一票(证)通行。加快货运结构调整,大力发展大宗货物、集装箱铁水联运和江海联运,推动集装箱、标准化托盘、周转箱(筐)等在不同运输方式间共享共用,加快推进多式联运“一单制”。鼓励传统运输企业向联程联运、多式联运经营人转型。

(七)提升管养效能。推进干线铁路、城际铁路、市域(郊)铁路融合发展,做好与城市轨道交通衔接协调,完善高速公路网运行机制,推进内河高等级航道通航建筑物跨省市联合调度,积极参与优化国家空域规划和空域分类。贯彻全生命周期成本理念,强化交通基础设施常态化预防性养护,加强铁路综合维修养护一体化管理,深化公路养护市场化改革,推进内河高等级航道养护制度化规范化,提升民航基础设施运维和安全保障能力,强化不同辖区管养工作协调联动,提高全生命周期综合效益。

(八)加快智慧升级。坚持创新驱动,以数字化、网络化、智能化为主线,推动感知、传输、计算等设施与主骨架交通基础设施协同融合建设。推进铁路基础设施智能化,打造新一代轨道交通移动通信系统,推动高速铁路智能化升级改造,推进下一代列控系统、智能行车调度指挥系统应用。开展公路数字化行动,有序推进公路基础设施全要素周期数字化,深化高速公路电子不停车收费系统(ETC)拓展应用,稳步推进智慧路网云控平台建设。积极推进智慧航道和智慧港口建设,完善内河高等级航道电子航道图,加强梯级枢纽船闸联合智能调度系统建设,推进新型自动化集装箱、大宗干散货码头建设及码头操作系统研发推广应用。推进智慧机场建设,提升机场保障能力、服务水平和运行效率,发展新一代空管系统,提升空中交通全局化、精细化、智慧化运行能力。推动综合客运枢纽、货运枢纽(物流园区)智能化建设,开展仓储库存数字化管理等应用。推进数字化智能化设施跨省统筹布局、统一标准、同步建设,尽快形成整体服务能力。

(九)推进绿色转型。将生态优先绿色低碳理念贯穿于主骨架规划、设计、建设、运营和维护等全过程,降低全生命周期能耗和碳排放。强化节约集约用地、保护耕地意识,积极推行节地技术和节地模式,将节地作为工程选址及建设方案重要因素。强化生态保护意识，优先避让生态敏感区，确无法避让的应采取严格的生态保护和污染防治措施。推进以低碳为特征的绿色交通基础设施建设，建设港区、机场、公路服务区、交通枢纽场站等近零碳示范区。加强绿色航道建设，保护河湖生态功能。推动交通基础设施标准化、智能化、工业化建造，推广永临结合施工，推进建养一体化，降低全生命周期资源消耗。推进铁路电气化和机场运行电动化，加快高速公路快充网络有效覆盖。

（十）提升安全水平。加强主骨架多方式、多路径建设，提升网络韧性和安全性，提高应对极端情况的能力。推进主骨架建设项目精品建造和精细管理，打造"平安百年品质工程"。加强主骨架建设项目交通安全设施建设，强化防灾减灾等设施建设。以长大桥梁、通航建筑物等为重点，加强安全隐患排查和风险管控。完善公路交通应急装备物资储备中心布局建设管理，加强航道运行监测、维护和应急保障。

四、实施要求

（一）加强建设协同。坚持全网"一盘棋"，制定出台主骨架路线方案，深化各路径、各方式、各路线功能定位、建设条件、运输需求等研究，提出路线组成和建设要求。开展主骨架适应性评估，摸排铁路能力紧张路段、公路待贯通和瓶颈路段、未达标高等级航道，建立完善主骨架建设项目库，适度超前、科学有序确定建设改造安排。在五年发展规划（含中期调整）、年度投资计划制定中，优先落实安排主骨架建设任务。各地区要推进省级综合立体交通网规划编制发布及实施，因地制宜制定各专项中长期交通规划，加强与主骨架的功能协调、网络衔接。强化区域间、方式间建设协同，相关省市及部门要强化沟通对接，共同研究跨省市相关路段线位走向、接口方案以及建设时机、建设标准，协调优化不同方式有关项目线位布置、交叉工程、枢纽衔接等，完善公铁互跨互利支持措施，发挥组合效率。

（二）注重资源统筹。推进主骨架建设项目节约集约利用土地、线位、桥位、水域岸线等资源，推进多方式共用过江通道，原则上从严控制长江、黄河、珠江等中下游城市段及河口段新建项目单方式过江，整合优化断面空间，与沿线通信、能源、水利、市政等基础设施协调布置，促进交通通道由单一向综合、平面向立体发展，提高国土空间利用率。主骨架改扩建项目要充分利用既有通道资源，减少土地占用、环境影响。强化交通规划与国土空间规划动态衔接和信息互通共享，做好在国土空间规划"一张图"上的信息核对和上图入库，明确空间布局和用地控制规模，加强交通基础设施线位、点位等与耕地和永久基本农田、生态保护红线、城镇开发边界、城乡建设布局、河湖水域岸线等衔接协调。

（三）抓实前期工作。各地区及有关部门要加大主骨架建设项目前期工作力度、深度，加强与发展改革、自然资源、生态环境、住房和城乡建设、水利、文物、林业和草原等部门的衔接协调，依法尽早启动节约集约用地、环评、航评、防洪、水资源、考古调查等专项工作，优化前期工作程序。在主骨架建设项目可行性研究报告中，增加综合交通专章，深入研究分析拟建项目与相关交通项目的可替代可补充关系，充分听取相关方意见。水运建设要与流域综合规划衔接协调，依法依规履行涉河建设项目审批程序，确保防洪安全和供水安全。

（四）合理选用建设标准。深化主骨架项目建设标准研究论证。东中部地区新建高速铁路、新建及改扩建高速公路要充分考虑长远发展需求和建设条件，做好标准预留。长江、黄河、珠江等过江通道要结合地质条件、路网布局、地形、城市发展等因素充分论证建设规模和标准，其中新建高速公路过江通道原则上不低于6车道。普通国道原则上按二级及以上标准建设。高等级航道建设通航建筑物原则上应按千吨级及以上标准预留复线通航建筑物建设条件。重要节点特大桥梁、隧道应适当提高抗震设防等级，加强隧道防水排水设施措施能力建设。

（五）加强技术攻关。结合重大工程建设需求和自然环境特点，有针对性地加大科技攻关力度。强化复杂环境条件下线路、大跨度桥梁、超长隧道、高升程大容量升船机等新型建造技术及高性能工程材料研发。加强主骨架在役交通基础设施性能提升改建、地质灾害等预警、被毁工程快速恢复、应急处置、交通保障等技术研究。开展湘桂、赣粤运河等工程重点问题专项研究并适时实施，推进三峡水运新通道、大型跨海通道研究。加强高速铁路提速改造改建技术研究，推进高速磁悬浮铁路研究论证。

（六）完善技术规范。完善多方式共用通道线位的规划、设计、施工、管理等方面技术要求和配套政策，明确管理机制、责任主体、权益划分等。研究制定公铁共用隧道设计规范，加快推动公铁共用桥梁、并行路段、交叉路段有关技术规范宣贯推广应用。完善8车道以上高速公路有关技术条款。抓紧推进交通运输安全应急、节约集约用地、节能降碳、地下互通立交、新基建及特殊自然环境交通建设等标准规范制修订。

五、保障措施

（一）加强组织领导。充分发挥交通强国建设纲要起草组统筹协调作用，加强交通运输与发展改革、财政、自然资源、生态环境、住房和城乡建设、水利、林业和草原等部门沟通协商，协同研究解决规划协调、重大项目推进、要素保障、管理政策等问题。各省份要健全加快建设交通强国（强省）工作机制，研究建立相关行业主管部门沟通协调及多方式基础设施协同建设与综合利用机制，加大主骨架建设统筹力度，加强省际协调，定期调度重大项目建设，推动解决重点难点问题。

（二）加强资金保障。发挥政府和市场、中央和地方、国有资本和社会资本多方面作用，完善中央交通建设资金政策，加强对革命老区、民族地区、边疆地区、欠发达地区主骨架建设倾斜支持。各地要按财政事权和支出责任落实财政性资金，保障主骨架建设配套资金。统筹用好多方式共用过江跨海通道的资金补助政策。鼓励创新多元化融资模式，推动政府和社会资本合作模式规范发展，将符合条件的项目纳入地方政府债券支持范围，稳妥推进交通基础设施资产证券化，按照市场化原则引导社会资本积极参与主骨架建设。强化债务风险防控，防范化解地方政府隐性债务风险。

（三）加强国土保障。加强与自然资源等部门的沟通协调，优先保障主骨架建设项目用地用海。研究完善交通类建设项目占用永久基本农田管控政策。贯彻落实《交通运输部 国家发展改革委 自然资源部 生态环境部 国家林业和草原局关于加强沿海和内河港口航道规划建设进一步规范和强化资源要素保障的通知》，强化沿海和内河港口航道资源要素保障。

（四）加强激励评估。制定推进主骨架建设的监督和激励措施，对建设进展顺利、地方配套资金落实到位的地区进行激励，对工作滞后的加强督导。各级交通运输主管部门要动态跟踪主骨架建设进展，完善调整项目库，做好适应性评估。

交通运输部 国家铁路局
中国民用航空局 国家邮政局
2022年10月13日

国家邮政局关于深入推进邮政管理部门法治政府建设的实施意见

国邮发〔2022〕22 号

各省、自治区、直辖市邮政管理局，国家邮政局直属各单位、机关各司室：

为深入学习贯彻习近平法治思想，落实《法治中国建设规划（2020－2025 年）》《法治政府建设实施纲要（2021－2025 年）》《法治社会建设实施纲要（2020－2025 年）》等部署要求，推进邮政管理部门法治政府建设，现提出如下意见。

一、总体要求

（一）指导思想。以习近平新时代中国特色社会主义思想为指导，全面贯彻党的十九大和十九届历次全会精神，深入学习贯彻习近平法治思想，深刻领悟“两个确立”的决定性意义，增强“四个意识”，坚定“四个自信”，做到“两个维护”。服务于中国特色社会主义法治体系和社会主义法治国家建设，把邮政管理部门法治政府建设放在邮政业改革发展大局中统筹谋划，加快完善法治制度体系和法治实施体系，推进行业治理能力现代化，为建设邮政强国提供有力法治保障。

（二）主要原则。坚持党的全面领导，确保邮政管理部门法治政府建设的正确方向；坚持以人民为中心，践行人民邮政为人民的初心使命；坚持问题导向，切实解决制约邮政管理部门法治政府建设的突出问题；坚持改革创新，探索与新时代邮政业改革发展相适应的法治政府建设模式和路径；坚持统筹推进，强化邮政管理部门法治政府建设各项工作的整体推动、协同发展。

（三）总体目标。到 2025 年底，邮政管理部门行政行为全面纳入法治轨道，部门职能进一步转变，行业法规制度体系更加完善，行政决策质量和效率显著提高，行政执法质量和效能大幅提升，权力制约和监督体系更加健全，行业治理信息化水平明显提升，促进邮政业高质量发展、高效能治理。到 2035 年底，基本建成职能科学、权责法定、执法严明、公开公正、智能高效、廉洁诚信、人民满意的邮政管理部门，满足基本建成邮政强国的需要。

二、加快政府职能转变，推动有效市场和有为政府更好结合

（四）优化完善邮政管理部门职能。坚持优化邮政管理部门组织结构体系与促进部门职能转变、理顺部门职责统筹结合，完善促进发展、公共服务、市场管理、安全监管、科技驱动、生态保护等职能，制定省级和省级以下邮政管理部门内设机构设置和人员编制配备规范，按中央部署推行权责清单制度，使职能更加优化、机构设置更加科学、权责更加协同。正确处理邮政管理部门和市场、社会、企业的关系，严格执行邮政市场准入负面清单，依法适用邮政领域外商投资准入负面清单。更好发挥协会组织的行业自律、纠纷化解等服务功能。

（五）深入推进简政放权和优化服务。落实“证照分离”改革要求，按照统一部署公布邮政行政许可事项清单、备案管理事项清单，防止以备案、登记、行政确认、征求意见等方式变相设置行政许可事项。加强邮政行政许可行为规范化标准化法定化程序化建设，压缩办理时限、精简许可材料，扩大告知承诺制试行范围。加快推进“互联网＋政务服务”，推行邮政行政许可事项“全程网

办”，完善首问负责、一次告知、一窗受理、自助办理等制度。

（六）加强和创新事中事后监管。落实“谁审批、谁监管，谁主管、谁监管”原则，严格履行监督管理职责。健全以“双随机、一公开”监管和“互联网+监管”为基本手段、以重点监管为补充、以信用监管为基础的新型邮政业治理机制，进一步提高监督管理效能。着力构建市场自律、政府监管、社会监督互为支撑的协同监管格局。强化邮政管理审管衔接，增加事中事后监管的行政资源投入，推进线上线下一体化监管。完善邮政管理随机抽查事项清单和工作细则，实施信用风险分类监管，提高监管精准性。包容审慎实施寄递服务新业态监管。

（七）持续优化法治化营商环境。深入实施《优化营商环境条例》，推动形成统一开放、竞争有序、制度完备、治理完善的高标准邮政市场体系，配合加快建设全国统一大市场。加强政企沟通，在制定修改邮政领域法律、法规、规章、行政规范性文件过程中充分听取行业协会和企业意见。落实《邮政管理部门公平竞争审查工作办法》，切实防止滥用行政权力排除、限制竞争。重点督促引导企业总部落实主体责任和统一管理责任，强化合规管理、自我管理、自我约束。依法协同有关部门加强反垄断与反不正当竞争执法。

（八）提高突发事件依法处置能力。坚持运用法治思维和法治方式应对邮政业突发事件，促进突发事件行政手段应用的制度化规范化。根据国家应急工作总体部署，健全完善行业突发事件应急预案。加强突发事件监测预警、信息报告、应急响应、恢复重建、调查评估等机制建设，强化行业突发事件依法分级分类施策。依法实施应急举措，全面提高处置能力和效能。按照平战结合原则，完善行业突发事件应急响应处置法定程序和协调联动机制，定期开展应急演练。依法加强行业突发事件信息公开和危机沟通，完善公共舆情应对机制。

三、健全依法行政制度体系，加快推进行业治理规范化程序化法治化

（九）完善邮政立法工作机制。聚焦邮政业高质量发展、高效能治理中的实际问题立法，着力增强立法针对性、及时性、系统性和可操作性。坚持邮政立法与改革相衔接相促进，保障行业重大改革部署于法有据。完善邮政立法论证评估制度，加大立法前评估力度，建立健全立法风险防范机制，不断拓宽公众参与邮政立法渠道。推进邮政立法项目的基础性、前瞻性、储备性研究。

（十）完善邮政业法规制度体系。加强法规立改废释工作，着力构建适应新时代邮政业高质量发展、高效能治理的法规制度体系。推动修改邮政法、邮政法实施细则、快递暂行条例有关规定。“十四五”时期，推动制定《邮件快件包装管理办法》，修改《邮政行政执法监督办法》《邮政普遍服务监督管理办法》《仿印邮票图案监督管理办法》《快递市场管理办法》《邮政业标准化管理办法》《邮票发行监督管理办法》等部门规章；研究制定寄递物品验视检查、行业数据分类分级等规章制度，修订完善《经营进出境邮政通信业务审批工作细则》；推进邮政服务条例、邮政业安全管理条例的立法研究工作以及邮政业用品用具管理制度的完善工作。到 2035 年，形成以邮政法为主干，相关行政法规、部门规章、地方性法规、地方政府规章和行政规范性文件为基本构成，与相关领域涉邮法律法规相协调，系统完备、架构科学、布局合理、分工明确、有效衔接的邮政业法规制度体系。

（十一）加强邮政快递领域涉外法治工作。适应邮政业高水平对外开放工作需要，完善涉外规则制度体系。做好万国邮政联盟法规体系、相关国际条约和双多边协定与国内法的衔接协调。积极参与邮政领域国际规则制修订，推动形成公正合理的国际邮政规则体系。指导邮政企业、快递企业提高涉外法律风险防范意识和能力。支持研究机构建立世界主要国家涉邮法律法规数据库，

引导寄递企业充分利用国家域外法律查明机制。

（十二）加强行政规范性文件监督管理。各级邮政管理部门应当严格执行国家邮政局行政规范性文件制定程序，明确行政规范性文件管理事项类别，防止以一般“红头文件”代替行政规范性文件。加强行政规范性文件的协调衔接，防止同一事项不同规定。全面落实行政规范性文件合法性审查和公平竞争审查机制，严格执行文件备案审查制度。强化行政规范性文件效力管理，健全文件动态清理工作机制，完善废止和解释程序，及时清理与上位规定不一致、不协调和脱离行业实际、失去可操作性的制度规范。

四、健全行政决策制度体系，提升行政决策公信力和执行力

（十三）强化依法决策意识。各级邮政管理部门负责人要牢固树立依法决策意识，严格遵循法定权限和程序作出决策，确保决策内容合法合规。邮政管理部门主要负责人作出重大决策前，应当听取合法性审查机构的意见，注重听取法律顾问、有关专家的意见建议，支持跨层级跨地域发挥公职律师的专业支撑作用。上级邮政管理部门将是否遵守决策程序制度、做到依法决策，作为对下级邮政管理部门党组和主要负责人开展考核督察、审计巡察的重要内容。

（十四）严格落实重大行政决策程序。严格执行《重大行政决策程序暂行条例》以及邮政管理部门重大行政决策程序规定，充分发挥风险评估功能，提高专家论证质量，确保所有重大行政决策都严格履行合法性审查和集体讨论决定程序。涉及社会公众切身利益的邮政业重要规划、重大公共政策和措施等，应当加大公众参与力度，认真听取和反映利益相关群体的意见建议。建立健全决策过程记录和材料归档制度，配合推行重大行政决策事项年度目录公开制度。

（十五）加强行政决策执行和评估。完善邮政管理部门行政决策执行机制，明确决策执行主体、执行时限、执行反馈等内容。建立健全邮政管理部门重大行政决策跟踪反馈制度，依法推进决策后评估工作，将决策后评估结果作为调整重大行政决策的重要依据。邮政管理部门重大行政决策一经作出，未经法定程序不得随意变更或者停止执行。

五、健全行政执法工作体系，全面推进严格规范公正文明执法

（十六）完善邮政行政执法体制。完善重大违法案件挂牌督办制度，重大、复杂案件由适当层级的邮政管理部门直接管辖。加强与公安、国家安全、市场监管、应急管理、生态保护、海关、证监等部门的协同监管。对涉及多个部门、管理难度大、风险隐患突出的行业监管事项，推动实施跨部门联合执法，常态化执行线索通报、案件移送、案件协办、取证协作等工作制度，推动实现违法线索互联、执法标准互通、处理结果互认、执法信息共享。加强邮政行政执法和刑事司法衔接，不得以行政处罚代替案件移送。推动健全邮政管理部门执法人员依法履职免责、履行职务受侵害保障救济、不实举报澄清等制度。

（十七）加大行业重点执法力度。依法对寄递安全、生产安全、信息安全、生态安全、服务质量等关系群众切身利益和行业健康发展的重点事项开展专项整治，贯彻有关法律规定，配合落实反有组织犯罪制度规范。对潜在风险大、可能造成严重不良后果的突出问题，加强日常监管和执法巡查，从源头上预防和化解违法风险。畅通违法行为举报渠道，认真核实群众反映的问题，及时依法作出处理。

（十八）完善邮政行政执法规程。坚持严格规范公正文明执法，全面落实行政执法公示、执法全过程记录、重大执法决定法制审核制度，依法公开行政执法依据。做好邮政行政执法人员资格考试、证件制发、法治培训等工作，支持探索地方事业单位在编干部依程序取得所在地行政执法证

件。全面梳理和规范执法事项,完善邮政市场行政执法案由。规范履行邮政行政处罚裁量程序,健全完善行政裁量权基准制度,提高执法案卷、文书规范化水平。全面严格落实告知制度,完善执法文书送达制度,依法保障行政相对人权利。

(十九)*创新邮政行政执法方式*。坚持过罚相当、处罚与教育相结合,坚持推行轻微违法行为依法免予处罚,防范过度执法,促进行政执法效能提升。探索采用远程视频询问等执法方式,充分发挥视听资料、电子数据等线索作用,依法固化有关证据。对符合行政处罚法第五十一条规定的案件,可以适用邮政行政处罚简易程序,当场作出行政处罚决定。广泛运用说服教育、劝导示范、约谈警示、约谈督促等监管方式,视情发布风险提示、消费提示,杜绝以罚代管、一罚了之。加强案例指导,国家邮政局组织评析全系统适用的指导案例,各级邮政管理部门负责评析本辖区典型案例。

六、健全矛盾纠纷化解体系,依法妥善解决群众合理诉求

(二十)*扎实做好信访和申诉工作*。贯彻《信访工作条例》,坚持和发展新时代"枫桥经验",深入细致做好信访矛盾纠纷排查化解工作,引导信访问题纳入法治轨道,注重从源头解决信访问题。加强和改进邮政业用户申诉处理工作,优化申诉处理流程,探索申诉在线调解机制,更好发挥申诉化解民事纠纷"分流阀"作用。开展申诉工作指导和业务培训。探索拓展快递员关于服务纠纷的申辩渠道,保障快递员有关合法权益。

(二十一)*加强行政复议行政应诉工作*。加强邮政管理部门行政复议层级指导。依法明确直辖市邮政管理局作为行政复议机关的责任。全面推进邮政行政复议规范化专业化信息化建设,加强对行政复议决定书、意见书和建议书的执行监督,实现个案监督纠错与推进依法行政有机结合。落实行政机关负责人出庭应诉制度,健全邮政管理领域行政争议实质性化解机制。切实履行生效裁判,积极主动履行职责和纠正违法行为。配合支持检察机关开展行政诉讼监督和行政公益诉讼,认真做好司法建议、检察建议落实和反馈工作。

七、健全行政权力制约和监督体系,促进行政权力规范透明运行

(二十二)*充分发挥各类监督作用*。各级邮政管理部门要突出党内监督主导地位,自觉接受纪检监察机关监督,接受人大监督、民主监督、行政监督、司法监督、群众监督、舆论监督等各类监督,积极发挥审计监督、行业统计监督以及行政复议等执法监督作用。配合对邮政领域法律、行政法规执行情况开展专门监督。建立健全担当作为的激励和保护机制,切实调动和保护基层一线邮政管理工作人员的积极性。要防止问责不力,也要防止问责泛化、简单化。

(二十三)*加强对行政执法的监督制约*。加强邮政行政执法监督机制和能力建设。严格按照邮政管理部门法定权责事项分解执法职权、确定执法责任,优化行政执法案卷管理和评查、行政执法评议评析、投诉举报处理等制度。依法处理不作为乱作为,纠正执法不严格不规范不文明不透明等问题。按国家要求建立实施行政执法监督员制度。严禁下达或者变相下达罚没指标,严禁将罚没收入同基层单位及其工作人员的考核、考评直接或者变相挂钩。建立实行邮政管理部门法制工作机构制发行政执法建议书制度。

(二十四)*全面主动落实政务公开*。坚持以公开为常态、不公开为例外,加强邮政管理部门政务公开制度化标准化信息化建设。大力推进邮政管理决策、执行、管理、服务和结果公开,做到法定主动公开内容全部公开到位,依法公开行政规范性文件以及行政许可决定、行政处罚决定等信息,着力提升邮政管理部门法规政策发布解读水平。提升邮政管理部门政府信息公开申请办理工作质量,依法保障人民群众合理信息需求。推动加快构建邮政领域公共企事业单位信息公开制度。

八、强化法治建设科技保障，提升法治政府建设数字化水平

（二十五）提高行业管理信息化水平。加强邮政管理部门信息化平台建设的统筹规划，推进行业数据信息整合应用。推广运用互联网、大数据、人工智能等技术手段开展行业管理，优化创新行业管理流程和方式，促进行政决策、立法、执法水平提升。推动邮政管理部门政务服务向移动端延伸。配合落实行政法规、部门规章、行政规范性文件的统一公开查询。依法保护国家安全、商业秘密、自然人隐私和个人信息，探索推进邮政管理数据有序开放共享。

（二十六）深入推进“互联网＋”监管执法。依托寄递渠道安全监管“绿盾”工程，大力推进“互联网＋”监管执法，健全与国家“互联网＋监管”系统的对接机制。完善“互联网＋”监管事项目录清单。加强邮政管理一线的智能化执法设备配备运用，探索推行邮政行政执法 App，加快推广远程监管、移动监管、预警防控等监管形式，对寄递企业营业场所、邮件快件处理场所、信息系统等实施非现场监管。

九、加强党的领导，完善邮政管理部门法治政府建设推进机制

（二十七）加强党对邮政管理部门法治政府建设的领导。各级邮政管理部门要深入学习领会习近平法治思想，将其作为党组理论学习中心组重点学习内容，并贯彻落实到法治政府建设的各方面全过程，主要负责人应当切实履行推进本单位法治政府建设第一责任人职责，把法治政府建设摆到工作全局更加突出的位置抓实抓好。国家邮政局党组书记任组长的邮政管理部门法治政府建设工作领导小组，负责部署推动有关工作落实。落实述法工作要求，将述法与各级邮政管理部门主要负责人年终述职考核深度融合、同步部署推进，确保应述尽述。

（二十八）完善法治政府建设推进机制。健全邮政管理部门法治政府建设指标体系。加强法治政府建设评价工作，将依法行政情况作为考核各级邮政管理部门及其领导干部的重要内容。配合开展法治政府建设示范创建活动，激发法治政府建设的内生动力。依法公开法治政府建设情况，主动接受社会监督。将法治政府建设所需各项经费纳入部门财政预算统筹安排。对在邮政管理部门法治政府建设中作出突出贡献的单位和个人，按规定给予表彰奖励。

（二十九）全面加强依法行政能力建设。落实宪法宣誓制度。把民法典作为行政决策、行政管理、行政监督的重要标尺。制定和落实邮政管理干部应知应会法律法规清单。努力建设德才兼备的高素质邮政立法、执法、复议、法律顾问、公职律师等法治工作队伍，加强法治机构建设。国家邮政局领导干部培训，以及邮政管理工作人员初任培训、任职培训应当安排法治课程，省级、市（地）级邮政管理局负责人及内设机构负责人任期内接受一次以上法治专题培训。邮政行政执法队伍在完成政治理论教育和党性教育学时的基础上，积极采用音视频培训、现场培训等方式，使每人每年接受不少于 60 学时的业务知识和法律法规培训。

（三十）加强理论研究和普法宣传。加强邮政管理部门法治政府建设理论研究，探索建立专家库。认真落实《邮政业法治宣传教育第八个五年规划（2021－2025 年）》，加强行业法治文化建设，全面实施“谁执法谁普法”普法责任制，支持行政复议人员、行政执法人员以案释法，加强法律法规和政策宣讲。引导社会各方面广泛参与邮政立法，对立法热点问题主动发声、解疑释惑，促进立法过程与普法教育有效融合。加强对行业新颁法律法规规章的解读。

国家邮政局

2022 年 5 月 11 日

国家邮政局关于支持贵州邮政快递业高质量发展　助力贵州在新时代西部大开发上闯新路的实施意见

为深入贯彻习近平总书记重要讲话和指示批示精神，落实《国务院关于支持贵州在新时代西部大开发上闯新路的意见》（国发〔2022〕2号），推动贵州邮政快递业高质量发展，助力贵州“闯新路、开新局、抢新机、出新绩”，现提出如下实施意见。

一、总体要求

（一）指导思想。以习近平新时代中国特色社会主义思想为指导，全面贯彻落实党的十九大和十九届历次全会精神，以及习近平总书记关于新时代西部大开发、邮政快递业和贵州工作重要指示批示精神，完整、准确、全面贯彻新发展理念，坚持以人民为中心的发展思想，统筹发展和安全，围绕贵州“四区一高地”战略定位，强能力、促均等、推协同、提质效，推动贵州邮政快递业高质量发展，在贵州“闯新路、开新局、抢新机、出新绩”中发挥更大作用，为多彩贵州现代化和邮政强国建设贡献坚实力量。

（二）发展目标。到2025年，贵州邮政快递业发展环境进一步优化，治理能力显著增强；行业业务收入达到130亿元，快递业务量突破5亿件；基本形成“一核”“两翼”寄递枢纽体系，建成县乡村寄递物流体系；黔中城市群城市间快件实现36小时达，省内其他地区间实现48小时达，国内重点城市快递服务时限不超过3天；快递绿色包装耗材应用全面普及，新能源车辆使用率大幅提升；行业自动化、信息化、智能化水平显著提升。

到2035年，基本建成邮政强省，基本实现行业治理能力现代化；建成内外联通、安全高效的现代寄递物流服务体系；行业服务质量大幅跃升，基本达到本省互寄快件当日达，国内重点城市次日达，周边国家主要城市3天和全球主要城市5天的寄递时限水平；设备设施更加智能、发展方式更加集约、服务供给更加多元、安全保障更加有力，更好满足全省人民日益增长的美好生活需要。

二、激发活力优化布局，提升服务支撑能力

（三）激发邮政市场主体活力。深化行业“放管服”改革，省内快递业务经营许可审批承诺时限减至15个工作日以内，停止办理或者限制办理邮政普遍服务和特殊服务业务、撤销提供邮政普遍服务的邮政营业场所、仿印邮票图案三项审批承诺时限减至7个工作日以内。按照包容审慎原则放宽市场准入，支持鼓励智能信包（快件）箱、快递服务站等新技术新业态新模式发展。引导快递企业科学核算经营成本，分级分类调整、完善派费分配机制。推动快递企业总部加大对贵州的派费补贴力度，助力农村偏远网点可持续经营。

（四）助力贵州内陆开放型经济发展。加快推动贵阳国际快件中心建设，提升贵阳国际邮件互换局处理能力，打造贵州内陆开放新通道。结合《区域全面经济伙伴关系协定》（RCEP）实施，把握中老铁路与中欧班列货运衔接运行契机，支持贵州绿色低碳化工产品、特色农产品等经邮政快递渠道出口。支持邮政、快递企业深度参与中国国际大数据产业博览会、中国（贵州）国际酒类博览会等展会活动，主动融入国际、区域合作，提供寄递、仓储等关联服务，助推跨境电商发展，助力黔货走向国际市场。

（五）构建内联外畅寄递枢纽体系。引导邮政、快递企业加大对贵州投资，建设1个全国性枢纽（贵州快递物流集聚区）、2个区域性枢纽（黔南、遵义）、若干个区域性次级枢纽，打造“优化一核、完善两翼、发展多点”的寄递物流服务体系。

加强综合交通利用，结合贵州高铁功能改造、高速公路通道优化、贵阳航空口岸开放、铜仁凤凰机场口岸建设等，持续优化重要物流节点邮政快递设施布局。支持发展高铁快递、航空快递，深度融入西部陆海新通道、长江经济带建设，主动衔接粤港澳大湾区和成渝城市群。依托省内通达便利的高速公路网、国省道网，结合各地特色产业布局，在地级市和部分县域建设一批快递物流园区。

三、促进城乡服务均等，助力贵州乡村振兴

（六）强化邮政普遍服务。坚持尽力而为、量力而行，研究探索新时代西部邮政普遍服务高质量发展。统筹推进城乡地区邮政普遍服务能力提升，巩固农村邮政网点覆盖度和服务可及性，保障农村边远地区群众基本用邮需求。加强农村邮政综合服务平台建设，健全完善"建、管、用"并重的长效机制，确保农村地区邮件全程时限、邮件投递频次和深度等全面达标。加强贵州邮政普遍服务保障力度，促进服务可持续发展。

（七）提升服务"三农"能力。健全农村寄递物流体系，推动建设县级寄递公共配送中心和村级寄递物流综合服务站。加快推进"快递进村"工程，畅通农村末端服务"最后一公里"。支持邮政企业开放农村服务网络和基础设施，提高基础设施使用率。深化邮快、快快、快商等合作，鼓励快递企业抱团进村、共同配送。支持推进"交邮融合＋"试点改革，鼓励发展"多站合一"的乡镇客邮综合服务站。做好易地扶贫搬迁群众寄递服务保障。支持邮政、快递企业为易地扶贫搬迁群众提供就业岗位，帮助巩固脱贫攻坚成果。

（八）更好助推"黔货出山"。支持邮政、快递企业对接农业产业化龙头企业、农产品流通企业、绿色农产品供应基地，参与农产品品牌打造、产地冷链物流设施建设，服务贵州山地特色高效农业发展。深耕"一市一品"，培育"一地一品"，打造快递服务现代农业示范项目，助推当地特色产业集聚发展。发挥邮政、快递服务农村电商主渠道作用，推进农村电商快递协同发展示范区建设。

四、把握贵州特点优势，推进深度协同发展

（九）扩大"政邮合作"效应。支持贵州"政邮合作"进一步延伸至邮政末端网点，拓展政邮、警邮、税邮、法邮等合作深度，助推政务服务"一网通办"、便民服务"一次不跑"，助力提升"贵人服务"品牌效应。支持邮政快递综合服务点进社区，鼓励通过"一点多用"、服务叠加等方式创新发展，助力建设贵阳等城市一刻钟便民生活圈。支持邮政、快递企业开拓药品、教材等物品寄递，打造药品通、教务通等服务品牌。

（十）深度服务贵州轻工制造业。加快推进"快递进厂"，深度融入贵州电子产品、各类消费品等制造领域，培育快递业与制造业深度融合发展典型项目，创建深度融合发展先行区。支持邮政、快递企业为制造企业提供入厂物流、线边物流、仓配一体化、订单配送等服务，提供专业化、精细化的供应链服务产品。发挥赤水河流域酱香型白酒原产地和主产区优势，鼓励邮政、快递企业在当地设仓，继续开展"快递＋酱酒"项目，助力形成全国重要的白酒生产、运销基地。

（十一）支持推进"以邮促游"。支持发行贵州红色老区、绿色新区和发展成就等题材纪特邮票。引导邮政企业开发更多的贵州景观、红色旅游、生态旅游及贵州成就集邮宣传品，提升"山地公园省·多彩贵州风"品牌影响力。鼓励邮政、快递企业在景区建设"主题邮局""快递营业场所规范化示范店"，服务贵州"旅游产业化"。支持邮政、快递企业开展贵州乡村特色文化产品、民族传统手工艺品的宣传、销售、寄递。

五、强化各项要素支撑，提升行业发展质效

（十二）加快建设绿色邮政。支持寄递产品环保包装企业到贵州投资建厂。指导贵州推动寄递绿色包装国家标准和行业标准的实施，因地制宜开展地方标准的编制和实施。推进寄递包装绿色

转型，促进邮件快件包装绿色化、减量化、循环化。进一步推广绿色运输，引导邮政、快递企业整合运输资源、推进共收共投，推动在分拨中心、网点加装充电充气设施，扩大新能源在各作业环节的应用。

（十三）加快行业科技创新。依托国家大数据综合试验区和贵阳大数据科创城建设，推进人工智能、大数据、区块链、云计算等新兴数字技术与邮政快递业深度融合。鼓励邮政、快递企业对仓储、运输、配送和管理等作业场景进行智能化改造，打造智慧邮政。支持“三智一码”科研成果推广应用。鼓励开展无人机投递、智能机器人派送等无接触式寄递服务试点，解决山区通邮和疫情期间派送等特殊条件下的末端服务。指导贵州借助“一码贵州”等大数据平台开展示范，提升邮政、快递对农村电商的定制化服务能力，助力供应链体系建设。

（十四）维护行业安全稳定。进一步完善常态化安全监管机制，加快推进“绿盾”工程建设，提升安全管理智能化、数字化水平。支持贵州发挥地方平安建设考评体系作用，强化寄递安全联合监管，保障寄递渠道安全畅通，守好“平安贵州”建设行业关口。持续推进常态化疫情防控，做好邮政快递业疫情防控应对准备与应急处置工作。

（十五）加强行业人才支撑。支持邮政、快递企业与在黔普通高校、职业院校建立人才培养合作机制，支持贵州交通职业技术学院加强快递相关专业建设。推进快递工程技术人才职称评审，落实职业技能提升行动，推动职业技能等级认定，高水平打造技术、技能人才队伍。加强邮政管理干部队伍能力建设，不断提升干部素质，提升行业治理能力。

（十六）关心关爱从业人员。深入推进关爱快递员“暖蜂行动”，加强从业人员权益保护，推进快递企业依法与快递员签订劳动合同并缴纳社会保险费，依法规范使用劳务派遣用工。对灵活用工、流动性大的基层快递网点，按照相关规定优先参加工伤保险。优化从业人员工作环境，在劳动、生活保障等方面为从业人员提供支持。积极推荐行业从业人员参与中央和地方表彰奖励评选，不断提升从业人员获得感、幸福感、安全感。

六、保障措施

（十七）加强党的领导。坚持把党的领导贯穿于贵州邮政快递业高质量发展的全过程，继承发扬长征精神和遵义会议精神，引导激励贵州省邮政管理系统党员干部改革创新、干事创业，提升综合素质和能力本领。加强快递行业党建工作，推动建立快递行业党委，健全完善快递行业党建领导体制。支持遵义干部学院等开展邮政管理系统干部和行业党员党性教育。

（十八）强化政策支持。推动贯彻《交通运输领域中央与地方财政事权和支出责任划分改革方案》，切实加强邮政领域地方履职能力建设。推动将县乡村寄递物流体系建设纳入有关规划和公共基础设施建设范畴，落实地方财政支出责任。推进省级及以下邮政业安全监管支撑体系建设，争取地方在运行经费等方面给予保障。

（十九）抓好组织实施。贵州省邮政管理局要落实主体责任，强化组织，细化方案，明确分工，凝聚敢闯敢干的精神，坚定不移走出一条贵州邮政快递业高质量发展新路。国家邮政局有关司室要加强研究指导，在贵州开展行业改革创新试点，切实给予支持帮助。中国邮政快递报社要广泛宣传贵州邮政快递业改革发展成效，讲好行业故事。

国家邮政局关于支持浙江邮政快递业高质量发展　助力建设共同富裕示范区的实施意见

国邮发〔2022〕36号

浙江省邮政管理局，中国邮政集团有限公司、各主要快递企业：

为贯彻落实《中共中央　国务院关于支持浙江高质量发展建设共同富裕示范区的意见》，探索推动邮政快递业高质量发展和建设邮政强国的省域范例，现就支持浙江邮政快递业高质量发展助力建设共同富裕示范区提出如下意见。

一、总体要求

（一）指导思想。以习近平新时代中国特色社会主义思想为指导，深入贯彻党的十九大和十九届历次全会精神，全面贯彻落实习近平总书记关于共同富裕、邮政快递业和浙江工作重要指示批示精神，坚持稳中求进工作总基调，紧扣推动共同富裕和人的全面发展，以满足人民日益增长的美好用邮需要为根本目的，以改革创新为根本动力，着力解决邮政快递业发展不平衡不充分问题，支持浙江争当行业高质量发展开路先锋、走在加快建设邮政强国前列，助力建设共同富裕示范区。

（二）发展目标。到2025年，浙江邮政快递业高质量发展助力建设共同富裕示范区建设取得实质性进展。行业发展质量效益明显提升，行业服务能力、水平和品质迈上新台阶，行业高质量发展模式率先成型；邮政快递高质量发展先行区、协调发展引领区、改革创新试验区、美好用邮服务展示区建设取得标志性成果；行业收入分配差距持续缩小，快递员合法权益保障机制趋于成熟；高效能治理能力明显提升，邮政强国建设的引领和示范作用充分体现，形成一批可复制可推广的成功经验。

到2035年，浙江邮政快递业高质量发展取得更大成就，助力浙江基本实现共同富裕。邮政快递业统筹协调发展程度更高，发展质量和效益大幅跃升，普惠寄递、创新寄递、绿色寄递、平安寄递达到更高水平，基本实现行业治理体系和治理能力现代化，形成行业高质量发展促进共同富裕的示范样板，率先全面建成邮政强省。

二、提高行业发展质量和效益，创建邮政快递高质量发展先行区

（三）建设现代化寄递物流设施网络。支持浙江结合特色产业布局，加快建设一批邮政快递枢纽，提供专业化服务，与关联产业集聚发展。完善快递物流应急基础设施，建立专业化邮政快递转运分拨中心、配送中心。在杭州、宁波、温州、金华-义乌、嘉兴、台州等布局建设快递物流园区。支持在宁波、舟山等布局冷链快递物流基础设施，推动建设一批现代化农产品冷链快递物流集散中心。引导建设单位在新建、改建、扩建城镇居民住宅区时，同步建设快递末端综合服务站、智能快件箱（信包箱）。

（四）加强优质寄递物流服务供给。支持寄递企业通过并购等方式进入冷链、快运、供应链等领域。引导寄递企业与制造企业建立战略合作关系，有效对接制造各环节的快递物流需求，发展供应链物流服务，协同出海。深化寄递企业与电商平台合作，在全球配置运能、货代、报关、仓储、金融等资源，在浙江打造1～2家有国际竞争力的现代快递物流企业。聚焦生物医药、集成电路、智能装备等领域打造一批以智慧快递物流为中心的产

业园区。支持重点快递物流企业、现代供应链企业、冷链企业、快运企业在杭州湾地区设立全国总部、区域总部、功能总部和分拨中心。

（五）推进行业科技创新和智慧引领。加快实施智慧邮政工程，推动行业与数字经济深度融合，在浙江打造邮政快递业数字经济示范区。加强人工智能、大数据、区块链、“三智一码”、北斗等先进技术和装备应用推广。引导寄递企业联合高科技企业组建技术中心，研发智慧供应链新技术，提升供应链智慧化水平。支持浙江率先开展快递物流智能网联汽车自动驾驶测试。鼓励具备条件的企业申报全国重点实验室、国家工程研究中心、高新技术企业和行业技术研发中心，争取国家、行业和地方科技奖励、科技项目等支持。利用社会力量加强寄递物流研究机构建设，做大快递物流装备物资集采平台。引导快递物流技术研发企业在杭州设立研发中心和生产基地。

（六）支持新业态新模式发展。建立健全开放共享的行业数据治理体系，制定行业公共数据开放目录，鼓励第三方深化挖掘利用，加强数据安全和个人信息保护，推进数据资源赋能地方产业和经济发展。支持寄递企业紧跟移动互联网、共享经济和消费升级发展趋势，提供便捷、精细和高效的寄递物流服务和增值服务。鼓励寄递企业发展供应链物流、冷链快递、快运、仓配一体化、智能配送、逆向物流、供应链金融等新业务，因地制宜发展全程无接触投递模式。推动在浙江建设邮政快递业科技应用推广公共平台，完善科技和标准闭环管理制度。

三、统筹行业城乡区域产业发展，创建邮政快递协调发展引领区

（七）构建一体多元交邮协调发展体系。深入推进交邮协作，衔接综合交通运输体系。在大型车站、码头、机场等新建交通枢纽配套建设邮件快件绿色通道和接驳场所。推动优化机场货运功能和空间布局，整合优化存量空港物流设施，加快推进杭州萧山机场东区货站、嘉兴国际航空枢纽等项目建设，培育一批专业性航空快递枢纽。鼓励寄递企业增开至主要经济区域的全货机航线和包机航线。支持发展无人机、无人车运递邮件快件，在乡村、海岛布局建设无人机起降场地。做大铁路运输规模，发展多种形式的高铁快递，支持电商快递班列发展，推进浙江始发的中欧班列常态化运输邮件快件。

（八）提供更高水平的邮政普遍服务。研究探索新时代邮政普遍服务内涵和标准，支持浙江制定高质量省域邮政普遍服务标准，省域普遍服务水平世界领先。支持邮政企业承接政务类服务项目，拓展警邮、税邮、政邮等合作。加强城市新区普遍服务设施建设，优化城市网点布局，织密城市网络，拓展城市网点便民服务功能，推进城市网点智能化，提高城市邮政服务水平。支持邮政企业实现建制村直投到户，积极拓展邮政乡镇网点、村级站点服务功能，提供邮件快件收投、电商及农产品代销代购、普惠金融、便民缴费等服务，打造公共服务平台。

（九）实现更高质量的快递“进村”。加快完善农村寄递物流服务体系，深化快递企业与邮政企业合作，在浙江实现高质量的聚合发展、整合进村，支持充分融合农村客运班线、农村货运和邮政快递等客货邮资源，增加农村物流、配送等公共服务有效供给。支持浙江邮政、供销、电商平台及其他收投平台企业建设独立收投平台，发展共同配送。加快建设山区 26 县、海岛 4 县（区）村级寄递物流综合服务站，全面打造农村快递“共富驿站”。鼓励寄递企业深度嵌入农产品生产、加工、销售、流通等环节，支撑农村一二三产业融合发展。支持寄递企业在海产品产地和部分田头市场建设预冷、保鲜等初加工冷链设施，建立覆盖全程的冷链快递物流体系。引导寄递企业培育快递服务现代农业示范项目，加快区块链技术应用，率先在浙江实现农产品快递物流全程追溯。

（十）推进更深层次的快递“进厂”。支持浙江结合制造块状经济，分行业、分环节归纳有效适用场景，编制快递“进厂”技术指引，培育一批融合发展先行区、典型产业和典型项目。引导寄递企业深化与制造企业合作，提高生产制造和寄递物流一体化水平。鼓励寄递企业拓展服务信息技术、高端装备等先进制造业集群的供应链能力。研究出台特殊物品寄递安全管理规定，在确保安全前提下率先在浙江省域内提供特殊物品寄递服务。支持制造企业联合寄递企业研发智能立体仓库，实施流程再造和产业链提升。

（十一）推动更广范围的快递“出海”。支持浙江加快建设国际快递智能骨干网络，建立与跨境电商发展相适应的立体式国际寄递物流通道，构建以杭州、宁波、金华-义乌、嘉兴等邮政快递枢纽为依托，联通全球主要经济体的干线运输网。推动国际邮件互换局功能拓展和区域延伸布局，叠加商业快件、跨境电商通关功能，提升国际邮件快件集散能力。依托中欧班列将义乌打造成区域性铁路邮件快件集散中心。鼓励寄递物流企业加强海外仓建设，支持海外仓入驻海外智慧物流平台。推动国际快递物流出海网络联盟发展，加快国际快递物流运营商联盟实体化落地，引导快递企业在国际重点区域建立境外网络，实现抱团出海。支持寄递物流企业与浙江智造对接国际发展战略，共享全球网络资源。办好中国（杭州）国际快递大会，提升国际影响力。

四、加强行业治理体系能力建设，创建邮政快递改革创新试验区

（十二）深化邮政快递领域改革。推进邮政快递“放管服”改革。支持浙江省邮政管理局探索建立符合新业态特点的监管规则和标准，加强对新业态监管。健全行业法规体系，制修订促进邮政快递业高质量发展的地方法规规章和规范性文件。建立行业政企联席会议工作机制，引导快递企业总部积极参与浙江共同富裕示范区建设。

（十三）创新邮政快递治理模式。加快推进快递企业成本分区、服务分层、产品分类，稳步建立差异定价、优质优价的快递服务体系。坚持市场化、法治化原则，鼓励寄递企业对标国际先进标准制定具有国际影响力的企业标准、团体标准，支持浙江建立促进行业高质量发展的标准体系。健全邮政管理支撑体系，加强省域邮政业安全中心建设，提高县级邮政监管能力。支持浙江快递物流智控平台建设，强化资源条件保障，对涉及浙江的快递行业公共数据资源共享上予以支持。充分发挥大数据、云计算和互联网等现代信息技术，加强对行业运行情况分析与预警预判，为宏观决策、监督管理、公共服务提供支撑。

（十四）提升行业监管和执法水平。实施智慧监管，依托“绿盾”工程，探索非现场监管措施和应用场景，积极开展远程监控、线上巡查、视频指导等。开展智能语音申诉试点，提升用户申诉处理能力。探索实施信用分级分类监管，推广信用承诺制度。深入实施公平竞争审查，完善行业行政执法自由裁量权基准，健全执法考核评议和案卷评查制度。强化邮政市场监管，依法整治未经许可经营快递业务、利用快递服务信息“刷单”、低于成本提供服务等突出问题。强化部门联动，完善行业监管部门和综合监管部门联动的工作机制，坚决反对垄断和不正当竞争。

（十五）加强快递从业人员权益保障。支持寄递企业通过提质增效拓展从业人员增收空间，原则上年总收入不低于所在城市相应企业类别就业人员平均工资水平，依法保障快递员休息休假权利。建立行业薪酬调查和信息发布制度，支持第三方建立行业雇主评价体系。督促快递企业依法与快递从业人员签订劳动合同并缴纳社会保险费，推进浙江快递领域社会保障水平走在前列。支持浙江率先推动快递员群体优先工伤保险全覆盖，鼓励快递企业为快递专用电动三轮车投保商业保险。深入开展关爱快递员“暖蜂行动”，推进基层快递网点“会、站、家”一体化和工会户外劳动者服务站点建设。

五、推进行业绿色安全发展，创建美好用邮服务展示区

（十六）推进行业绿色低碳发展。深化推进绿色包装，支持浙江开展全域绿色快递包装应用试点，自2023年开始，逐步加大可循环、可替代、可降解的快递包装使用力度，快递网点不再使用不符合环保要求的塑料包装袋、一次性塑料编织袋等。探索符合我国国情和电子商务、快递业发展实际的可循环快递包装应用模式，推进可循环快递包装应用。到2025年，浙江寄递企业包装废弃物回收装置设置基本实现网点全覆盖，新增和更新城市邮政快递电动车辆占比达到80%以上。实施邮政快递基础设施绿色改造，加快绿色低碳技术在行业推广应用，建立健全行业绿色认证体系，探索行业绿色低碳转型发展路径，加快形成绿色生产生活方式，打造邮政快递绿色发展浙江样板。

（十七）强化寄递渠道安全监管。将浙江作为国家寄递渠道科技监管试验区，加快推广使用智能安检和高速安检设备，推进行业寄递安全监管数字化转型，提升数据监测、综合研判和协同监管的能力。探索与公安、海关、民航等部门开展智能化安全监管合作。强化企业安全责任，督促企业加大安全设施设备和信息技术投入。建立健全寄递渠道安全责任机制，落实企业安全主体责任、政府安全监管责任和用户安全用邮责任。推动寄递企业纳入浙江应急保供体系，完善应急管理机制和应急预案，加强应急处置物资装备和队伍建设。

（十八）加强行业精神文明建设。推动学习贯彻习近平新时代中国特色社会主义思想走深走心走实，传承弘扬中华优秀传统文化。坚持以社会主义核心价值观为引领，加强爱国主义、集体主义、社会主义教育，厚植行业勤劳致富、共同富裕文化范围。大力弘扬战邮精神，践行“忠诚为本、勤劳为基、创造为荣、守护为责”的小蜜蜂精神。加强行业职业道德教育，推进行业诚信文化建设。广泛开展岗位建功和文明创建活动，积极争创“全国劳动模范”“五一劳动奖章”“最美浙江人”“最美快递员”等先进典型。支持发行反映浙江共同富裕成果等主题的邮票。

六、保障措施

（十九）加强党的领导。把党的领导始终贯穿推进浙江省邮政快递业高质量发展助力建设共同富裕示范区的全过程，充分发挥行业党的各级组织的领导作用和战斗堡垒作用，为实现目标任务提供坚强的组织保障。以正确用人导向引领干部干事创业。健全行业基层党建工作的共管机制，推进快递企业基层党组织建设。督促龙头企业延伸做好加盟企业、快递网点基层党建工作，纳入对龙头企业区域总部管理要求，定期开展评价。

（二十）强化政策支持。国家邮政局优先将邮政快递业改革试点、探索示范任务赋予浙江。支持浙江将村级寄递物流综合服务站、智能收投设施、“快递进村”等快递末端服务纳入基本公共服务。加强浙江邮政管理队伍建设，加大优秀干部对外交流和挂（任）职力度。

（二十一）加强组织实施。国家邮政局和浙江省政府依托已建立的合作协调工作机制，定期研究协调重要问题、重要事项。国家邮政局机关各司室要加强组织协调、跟踪指导、监督检查。浙江省邮政管理局要切实承担主体责任，敢干敢闯、改革破难，加强行业高质量发展理论研究，及时总结改革探索经验，确保本意见确定的各项任务目标如期完成，奋力推进行业高质量发展助力建设共同富裕示范区。重要事项及时向国家邮政局报告。

国家邮政局
2022年9月1日

国家邮政局关于印发《邮政行业技术研发中心管理办法》的通知

国邮发〔2022〕35号

第一章 总 则

第一条 为贯彻落实国家创新驱动发展战略,推进邮政行业技术研发中心建设,加强邮政行业技术研发中心管理,加快行业科技创新步伐,提升行业科技创新水平,特制定本办法。

第二条 邮政行业技术研发中心(以下简称研发中心)是以现代邮政行业发展需求为导向,依托企业、高等院校、科研院所以及其他相关单位,开展邮政行业科技研发活动、推动科技成果转化和技术交流、培育行业科技创新人才的重要基地,是邮政行业技术创新体系的重要组成部分。

第三条 国家邮政局组织开展研发中心管理工作。各省、自治区、直辖市邮政管理局(以下简称省级邮政管理部门)协助国家邮政局对研发中心进行指导和管理。

第四条 国家邮政局根据需要,委托有关单位作为秘书处具体承担研发中心管理工作。

第五条 国家邮政局给予研发中心政策倾斜,支持其承担国家重大科技项目、申报国家级科技创新平台或基地、国家科学技术奖项以及邮政行业科学技术奖、推荐参加科技人才评选、优先承担或参与国家组织的国际技术合作项目、优先参与邮政行业科技发展战略规划和标准规范的研究制定,并本着自主自愿的原则,支持在邮政行业推广应用其研发成果。

第二章 申报认定

第六条 研发中心的申报与认定时间,由国家邮政局根据需要研究确定。认定的研发方向根据科学技术发展情况和邮政行业实际需求,进行动态更新。

第七条 研发中心的认定遵循自愿申报、从严择优、公平公正的原则,鼓励产学研用联合申报。

第八条 研发中心应当具备以下基本条件:

(一)具有明确的科技发展规划和科技研发方向,符合国家科技发展战略、邮政行业发展规划和邮政行业技术研发中心总体布局,在行业中具有明显的科技研发优势和竞争优势。

(二)具备完善的研究、开发和试验条件,以及承担相关科技研发、产品设计和成果转化的能力。

(三)拥有一支结构合理、富有创新精神的科技研发和成果转化的专业技术人员队伍。

(四)创新能力强,研发投入高,拥有若干具备自主知识产权的科技研发成果,在市场中推广应用取得良好社会效益、经济效益或获得过省部级(含)以上的科技奖励。

(五)依托单位能为研发中心提供必要的条件保障,三年内未发生重大质量或安全责任事故。

第九条 依托单位应在规定的时间内,经所在地省级邮政管理部门推荐,向国家邮政局提出申请,并提交《邮政行业技术研发中心申请表》以及必要的证明材料。申请材料应真实有效,不得弄虚作假,一经发现取消三年申报资格。

第十条 国家邮政局按照初评、专家评审、现场评估和综合评议的程序组织开展研发中心的认定工作。

第十一条 国家邮政局组织对申报材料是否齐全、材料填写是否符合要求以及申请是否符合研发中心基本条件等进行初评。

初评合格的，组织专家组开展专家评审工作。

第十二条 国家邮政局组织建设评审专家库，从评审专家库中随机抽取专家，组成评审专家组。评审专家组按照听取汇报、核实材料、抽查询问、集体评议等程序开展专家评审工作。专家评审主要了解申报的研发中心在综合实力、科技研发能力、成果转化能力与水平、科技贡献与行业影响、管理与运行机制等方面的情况，评估研发中心建设的必要性与可行性，形成专家评审意见。

通过专家评审的，组织专家进行实地查看，开展现场评估。

第十三条 现场评估全面核查申报的研发中心在研发条件、研发能力、成果转化能力与水平、组织架构与人员情况等方面的真实性和有效性，形成现场评估意见。

第十四条 评审专家应当对评估情况及评估中的各种意见严格保密，在评估工作中应当客观公正，不得弄虚作假、徇私舞弊。

第十五条 国家邮政局根据专家评审意见和现场评估意见进行综合评议（必要时组织答辩），研究确定认定结果并进行公示。公示期为七天。

第十六条 公示期满无异议的，国家邮政局予以公布，并统一命名为“邮政行业×××技术研发中心”。

第三章 组织运行

第十七条 研发中心应设立管理委员会和技术委员会，建立管理委员会负责重大事项决策管理、技术委员会提供学术指导、依托单位支持建设与保障运行的管理体系。

第十八条 管理委员会是研发中心的决策管理机构，由研发中心依托单位及其主管部门有关人员组成。主要职责是制定研发中心发展规划和管理制度，审定研发中心技术委员会组建方案，聘任研发中心主任，负责研发中心的年度考核，协调研发中心建设和运行过程中的有关事项等。

第十九条 技术委员会是研发中心的学术指导组织，由相关专业领域的技术专家和学者等组成。主要职责是为研发中心开展科技研发、成果转化等提供技术咨询。

第二十条 研发中心应实行“开放、交流、合作、共享”的运行机制，并在人员配备、平台建设、经费筹措及使用等方面建立相应体制机制，推动研发中心可持续发展。

第二十一条 研发中心依托单位或成员单位发生更名、重组等重大调整的，应在办理相关手续后三十天内将有关情况报国家邮政局和所在地省级邮政管理部门。

第四章 复核监督

第二十二条 建立研发中心年度报告制度，每年3月底前提交上一年度研发报告报国家邮政局。研发中心应指派专人负责与秘书处进行日常工作对接。

第二十三条 研发中心实行定期复核制度，复核周期一般为三年，主要对研发中心复核周期内整体运行状况进行综合评估。

第二十四条 研发中心的复核包括研发中心自评、省局复核、专家评议和综合评议四个阶段。

（一）研发中心自评。参加复核的研发中心，应填写《邮政行业技术研发中心自评估报告》，并报所在地省级邮政管理部门。

（二）省局复核。所在地省级邮政管理部门组织对研发中心自评报告的填写情况进行实地复核并签署意见。

（三）专家评议。专家评议主要评估研发中心复核周期内的整体运行状况，包括：综合实力、科技研发能力、成果转化能力与水平、科技贡献与行业影响、管理与运行机制等，形成专家评议意见。

（四）综合评议。国家邮政局根据研发中心自评、省局复核和专家评议情况进行综合评议，确定复核结果。

第二十五条 国家邮政局根据复核结果，对研发中心进行动态调整。通过复核的，继续保留研发中心称号；未通过的，限期整改，整改不通过的，不再列入研发中心序列。

第二十六条 有下列行为之一的，由国家邮政局撤销其研发中心称号：

（一）未按照规定参加复核的；

（二）复核结果不合格且限期整改不通过的；

（三）研发中心自行要求撤销的；

（四）依托单位被依法终止的；

（五）弄虚作假、违反相关法律法规的；

（六）其他不再符合研发中心基本条件的。

因第一、二、三、六项原因被撤销研发中心称号的，两年内不得重新申报认定。因第五项原因被撤销研发中心称号的，四年内不得重新申报认定。

第五章 附 则

第二十七条 本办法中《邮政行业技术研发中心申请表》《邮政行业技术研发中心自评估报告》式样以及相关证明材料的要求，以组织开展相关工作时的具体通知为准。

第二十八条 在涉及邮政行业重要急需的领域，针对综合研发能力突出的单位，国家邮政局可特别组织开展相关研发中心的认定工作，认定程序可适当简化。

第二十九条 本办法由国家邮政局负责解释，自印发之日起实施。

第五章　重要政策解读

《邮政业生态环境保护工作信息报告规定(试行)》解读

《邮政业生态环境保护工作信息报告规定(试行)》(以下简称《规定》)经国家邮政局第3次局长办公会审议通过,并于2022年6月1日正式印发施行。为便于各级邮政管理部门、有关企业更好地理解相关内容,切实做好该文件的贯彻实施工作,现解读如下:

一、出台《规定》的必要性

(一)出台《规定》是落实上位法规定的需要。《中华人民共和国固体废物污染环境防治法》(以下简称《固废法》)第六十九条第二款规定,"商品零售场所开办单位、电子商务平台企业和快递企业、外卖企业应当按照国家有关规定向商务、邮政等主管部门报告塑料袋等一次性塑料制品的使用、回收情况。"第一百零六条明确了违反上述规定的法律责任。《邮件快件包装管理办法》第三十二条规定,"邮政管理部门根据履行监督管理职责的需要,可以要求寄递企业报告包装物中一次性塑料制品的使用等情况。寄递企业报送的信息和数据应当真实、完整。"落实上述法律规定,需要通过规范性文件予以细化实化,以指导全行业贯彻执行。

(二)出台《规定》是加强行业生态环保监管工作的必然要求。行业生态环境保护信息是邮政业生态环保工作实际情况的现实反映。通过实施信息报告,全面掌握相关信息,对于邮政管理部门科学决策和有效监管具有重要意义。实践证明,信息报告是行之有效的监管措施。寄递企业和各地邮政管理部门定期上报有关信息,国家邮政局汇总梳理,强化情况分析,可以有效掌握全行业生态环保工作进展情况,发现存在的短板弱项,为研判行业绿色发展趋势、有针对性部署推动工作提供基础支撑。

二、基本过程

国家邮政局围绕贯彻落实《固废法》和《邮件快件包装管理办法》相关规定,深入开展调查研究,认真总结实践经验,起草了《规定》征求意见稿,广泛征求了各省(区、市)邮政管理局、各品牌寄递企业总部等相关方面的意见建议。2021年11月22日—12月22日,《规定》征求意见稿网上公开征求意见。在此基础上,国家邮政局局长办公会议于2022年2月22日审议并通过。根据会议精神修改完善后,《规定》正式印发实施。

三、主要内容

《规定》共计22条,主要内容包括:一是明确了信息报告的总体要求,包括《规定》的适用范围、监督管理权限、工作原则等。二是明晰了信息报告的主体、内容和程序,包括信息报告主体和层级、企业总部管理责任、邮政管理部门报告内容、寄递企业报告内容、信息报告与统计体系衔接、报告方式、报告频次、信息处理等。三是规定了监督管理相关要求,包括减轻企业负担、信息通报、保密义务、工作责任制、信息核实、报告制度落地细化等内容。

《国家邮政局关于支持贵州邮政快递业高质量发展　助力贵州在新时代西部大开发上闯新路的实施意见》解读

2022 年 10 月 13 日，国家邮政局印发了《关于支持贵州邮政快递业高质量发展　助力贵州在新时代西部大开发上闯新路的实施意见》（以下简称《实施意见》）。为抓好《实施意见》贯彻落实，现进行如下解读。

一、《实施意见》出台的背景和意义

2021 年 2 月，习近平总书记视察贵州时指出，希望贵州以高质量发展统揽全局，在新时代西部大开发上闯新路，在乡村振兴上开新局，在实施数字经济战略上抢新机，在生态文明建设上出新绩。2022 年 1 月，国务院出台国发〔2022〕2 号文，明确了贵州的战略定位和发展目标，提出一系列支持政策。强化举措推进西部大开发形成新格局，是党中央、国务院从全局出发，顺应中国特色社会主义进入新时代、区域协调发展进入新阶段的新要求，统筹国内国际两个大局作出的重大决策部署。支持贵州在新时代西部大开发上闯新路，是以习近平同志为核心的党中央巩固拓展脱贫攻坚成果、促进区域协调发展、推动新时代西部大开发形成新格局的重大举措。

通过出台《实施意见》，国家邮政局将加大对贵州邮政快递业的支持力度，在提升普遍服务水平、完善快递枢纽布局、健全农村寄递物流体系建设等方面给予更多指导和帮助，推动贵州邮政快递业加快补短板强弱项，实现高质量发展，更好发挥邮政快递业在服务生产生活、促进消费升级、畅通经济循环中的积极作用，以实际行动助力贵州在新时代西部大开发上闯新路。

二、关于《实施意见》总体要求

《实施意见》指导思想提出，以习近平新时代中国特色社会主义思想为指导，全面贯彻落实党的十九大和十九届历次全会精神，以及习近平总书记关于新时代西部大开发、邮政快递业和贵州工作重要指示批示精神，完整、准确、全面贯彻新发展理念，坚持以人民为中心的发展思想，统筹发展和安全，围绕贵州“四区一高地”战略定位，强能力、促均等、推协同、提质效，推动贵州邮政快递业高质量发展，在贵州“闯新路、开新局、抢新机、出新绩”中发挥更大作用，为多彩贵州现代化和邮政强国建设贡献坚实力量。

发展目标明确，到 2025 年，贵州邮政快递业发展环境进一步优化，治理能力显著增强；行业业务收入达到 130 亿元，快递业务量突破 5 亿件；基本形成“一核”“两翼”寄递枢纽体系，建成县乡村寄递物流体系；黔中城市群城市间快件实现 36 小时达，省内其他地区间实现 48 小时达，国内重点城市快递服务时限不超过 3 天；快递绿色包装耗材应用全面普及，新能源车辆使用率大幅提升；行业自动化、信息化、智能化水平显著提升。

到 2035 年，基本建成邮政强省，基本实现行业治理能力现代化；建成内外联通、安全高效的现代寄递物流服务体系；行业服务质量大幅跃升，基本达到本省互寄快件当日达，国内重点城市次日达，周边国家主要城市 3 天和全球主要城市 5 天的寄递时限水平；设备设施更加智能、发展方式更加集约、服务供给更加多元、安全保障更加有力，更好满足全省人民日益增长的美好生活需要。

三、关于《实施意见》主要任务

围绕贵州“四区一高地”战略定位，《实施意见》提出了激发活力优化布局、促进城乡服务均等、推进深度协同发展、强化各项要素支撑4个方面14项重点任务。

一是激发活力优化布局，提升服务支撑能力。主要包括激发邮政市场主体活力、助力贵州内陆开放型经济发展、构建内联外畅寄递枢纽体系等。

二是促进城乡服务均等，助力贵州乡村振兴。主要包括强化邮政普遍服务、提升服务“三农”能力、更好助推“黔货出山”等。

三是把握贵州特点优势，推进深度协同发展。主要包括扩大“政邮合作”效应、深度服务贵州轻工制造业、支持推进“以邮促游”等。

四是强化各项要素支撑，提升行业发展质效。主要包括加快建设绿色邮政、加快行业科技创新、维护行业安全稳定、加强行业人才支撑、关心关爱从业人员等。

四、关于《实施意见》保障措施

《实施意见》提出了三个方面的保障措施，突出了对文件实施的政治引领、政策支持和组织实施。

一是加强党的领导。把党的领导贯穿于贵州邮政快递业高质量发展全过程，继承发扬长征精神和遵义会议精神，健全完善快递行业党建领导体制。

二是强化政策支持。推动贯彻《交通运输领域中央与地方财政事权和支出责任划分改革方案》，推动将县乡村寄递物流体系建设纳入有关规划和公共基础设施建设范畴。

三是抓好组织实施。国家邮政局在贵州开展行业改革创新试点，切实给予支持帮助。贵州省邮政管理局落实主体责任，凝聚敢闯敢干的精神，坚定不移走出一条贵州邮政快递业高质量发展新路。

《国家邮政局关于支持浙江邮政快递业高质量发展　助力建设共同富裕示范区的实施意见》解读

2022年9月1日，国家邮政局印发了《关于支持浙江邮政快递业高质量发展助力建设共同富裕示范区的实施意见》（以下简称《实施意见》）。为抓好《实施意见》贯彻落实，现进行如下解读。

一、《实施意见》出台的背景和意义

共同富裕是社会主义的本质要求，是中国式现代化的重要特征。2021年5月20日，党中央、国务院印发了《关于支持浙江高质量发展建设共同富裕示范区的意见》（以下简称《意见》），围绕解决城乡区域发展、收入分配差距大等发展不平衡不充分的主要矛盾，对浙江赋予了高质量发展高品质生活先行区、城乡区域协调发展引领区、收入分配制度改革试验区、文明和谐美丽家园展示区的四大战略定位。《意见》是以习近平同志为核心的党中央把促进全体人民共同富裕摆在更加重要位置作出的一项重大决策，充分体现了党中央对解决我国发展不平衡不充分问题的坚定决心，为浙江高质量发展促进共同富裕提供了强大动力和根本遵循。

邮政快递业是服务生产、促进消费、畅通循环的现代化先导性产业，邮政体系是国家战略性基础设施和社会组织系统之一。行业在解决地区差距、城乡差距、收入差距等方面具有重要作用，是推动经济高质量发展实现共同富裕的重要支撑。深入贯彻落实《意见》精神，找准邮政快递业在促进共同富裕中的定位，着力解决不平衡不充分问题，支持浙江争当行业高质量发展开路先锋，对建设共同富裕示范区具有重要意义。

二、关于《实施意见》总体要求

《实施意见》指导思想提出，要以习近平新时代中国特色社会主义思想为指导，深入贯彻党的十九大和十九届历次全会精神，全面贯彻落实习近平总书记关于共同富裕、邮政快递业和浙江工作重要指示批示精神，紧扣推动共同富裕和人的全面发展，以满足人民日益增长的美好用邮需要为根本目的，以改革创新为根本动力，着力解决邮政快递业不平衡不充分问题，支持浙江争当行业高质量发展开路先锋，助力浙江高质量发展、建设共同富裕示范区。

工作目标明确，到 2025 年，浙江邮政快递业发展质量效益明显提升，服务能力、水平和品质迈上新台阶，行业高质量发展模式率先成型；邮政快递业创新试点取得标志性成果；快递员合法权益保障机制趋于成熟；高效能治理能力明显提升，形成一批可复制可推广的成功经验。到 2035 年，浙江邮政快递业统筹协调发展程度更高，发展质量和效益大幅跃升，普惠寄递、创新寄递、绿色寄递、平安寄递达到更高水平，基本实现行业治理体系和治理能力现代化，形成行业高质量发展促进共同富裕的示范样板，率先全面建成邮政强省。

三、关于《实施意见》主要任务

对标对表《意见》确定的四大战略定位，《实施意见》提出了在浙江创建邮政快递高质量发展先行区、协调发展引领区、改革创新试验区和美好用邮服务展示区 4 个方面 16 项重点任务。

一是提高行业发展质量和效率，创建邮政快递高质量发展先行区。主要包括建设现代化寄递物流设施网络、加强优质寄递物流服务供给、推进行业科技创新和智慧引领、支持新业态新模式发展等政策举措。

二是统筹行业城乡区域产业协调发展，创建邮政快递协调发展引领区。主要包括构建一体多元交邮协调发展体系、提供更高水平的邮政普遍服务、实现更高质量的快递“进村”、推进更深层次的快递“进厂”、推动更广范围的快递“出海”等政策举措。

三是加强行业治理体系能力建设，创建邮政快递改革创新试验区。主要包括深化邮政快递领域改革、创新邮政快递治理模式、提升行业监管和执法水平、加强快递从业人员权益保障等政策举措。

四是推进行业绿色安全发展，创建美好用邮服务展示区。主要包括推进行业绿色低碳发展、强化寄递渠道安全监管、加强行业精神文明建设等政策举措。

四、关于《实施意见》保障措施

《实施意见》提出了三个方面的保障措施，突出了对文件实施的政治站位、政策支持和组织实施。

一是加强党的领导。把党的领导始终贯穿浙江省邮政业高质量发展的全过程，加快推进快递企业基层党组织建设。

二是强化政策支持。国家邮政局优先将邮政快递业改革试点、探索示范任务赋予浙江，支持浙江将村级寄递物流综合服务站、智能收投设施、“快递进村”等快递末端服务纳入基本公共服务，并加强浙江邮政管理队伍建设。

三是加强组织实施。国家邮政局和浙江省人民政府依托已建立的合作协调工作机制，定期研究协调重要问题和重要事项。浙江省邮政管理局要切实承担主体责任，奋力推进行业高质量发展，助力建设共同富裕示范区。

ZTO 中通快递

用我们的产品
造就更多人的幸福

01快递进村

袁伟 江苏东台三仓镇快递员

“我们不但要把快递送进村里，更要把村里的特色农产品快递出去。过去几年，附近村子里的农户一直通过咱们中通，把挖来的荠菜邮寄到全国各地。村民增收创收的同时，全国人民也能吃到我家乡的美味。”

2022年，中通乡镇覆盖率超过94%，年发货超1000万件的金牌农产品有12个。中通在农村地区的揽投业务量超过80亿件，通过在农村地区建设兔喜生活+，进一步加快县、乡、村三级物流体系建设步伐。

04关爱小哥

王猛 上海虹桥南部网点快递小哥

“我没想到在工作中受伤，还能有一份意外险，不仅赔了我医药费，还有误工费。‘小哥宝’的服务贴心、暖心，感谢公司为我们小哥保驾护航。”

为切实将关心、关爱小哥权益落到实处，中通每年为全网快递小哥购买“小哥宝-团意险”，由集团承担全部保费，覆盖快递小哥工作以及日常生活的意外场景。此外，中通在2021年设立的1亿元“小哥关爱基金”基础上，追加5000万元，对中通全网因疾病、意外伤害等原因导致生活困难的快递员及其家庭提供资助。

02综合物流

王东东 贵州仁怀网点负责人

“我们为当地白酒客户提供专业的快递、快运服务的同时，还提供包装品控、打包等特色服务。帮助客户降低物流成本和装卸风险，提升了用户网购白酒的消费体验。”

过去一年，中通依托快递主业的优势，持续加大综合物流服务能力建设。培育出如贵州仁怀酒业、山西闻喜玻璃制品、广东中山灯具、浙江诸暨袜业等地方实体经济服务案例，深度服务米其林、奔驰重卡、宁德时代、倍耐力等大型制造企业。

03快递出海

斯鲁乌西 柬埔寨中通货车司机

以前收入不稳定，月收入在200-400美元间。到中通后，工作稳定，月收入达到500美元，可以存钱给家人治病、买摩托车。我还发动哥哥和弟弟一起在中通跑运输。

2023年是柬埔寨中通正式运营5周年。5年实干，柬埔寨中通携手合作伙伴服务百万柬埔寨家庭，助力中柬优质农产品热销，带动上千名柬埔寨人创业就业，为中柬两国贸易往来提供便利，为中柬友谊添砖加瓦。

中通国际现拥有海外仓40余个，服务全球220多个国家或地区。海外自营网络已覆亚洲10国、非洲6国。

05绿色发展

方郑贤 集团资产管理部副总监

“2023年1月12日，安徽蚌埠转运中心光伏发电项目正式并网。未来几年，中通将持续大力推进光伏产业，预计到2025年，中通有70个光伏项目可以并网发电。”

中通快递碳排放强度（每件快递产生的二氧化碳）连续四年下降。目前，中通在浙江台州、江苏常州、贵州贵阳等地陆续投产了13个光伏发电项目，铺设面积达27万平方米，年均发电量3083万度，年二氧化碳减排3万吨。未来三年，中通还将有57个光伏发电项目在建，预计每年二氧化碳减排量将达到15万吨。

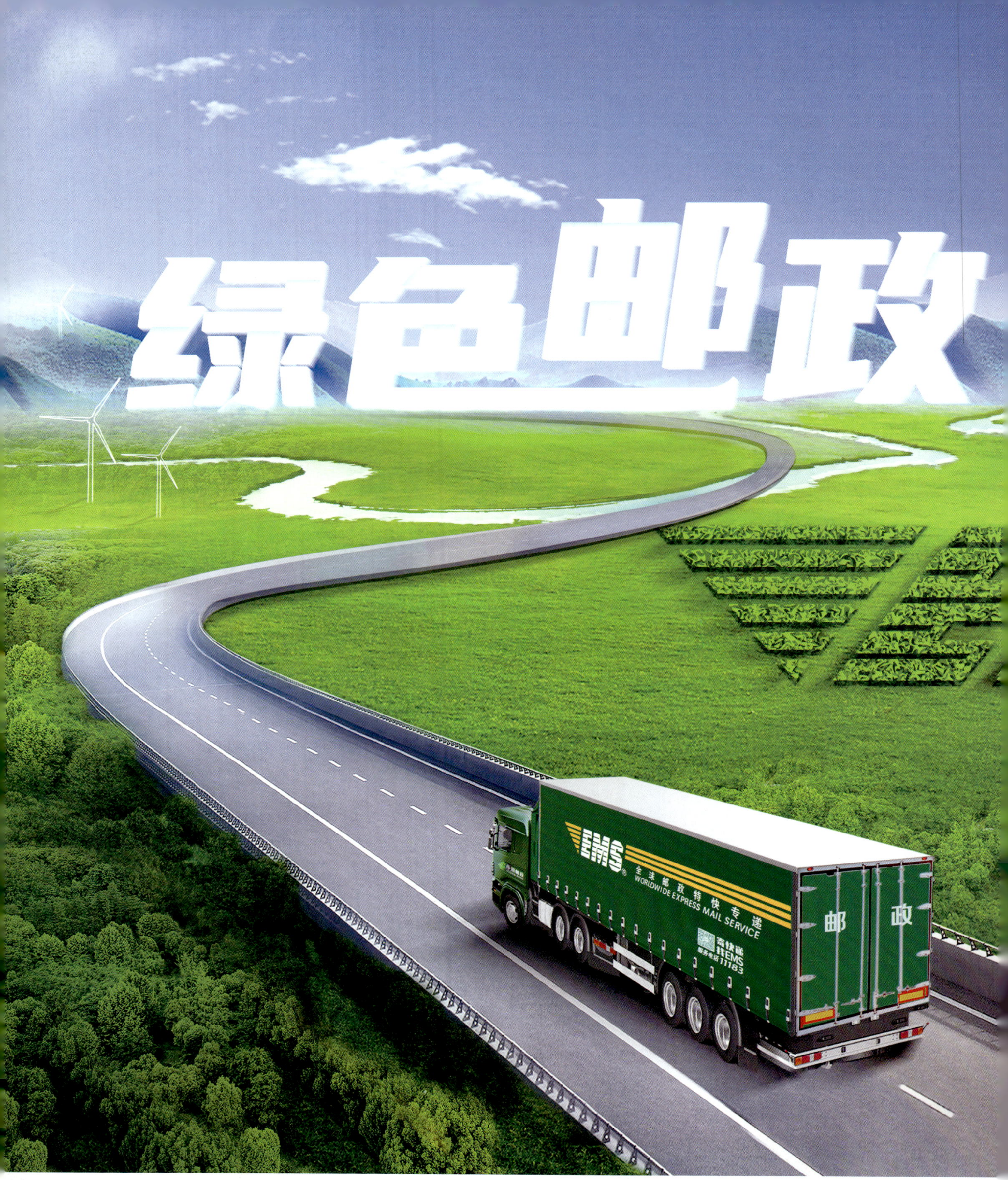
绿色邮政
EMS
全球邮政特快专递
WORLDWIDE EXPRESS MAIL SERVICE
邮
政

绿色发展
EMS

构建数字生态 成就全球客户
实现共同富裕 享受美好生活

顺丰构建数字时代的智慧供应链生态，成为重塑全球商业文明和生产方式的底盘，助力全球企业实现卓越！

为消费者提供更便捷、更可靠、更贴心的服务，做幸福生活的传递者！

SF

AIRLINES
顺丰航空

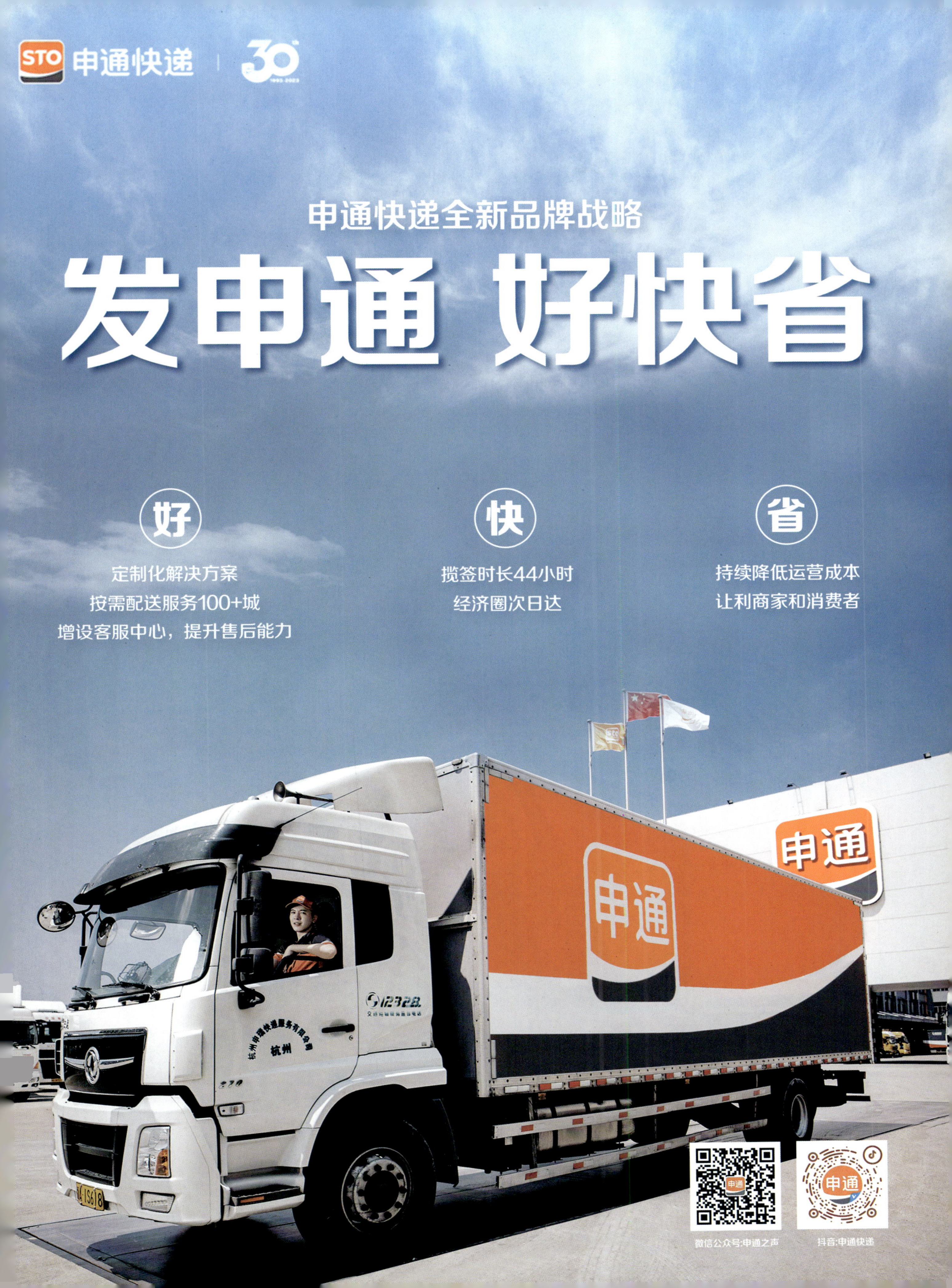
STO 申通快递
申通快递全新品牌战略
发申通 好快省
好
定制化解决方案
按需配送服务100+城
增设客服中心，提升售后能力
快
揽签时长44小时
经济圈次日达
省
持续降低运营成本
让利商家和消费者
申通
申通
微信公众号:申通之声
抖音:申通快递

违禁品
请走开！

收件人 XXX
电话：123456789
地址：XXXXXXXXXXXXXXXX

寄件人 XXX
电话：123456789
地址：XXXXXXXXXXXXXXXXX

付款方式
保价方
投保方
签单

内件 柑橘

油性记号笔
油性速干、防水不易褪色
PERMANENT MARKER
PERMANENT Marker | S550
Waterproof

扫一

《中国邮政快递报》官方微信

《快递》杂志 官方微信

中国邮政快递报社 官方抖音

《中国邮政快递报》官方微信

《快递》杂志 官方微信

中国邮政快递报社 官方抖音

第六章　部分省（区、市）、市（地）关于快递服务的政策法规

中国（浙江）自由贸易试验区条例

（2017 年 12 月 27 日浙江省第十二届人民代表大会常务委员会第四十六次会议通过　2022 年 3 月 18 日浙江省第十三届人民代表大会常务委员会第三十五次会议修订）

第一章　总　　则

第一条　为了推进和保障中国（浙江）自由贸易试验区建设，推动形成更高层次改革开放新格局，建设更高水平开放型经济新体制，打造新时代改革开放新高地，促进高质量发展建设共同富裕示范区，根据有关法律、行政法规和国务院批准的《中国（浙江）自由贸易试验区总体方案》《中国（浙江）自由贸易试验区扩展区域方案》等规定，结合本省实际，制定本条例。

第二条　本条例适用于经国务院批准设立的中国（浙江）自由贸易试验区（以下简称自贸试验区），包括舟山片区、宁波片区、杭州片区和金义片区。

第三条　推进自贸试验区建设以油品和天然气（以下简称油气）为核心的大宗商品资源配置基地、新型国际贸易中心、国际航运和物流枢纽、数字经济发展示范区和先进制造业集聚区，探索建设中国特色自由贸易港。

第四条　自贸试验区应当以数字化改革为引领，加强数字经济领域国际规则、标准制定，推动传统产业数字化转型，发展数字产业、数字贸易、数字物流、数字金融，按照整体智治理念创新数字化监管服务模式，建设数字自贸区。

第五条　自贸试验区各片区应当根据国家确定的功能定位，坚持首创性和差别化发展，突出自身特色，加强联动协同，实现优势互补、相互促进。

舟山片区打造以油气为核心的大宗商品全球资源配置基地，建设具有国际影响力的国际油气交易中心、国际海事服务基地、国际石化基地、国际油气储运基地和大宗商品跨境贸易人民币国际化示范区。

宁波片区打造具有国际影响力的油气资源配置中心、国际供应链创新中心、全球新材料科创中心、智能制造高质量发展示范区，建设链接内外、多式联运、辐射力强、成链集群的国际航运枢纽。

杭州片区打造全国领先的新一代人工智能创新发展试验区、国家金融科技创新发展试验区和全球一流的跨境电商示范中心，建设数字经济高质量发展示范区。

金义片区打造世界“小商品之都”，建设国际小商品自由贸易中心、数字贸易创新中心、内陆国际物流枢纽港、制造创新示范地和“一带一路”开放合作重要平台。

第六条　健全自贸试验区联动创新机制，推进自贸试验区与省人民政府确定的联动创新区政策联动、功能互补、优势叠加，引领全省高质量发展，形成省域全面开放新格局。

支持自贸试验区加强对外交流与合作，参与“一带一路”建设，融入长江经济带发展和长江三

角洲区域一体化发展等国家战略，依托中国—中东欧国家经贸合作示范区，增强对区域经济发展的辐射带动作用。

第七条 鼓励和支持自贸试验区就法律、法规未禁止的事项先行先试，对标国际国内先进经验和规则，探索改革创新。

改革创新出现失误，但是符合国家和省确定的改革方向，决策程序符合法律、法规规定，且勤勉尽责、未牟取私利，主动挽回损失、消除不良影响或者有效阻止危害结果发生的，对有关单位和个人不作负面评价，免除相关责任。

第二章 管理体制

第八条 自贸试验区推进简政放权、放管结合、优化服务改革，建立精简高效、权责明晰的行政管理体制。

探索在自贸试验区设立专业机构或者委托社会组织承接专业性、技术性以及社会参与性较强的公共管理和服务职能。

第九条 省自贸试验区议事协调机构负责统筹协调自贸试验区建设发展工作，研究自贸试验区改革发展的重大事项。

省商务主管部门承担自贸试验区议事协调机构日常工作，协调推进自贸试验区改革试点任务，组织实施自贸试验区创新经验和成果复制推广，建立和完善信息发布、项目推进、评估推广工作机制，履行省人民政府赋予的其他职责。

第十条 自贸试验区各片区管理机构（以下简称片区管理机构）负责自贸试验区本片区建设、管理等工作，履行下列职责：

（一）负责落实国家和省有关自贸试验区的各项政策措施，制定行政管理制度；

（二）组织实施片区各项发展规划，协调推进改革试点任务和重大投资项目建设；

（三）统筹协调片区内投资贸易、金融服务、招商引资、开发建设、人力资源、统计等有关工作，完善事中事后监管体系；

（四）协调海关、海事、边防检查、海警、金融监管、税务、邮政管理等部门在片区的相关工作；

（五）依法履行知识产权保护、生态环境保护、安全生产等有关职责；

（六）统筹发布片区各项公共信息，开展对外联络和交流；

（七）履行省、片区所在地设区的市人民政府赋予的其他职责。

片区所在地设区的市应当建立自贸试验区议事协调机制，统筹协调片区建设发展工作。

第十一条 省、片区所在地设区的市人民政府根据自贸试验区建设的实际需要，依法向片区管理机构授予相关的省级、市级管理权限。

省、片区所在地设区的市人民政府及其有关部门应当根据自贸试验区建设的实际需要，将其管理权限委托片区管理机构或者相关管理部门行使，但法律、行政法规明确规定不能委托行使的除外。

片区管理机构可以根据自贸试验区建设的实际需要，提出授权或者委托事项清单，依照法定程序报有权机关批准后向社会公布。

第十二条 海关、海事、边防检查、海警、金融监管、税务、邮政管理等部门驻自贸试验区的工作机构，依法履行相关行政管理职责，落实有关自贸试验区的政策措施，支持自贸试验区改革创新工作。

省人民政府及其有关部门应当支持自贸试验区落实改革试点任务，优先在自贸试验区实施重大改革举措、布局重大创新平台，在规划、资金、土地、能源利用等方面给予支持。

片区所在地设区的市、县（市、区）人民政府应当加强片区发展所需的资金、土地、人才等保障，推动自贸试验区改革创新。

片区管理机构应当建立健全与驻自贸试验区工作机构、有关部门的沟通协调机制。

第十三条 省、片区所在地设区的市人民政府应当定期对自贸试验区建设发展情况进行评估，总结改革创新经验并及时推广。

第十四条 自贸试验区建立行政咨询机制，发挥智库作用，为其在制定发展规划、重大项目引进、重要改革措施实施等方面提供决策咨询。

第三章 投资贸易自由便利

第十五条 自贸试验区对外商投资实行准入前国民待遇加负面清单管理制度。外商投资负面清单按照国家有关规定执行。负面清单以外的领域，按照内外资一致、竞争中性的原则，建立相适应的事中事后监管制度。

外商投资项目需要办理核准、备案的，按照国家有关规定执行。

自贸试验区应当建立健全外商投资企业投诉工作机制，及时处理外商投资企业或者其投资者反映的问题，协调完善相关政策措施。

第十六条 自贸试验区对跨境服务贸易实行负面清单管理制度，放宽服务贸易市场准入，扩大优质服务进口，推进服务贸易自由化。跨境服务贸易负面清单按照国家有关规定执行。

第十七条 自贸试验区实行市场主体便利化登记制度，通过全程电子化登记方式，按照规定实行企业名称自主申报制、企业住所（经营场所）申报承诺制。

自贸试验区实行市场主体便利化退出制度，对符合条件的市场主体实行简易注销程序。

第十八条 自贸试验区对涉企经营许可事项实行告知承诺制。实行告知承诺制的行政许可事项的具体范围和程序，由片区所在地设区的市人民政府按照国家和省有关规定确定、公布。

行政许可部门应当将法定许可条件、违反承诺后果一次性书面告知申请人。对符合规定可以在行政许可决定后补交的申请材料，实行容缺办理、限期补交；申请人书面承诺按照规定期限补交容缺的申请材料的，应当当场作出行政许可决定。

第十九条 自贸试验区实行国际投资、国际贸易“单一窗口”服务模式。省商务、口岸主管部门按照各自职责建立综合管理服务平台，提供信息对接、政策推送等服务，实现海关、海事、边防检查、税务、外汇、邮政管理等部门之间信息互换、数据共享、监管互认、执法互助。

自然人、法人和非法人组织可以通过综合管理服务平台一次性递交监管部门需要的标准化电子信息，监管部门应当通过平台实时显示处理状态，并及时反馈处理结果。

第二十条 自贸试验区海关特殊监管区域与境外之间的管理为一线管理，自贸试验区海关特殊监管区域与境内海关特殊监管区域外之间的管理为二线管理，按照一线放开、二线安全高效管住、区内流转自由的原则，建立与国际贸易业务发展需求相适应的监管模式。

第二十一条 自贸试验区海关特殊监管区域按照国家规定实施进口货物入区保税制度。对境内入区的不涉及出口关税、不涉及贸易管制、不要求退税且不纳入海关统计的货物、物品，实施便捷进出区模式。

自贸试验区海关特殊监管区域实施仓储货物按状态分类监管制度，区内保税存储货物不设存储期限。

注册在自贸试验区海关特殊监管区域内的融资租赁企业，进出口飞机、船舶和海洋工程结构物等大型设备涉及跨关区的，在执行现行税收政策的前提下，根据物流实际需要，实行海关异地委托监管。

第二十二条 境外进入自贸试验区的货物，应当接受入境检疫；除进口再生原料、危险化学品及其包装、散装商品等法律、法规规定应当实施检验的货物外，进入自贸试验区海关特殊监管区域的其他货物免予检验。进出自贸试验区的保税展示商品免予检验。

第四章 大宗商品资源配置

第二十三条 自贸试验区按照国家战略布局，合理规划油气储运、保税燃料加注、石化产业、矿石中转、粮食中转加工等区域布局，加强岸线、海域等资源要素保障，完善港口、码头、管网、储罐、堆场、航道、锚地、地下油库等基础设施，推动油气全产业链投资便利化和贸易自由化。

自贸试验区应当贯彻绿色、低碳发展战略，通过科技创新与产业提升，推动油气全产业链向绿色、低碳转型，实现高质量发展。

第二十四条 从事国际航行船舶保税燃料油供应的企业，应当按照国家和省有关规定，取得国际航行船舶保税燃料油供应资格。

取得国际航行船舶保税燃料油供应资格的企业，其单艘供油船舶在一个作业航次内可以对多艘受油船舶供应保税燃料油；同一公用型保税仓库可以同时存储多家供油企业的保税燃料油，供油企业可以利用公用型保税仓库开展保税燃料油供应业务，开展保税燃料油跨关区、跨港区直供业务。

支持自贸试验区按照国际通行船用液化天然气供受规则，开展国际航行船舶液化天然气加注业务。

第二十五条 自贸试验区以原油、成品油、液化天然气为重点，利用全球资源，布局形成大型油气储运基地。

自贸试验区应当完善以原油为主要品种的油气储备体系，开展原油、汽油、柴油、航空煤油、液化天然气等储备，建立国家储备、企业储备相结合的储存体系和运作模式，健全油气储存应急调峰机制和国家储备轮换机制。

第二十六条 自贸试验区应当按照国际标准建设油气接卸泊位、储运罐区、输油管道等设施，开展油气储备国际合作，与国际供应商共建油气储存基地，形成国际油气保税交割体系。

自贸试验区内的油气仓储设施建设项目符合国土空间规划的，可以利用建设用地地下空间建设。

支持自贸试验区开展铁矿石、铜精矿等矿石储备，依托国家储备，推动矿石贸易。

第二十七条 支持自贸试验区建立政府储备和企业储备相结合的粮食储备体系，增强粮食安全保障能力。

支持自贸试验区创新粮食进口检疫审批制度，对符合规定的非关税配额粮食可以以港口存放方式办理检验检疫审批，进口后再确定加工场所。

第二十八条 自贸试验区应当优化原油精炼、油品加工、精细化工产业布局，完善石化产业上下游一体化产业链，按照规定扩大油气加工领域投资开放。

鼓励和支持国内外投资者以资源、资金、技术等形式参与石化基地的建设和经营。

第二十九条 自贸试验区依托依法设立的大宗商品交易场所，开展油气、矿石、煤炭、金属、化工品、粮食等大宗商品现货交易，发展大宗商品交割、仓储、保税业务。

鼓励在自贸试验区内的大宗商品交易场所开展场外交易，推进产能预售、订单交易等交易模式创新，建设符合国际惯例的大宗商品场外交易市场。

鼓励境内外金融机构、金融技术企业、金融信息服务企业在自贸试验区内参与大宗商品交易市场建设。

第五章 新型国际贸易促进

第三十条 省、片区所在地设区的市人民政府应当制定政策，支持自贸试验区发展跨境电子商务、市场采购贸易、外贸综合服务、保税维修、新型离岸贸易、新型易货贸易等外贸新业态，以数字贸易为核心建设新型国际贸易中心。

第三十一条 自贸试验区应当建立适应跨境电子商务贸易特点的海关、税务、外汇、邮政等管理制度，推动跨境电子商务创新发展。

支持银行与跨境电子商务平台通过系统直连模式，开展贸易真实性审核。银行在满足交易信息采集、真实性审核的条件下，可以按照规定凭借交易信息为市场主体提供经常项目下跨境人民币结算服务。

支持自贸试验区建立完善跨境电子商务零售退货处理机制，开展全球库存同仓存储、自由调配，实现内外贸货物、退换货商品一仓调配。

第三十二条 自贸试验区应当推进服务贸易数字化转型，促进旅游、文化、运输等服务业和跨境电子商务融合，整合移动支付、关税、外汇等服务，建设数字服务贸易综合平台，支持企业开展以数字内容为载体的服务贸易和数字技术贸易，推动数字服务贸易发展。

第三十三条 自贸试验区应当完善市场采购贸易机制，健全多种贸易拼箱货物运输单证签发、流转制度，规范组货人管理，并建立相应的监管措施。

第三十四条 自贸试验区应当制定支持外贸综合服务发展的政策措施，创新出口退税监管方式，建立完善外贸综合服务绩效评价指标体系，引导外贸综合服务企业按照国家标准、行业标准和地方标准开展经营业务。

第三十五条 支持自贸试验区内企业按照综合保税区维修产品目录和国家规定开展保税维修业务。

省商务主管部门应当会同有关部门制定保税维修业务扶持政策，报省人民政府同意后实施。

第三十六条 支持自贸试验区发展离岸贸易。银行应当按照国家和省有关规定，为企业真实合规离岸贸易业务提供服务，按照展业原则，结合客户信用分类和业务模式，开展交易真实性和合理性审核，提高跨境资金结算便利。

支持银行参照国际惯例探索开展油气转口贸易跨境人民币结算。

第三十七条 支持企业加快重点市场海外仓布局，完善全球服务网络，建立自主运输销售渠道。

支持拥有海外仓的企业拓展外贸新业务，建立完善物流体系，向供应链上下游延伸服务，提升海外仓增值服务功能。

鼓励企业通过海外智慧物流平台对接海外仓供应与需求信息，提高海外仓资源的管理和利用效率。

第三十八条 自贸试验区应当整合境内仓、海外仓和结算等全球供应链服务体系，建设易货贸易服务平台，支持企业开展日用消费品、农产品、大宗商品之间的国际易货贸易。

第六章 国际航运与物流枢纽建设

第三十九条 支持自贸试验区建立高度开放的国际运输管理体系，形成具有国际竞争力的航运发展运作模式，建设全球智能物流枢纽。

自贸试验区应当加强与口岸监管部门的协作配合，建立海港、陆港、空港、信息港“四港”联动的信息物流平台，推动数字口岸信息互通互融，实现港航、物流等企业与口岸监管部门之间数据联通、即时共享。

第四十条 支持自贸试验区与“一带一路”相关国家和地区建立航运物流合作机制，在通关、检验检疫、认证认可、标准计量等方面开展合作与交流，优化航运物流发展环境，保障贸易供应链安全。

第四十一条 支持自贸试验区开展国际中转、集拼、分拨业务，设立国际转口集拼中转业务仓库，建设国际中转集拼中心。

中资非五星旗国际航行船舶可以以宁波舟山港为中转，开展外贸集装箱沿海捎带业务。

符合条件的出口企业对其自宁波舟山港离境的集装箱货物，可以按照国家规定在启运港口岸出发时申请出口退税。

自贸试验区可以设立海事特别服务区，对途经的国际航行船舶通航、作业简化相关手续，加强事中事后监管。

第四十二条 支持宁波舟山港推进航道和锚地资源一体化利用、拖轮服务和引航管理一体化服务、口岸一体化监管。

支持宁波舟山港口型、金华生产服务型、义乌商贸服务型国家物流枢纽建设，发展海陆联运，提升江海联运中转、分拨、配送等服务功能。

支持宁波舟山港与义乌港双港口一体化联动发展，建立多式联运转场机制，促进海港功能和口岸功能向义乌港、华东国际联运港等延伸。

第四十三条 自贸试验区应当加快推进集装箱智能化作业建设，拓展船舶代理、货物代理、船舶交易等航运服务功能，提升现代航运服务能力。

自贸试验区应当加快拓展国际航运服务，集聚船舶管理、航运交易、航运信息、航运保险、航运仲裁、海损理算、邮轮游艇旅游等国际航运现代服务产业，提升国际航运服务功能。

第四十四条 自贸试验区推进“义新欧”中欧班列市场化、国际化、专业化经营，构建复合型多式联运通道，制定并推行标准化多式联运运单等单证，发展与“一带一路”相关国家和地区间的国际中转业务。

第四十五条 支持自贸试验区与杭州、宁波临空经济示范区协同发展，支持开辟“一带一路”相关国家和地区国际航线，推动简化国际航线的经营许可审批程序；支持杭州萧山国际机场、宁波栎社国际机场扩大航权安排，开展航空货邮国际中转业务。

第四十六条 自贸试验区推进全球快递智能骨干网络和快递智控服务平台建设。支持快递物流企业在《区域全面经济伙伴关系协定》确定的区域市场和中亚、欧洲、北美等重点地区组建境外分拨体系，开展快递物流服务。

注册在自贸试验区内的快递物流企业符合规定条件的，经省邮政管理机构批准，可以从事国际快递业务经营。

第七章 数字经济发展示范与先进制造业集聚

第四十七条 自贸试验区推进数字经济创新发展，全面拓展数字产业化、产业数字化、数字生活新服务，打造全要素、全产业链、全价值链连接的数字经济发展示范区。

第四十八条 自贸试验区应当根据片区特色和实际，优化新型数字基础设施布局，推进物联网、工业互联网、新一代移动通信网、数据中心等建设，加快交通、物流、能源、市政等传统基础设施的数字化改造，促进传统基础设施和新型数字基础设施融合发展。

第四十九条 支持自贸试验区与杭州城西科技创新大走廊、宁波甬江科技创新大走廊、浙中科技创新大走廊等开展协作，推动数字产业联动发展。

第五十条 支持自贸试验区发展新一代信息技术、生命健康、新材料、智能制造装备等高端产业，推进先进制造业集聚、产业链协同、供应链高效。

第五十一条 自贸试验区应当通过规划引导、政策支持、市场主体培育等方式，加快建设新一代信息技术产业集群，发展高端软件、数字安防、集成电路、网络通信、智能计算等产业。

第五十二条 自贸试验区应当建设生物医药公共技术服务平台和开放性专业实验室，为生物医药相关技术研究提供服务和技术支撑。支持区内医药企业与国内外医药科研机构开展合作，推进药物研发产业化，促进生命健康产业创新发展。

自贸试验区优化生物医药全球协同研发的试验用特殊物品检疫查验流程，提高通关效率。

第五十三条 自贸试验区应当建立完善关键零部件国际国内双回路供应政策体系，推动先进材料产业创新中心建设，通过引进国内外顶尖孵化器、加速器企业等方式，构建科技资本、技术交易、离岸外包相结合的新型产业模式，推动新材料产业集群建设。

第五十四条 自贸试验区应当推动智能制造技术创新应用，支持区内企业拓宽人工智能应用场景，通过网络协同制造、数字化车间、智能工厂等方式，促进制造业融合化、集群化、生态化发展。

第五十五条 自贸试验区应当制定政策，促进区内企业开展协同研发，加大产业共性基础技术研发投入，组织建设共性技术服务平台和开放性专业实验室，推动生物技术、新材料、智能制造等领域的核心技术攻关。

支持国内外知名高校、科研机构和高新技术企业在自贸试验区内设立研发机构，建立离岸研发、就地转化的产学研合作机制，推动科研成果转化和制造业优化升级。

第八章　要素保障与监管服务

第五十六条　自贸试验区应当采取措施，支持银行、保险公司、证券公司、基金管理公司等各类金融机构入驻，按照国家规定取消外资银行、证券公司、基金管理公司等金融机构业务范围限制。

鼓励金融机构根据国家有关规定，在自贸试验区开展金融产品、业务、服务和风险管理等方面创新。

第五十七条　支持自贸试验区推进人民币跨境使用、简化经常项目外汇收支手续等方面的改革，建立与自贸试验区相适应的本外币合一银行结算账户管理制度，实现本币账户与外币账户在开立、变更和撤销等方面标准、规则和流程统一，促进跨境贸易、投资融资结算便利化。

自贸试验区内符合要求的企业可以按照规定，凭跨境人民币结算收付款说明或者收付款指令，直接办理货物贸易、服务贸易跨境人民币结算以及资本项目人民币收入在境内的合规使用。

符合条件的企业和个人可以按照国家规定在自贸试验区内兑换、使用数字人民币。支持符合条件的地区探索数字人民币应用试点。

第五十八条　支持银行在自贸试验区优先开展境外贷款业务，鼓励优先采用人民币贷款。

支持自贸试验区发展与油气等大宗商品贸易相关的总部经济，放宽跨国公司外汇资金集中运营管理业务准入条件。在自贸试验区内设立的法人机构可以按照规定，开展跨国公司外汇资金集中运营管理业务和跨国企业集团跨境双向人民币资金池业务，享受跨境投资融资汇兑、调剂便利等政策。

第五十九条　鼓励自贸试验区内企业通过应收账款融资服务平台对应收账款进行确认，开展应收账款、订单、仓单等质押融资业务。

鼓励自贸试验区内企业开展知识产权质押融资，通过区块链技术开展存证等业务，推动数据产品确权、评估、质押和转让。

第六十条　自贸试验区应当创新针对石油行业的特殊风险分散机制，支持开展能源、化工等特殊风险保险业务，加大再保险对巨灾保险、特殊风险保险的支持力度。

支持在自贸试验区内设立服务石油行业、数字经济、先进制造业的专营保险公司或者分支机构，设立为保险业发展提供配套服务的保险经纪、保险代理、保险公估等保险专业中介机构。

第六十一条　支持自贸试验区设立战略性新兴产业投资平台，创新股权投资等方式，加大政府产业基金对重点产业支持力度，吸引带动社会资本投向重大产业项目、初创型企业等。支持政府投资基金投向区内种子期、初创期科技企业，建立政府出资让利和退出机制。支持在自贸试验区开展合格境外有限合伙人试点。

第六十二条　省、片区所在地设区的市人民政府及其有关部门在制定土地利用计划时，应当优先保障自贸试验区建设合理用地需求。

支持自贸试验区制定差别化供地政策，采用长期租赁、租赁和出让结合、先租赁后出让、弹性年期出让等多种方式供应土地。

自贸试验区可以实行产业链供地，支持对产业链关键环节、核心项目涉及的多宗土地实行整体供应。

第六十三条　支持自贸试验区创新人才工作体制机制，构建具有国际竞争力的人才制度体系，通过合作办学、共建人才实习实训基地等方式加强人才培养，加大吸引高层次、高技能创业创新人才力度。

自贸试验区建立以用人主体认可、业内认同和业绩薪酬为导向的综合人才评价制度，设立人才发展专项资金，对高层次和高技能人才、团队及其创新项目予以支持。

自贸试验区对符合条件的高层次、高技能人才按照国家和省有关规定，实施税收优惠政策和补贴激励措施；鼓励企业提高管理层、核心骨干持股比例，提高研发团队以及重要贡献人员分享科技成果转化收益比例。

省人民政府有关部门和片区所在地设区的市、县（市、区）人民政府有关部门应当为自贸试验区引进高层次、高技能人才提供出境入境、停留居留、工作许可、配偶就业、子女就学和住房医疗等方面的便利服务。

第六十四条 鼓励自贸试验区在数据交互、业务互通、监管互认、服务共享等方面加强国际合作，推动制定和实施数据资源权益、数据产品交易、数据跨境流动分类监管、数据跨境安全等方面的标准和规则，推进数据交易中心建设。

自贸试验区应当根据功能定位和区位特色优势，结合企业需求，依托一体化智能化公共数据平台，在贸易、投资、金融等领域构建特色应用场景，推动开发数据衍生产品，提高数字服务水平。

第六十五条 自贸试验区应当完善综合监管体系，整合监管信息资源，加强贸易、投资、生态环境、安全生产、金融、数据等重点领域监管，依托一体化智能化公共数据平台，实现监管数据共享，提升风险防范和安全监管水平。

自贸试验区应当加强社会信用体系建设和应用，完善守信激励和失信惩戒机制，建立健全信用评估、信用修复制度，鼓励开展企业信用风险分类管理工作。

第六十六条 自贸试验区应当配合国家有关部门做好外商投资国家安全审查工作，建立健全境内外追偿保障机制。

对属于国家安全审查范围的外商投资，应当依法申请国家安全审查。片区管理机构发现属于国家安全审查范围的外商投资，应当告知投资者或者境内相关当事人向国家有关部门申请国家安全审查。

第六十七条 自贸试验区应当加强生态环境保护，执行生态环境准入清单和进出境环境安全准入管理制度，建立健全与自贸试验区建设发展水平相适应的生态风险防控体系，提高环境应急能力。

自贸试验区应当加快产业结构优化升级，打造先进绿色制造业，推动发展现代绿色服务业，构建绿色供应链，建设高质量发展引领区。

支持自贸试验区建设低碳试点先行区，在绿色低碳发展、生态环境治理、国际合作等方面开展制度创新。

鼓励自贸试验区内企业申请国际通行的环境和能源管理体系标准认证，自愿与片区管理机构签订高于法定要求的环境保护协议，采用先进技术和生产工艺节约能源，减少污染物和温室气体排放。

第六十八条 自贸试验区应当建立健全安全生产管理制度，制定安全生产区域规划，建立风险管控和隐患排查治理双重预防机制，加强应急救援能力建设，提升区域应急保障水平。

第六十九条 自贸试验区应当完善知识产权综合管理体制和知识产权公共服务体系，健全涉外知识产权执法协作机制，加强知识产权行政保护与司法保护的衔接，促进知识产权行政执法标准和司法裁判标准相统一，完善知识产权纠纷诉讼与调解对接机制。

支持自贸试验区建立知识产权海外纠纷预警机制和协调解决机制，完善知识产权海外维权援助服务。

鼓励自贸试验区内企业设立知识产权保护维权互助基金，提升自我维权能力。

第七十条 自贸试验区应当健全国际商事纠纷多元化解决机制，推动国际商事纠纷诉讼机制与仲裁、调解机制有机衔接，并利用一站式国际商事纠纷多元化解决平台为当事人提供便利快捷的纠纷解决服务。

支持自贸试验区发展专业化、国际化的仲裁、调解、鉴定、公证、域外法查明等法律服务，支持境内外高端法律服务人才在自贸试验区依法开展专业法律服务。推进境内外律师事务所联营、合作，为自贸试验区建设提供国际化法律服务。

加强自贸试验区审判组织建设，依法设置与自贸试验区发展相适应的审判机构。

第九章 附 则

第七十一条 国家有关适用于自贸试验区改革试点措施调整，或者国家规定其他区域改革试点措施可以适用于自贸试验区的，按照国家规定执行。

第七十二条 本条例自 2022 年 5 月 1 日起施行。

福建省邮政条例

（2022 年 5 月 27 日福建省第十三届人民代表大会常务委员会第三十三次会议通过）

第一章 总 则

第一条 为了保障邮政普遍服务，加强对邮政市场的监督管理，维护用户合法权益，促进邮政业健康发展，根据《中华人民共和国邮政法》和有关法律、行政法规，结合本省实际，制定本条例。

第二条 在本省行政区域内从事邮政业规划、建设、服务、管理、监督等活动，适用本条例。

第三条 县级以上地方人民政府应当将邮政业发展纳入国民经济和社会发展规划，保障邮政业与经济社会协调发展，依照国家有关规定承担邮政领域地方财政事权和支出责任。

第四条 省、设区的市邮政管理部门负责本行政区域内的邮政普遍服务和邮政市场的监督管理工作。

邮政管理部门可以依法委托县级以上地方人民政府指定的部门或者依法成立的管理公共事务的组织实施行政处罚。

县级以上地方人民政府有关部门按照各自职责，做好邮政市场的相关监督管理工作。

第五条 地方各级人民政府及其有关部门应当对邮政企业提供邮政普遍服务给予政策和资金支持。

鼓励和支持快递企业发展，推进快递服务体系和快递进村工程建设，提高服务质量，满足社会需求。

第六条 邮政企业、快递企业应当按照国家规定的相关标准，为用户提供迅速、准确、安全、方便的服务。

第二章 规划与建设

第七条 县级以上地方人民政府应当组织编制邮政快递服务设施专项规划，并纳入国土空间规划，保障邮政业与当地经济社会协调发展。

第八条 用于邮政普遍服务的邮政营业场所、邮件处理和储运场所建设用地，应当纳入年度国有建设用地供应计划。符合划拨用地目录的非营利性邮政设施用地依法以划拨方式供应，免征城市基础设施配套费。未经批准，邮政企业不得改变土地用途。

县级以上地方人民政府应当支持快递物流园区、快件处理中心建设，项目建设用地按照规定享受相关优惠政策。

第九条 城乡建设时，应当根据国土空间规划的要求，同时配套建设提供邮政普遍服务的邮政设施。城市建成区已有的邮政设施不能满足邮政普遍服务要求的，经依法批准后予以扩建或者重建。

较大的车站、机场、港口、高等院校和酒店等公共场所应当设置提供邮政普遍服务的邮政营业场所，并为邮政企业装卸、转运邮件或者邮政车辆出入提供必要的场所或者通道。大型厂矿、综合性商贸中心、工业产业园区等单位应当根据需要为邮政企业提供办理邮政普遍服务业务的场所。

第十条 因公共利益需要征收邮政营业场所或者邮件处理和储运场所的，设区的市、县级人民政府应当依法予以补偿安置。对邮政营业场所或者邮件处理和储运场所未作出妥善安排前，不得征收。

第十一条 未实现直接投递到户的农村地区应当由村民委员会设置村邮站。邮政企业应当加强对村邮站的业务指导，并与村邮站签订邮件接收、转投协议。

地方各级人民政府应当为乡镇邮政设施和村邮站的建设、运营、管护提供政策和资金支持。

第十二条 交通运输、市场监督管理、税务、供销合作社等单位应当支持村邮站开展农业生产资料、日用消费品和农副产品配送服务。

鼓励村邮站叠加电商、快递等增值业务，拓展服务功能。

第十三条 城市街道、广场、公园等公共场所应当按照方便群众的原则设置邮筒（箱）、邮政报刊亭等公用设施，由邮政企业编制设置方案经城市管理部门批准后统一建设、统一管理。邮筒（箱）和占地十平方米以下的邮政报刊亭免收城市道路占用费。

邮筒（箱）、邮政报刊亭确需迁移的，应当依法妥善安置。

第十四条 住宅建筑工程应当按照规划在方便邮件、快件投递位置合理布局并配套建设邮政快递末端综合服务场所，邮政管理部门应当加强监督管理。

新建住宅建筑工程，应当将融合邮件、快件投递接收功能的智能信包箱工程纳入建筑工程统一规划、设计、施工和验收，并与建筑工程同时投入使用。建设单位应当按照国家规定的标准设置智能信包箱，并依法组织验收，未经验收合格的，建筑工程不得交付使用。

运营智能信包箱产生的收入，在扣除合理成本后属于业主共有，用于智能信包箱的保养维修，并定期公布，接受业主的监督。

鼓励和支持传统信报箱升级改造为智能信包箱。使用智能信包箱开展邮政普遍服务的，不得收取费用。

第十五条 物业服务人应当做好智能信包箱日常使用管理工作，并可以委托第三方主体运营维护。

邮政管理部门应当引导邮政、快递等相关企业合理使用智能信包箱，并在系统数据对接、日常使用与运营维护等方面加强监督管理，协调解决智能信包箱使用过程中的问题。智能信包箱使用管理办法由省邮政管理部门制定。

第十六条 设置智能信包箱应当为智能信包箱管理平台接入邮政管理部门的监管信息系统预留相应的数据接口，并按照规定与邮政管理部门的监管信息系统联网。

智能信包箱管理平台应当与邮政企业、快递企业业务系统数据对接。邮政企业、快递企业在确保信息数据安全情况下，应当为数据对接提供便利。

第三章　邮 政 服 务

第十七条 邮政企业提供邮政普遍服务，应当符合邮政普遍服务标准，确保服务时限和邮件安全，及时足额兑付邮政汇款。

未经邮政管理部门批准，邮政企业不得停止办理或者限制办理邮政普遍服务业务；因不可抗力或者其他特殊原因暂时停止办理或者限制办理的，邮政企业应当及时公告，采取相应的补救措施，并向邮政管理部门报告。

第十八条 邮政企业应当采用现代科学技术和管理手段，发挥邮政网络、邮政设施、安全保障、信息传递的优势，增强邮政普遍服务能力，满足社会的用邮需求。

第十九条 邮政企业应当在其营业场所的醒目位置公示或者以其他方式公布其服务项目、服务内容、资费标准、收费依据、邮件和汇款的查询以及损失赔偿办法，在邮筒（箱）上标明开取信件的次数和时间，并按时开取信件。

第二十条 邮政企业应当建立和完善服务质量管理制度，设置监督投诉电话、信箱，公布监督方式，接受用户对邮政企业服务质量的监督和投诉；对于用户的投诉，邮政企业应当在七日内，将处理结果答复用户。

第二十一条 新建住宅小区、新设立的单位应当办理用户通邮手续。用户变更名称、邮件投递地址的，应当在变更前十日内书面通知邮政企业。

邮政企业应当自受理用户办理通邮手续之日起七日内安排投递；暂不具备通邮条件的，应当与用户协商并签订协议，将邮件投递至用户指定的已通邮的邮件代收点或者信报箱、智能信包箱。

第二十二条 地名管理部门设置地名标志，应当按照国家规定标明邮政编码。邮政企业应当协助提供相应地段的邮政编码。

第二十三条 邮政企业从业人员投递邮件时，应当统一穿着具有组织标识的服装，并佩戴工号牌。

机关、企事业单位、综合性商贸中心、工业产业园区、商用写字楼和住宅小区的物业服务人等应当为邮政企业投递邮件提供便利，不得无故阻碍邮政企业从业人员、投递车辆进入。

单位收发室、物业服务人代收邮件时，应当当面核对签收，并负责邮件的保管、转交；对无法转交或者误收的邮件，及时通知邮政企业收回。

第二十四条 经省邮政管理部门和省人民政府交通运输主管部门核定的带有邮政专用标志的邮政普遍服务运邮车辆，按照国家有关规定享受优惠政策。

带有邮政专用标志的邮政普遍服务运邮车辆在执行邮件运递任务时，确需通过公安机关交通管理部门划定的禁行路线或者确需在禁止停车的地点停车的，经公安机关交通管理部门同意，在确保安全的前提下，可以通行或者临时停车。

带有邮政专用标志的邮政普遍服务运邮车辆在运递邮件时，发生交通事故危及邮件安全的，公安机关交通管理部门应当及时通知邮政企业，并协助保护邮件安全。

第二十五条 邮政企业及其从业人员不得有下列行为：

（一）无故拒绝办理邮政业务；

（二）擅自变更邮政普遍服务和特殊服务业务收费标准或者增加收费项目；

（三）强迫或者误导用户使用高资费邮政业务；

（四）法律、法规禁止的其他行为。

第四章 快递业务

第二十六条 在本省行政区域内经营快递业务，应当依法取得快递业务经营许可。未经许可，任何单位和个人不得经营快递业务。

邮政管理部门应当向社会公告快递业务经营许可证的颁发、注销等事项。

第二十七条 快递企业设立分支机构或者合并、分立的应当向邮政管理部门备案。快递企业应当对使用其商标、字号或者快递运单的企业进行业务指导与培训，在服务标准、服务质量、运营安全、业务流程、损失赔偿、环保包装及从业人员保护等方面实行统一管理，并协调处理全网用户投诉。

第二十八条 邮政管理部门会同县级以上地方人民政府公安机关交通管理等部门，依法规范快递服务车辆的管理和使用，加强对快递服务车辆统一编号和专用标识管理。

提供快递服务的车辆应当喷涂快递专用标识。对带有快递专用标识的车辆，在确保安全的情况下，公安机关交通管理、交通运输、住房和城乡建设、城市管理及其他有关部门应当对其通行、停靠以及进社区揽收、投递等方面提供便利。

第二十九条 快递企业应当加强服务质量管理，健全规章制度，完善服务保障，按照行业服务标准收寄、分拣、运输、投递快件。

快递企业应当在营业场所、门户网站或者以其他方式向社会公布服务种类、服务时限、服务价格、投递范围、损失赔偿、投诉处理等服务承诺事项。

快递企业分拣作业时，应当规范操作，不得以抛扔、踩踏或者其他危害快件安全的方法处理快件。

第三十条 快递企业及其从业人员应当按照国家有关规定和行业标准要求的服务时限和投递范围进行投递。

快递企业及其从业人员应当将快件投递到约定的收件地址、收件人或者收件人指定的代收人，并告知收件人或者代收人当面验收，收件人或者代收人有权当面验收。快递企业及其从业人员不得违反服务标准以增加资费为条件投递快件。

第三十一条 快递企业停止经营快递业务的，应当事先向邮政管理部门报告，在营业场所、门户网站或者以其他方式向社会公告，并及时妥善处理收寄的快件。

第三十二条 快递行业协会应当加强行业自律，为快递企业提供信息、培训等方面的服务，引导快递企业依法、诚信经营，促进快递行业的健康发展。

第三十三条 本条例第二十条、第二十三条以及第二十五条第三项关于邮政企业及其从业人员的规定，适用于快递企业及其从业人员。本条例第二十九条、第三十条规定，适用于邮政企业及其从业人员。

第五章 安全保障

第三十四条 邮政企业、快递企业应当落实安全生产主体责任，遵守安全生产的法律、法规，建立健全安全生产责任制，完善安全保障制度，加强安全生产管理和安全防范、风险排查和隐患治理，确保寄递渠道安全畅通。

第三十五条 邮政企业、快递企业应当按照国家有关规定建立突发事件应急机制。发生重大服务阻断和安全事故时，邮政企业、快递企业应当立即启动应急处理预案，并按照有关规定及时向邮政管理部门和负有相关职责的部门报告。

发生重大新发突发传染病、动植物疫情时，邮政企业、快递企业应当按照地方各级人民政府防控要求，依法采取安全保障措施，加强邮件、快件消毒和从业人员个人卫生防护。运输冷链食品过程中禁止开箱、倒货，确有开箱、倒货必要的应当按照相关要求进行消毒。

第三十六条 寄件人交寄邮件、快件的，应当出示本人有效身份证件，如实、准确、完整填写寄递信息，不得在邮件、快件内夹带禁止寄递物品，不得将禁止寄递物品匿报或者谎报为其他物品交寄。

第三十七条 邮政企业、快递企业收寄邮件、快件应当依法对寄件人身份进行查验，并对内件进行验视，作出验视标识。寄件人拒绝验视内件、拒绝出示本人有效身份证件或者拒绝登记身份信息的，邮政企业、快递企业不得收寄。

邮政企业、快递企业应当使用符合邮政管理部门要求的实名收寄信息系统，与邮政管理部门实名收寄信息监管平台联网，及时收集、录入、报送实名收寄信息，并确保有关信息数据的真实、准确、完整。

第三十八条 邮政企业、快递企业收寄邮件、快件和寄件人交寄邮件、快件，应当遵守国家关于禁止寄递、限制寄递或者临时管控物品的规定。

邮政企业、快递企业发现寄件人交寄禁止寄

递物品或者临时管控物品的，应当拒绝收寄；发现已经收寄的邮件、快件中有疑似禁止寄递物品或者临时管控物品的，应当立即停止分拣、运输、投递，及时向邮政管理部门和负有相关职责的部门报告，并按照国家有关禁止寄递物品管理的规定处理。

第三十九条 邮政企业、快递企业接受网络购物、电视购物和邮购等经营者委托提供寄递服务的，应当与委托方签订安全协议，并一次性查验寄件人的有效身份证件，登记相关身份信息，留存有效身份证件复印件。寄件人为法人或者其他组织的，邮政企业、快递企业应当核对、记录其统一社会信用代码，留存法定代表人或者相关负责人的有效身份证件复印件。

邮政企业、快递企业应当将安全协议以及用户身份信息保存至协议终止后不少于一年，并将与其签订安全协议的用户名单报邮政管理部门备案。

第四十条 邮政企业、快递企业应当建立健全安全检查制度，按照规定配备符合国家标准或者行业标准的安全检查设备，安排具备专门技能的人员对邮件、快件进行安全检查，并对经过安全检查的邮件、快件作出安全检查标识。

第四十一条 邮政企业、快递企业、智能信包箱管理单位应当按照法律、法规以及国家有关规定，建立健全信息安全保障制度，防止信息泄露、毁损、丢失。

邮政企业、快递企业、智能信包箱管理单位及其从业人员应当在寄递服务中依法使用用户信息，不得在寄递详情单上记录用户有效身份证件的类型、号码，不得出售、泄露或者非法提供寄递服务过程中知悉的用户信息。发生或者可能发生用户信息泄露的，邮政企业、快递企业、智能信包箱管理单位应当立即采取补救措施并向所在地邮政管理部门报告。

第六章 监管与促进

第四十二条 邮政管理部门应当建立健全监督检查制度，加强邮政普遍服务和邮政市场的监督检查，依法协助财政、审计部门对邮政企业使用邮政普遍服务补贴资金实施监督，依法查处违反邮政法律、法规的行为。

第四十三条 邮政管理部门依法履行监督管理职责，可以采取下列监督检查措施：

（一）对邮政企业、快递企业或者涉嫌发生违反邮政法律、法规活动的其他场所实施现场检查；

（二）对邮政行业运行安全进行监测、预警和应急管理；

（三）查阅、复制有关文件、资料、凭证、电子数据；

（四）法律、法规规定的其他措施。

对邮政管理部门依法进行的监督检查，被检查单位和个人应当配合，如实提供情况和有关资料，不得拒绝、拖延、阻碍，不得转移、隐匿、篡改、毁弃原始资料。

第四十四条 邮政管理部门依法进行监督检查时，监督检查人员不得少于二人，并出示执法证件。对监督检查中知悉的国家秘密、商业秘密、个人隐私负有保密义务。

第四十五条 邮政管理部门应当建立邮政普遍服务、快递服务质量社会监督网络，聘请社会监督员对邮政普遍服务、快递服务质量进行监督。

第四十六条 邮政管理部门应当建立申诉、举报制度，及时妥善处理申诉、举报的事项。用户对邮政企业、快递企业投诉处理结果不满意的，可以向邮政管理部门申诉，邮政管理部门应当自接到申诉之日起三十日内答复申诉人。

第四十七条 邮政企业、快递企业应当按照国家规定向邮政管理部门报送有关经营情况、服务质量自查情况和统计报表，并及时报告重大通信事故和重大服务质量问题。

邮政管理部门应当组织或者委托评价机构开展以公众满意度、时限准时率和用户申诉率为核心的服务质量评价，并将评价结果向社会公布。

第四十八条 邮政管理部门应当督促邮政企

业、快递企业开展从业人员教育培训。人力资源和社会保障部门、工业和信息化部门及邮政管理部门按照职责分工管理实施快递工程技术人员职称评审工作，提高从业人员素质和技能，提高行业服务水平。

邮政企业、快递企业应当建立从业人员实名档案，了解从业人员与劳动合同直接相关的基本情况，从业人员应当如实说明。企业所在地公安机关、国家安全机关配合做好相关工作。

第四十九条 人力资源和社会保障部门、邮政管理部门、工会等按照各自职责依法保障邮政企业、快递企业从业人员合法权益。

邮政企业、快递企业应当依法与其从业人员订立劳动合同，按时足额支付劳动报酬、缴纳社会保险费，提供符合国家标准的劳动防护用品；可以为灵活性、流动性较大的快递企业从业人员单独办理工伤保险，人力资源和社会保障部门应当建立健全相应的参保机制。鼓励为从业人员办理意外伤害等商业保险。

邮政企业、快递企业应当建立合理的考核奖惩制度，完善针对从业人员的投诉澄清免责机制。

第五十条 设区的市快递行业协会应当组织当地快递企业，根据当地职工平均工资水平，结合快件收派人员正常劳动时间内平均派送数量、劳动强度等因素，对末端派费进行具体核算，确定最低派费标准，并建立动态调整机制。省快递行业协会应当进行指导。邮政管理部门应当会同相关部门进行督促。

第五十一条 县级以上地方人民政府及其有关部门应当采取措施，加强本地区邮政业绿色发展工作的组织实施，促进寄递包装物减量化、安全化和循环使用。

生产企业、电商企业、邮政企业、快递企业应当执行邮政业绿色包装相关标准，使用符合国家规定的包装用品和胶带，禁止使用不可降解塑料袋等一次性塑料制品，减少二次包装。

支持邮政企业、快递企业和电商企业、商业机构、便利店、物业服务人等合作开展快递包装可循环回收工作，规范快递包装废弃物分类投放和清运处置。

第五十二条 支持闽台通邮基础设施建设，开辟闽台联运邮路，开通闽台邮政专船，扩大两岸邮件、快件运输空中直航范围，促进两岸之间互发各类邮件和快件的中转地和集散地建设。

第五十三条 鼓励开展以下闽台邮政合作项目：

（一）闽台之间相互设立快递企业或者快递企业分支机构；

（二）闽台之间开展以书信、集邮、家乡包裹、特产礼品寄递等为主题的邮政合作交流；

（三）闽台之间加强邮政业务的监管协作，提高安全性和通关速度；

（四）闽台邮政、快递行业协会建立定期联络协调机制，推动同业人员定期对话、互访交流和业务合作；

（五）国家和本省鼓励的其他项目。

从事前款规定合作项目的，享受国家和本省相应的扶持政策。

第七章　法律责任

第五十四条 违反本条例规定的行为，法律、行政法规已有法律责任规定的，从其规定。

第五十五条 邮政企业违反本条例第二十五条规定、快递企业违反本条例第二十五条第三项规定，邮政企业、快递企业违反本条例第三十条第二款规定，由邮政管理部门责令限期改正，对邮政企业直接负责的主管人员和其他直接责任人员给予处分；有违法所得的没收违法所得，对邮政企业、快递企业可以处二千元以上一万元以下罚款；情节严重的，处一万元以上五万元以下罚款；涉及价格违法行为的，由价格主管部门依法处理。

第五十六条 违反本条例第二十九条第三款规定，邮政企业、快递企业以抛扔、踩踏或者其他危害快件安全的方法处理快件的，由邮政管理部门责令改正,可以处三千元以上一万元以下罚款;情节严重的,处一万元以上三万元以下罚款。

第五十七条 违反本条例第三十五条规定,邮政企业、快递企业有下列行为之一的,由邮政管理部门责令限期改正,可以处五千元以上二万元以下罚款:

(一)未按照国家有关规定建立突发事件应急机制;

(二)发生重大服务阻断时,未立即启动应急处理预案或者按照有关规定及时向邮政管理部门和负有相关职责的部门报告。

第五十八条 违反本条例第三十八条第二款规定,邮政企业、快递企业发现已经收寄的邮件、快件中有疑似禁止寄递物品或者临时管控物品未按照规定处理并报告的,由邮政管理部门责令限期改正;逾期未改正的,处二千元以上一万元以下罚款。

第五十九条 违反本条例第三十九条第一款规定,邮政企业、快递企业未与委托方签订安全协议的,由邮政管理部门责令限期改正;逾期未改正的,处五千元以上二万元以下罚款。

第六十条 违反本条例第四十一条第二款规定,邮政企业、快递企业出售、泄露或者非法提供寄递服务过程中知悉的用户信息的,由邮政管理部门责令改正,没收违法所得,可以并处一万元以上五万元以下罚款;情节严重的,处五万元以上十万元以下罚款,并可以依法责令停业整顿直至吊销其快递业务经营许可证;邮政企业、快递企业人员构成犯罪的,依法追究刑事责任。

第六十一条 违反本条例第四十七条第一款规定,邮政企业、快递企业未按照国家规定报送相关情况的,由邮政管理部门责令限期改正;逾期未改正的,处五千元以上二万元以下罚款。

第八章 附 则

第六十二条 本条例所称快递企业是指经营在承诺的时限内快速完成信件、包裹、印刷品等物品的收寄、分拣、运输、投递业务(不包括同城快送业务)的企业。

第六十三条 本条例自2022年7月1日起施行。福建省第十一届人民代表大会常务委员会第三十二次会议于2012年9月27日通过的《福建省邮政条例》同时废止。

湖北省邮政条例

(2014年5月29日湖北省第十二届人民代表大会常务委员会第九次会议通过 根据2017年11月29日湖北省第十二届人民代表大会常务委员会第三十一次会议《关于集中修改、废止部分省本级地方性法规的决定》第一次修正 根据2021年7月30日湖北省第十三届人民代表大会常务委员会第二十五次会议《关于集中修改、废止涉及优化营商环境省本级地方性法规的决定》第二次修正 根据2022年5月26日湖北省第十三届人民代表大会常务委员会第三十一次会议《关于集中修改涉及公共卫生体系建设省本级地方性法规的决定》第三次修正)

第一章 总 则

第一条 为了保障邮政普遍服务,规范和促进快递服务发展,维护邮政通信与信息安全,保护通信自由、通信秘密和用户合法权益,加强对邮政市场的监督管理,根据《中华人民共和国邮政法》和有关法律、行政法规,结合本省实际,制定本条例。

第二条 本省行政区域内邮政业规划、建设、服务和监督管理活动，适用本条例。

第三条 省邮政管理部门负责全省邮政普遍服务和邮政市场的监督管理工作。

市（州）邮政管理部门负责本辖区邮政普遍服务和邮政市场的监督管理工作。直管市、神农架林区的邮政普遍服务和邮政市场的监督管理工作，由省邮政管理部门负责。

县级以上人民政府有关部门依照各自职责，共同做好邮政管理相关工作。

第四条 邮政普遍服务是国家保障的重要公益性服务。各级人民政府及有关部门应当对邮政普遍服务和特殊服务给予财政扶持和政策优惠，重点扶持农村和交通不便地区的邮政普遍服务和特殊服务。

快递服务是现代服务业的重要组成部分。各级人民政府应当制定和完善相关政策和措施，鼓励、促进和规范快递服务发展。

邮政企业、快递企业应当加强服务质量管理，提高服务水平，为用户提供迅速、准确、安全、方便的服务。

第五条 邮政管理部门、公安机关、国家安全机关和海关应当相互配合，建立健全安全保障机制，加强对邮政通信和信息安全的监督管理，确保邮政通信与信息安全。

邮政企业、快递企业应当遵守国家有关安全管理规定，完善安全保障制度和措施，保障寄递安全，并为相关部门依法履行职责提供便利。

第二章　规划与建设

第六条 县级以上人民政府应当将邮政业发展纳入国民经济和社会发展规划，按照统筹安排、合理布局的原则，将邮政、快递基础设施的布局和建设纳入土地利用总体规划、城乡规划、综合交通运输体系规划，保障邮政业与当地经济社会协调发展。

邮政管理部门应当根据邮政业发展规划和邮政普遍服务标准，会同发展改革、城乡规划、自然资源等部门编制包括邮政营业场所、邮件处理场所等在内的邮政设施专项规划，经本级人民政府批准后依法纳入相应的城乡规划。

城乡规划主管部门编制控制性详细规划，应当按照邮政设施专项规划的要求，对邮政营业场所和邮件处理场所进行规划控制。

第七条 建设城市新区、独立工矿区、开发区、商贸区、城镇住宅区或者对旧城区进行改造，应当同时规划和建设配套的邮政设施。城市建成区已有的邮政设施不能满足邮政普遍服务要求的，应当改建、扩建或者重建。

城乡规划主管部门在组织审查修建性详细规划时，对未按照规划要求设置邮政普遍服务设施的，应当要求建设单位改正。

第八条 邮政企业应当按照城乡规划、邮政普遍服务标准设置邮政营业场所、邮政报刊亭、邮筒（箱）等邮政设施。

提供邮政普遍服务的邮政设施用地由县级以上人民政府按照城市基础设施用地和公益事业用地依法划拨，免征城市基础设施配套费和其他费用。邮政报刊亭、邮筒（箱）和其他邮政服务设施免缴城市道路占用费。

建设单位配套建设的邮政普遍服务场所，属于设置面积标准范围内的，供应价格标准由建设主管部门会同自然资源、房屋行政管理、邮政管理部门按照支持和保障邮政普遍服务的原则制定，具体供应价格由邮政企业与建设单位协商确定。

依法取得的划拨土地和依照前款规定配套建设的邮政普遍服务场所，不得擅自转让或者改变用途。

第九条 较大的车站、机场、港口、宾馆、高等院校、社区、商贸区、旅游区等公共场所应当设置邮政普遍服务的场所，并根据需要设置快递服务营业场所或者自助快递服务设施，其管理单位应当为邮政企业、快递企业在收寄、装卸、转运、投递邮件、快件等方面提供便利，并在场地租用方面提供优惠。

第十条 机关、企事业单位和城镇住宅区、商用写字楼的产权人或者物业管理单位，应当在适当位置设置接收邮件的场所，提供接收快件的场地或者服务设施。因故未设置邮件接收场所、未提供接收快件的场地或者服务设施的，应当允许统一着装并佩戴标识的邮政企业、快递企业从业人员和车辆进入为用户提供服务，不得收取费用。

第十一条 新建、改建、扩建城镇居民楼、住宅区的建设单位应当按照国家规定的标准设置信报箱，并与建设项目主体工程同步规划、设计、施工和验收，所需费用纳入建设项目总预算。对未设置信报箱或者设置的信报箱不符合标准的建设项目，不予办理竣工验收手续。

已建成使用的城镇旧居民楼和住宅区未配置信报箱或者配置的信报箱不符合国家标准的，所在地人民政府应当依法根据实际安排资金补建或者改造。

信报箱的维修和更换，保修期内由建设单位负责。超过保修期的，纳入住宅共用设施设备进行维修和更换，所需费用依法从住宅专项维修资金中支付；没有住宅专项维修资金的，由信报箱所有人负责维修和更换。

第十二条 农村地区提供邮政普遍服务的邮政设施建设应当纳入当地镇、乡和村庄规划。

县级以上人民政府应当统筹村级公共资源，扶持农村地区邮政设施建设，将村邮站与农村公共服务平台相结合，明确村邮站建设以及运营的责任主体，经费纳入农村公益服务范畴，由各级财政合理负担。

邮政企业应当对村邮站提供业务支持和指导，并与村邮站签订邮件接收、转投协议。邮政企业委托村邮站代办邮政普遍服务和特殊服务以外业务的，应当与村邮站签订协议，支付代办费。

第十三条 因公共利益需要依法征收邮政营业场所或者邮件处理场所的，房屋征收部门应当事先与邮政企业协商。根据控制性详细规划和邮政普遍服务标准需要继续在原区域设置上述场所的，应当按照方便用邮、不少于原有面积的原则重新设置，所需费用由作出房屋征收决定的人民政府承担。

重建的邮政营业场所、邮件处理场所在交付使用前，房屋征收部门应当安排过渡场所。房屋征收部门未作出妥善安排前，不得征收。邮政企业应当采取相应措施，保证过渡期间邮政普遍服务正常进行。

第三章 邮政普遍服务和特殊服务

第十四条 省邮政管理部门应当根据国家标准和本省经济社会发展需要，制定本省邮政服务规范。

邮政企业应当按照国家规定的业务范围、服务标准，以合理的资费标准，为用户持续提供邮政普遍服务，提高邮政普遍服务水平。

邮政企业应当对信件、单件重量不超过五千克的印刷品、单件重量不超过十千克的包裹的寄递以及邮政汇兑提供邮政普遍服务。

邮政企业按照国家规定办理机要通信、国家规定报刊的发行，以及义务兵平常信函、盲人读物和革命烈士遗物的免费寄递等特殊服务业务。

第十五条 邮政企业应当在其营业场所按照国家规定开办所有种类的邮政普遍服务业务，公布其服务种类、营业时间、资费标准、邮件和汇款的查询及损失赔偿办法、禁止或者限制寄递的物品范围、邮件封装用品价格以及对其服务质量的投诉办法，并提供邮政编码查询服务。

邮政企业应当在邮筒（箱）上标明开筒（箱）的频次和时间，按时开取。

第十六条 邮政企业对用户交寄的邮件，应当按照规定的服务标准，及时、准确、安全投递。

本省同一城市市区内互寄的信件，应当在 2 日内完成投递；本省市州人民政府所在地城市间互寄的信件，应当在 3 日内完成投递；本省同一市州的市县间互寄的信件，应当在 5 日内完成投递；

本省不同市州的市县间互寄的信件，应当在7日内完成投递。

城市邮件的投递频次应当每天不少于1次；乡、镇人民政府所在地邮件的投递频次应当每周不少于5次；村民委员会所在地邮件的投递频次应当每周不少于3次。

交通不便的边远地区邮件，按照邮政管理部门规定的时限、频次投递。

第十七条 用户交寄邮件，应当清楚、准确地填写收件人姓名、地址和邮政编码，使用符合国家标准的信封，交寄包裹应当符合规定的封装规格和封装要求。

第十八条 邮政企业采取按址投递或者与用户协商的其他方式投递邮件的，物业服务企业应当为邮政企业投递邮件提供便利。

物业服务合同有代收、代转邮件约定或者物业服务企业与业主有书面或者口头约定的，物业服务企业应当为业主代收、代转邮件。

第十九条 单位收发人员和邮件代收人接收邮政企业投交的邮件时，应当当面核对，签收给据邮件，并对所接收的邮件负有保护和及时传递的责任，不得私拆、隐匿、毁弃邮件或者撕揭邮票。

单位收发人员、邮件代收人、收件人对无法转交或者误收的邮件，应当及时通知邮政企业收回。

第二十条 经省邮政管理部门和省交通运输主管部门核定的带有邮政专用标志的邮政普遍服务邮运车辆免予办理道路运输证，通过本省收费的公路、桥梁、隧道时，免缴通行费。

带有邮政专用标志的车辆运输、投递邮件时，确需通过禁行路线或者确需在禁止停车地段停车的，经公安机关交通管理部门同意，在确保交通安全的前提下，可以通行或者临时停靠作业。

带有邮政专用标志的车辆不得出租、出借或者用于其他活动。

第二十一条 带有邮政专用标志的车辆在运输、投递邮件途中发生道路交通安全违法行为或者交通事故的，公安机关交通管理部门应当及时处理并协助保护邮件安全。对于一般道路交通安全违法行为或者轻微交通事故，可以适用简易程序处理后先放行，待完成运输、投递任务后，再行处理；发生严重道路交通安全违法行为或者重大交通事故不能放行时，应当立即通知邮政企业，并协助及时转运邮件。

第二十二条 邮政企业及其工作人员不得实施下列行为：

（一）私拆、隐匿、毁弃、盗窃邮件；

（二）无故积压邮件、汇款；

（三）撕揭邮票；

（四）无故拒绝、拖延、中断应当为用户办理的邮政服务；

（五）擅自变更邮政普遍服务和特殊服务收费标准或者增加收费项目；

（六）强迫、误导或者限定用户使用指定的业务，向用户搭售商品、服务或者附加其他不合理条件；

（七）野蛮分拣，以抛扔、踩踏或者其他危险方法处理邮件；

（八）法律、法规禁止的其他行为。

第二十三条 县级以上人民政府应当对邮政普遍服务和特殊服务提供财政专项资金予以扶持。

邮政企业应当按照规定使用财政专项资金，专款专用，不得挪作他用，并接受财政部门和邮政管理部门的监督检查。

第四章 快递业务

第二十四条 县级以上人民政府应当将快递服务纳入现代服务业和现代物流业发展规划，制定和完善有关促进快递服务发展的政策措施，支持快递企业发展。

第二十五条 经营快递业务应当依法取得邮政管理部门颁发的快递业务经营许可证，并依法办理营业执照。未经许可，任何单位和个人不得经营快递业务。

快递企业设立分支机构或者合并、分立的，应当按照国家规定向邮政管理部门备案。

本条例所称快递企业，包括经营快递业务的邮政企业。

第二十六条 以加盟方式经营快递业务的企业，应当取得快递业务经营许可证，签订加盟经营合同。

被加盟人应当在服务标准、服务质量、经营行为、运营安全、业务流程、用户投诉、损失赔偿等方面对加盟人实行统一管理，向用户提供统一的跟踪查询和投诉处理服务，对加盟人给用户造成的损失依法承担连带责任。

加盟人应当遵守共同的服务约定，使用统一的商标、商号、快递服务运单和收费标准。

第二十七条 快递企业提供的快递服务应当符合快递服务国家标准，并遵守其公开的服务承诺。鼓励快递企业制定和采用高于国家标准的企业标准。

第二十八条 快递企业收寄快件应当使用符合国家标准的快递运单。快递运单应当在显著位置注明企业赔偿责任等影响用户权益的内容，并符合法律有关格式条款的规定。

快递企业收寄快件前，应当提醒寄件人阅读快递运单的服务合同条款，指导寄件人规范填写快递运单，并建议寄件人对贵重物品购买保价或者保险服务。

寄件人应当如实、正确、完整地填写相关信息，核对无误后在快递运单相应位置签字确认。

第二十九条 快递企业应当在承诺时限内将快件投递到约定的收件地址和收件人或者收件人指定的代收人。

快递企业投递快件时，应当告知收件人当面验收。快件外包装完好的，由收件人签字确认。投递的快件注明为易碎品及外包装出现明显破损等异常情况的，快递企业应当告知收件人先验收内件再签收。快递企业与寄件人另有约定的除外。

第三十条 快递企业接受网络购物、电视购物和邮购等经营者的委托提供快递服务的，应当与经营者签订合同，明确快件投递时验收环节的权利义务。

网络购物、电视购物和邮购等经营者应当以显著方式提醒收件人注意快件验收的具体程序和要求。

第三十一条 快递企业应当对其从业人员加强职业操守、服务规范、作业规范、安全生产、车辆安全驾驶等方面的教育和培训。

第三十二条 快递企业应当妥善应对快递业务高峰期，做好业务量监测，加强网络统筹调度，及时向社会发布服务提示，认真处理用户投诉。

第三十三条 快递企业在经营许可期内不得擅自中断、停止经营快递业务。确需临时歇业的，应当提前15日向所在地的邮政管理部门书面报告，同时在营业场所及有关媒体上公告。终止经营快递业务的，还应当交回快递业务经营许可证并办理注销手续。

快递企业在中断、停止经营快递业务之前，对尚未投递的快件，应当按照国务院邮政管理部门的规定妥善处理。

第三十四条 省邮政管理部门和公安机关交通管理部门根据国家规定，结合本省实际对用于快递运输、投递的车辆在车型、车身标识等方面制定相应的规范。快递企业提供快递服务的专用车辆应当符合国家和本省的规定，并喷涂标识。

对带有标识的快递运输、投递车辆，公安机关交通管理部门及其他有关部门应当根据城市交通状况，采取多种措施，在确保安全的前提下，为快递车辆的通行、停靠提供便利。

第三十五条 本条例第十八条、第二十条第二款、第二十一条以及第二十二条第（一）、（四）、（六）、（七）项关于邮政企业、邮件和邮政车辆的规定，适用于快递企业、快件和快递车辆。

第五章　安 全 保 障

第三十六条　公民的通信自由和通信秘密受法律保护。

除法律另有规定或者经用户书面同意外，任何组织和个人不得检查、扣留邮件、快件；邮件、快件被非法扣留的，邮政管理部门、公安机关应当责令扣件人及时放行邮件、快件。

第三十七条　邮政企业、快递企业应当保护用户的信息安全和通信秘密，确保所掌握的用户使用邮政服务、快递业务的相关信息不被窃取、泄露。未经法律明确授权或者用户书面同意，邮政企业、快递企业不得将用户使用邮政服务、快递业务的相关信息提供给任何组织或者个人，国家有关机关依法行使职权的除外。

邮政企业、快递企业应当建立快递运单实物及电子数据档案管理制度，采取技术措施确保用户信息安全。快递运单的实物保存和电子档案保存应当满足快递服务标准规定的档案保管期限。保管期满后，按照规定集中销毁或者删除。

第三十八条　邮政企业、快递企业应当建立邮件、快件处理场所安全管理制度，完善安全生产条件，落实安全防范措施，防范各类安全生产事故。

第三十九条　用户交寄和邮政企业、快递企业收寄邮件、快件，应当遵守国家关于禁止寄递或者限制寄递物品的规定。

邮政企业、快递企业对不能确定安全性的可疑物品，应当要求用户出具相关部门的安全证明。用户不能出具安全证明的，不予收寄。

邮政企业、快递企业应当对收寄的信件以外的邮件、快件依法进行验视，对符合寄递规定的加盖验视专用章或者专门标识。

邮政企业、快递企业在转运、投递邮件、快件过程中，发现有国家禁止寄递或者限制寄递物品的，应当按照有关规定，采取妥善措施进行处理，并及时报告有关部门。

第四十条　根据国家规定需要寄件人出具身份证明或者提供有关书面凭证的，邮政企业、快递企业应当要求其出示有效身份证件或者提供有关书面凭证，核对无误后方可收寄。

第四十一条　县级以上人民政府应当将邮政业突发事件应急管理纳入地方应急管理体系。

邮政企业、快递企业应当建立健全重大突发事件应急机制，制定突发事件应急预案，加强应急队伍建设和物资、技术、经费保障，并报邮政管理部门备案。遇重大突发事件时，邮政企业、快递企业应当立即启动应急预案，采取有效处置措施保障人员安全和邮件、快件安全，并在一小时内向邮政管理部门和有关部门报告。遇重大服务阻断时，应当及时告知用户。

第四十二条　为应对突发事件，县级以上人民政府和邮政管理部门可以调集和征用有关邮政企业、快递企业的人员、物资及车辆、场地和相关设备，并依法给予补偿。邮政企业、快递企业应当配合。

第四十三条　邮政管理部门、公安机关、国家安全机关和海关应当加强邮政行业安全管理制度和安全知识的宣传，提高从业人员的安全意识、安全操作技能，增强公众使用寄递服务的安全意识。

第六章　监 督 管 理

第四十四条　邮政管理部门应当建立健全监督检查制度，加强对邮政普遍服务和邮政市场的监督检查，依法查处违反邮政法律、法规的行为。

邮政管理部门发现邮政企业、快递企业存在安全隐患、服务质量问题、明显异常经营活动等情况，应当约谈其负责人，责令其进行整改。

第四十五条　邮政管理部门应当建立邮政普遍服务质量社会监督评价体系，对邮政普遍服务质量进行监督并向社会公布。

邮政管理部门应当建立以公众满意度、时限准时率和用户申诉率为主要内容的快递服务质量评价体系,定期、适时组织评估快递行业服务水平和质量,并向社会公布。

第四十六条 邮政企业、快递企业应当在规定期限内如实向邮政管理部门报送有关经营情况、服务质量自查情况和统计资料,并及时报告重大事故和重大服务质量问题。

第四十七条 邮政企业、快递企业应当建立和完善服务质量管理制度,向社会公布监督投诉电话、信箱,接受用户监督。对用户的举报和投诉,应当及时受理,并自受理之日起 7 日内答复用户。

用户对于邮政企业、快递企业处理结果不满意的,可以向邮政管理部门进行申诉。邮政管理部门应当及时依法处理,自接到申诉之日起 30 日内作出答复。

被申诉企业对邮政管理部门转办的申诉应当及时、妥善处理,自收到转办申诉之日起 10 日内向邮政管理部门答复处理结果。

第四十八条 邮政企业撤销提供邮政普遍服务的邮政营业场所(含代办网点)或者停止、限制办理邮政普遍服务业务,应当经所在地邮政管理部门批准并公告。

邮政管理部门作出审批决定前,应当征求所在地乡镇人民政府或者街道办事处以及用户的意见;涉及重大公共利益需要听证的,应当向社会公告并举行听证。

第四十九条 邮政行业社会团体应当自觉接受邮政管理部门的监督管理,加强行业自律,引导企业依法、诚信经营,维护企业和用户的合法权益,促进邮政业健康发展。

第七章 法律责任

第五十条 违反本条例规定的行为,法律、行政法规已有处罚规定的,从其规定。

第五十一条 邮政企业违反本条例第八条第四款规定,擅自转让或者改变划拨土地和配套建设的邮政营业场所、邮件处理场所用途的,由邮政管理部门责令限期改正;逾期未改正的,由县级以上人民政府城乡规划、自然资源等相关行政主管部门依法处理。

第五十二条 邮政企业、快递企业违反本条例第二十二条、第二十七条规定,有下列行为之一的,由邮政管理部门责令改正,处 2 千元以上 1 万元以下罚款;情节严重的,处 1 万元以上 3 万元以下罚款:

(一)无故积压邮件、快件和汇款;

(二)强迫、误导或者限定用户使用指定的业务,向用户搭售商品、服务或者附加其他不合理条件;

(三)野蛮分拣,以抛扔、踩踏或者其他危险方法处理邮件、快件;

(四)服务不符合国家标准,损害用户利益。

第五十三条 邮政企业、快递企业违反本条例第三十七条第二款规定,未按照标准保管快递运单、电子档案和保管期满后未按照规定集中销毁或者删除的,由邮政管理部门责令改正,处 3 千元以上 1 万元以下罚款;情节严重的,处 1 万元以上 5 万元以下罚款。

第五十四条 邮政企业、快递企业违反本条例第三十九条第三款规定,未加盖验视专用章或者专门标识的,由邮政管理部门给予警告,责令限期改正;逾期未改正的,处 5 千元以上 2 万元以下罚款。

第五十五条 邮政企业、快递企业违反本条例第四十六条规定,未按照规定报送有关情况、资料的,由邮政管理部门给予警告,责令限期改正;逾期未改正的,处 1 千元以上 5 千元以下罚款。

第五十六条 邮政企业、快递企业违反本条例第四十七条规定,未在规定的时限内妥善处理用户投诉和邮政管理部门转办的申诉的,由邮政管理部门给予警告,责令限期改正;逾期未改正的,处 3 千元以上 1 万元以下罚款。

第五十七条 邮政管理部门工作人员在监督

管理工作中有下列行为之一，尚不构成犯罪的，由所在单位或者有关部门给予处分：

（一）泄露监督检查中知悉的商业秘密的；

（二）滥用职权、玩忽职守、徇私舞弊的；

（三）违反法定程序实施监督检查的；

（四）其他不依法履行监督管理职责的。

第八章　附　　则

第五十八条　本条例自2014年8月1日起施行。

青海省邮政条例

（2014年7月24日青海省第十二届人民代表大会常务委员会第十二次会议通过　根据2020年7月22日青海省第十三届人民代表大会常务委员会第十八次会议《关于修改〈青海省预算管理条例〉等五十四部地方性法规的决定》第一次修正　根据2022年11月29日青海省第十三届人民代表大会常务委员会第三十六次会议《关于修改〈青海省邮政条例〉等五部地方性法规的决定》第二次修正）

第一章　总　　则

第一条　为了保障邮政普遍服务，加强对邮政市场的监督管理，维护邮政通信与信息安全，保护通信自由和通信秘密，保护用户合法权益，促进邮政业健康发展，根据《中华人民共和国邮政法》和有关法律、行政法规，结合本省实际，制定本条例。

第二条　本省行政区域内邮政业的规划、建设、服务、安全保障和监督管理，适用本条例。

第三条　省邮政管理部门负责全省邮政普遍服务和邮政市场的监督管理。市、州邮政管理部门负责本行政区域的邮政普遍服务和邮政市场的监督管理。

县级以上人民政府有关部门按照各自职责，做好邮政管理相关工作。

第四条　邮政管理部门对邮政市场实施监督管理，应当遵循公开、公平、公正以及鼓励竞争、促进发展的原则。

第五条　各级人民政府应当对提供邮政普遍服务的邮政企业给予扶持和政策支持，促进邮政普遍服务可持续发展。

各级人民政府应当鼓励和支持快递企业发展，提升快递服务水平，满足社会公众对快递业务的需求。

第六条　邮政企业、快递企业应当加强服务质量管理，完善安全保障措施，为用户提供迅速、准确、安全、方便的服务。

邮政企业、快递企业应当履行生态环境保护责任，按照规定使用环保包装材料，实现包装材料的减量化、标准化和循环化。

第七条　任何单位和个人都有保护邮政设施，维护邮政通信安全和畅通的义务，并有权制止、举报破坏邮政设施和危害邮政通信安全的行为。

第二章　规划建设

第八条　县级以上人民政府应当将邮政业纳入国民经济和社会发展规划，加强邮政、快递基础设施建设，保障邮政业与当地经济社会协调发展。

省邮政管理部门应当会同省发展改革、住房城乡建设、自然资源等部门组织编制全省邮政设施建设专项规划。市、州邮政管理部门应当会同市、州、县人民政府发展改革、住房城乡建设、自然资源等部门组织编制市、州、县的邮政设施建设专项规划。

县级以上人民政府应当将邮政设施建设专项规划纳入城乡规划及土地利用总体规划。编制修建性详细规划时，应当根据邮政设施建设专项规划和邮政普遍服务标准，明确邮政设施布局。

第九条 各级人民政府应当对提供邮政普遍服务的邮政设施建设给予支持，重点扶持边远农村牧区邮政设施建设。

建设城市新区、商业区、开发区、独立工矿区、住宅区或者进行旧城区改造，应当同时建设配套的邮政服务网点、邮筒（箱）、邮政报刊亭等提供邮政普遍服务的邮政设施。已有的邮政设施不能满足邮政普遍服务要求的，应当进行扩建或者重建。

第十条 提供邮政普遍服务的邮政营业场所、邮件处理场所等邮政设施建设用地，符合国家划拨用地目录的，由县级以上人民政府依法划拨。

按照规划建设的提供邮政普遍服务的邮政营业场所、邮件处理场所等设施、用房，免征城市基础设施配套费。

按照规划要求建设配套的邮政普遍服务设施，由政府投资建设的，邮政企业按照相关规定使用；由政府委托其他方建设的，邮政企业以建筑安装成本价购买或者优先租用。

依法取得的划拨土地和依照前款规定配套建设的邮政普遍服务场所，不得擅自转让或者改变用途。

第十一条 火车站、机场、长途汽车站应当根据需要设置提供邮政普遍服务的邮政营业场所，并为邮政企业装卸、转运邮件及邮政车辆出入提供必要的通道。

高等院校、大型厂矿、大型社区、风景名胜区等单位应当为邮政企业提供办理邮政普遍服务业务的场所。

邮政企业应当根据邮政设施建设专项规划、邮政设施布局，在城市街道、广场、公园等公共场所设置邮筒（箱）、邮政报刊亭等邮政设施。在公共场所设置邮政设施，免交城市道路占用费等相关费用。

第十二条 城镇新建、改建、扩建住宅小区，建设单位应当按照行业标准，设置与户数相应的智能快件（信包）箱，与建筑工程同时设计、施工和验收，并与建筑工程同时投入使用。建设单位组织住宅建筑工程竣工验收时，应当通知邮政管理部门或者邮政管理部门委托的单位参加。建设单位未按照国家规定的标准设置智能快件（信包）箱的，由邮政管理部门责令限期改正；逾期未改正的，由邮政管理部门指定其他单位设置智能快件（信包）箱，所需费用由该居民住宅楼的建设单位承担。

已建成使用的城镇居民住宅楼未设置智能快件（信包）箱的，由该居民住宅楼产权人或者其委托的物业服务企业按照标准设置。

智能快件（信包）箱的维护和更换，由城镇居民住宅楼的产权人或者其委托的物业服务企业负责。

第十三条 机关、团体、企业事业单位、住宅小区物业服务企业应当设置接收邮件的场所，为邮政企业、快递企业投递提供便利，不得收取费用。

第十四条 各级人民政府应当按照城乡公共服务均等化的要求，支持邮政企业在乡镇设置提供邮政普遍服务的邮政营业场所，在行政村设置村邮站或者其他接收邮件的场所，提高农村牧区邮政普遍服务水平。

邮政企业应当对村邮站提供业务支持和指导，与村邮站签订邮件接收、转投协议，并按照协议约定支付相应费用。

第十五条 邮件处理场所和快件处理场所的设计、建设和改造，应当符合国家安全机关和海关依法履行职责的要求。

因城市改造等确需征收、拆迁邮政设施的，规划主管部门应当重新规划设置，建设单位应当与邮政企业协商，按照就近安置、方便用邮、不降低邮政普遍服务水平、不少于原有面积的原则，先安置后搬迁，所需费用由征收、拆迁单位承担。

第十六条 邮政企业设置邮政营业场所或者变更营业场所地址的，应当事先书面告知邮政管理部门。

邮政企业撤销提供邮政普遍服务的邮政营业场所，应当经邮政管理部门批准并在当地公告。

第十七条 地名管理部门设置单位、住宅区、街道、村落的地址牌，应当标明所在地的邮政编码。邮政企业应当协助提供相应地段的邮政编码。

地名地址发生变更的，地名管理部门应当及时通知邮政企业。

第三章 邮 政 服 务

第十八条 邮政企业按照国家规定承担提供邮政普遍服务和特殊服务的义务。

邮政企业应当按照国家规定的普遍服务标准提供邮政普遍服务，向社会公布提供邮政普遍服务的营业网点名称、地址、联系方式等信息。

邮政企业应当在营业场所设置用户书写服务台，并在明显位置公示或者以电子显示屏等其他方式公布其服务种类、营业时间、业务单据书写式样、资费标准、服务标准、邮件和汇款的查询、损失赔偿办法以及用户对其服务质量的投诉办法。

邮筒（箱）应当标明开取时间和频次，邮政企业应当按照规定的时限开启邮筒（箱）。

邮政企业对用户交寄的邮件，应当按照国家规定的寄递时限和服务规范投递。

第十九条 提供邮政普遍服务的邮政营业场所在城市每周的营业时间应当不少于六天，投递邮件每天至少一次；在乡、镇人民政府所在地每周的营业时间应当不少于五天，投递邮件每周至少五次；在村民委员会所在地或者村邮站投递邮件每周至少二次。在乡、镇人民政府所在地及农村地区逢赶集日应当营业。

在交通不便的边远地区，按照国务院邮政管理部门制定的标准执行。

第二十条 用户交寄邮件，应当使用标准的信封或者封装品、有效的邮资凭证，并在信封或者封装品规定位置清楚、准确地填写收件人姓名、地址、邮政编码；对需要填写内件数量、名称和保价的，用户应当据实填写和签名确认。

用户对交寄的给据邮件和交汇的汇款，可以在国家规定时间内持据向收寄、收汇的邮政企业查询。邮政企业应当按照国家规定的期限提供免费查询服务，并将查询结果以书面或者其他方式通知查询人。

第二十一条 新建小区、新设单位，由产权人或者管理者到所在地邮政企业办理用户通邮手续。

邮政企业应当自受理用户办理通邮之日起十日内安排投递。暂不具备通邮条件的，邮政企业应当与用户协商并签订协议，将邮件投递至协议确定的已通邮的邮件代收点或者智能快件（信包）箱。

用户变更名称、邮件投递地址的，应当在变更前十日内书面通知邮政企业。

第二十二条 邮件收发人员和邮件代收人接收邮政企业投递邮件时，应当当面核对，签收给据邮件，并履行保管和及时传递的义务；无法传递的，应当及时告知邮政企业收回。

邮政企业、邮件收发人员和邮件代收人造成给据邮件丢失、损毁或者内件短少的，应当依照法律、法规规定或者签订的协议采取补救措施或者承担赔偿责任。

第二十三条 邮政企业可以根据用户要求，与用户签订邮政普遍服务的延伸服务协议，提供延伸服务。但不得强迫用户使用延伸服务。

第二十四条 邮政企业停止办理或者限制办理邮政普遍服务和特殊服务业务，应当经邮政管理部门批准。因不可抗力或者其他特殊原因暂时停止办理或者限制办理的，邮政企业应当及时公告，采取补救措施，并向邮政管理部门报告。

第二十五条 邮政企业及其从业人员不得有下列行为：

（一）收寄禁止寄递或者限制寄递的邮件；

（二）擅自变更邮政普遍服务收费标准或者增

加收费项目，强迫、误导用户使用高资费邮政业务；

（三）无故拒绝、拖延、中断邮政服务；

（四）违法向他人提供用户信息和用户使用邮政业务的信息；

（五）出租、出借和出售带有邮政专用标志的车辆或者利用带有邮政专用标志的车辆从事邮件运递以外的活动；

（六）冒领、扣压用户汇款或者强迫用户将汇款转为储蓄；

（七）强行搭售邮品、搭载其他服务项目及商品或者强迫订阅报刊杂志等；

（八）限定用户对信件、印刷品和包裹等邮件的资费支付方式；

（九）转让、出租、出借邮政专用品；

（十）采取抛扔、踢踹等方式野蛮分拣邮件；

（十一）法律、法规禁止的其他行为。

第四章　快 递 服 务

第二十六条　在本省范围内经营快递业务的，应当依法取得快递业务经营许可，并按照许可的范围、有效期限经营。未经许可，任何单位和个人不得经营快递业务。

申请快递业务经营许可，应当向省邮政管理部门提出申请，省邮政管理部门自受理申请之日起四十五日内进行审查，作出批准或者不予批准的决定。予以批准的，颁发快递业务经营许可证；不予批准的，书面通知申请人并说明理由。

邮政管理部门审查快递业务经营许可的申请，应当考虑国家安全等因素，并征求有关部门的意见。

快递业务经营许可事项发生变更的，应当报省邮政管理部门办理许可变更手续。

第二十七条　经营快递业务的企业设立分支机构或者合并、分立的，应当向邮政管理部门备案。

第二十八条　以加盟方式经营快递业务的，被加盟人与加盟人都应当取得快递业务经营许可。被加盟人与加盟人应当签订书面协议约定双方权利义务，明确用户合法权益发生损害后的赔偿责任，并向邮政管理部门备案。

参与加盟经营的企业应当遵守共同的服务约定，使用统一的商标、商号、快递服务运单和收费标准，统一提供用户查询和投诉处理服务。

第二十九条　任何单位和个人不得伪造、涂改、冒用、租借、倒卖和非法转让快递业务经营许可证。

第三十条　经营快递业务的企业不得擅自中断或者停止提供快递业务。确需临时歇业或者停止经营的，应当提前十日向邮政管理部门书面报告，在营业场所或者有关媒体上公告，并按照规定及时妥善处理未投递的快件。停止经营快递业务后应当在五日内交回快递业务经营许可证。

第三十一条　经营快递业务的企业应当在营业场所公示其服务种类、服务时限、服务价格、损失赔偿、营业时间、投诉处理等服务承诺事项。

经营快递业务的企业收取快件时，应当在快递运单详细填写快件的重量、资费等信息，并在显著位置注明时限、保价及赔偿条款等保障用户权益的内容。

用户应当正确填写收寄人的姓名、地址、电话及所寄物品的品名和数量，同时在相应位置签字确认。

第三十二条　经营快递业务的企业及其从业人员不得有下列行为：

（一）收寄禁止寄递或者限制寄递的快件；

（二）相互串通操纵市场价格，损害其他经营快递业务的企业和用户的合法权益；

（三）冒用他人名称、商标标识和企业标识，扰乱市场经营秩序；

（四）违法提供从事快递服务过程中知悉的用户信息；

（五）采取抛扔、踢踹等方式野蛮分拣快件；

（六）扣留、倒卖、盗窃快件；

（七）法律、法规禁止的其他行为。

第五章　安全保障

第三十三条　邮政管理、公安、国家安全、应急管理和海关等部门应当相互配合，健全寄递渠道安全保障机制，建立邮政通信与信息安全的监督管理工作数据库。邮政企业、快递企业应当及时完整地录入并提供邮政通信与信息安全监督管理相关工作数据。

有关部门和单位的工作人员不得泄露在监督管理工作中知悉的国家秘密、商业秘密和个人隐私。

第三十四条　邮政管理部门应当加强行业安全监管，健全突发事件应急机制，制定邮政业突发事件应急预案，组织邮政企业、快递企业开展突发事件应急演练。

邮政企业、快递企业应当制定本单位的突发事件应急预案。

发生突发事件应当立即启动相应的应急预案，邮政企业、快递企业按照国家有关规定向邮政管理部门如实报告，同时报告当地政府和相关部门，并应当及时告知用户。不得隐瞒不报、谎报或者拖延不报。

第三十五条　邮政企业、快递企业应当建立邮件、快件安全管理制度，及时发现并消除事故隐患。

邮政企业、快递企业应当按照有关规定，在邮件、快件营业场所和处理场所安装安全监控设备。安全监控设备应当保持全天二十四小时运转，保存连续完整的监控资料，保存时间不得少于三十日。营业场所交寄、接收、验视、安检、提取区域以及智能快件（信包）箱放置区域的监控资料保存时间不得少于九十日。

邮政企业、快递企业应当按照有关规定，在邮件、快件处理场所安装符合强制性国家标准的安全检查设备，配备专业安检员。

第三十六条　邮政企业、快递企业及其从业人员应当严格执行验视制度，不得收寄有下列情形之一的邮件、快件：

（一）用户拒绝开拆验视交寄的邮件、快件的；

（二）交寄、夹寄国家规定禁止寄递或者限制寄递物品的；

（三）对不能确定安全性的可疑物品，用户不能出具相关部门安全证明的；

（四）法律、法规规定的其他情形。

邮政企业、快递企业发现禁寄限寄物品，应当及时报告邮政管理、公安、国家安全、海关等有关部门。

第三十七条　经营快递业务的企业接受网络购物、电视购物和邮购等经营者委托提供快递服务的，应当与委托方签订安全保障协议，并向邮政管理部门备案。

第三十八条　经公安机关交通管理部门同意，带有邮政、快递专用标志的车辆运递邮件、快件时，在确保安全的前提下，可以在禁行路段、禁停地点通行或者停车。

邮政、快递专用车辆在运递途中违章，公安机关交通管理部门应当记录后放行，待其完成运递任务后再行处理。发生交通事故的，公安机关交通管理部门应当协助保护车载邮件和快件，并通知企业及时转送邮件和快件。

第三十九条　任何单位和个人不得有下列行为：

（一）扰乱邮政、快递企业营业场所和邮件、快件处理场所正常秩序；

（二）冒用邮政企业、快递企业名义，或者伪造、冒用邮政和快递专用标志；

（三）妨碍邮政、快递企业从业人员收寄、运输和投递邮件、快件；

（四）非法拦截、强登、扒乘运递邮件和快件的专用车辆；

（五）法律、法规禁止的其他行为。

第六章　监督管理

第四十条　邮政管理部门应当建立健全监督

检查制度,加强对邮政普遍服务和邮政市场的监督检查,会同财政、审计部门对邮政企业使用邮政普遍服务、特殊服务补贴资金实施监督,及时受理用户的申诉、举报,依法查处违反邮政法律、法规的行为。

第四十一条 邮政管理部门依法履行监督管理职责,可以采取下列监督检查措施:

(一)进入邮政企业、快递企业、集邮票品集中交易市场、邮政用品用具生产企业或者涉嫌违反邮政法律、法规活动的其他场所实施现场检查;

(二)向有关单位和个人了解情况;

(三)查阅、复制有关文件、资料、凭证;

(四)要求邮政企业、快递企业提供财务会计报表、统计报表、注册会计师出具的审计报告等文件资料;

(五)经邮政管理部门负责人批准,查封与违法活动有关的场所,扣押用于违法活动的运输工具以及相关物品,对信件以外的涉嫌夹带禁止寄递或者限制寄递物品的邮件、快件开拆检查;

(六)按照国家规定,对邮政、快递生产作业场所实行监控。

第四十二条 邮政管理部门依法进行监督检查时,监督检查人员不得少于两人,并应当出示执法证件。有关单位和个人应当配合监督检查,不得拒绝、拖延、阻碍。

第四十三条 邮政管理部门根据履行监督管理职责的需要,可以要求邮政企业和快递企业或者其分支机构报告有关经营情况,邮政企业和快递企业或者其分支机构应当如实报告,不得隐匿、销毁、转移原始资料。

第四十四条 邮政企业和快递企业应当建立和完善服务质量管理制度,设置用户监督信箱、公布监督电话号码,接受社会和用户对服务质量的监督。

邮政企业和快递企业接到用户投诉,应当自接到投诉之日起十五日内,将处理结果答复用户。

用户对邮政企业、快递企业投诉处理结果不满意的,可以向邮政管理部门申诉,邮政管理部门应当自收到申诉之日起三十日内予以答复。

邮政企业、快递企业对邮政管理部门转办的用户申诉,应当及时、妥善处理,自收到转办申诉之日起十五日内向邮政管理部门答复处理结果。

第四十五条 邮政管理部门应当建立邮政普遍服务、快递服务质量社会监督网络,聘请社会监督员对邮政普遍服务、快递服务质量进行监督。

邮政管理部门应当建立邮政普遍服务质量和快递服务质量评价体系,对邮政企业、快递企业的服务质量进行年度评价,并向社会公布。

第四十六条 邮政管理部门应当按照国家规定,指导本地区职业技能鉴定机构开展邮政企业、快递企业特有工种职业技能鉴定工作,提高从业人员的素质和技能。

第四十七条 邮政管理部门负责邮政用品用具的监督管理。生产邮政用品用具的企业应当办理生产监制证。任何单位和个人不得擅自生产邮政用品用具,不得冒用、盗用生产监制证书;不得销售和使用未经监制的邮政用品用具。

第四十八条 邮政管理部门负责集邮票品经营活动的监督管理。未经邮政管理部门依法许可,任何单位和个人不得开办集邮票品集中交易市场。

第四十九条 邮政行业相关协会应当依照法律、法规及其章程,制定行业规范,加强行业自律,为企业提供信息、培训等方面的服务,促进邮政业的健康发展。

邮政管理部门应当加强对邮政行业相关协会的指导。

第七章 法 律 责 任

第五十条 违反本条例规定的行为,法律、行政法规已规定法律责任的,从其规定。

第五十一条 邮政管理部门和其他有关行政管理部门的工作人员有下列行为之一的,依法给予处分;构成犯罪的,依法追究刑事责任:

（一）超越或者滥用职权审批快递业务经营许可的；

（二）不履行或者不依法履行邮政市场监督管理职责的；

（三）泄露监督管理工作中知悉的商业秘密；

（四）不依法受理、处理申诉或者举报的；

（五）其他滥用职权、徇私舞弊、玩忽职守的行为。

第五十二条 违反本条例第十条第四款规定，擅自转让或者改变划拨土地和配套建设的邮政营业场所、邮件处理场所用途的，由县级以上人民政府自然资源、住房城乡建设等相关部门依法处理。

第五十三条 违反本条例第十八条第三款和第三十一条第一款规定，邮政企业、快递企业未按照要求公示、公布、标明有关内容的，由邮政管理部门责令限期改正；逾期未改正的，处二千元以上一万元以下罚款。

第五十四条 违反本条例第二十一条规定，邮政企业对具备投递邮件条件的用户不按规定时限安排投递的，由邮政管理部门责令限期改正；逾期未改正的，可以处三千元以上一万元以下罚款。

第五十五条 违反本条例第二十五条第四项、第三十二条第四项规定，邮政企业、快递企业违法提供用户使用邮政服务或者快递服务的信息，尚不构成犯罪的，由邮政管理部门责令改正，没收违法所得，并处一万元以上三万元以下罚款；情节严重的，处三万元以上五万元以下罚款；对邮政企业直接负责的主管人员和其他直接责任人员给予处分；对快递企业，可以责令停业整顿直至吊销其快递业务经营许可证。

邮政企业、快递企业从业人员有前款规定的违法行为，尚不构成犯罪的，由邮政管理部门责令改正，没收违法所得，并处五千元以上一万元以下罚款。

第五十六条 违反本条例第二十六条第四款、第二十七条、第二十八条第一款、第三十七条规定，未按照要求办理许可变更手续或者未向邮政管理部门备案的，可以处三千元以上一万元以下罚款；情节严重的，处一万元以上五万元以下罚款。

第五十七条 违反本条例第三十条规定，经营快递业务的企业擅自中断或者停止提供快递服务的，由邮政管理部门责令改正；逾期未改正的，可以处三千元以上一万元以下罚款；情节严重的，处一万元以上五万元以下罚款。

第五十八条 违反本条例第二十五条第十项、第三十二条第五项规定，邮政企业、快递企业野蛮分拣邮件、快件的，由邮政管理部门责令改正，可以处三千元以上二万元以下罚款。

第五十九条 违反本条例第三十五条第二款、第三款规定的，由邮政管理部门责令改正；逾期未改正的，可以处三千元以上一万元以下罚款。

第六十条 违反本条例第四十三条规定，未按照邮政管理部门的要求如实报告，隐匿、销毁、转移原始资料的，由邮政管理部门责令限期改正；逾期未改正的，可以处三千元以上一万元以下罚款；情节严重的，处一万元以上三万元以下罚款。

第六十一条 违反本条例第四十四条第二款、第四款规定，未在规定时限内妥善处理用户投诉和邮政管理部门转办的申诉的，由邮政管理部门责令改正；逾期未改正的，可以处五千元以下罚款。

第八章　附　　则

第六十二条 本条例所称邮政普遍服务，是指邮政企业按照国家规定的业务范围、服务标准，以合理的资费标准，为中华人民共和国境内所有用户持续提供的邮政服务。

本条例所称特殊服务，是指邮政企业按照国家规定办理机要通信、国家规定报刊的发行，以及义务兵平常信函、盲人读物和革命烈士遗物的免费寄递等服务。

第六十三条 邮政企业按照国家规定办理特

殊服务业务，适用本条例关于邮政普遍服务业务的规定。

第六十四条　本条例自2014年10月1日起施行。

潍坊市快递条例

（2022年12月22日潍坊市第十八届人民代表大会常务委员会第六次会议通过）

第一条　为了规范快递业经营服务行为，保护快递用户、快递从业人员和经营快递业务的企业等各方主体合法权益，促进快递业高质量发展，根据《中华人民共和国邮政法》《快递暂行条例》等相关法律法规，结合本市实际，制定本条例。

第二条　本市行政区域内从事快递经营活动、接受快递服务以及对快递业实施监督管理，适用本条例。

本条例所称快递经营活动，是指依法取得快递业务经营许可的企业，在承诺的期限内快速完成物品收寄、分拣、运输、投递等环节的寄递活动。

第三条　市、县（市、区）人民政府应当将快递业发展纳入本级国民经济和社会发展规划，编制快递业专项规划应当充分衔接国土空间总体规划，合理安排快递基础设施的布局和建设。

大型商贸中心、相关产业园区等项目的规划与建设，应当统筹考虑快件集散、分拣场所等基础设施的用地和建设需求。

支持依法利用旧厂房、仓库和存量土地等资源建设快递产业园，发展快递业。

第四条　市邮政管理部门负责本市行政区域内快递业监督管理工作。

县（市、区）邮政管理部门负责本辖区内快递业监督管理工作；未设立邮政管理部门的，由市邮政管理部门与县（市、区）人民政府协商确定的部门负责本县（市、区）内快递业相关监督管理工作。

本条第一、二款规定的邮政管理部门、市邮政管理部门与县（市、区）人民政府协商确定的部门统称为快递业主管部门。

发展改革、工业和信息化、财政、人力资源社会保障、自然资源和规划、生态环境、住房和城乡建设、城市管理、交通运输、农业农村、商务、市场监督管理、公安、国家安全、海关、税务等部门，应当按照各自职责分工做好相关工作。

第五条　本市快递行业协会应当依法制定和组织实施行业规范，加强行业自律，引导企业守法、诚信、安全经营，维护企业合法权益，促进快递业健康发展。

第六条　市、县（市、区）人民政府应当按照有关规定，承担快递服务末端基础设施的规划、建设、维护、运营等具体事项相应支出责任，组织推进本行政区域内住宅区、商业区、办公场所、学校、医院、村庄等区域的快递末端服务设施的配套建设。

新建住宅区或者旧住宅区改造时，应当配套建设快递末端服务设施。

鼓励经营快递业务的企业、社会资本参与快递末端服务设施的建设和运营管理。

快递末端服务设施，包括智能快递柜，以及快递驿站、村邮站、便民服务中心、商店超市等提供快递末端服务的站点。

鼓励和引导经营快递业务的企业推广应用先进技术，推进智能化建设。

第七条　业主委员会、城市居民委员会、村民委员会应当支持经营快递业务的企业在住宅区、村庄设置智能快递柜等公益性快递末端服务设施，物业服务人应当予以配合。

县（市、区）人民政府可以通过购买服务或者给予财政补贴等方式，引导经营快递业务的企业建设智能快递柜等公益性快递末端服务设施。

第八条 机关、学校和企事业单位的办公场所，以及商业区、住宅区、工业区等封闭管理场所的物业服务人，应当根据实际情况为快递从业人员提供通行、临时停车、派送等必要便利。

第九条 鼓励快递业与先进制造业、商贸业、现代农业、电子商务等关联产业和业态建立协同发展机制，支持经营快递业务的企业入驻各类园区，推动融合发展。

第十条 市、县（市、区）人民政府应当将乡村寄递物流体系建设纳入公共基础设施建设范围，落实相应支出责任，优先推进乡村寄递物流综合服务站建设。

鼓励经营快递业务的企业开发农特产品线上销售寄递服务，建设、租用冷链仓储设施，提升末端冷链配送能力。

鼓励经营快递业务的企业采取合作共用末端配送网络等方式，开展共同配送、集中配送，降低乡村末端寄递成本。

推进城乡客运、邮政快递、乡村物流等既有网络、运力资源共享，实现客货邮深度融合发展，打造多站合一的基础设施体系，共享共建运输服务网络，为乡村群众提供便捷高效的快递服务。

鼓励经营快递业务的企业、仓储物流配送中心、商贸流通、供销等乡村物流服务网络和设施共享共用、信息互联互通，提升乡村寄递物流体系服务能力。

第十一条 快递业主管部门应当与商务、交通运输、海关、税务等部门建立快件跨境协作机制，推动国际快件进出境通关一体化，为国际快件通关提供便捷服务。

第十二条 鼓励经营快递业务的企业使用新能源或者清洁能源车辆，加快新能源汽车的推广运用，推进快递服务车辆的标准化、厢式化。

第十三条 经营快递业务的企业应当规范用工，建立快递从业人员实名管理制度，按照规定管理从业人员档案，依法与快递从业人员签订劳动合同，按时足额支付劳动报酬，缴纳社会保险费，规范使用劳务派遣。

经营快递业务的企业在快递业务量高峰时段临时聘用人员的，应当与其订立非全日制用工劳动合同，明确双方权利义务，履行劳动安全保护责任。经营快递业务的企业应当依法为临时聘用的非全日制用工参加工伤保险。

市、县（市、区）人民政府及其有关部门应当支持经营快递业务的企业加强对快递从业人员的教育培训，组织开展技能人才评价，对符合条件的经营快递业务的企业和快递从业人员按照规定给予职业培训补贴。

第十四条 经营快递业务的企业分拣作业时，应当按照快件的种类、时限分别处理，分区作业，规范操作，并及时录入处理信息，上传网络，不得在露天场地堆放快件，不得直接着地处理快件，不得占用道路分拣和投递快件。

第十五条 经营快递业务的企业应当将快件投递到约定的收件地址、收件人或者收件人指定的代收人，并告知收件人或者代收人当面验收。

快递运单上已注明上门投递要求的，经营快递业务的企业不得将快件投递到快递末端服务设施；收件人需要上门投递快件的，可以要求寄件人在快递运单上注明。快递运单上未注明上门投递要求的，经营快递业务的企业应当在投递前征求收件人意见；未征求收件人意见直接将快件投递到快递末端服务设施的，收件人在接到电话或者收到信息后有权要求其重新上门投递。

已标注为保价、生鲜产品、贵重物品、易碎品、代收货款或者外包装出现破损的，不得投递到快递末端服务设施，与收件人另有约定的除外。

经营快递业务的企业对于不能上门投递或者上门投递需要另行加收费用的，应当在揽收快件时事先告知寄件人或者与寄件人达成加收费用协议。

第十六条 经营快递业务的企业无正当理由

不得低于成本价格提供快递服务。

第十七条 在重要节日前后或者电商平台大型促销活动等快递业务高峰期，经营快递业务的企业应当做好业务量监测分析和信息沟通，加强服务网络统筹调度，合理配置人员、资源，提高寄递效率，并及时向社会发布服务提示。

在快递业务高峰期，快递业主管部门应当与人力资源社会保障等部门建立健全经营快递业务的企业用工需求预测和信息发布机制，为经营快递业务的企业用工提供支持。

第十八条 经营快递业务的企业应当建立健全突发事件应急工作机制，制定突发事件应急预案，每年开展应急演练。发生重大服务阻断、安全事故等情形，应当及时开展应急处置工作，并向所在地人民政府和快递业主管部门报告。

经营快递业务的企业应当建立健全传染病疫情防控工作制度，结合当地传染病疫情防控形势和政策要求，制定疫情防控应急预案，接受培训、督导、检查，积极采取措施妥善处置，做好疫情防控期间快递从业人员必需防护用品保障。

第十九条 快递业主管部门应当建立和完善以随机抽查为重点的日常监督检查制度。

快递业主管部门应当充分利用计算机网络等先进技术手段，加强对快递业务活动的日常监督检查，提高快递业管理水平。

第二十条 快递业主管部门应当与商务、市场监督管理、公安、国家安全、海关等部门相互配合，建立健全快递业安全保障机制，加强对快递服务与信息安全、寄递渠道安全的监督管理。

第二十一条 快递业主管部门应当向社会公布联系方式，接受申诉和举报，及时核实处理，并在规定时限内给予答复。

第二十二条 违反本条例规定的行为，法律法规已经规定法律责任的，适用其规定。

第二十三条 经营快递业务的企业违反本条例第十四条规定，在露天场地堆放快件或者直接着地处理快件的，由快递业主管部门责令改正，予以通报批评，并可处二百元以上二千元以下的罚款；情节严重的，处二千元以上五千元以下的罚款。

第二十四条 行政执法人员和其他工作人员在快递监督管理中有滥用职权、玩忽职守、徇私舞弊行为的，依法给予处分；构成犯罪的，依法追究刑事责任。

第二十五条 本条例自2023年3月15日起施行。

南阳市邮政快递管理办法

（2022年5月21日经南阳市政府第70次常务会议研究同意印发）

第一条 为保障邮政普遍服务，加强对邮政市场的监督管理，维护用户合法权益，促进邮政业健康发展，根据《中华人民共和国邮政法》《快递暂行条例》《河南省邮政条例》等法律法规，结合本市实际，制定本办法。

第二条 本市行政区域内邮政快递业的发展、规划、建设、服务、安全及监督管理，适用本办法。

第三条 邮政管理部门负责对本市行政区域内的邮政普遍服务和邮政快递市场实施监督管理。

交通运输、财政、自然资源和规划、公安、商务等有关部门按照各自职责，依法做好促进邮政快递业健康发展的相关工作。邮政管理部门、公安机关和国家安全机关要开展经常性执法检查。快递企业要积极配合国家安全机关开展快递业务经营许可审查、邮路举报系统建设工作。

第四条 市、县(市、区)政府(管委会)应当对提供普遍服务的邮政设施和快递基础性设施建设给予必要的政策优惠和扶持,推进邮政快递服务体系建设。

第五条 市、县(市、区)政府(管委会)应当支持、鼓励和引导快递业发展,可以给予相应的资金支持。

第六条 市、县(市、区)政府(管委会)应当将邮政、快递业发展规划纳入国土空间规划,在年度用地计划中统筹安排快递专业类物流园区、快件集散中心等设施用地,科学合理设置区域邮件、快件的集中处理场所和区域收投、配送网络站点。

第七条 新建、改建、扩建的住宅小区建筑工程,应当同步设置接收邮件的信报箱,并按照国家规定的标准验收,同时投入使用。

鼓励住宅小区设置智能信报箱、将传统信报箱升级改造为智能信报箱,市、县(市、区)政府(管委会)可以给予补贴。

第八条 在国家规定范围内鼓励高等院校、商务中心等场所设置智能快件箱或快递末端共同服务场所。

智能快件箱、快递末端共同服务场所运营企业应当向邮政管理部门备案,并定期报送使用情况等运营信息。

第九条 鼓励邮政、快递企业整合资源,延伸乡镇农村网点,健全农村服务网络,对村级邮件、快件收投场所及拓展农村网点的优秀企业,市、县(市、区)政府(管委会)可以给予适当奖励。

第十条 因城镇建设需要征收、拆迁邮政、快递企业营业、处理或储运场所的,征收单位应当与邮政、快递企业协商,按照项目征收补偿方案合理进行安置,所需费用由征收单位承担。

第十一条 邮政、快递企业依法使用符合国家标准的车辆,悬挂机动车号牌,纳入机动车管理,并按照市邮政管理部门规定的监管样式,统一编码、统一涂装,喷涂企业专用标识和服务监督电话,同时按照有关规定进行备案,并定期将邮政、快递专用车辆备案情况与公安机关交通管理部门共享。车辆驾驶人员驾驶邮政、快递车辆时必须持有符合国家规定的有效驾驶证件。

第十二条 邮政、快递专用车辆属于民生保障车辆,符合尾气排放要求的邮政、快递专用车辆,经邮政管理部门备案,到公安机关交通管理部门办理通行证件后,在机动车尾号限行期间不予限行,但应当按照规定的时间、路线行驶。

快递从业人员应当遵守道路交通安全法律法规的规定,按照操作规范安全、文明驾驶车辆。邮政、快递专用车辆在运递邮件、快件途中发生一般交通违法或轻微交通事故时,公安机关交通管理部门可登记后放行,待其完成运递任务后接受处理;发生严重违法或者重大交通事故,确需扣留车辆的,公安机关交通管理部门应当协助保护邮件、快件安全并及时通知车辆所属企业转运邮件、快件。

第十三条 邮政、快递企业应当落实岗前安全培训制度,强化从业人员安全生产知识与技能的培训、教育,加强道路交通安全培训,使其具备与本岗位相适应的安全生产知识和处置技能。未经安全生产教育和培训合格的人员,不得上岗作业。

邮政、快递企业应当建立健全突发事件应急工作机制,制定突发事件应急预案,每年开展应急演练。发生重大服务阻断、安全事故等情形,应当及时开展应急处置工作,并向所在地县(市、区)政府(管委会)负有相关职责的部门和市邮政管理部门报告。

邮政、快递企业应当建立传染病疫情防控工作机制,结合当地传染病疫情防控形势和政策要求,制定疫情防控应急预案,主动接受培训、督导、检查,积极采取措施妥善处置,做好疫情防控期间从业人员必需防护用品保障,并向所在地县(市、区)政府(管委会)相关部门和市邮政管理部门报告。

第十四条 邮政、快递企业应当遵守国家关于禁止寄递或者限制寄递物品的规定，建立并严格执行实名收寄、收寄验视、安全检查等安全制度。

除信件和已签订安全协议用户交寄的邮件、快件外，收寄时应当实名登记，并当场验视内件，符合寄递规定的，加盖收寄验视戳记，拒绝提供身份证件或拒绝验视的，不予收寄。

邮政、快递企业可以自行或委托第三方企业严格依照安全生产规范对邮件、快件进行安全检查，并对经过安全检查的邮件、快件作出安全检查标识。委托第三方企业对快件进行安全检查的，不免除委托方对快件安全承担的责任。

第十五条 邮政、快递企业分拣作业时，应当按照邮件、快件的种类、时限分别处理，分区作业，规范操作，并及时录入处理信息，上传网络，不得在露天场地堆放邮件、快件，不得直接着地处理邮件、快件，不得占用道路分拣和投递邮件、快件。严禁抛扔、踩踏或者以其他可能造成邮件、快件损毁的方式野蛮分拣邮件、快件。

第十六条 邮政、快递企业应当通过互联网、电话、柜台等渠道，向用户免费提供国内给据邮件、快件查询服务。

第十七条 邮政、快递企业及其工作人员不得出售、泄露或者非法提供快递服务过程中知悉的用户信息。

第十八条 邮政、快递企业应当在其营业场所的显著位置公示或者公布以下内容：

（一）营业场所名称、服务种类、营业时间、服务范围、服务标准、服务承诺、资费标准；

（二）邮件、快件和汇款的查询及损失赔偿办法；

（三）关于禁止寄递和限制寄递物品的规定；

（四）用户对其服务质量的投诉办法；

（五）其他依法需要公示、公布的内容。

第十九条 快递企业按照服务时限和投递范围实行两次免费投递。因收件人或者代收人原因，经两次免费投递后尚未投交的快件，收件人仍需投递的，快递企业可以依法额外收取投递费用，但应当事先告知收件人收费标准。

第二十条 邮政、快递企业应当按照有关法律法规的规定与从业人员签订劳动合同，保障从业人员休息休假、工资薪酬、社会保障等合法权益。

鼓励邮政、快递企业在营业场所设立爱心驿站，实现互帮互助，提供临时休息场所和饮水、充电等服务。

第二十一条 邮政、快递企业应当积极落实绿色发展理念，使用新型包装技术和环保材料，根据邮件、快件内件物品的性质、尺寸、重量，合理进行包装操作，防止过度包装，减少包装废弃物。

寄递企业使用的包装物中铅、汞、镉、铬总量以及苯类溶剂残留应当符合国家规定。禁止使用有毒物质作为邮件、快件填充材料。

鼓励邮政、快递企业使用新能源车辆进行邮件、快件运输和收投服务，建立绿色节能低碳运营管理流程和机制。

第二十二条 邮政、快递企业应当加强对从业人员的职业道德培训，依法从事邮政经营活动，不得违背公序良俗。

第二十三条 邮政、快递企业违反本办法规定的，按照《中华人民共和国邮政法》《中华人民共和国安全生产法》《快递暂行条例》《快递市场管理办法》《邮件快件包装管理办法》等相关规定予以处理。

第二十四条 邮政、快递企业从业人员违反本办法第二十二条规定的，由公安机关依法处罚；构成犯罪的，依法移交司法机关处理。

第二十五条 本办法自印发之日起施行。

商丘市邮政快递管理办法

（2022 年 9 月 13 日经商丘市政府同意印发）

第一条 为保障邮政快递普遍服务，加强对邮政快递市场的监督管理，维护用户合法权益，促进邮政快递业健康发展，根据《中华人民共和国邮政法》《快递暂行条例》《河南省邮政条例》等法律法规，结合本市实际，制定本办法。

第二条 本市行政区域内邮政快递业的发展、规划、建设、服务、安全及监督管理，适用本办法。

第三条 邮政管理部门负责对本市行政区域内的邮政普遍服务和邮政快递市场实施监督管理。

交通运输、财政、自然资源和规划、公安、商务等有关部门按照各自职责，依法做好促进邮政快递业健康发展的相关工作。

第四条 市、县（市、区）政府（管委会）应当对提供普遍服务的邮政设施和快递基础性设施建设给予必要的政策优惠和扶持，推进邮政快递服务体系建设。

第五条 市、县（市、区）政府（管委会）应当支持、鼓励和引导邮政快递业发展，根据本级财力状况，可以给予适当的资金支持。

第六条 市、县（市、区）政府（管委会）应当将邮政快递业发展规划纳入国土空间规划，在年度用地计划中统筹安排快递专业类物流园区、快件集散中心等设施用地，科学合理设置区域邮件、快件的集中处理场所和区域收投、配送网络站点。

第七条 新建、改建、扩建的住宅小区建筑工程，应当设置接收邮件的信报箱，与建筑工程统一规划、设计、施工，并按照国家规定的标准验收，同时投入使用。

鼓励住宅小区设置智能信报箱、将传统信报箱升级改造为智能信报箱。

第八条 在国家规定范围内鼓励高等院校、商务中心等场所设置智能快件箱或快递末端共同服务场所。

智能快件箱、快递末端共同服务场所运营企业应当向邮政管理部门备案，并定期报送使用情况等运营信息。

第九条 鼓励邮政快递企业整合资源，延伸乡镇农村网点，健全农村服务网络。

第十条 邮政快递企业依法使用符合国家标准的车辆，悬挂机动车号牌，纳入机动车管理；并按照市邮政管理部门规定的监管样式，统一编码、统一涂装，喷涂企业专用标识和服务监督电话，但喷涂、粘贴标识或者车身广告，不得影响安全驾驶，同时按照有关规定进行备案，并定期将邮政、快递专用车辆备案情况与公安机关交通管理部门共享。车辆驾驶人员驾驶邮政、快递车辆时必须持有符合国家规定的有效驾驶证件。

第十一条 邮政快递专用车辆属于民生保障车辆，符合尾气排放要求的邮政快递专用车辆，经邮政管理部门备案，到公安机关交通管理部门办理通行证件后，在机动车限行期间不予限行，但应当按照规定的时间、路线行驶。

邮政快递从业人员应当遵守道路交通安全法律法规的规定，按照操作规范安全、文明驾驶车辆。邮政、快递专用车辆在运递邮件、快件途中发生轻微交通事故时，除有酒后驾驶等严重交通违法行为的，公安机关交通管理部门可登记后放行，待其完成运递任务后接受处理。发生严重违法或者发生重大交通事故，确需扣留车辆，公安机关交通管理部门应当协助保护邮件、快件安全并及时通知车辆所属企业转运邮件、快件。

第十二条 邮政快递企业应当落实岗前安全培训制度,强化从业人员安全生产知识与技能的培训、教育,加强道路交通安全培训,使其具备与本岗位相适应的安全生产知识和处置技能。未经安全生产教育和培训合格的人员,不得上岗作业。

邮政快递企业应当建立健全突发事件应急工作机制,制定突发事件应急预案,每年开展应急演练。发生重大服务阻断、安全事故等情形,应当及时开展应急处置工作,并向所在地县(市、区)政府(管委会)负有相关职责的部门和市邮政管理部门报告。

邮政快递企业应当建立传染病疫情防控工作机制,结合当地传染病疫情防控形势和政策要求,制定疫情防控应急预案,主动接受培训、督导、检查,积极采取措施妥善处置,做好疫情防控期间从业人员必需防护用品保障,并向所在地县(市、区)政府(管委会)相关部门和市邮政管理部门报告。

第十三条 邮政快递企业应当遵守国家关于禁止寄递或者限制寄递物品的规定,建立并严格执行实名收寄、收寄验视、安全检查等安全制度。

除信件和已签订安全协议用户交寄的邮件、快件外,收寄时应当实行实名收寄,并当场验视内件,符合寄递规定的,作出收寄验视标识,拒绝提供身份证件或拒绝验视的,不予收寄。

邮政快递企业可以自行或委托第三方企业严格依照安全生产规范对邮件、快件进行安全检查,并对经过安全检查的邮件、快件作出安全检查标识。委托第三方企业对快件进行安全检查的,不免除委托方对快件安全承担的责任。

第十四条 邮政快递企业分拣作业时,应当按照邮件、快件的种类、时限分别处理,分区作业,规范操作,并及时录入处理信息,上传网络,不得在露天场地堆放邮件、快件,不得直接着地处理邮件、快件,不得占用道路分拣和投递邮件、快件。

严禁抛扔、踩踏或者以其他可能造成邮件、快件损毁的方式野蛮分拣邮件、快件。

第十五条 邮政快递企业应当通过互联网、电话、柜台等渠道,向用户免费提供国内给据邮件、快件查询服务。

第十六条 邮政快递企业及其工作人员不得出售、泄露或者非法提供快递服务过程中知悉的用户信息。

第十七条 邮政快递企业应当在其营业场所的显著位置公示或者公布以下内容:

(一)营业场所名称、服务种类、营业时间、服务范围、服务标准、服务承诺、资费标准;

(二)邮件、快件和汇款的查询及损失赔偿办法;

(三)关于禁止寄递和限制寄递物品的规定;

(四)用户对其服务质量的投诉办法;

(五)其他依法需要公示、公布的内容。

第十八条 邮政快递企业按照服务时限和投递范围实行两次免费投递。因收件人或者代收人原因,经两次免费投递后尚未投交的快件,收件人仍需投递的,邮政快递企业可以依法额外收取投递费用,但应当事先告知收件人收费标准。

第十九条 邮政快递企业应当按照有关法律法规的规定与从业人员签订劳动合同,保障从业人员休息休假、工资薪酬、社会保障等合法权益。

鼓励邮政快递企业在营业场所设立爱心驿站,实现互帮互助,提供临时休息场所和饮水、充电等服务。

第二十条 邮政快递企业应当积极落实绿色发展理念,使用新型包装技术和环保材料,根据邮件快件内件物品的性质、尺寸、重量,合理进行包装操作,防止过度包装,减少包装废弃物。

寄递企业使用的包装物中的铅、汞、镉、铬总量以及苯类溶剂残留应当符合国家规定。禁止使用有毒物质作为邮件快件填充材料。

鼓励邮政快递企业使用新能源车辆进行邮件、快件运输和收投服务,建立绿色节能低碳运营管理流程和机制。

第二十一条 邮政快递企业应当加强对从业人员的职业道德培训，依法从事邮政经营活动，不得违背公序良俗。

第二十二条 本办法自印发之日起施行。

漯河市邮政快递管理办法

（2022 年 9 月 15 日由漯河市政府印发）

第一条 为加强对快递市场的监督管理，保障邮政普遍服务，维护用户合法权益，促进邮政快递业高质量发展，根据《中华人民共和国邮政法》《快递暂行条例》《河南省邮政条例》等法律法规，结合本市实际，制定本办法。

第二条 本市行政区域内邮政快递业的发展、规划、建设、服务及监督管理，适用本办法。

第三条 邮政管理部门负责本市行政区域内的邮政普遍服务和快递市场监督管理工作。公安、财政、自然资源和规划、住房和城乡建设、交通运输、商务、市场监管、海关等有关部门按照各自职责，依法做好邮政快递监督管理相关工作。

第四条 市、县区政府（管委会）应当将邮政快递业发展规划纳入国土空间规划，在年度用地计划中统筹安排快递专业类物流园区、快件集散中心等设施用地，科学合理设置区域邮件、快件的集中处理场所和区域收投、配送网络站点。邮政管理部门应当会同相关部门编制邮政快递设施专项规划，并按法定程序报批。

第五条 鼓励住宅小区设置智能信报箱，将传统信报箱升级改造为智能信报箱。

第六条 在国家规定范围内鼓励高等院校、商务中心、机关等场所设置智能快件箱或快递末端共同服务场所。智能快件箱、快递末端共同服务场所运营企业应当向邮政管理部门定期报送使用情况等运营信息。

第七条 因城镇建设需要征收、拆迁邮政、快递企业营业、处理或储运场所的，征收单位应当与邮政、快递企业协商，按照就近安置、不降低服务水平、不少于原有面积的原则，先安置后搬迁，所需费用由征收单位承担。

第八条 邮政、快递车辆应当按照邮政管理部门规定的监管样式，统一编码、统一涂装，喷涂企业专用标识和服务监督电话，并纳入统一登记管理。

第九条 符合尾气排放要求的邮政、快递专用车辆，经公安机关交通管理部门同意，在机动车尾号限行期间不予限行，但应当按照规定的时间、路线行驶。邮政、快递专用车辆在运递邮件、快件途中发生一般交通违法或轻微交通事故时，公安机关交通管理部门可以依法适用简易程序从快处理，并酌情优先放行；发生严重违法确需扣留车辆或者发生重大交通事故的，公安机关交通管理部门应当协助保护邮件、快件安全并及时通知车辆所属企业转运邮件、快件。

第十条 邮政、快递企业应当落实岗前安全培训制度，强化从业人员安全生产知识与技能的培训、教育，加强道路交通安全培训，使其具备与本岗位相适应的安全生产知识和处置技能。未经安全生产教育和培训合格的人员，不得上岗作业。邮政、快递企业应当建立健全突发事件应急工作机制，制定突发事件应急预案，开展应急演练。发生重大服务阻断、安全事故等情形，应当及时开展应急处置工作，并向所在地县区政府（管委会）和邮政管理部门报告。邮政、快递企业应当建立传染病疫情防控工作机制，结合当地传染病疫情防控形势和防控要求，制定疫情防控应急预案，主动接受培训、督导、检查，做好疫情防控期间从业人员必需防护用品保障。

第十一条 邮政、快递企业应当遵守国家关于禁止寄递或者限制寄递物品的规定，建立并严格执行实名收寄、收寄验视、安全检查等制度。除信件和已签订安全协议用户交寄的邮件、快件外，收寄时应当实行实名收寄，并当场验视内件，符合寄递规定的，加盖收寄验视戳记，拒绝提供身份证件或拒绝验视的，不予收寄。邮政、快递企业可以自行或委托第三方企业对邮件、快件进行安全检查，并对经过安全检查的邮件、快件作出安全检查标识。

第十二条 邮政、快递企业分拣作业时，应当按照邮件、快件的种类、时限分别处理，分区作业，规范操作，并及时录入处理信息，上传网络，不得在露天场地堆放邮件、快件，不得直接着地处理邮件、快件，不得占用道路分拣和投递邮件、快件。严禁抛扔、踩踏或者以其他可能造成邮件、快件损毁的方式野蛮分拣邮件、快件。

第十三条 邮政、快递企业应当通过互联网、电话、柜台等渠道，向用户免费提供国内给据邮件、快件查询服务。

第十四条 邮政、快递企业及其工作人员不得向用户发送与邮政、快递服务无关的商业广告；不得向任何单位和个人提供用户信息，法律法规另有规定的除外。

第十五条 邮政、快递企业应当在其营业场所的显著位置公示或者公布以下内容：（一）营业场所名称、服务种类、营业时间、服务范围、服务标准、资费标准；（二）邮件、快件的查询及损失赔偿办法；（三）关于禁止寄递和限制寄递物品的规定；（四）用户对其服务质量的投诉办法；（五）其他依法需要公示、公布的内容。

第十六条 邮政、快递企业应当按照有关法律法规，与从业人员签订劳动合同，保障从业人员休息休假、工资薪酬、社会保障等合法权益。鼓励邮政、快递企业在营业场所设立爱心驿站，实现互帮互助，提供临时休息场所和饮水、充电等服务。

第十七条 邮政、快递企业应当积极落实绿色发展理念，根据邮件快递内物品的性质、尺寸和重量，使用新型包装技术和环保材料对邮件、快件进行合理包装，防止过度包装，减少包装废弃物。鼓励邮政、快递企业使用新能源车辆进行邮件、快件运输和收投服务，建立绿色节能低碳运营管理流程和机制。

第十八条 任何单位或者个人不得扰乱邮政、快递正常生产秩序，不得违法封堵邮政、快递场所，不得妨碍邮政、快递企业及人员执行邮件、快件寄递任务。

第十九条 邮政、快递企业违反本办法规定的，按照《中华人民共和国邮政法》《中华人民共和国安全生产法》《快递市场管理办法》《邮件快件包装管理办法》等相关规定予以处理。

第二十条 本办法自印发之日起施行。

焦作市邮政快递管理办法

（2022年2月14日经焦作市政府同意印发）

第一条 为保障邮政普遍服务，加强对邮政快递市场的监督管理，维护用户合法权益，促进邮政快递业健康发展，根据《中华人民共和国邮政法》《快递暂行条例》《河南省邮政条例》等法律法规，结合本市实际，制定本办法。

第二条 本市行政区域内邮政快递业的发展、规划、建设、服务、安全及监督管理，适用本办法。

第三条 邮政管理部门负责对本市行政区域内的邮政普遍服务和邮政快递市场实施监督管理。

交通运输、财政、自然资源和规划、住房城乡建设、公安、市场监管、商务等有关部门按照各自职责，依法做好促进邮政快递业健康发展的相关工作。

第四条 市、县（市、区）政府（管委会）应当对提供普遍服务的邮政设施和快递基础性设施建设依法给予必要的政策优惠和扶持，推进邮政快递业服务体系建设。

第五条 市、县（市、区）政府（管委会）应当支持、鼓励和引导邮政快递业发展，可以给予相应的资金支持。

第六条 市、县（市、区）政府（管委会）应当将邮政快递业发展规划纳入国民经济和社会发展规划，统筹安排快递专业类物流园区、快件集散中心、营业场所等设施用地，科学合理设置区域邮件、快件的集中处理场所和区域收投、配送的网络站点。

第七条 新建、改建、扩建的住宅小区建筑工程，应当设置接收邮件的信报箱，与建筑工程统一设计、施工，并按照国家规定的标准验收，同时投入使用。

鼓励住宅小区设置智能信包箱、智能快递柜，市、县（市、区）政府（管委会）可以给予补贴。

第八条 在国家规定范围内鼓励高等院校、商务中心、机关等场所设置智能快件箱或快递末端服务网点。

智能快件箱、快递末端服务网点运营企业应当自提供寄递服务之日起20日内，向所在地邮政管理机构办理快递末端网点备案，并定期报送使用情况等运营信息。

第九条 鼓励邮政、快递企业整合资源，延伸乡镇农村网点，健全农村服务网络，对村级邮件、快件收投场所及拓展农村网点的优秀企业，市、县（市、区）政府（管委会）可以给予适当奖励。

第十条 因城镇建设需要征收、拆迁邮政、快递企业营业、处理或储运场所的，征收单位应当与邮政、快递企业协商，按照就近安置、不降低服务水平的原则妥善安排，先安置后拆迁，所需费用由征收单位承担。

第十一条 邮政、快递企业依法使用符合国家标准的干线运输车辆，悬挂机动车号牌，纳入公安部门机动车管理；城区邮政快递揽投车辆应当按照市邮政管理部门规定的“统一标识、统一编码、统一外观”式样，喷涂企业专用标识和服务监督电话，统一登记管理。

第十二条 对已经纳入邮政管理部门统一登记管理的车辆，公安机关交通管理部门保障其依法通行和临时停靠的权利。

符合尾气排放要求的邮政、快递专用车辆，经邮政管理部门到公安机关交通管理部门办理通行证件后，在机动车尾号限行期间不予限行，但应当按照规定的时间、路线行驶。

快递从业人员应当遵守道路交通安全法律法规的规定，按照操作规范安全、文明驾驶车辆。邮政、快递专用车辆在运递邮件、快件途中发生一般交通违法或轻微交通事故时，公安机关交通管理部门应当在记录后放行，待其完成运递任务后，再做后续处理。发生严重违法确需扣留车辆或者发生重大交通事故的，公安机关交通管理部门应当协助保护邮件、快件安全并及时通知车辆所属企业转运邮件、快件。

第十三条 邮政、快递企业应当落实岗前安全培训制度，强化从业人员安全生产知识与技能的培训、教育，加强道路交通安全培训，使其具备与本岗位相适应的安全生产知识和处置技能。未经安全生产教育和培训合格的人员，不得上岗作业。

邮政、快递企业应当建立健全突发事件应急工作机制，制定突发事件应急预案，每年开展应急演练。发生重大服务阻断、安全事故等情形，应当及时开展应急处置工作，并向所在地县（市、区）政府(管委会)和市邮政管理部门报告。

邮政、快递企业应当建立传染病疫情防控工作机制,结合当地传染病疫情防控形势和政策要求,制定疫情防控应急预案,主动接受培训、督导、检查,积极采取措施妥善处置,做好疫情防控期间从业人员必需防护用品保障,并向所在地县(市、区)政府(管委会)和市邮政管理部门报告。

第十四条 邮政、快递企业应当遵守国家关于禁止寄递或者限制寄递物品的规定,建立并严格执行实名收寄、收寄验视、安全检查等安全制度。

除信件和已签订安全协议用户交寄的邮件、快件外,收寄时应当实行实名收寄,并当场验视内件,符合寄递规定的,加盖收寄验视戳记,拒绝提供身份证件或拒绝验视的,不予收寄。

邮政、快递企业可以自行或委托第三方企业严格依照安全生产规范对邮件、快件进行安全检查,并对经过安全检查的邮件、快件作出安全检查标识。委托第三方企业对邮件、快件进行安全检查的,不免除委托方对邮件、快件安全承担的责任。

第十五条 邮政、快递企业分拣作业时,应当按照邮件、快件的种类、时限分别处理,分区作业,规范操作,并及时录入处理信息,上传网络,不得在露天场地堆放邮件、快件,不得直接着地处理邮件、快件,不得占用道路分拣和投递邮件、快件。

严禁抛扔、踩踏或者以其他可能造成邮件、快件损毁的方式野蛮分拣邮件、快件。

第十六条 邮政、快递企业应当通过互联网、电话、柜台等渠道,按规定向用户免费提供给据邮件、快件查询服务。

第十七条 邮政、快递企业及其工作人员不得出售、泄露或者非法提供快递服务过程中知悉的用户信息。

第十八条 邮政、快递企业应当在其营业场所的显著位置公示或者公布以下内容:

(一)营业场所名称、服务种类、营业时间、服务范围、服务标准、服务承诺、资费标准;

(二)邮件、快件和汇款的查询及损失赔偿办法;

(三)禁止寄递和限制寄递物品的规定;

(四)用户对其服务质量的投诉办法;

(五)其他依法需要公示、公布的内容。

第十九条 快递企业按照《快递服务标准》规定的服务时限和投递范围实行两次免费投递。因收件人或者代收人原因,经两次免费投递后尚未投交的快件,收件人仍需投递的,快递企业可以依法额外收取投递费用,但应当事先告知收件人收费标准。

第二十条 邮政、快递企业应当按照有关法律法规的规定与从业人员签订劳动合同,保障从业人员休息休假、工资薪酬、社会保障等合法权益。

鼓励邮政、快递企业在营业场所设立爱心驿站,实现互帮互助,提供临时休息场所和饮水、充电等服务。

第二十一条 邮政、快递企业应当积极落实绿色发展理念,使用新型包装技术和环保材料,根据邮件、快件内件物品的性质、尺寸、重量,合理进行包装操作,防止过度包装,减少包装废弃物。

寄递企业使用的包装物中铅、汞、镉、铬总量以及苯类溶剂残留应当符合国家规定。禁止使用有毒物质作为邮件、快件填充材料。

鼓励邮政、快递企业使用新能源车辆进行邮件、快件运输和收投服务,建立绿色节能低碳运营管理流程和机制。

第二十二条 邮政、快递企业应当加强对从业人员的职业道德培训,从业人员应当遵守劳动纪律和职业道德。

第二十三条 邮政、快递企业违反本办法第十三条第一款、第二款规定的,由邮政管理部门依据《中华人民共和国安全生产法》第九十七条第三项、第六项的相关规定责令限期改正,处十万元以下的罚款；逾期未改正的，责令停产停业整顿，并处十万元以上二十万元以下的罚款，对其直接负责的主管人员和其他直接责任人员处二万元以上五万元以下的罚款。

第二十四条 邮政、快递企业违反本办法第十四条规定的，按照《中华人民共和国邮政法》第七十五条、《中华人民共和国反恐怖主义法》第八十五条等相关规定处理。

第二十五条 经营快递业务的企业违反本办法第十五条第二款规定的，由邮政管理部门依据《快递市场管理办法》第四十四条的规定处一万元罚款；情节严重的，处一万元以上三万元以下的罚款。

第二十六条 邮政、快递企业违法提供用户使用邮政服务或者快递服务的信息，由邮政管理部门依据《中华人民共和国邮政法》第七十六条的规定责令改正，没收违法所得，并处一万元以上五万元以下的罚款；对邮政企业直接负责的主管人员和其他直接责任人员给予处分；对快递企业，邮政管理部门还可以责令停业整顿直至吊销其快递业务经营许可证。

快递企业出售、泄露或者非法提供快递服务过程中知悉的用户信息，情节严重的，由邮政管理部门依据《快递暂行条例》第四十四条的规定责令改正，没收违法所得，并处五万元以上十万元以下的罚款，并可以责令停业整顿直至吊销其快递业务经营许可证。

邮政、快递企业从业人员有第一款规定的违法行为，尚不构成犯罪的，由邮政管理部门责令改正，没收违法所得，并处五千元以上一万元以下的罚款。

第二十七条 邮政、快递企业违反本办法第二十一条第二款规定，使用包装物不符合国家规定，或者使用有毒物质作为填充材料的，由邮政管理部门依据《邮政业寄递安全监督管理办法》第三十八条的规定责令限期改正；逾期未改正的，处五千元以上一万元以下的罚款。

第二十八条 邮政、快递企业从业人员违反本办法第二十二条规定，违反职业道德构成犯罪的，依法移交司法机关处理。

第二十九条 本办法自印发之日起施行，有效期限为三年。

2022 年全国部分市（地）关于快递服务发展的政策文件

市（地）	政策文件名称
石家庄	《关于支持现代商贸物流业做大做强的若干措施（试行）》相关实施细则（石政办函〔2022〕16 号）
	石家庄市发展和改革委员会关于加快地方政府专项债券项目入库的紧急通知
	关于印发《石家庄市建设全国现代商贸物流重要基地 2022 年工作要点》的通知（石商物基地〔2022〕1 号）
张家口	关于加快农村寄递物流体系建设的工作措施（张政办函〔2022〕35 号）
	张家口市生态环境保护委员会 2022 年工作要点（张生态环保〔2022〕1 号）
	张家口市人民政府办公室关于印发张家口市邮政业突发事件应急预案的通知（张政办函〔2022〕135 号）
	张家口市“十四五”时期“无废城市”建设工作方案（张政办字〔2022〕57 号）
承德	关于成立承德市邮政快递业基础设施建设工作推进小组的通知（承德市政办字〔2022〕74 号）
	关于深入打好污染防治攻坚战的实施意见（承传〔2022〕3 号）
	关于印发承德市“十四五”节能减排综合性实施方案的通知（承市政字〔2022〕26 号）
秦皇岛	关于落实《2022 年河北省推进“快递进村”加快农村寄递物流体系建设》的若干措施（秦邮组办〔2022〕1 号）
	关于印发秦皇岛市现代物流业发展“十四五”规划的通知（秦发改产业〔2022〕262 号）
	关于印发《秦皇岛市城乡社区服务体系建设“十四五”规划（2021－2025 年）》的通知（秦政办〔2022〕25 号）
唐山	关于唐山市新农村建设的实施意见（唐办〔2022〕1 号）
	唐山市城乡社区服务体系建设“十四五”规划（唐政办字〔2022〕87 号）

续上表

市（地）	政策文件名称
唐山	唐山市绿色交通体系发展规划（2022－2025年）（唐政字〔2022〕86号）
	唐山市“十四五”时期无废城市建设工作方案（唐政字〔2022〕114号）
廊坊	关于印发《关于引进商贸物流总部企业的若干政策措施（试行）》的通知（廊商委办〔2022〕2号）
	关于印发《廊坊市关于加快农村寄递物流体系建设若干措施》的通知（廊政办字〔2022〕12号）
	关于推进以县城为重要载体的城镇化建设的若干措施（廊办传〔2022〕57号）
保定	关于成立保定市邮政快递业基础设施建设工作推进小组的通知
	关于印发《保定市2022年生活垃圾分类工作实施方案》的通知（保分组〔2022〕1号）
	关于印发《保定市塑料污染治理2022年工作要点》的通知
	关于成立保定市交邮融合发展领导小组的通知（保交发〔2022〕75号）
沧州	沧州市应对新型冠状病毒肺炎疫情工作领导小组办公室关于在疫情防控期间给予全市邮政快递业基本运行保障的紧急通知（沧沧邮管〔2022〕28号）
	关于进一步推进基层快递网点优先参加工伤保险工作的通知（沧人社字〔2022〕74号）
	沧州市交通运输局　沧州市邮政管理局关于成立沧州市交邮融合发展领导小组的通知（防办〔2022〕11号）
	沧州市人民政府办公室关于成立沧州市邮政快递业安全发展工作领导小组的通知（沧交〔2022〕302号）
	沧州市邮政管理局　中共沧州市委政法委员会关于建立健全县级寄递渠道安全属地管理机制的通知（沧政办函〔2022〕26号）
	沧州市物流保通保畅工作领导小组办公室关于切实做好疫情期间全市邮政快递业保通保畅工作的紧急通知
	沧州市人民政府办公室关于切实加强全市邮政快递业务运行管理和基础设施建设工作的通知
	沧州市应对新型冠状病毒肺炎疫情工作领导小组办公室关于进一步做好邮政快递业疫情防疫工作的紧急通知（沧防办〔2022〕143号）
	沧州市人民政府办公室关于尽快恢复全市邮政快递业务的紧急通知
衡水	关于印发2022年衡水市推进“快递进村”加快农村寄递物流体系建设工作要点的通知（〔2022〕-26）
	关于建立健全县级寄递渠道安全属地管理机制的通知（衡邮管〔2022〕18号）
	关于印发《衡水市2022年服务业工作要点》的通知（衡服务办〔2022〕3号）
邢台	邢台市塑料污染治理2022年工作要点（邢发改资环字〔2022〕116号）
	邢台市生态环境保护“十四五”规划（邢政字〔2022〕12号）
	邢台市建设全国现代商贸物流重要基地“十四五”发展规划（邢政办字〔2022〕11号）
	关于邢台市综合立体交通网规划（纲要）的实施意见
	关于推动生活性服务业补短板上水平提高人民生活品质行动计划（2022－2025年）（邢政字办〔2022〕4号）
	关于印发《邢台市2022年农村人居环境整治提升工作方案》的通知（邢农居〔2022〕1号）
	关于印发邢台市“十四五”时期“无废城市”建设工作方案的通知（邢政办字〔2022〕42号）
	邢台市交通运输局等17部门关于加强货车司机权益保障工作的实施意见（邢交字〔2022〕6号）
	邢台市“十四五”冷链物流发展实施方案（邢政办字〔2022〕21号）
邯郸	关于成立市邮政快递业基础设施建设工作推进小组的通知
	关于印发《关于做好快递员群体合法权益保障工作的实施方案》的通知（邯邮管〔2022〕5号）
	关于转发冀人社字〔2022〕76号文件落实《河北省推进基层快递网点优先参加工伤保险工作实施方案》的通知（邯人社字〔2022〕61号）
	关于建立健全县级寄递渠道安全属地管理机制的通知（邯邮管〔2022〕14号）
	邯郸市行政审批局等6部门关于印发《邯郸市村（社区）综合服务站融合共建便民服务事项指导清单》的通知（邯审批字〔2022〕128号）
	关于加快全市农村寄递物流共同配送体系建设的意见（邯邮管〔2022〕3号）

续上表

<table>
<tr><th>市(地)</th><th>政策文件名称</th></tr>
<tr><td>太原</td><td>关于智能快件箱项目建设免费用地的通知(并邮管〔2022〕64号)</td></tr>
<tr><td rowspan="2">呼和浩特</td><td>呼和浩特市做好快递员群体合法权益保障工作实施方案(呼邮管联〔2022〕5号)</td></tr>
<tr><td>转发关于推荐基层快递网点优先参加工伤保险工作的通知(呼人社办发〔2022〕23号)</td></tr>
<tr><td rowspan="2">乌海</td><td>关于加快推进快递包装绿色转型的实施意见(乌海发改环资字〔2022〕267号)</td></tr>
<tr><td>乌海市贯彻落实国家"十四五"城乡社区服务体系建设规划实施方案(乌社建组发〔2022〕1号)</td></tr>
<tr><td>赤峰</td><td>赤峰市人民政府办公室关于印发《赤峰市加快推进农村牧区寄递物流体系建设实施方案》的通知(赤政办发〔2022〕77号)</td></tr>
<tr><td rowspan="3">鄂尔多斯</td><td>中共鄂尔多斯市委员会农村牧区工作领导小组办公室关于印发《贯彻落实鄂尔多斯市委市人民政府关于做好2022年全面推进乡村振兴重点工作的实施意见有关政策措施分工方案》的通知(鄂党农牧办发〔2022〕10号)</td></tr>
<tr><td>关于印发鄂尔多斯市邮政快递业"快递进村"补贴政策实施细则(试行)的通知(鄂邮管〔2022〕77号)</td></tr>
<tr><td>鄂尔多斯市人民政府关于印发落实国家和自治区服务业高质量发展的若干政策措施的通知(鄂府办〔2022〕89号)</td></tr>
<tr><td rowspan="2">乌兰察布</td><td>乌兰察布市人民政府办公室关于印发《乌兰察布市加快农村牧区寄递物流体系建设工作方案》的通知(乌政办字〔2022〕48号)</td></tr>
<tr><td>乌兰察布市人民政府办公室关于印发《乌兰察布市加快农村牧区寄递物流体系建设实施细则》的通知(乌政办发〔2022〕38号)</td></tr>
<tr><td rowspan="2">巴彦淖尔</td><td>巴彦淖尔市人民政府办公室关于印发《巴彦淖尔市"快递进村"补贴实施方案》的通知(巴政办字〔2022〕136号)</td></tr>
<tr><td>巴彦淖尔市乡村振兴发展规划(2023—2025)(巴乡振组发〔2022〕24号)</td></tr>
<tr><td rowspan="4">兴安盟</td><td>中共兴安盟委员会　兴安盟行政公署印发《关于深入贯彻习近平生态文明思想推进社会资源全盟节约集约的实施意见》的通知(兴党发〔2022〕12号)</td></tr>
<tr><td>兴安盟"十四五"塑料污染治理实施方案(兴发改环资字〔2022〕306号)</td></tr>
<tr><td>关于印发《兴安盟支持服务业高质量发展的若干政策(试行)》的通知(兴署办发〔2022〕11号)</td></tr>
<tr><td>兴安盟节能专项工作协调办公室关于印发《兴安盟"十四五"循环经济发展实施方案》的通知(兴发改环资字〔2022〕1号)</td></tr>
<tr><td>包头</td><td>包头市人民政府办公室关于印发包头市关于推动电子商务加快发展若干措施的通知(包府办发〔2022〕122号)</td></tr>
<tr><td>呼伦贝尔</td><td>呼伦贝尔市人民政府办公室关于印发《呼伦贝尔市促进服务业高质量发展实施方案(2022版)》的通知(呼政办发〔2022〕46号)</td></tr>
<tr><td>沈阳</td><td>沈阳市人民政府办公室关于印发沈阳市加快推进农村寄递物流体系建设实施方案的通知(沈政办发〔2022〕24号)</td></tr>
<tr><td>大连</td><td>大连市关于加快农村寄递物流体系建设的工作方案(大连邮管〔2022〕58号)</td></tr>
<tr><td>鞍山</td><td>鞍山市交通运输局　鞍山市邮政管理局等7部门关于印发《鞍山市快递员群体合法权益保障工作实施方案》(鞍交发〔2022〕7号)</td></tr>
<tr><td rowspan="2">本溪</td><td>本溪市人民政府办公室关于印发本溪市加快推进农村寄递物流体系建设实施方案的通知(本政办发〔2022〕37号)</td></tr>
<tr><td>本溪市人民政府办公室关于印发《本溪市加快建立健全绿色低碳循环发展经济体系实施方案》的通知(本政办发〔2022〕9号)</td></tr>
<tr><td rowspan="3">丹东</td><td>丹东市人民政府办公室关于印发丹东市加快农村寄递物流体系建设实施方案的通知(丹政办发〔2022〕16号)</td></tr>
<tr><td>丹东市基层快递网点参加工伤保险工作实施方案(丹人社函〔2022〕55号)</td></tr>
<tr><td>丹东市2022年塑料污染治理联合专项行动方案(丹环发〔2022〕52号)</td></tr>
<tr><td rowspan="2">锦州</td><td>锦州市做好快递员群体合法权益保障工作实施方案(锦邮管〔2021〕19号)</td></tr>
<tr><td>锦州市加快推进农村寄递物流体系建设实施方案(锦政办发〔2022〕20号)</td></tr>
<tr><td rowspan="3">营口</td><td>营口市商务发展"十四五"规划(营政办发〔2022〕7号)</td></tr>
<tr><td>营口市综合交通运输发展"十四五"规划(营政办发〔2022〕2号)</td></tr>
<tr><td>数字营口发展规划(营政办发〔2022〕24号)</td></tr>
</table>

续上表

市(地)	政策文件名称
阜新	关于推动农村客运高质量发展的实施方案(阜交运发〔2022〕23 号)
	阜新市人民政府办公室关于印发阜新市“十四五”应急体系规划的通知(阜政办发〔2022〕9 号)
辽阳	辽阳市人民政府办公室关于印发辽阳市加快推进农村寄递物流体系建设工作方案的通知(辽市政办发〔2022〕8 号)
	辽阳市交通运输局　辽阳市邮政管理局　辽阳市发展和改革委员会　辽阳市人力资源和社会保障局　辽阳市商务局　辽阳市市场监督管理局　辽阳市总工会关于印发《辽阳市快递员群体合法权益保障工作实施方案》的通知(辽市交发〔2022〕24 号)
	辽阳市人力资源和社会保障局　辽阳市邮政管理局关于印发辽阳市基层快递网点参加工伤保险工作实施方案的通知(辽市人社函〔2022〕8 号)
铁岭	关于做好基层快递网点参加工伤保险工作的通知(铁市人社函〔2022〕104 号)
	关于印发铁岭市快递员群体合法权益保障工作实施方案的通知(铁市交〔2022〕62 号)
	关于转发《辽宁省进一步加强交邮合作推进农村寄递物流体系建设的意见》的通知(铁交公运〔2022〕83 号)
盘锦	盘锦市人民政府办公室关于印发盘锦市“十四五”物流业发展规划的通知(盘政办发〔2022〕29 号)
	盘锦市人民政府办公室关于印发盘锦市“十四五”农业农村现代化规划的通知(盘政办发〔2022〕31 号)
	盘锦市人民政府办公室关于印发盘锦市“十四五”服务业发展规划的通知(盘政办发〔2022〕32 号)
葫芦岛	关于印发葫芦岛市快递群体合法权益保障工作实施方案的通知(葫交运发〔2022〕29 号)
长春	中共长春市委　长春市人民政府关于印发《2022 年建设幸福长春行动计划》的通知(长发〔2022〕9 号)
	关于印发《长春市推进生态强市建设重点工作任务 2022 年度施工图》的通知(长强领办〔2022〕2 号)
	长春市人民政府办公厅关于印发长春市支持兴隆保税区高质量发展三年行动方案(2022－2024)的通知(长府办发〔2022〕50 号)
	长春市“十四五”期间“无废城市”建设实施方案(长府办函〔2022〕57 号)
延边	关于印发《延边州 2022 年全面推进乡村振兴重点工作实施方案》的通知(延州发〔2022〕8 号)
	关于印发《延边州重点边境村建设三年行动方案》的通知(延州兴边富民组〔2022〕2 号)
四平	四平市人民政府办公室关于印发四平市“十四五”服务业跨越发展实施方案的通知(四政办发〔2022〕26 号)
	四平市人民政府办公室关于印发四平市“十四五”城乡社区服务体系建设规划的通知(四政办发〔2022〕38 号)
辽源	辽源市人民政府办公室关于印发《辽源市 2022 年惠民实事行动计划》的通知(辽办发〔2022〕4 号)
	辽源市人民政府关于印发稳定全市经济若干措施的通知(辽府发〔2022〕8 号)
松原	松原市重点产业链发展工作方案(松办发〔2022〕17 号)
	松原市“十四五”城乡社区服务体系建设规划(松民联发〔2022〕13 号)
白山	白山市人民政府办公室关于印发白山市商贸流通业发展“十四五”规划的通知(白山政办发〔2022〕12 号)
宜春	中共伊春市委　伊春市人民政府印发《关于振兴发展民营经济的若干政策措施》通知(伊发〔2022〕30 号)
黑河	黑河市交通运输局　黑河市邮政管理局关于印发《黑河市推进农村客货邮融合发展工作方案》的通知(黑市交发〔2022〕145 号)
大庆	大庆市提升交通运输效能专班办公室关于印发落实加快农村寄递物流体系建设若干措施工作方案的通知
齐齐哈尔	齐齐哈尔市人民政府办公室关于印发加快农村寄递物流体系建设若干措施的通知(齐政办规〔2022〕9 号)
牡丹江	牡丹江市人民政府办公室关于印发牡丹江市落实加快农村寄递物流体系建设若干措施工作方案的通知(牡政办发〔2022〕16 号)
鸡西	关于组织推进对新设立的乡村快递物流服务网点(站点)补贴工作的函(鸡邮管联〔2022〕2 号)
南京	南京市人民政府关于印发 2022 年市政府主要工作目标任务分解落实方案的通知(宁政发〔2022〕50 号)
	南京市 2022 年民生实事项目及任务分解方案(宁委发〔2022〕21 号)
	南京市财政局　南京市邮政管理局关于印发《南京市提升农村寄递服务水平民生实事项目实施方案》的通知(宁邮管〔2022〕20 号)
	南京市邮政管理局　市自然资源和规划局　市城乡建设委员会　市住房保障和房产局关于加快推进住宅小区智能信报箱建设的通知(宁邮管〔2022〕21 号)

续上表

市(地)	政策文件名称
无锡	中共无锡市委办公室　无锡市人民政府办公室印发《关于做好2022年全面推进乡村振兴和农业农村现代化重点工作的实施意见》的通知(锡委办发〔2022〕1号)
	无锡市政府关于印发无锡市推进多式联运多港联动建设现代化物流枢纽示范城市实施方案的通知(锡政发〔2022〕26号)
	无锡市政府印发关于加大力度助企纾困推动经济稳定健康运行若干政策措施的通知(锡政办发〔2022〕6号)
徐州	中共徐州市委徐州市人民政府关于印发2022年度为人民群众办好8类52件实事的通知(徐委发〔2022〕7号)
	徐州市政府办公室关于印发徐州市2022年乡村建设行动工作要点的通知(徐政办发〔2022〕6号)
	中共徐州市委　徐州市人民政府关于加快推动徐州交通运输现代化建设的实施意见(徐委发〔2022〕30号)
常州	常州市人民政府办公室《关于进一步激发消费活力提振消费信心的若干措施》(常政办发〔2022〕45号)
	常州市委网络安全和信息化委员《常州市2022年数字乡村发展工作要点》(常网信委〔2022〕8号)
苏州	苏州市人民政府办公室印发《苏州市推动新兴服务业高质量发展2025行动计划》的通知(苏府办〔2022〕159号)
	苏州市人民政府办公室印发关于推动新兴服务业高质量发展的指导意见的通知(苏府〔2022〕63号)
南通	南通市商务局、市委农村办、发改委、工信局、公安局等16部门《关于印发南通市加强县域商业体系建设促进农村消费实施方案(2022－2025年)的通知》(通商发〔2022〕51号)
	市交通运输局、市公安局、市商务局等5部门《关于进一步优化城市货运配送市场环境的通知》(通交运〔2022〕13号)
	南通市商务局　南通市财政局关于组织2022年南通市县域商业体系建设项目申报工作的通知(通商发〔2022〕131号)
连云港	连云港市委市政府印发《关于推动县域经济高质量发展的实施意见(2022－2025)》(连发〔2022〕12号)
	连云港市政府办印发《连云港市促进消费若干政策的通知》(连政办发〔2022〕26号)
	连云港市委印发《关于做好2022年全面推进乡村振兴重点工作的实施意见》(连委发〔2022〕1号)
盐城	中共盐城市委　盐城市人民政府印发《关于做好2022年全面推进乡村振兴重点工作的实施意见》(盐委〔2022〕1号)
	盐城市人民政府印发《关于推动现代服务业高质量发展的若干政策措施》(盐政发〔2022〕13号)
	盐城市纪委、市委组织部、市监委、市住建局、市农业农村局、市商务局、市邮政管理局联合印发《关于加强党建引领"快递进村、产品出村"的实施意见》(盐组通〔2022〕40号)
淮安	关于聚焦乡村振兴重点工作加快农业农村现代化的实施意见(淮发〔2022〕1号)
	淮安市县域商业体系建设实施方案(淮政办函〔2022〕28号)
	淮安市推动生活性服务业发展2022年度重点工作任务(淮发改办〔2022〕179号)
扬州	扬州市快递服务监督管理办法(扬州市人民政府令第102号)
	市政府关于扬州市城镇老旧小区宜居改造的实施意见(扬府发〔2022〕16号)
	扬州市生产性服务业十年倍增计划(2021－2030)(扬服办发〔2022〕2号)
镇江	中国人民银行镇江市中心支行　镇江市交通运输局　镇江市邮政管理局关于转发《中国人民银行南京分行　江苏省交通运输厅　江苏省邮政管理局关于用好交通物流专项再贷款助力交通物流业纾困发展的通知》的通知(镇银发〔2022〕47号)
泰州	泰州市人民政府办公室关于印发泰州市2023年春节期间惠企稳岗十条措施的通知(泰政办发〔2023〕3号)
宿迁	宿迁市人民政府办公室印发关于推进邮政快递业高质量发展实施方案的通知(宿政办发〔2022〕8号)
	宿迁市人民政府关于印发宿迁市应对疫情助企纾困稳定经济发展若干政策措施的通知(宿政发〔2022〕38号)
	宿迁市商务局、邮政管理局等17部门《关于印发宿迁市县域商业体系建设实施方案的通知》(宿商发〔2022〕76号)
	宿迁市人民政府印发关于加快现代商贸流通业高质量发展的实施意见(宿政发〔2022〕82号)
杭州	关于印发《杭州市快递业"两进一出"工程行动计划(2022－2025年)》的通知(杭邮管〔2022〕48号)
湖州	湖州市人民政府办公室关于印发湖州市高质量推进城乡寄递物流体系建设实施方案(2022－2025年)的通知(湖政办发〔2022〕6号)
磐安	磐安县人民政府办公室关于印发《磐安县加快农村寄递物流体系建设实施方案》的通知(磐政办〔2022〕12号)

续上表

市(地)	政策文件名称
福州	福州市人民政府办公厅关于印发福州市加快农村寄递物流体系建设实施方案的通知(榕政办规〔2022〕9号)
	福州市关于做好快递员群体合法权益保障工作的实施方案(榕邮管联〔2022〕6号)
	福州市加快农村寄递物流体系建设实施方案(榕邮管〔2022〕54号)
泉州	中共泉州市委办公室 泉州市人民政府办公室关于印发《泉州市"抓城建提品质"2022年专项行动方案》的通知(泉委办〔2022〕6号)
	泉州市人民政府关于印发泉州市贯彻落实国务院、福建省扎实稳住经济一揽子政策措施实施方案的通知(泉政〔2022〕1号)
	泉州市人民政府关于加快推进旅游业高质量发展的实施意见(泉政文〔2022〕7号)
	泉州市人民政府办公室关于印发泉州市做好快递员群体合法权益保障工作若干措施的通知(泉政办〔2022〕31号)
	泉州市人民政府办公室关于印发泉州市加快农村寄递物流体系建设实施方案的通知(泉政办〔2022〕41号)
	关于印发泉州市加快推进21世纪"海丝名城"建设实施方案(2022－2026年)的通知(泉政办〔2022〕51号)
	关于建立农村公共基础设施管护体制改革联席会议制度的通知(泉发改〔2022〕180号)
	关于印发《泉州市数字乡村发展行动计划(2022－2025年)的通知》(泉委网信办〔2022〕86号)
	关于印发《2022年泉州市促进电子商务高质量发展若干措施》的通知(泉商务规〔2022〕2号)
	关于印发福建省推进基层快递网点优先参加工伤保险工作实施方案的通知(泉人社文〔2022〕84号)
	关于印发《关于落实"强产业、兴城市"双轮驱动战略推动泉州市现代服务业高质量发展的实施方案》的通知(泉现代服务办〔2022〕1号)
	泉州市服务业发展小组办公室关于印发《第三产业复苏追赶行动工作方案》的通知(泉服办〔2022〕1号)
漳州	关于做好2022年推动邮政快递业高质量发展专项资金申报工作的通知(漳交综〔2022〕8号)
	关于做好基层快递网点参加工伤保险工作的通知(漳邮管联〔2022〕2号)
	漳州市关于做好快递员群体合法权益保障工作实施方案(漳邮管联〔2022〕3号)
	关于在城镇住宅小区、住宅建筑工程等区域建设智能信包箱的通知(漳邮管联〔2022〕7号)
莆田	莆田市加快农村寄递物流体系建设实施方案(莆政办规〔2022〕8号)
	莆田市做好快递员群体合法权益保障工作实施方案(莆政办规〔2022〕6号)
	莆田市邮政管理局 莆田市人力资源和社会保障局关于做好基层快递网点参加工伤保险工作的通知(莆邮管联〔2022〕1号)
	秀屿区关于加快发展现代服务业的实施意见(莆秀政规〔2022〕1号)
三明	三明市人民政府关于应对新冠肺炎疫情进一步帮助市场主体纾困解难三十三条措施(明政文〔2022〕24号)
	三明市人民政府办公室关于印发《三明市促进商贸流通业加快发展若干措施》的通知(明政办〔2022〕30号)
	三明市人民政府办公室关于印发《三明市加快第三产业发展行动计划(2022－2025年)》的通知(明政办〔2022〕31号)
	三明市人民政府办公室关于印发《三明市促进交通物流业加快发展若干措施》的通知(明政办发明电〔2022〕21号)
	三明市邮政管理局 三明市人力资源和社会保障局关于做好基层快递网点参加工伤保险工作的通知(明邮管〔2022〕14号)
南平	关于做好2022年全面推进乡村振兴重点工作的实施意见(南委发〔2022〕1号)
	南平市积极应对疫情影响进一步帮助市场主体纾困解难的若干措施(南政规〔2022〕4号)
	南平市2022年第三产业发展工作意见(南三产办〔2022〕2号)
	南平市推进乡村建设行动实施方案(南委农办〔2022〕12号)
	关于实现巩固拓展脱贫攻坚成果同乡村振兴有效衔接的方案(南委振兴组〔2022〕2号)
	南平市关于做好快递员群体合法权益保障工作实施方案的通知(南邮管联〔2022〕1号)
	南平市邮政管理局 南平市住房和城乡建设局关于推广建设智能信包箱的通知(南邮管〔2022〕35号)

续上表

市(地)	政策文件名称
龙岩	关于做好基层快递网点优先参加工伤保险工作的通知(龙邮管联〔2022〕2号)
	落实"六稳""六保"帮助市场主体纾困解难若干措施(龙政办规〔2022〕5号)
	龙岩市加快推动全市农村寄递物流体系建设实施方案(龙政办规〔2022〕8号)
	龙岩市保障快递员群体合法权益十条措施(龙邮管联〔2022〕3号)
宁德	关于印发主导产业产业链招商等十五个专项行动实施方案的通知(宁政办〔2022〕16号)
	关于印发《宁德市加快农村寄递物流体系建设实施方案》的通知(宁邮管联〔2022〕3号)
晋江	中共晋江市委办公室　晋江市人民政府办公室关于印发《晋江市数字经济发展三年行动计划(2022－2024年)》的通知(晋委办发〔2022〕1号)
	中共晋江市委办公室　晋江市人民政府办公室关于印发《晋江市"城市品质提升年"活动实施方案》的通知(晋委办〔2022〕8号)
	中共晋江市委办公室　晋江市人民政府办公室印发《晋江市推进"党建＋"邻里中心建设的工作方案》的通知(晋委办〔2022〕18号)
	晋江市电子商务工作领导小组办公室关于印发《晋江市加快电子商务高质量发展2022年专项行动方案》的通知(晋电商办〔2022〕1号)
	晋江市现代服务业发展领导小组办公室印发《关于落实"开放招商科技创新项目落地攻坚年"活动推动晋江市现代服务业高质量发展的实施方案》的通知(晋现代服务业办〔2022〕2号)
沙县	三明市沙县区人民政府关于印发沙县区推动新一轮经济高质量发展十二项政策(修订)的通知(沙政〔2022〕1号)
将乐	将乐县人民政府办公室关于印发将乐县促进物流业高质量发展八条措施的通知(将政办〔2022〕7号)
南安	南安市国家级电子商务进农村综合示范县创建工作实施方案(南政文〔2022〕105号)
永安	永安市人民政府办公室关于印发永安市电子商务进农村综合示范工作实施方案的通知(永政办〔2022〕7号)
南昌	南昌市人民政府办公室关于印发南昌市贯彻落实《江西省"十四五"消费升级发展规划》工作方案的通知(洪府办发〔2022〕24号)
	南昌市人民政府关于印发《南昌市"十四五"农业农村现代化规划》的通知(洪府发〔2022〕11号)
	南昌市人民政府印发南昌市关于应对疫情帮助市场主体纾困解难若干措施的通知(洪府发〔2022〕15号)
	南昌市人民政府办公室关于印发南昌市加快农村寄递物流体系建设实施方案的通知(洪府办发〔2022〕155号)
	南昌市人民政府办公室关于印发南昌市全力推进商贸消费提质扩容加快建设全国性消费中心城市三年行动方案(2022－2024年)的通知(洪府办发〔2022〕128号)
	南昌市人民政府办公室关于印发《南昌市培育壮大市场主体三年行动计划(2022－2024年)》的通知(洪府办发〔2022〕94号)
	南昌市委办公室市政府办公室印发《关于促进"3＋3＋N"服务业产业体系建设的若干意见》的通知(洪办字〔2022〕14号)
	关于印发《关于加强全市县域商业体系建设促进农村消费的实施方案》的通知(洪商务字〔2022〕46号)
	南昌市商务局等8部门关于印发《南昌市商贸物流高质量发展专项行动方案(2022－2025年)》的通知(洪商务字〔2022〕80号)
	南昌市商务局南昌市财政局关于印发《南昌市支持电子商务发展资金管理实施细则》的通知(洪商务字〔2022〕148号)
	关于印发《南昌市基层快递网点优先参加工伤保险工作实施方案》的通知(洪人社发〔2022〕169号)
赣州	赣州市促进商贸消费建设区域性消费中心城市三年行动方案(2022－2024年)(赣市府办字〔2022〕63号)
	赣州市促进商贸消费建设区域性消费中心城市若干政策措施(赣市府办字〔2022〕64号)
	赣州革命老区交通运输高质量发展示范区建设实施方案(赣市府字〔2022〕54号)
九江	九江市人民政府关于印发九江市有效应对疫情帮助各行各业纾困解难若干政策措施的通知(九府发〔2022〕12号)
	九江市人民政府关于印发九江市"十四五"时期"无废城市"建设实施方案的通知(九府发〔2022〕24号)

续上表

市(地)	政策文件名称
九江	关于印发《关于应对疫情支持工业企业稳增长的对策措施》的通知(九工强市组字〔2022〕2号)
	九江市商务局等15单位关于转发县域商业建设指南的通知(九商务字〔2022〕2号)
	九江市人力资源和社会保障局　九江市邮政管理局等部门关于维护新就业形态劳动者劳动保障权益的实施办法(九人社发〔2022〕2号)
吉安	吉安市人民政府关于印发吉安市推动现代物流业高质量跨越式可持续发展的若干政策(试行)的通知(吉府字〔2022〕107号)
	关于印发《关于进一步做好快递员群体合法权益保障工作的实施方案》的通知(吉邮管〔2022〕34号)
上饶	中共上饶市委全面深化改革委员会办公室关于支持青年创新创业构建青年发展型城市的若干措施(饶改办字〔2022〕2号)
	上饶市关于加快建立健全绿色低碳循环发展经济体系的实施方案(饶府字〔2022〕9号)
	上饶市人民政府印发关于有效应对疫情帮助中小企业纾困解难若干政策实施措施的通知(饶府字〔2022〕12号)
	上饶市交通运输局　上饶市邮政管理局等部门关于印发做好快递员群体合法权益保障工作的实施意见的通知(饶交运输字〔2022〕1号)
	上饶市人力资源和社会保障局　上饶市邮政管理局关于做好基层快递网点优先参加工伤保险工作的通知(饶人社字〔2022〕76号)
	上饶市人力资源和社会保障局等11部门关于建立维护新就业形态劳动者劳动保障权益部门联动机制的通知(饶人社字〔2022〕122号)
	关于进一步加强生态环境保护深入打好污染防治攻坚战的实施方案(饶环委字〔2022〕1号)
宜春	宜春市人民政府办公室关于印发宜春市加快农村寄递物流体系建设实施方案的通知(宜府办发〔2022〕39号)
新余	新余市人民政府办公室关于加快农村寄递物流体系建设的实施意见(余府办发〔2022〕39号)
景德镇	景德镇市人民政府办公室关于印发景德镇市新业态从业人员职业伤害保障试行办法的通知(景府办发〔2022〕1号)
	景德镇市人民政府办公室关于印发《景德镇市关于加快农村寄递物流体系建设的实施方案》的通知(景府办字〔2022〕49号)
	加快推进快递包装绿色转型若干措施的通知(景发改环资字〔2022〕136号)
	景德镇市交通运输局　景德镇市邮政管理局等部门关于做好快递员群体合法权益保障工作的实施意见(景交运字〔2022〕39号)
	关于印发《关于做好新就业形态从业人员劳动保障权益纠纷调解工作的实施意见》的通知(景人社字〔2022〕128号)
	景德镇市人力资源和社会保障局　景德镇市邮政管理局转发省人社厅省邮政管理局《关于做好基层快递网点优先参加工伤保险工作的通知》的通知(景人社字〔2022〕147号)
鹰潭	鹰潭市人民政府办公室关于印发鹰潭市加快农村寄递配送体系建设实施方案的通知(鹰府办字〔2022〕146号)
萍乡	关于印发萍乡市促进服务业纾困发展若干措施的通知(萍府办字〔2022〕33号)
	萍乡市商务局等17部门关于印发萍乡市加强县域商业体系建设促进农村消费的实施方案的通知(萍商务字〔2022〕6号)
	转发江西省人力资源和社会保障厅　江西省邮政管理局关于做好基层快递网点优先参加工伤保险工作的通知(萍人社字〔2022〕31号)
抚州	抚州市人民政府办公室关于印发抚州市"十四五"服务业发展规划的通知(抚府办发〔2022〕16号)
	抚州市人民政府办公室关于印发抚州市加快农村寄递物流体系建设实施方案的通知(抚府办发〔2022〕28号)
	抚州市人民政府办公室关于印发抚州市物流产业发展工作要点的通知(抚府办发〔2022〕42号)
	抚州市人民政府办公室关于印发抚州市物流产业链专班工作方案的通知(抚府办发〔2022〕45号)
	关于做好快递员群体合法权益保障工作的实施方案(抚交运输字〔2022〕1号)
	抚州市人力资源和社会保障局　抚州市邮政管理局关于做好基层快递网点优先参加工伤保险工作的通知(抚人社字〔2022〕26号)

续上表

市(地)	政策文件名称
济南	济南市人民政府办公厅关于印发济南市“十四五”绿色低碳循环发展规划的通知(济政办字〔2022〕25号)
	济南市人民政府关于印发济南市“无废城市”建设实施方案(2022－2025年)的通知(济政字〔2022〕73号)
	济南市人民政府办公厅关于印发济南市加快推进现代流通体系建设的实施方案的通知(济政办字〔2022〕14号)
	济南市人民政府办公厅关于印发济南市加快农村寄递物流体系建设实施方案的通知(济政办字〔2022〕15号)
泰安	泰安市人民政府办公室关于进一步加快农村寄递物流体系建设的通知(泰政办字〔2022〕11号)
潍坊	潍坊市人民政府办公室关于推动邮政快递业高质量发展争创中国快递示范城市的实施意见(潍政办字〔2022〕6号)
济宁	济宁市人民政府办公室印发关于加快全市农村寄递物流体系建设的实施方案的通知(济政办字〔2022〕12号)
滨州	关于印发《滨州市新型城镇化规划(2021－2035年)》的通知(滨政发〔2022〕27号)
德州	德州市人民政府办公室关于加快现代物流业发展的意见(德政办字〔2022〕5号)
	德州市委办公室市政府办公室关于印发《德州市城乡公益性岗位扩容提质行动实施方案》的通知(德办发电〔2022〕2号)
青岛	中共青岛市委　青岛市人民政府关于印发《青岛市贯彻落实〈交通强国建设纲要〉加快建设交通强市实施方案》(青发〔2022〕14号)
	青岛市人民政府办公厅关于印发青岛市建设高标准市场体系实施方案的通知(青政办发〔2022〕7号)
	青岛市人民政府办公厅关于印发青岛市加快推进跨境电商高质量发展若干政策措施的通知(青政办字〔2022〕56号)
	青岛市人民政府办公厅关于做好当前经济社会运行有关工作确保企业不停产项目不停工民生保障不受影响的通知(青政办发明电〔2022〕1号)
菏泽	菏泽市人民政府关于印发市政府2022年经济社会发展责任目标分工方案的通知(菏政发〔2022〕4号)
	菏泽市人民政府办公室关于印发“十大创新”“十强产业”“十大扩需求”2022年行动计划的通知(菏政办字〔2022〕44号)
临沂	临沂市人民政府关于印发《临沂商城转型升级扶持政策》的通知(临政字〔2022〕57号)
淄博	淄博市人民政府办公室关于印发加快全市农村寄递物流体系建设的实施方案的通知(淄政办字〔2022〕36号)
聊城	聊城市十大创新2022年行动计划实施方案(聊改委发〔2022〕4号)
	聊城市十四五时期无废城市建设实施方案(聊政字〔2022〕35号)
郑州	郑州市人民政府关于印发《郑州市高质量推进乡村振兴加快农业农村现代化“十四五”规划》的通知(郑政〔2022〕2号)
	郑州市人民政府办公厅关于印发《郑州市支持物流行业纾困解难工作方案》的通知(郑政办〔2022〕80号)
	郑州市人民政府办公厅关于印发《郑州市级国土空间专项规划编制工作方案》的通知(郑政办网〔2022〕16号)
	关于印发《郑州市推进县域城乡交通运输一体化实施方案》的通知(郑交发〔2022〕63号)
	关于印发《郑州市推进县域城乡交通运输一体化实施方案》的通知(郑交发〔2022〕157号)
	关于印发《郑州市认真落实习近平总书记重要指示推动邮政快递业高质量发展工作实施方案》的通知(郑交发〔2022〕216号)
	关于加快推进我市基层快递网点优先参加工伤保险的通知(郑人社办〔2022〕323号)
	关于印发《加强县域商业体系建设促进农村消费实施方案》的通知(郑商联〔2022〕7号)
	关于印发《郑州市邮政业发展“十四五”规划》的通知(郑邮管〔2022〕5号)
	关于印发《关于落实快递员群体合法权益保障工作实施方案》的通知(郑邮管〔2022〕28号)
	关于印发《郑州市新能源城市货运配送车辆运营补贴适用车型选型技术要求》的通知(郑邮管〔2022〕56号)
开封	关于印发开封市贯彻落实稳住经济一揽子政策措施实施方案的通知(汴政〔2022〕12号)
	开封市认真落实习近平总书记重要指示推动邮政快递业高质量发展工作实施方案(汴交〔2022〕56号)
	关于印发《关于落实快递员群体合法权益保障工作实施方案》的通知(汴交〔2022〕154号)
	关于转发豫人社办〔2022〕10号文件扎实推进基层快递网点优先参加工伤保险工作的通知(汴人社办〔2022〕7号)
	开封市邮政业“十四五”发展规划(汴邮管〔2021〕56号)
	开封市乡村产业振兴五年行动计划(汴农领文〔2021〕7号)

续上表

市(地)	政策文件名称
洛阳	中共洛阳市委办公室　洛阳市人民政府办公室关于印发《2022 年洛阳市重点民生实事工作方案》的通知(洛办〔2022〕3 号)
	洛阳市人民政府办公室关于印发洛阳市"十四五"时期"无废城市"建设实施方案的通知(洛政办〔2022〕17 号)
	洛阳市人民政府办公室关于印发洛阳市乡村产业振兴行动计划的通知(洛政办〔2022〕9 号)
	洛阳市碳达峰碳中和工作领导小组印发《洛阳市实施绿色低碳转型战略工作方案》的通知(洛碳〔2022〕1 号)
平顶山	关于加快推进农村寄递物流体系建设的通知(平邮管〔2022〕13 号)
	关于转发《河南省推进县域城乡交通运输一体化实施方案》的通知(平交文〔2022〕90 号)
	关于持续推进农村电商发展加快县乡村快递物流配送体系建设有关工作的通知(平商建〔2022〕1 号)
	关于建立支持平顶山邮政服务乡村振兴战略工作协调推进机制的通知(平商建〔2022〕2 号)
	关于印发《平顶山市邮政业发展"十四五"规划》的通知(平邮管〔2022〕5 号)
安阳	关于印发安阳市加快农村寄递物流体系建设实施方案的通知(安政办〔2022〕38 号)
	关于印发《安阳市营商环境优化提升行动方案(2022 版)》的通知(安营商〔2022〕1 号)
	关于印发 2022 年安阳市服务业发展工作要点的通知(安服务业〔2022〕1 号)
	关于印发安阳市投资、消费、出口、物流"四个拉动"工作方案的通知(安发改综合〔2022〕269 号)
	关于印发安阳市建设高标准市场体系工作方案的通知(安政办〔2022〕18 号)
	关于印发《关于加快现代物流强市建设的实施方案》的通知(安办〔2022〕11 号)
	安阳市认真落实习近平总书记重要指示推动邮政快递业高质量发展工作实施方案的通知(安交办〔2022〕47 号)
	安阳市推进县域城乡交通运输一体化实施方案(安交办〔2022〕49 号)
	安阳市加强县域商业体系建设促进农村消费实施方案(安商务〔2022〕129 号)
鹤壁	鹤壁市人力资源和社会保障局　鹤壁市邮政管理局关于转发豫人社办〔2022〕10 号文件扎实推进基层快递网点优先参加工伤保险工作的通知(鹤人社办〔2022〕16 号)
	鹤壁市认真落实习近平总书记重要指示推动邮政快递业高质量发展工作实施方案(鹤交办〔2022〕50 号)
	关于持续推进农村电商发展加快县乡村快递物流配送体系建设有关工作的通知(鹤商务〔2022〕47 号)
	关于印发《鹤壁市加快县域城乡交通一体化发展工作要点》的通知
	关于落实快递员群体合法权益保障工作的实施方案(鹤交〔2022〕64 号)
	关于印发《鹤壁市加快推进快递包装绿色转型联席会议制度》和《各部门主要职责》的通知(鹤邮管〔2022〕24 号)
	鹤壁市人民政府办公室关于印发鹤壁市加快农村寄递物流体系建设实施方案的通知(鹤政办〔2022〕43 号)
新乡	新乡市交通运输局等 16 部门关于印发《新乡市认真落实习近平总书记重要指示推动邮政快递业高质量发展工作实施方案》的通知(新交〔2022〕56 号)
焦作	焦作市人民政府关于印发焦作市邮政快递管理办法的通知(焦政〔2022〕2 号)
	关于印发焦作市"十四五"现代物流业发展规划的通知(焦物流组〔2022〕1 号)
	关于印发《焦作市交通运输局 2022 年全面推进乡村振兴重点工作要点》的通知
	焦作市污染防治攻坚战领导小组办公室关于印发焦作市 2022 年大气污染防治攻坚战实施方案的通知(焦环攻坚办〔2022〕23 号)
	焦作市发展和改革委员会　焦作市生态环境局关于印发焦作市"十四五"塑料污染治理实施方案的通知(焦发改资源〔2022〕21 号)
濮阳	关于切实做好基层快递网点优先参加工伤保险的通知(濮人社办〔2022〕10 号)
	关于印发濮阳市快递进村工作实施方案的通知(濮政办〔2022〕26 号)
许昌	许昌市交通运输局等 17 部门关于印发许昌市认真落实习近平总书记重要指示推动邮政快递业高质量发展工作实施方案的通知(许交办〔2022〕30 号)

续上表

市(地)	政策文件名称
许昌	许昌市财政局　许昌市交通运输局　许昌市发展和改革委员会　许昌市邮政管理局关于转发《河南省交通运输领域省与市县财政事权和支出责任划分改革方案》的通知(许财建〔2022〕22 号)
	许昌市交通运输局　市邮政管理局　市发展改革委　市人力资源和社会保障局　市商务局　市市场监管局　市公安局　市总工会关于印发《关于落实快递员群体合法权益保障工作实施方案》的通知(许交办〔2022〕85 号)
漯河	漯河市人民政府办公室关于印发漯河市智能装备产业高质量发展行动方案等三个方案的通知(漯政办〔2022〕1 号)
	漯河市人民政府关于印发漯河市支持和促进电子商务高质量发展若干政策措施的通知(漯政〔2022〕18 号)
	漯河市人民政府关于印发漯河市支持数字化转型若干政策措施的通知(漯政〔2022〕15 号)
	漯河市人民政府办公室关于印发漯河市加快农村寄递物流体系建设实施方案的通知(漯政办〔2022〕37 号)
	漯河市人民政府关于印发漯河市邮政快递管理办法的通知(漯政〔2022〕11 号)
	漯河市人民政府关于印发漯河市进一步纾困解难促进经济稳定增长若干措施的通知(漯政〔2022〕5 号)
	漯河市人民政府办公室关于印发漯河市创建国家消费帮扶示范城市工作方案的通知(漯政办〔2022〕21 号)
	关于印发《漯河市推进县域城乡交通运输一体化实施方案》的通知(漯交〔2022〕71 号)
	关于落实快递员群体合法权益保障工作实施方案(漯交〔2022〕131 号)
	关于认真落实习近平总书记重要指示推动邮政快递业高质量发展工作实施方案的通知(漯交〔2022〕132 号)
	关于持续推进农村电商发展加快县乡村快递物流配送体系建设有关工作的通知(漯商〔2022〕56 号)
	关于印发《漯河市加快推进快递包装绿色转型联席会议制度》和《各部门主要职责》的通知(漯邮管〔2022〕16 号)
三门峡	三门峡市人民政府办公室关于印发三门峡市现代服务业提升发展三年行动方案(2022－2024 年)的通知(三政办〔2022〕10 号)
	三门峡市人民政府办公室关于印发三门峡市支持服务业发展若干政策措施的通知(三政办〔2022〕11 号)
	三门峡市交通运输局、市邮政管理局等 8 部门印发《关于落实快递员群体合法权益保障工作实施方案》(三邮管〔2022〕19 号)
	三门峡市交通运输局、市邮政管理局等 17 部门印发《三门峡市认真落实习近平总书记重要指示推动邮政快递业高质量发展工作实施方案》的通知(三邮管〔2022〕8 号)
	三门峡市邮政管理局　三门峡市发展和改革委员会　三门峡市交通运输局关于印发《三门峡市邮政业发展“十四五”规划》的通知(三邮管〔2022〕1 号)
南阳	2022 年南阳市数字乡村发展重点任务分工(宛网办发〔2022〕24 号)
	关于开展脱贫村“夺旗争星”行动的实施意见(宛农领〔2022〕10 号)
	南阳市人民政府办公室关于印发南阳市突发动物疫情应急预案的通知(宛政办〔2022〕39 号)
	南阳市人民政府关于印发支持物流业做大做强的若干措施的通知(宛政〔2022〕10 号)
	南阳市人民政府办公室关于印发南阳市“十四五”应急体系和本质安全能力建设规划的通知(宛政办〔2022〕31 号)
	2025 年南阳市经济总量突破 6000 亿元实施方案(宛办〔2022〕15 号)
	大干快上二季度奋力实现“时间过半任务超半”八项措施(宛办〔2022〕14 号)
	关于印发南阳市新型智慧城市和数字政府建设总体规划(2022－2025 年)的通知(宛政办〔2022〕4 号)
商丘	商丘市人民政府办公室关于印发商丘市加快农村寄递物流体系建设实施方案的通知(商政办〔2022〕42 号)
	关于加快推进快递包装绿色转型的落实意见(商政办〔2021〕29 号)
	商丘市政府办公室印发《商丘市邮政业突发事件应急预案》(商政办〔2022〕38 号)
	商丘市人民政府办公室《关于畅通邮政快递物流服务保障民生物资高效配送的通知》(商政办明电〔2023〕1 号)
	商丘市交通运输局等 17 部门印发《商丘市认真落实习近平总书记重要指示推动邮政快递业高质量发展工作实施方案》(商交〔2022〕99 号)
	商丘市商务局等 15 部门印发《关于加强县域商业体系建设进农村消费的实施意见》(商商务〔2022〕4 号)

续上表

市(地)	政策文件名称
商丘	商丘市商务局等4部门出台《关于持续推进农村电商发展加快县乡村快递物流配送体系建设有关工作的通知》(商商务〔2022〕75号)
	商丘市交通运输局等7部门《关于落实快递员群体合法权益保障工作实施方案》(商交〔2022〕100号)
信阳	关于印发支持现代物流强市建设若干措施的通知(信政〔2022〕35号)
	关于印发《关于落实快递员群体合法权益保障工作实施方案》的通知(信交办〔2022〕114号)
	关于印发《信阳市认真落实习近平总书记重要指示推动邮政快递业高质量发展工作实施方案》的通知(信交办〔2022〕113号)
	关于印发信阳市全面加快基础建设稳住经济大盘工作方案的通知(信政办〔2022〕58号)
	关于转发河南省商务厅等5部门《关于持续推进农村电商发展加快县乡村快递物流配送体系建设有关工作的通知》和《关于建立支持河南邮政服务乡村振兴战略工作协调推进机制的通知》的通知(信商字〔2022〕81号)
	关于2022年市重点民生实事任务责任分解的通知(信政办〔2022〕12号)
周口	周口市人民政府办公室关于印发周口市加快邮政快递物流体系建设工作方案的通知(周政办〔2022〕58号)
驻马店	关于印发《驻马店市加强县域商业体系建设促进农村消费实施方案(2022—2025年)》的通知(驻县域商业体系〔2022〕1号)
	驻马店市人民政府关于印发驻马店市"十四五"现代综合交通运输体系和枢纽经济发展规划的通知(驻政〔2022〕12号)
	驻马店市人民政府关于印发驻马店市"十四五"乡村振兴和农业农村现代化规划的通知(驻政〔2022〕18号)
	驻马店市人民政府关于印发支持现代物流强市建设若干政策的通知(驻政〔2022〕60号)
	关于印发驻马店市加快农村寄递物流体系建设实施方案(驻商体系〔2023〕16号)
武汉	中共武汉市委　武汉市人民政府关于做好2022年全面推进乡村振兴重点工作的实施意见(武发〔2022〕1号)
	武汉市综合交通运输发展"十四五"规划
	武汉市人民政府关于印发武汉市加快建立健全绿色低碳循环发展经济体系实施方案的通知(武政〔2022〕11号)
	武汉市生态环境保护"十四五"规划
	武汉市人民政府办公厅关于印发武汉市一刻钟便民生活圈国家试点城市建设实施方案的通知(武政办〔2022〕74号)
	武汉市人民政府关于印发武汉市无废城市建设实施方案的通知(武政〔2022〕22号)
	武汉市人民政府办公厅关于印发武汉市加快推进"快递进村"工程促进农村寄递物流体系建设实施方案的通知(武政办〔2022〕101号)
	武汉市委办公厅市政府办公厅关于印发《武汉市开展美好环境与幸福生活共同缔造活动试点工作实施方案》的通知(武办发〔2022〕14号)
	武汉市人社局　市交通运输局　市总工会　市邮政管理局等9部门关于印发《关于维护新就业形态劳动者劳动保障权益的实施方案》(武人社发〔2022〕12号)
黄石	中共黄石市委　黄石市人民政府关于全面推进2022年乡村振兴重点工作的实施意见(黄发〔2022〕1号)
	中共黄石市委　黄石市人民政府关于印发《创特色补短板持续深化一流营商环境建设的若干措施》的通知(黄发〔2022〕4号)
	关于印发黄石市推进农业农村现代化"十四五"规划的通知(黄政发〔2022〕2号)
	黄石市人民政府关于促进城市绿色货运配送发展的实施意见(黄政发〔2022〕9号)
	黄石市人民政府办公室关于印发黄石市"十四五"时期"无废城市"建设实施方案的通知(黄政办发〔2022〕46号)
	黄石市人民政府关于印发黄石市污染防治攻坚战工作方案的通知(黄发〔2022〕14号)
	黄石市人社局联合发改委、交通运输局、邮政管理等9部门印发《关于维护新就业形态劳动者劳动保障权益的实施方案》的通知(黄人社发〔2022〕2号)
	黄石市交通运输局　市邮政管理局　市发展和改革委员会　市人力资源和社会保障局　市商务局　市市场监督管理局　市总工会印发《关于做好黄石市快递员群体合法权益保障工作的实施方案》的通知(黄交通文〔2022〕43号)

续上表

市(地)	政策文件名称
十堰	中共十堰市委　十堰市人民政府关于做好2022年全面推进乡村振兴重点工作的实施意见(十发〔2022〕1号)
十堰	十堰市人民政府办公室关于印发十堰市构建现代物流体系推进物流提质增效降本三年行动方案(2022－2024年)的通知(十政办发〔2022〕49号)
十堰	十堰市商务局等12部门关于推动十堰市商贸物流高质量发展的实施方案(十商发〔2022〕15号)
十堰	十堰市委农办　市乡村振兴局　市邮政管理局关于印发《十堰市加快推进农村寄递物流体系建设实施方案》的通知(十农组办发〔2022〕7号)
襄阳	中共襄阳市委　襄阳市人民政府发布关于做好2022年全面推进乡村振兴重点工作的实施意见(襄发〔2022〕1号)
襄阳	襄阳市人民政府办公室关于印发《襄阳市创建全国网络市场监管与服务示范区工作方案》的通知(襄政办发〔2022〕20号)
襄阳	襄阳市服务业发展“十四五”规划
襄阳	襄阳市生态环境保护“十四五”规划
襄阳	襄阳市综合交通运输“十四五”发展规划
襄阳	襄阳市现代物流业“十四五”发展规划
襄阳	襄阳市发改委　市生态环境局　市邮政管理局关于印发《襄阳市加快推进快递包装绿色转型重点任务清单》的通知(襄发改环资〔2022〕163号)
襄阳	襄阳市农村寄递物流体系建设工作领导小组关于印发《加快农村寄递物流体系建设工作要点》的通知
宜昌	中共宜昌市委　宜昌市人民政府关于做好2022年全面推进乡村振兴重点工作的意见(宜发〔2022〕1号)
宜昌	中共宜昌市委农村工作领导小组关于印发《宜昌市巩固拓展脱贫攻坚成果同乡村振兴有效衔接重点工作三年行动方案》的通知(宜农组发〔2022〕3号)
宜昌	宜昌市人民政府关于印发宜昌市推进农业农村现代化“十四五”规划的通知(宜府发〔2022〕2号)
宜昌	宜昌市人民政府办公室关于印发宜昌市农村寄递物流体系建设行动任务清单的通知(宜府办发〔2022〕35号)
宜昌	宜昌市人民政府办公室关于印发宜昌市加大纾困帮扶力度促进市场主体恢复发展若干措施的通知(宜府办发〔2022〕42号)
宜昌	宜昌市发改委　市邮政管理局关于印发《宜昌市加快推进快递包装绿色转型重点任务清单》的通知(宜发改环资〔2022〕25号)
宜昌	宜昌市人力资源与社会保障局等7部门关于印发《宜昌市新就业形态从业人员职业伤害保险办法(试行)》的通知(宜人社发〔2022〕17号)
宜昌	宜昌市工业和信息化“十四五”高质量发展规划
宜昌	宜昌市现代服务业发展“十四五”规划
宜昌	宜昌市生态环境保护“十四五”规划
宜昌	宜昌市应急体系建设“十四五”规划
宜昌	宜昌市推进农业农村现代化“十四五”规划
宜昌	宜昌市商务发展“十四五”规划
宜昌	宜昌数字经济发展“十四五”规划
宜昌	宜昌市“十四五”推进新型城镇化建设实施方案
宜昌	宜昌市人力资源和社会保障局　市邮政管理局关于市邮政快递行业不完全符合确立劳动关系情形书面协议的指导意见(宜人社函〔2022〕4号)
荆州	中共荆州市委　荆州市人民政府关于做好2022年全面推进乡村振兴重点工作的实施意见(荆发〔2022〕1号)
荆州	荆州市2022年污染防治攻坚战工作方案(荆环委发〔2022〕8号)
荆州	荆州市创建“中国快递示范城市”联席会议办公室关于印发《创建“中国快递示范城市”实施方案》的通知(荆创快联办发〔2022〕2号)

续上表

市(地)	政策文件名称
荆门	荆门市人民政府关于进一步促进电子商务发展的实施意见(荆政发〔2022〕7号)
	荆门市人民政府办公室关于加快推进农村寄递物流体系建设的实施意见(荆政办发〔2022〕39号)
	荆门市人民政府办公室关于加快物流业高质量发展的意见(荆政办发〔2022〕31号)
	荆门市发改委关于印发《荆门市“十四五”塑料污染治理行动方案》的通知(荆发改发〔2022〕31号)
	荆门市关于印发荆门市2022年物流业补短板工作要点的通知(荆物发〔2022〕1号)
	荆门市邮政管理局 市乡村振兴局 市财政局关于印发《荆门市打通农村寄递物流“最初一公里”和“最后一公里”试点工作方案》的通知(荆邮管〔2022〕32号)
	荆门市委办公室市政府办公室关于印发《荆门市乡村建设行动实施方案》的通知(荆办发〔2022〕17号)
鄂州	鄂州市人民政府办公室关于印发鄂州市加快推进农村寄递物流体系建设实施方案的通知(鄂州政办发〔2022〕28号)
	鄂州市邮政管理局联合市人社局等8部门印发《关于维护新就业形态劳动者劳动保障权益的若干措施》的通知(鄂州人社发〔2022〕8号)
	鄂州市服务业发展“十四五”规划
孝感	中共孝感市委 孝感市人民政府关于做好2022年持续实施“三项行动”全面推进乡村振兴的实施意见(孝发〔2022〕1号)
	孝感市人民政府办公室关于印发加快推进农村寄递物流体系建设实施方案的通知(孝感政办函〔2022〕73号)
	孝感市发展改革委等9部门关于印发《孝感市加快推进全市快递包装绿色转型实施方案》的通知(孝发改发〔2022〕8号)
	孝感市服务业发展“十四五”规划
	孝感市综合交通运输发展“十四五”规划
黄冈	黄冈市人民政府办公室关于印发黄冈市县域商业体系建设行动方案(2022－2025年)的通知(黄政办发〔2022〕50号)
	黄冈市人民政府办公室关于印发黄冈市激发市场活力稳住经济增长若干措施的通知(黄政办发〔2022〕52号)
	黄冈市人力资源和社会保障局 市发展和改革委员会 市交通运输局 市应急管理局 市市场监督管理局 市医疗保障局 市中级人民法院 市总工会 市邮政管理局关于印发《切实维护新就业形态劳动者劳动保障权益工作责任清单》的通知(黄人社函〔2022〕47号)
恩施	中共恩施州委 恩施州人民政府关于做好2022年全面推进乡村振兴重点工作的实施意见(恩施州发〔2022〕1号)
	恩施州委机构编制委员会办公室关于组建县级邮政监管机构的建议(恩施州机编办函〔2022〕1号)
	恩施州人民政府印发关于落实国务院和省政府新时代支持革命老区振兴发展实施方案的通知(恩施州政发〔2022〕8号)
	关于印发恩施州贯彻落实国家和省稳住经济一揽子政策若干措施的通知(恩施州政办发〔2022〕27号)
	恩施州人民政府办公室关于印发加快恩施州对外开放通道发展行动方案的通知(恩施州政办发〔2022〕34号)
	恩施州人民政府办公室关于印发恩施州加快农村寄递物流体系建设若干措施的通知(恩施州政办发〔2022〕39号)
	恩施州发改委关于印发2022年全州新型城镇化和城乡融合发展工作要点的通知(恩施州发改综合〔2022〕16号)
	恩施州人社局等9部门关于印发《关于落实维护新就业形态劳动者劳动保障权益的实施方案》的通知(恩施州人社函〔2022〕32号)
	恩施州发展和改革委员会 州邮政管理局 州生态环境局关于印发《恩施州加快推进全州快递包装绿色转型的实施方案》的通知(恩施州发改环资〔2022〕37号)
	恩施州邮政管理局 州交通运输局 州委组织部等9部门关于印发《恩施州快递员群体合法权益保障工作实施方案》的通知(恩施州邮管发〔2022〕3号)
	恩施州大交通实施方案(2021－2025年)
	恩施州商务发展“十四五”规划
	恩施州综合交通运输发展“十四五”规划
	恩施州生态环境保护“十四五”规划
长沙	中共长沙市委 长沙市人民政府关于做好2022年“三农”重点工作加快建设乡村振兴示范市的实施意见(长发〔2022〕1号)

续上表

市(地)	政策文件名称
娄底	娄底市人民政府办公室关于印发《娄底市城乡客货邮一体化建设工作实施方案》的通知(娄政办发〔2022〕23 号)
怀化	关于印发《怀化市加快现代物流业发展二十条措施》的通知(怀发改经贸〔2022〕2 号)
	关于印发《怀化市现代物流业发展专项引导资金管理办法》的通知(怀发改经贸〔2022〕5 号)
	关于转发《关于湖南省基层快递网点优先参加工伤保险工作实施意见》的通知(怀人社函〔2022〕107 号)
	关于健全完善寄递渠道安全监管协作机制的意见(怀检〔2022〕29 号)
	关于印发《贯彻落实"七号检察建议"推进寄递物流安全问题系统治理座谈会纪要》的通知(怀检〔2022〕30 号)
益阳	中共益阳市委　益阳市人民政府关于努力在实施乡村振兴战略中走在前列奋力实现新时代山乡巨变的意见(益发〔2022〕1 号)
衡阳	关于转发《湖南省人力资源和社会保障厅　湖南省邮政管理局关于湖南省基层快递网点优先参加工伤保险工作实施意见》的通知(衡人社发〔2022〕11 号)
张家界	张家界市人民政府关于印发《张家界市"十四五"时期"无废城市"建设实施方案》的通知(张政发〔2022〕8 号)
	张家界市人力资源和社会保障局关于印发《张家界市推进基层快递网点优先参加工伤保险工作实施方案》的通知(张人社发〔2022〕8 号)
郴州	中共郴州市委办公室关于印发《郴州市国际内陆港建设工作方案》的通知(郴办发电〔2022〕8 号)
	郴州市人民政府办公室印发《关于加快农村寄递物流体系建设的实施方案》的通知(郴政办发〔2022〕30 号)
	郴州市人力资源和社会保障局　郴州市邮政管理局关于印发《郴州市推进基层快递网点优先参加工伤保险工作实施方案》的通知(郴人社发〔2022〕37 号)
株洲	关于印发《株洲市基层快递网点优先参加工伤保险工作实施方案》的通知(株人社发〔2022〕20 号)
常德	关于印发《常德市推进基层快递网点优先参加工伤保险工作实施方案》的通知(常人社发〔2022〕23 号)
邵阳	邵阳市物流保通保畅领导小组办公室关于印发《邵阳市物流保通保畅工作实施方案》的通知(邵市物流保办〔2022〕1 号)
广州	中共广州市委组织部等印发《关于实施新业态新就业群体党建"三抓三带"工程的工作方案》的通知(穗组通〔2022〕21 号)
	广州市人民政府办公厅　清远市人民政府办公室关于印发广清一体化"十四五"发展规划的通知(穗府办〔2022〕26 号)
	广州市人力资源和社会保障局等 4 部门关于印发贯彻落实国家职业技能培训"十四五"规划若干措施的通知(穗人社发〔2022〕16 号)
	广州市人力资源和社会保障局等 10 部门转发《广东省人力资源和社会保障厅等 11 部门关于印发〈广东省新就业形态就业人员职业伤害保障试点工作实施方案〉和〈广东省新就业形态就业人员职业伤害保障办法(试行)〉的通知》的通知(穗人社发〔2022〕12 号)
	关于印发《广州市跨境电商行业合规指引(试行)》的通告(穗检会字〔2022〕9 号)
	关于进一步推进农村客货邮融合完善农村寄递物流体系建设的意见(穗交运〔2022〕175 号)
深圳	中共深圳市委组织部印发《关于在疫情防控中加强对外卖送餐员、快递员和网约车司机等新就业群体关爱保障的若干措施》的通知(深组通〔2022〕37 号)
	中共深圳市委组织部关于社区小区封闭管理期间加强对外卖送餐员、快递员等新就业群体从业保障的通知(〔2022〕231 号)
	深圳市人民政府办公厅关于印发深圳市综合交通"十四五"规划的通知(深府办〔2022〕1 号)
	深圳市交通运输局　深圳市规划和自然资源局关于印发《深圳市现代物流基础设施体系建设策略(2021－2035)及近期行动方案》的通知(深交〔2022〕294 号)
汕头	汕头市人民政府关于印发《汕头市生态文明建设"十四五"规划》的通知(汕府〔2022〕120 号)
	汕头市人民政府办公室关于印发《汕头市综合交通运输体系发展"十四五"规划》的通知(汕府办〔2022〕34 号)
	汕头市发展与改革局关于印发《汕头市建设区域消费中心城市"十四五"规划》的通知(汕市发改〔2022〕466 号)
	汕头市发展与改革局关于印发《汕头市现代物流业发展"十四五"规划(2021－2025 年)》的通知(汕市发改〔2022〕467 号)
	汕头市邮政管理局　汕头市总工会关于印发《关于落实习近平总书记关爱"快递小哥"重要指示精神加强全市快递行业工会建设三年行动计划(2022－2024 年)》(汕工〔2022〕19 号)

续上表

市(地)	政策文件名称
佛山	佛山市邮政管理局关于印发《佛山市城市配送中心建设扶持资金管理办法》的通知(佛邮管〔2022〕20号)
	佛山市邮政管理局关于印发关于推进我市城乡快递服务一体化发展工作的实施意见的通知(佛邮管〔2022〕34号)
	佛山市邮政管理局　佛山市公安局　佛山市交通运输局关于印发《关于进一步保障和规范我市快递配送车辆通行的实施意见》的通知(佛邮管联〔2022〕1号)
	佛山市邮政管理局　佛山市交通运输局　佛山市发展和改革局　佛山市人力资源和社会保障局　佛山市商务局　佛山市市场监督管理局　佛山市总工会关于印发《佛山市保障快递员群体合法权益若干措施》的通知(佛邮管联〔2022〕5号)
河源	河源市人民政府关于印发河源市促进邮件快递业高质量发展实施方案的通知(河府〔2022〕35号)
	河源市人民政府关于印发河源市综合交通运输体系发展"十四五"规划的通知(河府〔2022〕52号)
梅州	梅州市人民政府关于印发梅州市农业农村现代化"十四五"规划的通知(梅市府〔2022〕17号)
惠州	中共惠州市委办公室　惠州市人民政府办公室关于印发《惠州市农村人居环境整治提升行动方案》的通知(惠市委办字〔2022〕104号)
	惠州市发展和改革局　市委农村工作办公室等等28部门关于落实继续大力实施消费帮扶巩固拓展脱贫攻坚成果工作的通知(惠市发改区域函〔2022〕76号)
	惠州市发展和改革局关于印发《惠州市贯彻落实广东省推进冷链物流高质量发展"十四五"实施方案主要任务分工方案》的通知(惠市发改消贸〔2022〕474号)
汕尾	汕尾市人民政府关于印发汕尾市贯彻落实国务院扎实稳住经济的一揽子政策措施实施方案的通知(汕府〔2022〕42号)
东莞	东莞市人民政府关于做好稳岗惠企保障留莞过年群众生活便利的若干措施(东府〔2022〕7号)
	东莞市快递员群体关心关爱成长成才共生共荣行动方案(2022—2024年)(东邮管联〔2022〕1号)
	东莞市保障快递员群体合法权益的实施意见(东邮管联〔2022〕3号)
	东莞市加强农村寄递物流体系建设实施方案(东农农〔2022〕74号)
中山	中山市人民政府办公室关于印发中山市支持邮政快递业服务经济高质量发展十条措施的通知(中府办函〔2022〕25号)
江门	江门市人民政府关于印发江门市2022年新春暖企惠企十条的通知(江府函〔2022〕14号)
	江门市物流保通保畅工作领导小组办公室关于印发《江门市物流保通保畅工作方案》的通知(江交运〔2022〕88号)
湛江	湛江市人民政府关于印发湛江市农业农村现代化"十四五"规划的通知(湛府〔2022〕47号)
	湛江市人民政府办公室关于印发湛江市加快培育建设区域消费中心城市实施方案的通知(湛府办函〔2022〕9号)
	湛江市人民政府办公室关于印发湛江市以新业态新模式引领新型消费加快发展的实施方案的通知(湛府办〔2022〕32号)
	湛江市住房和城乡建设局关于印发湛江市中心城区老旧小区改造专项规划的通知(湛建保〔2022〕48号)
茂名	茂名市农业农村现代化"十四五"规划(茂府〔2022〕45号)
	茂名市人民政府办公室关于印发《茂名市加快推进预制菜产业高质量发展工作方案》的通知(茂府办函〔2022〕186号)
肇庆	肇庆市人民政府关于印发《肇庆市关于促进邮政快递业高质量发展的若干措施》的通知(肇府规〔2022〕9号)
清远	清远市人民政府关于印发清远市生态文明建设"十四五"规划的通知(清府〔2022〕28号)
	清远市人民政府关于印发清远市产业"十四五"发展规划的通知(清府函〔2022〕489号)
潮州	潮州市人民政府办公室关于印发《潮州市交通运输领域市级与县区财政事权和支出责任划分改革实施方案》的通知(潮府办〔2022〕7号)
	潮州市邮政管理局　潮州市发展和改革局　潮州市交通运输局关于印发《潮州市邮政业发展"十四五"规划》的通知(潮邮管联〔2022〕1号)
	潮州市邮政管理局　潮州市市场监督管理局关于转发广东省邮政管理局　广东省工商行政管理局关于规范快递末端网点备案管理有关事项的通知(潮邮管联〔2022〕2号)
	潮州市邮政管理局　潮州市烟草专卖局关于深化潮州市寄递渠道涉烟违法行为联合监管协作机制的意见(潮邮管联〔2022〕4号)

续上表

市(地)	政策文件名称
揭阳	揭阳市城市道路车辆通行管理办法(揭阳市人民政府令第76号)
	揭阳市人民政府办公室关于印发揭阳市深化中国快递示范城市创建行动计划的通知(揭府办〔2022〕19号)
	中共揭阳市邮政管理局党组　中共揭阳市委非公有制经济组织和社会组织工作委员会　中共揭阳市快递行业委员会关于印发《揭阳市加强快递行业党建工作若干措施》的通知(揭邮管党〔2022〕15号)
	揭阳市邮政管理局　揭阳市交通运输局　揭阳市发展和改革局　揭阳市人力资源和社会保障局　揭阳市商务局　揭阳市市场监督管理局　揭阳市总工会关于印发《揭阳市保障快递员群体合法权益若干措施》的通知(揭邮管联〔2022〕5号)
云浮	云浮市人民政府办公室关于印发中国(云浮)跨境电子商务综合试验区建设三年行动计划(2022－2024年)的通知(云府办函〔2022〕140号)
南宁	南宁市发展和改革委员会　南宁市乡村振兴局关于印发《南宁市落实〈"十四五"广西左右江革命老区巩固拓展脱贫攻坚成果衔接推进乡村振兴实施方案〉分工方案》的通知(南发改地区〔2022〕4号)
桂林	桂林市人民政府关于印发桂林市综合交通运输发展"十四五"规划的通知(市政〔2022〕18号)
	桂林市农产品冷链物流发展"十四五"规划(市商办〔2022〕9号)
柳州	柳州市人民政府办公室关于印发柳州市服务业发展"十四五"规划的通知(柳政办〔2022〕9号)
	柳州市人民政府关于印发柳州市促进邮政快递业高质量发展实施方案的通知(柳政规〔2022〕20号)
	柳州市人民政府办公室印发《柳州市关于大力推进融安金桔产业高质量发展的实施方案(2023－2025年)》的通知(柳政办〔2022〕99号)
	关于印发《深化粤桂协作消费帮扶推动柳州市特色农产品购销提质增效的实施意见》的通知(柳乡村指发〔2022〕3号)
梧州	梧州市人民政府办公室关于印发我市促进邮政快递业高质量发展实施方案的通知(梧政办发〔2023〕6号)
	梧州市人民政府办公室关于印发我市加快农村寄递物流体系建设工作方案的通知(梧政办发〔2022〕68号)
贵港	中共贵港市委办公室《关于印发贵港市统筹推进农村物流高质量发展行动方案(2022－2025年)的通知》(贵办通〔2022〕82号)
	贵港市人民政府办公室关于印发贵港市促进邮政快递业高质量发展实施方案的通知(贵政办通〔2022〕59号)
玉林	玉林市深入打好污染防治攻坚战实施方案(玉办发〔2022〕20号)
北海	关于印发《北海市加快推进农村寄递物流体系建设实施方案》的通知
	关于印发北海市电商快递可循环包装试点推广方案的通知(北商发〔2022〕5号)
防城港	防城港市推动现代物流业高质量发展的若干扶持政策(防政规〔2022〕7号)
	防城港市关于贯彻落实广西促进邮政快递业高质量发展实施方案的工作方案(防政办函〔2022〕13号)
崇左	崇左市商务和口岸管理局　崇左市发展和改革委员会关于印发《崇左市商贸流通业发展"十四五"规划》的通知(崇商发〔2022〕61号)
百色	关于印发百色市全面加强基础设施建设行动方案(2022－2025年)的通知(百政办发〔2022〕58号)
	关于印发《百色市深入打好污染防治攻坚战推动绿色发展迈出新步伐工作方案》的通知(百发〔2022〕13号)
	关于印发百色市推进基层快递网点优先参加工伤保险工作实施方案的通知(百人社函〔2022〕42号)
河池	河池市2022年服务业发展工作方案(河发改经贸〔2022〕43号)
	河池市县域经济高质量发展实施方案(2022－2025年)
	河池市落实"十四五"巩固拓展脱贫攻坚成果同乡村振兴有效衔接规划任务清单
来宾	关于印发来宾市贯彻落实自治区促进邮政快递业高质量发展实施方案重点工作责任清单的通知(来政办函〔2022〕26号)
	关于做好来宾市推进基层快递网点优先参加工伤保险工作的通知(来人社发〔2022〕13号)
	关于做好来宾市快递员群体合法权益保障工作的实施方案(来交通发〔2022〕9号)

续上表

市(地)	政策文件名称
贺州	贺州市人民政府办公室关于印发贺州市“十四五”规划纲要及落实自治区“十四五”规划建议及纲要主要目标和重点任务分工方案的通知(贺政办发〔2022〕28号)
	贺州市人民政府办公室关于印发贺州市现代服务发展“十四五”规划的通知(贺政办发〔2022〕47号)
	贺州市人民政府办公室关于印发贺州市加快农村寄递物流体系建设实施方案的通知(贺政办发〔2022〕50号)
	贺州市投资促进和商务局关于印发《贺州市现代物流业及专业市场发展“十四五”规划》的通知(贺投商发〔2022〕2号)
海口	中共海口市委 海口市人民政府关于做好2022年全面推进乡村振兴重点工作的实施意见(海发〔2022〕1号)
	海口海关 海口市人民政府促进外贸保稳提质若干措施
	海口市人民政府办公室关于印发海口市县域商业体系建设实施方案的通知(海府办函〔2022〕207号)
	关于开展海口市推进“快递进村”试点促进邮政快递业发展奖补资金申报工作的通知(海邮管〔2022〕21号)
文昌	文昌市人民政府办公室关于印发《文昌市促进经济高质量发展若干财政措施》的通知(文府办规〔2022〕27号)
琼海	海南省东部邮政管理局 琼海市公安局 琼海市交通运输局关于印发琼海市快递末端服务车辆规范化管理的实施意见的通知(琼东部邮管〔2022〕33号)
	海南省人民检察院第一分院 省东部邮政管理局关于预防和打击寄递违法犯罪活动的协作意见(琼检一分会〔2022〕1号)
屯昌	屯昌县发展和改革委员会办公室关于印发屯昌县县域商业体系建设实施方案的通知
五指山	中共五指山市委 五指山市人民政府关于印发《五指山市2022年全面推进乡村振兴重点工作的实施方案》的通知(五发〔2022〕10号)
	中共五指山市委 五指山市人民政府关于印发五指山市加快农村寄递物流体系建设方案的通知(五府办函〔2022〕42号)
	五指山市人民政府办公室关于印发智慧五指山(2021－2025)总体实施方案的通知(五府办〔2022〕19号)
	五指山市新能源汽车推广联席会议办公室关于印发《五指山市2022年新能源汽车推广应用实施方案》的通知
潼南	重庆市潼南区人民政府办公室关于印发潼南区加快农村寄递物流体系建设实施方案的通知(潼南府办发〔2022〕57号)
万州	重庆市万州区人民政府办公室关于印发重庆市万州区商务发展“十四五”规划(2021－2025年)的通知(万州府办发〔2022〕11号)
	重庆市万州区人民政府关于印发万州区综合交通运输“十四五”规划(2021－2025年)的通知(万州府发〔2022〕4号)
武隆区	武隆区县域商业体系建设实施方案
长寿区	重庆市长寿区人民政府关于印发《现代商贸物流服务产业发展扶持办法》的通知(长寿府发〔2022〕23号)
沙坪坝区	沙坪坝区县域商业体系建设专项资金项目入库申报指南
江津区	重庆市江津区人民政府关于印发江津区开放及商贸高质量发展“十四五”发展规划的通知(江津府发〔2022〕6号)
	重庆市江津区人民政府关于印发江津区助推重庆市培育建设国际消费中心城市加快建设区域消费中心城市工作方案的通知(江津府发〔2022〕10号)
	重庆市江津区人民政府办公室关于印发江津区深化生活垃圾分类工作实施方案的通知(江津府办发〔2022〕13号)
	重庆市江津区生活垃圾分类工作领导小组办公室关于印发2022年江津区生活垃圾分类工作要点的通知
大足区	重庆市大足区人民政府关于印发大足区推进农业农村现代化“十四五”规划的通知(大足府发〔2022〕3号)
永川区	中共重庆市永川区委重庆市永川区人民政府关于完整准确全面贯彻新发展理念做好碳达峰碳中和工作的实施意见
	重庆市永川区人民政府关于印发永川区培育建设区域消费中心城市实施方案的通知(永川府发〔2022〕10号)
	重庆市永川区人民政府办公室关于印发重庆市永川区加快建立健全绿色低碳循环发展经济体系重点任务清单的通知(永川府办发〔2022〕14号)
	重庆市永川区人民政府办公室关于印发重庆市永川区应急管理“十四五”规划的通知(永川府办发〔2022〕9号)
铜梁区	重庆市铜梁区人民政府办公室关于印发《重庆市铜梁区农业农村现代化“十四五”规划(2021－2025年)》的通知(铜府办〔2022〕14号)
	重庆市铜梁区人民政府关于印发铜梁区新型城镇化规划(2021－2035年)的通知(铜府发〔2022〕12号)

续上表

市(地)	政策文件名称
成都	成都市人民政府办公厅关于印发成都市加快农村寄递物流体系建设实施方案的通知(成办发〔2022〕73 号)
	成都市委组织部以高质量党建引领快递物流业高质量发展的若干措施(成组通〔2021〕72 号)
	成都市人民政府关于印发成都市废旧物资循环利用体系建设实施方案(2022－2025 年)的通知(成府函〔2022〕169 号)
	成都市人民政府关于印发增强发展韧性稳住经济增长若干政策措施的通知(成府发〔2022〕13 号)
自贡	自贡市人民政府办公室关于印发《自贡市加快农村寄递物流体系建设助力乡村振兴实施方案》的通知(自府办发〔2022〕51 号)
	自贡市人力资源和社会保障局　自贡市邮政管理局关于转发《四川省人力资源和社会保障厅四川省邮政管理局关于做好基层快递网点优先参加工伤保险工作的通知》的通知(自人社办发〔2022〕9 号)
	自贡市人力资源和社会保障局等 9 部门关于开展 2022 年度和谐劳动关系“春风行动”的通知(自人社办发〔2022〕15 号)
	自贡市市场监管局等 17 部门关于印发《自贡市放心舒心消费城市创建三年行动方案(2022－2024)》的通知(自市监发〔2022〕44 号)
	自贡市烟草专卖局　自贡市公安局　自贡市邮政管理局关于印发《自贡市打击寄递环节涉烟违法犯罪“百日攻坚”专项行动方案》的通知(自市监发〔2022〕44 号)
	自贡市政务服务和数字化管理局　自贡市邮政管理局　中国邮政集团有限公司自贡市分公司关于转发《四川省“政务服务＋邮政”工作方案》的通知(自政数发〔2022〕67 号)
攀枝花	攀枝花市人民政府办公室关于印发攀枝花市加快农村寄递物流体系建设工作方案的通知(攀办发〔2022〕72 号)
泸州	中共泸州市委城乡基层治理委员会办公室关于印发《发挥村级党群服务中心作用加强农村寄递物流体系建设的指导意见》的通知(泸委基治办〔2022〕3 号)
	泸州市人民政府办公室关于印发《泸州市加快农村寄递物流体系建设的实施方案》的通知(泸市府办发〔2022〕83 号)
德阳	德阳市人民政府办公室关于印发《德阳市加快农村寄递物流体系建设的实施方案》的通知(德办发〔2022〕39 号)
绵阳	中共绵阳市委非公有制经济组织和社会组织工作委员会　中共绵阳市交通运输局委员会　中共绵阳市邮政管理局党组关于印发《绵阳市加强快递行业党建工作实施方案》的通知(绵委非通〔2022〕5 号)
	绵阳市人民政府办公室关于印发绵阳市加快农村寄递物流体系建设实施方案的通知(绵府办发〔2022〕47 号)
	绵阳市交通运输局　绵阳市邮政管理局关于加强邮政快递车辆运输安全管理的通知(绵交发〔2022〕21 号)
	绵阳市人力资源和社会保障局等 9 部门关于开展 2022 年度和谐劳动关系“春风行动”的通知(绵人社办〔2022〕12 号)
广元	广元市人民政府办公室关于印发《广元市加快农村寄递物流体系建设实施方案》的通知(广府办发〔2022〕49 号)
	广元市邮政管理局　广元市人力资源和社会保障局　广元市总工会关于印发《广元市第九届职业技能竞赛(快递员项目竞赛)组织实施方案》的通知(广邮管〔2022〕15 号)
遂宁	遂宁市人民政府办公室关于印发《遂宁市加快农村寄递物流体系建设实施方案》的通知(遂府办文〔2022〕80 号)
内江	内江市人民政府办公室关于印发《内江市加快农村寄递物流体系建设的若干措施》的通知(内府办发〔2022〕43 号)
	内江市市场监督管理局等 17 部门关于印发《内江市放心舒心消费城市创建三年行动方案(2022－2024)》的通知(内市监发〔2022〕144 号)
乐山	乐山市乡镇行政区划和村级建制调整改革“后半篇”文章专项工作领导小组办公室关于印发《进一步提升邮政快递服务能力完善镇村便民服务体系实施方案》(乐两改组办〔2022〕1 号)
南充	南充市人民政府办公室关于印发《南充市农村寄递物流体系建设责任清单》的通知(南府办函〔2022〕103 号)
宜宾	宜宾市人民政府办公室关于印发《宜宾市加快农村寄递物流体系建设的实施方案》的通知(宜府办发〔2022〕22 号)
	宜宾市委组织部、市委“两新”工委、市邮政管理局党组联合印发《宜宾市加强快递行业党建工作十条措施》(宜组通〔2022〕23 号)
	宜宾市交通运输局　市邮政管理局　市公安局　市商务局等 10 部门印发《宜宾市深入实施“金通工程”推进乡村运输可持续发展实施方案》(宜市交发〔2022〕204 号)

续上表

市(地)	政策文件名称
宜宾	中共高县交通运输局委员会、高县"两新"工委联合印发《实施"红色速递"工程完善县、镇、村三级快递物流体系的工作方案》(高交委发〔2022〕3号)
广安	广安市人民政府办公室关于印发广安市加快农村寄递物流体系建设实施方案的通知(广安府办发〔2022〕45号)
达州	达州市人民政府办公室关于印发加快农村寄递物流体系建设实施方案的通知(达市府办发〔2022〕72号)
巴中	巴中市人民政府办公室关于印发《巴中市加快农村寄递物流体系建设实施方案》的通知(巴府办发〔2022〕27号)
	巴中市邮政管理局 巴中市人民检察院 巴中市公安局关于印发《巴中市寄递渠道安全监管协作配合机制》的通知(巴邮管〔2022〕18号)
	巴中市邮政管理局 巴中市总工会 巴中市人力资源和社会保障局 巴中市快递行业联合工会关于印发《巴中市"最美快递员"评选活动实施方案》的通知(巴邮管〔2022〕22号)
	巴中市邮政管理局 巴中市总工会 巴中市人力资源和社会保障局关于表扬巴中市第三届"最美快递员"的决定(巴邮管〔2022〕31号)
雅安	雅安市人民政府办公室关于印发《雅安市加快农村寄递物流体系建设的实施方案》的通知(雅办发〔2022〕10号)
眉山	眉山市人民政府办公室关于印发《眉山市加快农村寄递物流体系建设助力乡村振兴的实施方案》的通知(眉府办函〔2022〕69号)
资阳	资阳市人民政府办公室关于印发资阳市加快农村寄递物流体系建设的实施方案的通知(资府办发〔2022〕44号)
阿坝	阿坝州人民政府办公室关于印发《阿坝州加快农村寄递物流体系建设的实施方案》的通知(阿府办发〔2022〕26号)
	阿坝州人力资源和社会保障局 阿坝州邮政管理局等9部门印发《关于开展2022年度和谐劳动关系"春风行动"的通知》(阿州人社发〔2022〕7号)
	阿坝州邮政管理局 阿坝州交通运输局关于印发《阿坝州邮政快递业应急保供配送队伍组织方案》的通知(阿邮管〔2022〕28号)
甘孜	甘孜州商务和经济合作局关于印发《甘孜州加快农村寄递物流体系建设的实施方案》的通知
凉山	中共凉山州委 凉山州人民政府关于印发《凉山州支持服务业发展十二条政策(试行)》的通知(凉委发〔2022〕16号)
	凉山州人民政府办公室关于印发凉山州加快农村寄递物流体系建设实施方案的通知(凉府办发〔2022〕42号)
	凉山州人民政府办公室关于推进全州邮政快递行业总量增长的通知(凉府办函〔2022〕98号)
贵阳	贵阳贵安电子商务进农村工作方案(2022－2025)(筑农通〔2022〕13号)
六盘水	市人民政府办公室关于印发六盘水市关于推动快递业高质量发展的实施方案的通知(六盘水府办函〔2022〕66号)
遵义	遵义市邮政行政执法委托实施方案(遵府办函〔2022〕115号)
	遵义市财政局 遵义市乡村振兴局关于下达2022年珠海市对口遵义市协作项目资金的通知(遵财农〔2022〕10号)
	遵义市邮政管理局 市发展和改革委员会 市交通运输局 市商务局关于印发《遵义市邮政业发展"十四五"规划》的通知(遵邮管〔2022〕28号)
安顺	关于支持快递业服务安顺经济高质量发展的实施意见(安府办函〔2022〕14号)
毕节	毕节市激发市场活力稳住经济增长"1 + N"工作方案(毕府发〔2022〕7号)
铜仁	铜仁市人民政府办公室关于促进快递业高质量发展的实施意见(铜府办发〔2022〕12号)
黔西南	黔西南州人民政府办公室关于印发推动黔西南州快递业高质量发展实施方案的通知(黔西南府办发〔2022〕6号)
黔南	黔南州人民政府办公室关于印发黔南州加快推动邮政快递业高质量发展实施方案的通知(黔南府办函〔2022〕64号)
楚雄	楚雄州人民政府办公室关于印发楚雄州加快农村寄递物流体系建设实施方案的通知(楚政办通〔2022〕61号)
	楚雄州人民政府办公室关于印发楚雄州县域商业体系建设实施方案的通知(楚政办函〔2022〕3号)
	楚雄州推进客货邮物流寄递融合发展的指导意见(楚交运输〔2022〕3号)
	楚雄州快递员群体合法权益保障工作实施方案(楚交运输〔2022〕5号)
普洱	普洱市人民政府办公室关于印发普洱市加快农村寄递物流体系建设实施方案的通知(普政办发〔2022〕107号)

续上表

市(地)	政策文件名称
临沧	临沧市人民政府办公室关于印发临沧市加快农村寄递物流体系建设实施方案的通知(临政办发〔2022〕75号)
	关于印发临沧市快递员群体合法权益保障工作实施方案的通知(临交发〔2022〕28号)
西双版纳	西双版纳州人民政府办公室关于印发西双版纳州加快农村寄递物流体系建设任务分工方案的通知(西政办函〔2022〕50号)
西安	西安市人民政府办公厅关于印发一刻钟便民生活圈试点城市建设实施方案的通知(市政办函〔2022〕28号)
	西安市人民政府办公厅关于印发加快推进供销合作社高质量发展实施方案的通知(市政办函〔2022〕27号)
	西安市人民政府办公厅关于印发加快推进农村寄递物流体系建设实施方案的通知(市政办发〔2022〕49号)
	西安市商务局等17部门关于印发加强县域商业体系建设促进农村消费实施方案(2021—2025年)的通知(市商办〔2022〕63号)
	西安市人力资源和社会保障局　西安市邮政管理局关于做好基层快递网点参加工伤保险工作的通知(市人社函〔2022〕348号)
	西安市邮政管理局　西安市公安局交通管理局关于推进全市邮政、快递专用电动三轮车"亮尾靓厢"行动的通知(西邮管〔2022〕34号)
	西安市邮政管理局　西安市交通运输局关于印发西安市邮政业发展"十四五"规划的通知(西邮管〔2022〕30号)
铜川	铜川市人民政府办公室关于印发加快推进农村寄递物流体系建设实施方案的通知(铜政办发〔2022〕13号)
榆林	中共榆林市委　榆林市人民政府关于做好2022年全面推进乡村振兴重点工作的实施意见(榆发〔2022〕1号)
	中共榆林市委　榆林市人民政府印发《榆林市关于新时代加快完善社会主义市场经济体制的实施措施》的通知(榆发〔2022〕2号)
	榆林市人民政府办公室关于印发榆林中心城区新建住宅项目配建幼儿园邻里中心规划用地管理暂行办法的通知(榆政办函〔2022〕11号)
	榆林市人民政府办公室关于印发《榆林市进一步加大对中小企业纾困帮扶力度的实施方案》的通知(榆政办函〔2022〕48号)
	榆林市人民政府办公室关于印发加快推进农村寄递物流体系建设实施方案的通知(榆政办发〔2022〕1号)
	榆林市人民政府关于做好2022年度稳增长促投资工作的意见(榆政发〔2022〕3号)
汉中	关于印发汉中市稳住经济大盘若干措施的通知(汉政发〔2022〕8号)
	关于印发《汉中市交通强国陕南交通旅游山水画卷三年行动计划(2022—2024)》的通知(汉办字〔2022〕8号)
	关于印发"大干快建项目攻坚年"交通项目任务推进清单的通知(汉市交发〔2022〕10号)
	关于贯彻落实《维护新就业形态劳动者劳动保障权益实施办法》的通知(汉人社发〔2022〕31号)
	关于落实最高人民检察院"七号检察建议"进一步提升寄递渠道安全管理基础保障能力的通知(汉邮管〔2022〕11号)
	关于开展汉中市快递从业人员职业技能提升行动有关事项的通知(汉邮管〔2022〕15号)
宝鸡	宝鸡市城市生活垃圾分类管理办法(2022年6月21日宝鸡市人民政府令第76号)
	关于印发加快推进农村寄递物流体系建设实施方案的通知(宝政办发〔2022〕19号)
	关于印发全市打击涉烟违法犯罪强化电子烟监管专项行动实施方案的通知(宝烟专管〔2022〕95号)
安康	安康市人民政府办公室关于印发加快推进农村寄递物流体系建设实施方案的通知(安政办发〔2022〕15号)
	政协安康市委员会办公室关于印发《加强区域协作加快推进综合交通枢纽城市建设和物流降本增效专题协商方案》的通知(安政协办函〔2022〕23号)
延安	延安市加快推进农村寄递物流体系建设实施方案(延政办发〔2022〕32号)
	关于做好快递员群体合法权益保障工作实施方案(延市交函〔2022〕131号)
咸阳	咸阳市人民政府办公室关于印发咸阳市交通运输领域市级与县级财政事权和支出责任划分改革实施方案的通知(咸政办发〔2022〕10号)

续上表

市(地)	政策文件名称
咸阳	咸阳市人民政府办公室关于印发《咸阳市县域商业体系建设实施方案》的通知(咸政办函〔2022〕19号)
	咸阳市人民政府办公室关于印发《咸阳市"十四五"推进农业农村现代化规划》的通知(咸政办发〔2022〕36号)
	咸阳市人民政府办公室关于印发《咸阳市城市一刻钟便民生活圈建设实施方案》的通知(咸政办函〔2022〕76号)
	咸阳市人民政府办公室关于印发《咸阳市加快推进农村寄递物流体系建设实施方案》的通知(咸政办发〔2022〕43号)
	咸阳市人民政府办公室关于印发《咸阳市进一步激发消费活力促进消费增长三年行动方案(2022—2024年)》的通知(咸政办发〔2022〕45号)
渭南	渭南市人民政府办公室关于印发《加快推进农村寄递物流体系建设实施方案》的通知(渭南政办发〔2022〕7号)
韩城	韩城市人民政府办公室关于印发《韩城市加快推进农村寄递物流体系建设实施方案》的通知(韩政办发〔2022〕10号)
兰州	兰州市落实强省会战略进一步优化营商环境若干措施(兰政发〔2022〕17号)
白银	白银市贯彻落实稳住经济一揽子政策措施实施意见(市政发〔2022〕31号)
	白银市人民政府办公室关于分解落实中小微企业纾困帮扶若干措施工作任务的通知(市政办发〔2022〕72号)
	白银市人民政府办公室关于印发白银市国家生态文明建设示范市规划(2021－2025年)的通知(市政办发〔2022〕119号)
天水	天水市人民政府办公室关于印发《进一步加大对中小微企业纾困帮扶力度的若干措施》(天政办发〔2022〕30号)
嘉峪关	嘉峪关市人民政府关于印发嘉峪关市稳定经济增长实施方案的通知(嘉政发〔2022〕18号)
	嘉峪关市社区治理改革三年行动方案(2022—2024)
酒泉	酒泉市人民政府关于印发《酒泉市贯彻落实稳住经济一揽子政策措施行动方案》的通知
定西	定西市人民政府办公室关于印发定西市关于进一步加大对中小微企业纾困帮扶力度若干意见的通知(定政办发〔2022〕73号)
陇南	陇南市人民政府办公室关于印发进一步加大对中小微企业纾困帮扶力度若干措施的通知(陇政办发〔2022〕42号)
平凉	平凉市人民政府办公室关于贯彻落实甘肃省进一步强化金融支持中小微企业纾困发展实施方案若干措施的通知(平政办发〔2022〕122号)
庆阳	庆阳市贯彻落实扎实稳住经济一揽子政策措施实施方案(庆政发〔2022〕18号)
	庆阳市人民政府办公室印发关于落实进一步加大对中小微企业纾困帮扶力度若干措施的通知
甘南	甘南藏族自治州人民政府关于印发甘南州贯彻稳住经济一揽子政策措施落实方案的通知
金昌	金昌市人民政府关于印发金昌市贯彻落实国务院和省政府稳住经济一揽子政策措施实施方案的通知(金政发〔2022〕41号)
西宁	中共西宁市委　西宁市人民政府关于做好2022年全面推进乡村振兴重点工作的实施意见(宁发〔2022〕1号)
	中共西宁市委办公室　西宁市人民政府办公室关于印发《西宁市2022年重点民生实事项目》的通知(宁办字〔2022〕9号)
	中共西宁市委组织部　西宁市邮政管理局关于印发《西宁市加强党建引领促进"快递进村"具体措施》的通知(宁组字〔2022〕87号)
	西宁市人民政府办公室关于印发西宁市"十四五"邮政业发展规划的通知(宁政办〔2022〕104号)
	西宁市交通局　发改　公安　人社等11部门关于做好西宁市快递员群体合法权益保障工作的实施方案(宁交〔2022〕190号)
	西宁市人民政府办公室关于印发西宁市加快农村寄递物流体系建设实施方案的通知(宁政办〔2022〕59号)
果洛	中共果洛州委组织部　果洛州邮政管理局关于加强党建引领促进"快递进村"的通知(果组字〔2022〕77号)
	果洛州交通局等11部门印发《关于做好果洛州快递员群体合法权益保障工作的实施方案》的通知(果交〔2022〕189号)
海北	海北州人民政府办公室关于印发《实现"开门红"保障"全年稳"相关措施》的通知(北政办〔2022〕8号)
	海北州人民政府办公室关于印发《2022年民生实事工程任务分工方案》的通知(北政办〔2022〕11号)
	海北州人民政府办公室关于印发《海北州进一步促进服务业领域困难行业恢复发展若干措施》的通知(北政办〔2022〕24号)

续上表

市(地)	政策文件名称
海北	海北州人力资源和社会保障局　海北州邮政管理局关于印发《海北州推进基层快递网点优先参加工伤保险的实施方案》的通知(人社发〔2022〕11 号)
海西	海西州人民政府办公室关于印发《海西州加快推进农村寄递物流体系建设实施方案》的通知(西政办〔2022〕135 号)
	海西州人力资源和社会保障局　海西州邮政管理局关于印发《海西州推进基层快递网点优先参加工伤保险的工作方案》的通知(西人社局〔2022〕67 号)
海东	海东市人民政府办公室关于印发海东市加快农村寄递物流体系建设实施方案的通知(东政办〔2022〕37 号)
	海东市人民政府办公室关于印发海东市做好快递员群体合法权益保障工作实施方案的通知(东政办〔2022〕38 号)
	海东市商务局　发展和改革委员会　财政局　邮政管理局等 7 部门关于印发海东市关于进一步完善县乡村三级物流体系建设组织实施方案的通知(东商字〔2022〕100 号)
海南	海南州人民政府办公室印发《关于加快海南州农村寄递物流体系建设的实施方案》的通知(南政办〔2022〕63 号)
	海南州交通运输局　邮政管理局印发《关于做好海南州快递员群体合法权益保障工作的实施方案》的通知(南交〔2022〕48 号)
黄南	中共黄南州委组织部　黄南州邮政管理局关于印发黄南州党建引领促进“快递进村”工作实施方案的通知(黄邮管〔2022〕23 号)
	黄南藏族自治州人民政府办公室关于印发黄南州加快农村寄递物流体系建设实施方案的通知
	黄南州交通运输局　邮政管理局等 11 部门印发《关于做好快递员群体合法权益保障工作的实施方案》的通知(黄邮管〔2022〕15 号)
	黄南州发展改革委员会　邮政管理局等 6 部门印发《黄南州新兴青年群体快递小哥面临困难和问题的办理工作方案》的通知(黄邮管〔2022〕6 号)
银川	银川市交通运输局关于印发《银川市交通运输局关于推动现代物流业高质量发展实施方案》的通知(银交发〔2023〕41 号)
	关于印发《银川市现代物流业高质量发展实施方案(2023－2027 年)》《银川市现代物流业高质量发展暨供应链创新与应用包抓机制专班联席会议制度》的通知(银物流包抓办发〔2023〕1 号)
石嘴山	中共石嘴山市委员会　石嘴山市人民政府关于印发《石嘴山市 2022 年全面推进乡村振兴重点工作实施方案》的通知(石党发〔2022〕1 号)
	石嘴山市人民政府办公室关于印发《石嘴山市推动生活性服务业补短板上水平提高人民生活品质行动方案(2022—2025 年)》的通知(石政办发〔2022〕84 号)
吴忠	吴忠市人民政府办公室关于印发《吴忠市加快农村寄递物流体系建设实施方案》的通知(吴政办发〔2022〕26 号)
	吴忠市交通运输局　邮政管理局　党委组织部等 11 部门关于做好吴忠市快递员群体合法权益保障工作的实施意见(吴交发〔2022〕38 号)
固原	固原市人民政府办公室印发《关于打好“就业收入扩增战”若干措施》的通知(固政办规发〔2022〕5 号)
	固原市人民政府办公室关于印发《固原市促进农村客运高质量发展实施方案》的通知(固政办发〔2022〕34 号)
	固原市人民政府办公室关于印发固原市高质量发展标准体系建设实施方案(2022 年－2025 年)的通知(固政办发〔2022〕51 号)
中卫	中卫市人民政府办公室关于印发《中卫市落实〈全区稳经济保民生政策措施〉的实施方案》的通知(卫政办发〔2022〕90 号)
	中卫市人民检察院　中卫市邮政管理局关于印发《关于加强人民检察院与邮政管理行政执法协作配合工作制度》的通知(卫检会〔2022〕3 号)
	中卫市商务局　中卫市邮政管理局关于印发《中卫市优化提升电商与快递物流协同发展体系建设方案》的通知(卫商发〔2022〕68 号)
乌鲁木齐	关于印发《乌鲁木齐市邮政业发展“十四五”规划》的通知(乌邮管〔2022〕7 号)
	关于做好快递员群体合法权益保障工作的实施方案(乌邮管联〔2022〕2 号)

续上表

市(地)	政策文件名称
吐鲁番	关于印发吐鲁番市加快农村寄递物流体系建设实施方案的通知(吐政办〔2022〕11号)
	关于做好快递员群体合法权益保障工作的实施意见(吐邮管〔2022〕13号)
哈密	哈密市加快农村寄递物流体系建设的实施方案(哈政办发〔2022〕16号)
	关于做好快递员群体合法权益保障工作的实施方案(哈邮管〔2022〕8号)
阿勒泰	关于印发阿勒泰地区关于支持企业发展减税降费纾困帮扶若干举措的通知(阿行办发〔2022〕32号)
	关于印发阿勒泰地区关于加快农村寄递物流体系建设工作方案的通知(阿行办发〔2022〕34号)
	关于加快推进阿勒泰地区"快递进社区进小区"工作的通知(阿地党组通〔2022〕19号)
	阿勒泰地区快递员群体合法权益保障工作实施方案(阿地邮管〔2022〕10号)
	关于做好基层快递网点优先参加工伤保险工作的通知(阿地人社函〔2022〕17号)
	关于印发《阿勒泰地区推进基层快递网点优先参加工伤保险工作实施方案》的通知(阿地邮管〔2022〕22号)
	关于印发《阿勒泰地区工会、阿勒泰地区邮政管理局联合开展帮助快递员群体解决保障性住房、子女入学困难实施方案》的通知(阿地邮管〔2022〕34号)
	关于印发《2022年度阿勒泰地区邮政业绿色网点和绿色分拨中心建设工作实施方案》的通知(阿地邮管〔2022〕59号)
克孜勒苏柯尔克孜	关于印发《自治州加快农村寄递物流体系建设工作方案》的通知(克政办发〔2022〕6号)
	关于转发自治州邮政管理局等部门《关于做好自治州"快递员群体合法权益保障"工作方案》的通知(克政办函〔2022〕14号)
	关于印发自治州打击寄递渠道涉烟违法犯罪活动"天山利剑2022"专项行动工作方案的通知(克邮管联〔2022〕2号)
	关于做好自治州邮政快递企业员工优先参加工伤保险工作的通知(克邮管联〔2022〕5号)
阿克苏	阿克苏地区加快农村寄递物流体系建设实施方案(阿行署办〔2022〕9号)
	关于做好快递员群体合法权益保障工作的实施意见(阿邮管〔2022〕3号)
克拉玛依	克拉玛依市加快农村寄递物流体系建设的实施方案(克政办发〔2022〕43号)
	关于做好快递员群体合法权益保障工作的实施方案(克邮管〔2022〕17号)
	关于做好克拉玛依市基层快递网点优先参加工伤保险工作的通知(克邮管〔2022〕20号)
和田	关于印发《和田地区加快农村寄递物流体系建设的实施方案》的通知(和行办发〔2022〕3号)
	关于做好快递员群体合法权益保障工作的实施方案(和邮管〔2022〕13号)
塔城	塔城地区加快农村寄递物流体系建设工作方案(塔行办发〔2022〕44号)
	关于做好基层快递网点优先参加工伤保险工作的通知(塔地人社函〔2022〕17号)
	关于做好快递员群体合法权益保障工作的实施方案(塔邮管〔2022〕19号)
昌吉	昌吉州加快农村寄递物流体系建设的实施方案(昌州政办发〔2022〕62号)
	关于做好基层快递网点优先参加工伤保险工作的通知(昌邮管函〔2022〕2号)
	关于做好快递员群体合法权益保障工作的实施意见(昌邮管〔2022〕9号)
博尔塔拉蒙古	加快推动农村寄递物流体系建设若干措施(博州政办发〔2022〕60号)
	关于做好快递员群体合法权益保障工作的实施方案(博邮管〔2022〕8号)
巴音郭楞蒙古	关于印发自治州加快农村寄递物流体系建设的实施方案的通知(巴政办发〔2022〕42号)
	关于做好基层快递网点优先参加工伤保险工作的通知(巴邮管函〔2022〕11号)
	关于做好快递员群体合法权益保障工作的实施方案(巴邮管〔2022〕14号)
伊犁哈萨克	关于印发《自治州加快推进农村寄递物流体系建设工作方案》的通知(伊州政办发〔2022〕31号)
	关于转发《关于做好快递员群体合法权益保障工作的实施意见》的通知(伊邮管〔2022〕8号)
喀什	喀什地区加快农村寄递物流体系建设的实施方案
	关于做好喀什地区快递员群体合法权益保障工作的实施方案(喀邮管〔2022〕13号)

第四篇　发 展 数 据

第一章　行业发展数据

2022 年邮政行业运行情况

2022 年，邮政行业寄递业务量累计完成 1391.0 亿件，同比增长 2.7%（图 4-1）。其中，快递业务量累计完成 1105.8 亿件，同比增长 2.1%；邮政寄递服务业务量累计完成 285.2 亿件，同比增长 5.0%。

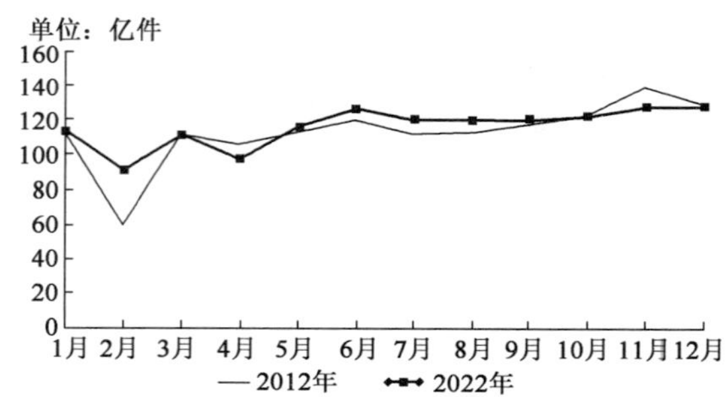

图 4-1　2021 年与 2022 年邮政行业寄递业务量情况北较

2022 年，邮政函件业务累计完成 9.4 亿件，同比下降 13.5%；包裹业务累计完成 1757.3 万件，同比下降 3.6%；报纸业务累计完成 165.6 亿份，同比增长 1.1%；杂志业务累计完成 6.9 亿份，同比增长 0.8%；汇兑业务累计完成 433.3 万笔，同比下降 32.9%。

2022 年，同城快递业务量累计完成 128.0 亿件，同比下降 9.3%；异地业务量累计完成 957.7 亿件，同比增长 4.0%；国际/港澳台业务量累计完成 20.2 亿件，同比下降 4.1%（图 4-2）。

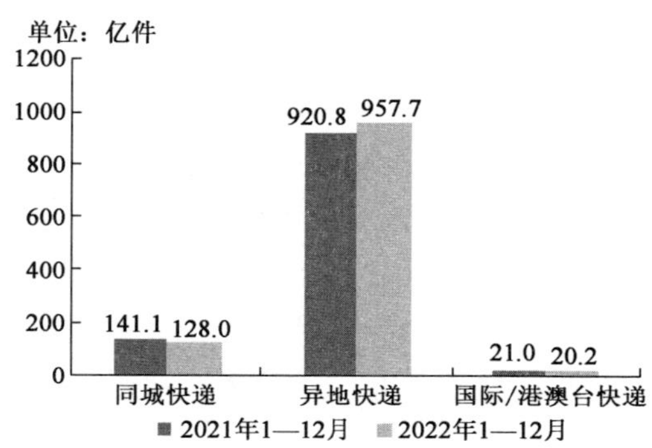

图 4-2　2021 年与 2022 年分专业快递业务量比较

2022 年，邮政行业业务收入（不包括邮政储蓄银行直接营业收入）累计完成 13509.6 亿元，同比增长 6.9%；其中，快递业务收入累计完成 10566.7 亿元，同比增长 2.3%；邮政寄递服务业务收入累计完成 383.6 亿元，同比下降 2.7%。

12 月份，邮政行业寄递业务量完成 127.9 亿件，同比下降 0.9%。其中，快递业务量完成 103.7亿件，同比增长 1.2%；邮政寄递服务业务量完成 24.2 亿件，同比下降 8.6%。

12 月份，邮政行业业务收入（不包括邮政储蓄银行直接营业收入）完成 1230.9 亿元，同比增长 21.4%；其中，快递业务收入完成 996.9 亿元，同比增长 8.6%；邮政寄递服务业务收入完成30.2 亿元，同比下降 18.9%。

2022 年，同城、异地、国际/港澳台快递业务量分别占全部快递业务量的 11.6%、86.6% 和 1.8%（图 4-3）；业务收入分别占全部快递业务收入的 6.5%、49.5% 和 11.0%（图 4-4）。与去年同期相比，同城快递业务量的比重下降 1.4 个百分点，异地快递业务量的比重上升 1.6 个百分点，国际/港澳台业务量的比重下降 0.2 个百分点。

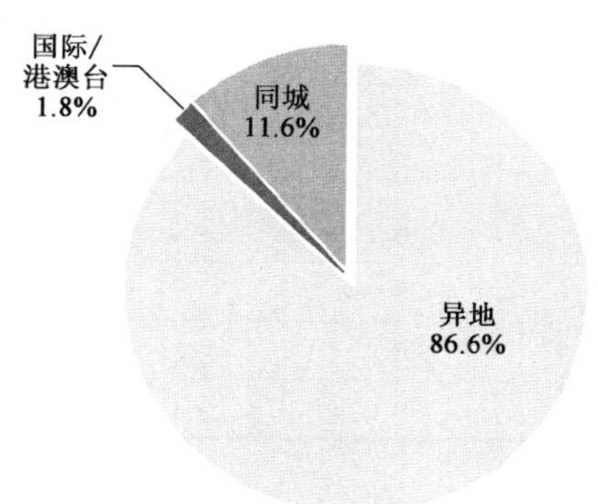

图 4-3　快递业务量结构情况

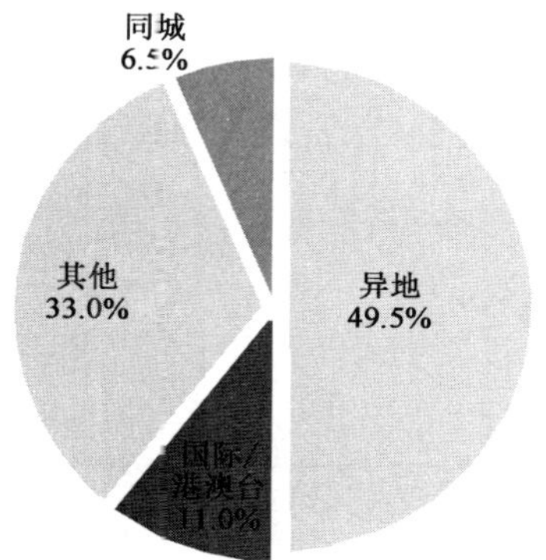

图 4-4　快递业务收入结构情况

2022 年，东、中、西部地区快递业务量比重分别为 76.8%、15.7% 和 7.5%，业务收入比重分别为 77.6%、13.4% 和 9.0%（图 4-5、图 4-6）。与去年同期相比，东部地区快递业务量比重下降 1.3 个百分点，快递业务收入比重下降 0.6 个百分点；中部地区快递业务量比重上升 1.1 个百分点，快递业务收入比重上升 0.5 个百分点；西部地区快递业务量比重上升 0.2 个百分点，快递业务收入比重上升 0.1 个百分点。

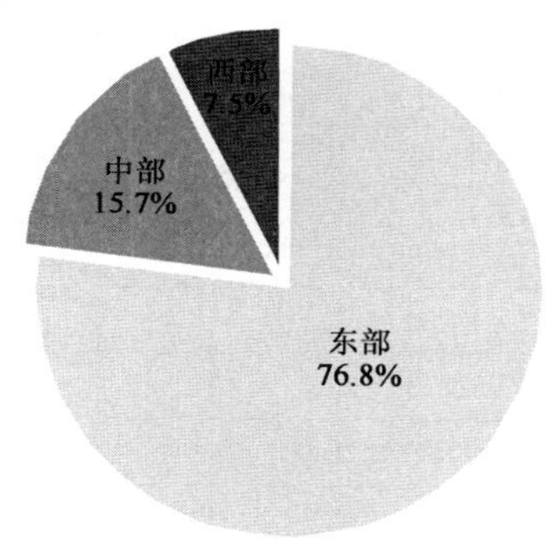

图 4-5　地区快递业务量结构情况

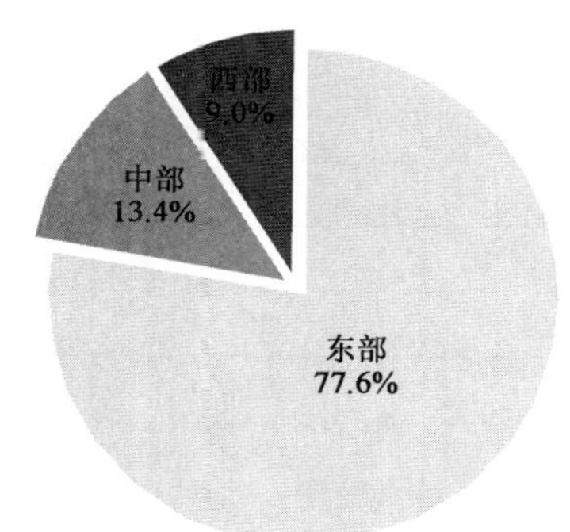

图 4-6　地区快递业务收入结构情况

2022 年，快递与包裹服务品牌集中度指数 CR8 为 84.5，较 1—11 月下降了 0.1。

2022 年，全国邮政行业发展情况见表 4-1；分省快递服务企业业务量和业务收入情况见表 4-2；快递业务量和业务收入前 50 位城市分别见表 4-3、表 4-4。

表 4-1　全国邮政行业发展情况

指标名称	单位	2022 年		比去年同期增长（%）	
		全年累计	12 月	全年累计	12 月
一、邮政行业寄递业务量	万件	13909688.6	1279006.7	2.7	-0.9
1、快递业务	万件	11058122.0	1036632.6	2.1	1.2
其中：同城	万件	1279534.7	11211[illegible].1	-9.3	-16.8
异地	万件	9576783.7	901099.2	4.0	3.3
国际/港澳台	万件	201803.5	23422.3	-4.1	33.3

续上表

指标名称	单位	2022 年		比去年同期增长(%)	
		全年累计	12 月	全年累计	12 月
2、邮政寄递服务	万件	2851566.6	242374.1	5.0	-8.6
其中:函件	万件	94062.1	8930.5	-13.5	19.3
包裹	万件	1757.3	214.2	-3.6	29.6
订销报纸累计数	万份	1656218.2	144818.2	1.1	2.0
订销杂志累计数	万份	69098.1	5602.3	0.8	0.1
汇兑	万笔	433.3	36.1	-32.9	-31.9
二、邮政行业业务收入	亿元	13509.6	1230.9	6.9	21.4
其中:快递业务	亿元	10566.7	996.9	2.3	8.6
邮政寄递服务	亿元	383.6	30.2	-2.7	-18.9

注:邮政行业业务收入中未包括邮政储蓄银行直接营业收入。

表 4-2　分省快递服务企业业务量和业务收入情况

单位	快递业务量累计（万件）	同比增长（%）	快递业务收入累计（万元）	同比增长（%）
全国	11058122.0	2.1	105667264.6	2.3
北京	195628.5	-11.5	2915532.3	-7.0
天津	121552.9	-1.5	1374733.2	-1.9
河北	526889.0	4.1	3802277.8	-5.8
山西	70585.0	-9.7	794701.5	-11.9
内蒙古	24213.5	-7.2	483439.1	-6.9
辽宁	171216.7	4.2	1689150.5	0.7
吉林	58194.0	-6.4	713756.7	-7.2
黑龙江	72638.1	20.1	895306.0	7.4
上海	285770.4	-23.6	18454342.2	7.6
江苏	871160.7	1.2	8213333.3	4.2
浙江	2290410.3	0.5	12049381.1	-4.7
安徽	353238.8	13.0	2374648.4	9.5
福建	426376.5	2.7	3548369.1	1.0
江西	182264.7	13.9	1617054.7	12.1
山东	577179.8	3.1	4518325.9	0.5
河南	445289.4	2.2	3313457.8	3.8
湖北	321241.6	19.3	2673822.6	10.8
湖南	231716.8	17.1	1786807.5	10.0
广东	3013602.8	2.3	25103048.8	2.3
广西	105450.9	2.6	1168930.0	3.7
海南	16561.0	14.2	299529.5	3.3
重庆	109176.8	11.5	1115136.6	7.8
四川	286917.5	3.1	2782040.6	3.8
贵州	49204.6	23.7	726716.0	9.0
云南	88781.8	5.5	987788.3	8.7

续上表

单位	快递业务量累计（万件）	同比增长（%）	快递业务收入累计（万元）	同比增长（%）
西藏	1219.3	-17.9	44815.9	-9.4
陕西	112826.2	0.9	1251205.8	3.4
甘肃	19588.3	6.1	381585.5	3.2
青海	3103.6	-15.8	83052.9	-17.7
宁夏	9905.9	-0.6	156235.8	1.4
新疆	16216.5	0.2	348739.4	-7.3

表 4-3 快递业务量前 50 位城市

排名	城市	快递业务量累计（万件）	排名	城市	快递业务量累计（万件）
1	金华（义乌）市	1180468.0	26	重庆市	109176.8
2	广州市	1013080.9	27	南通市	108976.7
3	深圳市	579983.0	28	无锡市	96128.1
4	揭阳市	372893.7	29	绍兴市	93581.8
5	杭州市	348459.5	30	南京市	91565.8
6	东莞市	288061.6	31	中山市	87148.9
7	上海市	285770.4	32	青岛市	80928.7
8	汕头市	245711.6	33	廊坊市	78681.3
9	苏州市	243498.4	34	西安市	77670.2
10	泉州市	210753.4	35	济南市	76856.0
11	北京市	195628.5	36	沈阳市	76502.2
12	武汉市	184599.4	37	潮州市	73854.3
13	成都市	175968.3	38	南昌市	65263.8
14	温州市	167561.7	39	湖州市	61453.7
15	佛山市	158426.2	40	商丘市	59543.4
16	郑州市	148490.1	41	福州市	56938.5
17	石家庄市	146150.0	42	宿迁市	56873.1
18	宁波市	144131.7	43	厦门市	56548.4
19	临沂市	143394.3	44	昆明市	56493.1
20	台州市	139797.4	45	惠州市	56061.7
21	长沙市	138933.5	46	邢台市	53868.8
22	合肥市	132838.1	47	徐州市	51783.0
23	保定市	127333.9	48	哈尔滨市	50070.0
24	嘉兴市	121620.6	49	南宁市	48751.4
25	天津市	121552.9	50	潍坊市	48665.1

表 4-4　快递业务收入前 50 位城市

排名	城市	快递业务收入累计（万元）	排名	城市	快递业务收入累计（万元）
1	上海市	18454342.2	26	青岛市	860261.6
2	广州市	8404275.1	27	西安市	849690.1
3	深圳市	6021671.5	28	济南市	820670.0
4	金华(义乌)市	3417986.6	29	厦门市	786009.5
5	杭州市	3355474.5	30	南通市	777943.1
6	北京市	2915532.3	31	沈阳市	749387.6
7	东莞市	2890080.3	32	中山市	739430.6
8	苏州市	2489998.4	33	台州市	732683.3
9	揭阳市	1780487.6	34	廊坊市	715626.4
10	佛山市	1743644.7	35	福州市	712439.2
11	成都市	1632977.8	36	南昌市	695776.9
12	武汉市	1591062.7	37	保定市	687072.6
13	天津市	1374733.2	38	临沂市	661319.4
14	郑州市	1311368.6	39	常州市	603783.8
15	宁波市	1303778.4	40	哈尔滨市	571578.8
16	泉州市	1252772.0	41	南宁市	555167.6
17	汕头市	1234807.6	42	昆明市	537612.1
18	重庆市	1115136.6	43	惠州市	524283.6
19	无锡市	1081282.3	44	绍兴市	507834.3
20	嘉兴市	1053403.5	45	长春市	447481.6
21	温州市	1030664.1	46	徐州市	409731.0
22	长沙市	994041.7	47	湖州市	401788.5
23	南京市	942257.9	48	大连市	370145.0
24	合肥市	920183.1	49	潍坊市	348761.9
25	石家庄市	863609.2	50	太原市	333765.5

2022 年邮政行业发展统计公报

2022 年是党和国家历史上极为重要的一年。党的二十大胜利召开，描绘了全面建设社会主义现代化国家的宏伟蓝图。邮政行业在以习近平同志为核心的党中央坚强领导下，以习近平新时代中国特色社会主义思想为指导，按照“疫情要防住、经济要稳住、发展要安全”的要求，高效统筹疫情防控和邮政快递各项工作，奋力谱写加快交通强国建设邮政新篇章，为经济社会发展作出了积极贡献。

一、业务发展情况

（一）业务规模

2022 年邮政行业寄递业务量完成 1390.9 亿件，同比增长 2.7%。其中，快递业务量完成 1105.8 亿件，同比增长 2.1%。

2022 年邮政集团函件业务量完成 9.4 亿件，同比下降 13.5%；包裹业务量完成 1757.3 万件，同比下降 3.6%；订销报纸业务完成 165.6 亿份，同比增长1.0%；订销杂志业务完成6.9亿份，同比增长0.7%；汇兑业务完成433.3万笔，同比下降32.9%。

2022年邮政行业业务收入（不包括邮政储蓄银行直接营业收入）完成13509.6亿元，同比增长6.9%。其中：快递业务收入完成10566.7亿元，同比增长2.3%。快递业务收入占行业总收入的比重为78.2%，比上年下降了3.5个百分点。

快递与包裹服务品牌集中度指数CR8为84.5。

2018－2022年邮政行业发展情况及快递业发展情况分别见图4-7、图4-8。

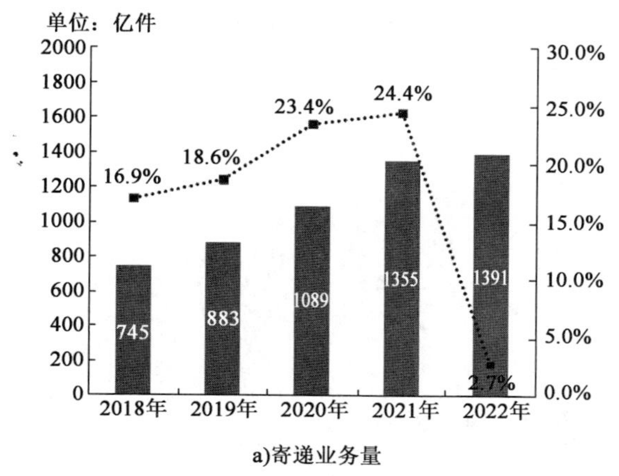

a)寄递业务量

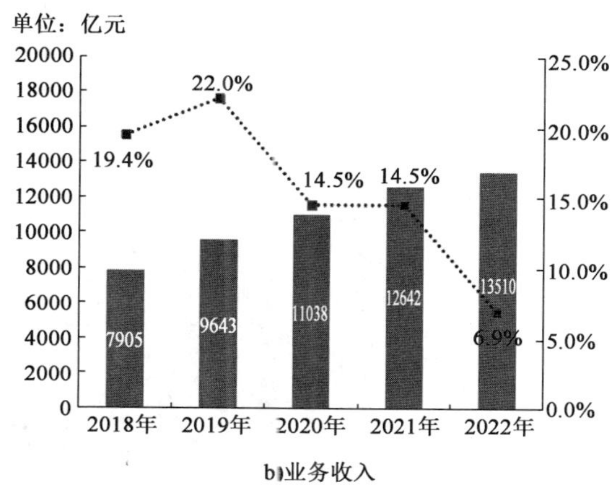

b)业务收入

图4-7 2018－2022年邮政行业发展情况

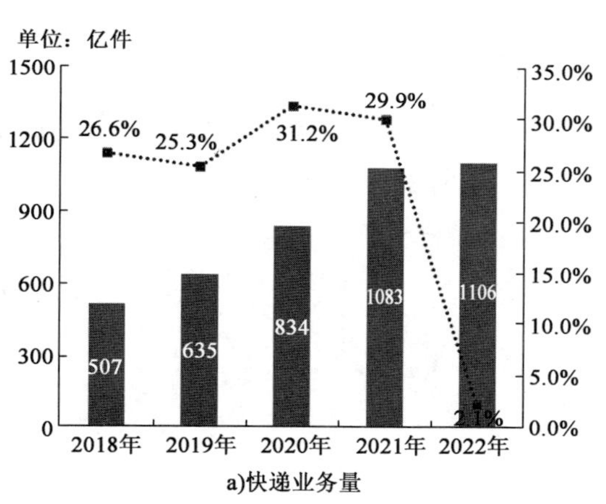

a)快递业务量

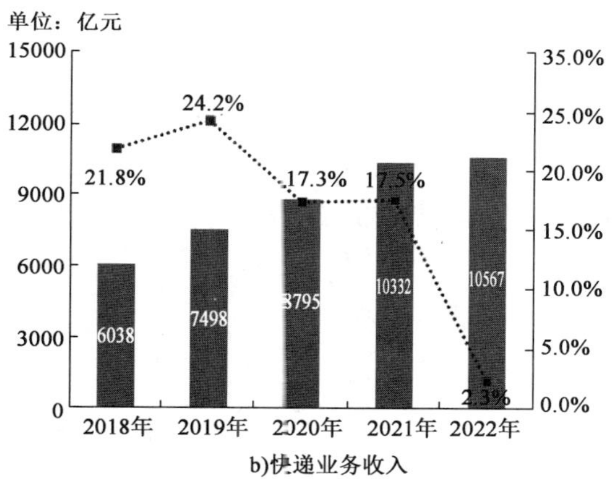

b)快递业务收入

图4-8 2018－2022年快递业务发展情况

（二）业务结构

2022年同城快递业务量完成128.0亿件，同比下降9.3%；异地快递业务量完成957.7亿件，同比增长4.0%；国际/港澳台快递业务量完成20.2亿件，同比下降4.1%。同城、异地、国际/港澳台快递业务量占全部比例分别为11.6%、86.6%和1.8%。

2022年同城快递业务收入完成684.5亿元，同比下降16.2%；异地快递业务收入完成5229.0亿元，与去年同期持平；国际/港澳台快递业务收入完成1161.1亿元，同比下降0.2%。同城、异地、国际/港澳台快递业务收入占全部比例分别为6.5%、49.5%和11.0%。

（三）区域结构

东、中、西部地区快递业务量比重分别为76.8%、15.7%和7.5%，快递业务收入比重分别为77.6%、13.4%和9.0%。东部地区完成快递业务量849.6亿件，同比增长0.4%；实现业务收入

8196.8亿元,同比增长1.5%。中部地区完成快递业务量173.5亿件,同比增长10.1%;实现业务收入1417.0亿元,同比增长6.2%。西部地区完成快递业务量82.7亿件,同比增长4.6%;实现业务收入953.0亿元,同比增长3.6%。

快递业务量排名前5位的省(区、市)依次是广东、浙江、江苏、山东和河北,其快递业务量合计占全部快递业务量的比重达到65.8%,较上年前5位占比下降0.2个百分点。快递业务收入排名前5位的省(区、市)依次是广东、上海、浙江、江苏和山东,其快递业务收入合计占全部快递业务收入的比重达到64.7%,较上年前5位占比提高0.1个百分点。

快递业务量排名前15位的城市依次是金华(义乌)、广州、深圳、揭阳、杭州、东莞、上海、汕头、苏州、泉州、北京、武汉、成都、温州和佛山(图4-9),其快递业务量合计占全部快递业务量的比重达到51.1%。

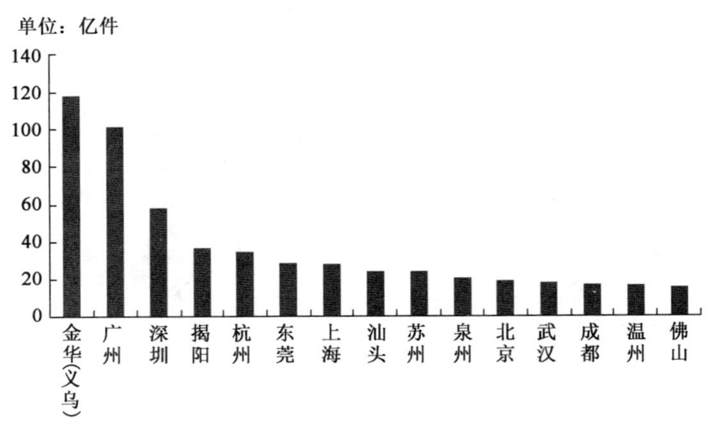

图4-9　快递业务量前15位的城市

快递业务收入排名前15位的城市依次是上海、广州、深圳、金华(义乌)、杭州、北京、东莞、苏州、揭阳、佛山、成都、武汉、天津、郑州和宁波(图4-10),其快递业务收入合计占全部快递业务收入的比重达到55.5%。

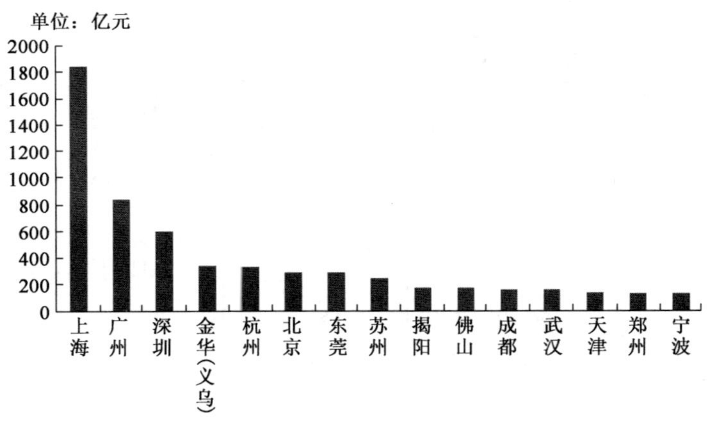

图4-10　快递业务收入前15位城市

二、通信能力和服务水平

(一)机构设备

全行业拥有各类营业网点43.4万处,比上年末增加2.1万处,其中设在农村的11.7万处,比上年末增加0.1万处。快递服务营业网点23.1万处,比上年末增加0.3万处,其中设在农村的7.6万处,比上年末增加0.1万处。

全国拥有邮政信筒信箱9.2万个,比上年末减少0.3万个。全国拥有邮政报刊亭0.8万处,比上年末减少0.1万处。

全行业拥有国内快递专用货机161架,比上年末增加19架。全行业拥有汽车36.8万辆,比上年末增加1.9万辆,其中快递服务汽车26.5万辆,比上年末增加1.4万辆。

(二)通信网路

全国邮政邮路总条数4.4万条,比上年末减少0.2万条。邮路总长度(单程)1142.5万公里,比上年末减少50.3万公里。全国邮政农村投递路线10.4万条,比上年末减少0.1万条;农村投递路线长度(单程)414.7万公里,比上年末减少0.9万公里。全国邮政城市投递路线11.9万条,比上年末增加0.4万条;城市投递路线长度(单程)237.5万公里,比上年末增加3.6万公里。全国快递服务网路条数21.2万条,比上年末增加1.2万条。快递服务网路长度(单程)4870.4万公里,比上年末增加564.8万公里。

(三)服务能力

全行业平均每一营业网点服务面积为22.1平方公里;平均每一营业网点服务人口为0.3万人。邮政公司城区每日平均投递2次,农村每周平均投递5次。全国年人均函件量为0.7件,每百人订有报刊量为7.6份,年人均快递使用量为78.3件。年人均用邮支出956.9元,年人均快递支出748.5元(图4-11)。

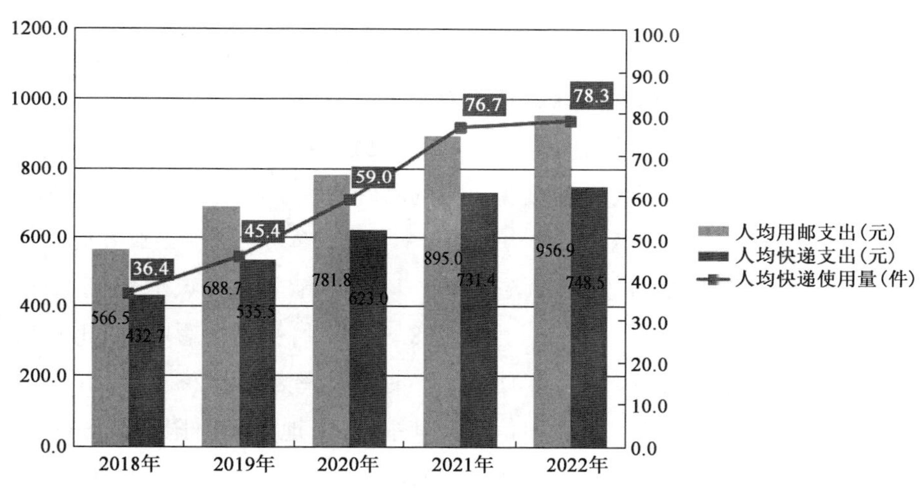

图4-11 2018—2022年人均用邮支出、快递支出和快递使用量情况

备注:

1.本公报中邮政集团业务、通信能力和服务水平有关数据来自年报,其他数据为月报统计数据。

2.各项统计数据未包括香港和澳门特别行政区及台湾省。

3.部分数据因四舍五入的原因,存在着与分项合计不等的情况。

4.全国人口数据来自国家统计局《中华人民共和国2022年国民经济和社会发展统计公报》。

第二章　快递服务满意度及时限准时率数据

国家邮政局关于2022年快递服务满意度调查和时限准时率测试结果的通告

为加强快递服务质量监测，客观反映企业服务水平，促进快递业提升发展质效，国家邮政局组织第三方机构分别对2022年快递服务满意度、全国重点地区时限准时率进行了调查和测试。现将有关情况通告如下：

一、基本情况

2022年监测对象包括9家快递服务品牌，具体为：邮政速递、顺丰速运、中通快递、圆通速递、韵达速递、申通快递、京东快递、德邦快递和极兔速递。

调查范围覆盖50个城市，包括各直辖市、省会城市和19个快递业务量较大的城市。

满意度调查采用在线调查方式，由2022年使用快递服务的用户对受理、揽收、投递、售后和信息5个方面进行满意度评价，共获得有效样本10万个。时限测试采用系统数据抽样方式，业务范围为国内异地快件，共获得有效样本811万个。

二、调查结果

（一）快递服务满意度

调查显示，2022年快递服务公众满意度得分为83.4分，同比微降0.3分。在5项二级指标中，受理服务、揽收服务、售后服务得分分别为89.1分、88.3分、74.5分，同比分别上升0.1分、0.5分、2.0分；投递服务、信息服务得分分别为84.4分、83.7分，同比分别下降0.7分、3.1分。

受疫情影响，虽然个别指标有所下降，但快递服务发挥连通线上线下功能，有效满足人民群众对生活物资、医疗物资等现实需求，赢得了广大用户更多的包容、理解和认可。第三方机构2022年8月对10种商业服务的满意度调查结果显示，快递服务得分为81.1分，排名第二。

2022年快递服务公众满意度得分排名前3位的品牌为顺丰速运、京东快递、邮政速递。

（二）重点地区快递服务时限

2022年全国重点地区快递服务全程时限为58.82小时，受疫情影响，同比延长1.74小时；72小时准时率为77.82%，同比下降0.12个百分点。其中，寄出地处理时限为7.56小时，寄达地处理时限为10.76小时，基本保持了2021年时效水平。

在疫情影响相对较小的第三季度，快递服务全程时限为56.74小时，同比缩短1.47小时，较第二季度缩短6.23小时；72小时准时率为80.39%，同比提高2.10个百分点，较第二季度提高6.82个百分点。

国家邮政局

2023年4月6日

第五篇　人 才 建 设

第一章　2022 年快递人才队伍建设概述

2022 年国家邮政局坚持以习近平新时代中国特色社会主义思想为指导,认真贯彻党的二十大精神和中央人才工作会议精神,坚持党管干部、党管人才,补短板、强弱项,聚焦目标任务重点发力,不断推进人才工作取得新成效。

一、持续加强党对人才工作的全面领导

1. 认真学习贯彻党的二十大精神。局党组坚持把学习宣传贯彻党的二十大精神作为当前和今后一个时期的首要政治任务,落实党组会创新理论学习第一议题制度,采取党组会、办公会、党组理论中心组、专题研讨班等形式深入学习领会党的二十大精神,全面深化对"教育、科技、人才是全面建设社会主义现代化国家的基础性、战略性支撑""必须坚持科技是第一生产力、人才是第一资源、创新是第一动力""科教兴国战略、人才强国战略、创新驱动发展战略"和"为党育人、为国育才"等方面认识,不断统一思想和行动。

2. 坚持党管人才原则。积极发挥党在人才工作中的领导核心作用,推动习近平总书记关于人才工作的重要指示批示精神在邮政快递行业落地生根。2022 年 3 月、8 月两次召开全国邮政行业人才工作领导小组会议,总结人才工作、研究部署任务、推动调度重点工作。印发《国家邮政局 2022 年人才工作要点》,明确分工、细化目标、压实责任。将行业人才重点工作开展情况纳入省局领导班子年度考核指标,定期通报情况、编发重点信息、加强工作调度,推动人才重点工作落地落实。

3. 注重加强顶层设计。落实中央人才工作会议精神,衔接人力资源社会保障部等四部委《"十四五"职业技能培训规划》和"技能中国行动"有关要求,联合人力资源社会保障部印发《邮政快递业职业技能提升工程实施方案》,为"十四五"期间行业技能人才队伍建设谋篇布局。甘肃局、浙江局、湖南局、江苏、广西局等省局,也结合实际联合省人社部门印发本地实施方案。

二、不断提升技能人才素质、夯实发展基础

4. 推动职业技能提升。把"加大行业人才培养力度"纳入 2022 年邮政快递业更贴近民生七件实事。持续开展职业技能培训,年度开展培训 57.7 万人次,其中政府补贴性培训 33.6 万人次。结合行业所需,开展 3918 人次邮件快件安检员和应急管理线上培训,积极推动"绿盾"工程各系统和监控中心常态化、规范化应用。江西省邮政行业职业技能竞赛首次作为一类赛事入选全省"天工杯"劳动和技能竞赛,内蒙古快递员、快件处理员技能比赛被列为 2022 年自治区职工职业技能 A 类赛工种,重庆局和市人社局共同主

办“巴渝工匠”杯重庆市首届邮政快递业职业技能竞赛，各地以赛促学、以赛促训、以赛促用的行业技能人才培养机制不断完善。快递员群体的荣誉感、归属感不断增强。

5. 丰富职业和标准体系。申报的国际快递业务师、快递站点管理师、快递设备运维师3个新职业（工种）纳入《中华人民共和国职业分类大典》（2022年版）。联合人力资源社会保障部共同颁布安检员（邮件快件安检员）国家职业技能标准。支持中国邮政集团有限公司推荐报刊业务员、集邮业务员、邮政市场业务员3个企业职业标准申报国家职业技能标准。

6. 推进技能评价体系建设。行业职业技能评价体系建设取得新突破，推荐的全国性行业职业技能等级评价机构［国邮创展（北京）人力资源有限公司］获批预备案，首批申报的分支机构中广东邮电职业技术学院通过属地人社部门评审。在江苏、广东、上海、浙江、山西、福建、甘肃等省份，可自主开展评价的快递企业、可面向行业开展评价的社会评价组织持续增加。推动相关院校参加教育部“学历证书＋职业技能等级证书”（“1＋X”证书）制度试点，年度共有3000余名学生参加快递运营管理证书考试。

三、有序推进专业人才工作

7. 持续开展职称评审。推动31个省（区、市）开展快递工程技术人员职称评审，年度通过评审5244人次，全国快递专业技术职称评审渠道全部打通。

8. 强化国际化人才培养。协调驻日内瓦代表团大使与万国邮联总局长会谈，组织召开局领导与万国邮联总局长视频会晤，积极为国际人才推送做工作。召开2022年国际邮政组织职员（中国）视频座谈会，围绕深入参与全球邮联治理和抢抓RCEP重大机遇听取意见建议。组织开展国际邮政组织空缺岗位摸底调研，研究提出推送目标。完善工作机制，推动国际邮政组织人才库建设。完成国际组织相关岗位派员工作。组织20名青年人才参加2022年度亚太邮联培训。

9. 加强其他专业人才建设。积极开展推先推优，遴选推荐的15名人员获评2022年度交通运输青年科技英才。委托有关部门对局所属单位17名人员开展职称评审，已有3人获评初级职称、2人获中级职称、2人获高级职称。注重加强新闻宣传人才队伍建设。积极推荐有关人员参加中国青年科技奖、中国青年女科学家奖等人才评选。

四、稳步提升系统干部队伍工作

10. 加强领导班子和干部队伍建设。开展《2019—2023年全国党政领导班子建设规划纲要》实施情况中期评估。完善局管干部政治素质日常纪实档案，将干部健康状况纳入考察范畴。对领导班子建设、领导干部选用等相关制度进行制修订。注重选优配强正职，统筹推进副职配备。调整补充18个领导班子，提任正职4名、副职7名，平职交流8名。选调15名干部到局机关学习锻炼，选派4名干部参与定点帮扶、博士服务团和信访工作。加强公务员队伍建设，多措并举推动省局系统公务员编配率接近95%，不断增强整体质量。

11. 强化干部教育管理监督。制定国家局年度培训计划，推动系统干部培训，统筹安排干部调训。举办处级干部学习贯彻党的十九届六中全会精神暨任职培训示范班。组织处级以上领导干部参加中网院《习近平谈治国理政》第四卷导读专栏、党的二十大精神网上专题班学习。完成系统公务员年度考核，协调提高优秀比例。推荐新疆局玉素甫·艾力获全国“人民满意的公务员”称号；推荐湖北襄阳局李娓涵获全国行政执法先进个人表彰。制定《中共国家邮政局党组关于加强对

"一把手"和领导班子监督的若干措施》等制度，加强制度建设，强化制度执行。抓好领导干部个人事项报告，依纪依规处理举报申诉。

五、不断深化校企合作产教融合

12. 推动行业吸纳就业。认真落实党中央、国务院"稳就业""保就业"决策部署，联合教育部印发通知，开展邮政快递业面向高校毕业生网络招聘活动。活动期间行业企业为高校毕业生提供就业岗位3.9万余个。

13. 强化共建合作机制。指导北京邮电大学现代邮政学院举办第四届"强邮论坛"，北京邮电大学邮政工程、邮政管理两个本科专业获批北京市级一流本科专业建设点。支持重庆邮电大学现代邮政学院举办2022年中欧班列沿线国家跨境电商与邮政快递业合作高级研修班，为来自亚洲、非洲等20个国家培训学员66名。开展第四批全国邮政行业人才培养基地遴选，新增9所合作院校。完成邮政行业人才发展有关课题结题。组织开展第三届邮政行业技术研发中心认定工作。

14. 积极发挥行指委和相关专家平台作用。加强全国邮政快递职业教育教学指导委员会建设，召开换届成立大会，制定年度工作要点、2021—2025年工作规划，修订行指委章程；组织邮政快递职业教育教学研讨交流活动；开展邮政快递相关专业简介和教学标准制修订工作；配合完成全国技工院校专业目录邮政快递类专业内容修订；指导开展第三届全国邮政行业职业教育快递技能大赛；推荐的3项职业教育教学成果（石家庄邮电职业技术学院等单位"面向邮政行业的高职院校'五位一体'职业培训开发模式研究与实践"、江苏经贸职业技术学院等单位"快递物流'一基地三同步五融合'人才培养模式探索与实践"、青岛酒店管理职业技术学院等单位"大中台、模块化：快递职业教育与培训数字化融合体系的创建与实践"）入选国家级教学成果奖推荐成果公示名单；推荐的3门职业教育课程（石家庄邮电职业技术学院"邮政业务与管理"、江苏经贸职业技术学院"现代物流管理概论"、淄博职业学院"快递分拨中心运营实务"）入选2022年职业教育国家在线精品课程名单。发挥邮政业科技创新战略联盟作用，组织科技交流4次，对接服务企业100余次，组织联盟成员参加重大专项攻关和试点应用。积极发挥相关教育培训在线平台作用，职鉴中心、发展研究中心线上培训行业从业人员2000余名。

15. 组织举办创新创业大赛。完成第六届全国"互联网+"快递业创新创业大赛总决赛，来自全国28个省（区、市）116个参赛单位的257件作品入围，评选出金奖8名、银奖13名、铜奖26名。举办第七届双创大赛，围绕创新产品设计、工作流程优化、创业计划实施等方面内容，共收到院校、企业作品267件，拟于近期举办总决赛。持续举办的双创大赛，不断激发了在校大学生及邮政快递业人才创新创业热情，已经成为当代青年贴近邮政快递领域，在创新创业实践中发明创造、增长才干的孵化器。

六、持续优化人才发展环境

16. 健全完善制度保障体系。推动7部门关于做好快递员群体合法权益保障工作的意见、人社部国家局关于推进基层快递网点优先参加工伤保险工作的通知，在31个省（区、市）全部落实落地。推广快递企业末端派费核算指引，在试点的基础上全面实施。指导中国邮政快递报社开展快递业（揽投岗）工资收入水平和权益保障情况调查，形成调查报告。指导中国快递协会研究制定《快递员劳动定额》标准，并在吉林、江西、山东、陕西4省开展试点。

17. 积极选树和宣传先进典型。经党中央批准，国家局组织开展全国邮政机要通信工作先进集体、先进个人评选表彰活动，共有50个集体、30名个人获得先进称号。组织开展"五一”劳动节行业优秀人才走访慰问宣传活动、第五届“寻找最美快递员”活动。全行业3人获“中国青年五四奖章”、16人获“全国五一劳动奖章(状)”、11个集体获“全国工人先锋号”、7人获“21届全国青年岗位能手”、10人(集体)获“两红两优”等荣誉。《中国邮政快递报》持续关注行业人才培养工作,刊发相关报道60余篇。《快递》杂志开设相关栏目,对行业先进典型进行宣传。国家局网站编发行业人才建设、小哥权益维护等相关报道1160余篇。

18. 扎实开展关心关爱活动。深入开展关爱快递员“暖蜂行动”,联合共青团中央开展2022年度“快递从业青年服务月”,围绕“618”“双11”节点为快递员群体夏送清凉、冬送温暖。各地共开展慰问快递小哥活动6400余场,新出台关心关爱快递员政策措施和新签署合作协议850余项,新建各类爱心服务阵地3万余家。指导健全完善集体协商机制、工作联席会议机制,协调多方资源,推动解决快递员群体“急难愁盼”问题,各地为快递员新增解决公租房3500余套,组织快递员免费体检和义诊26万余人次。依托相关平台,为快递员群体提供劳动权益、职场适应、心理健康等内容的法律和心理援助10万余人次。

第二章 2022年企业人才培养特色举措

2022年,是党和国家历史上极为重要的一年。党的二十大胜利召开,擘画了全面建设社会主义现代化国家、以中国式现代化全面推进中华民族伟大复兴的宏伟蓝图,吹响了奋进新征程的时代号角。这一年,各主要快递企业也结合自身特点,通过特色举措,全面推进快递人才培养。

一、顺丰速运:以人才驱动业务

顺丰致力于营造公平、公正、公开的人才环境,建设“自我造血”的人才机制和精英化的人才队伍,形成健康、可持续的人才供应链,支撑顺丰的快速成长和未来竞争优势,以人才驱动业务,助力顺丰成为全球优秀人才追求卓越、实现理想和引以为傲的事业平台。

顺丰构建科学、全面的人才管理体系,制定清晰的人才发展路径,同时不断提升员工的职业素养和能力,为员工提供良好的成长环境和广阔的发展平台,助力员工实现职业梦想,创造职业价值。

2022年,顺丰对《人才管理制度》进行了两次修订,结合企业愿景和“球队文化”组织特性,更新用人理念与管理者责任,同时新增了关键人才规划、人才标准构建等模块,并结合绩效政策,更新晋升管理制度。

顺丰重视员工职业发展,基于“竞争、激励、淘汰”用人理念,落实“双价”用人标准,促进符合价值观要求、具备使命感、持续优秀的人才浮出并发展。顺丰在《人才管理制度》中,明确规定了晋升原则和不同类别员工的晋升要求,强调人岗匹配和价值贡献。对于价值贡献突出的员工给予更多发展机会,并将学习、激励等资源进行倾斜。

2022年,顺丰持续完善管理和专业发展双通道成长机制,为员工提供良好的发展平台:通过管理发展通道,让具备一定管理能力的员工参与企业运营管理;通过专业发展通道,让技术类员工通过不断提升个人技能,积累专业经验,成为各领域专家。

顺丰秉持“人才是第一生产力”的理念,持续高度关注员工的成长和发展。2022年培训以全面推进人才队伍精益运营为核心:夯实“一个蓄水池”,从源头提升质量,加强对入职大学生的培养管理;聚焦“两条赛道”,升级管理队伍与专业队伍的管理体系;从端到端完善“三个底盘”,提供人才管理全流程的工具、流程、制度支持,打造可持续的人才生态,支撑业务发展需要。

顺丰鼓励所有在职员工参加学历教育与技能认证,并为其提供费用报销等支持,帮助员工实现自我发展。所有符合条件的员工均可选择自学考试、成人高考等方式进行在职学历提升。顺丰积极与高等院校开展校企合作,帮助员工进行学历提升。针对技能提升,顺丰制定了《顺丰集团职业技能等级认证实施方案》,规范技能认证机制,将叉车作业操作资格证书、人力资源管理师资格证书、PMP项目管理资格证书等多种证书纳入认证范围,助推员工个人长远发展。截至2022年底,顺丰组织开展收派员、仓管员、运作员等超11209人的技能证书认定。

二、中通快递:以人为本,同心筑梦

中通快递珍视每一位员工的努力与付出。公司秉持着“人才就是硬实力”的人才理念,不断完善员工权益保障机制,营造健康、平等、包容的工作和生活氛围,支持员工成长,为员工提供暖心的关爱福利，保证企业稳定持久发展，与员工共同进步。

在落实员工权益保障方面，中通快递秉承“同建共享、信任责任、创新与企业家精神”的核心价值观，严格落实员工权益保障工作，切实维护员工合法权益，注重提升员工的归属感和幸福感，构筑员工可信赖的温馨家园，与员工共享发展成果。员工劳动合同签订率100%，五险一金缴纳覆盖率100%。

中通快递构筑全方位的人权保障体系，严格遵守《中华人民共和国劳动法》《中华人民共和国劳动合同法》《中华人民共和国未成年人保护法》《国际劳工组织公约》等法律法规，以提倡平等、民主协商为基础原则，制定了《员工管理制度》《招聘管理制度》等内部规章制度，严令禁止雇佣童工与强制劳工，确保聘用的员工均达到合法工作年龄；同时，注重多样性与包容性，反对歧视、保障女性权益、禁止暴力与骚扰，若发生相关问题，会依据相应管理制度进行处理，确保员工不因性别、年龄、国籍、种族、宗教信仰、家庭与健康状况等因素而受到区别对待，把尊重和保障人权贯穿运营的各个环节。此外，公司还设立举报邮箱和电话热线，鼓励员工对侵犯人权和非法用工的事件及时向相关部门等进行举报投诉。

中通快递不断修订与完善《招聘管理制度》《面试官认证管理办法》《培训管理办法》《员工晋升管理办法》《集团表彰奖励管理办法》《福利管理制度》等内部规章制度，对背景调查、转正留任、职位晋升、人才画像等模块明确，以“公平、效率、竞争、结果”为原则，通过线上化、体系化、标准化的面试方法，保障招聘科学有效。在招聘渠道方面，公司通过内部推荐、内部竞聘、外部招聘等方式，积极开展多样化的招聘活动，为公司吸引更多优秀人才。

中通快递开展“不屈一格降人才”项目，重点面向基层各个中心和网点进行人才选拔。公司致力于为全体员工提供平等的职业发展机会，激励各个领域、各个层级的员工勇敢展现自我，让有能力、有担当、有潜力的人才被看见，而公司竭尽所能为员工提供施展才华的平台，与员工共同创造长期价值。

在民主管理方面，中通快递注重员工交流，建立广泛、有效的员工沟通机制，通过员工座谈会、心声面对面活动、沟通邮箱与热线、日常反馈等方式，积极了解员工的建议并及时解决员工关心的热点、难点问题，形成全员参与的民主管理格局，提升了员工的主人翁意识。此外，公司还充分保障员工的自由结社权，员工可依照法定程序组织或参加具有持续性的社会团体。公司开展员工满意度调查，持续倾听和回应员工的心声，致力于为员工打造幸福、满意的工作环境。

中通快递设立工会，严格遵循《中华人民共和国劳动法》《中华人民共和国劳动合同法》《上海市集体合同条例》等法律法规，连接员工与管理层，促进企业可持续发展。2022年，公司工会召开了第四届职工代表大会，新签订《工资专项集体合同》，对薪酬、工作时间、女性员工特殊保护等事宜进行优化更新。

在员工多元化方面，中通快递致力于建设开放、多元、包容的企业文化和工作环境。公司设立女性员工专项保护合同，全方位保障女性员工权益，并尊重不同文化、民族背景员工的习俗。此外，公司还积极为退役军人、残疾人创造工作机会，打造开放并富有责任感的人才队伍。截至2022年底，女性员工占员工总数的35.95%，管理职位中（组长级及以上）女性员工占比36.63%，高级管理者中女性员工占比为17.95%，初级管理者中女性员工比例44%，在创收职能部门担任管理职务的女性占所有此类管理人员的比例为31%，STEM相关职位中女性员工比例为23%，少数民族员工占比为5.52%，外籍员工占比为4.18%。

在快递员权益保障方面，中通快递遵循交通运输部、人力资源社会保障部等多个部门联合发布的《关于做好快递员群体合法权益保障工作的意见》，通过快递员派费直链、末端App直接结算等方式，保障为快递员提供及时且合理的劳动报酬。公司专项部门“蓝蜂项目部”从劳动就业、社会保险、医疗卫生、职业培训等方面建立健全快递员权益保障体系，筑牢快递员权益保护屏障；开展多场快递员权益保障恳谈会、董事长慰问等活动，了解快递员诉求，细化解决方案并持续跟进，稳定快递员收入，提升快递员的归属感和幸福感。

此外，中通快递相信保障员工安全是确保企业高质量发展的重要支撑。因此，公司坚守生命至上、健康珍贵，坚持安全和发展并重，做到发展和安全互为条件，彼此支撑，扎实推进安全管理体系，明确职业安全管理目标，有效识别安全风险，使员工安全有保障、工作体面有尊严。

在助力员工成长方面，中通快递员工提供成长和施展才华的平台，有计划、有针对性地进行人才培养，开展多元化的培训课程，拓展员工学习渠道，激发员工潜力、提升员工专业能力、携手员工共同成长。中通快递高度重视员工的发展，不断优化《员工晋升管理制度》等管理制度，致力于为员工打造明确、清晰、符合自身意愿和专长的职业发展路径；定期对所有员工进行与职业发展相一致的绩效评估，鼓励各个部门识别、选拔、培养有潜力的优秀人才，为其提供切实的支持和挑战的机会，鼓励他们承担更重的责任；同时，为所有员工提供开放多元的选择机会，激发员工自主能动性，持续学习进步，支持其获得与付出相匹配的职级和薪资。

以员工培训为例，为帮助员工更好地挖掘自身潜力，持续成长成才，公司制定《培训管理制度》《管理培训生培养方案》等内部管理制度，围绕“全面赋能、开拓创新”，定期开展全面且有针对性的培训课程。公司拓展学习渠道，开展线上、线下结合形式多样的培训活动，帮助员工更灵活、更自主地学习，营造不断进取、充满活力的工作氛围，持续提升员工学以致用的能力，在学习中再创造，实现自我价值。

中通快递珍视每一位员工，愿与员工共创和谐，共谋发展。公司关爱员工，实实在在为员工考虑，踏踏实实为员工办事。公司把每一位员工都视作“家人”，用心关怀彼此，想员工之所想，急员工之所急，办员工之所盼，互相付出，互相成就，推动中通基业长青。

中通快递持续完善员工薪酬福利与关爱保障体系，遵循“多劳多得、优劳优得、同工同酬”原则，通过不断优化绩效管理，持续完善员工绩效激励机制，建立科学、公平的薪酬分配和富有竞争力的薪酬保障。此外，除五险一金、法定节假日等法律规定的基本福利外，公司还设立了工龄奖、带薪家庭假、亲情1+1、教育培训补贴等，并为员工提供班车、住房政策、专属户籍服务、哺乳室和员工子女托管班，全方位提升员工的获得感和幸福感。

此外，中通快递坚持“以人为本”，开展丰富多彩的员工活动，打造“家”文化，提升员工的归属感和幸福感，营造充满健康的工作和生活氛围，传递中通快递的关心与爱。

三、圆通速递：提高职业技能，保障发展空间

2022年，在严守属地疫情防控政策的前提下，圆通全网累计组织各类培训4000余场，参训人数13万余人次，其中总部层面开展线上、线下培训近100场5000多人，项目覆盖新员工培训、多层级领导力培训、兼职讲师培训、管培生培训、业务条线负责人轮训、隔离期间线上学习等项目，依法保障了企业员工接受职业技能培训的权利，提高企业员工的职业技能，保障员工的职业发展空间，为创建和谐劳动关系奠定基础。

四、申通快递：共享发展成果，努力打造幸福申通

企业的竞争终归是人才的

竞争。申通快递一直坚信人才是第一生产力，始终将员工自身利益和发展放在企业发展的第一位，倡导并遵循“以人为本”的价值理念，从生活、情感和成长环节关爱和善待员工，为员工构建价值实现的平台，共享发展成果，努力打造幸福申通，成就幸福申通人。

1. 创新人才战略，优化培养体系

打造校招生专属人才培养体系，实现人才结构和人才厚度的双重优化，确定“校招高潜人才”作为核心人才战略，为公司未来发展带来更多的创新和可能性。截至2022年底，申通快递集团直管人员平均年龄为30.2岁，40岁以下员工占比达到92.6%；本科及以上学历员工占比为67.4%。

2. 加强人才激励，凝聚团队战斗力

为了凝聚核心骨干、增强员工信心、加强公司目标与个人目标绑定以及推动公司长远可持续发展，公司于2022年推出了第一期员工持股计划，该激励计划的推出取得了积极的成效。2022年底公司启动新一轮股份回购计划，截至2023年3月30日，公司此次股份回购方案已实施完毕，累计回购股份490.07万股，回购金额4996万元，此次回购股份主要用于股权激励或员工持股计划，重点激励优秀人才，调动其积极性，促进公司业绩考核目标的达成，增强公司核心竞争力。

在人才激励的同时，公司也高度重视核心人才的培养，公司将在2022年培训体系基础之上，持续深化核心岗位人才储备机制；持续开展一线人才梯队的培养、选拔与任用；建设全网培训平台（夜校模式）针对性地提升员工专业知识、职业技能及职业素养，培养说到做到、能上能下的申通人，在关键岗位上持续输出高质量人才，在公司层面上凝聚一群充满战斗力的职业化队伍。

3. 开展多项培训，打造人才梯队

为支持公司的高速发展和战略达成，持续打造申通人才梯队，构建企业人才库，不断提升企业核心竞争力，公司2022年的培训工作主要围绕“正道经营”理念传播、“管理能力培养”“新员工培训”及“末端能力建设”开展，累计参训5000余人次，全面覆盖公司各个层级。

（1）“正道经营”理念传播

2022年，公司通过“申通之声”官方微信公众号、今日头条频道等渠道宣传“正道经营”理念，倡导员工及合作伙伴等之间都能合法、诚信和正直地开展工作与业务，共同营造公正、透明、开放、健康的商业环境。同时，公司内部通过《申通快递商业行为准则》等系列制度的发布及更迭，持续向员工宣贯公司廉洁文化，倡导每个申通员工都能依《申通快递商业行为准则》提倡的方式行事，努力推动全体员工对诚信文化达成共识，形成风清气正的企业氛围。

（2）管理能力培养

中高层领导力培养：聚焦公司战略、业务和申通管理理念，通过专业领导力课程讲授、沙盘实操、引进商业领导力课程等方式，多维提升关键人才领导力和行业视野，2022年度开展7场培训，累计培训189人次。

一线人才梯队建设与能力提升：一线经理岗位的储备是公司不可或缺的中坚力量，公司给予其高度关注，为使优秀员工在公司实现自我价值，同时满足申通转运体系对自动化设备、系统化运营、数智化管理方面的人才需求，公司持续开展“转运中心储备经理培养”项目，2022年度共计开展2期培训，共计培养人数29人次。

（3）新员工培训

百年申通社招新人培训：为使新员工快速了解快递行业，适应组织环境，融入并认同企业文化及价值观，加强新员工彼此的链接，2022年度，公司共开展10场总部/省区社招新人培训，累计培训377人次。通过开展“高管对话”“企业发展史”“快递业务全链路课程”“廉政及信息安全”等课程内容，辅以“转运中心及网点公司实际操作”，使新员工加深对行业的认知，并通过

"头脑风暴""团队共创"等环节使新员工实现课程学习和实际操作的自我内化,达到新员工进入并快速融入组织的效果。

新申力量校招培养:校招生作为公司人才建设的关键组成部分,公司给予了高度的重视,在价值融入、职业素养、专业体系、心智心力、思维模式、管理基因等方面多元化培养校招生,辅以师兄带教、定期回炉集训等,给予校招生体系化培养。2022年度,共完成校招生一线实操历练累计108人次,线下培训110人次,持续助力申通自有人才梯队建设。

(4)末端能力建设

末端网点能力建设:申通人才发展目标始终紧扣公司发展战略,全面贯彻落实总部—省区—网点三位一体,持续为网点提升网络服务质量、提升运营效率和盈利能力赋能。2022年,公司启用线上学习平台进行知识与制度透传,累计开展与末端建设相关的培训6场,覆盖3531人次,持续提升网点的专业能力和服务能力。

4. 丰富文化生活,建设活力申通

申通快递通过建立"十大"兴趣派,组织运动会、健康义诊等活动,鼓励员工更好地平衡工作和生活,形成企业真诚关爱员工、员工关心企业发展的和谐氛围。

五、韵达速递:共创、共赢、共享

人才是企业发展的第一宝贵财富,优秀的企业文化是凝聚员工向心力、激发创造力的粘合剂、催化剂。公司深刻理解企业与员工、加盟商"共创、共赢、共享"的发展关系,构筑符合人性朴素需求的企业文化。

"用一贤人,则群贤毕至"。在发展战略指引下,公司持续搭建覆盖快递核心主业及供应链、国际等业务的、面向未来的多层次人才梯队。为丰富激励机制、构筑符合人性朴素需求的企业文化,公司以嫁接周边优势资源、推动新业务为契机,积极探索"众创合伙人机制",让合伙人为公司、同时为自己创造价值,共襄"事业共同体"的共同梦想;同时,深化省总负责制,实行业务单元负责制。

韵达结合人社部三年技能提升行动和国家邮政局"十四五"人才建设规划,聚焦公司关键人才培养和职业技能人才认证,不断建强韵达管理人才队伍、提升技能人才水平、夯实服务质量基石。在做好员工的培训赋能的基础上,推动员工与公司共建、共创、共享、共荣。目前已经形成5类管理类人才、9大专业技术类人才蓄水池。2022年,公司组织2022年度供应链管理师(三级)直接认定综合评审,这是行业内首次自主开展"高级供应链管理师"资格认定,对于区域内和行业内技能人才的培养选拔和技能人才队伍建设具有积极的示范意义。

第六篇　市 场 主 体

第一章　2022 年快递市场主体发展情况综述

2022 年，是邮政管理系统和邮政快递业历史上极不平凡的一年，全系统全行业坚持以习近平新时代中国特色社会主义思想为指导，认真学习宣传贯彻党的二十大精神，深入贯彻落实习近平总书记重要指示批示精神和党中央、国务院决策部署，按照“疫情要防住、经济要稳住、发展要安全”要求，努力克服疫情影响，团结奋进、不畏艰辛、勇毅坚守，全力推进行业保通保畅，全面落实中央巡视整改任务，奋力推动行业高质量发展，在当好中国现代化的开路先锋新征程中勇挑重担，为经济社会发展作出了积极贡献。2022 年邮政行业寄递业务量完成 1391 亿件，同比增长 2.7%；行业业务收入完成 1.35 万亿元，同比增长 6.9%。其中，快递业务量完成 1105.8 亿件，同比增长 2.1%；业务收入完成 1.06 万亿元，同比增长 2.3%。

一、上市公司财报

顺丰控股发布的 2022 年年度报告显示，全年实现营收 2674.90 亿元，同比增加 29.11%；归属于上市公司股东的净利润 61.74 亿元，同比增加 44.62%；扣非后净利润53.37亿元，同比增加 190.97%；实现每股收益 1.27 元/股。

中通快递发布的 2022 年财报显示，全年中通快递包裹量达 244 亿件，同比增长 9.4%，市场份额扩大 1.5 个百分点至 22.1%，调整后净利润同比增长 37.6%至人民币约 68 亿元。从全年来看，2022 年中通快递实现了业务量增量 21 亿件。

圆通速递发布的 2022 年年度报告显示，全年实现营业收入 535.39 亿元，同比增长18.57%，创历史新高；同期净利润为 39.20亿元，同比增长 86.35%。全年快递业务完成量达 174.79 亿件，同比增长 5.66%，市场份额升至 15.81%，同比提升 0.53 个百分点。年报数据显示，2022 年圆通速递单票快递产品收入为 2.59 元，同比增长 14.60%；单票运输成本 0.51 元，单票中心操作成本 0.31 元，核心成本较去年同期基本持平；单票快递毛利 0.27 元，同比大幅提升 111.26%，成本收入比持续优化。

申通快递披露的 2022 年年报显示，全年完成快递业务量 129.47 亿件，同比增长 16.89%；市场占有率为 11.71%，同比上升 1.48 个百分点；实现营业收入 336.71 亿元，同比增长 33.32%；实现归属于上市公司股东的净利润 2.88 亿元，同比增长 131.64%；归属于上市公司股东的扣除非经常性损益的净利润 3.09 亿元，同比增长 132.77%。

韵达股份披露的 2022 年年报显示，截至报告期末，公司总资产 380.73 亿元，同比增长 5.09%；归属于上市公司股东的净资产 169.76 亿元，同比增长 7.62%；快递服务毛利率为 8.39%，同比上升 0.20 个百分点；公司第四季度毛利率为

11.59%,同比环比上升更为明显;经营活动产生的现金流量净额为52.91亿元,同比增长69.31%。

二、基础设施建设

2022年,各主要寄递企业继续加大资金投入,在服务网络完善,运输能力提升、自动化设备运用等方面取得了一系列突破。

2022年,中国邮政集团有限公司寄递事业部加大能力投入,处理能力持续提升。比如,在长三角、珠三角、成渝等重点区域,上海桃浦、杭州、南京、广航、成都天府等13个项目投产后新增能力1491万袋件/日,新增生产面积16.1万平方米。启动无锡、石家庄、大连、临沂、洛阳等5个处理中心项目建设,新建规模18.8万平方米。启动义乌、南京、徐州、潍坊、乌鲁木齐等5场地的工艺设备扩容。布局重点市场土地资源,安排湛江、揭阳、台州、沧州等4个处理中心征地。

从服务网络覆盖情况来看,2022年,顺丰服务网络覆盖国内335个地级市,城市覆盖率达99.4%,覆盖中国2813个县区级城市,县级覆盖率达97.6%。国际方面,国际快递及供应链业务覆盖98个国家及地区,跨境电商包裹业务覆盖208个国家及地区。

2022年,中通快递全网服务网点31000余个,国内分拨中心98个,458套自动化分拣设备,直接网络合作伙伴约为5900个,自有干线运输车辆11000余辆,其中约9700辆为高运力甩挂车,干线运输线路3750余条,网络通达99%以上的区县,乡镇覆盖率超过94%。

再来看看圆通的情况,截至2022年底,圆通全网拥有分公司5100多家,服务网点和终端门店8万多个,全网133个集运中心土地面积超过20000亩,分公司土地面积超过9000亩。2022全年改扩建集运中心44个,员工45万余人,妈妈驿站数量超过70000家,“圆梦家园”已超5000家,驿站的乡村覆盖率超过52%,同比上升18%,覆盖13171个乡镇。

2022年,申通围绕“中转直营、网点加盟”的经营模式,主要通过新建以及升级改造转运中心的方式优化中转网络布局,持续投入基础设施建设,以扩充转运中心吞吐产能,做大做强枢纽转运能力。此外,2022年,申通持续加大自动化分拣设备的投入与升级改造,提高数智化分拣能力。比如,引进新型窄带分拣机,可以同时满足多品类、多方向、小占地面积的需求,提升分拣效率的同时有效提高空间利用率。

2022年,韵达坚持快递服务网络建设再优化、稳平衡、提质效的策略,进一步提升公司快递网络服务能力。在网络建设方面,2022年,韵达服务网络已覆盖全国31个省(区、市),地级以上城市除青海的玉树、果洛州和海南的三沙市外已实现100%全覆盖。在末端门店建设方面,2022年,公司累计布局近8万家末端门店,通过构建多种模式相结合、互为补充的末端投递服务新格局。

三、业务发展概况

2020年,主要寄递企业围绕快递主业,继续向产业链上下游拓展延伸,业务结构日趋多元化,向综合物流服务供应商转型的步伐加快,行业服务水平和服务能力持续得到提升,邮政快递已经成为无处不在、无人不用的生活场景,过去“家书抵万金”,如今“快递暖人心”。

2022年,中国邮政集团有限公司寄递事业部以八大市场为主攻方向,持续推进“三差三力”竞争策略,围绕重点市场、重点区域、重点线路建强营销团队,推动优势线路强营销、够量市场提速度,业务发展再上新台阶。全年完成寄递业务收入696.5亿元,同比增长6.2%;特快业务收入增长24.4%,国际业务收入连续7个月提速发展,累计增幅高于行业6个百分点以上。

通过内生发展和外延并购,顺丰已构建产品矩阵更完善、覆盖链条更完整、服务场景更多元的一站式综合物流服务版图，服务能够渗透到客户从生产到销售、从国内到跨境的端到端供应链条中。2022年，顺丰控股业务达到111.4亿票，同比增加5.5%；其中时效快递业务不含税营收1057.0亿元，同比增长6.8%；经济快递业务不含税营收255.5亿元。2022年顺丰新业务占比开始持续提升，2022年达到48.8%。供应链与国际业务含税营业收入878.7亿元，同比增长124.1%，在总营收中占比达到32.8%。顺丰控股自2016年布局同城业务，2022年不含税营收64.4亿元，增长28.6%。

2022年，中通快递持续丰富快递产品线，基于客户“时效保障、按需派送、超时必赔”等多样化需求，开发中通标快、特快及尊享等快递产品，为平台或特定客户提供个性化的增值服务和定制化的产品。同时，积极响应国家邮政局“两进一出”要求，拓展快递进厂、快递出境通道，积极布局“最后一公里”，从而满足多元化、个性化的市场需求。

2022年，圆通全网业务量近180亿件，全网业务综合收入超2100亿元。圆通国际营收近100亿元，完成国际包裹1.4亿件；圆通航空收入超21亿元，体量与收入继续创历史新高。“降本增效”持续深入，“服务质量”持续提升，全链路时长有6个月排名通达第一，投诉率下降13%。

2022年，申通快递坚定“打造中国质效领先的经济型快递”战略目标，坚持“聚焦经营、服务赋能及打造有质量的单量”的年度经营策略。2022年，申通完成快递业务量129.47亿件，同比增长16.89%；市场占有率为11.71%，同比上升1.48个百分点。建立客户分层机制，提高差异化服务能力。

2022年，韵达完成快递服务176.09亿件，市场份额达15.92%，行业排名居第二位。韵达以服务实体经济为宗旨，以满足客户需求为导向，做大做强快递核心主业，巩固并不断扩大标准快递业务的品牌优势、规模优势和市场优势；同时，将优质的服务品质进行流量转化，积极实施快递业务“客户分群、产品分层”策略，大力发展韵达特快等高附加值时效产品；另外，用快递流量积极嫁接周边市场，陆续布局了韵达供应链、韵达国际、韵达末端服务等周边产业链。

四、技术创新应用

借助云计算、大数据、移动互联网、人工智能等新一波技术，物流行业已经从肩扛手提的传统模式，进入以科技驱动的新物流时代。2022年，主要寄递企业在加大技术创新方面也不断发力。

2022年，中国邮政寄递事业部持续加快业技融合、敏捷迭代、数智驱动，数字化赋能对全业务全链条改造速度、广度和深度得到明显提升。比如，在运营端，全网推广智能场院系统应用，实现车辆自动签到、智能垛口分配、车辆动态调度等功能。深化应用自动化分拣设备运行监控平台，通过可视化实时监控，使分拣机设备预警、报警、排障方式从被动变主动，问题处置更快，分拣机运行更平稳。

再来看看顺丰在科技应用方面的动作——顺丰将多元业务中沉淀的海量数据和行业解决方案经验，结合领先的数字化、可视化、智能化物流技术应用，推动供应链全环节技术创新、助力各行业客户打造高效响应的现代化供应链体系。以寄递安全数智化为例，顺丰应用大数据、AI、区块链等技术，智能化捕捉安全风险因素，提升寄递安全性。顺丰通过大数据挖掘与分析，定位破损、遗失的具体因素点，搭建业务与科技相结合的安全管控体系，覆盖10余种安全管控场景。智慧安检首创规模化应用图码绑定，实现数据全链路可追溯；同时通过AI减少安检员人力投入，违禁查获率以及放行失误率均优于传统安检。

中通快递坚持以科技创新为动力，致力于实现快递全流程的数字化，不断加大新技术、新设备的应用和普及，同时保障快件寄递全过程的安全,推动企业高质量发展。以数字化转型为例,中通快递秉承“互联网+物流”的理念,为生态圈业务打造全场景、全链路的数字化工具,促进数字化转型在“收、转、运、派”快递全周期的应用,为客户提供优质的服务体验。2022,公司持续优化和完善信息化系统,发布中心360、网点360、考勤系统、数字化广告牌等,持续拓展业务服务场景,提高全网的综合管理效率和数字化水平。

圆通向科技要生产力,让科技创新引领企业未来。全面推进数字化转型战略,在数字化赋能分公司方面,2022年圆通“网点管家”端上线了新的财务系统,让分公司更轻松地核算账单和昨日经营情况,并根据相关数据指标进行精准定价,得益于此,这个系统深受分公司好评。另一款圆通面向客户自主研发的数字化管理工具——“客户管家”通过2022年的不断推广,已成为圆通与客户之间保持高效沟通、为其快速解决问题的稳固“桥梁”,帮助分公司在实现业务量增长的同时,客户体验也得到大幅提升,带动客户黏性持续增强。

2022年,申通快递从以下几个方面发力科技应用:一是围绕客户视角建设超级商家平台,为商家提供高效优质、简单易用的一站式快递服务产品。二是升级管家系列产品,赋能网点精细化运营。三是优化申行者App,提供高效便捷的揽派工具。四是开发移动昆仑系统,持续提升精细化管理能力。

2022年,韵达在持续以快递业务高质量发展战略的前提下,利用科技信息技术和手段,夯实推进数字化在客户、网点、业务员等各服务环节的全面应用,结合人工智能、AI、虚拟现实、大数据等技术系统化打造客户助手、网点管家、快递员揽派、分拨管家等数字化服务工具,覆盖揽收转运派各环节,实现总部与全网、商家客户和个人消费者的深度链接,精准满足各客户群体寄递产品和服务需求,提升服务效率。同时在规划、路由、中转、车线、车辆、售后服务、市场营销、区域管理、人力资源与行政等各方面进行管理创新和自我革新,提升响应、支持、服务和满足客户的效率。

五、绿色快递

建设绿色仓储,降低能源消耗;发力绿色运输,减少污染排放;升级快递回收,助力循环经济……从拼“速度”到比“绿色”,邮政快递业在努力走好绿色化、循环化、资源化的发展新路。

2022年,中国邮政速递物流寄递事业部强化顶层设计,制定行动方案,统一面单管理,规范通用包装设计,高质量完成绿色邮政各项指标,其中采购使用符合标准的包装材料应用比例超过98%,按照规范封装操作比例超98%、可循环快递箱(盒)使用量超过130万个、瓦楞纸箱回收复用超8000万个。

面对全球气候变化带来的影响,顺丰坚持以科技创新持续提升自身资源能源利用效率,通过在人工智能、大数据、机器人、物联网、物流地图、智慧包装等前沿科技领域进行前瞻性布局,结合新能源应用,将科技力量注入每个快件的全生命周期,助力“收转运派”全流程的提质增效和低碳减排。比如,在减量化包装方面,2022年,顺丰继续推行“丰景计划”,对胶袋、胶纸、贴纸、封条等8大类物料进行减量化、标准化、场景化创新研发,通过轻量化、减量化,可折叠等手段,减少塑料消耗。

中通快递积极贯彻落实绿色发展理念,不断建立健全绿色管理机制,在仓储、包装、运输、配送等环节,加大新能源、智能化、数字化、轻量化装备的投入,加快形成绿色基础设施和交通运输网络,努力构建低碳、循环的商业模式,以行业领军企业的责任与担当助力快递行业绿色转型。以低碳寄递为例,中通快递致力于提升寄送各环节的绿色化水平,大力推广绿色包装使用,推进运输和配送设备绿色转型,加强中转环节智能化和绿色化配套设施建设,助力加快构建绿色交通运输体系,让快递物流更加环保、更加低碳。2022 年，公司车队平均车龄为 3.4 年。

圆通高度重视绿色物流发展工作，按期召开绿色工作碰头会，根据《国家邮政局 2022 年行业生态环境保护工作要点》要求，基于 2022 年生态环保评价指标，对公司生态环保工作进行研讨与部署，将生态环保工作分解至各业务部门，同时印发《绿色工作任务分解表》，实现责任到人，确保各项工作有目标、能落实、出结果。比如，2022 年 11 月底，在杭州市萧山区的圆通亚运物流中心，2.3 万平方米的馆区屋顶上，首批光伏发电项目验收通过，成功发电。该工程建设使用了 1845 块高效单晶硅。全部投入使用后，年发电量可达 132 万度，每年可节约标准煤 376 吨，减少二氧化碳排放 1032 吨。

申通快递不断完善绿色快递管理体系，积极创新和应用先进技术，持续提高能源利用效率，减少资源消耗，降低污染物排放，以低碳高效的运营模式提升绿色竞争力，推动企业经营与社会生态环境的和谐发展。在节能降耗方面，申通通过 4G 数据采集器实时监控输送线电流输出，在不同包裹量智能化调整设备能耗输出（设备降频降速、开机时长控制等），达到合理有序能耗使用目的。项目整体总投资预估 900 万元，截至 2022 年底已经完成 70%。

韵达积极落实国家邮政局 9917 工程，通过强化绿色管理、绿色包装、绿色运输、绿色文化等方面工作，持续推进行业塑料污染和过度包装治理，推广新能源和清洁能源车辆，深入贯彻绿色发展、低碳环保理念，推动行业绿色转型发展，积极为行业高质量发展及建设美丽中国贡献韵达力量。比如，在中转运输环节，韵达持续推进新能源汽车的布局使用，减少运输过程中的温室气体排放，助力我国绿色物流的低碳转型和可持续发展。

六、社会责任担当

2022 年，主要寄递企业在勇担社会责任，在抗击疫情、扶危助困、爱心捐助等方面多有上佳表现。

中国邮政集团有限公司寄递事业部全力服务疫情防控大局。认真落实中央关于做好保供保通保畅工作的决策部署，通过“异地分拣、专线运输、甩挂交接、接力配送”，打造邮政寄递保通保畅标准化解决方案，全力保障医疗防疫物资、生活必需品等民生物资的运输畅通。。此外，邮政速递物流主动服务乡村振兴，积极服务“一带一路”和 RCEP，为圆满完成党的二十大物资保障作出积极贡献。

顺丰积极履行企业社会责任，支持公益慈善，在医疗、教育、环保等多领域持续开展志愿公益活动；聚焦乡村振兴，以数字技术赋能乡村地区农业发展；支持稳产保供，利用自身供应链及科技优势保障生活物资快速运送，努力为建设和谐社会贡献一己之力。2022 年，顺丰公益基金会全年公益总支出 11740 万元。22 个志愿者协会组织开展公益活动 148 场次，活动参与 7226 人次，志愿服务时长 1206286 小时。

中通快递致力于为社会担负起超越商业的责任，将温暖和爱心传播得更广、更远。2022 年，中通持续关注公益事业，以全方位的实际行动践行社会责任；携手合作伙伴积极开展爱心助学、社区支持、抗疫抗灾等公益活动，传播行业正能量；紧紧围绕“用我们的产品造就更多人的幸福”的企业使命，以商业向善的力量服务社会大众。比如，中通快递为快递员、外卖员等户外工作人员带来高温送清凉、冬季送温暖活动。活动覆盖全国 26 个城市，遍布 80 家中通快递网点，为户外工作者们免费提供 10 多万瓶纯净水、3 万多份饮料及藿香正气水、近 2 万套“冬季温暖六件套”。

圆通速递长期通过资金及物资捐赠、组织员工参与公益慈善活动等形式，在教育助学、关爱残障弱势群体等方面践行企业公民使命，为社会创造更大价值。“圆梦行动”是 2021 年与中国残联达成战略合作后共同推进扶残助残、共富共享的重大项目，项目依托“圆梦家园”终端和“云客服”两大平台，为残疾人及其家庭提供 2 万个就业创业岗位，打造互联网经济新业态下残疾人就业创业、共富新模式。截至 2022 年 12 月，“圆梦行动”已取得了阶段性进展，公司全网吸纳残疾人 9000 多人，与 23 个省（区、市）签订圆梦助残行动战略合作协议，建设圆梦家园门店近 5000 家，并组建了北京、杭州两个残疾人共享客服中心。

申通快递在提升服务、保障生产的同时，主动承担起相应的社会责任，强化责任意识，积极投身公益，用实际行动回报社会。申通快递始终秉承“有爱申通”公益理念，积极融合社会力量，践行社会责任，坚持向社会传递正能量。公司设立了爱心救助基金，对发生重大交通事故、自然灾害的申通网点，患重大疾病的申通快递员工进行困难补助，帮助他们渡过经济难关。据了解，自设立爱心救助基金以来，申通快递共救助困难网点公司及员工 70 多人/次，累计救助金额超过 700 万元。

2022 年，韵达积极开展爱心助学活动，给困难学子们送上物资援助及关怀慰问，用真实行动点燃困难学子的梦想；全力开展应急救灾、助力灾区物资运输，保障受灾群众基本生活，加快恢复其生产生活秩序，为抗震救灾工作贡献韵达力量；开展关爱弱势群体活动，积极践行可持续发展理念和传递企业正能量。2019 年，上海韵达公益基金会在发起“韵・苗”助学项目。截至 2022 年底，韵达公益基金会已先后为上海、四川、新疆、河南、青海等地的 800 余名家庭暂时遇到困难、品学兼优的学子提供资助，助力他们健康成长，为他们的梦想添加动力。

第二章　2022 年各市场主体发展情况

中国邮政集团有限公司寄递事业部

2022 年，中国邮政集团有限公司寄递事业部深入学习贯彻习近平新时代中国特色社会主义思想，坚持以“三个视角”找差距补短板、以“三大规律”促改革求创新，系统推进“六大改革”，持续完善“五大体系”，聚焦“八大市场”，落实“三差三力”竞争策略，锐意进取、奋勇拼搏，推动寄递业务改革取得新突破、发展迈上新台阶、能力得到新提升。

一、基础建设

加大能力投入，处理能力持续提升。一是提升长三角、珠三角、成渝等重点区域处理能力。上海桃浦、杭州、南京、广航、成都天府等 13 个项目投产后新增能力 1491 万袋件/日，新增生产面积 16.1 万平方米。二是新增处理能力建设。启动无锡、石家庄、大连、临沂、洛阳等 5 个处理中心项目建设，新建规模 18.8 万平方米。启动义乌、南京、徐州、潍坊、乌鲁木齐等 5 场地的工艺设备扩容。布局重点市场土地资源，安排湛江、揭阳、台州、沧州等 4 个处理中心征地。

六大改革取得明显成效。邮区中心改革取得阶段性突破。省际中心人均处理效率提升到 1559 件/日，增幅达 43%；自动化设备平均效能达到 72.6%，提升 11.6 个百分点；摆轮矩阵收容率降至 4.3%，分拣机收容率降至 1.8%。市趟改革成效初显。加强车辆集中管控，盘活闲置车辆 3388 辆，自有车辆日均行驶里程达到 112 公里，增幅 41.8%，车辆装载率提升至 71.8%。运输改革步伐加快。深入推进“四改一扩”，组织邮路“一装两卸”，一干车辆日均行驶里程达到 617 公里，同比提升 11.4%；拓展高铁运输能力，新增省际高铁邮路 62 条，日均运量提升 100%；统筹调配邮航运力资源，集散航班载运率提升至 75%。陆运网改革纵深推进。推进柔性组网，系统优化节点布局，942 个市县打破地市行政区划就近入网，基本形成主辅多中心组网模式，全程时限缩短约 4 个小时。揽投网改革全面布局。推进自提点建设和运营，进一步优化投递网络，网格化率达到 92.5%；大力推进自提点建设，全年新增 29.9 万个，自提率达到 71.5%。在辽宁、江苏、浙江、湖南、广东五省试点经营机制改革，推行自主经营模式、外包代办模式，探索特许加盟模式，激发了揽投部的内生动力。两集中改革全面启动。在集中标准制定、集中流程设计、集中资源管理等方面取得初步效果，构建了端到端、各环节的管理、流程、操作标准化体系。

时限管理水平有所提升。立足优标准、抓提速、强体系、保稳定，克服疫情影响，时限水平稳中有升。普服指标达到监管要求，省会城市间普邮全程时限降至 2.4 天；特快、快包整体时限达成率分别达到 90%、83%。全面开展够量市场提速，长三角、珠三角、川渝等重点区域互寄线路平均时长缩短 3.5 小时，区域内特快、快包省内次日递率分别提升 2.4、6.1 个百分点。建立“路长制”管控体系，明确了各级路长对线路全程时限管理责任。

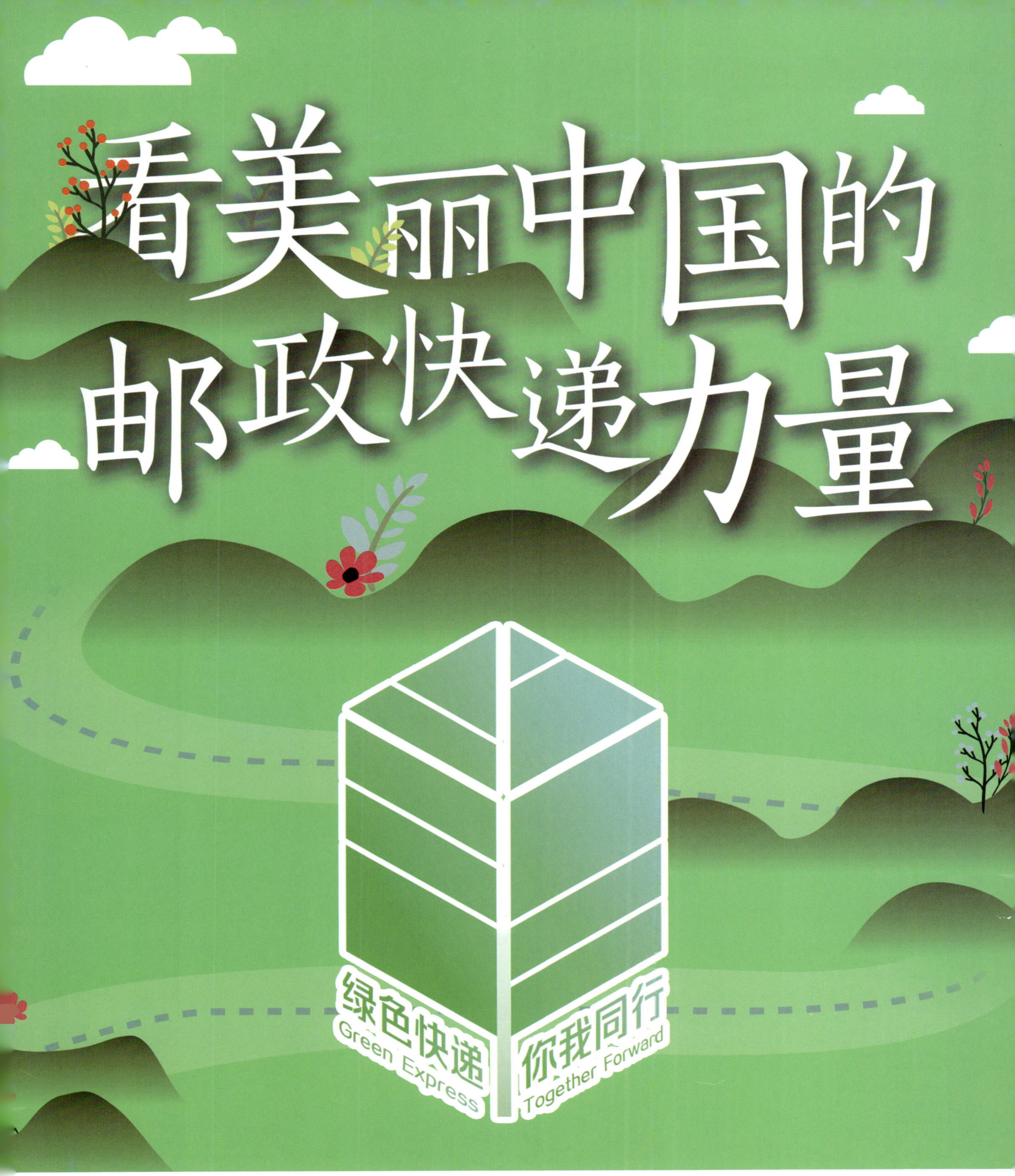
看美丽中国的
邮政快递力量
绿色快递
Green Express
你我同行
Together Forward

快递 EXPRESS

邮发代号：2-589
国际标准连续出版物号：ISSN 1674-7208
国内统一连续出版物号：CN 11-5831/C

国内首家快递类专业期刊

这一页，由你来书写

快递领域内的核心媒体

快递专业刊物

“做行业的聆听者、观察者、思考者和瞭望者”

立足行业

面向社会

2010年1月《快递》杂志创刊

《中国邮政快递报》官方微信

《快递》杂志 官方微信

中国邮政快递报社 官方抖音

服务品质得到稳定提升。开展常态化客户体验活动，专项治理服务痛点、难点、焦点问题，国家局公布公众服务满意度85.8分，稳居行业前三。一是健全服务质量管控机制。依托服务数据库，初步形成“动态掌控、问题定位、持续改善”的服务质量管控机制，实现关键指标稳定提升。对重点协议客户提供VIP主动客服，重点客户主动客服保障率达到96.4%。圆满完成高考录取通知书、云艺考、学生档案三大服务保障任务，做到“万无一失”，受到国务院领导、教育部、国家邮政局的充分肯定。二是持续开展客户体验。通过开展20次客户体验测试，聚焦服务短板分类施策，全网问题总部优化、区域问题各地整改，用户满意度不断提升。三是不断优化电子渠道功能。建立服务触点对标机制，不断优化电子渠道在线客服等功能，加强客服中心能力建设，客服接通率达95%，机器人语音识别率达96%，独立办结率达90%。

二、业务发展

以八大市场为主攻方向，持续推进“三差三力”竞争策略，围绕重点市场、重点区域、重点线路建强营销团队，推动优势线路强营销、够量市场提速度，业务发展再上新台阶。全年完成寄递业务收入696.5亿元，同比增长6.2%；特快业务收入增长24.4%，国际业务收入连续7个月提速发展，累计增幅高于行业6个百分点以上。

主攻“八大市场”，客户拓展取得新突破。针对政务、高校、商企、电商、商圈、国际、物流、农村“八大市场”重点客群，形成了“五客”工作法，推进“流失客户挽回、减收客户增产、潜在客户开发”，实现源头获客、规模获客。活跃客户稳中有增，客户数增长2.65%；规模客户明显增加，特级客户数量同比增长9.6%，一级客户数量同比增长6.5%；战略客户黏性增强，央企合作覆盖率达到100%，开发了退役军人事务部、平安汽融、茅台等一系列行业标杆客户，战略客户收入同比增长15.8%。

“三差三力”策略有效落地，重点市场开发取得新成效。利用“时间差”，聚力特快市场。集中优势资源抢夺市场份额，开展“客户大抢攻”，特快业务收入增幅高于竞品20个百分点以上，省际特快同比增长54.3%；电商特快收入同比增长79%，成为特快业务新增长极。利用“区域差”，聚力差异化市场。主攻下沉市场，巩固农村市场，推进100个极速鲜重点项目上线率100%，693个国家地理标志市场和100个快递服务现代农业金牌项目覆盖率100%，实现农产品寄递业务同比增长51%。加强新兴平台合作，提升仓配一体能力，抖音平台日均业务量同比增长157%。利用“禀赋差”，聚力优势市场。深耕政务市场，推进9个标准化模板落地见效，推动重点项目覆盖率稳步提升，形成了互联网医疗寄递等一批新项目，收入增长9.6%；牢牢抓住先进制造业客户，推进五大行业解决方案复制开发，新增了国机集团、华润医药、比亚迪、VIVO等87个重点行业客户，重点行业物流收入同比增长12.8%。服务制造业出海，加速布局重点市场，聚焦八大重点路向，建立优势专线，推出中速快运货运产品，布局美国、欧洲、日本、加拿大、泰国等海外仓；规范商业渠道运营模式，推进自主商业渠道建设，实现邮商并举、渠道突围，商业渠道收入实现4倍增长。

营销体系建设加快推进，营销能力实现新提升。持续强化综合营销为主导、专业营销为主体、网点营销为基础、协同营销为补充的营销体系，围绕重点客户、重点项目，组建总部、省级项目组，深化推进项目制运营，建团队、明任务、有考核、给资源，总分联动、上下结合、网业联动、快速推进，加快向运营型转变。建立健全总部、省、源头地三级“铁三角”团队。针对重点客户建立了“铁三角”运营机制，明确指挥调度令、问题督办单、网业协同会“一令一单一会”工作流程，项目管理横向到边、纵向到底，实现了网业技服联动从旺季保障向常态化转变，推动经营发展上水平、上台阶。国际业务营销能力增强。对标商业专线公司，设置线路经理，强化线路运营，做优做强专线，实现了从销售产品向经营专线的转变，日本、俄罗斯专线成为跨境电商行业寄递首选通道。品牌营销卓有成效。唱响“国家队”声音，与共青团中央《中国青年》杂志建立品牌联名战略，徐龙成为“奋斗”青年代言人；讲好“国家队”故事，通过“旧物回收”“山货上头条”“邮物中国”等公益活动，讲好绿色邮政、服务乡村振兴故事，围绕冬奥会讲好邮政“快快快”故事；提升“国家队”形象，推进寄递宣传进网点、进校园、进楼宇、进园区、上平台。

三、科技应用

持续加快业技融合、敏捷迭代、数智驱动，数字化赋能对全业务全链条改造速度、广度和深度得到明显提升。

一是在经营端。开展行业竞品 App 功能对标，围绕 10 余批次主动客户体验进行优化，协议门户网站累计客户激活量同比增长超 8 倍。全面梳理应用智能派揽新流程，完成订单撤销、揽投员互调、揽收 50 米范围判断等功能需求编制，推进派揽订单智能预警模式，实现派揽订单语音及短信提醒，提升揽收及时率。丰富揽投端电子支付功能，实现到付远程支付、现结客户电子支付，杜绝个人账户归集企业资金。完善国际业务移动端功能，建立了国际地址邮编库、海关商品编码库、禁限寄物品库，为客户提供查询和校验服务，可随时跟踪订单动态；完善国际揽收支付方式，实现协议客户电子支付、散户在线账单支付。

二是在运营端。全网推广智能场院系统应用，实现车辆自动签到、智能垛口分配、车辆动态调度等功能。深化应用自动化分拣设备运行监控平台，通过可视化实时监控，使分拣机设备预警、报警、排障方式从被动变主动，问题处置更快，分拣机运行更平稳。争取海关总署支持，实现客户、生产、财务和海关四端互联互通，改变了人工对账模式，税款实时进入国库，实现了邮件“秒放行”。推广应用国际验单时限管控新流程，国际验单发送率由 61.1% 提升至 85.6%。

三是在管理端。持续完善中邮寄递管理 App 功能，按照千人千面原则，优化完善预警功能，月均活跃用户增加至 1.5 万余人。增加一体机收寄和分拣机压道测试重量稽核功能，实现邮件重量与体积自动采集、自动稽核、自动补缴计费。建立“戴帽”邮件智能识别模型，实现订单源头识别、生产环节分剔、管理环节计费补缴，规范收寄信息录入，确保投递准确性与时效性。

四、社会责任

一是全力服务疫情防控大局。认真落实中央关于做好保供保通保畅工作的决策部署，通过“异地分拣、专线运输、甩挂交接、接力配送”，打造邮政寄递保通保畅标准化解决方案，全力保障医疗防疫物资、生活必需品等民生物资的运输畅通。特别是在服务上海、吉林、北京、西藏等地保供保通保畅方面发挥了重要作用，累计运送防疫和民生等物资 9.83 万吨，服务各类单位和小区近 10000 个，惠及市民超过 1000 万人次，得到时任上海市委书记李强、国务院副总理刘鹤的充分肯定。荣获“2022 中国物流保畅稳链贡献奖”、亚太邮联“抗疫事迹金奖”。

二是主动服务乡村振兴。联合菜鸟、拼多多平台，创新推进“村邮达”服务，实现农村地区按址精准配送，日均服务农村用户 500 万人次以上；聚焦“村社户企店”五大客群，联合抖音平台，创新推出“山货上头条”“邮物中国”项目，为农品卖家扩大引流、促进销售，累计服务卖家 1.4 万户、造福 80 万农户，带动销售 4000 万单、拉动农产品销售额 40 亿元，增长 128%。

三是积极服务“一带一路”和 RCEP。推进专线运营、多式联运，强化“一带一路”和 RCEP

沿线国家(地区)市场布局,开通16条航空专线、18条海运专线、10条中欧班列铁路运邮线路,日本、俄罗斯专线成为市场首选、份额领先的重要渠道,东南亚通道服务能力明显增强。服务制造业出海,助力中国制造产品出口10万余吨,服务贸易、制造业客户3.3万家。聚焦八大重点路向建立优势专线,推出中速快运货运产品,上线俄向新产品、增开巴西专线、恢复哈萨克斯坦专线,收入同比增加16.2%;拓展开通14个出口e邮宝新路向和3个进口e邮宝新路向;完成20份双边业务协议签署,在全球通胀背景下实现终端费稳中有降,与现行双边或当年公布费率比,不同路向不同产品的费率优惠幅度达8%~60%。首次获评万国邮联"邮政发展综合指数"十级,成为邮政服务发展水平最高等级国家,获得万国邮联"卓越邮政奖"、万国邮联"EMS客户关怀奖"。

四是圆满完成国家重大会议和活动服务保障。党的二十大秘书处总务组感谢邮政速递物流为圆满完成党的二十大物资保障工作作出的积极贡献。冬(残)奥期间证件卡寄递、行李签寄递、定点寄递等服务项目,获得了北京冬奥委高度认可。

五是加快推动绿色发展。推进国家"双碳"战略和国家邮政局"9971"工程落地见效,强化顶层设计,制定行动方案,统一面单管理,规范通用包装设计,高质量完成绿色邮政各项指标,其中采购使用符合标准的包装材料应用比例超过98%,按照规范封装操作比例超98%、可循环快递箱(盒)使用量超过130万个、瓦楞纸箱回收复用超8000万个。

五、企业大事记

2月4日,中国邮政为北京冬奥会提供邮政服务保障。从2008年北京奥运会到2022年北京冬奥会,中国邮政与奥林匹克盛典再续情缘。作为官方邮政服务独家供应商,中国邮政在北京、延庆和张家口3个赛区设立了16处邮政服务网点,实行专人、专车、专线、专区服务,确保邮政寄递渠道万无一失。

2月21日,中国邮政荣膺十大"国之重器"品牌。中国邮政集团董事长刘爱力用"四个百分之百"深刻诠释中国邮政品牌的丰富内涵,阐述了中国邮政这个金字招牌在数字化发展的今天如何再续辉煌。

3月4日,中国邮政为两会提供服务保障,积极宣传两会精神。两会期间,中国邮政又一次以高度的责任感和使命感全力以赴做好两会服务保障工作,及时传递两会声音。来自邮政系统的6位人大代表,深入基层、倾听民声,在两会上建言献策,全国两会胜利闭幕之后,他们回到各自岗位,认真做好两会精神的传达宣讲工作,把党和国家的好政策、两会的好声音传递到基层。

4月,各地疫情爆发,中国邮政全力抗疫保供保通保畅。从上海、北京到吉林、河南郑州等地,中国邮政开启保供保通保畅模式不间断。从打通"最后一公里"到助力复工复产,邮政人始终冲在抗疫第一线,稳稳扛起了行业"国家队"的责任与担当。

6月8日,中国邮政"6·8"大提速。此次大提速特点是突出精准、抓住关键、网业联动。提速范围覆盖了中国邮政97个集团重点客户涉及的148条线路,长三角、珠三角、环渤海三大重点区域市场的341条线路和通过直达模型推演出的1102条直达线路,共计1591条提速线路。

7月,中国邮政开展高考录取通知书寄递工作,确保"零误投、零丢失"。邮政EMS从组织准备、院校对接、邮件处理和投递、售后服务等四个方面,提前为高考录取通知书寄递工作制定了专项服务方案,并专门开辟"绿色通道",确保录取通知书能够安全、及时、准确地投递到广大考生手中,受到国务院、教育部的充分肯定。

8月,世界500强,中国邮政排名世界邮政第一。2022《财富》世界500强,在上榜的世界邮政企业中，中国邮政排名第1位，其中营业收入排名和利润排名均位列世界邮政第1位。

10月16日，中国邮政5人当选党的二十大代表。10月16日上午10时，中国共产党第二十次全国代表大会在北京人民大会堂隆重召开，中国邮政共有5人当选党的二十大代表。全国邮政寄递条线组织全体党员收听观看党的二十大开幕会，并在二十大胜利闭幕后学习宣传贯彻党的二十大精神。

10月17日，中国邮政EMS年快递量突破100亿件。较2021年提前62天，标志着中国邮政运营质效稳步提升，寄递能力取得新突破，寄递业务发展再次迈上了新台阶。

11月，“双11”生产旺季中国邮政全力奋战，获骄人战绩。2022年“双11”，中国邮政圆满完成“四优四提”总目标，持续优化网络运行组织、深化网业联动、细化生产运行管控，不断提升旺季生产运行保障水平，确保了寄递网旺季生产平稳有序，客户体验进一步提升。11月1日—15日，中国邮政寄递总业务量超6亿件。

12月，防疫新政出台，各地邮政优化防控措施，全面复工复产。随着疫情防控新政的出台，邮政快递业加快复苏。中国邮政全面贯彻落实党中央、国务院关于做好疫情防控和保通保畅工作的决策部署，在全力做好疫情防控各项工作的基础上，确保“一断三不断”，主动兜底防疫物资、食品药品、生活必需品等民生物资配送，维护人民群众正常生产生活秩序。

12月31日，随着CF9056（南京—北京首都）航班安全飞抵北京首都国际机场，中国邮政航空公司2022年安全运行工作圆满收官。全年安全飞行4.5万余小时，年飞行小时数再创新高，邮政航空实现第26个安全年。26年来，中国邮政航空公司始终坚持“安全第一，预防为主，综合治理”的方针，将安全工作作为头等大事来抓，持续夯实安全生产基础，持续提升航班运行品质，牢牢守住了安全底线，累计安全运行55.5万余小时，并构建起以南京为中心，以“全夜航”集散运行为模式，覆盖全部国土面积的中国邮政自主航空网。

顺丰控股股份有限公司

顺丰控股是中国第一大、全球第四大快递物流综合服务商。公司围绕物流生态圈，持续完善服务能力，业务拓展至时效快递、经济快递、快运、冷运及医药、同城急送、供应链及国际业务（含国际快递、国际货运及代理、供应链）等物流板块，能够为客户提供国内及国际端到端一站式供应链服务；同时，依托领先的科技研发能力，致力于构建数字化供应链生态，成为全球智慧供应链的领导者。

一、2022年成绩单

顺丰控股2022年营业收入达2675亿元，是中国第一大、全球第四大快递物流综合服务商。坚持长期可持续健康发展和前瞻长远的战略部署，使顺丰在三十年的发展历程中，能够准确抓住机遇，不断扩大规模，持续领跑行业：

（1）顺丰拥有覆盖国内、辐射全球的多元化的物流网络，具备国内及国际端到端供应链服务能力。通过内生发展和外延并购，顺丰已构建产品矩阵更完善、覆盖链条更完整、服务场景更多元的一站式综合物流服务版图，服务能够渗透到客户从生产到销售、从国内到跨境的端到端供应链条中。随着亚洲第一、全球第四的专业航空货运枢纽——鄂州花湖机场于2022年正式开航，以及顺丰枢纽转运中心将于2023年投运，将成为顺丰承接国家双循环战略，构建中部陆海大通道、航空运输大通道的重要战略基础设施，助力顺丰打造立足中国、连通全球的具备国际竞争力的物流网络。

（2）顺丰在物流多个细分赛道具有领先竞争力。凭借“快速、准时、安全”的门到门服务能力，顺丰时效快递业务在国内市场占据绝对领先优势。同时经过多年的孵化培育和并购整合，其他业务在各自细分赛道陆续成长为行业头部玩家。据运联智库发布的2022中国零担企业排行榜，顺丰快运零担收入和货量均排名第一（连续三年）；据中物联冷链委于“2022第十四届全球冷链峰会”中发布的“中国冷链物流百强企业”，顺丰冷运继续荣登榜单第一（连续四年）；据艾瑞咨询数据统计，顺丰同城为中国规模最大的独立第三方即时配送服务平台；据运联智库发布的“2022跨境电商物流50强榜单”，顺丰国际排名第四；据美国物流咨询机构 Armstrong & Associates 联手 Transport Topics 发布的“2022年度全球货代50强榜单”，嘉里物流位列海运榜第九、空运榜第十二。

（3）顺丰依托业内领先的物流科技实力，推动内外部数字化供应链变革。通过科技赋能，实现内部复杂业务场景与庞大物流资源之间的串联整合，通过端到端深度数字化，助力顺丰营运模式变革落地，达成更优的网络布局与资源规划，提升顺丰运营效率，进而提升服务的竞争力。同时，利用沉淀出来的先进物流技术应用经验，形成数字化供应链解决方案，使顺丰能够携手更多行业客户实施供应链重塑，提升各个产业的供应链数字化、智能化水平。科技赋能+供应链规划落地，成为顺丰区别于单纯提供物流服务或技术服务的市场玩家的独特竞争优势。

总体来说，中国物流市场规模庞大，顺丰虽在各细分赛道取得领先地位，但相对庞大的潜在市场，可拓展市场空间仍然巨大。而长远的战略眼光、前瞻的业务布局、创新的产品能力、优质的服务质量、强大的科技实力，必将助力顺丰在竞争中突围，实现基业长青。

2022年，顺丰实现营收2674.90亿元，同比增加29.11%；归属于上市公司股东的净利润61.74亿元，同比增加44.62%；扣非后净利润53.37亿元，同比增加190.97%；实现每股收益1.27元/股。

2022年，面对诸多外部挑战，顺丰始终坚持可持续健康发展的经营基调，采取了一系列精益经营及管理举措，收入端调优结构提升质量，成本端精细管控降本增效，使得2022年度业绩仍实现较好增长，稳步达成健康经营目标。顺丰经营活动现金流量净额从上年同期153.58亿元增至327.03亿元，同比增长112.94%。加权平均净资产收益率达到7.34%，上升0.53个百分点。

2022年，顺丰控股业务达到111.4亿票，同比增加5.5%；其中时效快递业务不含税营收1057.0亿元，同比增长6.8%；经济快递业务不含税营收255.5亿元。

2022年顺丰新业务占比开始持续提升，2022年达到48.8%。供应链与国际业务含税营业收入878.7亿元，同比增长124.1%，在总营收中占比达到32.8%。

顺丰控股自2016年布局同城业务，2022年不含税营收64.4亿元，增长28.6%。顺丰同城还在持续探索新消费服务场景，保持业务稳定增长，服务覆盖蛋糕鲜花、商超生鲜等领域，更与各大平台共建生态，寻找直播电商与即时配送服务契合点。

2022年顺丰大件快运升级推出航空大件与顺丰卡航，提升单价，加强大件与小件、直营网络与加盟网络的中转、干线、末端融通，实现降本增效。快运业务实现不含税营业收入279.2亿元，同比增长2.3%，净利润达到2767万元，实现扭亏为盈。

二、基础建设

2022年末，顺丰服务网络覆盖国内335个地级市，城市覆盖率达 99.4%，覆盖中国 2813 个县区级城市，县级覆盖率达 97.6%。国际方面，国际快递及供应链业务覆盖 98 个国家及地区，跨境电商包裹业务覆盖 208 个国家及地区。

截至 2022 年底，顺丰运营全货机 97 架，其中自营 77 架，包括 3 架 B747、17 架 B767、40 架 B757、17 架 B737；拥有航权时刻 287 对，覆盖 58 个国内站点，44 个国际及地区站点；全球累计运营航线 138 条，5.14 万次航班，其中国际航线累计运营 67 条，超 6700 次航班。

陆运方面顺丰全球运营管理干支线货车超过 9.5 万条，末端收派车辆超过 9.7 万辆。高铁产品开通 927 个流向，国际班列开通 385 条线路，开通海运线路超 1.9 万条。

国内自营及代理网点或面客点超过 2.9 万个，运营中转场 379 个，其中枢纽级中转场 39 个，快运中转场 157 个。物流产业园方面，土地面积总规模 15625 亩，建筑面积总规模 1013 万平方米，运营管理 2071 座仓库，占地面积超过 1000 万平方米。

三、业务发展

1. 时效快递

2022 年度，公司时效快递业务实现不含税营业收入 1057.0 亿元，同比增长 6.8%。伴随经济活动恢复，顺丰凭借直营网络资源优势及强管控能力快速恢复运营保障，为客户及消费者提供高效、稳定的交付。

基于顺丰快件散收场景的竞争优势，时效快递赛道扩大至逆向物流与电商退货领域。公司积极拓展与各大主流和新兴电商平台的退货业务合作，不断提升退货业务服务满意度，扩大公司在各平台退货业务的份额，尤其在新兴平台合作增长较快。公司持续拓展极致时效服务，完善产品能力，覆盖更多服务场景。通过融通快递网络与同城骑士资源，优化营运模式，升级推出“同城半日达”产品，提供上午寄下午到、下午寄当天到的快速服务，满足商务寄递、生鲜商超、社区团购、近场电商等多类场景的长距离半日送达寄递需求，2022 年已在 20 余城推广。针对客户跨城极致时效需求，全面推广“专享急件”产品，利用航空及高铁资源实现跨城最快 4 小时达，目前已开通 138 个城市。同时持续夯实航空大件服务能力，强调灵活与快速，实现跨省门到门最快 7 小时送达，在收派两端构建客户—机场的直收直派模式，减少转运环节提升效率，中转环节采取独立操作避免同批货物分离以提升客户体验，满足产业链 JIT 生产与流通模式下的供应链即时响应需求。

鄂州花湖机场于 2022 年 7 月投运，货运首期开通鄂州至深圳、上海 2 条航线。预计 2023 年枢纽转运中心陆续投运，公司逐步搭建覆盖广、成本低、效率高的轴辐式航空网络，实现公司全链路网络模式调优与布局变革，带来更多时效业务增量。

2. 经济快递

2022 年度，公司经济快递业务实现不含税营业收入 255.5亿元，同比略增 0.5%，与上年同期基本持平。主要因公司坚持差异化竞争策略，自 2021 下半年开始主动调优产品结构，减少低毛利产品件量。调优后产品的服务和定价分层、营运模式区隔更清晰，促进经济快递盈利能力明显改善。

直营品牌服务：公司持续优化直营电商快递产品结构，截至 2022 年四季度，低毛利的特惠专配业务全部完成退市，主打的“电商标快”产品保持稳健增长，推动直营电商快递业务量同比恢复正增长。受网上零售消费增速逐年放缓等客观因素影响，电商快递行业竞争加剧。公司通过细分业务场景，利用多层次的电商仓储资源叠加优质的履约能力，以及独立的第三方市场定位，先后与各大电商平台实现仓储、配送的合作，尤其是新兴平台电商增速较快，稳固提升公司电商标快业务规模。在产品效益方面，基于优质的服务，电商标快产品单价保持稳定，通过内部精细化管理，保持电商快递业务健康发展，不断提升电商快递产品毛利润,盈利能力同比较大改善。

仓配一体服务:公司提供多层次的全国仓储和仓配一体服务,包括定制仓、标准仓、经济仓,结合自营配送与第三方配送,不同的服务与定价组合覆盖不同层级客户需求。2022 年围绕提升业务健康度和运营精细度,增强仓配一体服务能力与盈利水平。①业务优化:梳理清退低效益仓库,调优客户结构,提升业务健康度,关注经营效益,拉动票均履约收入持续提升;②仓网整合:结合多网融通,推进场地整合,减少空仓面积 4.7 万平方米,提升仓网资源利用率;③效率提升:完善仓配服务出仓发运环节从系统功能、操作工序、工艺设备上的衔接,以供应链系统为中心打通仓配全链路作业数据,结合发运设备实现智能分拣、建包、拦截等功能,增强仓内分拣能力,提高发运效率;④模式优化:基于仓库分拣能力和业务预测,开展从仓库直发目的地模式,减轻始发中转场压力。

3. 快运

2022 年,公司快运业务实现不含税营业收入 279.2 亿元,同比增长 2.3%。2022 年企业生产经营活动受制于经济放缓、原材料及能源等价格上涨因素影响,同时面临社会消费意愿抑制,市场需求端增长有限,企业订单及物流活动减少,使得快运行业主要玩家货量增速普遍出现下滑。但伴随国家扩大内需、提振经济政策出台,多地组团包机出海抢订单等,制造业及服务业市场将有所回暖。

顺丰快运坚持打造大件服务“时效更快更稳,范围更广更深,能力更专更强”的理念,在面对外部诸多挑战背景下,为客户提供更优的服务保障,整体 NPS(用户净推荐值)保持领先,快运直营网络单日货量峰值达到 5.4 万吨,加盟网络单日货量峰值达到 2.4 万吨,大件业务整体规模保持行业领先;同时调优产品结构,整合内部资源,推动降本增效。

To C 生活场景方面,夯实末端服务能力壁垒,重点围绕家具家电行业提供更专业的服务,强化末端送装能力,业务做专做精。①家具行业:揽收端拓展服务品类,增加覆盖至超长超宽类家具,派送端逐步投入双人专职派送,提升入户安装能力;②家电行业:投入运营合计 13 万平方米的大家电产地仓,覆盖家电核心产地,通过仓配模式提升订单交付的品质保障。未来持续发力大件上楼及安装能力,重点围绕家具家电夯实底盘,并借助营运模式创新形成服务壁垒,通过降本实现增收。

To B 生产场景方面,围绕客户需求通过多种产品与资源组合形成灵活方案快速响应企业对低成本、高效率的需求。①夯实专业能力,揽收端针对工业区寄件需求设置夜收夜派服务,同时扩大使用木托、木架等木质包装的覆盖范围以降低货损概率,确保货品运输安全,派送端采用电子回单替代纸质回单提升客户便捷性,并降低客户成本;②通过创新模式提升交付灵活性,以经济圈为主的短途市场采用揽收端集货直发实现提速降本,以工业区为主的传统市场借助第三方专线资源,提升对高公斤段货品的交付品质与性价比。未来持续聚焦工业件与商贸件,创新多模式交付以降低成本,全面提升大件产品在工业区及高公斤段领域的竞争力。

加盟网络顺心捷达持续拓展业务规模,货量规模市占率进入加盟同行内前四,加盟网点数量超 15000 个。顺心捷达通过核心区域自建骨干网络,偏远区域与直营网络场地、车线融通,进一步提升网络覆盖、运营时效及服务质量,实现规模与效益双增长。

4. 冷运及医药

2022 年,公司冷运及医药业务实现不含税营业收入 86.1 亿元,同比增长 10.4%。据中国物流与采购联合会数据,2022 年中国冷链物流市场规模预计超过 4900 亿元,同比增长约 7.2%;中国冷链物流前 100 强企业 2021 年总营收规模约 927 亿元,占行业总规模 20.3%,集中度逐年提高。随着《“十四五”冷链物流发展规划》的蓝图指引和规划落地，国家多部委出台冷链物流扶持政策，助力冷链高质量发展。同时，预制菜、生鲜直播等业态的兴起，生鲜零售市场冷链需求增长较快，线上线下渠道融合、多批量小批次运输的趋势愈发凸显，顺丰冷运凭借高标准服务、全网络覆盖、一体化供应链能力，在冷链市场保持领先竞争优势。

（1）生鲜寄递

公司助力农产品上行的服务网络覆盖全国2800多个县区级城市，品类覆盖超4000种特色农产品。2022年主要围绕以下方面开展业务：①服务分层：综合自有专机、冷链、仓储及其他外部合作资源，匹配不同价值层次与时效需求的农产品，制定差异化的营运模式与精细化的定价分层，提高业务效益，并以成本更优的模式服务更广阔的农产品市场；②业务创新：积极拓展新兴品类与细分场景，包括预制菜、活体寄递、海钓场景等，其中预制菜领域打通仓储+冷链+科技能力，制定行业供应链解决方案，与政府、协会、头部品牌紧密合作，联动召开多场产业发布会，助推行业发展；③科技赋能：研究并投入销果裹、丰收、一件代发、丰溯等便捷科技工具，助力农户销售、发货、结算一站式高效经营；④品牌打造：公司投入专项资金补贴，联动产地政府，携手共建16个农产品区域品牌，助力农产品“走出去”。

（2）食品冷运

2022年公司食品冷运业务保持稳健增长，业务盈利能力持续改善。①产品优化升级：优化原冷运零担产品，新推出“冷运大件标快”和“冷运大件到港”，围绕客户需求匹配针对性业务策略组合，精细化管理和运营，实现冷运大件产品扭亏为盈；②提升服务能力：围绕商家线上线下全渠道服务需求，增强2B仓储+干线运输能力，并以全国分仓模式，结合大网前置仓+即时配送服务能力，形成覆盖2B（大件）+2C（快递）+即时订单（2小时达）的冷链流通全场景解决方案，为客户各类不同需求提供时效与成本最优解，获取客户更多业务份额；③提升仓内效率：全部顺丰冷仓完成自研冷链仓储管理系统的切换，绝大部分冷仓实现仓内无纸化操作，结合自动化建设、流程优化、自有员工占比提高等，仓储服务能力与运营效率实现明显提升，产能水平达到平稳支撑电商大促业务高峰。④加强质量管理：2022年顺丰冷运再次通过国家五星级冷链物流企业认定，并持续扩增ISO22000食品安全管理体系认证范围，目前已有6个食品冷仓通过该国际标准认证。同时持续完善各细分领域的行业服务标准，建立高品质的冷链服务标杆。

（3）医药物流

2022年顺丰医药物流业务聚焦于经营优化，打造医药物流服务标杆案例：①孵化产品能力：聚焦疫苗、IVD（体外诊断产品）、医药电商、医院样本、医药流通五大细分领域的物流产品体系孵化，持续突破新场景/新能力，获取业务机会；②疫苗运输：顺丰医药搭建了疫苗运输解决方案和一站式保障体系，包含GSP车辆运输、疫苗安全质量标准、操作SOP及符合国家疫苗运输标准的信息管理系统等一系列软硬件资源体系；自开展业务以来累计配送各类疫苗总数超9.67亿剂，其中2022年配送2.81亿剂；③建设IVD及生物样本场景服务能力：积极拓展医学检验行业上下游生态圈服务模式，围绕IVD和生物检测样本领域，构建多温区的限时门到门温控运输服务解决方案和全生命周期监管溯源平台，实现生物样本干冰温区24小时极速达的场景突破，同时初步构建IVD全国72小时达的温控服务网络；通过医路顺心平台系统，可实现医疗客户全订单管理的单一窗口查询，提升客户服务体验。

5. 同城急送

2022年，公司同城急送业务实现不含税营业收入64.4亿元，同比增长28.6%。面对外部环境不确定性，顺丰同城坚持长期可持续、高质量的健康发展，保持业务稳健增长的同时实现大幅盈利改善。收入端,业务模式与收入结构更多元,专业化和差异化服务牵引高价值订单增长,个人服务、非餐场景、下沉市县成为主要驱动力;成本端,规模效益进一步释放,科技驱动全面统筹调度实现运力效能更优,持续精细化管理完善运营质量及提高资源投产比,实现经营降本提效。

(1)探索新消费服务场景,保持业务稳健增长

面向商家,顺丰同城持续助力各行业客户建立专业化、差异化的履约标准和服务体验,沉淀优势经验和交付能力,在蛋糕鲜花、商超生鲜、医药、专业市场等多个行业输出成熟的解决方案。面对流量多极化,积极推动与各大平台共建生态,寻找直播电商与即时配送服务契合点,达成与短视频和直播电商平台合作,为用户带来"即看即买即达"和"先囤后送"的消费体验。2022年度年付费商家规模达到33万家,同比增长27.7%。面向个人消费者,提供多样化、高品质的即时履约服务,覆盖生活帮忙、医疗健康、商务代办等场景,塑造"重要急送首选顺丰同城"的消费者心智。围绕贵重物品推出全新升级服务"安心送",提供保价产品全程监控、全额极速理赔服务。打造"先锋骑手"队伍,在个人订单大幅增长、中长距离和非标服务需求增加的前提下,仍保障高品质的履约交付。2022年度活跃消费者规模达到1560万人,同比增长47.5%。

(2)持续完善科技系统,实现多元场景高效调度

顺丰同城持续完善CLS系统中智能业务规划及营销管理、骑手融合调度及智能订单分发、智能运营优化三大核心功能。通过持续优化订单推荐和骑手调度逻辑和算法,实现订单和骑手的最优匹配,支持高效履约的同时改善单票履约成本。同时,基于自身智慧物流科技能力的积累和沉淀,顺丰同城推出了"丰配云"SaaS即时物流系统,为有自配送业务的品牌商提供一站式同城物流解决方案,覆盖同城即时配送的各个环节,赋能商家实现全渠道订单接入和全流程高效管理,助力效率提升和成本节约。

(3)夯实多元运力网络,保证高质量稳定交付

顺丰同城已形成覆盖约2000个市县的全国性综合运力调度网络,满足客户门店数量扩张、门店配送范围延展以及营业时长增加等需求,助力客户扩大经营的同时实现顺丰同城业务增长。打造"两轮+四轮"接驳送能力,满足长距离、大重量、多点配送、跑腿帮办等非标配送场景服务需求。2022年,3公里以上中长距离的订单占比提升,平均配送时长、时效达成率维持在高水平,节假日高峰时效达成率波动不超过2.5%,开通夜间(24小时)配送服务的城市数量增加。

6. 供应链及国际

2022年,公司供应链及国际业务实现不含税营业收入878.7亿元,同比增长124.1%。公司自2021年四季度起合并嘉里物流,扩大了供应链及国际业务规模。

(1)国际快递

①深耕东南亚流向:打造东南亚流向的标杆产品,通过班次加密或新增直飞新加坡、马来西亚、泰国、越南等国家的全货机定班航线,结合嘉里物流在东南亚尾程的资源和能力等举措,拓宽服务范围,提升服务时效,实现业务较快增长;②完善国际网络布局:开通了中国至印度、埃及、肯尼亚流向,尼泊尔、孟加拉国、巴基斯坦至其他海外国家流向,并增强欧美流向的航线布局,加密杭州至纽约、武汉至法兰克福航线班次,新增武汉至列日航线,实现覆盖亚太、桥连欧美,持续完善全球快递网络布局;③增强清关能力:持续整合自营和代理清关资源,截至2022年底,全球清关口岸约70个,服务辐射美洲、日韩、东南亚、欧洲等主要地区,国内AEO高级认证资质牌照增至8个,进出口清关及端到端服务能力提升;④科技助力精细运营:依托大数据、区块链、智能算法等智慧化技术和手段,精准规划和精

细管理端到端路由，对异常事件进行可视化和闭环管控，深度优化各环节要素，国际快递产品全环节耗时平均缩短2天，有效提升产品竞争力和客户体验。

（2）国际货运及代理

2022年度国际货运及代理业务面临较为动荡的外部环境。上半年业务仍延续较好的增长势头，但下半年伴随全球经济超预期地转弱，消费萎缩，加之前期过度订单引致的存货过剩，使得国际货物贸易需求及生产订单数量出现大幅下跌；同时由于空、海运力资源恢复导致运价在短时间内从历史高位区间快速回落，供需关系的巨大变化使得国际货运及代理业务明显承压。虽面临较大挑战，公司积极寻找新商机，依托在国内的网络覆盖优势，进一步优化在部分城市试点推行的商机提报与签约激励机制，提升业务区主动挖掘国际货运及代理业务机会的积极性，实现部分客户新合约签订；同时组合多元物流业务能力为客户提供端到端解决方案，提高国际货运及代理业务竞争力。此外，在国际航线方面实现国际快递、国际货运业务的需求整合，统一规划与评估航线开通和班次加密，提高国际航线运营效益。

（3）供应链

顺丰丰豪、新夏晖提供中国本土供应链服务；嘉里物流主要提供环球综合物流服务。2022年国内供应链循环阶段性受阻，给公司供应链业务带来较多挑战，影响业务增速。公司在环境不确定的背景下增强供应链服务的柔性和韧性，通过跨仓资源整合、关键城市及周边多点布局和相互联动等，保障客户供应链持续平稳运营。业务发展方面：①顺丰丰豪梳理优化所服务的行业体系，形成包括汽车、快消零售、高科技、工业制造的四大基石行业，包括医药健康、时尚精品、能源的三大高潜力行业，以及推出运输、关务、4PL的三大产品服务，能够为各行业客户提供个性化定制化的服务。②新夏晖采用灵活的市场策略，新客户拓展主要聚焦西餐连锁、咖啡茶饮等优势赛道；深挖现有业务潜力，以高品质服务和一体化解决方案，赢得更多的服务内容和市场区域覆盖；产品线向供应链上下游延伸，如生产加工、贸易能力拓展等。③国内与国际供应链服务能力协同。已经能够为各行业客户提供从国内到国际、从前端采购生产供应链到后端销售供应链以及科技解决方案的全场景的综合供应链服务，2022年成功中标及落地数个大客户的国内及海外仓储建设运营及运输配送服务。科技赋能方面，对内通过构建供应链全局的数字化中台，实现内部业务线上化、数字化管理；对外深化落实科技产品化，输出科技服务，强化现有客户数据链路的集成等，并开展自动化应用的合作，逐步推进运营场景自动化转型，提升数智化供应链水平。

四、科技应用

顺丰致力于构建数字时代的智慧供应链生态，成为智慧供应链的领导者。顺丰将多元业务中沉淀的海量数据和行业解决方案经验，结合领先的数字化、可视化、智能化物流技术应用，推动供应链全环节技术创新、助力各行业客户打造高效响应的现代化供应链体系。

截至2022年底，顺丰已获得及申报中的专利4452项，软件著作权2490个，其中发明专利数量占专利总量的64%。顺丰积极面向物流与供应链行业、政府、高校等社会机构展开合作，提升顺丰科技社会影响力。入选国际组织奖项“2022世界物联网排行榜”、知名媒体奖项“2022年财富最具影响力物联创新榜”以及人工智能领域“BPAA第二届应用算法实践典范商业赛道全球十强”等荣誉奖项。同时，首次参与国家科技部重点研发计划，致力于进一步推动行业在枢纽级快件处理中心智能化方面的发展。

（1）坚实的数智化基础：公用数据底盘的建设

数据中台：通过构建共享、可信、及时、全域的数据中台，助力业务健康经营和数据生态建设。将各业务线间存在共性、高复用性的数据沉淀到中台，打造集团层面跨业务线可共享、可复用、可信任的数据公共层；上线数据市场等数据消费工具实现数据合规共享，帮助业务自助完成数据分析，提高取数用数效率，精细化运营管理降本；同时，建设端到端的 DataOps 一站式数据开发平台，提升数据开发和交付效率；推动数据治理，优化质量管理平台，端到端解决主数据质量问题，提升主数据可信服务能力；高效应用优质数据，支撑顺丰真正依靠数据创造业务价值，支持业务在事前、事中和事后的高效决策、经营驱动。

(2)物流网络数智化升级，打造顺丰智慧大脑

整体提升顺丰物流网络的数字化、智能化水平，通过收派、中转、运输全链路运营数字化，结合大数据预测、可视化的监控与预警，实现全域智能规划调度、资源动态匹配、扁平化的高效管理；再结合 AIoT、自动化、无人化投入，提高网络运营效率，保障寄递安全，助力顺丰降本增效。

规划与调度数智化。基于大数据、运筹以及人工智能，构建“预测→预警→调度→反馈”的全域智慧决策体系。2022 年在外部环境不确定性变化难以参考历史表现的情况下，持续提升预测的颗粒度、精度、稳定性、时效性，不断新增预测的业务场景，针对颗粒度更细的场地班次预测进行探索并应用，支持精细化营运。通过准确及时刷新高峰节假日预测货量，帮助场地、运力、网点等各环节提前做好资源规划与储备，提高资源投入精准度，改善高峰节假日期间业务盈利能力。“双 11”期间次日全网收派预测准确率达 97%，业务区层级收派准确率可达 90% 以上；通过动态预测每 2 小时刷新预测，对于超出场地处理能力的班次进行预警，帮助场地、在途车辆及时调整，保障服务质量。打造智能的网络规划系统工具，支持营运合理规划资源投入，实现降本提效，2022 年整体降本达亿级，时效提升票数达千万票。其中，干线方面，通过线路优化工具支持线路直发、提频的规划排布，结合日常、高峰的线路投入策略的财务测算，指导资源规划精准匹配和执行；支线方面，实现全网应用数智化工具对支线线路进行规划，新增覆盖节假日、特色经济等场景的线上化应用；空运方面，首次预研航班计划/板箱流向/板箱配载模型，并应用至“双 11”高峰。

实时联动全网基层操作岗位、数万台干支线车辆、数千条航空/铁路线路等各类资源，搭建运输—中转—收派全环节的线上化异常监控、预警与挽救，保障可能延误的快件时效，实现全环节异常监控与调度处理的线上闭环，平日日均挽救 26 万票，高峰日均挽救 90 万票。尤其在应对恶劣天气等突发事件时，异常信息可快速共享、及时知会，提升客户体验。

中转环节数智化。顺丰致力于建设自动化、可视化、智能化中转场，打造高效率智慧物流场地。

在自动化方面，2022 年累计完成 47 个中转场自动化设备的投入升级，提升中转处理产能和效率。截至 2022 年底，小件自动化分拣比率超 86%，单发件(指不做集包处理的快件)自动化分拣比率超 60%。

在智能化方面，搭建了“规划驱动分拣计划和动态调整分拣计划”的系统底盘体系，以数智化手段打通规划与实际分拣作业壁垒，让规划更好指导实际生产；实现线上化动态调整分拣计划，让分拣计划调整更加快速、自动化。系统上线后分拣计划流程耗时平均从 30 分钟减少至 2 分钟，中转目的地错发改善 36.28%，回流率改善 47.42%。此外，依据对场地产能的计算以及件量预测信息，对中转场班次超产能进行预警，辅助场地提前规避爆仓风险、保障中转时效，“双 11”期间 60.2% 的班次做到提前准确预警超产能。

在可视化方面，通过计算机视觉技术，以进行视频追踪、操作监控，实现全流程可视化追溯，帮助解决中转场地的质量管理和安全风控难题。

运输环节数智化。持续完善航空、陆运、铁运等多种运输

模式全链路端到端信息化打通、数字化管理。

聚焦资源线上化管理,搭建资源池,实现资源共享、专享急件动态订舱,支持多产品、不同保障等级运营模式的线上化支持和履约保障。同时,与深圳机场开展“货运一个码”试点,共同提升航空货物物流轨迹数字化水平。通过智能调度车辆、司机人效变革及精细化油耗管控,实现自营资源最大化应用,提升自营资源利用率。通过外包资源统招、保证金全流程场景线上化、多种资源同时竞价、智能线路组合工具,支撑各业务区的共同采购,提升双边干线发运率,外部运力实现降本达上亿元。通过建立常态化运输时效管控机制,实现运力全链路时效闭环管控,提升供应商满意度及运输时效。

在快递快运业务,实现高铁、普列、班列资源从需求到结算全流程线上闭环;在大宗运输业务,参与了交通运输部第三批多式联运示范工程,实现了支持铁路运输从接取送达需求至结算贯通。

末端管理数智化。以动态数字地图作业地理区域(AOI)技术为基础,实现末端收派全面数字化运营、线上化管理。完善收派区域问题诊断与资源投入模型,智能化输出更优策略方案,提升问题改善率,其中采用了系统智能推荐方案的问题区域,超时揽收改善率22.65%,超时派送改善率30.62%,催收改善率52.57%;搭建和完善SOP标准平台,及时更新收派操作标准,提升新工上手速度;搭建小哥的服务质量评价模型,实现线上化质量评分、可视化质量管控,实现公平透明的管理;此外搭建基于客户偏好、票件属性、区域特征等多因素的快件派送模型,助力快件匹配最优投递渠道,以及贴合客户需求实现差异化末端派送,提升客户体验。对网点的作业工具、管理工具进行升级改造,整体降低小哥的劳动强度和面客时长,同时降低快件的损坏率,支持综合网点的大小件同场作业等;通过对低效益网点的线上化管理闭环,及时识别与整改低效益网点,实现场地成本节约。

寄递安全数智化。顺丰应用大数据、AI、区块链等技术,智能化捕捉安全风险因素,提升寄递安全性。

搭建快件安全数据底盘,通过大数据挖掘与分析,定位破损、遗失的具体因素点,搭建业务与科技相结合的安全管控体系,覆盖10余种安全管控场景。通过闭环跟踪相关风险线路、场地、智能物联网设备等黑点数据(指破损和遗失场景的快件数据采集),助力业务搭建遗失预警流程、定位损坏高风险环节及操作。智慧安检首创规模化应用图码绑定,实现数据全链路可追溯;同时通过AI减少安检员人力投入,违禁查获率以及放行失误率均优于传统安检。

客户体验数智化。搭建面向企业客户的服务能力和产品平台,向客户开放物流场景通用能力模块,提供从签约到售后等企业物流管理的全生命周期标准线上化服务,客户线上自助服务率达99%;通过数据和线上化手段实现物流产品管理的数字化升级,对内提升产品运营效率,对外助力构筑产品竞争力护城河。且结合一站式理赔作业平台,沉淀理赔数据,搭建自助理赔模型及理赔方案模型,实现无人化、智能化快速处理理赔,提升客户理赔体验。全自助理赔用户满意率98.7%,处理时效较人工理赔提升98%。在主动客户服务方面,通过AOI区域、客户行为数据模型及AI能力迭代优化,主动挖掘派前预约、异常件处理、智能外呼等新型服务场景,实现千人千面精细化、差异化客户服务。

通过“全链路业财集成”的数字化解决方案,搭建业财数据中台,以及建立高效的一站式成本管控的智能应用平台,实现收入、成本、质量等数据融通,助力经营诊断数字化。2022年通过融通各业务系统数据并结合算法应用,搭建“事前投测—事中监控—事后分析”的经营分析体系,新增多类经营测算模型、效益点挖掘模型及更多经营分析看板，实现智能化成本管控和经营决策支持，提升企业经营效率及核心竞争力。

智慧供应链服务：顺丰已围绕客户的原料供应、生产、仓储、运输、销售、运营等环节提供全链路技术服务。

原材料采购与入厂环节：实现原料供应智能化管理，通过循环取货方案等，实现智能化排线及装载优化。

销售环节运营环节：基于大数据与算法技术助力客户实现消费者洞察和精准营销，以及为中小商家提供线上全渠道店铺经营和管理工具。

生产环节：结合基于计算机视觉的人员管理与智慧园区方案，保障园区生产高效，人员安全。

运营环节：端到端供应链底盘系统实施（OMS/TMS/WMS/BMS），打通订单、仓储、运输、结算等业务全环节，助力数字化运营。

仓储环节：在设计与实施层面提供仓网规划、多级补货、线上线下一盘货等多种方案，在仓内执行层面提供库位优化、仓储自动化等多种服务。

五、绿色快递

面对全球气候变化带来的影响，顺丰坚持以科技创新持续提升自身资源能源利用效率，减少各业务环节的碳排放。同时，顺丰致力于通过科技赋能合作伙伴，推动行业绿色转型升级，共同响应国家“双碳”目标。作为助力碳中和的先行者和推进者，顺丰通过在人工智能、大数据、机器人、物联网、物流地图、智慧包装等前沿科技领域进行前瞻性布局，结合新能源应用，将科技力量注入每个快件的全生命周期，助力“收转运派”全流程的提质增效和低碳减排。

（1）绿色科技底盘，加速碳管理标准化

顺丰首创行业绿色低碳转型范例，打造数智碳管理平台——丰和可持续发展平台，平台由碳核算、碳目标、碳资产管理等部分组成，覆盖包装、运输、中转、派送等多个环节，共计60余个典型场景120余项指标。平台可实时核算企业端到端环节碳排放，实现设定碳目标达成情况的实时监控。2022年，丰和可持续发展平台通过了第三方专家团队的严格评估，平台的温室气体盘查功能符合国际通用的温室气体核查标准，“排放源的识别、排放系数的设定、温室气体排放量与减排量的量化”四个基本功能版块是完整、合理且准确的，能够满足顺丰温室气体盘查需求。

（2）数智化碳平台，推动供应链可持续

顺丰基于平台的标准化碳管理底盘能力，帮助客户了解运输和物流相关活动中的温室气体排放量，提升供应链物流的碳排放数据透明化程度，对高排放环节进行分析和优化，实现运营过程中的有效识别与管控。叠加先进的物流技术应用经验，顺丰正携手多个品牌大客户实施供应链重塑，积极打造可持续发展的供应链服务。例如通过仓储、包装、运输、派送等环节的碳减排措施，降低客户碳排放。顺丰通过提供定制化低碳供应链解决方案，将平台能力快速复用至产业链上下游伙伴，助力客户实现碳中和效果可视可控，携手客户加速低碳转型。

（3）赋能行业发展，携手共赴零碳未来

在实现全球碳中和的蓝图里，建设零碳的商业社会至关重要。除了提供可视化、可量化的低碳产品、低碳服务，帮助客户向外展示他们对于环境的承诺，助力客户创造绿色价值之外，顺丰还与商业合作伙伴分享自身的碳管理经验，参与建立物流行业的碳排放核查、碳资产管理相关标准。2022年顺丰参与了《企业绿色物流评估指标》行业标准的编制工作，为评估物流企业绿色发展水平提供技术支持，有助于推进物流行业的节能降碳、促进物流行业绿色低碳发展，携手行业伙伴共赴零碳未来。

（4）打造绿色物流

顺丰以保护环境、节能减排为目标，不断完善环境管理体系，通过推进低碳运输、打造绿色产业园、践行可持续绿色包装以及绿色科技应用等举措，实现覆盖物流全生命周期的绿色管理，积极打造可持续物流。2022年度，顺丰减少温室气体排放量达1557816.4吨二氧化碳当量（CO_2e）。

为了降低运输过程中对环境的影响，提升能源使用效率，顺丰持续推进运输环节的绿色低碳转型。陆路运输是顺丰提供物流服务的主要运输方式。顺丰持续优化运力用能结构，通过提升新能源车辆运力占比、优化燃油车辆选型、管控车辆油耗等方式来减少运输过程中的碳排放。此外，顺丰还搭建了能源管理平台实现用能数据管控，并采用大数据、云计算等科技手段进行运输线路优化，逐步推动陆路运输环节的节能减排工作。对于长距离运输和北方寒冷地区运输的场景，顺丰进行氢燃料、LNG天然气车辆的试点引入。

顺丰通过自购、租赁等方式不断提升新能源车辆数量，持续扩大绿色车队规模。2022年新增投入运营使用的新能源车辆超过4900台，覆盖城市内普通及大件收派、短途干支线及接驳运输等场景。截至2022年底，顺丰累计投放新能源车辆超过26000辆，已覆盖232个城市。2022年，共有20台氢燃料供能的轻型卡车在上海地区运营，2台LNG牵引车在北京地区运营。

顺丰严格遵守《中华人民共和国节约能源法》《广东省节约能源条例》等法律法规，持续完善能源管理制度体系。顺丰建立了《顺丰航空能源管理制度》，同时设有航空碳排放工作组，统筹推进航空运输模块的各项节能减碳工作。

优化机型组成：顺丰致力于打造低能耗高效率的“绿色机队”，自2018年起，顺丰积极引进B747、B757、B767等大型货机。新购入的大型货机相较于传统的B737货机，拥有满载情况下碳排放效率更高、吨公里油耗更低的优点。截至2022年底，顺丰共有77架自有全货机。

应用节油技术：顺丰通过飞行高度层优化、精细化业载、根据预测业载动态调配机型、二次放行、截弯取直和关断辅助动力装置等多项节能减排措施，减少燃油消耗。2022年，顺丰通过截弯取直技术节约航空燃油量约1234吨，减少二氧化碳排放量约3742吨CO_2e，通过二次放行节约航空燃油量约707吨，减少二氧化碳排放量约2144吨CO_2e。

（5）践行可持续包装

顺丰顺应绿色包装发展趋势，坚定落实邮政业绿色发展“9917”工程的具体要求，加大包装材料研发的投入，寻求绿色包装材料的技术创新、变革与应用，并不断探索循环包装精细化运营，与产业链上下游合作，促进绿色包装发展。顺丰以可持续、智能化为方向，推行包装减量化、再利用、可循环、可降解。2022年，顺丰通过推广绿色包装的使用，减少碳排放约50.6万吨。

减量化包装。为了减少资源浪费和环境污染，顺丰加强源头管理，通过开展过度包装治理专项工作，发布《顺丰包装操作规范》，针对不同种类的托寄物细化包装操作要领，落实绿色包装要求。顺丰通过智慧包装服务平台持续优化包装方案库，并采用视频、图片等多种形式赋能快递小哥对不同类型托寄物进行合理包装，在保障快件安全的基础上，减少过度包装。

2022年，顺丰继续推行“丰景计划”，对胶袋、胶纸、贴纸、封条等8大类物料进行减量化、标准化、场景化创新研发，通过轻量化、减量化，可折叠等手段，减少塑料消耗。2022年累计减少原纸使用约4.7万吨，减少塑料使用约15万吨。通过包装减量化措施，2022年共计减少碳排放约15万吨。

可循环包装。顺丰贴合不同业务场景，开发满足全场景、全功能应用的可循环包装容器，实现容器与载具之间标准化，达到降低损坏、缩短操作时长、降低作业成本的目的。同时开发了智能化管理运营平台，辅助智能容器管理。顺丰针对不同行业和场景投用了保密运输箱、航空－集装温控箱、易碎品循环中转箱、食品循环保温箱、医药循环围板箱等成熟产品，有效解决了传统包装和容器成本高、破损多、操作效率低、资源浪费等问题。2022 年，循环箱循环使用次数超过 3200 万次，贡献碳减排量 1.3 万吨。

可降解包装。顺丰持续开展生物降解包装材料的研发，积极进行生物降解包装的技术储备。顺丰自主研发的全降解包装袋“丰小袋”已在全国推广应用，生物分解率可达 90% 以上。截至 2022 年底，“丰小袋”已在北京、广州等地累计投放超过 6251 万个。此外，顺丰还对各类生物降解包装材料开展试点工作，包括可降解环保胶带、可降解缓冲物料等，逐步减少一次性不可降解塑料的使用，履行环境保护责任，践行可持续绿色包装。

绿色包装标准制定。为配合国家邮政管理部门不断健全绿色包装相关法规标准政策体系的工作，顺丰积极参与快递包装相关的国家与行业标准制定工作。2022 年，顺丰作为核心企业参与编制了《电子商务物流可循环包装管理规范》和《邮件快件包装回收与循环指南》两项国家标准，致力于推动快递包装绿色治理工作，促进包装资源循环利用，以达到减少环境污染和实现可持续发展的目标。此外，顺丰还成立了包装实验室检测中心，专注于快递物流包装材料检测、包装方案安全验证评估以及包装标准创新研究工作，具备检测 45 个包装品类、超 140 个测试标准、400 个项目的测试能力，已获得行业首批“邮政行业绿色包装技术研发中心”资质，并通过了 ISTA 认证（国际安全运输协会认证）和 CNAS（中国合格评定国家认可委员会）认证。顺丰包装实验室检测中心不断加强基础研究力度，在功能性包装技术、生鲜保鲜温控、绿色化技术、包装碳排放评价、国行企标标准化方面，与数十所高校建立联系，构建专家资源库，开展多项研究课题，助力物流模式转型，并填补行业空白。

推动循环经济。顺丰积极响应国家全面推行循环经济的号召，将提高资源利用效率、减少温室气体排放作为绿色发展方向，与产业链上下游开展合作，共同助力“无废城市”建设。

顺丰持续打造快递包装循环生态圈，积极与产业链上下游合作，共同推进可持续包装发展进程。2022 年，顺丰参与绿色再生塑料供应链联合工作组（GRPG）发起的塑料包装高值化利用研究项目，共同探索塑料绿色低碳循环发展新模式和快递“双易”（易回收、易再生）标准的制定，致力于打造“包装研发＋社会运营”的企业协同模式，即由专门回收企业回收快递包装袋后重新投入生产制造，打破了传统的“制造—使用—废弃”的线性模式，致力于构建“塑料包装设计—生产—消费—回收—再生—高值化应用”体系，最大化降低塑料废弃物对生活环境的影响，打造全流程绿色闭环。顺丰致力于通过量化指标衡量自身在应对气候变化风险与机遇方面的工作成果。顺丰将在每年度的可持续发展报告中持续披露能源消耗量及密度、温室气体排放量及密度等与气候变化相关的环境指标及目标完成进度，努力实现自身 2030 年减碳目标，助力国家实现“双碳”目标。

六、社会责任

顺丰积极履行企业社会责任，支持公益慈善，在医疗、教育、环保等多领域持续开展志愿公益活动；聚焦乡村振兴，以数字技术赋能乡村地区农业发展；支持稳产保供，利用自身供应链及科技优势保障生活物资快速运送，努力为建设和谐社会贡献一己之力。

2022 年，顺丰公益基金会全年公益总支出 11740 万元。22 个志愿者协会组织开展公益活动 148 场次，活动参与 7226 人次，志愿服务时长 1206286 小时。

（1）教育公益

顺丰莲花助学项目启动于

2012年，旨在建立人与人之间更好的联结，帮助困境学生顺利完成学业，成长为具有优秀品格，能够适应社会发展，并愿意反哺社会的美好青年。2022年，顺丰莲花助学项目总投入3182万元，其中奖助学金发放2938万元。

2022年，顺丰莲花助学项目全新升级奖助学金发放系统，系统提现体验、识别准确率大幅提升。项目当年新增资助困境高中学生3942人，全年在资助高中生11595人，发放高中助学金2480万元；全年发放反哺大学奖学金1494人459万元。2022年度共计在67所项目学校设立73位班主任，各校共开展7期主题班会。2022年共计开展5场梦想分享会活动。

在心理健康方面，搭建心理支持框架，与高校建立心理支持合作。对项目学生进行3年调研，掌握项目学生在不同阶段的整体心理健康状态变化及面临的共性健康困扰问题，并针对项目学校老师开展心理健康知识的培训。

在困难救助项目基础上，针对莲花学子开放大病救助申请。2022年共开展53次赋能课程，2454人参与。2022年累计开展92场次赋能活动，包括哺乡村夏令营、创课大赛、回母校交流活动，共计700人参与。2022年，顺丰莲花助学项目共计资助/奖励困境学生13089人，发放奖助学金共计2938万元。截至2022年底，项目累计资助困境高中生34094人，共计17254万元；奖助项目大学生8155人次，共计2457万元。

（2）医疗救助

顺丰暖心——儿童医疗救助项目（简称顺丰暖心）致力于推动0～18岁患有相关疾病困境患儿早发现、早治疗、早康复，在医疗救助和人文关怀两方面助力患儿身心健康成长，同时助推“大病不出省”和儿童医疗行业发展。2022年，顺丰暖心项目全年投入5027万元，医疗救助模块新增资助患儿及孤儿3160名；人文关怀模块的6处顺丰暖心空间共服务患儿及家人4420人次。

2022年，顺丰公益基金会在医疗救助模块全面升级项目救助管理系统，提升用户体验和患儿救助效率。2022年，顺丰暖心项目在14家直接合作的定点救治医院新增救助大病儿童1849人，资助3291人次，项目救助规模较2021年增长近2倍，全年累计资助患儿医疗费用3601万元，同比增长187%。顺丰还通过资助其他公益机构执行医疗救助项目，新增救助大病儿童及孤儿1311人，全年累计新增救助3160人。

2022年，顺丰暖心项目基于新的战略规划，在全面筑牢医疗救助基本盘的同时，大力发展“人文关怀”这一项目特色，通过一系列的暖心关怀和成长陪伴举措，助力顺丰暖心帮助过的孩子成长为向上向善的美好青年。

（3）助力乡村振兴

顺丰是国内第一家将生鲜农产品以快递形式从农户手中直送城市消费者的快递物流企业，从此开启了从“田间”到“舌尖”的商业模式。一直以来，大量优质农产品在流通过程中遇到“易损、难包装、环节多、无法形成规模化”等问题，在市场推广中遇到“渠道少、形式单一、受众面小、无法形成品牌效应”等问题，久而久之，农户收效甚微，农产品创收盈利更无从谈起。把好的农产品运出去，更把好的农产品品牌“运”出去，是顺丰坚持的助农思路。在田间地头建设农产品集收点、研发投入适应小批量分拨的移动分拣车、建设贴近产地的生鲜预处理中心、针对众多生鲜品类设计专属包装、在特色农产品丰收季调配专用冷藏车辆、专属全货机及多种运力资源等方式，顺丰不断刷新农产品在流通过程中的交付速度、不断创新生鲜品类在运送过程中的保鲜手段，帮助农户把来自田间地头的优质农产品，运出大山，送到千家万户的餐桌。凭借自身强大物流网络、先进包装技术及快速配送能力，大闸蟹、牛羊肉、活鱼、海产品、荔枝、樱桃、草莓、水蜜桃、松茸等，顺丰攻克一个个快递运输中难度最高的品类，实现独具中国特色、覆盖全国范围的农产品直送、直达模式。顺丰继续坚持通过物流模式创新、降本增效、紧贴市场定价等举措，扩展服务品类及业务场景；同时通过科技赋能，研究并投入销果裹、丰收、一件代发等便捷科技工具，助力农户销售、发货、结算一站式便捷高效地经营。

2022年是国家持续全面推进乡村振兴的发力期。为积极配合国家战略，持续巩固及扩大扶贫攻坚成果，同乡村振兴有效衔接，在快递物流服务之外，顺丰亦延伸配合各地政府打造区域性农产品品牌，助力品牌化建设，让更多地方品牌的特色农产品被国人所知晓、品尝、认可。2022年，顺丰制定区域品牌包材定制专项资金补贴机制，投入300万元专项资金，还联动地方政府，获取品牌授权，设计品牌包装，助力共建16个农产品区域品牌，为当地农户创收超5亿元。此外，顺丰响应绿色物流理念，试点农产品绿色环保包装材料，还提供产品溯源、农残检测等一系列科技服务，取得用户一致好评。目前顺丰助力农产品上行服务网络已覆盖全国2800多个县区级城市，共计服务4000余个生鲜品种，2022年实现特色农产品运送362万吨，预计助力农户创收超千亿元。

中通快递股份有限公司

中通快递集团创建于2002年5月8日，是一家集国内与国际快递、快运、商业、仓储、冷链、金融、航空、传媒等业务于一体的综合性大型集团公司。2016年10月27日，中通快递登陆美国纽约证券交易所，2020年9月29日，中通快递在香港联合交易所主板挂牌上市，成为第一家在美国纽约和中国香港两地上市的中国快递企业。2022年，公司已就主要上市转换向香港联交所提出申请，主要上市转换生效后，公司将于香港联交所及美国纽交所双重主要上市。

一、基础建设

2022年，中通快递全网服务网点31000余个，国内分拨中心98个，458套自动化分拣设备，直接网络合作伙伴约为5900个，自有干线运输车辆11000余辆，其中约9700辆为高运力甩挂车，干线运输线路3750余条，网络通达99%以上的区县，乡镇覆盖率超过94%。2022年，中通快递完成包裹量243.89亿件，同比增长9.4%。

二、业务发展

国家邮政局发布的《“十四五”快递业发展规划》指出，要以深化供给侧结构性改革为主线，推进“两进一出”工程，提升服务直销，推动服务和技术创新，带动行业转型升级。中通快递以“用我们的产品造就更多人的幸福”为使命，追求卓越创新，构建全链路数字化智慧物流，不断完善客户服务体系，保障客户信息和隐私安全，致力于打造综合性物流服务平台。

中通快递建立完善的快递产品体系，持续丰富快递产品线，基于客户“时效保障、按需派送、超时必赔”等多样化需求，开发中通标快、特快及尊享等快递产品，为平台或特定客户提供个性化的增值服务和定制化的产品。同时，我们积极响应国家邮政局“两进一出”要求，拓展快递进厂、快递出境通道，积极布局“最后一公里”，从而满足多元化、个性化的市场需求。

快递产品类，2022年针对中高端电商、汽配、医药、服装、3C电子、生鲜冷冻等行业重点推广中通标快。目前推出3.0版本，通过末端服务闭环管理，根据不同收货场景修复升级末端派签方式，逐步由以产品为中心向以客户为中心转变。

增值类产品，同时派为协议客户提供同一销售单多个运单号同时派送的个性化服务。生鲜保针对生鲜果蔬冻品类需要保鲜的货品上线了生鲜保，在保鲜时效内，对于外包装完好而内物破损比例超过20%的产品，按实际价值全额赔付。

定向化服务，音需达是与字节跳动平台合作，为消费者提供末端派件电联、送货上门的服务。对总拦截是与平台合作或C端用户自主发起拦截，无需与网点沟通自行发起拦截退改，简化平台和网点操作，提升平台在用户退款及疫情场景的拦截效率。C端改地址功能是于2022年2月上线，为散客自助发起拦截提供便利。

此外，在“快递进厂”方面，中通快递持续推进“快递进厂”工程，深度融合产业链，提供“一站式”寄递服务，持续优化行业供给结构的同时，携手上下游关联企业互利共赢。在“快递出海”方面，中通快递积极响应“走出去”发展战略，围绕“成为全球一流的综合物流服务商”的发展目标，依托中通国际，通过整合海外仓、海外专线、跨境电商供应链，建立“多渠道、多元化、全方位”的服务模式，推动产品国际化、服务全球化，提供定制化的一站式物流供应链服务。

三、科技应用

中通快递坚持以科技创新为动力，致力于实现快递全流程的数字化，不断加大新技术、新设备的应用和普及，同时保障快件寄递全过程的安全，推动企业高质量发展。中通快递将科技创新与公司战略、业务密切衔接，积极开展自主研发，借助数字化技术覆盖快递业务全场景，通过创新研发不断拓展产品品类，满足客户多样化的需求。

1. 研发创新管理

中通快递持续重视自动化、科技化、智能化发展，组建科研团队，持续加大研发投入力度，实现先进技术与公司产业的深度融合，助推业务价值端到端的高质量快速交付，持续提升公司科研实力和综合服务能力。

一站式研发平台，打通产研全流程。中通快递致力于推动产研流程相关工作平台的建设，由各部门分散建设向企业统一建设演进，基于此推出一站式工作平台（DevOps），集合需求管理、缺陷管理、任务管理、版本迭代管理、项目管理、测试管理、目标管理、应用与集群管理、发布管理等产研全流程功能，基于主流开源分布式架构体系进行设计，可提供灵活的弹性扩大容量方案。该平台覆盖了产研全流程，打破了信息边界，建立了开放高效的工作协作平台，全面提升各业务线产品的业务敏捷水平与研发效能。

系统平台迭代优化，提高运营管理效率。随着各省市中心单量、设备、人员进一步增加，人力汇总运营数据的劣势逐步凸显。报告期内，中通快递设计并开发了“双11”数据大屏、智能园区等数字化工具实时追踪营运数据，从而提高运营管理效率。“双11”数据大屏汇总了包含实时业务量、中心操作人员情况、车辆运输情况、预测订单量、压力预警中心预计消化天数等情况，为总部和省区管理层决策提供全套数字化信息支持。智慧园区从上至下为省市中心的园区、建筑、楼层、区域、月台和设备建立了数字化档案，为全网转运中心数字化模型的建立，中心操作工绩效的进一步落实和优化提供了可靠的数据基础。

2. 数字化转型

中通快递秉承“互联网+物流”的理念，为生态圈业务打造全场景、全链路的数字化工具，促进数字化转型在“收、转、运、派”快递全周期的应用，为客户提供优质的服务体验。2022年，公司持续优化和完善信息化系统，发布中心360、网点360、考勤系统、数字化广告牌等，持续拓展业务服务场景，提高全网的综合管理效率和数字化水平。

3. 知识产权保护

中通快递严格遵守《中华

人民共和国商标法》《中华人民共和国著作权法》《中华人民共和国专利法》《中华人民共和国反不正当竞争法》等法律法规要求，加强对专利、著作权等知识产权的管理和保护，并获得GB/T 29490知识产权管理体系认证。报告期内，公司更新了《知识产权管理制度》，对专利申请、实施过程等相关内容进行修订，进一步规范公司知识产权管理。报告期内，公司获得专利65件，软件著作权19件，商标139件，知识产权投入总计超119万元。

四、绿色快递

中通快递积极贯彻落实绿色发展理念，不断建立健全绿色管理机制，在仓储、包装、运输、配送等环节，加大新能源、智能化、数字化、轻量化装备的投入，加快形成绿色基础设施和交通运输网络，努力构建低碳、循环的商业模式，以行业领军企业的责任与担当助力快递行业绿色转型。

1. 夯实环境管理

中通快递严格遵守《中华人民共和国环境保护法》《中华人民共和国节约能源法》等国家和地方政府有关环境管理的法律法规，并根据ISO 14001建立环境管理体系，制定《绿色采购制度》等覆盖生产运营各环节和供应商、承包商等合作伙伴的环境管理制度，成立由常务副总裁领导的节能环保绿色项目组，协调各部门落实具体节能环保工作，明确“揽收、分拨、运输、配送”等作业环节的任务清单及工作方向，动态改进公司环境管理机制，持续优化环境管理成效。

2. 应对气候变化

中通快递深知气候变化相关风险对自身正常运营的影响。随着国家“双碳”战略、“1 + N政策体系”以及行业内一系列推进邮政快递业绿色低碳转型政策的出台，为公司更好地应对气候风险，践行绿色发展指明了方向。公司将积极践行国家碳达峰碳中和目标，由ESG委员会对应对气候变化相关工作进行监管，通过气候风险识别和政策分析，对可能存在的潜在气候变化风险做好应急预案，并在自身生产和运营过程中采取多种节能降碳举措，主动应对气候变化带来的挑战和机遇。

在气候风险识别方面，中通快递安全管理团队对气候变化可能引发的影响公司正常运营和安全的潜在风险进行判断，识别出包括台风、寒流、热浪等极端天气风险隐患，并制定和完善预警工作及应对机制，编制《灭火和应急疏散预案演练制度》《防汛应急预案》等政策制度，降低实体风险对企业正常运营的影响。此外，公司还深入研究“双碳”领域相关政策（包括碳排放权交易机制、平均燃料消耗量与新能源汽车积分交易机制、绿色电力试点交易机制、地方性碳普惠机制等若干项政策机制），降低财务影响甚至违规风险，并尝试通过内部培训、外部合作、低碳运营等方式，提升公司对转型风险的应对能力。

在低碳运营方面，中通快递将积极践行国家“双碳”目标，除了对现有运输及仓储设备开展节能改造外，还在新建项目的规划设计中，参考绿色建筑等评价标准，进一步提升自身环境效益。此外，公司还为员工提供环保绿色培训，引导员工通过绿色办公和生活等方式，共同为减缓气候变化而努力。

低碳寄递。中通快递致力于提升寄送各环节的绿色化水平，大力推广绿色包装使用，推进运输和配送设备绿色转型，加强中转环节智能化和绿色化配套设施建设，助力加快构建绿色交通运输体系，让快递物流更加环保、更加低碳。2022年，公司车队平均车龄为3.4年。

低碳办公。中通快递倡导绿色低碳办公，从办公作业产所规划设计到培育低碳办公习惯，公司始终将低碳和可持续发展理念贯穿始终，为建设低碳社会贡献中通的力量。

绿色文化。中通快递积极响应“碳达峰碳中和”的整体发展方针，深化落实“绿色低碳，节能先行”，通过内部会议、“中通学园”学习平台、中通官网、官方微信等渠道进行宣贯，供全网员工学习交流，并以考试形式进行知识巩固，提高全员环保意识。2022 年，中通快递累计开展绿色发展宣贯培训 10 场，4307 人次参与。

3. 推广绿色包装

中通快递坚持减污和降碳并重，制定《快件包装操作规范》，加快推进快递包装减量化、标准化、循环化，着力构建快递包装循环利用体系，积极响应国家邮政局 2022 年"9917"工程，在全网范围内，大力倡导并推广电子面单、"瘦身胶带"、循环中转袋、循环快递包装盒等绿色低碳包装，助力形成绿色低碳的生产运营方式和快递消费模式。

4. 加强污染防治

中通快递严格遵守《中华人民共和国环境保护法》《国家邮政局关于全面加强生态环境保护坚决打好污染防治攻坚战的实施意见》等相关要求，制定并完善资源使用及污染防治制度和管理机制，规范资源使用和排放物管理，并承诺合理使用水资源，对产生的废气、废水、废弃物进行合规处理，杜绝因处置不当而引发的环境风险，同时，通过管理优化和设备升级改造，提高资源使用效率，从源头减少各类污染物及废弃物的产生，降低生产运营对环境产生的负面影响。

五、社会责任

中通快递致力于为社会担负起超越商业的责任，将温暖和爱心传播得更广、更远。2022 年，中通持续关注公益事业，以全方位的实际行动践行社会责任；我们携手合作伙伴积极开展爱心助学、社区支持、抗疫抗灾等公益活动，传播行业正能量；我们紧紧围绕"用我们的产品造就更多人的幸福"的企业使命，以商业向善的力量服务社会大众。

1. 爱心助学

中通快递持续关注山区贫困儿童的生活和教育，携手社会公益组织为乡村儿童捐献物资、援助学费、传递爱心，改善他们的生活和学习条件，激励他们积极向上，努力学习，在将来成为社会的栋梁之材。

中通快递支持乡村教育，以多种形式支援困难地区的教育事业，传播快递行业正能量。我们以"点滴汇聚，爱心有你"为主题开展"圆梦 1 + 1"爱心助学公益活动，向上海华新镇残疾儿童康育院团捐赠 5 万元爱心善款，联手社会爱心力量累计捐献生活用品、学习用品、清凉用品等爱心物资近 200 箱，转运到云南省云龙县民建乡中通希望学校、兰坪县中通希望学校、彝良县柳溪乡中心小学、河南省方城县柳河乡孙沟小学、山西省天镇县第四小学，并陆续分发到当地受助学生手中，为他们送去关怀与希望。

2. 传递关爱

中通快递致力于成为美好生活的创造者，持续支持社区建设和城市人文关怀，开展了一系列关爱户外一线工作者的公益活动，传递爱与关怀，构建有温度的城市。

中通快递为快递员、外卖员、交警、环卫工人、建筑工人、抗疫工作者等户外工作人员带来"来凉快一夏"高温送清凉活动、"有你的冬天不太冷"冬季送温暖活动，为城市守护者们送去中通快递最诚挚的关怀。该活动覆盖全国 26 个城市，遍布 80 家中通快递网点，为户外工作者们免费提供 10 多万瓶纯净水、3 万多份饮料及藿香正气水、近 2 万套"冬季温暖六件套"等，让户外工作者感受到中通的关怀与温暖。

3. 抗疫救灾

中通快递各网点不畏疫情艰险，逆向而行，纷纷投身至公益承运中，全力支持疫情期间物流畅通和物资供应。

中通快递受广西柳州市政府及柳州螺蛳粉协会委托，公益承运由当地爱心捐赠的支援百色抗疫的柳州螺蛳粉。我们充分发挥自身运力与渠道优势，将约 10 万包螺蛳粉、10 吨青菜等共价值 110 万元的物资一同运往百色，为疫情中的百色市民送去爱与温暖。

圆通速递有限公司

圆通速递有限公司于2000年5月28日在上海创立。2016年10月在行业内率先上市(600233.SH)。近年来,圆通围绕国家战略部署、坚守快递物流主业、加大产业生态投资布局,已发展成为一家集快递物流、科技、航空、金融、商贸等为一体的综合性国际供应链集成商。

圆通始终坚持"客户要求,圆通使命"的宗旨,以人为本,以客户体验为中心,为客户创造价值,以"做中国人的快递、世界因我触手可得"为追求,致力于提供"安全、快速、便捷、可靠、科技"的服务,打造品质圆通、科技圆通、绿色圆通、德善圆通,构建圆通供应链网络生态命运共同体。

2022年,圆通一手抓防疫安全、一手抓生产经营,迎难而上、攻坚克难,圆满完成了各项经营目标和任务;坚定推进数字化转型升级,依靠数字化、标准化、绩效化,持续改善经营管理;全面提升服务质量,打造差异化产品和服务体系,安全生产与管理能力不断提升,服务质量名列前茅,市场占有率不断提高,打造圆通3.0,树立放心可靠的圆通品牌。

一、基础建设

截至2022年底,圆通拥有两家上市公司,全网拥有分公司5100多家,服务网点和终端门店8万多个,全网133个集运中心土地面积超过20000亩,分公司土地面积超过9000亩。2022全年改扩建集运中心44个,员工45万余人,妈妈驿站数量超过70000家,"圆梦家园"已超5000家,驿站的乡村覆盖率超过52%,同比上升18%,覆盖13171个乡镇。全渠道的入库入柜率达到70%。服务网络已经实现全国31个省(区、市)县级以上城市的全部覆盖。

2022年,圆通旗下另一家上市公司——圆通国际,真抓实干,整合资源、拓展网络,仓干线配关、全面布局,一年来,国际运营与服务能力有了明显的提升。截至目前,圆通国际在18个国家和地区设立50多个分公司及办事处,拥有全球加盟及代理商500多家,业务覆盖6大洲、150多个国家和地区,初步构建起一张覆盖全球的快递物流供应链服务网络。

圆通航空于2015年9月首航,现已成为国内航空货运领域的头部企业之一,累计开通国内、国际航线100余条,航线网络覆盖日韩、东南亚、南亚、中亚,并已经开通中欧货运航线,是国际货运航班比重最高的中国航企。为了打造"72小时全球达"的空运网络、支撑国家国际供应链安全,圆通于2022年在嘉兴开工建设全球航空物流枢纽——"东方天地港"。作为中国商飞的战略合作伙伴及货运飞机的全球启动用户,圆通航空将于2023年运行全球首架ARJ-21货机。

2021年3月,圆通与杭州亚组委签署杭州2022年第19届亚运会官方独家物流服务赞助商合约。圆通旗下的速递、航空、科技及国际等业务板块高度集成成立亚运会专业保障小组,从运输方案、关务、信息系统、航空和物流中心仓库等方面,圆通有信心、有能力为杭州亚运会打造最好的全方位、国际化的物流服务。

二、业务发展

2022年,圆通全网业务量近180亿件,全网业务综合收入超2100亿元。圆通国际营收近100亿元,完成国际包裹1.4亿件;圆通航空收入超21亿元,体量与收入继续创历史新高."降本增效”持续深入，“服务质量”持续提升，全链路时长有6个月排名通达第一，投诉率下降了13%，菜鸟“双11”龙虎榜名列第一，收入及业务量等综合能力稳居国内快递物流行业前三名。客户满意度和品牌美誉度越来越高。

近年来，圆通多次荣列“中国民营企业500强”“中国民营企业服务业100强”和“上海市民营企业十强”等，被评为国家5A级物流企业，获得全国交通运输行业文明单位、中国物流社会责任贡献奖等荣誉。此外，圆通与中国残联签署战略合作协议，将通过“三年行动计划”，为全国残疾人提供工作岗位，助力广大残疾人就业创业，实现共同富裕。

三、科技应用

圆通向科技要生产力，让科技创新引领企业未来。全面推进数字化转型战略，在数字化赋能分公司方面，2022年圆通“网点管家”端上线了新的财务系统，让分公司更轻松地核算账单和昨日经营情况，并根据相关数据指标进行精准定价，得益于此，这个系统深受分公司好评。另一款圆通面向客户自主研发的数字化管理工具——“客户管家”通过2022年的不断推广，已成为圆通与客户之间保持高效沟通、为其快速解决问题的稳固“桥梁”，帮助分公司在实现业务量增长的同时，客户体验也得到大幅提升，带动客户黏性持续增强。

这些数字化系统已实现为圆通全网提升竞争力的良性循环，源源不断地释放出巨大的价值。在分公司端，数字化工具为其提供正向反馈，分公司对圆通的认同度持续走高，提振全网信心；在客户端，数字化工具使圆通的客户服务能力得到实在的提升，客户满意度和品牌美誉度持续提升。

四、绿色快递

圆通高度重视绿色物流发展工作，按期召开绿色工作碰头会，根据《国家邮政局2022年行业生态环境保护工作要点》要求，基于2022年生态环保评价指标，对公司生态环保工作进行研讨与部署，将生态环保工作分解至各业务部门，同时印发《绿色工作任务分解表》，实现责任到人，确保各项工作有目标、能落实、出结果。

圆通结合公司业务场景和业务特点，以快递包装循环化减量化、转运中心用电节能化、绿色物流全链路数字化管理等方面推动业务绿色化发展。圆通积极贯彻落实国家邮政局绿色发展“9917”工程，全面推进减污降碳。2022年，圆通全网采购使用符合标准的包装材料达93%，规范包装操作比例达92%，全网回收复用瓦楞纸箱2208万个，推动加盟商网点积极采购使用可循环快递箱替代一次性包装。

2022年11月底，在杭州市萧山区的圆通亚运物流中心，2.3万平方米的馆区屋顶上，首批光伏发电项目验收通过，成功发电。该工程建设使用了1845块高效单晶硅。全部投入使用后，年发电量可达132万度，每年可节约标准煤376吨，减少二氧化碳排放1032吨，有效降低烟尘及废水排放，助力打造低碳环保的绿色快递物流。未来，圆通还将在潍坊等城市安装光伏发电设备，积极打造低碳环保的绿色物流。

2022年12月，圆通结合本公司实际，自主研发的碳排放核算系统正式上线，实现了对绿色物流的全链路数字化管控。该系统支持查看全国、省区、中心总碳排放、单票碳排放情况，帮助公司更好地适应绿色低碳发展要求，实现绿色数字化管控，从系统监测数据来看，圆通全网12月份单个包裹碳排放量为0.1886千克，环比下降了13.73%。

圆通按照国家邮政局《邮件快件包装操作规范备案管理规定（试行）》要求，积极落实企业主体责任，以“注意节约环保、杜绝过度包装，避免浪费和污染环境”为指导原则，依据《中华人民共和国固体废物污染环境防治法》《邮件快件包装管理办法》《邮件快件绿色包装规范》及《邮件快件包装基本要求》等有关法规标准和规范性文件，结合公司实际修订了公司《快件包装操作规范》并按要求完成备案，保证邮件快件包装质量，规范快件包装行为，保障用户合法权益和寄递安全，节约资源、保护环境。

圆通围绕固废法、《邮件快件包装管理办法》《关于加快推进快递包装绿色转型的意见》及《"十四五"邮政业绿色发展行动计划》等法规政策，通过培训（线上线下相结合）、问卷调研、设计张贴海报等多种形式，在全网络开展绿色生态环保法规政策学习宣贯，督促全体员工加强法规政策的持续学习，提升全网绿色生态环保法制意识及责任意识。

五、社会责任

饮水思源、知恩图报，圆通用实际行动担当社会责任。以"德善圆通"建设为牵引，主动作为、回报社会，彰显企业社会责任感。圆通速递长期通过资金及物资捐赠、组织员工参与公益慈善活动等形式，在教育助学、关爱残障弱势群体等方面践行企业公民使命，为社会创造更大价值。

1. 圆梦行动，打造"快递+"助残新模式

"圆梦行动"是2021年与中国残联达成战略合作后共同推进扶残助残、共富共享的重大项目，项目依托"圆梦家园"终端和"云客服"两大平台，为残疾人及其家庭提供2万个就业创业岗位，打造互联网经济新业态下残疾人就业创业、共富新模式。圆梦家园是以公司遍布全国的妈妈驿站为依托，建设由残疾人经营或服务的终端快递驿站；云客服是打造一支就业便捷、工作灵活、收入稳定的残疾人客服新团队，为残疾人朋友提供足不出户依然能拥抱社会的就业机会。

截至2022年12月，"圆梦行动"已取得了阶段性进展，公司全网吸纳残疾人9000多人，与23个省（区、市）签订圆梦助残行动战略合作协议，建设圆梦家园门店近5000家，并组建了北京、杭州两个残疾人共享客服中心。

2. 参与公益捐助，积极回馈社会

在相继捐资成立上海市圆通公益基金会和上海市长三角商创科技基金会后，公司持续深耕慈善公益事业，在2022年分别再次捐赠300万元和210万元，积极履行企业社会责任。同时，公司亦向浙江省残疾人福利基金会捐款500万元，为残疾人就业、创业、培训等提供全方位资金支持。

2022年8月，向湖北、贵州、青海等地区40余所农村中小学校捐赠了1924套餐桌椅，并发挥快递企业的优势，将全部餐桌椅送至各个学校，改善了孩子们的学习环境。

圆通积极响应国家精准扶贫各项政策，以产业发展、教育资助等多维度巩固脱贫攻坚成果，助力全面推进乡村振兴。通过基金会等形式为桐庐县凤联村老人缴纳社保约34.1万元；为支持平泉市党坝镇乡村面貌改造工作，圆通开展党坝镇永安社区住房安全帮扶工程，从28户陈旧住房中挑选10户并对房屋门窗、厨房、墙面等进行修缮，项目总投资达30万元。农村基础设施逐步完善后，部分村民逐步回乡创业，发展本地旅游经济、民宿经济和相关生态产业，充分助力释放"政府搭平台、协会作引导、企业做贡献"的机制活力，进一步动员民营企业、社会组织参与定点帮扶和乡村振兴，形成大帮扶工作新格局。

同时，圆通多年来一直用实际行动对德宏州进行帮扶。2022年，免费承接社会各界运输衣物、文具、桌椅、防疫等爱心物资需求15次，承运物资1000余件；助力销售当地木耳、竹笋、香菇、蜂蜜等农产品超10万元，从产业、教育等多方面助力德宏州新发展。

六、大事记

1. 两名圆通人荣获全国交通运输行业技能人才最高荣誉

交通运输部公布2021年度

全国交通技术能手评审结果，其中，圆通南昌红角洲分公司快递小哥胡铁桥、圆通安徽淮南分公司快递小哥张兵均荣获“全国交通技术能手”荣誉称号。

“全国交通技术能手”由交通运输部组织评选，每两年评选一次，该称号是交通运输行业技能人才的最高荣誉。2021 年度全国交通技术能手涵盖铁路、公路、水运、道路运输、民航、邮政等六个领域。

张兵、胡铁桥从业以来一直对工作兢兢业业、踏实肯干、刻苦钻研，坚持技术创新和技术攻关，积极发扬圆通人“安全、快速、便捷、可靠、科技”的服务宗旨，弘扬快递小哥劳模精神和工匠精神，成为行业榜样。

2. 圆通小哥马石光当选党的二十大代表

2022 年 6 月下旬，圆通速递湖南长沙高桥分公司的营运经理马石光光荣当选中国共产党第二十次全国代表大会代表。

马石光是湖南湘潭人，2014 年 4 月加入高桥圆通，从一名基层员工开始，成长为一名优秀的技术和管理人才，并于 2019 年正式加入中国共产党。这些年，他牢记“快递小哥是美好生活的创造者、守护者”，积极践行“客户要求，圆通使命”的服务宗旨和“服务社会，强企为国”的责任担当，团结带领团队成员，刻苦钻研业务，尽心服务客户，不断创新技术和管理，甘于奉献、乐于助人，得到了行业、客户和公司的普遍认可，曾获得“湖南省技术能手”“湖南省五一劳动奖章”“圆通速递成立 20 周年工匠奖”等荣誉。

3. 连续 6 次！圆通速递入列中国 500 强

7 月 12 日，《财富》杂志发布 2022 年中国 500 强排行榜，其中，圆通速递股份有限公司以超 451 亿元营收排名第 279 位，在入选的 6 家快递企业中排名第二，这也是圆通自 2016 年上市以来，连续第 6 次入列，排名逐年提升。

近年来，圆通多次荣列“《财富》中国 500 强”“中国民营企业 500 强”“中国民营企业服务业 100 强”和“上海市民营企业十强”等，被评为国家 5A 级物流企业，获得全国交通运输行业文明单位、中国物流社会责任贡献奖等荣誉。

4. 喻渭蛟董事长再次当选上海市工商联副主席

7 月 20 日，上海市工商业联合会（总商会）第十五次代表大会在上海世博中心召开。圆通速递董事长喻渭蛟再次当选上海市工商业联合会（总商会）兼职副主席。

5. 圆通速递总裁潘水苗入选福布斯“2022 年中国最佳 CEO”

8 月 18 日，福布斯中国发布了《2022 年中国最佳 CEO》的排行榜。其中，圆通速递总裁潘水苗入选。

6. 圆通速递荣获“全国和谐劳动关系创建示范企业”称号

9 月 22 日，国家协调劳动关系三方召开全国和谐劳动关系创建示范经验交流会，会上宣读了《关于命名全国和谐劳动关系创建示范企业与工业园区的决定》。圆通速递有限公司被评为全国和谐劳动关系创建示范企业，喜获此项“国字号”殊荣。

在市、区劳动关系三方指导下，圆通速递坚持党建引领，牢固树立“以人为本”管理理念，积极塑造“企业关心关爱职工、职工爱岗爱企”和谐文化品牌，切实保障广大职工的合法权益。通过深化行业调解组织建设、推进落实集体协商机制、构建职业培训和职业防护机制等工作举措，呈现了企业发展与职工成长共建共享、互促共赢的新格局。

7. 深度参与中国商飞旗下翔运国际混合所有制改革，助力国产大飞机翱翔蓝天

由上海市邮政管理局、上海市经济和信息化委员会指导，上海市快递行业协会、上海市物流协会、上海长三角产业互联网促进中心合作，上海信息投资咨询有限公司辅助开展的快递物流业与制造业深度融合发展典型案例（场景）首次通过中国（上海）工业品在线交易节发布，圆通速递有限公司和上海翔运国

际货运有限公司联合申报的“助力国产大飞机翱翔蓝天——翔运国际与航空制造业融合”等十五大典型案例入选。

圆通与上飞的合资公司——翔运国际正逐渐发展成为品牌影响力强、服务专业化、网络全球化、产品多样化的一站式物流方案解决者,在民用航材快递物流市场拥有先进的商业模式和较高知名度。双方的深度合作,将带动圆通在国际航空货运、跨境电商物流与快递业务实现跨越式发展,加快进入航空及其他高端制造行业供应链管理领域的步伐。翔运国际则能通过与圆通在全球网络资源、信息技术等领域的交流与合作,从客户响应效率、解决方案时效及全链路统筹、产品安全性等方面提升服务能力和竞争能力。

8. 圆通国际亮相第五届进博会,全方位展示国际供应链物流服务能力

11月5日,第五届中国国际进口博览会在上海国家会展中心拉开帷幕。圆通速递(国际)控股有限公司作为圆通速递推进“快递出海”及国际化发展战略的平台和业务主体,在进博会服务贸易展区8.2馆华丽亮相,从国际物流产品、全球网络布局、自有航线资源等角度,全方位展现国际供应链物流服务能力。

在进博会现场,圆通国际着重展示了进口全链路解决方案。方案打通了国际运输、关务、仓储、国内配送等国际物流关键环节,通过仓库服务、“三单合一”清关服务、B2B派送服务、B2C派送服务等特色服务,可为国内外广大客户解决传统国际物流成本高、时效长、破损率及丢失率畸高等痛点。

9. 喻渭蛟董事长再次当选为浙商总会副会长

12月7日,浙商总会第二届理事大会在杭州举行,喻渭蛟董事长再次当选为总会副会长。

10. 加速扩张,圆通航空持续加强国际航空物流能力

2022年圆通航空累计引进波音B757、B767全货机6架,开通10条货运航线,并首度在上海开通定期国际货运航线,不断提升国际航空物流服务能力。

自2022年6月以来,圆通航空连续新开日本、韩国、印度、泰国和土耳其等国家的多条航线,通过与土耳其航空等头部航司合作,圆通可将联程航空网络覆盖到洲际区域。

统筹主导仓储、干线运输、关务、末端配送等主要物流环节,以航空货运为重要支撑的圆通国际业务也正为跨境贸易和区域经济的提振不断助力。

申通快递有限公司

申通快递初创于1993年,是中国民营快递第一家,开创了快递加盟制,同时也是国家5A级物流企业、《财富》中国500强,A股上市企业。公司秉承“正道经营、长期主义”的发展理念,坚定“打造中国质效领先的经济型快递”战略目标,持续引领中国快递物流业改革、创新、发展。

经过30年发展,申通快递拥有4850余家独立网点、45000余家服务站点及门店、4826台自有大运力干线运输车辆,广泛服务于主流电商平台、关键商家、战略客户、消费者等。2022年,公司启动3年百亿级产能提升计划,完成82个产能提升项目,常态吞吐能力站上日均5000万单量级,实现单量、营收、利润三大指标增幅行业第一。

展望未来,申通快递将继续秉承“用心服务,成就你我”的企业理念,持续推进3年百亿产能提升计划,加强基础设施建设。作为一家全站上云的企业,

申通将进一步深化数智运营体系，改善时效及服务质量，落实精细化管理，推动全链路降本增效，以科技和人才为推动力，全力提升中国快递业特别是经济型快递的服务能力和水平。

一、基础建设

1. 夯实中转运营体系，持续提升全网产能

2022 年，公司围绕“中转直营、网点加盟”的经营模式，主要通过新建以及升级改造转运中心的方式优化中转网络布局，持续投入基础设施建设，以扩充转运中心吞吐产能，做大做强枢纽转运能力。公司全年共实施 82 个产能提升项目，主要涉及廊坊（固安）、上海、深圳、成都、无锡、济南、郑州、沈阳、重庆、南宁等核心城市，其中廊坊（固安）、郑州、济南为公司创新型的定制开发合作项目。上述产能提升项目的顺利实施，推动公司常态吞吐能力站上了日均 5000 万单量级。2023 年，公司将继续坚定地投入基础设施建设，全年计划实施 37 个产能提升项目，在关键节点上进行扩容调优，项目顺利竣工投产后，全网产能将进一步稳固扩充，预计到 2023 年底公司常态吞吐产能将达到日均 5500 万单。

2. 持续投放智能设备，提高数智化分拣能力

2022 年，公司持续加大自动化分拣设备的投入与升级改造。一是引进新型窄带分拣机，可以同时满足多品类、多方向、小占地面积的需求，提升分拣效率的同时有效提高空间利用率；二是重点推广柔性滑槽，将快件在矩阵环节造成的破损减少 20% 以上；三是优化和升级小件输送线直角对接标准，将小件分拣环节的破损减少 30% 以上；四是自主研发新型超高速交叉带，分拣速度可达 3m/s，目前已在南宁转运中心投入使用，小件分拣效率提升 30% 以上。截至 2022 年底，公司累计拥有交叉带分拣设备 190 套。此外，公司持续加强转运中心的标准化建设、精细化管理，促进转运中心的人效、时效、坪效进一步提升，打造“质效领先”的数智化物流运营体系。

二、业务发展

2022 年，公司坚定“打造中国质效领先的经济型快递”战略目标，坚持“聚焦经营、服务赋能及打造有质量的单量”的年度经营策略。2022 年，公司完成快递业务量 129.47 亿件，同比增长 16.89%；市场占有率为 11.71%，同比上升 1.48 个百分点。建立客户分层机制，提高差异化服务能力。

目前，申通快递的主要业务为快递业务，快递业务的产品分为三类。一是标准快递业务产品：汽运时效产品，包括限时递、当日递、次晨递、24 小时件、48 小时件等；航空时效产品，包括重点城市间 24 小时件；二是增值服务产品：推出承诺达、代收货款等；三是快递辅料产品，提供信封、文件袋、纸箱等快递包装物。

大客户服务方面，公司坚持“和客户共成长、同发展”的合作理念，优化大客户服务体系，与优质的品牌客户达成了长期合作关系。客户发展的稳定性和持续性带来了单量规模大幅增长，2022 年，品牌类大客户单量较去年同期增长 5 倍，形成了一张长期维持日均百万单量级的包裹网。为进一步增强商家服务体验，增加客户粘性，公司在产品端及服务侧不断加大投入，陆续推出了客户管家平台、超级商家平台对客服务产品以及大客户全场景解决方案来满足不同客户的个性化需求。同时，为保障重点区域的揽收资源，公司在上海、杭州、天津、北京、广州等区域搭建了高效的自营揽收队伍，有效解决了客户在活动期间发货膨胀系数大、发货要求高的问题。

按需配送服务方面，为进一步提升消费者的服务体验，2022 年公司与电商平台在上海、杭州、武汉、广州、南京等多个城市合作推出“客户随心选，申通用心送”的按需配送服务，公司在总部和省区分别组建专门团队，配置专人负责项目执行，对于“按需配送”包裹在面单上会进

行特殊标识，与普通快递包裹进行区分；在派送环节，快递员通过申行者 App 可识别“按需配送”包裹，并通过智能外呼主动与用户联系按照要求送货上门。公司通过加强对省区、加盟商的培训力度，搭建全面的履约监控产品体系，进一步提升了上门履约和个性化服务的能力。截至 2022 年 12 月底，公司已在全国 23 个省（区、市）72 个城市提供按需配送服务。2023 年，公司将持续发力按需配送服务，并推动与不同平台的业务合作，继续优化 SOP 操作要求，提升精细化管理能力，为消费者提供更优质的派送服务。

三、科技应用

1. 开发超级商家平台，提供一站式快递服务方案

公司围绕客户视角建设超级商家平台，为商家提供高效优质、简单易用的一站式快递服务产品。超级商家平台不仅可以为商家提供店铺订单管理、打单发货、物流跟踪、时效预警、一键工单、财务对账等一体化的快递服务解决方案，还支持多平台、多家快递公司的订单管理，可以按照预售、延迟发货、一人多单等个性化诉求提供锁单、合并订单等特色功能。为保障对商家的服务质量，该产品还提供了各类筛单以及前置提醒功能，避免了因错发、退件、丢件等问题造成不必要的损失。未来公司还将围绕客户的成本、质量、售后理赔等方面提供更加优质的服务。

2. 升级管家系列产品，赋能网点精细化运营

片区管家是为推动总部网格化管理而研发的移动端片区管理智能工具，以总部目标拆解、片区任务驱动、网点过程管理为介入点进行研发和设计，通过对各类指标数据监控实现网点过程管理的线上化，可以全方位、多渠道、系统化提升网点执行力，提高网点服务质量及网络的稳定性。目前，片区管家已上线异常网点监控、指标看板、网点巡检等功能模块，可实时查看末端网点的签收及时率、快递遗失率等指标情况，由此来判断末端网点的经营健康状态，并为公司网格化管理提供有效的数据支撑。移动网点管家是一款面向网点管理者的经营管理系统，该系统集实操、质控、财务、数据分析等功能于一体，让网点管理者可以随时随地通过手机查看其网点的经营状况和日常实操情况以及快捷调取及时签收率、平台代收率、虚假签收投诉率等 9 大考核指标，全方位地提升末端服务质量、实操效率和总部指标考核质量，最终赋能末端网点改善经营、提升效率以及增厚利润。

3. 优化申行者 App，提供高效便捷的揽派工具

申行者是面向一线快递员打造的一款末端实操 App，该系统能够全面实现快速扫描、极速打印、智能录单、实名寄递、在线收款等功能，是快递员揽收、派件、签收、问题件登记的必备工具。同时，申行者具备短信、语音、完全呼叫和网络电话功能，涵盖了收派数据列表、一人一号实名认证、钱包提现等辅助快递员日常工作的功能，架起了快递员与消费者之间快速沟通的智能渠道。优化后的申行者工具更加符合一线快递员的实操习惯，提升了快递员的实操体验和工作效率。

4. 开发移动昆仑系统，持续提升精细化管理能力

移动昆仑是首款专门为现场管理者提供实时数据、指导现场实操的移动端系统产品。该系统基于不同的班组工作特性，提供实时数据，操作成本数据从中心日级维度下沉至班组小时维度，可以驱动班次安排、用工人数、用工结构更合理，使成本管控颗粒度更细、预警场景覆盖范围更广。现场管理者通过移动昆仑的实时数据可以快速定位问题，及时作出相应决策，提高管理效率。目前小件自动化区、装车区、卸车区的实时数据监控能力已覆盖全部转运中心，整体使用效果反馈较好。

四、绿色快递

“绿水青山就是金山银山”。申通快递不断完善绿色

快递管理体系，积极创新和应用先进技术，持续提高能源利用效率，减少资源消耗，降低污染物排放，在创造持续向好的经营业绩同时，不断降低对环境影响，以低碳高效的运营模式提升绿色竞争力，推动企业经营与社会生态环境的和谐发展。

1. 绿色包装

申通快递始终坚持低碳环保、绿色发展的理念，走绿色快递，智能物流之路。截至当前，全网可降解信封使用5亿个，瘦身胶带使用率100%，不再二次包装比例超过90%。申通快递在前期内部物料包装循环使用试点基础上，与菜鸟网络合作，针对上海市区高校园区，推动了“传橙箱”计划，前段由申通与商家进行筛选洽谈，使用循环包装，并承担配送业务，后端由菜鸟驿站进行循环箱的回收再利用。该方案已经入选国家发展改革委员会、商务部、国家邮政局3部门共同推动的可循环快递包装规模化应用试点项目，现正在稳步推进中。

2. 绿色回收

2022年申通快递投入使用回收包装纸箱1500万个，绿色回收箱设置点近10000个，“传橙箱”计划覆盖上海市多所高校。

3. 绿色运输

申通快递加快推进新能源快递车辆普及，网点通过自购、租赁等方式在揽收、派送环节采用新能源电动车，减少碳排放。申通快递湖州公司自购新能源车辆13台，每年可节约能耗120余吨，减少碳排放100余吨。

4. 绿色转运

申通快递与新能源企业进行合作，在转运中心场地安装光伏发电，2022年杭州转运中心等一期工程已经开建，预计完成后发电量为5兆瓦。

5. 节能减耗

申通快递响应国家号召，全网推进实施开展降耗计划。通过4G数据采集器实时监控输送线电流输出，在不同包裹量智能化调整设备能耗输出（设备降频降速、开机时长控制等），达到合理有序能耗使用目的。项目整体总投资预估900万元，整体项目支出主要包含5万台场地大型能耗设备的节能设备采购和安装调试，单台设备预估132元，截至2022年底已经完成70%。

项目预计将投入约5万台大型能耗设备，通过节能监控设备对设备能耗输出进行调整，单台设备（按3.5kW电机）每日节省1度电，一个月可节电30度，5万台设备一个月可节省150万度电，按照1度电产生二氧化碳为1.03kg，预计节能完成全部安装，一个月可减少二氧化碳排放1545吨，一年减少二氧化碳排放18540吨。该项目入选中国快递协会“2022年绿色快递示范项目”。

五、社会责任

1. 建立绿色通道，推动应急物流常态化运行

近年来，申通快递在全国范围内启动应急配送机制，有限保障医疗物资、民生物资寄递运输需求，用实际行动践行企业社会责任与担当，实现了良好的示范效果和社会效益。为切实筑牢安全防线，保障一线员工生命健康和寄递通道安全稳定，面对复杂形势变化，积极引导并号召全网投入到疫情防控工作中，通过精准防控、科学预防等举措切实保障员工安全及寄递通道顺畅运营，凝聚全网防控强大合力，共同守护我们的美好家园。保供专项公益寄递累计超10000吨。

2. 攻坚克难，加快复工复产

优化落实相关举措发布后，申通快递扎实推进复工复产，加强统筹衔接，有序组织实施，释放帮扶政策，确保平稳转段和寄递通道顺畅稳定，全网复工复产开启了“加速键”，持续释放经济加快恢复的忙碌劲儿。

3. 助困

申通快递始终秉承“有爱申通”公益理念，积极融合社会力量，践行社会责任，坚持向社会传递正能量。公司设立了爱心救助基金，对发生重大交通事故、自然灾害的申通网点，患重大疾病的申通快递员工进行困难补助，帮助他们渡过经济难关。据了解，自设立爱心救助基

金以来,申通快递共救助困难网点公司及员工70多人/次,累计救助金额超过700万元。

4. 助残

自2019年8月申通快递联手中国残疾人福利基金会进行集善扶贫健康行·互联乐业项目签约以来,申通已经在桂林、萍乡、庆阳等地建立爱心座席,向百余名位残疾人提供就业机会。截至2022年7月,申通快递已经为102位残疾人及残疾人家属提供了包括话务客服和在线客服在内的多种工作岗位。作为一家极具社会责任感的企业,多年来申通快递一直积极参与爱心公益事业,与集善乐业融合就业项目的合作是双方积极探索利用互联网技术,打破身体条件、工作时间、沟通障碍、地域限制等因素对残疾人的制约,与残疾人和贫困群众共融共赢的扶贫模式的一次全新探索。

5. 助学

申通快递市场部发起“暖心计划”,首站公益之旅抵达陕西佳县,为程家沟希望小学的孩子们送去一批学习用品。第二站,通过自购方式为福利院送去纸尿裤以及爱心物资,帮助福利院特殊群体。接下来,将通过自有电商平台“跳跳商城”与“申鲜生活”线上销售平台将销售额5%计入公益捐款,开辟出针对贫困学生的一对一助学机制。

6. 加速快递下沉,激发乡村振兴内生动力

全面推进“快递进村”工程,全国乡镇覆盖率显著提升,进一步畅通农产品出村进城渠道,带动农民增收、农业增效,为全面推进乡村振兴,加快农业农村现代化注入新动能。申通快递旗下生鲜特产平台“申鲜生活”,专注于为农产品上行提供更具性价比的一揽子解决方案,平台现有客户超过2000万,累计服务农产品品类超过200种,帮助农民增收超过千万元。

六、企业大事记

(1)明确了“打造中国质效领先的经济型快递”的发展目标,“三位一体、共同进步、服务客户”成为全网申通人共识。

(2)全网勇战疫情,总部先后三期推出战“疫”基金,制订专项减免政策,网络加快恢复,全力保障民生寄递渠道畅通,获得社会各界好评。

(3)快递业务量年度增幅领先行业,市占稳步提升,发展潜力不断释放。

(4)联动电商平台推出按照消费者需求配送的“按需配送上门”业务,已覆盖72城。

(5)“三年百亿”投资计划继续实施,全年82个产能项目再创纪录,核心枢纽搬迁总体顺利,设施设备水平行业领先。可以说,申通产能全面卡脖子成为过去式。

(6)数智化能力赋能前线、贴地飞行,全新发布“片区管家”“网点管家”、快递员App“申行者”,网络侧产品矩阵基本成型。

(7)联合各金融机构获得超过300亿元授信额度、获批注册20亿超短期融资,进一步畅通融资渠道、优化融资结构,助力网络生态圈健康发展。

(8)上市公司第一期员工持股计划顺利实施,建立完善利益共享机制,健全公司对核心员工长期、有效的激励约束机制。

(9)打造校招生专属人才培养体系,实现人才结构和人才厚度的双重优化,确定“校招高潜人才”作为核心人才战略。

韵达控股股份有限公司

上海韵达货运有限公司创建于1999年8月8日,总部位于上海,致力于成为领先的综合快递物流服务商。韵达于2016年12月23日上市(上市公司名称:韵达控股股份有限公司;证

券简称：韵达股份；股票代码：002120），以“传爱心，送温暖，更便利”为企业使命，努力实现“成为受人尊敬、值得信赖、服务更好的一流快递企业”愿景。

一、基础建设

2022 年，韵达坚持快递服务网络建设再优化、稳平衡、提质效的策略，进一步提升公司快递网络服务能力。

在网络建设方面，2022 年公司在全国设立 76 个自营枢纽转运中心，枢纽转运中心的自营比例为 100%；公司在全国拥有 4224 个加盟商及 33301 个网点及门店（含加盟商），加盟比例为 100%；网络已覆盖 2794 个县级单位，其中向西新增覆盖 40 个县级单位，服务网络已覆盖全国 31 个省（区、市），地级以上城市除青海的玉树、果洛州和海南的三沙市外已实现 100%全覆盖。2022 年，公司全网快递员数量约 17.87 万人。

韵达持续推动“向西向下向外”工程，2022 年公司在县级区域覆盖率 98%，乡镇服务网络覆盖率达 99.08%，新增乡镇网点 1154 家，开通国际业务的城市近 270 个，国际业务覆盖国家已达到 39 个。2022 年，公司网络覆盖面特别是在乡镇农村地区的服务范围得到了极大拓展，进一步夯实了国内业务发展的根基。

在网络管理方面，2022 年公司不断加强网络建设，建设“网格仓”和末端驿站，充分发挥末端自动化的集约效应、辐射效应和支线车的规模效应，不断降低末端运营成本，提高加盟商的盈利能力；通过信息化手段、科技能力把生产运营监控体系和服务质控体系覆盖到网点、韵达快递驿站及快递小哥，持续保障服务网络健康、稳定发展。

在运输管理方面，公司以陆路运输为主，并采取多种车辆运输模式相结合。为了进一步提升运输网络的连通性和稳定性，为客户提供更加稳定、高效的快递物流中转运输服务，公司采取了增加自营车模式占比的措施，加强司机和车辆的标准化管理。2022 年，全国干线路由日均发车超过 4300 余趟次。同时，为满足高端快递产品的时效需求，以及把业务延伸到陆路运输较难覆盖的部分偏远地区，公司以航空运输作为陆路运输的有效补充。2022 年，公司已与全国 40 家航空货运代理公司开展合作，合作航线 650 余条。

在末端门店建设方面，末端服务是快递服务的重要环节，是快递业发展惠及百姓、服务民生的重要体现，在快递年包裹量跨入千亿海量级别及快递末端服务效能提升的大背景下，探索末端服务的模式创新和科技应用创新意义重大。2022 年，公司累计布局近 8 万家末端门店，公司通过构建多种模式相结合、互为补充的末端投递服务新格局，一方面既能向客户提供分层的多元化、商业化服务，服务能力持续跃升，用户多元化消费需求不断得到满足；另一方面，又极大提高末端服务效率和服务能力，明显降低快递小哥的单票履约劳动工时。

二、业务发展

2022 年，韵达完成快递服务 176.09 亿件，市场份额达 15.92%，行业排名居第二位。

韵达以服务实体经济为宗旨，以满足客户需求为导向，做大做强快递核心主业，巩固并不断扩大标准快递业务的品牌优势、规模优势和市场优势；同时，将优质的服务品质进行流量转化，积极实施快递业务“客户分群、产品分层”策略，大力发展韵达特快等高附加值时效产品；另外，用快递流量积极嫁接周边市场，陆续布局了韵达供应链、韵达国际、韵达末端服务等周边产业链，为提升国民经济运行效率、推动新经济发展、提高居民消费水平等提供基础性支撑。

快递产品：标准快递、服务分层产品（韵达特快、电商平台增值服务产品）、散单业务等。

增值服务：代收货款、保价业务、门店调拨、签单返还、逆向物流、隐私面单、派前电联、预约配送等。

韵达供应链：仓配一体、仓店调拨、数据和软件服务、整体解决方案等，为上下游客户提供全方位的仓配一体化解决方案。

韵达国际：标准进口 & 出口服务（国际专线、国际特惠、国际小包、国际重货、FBA 等）、仓储（保税仓储、海外仓储）、转运等相关业务。

三、科技应用

2022 年，韵达在持续以快递业务高质量发展战略的前提下，利用科技信息技术和手段，夯实推进数字化在客户、网点、业务员等各服务环节的全面应用，结合人工智能、AI、虚拟现实、大数据等技术系统化打造客户助手、网点管家、快递员揽派、分拨管家等数字化服务工具，覆盖揽收转运派各环节，实现总部与全网、商家客户和个人消费者的深度链接，精准满足各客户群体寄递产品和服务需求，提升服务效率。同时在规划、路由、中转、车线、车辆、售后服务、市场营销、区域管理、人力资源与行政等各方面进行管理创新和自我革新，提升响应、支持、服务和满足客户的效率。

1. 客户助手，为商家客户提供一站式数字化解决方案

韵达全面赋能大客户，通过客户助手的建设，打造集订单下单、面单打印、物流预警、快件查询、售后服务、面单购买，财务对账、数据统计分析为一体的综合服务体系，为商家客户提供一站式的数字化管理工具，全面链接商家客户，实现商家对快件的全生命周期的精准跟踪，保障快递安全及时送至消费者。客户助手打通全订单渠道、电商平台等多个服务体系实现数据的融合融通，实现自动化获取订单的数字商业能力，大幅提高订单处理效率。

2. 助力北京末端快递畅通，韵达网点无人车“精准”送达

2022 年 10 月，韵达北京南海网点与新石器公司合作引进 32 台无人车，在北京经济技术开发区开始投入运营，承担起站点快件派送、短驳中转工作，为客户提供无接触派送服务。韵达北京南海网点规划了 32 条线路，实现业务区域无人配送全覆盖。无人配送车的使用，保障了“最后一公里”保供配送服务，每天可稳定派送 8000 票快件，提高网点整体运营效率，以科技优势缓解末端派送人力不足难题，助力保供保产。

无人车为零排放纯电动车，具备 L4 级别自动驾驶技术，配备车辆系统、无人驾驶系统、车联网系统和智能货箱系统，可以实现 AI 智能调度、全方位监控以及云端管理。具备多重安全保障，最大载货量约为 500 公斤，30 秒换电，在满电的情况下可以续航 200 公里。其配搭的技术系统可处理派送过程所遇到的复杂路面情况和进行红绿灯识别。此外，更支持晴天、雾霾、小雨、夜间和其他状况下行车。

3. 韵商宝重大功能更新，助力客户快速打单、快速发货

2022 年 8 月，韵商宝上线团队模式、客户报价账单等多项高级功能。韵达在韵商宝后台给客户行政部门开通面单账号管理权限，并在后台绑定了各个部门；后台设置三个层级权限后，行政部门拥有最高权限，操作打印面单，部门负责人管理部门内部寄件，并进行员工订单审核，员工可以自由提交下单寄件需求，为客户节省大量时间和精力，获得网点和客户的一致好评。韵商宝是韵达专门为中小客户和网点研发的打单软件，能够提供微信小程序、计算机网页端/商家端、微信公众号等多场景打单解决方案，助力客户在不同场景下快速打单、快速发货。

4. 网点管家科技赋能，带动网点提质增效

2022 年，韵达通过搭建“网点管家”，完善网点全场景数字业态，对快递在揽收、中转、运输及末端配送等全链路数据进行实时监控，在派费、激励、考核、内部财务管理等业务场景提供一体化的财务管理服务，从快递进港、装卸、分拣到集包、出港等各业务异常场景进行实时预警，从改件、查催等多维度提供智能化的客服服务，通过末端数据融合、全链路管控、财务一体化等数字能力的建设，降低网点经营成本，提高网点经营效率。

四、绿色快递

当前，我国已进入推动形成以国内大循环为主体、国内国际双循环相互促进的新发展格局，超大规模的内需市场对流通提出了更高的要求，物流业是国民经济基础性、战略性、先导性产业，在市场经济中的地位越来越强。韵达在“双循环”中积极彰显责任与担当，大力推进协同合作、互利共赢，大力发展智慧物流、绿色物流，全面增强交流对接、常态互动，充分挖掘公司优势，推进绿色循环经济发展。同时，韵达积极落实国家邮政局“9917”工程，通过强化绿色管理、绿色包装、绿色运输、绿色文化等方面工作，持续推进行业塑料污染和过度包装治理，推广新能源和清洁能源车辆，深入贯彻绿色发展、低碳环保理念，推动行业绿色转型发展，积极为行业高质量发展及建设美丽中国贡献韵达力量。

1. 完善绿色管理体系

韵达积极践行绿色发展理念，做好“双碳”战略顶层建筑设计，成立绿色环保委员会，在主管部门建立上传下达机制、在全网执行落地机制和合作伙伴协同推进机制等“绿色环保”常态化工作机制，继续深入推进“绿色快递”行动计划。同时，构建办公室末端组织，对接质控员岗位和网点管理，做到绿色环保工作有归口，坚决落实责任到人，积极建设绿色快递；建立绿色采购制度、统计制度等，推进快件包装标准化和绿色化，全面协调全网生态环保工作落实到位，全力推进绿色物流生态体系建设。

2. 让包装更轻更“绿”

韵达深入贯彻国家邮政局《邮件快件绿色包装规范》等文件精神，以“绿色化、减量化、可循环”为目标，加大投入绿色包装产品的研发力度，积极推广电子面单、环保印刷、可循环中转袋、可降解包装材料等的使用；积极开展快递包装回收工作，促进资源节约利用，减少环境污染；加强客户引导，要求快递员引导客户使用自有包装物对物品进行合理封装，减少包装浪费。韵达致力加快推进快递包装绿色转型，实现保护环境与节约资源相辅相成的可持续发展。

3. 绿色运营助“双碳”

韵达贯彻落实可持续发展目标，快速响应落实国家“双碳”战略要求，积极推进节能减排工作，加快绿色转型步伐。在仓储分拨中心，设置光伏发电站，使用清洁环保的绿色能源减少对环境的污染和资源浪费；在中转运输环节，韵达持续推进新能源汽车的布局使用，减少运输过程中的温室气体排放，助力我国绿色物流的低碳转型和可持续发展。

4. 倡导绿色新生活

韵达将绿色发展理念融入到公司日常的管理过程中，积极推行绿色办公，倡导节水、节电和减少纸张浪费，提升资源循环效率，减低办公能耗；面向全网开展环保理念宣贯活动，组织从业人员学习环保知识；组织开展社区环保公益活动，把绿色理念带入社区，推广绿色、可持续的生活方式。

五、社会责任

韵达坚持将公益慈善融入你我生活，积小爱成大爱，助推社会进步。韵达积极开展爱心助学活动，给困难学子们送上物资援助及关怀慰问，用真实行动点燃困难学子的梦想；全力开展应急救灾、助力灾区物资运输，保障受灾群众基本生活，加快恢复其生产生活秩序，为抗震救灾工作贡献韵达力量；开展关爱弱势群体活动，积极践行可持续发展理念和传递企业正能量。

1. 公益项目，呵护成长梦想

上海韵达公益基金会在2019年发起“韵·苗”助学项目。2022年，韵达公益基金会已先后捐赠青海西宁、重庆铜梁等多地困难学子助学金。截至2022年底，已先后为上海、四川、新疆、河南、青海等地的800余名家庭暂时遇到困难、品学兼优的学子提供资助，助力他们健康成长，为他们的梦想添加动力。

2. 用心奉献，共建温暖社会

为弘扬和传承中华美德，进一步关爱社会弱势群体，韵达开展关爱老人、关爱留守儿童、运输暖冬物资等志愿服务活动，通过多种形式，帮助人们创造幸福生活；通过公益运输物资及开展爱心捐赠活动，为偏远山区儿童送去温暖；通过与公益机构的合作，关爱听障人士。

3. 应急救灾，携手共克时艰

长期以来，韵达在坚持以快递业务助力经济社会发展的同时，一直关注社会重大事件及动向，主动为社会稳定和发展贡献力量。全力协助参与应急救灾行动，勇担企业使命，传递温暖与力量。韵达小哥自愿加入退役军人救援队，全心全意为公益事业服务。

六、大事记

1 月 26 日，韵达党委联合工会、上海公司共同开展“暖蜂行动”。在慰问活动中，韵达党委书记及上海公司总经理等一行，先后前往韵达青浦华新工业区网点、上海分拨中心、青浦工业区服务部，为奋战在一线的员工送去了新春大礼包及新春的美好祝福。

2 月 16 日，韵达与内江市东兴区人民政府在上海举行签约仪式，韵达西南区客服中心项目正式落户四川内江东兴区。

3 月 1 日，韵达与阿里云在上海签约，宣布成立“智慧物流数据库创新应用中心”，共同探索推进分布式数据库在智慧物流核心系统中的深度应用。这也是韵达加速构建智慧物流服务体系，不断提升精益化运营和全面提升商家、企业和消费者服务体验的重要举措之一。

4 月 19 日至 20 日，韵达向青浦区抗疫一线捐赠 10 车蔬菜，合计 180 吨，与当地居民共担风雨，同心守沪，共渡难关。

5 月 16 日，韵达茂名分拨中心开业仪式在广东省茂名市高州市金山开发区华洋产业园举行。在即将到来的荔枝上市旺季，韵达茂名分拨中心开设荔枝专用交件窗口，推出了冷链专线荔枝寄递解决方案，全力保障茂名荔枝更快速地从这里发出，运送到全国各地消费者手中。

7 月 10 日，韵达 2022 年管培生项目正式启航。整个项目学员们需要历经 7 天军事训练、5 天理论集训、1 天快递发源地之旅、一周拉练，才能正式结束系列培训学习，走上工作岗位。

9 月 29 日，一列由中国重庆发往越南胡志明的韵达国际专列从重庆团结村驶出，该趟班列共 86 个标箱，全部装载出口农化产品，列车将运行 2000 多公里，经广西钦州保税港区报关后再海运发往胡志明市，全程预计用时 8 天。这趟班列是韵达国际继在郑州、南宁开行“中国—胡志明”班列后的第三条班列线路，也是首趟由重庆始发的韵达专列。

10 月 8 日，韵达召开全网线上视频会议，部署 2022 年旺季服务保障工作。

12 月 10 日，由海南省商务厅、海南省生态环境厅、海南省市场监督管理局、海南省邮政管理局主办的“绿动自贸港 禁塑我先行”2022 海南省电商平台禁塑工作宣传推广活动总结仪式在海口市举行。活动中，揭晓了 2021—2022 年度海南电商平台禁塑工作先进集体和先进个人奖励名单，韵达海南公司获评 2021—2022 年度海南电商平台禁塑工作先进集体。

第七篇　各地纵览

北京市快递市场发展及管理情况

一、快递市场总体发展情况

2022 年，北京市快递企业业务量累计完成 19.56 亿件，同比下降 11.49%；业务收入累计完成 291.55 亿元，同比下降 6.98%（表 7-1）。支撑北京电商交易额 5800 亿元（含北京市民网购和北京产品网售）。邮政快递日均为北京 75% 的市民提供服务，市民年人均交寄接收快件量 238 件，是全国平均数的 1.5 倍。

表 7-1　2022 年北京市快递服务企业发展情况

指标	单位	2022 年		比上年同期增长（%）		占全部比例（%）	
		累计	12 月	累计	12 月	累计	12 月
快递业务量	万件	195628.51	17559.37	-11.49	-10.35	100.00	100.00
同城	万件	59911.24	4954.00	1.31	-3.91	30.63	28.21
异地	万件	133415.80	12452.24	-17.00	-13.21	68.20	70.92
国际及港澳台	万件	2301.46	153.12	100.55	83.46	1.18	0.87
快递业务收入	亿元	291.55	25.16	-6.98	-2.80	100.00	100.00
同城	亿元	48.65	4.07	-16.52	-18.70	16.69	16.18
异地	亿元	137.70	12.79	-15.10	-14.44	47.23	50.83
国际及港澳台	亿元	24.01	1.63	4.62	-328.22	8.24	6.47
其他	亿元	81.19	6.67	15.96	0.43	27.85	26.52

二、行业管理工作及主要成效

坚持党建引领，推进全面从严治党。始终把政治建设摆在首位。落实“看北京首先从政治上看”的要求，进一步提高政治站位，深入学习贯彻习近平新时代中国特色社会主义思想和习近平总书记关于邮政快递业重要讲话精神，全年开展党组理论中心组学习 12 次、研讨 4 次，各党支部开展学习 150 余次。以青年理论学习小组为抓手，实施“青学成长行动”，开展学习研讨等活动 40 余次。

抓好党的二十大精神学习宣贯。将学习宣传贯彻党的二十大精神作为当前和今后的首要政治任务，制定印发工作方案，开展“五学一行动”“五讲一结合”“五题一转化”主题活动，管局系统各党组织开展专题学习研讨 50 余次。

认真落实巡视巡察要求。以高度的政治责任感做好中央巡视国家邮政局党组反馈意见整改工作，制定巡视整改总体方案和 2 个专项整改方案，集中整改阶段任务已全部完成，长期整改任务有序推进。完成对 5 个派出机构的第二轮全覆盖巡察，督促派出机构落实整改措施。

扎实做好机关党建工作。组织开展模范机关创建活动,加强各党支部标准化规范化建设,开展党建工作检查,推动问题整改,党务工作质效不断提升。强化思想政治引领,制定新时代加强和改进思想政治工作的意见,开展党员干部思想状况分析。选派10名同志下沉社区协助开展疫情防控,累计服务1000余小时。

持续强化正风肃纪。开展"以案为鉴、以案促改"警示教育、勤政廉政强作风等活动,紧盯关键时间节点加强廉政提醒。围绕行业疫情防控、党的二十大期间寄递渠道安全和服务保障工作强化政治监督,现场督导检查10余次,进一步强化干部纪律规矩意识。

坚持党建引领行业治理。依托市行业党建协调机制,累计出台政策支持文件26个,协调解决小哥住宿等行业难点问题。增补市快递协会负责人为行业党委委员,支持协会参与党建引领行业治理。通过加强党务干部培训等多种方式,推动企业党组织建设规范化制度化;制定《党建引领快递行业治理专项工作方案》及党组织参与决策重要事项等4张清单,开展礼让斑马线等7个党建项目,更好发挥企业党组织作用。指导快递企业组织防疫志愿服务队117支,参与防疫志愿服务2万余人,志愿服务超6万小时;顺丰第一党支部成为市级两新组织党建工作示范点,圆通党支部获得全市非公企业党组织奖励;京东宋学文当选党的二十大代表,顺丰张义标当选市第十三次党代会代表,党组织战斗堡垒和党员先锋模范作用进一步发挥。与市妇联联合印发全国首个省级快递行业妇联组织建设指导意见,成立北京市快递行业妇女工作委员会,助推女性岗位成才。快递行业党建工作走在市两新行业的前列,得到了市委组织部的积极评价与肯定。

筑牢防控屏障,切实保通畅保民生。狠抓疫情防控工作不放松。充分发挥行业疫情防控工作领导小组作用,保持行业常态化防控机制高效运行,第一时间传达落实国家邮政局、市委市政府疫情防控决策部署和工作要求。局领导每日参加北京市疫情防控调度会,组织召开行业疫情防控调度会议70余次,累计下发疫情防控工作提示31份、印发会议纪要25份,督促全行业做好精准科学防控。推广上线"核酸比对登记簿"小程序,累计排查157万人次。组织行业从业人员开展疫苗接种,一线人员全程接种全覆盖,加强免疫接种率达99%,在全市各行业处于领先水平。加强疫情防控综合监管,印发《北京市快递行业疫情防控综合监管实施方案》,形成邮政、交通、商务、市场监管和属地政府联合检查机制。依托驻区专班和市纪委"1+7"外防输入专项监督工作机制,持续开展行业疫情防控大检查,累计检查邮政快递企业4.3万余处次,下发责令改正通知书805份,压实企业防疫主体责任,慎终如始抓好疫情防控工作。组织京东、中通、顺丰、邮政等企业成功处置了营业网点、分拨中心突发疫情,有效抵御疫情冲击。指导邮政企业改造分拣机消杀装置,投建200平方米紫外线臭氧消杀室和280平方米报刊静置消杀间。东区局参与朝阳区疫情防控工作机制,主要负责人每日参加调度会,快速处置疫情突发事件,为辖区企业争取地方核酸检测补助31.1万元。天竺局每周不间断开展防疫综合检查,实现每周口岸操作企业全覆盖、每月分拨中心全覆盖,共完成口岸企业检查25轮、分拨中心检查6轮。

扎实做好行业保通保畅工作。建立行业保通保畅工作机制,强化条块结合、部门协作,有效解决因疫情造成的局部不通不畅问题。推动交通安全、社区防控、物资保供组联合出台《关于做好疫情防控期间全市快递末端服务保障工作的意见》。制定印发《关于做好北京高校寄递渠道疫情防控和服务保障工作的通知》,国家邮政局予以转发推广。支持企业全力参与民生保供,累计为快递企业办理发放进出京车辆通行证8085张。联合商务部门实施快递配送人员"白名单"管理,人数最高达到2.9万人。面对"双12"期间部分快件积压、服务时限延迟等问题，每日专题调度，加强运行监测，为快递企业争取阶段性投递补贴近2000万元，组织京东、顺丰、德邦、丹鸟、极兔、圆通等快递企业调派3200余人的京外力量驰援北京，邮政企业组建市区两级突击队800余人，帮扶重点部位，迅速改善快件积压状况。首都快递小哥不辞辛劳，冒疫奔忙，首都地区快件积压问题两天内得到改善，一周内完全解决，有力保障城市平稳运行。指导企业优先配送口罩、药品、生活必需品等，有效满足人民群众对医疗物资和民生物资的寄递需求。会同市交通部门加强检查通报力度，通过参加市新闻发布会、组织媒体采访等方式回应社会关切，切实维护寄递渠道有序畅通，切实保障城市有效运转。

全力打好助企纾困组合拳。推动落实“六税两费”减免政策，广泛利用会议培训、执法检查等工作，宣传减税降费政策，指导邮政快递企业用足用好惠企政策，累计减免税费3亿元，有效缓解企业资金压力。疫情防控“新十条”发布后，市级层面为企业争取布洛芬、扑热息痛、白加黑、感快好等药品42万余片(粒)，抗原7.1万支。西区局积极协调属地，为企业发放抗原5万余支、爱心礼包5000余份。天竺局协调顺义区为春节期间留京的一线快递从业人员争取到每单1元的派费补贴。市、区管局出实招、办实事，有力支持帮扶企业克服疫情、降低成本、复工达产。

坚守安全底线，保障行业平稳运行。多措并举确保生产和寄递安全。强化执法检查，始终保持高压态势，累计检查邮政快递企业4918处次，约谈告诫85次，下发责令改正通知书446件，立案调查处理134件。推进安全生产专项整治三年行动，开展《北京市安全生产条例》宣贯暨安全生产专项治理，组建3000余人平安员队伍，协助织密社会治安防控网络。开展快递电动三轮车综合治理，违规数量持续下降，邮政、顺丰、京东、中通、圆通、申通、韵达、德邦、极兔等企业的10名快递员受到首都文明办表彰。加强“三项制度”落实执法检查，统筹开展寄递渠道涉枪涉爆整治、打击侵权假冒、野生动植物保护等专项行动。

圆满完成北京2022年冬奥会、冬残奥会以及党的二十大等重大活动安全和服务保障任务。强化履职担当，成立领导小组，制定工作方案，统筹调度各项工作。会同市交通、公安、国安召开四部门动员部署会，联合市公安、国安、应急、消防等部门开展邮政业应急演练。局领导带队深入一线开展行业疫情防控、安全生产和寄递安全等综合监督检查，压实企业主体责任。特别是党的二十大期间，首都邮政快递行业顶住压力、攻坚克难，全行业未发生从业人员新冠病毒感染，未发生寄递安全事件，未发生安全生产事故，未发生行业涉稳事件，未发生涉行业负面舆情，邮政驻会服务获得高度评价。

提升“扫黄打非”监管效能，对全市寄递企业总部开展两轮全覆盖检查，对快递企业总部主要负责人约谈通报问题。进一步完善寄递渠道“扫黄打非”工作体系，建成25个基层工作站，对内开展宣传、对外实施查堵，确保首都寄递渠道意识形态安全稳定。遴选东四邮政支局和圆通北京总部工作站作为全国“扫黄打非”进基层示范点推荐单位。

加强政策引领，推动行业健康发展。持续加强规划政策引领。推动行业高质量发展内容纳入《北京市“十四五”时期交通发展建设规划》，进一步拓宽行业发展政策空间。参与修订《北京市新增产业的禁止和限制目录(2022年版)》，增加对智能快件箱等企业的支持。抓住修订《北京市居住公共服务设施配置指标》契机，推动快递末端网点、智能快件箱纳入城镇居住项目配套公共服务设施。参与规划部门牵头的《乡村地区交通设施规划设计标准》编制工作，推动末端邮政快递设施纳入乡村地区交通设施建设范畴。

持续提升绿色发展水平。在国家邮政局实施“9917”工程基础上，提出“9922”工程，全市实现采购使用符合标准的包装材料比例达到98%，规范包装操作比例达到95%，可循环快递箱(盒)使用量新增26万个，回收复用瓦楞纸箱4782万个，市城管委专门致信对快递包装绿色治理工作表示感谢。开展重点品牌寄递企业生态环保工作全覆盖检查。主动对接市发改、商务等部门，部署邮政、京东参与可循环快递包装规模化应用试点。做好快递新能源车辆优先通行归口管理，为顺丰、京东、德邦、韵达、跨越等快递企业发放通行证1990张。推动邮政企业全年报废老旧燃油车152辆，累计新增和更新4.5吨以下新能源车辆854辆，车用柴油消耗量同比下降9.3%。

持续推进“快递进村”。强化属地协调联动，通过乡镇政府免费提供场地和接电服务等，将智能快件箱引入农村末端服务。引导邮政快递企业抓好县乡村三级农村寄递物流体系建设落地实施，推动交通运输与邮政快递在农村地区融合发展，助力乡村振兴，共向国家邮政局报送“一区一品”农特产品出村进城项目6个，邮政渠道农产品交易额达1.3亿元，带动电商快包业务2317万件。北区局推动辖区偏远乡镇全部实现快递进村，协调延庆区、密云区出台《关于新型村邮站建设工作实施方案》，引导村邮站叠加快递代收代投服务。

持续做好快递员群体合法权益保障工作。联合市人社、税务部门印发《关于做好本市基层快递网点优先参加工伤保险工作的通知》，新增7791名快递小哥参加五项保险或优先参加工伤保险。指导企业申报快递工程技术人员职称340余人次，培训从业人员1.9万人次，落实培训补贴1073万元。完成全市主要品牌快递企业末端派费核算工作，各快递企业北京公司落实派费上调要求，加盟制快递企业一线快递员每月增收达500元。深入推进关爱快递员“暖蜂行动”，快递协会连续4年为快递小哥提供免费健康体检，累计体检1.2万人次。

加强自身建设，提升基础治理水平。强化干部队伍建设。做好公务员招录、军转干部接收安置工作，坚持严管和厚爱结合、激励和约束并重，注重年轻干部培养锻炼，加强干部选任交流力度，不断激发队伍干事创业积极性。强化基础保障。合理制定预算分配方案，降低机关运行成本，进一步压减公用经费支出，提高资金使用效率。圆满完成2014年至2019年期间养老保险和职业年金补缴清算工作。强化接诉即办。充分发挥“探针”和“晴雨表”作用，加强工单数据统计分析，精准查找邮件快件积压堵点，及时推送信息，督导相关企业回应用户诉求，推动解决率和满意率双提升。强化依法行政。进一步完善行政诉讼、复议办理机制，全年办理复议17件，一审程序行政诉讼案件5件，民事诉讼案件2件。强化统计工作。对全市56家统计调查对象开展现场检查，圆满完成统计督察整改“回头看”任务。强化安全中心支撑作用。完成安全中心办公楼装修改造工程，加强行业运行监测，每日向市委市政府提供相关数据，积极向市政府争取信息化项目立项，并得到市领导批示支持。加强新闻宣传和舆情监测。积极引导社会舆论，参加市新闻发布会3次，与市委宣传部联合组织集体采访，宣传行业正能量，为旺季服务保障和疫情防控营造有利外部环境。南区局快速妥善处置涉快递突发舆情事件，形成《重大舆情应急处置工作参考》，促进行业舆情应对处置水平提升。

三、新时代十年行业发展成就

在国家邮政局和市委、市政府的坚强领导下，首都邮政快递业走过了极不寻常的发展历程。行业积极融入北京发展大局，在工作中突出首都意识、首善标准、首都特色，推动行业服务生产、促进消费、畅通循环，为服务首都经济社会发展和民生保障作出了积极贡献。

行业旗帜鲜明讲政治，有力服务保障首都全国政治中心建设。坚决贯彻习近平总书记关于北京和邮政快递业重要指示批示精神，努力践行“看北京首先从政治上看”“从政治上考量、在大局下行事”的要求。全力做好中非合作论坛，新中国成立70周年，建党百年，北京冬奥会、冬残奥会以及党的二十大等一系列重大活动期间寄递渠道安全和服务保障工作，在大战大考中展现了行业的政治担当。督促邮政企业从严从实从紧抓好机要通信服务，实现连续33年无事故，确保国脉安全和政令畅通。指导邮政企业圆满完成多轮中央巡视专用信箱、中央环保督察及统计督察专用信箱寄递服务保障工作，切实服务保障中央专项工作。坚持党对邮政快递业工作的绝对领导，开展快递行业党建，建立19个党组织，组织覆盖11个品牌快递企业，工作覆盖1392名快递党员，充分发挥党组织作用，推动党建引领行业治理，自觉在快递领域巩固党执政的社会基础、群众基础。

行业坚决维护首都安全稳定，有力推进平安北京建设。持续推进安全生产专项整治三年行动；开展邮件快件处理场所安全管理规范化提升行动，集中整治企业作业场地内设备设施不达标、作业操作不合规、员工着装不规范、现场管理不到位“四不”突出问题，完成主要品牌寄递企业邮件快件分拨中心传送带堵缝、人车分流；开展寄递安全“三项制度”专项治理行动，试点快件收寄验视过程记录；完善全市邮政业应急预案体系，提升应急处置能力。行业运行态势安全平稳，连续3年获得安全生产工作考核优秀等次。

行业深入贯彻落实北京城市总体规划，有力推进邮政快递网络建设。邮政快递业基础设施被纳入《北京物流专项规划》《北京城市副中心控制性详规》《北京市“十四五”时期乡村振兴战略实施规划》等多个专项规划，为首都邮政快递业发展带来新机遇。深度参与北京市新增产业相关目录修订，在北京减量发展的大背景下，争取到促进邮政快递业发展的有利政策。全市运营邮政局所724个，投递部179个，村邮站3524个，快递网点3129个，邮政服务实现乡乡有局所、村村直通邮，快递服务实现网点乡镇覆盖，投递服务到村，有力支撑保障了寄递服务运行和人民群众用邮需求。

行业坚持以人民为中心的发展思想，有力提升邮政快递服务能力。巩固提升邮政普遍服务均等化水平，建设警邮、税邮邮政综合服务平台246个。快递服务能力显著提升，年人均交寄接收快递超200件。特别是新冠疫情发生以来，全力做好保通保畅保民生工作，确保“最后一公里”和末端微循环畅通。快递企业摒弃价格竞争，注重服务竞争、产品竞争、质量竞争，快递平均单价升至14.91元，高于全国平均单价56%，快递发展已步入服务、质量竞争的新阶段。以接诉即办为抓手办好群众关心的实事，完成12345市民服务热线与12305申诉热线整合，进一步完善接诉即办工作运行机制，深入推动解决用户不高兴不满意的服务问题。

行业大力实施绿色北京战略，有力推动行业绿色发展。制定发布《快递绿色包装使用与评价规范》地方标准，联合7部门出台《北京市关于推进快递包装绿色转型的若干措施》，“瘦身胶带”应用、电商快件不再二次包装、循环中转袋使用、电子运单普及和快件包装废弃物回收装置设置等工作成效显著；行业新能源汽车保有量超过4000辆；邮政、顺丰、韵达一级分拨中心实现全自动化分拣。全行业牢固树立和践行绿水青山就是金山银山的理念，协同推进降碳、减污、扩绿、增长，努力让首都天更蓝、山更绿、水更清。

行业持续关心关爱快递小哥，有力提升从业人员获得感、荣誉感、归属感。与市商务局等8部门联合在全国率先出台关爱快递小哥的“京九条”，有效促进快递员生产生活条件改善和职业素质提升。与市人社局、医保局联合出台《关于促进快递行业规范发展　加强从业人员权益保障的通知》。与北京团市委签署联合推进快递从业青年联系服务工作的合作协议，持续推进“快递青年服务月”活动。快递员岗前和技能提升培训纳入政府补贴目录，已培训5.4万人次，落实补贴资金近

2500万元；举办两届北京市邮政行业职业技能竞赛，选派7名选手参加全国竞赛并全部获奖。快递工程技术人员首次纳入北京市职称评审范畴。1000名快递小哥作为“美好生活”方阵的组成部分，代表全国邮政行业400万从业者，参加庆祝新中国成立70周年群众游行，接受党和国家领导人、全国人民的检阅。

四、快递市场存在的突出问题

一是北京邮政快递业发展与首都城市战略定位还不够协调；二是行业业态还不能适应超大型国际化都市的精细化管理要求；三是服务水平与人民群众美好生活的寄递需求还存在一定差距。

天津市快递市场发展及管理情况

一、快递市场总体发展情况

2022年，天津市快递企业业务量累计完成12.16亿件，同比下降1.49%；业务收入累计完成137.47亿元，同比下降1.89%（表7-2）。支撑网络零售额超1450亿元，年人均快递使用量达88件。

表7-2 2022年天津市快递服务企业发展情况

指标	单位	2022年		比上年同期增长（%）		占全部比例（%）	
		累计	12月	累计	12月	累计	12月
快递业务量	万件	121552.93	11373.80	-1.49	-0.25	100.00	100.00
同城	万件	17345.77	1360.55	-6.21	-28.22	14.27	11.96
异地	万件	104065.94	10001.85	-0.60	5.38	85.61	87.94
国际及港澳台	万件	141.23	11.39	-30.02	-28.80	0.12	0.10
快递业务收入	亿元	137.47	12.51	-1.89	-0.35	100.00	100.00
同城	亿元	12.43	1.03	-16.92	-28.04	9.04	8.24
异地	亿元	83.82	8.07	-4.18	0.37	60.98	64.53
国际及港澳台	亿元	4.67	0.36	-10.52	-49.17	3.40	2.84
其他	亿元	36.55	3.05	12.61	-4.88	26.59	24.39
快递业务投递量	万件	130995.41	10623.29	-3.78	-14.87	100.00	100.00

二、行业管理工作及主要成效

全力带头走好践行“两个维护”第一方阵。持续强化政治机关建设。持续加强理论武装，深入学习把握习近平新时代中国特色社会主义思想的世界观和方法论，坚持好、运用好贯穿其中的立场观点方法，深刻领悟“两个确立”、增强“四个意识”、坚定“四个自信”、做到“两个维护”。严守政治纪律和政治规矩，带头落实《关于维护党中央集中统一领导的规定》，切实担当起“最初一公里”政治责任，始终把贯彻落实习近平总书记关于邮政快递业重要指示批示精神作为重要政治责任，组织开展“回头看”，把党对邮政快递业的领导贯穿到工作全过程各方面。牢固树立政治机关意识，推动党建与业务深度融合，深化“政治性是第一属性、讲政治是第一要求”认识，注重党的二十大寄递渠道安全服务保障、行业保通保畅、快递员合法权益保障、农村寄递物流体系建设等重点工作中强化政治责任和政治担当。不断提高“政治三力”，着力锻造忠诚干净担当的邮政管理干部队伍。认真执行民主集中制，自觉做好重大事项请示报告。落实意识形态工作责任制，落实国家邮政局党组加强和改进思想政治工作实施意见。强化模范机关建设，把基层党组织建设成为有效实现党领导的坚强战斗堡垒。

坚持以习近平新时代中国特色社会主义思想凝心铸魂。落实党组会议第一议题制度，及时跟进学习贯彻习近平总书记最新重要讲话和重要指示批示精神。坚持把学习宣传贯彻党的二十大精神作为首要政治任务，通过集中收看党的二十大开幕会、局党组书记专题宣讲、党组会及党组理论中心组集中学习、处级干部专题研讨、录制学习体会短视频、印发宣传贯彻工作方案等多种形式，迅速掀起学习贯彻党的二十大精神热潮。

认真抓好中央巡视反馈意见整改落实。按照中央第十二巡视组巡视国家邮政局党组反馈意见，对照梳理我局问题清单39个，形成任务清单111项。深入宣传贯彻市第十二次党代会精神，局党组书记讲授专题党课。全面开展“迎盛会、铸忠诚、强担当、创业绩”主题学习教育宣传实践活动。

全力推进行业高质量发展。惠企政策落实落地。印发“邮政快递业惠企政策汇编”“减税降费政策明白纸”，推动行业全年减税降费超1.3亿元。助力天津入选国家综合货运枢纽补链强链首批城市，推动邮政、京东项目纳入天津方案，项目申报投资额超3亿元。顺丰、德邦共获得县级物流配送中心项目补贴资金1000万元。协调市财政支持行业绿色发展专项资金75万元。协调市商务局、市财政局补贴“两节”期间寄递企业和电商平台在岗一线快递配送人员专项资金3000万元。发放快递专用电动三轮车专用号牌累计超5000张。开展企业发展愿景调研，为政策制定实施提供决策参考。持续深化“放管服”改革。为45家快递企业办理集中换领许可证。为80家企业通过线上预约寄达服务办理快递业务经营许可证和分支机构名录。快递许可平均办结时间缩短为9.6个工作日，邮政普遍服务审批平均办结时间缩短为6个工作日。持续推进寄递企业创新发展。稳步推进政邮、警邮、税邮、医邮合作，累计完成业务量41.34万件。持续推进邮快合作，邮政企业累计代投快件26.48万件。督导邮政企业完成6家主题邮局新建扩容，780个智能邮筒箱投入使用。持续推广末端集约化智能化服务，全市智能快件箱达5400余组，快递末端服务站超4800余个。深入推进快递进厂、出海工程。落实“5312”工程，专题对接调研天津食品集团、静海“乐器之乡”，向国家邮政局推荐申报静海乐器、利民调料等8个快递服务制造业特色项目。联动东疆综保区，持续推进天津国际邮件互换局、海运交换站优化布局，拓展开通进口商业快件业务。

全力推进重点工作落实落地。切实保障快递员群体合法权益。联合市人社局、市税务局、社保中心做好基层快递网点优先参加工伤保险工作。推动快递员群体纳入天津保障性租赁住房重点保障范围。成功举办第三届“海河工匠杯”技能大赛快件处理员赛项，为获奖选手争取奖金超11万元。联合开展2022年“快递从业青年服务月”“创新基层治理·关爱快递小哥”行动。支持鼓励快递业务员参加职业技能培训，为参训人员争取补贴251.9万元。指导建成各类快递爱心驿站2056个，支持快递员享受免费体检和义诊4700余人次。加快推进农村寄递物流体系建设。联合市交通运输委、市农业农村委落实《天津市加快农村寄递物流体系建设实施方案》，推动滨海等六区落实属地资金。为督促属地落实支出责任，将“加快农村寄递物流网点布局”纳入天津市乡村振兴战略实绩考核。全市2927个建制村全部实现村村通快递，已设置村级服务站的建制村比例超三分之一。联动市交通运输委现场办公，启动宝坻林亭口客运站“客货邮”试点工作。着力推进生态环保任务。聚焦行业节能减排，加快快递包装绿色转型，圆满完成“9918”工程。推动生态环保协同共治，积极融入天津市塑料污染治理、“无废城市”建设以及商品过度包装治理等重点工作。执行“两项试行规定”，定期落实信息报告和企业操作规范备案管理工作。持续开展“两个专项治理”，对6

家企业未制定包装操作规范、过度包装的违法行为立案查处。积极推进精神文明建设。着力培养发掘行业先进典型，全行业1人当选二十大党代表，4人分获“全国五一劳动奖章”和“天津市五一劳动奖章”，1集体获市“工人先锋号”，着力宣传“全国五一劳动奖章”获得者靳立军、刘婷先进典型事迹。组织全系统党员落实“双报到”，积极参加社区志愿服务。

全力夯实行业安全根基。全力抓好行业疫情防控。深化督导落实行业监管责任和企业主体责任，印发相关文件122份，召开视频调度会40次，编发各类宣导短信218万条，全系统参与开展多轮次疫情防控督导检查，多措并举织密筑牢行业疫情防控网。行业疫情防控工作获时任市委副书记、市疫情防控领导小组常务副总指挥金湘军批示肯定。迅速落实“新十条”和国家邮政局要求，取消从业人员定期核酸检测、邮件快件消毒等要求。尽职尽责做好保通保畅工作。坚决落实“保供应、保畅通、保稳定、保安全”要求，加强统筹调度、强化运行监测，指导企业补充人力、加快运力、疏解积压，着力做好医疗物资、民生物资寄递，有效畅通城市“微循环”，有力保障人民用邮。全行业累计寄递药品类邮件快件超112万件。推动品牌寄递企业纳入市生产生活、京津冀重点企业“白名单”。核发电子通行证1600张、纸质通行证2400余张，全力保障进出津寄递服务畅通。扎实推进平安天津寄递建设。圆满完成党的二十大期间寄递渠道安全服务保障工作，坚持最高标准、最严要求、最强措施，切实筑牢寄递渠道环京“护城河”防线，实现四个“严防”、三个“确保”目标。落实最高检“七号检察建议”，联合市检察院、市公安局出台《关于完善寄递渠道安全监管协作机制的意见》，会同有关区检察机关开展公民个人信息保护专项检查、座谈交流、公益诉讼。深入开展安全生产专项整治三年行动和安全生产大检查，完成主要品牌企业“四不”问题整治任务。

全力提升行业治理能力。持续推进法治邮政建设。积极推进健全天津市邮政法治体系，推动邮政管理部门作为法定驻区机构、国际快递业务经营许可审批下放、寄递渠道安全管理等内容分别纳入《中国（天津）自由贸易试验区条例》《天津市平安建设条例》。印发《国家和天津市“十四五”邮政业发展规划和相关专项规划涉邮任务分工表》。落实重大执法决定法制审查制度，依法妥善办理行政诉讼。有序开展行业“八五”普法工作。扎实开展邮政市场监管。全面落实“双随机、一公开”，开展全行业市场秩序整顿。检查企业各类作业场所800余处，立案查处违法行为168起。联合市公安局、市网信办开展全市邮政快递领域个人信息安全治理专项行动，依法严肃查处企业出售、泄露和非法提供用户信息等行为数起。对品牌快递企业开展快递员派费和内部罚款线上调查，会同快递协会开展末端派费核算工作。完成统计督察“回头看”，开展新业态企业纳统梳理摸底调查，完善邮政快递业服务农业、制造业项目库。统筹做好寄递渠道涉枪涉爆、涉毒涉危、打击侵权假冒、野生动植物保护等工作。着力加强机关内部建设。开展形式多样的保密宣传教育，制定涉密人员管理规定等制度，持续提升保密管理工作水平。坚持过“紧日子”要求，深化预算绩效管理，推动建设节约型机关。坚持正确舆论导向，进一步加强行业新闻宣传。完成系统固定资产清查。做好工会、老干部工作。

从严从实全面加强党的建设。压紧压实管党治党责任。推动落实从严管党治党主体责任和“一岗双责”要求。聚焦贯彻落实习近平总书记重要指示批示精神强化政治监督，加强中央重大决策部署落实情况监督检查。积极与市委组织部沟通支持政策，市快递行业党委获批成立，协调市公安交管、人社等部门为成员单位，为加强党对全市邮政快递业领导提供有力抓手。持续推进干部队伍建设。严格执行《党政领导干部选拔任用工作条例》等规定，共选任领导干部4人、晋升职级1人。完成公务员职级晋升和领导干部试用期满考核，做好13名副处级以上干部个人有关事项集中填报和2022年个人有关事项随机抽查工作。不断强化监督执纪问责。深化运用监督执纪“四种形态”，认真做好纪检信访处理工作，对3名履职不力的干部进行通报批评。充分用好本市、本系统查处的违纪违法典型案例，召开全系统警示教育大会，认真开展廉政风险排查，坚持“三不腐”一体推进。持之以恒落实中央八项规定及其实施细则精神。持续推进局管干部违规兼职取酬、参与“影子公司”“影子股东”谋利等专项整治工作。

三、新时代十年行业发展成就

在国家邮政局党组和天津市委、市政府的正确领导下，天津市邮政快递业走过了跨越式发展的不平凡历程，全系统全行业干部职工牢记习近平总书记对邮政快递业的殷殷嘱托，坚决拥护“两个确立”，坚决做到“两个维护”，以团结奋进、持续奋斗的姿态，推动行业取得了历史性成就、发生了历史性变革，行业规模、服务能力、综合实力跃上新台阶，服务生产、刺激消费、畅通循环的现代化先导性作用进一步发挥。

行业加快谱写邮政强国天津篇。建成覆盖城乡、通达全国、服务全球的邮政快递网络，年快递业务量超10亿件、业务收入超140亿元。科技持续赋能，网络加速下沉，绿色转型加快，服务明显提升，安全稳步发展，邮政快递在服务国家重大战略、地方保通保畅、群众生产生活等方面发挥着重要作用。

行业统筹推进邮政快递网络建设。主动对接天津市综合立体交通运输体系，高铁快递稳步推进，航空快递运能不断增强。全行业拥有各类营业网点5600余处，市级自动化分拨中心13个，邮路2.58万公里，实现“乡乡设所、村村通邮”，“快递进村”工程加快推进，有力保障党和国家政令畅通和人民群众用邮需求，有力支撑天津市经济社会发展。

行业持续提升邮政快递服务能力。邮政快递连接千城百业、联系千家万户、联通线上线下，对促进消费、改善民生意义重大。巩固提升邮政普遍服务均等化水平，邮政综合服务平台建设成效明显，邮政机要通信保持30年无事故。积极贯通县乡村快递物流配送体系，快递服务能力显著提升，日均处理量超过700万件，年人均快件量接近90件。疫情期间，全力做好行业疫情防控，果断处置涉疫事件，及时疏解积压邮件快件，推广使用无接触投递设施，全力保障党报党刊、机要邮件、快递服务网络畅通，有力有效稳定产业链供应链。

行业充分发挥行业基础性战略性先导性作用。十年间，天津市邮政行业业务收入年均增幅22%，与全市生产总值的比值提升至1%以上，年快递业务量增长19倍，行业吸纳就业3万余人，在做好“六稳”“六保”中贡献行业力量。助力打赢脱贫攻坚战，推动行业与农村电商融合发展，有力服务乡村振兴。圆满完成《中国共产党成立100周年》重大题材邮票发行销售监督任务。成功举办第四届海峡两岸珍邮特展。邮政快递无处不在、无人不用，已逐渐成为农特产品的直通车、制造业的流动仓库、商品流通的加速器和跨境电商的桥头堡，人民群众用邮获得感、幸福感、安全感明显增强。

行业深入贯彻落实新发展理念。科技创新驱动行业实现跨越式发展，“两智一码”试点应用，无人仓、无人车等设施装备加快普及，生产自动化、服务智能化、管理信息化水平不断提升。快递员群体关心关爱和权益保障更加有力，行业从业人员素质能力显著提升，快递工程专业技术职称取得突破，天津“快递小哥”亮相国庆70周年群众游行方阵。行业绿色低碳转型发展深入推进，逐步建立与绿色理念相适应的法规标准政策体系，稳步推进快递包装治理，提升快递包装减量化、标准化、循环化水平。行业安全形势总体稳定，落实收寄验视、实名收寄、过机安检制度，寄递安全信息平台建设稳步推进，实现与“绿盾”工程有机融合，有力保障重大活动期间寄递安全，十年来未发生较大等级以上安全生产事故。

行业坚决落实邮政体制改革部署。完善省级以下邮政监管体制,成立四个邮政监管派出机构和市邮政业安全中心,与综合交通运输管理体制融合更加紧密。推动出台《我市支持快递业加快发展十项措施》《天津市加快农村寄递物流体系建设实施方案》《天津市道路交通安全若干规定》等政策文件,率先在全国制定《寄递企业安全中心建设与管理规范》《邮政投递服务规范》《专用邮政信箱寄递服务规范》等地方标准,行业法规、规划、标准、政策体系不断完善。"放管服"改革不断深化,持续优化快递经营业务许可、集邮市场监管,包容审慎推进智能快件箱、快递公共服务站等新业态监管。

四、快递市场存在的突出问题

当前,随着快递市场规模的不断壮大,随之而来在快递员权益保障、行业安全绿色发展、助力服务"乡村振兴等方面还存在不足,具体表现在快递员权益保障工作不够有力,快递从业人员获得感、幸福感仍需进一步提升;快递绿色包装治理成效不明显,主动与上下游工作衔接不够;"快递进村"服务质效还不能满足群众美好生活用邮需求,未按址投递等问题时有发生。

河北省快递市场发展及管理情况

一、快递市场总体发展情况

2022 年,河北省快递企业业务量累计完成52.69 亿件,同比增长 4.13%;业务收入累计完成380.23 亿元,同比下降 5.8%(表 7-3)。支撑全省网上实物商品零售额 3891 亿元。

表 7-3 2022 年河北省快递服务企业发展情况

指标	单位	2022 年		比上年同期增长(%)		占全部比例(%)	
		累计	12 月	累计	12 月	累计	12 月
快递业务量	万件	526888.99	42700.71	4.13	-13.92	100	100
同城	万件	51465.21	3776.32	11.24	-37.13	9.77	8.84
异地	万件	475248.10	38911.23	3.48	-10.66	90.20	91.13
国际及港澳台	万件	175.68	13.16	-64.88	-68.16	0.03	0.03
快递业务收入	亿元	380.23	32.16	-5.80	-13.51	100.00	100.00
同城	亿元	24.22	1.71	-7.70	-43.96	6.37	5.31
异地	亿元	263.25	22.73	-6.41	-15.07	69.23	70.69
国际及港澳台	亿元	4.15	0.32	-2.67	-124.09	1.09	1.01
其他	亿元	88.61	7.39	-3.52	-15.18	23.30	22.99

二、行业管理工作及主要成效

统筹疫情防控和保通保畅有力有序。科学精准防控疫情。及时、全面贯彻落实党中央、国务院疫情防控决策部署,动态调整行业疫情防控措施,持续做好常态化疫情防控,及时妥善做好应急处置,行业未发生聚集性感染,寄递渠道未发生疫情传播。全力以赴保通保畅。以最快速度推动从业人员便利上岗、营业和处理场所"应开尽开",基本实现了网络不断、服务不停。优先处理、投递防疫物资、医疗药品器械、生活必需品等百姓急迫需要的邮件快件,尽最大努力服务社会民生。积极有力助企纾困。细化省政府扎实稳住经济一揽子政策措施涉邮任务,梳理减税降费相关政策并积极加强宣传，为企业减免税费3.57亿元。

行业安全发展根基持续夯实。深入开展安全风险隐患大排查大整治行动。开展最全面、最严格的自查整改，真正压实企业主体责任，开展最高标准、最严执法的监管检查，真正压实市局监管责任，以部门监管责任落实倒逼企业主体责任落实，排查、整改安全风险隐患4632处，切实从根本上发现问题、从根本上解决问题。圆满完成重大活动安全服务保障任务。坚持提前部署、早做筹备、筑牢防线，采取分片包干、专人驻点、实地检查、线上巡查、暗访督导等多种方式加强监督检查，高标准完成北京冬奥会、秦皇岛暑期、党的二十大等重大活动安保任务，既为一域增了光，又为全局添了彩。

农村寄递物流体系建设深入推进。积极服务乡村振兴战略，扎实有效推进农村寄递物流体系建设，稳步推进网络下沉、服务下沉，潜力无限的农村市场已经成为行业发展的新蓝海。巩固深化快递进村。持续加密村级服务站点，从"村村有服务"向"村村有网点"推进，在3.67万个行政村建设快递服务站3.83万个，建制村覆盖率达到75%。新增县级邮政快递共配中心22个，累计达到89个。推进实施百千万工程。积极培育邮政快递服务地方产业项目178个，扶持农村中小微企业1093个，扶持农村新经济体1.08万个。39个项目年业务量超千万件，助力河北县域特色产品销往全国。

行业基础设施项目建设蹄疾步稳。积极服务京津冀协同发展，抢抓河北建设全国现代商贸物流重要基地历史机遇，主动承接寄递物流北京非首都功能疏解，打造行业全国枢纽和北方总部基地。推动省政府召开邮政快递业基础设施建设专题省长办公会，并成立由主管副省长任组长的工作推进小组，随时协调、月度通报、季度调度。2022年全省共有大型邮政快递基础设施建设项目25个，其中已全面竣工并投入使用3个，在建10个、储备8个、意向4个，均顺利推进。廊坊成为第三批中国快递示范城市。

依法行政能力和水平不断提升。加强邮政市场监管。持续开展快递市场秩序整顿，深入实施"双随机、一公开"监管，依法查处违法违规行为，立案263起。充分应用"绿盾"工程建设成果，推进"互联网+监管"取得实效。优化行业营商环境。"放管服"改革深入推进，农村末端网点备案更加便捷，提供快递许可证免费寄递服务，让企业依规办事不求人、方便快捷少跑腿。新增许可企业10家、分支机构225家、末端网点5012家，许可延续、变更91项。

党的建设和全面从严治党持续深化。深入推进党的建设。贯彻新时代党的建设总要求，把学习贯彻习近平新时代中国特色社会主义思想贯穿党的建设全过程。迅速掀起党的二十大精神学习宣传贯彻热潮。党员干部政治判断力、政治领悟力、政治执行力不断提升。持之以恒正风肃纪。强化监督执纪问责，对快递进村、疫情防控、重大活动安保等重点工作开展政治监督。深入开展纠正"四风"和作风纪律专项整治，风清气正的政治生态不断巩固。推进巡视巡察上下联动。落实巡视工作专项检查联动整改，统筹"当下改"治标和"长久立"治本，事事有回应、件件有着落，完成对1个市局的巡察工作，严的主基调不断深入。

坚持突出重点、统筹推进。加强快递从业人员合法权益保障，新增优先参加工伤保险1.3万人；行业绿色发展"9934"工程圆满完成，备案包装操作规范企业1544家；改革完善申诉处理渠道，为消费者挽回经济损失605万元；持续健全邮政快递业监管体制，新增1个市级、31个县级邮政业安全中心，新增1个县级邮政管理机构；加强干部队伍建设，树立正确用人导向，强化年轻干部选拔培养；加大行业人才培养力度，新增438人具备专业技术职务任职资格，4人获全国性表彰。省局2021年度寄递渠道安全工作考核被国家邮政局评定为第一档次，被河北省平安建设领导小组评为优秀等次；省局2021年度绩效考核被省委考核办评为A档次;省局2021年依法行政工作连续6年被省政府评为"优秀"等次。省局行业经济运行分析、重点专题调研分析等工作均得到国家邮政局通报表扬。

三、新时代十年行业发展成就

十年来,党对行业的全面领导不断加强,确保始终沿着正确方向前进。坚持把政治建设摆在首位,坚持不懈用习近平新时代中国特色社会主义思想凝心铸魂,坚定不移全面从严治党,把党的领导贯穿于行业改革发展和管理工作的全过程和各方面,在政治立场、政治方向、政治原则、政治道路上同以习近平同志为核心的党中央保持高度一致。全省系统和行业牢记习近平总书记对邮政快递业的殷殷嘱托,深刻领悟"两个确立"的决定性意义,坚决做到"两个维护",以团结奋进、接续奋斗的姿态,推动行业高质量发展和高效能治理。

十年来,行业发展突飞猛进,基础性、战略性、先导性作用日益凸显。全省快递业务量10年间增长40余倍,由全国第10位跃升至全国第5位,年均增幅达到45%;邮政行业业务收入占全省生产总值的比重由0.09%上升至1%;年人均快件使用量由3件攀升至132件。行业直接吸纳就业10余万人,涌现出一批实力雄厚、充满活力的快递服务主体,有力支撑、服务电商平台和关联产业蓬勃发展。深度融入、服务京津冀协同发展战略,领跑现代商贸物流重要基地建设,雄安新区规划建设稳步推进。邮政快递无处不在,无人不用,已逐渐成为农特产品的直通车、制造业的流动仓库、商品流通的加速器和跨境电商的桥头堡,行业规模、创新活力、服务能力、综合实力跃上新台阶。

十年来,网络基础织密夯实,发展成果更多更公平惠及全省人民。建成了覆盖全国、深入乡村、通达世界的邮政快递服务网络,惠及7400万人口的寄递服务体系日臻完善。行业"一圈两带两支点"画卷徐徐铺展,全国快递枢纽和北方总部基地日渐形成。10年间,行业的触角从城市到农村,从快递下乡到快递进村,从村村有服务到村村有网点,寄递服务网络覆盖了全省18.9万平方公里的城镇乡村。从大写意到工笔画,从挥毫泼墨到精雕细琢,行业以不渝的丹青绘就了更加广阔、日益细腻的网络图景,人民群众用邮获得感、幸福感、安全感明显增强。

十年来,持续保证行业安全稳定,寄递渠道首都护城河不断筑牢。河北环绕京津,拱卫首都,特殊区位赋予特殊使命,当好首都护城河是不容推卸的责任,也是无可比拟的荣光。紧紧围绕建设高精准风险防控体系,健全完善行业安全监管体制机制,省级和10个市级邮政业安全中心成立,8个县级机构和52个县级安全中心组建,寄递渠道安全管理领导小组实现省、市、县三级全覆盖。扎实推进平安邮政建设,严格执行安全三项制度,有序推进"绿盾"工程应用,风险防范和应急处置能力持续增强,有力保障了党和国家重大活动期间寄递安全,10年间未发生较大等级以上安全生产责任事故,维护了国家安全。

十年来,发展环境持续优化,治理体系和治理能力现代化水平不断提升。省委、省政府和社会各界对行业的重视、关注和支持达到了历史新高度,干事创业"五个环境"氛围浓厚,队伍"精气神"大幅提升。行业法治体系日趋完备,政策规划成龙配套,"五个体系"逐步实施,绿色发展深入人心,"放管服"改革不断深化,新业态监管包容审慎,监管信息化水平不断提升,从业人员素质显著提高,快递员群体合法权益保障扎实推进,精神文明建设再上台阶,执法规范化建设和执法监督力度不断加大,这一切都为推动行业踏上新征程、制胜新赛道,实现高质量发展提供了优良的环境和肥沃的土壤。

四、快递市场存在的突出问题

行业城乡发展、区域发展不平衡,行业"大而不强、快而不优、粗而不精"的基本业情仍未改变;

行业安全工作基础不牢、排查整治不彻底、安全风险隐患依然存在；面对疫情影响，行业运行的应急处置能力不足等新问题表现出来；行业治理体系基础不牢，营商环境有待优化，形式主义、官僚主义不同程度存在，一些干部思想观念、工作作风、执行能力与新形势新任务还不相适应等。

山西省快递市场发展及管理情况

一、快递市场总体发展情况

2022年，山西省快递企业业务量累计完成7.1亿件，同比下降9.7%；业务收入累计完成79.5亿元，同比下降11.9%（表7-4）。

表7-4　2022年山西省快递服务企业发展情况

指标	单位	2022年		比上年同期增长（%）		占全部比例（%）	
		累计	12月	累计	12月	累计	12月
快递业务量	万件	70584.97	6249.99	-9.66	-18.16	100.00	100.00
同城	万件	5619.58	439.90	-23.47	-44.87	7.96	7.04
异地	万件	64801.86	5785.66	-8.23	-15.27	91.81	92.57
国际及港澳台	万件	163.54	24.43	-6.91	132.48	0.23	0.39
快递业务收入	亿元	79.47	7.06	-11.85	-18.51	100.00	100.00
同城	亿元	4.09	0.36	-28.72	-32.93	5.15	5.15
异地	亿元	43.35	4.07	-11.99	-11.85	54.55	57.64
国际及港澳台	亿元	1.13	0.14	-4.13	0.54	1.43	1.94
其他	亿元	30.89	2.49	-9.08	-26.09	38.87	35.27

二、行业管理工作及主要成效

坚持优化产业布局，高质量发展形成新态势。立足新发展阶段，贯彻新发展理念，积极参与构建新发展格局，以更高站位谋划高质量发展。农村寄递物流服务基本实现全覆盖。坚定不移办好省政府年度民生实事，着力打造农村寄递物流体系建设“山西模式”。截至2022年10月底，全省1082个乡镇100%建成快递综合服务站，20356个建制村100%通快递，其中，91个县（市）初步建成农村共配网络，16094个建制村新建快递网点，引导形成了“快快”“快邮”“快交”等多种融合发展新模式，有效补齐农村物流短板，城乡循环更加高效畅通。国家局局长赵冲久专题批示肯定全省系统工作；省委书记蓝佛安亲赴晋中市和顺县调研指导；副省长刘旸两次作出批示肯定，极大提振行业士气。各市局乘势而上，克服困难，奋勇争先，推动全覆盖工作开花结果、落地见效。大同局坚持苦干实干，创新办法，推动整合，在全省率先完成全覆盖工作。太原局积极协调地方，争取市级财政补贴138万元，有力推动了农村寄递物流发展。运城局注重实绩，突出实效，有效落实“一特色三标准”建设要求，快递进村成效明显。

上下游产业高度协同。快递服务现代农业持续壮大，“快递＋太原老陈醋”年业务量达1063万件，已进入2022年度金牌项目评审阶段；联合省农业农村厅顺利完成3个快递服务现代农业示范项目申报工作；引导培育“一市（地）一品”23个、“一县一品”10个。全省行业全年累计带动农产品上行超7000万件，拉动产值超18亿元，有力巩固脱贫攻坚、促进乡村振兴。“快递进厂”取得新进展，累计培育快递服务制造业典型融合项目25个，拉动产值达8.8亿元。高度支持跨境电商寄递物流发展，国际邮件快件寄递业务量超320万件，出口国际邮件再获省政府三年财政补贴支持。

交邮融合更加深入。加快推动行业融入现代综合交通运输体系，快递货机起落达 2544 架次，高铁运输快递线路达 46 条，高运能干线车辆超 3500 辆。“客货邮”融合发展稳步推进，一批农村客运站得到盘活利用。

大力支持企业服务创新。持续加强邮政综合服务平台建设，医邮、法邮等新型合作加快普及。末端服务方式更加多元集约，全省累计布放智能快递柜 4638 组，建成快递末端服务站 10529 个。太原局加快推动智能快件箱普及，年内争取市级专项财政补贴 200 万元，并获建设用地免费保障支持。

坚持深化依法治邮，现代化治理迈上新台阶。坚持依法行政，规范行使职权，深入推进部门法治政府建设。行业法治建设稳步推进。组织开展“八五”普法工作，严格落实行政执法“三项制度”，深入实施“双随机、一公开”监管，坚持“照单履职”，扎实推进包容审慎柔性执法，有效规范自由裁量行为。快递市场监管有序深化。聚焦“放管服”改革，坚持优化许可审批，创优营商环境，有序推动快递服务站、智能快件箱等新业态监管，年内新增许可企业 65 家。扎实开展城市快递末端服务规范专项整治，持续净化市场经营秩序。绿色环保治理显著增强。扎实开展行业生态环保执法，年内实施行政处罚 5 起。联合省发展改革委推进塑料污染整治，特色做法多次被国家发展改革委简报采纳。聚焦包装减量化、标准化、循环化，提前完成“9917”工程目标任务。积极推动运输环节能源结构调整，新能源车辆达到 1652 辆。绿色“双 11”成效明显，省内各大媒体争相报道，舆论环境持续向好。

坚持筑牢底线思维，安全发展呈现新局面。坚决贯彻总体国家安全观，聚焦提升寄递安全、生产安全、信息安全水平，持续强化本质安全建设。高质量完成重大安保任务。坚持最高标准、最严要求，高位统筹、上下联动、精准发力，以寄递渠道安全为重点，统筹推进疫情防控、安全生产、群体稳定等工作，顺利完成北京冬奥会（冬残奥会）、全国两会、党的二十大等重大活动期间寄递渠道安保工作。其中，党的二十大期间寄递渠道安保工作获国家局党组高度肯定。着力防范化解风险隐患。增强忧患意识，提高防控能力，综合推进寄递渠道涉枪涉爆涉毒、扫黄打非、危险化学品等专项整治，有力保障邮路畅通安全。连续 5 年以一号文件部署安全生产工作，狠抓安全生产大检查和“十五条”硬措施落实，扎实推进“四不”问题和“传送带堵缝、人车分流”两项任务整治，狠抓作业现场管理，杜绝重特大亡人事故发生。会同公安、网信等部门开展邮政快递领域个人信息安全专项治理。切实发挥“绿盾”系统优势，视频巡检、远程监控形成常态，安全生产技防能力显著增强。持续关心关爱快递员群体。站在巩固党的执政基础、促进社会公平正义的全局高度，用心用情关爱快递员群体。稳步推进行业人才工作，职业技能提升培训和等级评价人数达 8741 人；快递工程技术人员职称评审工作取得阶段性进展。积极推动基层网点优先参加工伤保险，新增参保人数超 3.4 万人。非公快递行业党委实现省市全覆盖，行业工会、共青团日益发展壮大，爱心驿站等加快建设，快递员组织覆盖、权益保障、凝聚服务等取得新进展。同时，高效处置 12305 热线申诉、12345 转办线索和信访案件，确保各类合理诉求“办得及时、办得满意”，真正架起“连心桥”，凝聚发展向心力。

坚持抓实工作举措，有效应对疫情防控和保通保畅新挑战。坚定信心，爬坡过坎，统筹做好疫情防控和保通保畅工作，全力稳住发展基本盘。妥善应对行业突发疫情。面对 2022 年 4 月疫情，省局党组第一时间成立工作专班，加强统筹调度，迅速激活应急体系，坚持“人、物、环境”同防，突出管点控面结合，坚决压实“四方责任”，有效构筑疫情防控阵线，守住了行业不发生规模性疫情的底线。严格落实疫情防控措施。因时因势调整疫情防控政策，慎终如始抓好常态化防控，部署开展行业疫情防控大检查，持续推进疫苗接种、常态化核酸检测等工作，切实强化作业现场、重点人员、关键岗位等管控，有效阻断疫情通过寄递渠道传播扩散。全力以赴做好保通保畅工作。积极落实“保供应、保畅通、保稳定、保安全”要求，广泛争取地方支持，推动行业稳运行保通畅。省委书记蓝佛安、时任省委书记林武多次听取工作汇报，作出指示批示；多位省领导先后深入行业调研督导。省局第一时间协调省交通运输厅发放快递运输车辆通行证，联合省发展改革委将农村寄递物流运营企业纳入“白名单”，协调省卫健委出台快递员赋绿码通行政策，推动省保通保畅工作领导小组建立常态化调度机制。协调省人社厅出台政策支持快递企业招聘用工，联合省红十字会开展行业防疫物资捐赠活动，多措并举推动邮政快递服务通畅。严格落实国务院、省政府扎实稳住经济一揽子政策措施涉邮任务，大力推动减税降费政策落地，累计减免税费近1亿元，助企纾困成效明显。

坚持强化政治担当，全面从严治党呈现新气象。坚持党要管党，从严治党，始终把加强党的政治建设放在首位，持续推动全面从严治党向纵深发展、向基层延伸。联动推进巡视巡察整改。坚持强化政治站位，上下联动推动中央巡视整改，一体推进山西省第二轮第二批政治巡察工作，注重统筹“当下改”治标和“长久立”治本，确保“政治体检”一竿子插到底，有效发挥巡视巡察利剑作用。持之以恒正风肃纪。狠抓纪律作风建设，驰而不息纠“四风”树新风，扎实推进清廉机关创建，依规依纪查处违反中央八项规定精神典型案件，组织召开全省系统警示教育大会，部署开展新任职干部集体廉政谈话，切实强化“一把手”和领导班子监督，一体推进不敢腐、不能腐、不想腐。全力加强系统党建工作。坚持把学习贯彻落实党的二十大精神作为首要政治任务，制定省局党组学习宣传贯彻党的二十大精神实施方案，集中收听收看党的二十大开幕式，第一时间召开党组会议进行学习传达。扎实推进模范机关建设、红旗部门评比，持续推动基层党组织规范化标准化建设，组建省局机关退休干部党支部。高度重视意识形态工作，积极开展精神文明创建，省局连续14年荣获“省级文明单位”称号。各级邮政管理部门积极落实抓党建主体责任，严密党的组织体系，严格执行组织制度，有序推动基层党建工作开展。稳步推进干部队伍建设。坚持党管干部原则，落实新时代好干部标准，优化“育选管用”工作，突出政治素质考察和实绩考核，抓好后继有人这个根本大计，持续完善上挂下派、异地交流、墩苗历练等培养机制，年内提任3名85后副处级领导干部、3名80后市局班子成员，7名干部实现异地交流任职。制定出台省局直属事业单位管理办法，主动适应新形势新任务，全面加强事业单位管理。

三、新时代十年行业发展成就

在国家局党组、山西省委、省政府的坚强领导下，全省系统全省行业党员干部职工牢记习近平总书记殷殷嘱托，坚决捍卫“两个确立”，自觉做到“两个维护”，不断开辟山西省邮政快递业发展新局面，行业规模、服务能力、创新活力、综合实力跃上新台阶，服务生产、促进消费、畅通循环的现代化先导性作用进一步发挥，为促进全省经济社会发展作出了积极贡献。

行业坚持抓好重点任务落实，行业改革持续向纵深推进。“1＋11＋X”监管机制更加完善，邮政业安全中心实现省市级全覆盖，省邮政业安全监控中心上线运营，县级监管机构多点开花，地方财政事权与支出责任逐步落地，双重管理体制得到进一步加强。“放管服”改革持续深化，包容审慎柔性执法与许可审批优化同步推进，末端网点备案日益便捷，税费减免惠及更多企业。快递小哥参保机制持续健全，行业人才工作取得显著进展，非公快递党建卓有成效，基层快递员权益得到更优保障。新业态加快发展，智能快件箱有序普及，驿站类企业深耕社区、校园，充满生机。

行业加快推动高质量发展，行业运行保持高速增长态势。行业规模持续扩大，业务收入从2012年的29.9亿元增长到2022年的128.94亿元，年均增长达15.74%；快递业务量从2805万件增长到7.1亿件，增长了24倍；人均使用快递量从0.79件增长到20件。产业融合更加深入，快递服务现代农业成效明显，涌现出一批业务规模较大、惠及百姓较多的金银牌项目，成为巩固脱贫攻坚、促进乡村振兴的重要力量之一。快递进厂有序推进，服务现代制造业作用更加凸显，拉动上下游产业能力进一步增强。快递电商高效协同，农村电商发展取得重要进展，人民群众生产生活更加便利，成为激活大众创业、万众创新的重要源泉之一。产业现代化水平明显提升，“三化”建设惠及长远，新技术、新装备大量应用，智慧分拣、智能投递逐步普及，行业集约发展趋势更加明显。快递市场竞争更加充分，品牌企业不断兼并、重组，服务品质、产品供给向更优提升。区域发展更加协调，太原龙头牵引作用持续凸显，各地行业齐头并进、多点开花、竞相发展，一批枢纽型邮件快件分拨中心投入运营，空间布局更加合理，资源配置更加高效。十年来，邮政快递无处不在、无人不用，已逐渐成为农特产品的直通车、制造业的流动仓、商品流通的加速器和跨境电商的桥头堡，人民群众用邮获得感、幸福感、安全感明显增强。

行业积极推进高效能治理，现代化治理能力显著提升。内部管理有序深化，“管理杯”活动常态开展，模范机关建设、红旗部门评比、清廉机关创建一体推进，作风建设和效能管理取得长足进步。政策引领不断增强，“十三五”“十四五”规划接续实施，一批引领行业发展的政策文件陆续出台，顶层设计更加科学完善。大力推进“七五”“八五”普法，稳步推进部门法治政府建设，依法治邮取得阶段性进展。行业安全治理更加高效，寄递安全监管网络越织越密，协同治理机制更加健全，防范和化解风险能力不断增强。坚决扎牢疫情防控屏障，因时制宜、科学精准落实疫情防控政策，高效处置涉疫突发事件，有效维护行业健康发展局面。

行业始终坚持人民至上，更好满足人民群众美好生活期盼。邮政普遍服务质量明显提升，空白乡镇局所按期补建，零局所乡镇全面恢复运营，建制村全部通邮，综合服务平台加快建设，邮政发展内涵和外延不断扩展。快递网络更加健全，快递进社区、进校园、进乡镇、进村率均实现100%，连续10年妥善应对旺季服务挑战，快递服务满意度不断提升。邮政快递连接千城百业、联系千家万户、连通线上线下，疫情期间，广大快递小哥“冒疫奔忙”，及时处理积压邮件快件，全力保障涉疫地区党报党刊、机要邮件、生产生活物资、紧急药品等寄递，以实际行动践行初心使命。

行业持续优化营商环境，积极服务经济社会发展大局。行业发展陆续纳入省市级各项战略规划，省委经济工作会议、省两会、省政府常务会议、省长专题会等经常性研究行业事宜，农村寄递物流服务全覆盖首次纳入省政府民生实事。各地党委政府高度关心行业发展，一批属地支持政策先后落地，邮政快递业影响力显著提升。

四、快递市场存在的突出问题

一是外部环境仍不容乐观。当前我国、山西省经济恢复的基础尚不牢固，需求收缩、供给冲击、预期转弱三重压力仍然较大，山西经济产业结构短时间内不会发生根本性变革，给行业发展带来的影响加深。二是保持高速增长承压较大。品牌企业竞争加剧，派送成本逐步增加，城市市场基本饱和，末端网络频遭冲击，疫情之下稳运行保通畅任务繁巨，发展不稳定性有所增加。三是横向比较差距明显。客观讲，受山西经济影响，行业规模、增速、质量、结构与发达地区相比，有不小差距；主观讲，亮点工作涌现不足，创新管理有所弱化，山西特色不够鲜明，在全国范围内面临追赶超前难度大、后面追兵紧逼的严峻局面。四是思想观念更新转变不够。小成即满、因循守旧、等靠要等思想在系统内萌芽滋生，一些单位和部门存在干事创业精气神不足、创新发展意愿不强、攻坚克难担当不够等问题，为发展戴上了“锁脚镣”。

内蒙古自治区快递市场发展及管理情况

一、快递市场总体发展情况

2022 年，内蒙古自治区快递企业业务量累计完成 2.4 亿件，同比下降 7.2%；业务收入累计完成 48.3 亿元，同比下降 6.9%（表 7-5）。

表 7-5　2022 年内蒙古自治区快递服务企业发展情况

指标	单位	2022 年		比上年同期增长（%）		占全部比例（%）	
		累计	12 月	累计	12 月	累计	12 月
快递业务量	万件	24213.52	2008.14	-7.18	-25.61	100.00	100.00
同城	万件	3249.58	257.25	-4.95	-24.19	13.42	12.81
异地	万件	20941.24	1749.27	-7.28	-25.72	86.49	87.11
国际及港澳台	万件	22.70	1.62	-72.10	-69.21	0.09	0.08
快递业务收入	亿元	48.34	4.43	-6.90	-14.11	100.00	100.00
同城	亿元	3.01	0.24	-11.13	-8.75	6.22	5.35
异地	亿元	24.68	2.53	-4.31	-8.44	51.05	57.20
国际及港澳台	亿元	0.44	0.02	-44.60	-56.90	0.90	0.35
其他	亿元	20.22	1.64	-7.94	-21.54	41.83	37.11

二、行业管理工作及主要成效

坚持政治引领，落实管党治党主体责任。提高政治站位，坚定政治方向。局党组始终把加强党的全面领导贯穿推动邮政业高质量发展全过程。全年召开 11 次党组会议研究全面从严治党工作，5 次研究意识形态工作，10 次研究安全生产工作。持续加强行业党建，自治区和 12 个盟市实现了快递行业党委全覆盖。区局荣获自治区精神文明单位称号，局机关志愿服务队荣获区直机关抗击疫情优秀志愿服务集体。

持续强化思想理论武装。通过党组会议、理论中心组学习，持续认真学习习近平新时代中国特色社会主义思想。局党组研究印发学习宣传贯彻党的二十大精神的实施意见，党组成员带头学习交流、宣讲阐释、贯彻落实。12 个盟市局党组及区局机关各党支部做到二十大精神第一轮学习全覆盖。强化干部教育培训，全区系统累计培训 425 人次、18224 学时，其中，脱产培训 10608 学时，较 2021 年增加 1708 学时。

扎实推进巡视整改和党风廉政建设。将落实中央巡视整改工作与盟市局巡察整改工作一体部署推进。按照边整改、边总结、边梳理、边完善的思路，开展公款旅游、影子公司专项整治和“对照检查、深化整改”专项活动，完成对盟市局巡察全覆盖和 7 个盟市局领导干部经济责任审计。针对中央巡视反馈的 31 个问题制定了 116 条整改措施，对巡视专项检查组反馈的 10 项问题，制定 19 项整改措施，除两项整改持续推进外，其余均已完成。通过巡视整改上下联动，推动呼和浩特、赤峰、巴彦淖尔、鄂尔多斯解决了长期悬而未决的盟市局长兼任同级交通局副职问题。

强化政策引导，积极应对下行压力，实现稳运行。上下联动，政策助推“快递进村”。在自治区党委一号文件等8个全区性政策文件中，对农村寄递物流体系建设、农村邮政快递网点建设进行部署。明确0.3元“快递进村”补贴政策，制定印发差异化补贴成本测算指导意见。兴安盟、乌兰察布市出台农村快件分类补贴政策。锡林郭勒盟、鄂尔多斯市局分别争取到“快递进村”差异化补助资金100万元。通辽局争取到“快递进村”项目经费100万元。巴彦淖尔局将“邮快合作”项目纳入电子商务共享云仓试点工程。乌海局2022年15.7万元“快递进村”补贴全部发放到位，并将2023年补贴按照快递件量增长幅度列入地方财政预算。呼和浩特、包头、阿拉善局指导辖区企业将3个快递分拣配送中心和村级服务点纳入县域商业体系建设规划自治区项目库，申请中央扶持资金1048万元。

抓好规划调度，推动惠企工作。制定国家、自治区两级邮政业“十四五”规划分工方案，与国家局总体规划和地方专项规划相衔接，明确16项监测指标和108项重点任务落实责任，按季调度。积极推进自治区交通强国建设任务和邮政强国建设工作。积极推动国家惠企纾困政策落实，全区邮政快递企业减税降费金额合计6932.96万元。

顶层设计保障快递员合法权益。推动11部门联合印发《快递员权益保障工作实施方案》，建立厅际联席会议制度。截至2022年12月底，全区新增参加工伤保险13618人。将快递员、快件处理员职业纳入自治区职工职业技能比赛A类竞赛中，各级工会承担竞赛经费。开展职业技能提升培训23760人次，争取补贴资金123.87万元。年内全系统与自治区妇联、总工会、红十字会、团委等部门联合开展慰问关爱活动80余次，为快递小哥发放慰问金及慰问品合计246.8万元。疫情期间各级邮政管理部门积极对接疫情防控指挥部，为快递小哥争取到260万元无偿调拨的防疫和应急物资。

突出责任担当，落实重大部署完成重点任务。圆满完成党的二十大等重大活动安保任务。研究印发《邮政快递业突出风险隐患专项整治工作方案》，实行局领导分片包干督导检查，对全区省级、盟市级邮件快件分拨中心、机要处理场所、国际邮件互换局，做到检查全覆盖。自治区寄递渠道安全管理领导小组分三组对邻京重点盟市开展实地督查，实现国家局“三项制度”抽查全过关、重大活动期间寄递渠道“零事故”。针对呼市突发疫情，邮政企业组开3条临时专线，全力保障了党的二十大期间机要通信和党报党刊寄递。

持续强化行业安全监管。认真组织开展安全生产三年行动“回头看”、个人信息和网络数据安全治理、“6·28”事故举一反三自查整改、处理场所安全管理规范化提升等专项检查和整治行动。联合自治区保密局、党委办公厅机要交通处开展机要通信突发事件应急演练。自治区政府办公厅印发《内蒙古邮政业突发事件应急预案》，成为全国首个被纳入省级专项应急管理预案的行业预案。全区组织开展应急演练101次，督促10家品牌快递企业区域总部完成安全生产标准化建设备案工作。推动成立包头、乌兰察布、赤峰、锡林郭勒四个盟市级安全中心，实现内蒙古地市级邮政业安全中心全覆盖。推动全区建立691个邮政快递“扫黄打非”基层站点，实现了全区旗县基层工作站全覆盖。

农村牧区寄递物流体系作用显著。联合自治区党委宣传部召开“乡村振兴里的‘快递路’”主题新闻媒体见面会。截至12月底，全区建制村快递服务覆盖率达98.17%。5个农村电商协同发展示范区和12个快递服务现代农业示范项目通过自治区复审。全区32个快递服务现代农牧业项目、10个“一县一品”项目，拉动就业8224人，带动农业总产值19.39亿元。全区邮政服务现代农业“一市一品”项目53个，村邮乐购站点达到5890个，助力农特产品销售额1.48亿元，带动农户增收1273.72万元。

行业生态环保推进有力。以“政企双线并行”模式推动“9917”工程任务目标，快递包装治理工作多次被写入国家发改委塑料污染治理工作月报。截至2022年底，全区使用符合标准的包装材料比例达到98.14%，规范封装操作比例达到97.72%，可循环快递箱(盒)使用量达到42.43万个，回收复用瓦楞纸箱1570.65万个。电商快件不再二次包装率达到98.95%，新能源和清洁能源车辆保有量达到983辆。开展生态环保执法检查495次，立案19起，结案17起。

末端服务能力水平不断提升。邮快合作基本实现苏木乡镇全覆盖，警邮、税邮、政邮合作旗县区全覆盖。2022年邮政公司投入3600万元改善邮政普遍服务，三类网点数量由年初的242个减少到31个，委代办局所数量由年初的455个减少到238个，全区99.31%的建制村实现每周三次及以上投递频次，建制村投递实地打卡率保持在99%以上。2022年呼伦贝尔市新增10个抵边自然村通邮，锡林郭勒和兴安盟新增5个驻军边防点通邮。16个重点示范旗县农村汽车投递率达到80%以上。

全区系统依法治理水平持续提高。深入落实行政执法"三项制度"、重大处罚备案制度，认真落实"双随机、一公开"要求，确保执法规范公正、执法信息公开透明。年内全区系统开展执法检查6484次，约谈173次，下达责令整改通知书336件，作出行政处罚187件。年内组织2次执法案卷评议、3次面向全系统法律法规培训班。

统筹做好疫情防控和保通保畅。用承压前行的努力，保持行业安全畅通。2022年自治区邮政业承压前行，依靠国家邮政局的有力领导和自治区政府的全力支持，经受住了数轮疫情的严峻考验。成立行业疫情防控工作专班，6位处室负责人分企包干9家重点邮政快递企业区域总部，实行工作日调度、问题日报告、情况日通报，累计发现并整改了285条问题线索285条并全部完成整改。全区邮政快递从业人员加强疫苗接种率达99.59%。全区累计开展疫情防控培训3.6万人次，桌面推演、实战演练320场次。扎实有效的疫情防控措施保护了一线快递员，保证了居民群众安全用邮。

畅通群众诉求渠道，全力做好保供工作。开通全区邮政快递保通保畅热线，全力做好12305和12345服务热线工作，解决2725件群众反映热点问题，为消费者挽回经济损失192.2万元。积极协调自治区物流保通保畅领导小组办公室，建立行业保供"白名单"企业、车辆台账，将分拨转运中心纳入重点"物资中转站"清单，累计核发全国、省际、盟市内车辆通行证9998张和人员通行证2432张，2022年10月初至12月10日，各寄递企业配送药品、生活保障物资149.4万单。

积极推动绿盾工程，提高信息化监管水平。抓好"绿盾"工程一期建设成果应用，建立健全行业"线上+线下"安全监测预警。2022年"绿盾"新接入分拨处理场所78个，基本实现盟市级快递处理场所视频监控全覆盖。通过每日视频巡查，全年向盟市局推送违规作业线索89条，约谈3起，下发预警告诫整改通知书21份，立案处理12起。

三、新时代十年行业发展成就

行业发展成果更好惠及了人民群众。先后实施苏木乡镇普服网点全覆盖、建制村通邮、快递下乡、"两进一出"等工程，不仅让消费品下乡有了落脚点，为农产品上行接通了专快线，也为返乡青年就地创业提供了更多机会。"邮快合作""交邮合作""快快合作""快商合作"等一条条"快递进村"线路，让群众用邮成本降得更低，特色农产品销得更远。

行业勇挑重担，在做好"六稳""六保"中贡献了行业力量。全力巩固提升邮政普遍服务均等化水平，投递频次深度、全程时限持续改善，邮政机要通信万无一失。快递员群体关心关爱和权益保障更加有力，行业从业人员素质逐步提升。邮政快递绿色低碳理念深入人心，邮政快递安全形势总体稳定，服务产业链供应链有效畅通。

邮政改革持续推进，行业监管体系不断完善。

健全安全中心和县域邮政监管体制，推动邮政领域财政事权改革政策落地，加快信息化监管能力建设，3次修正《内蒙古自治区邮政条例》，制定《快递公共服务站建设与规范》地方标准，推动自治区人民政府《关于促进快递业发展的实施意见》等重要政策相继出台，行业法规标准政策体系不断完善。"放管服"改革持续深化，优化行政审批，压缩审批时限，包容审慎推进智能快件箱、快递公共服务站等新业态监管。政务服务事项实现全程全网"跨省通办"。

四、快递市场存在的突出问题

一是快递员权益保障工作不够有力，快递员群体的获得感幸福感仍需提升；二是愈演愈烈的价格战严重影响快递市场末端稳定，研判风险、加强监管、规范秩序不够；三是快递包装绿色治理缺乏探索创新，绿色包装产品推广应用力度待加强，寄递企业用能电气化、低碳化程度不高；四是"快递进村"覆盖面和服务质效还不能满足产业转移和农村发展需要，推动解决人民群众"急难愁盼"问题仍需加强，未按址投递、末端违规收费等问题时有发生；五是邮政快递业助力乡村振兴、区域协调发展有差距，推动解决行业发展不平衡不充分、低层次粗放增长问题不够有力，缺乏引领行业高质量发展的有力举措；六是深度服务中蒙俄经济走廊建设缓慢，推动国际寄递物流体系力度不够；七是对快递企业监管能力不足、手段单一，聚焦事后惩戒、处理多，事前事中监管措施少；八是寄递安全监管能力建设滞后于行业发展需要，实名收寄、收寄验视、过机安检"三项制度"落实有盲区，近年来不法分子利用邮政快递渠道寄递违禁物品问题突出。

辽宁省快递市场发展及管理情况

一、快递市场总体发展情况

2022年，辽宁省快递企业业务量累计完成17.12亿件，同比增长4.19%；业务收入累计完成168.92亿元，同比增长0.72%（表7-6）。

表7-6 2022年辽宁省快递服务企业发展情况

指标	单位	2022年		比上年同期增长(%)		占全部比例(%)	
		累计	12月	累计	12月	累计	12月
快递业务量	万件	171216.74	15768.48	4.19	-2.91	100.00	100.00
同城	万件	29586.34	2434.64	3.56	-17.33	17.28	15.44
异地	万件	141433.45	13318.58	4.47	0.31	82.60	84.46
国际及港澳台	万件	196.95	15.26	-48.11	-21.07	0.12	0.10
快递业务收入	亿元	168.92	15.78	0.72	6.29	100.00	100.00
同城	亿元	16.05	1.35	-19.16	-29.75	9.50	8.56
异地	亿元	95.25	9.38	-0.10	-0.23	56.39	59.45
国际及港澳台	亿元	6.25	0.56	-5.94	-279.65	3.70	3.54
其他	亿元	51.36	4.49	12.01	17.20	30.41	28.45

二、行业管理工作及主要成效

抓好巡视整改任务落实，推动成果运用。成立了中央第十二巡视组反馈意见整改工作领导小组，以高度的政治自觉坚决扛起巡视整改的政治责任。制定了《关于落实中央第十二巡视组巡视国家邮政局党组反馈意见的整改方案》及《集中整改阶段工作方案》，集中整改期内任务已经全部完成，长期坚持的整改任务均已取得阶段性成果并将持续推进。认真推进选人用人专项整改。深化政治巡察监督，制定巡察工作要点、工作方案，开展了“对照总结、深化整改”活动，撰写巡察故事8篇。

围绕国家邮政局改革发展目标任务，抓好贯彻落实。规划政策任务落实见效。宣贯实施“十四五”规划成效明显。推进扎实稳住经济一揽子政策措施落实，其中扩大实施社保费缓缴和运输车辆通行证办理工作成为国家邮政局行业助企纾困政策措施落实第一期情况交流工作亮点；协调有关部门推动减税降费政策落实，全年累计减免税费达到1.16亿元。依法治邮工作扎实开展。实施了2022年度系统普法和“八五”普法宣传教育，组织第七次执法证考试和旧证换新。指导市局依法行政，召开大案要案案件专项研究会议，对88本案卷进行了评查。制定了《行政许可事项清单》明确各行政许可事项具体内容。“放管服”改革举措更加便民高效。依托邮政综合服务平台，警邮、税邮、政邮、医邮等合作模式全方位展开。科技赋能行业进步，“直线双层交叉带物流分拣机”获得第六届全国“互联网+”快递业创新创业大赛社会组金奖。贯彻落实最新行业标准，组织邮政行业技术研究中心认定。

绿色引领行业生态文明建设成果丰硕。完成了“9917”工程目标。采购使用符合标准的包装材料比例达到93%，规范包装操作比例达到94%，可循环快递箱达到32万个，回收复用瓦楞纸箱2300万个。对25个网点、5个分拣中心生态环保试点工作进行了检查评估。强化快递包装绿色治理纳入了《辽宁省塑料污染治理2022年工作要点》。

“两进一出”工程成效不断显现。省政府办公厅印发了《辽宁省加快推进农村寄递物流体系建设实施方案》，12个市出台了落地政策，形成了省市贯通的政策体系，为推动农村寄递物流体系建设提供了依托和指引。与省交通运输厅联合推进交邮合作，加强农村寄递物流体系建设。农产品流通渠道更加畅通，建制村快递服务覆盖率达100%，沈阳、大连市实现了第一档全覆盖，其余市实现了第二档全覆盖。开展邮快合作覆盖4992个村，覆盖率45.33%。邮政“一市一品”农特产品进城示范项目和快递服务现代农业项目助力乡村振兴战略实施，省局驻村帮扶工作受到当地政府感谢表扬。指导快递企业发挥仓储管理能力和信息化优势，加速与制造业深度融合，保有鞍山服装千万件级项目1个，超百万件项目12个；仓配一体化服务，为供应链提供整体解决方案服务瓦轴集团经验获《人民日报》报道。融入更高水平对外开放格局，辽宁局参与了东北海运大通道建设，与民航局建立了联合监管机制，推动快递企业和境内外民航企业加强合作，提高了通关效率。

行业发展成果更多更公平地惠及从业人员。将快递员权益保障工作作为重点工作和更贴近民生七件实事之一。开展了2022年“快递从业青年服务月”活动。开展5轮快递员权益保障问卷调查，为国家邮政局掌握各省派费情况提供基础数据。全面启动《快递企业末端派费核算指引》的推广实施，指导省快递协会自律约束企业保障快递员基本劳动所得。联合省妇联举行关爱快递员心理健康线上讲座，7000多名快递员收听收看。与省人社厅联合印发了《做好基层快递网点参加工伤保险工作的通知》，合理确定工伤保险基准费率和缴费基数，全年新增参加工伤保险（含同时参加基本养老等社会保险）23462人。进一步完善行业人才支撑体系，组织开展职业技能培训11810人次，争取培训补贴资金144.85万元，推荐第四批全国邮政行业人才培养基地1个；稳步推进职称评审工作，修订印发快递行业职称评审标准，补充完善了职称评审委员会专家库，119名快递工程技术人员通过职称评审。

强化安全生产责任落实，筑牢安全防线。圆满完成了党的二十大寄递安全服务保障任务。省局分组检查市局监管责任和企业主体责任落实情况,编发了2期情况通报,督促问题整改。联合省公安厅、民航辽宁监管局及重点企业所在地政府落实四方责任,开展检查确保“实战”阶段成效。扎实做好疫情防控工作。全面落实国家邮政局、省政府疫情防控优化调整措施,最大限度保护了干部职工的生命安全和身体健康,最大限度减少了疫情对行业发展影响。组织召开16次疫情防控调度会强化责任落实。国务院联防联控机制出台“新十条”措施前,系统未发生聚集性疫情。及时完成国家邮政局布置的多批次涉疫快件处置。采用“包干制”举措监管全省分拣中心疫情防控情况,该经验得到国家邮政局肯定并在全国系统推广。

物流保通保畅成果持续巩固。纳入省物流保通保畅工作领导小组,发挥职能确保邮政快递网络畅通。认真组织落实重点物资通行证制度,对邮政业运输车辆所需通行证实行动态管理、应发尽发,共发放16070张通行证。组织快速打通邮政运输干线,机要通信疫情期间保障了政令畅通。

保持行业安全生产稳定向好形势。组织市局和企业完成了邮政快递业安全生产专项整治三年行动总结评估。持续开展“四不”问题整治,完成省、市两级52家处理场所规范化建设目标,并开展“回头看”。联合7部门落实“七号检察建议”,健全完善寄递渠道安全联合监管机制,与网信、公安部门联合落实国家邮政局个人信息安全治理专项行动部署。加强“三项制度”落实情况的巡查执法,配合开展寄递渠道涉枪涉爆隐患整治等专项行动。省邮政业安全中心充分发挥“绿盾”工程系统功能,视频联网率和安检机联网率上升至86.86%和78.96%,超过国家邮政局规定目标。持续升级应急保障能力,组织开展针对突发聚集性疫情、火灾、收寄有毒有害物品等多个主题应急演练。

切实做好邮政快递业“扫黄打非”工作,有效防止非法出版物通过寄递渠道流通。开展高考录取通知书寄递监督,保障了收寄和投递服务质量。依法依规备案巡视专用邮政信箱及开展无法投递又无法退回邮件监销。组织市局抓好快递市场秩序整顿,全面排查50余家涉嫌无证经营的快递网点。用户有效申诉处理满意率达到100%。

落实新时代党的建设要求,纵深推进全面从严治党。加强政治建设严明政治纪律和政治规矩。坚决做到“两个维护”,印发《进一步强化疫情防控监督责任的通知》,坚持疫情防控监督不放松。深化创新理论武装,充分发挥党组理论学习中心组领学促学作用,全体党员干部持续跟进学习习近平总书记重要讲话和重要指示精神。深入学习宣传贯彻党的二十大精神,收看党的二十大开幕会实况,各级党组织通过多种形式深入学习党的二十大精神,组织党员干部研讨学习17场,覆盖党员122名。牢牢掌握意识形态工作主动权。增强基层党组织政治功能和组织力。加强机关党组织建设,充分发挥好党支部的战斗堡垒作用。加强行业非公党建,成立了快递行业党建工作领导小组,把做好新业态党建工作摆在重要位置。加强与地方两新部门联系,指导5个市局组建了行业党委。群团工作和精神文明建设取得新成绩,1名同志获评省直机关工委五一劳动奖章,1名同志获评省直机关工委青年五四奖章。坚持严的基调强化正风肃纪。巩固深化落实中央八项规定及其实施细则精神成果,坚持不懈纠治“四风”,紧盯关键时间节点强化廉政提醒。组织召开系统警示教育大会,对邮政系统聚集性疫情事件问责情况展开专题讨论。严肃查处违纪案件,共收到群众举报线索2件,开展初核2件,了结2件。深入查摆、认真整改形式主义、官僚主义突出问题,切实为基层减负。领导班子和干部队伍建设取得新进展。市局班子配备率达到71%,公务员编配率达到93%,完成全省职级晋升工作既定目标。干部监督管理力度持续加大,完成上年度领导班子领导干部及公务员考核,强化个人事项填报提醒辅导,随机抽查、重点查核一致率100%。组织落实“影子公司”“影子股东”谋利问题、借培训等名义搞公款旅游问题专项整治、局管干部违规兼职取酬专项清理等专项工作。

不断夯实综合管理能力,建设服务型机关。 推进落实中央与地方财政事权和支出责任划分改革,初步建立了多元化预算保障机制。出台省级改革文件1个、市级改革文件4个,全年共争取地方政策资金1088.88万元。辽阳市局争取到全员目标绩效奖金。完成固定资产清查并做好报废处理。统计数据分析质量不断提高,为党组预测预判行业发展形势提供有力支撑。国产替代100%真替真用,网络信息安全不断加强。市局纳入新版辽宁信访信息系统提高了办理效率。完成8件人大代表建议和政协委员提案办理工作。深入开展保密和反间谍宣传教育。开展爱国卫生活动,保持"无烟机关"成果。再获全国新闻宣传"先进集体"荣誉,2人获"优秀通讯员"称号,完成网站管理和政务公开工作任务。《辽宁年鉴》邮政部分编纂受到省档案馆表扬。

三、新时代十年行业发展成就

党的十八大以来,辽宁省邮政管理系统始终坚持以习近平新时代中国特色社会主义思想为指导,深入学习贯彻习近平总书记关于邮政快递业重要指示批示精神,认真贯彻落实国家邮政局党组和省委省政府的决策部署,坚定不移打好三大攻坚战,坚定不移深化供给侧结构性改革,坚定不移畅通经济社会循环,行业实现了由小到大的跨越,建成了与小康社会相适应的现代邮政业,迈上了邮政强国建设的新征程。

牢记嘱托感恩奋进,对党忠诚成为最鲜明的政治底色。坚定捍卫"两个确立",坚决做到"两个维护",深学笃用习近平新时代中国特色社会主义思想,把总书记重要讲话和对行业重要指示批示精神作为党组"第一议题"来学习。扎实推进"不忘初心、牢记使命"主题教育和党史学习教育。全省系统"四个意识"不断增强、"四个自信"更加坚定,坚决维护党中央权威和集中统一领导,风清气正的政治生态巩固保持,反腐败斗争永远吹"冲锋号","三不腐"一体推进,省局党组巡察利剑高悬,中央八项规定堤坝不断加固,形式主义、官僚主义有效整治,基层负担显著减轻。

持续深化改革创新,良好的营商环境激发行业前进动能不断迸发。《辽宁省人民政府关于促进快递业健康发展的实施意见》营造有利于我省快递业发展的良好环境,推动行业转型升级提质增效;《辽宁省推进电子商务与快递物流协同发展实施方案》有效提高全省电子商务与快递物流协同发展水平;《辽宁省人民代表大会常务委员会关于促进快递业健康发展的决定》颁布施行,重点破解近年来制约行业发展的突出问题,确保寄递渠道安全畅通,依法保障企业和从业人员的合法权益,促进行业高质量发展。全省14个市均出台了关于促进快递业健康发展的实施意见和支持快递服务车辆通行的政策性文件,行业发展环境不断改善。"放管服"改革、减税降费、快递业务经营许可审批优化、放开快递末端网点备案等政策措施的实施,在客观上激发了众多民营快递企业的市场活力,促进了行业发展。

完善寄递网络体系,夯实了邮政快递业高质量发展底盘。2022年末全省邮政业年业务收入达到236亿元,业务总量占全省生产总值比重不断提升,年均增长28%。年快递业务量超过17亿件。全省邮政业向社会提供就业岗位7.5万个。城市快递服务网络进一步优化升级,乡镇快递网络覆盖率达到100%。健全绿色制度体系,擦亮邮政快递业生态发展底色,推进包装绿色转型,促进行业减排降碳。

践行"人民邮政为人民"初心,更好满足群众日益增长的美好生活用邮需要。邮件丢失、损毁赔偿率达到100%,全省邮政普遍服务满意度平均85分以上。邮政业消费者申诉受理率达到100%,申诉处理满意认可率达到90%以上。基层员工权益保障持续推进,省市两级全部出台《关于做好快递员群体合法权益保障工作实施方案》。

突出抓好职业技能提升培训和职称评审工作。快递员工伤保险、快递员之家、暖蜂驿站、快递员子女关爱等一系列惠民举措落地见效，快递员群体职业荣誉感、获得感持续增强。连续选派优秀干部驻村帮扶，保障各项脱贫攻坚和乡村振兴目标任务如期完成，为决胜全面建成小康社会和脱贫攻坚贡献了行业力量。“邮政＋农村电商＋农特产品＋农户”的产业脱贫模式逐步成熟，培育快递服务现代农业项目19个，其中“快递＋”大连海鲜、沈阳大米成为全国金牌项目。

严守安全稳定底线，以“时时放心不下”的责任感统筹发展和安全。坚持高效统筹疫情防控和行业发展，疫情防控取得重大成效，保通保畅能力建设持续加强。牵头成立了省市两级寄递渠道安全管理领导小组，落实最高检“七号检察建议”，纳入平安辽宁建设范畴，健全行业综合治理体系，形成部门协同共治格局。加强安全监管机构队伍建设，省局、沈阳、大连成立邮政业安全中心，进一步完善了支撑体系。开展安全生产专项整治三年行动，扎实推进我省邮政快递业安全生产治理体系和治理能力现代化，重特大安全事故“零发生”，圆满完成历次重大活动寄递服务安全保障工作。依托安全监管“绿盾”工程，监管效能不断提高。建立起由6500人组成的全省邮政快递业三级应急队伍。

四、快递市场存在的突出问题

一是行业基础设施建设仍有短板，部分市局财政事权和支出责任划分落实还不到位。二是寄递渠道安全始终面临诸多风险和挑战，安全隐患不容忽视。三是快递包装产生量逐年大幅度增加，综合回收利用率低。缺乏行业统一标准，没有形成有效的回收体系。

吉林省快递市场发展及管理情况

一、快递市场总体发展情况

2022年，吉林省快递企业业务量累计完成5.82亿件，同比下降6.44%；业务收入累计完成71.38亿元，同比下降7.21%（表7-7）。

表7-7 2022年吉林省快递服务企业发展情况

指标	单位	2022年		比上年同期增长(%)		占全部比例(%)	
		累计	12月	累计	12月	累计	12月
快递业务量	万件	58194.02	5535.15	-6.44	-18.88	100.00	100.00
同城	万件	7634.13	631.51	-15.28	-38.67	13.12	11.41
异地	万件	50542.32	4902.35	-4.93	-15.35	86.85	88.57
国际及港澳台	万件	17.57	1.29	-33.04	-35.23	0.03	0.02
快递业务收入	亿元	71.38	6.70	-7.21	-11.87	100.00	100.00
同城	亿元	4.76	0.39	-25.35	-40.55	6.67	5.81
异地	亿元	39.55	4.04	-5.18	-11.26	55.41	60.29
国际及港澳台	亿元	0.71	0.05	-20.70	-141.86	1.00	0.79
其他	亿元	26.35	2.22	-5.67	-12.03	36.92	33.11

二、行业管理工作及主要成效

统筹发展与安全，平安寄递建设有效加强。突出做好党的二十大寄递渠道安保工作。坚持最高标准、最严要求，以寄递渠道安全为重点，兼顾生产安全、疫情防控和服务保障，统筹开展党的二十大包干督查、安全服务保障检查、区域总部统一管理责任督导、消防安全风险隐患排查整治等专项活动,圆满完成党的二十大、北京冬奥会和冬残奥会等重大活动的寄递渠道安全服务保障任务。实现进京邮件快件二次安检“零事故”“零问题”。

毫不放松抓好行业疫情防控。建立“守住门、守住人、守住物、守住防线”的“四守”原则,制定疫情防控工作手册、消毒指导意见等措施文件,强化薄弱环节管理,全面推进疫情防控措施有效落实。开展疫情防控分片包保、督查整改等专项检查活动,省级快件处理中心实现“检查、整改、复查、回头看、视频接入”五个全覆盖,形成重点场所疫情防控闭环管理链条。妥善处置行业突发疫情,有效阻断疫情通过寄递渠道扩散。

全力以赴做好保通保畅工作。推动行业保通保畅纳入7个省政府文件重点保障,“全国统一通行证”“白名单”管理等措施有效落实,依托省政府督查工作机制,强化部门协作、省市协同,持续跟踪调度,参与民生、医疗等保供任务,累计出动车辆4187台次,人员16324人次,运输各类物资304.81万件、8645.01吨,有效服务民生保供和医疗物资运送。

持续增强防范化解重大风险能力。建立区域总部管理办法、安全管理体系建设指导意见、安全员管理体系建设指导意见、安全监管体系建设指导意见的“一办法三体系”。细化安全生产专项整治三年行动巩固提升阶段任务清单,完成第二阶段68个市级处理场所规范提升工程,联合省网信办、省国家安全厅制定印发个人信息安全治理专项行动方案,强化实名收寄信息稽查,狠抓安全生产大检查和“十五条硬措施”落实,强化“四不”问题整治,压实企业主体责任。全年未发生较大等级以上安全生产事故。统筹做好寄递渠道涉枪涉爆、涉毒涉危及打击侵权假冒、野生动物保护、“扫黄打非”等专项行动,不断净化寄递安全环境。“绿盾”工程建设实现9家主要品牌企业县以上分拨中心和重要营业场所视频点位全覆盖。加强突发事件监测预警,有序组织“双11”旺季服务保障,行业总体运行平稳。

着力优化营商环境,市场活力进一步释放。有效发挥政策引领作用。启动《吉林省邮政条例》修订工作,列入省十四届人大常委会立法规划项目和省政府2023年立法工作计划项目。推动规划衔接,“两进一出”、快递物流园区建设和提升邮政快递服务质量等行业发展重点内容纳入地方总体规划及现代流通、综合交通、物流业、服务业、生态环保等16部专项规划。对5部涉邮规划任务落实情况开展年度评估,行业高质量发展、寄递物流体系建设、邮政助力乡村振兴、助企纾困等重点内容纳入省政府、交通、农业农村、商务、住建等部门的24个政策文件。不遗余力支持市场主体稳定。细化帮助寄递企业纾困解难稳定行业发展态势分工方案,汇编解读纾困政策措施69项,全年行业企业实现减税降费1.07亿元。组织网络型快递企业区域总部统一管理责任落实培训,压实安全管理、稳定运行、服务质量、许可准入、绿色治理、统计数据等总部责任,约谈快递企业总部5家,从市场准入着手,梳理加盟企业管理层级。持续深入做好快递员群体合法权益保障。推广快递企业末端派费核算指引,开展快递员劳动定额试点,末端派费全面提高、服务类罚款有效降低。推动主要品牌快递企业为30579名快递小哥购买人身意外险,购险率达到86%。联合省人社厅、省社保局、省税务局印发基层快递网点优先参加工伤保险工作实施方案,新增参保工伤保险13259人。出台快递工程专业技术人员职称评审实施办法,累计开展职业技能培训6376人次,新增272人取得快递工程专业职称。联合省总工会加快组建快递行业工会组织,实现地市级快递行业工会联合会全覆盖。与吉林交通职业技术学院签订政校战略合作框架协议,共同推进政校企合作和产教融合。持续做好关爱快递员“暖蜂行动”,联合团省委开展“快递从业青年服务月”活动,开展慰问26次,新建爱心驿站126处。

围绕主题主线抓落实,发展质效不断提升。

加强与综合交通运输体系融合。印发贯彻落实习近平总书记关于邮政快递业重要指示批示工作方案,成立推进邮政强国建设领导小组强化工作措施有效落实。以交通运输综合物流园区为节点,以邮政快递物流网络为支撑,全面推进“交邮合作”“客货邮”融合发展。全省开通26条合作路线,覆盖12个县、673个建制村,月均带运各类邮快件9万件。加强行业基础设施建设。全面梳理全省拟建、新建、在建、建成的邮政快递业100.59亿基础设施项目情况,组织开展现代快递物流体系建设调研,形成畅通国内国际双循环加强现代快递物流基础设施建设的调研报告,出台加快推进全省现代快递物流服务网络体系建设的实施意见。全系统深入对接地方政府,协商项目建设、政策保障,推动长春、吉林、四平、延边、白山等5个市(州)快递物流园区启动规划建设。全省建成快递园区18个,在建8个,规划建设10个,园区占地面积322万平方米。

加快农村寄递物流体系建设。以县级快递物流集散共配中心建设为核心,紧密联系交通运输、商务部门支持邮政快递企业承接电子商务进农村综合示范县和县域商业体系建设的三级物流配送体系建设项目。珲春、乾安等14个县市初步形成了县乡村三级物流体系,蛟河、伊通等37个县市建立县级集散中心,累计建设村级快递综合服务站6064个。深入推进“快递进村”工程,建设综合数据平台,100%的建制村实现“村村通快递”。201个抵边自然村实现邮政普遍服务全覆盖。推进产业协同发展。以“吉”字号特色农产品项目建设为依托,组织申报快递服务现代农业示范项目7个,打造10个“一地一品”项目,7个“一县一品”项目。其中业务量超千万的金牌项目3个。快递服务农业业务量达到5273万件,实现收入2.5亿元,服务产值30.03亿元。“一市一品”农特产品进城项目实现交易额7.2亿元。积极推动“快递进厂”,落实“5312”工程,入选快递业与制造业融合发展项目库19个。全省快递服务制造业业务量达到7342万件,实现业务收入2.1亿元,收入超千万项目7个,直接服务制造业产值38.6亿元。支持企业服务创新。加强邮政综合服务平台建设,警邮、政邮全部对接省级线上平台,警邮合作网点196个,政邮合作区县全覆盖,全年累计政务寄递业务量244.59万件。推广末端集约化服务方式,累计布放智能快件箱2234组,22.9万个格口。

全面推进依法行政,治理效能持续增强。推动法治型政府建设。加快省级以下安全监管支撑机构建设,地市级邮政业安全中心实现全覆盖。深入实施“双随机一公开”监管,开展加盟制企业网点许可情况摸排,规范快递业务经营许可管理,研究制定快递末端网点备案实施细则。推进行业绿色转型发展。完善生态环境保护工作机制,深入实施快递绿色包装治理“9917”工程。开展包装操作规范备案。组织2022年邮政行业生态环境保护工作评价,将评价结果纳入重点任务考核指标,形成闭环管理。做好“邮来已久、绿动未来,限塑减塑、绿色快递”主题宣传活动,持续开展塑料污染、过度包装和随意包装治理,行业绿色转型发展加快推进。夯实基础管理工作。“快递进村”工程和提升履职能力建设两个补助项目纳入省级财政预算系统,全省获地方财政资金715.24万元。行业统计工作有效增强,新增纳统企业153家,做到应统尽统。内控机制运行、意识形态责任落实、保密管理等工作效能持续提升。省局荣获2022年度全国通联工作先进集体。

坚持政治建设为统领,全面从严治党向纵深推进。全面学习宣传贯彻党的二十大精神。把学习宣传贯彻党的二十大精神作为当前和今后一个时期的首要政治任务,第一时间召开党组会传达学习,制定认真学习宣传贯彻党的二十大精神决定的实施方案,持续在“三个全面”上下功夫,确保党的二十大提出的目标任务落到实处。坚决彻底抓好巡视整改任务落实。上下联动全面完成中央巡视国家邮政局党组反馈意见整改任务,自查问题36个，制定整改措施92项，制修订《吉林省邮政管理局党组纪检组工作规则》等16个制度，形成长效机制。开展4个市(州)局党组和省邮政业安全中心的政治巡察，精准落实“三个聚焦”。开展2名领导干部离任经济责任审计。贯彻落实新时代党的组织路线。坚持问题导向，加强选人用人统筹谋划，提任干部6人，配齐市(州)局党组成员1人、招录公务员7名。开展领导干部年度考核述职测评、公务员平时考核。严格落实领导干部个人有关事项报告制度，汇总审核25人，查核验证3人、随机抽查3人。印发干部教育培训和发现培养选拔管理年轻干部等实施意见2个，加强和改进优秀年轻干部管理工作。推动系统和行业24人当选地方两代表一委员。

持之以恒正风肃纪。聚焦贯彻落实习近平总书记重要指示批示精神强化政治监督。围绕年度重点工作，对推动非公党建、财政事权改革等10项重点工作成效进行专项督查，确保日常监督长效化、制度化。持续整治形式主义、官僚主义，巩固拓展作风建设成效。严肃规范执纪问责，召开全系统警示教育大会，一体推进不敢腐、不能腐、不想腐。制定纪检监察信访工作办法，开展年度机关工作作风群众评议，抓好信访件的分类处置。聚焦党内日常监督的薄弱环节，加强对一把手和领导班子监督。加强系统、行业、机关党建一体推进。推动建立行业党建领导体制，成立省级行业党委，联合省委组织部印发推动快递业党建工作的指导意见，明确年度行业党委为快递小哥办理的10件实事。开展“安全防疫一起抓·党建引领你我他”“一支部、一品牌，党建+”共建活动“强基础、促发展、创一流”和“百日奋战”专项行动，党组成员同市(州)局和快递企业党组织建立联系点，强化党建引领，落实重点任务。

三、新时代十年行业发展成就

加快邮政强省建设取得阶段性成效。吉林省邮政业业务总量和业务收入分别增长3.6倍和3.4倍，邮政业业务收入增速超过同期全省生产总值增速的5倍。快递业务量和业务收入分别增长15倍和6.9倍，快递业务量增速超过同期全国快递业务量平均增速的1.5倍。网络加速下沉，绿色转型加快，市场扩大开放，服务显著提升，安全稳步发展，全行业正在高质量发展道路上奋力谱写邮政强省崭新篇章。

夯实邮政快递网络基础实现有效提升。深度对接地方总体规划和综合立体交通运输体系建设，一批枢纽型邮件快件分拨中心投入运营，持续建设区域性邮政枢纽集群。全行业直接从业人员超过4万人，干线车辆和收投车辆超过1万台。企业规模不断壮大，初步形成了3家年营业收入超6亿元、5家年营业收入超亿元的快递企业集群。全面实现“乡乡设所、村村通邮”，有力保障了党和国家政令畅通，有效满足了人民群众用邮需求。

保障经济运行循环畅通作出突出贡献。巩固提升邮政普遍服务均等化水平，投递频次深度、全程时限持续改善，邮政综合服务平台建设成效明显，邮政机要通信万无一失。积极贯通县乡村快递物流配送体系，快递服务能力显著提升，年服务用户超过25亿人次。邮政快递连接千城百业、联系千家万户、连通线上线下，实现生产和消费的无缝衔接，打通流通堵点，减少流通环节，降低流通成本，对促进消费、改善民生意义重大。新冠肺炎疫情期间，毫不放松做好行业疫情防控，果断处置涉疫事件，及时疏解积压邮件快件，推广使用无接触投递设施，全力保障涉疫地区党报党刊、机要通信、快递服务网络和末端微循环畅通，有力有效服务产业链供应链稳定畅通。行业在服务抗疫保供、保通保畅等方面发挥着重要作用。

构建邮政快递业新发展格局取得明显进展。科技创新驱动行业实现跨越式发展，生产自动化、服务智能化、管理信息化水平不断提升。快递员群体关心关爱和权益保障更加有力，行业从业人员素质能力显著提升。邮政快递绿色低碳转型发展深入推进，逐步建立与绿色理念相适应的政策体系，深入推进快递包装治理，稳步提升快递包装减量化、标准化、循环化水平。行业安全形势总体稳定，落实收寄验视、实名收寄、过机安检“三项制度”，加快寄递渠道安全监管信息化建设，有力保障党和国家重大活动期间寄递安全，十年来未发生较大等级以上安全生产事故。

服务支撑重大战略基础性作用充分发挥。全面打赢行业脱贫攻坚战，大力推动行业与农村电商融合发展，服务乡村振兴。邮政快递无处不在，无人不用，已逐步成为农特产品的直通车、制造业的流动仓库、商品流通的加速器和跨境电商的桥头堡，在做好“六稳”“六保”中贡献行业力量。人民群众用邮获得感、幸福感、安全感明显增强。

纵深推进邮政事业改革开创了新局面。深入推进邮政体制改革，完善省级以下邮政监管机制，省、市级邮政业安全中心全部成立。推动《吉林省邮政条例》修订，《吉林省人民政府关于促进快递业发展的实施意见》《吉林省推进电子商务与快递物流协同发展实施方案》等重要政策相继出台，行业法规、规划、标准、政策体系不断完善。“放管服”改革不断深化，持续优化快递经营业务许可，政务服务事项实现全程全网“一网通办”，包容审慎推进智能快件箱、快递公共服务站等新业态监管。

四、快递市场存在的突出问题

基础设施建设薄弱。行业发展增速和占全省生产总值比重均低于全国平均水平，行业发展能力明显不足。基础设施建设相对滞后，冷链寄递物流网络欠缺，预冷、冷库等冷链基础设施建设上相对薄弱。

网络服务能力较低。网络设施布局不均衡，全省邮政快递业现有重大基础设施建设项目主要集中在长春市，其他市（州）服务网络发展较为滞后。国际快递网络尚未有效建立，未发挥面向东北亚日本、韩国、俄罗斯的区位优势，“快递出海”能力不足，抗风险能力较差。

农村寄递物流体系不健全。农村寄递物流体系建设缓慢，县、乡、村三级物流节点不健全，共同配送网络未建立，未形成真正的三级物流体系。建成的部分集散中心仍存在作业场地不大、分拣作业能力不高、现代化处理设备配置不够等问题。

区域总部企业安全管理统一责任有待进一步压实。部分企业未建立起“横向到边、纵向到底”的安全生产管理体系，企业安全主体责任未能全面有效落实，安全生产标准化水平仍然较低。

信息化监管质效有待提升。视频点位接入数量和网络带宽不足，视频巡察系统在线率偏低，全年平均 77.54% 左右，不能充分发挥视频巡察效果。安检机联网和在线率全年平均 44.32% 左右，对企业过机安检的有效监管有待加强。

黑龙江省快递市场发展及管理情况

一、快递市场总体发展情况

2022 年，黑龙江省快递企业业务量累计完成 7.3 亿件，同比增长 20.1；业务收入累计完成 89.5 亿元，同比增长 7 4%（表 7-8）。

表 7-8　2022 年黑龙江省快递服务企业发展情况

指标	单位	2022 年		比上年同期增长(%)		占全部比例(%)	
		累计	12 月	累计	12 月	累计	12 月
快递业务量	万件	72638.07	7153.44	20.08	-0.10	100.00	100.00
同城	万件	10069.49	882.96	11.50	-35.24	13.86	12.34
异地	万件	61716.67	6157.20	20.93	7.17	84.96	86.07
国际及港澳台	万件	851.91	113.27	99.69	117.77	1.17	1.58
快递业务收入	亿元	89.53	8.70	7.37	2.58	100.00	100.00
同城	亿元	6.31	0.58	-8.90	-35.67	7.05	6.66
异地	亿元	44.07	4.49	5.77	-2.22	49.22	51.60
国际及港澳台	亿元	2.94	0.30	104.10	-137.26	3.29	3.49
其他	亿元	36.20	3.33	8.55	-12.52	40.44	38.25

二、行业管理工作及主要成效

加强党对邮政快递业的全面领导。强化政治机关建设。持续加强理论武装，深入学习把握习近平新时代中国特色社会主义思想的世界观和方法论，坚持好、运用好贯穿其中的立场观点方法，深刻领悟“两个确立”的决定性意义，增强“四个意识”、坚定“四个自信”、做到“两个维护”。严守政治纪律和政治规矩，省局党组带头落实《关于维护党中央集中统一领导的规定》，带头做到“两个维护”，切实担负起“最初一公里”的政治责任，始终把贯彻落实习近平总书记关于邮政快递业重要指示批示精神作为重要政治责任，滚动更新台账督办，定期督导检查落实进度，年底组织“回头看”，做到跟进学习与常态落实相结合，把党对邮政快递业的领导贯穿工作全过程各方面。牢固树立政治机关意识，推动党建与业务深度融合，出台《黑龙江省邮政管理局机关党建和业务融合发展的实施意见》。坚持政治机关定位，注重从大局出发思考、谋划、推动邮政快递业各项工作，自觉同党的基本理论、基本路线、基本方略和党中央决策部署对标对表，在党的二十大寄递渠道安全服务保障、邮政快递业保通保畅、快递员群体合法权益保障、农村寄递物流体系建设等重点工作中强化政治责任和政治担当，着力锻造忠诚干净担当的邮政管理干部队伍，不断提高政治判断力、政治领悟力、政治执行力。认真执行民主集中制，自觉做好重大事项请示报告工作。落实意识形态责任制，制定《黑龙江省邮政管理局党组意识形态工作责任制实施细则》。坚持大抓基层的鲜明导向，强化模范机关建设，全面完成党支部标准化规范化建设三年攻坚目标和任务，把基层党组织建设成为有效实现党的领导的坚强战斗堡垒。推进党史学习教育常态化长效化，开展志愿服务、党支部书记讲党史党课活动。

坚持以习近平新时代中国特色社会主义思想凝心聚魂。落实党组会议第一议题制度，及时跟进学习贯彻习近平总书记最新重要讲话和重要指示批示精神。把学习宣传贯彻党的二十大精神作为当前和今后一个时期的首要政治任务，制定印发了《黑龙江省邮政管理局党组贯彻落实〈中共中央关于认真学习宣传贯彻党的二十大精神的决定〉的实施方案》。组织收听收看党的二十大开幕会盛况，第一时间召开党组扩大会议传达学习，党组会议原文学习党的二十大报告。党组成员带头进行宣讲。邀请省委党校教授为全省邮政管理系统党员干部宣讲党的二十大精神。组织开展能力作风建设年“解放思想、振兴发展”专题学习研讨交流活动，着眼于行业高质量发展，深入领会、全面贯彻习近平经济思想，通过研讨交流实现观念大更新、能力大提升、作风大转变。

圆满完成重大活动安全服务保障任务。圆满完成党的二十大行业安全保障工作任务。坚持最高标准、最严要求，邮政管理部门与邮政快递企业形成合力，统筹兼顾生产安全、疫情防控和服务保障，其间，全省各级邮政管理部门累计检查企业2827家，查处违法违规行为584起，其中责令改正518起，行政处罚66起。确保了机要通信万无一失，寄递渠道安全畅通，邮政快递业平稳运行。持续增强防范化解重大风险能力。推动落实属地安全管理责任，7个市(地)明确区县邮政业属地安全管理部门。召开寄递渠道安全领导小组会议，落实11部门进一步加强邮件快件寄递安全管理工作指导意见。高质量完成安全生产大检查、末端网点专项整治百日行动、生产作业场所安全风险隐患排查整治、安全生产三年行动专项整治等专项行动。全年未发生作业场地亡人事故，未发生较大以上安全生产事故。会同公安、网信部门联合开展邮政快递领域个人信息安全治理专项行动，统筹做好寄递渠道涉枪涉爆、涉毒涉危及打击侵权假冒、野生动植物保护、"扫黄打非"等专项行动，不断净化寄递安全环境。加强突发事件监测预警，有序组织"双11"旺季服务保障，行业总体运行平稳。

统筹推进行业疫情防控和保通保畅工作。毫不放松抓好行业疫情防控。协调省防指下发文件，建立全省县(市)区疫情防控联防机制，明确全省125个县级邮政快递业疫情防控责任部门。以省防指名义制定了《进一步规范公路货运及邮政快递疫情防控管理专项工作方案》，实现了科学精准有效防控。妥善处置省内外涉疫邮件快件排查事件，推动企业严格落实疫情防控基本措施。推进全行业从业人员接种新冠疫苗，基本实现应接尽接。全力以赴做好保通保畅工作。省政府主要负责同志和分管负责同志专门批示保障行业稳定运行，省政府分管副省长旺季期间每日专题调度邮政快递业保通保畅工作，省防指出台《防疫封控期间邮政快递业运营操作指引》，明确疫情期间分拨中心和营业场所保持正常运行的条件。省局积极加入省保通保畅工作专班，为邮政快递企业干线运输车辆办理车辆通行证，协调省交通专班采用一事一议机制助力打通行业车辆通行堵点，确保了寄递物流循环畅通，基本民生服务需求得到有效保障。

不遗余力支持市场主体稳定。落实国家、省助企纾困政策措施，细化我省扎实稳住经济一揽子政策涉邮任务，积极争取将取消对来自疫情低风险地区快递车辆的防疫通行限制、快递员异地免费核酸检测等内容纳入《黑龙江贯彻落实国务院扎实稳住经济一揽子政策措施实施方案》，全年行业企业实现减税降费4644.4万元。持续深入做好快递员群体合法权益保障工作。开展四轮末端派费及罚款事项问卷调查工作，指导省快递行业协会推广《快递企业末端派费指引》，组织开展全省"快递企业末端派费"测算工作。加快推进基层网点优先参加工伤保险工作，联合人社局印发《黑龙江省推进基层快递网点优先参加工伤保险工作实施方案》，全年新增参保5782人。稳步推进行业人才技能培训，全省开展技能培训8407人次，新增65人取得快递工程专业职称。扎实推进行业工会建设，为全省快递员争取为期一年的法律和心理服务，在全国范围内率先组织快递员参与线上心理健康体检，1.3万余名快递员参与并收到体检报告。深入开展暖蜂行动，联合团省委在全省范围内新增200个"快递小哥青春驿站"。

不断增强协同发展和服务能力。加强与综合交通运输体系融合。制定"十四五"黑龙江省邮政业发展规划任务分工方案。持续推动《黑龙江省人民政府办公厅关于推动物流降本提质增效的实施意见》落地实施，帮助快递企业获各类奖励资金1237.94万元，约占物流业奖励资金总额56.58%，全省邮政快递业高质量发展成效得到省政府充分认可。落实交通强国战略，支持顺丰公司的大型无人机运输项目申报交通强国试点任务。积极引导骨干寄递企业参与哈尔滨国际航空货运枢纽建设，推动将邮政快递业奖励政策写入《哈尔滨国际航空货运枢纽奖励暂行办法》。强化科技标准赋能。组织推进快递溯源及收寄验视标签系统在五常大米寄递应用研讨，推动了快递溯源及收寄验视标签系统在我省的先行先试。自主开发“快递进村”数据动态展示系统，组织研发快递配送车辆综合安全监管信息系统。面向各市（地）局、邮政快递企业开展标准化培训。

加快农村寄递物流体系建设。推动《加快农村寄递物流体系建设若干措施》落地实施，3个市（地）出台落实方案。联合省交通运输厅、省商务厅形成并向国家邮政局推荐了7个电商快递协同发展示范区。深入推进“快递进村”工程，累计建成21个县级寄递公共配送中心、9142个村级快递服务站点，基本实现建制村全部通快递，快递进村取得成效列入2023年省政府工作报告。推进客货邮融合发展，与省交通运输厅联合印发《关于进一步推动农村客货邮融合发展工作的指导意见》。加快农村邮路汽车化，新增农村投递车辆274辆，累计开通交邮联运邮路9条。落实国家邮政局抵边自然村邮政普遍覆盖三年行动方案，228个抵边自然村投递频次达到每周三次。

推进产业协同发展。会同省农业农村厅向国家邮政局推荐9个快递服务现代农业示范项目，培育农特产品出村“一市一品”项目14个，有力服务乡村振兴。推进快递服务先进制造业“5312”工程，会同省工信厅向国家邮政局推荐62个两业融合示范项目，支持哈尔滨市平房区打造两业融合发展试点先行区。加入黑龙江省政府关于推动对俄务实合作工作专班，快递企业累计设立海外仓9个。邮政企业保障绥芬河跨境电商陆运通道平稳运行。

支持企业服务创新。加强邮政综合服务平台建设，政邮合作实现全省县级以上政务平台（大厅）全对接。推广末端集约化服务方式，累计布放智能快件箱2943组，建设快递末端服务站5827个。稳步推进邮政服务进军营，全年军民融合项目实现收入482.89万元，军队喜报项目妥投率99.51%。

有效提升行业治理效能。增强政府管理能力。组织全省邮政管理系统全面宣贯落实省邮政条例。将邮政管理部门行政许可事项列入《黑龙江省行政许可事项清单》。成立专门工作组，扎实做好省12345政务服务热线转办件处理工作。推动省级以下邮政支撑体系建设取得突破，协调省编办印发《关于加强市级邮政业安全监管服务保障支撑体系建设有关事宜的通知》，全省13个市级安全中心全部批复成立，累计核定公益一类事业编制117人，为行业监管体系建设提供了有力支撑。做好党报党刊发行监督，巩固县级党政机关《人民日报》当日见报率。加强农村邮政普遍服务监督，建制村周投递频次达到三次及以上。加强经营场所许可审核管理。深入实施“双随机、一公开”监管，认真履职，加大监管力度，强化落实监管责任，全年全省共计作出行政处罚174起，罚款110.95万元。

推进行业绿色转型发展。印发行业生态环境工作要点，开展快递绿色包装治理“9917”工程，全年全省实现采购使用符合标准的包装材料比例达到94.5%，规范包装操作比例达到93.5%，可循环快递箱（盒）配备使用达7.2万个，回收复用瓦楞纸箱达1450万个，新能源或者清洁能源车辆保有量达到216台。持续开展塑料污染、过度包装和随意包装治理，圆满完成2022年度全省塑料污染治理省级联合专项行动的迎检工作，工作成效获检查组肯定。

纵深推进全面从严治党。压紧压实管党治党责任。推动从严管党治党主体责任和“一岗双责”要求。聚焦贯彻落实习近平总书记重要指示批示精神强化政治监督，加强对快递员群体合法权益保障、农村寄递物流体系建设、寄递安全监管等党中央重大决策部署落实情况的监督检查。稳步推进行业党建工作，成立省快递行业综合党委，全省13个市（地）全部成立快递行业党委。为行业党建工作争取到每市（地）局2个事业编制专职负责行业党委工作，为全国邮政管理系统先例。受省委组织部邀请，在全省新业态行业党委会议中做经验交流。突出“党建带团建”，制定《全省邮政快递行业系统团建工作指引》，拟成立邮政快递业团工委。争取黑龙江老干部群体支持，探索以“党建带关建”，与省委关工委积极沟通联系，成立黑龙江省邮政管理局关心下一代工作委员会，并纳入省委关工委成员单位。行业党建工作全面开花，为引领快递员队伍深度参与基层社会治理奠定了坚实基础。

贯彻落实新时代党的组织路线。坚持从严管理干部，在全省邮政管理系统开展“一把手”“全面从严治党、从严正风肃纪、勇于干事担当”专题活动，加强对“一把手”和领导班子监督。坚持问题导向，加强选人用人统筹谋划，抓好年轻干部选拔培养，推动市(地)局班子配备率和公务员编配率稳步提升。推动全省系统和行业 30 人当选地方“两代表一委员”。

持之以恒正风肃纪。落实中央巡视国家邮政局反馈意见整改工作，全面完成各阶段整改任务。持续整治形式主义、官僚主义，持续开展作风整顿和能力提升。积极参加省电视台党风政风热线问政节目，直面疫情期间用户关心的快递投递不上门、快递不进村等热点焦点问题，节目直播当天满意率高达93%，社会反映良好。强化监督执纪问责，制定印发《黑龙江省邮政管理局机关廉政风险防控手册》，一体推进不敢腐、不能腐、不想腐。

抓好行业精神文明建设。结合新时代 10 年伟大变革在邮政快递业的生动实践，以学习宣传贯彻党的二十大精神为主线，联合团省委、省总工会、黑龙江日报报业集团启动黑龙江省邮政管理局“非凡十年路　再启新征程”主题宣传活动，开展最美快递员评选、非凡十年总结回顾，“读党报、感党恩、跟党走”，“一封家书”，征文比赛，演讲比赛等系列活动。全省邮政快递业 1 人获得“中国青年五四奖章”，1 人获得全省青年五四奖章，23 人获得全省五一劳动奖章。

三、新时代十年行业发展成就

始终坚持党的全面领导，确保邮政事业沿着正确的方向前进。把政治建设摆在首位，坚持不懈用习近平新时代中国特色社会主义凝心铸魂，坚定不移全面从严治党，把党的领导贯穿于行业改革发展和管理工作的全过程和各方面，在政治立场、政治方向、政治原则、政治道路上同以习近平同志为核心的党中央保持高度一致。全省系统和行业干部职工牢记习近平总书记对邮政快递业的殷殷嘱托，深刻领悟“两个确立”的决定性意义，坚决做到“两个维护”，以团结奋进、接续奋斗姿态，推动行业规模、创新活力、服务能力、综合实力跃上新台阶，开启了新时代邮政强国龙江篇建设的新征程。

加快建设与小康社会相适应的现代邮政业，行业改革发展成果更好惠及广大人民群众。2022 年，行业业务总量和业务收入较 2012 年增长 4.6 倍和 3.9 倍，年均增速达 16.5% 和 14.6%。行业业务总量增速超过同期全省生产总值增速 4.3 倍，行业业务总量与地区生产总值的比值从 2012 年的 0.29% 提高到 2022 年的 1.06%。2022 年行业服务用户 27 亿人次。快递业务量和快递业务收入较 2012 年增长 20.1 倍和 10.9 倍。十年全行业累计新增就业岗位约 3.3 万个。邮政业对一二三产业支撑更加有力，在打赢脱贫攻坚战、实施地区重大战略等方面取得一批重要成果。

统筹推进邮政快递网络建设，有力保障了党和国家政令畅通和龙江人民群众的用邮需求。深度对接省规划纲要和综合立体交通运输体系，航空快递服务能力大幅提升，自有货运航线实现零突破。高铁快递服务能力得到提升，通达范围拓展至哈尔滨、齐齐哈尔、牡丹江、佳木斯、大庆等地。全省配备全自动分拣系统的枢纽型分拨中心超过 10 个，分拣效率大幅提升。邮政普遍服务网络覆盖全省、深入乡村、网络开放共享、功能集成水平明显提升。邮政营业网点自办比例达 86.5%。开办全部四项普遍服务业务的营业场所达100%。快递服务网络普惠城乡，城市快递网点标准化水平不断提升，乡镇快递网点实现全覆盖，建制村基本实现全部通快递。

持续提升邮政快递服务能力，在当好中国现代化的开路先锋新征程中勇挑畅通重担。巩固提升邮政普遍服务均等化水平，投递频次深度、全程时限持续改善，邮政综合服务平台建设成效明显，邮政机要通信万无一失。邮政快递连接千城百业、联系千家万户、连通线上线下，实现生产和消费的无缝衔接，打通流通堵点，减少流通环节，降低流通成本，对促进消费、改善民生意义重大。新冠肺炎疫情期间，毫不放松做好行业疫情防控，果断处置涉疫事件，阻断疫情通过寄递渠道传播，及时疏解积压邮件快件，推广使用无接触投递设施，全力保障涉疫地区党报党刊、机要邮件、快递服务网络和末端微循环畅通，有力有效服务产业链供应链稳定畅通。

深入贯彻新发展理念，助力龙江高质量发展。科技创新驱动行业实现跨越式发展，仓储机器人、自动化分拣设备、智能安检系统、人脸识别道闸、智能化移动终端应用取得重大突破，技术迭代升级大幅提升企业运营效率。快递电子运单基本实现全覆盖，为行业年均节约成本超亿元。自动化分拣设备广泛应用，实现减员增效。企业营业场所加快电子化。小型集成化智能手持终端全面普及。企业仓递一体化运营模式创新不断完善，快运、冷运及医药、同城等多元业务持续高速发展。无接触、即时寄递服务爆发式增长。快递员群体关心关爱和权益保障更加有力，行业从业人员素质能力显著提升。邮政快递业绿色低碳转型发展深入推进，压茬推进快递包装治理，稳步提升快递包装减量化、标准化、循环化水平。邮政快递安全形势总体稳定，有力保障党和国家重大活动期间寄递安全，十年来未发生重特大安全事故。

全面提升行业治理能力和水平，中国特色社会主义制度优势更加彰显。加快健全邮政管理体制，推进地方财政事权改革落地，基本形成权责明确、公平公正、透明高效、保障有力的邮政业监管体系。因地制宜推进县级邮政监管机构组建，新增2个县级机构。加强省市邮政监管支撑体系建设，完成1个省级邮政业安全中心和13个市级邮政业安全中心组建工作，实现邮政业安全中心省市全覆盖。事业单位改革稳妥有序推进，快递行业协会脱钩改革顺利完成。推动省邮政条例修订完成，《黑龙江省人民政府关于促进快递业发展的实施意见》等重要政策相继出台，行业法规、规划、政策体系不断完善。“放管服”改革不断深化，持续优化快递业务经营许可审批，包容审慎推进智能快件箱、快递公共服务站等新业态监管，政务服务事项实现全程全网通办。

上海市快递市场发展及管理情况

一、快递市场总体发展情况

2022年，上海市快递企业业务量累计完成28.6亿件，同比下降23.6%；业务收入累计完成1845.4亿元，同比增长7.6%（表7-9）。

表7-9　2022年上海市快递服务企业发展情况

指标	单位	2022年		比上年同期增长(%)		占全部比例(%)	
		累计	12月	累计	12月	累计	12月
快递业务量	万件	285770.4	28566.2	-23.6	-10.3	100.0	100.0
同城	万件	59906.9	5945.2	-27.5	-10.5	21.0	20.8
异地	万件	209312.8	20648.7	-24.2	-13.0	73.3	72.3

续上表

指标	单位	2022 年		比上年同期增长(%)		占全部比例(%)	
		累计	12 月	累计	12 月	累计	12 月
国际及港澳台	万件	16550.7	1972.3	8.5	34.1	5.8	6.9
快递业务收入	亿元	1845.4	167.6	7.6	-1.6	100.0	100.0
同城	亿元	41.2	4.1	-25.6	-12.8	2.2	2.5
异地	亿元	155.9	15.7	-26.8	-23.7	8.5	9.4
国际及港澳台	亿元	135.1	14.4	-6.0	80.8	7.3	8.6
其他	亿元	1513.2	133.4	16.1	-2.7	82.0	79.6

二、行业管理工作及主要成效

带头做到“两个维护”,切实担负起“最初一公里”的政治责任。强化党的政治建设。持续加强理论武装,深刻领悟“两个确立”的决定性意义,增强“四个意识”、坚定“四个自信”、做到“两个维护”。上海局党组始终把贯彻落实习近平总书记关于邮政快递业重要指示批示精神作为重要政治责任,坚持以党的政治建设为统领,严守政治纪律和政治规矩,巩固政治机关意识教育成果。组织召开 33 次党组会议审议重要事项。印发年度全面从严治党和党风廉政工作要点。巩固拓展党史学习教育成果,组织召开全局党史学习教育总结大会、专题民主生活会和组织生活会。开展年度党支部检查考核、党支部书记述职、年度组织生活会和民主评议工作,高质量做好全国党的二十大代表、市委第十二次党代会相关人选推荐工作,局党组主要负责同志当选为上海市第十二次党代会代表。

深化党的创新理论武装。把深入学习贯彻习近平新时代中国特色社会主义思想作为长期重要政治任务,充分发挥党组理论学习中心组和党组会第一议题学习制度的领学促学作用,制定党组理论学习中心组学习规则实施办法,落实年度学习计划,召开 3 次中心组学习扩大会,学习 14 个方面专题内容,党组会第一议题共学习 30 次 61 个专题内容。深入学习《习近平谈治国理政》第四卷。组织全体党员集中收听收看党的二十大开幕式,通过党组(扩大)会、专题培训班、专题宣讲、专家讲座、“三会一课”、主题党日、交流心得、主题征文等多种方式认真学习宣传贯彻党的二十大精神。

持之以恒正风肃纪。紧盯元旦春节等关键时间节点强化廉政提醒,推进落实廉政谈话制度,进一步彰显警示教育感化、震慑作用,提高党性觉悟,增强拒腐防变能力。组织集体谈话 3 次 48 人次,开展科级干部任职集体谈话 7 人次,各党支部开展廉政谈话共计 144 人次。建立党员领导干部廉政档案,出具选拔任用干部、推优评优廉政意见 6 份。深化运用监督执纪“四种形态”。对国家邮政局党的二十大寄递安保暗访发现问题提出执纪处理意见,作出执纪处理决定,组织专项监督检查,开展集体提醒谈话 1 次 13 人次,个别提醒谈话 6 人次,对 2 个党支部、4 名领导干部责令作出书面检讨,进行通报批评。依规依纪处理 5 起纪检信访件,进行提醒谈话 1 次。

强化巡视整改及专项整治工作。市局党组以对党高度负责的态度,以从严务实的精神,以坚强有力的措施,全面推进十九届中央第九轮巡视反馈意见和巡视工作专项检查反馈意见集中整改落实。成立整改领导小组,制定整改方案,结合上海局巡视整改“回头看”工作,制定 46 项巡视整改任务,党组先后 6 次通过党组会积极推进各项整改措施落实,按要求上报集中整改、专项整改、全面整改情况报告。梳理历年巡视整改和专项整治,开展“对照检查、深化整改”活动,持续推进深化整改。深入开展借培训之名搞公款旅游等违规违纪问题、参与“影子公司”“影子股东”谋利问题专项整治。制定有关巡察整改成果运用、问题线索移送的规范,完善巡视巡察人才库。

推进行业党建和精神文明创建工作。加强与市委组织部、建交党委联系,推动构建行业党建领导体制,制定上海市快递行业党委组建方案,配合地方组织部门开展党建引领基层治理、关心快递小哥等新就业形态群体工作,“党建引领快递行业‘六共’行动”纳入上海市建设交通系统党建引领基层治理重点项目。推进行业精神文明建设,大力弘扬劳动精神、劳模精神、工匠精神和“小蜜蜂”精神,组织开展上海市首届“关爱勤劳小蜜蜂 寻找最美快递员”活动。大力选树和宣传行业先进典型,持续强化行业先进推荐和评选表彰工作,荣获“全国工人先锋号”1人、“全国五一劳动奖章”1人,上海市工人先锋号、五一劳动奖7人,评选表彰37家上海市快递行业文明单位。浦东局成立全市首家快递行业综合党委。青浦局联合青浦区委组织部举办“红领速递 ‘治’享未来”快递行业党建主题活动,创建“红领·速递”党建品牌。黄浦局联合长宁区组织部将快递小哥纳入“暖新巢”新就业群体驿站服务范围,推进党的工作全覆盖、服务供给全方位、参与基层治理全周期等“三全”工作模式。

加强干部队伍建设。全年提任处级领导1人,转任处级领导1人,提任科级领导2人,全局(包括派出机构)处级领导岗位配置率达到91%。制定《干部交流工作管理规定》,组织开展3名干部在系统内交流锻炼,组织推荐1名年轻干部跨系统交流锻炼。组织25名年轻干部开展新老干部结对培养。制定《公务员平时考核工作方案》,开展平时考核。组织全局处级以上领导干部参加领导干部治国理政网络学院学习培训,开展年轻干部综合能力培训。

统筹行业疫情防控,强化防范化解重大风险能力。抓好行业疫情防控和保通保畅工作。全力抓好疫情防控。建立健全纵向到底、横向到边的疫情防控工作机制。指导各邮政快递企业上海公司成立了由主要负责人牵头的疫情防控工作专班,形成了专班工作机制。加强与市疾控办的部门沟通协调,先后加入市疫情防控口岸与交通组和物品防疫与物资保障组,规范有序地开展新冠疫情防控工作。压实“四方责任”、落实“四全管理”,动态优化措施规范,扎实做好免疫接种工作,强化防控措施督导落实。一年来,下发转发疫情防控工作通知和工作提示107份,编发防控工作和复工复产简报102期,组织召开防控工作会议80余次,制定防控工作规范和复工复产指引4次,积极稳妥处理多起涉疫人员和邮件快件的处置工作,有力确保了行业平稳有序和从业人员健康。市委办公厅信息快报刊登行业筑牢邮政快递业疫情防控坚实屏障工作经验;国务院联防联控机制疫情防控组转发我市邮政快递业从业人员疫情防控工作主要经验做法至各省、自治区、直辖市及新疆生产建设兵团。

全力抓好保供保通保畅工作。疫情期间,第一时间协调市防控办印发本市邮政快递业恢复工作方案和复工复产工作指引,分两批发布28家邮政快递业复工复产白名单,积极组织行业复工复产,助力打赢“大上海保卫战”。封控期间,组织邮政、顺丰、“三通一达”、京东等企业参与全市保供应工作,全行业参与保供保通保畅运输车辆累计约8.1万辆次,运送生活物资累计约36.6万吨,参与人员累计约18.4万人次。指导上海邮政与上药、国药集团联手,开设邮政“绿色通道”,累计配送药品2.3万箱,服务居民44.5万户。累计办理寄递人员电子通行证8.8万张,发放全国重点物资运输车辆通行证2.2万张、市内重点物资运输车辆通行证3万余张。

扎实开展助企纾困工作。组织落实国家、地方和行业一揽子稳经济稳增长政策,推动防疫和消杀支出补贴政策纳入本市方案,积极争取将一线从业人员首次纳入本市稳岗稳工政策补贴范围。行业企业全年获得各类税费减免和补贴总计45.7亿元,其中企业获得的税费减免42.1亿元、企业获得的防疫消杀补贴和稳就业补贴等1.91

亿元、快递员获得的稳岗留工补贴约1.69亿元，惠及近8万名行业从业人员。

持续加强行业运行监测预警和舆情监控，及时回应社会关切。参加上海市疫情防控新闻发布会3次，及时向社会发布行业疫情防控工作情况。开设“‘疫’无情、‘递’有情”和“堡垒·先锋”专栏，联系中央和地方各类媒体刊载信息280余条。全行业疫情防控和保畅保通工作得到国务院和上海市委、市政府领导肯定。孙春兰副总理、李强书记、龚正市长等领导亲自视察邮政快递一线。

强化防范化解重大风险能力。进一步完善政企安全工作联席会议机制，严格落实“两张清单”，推进清单式管理，开展安全生产专项整治三年行动，持续推进“三项制度”落地。持续开展打击寄递野生动物的专项行动和寄递渠道打击侵权假冒工作。坚持协同治理，深入开展涉枪涉爆、行业禁毒等违法违规行为专项隐患整治。规范行业电动自行车安全管理，督导企业贯彻落实《上海市非机动车安全管理条例》。全面推进绿盾工程应用。全年共开展邮政普遍服务营业场所监督检查327处，下发责令改正通知41份，行政处罚2起。开展社会监督958人次。各类审批5件。全年共开展快递市场行政执法检查企业1608家，查处违法违规行为603次，立案调查145起。受理申诉18123件，共为消费者挽回经济损失约908.7万余元，消费者满意度为97.6%。

突出做好重大活动安全服务保障任务。全面压实企业安全管理主体责任、行业监管责任和属地管理责任，统筹做好安全和服务两项保障。坚持最高标准，最严要求，全力组织做好党的二十大、全国两会、北京冬奥会冬残奥会、第五届国际进口博览会等重大活动和业务旺季期间寄递渠道安全服务保障。全行业运行平稳，未发生较大以上安全生产事故。

推动行业高质量发展和高效能治理。加强政策规划引领。编制“八五”普法工作实施意见。积极宣贯“十四五”行业发展规划，落实分工方案。发布2021年上海快递发展指数报告和2022年第三季度上海快递发展指数报告。研究制订《邮政强国建设行动纲要》重点任务分工方案。推动上海市政府办公厅印发《关于加快本市农村寄递物流体系建设的实施意见》。推动“邮快合作”，举行邮快合作框架协议签约仪式。研究《关于上海邮政快递国际枢纽中心建设的实施意见》，加强与临港新片区管委会联系，不断完善上海邮政快递国际枢纽中心基础设施布局。

优化市场环境。持续落实快递业务经营许可优化审批服务。继续落实国际快递经营业务许可审批权限委托下放上海工作。持续推动服务站、智能快件箱等末端形态应纳尽纳，已核准19家新业态企业，其中菜鸟、递易等开办服务站企业9家，运营智能快件箱企业10家。强化落实市场主体合规经营责任，督促指导平台经营者增强合规经营意识，依法严肃查处非法经营信件寄递业务行为。青浦局持续开展快递市场低价无序竞争行为整治。松江局开展快递“黄牛”问题摸排专项行动。

推进“两进一出”工程。落实“5312”工程实施方案，联合市经信委开展上海快递物流业与制造业深度融合发展典型案例（场景）选树工作，发布“两业融合”十五大典型案例。指导邮政企业积极打造农产品“一市一品”示范项目，农特产品销售额达10238万元。稳步推进“快递出海”，开展“快递出海”品牌创建，万色、乐天、递一等国际快递企业加快拓展海外业务。

完善末端服务体系建设。实施“新终端”工程，推动将快递公共服务站和智能快件箱纳入《上海城市管理精细化提升行动计划》。实施智能快件箱服务用房设置行政协助，全年共完成项目审核439个，其中181个项目为住宅和商务楼宇建设项目，要求设置配套智能快件箱服务用房面积20487.21平方米。截至12月底，全市智能快件箱保有量4.07万组，格口数483.79万个。宝山局推动崇明区邮政分公司与街镇合作成立便民服务站50家。邮政快递业服务能力得到进一步增强。

推进行业生态环保工作。制定上海市邮政快递业生态环境保护工作要点。推进落实邮政业用品用具监管方式改革。加大“双随机、一公开”生态环保执法检查力度，组织开展重金属和特定物质超标包装袋与过度包装2个专项治理。《快递包装循环共用指南》地方标准正式立项。持续推进快递包装绿色转型，联合市发展改革委组织本市第一批8家企业开展可循环快递包装应用试点工作，稳步提升快递包装标准化、绿色化、循环化水平。“9954”工程全面展开，本市主要品牌寄递企业采购使用符合标准的包装材料比例达到93%，规范包装操作比例达到97%，可循环快递箱(盒)应用规模超过60万个，企业回收复用瓦楞纸箱4000万个。

保障快递员合法权益。与市人社局联合开展本市基层快递网点优先参加工伤保险工作。全年共新增缴纳社保41246人，其中优先参加工伤保险6092人。推荐行业优秀代表人物和优秀一线从业人员参选“两代表一委员”。开展交通运输青年科技英才推荐工作。持续推进职业技能培训和职称评审工作，全年共培训快递从业人员30246人次，争取政府补贴资金233.5万元；共聘任初级职称324人，1人通过“直通车”申报正高级职称。深化“暖蜂行动”，持续推动快递企业建工会、快递小哥入工会工作，达7万余人。开展“快递从业青年服务月”“迎新春送温暖”和“高温送清凉”慰问活动，“五一”国际劳动节前向全行业从业人员发出慰问信。全年累计开展各级慰问活动1717次，组织开展快递员免费体检和义诊累计11481人次。推动快递企业为快递员购买社会保险或商业保险等累计覆盖272507人次，引导邮政快递企业为5000余快递员参保“沪惠保”。依托上海12355青春在线为快递员提供法律咨询和心理辅导服务3993人次。会同市房管局和各区政府为快递员累计协调落实889张公租房床位。全市共计12755个“党群服务中心”“户外职工爱心接力站”等服务阵地向快递小哥开放提供暖心服务。奉贤局联合奉贤区委组织部、相关街镇设立“骑乐融融”户外职工驿站。

三、新时代十年行业发展成就

强化党的政治建设。坚持以党的政治建设为统领，巩固政治机关意识教育成果。深入学习贯彻习近平总书记系列重要讲话指示批示精神，多种方式认真学习贯彻党的十九、二十大精神。持之以恒正风肃纪，开展警示教育、案例教育。加强与市委组织部、建交党委联系，持续推进行业党建和文明创建工作。制定上海市快递行业党委组建方案，“党建引领快递业‘六共’行动”纳入上海市建设交通系统党建引领基层治理重点项目。

强化防范化解重大风险能力。持续推进“三项制度”落地。完善政企安全工作联席会议机制，严格落实“两张清单”，推进清单式管理，督导企业落实安全生产专项整治三年行动。持续开展打击寄递野生动物的专项行动和寄递渠道打击侵权假冒工作。开展涉枪涉爆、行业禁毒等违法违规行为专项隐患整治。规范行业电动自行车安全管理，督导企业贯彻落实《上海市非机动车安全管理条例》。

加强政策引领。制订《邮政强国建设行动纲要》重点任务分工方案。编制“八五”普法工作实施意见。编制完成2021年和2022年上海快递发展指数报告。推动上海市政府办公厅印发《关于加快本市农村寄递物流体系建设的实施意见》。举行邮快合作框架协议签约仪式。不断完善上海邮政快递国际枢纽中心基础设施布局。

强化邮政普遍服务能力。加强农村投递服务，建制村邮件直投到户基本实现全覆盖。鼓励邮政企业加强邮政综合服务平台建设，2022年共办理警邮、税邮、政邮、医邮等各类寄递业务632.36万件。

优化市场环境。持续推动服务站、智能快件箱等末端形态应纳尽纳，截至2022年，已核准19家新业态企业，其中菜鸟、递易等开办服务站企业9家，运营智能快件箱企业10家。实施“新终端”

工程,推动将快递公共服务站和智能快件箱纳入《上海城市管理精细化提升行动计划》。实施智能快件箱服务用房设置行政协助。

推进行业生态环保工作。制定上海市邮政快递业生态环境保护工作要点。推进落实邮政业用品用具监管方式改革。《快递包装循环共用指南》地方标准正式立项。持续推进快递包装绿色转型,联合市发展改革委组织本市企业开展可循环快递包装应用试点工作,稳步提升快递包装标准化、绿色化、循环化水平。

持续保障快递员合法权益。与市人社局联合开展本市基层快递网点优先参加工伤保险工作,2022年底全市累计新增优先参加工伤保险6092人。推荐行业优秀代表人物和优秀一线从业人员参选“两代表一委员”。开展交通运输青年科技英才推荐工作。持续推进职业技能培训和职称评审工作。共推动快递企业为快递员购买社会保险或商业保险等累计覆盖272507人次。组织为快递员提供法律咨询、线上讲座、心理辅导等服务累计覆盖3993人次。组织开展快递员免费体检和义诊。落实快递员公租房政策,会同市房管局和各区政府为快递员累计协调落实889张公租房床位。全市共计12755个“党群服务中心”“户外职工爱心接力站”等服务阵地向快递小哥开放提供暖心服务。

四、快递市场存在的突出问题

寄递渠道面临的安全形势依然不容松懈。生产安全事故仍时有发生,暴露出部分企业安全“底线”意识相对薄弱,个别企业安全管理存在漏洞,存在重发展轻安全的现象。安全管理规范化水平亟待提升,消防、用电、车辆、现场管理等方面不同程度存在安全隐患。部分处理场所存在人车分流、传送带堵缝、“有轮必有罩、有轴必有套、有台必有栏”等要求落实还不够彻底,存在发生机械事故伤害隐患。末端服务网络稳定和服务质量问题依旧存在,满足人民群众多元化、便捷性的用邮需求还有很大的提升空间。

推动行业高质量发展步伐仍需不断加快。要全面推动“两进一出”工程落实落细,切实提升服务质量,推动服务和技术创新,推动行业转型升级。要把高质量发展的重心放在服务实体经济上,努力转型升级、降本增效,提供更高效的服务和更高品质的产品。本市快递行业绿色包装工作尚未建立完善的标准体系,与上下游有关部门协同治理仍需进一步加强,绿色发展任重道远。

快递员合法权益保障工作仍需常抓不懈。部分企业仍存在推进基层网点优先参加工伤保险不力、参保率低、劳动强度与工资收入不匹配、相关处罚机制还有待完善等问题。进一步推动基层快递网点优先参加工伤保险工作,扩大工伤保险覆盖面。督促企业在实施快递员福利薪酬调整等易引发群体性事件的政策措施前,应采取听证会等方式广泛征求意见,避免造成不良社会影响。

江苏省快递市场发展及管理情况

一、快递市场总体发展情况

2022年,江苏省快递企业业务量累计完成87.1亿件,同比增长1.2%;业务收入累计完成821.3亿元,同比增长4.2%(表7-10)。

表 7-10　2022 年江苏省快递服务企业发展情况

指标	单位	2022 年		比上年同期增长(%)		占全部比例(%)	
		累计	12 月	累计	12 月	累计	12 月
快递业务量	万件	871160.72	83635.97	1.22	6.37	100.00	100.00
同城	万件	99729.19	8429.70	-19.81	-26.81	11.45	10.08
异地	万件	768229.39	74945.28	4.93	12.31	88.18	89.61
国际及港澳台	万件	3202.14	260.99	-22.27	-31.36	0.37	0.31
快递业务收入	亿元	821.33	80.61	4.18	44.28	100.00	100.00
同城	亿元	56.85	5.15	-18.24	-20.09	6.92	6.39
异地	亿元	495.38	50.78	0.98	18.00	60.31	63.00
国际及港澳台	亿元	74.65	6.36	8.78	-176.53	9.09	7.90
其他	亿元	194.45	18.31	21.80	24.54	23.67	22.71

二、行业管理工作及主要成效

聚焦政治机关建设，巩固提升党建工作效能。牢固树立政治机关意识，不断强化党建引领，营造优良的政治生态。加强思想政治建设。坚持以习近平新时代中国特色社会主义思想凝心铸魂，落实党组会议“第一议题”制度，及时跟进学习习近平总书记最新重要讲话和重要指示批示精神，深刻领会“两个确立”的决定性意义，进一步增强“四个意识”、坚定“四个自信”、做到“两个维护”。坚持把学习宣传贯彻党的二十大精神作为首要政治任务，组织收看大会盛况，制定学习宣传工作方案，召开党组扩大会学习研讨、党组成员带头宣讲，开展“十个一”系列活动和“学做说”活动。巩固拓展党史学习教育成果，制定党史学习教育常态化长效化实施细则，推动党员干部学党史融入日常、抓在经常。认真履行“两个责任”，制定落实省局党组《思想政治工作责任清单》和全面从严治党、纪检监察工作要点，按规定向国家邮政局党组报告履行“两个责任”工作情况。落实意识形态工作责任制，推进意识形态领域风险排查、阵地建设和管理工作。抓实抓细机关党建，规范落实“三会一课”制度，组织开展支部书记抓党建述职评议工作。持续加强行业党建工作，在全国率先出台全省快递业党建工作指导意见，批复成立省快递行业党委和快递业党群服务中心，建立党建“工具箱”制度，推动设区市行业党委全部实体化运作，制定落实党建品牌创建方案，实现行业党建“一地一品牌”，省局、市局成为地方两新群体党建工作专班或联席会成员单位，获地方组织部门近 200 万元党建经费支持，全省快递行业党建工作被《求是》《党建研究》等宣传报道。

加强干部队伍建设。出台《关于进一步加强设区市邮政管理局领导班子建设的若干措施》，加强综合分析研判和统筹谋划，调整补充 5 个单位或部门的主要领导。积极响应国家邮政局党组号召，选派干部参加援青工作。加强干部教育培训，通过参加省委组织部和中国干部网络学院网上专题培训、举办科级领导干部任职培训班等形式，加强全省系统干部政治能力和专业知识培训，全年累计教育培训 1148 人次。严格日常监督管理，省局党组制定落实关于加强对“一把手”和领导班子监督的具体措施，对市局党组选人用人工作开展专项检查，督促指导领导干部严格执行报告个人有关事项制度，对少数有松劲心态、慢作为的领导干部进行谈话提醒。组织开展借培训等名义搞公款旅游问题、参与“影子公司”“影子股东”谋利问题专项整治和违规在社会团体兼职取酬专项清理工作。制定落实《关于进一步鼓励激励干部担当作为的若干具体措施》，推动实现全省系统公务员平时考核全覆盖，做到严管厚爱相结合。

加强作风纪律建设。推进政治监督常态化具

体化，建立健全贯彻落实习近平总书记重要指示批示精神台账，严格监督各级党组织履行全面从严治党情况，每月督查年度重点事项推动落实情况，推动各项决策部署落地生根。落实省局党组巡视整改工作方案，对照中央巡视组巡视国家邮政局党组反馈意见，制定落实整改方案，推动做好整改工作。完成对13个市局党组的巡察"回头看"，督促做好问题整改工作。持续加大纠治"四风"力度，春节后第一时间召开机关作风建设大会。加强监督执纪，召开全省系统警示教育大会，扎实做好节前廉政提醒，严把选人用人党风廉政意见关，组织开展快递业务经营许可审批和邮政业消费者申诉处理不规范问题专项整治、酒驾醉驾专项整治等活动，持之以恒"抓早抓小"，筑牢廉政防线。

聚焦营商环境建设，巩固提升政策供给能级。坚持以供给侧结构性改革为主线，持续改善全省行业规划政策供给。强化规划引领。加大《江苏省"十四五"邮政业发展规划》宣贯力度，制定任务分工方案、召开专题宣贯会议，推动规划落地落实。加强规划政策协同，结合行业发展需求，将行业专项规划与地方发展规划深度衔接，推动行业重点工作纳入地方政策法规体系。以南京、苏州两地为试点，组织开展邮政普遍服务基础设施专项规划编制工作，统筹实施邮政设施均等化工程。优化政策环境。深化"放管服"改革，持续推进政务服务标准化、互联网+政务、互联网+监管、政务服务跨省通办等工作。加强惠邮政策研究，积极参与全省国际物流供应链发展行动计划、释放消费潜力促进消费持续恢复、建设全国统一大市场、县域商业体系建设等政策修订，回复涉邮政策意见121件、提出建议102条，推动相关政策文件惠及邮政快递业。持续落实国家和省级层面涉邮优惠政策，确保寄递企业充分享受政策红利，全省快递企业减税降费总额达5.8亿元。落实地方事权。在出台省级改革意见的基础上，持续推动设区市制定改革方案、落实涉邮事权、支持监管支撑机构建设，争取地方财政对快递物流产业园、邮政服务用房、智能信报箱和邮政管理部门履职能力建设的资金支持，其中地方财政支持邮管部门履职能力建设资金总额超过7000万元，落实地方事权工作取得积极进展。

聚焦行业转型升级，巩固提升高质量发展水平。持续监测行业高质量发展水平，推动行业发展提质增效。推动创新创优。加大新技术新装备推广应用力度，支持快递园区绿色化、智能化升级，鼓励有条件的地区开发建设电商营销、仓配一体式快递产业园，苏南快递产业园、江宁快递物流园入选省级物流示范园。宣传贯彻江苏鼓励发展线上经济等新业态、支持以新业态新模式引领新型消费等政策意见，围绕"品质生活·苏新消费"系列活动，支持寄递企业创新服务模式、开展定制化和个性化服务。推进邮政行业科研体系建设，组织开展第三批邮政行业技术研发中心认定工作。

促进"两进一出"。巩固"快递进村"，推动省政府出台关于加快农村寄递物流体系建设的实施意见、"快递进村"纳入全省乡村振兴重点工作和省政府为民办实事项目，联合相关部门推广"交邮社"农村寄递物流服务模式，组织快递服务现代农业示范项目、农村电商快递协同发展示范区创建，开展"互联网+"帮促助农活动等，全省四个快递品牌建制村通达率稳定在98%以上，全年培育快递服务现代农业重点项目49个、其中业务量超1000万件项目9个，形成业务量4.56亿件，支撑农业总产值310亿元。攻坚"快递进厂"，联合省工信厅推进快递业与制造业深度融合发展，建立融合发展项目库、评选融合发展典型项目、创建第一批融合发展试点先行区，培育快递服务制造业重点项目128个，其中"快递服务苏州欧莱雅化妆品制造"等10个项目年快递业务量超1000万件。突破"快递出海"，积极落实国家三部委关于促进跨境电商寄递服务高质量发展的意见，多次组织召开邮政快递"出海"座谈会，鼓励企业拓展面向欧美、东南亚、日韩等地区的货运航空通道，支持企业发展南京、苏州、盐城、连云港国际邮快件海运通道，推动顺丰速运、极兔快递与省班列公司签署中欧班列快递专列合作协议，7 月 28 日首发中欧班列“江苏号”邮政班列，已成功发运 75 个整柜、货物 579 吨。

加快绿色发展。积极推动行业绿色发展融入地方治理体系，“构建快递包装产品绿色标准体系，在快递营业网点设置包装回收区”纳入全省打好污染防治攻坚战实施意见，“加快新能源汽车在邮政快递领域应用”纳入全省绿色低碳循环发展经济体系。全面完成行业绿色发展“9917”工程。组织开展绿色分拨中心、绿色营业网点建设，全省已建成绿色分拨中心 11 个、绿色网点 206 个。加强环保类专项检查，累计检查邮政快递网点 2480 个、实施环保类行政处罚 8 起。全省行业绿色转型步伐进一步加快。

聚焦法治邮政建设，巩固提升行业治理能力。以建设法治邮政为目标，不断深化“放管服”改革。坚持依法行政。深入贯彻落实新修订的《中华人民共和国行政处罚法》和国家邮政局《关于贯彻法治中国建设规划的实施方案》《邮政管理部门公平竞争审查工作办法》，进一步完善相关工作机制。制定落实全省行业“八五”普法实施方案。出台快递市场监管领域轻微违法行为不予处罚和从轻减轻处罚暂行规定。加强行政执法监督和行政执法“三项制度”配套规定建设，完善事前公示标准，开展执法案件评查。强化行政复议案件审理、行政诉讼案件应诉工作，完成行政复议 12 起、行政诉讼 3 起，保持零败诉。加强法治人才队伍建设，组织第七次行政执法资格考试，做好新证发放及老证换新工作。动态维护全省系统法律人才库，加强公职律师年度考核、公示等工作。

加强快递市场监管，联合相关部门持续开展市场秩序整顿、个人信息安全治理等专项行动，重点打击超范围经营、快递末端网点未备案、违反快递服务标准、泄露用户个人信息等违法行为，集中整治末端投递不规范、快递“刷单”、低价无序竞争等问题，实施行政处罚 541 起，其中罚款 528 起、责令停产停业 13 起。加快推进信息化监管，组织实施监管大数据接入工程，接通顺丰、极兔等 7 家企业数据，“智慧监管”水平进一步提升。

保障寄递安全。强化寄递渠道安全管理领导小组作用，新增省检察院、烟草专卖局为成员单位，统筹协调寄递安全重点工作。贯彻落实最高检 7 号检察建议，联合省检察院、公安厅建立寄递安全监管协作配合工作机制。深入推进安全生产专项整治，组织“清风·安全生产”专项活动和“安全生产月”活动，督促企业全面排查、即查即治风险隐患。精心组织党的二十大、冬奥会等重要活动期间寄递安保工作，严格“三项制度”、强化管控措施，综合运用行政约谈、责令整改、行政处罚等方式督促企业加强安保工作，圆满完成寄递安保任务。

强化疫情防控。严格落实健康防护、消毒消杀、核酸检测等常态化防控措施，全面推进从业人员疫苗接种工作，全省从业人员疫苗接种率 98.68%，其中加强针接种率 95.25%。制定入境邮快件疫情防控工作指引，督促国际业务经营企业加强消毒消杀工作、确保全流程闭环管理，严防境外输入疫情。强化疫情防控专项督查，检查处理场所实现全覆盖，检查营业场所覆盖率 94.1%。妥善做好涉疫邮快件排查处置工作，制定相关应急处置预案。扎实做好行业保通保畅工作，率先推动省防指出台邮政快递防疫情保畅通、畅通末端配送、加强农村地区邮政快递服务保通保畅等政策意见，为邮政快递车辆发放通行证超过 10 万张，向地方政府争取 4900 万元保通保畅补贴资金，推动省政府向行业发放 900 万元防疫物资，连云港、无锡等地开通寄递车辆绿色通道，有效促进行业正常运营。

聚焦为民服务宗旨，巩固提升民生服务质效。坚持以人民为中心，不断优化服务供给。提升寄递末端服务，践行人民邮政为人民宗旨，持续推进警邮、税邮、政邮、交邮、法邮和邮快合作，进一步满足群众寄递需求。加强服务质量监督。畅通快递用户申诉渠道，改进 12305 系统、增加服务台席、优化话务受理流程，申诉处理效能进一步提升。全面评估、定期通报主要快递品牌服务质量。认真落实快递服务警示制度，就跨区揽件向省邮政企业发出监管提示函，对受到 2021 年快递服务红色、橙色警示的德邦、百世、中通总部开展集中约谈。强化重大处罚案件警示教育，向各品牌快递企业通报行政处罚典型案例，督促企业总部切实履行总部管理责任。加大对快递企业总部违法行为的惩处力度，严肃查处申通、中通总部委托未经许可企业经营及违规加盟的行为。维护快递员群体合法权益。按照国家邮政局要求开展派费核算工作。深入贯彻全省加强快递员群体合法权益保障工作的实施意见、快递行业集体协商工作的指导意见，全省 13 个设区市均出台了权益保障工作方案、实现集体协商工作全覆盖。组织开展基层快递网点参加工伤保险工作，全年新增参保 4.38 万人、其中优先参保 1.7 万人，新增参保人数居全国第一位。深入开展“暖蜂行动”，累计建成“暖蜂驿站”1.04 万个，联合相关部门慰问快递员 312 次、赠送各类保险 24.1 万人次。持续推选“小蜜蜂”先进典型，全省行业 48 人次获得市级以上荣誉，其中南通顺丰的张鑫、响水邮政的任婷婷荣获“全国五一劳动奖章”，泰兴邮政江平路支局荣获全国“工人先锋号”。

聚焦基层基础建设，巩固提升支撑保障能力。持续强化能力建设，不断夯实发展基础。完善监管支撑体系。在实现县(市)邮政管理机构全覆盖的基础上，继续推进在重点涉农市辖区组建县级机构并取得新进展，目前南通市通州区、徐州市铜山区、苏州市吴江区等已成立配套事业单位。推动已批复的成立县级机构尽快发挥作用，目前人员已基本配备到位、进入正常运转。加快提升县域邮政管理效能，组织评选 10 个县级机构服务地方贡献奖、10 名优秀县局长和 16 名邮政管理标兵，激励支撑机构担当作为，县级机构在强化行业治理、助力县域特色经济发展、落实疫情防控要求等方面发挥了重要作用。

实施人才强邮战略。省局党组召开人才工作领导小组会议，研究部署快递从业人员素质提升三年行动计划，联合省人社厅推进邮政快递业职业技能提升工程、落实培训补贴政策，推动将快递员、快件处理员纳入我省高技能人才培训补贴紧缺型职业(工种)目录，累计培训 5.49 万人次。认真组织 2022 年快递工程专业职称申报、评审工作，645 人获得职称资格。我省快递职业技能培训人次、新增取得快递工程专业职称人数均居全国第二位。贯彻落实中央“稳就业”“保就业”决策部署，组织开展邮政快递业面向高校毕业生网络招聘活动。

加强机关基础工作。高度重视人大代表建议、政协委员提案办理工作，按期办结省级 11 件建议、提案，办理满意率 100%。强化系统财务管理，落实过“紧日子”的要求，实行预算支出精细化管理，加强对市局财务工作的督导和考核评价，省局财务管理工作在国家邮政局考核中名列第一、获优秀等次。切实做好统计工作，加强行业经济运行分析，落实日常统计信息服务和数据保密等基础工作，组织行业统计督察整改“回头看”，推动各类统计检查发现的问题整改落实到位。加强新闻宣传和舆论引导工作，开展“喜迎二十大·我们这十年”主题宣传，组织新闻发布会 2 场、发布新闻通稿 9 篇、接受媒体采访 72 次，《人民日报》《新闻联播》《新华日报》等主流媒体报道相关工作情况近百次，省局记者站连续 10 年被评为全国系统先进记者站。机关档案管理、机要保密、信访、工会、老干部等工作持续加强。协会各项工作推进有力。

三、新时代十年行业发展成就

坚持不懈用习近平新时代中国特色社会主义思想凝心铸魂。落实全面从严治党责任，每年制定党建工作、纪检监察、意识形态工作要点并推动落实。省局党组带头系统研学党的历次全会和习近平总书记系列重要讲话指示批示精神，引领全系统全行业自觉坚定“四个意识”、增强“四个自信”、做到“两个维护”、捍卫“两个确立”。特别是在加强行业党建方面，在全国率先出台指导意见、率先实现市级快递行业党委实体化运作、率先开展基层党建品牌创塑工作，为牢牢把握意识形态工作主动权、弘扬主旋律和传播正能量夯实了组织基础，推动了各级党员干部理想信念更加坚定、邮政管理工作始终保持正确的政治方向。

牢牢把握发展这一要务。坚持系统思维、稳步推进，科学制定行业五年发展规划、行业高质量发展意见。积极争取地方政府支持，加强与交通、商务、工信、农业农村等部门的合作，在全省范围内统筹引领行业高质量发展的政策资源，推动出台促进邮政快递业融合电商物流、现代农业、先进制造业等其他产业发展的实施意见，借力完善城乡寄递物流体系和寄递服务基础设施，不断提高引领和推动行业高质量发展的水平。特别是省市级邮政业安全中心和县级机构组建、邮政管理部门履职能力建设等方面，在全国率先实现市级安全中心、县(市)邮政监管机构全覆盖，争取到的行业发展专项资金、履职能力建设资金逐年递增，为各项工作顺利开展奠定了坚实基础。

积极践行新发展理念、自觉融入新发展格局。围绕促进乡村振兴、构建“双循环”格局、长三角一体化发展等国家战略和全省工作中心，主动担当、积极作为。全力实施“两进一出”工程，在全国率先基本实现建制村快递服务全覆盖，稳定实施快递服务现代农业重点项目近 50 个、快递融合制造业发展项目超过 100 个。徐州国际邮件互换局建成运营，无锡国际邮件互换局开工建设，连云港申报国际邮件互换局和苏州叠加交换站功能列入国家邮政局 2023 年工作计划。开通了中欧班列“江苏号”邮政班列等，为支撑和推动全省经济社会发展作出了积极贡献。特别是新冠疫情防控期间，在全国率先出台邮政快递业保通保畅的指导意见，切实加强防疫物资运输和民生保障，为稳定供应链产业链作出了邮政贡献。

坚持以人民为中心的发展思想。围绕满足民生需求、提升用邮体验，不断优化邮政快递末端服务，逐步提升邮政普遍服务均等化水平。组织实施标准化、标杆化快递网点创建。持续推进老旧小区智能化投递设施改造、新建住宅小区邮政服务设施建设，累计建成使用智能信报箱、智能快件箱或包裹柜超过 10 万组、邮政快递综合服务平台 2.3 万个，群众用邮的便捷性、舒适性显著提升。特别是畅通农村快递服务“最后一公里”方面，积极推进交邮、交快、邮快、快快、快商等合作，全面推广“交邮社”农村寄递物流服务模式，有力推动了农村地区快递“进得去、稳得住、可持续”。全省主要快递品牌建制村服务通达率稳定在 95% 以上，农村快递服务体系基本完善，成为“农产品进城、工业品下乡”的重要渠道。

“统筹发展和安全”。坚决扛起寄递安全的责任、时刻敲响安全生产的警钟。健全全省行业寄递安全责任体系，加快“绿盾”工程和省邮政业安监平台建设。严格落实收寄验视、实名收寄、过机安检“三项制度”。持续推进机要通信、“扫黄打非”、网络数据和用户信息保护等工作，每年组织“清风”系列专项整治和“安全生产月”活动，不断提升本质安全水平和应急处置能力。特别是党的全会、全国两会等重大活动和每年寄递业务旺季期间，联合公安、国安等部门加强安全督查、推动隐患整改，圆满完成了寄递安保任务。全行业未发生较大以上安全生产责任事故。

四、快递市场存在的突出问题

从行业发展质态看，同质化、内卷式的市场竞争尚未根本改变。近年来，在立足行业供给侧结构性改革、促进行业高质量发展，以组织实施“两进一出”工程为抓手的基础上，引领寄递企业降低对电商平台的依存度、走出“同质化竞争”的泥潭和"以价换量"的窘境,主动嵌入产业链、融入供应链,逐步向寄递物流综合服务供应商转型,取得了一定进展,每年"快递 +"项目建设的数量和质量都有新的提升。但从全省行业发展质态总体情况看,电商依存度高、供应链管理偏弱的问题还未得到彻底解决,快递融合其他产业发展的深度和广度不够,寄递企业提供的个性化、定制化综合物流服务方案和应用场景不多,特别是"快递 +"项目覆盖面不广,同质化、内卷式的市场竞争尚未根本改变,"增量不增收"的现象依然存在,推动由单一寄递向综合物流服务商转型、提升行业高质量发展水平任重而道远。

从群众用邮体验看,多元化、便捷性的用邮需求尚未完全满足。快递末端服务收寄直接面对消费者,既是衡量寄递企业服务质量的"温度计",也是群众用邮体验的"晴雨表"。近年来,通过不断加强寄递服务质量监督,推动综合服务平台建设、完善智能投递设施,群众的用邮体验持续攀升,但对照"更加美好用邮体验"的要求,快递末端标准化水平还不高、标杆化网点还不多,少数网点环境脏乱、车辆乱停、形象不佳等问题依然突出,同时面对消费者即时化、多元化的需求,寄递服务满足个性化、定制化需求的能力有待提升,特别是去年疫情防控期间,由于多方面原因,寄递服务质量、时效受到较大冲击,邮快件积压一度达到 700 万件,消费者申诉呈上升趋势,直接影响到了群众的用邮体验,满足群众多元化、便捷性的用邮需求还有很大的提升空间。

从寄递渠道安全看,标准化、零隐患的本质安全尚未彻底巩固。安全是发展的基石,发展是安全的保障。党的二十大明确提出要"统筹发展和安全"。近年来,管理部门高度重视行业安全生产,每年组织"清风"系列整治活动和安全生产检查,督促整改安全隐患,查处涉及寄递安全的违法案件上百起。但从最近的抽查督查情况看,仍然存在安全管理不到位、安全隐患未整改的情况,有的品牌安全生产投入不足、安全责任落实不细,有的企业针对一线操作人员和外包人员的安全教育培训不够,有的作业场所管理存在"死角""盲区",有的网点执行三项制度不严,不查验身份和违规寄递的行为时有发生等,行业本质安全能力急需加快提升。

浙江省快递市场发展及管理情况

一、快递市场总体发展情况

2022 年,浙江省快递企业业务量累计完成 229.0 亿件,同比增长 0.5%;业务收入累计完成 1205.0 亿元,同比下降 4.8%(表 7-11)。快递业支撑全省农产品销售额 1012.50 亿元,支撑全省重点项目制造业产值 1122.28 亿元。

表 7-11 2022 年浙江省快递服务企业发展情况

指标	单位	2022 年		比上年同期增长(%)		占全部比例(%)	
		累计	12 月	累计	12 月	累计	12 月
快递业务量	万件	2290410.28	240597.60	0.54	10.60	100.00	100.00
同城	万件	176638.17	18323.96	-13.43	0.91	7.71	7.62
异地	万件	2068013.75	215389.76	2.31	10.39	90.29	89.52
国际及港澳台	万件	45758.36	6883.87	-13.40	61.82	2.00	2.86
快递业务收入	亿元	1204.94	125.15	-4.73	2.80	100.00	100.00
同城	亿元	63.85	6.26	-15.48	-8.07	5.30	5.00

续上表

指标	单位	2022 年		比上年同期增长(%)		占全部比例(%)	
		累计	12 月	累计	12 月	累计	12 月
异地	亿元	723.64	74.69	1.97	3.66	60.06	59.68
国际及港澳台	亿元	226.83	25.83	-8.62	44.52	18.83	20.64
其他	亿元	190.62	18.37	-17.58	-26.56	15.82	14.68

二、行业管理工作及主要成效

深入学习贯彻党的二十大精神，系统和行业党建工作得到进一步巩固和提升。巩固拓展党史学习教育成果，夯实拥护“两个维护”政治根基。坚持不懈用习近平新时代中国特色社会主义思想凝心铸魂，不断加强党的思想建设、政治建设，深入开展理想信念教育。组织全省系统、全行业党员干部收听收看党的二十大开幕式，开展学习交流和党的二十大精神宣讲活动，迅速掀起了学习贯彻热潮。坚持“每周一例学、每半月一交流、每月一小考”学习交流机制，在全系统全行业先后开展了省第十五次党代会精神宣讲、全省邮政管理系统党务干部培训、党建知识“应知应会”知识竞赛、机关支部对联建企业送学上门等活动。成立33 支宣讲团，组织开展“深化‘三个争先’、助力共同富裕”宣讲活动，深入一线开展党的二十大精神宣讲，做到了学习培训全面覆盖，切实增强全省系统、行业做到“两个维护”的思想自觉和行动自觉。强化基层党组织政治功能，不断提升机关党建标准化、规范化水平。认真落实“三会一课”、主题党日等制度，严格党员领导干部双重组织生活制度。将党建工作纳入重点工作督查范围，切实增强贯彻国家邮政局党组和省委省政府各项决策部署的工作执行力。持续深化推进京东快递与淳安县富文乡方家畈村的党建联建，以点扩面、联乡带县，成功促成浙江原禾控股有限公司与富文乡开展战略合作，破解了富文土烧生产许可难题，将助农帮扶从立足民生改善跃升为助力产业振兴。

持续有力开展政治监督，推进全面从严治党向纵深发展。强化日常监督，一体推进“三不”机制，精准运用“四种形态”，持续开展“四风”问题整治。先后召开全省系统警示教育大会与党风廉政建设工作会议，通报有关情况，用身边的人和身边的事教育和警示全省上下，对全系统党风廉政建设和反腐败工作作出全面部署。开展专项整治及专项清理工作，强化“不敢腐”的震慑。强化“一把手”权力制约，督促“一把手”履行全面从严治党第一责任人的责任，将“一把手”遵规守纪情况纳入领导班子年度考核指标，进一步细化“三重一大”决策机制，完善制度约束，建立决策台账，建立问题倒查机制，扎紧“不能腐”的笼子。落实常态化廉政谈话制度，2022 年以来全省系统共开展廉政谈话 560 人次，做到了防患于未然。针对疫情防控、信访举报等重点工作出现的不同情况，对 62名干部进行了提醒、批评教育，3 人被诫勉谈话，对2 名在疫情防控工作中存在失职行为的干部给予了政务处分，签订廉政承诺书 20 份，增强“不想腐”的自觉。紧盯重要节点，印发廉洁过节通知，明确纪律要求。迅速贯彻落实中央第十二巡视组巡视国家邮政局党组反馈意见会精神，第一时间成立了工作领导小组，建立“周督促、月调度、季小结”工作机制，定期听取工作进展专题汇报，明确整改问题销号管理程序和时限。全省系统全年开展巡察 2 次。各单位各部门每周上报整改进展情况，确保巡视巡察共性问题整改落实落细并取得阶段性成效。开展以“拒腐防变守内心、清正廉洁作表率”为主题的“六个一”警示教育活动。聚焦重点抓好抓实政治监督，采取定期与不定期、重点督查与综合督导、日常检查与专项检查、暗访与明查相结合的方式开展监督检查。通过《重点工作督察专报》，对每月重点工作办理情况进行追踪和通报，截至目前共印发通报11期。创建综合督导机制，压实监督责任，全年开展综合督导、专项督导9次，发现问题47个，均已完成整改闭环。目前全省系统风清气正、和谐共进，干事创业的良好政治生态进一步形成。

扎实推进党建引领工程，推动行业党建试点工作提质增效。持续扩大快递行业和快递员群体党建工作试点成果，推动省、市两级快递行业党委和快递物流行业团工委建设实现组织全覆盖，76个县(市、区)成立了行业党委并更名，同步推动56个县(市、区)成立快递物流行业团工委，171个企业成立团组织。抓住行业党建工作实体化工作契机，主动对接省委组织部、省编办，协调增加省邮政业安全中心5个事业编制，对接省财政厅积极争取将行业党委运行经费列入财政预算保障，并指导地市、县级行业党委争取工作支持。修订完善行业党委工作规则、双重管理办法等5个制度性文件，督促企业严格落实“第一议题”制度、党企共学共商制度、“双向进入、交叉任职”制度、周例学制度等。持续深化行业党建清单化管理模式，一体纵深推进行业党建和业务工作，召开月度行业党建工作推进会、行业党委扩大会议以及座谈会等共16次，编印《行业党建信息通报》68期。深化行业党委直接联系重点快递企业制度，压实机关党支部、直接联系领导和党建指导员(助企服务员)工作职责，年内共走访128次，指导企业开展党建业务工作、宣传解读助企纾困政策、直面解决企业发展难题。组织开展全省快递行业党建业务(第二期)培训班，80名行业基层党组织书记参训，进一步提升了党组织书记抓党建业务能力和水平。指导各地行业(企业)组建“党员先锋队”“邮驿先锋队”“党员突击队”等136支，引导党员快递小哥发挥核心作用，带动快递员群体化身反诈先锋、安全卫士、便民骑手等，主动参与城市社区治理、行业治理和常态化疫情防控工作，以长安镇韵达快递先锋小哥应急队为代表的多个党员突击队获地方“疫情团队”“抗疫先锋党组织”等荣誉称号。指导省行业团工委、机关党支部开展对一线小哥关爱慰问活动16次。开展党建示范点建设，评选产生省级快递物流行业党建示范点50家。全省各地以党建引领行业发展取得显著成效，台州局培育天台“党建引领快递进村　打造乡村共富新邮路”红色项目得到国家邮政局肯定推广，丽水局“党建统领丽水山递　畅通乡村共富路”入选全省高质量发展建设共同富裕示范区最佳实践(第二批)案例。

深入实施“两进一出”工程，服务经济社会发展能力得到进一步巩固和提升。强化“快递进村”有效助力乡村振兴。召开全省党建引领快递进村现场会暨全省邮快合作推进会，提升农村寄递服务能力和效率，健全完善农村寄递物流体系。开展全省“快递进村”情况大排查，逐村明确服务站名称、主体、具体地址、入驻品牌和搭载其他便民服务情况，全面掌握“快递进村”末端企业、合作品牌、覆盖县乡村情况。全省19778个行政村实现了5品牌“快递进村”全覆盖，8快递品牌服务覆盖率达88.63%。新建或升级改造21个县级快递物流分拣中心，规划整合51个乡镇快递物流综合服务园区，建设1068个农村快递“共富驿站”，组织开展全省首批快递进村五星“共富驿站”评审。建设24个快递服务现代农业示范项目、示范区。大力推进“交邮融合”“邮快合作”，全省共开通客货邮融合运输线路97条，积极推动省邮政分公司与中通、圆通、申通和极兔签订邮快合作协议，实现更深层次更广泛合作，打造多层级、立体化的农村寄递物流服务体系，进一步满足广大农村群众寄递服务需求。全省84个县区、13896个建制村开展“邮快合作”，覆盖率分别达到80.34%和69.92%；累计代投7965.52万件，累计代收23.82万件。联合省交通运输厅开展了农村客货邮融合发展样板县评审，宁波宁海成为全省首个五星级样板县，相关县(市)共获得1000万元补助。全省各级邮政管理部门积极争取地方政府和相关部门支持，如丽水遂昌共计投入经费3300余万元建设农村共配体系,衢州局推动开化县投入 5000 余万元、常山县拨付 1850 万元用于构建三级物流体系,全省累计争取政策性资金 3 亿余元用于构建农村三级物流体系,推动快递共配进村。

优化“快递进厂”有效支撑浙江制造。按照国家邮政局、工信部《快递业与制造业融合发展“5312”工程工作方案》要求,重点围绕汽车、3C 电子、医药、服装、轻工等五个领域,覆盖产前、产中、产后三个环节,持续推动开展入厂物流、“仓储 + 配送”一体化、“订单末端”配送、“区域性供应链”服务、“嵌入式电子商务”等“快递进厂”代表性项目,打造一批“工业互联网 + 快递”融合典型及不同类型产业快递供应链服务模式的成功样本。全省全年培育“快递进厂”重点服务项目 35 个,协作企业 2095 家。各市局主动作为,牵线搭桥,涌现出宁波雅戈尔、台州汇富春天产业园等与制造业深度融合发展的典型案例,舟山局指导推动顺丰速运有限公司成为全市服务业 10 强企业。

深化“快递出海”有效协调行业联动。组织召开全省邮政快递业重大项目建设推进会,全省各品牌企业部分总部项目负责人、省级总部负责人参加会议,重点聚焦全省行业在建重大项目建设情况,总结阶段性成果,交流典型经验,研究解决现阶段存在的困难和问题,有力夯实“快递出海”基础。深化国际快递经营许可权下放工作,全省全年自贸区内新培育许可 9 家国际快递物流资质企业,总数达到 36 家。舟山局推动顺丰海事服务平台建设案例成功入选 2022 年全省自贸区制度创新十大案例。与省商务厅共同邀请 35 个国际快递物流企业海外仓项目入驻海外智慧物流平台,全省拓展国际货运航线达 31 条,国际航空货运储运能力持续扩容。其中,温州局推动开通“温州—宁波—大阪”国际临时邮路和顺丰首条“温州—东京”航运班线,有力保障了疫情期间进出口邮件物流运输畅通;义乌做实做细快递“出海”工作,全年累计国际快递业务量突破 3500 万件。菜鸟启用全国最大集运仓,嘉兴圆通货运机场进入施工建设阶段;培育支持企业在全球布局 6 大智慧物流枢纽,广泛建设分拨中心、海外仓及末端物流设施,覆盖亚欧美洲 30 多个国家和地区,依托当地配送网络,逐步建立自有智慧物流体系。

优化完善行业营商环境,市场发展基础活力得到进一步巩固和提升。法制规划引领,推动行业科学发展。落实党政主要负责人履行推进法治建设第一责任人职责,推动法治邮政建设。抓好《国家邮政局关于支持浙江邮政快递业高质量发展助力建设共同富裕示范区的实施意见》贯彻落实,细化任务分解。深入推进《浙江省快递业促进条例》落实落地,在湖州举行条例实施暨快递专用电动三轮车规范行车启动仪式,持续推进全省合规快递电动三轮车普及,全省新采购快递专用电动三轮车 18101 辆,改造存量车 11978 辆,纳入管理平台 14412 辆。指导各地相继出台本地区行业“十四五”规划,加快建设形成“一湾两带三级四区六核立体化”的全省快递空间格局。嘉兴局推动快递园区建设纳入县域立体规划布局,并给予 1000 万元专项资金等各类支持。研究出台《〈邮政强国建设行动纲要〉浙江省邮政管理系统重点任务分工方案》,加强与交通部门政策对接,充分融入交通强省建设大局。建立健全行业重点项目对接机制和跟踪督查措施,梳理并定期跟踪中国邮政华东物流仓储中心项目、圆通嘉兴机场物流枢纽、顺丰创新中心项目、中通快运全球创研中心、韵达全球科创中心项目等 50 余项快递业重大项目建设进展情况,召开调度会议,深入推进实施。

加强政策供给,助力企业纾困解难。认真贯彻落实党中央、国务院、国家邮政局和浙江省委省政府关于减税降费工作的部署,推进行业企业充分享受并用好中央和地方政策红利。研究出台《全省寄递企业纾困解难稳发展实施方案》,组织开展专题调研活动,推动各项任务落地见效,促进行业平稳健康发展。全省全年落实行业减税降费金额 6.29 亿元,减免车辆通行费 5200 余万元。

推动将邮政、快递企业纳入交通运输、物流仓储业1000亿元再贷款支持范围,截至2022年底,中小微物流配送和快递企业共发放贷款4.47亿元。杭州局推动相关部门积极争取红利政策,为全市快递行业每年争取到1000万元的财政补贴。

科学精准施策,全力做好保通保畅。成立浙江省邮政快递业保通保畅工作专班。率先通过"浙江省重点物资运输车辆通行证系统"审发全省首张"浙江省重点物资运输车辆通行证"。推动省新冠肺炎疫情防控工作领导小组办公室印发《关于进一步做好邮政快递业保供保通保畅的通知》,协调省保障物流畅通促进产业链供应链稳定总指挥办公室印发《关于进一步保障物流畅通做好稳进提质工作的通知》《关于认真做好邮政快递企业货运车辆司乘人员通信行程卡"白名单"管理工作的通知》等文件,专门就邮政快递业司乘人员管理、行业服务保障、末端配送进社区、人员核酸检测等行业保通保畅核心问题进行了明确规定,对邮政快递业车辆通行和行业保通保畅提出了具体措施,有效推动行业在部分地区发生疫情后较短时间内恢复正常运行。积极衔接各级交通、经信部门,将全省系统纳入省药品流通保障机制,有效补充防疫药品生产企业物流缺口,保障人民群众药品寄递需求。

切实加强行业安全监管,行业综合治理能力和治理水平得到进一步巩固和提升。高标准严执法扎实开展安全专项整治。坚持最高标准、最严要求,圆满完成党的二十大全省寄递安保任务。提级推动完成全省920家处理场所规范化提升和回头看工作。组织开展"保安全促提升百日攻坚""安全隐患大排查""除险保安百日攻坚"等多个行动,保质保量完成全省邮政快递业安全生产专项整治三年行动收官工作。全省各地持续加大执法检查力度,全年共查处邮政快递企业800家次,其中安全类案件437起,以反恐法处罚款处罚的13起。制定全年安全工作要点,签订安全工作责任书,完善风险研判会商机制,实施周巡查、月通报、季考核制度,处置各类舆情事件20起,编发平安建设工作简报、绿盾工作周报、疫情防控专报等共46期。出台新时代加强邮政机要通信服务保障和安全管理相关文件,完成两轮常规检查,实现主要地市间与各地区间机要专线全覆盖。全省系统检查普服营业场所2026处,建制村通邮1354个;联合省邮政公司开展邮政普遍服务示范窗口建设,首批29个网点获通过。省局干部荣获省政府颁发的年度平安浙江建设先进个人;金华局探索制定安全隐患整治"三张清单",实现挂图作战,开展"赛、比、拼"活动和每周督导通报制度,取得较好效果;义乌局持续规范市场秩序,着重开展黄牛、跨区取件、无证经营等专项整治,推进行业整体规范有序。

早谋划快响应慎终如始抓好疫情防控。根据省委、省政府工作要求,在全国率先出台省级国际邮件快件疫情防控工作指引。以最快速度响应处置行业涉疫事件34起。在疫情吃紧时期,迅速上线"浙里快递防疫在线"平台,完成27家进口邮件快件省内首站全入驻备案,接入核酸检测、疫苗接种、健康码等数据,通过平台对数据自动分析,实现从业人员防疫情况精准监测。在不到2个月内开展两轮次行业疫情防控排查整治,检查处理场所及网点超34000家次,排查隐患超3400个,推动企业建立1246个疫情防控专班专班,开展"无疫企业"创建活动,相关做法在全国系统疫情防控会议上做经验交流。制定出台《浙江省邮政快递行业基础设施关停关闭处理流程规定》,并将相关工作落实纳入浙江省统筹疫情防控和经济社会发展考核,为全国首个将违规关停分拨中心工作与地方政府考核挂钩的省份。"新十条"出台后,根据国家邮政局部署,及时优化调整疫情防控措施,稳妥做好过渡期工作。为解决企业购置防疫物品难的问题,牵头协调省经信、商务部门为邮政快递企业提供核酸检测抗原、布洛芬等急需防疫物资采购工作。金华局指导顺丰、跨越等企业为地方政府捐赠防疫物资30余万元,获地方人民政府授旗肯定。

强联动密协作深化寄递安全综合治理。组织召开寄递渠道安全管理领导小组全体会议。持续发挥浙江省邮政快递行业治理先发优势，深入贯彻落实最高检“七号检察建议”，会同省检察院、省公安厅3部门开展全省寄递渠道“春雷行动”，并在湖州双林镇立体展示乡镇级“快递进园区”新模式阶段性成果，牵头组织湖州、宁波局在吴兴区进行寄递毒品等内容的跨地域、跨部门实战应急演练，应急演练工作做法在全国系统会议上进行经验交流。会同公安、网信、检察院等部门开展专项行动，通过联办会部署、联合座谈调研、联合督导检查，深入开展邮政快递领域个人隐私治理。联合省消防总队部署各地邮政管理、消防部门开展“三个一”活动，深化国家邮政局关于年终岁尾全省邮政快递业安全生产工作有关要求，部署开展全省邮政快递业火灾隐患排查整治。深化“扫黄打非”五个一专项行动，联合省扫办开展浙江省邮政快递业“扫黄打非”进基层、进一线示范站点、示范标兵创建，评选80个示范站点、20名示范标兵。严格查堵非法出版物、涉黄涉非邮件及可疑信件。指导各市局加强与当部门间沟通联动，将“扫黄打非”融入行业日常监管工作。邀请消防、卫健、网信、公安等方面专家就行业相关领域安全工作进行专题授课，联合省烟草专卖局开展电子烟限量寄递通告宣贯解读。开展安全生产宣传月活动，联合省红十字会、省总工会等部门深化“救在身边 助力企业安全生产”专项行动，举办培训班，完成安全员（应急救护员）全课程培训783人。

统筹推进行业发展质效，服务群众和畅通循环能力得到进一步巩固和提升。人民群众用邮体验得到新提升。指导各地推动邮政快递相关公共服务标准的贯彻落实。积极推动8部门关于《进一步推进浙江省邮政快递公共服务均等化的通知》落实落地，着力构建以邮政为服务主体、各方协调配合的邮政快递公共服务体系，有效解决邮件、快递包裹“最后100米”服务和邮政快递公共服务城乡发展不平衡、不充分问题。全省11个地市均已发布了地方基本公共服务标准。指导湖州局在全国率先开展城乡邮政快递服务均等化试点，将邮政快递用房及设施纳入基本公共服务配套，召开工作推进会。湖州“快递活村”项目争取到政府专项资金7000余万元。会同省建设厅等单位发布《建筑工程配建智能信包末端设施技术标准》，组织开展全省邮政、建设系统相关部门及建筑设计、智能信包箱制造等单位约500人参加的培训班，全面推进新建住宅小区等建筑智能信包末端服务设施建设，推动传统信报箱迭代升级。全省全年新建智能快件箱（信包箱）1826组，累计建成31939组，较好地解决了末端配送难的问题。完善全省邮政业用户申诉处理工作管理制度，全年为消费者挽回经济损失1771.13万余元，消费者对邮政管理部门申诉处理满意率98.4%，消费者对企业申诉处理满意率97.9%。

行业数字化改革取得新跨越。围绕2022年浙江省邮政快递业数字化改革工作要点，扎实推进行业数字化监管省级平台建设，不断优化“浙里快递”许可数据雷达功能，扎实开展许可信息规范清理，累计推送75家品牌不合规、4家统代不合规的企业，各地完成清洗率85.82%。在嘉兴桐乡、平湖等地开展平安寄递基层治理和警邮联动试点。实行“一地创新、全省共享”机制，开展2批次全省邮政管理系统数字化改革项目试点，嘉兴海宁的“寄安慧眼”、金华兰溪的“数据仓”等12个特色应用脱颖而出，各地陆续出台制度化成果共计10余项。衢州龙游数字化乡村物流共配中心入选浙江省“服务业数字化改革应用”典型案例。丽水龙泉局建立机制明确邮管、公安、经济商务、商家、快递企业等单位职责，尝试通过数字化手段破解加强寄递安全监管与服务地方重点产业间矛盾的难题，推动龙泉刀剑寄递管理信息化、规范化。开展绿盾应用培训和经验交流，组建“绿盾”小教员，通过绿盾实名监管系统监测数据，每月通报自寄件量排名较前的快递员，其中协议件累计通报160

人次、散件累计通报147人次,各地对通报问题立案查处36起、责令改正81起。发挥绿盾视频联网系统作用,开展疫情防控线上巡查,累计巡查869家次,通报问题隐患41个。完善网络安全、数据安全、数据共享等管理制度,密切与省统计局、省总工会、公安厅等部门间的数据共享合作,建立全省邮政管理系统首席网络安全官,组织各类网络安全教育培训30余场,开展网络安全基础信息大排查,实现网络安全事件零通报。

行业绿色转型实现新提速。全省主要寄递企业采购使用符合标准的包装材料和规范包装操作两个比例均达到95%,累计投放可循环快递箱(盒)182万个,回收复用瓦楞纸箱5159万个。实施"双名录"新型监管方式,指导邮政业用品用具生产企业纳入名录做好相关检测送审工作。做好邮件快件包装操作规范备案工作,指导各市局、企业按规定抓好贯彻落实。开展绿色网点和绿色分拨中心创建评价,组织各市局引导辖区企业做好创建与评价工作。组织开展行业节能环保暨快递包装绿色转型工作推进会,促进寄递企业、行业协会及包装生产企业协同交流。开展对各市局行业生态环境保护工作评价,加强管理考核。联合多部门开展全省塑料污染治理指导帮扶专项行动,对网点"禁塑"情况进行督导检查。

加强干部人才队伍建设,行业高质量发展根基和保障得到进一步巩固和提升。不断增强干部队伍和机构建设。坚持政治标准选人用人,加强对"一把手"和领导班子的监督,大力推进市局班子配备提高,对优秀的市地局领导干部予以进一步提拔重用。全年新提拔任用市局班子成员10名,省局与市局间干部交流4名,市局间班子成员交流6名,完成试用期满考核转正11名。将"发现培养选拔优秀年轻干部,促进干部担当作为"纳入2022年市局领导班子年度考核内容,进一步统一思想、认真谋划。注重基层、注重实践、注重关键岗位的历练,通过集中培训、岗位轮换、干部交流、基层挂职锻炼等方式,进一步提高各级领导干部的能力素质,坚持适时使用、动态调整,为优秀干部脱颖而出创造条件。因地制宜、分类推进县级机构建设和省级以下邮政业安全监管支撑体系建设,截至目前,全省90个县(市、区)中,79个县级机构已批复成立,71个已挂牌,县级机构实质性作用进一步发挥。积极对接司法厅,有效解决县级机构行政编和事业编工作人员无法参加地方执法证考试问题,推动各县级机构在编人员执法证百分百全覆盖。

不断提升关心关爱工作水平。协调人社部门积极推动快递员群体参加工伤保险,全省共有118145名快递员参加社保(含工伤保险),64178名不具备参加社保条件的临时聘用人员参加了单一工伤保险,856名参保雇主险等商业意外伤害险,工伤保险及雇主险等商业意外伤害险实现100%全覆盖。杭州局协调市总工会出资95万元用于走访慰问一线快递员工,并推出快递员新冠疫情免费专项保险等政策。制定印发《浙江省快递企业末端派费核算实施方案》,指导各市局及快递行业协会做好末端派费核算工作,削减不合理罚款项,目前各主要品牌快递企业总部承诺增加0.1元派费及大幅削减不合理内部罚款的目标基本实现,各主要品牌快递企业罚款项减少一半以上。温州局推动市行业协会和行业工会联合会签订《温州市快递行业能级工资专项集体合同》,有效推进新就业形态能级工资集体协商。大力开展行业技能人才培育和选送工作,加强与浙江邮电技术学院、浙江交通职业技术学院、浙大城市学院继续教育学院的沟通对接,积极构建人才培训基地建设。绍兴市快递行业党委与浙江邮电职业技术学院联合成立全省首家快递行业理论研究中心。督促各市局对接当地人社、财政做好政府补贴培训,全年完成政府补贴培训37683人次,其中岗前和技能提升培训9865人次。组织高评委专家开展职称资格评价条件修订工作,与人社厅联合印发《浙江省快递行业高级工程师和工程师职务任职资格评价条件(修订)》。2022年,全省共有1名快递员被授予“浙江省劳动模范”称号，3名快递员被命名“浙江金蓝领”。推选16名从业人员担任地方“两代表一委员”，2名行业共产党员成为浙江省第十五次党代会代表，2名行业团员成为浙江省第十五次团代会代表，有效畅通快递员群体发声通道。

不断强化系统内控管理与行业精神文明建设。持续推进财政事权划分工作。财权方面，全省系统各单位基本形成了较为稳定的地方资金补充渠道，一定程度上解决中央财政资金紧张问题；事权方面，经过与各地市政府相关部门的反复沟通，全省91个市、县（区）统一使用《浙江省人民政府办公厅关于浙江省交通运输领域财政事权和支出责任划分改革实施方案的通知》，占比达90.1%；宁波作为计划单列市，也已单独出台改革方案。至此，浙江省全域已全部落实出台邮政领域财政事权划分细化实施方案。充分发挥财务监督职能，全年开展离任审计2次。推动全省系统资产管理落地见效，有效掌握全省资产的存量情况，确保国有资产不流失、不浪费。在全省系统开展保密全覆盖检查，对系统内保密工作存在的普遍性问题开展有针对性地整改指导。持续增强新闻宣传工作水平，与新华社、《浙江日报》、浙江卫视、《钱江晚报》等主流媒体开展紧密合作，不断加大对行业“正能量”与“好声音”宣传力度。浙江省新闻宣传工作在前三季度国家邮政局通联工作排名中，荣获两次第一、一次第二的好成绩。不断深化行业精神文明建设，积极对接省人力社保厅、省总工会、团省委和省妇联，绍兴市行业团工委获“全国五四红旗团委”称号，全省行业1人获“全国五一劳动奖章”、1人获全国优秀共青团员称号；13家单位、企业被授予省级“青年文明号”荣誉，8人次获得省级“青年岗位能手”、省级“巾帼建功标兵”、省优秀共青团员等称号。结合巡视整改工作，整理人事、财务、党建、日常工作等制度汇报，进一步促进机关建设管理规范。积极做好后勤保障和老干部工作，立足单位实际，为机关人员和退休干部做好服务保障，减少生活后顾之忧，便于以更好的状态投入行业高质量发展推动工作。

三、新时代十年行业发展成就

加快建设邮政强省取得阶段性成效，行业改革发展成果更好惠及广大人民群众。建成了覆盖全省、深入乡村、通达全球的邮政快递网络，快递业务量连续多年高位平稳增长，在长三角地区保持绝对领先地位，占全国业务量的22%以上，占全球业务量的12%。持续推动行业科技赋能、网络加速下沉、绿色转型加快、市场扩容明显、服务显著提升、安全稳定发展，行业成为全省经济社会发展的“稳定器”和“助推器”。

统筹推进邮政快递网络建设，人民满意、保障有力、全国前列有了更加坚实的物质基础。深度对接全省经济社会发展规划纲要和综合立体交通运输体系，积极打造“一湾两带三级四区六核立体化”的全省快递空间格局。目前，全省共有快递法人企业1224家，分支机构4720家，末端网点10414家，“快递进村”实现百分之百全覆盖；邮政普服网点1861个，邮路长度近60万公里，有力保障了党和国家政令畅通以及人民群众的美好用邮需求。

持续提升邮政快递服务能力，在当好共同富裕示范区建设新征程中勇挑畅通重担。巩固提升邮政普遍服务均等化水平，建制村通邮率100%，县级及以上党政机关《人民日报》等党报当日见报率100%，投递频次、深度、全程时限持续改善，邮政综合服务平台建设成效明显，邮政机要通信万无一失。积极贯通县乡村三级物流配送体系，快递服务能力显著提升。有效实现生产和消费的无缝连接，打通流通堵点、联通线上线下、降低流通成本。新冠疫情期间，毫不松懈做好行业疫情防控和保通保畅工作，果断处置涉疫事件，及时疏解积压快件，有力有效服务产业链供应链稳定畅通。

深入贯彻落实新发展理念，全面融入高质量发展大局。科技创新驱动行业实现跨越式发展，

“三智一码”加快应用，无人仓、无人车、无人机等设施设备逐步普及，生产自动化、服务智能化、管理信息化水平不断提升。快递员群体关心关爱和权益保障更加有力，在全国率先实现快递工程专业技术高级职称零的突破。邮政快递绿色低碳转型发展深入推进，压茬推进快递包装治理，稳步提升快递包装减量化、标准化、循环化水平。邮政快递安全形势总体稳定，严格落实“三项制度”，深度融入全省数字化发展改革大局，大力实施“绿盾”工程和数字化监管平台建设，有效保障重大活动期间寄递安全，十年来未发生较大等级以上安全生产责任事故。

纵深推进邮政改革，交通强省和邮政强省建设进程稳步推进。深入推进邮政体制改革，与综合交通运输管理体制融合更加紧密，不断完善省级以下邮政监管体制，省市两级安全中心实现全覆盖。在全国率先发布省级行业立法《浙江省快递业促进条例》，行业规划、标准、政策体系不断完善。“放管服”改革不断深化，邮政政务服务实现全覆盖，“警医邮”等具有浙江特色的“最多跑一次”改革成果领跑全国。包容审慎推进智能快件箱、快递公共服务站等新业态监管，行业发展活力得到进一步释放。

四、快递市场存在的突出问题

市场监管方面，还存在一些短板，尤其是对于“价格战”的治理手段比较单一，缺乏治理的长效机制；绿色发展方面，企业落实低碳绿色发展的积极性主动性还不强，各品牌快递企业重视程度不一。

安徽省快递市场发展及管理情况

一、快递市场总体发展情况

2022年，安徽省快递企业业务量累计完成35.32亿件，同比增长12.98%；业务收入累计完成237.46亿元，同比增长9.53%（表7-12）。

表7-12　2022年安徽省快递服务企业发展情况

指标	单位	2022年		比上年同期增长(%)		占全部比例(%)	
		累计	12月	累计	12月	累计	12月
快递业务量	万件	353238.78	33954.30	12.98	12.50	100.00	100.00
同城	万件	27263.86	2675.31	-19.84	-19.04	7.72	7.88
异地	万件	325314.29	31214.86	17.15	16.38	92.09	91.93
国际及港澳台	万件	660.63	64.12	-31.11	11.24	0.19	0.19
快递业务收入	亿元	237.46	22.28	9.53	12.90	100.00	100.00
同城	亿元	15.16	1.65	-15.52	-17.12	6.38	7.41
异地	亿元	145.07	14.31	11.93	12.29	61.09	64.25
国际及港澳台	亿元	8.14	0.74	10.57	-150.25	3.43	3.34
其他	亿元	69.10	5.57	11.64	-14.00	29.10	25.00

二、行业管理工作及主要成效

从严治党纵深推进，党的建设续写新篇章。深入学习贯彻党的二十大精神。深入学习贯彻习近平新时代中国特色社会主义思想和党的二十大精神，制定贯彻落实《中共中央关于认真学习宣传贯彻党的二十大精神的决定》的实施方案，动员全省各级党组织和广大党员干部深刻领悟“两个确立”决定性意义，增强“四个意识”、坚定“四个自信”、做到“两个维护”。充分运用党组会、中心组学习会、“三会一课”、青年理论学习小组等载体，开展党的二十大精神集中学习，邀请省委讲师团进行专题辅导，组织处级党员领导干部参加党的二十大专题轮训班，并撰写心得体会，举办党的二十大精神学习研讨会，局领导赴市局进行党的二十大精神宣讲。在《安徽邮政管理》内刊开辟专栏，交流学习心得体会，切实推动党的二十大精神入脑入心。

深化党的创新理论武装。坚决落实全面从严治党主体责任，坚持民主集中制，严格执行领导干部“一岗双责”和双重组织生活等制度。印发《安徽省邮政管理局党建工作领导小组2022年全面从严治党工作要点》《中共安徽省邮政管理局党组思想政治工作责任清单》，修订印发《中共安徽省邮政管理局党组理论学习中心组学习实施细则》，充分发挥党组理论学习中心组领学促学作用，推动列席旁听、学情通报等制度机制落实。全年共开展党组理论学习中心组（扩大）会14次，学习研讨7次，开展党员学习教育11次，党组书记上党课2次。开展“为党旗添彩 为党徽增光”主题党日等活动。充分用好“学习强国”、国家邮政局干部培训网络等线上平台，提升学习成效。实施基层党组织建设质量提升工程，扎实开展“为民惠企争模范”行动。

巩固推进党风廉政建设。坚持以党的政治建设为统领，全面加强纪律建设，持之以恒正风肃纪。召开全省系统警示教育大会，省局主要负责同志上专题教育党课，教育引导党员干部知敬畏、存戒惧、守底线。抓好日常监督，紧盯元旦、春节等重要时间节点进行廉政提醒。认真做好中央巡视整改涉皖事项落实，针对性梳理38项具体问题，制定103条整改措施，完成率达99.03%。举办纪检干部业务培训班，提升纪检干部业务能力和监督执纪水平。开展借培训等名义搞公款旅游问题和参与“影子公司”“影子股东”谋利问题专项整治。运用好监督执纪“四种形态”，强化监督执纪问责，全年共处置问题线索10件，批评教育3人次。

深化宣传思想文化建设。严格落实意识形态工作责任制，扎实做好宣传思想和新闻舆论各项工作。印发全省系统新闻宣传工作要点，强化宣传阵地建设，讲述行业好故事，传播行业正能量。抓实局网站管理，主动宣传全省行业改革发展成效。举办“融媒体”宣传队伍培训班。2022年，共编发各类新闻稿件1419篇，国家邮政局报、刊、网及抖音公众号采用量排名位居全国前三，连续五年获评全国“先进记者站”荣誉称号。持续加强全省系统精神文明建设，开展形式多样的文明创建活动，省局连续五届荣获“省直文明单位”称号。大力选树行业先进典型，黄山市邮政投递员谢菲俊荣获“全国五一劳动奖章”，合肥市德邦快递负责人计亚琦荣获“全国优秀共青团员”称号。

持续加快行业群团建设。以机关党建带群建，密切与工会、共青团、妇联等部门工作联动。省快递行业党委正式获批成立。开展2022年“快递从业青年服务月”、邮政快递业青年文明号开放周、“喜迎二十大、永远跟党走、奋进新征程”主题教育等活动，引导广大从业青年坚定跟党走、建功新时代。扎实推进定点帮扶工作，推动2022年定点帮扶泗县事项落实。积极开展2022年“走基层、转作风、抓落实，加快建设现代化美好安徽”省直机关青年党（团）员调研实践活动。

持续优化营商环境，改革发展开创新局面。加快重点项目推进，行业产业布局再优化。全面推进“六区同创”，优化全省行业产业布局，不断提升行业发展能级，阜阳市、安庆市成功获批“中国快递示范城市”称号。加快推进行业重点项目建设，2022年，全行业新开工及正在施工的亿元以上重点项目6个，项目总占地1444亩，计划投资总额达57.6亿元。

完善部门协作机制，横向工作联动更顺畅。深化与省科技厅工作联动，为智能语音申投诉系统项目争取到250万元政策资金奖补；发挥行业优势，密切与省发改委工作对接，联合举办邮政快递业支持大别山革命老区振兴发展推进工作启动会；积极服务国家战略，分别与淮南、六安、铜陵、安庆四市签订《关于加快大别山革命老区邮政快递业高质量发展战略合作协议》；加强与省乡村振兴局工作协同，探索乡村振兴衔接资金用于农村寄递物流体系建设；巩固与省商务厅工作衔接，推动农村寄递物流体系与县域商业体系深度融合发展。

推动政策红利落地，行业营商环境再提升。全面开展“访一线、解难题、促发展”活动，深入基层一线，宣讲政策优惠，帮助市场主体及一线从业人员解决实际困难。深化减税降费，主动送政策上门，及时掌握企业享受政策情况，协调解决落实中的困难和问题，推动行业企业享受中央和地方政策红利。据统计，全年共帮助寄递企业减免各项税费达1.98亿元。

提升公共服务能力，挖潜增效培育新动能。巩固“快递进村”成果，完善农村寄递物流体系。争取地方政府支持，在全国率先实现省、市支持政策全覆盖。狠抓县、乡、村三级节点建设，全省行政村快递服务稳定全覆盖，完成300个村级寄递物流综合服务示范站点建设，累计设立1.5万个村级站点，59个县级寄递物流公共配送中心挂牌运行。全省邮快合作累计代收、代投快件6911.42万件，邮快合作代投、代收快件业务量以及邮快合作建制村覆盖率始终稳居全国前列。滁州天长市深耕县乡村三级节点建设，被交通运输部遴选为“全国客货邮融合发展典型案例”。

展现行业功能作用，助力产业互促共荣。持续推动快递服务现代农业发展。全省已共培育快递服务现代农业项目35个，全年发件量达3.56亿件，带动农产品网络销售额达197.6亿元。培育23个“一市一品”农特产品出村进城精品项目，其中7个项目销售额破千万。加速推进邮政快递业与先进制造业融合发展。深入实施快递服务先进制造业“5325”工程，聚焦重点区域、重点领域，提升服务能级，争创国家级快递服务先进制造业深度融合典型项目和发展先行区，提升制造园区的快递设施覆盖率，推动快递功能进园区。

畅通跨境寄递渠道，助力航空寄递发展。扎实推进“快递出海”，积极支持合肥国际航空货运集散中心、芜湖专业航空货运枢纽港建设。开展“快递出海”专题调研，京东、顺丰先后开通合肥至伦敦、亨茨维尔等2条跨境寄递航线，推动“中欧班列”邮件、快件运输。引导9家主要寄递企业在芜湖宣州机场打造“皖南航空快件转运中心”。提升邮件跨境寄递能力，指导邮政企业整合优势资源，推出9610美国路向商业专线产品，实现从包裹揽收处理、出口申报、国际航空运输、境外清关和派送的全流程服务。

落实关心关爱要求，维护从业人员合法权益。推动省政府开展快递员群体合法权益保障专项督查。联合省直相关部门，开展“送温暖”关爱快递员暖心活动。向省总工会争取到1000个意外伤害互助保障名额。扎实推进基层快递网点优先参加工伤保险工作，全省基层快递网点从业人员工伤保险参保率达99.14%。协调地方为从业人员提供疫苗接种、免费核酸检测、N95口罩、医疗药品、封控区临时住所等。扎实开展快递末端派费核算试点，强化数据审核和政策指导，保障从业人员合理收入。引导安徽交通职业学院开设邮政快递运营管理专业，持续开展快递从业人员职业技能培训。

深化部门协作共治，持续推动行业生态环保。深入落实国家邮政局绿色发展“9917”工程部署，10余家寄递企业区域总部签订邮政业生态环保工作承诺书。强化协调共治，行业生态环保内容被纳入省“十四五”塑料污染治理、清洁生产、节能减排等专项工作方案。发挥“安徽省快递包装绿色发展产业联盟”作用，会同丰原集团设立“安徽省绿色快递包装示范制造联合实验室”。多形式开展"邮来已久、绿动未来""绿色快递五进"等宣传活动,营造全社会广泛参与的行业生态环保氛围。截至2022年底,全省采购使用符合标准的包装材料比例达96%,规范包装操作比例达93%。

统筹安全与发展,保通保畅展现新作为。认真落实疫情防控要求。按照国家邮政局及地方疫情防控部门部署,抓实行业疫情防控各项措施落实。强化与省疫情防控指挥部、物流保通保畅工作机制指挥部联系,优化邮政快递业疫情防控和保供保畅政策措施,从省疫防办争取80万元行业疫情防控专项资金。落实行业常态化疫情防控要求,开展行业疫情防控工作大检查,实现监督检查品牌全覆盖、处理场所全覆盖、行政执法全覆盖。稳妥做好行业疫情防控应急处置,牢牢守住疫情防控底线,有效阻断疫情通过寄递渠道扩散。

全力做好行业保通保畅。常态化开展保通保畅日常监测,加强监测预警和指挥调度,突出工作重点、压实主体责任,打通堵点、卡点,切实保障医疗物资、民生物资和农村地区有关寄递需求。畅通干线运输,积极为企业协调办理通行证,将符合条件的各类邮政快递运输车辆司乘人员纳入行程卡"白名单"管理。打通关键节点,重点解决邮政快递企业实际困难,推动《安徽省保障物流畅通　促进产业链供应链稳定十条具体措施》出台,妥善处置部分地方快递分拨中心和网点被迫封停。加强申诉处理,巩固提升邮政业智能语音申投诉系统试点成果,开辟民生保障类用户申诉处理紧急通道,今年以来安徽省级申诉处理工作总体评价多次位居全国第一。

不断夯实行业安全生产基础。统筹"三安","一位五点"(提高政治站位,划重点、抓特点、疏堵点、强节点、除痛点)协同共进,抓实行业安全。巩固生产安全基础,结合《寄递企业风险管控基本规范》地方标准实施,深入开展邮件快件处理场所安全管理规范化提升行动,首次制定寄递企业安全生产风险隐患和整改措施清单。发挥寄递渠道安全联合监管机制作用,落实"七号检察建议"。推进安全监管信息化建设,利用视频监控系统开展每日远程巡查,编发通报170期。圆满完成党的二十大等重大活动期间寄递渠道安全服务保障。持续做好行业涉稳工作,防范化解涉稳风险,及时介入处置个别品牌网络经营纠纷。全省寄递渠道平安建设获省委省政府表彰,安全生产和消防安全工作获省政府表彰。

全面提升监管效能,治理能力实现新跨越。持续提升许可备案效能。优化、精简办事环节和材料,继续压减许可办理时限,在全国率先试点开展电子证照网上办理。全年共准予许可55家,完成许可寄递35次,试点办理电子证照1起。纳入邮政业用品用具生产企业名录35家。确保邮政普遍服务两项审批及相关备案全程网办,全年共受理两项审批申请14件,办理各类备案781件。

强化快递市场监督管理。组织开展快递市场秩序整顿,重点打击快递"黄牛"和跨区域违法经营行为。落实快递员群体合法权益保障,开展第四、五轮全省一线快递从业人员情况调查,直接掌握一线从业人员真实情况。完成多多驿站的调查工作。主动对接相关企业,指导市局开展调查,第一时间掌握全省357个多多驿站的总体情况,及时制止违法经营行为。

不断完善体制机制,机关建设再上新台阶。深化推进县级机构设立。鼓励引导有条件的地区主动向地方沟通汇报,争取支持,推进县级机构建设。新申请设立滁州天长、滁州凤阳、淮南凤台、安庆太湖、亳州涡阳、宣城泾县6个县级机构。强化县级机构管理,完善县级机构负责人台账,推动各项体制机制建立。

加强系统干部队伍建设。扎实做好干部管理工作,依规开展干部选任。加强选人用人统筹谋划,抓好年轻干部选拔培养。完成养老保险清算及工伤保险参保缴费,统筹做好退休干部管理服务。完成援藏援疆援青干部推荐工作。

持续强化部门法治建设。《安徽省邮政条例》

被列入省人大"十四五"修法调研论证类计划。"八五"普法深入开展,举办全省系统通用法律知识培训。执法能力持续提升,举办2022年全省行政执法人员执法资格认证考试,完成国家邮政局第七次执法考试安徽考区工作。加强市局开展委托执法指导。结合"宪法宣传周"等时点,组织开展行业法律法规宣传。依法妥善办理行政诉讼、行政复议案件,全年共办理行政复议案件5起,行政诉讼案件1起。

全面强化机关内务管理。落实"过紧日子"要求,调整省局处级异地交流干部租房待遇,实施预算绩效管理,积极稳妥推进预算公开。推进财政事权划分改革落地见效,全省邮政管理系统共争取地方拨款4110.05万元,其中收到省、市级行政资金补助2124.22万元,初步建立了多元化预算保障机制。全面落实政务公开要求,及时回应群众关心、社会关切。加强机关效能建设,认真处理效能督办事项,开展日常效能明查暗访督查。认真做好保密、信访以及人大建议、政协提案办理等工作。

三、新时代十年行业发展成就

主要指标持续领跑。2022年全省邮政行业寄递业务量完成49.86亿件,较2012年翻了两番,年均复合增长率达18%;快递业务量翻了五番,由2012年的0.97亿件增长到2022年的35.32亿件,年均复合增长率达43%,超出全国平均水平8个百分点。

服务能力显著提升。邮政快递业公共服务质效双增,全省行政村全部实现直接通邮,快递服务全覆盖,寄递服务时效基本实现"市内一日至、省内三天达"。行业服务带动能力持续增强,全省邮政快递业累计支撑社会消费品网上零售额超万亿元。服务现代农业发展,累计培育"亳州花草茶""砀山酥梨""六安茶叶""黄山茶叶""芜湖坚果""皖西菌药"6个全国金牌项目。助力经济社会发展,十年来,全省邮政快递业降低流通成本累计超过355.94亿元。

重点工作成果突出。重大基础设施加快建设,38个快递产业集聚区先后建成投入使用,总占地面积超8000亩,投资额达215.5亿元。跨境寄递渠道"从小到大",全省先后开通合肥至伦敦、大阪、首尔的跨境寄递航线,邮件快件通过"中欧班列"通达世界。承接行业重点科研项目"智能语音申投诉系统",联合科大讯飞完成系统试点、开发、应用任务,实现市级全覆盖。承接全国唯一邮政快递业数据异地容灾备份设施建设任务,国家邮政局合肥容灾备份中心挂牌运行。出台首个行业风险管控领域地方标准《寄递企业风险管控基本规范》,国家邮政局王将其完善升格为行业全国性标准。寄递安全管理取得明显成效,寄递渠道平安建设和安全生产工作连续多年获省委省政府表彰。

科创环保亮点纷呈。大数据、云计算、人工智能等现代信息技术与行业深度融合,生产自动化、服务智能化、管理信息化水平不断提升。芜湖南陵成为全国唯一的"快递科技创新试验基地",快递物流智能装备和环保包材产业集聚发展,已构建起百亿级产业集群。引导培育行业科研机构,推动中国科技大学成立"智慧邮政科技创新中心",指导成立"安徽省快递包装绿色发展产业联盟"。

行业文化建设成效显著。弘扬小蜜蜂精神,讲好行业故事。抓实行业文化品牌创建,2021年开展"走邮路 看安徽"主题宣传活动,2022年接续开展"百名传邮人 万里民心路"主题宣传活动,扎实开展党史学习教育,巩固提升学习成果。运用红色资源,先后在汤家汇"赤色邮局"、王步文故居设立安徽省邮政快递业党史学习教育基地、大别山党建教育基地。挖掘行业先进典型。全省行业先后涌现出多名"全国劳动模范"等国家级荣誉获得者。

监管能力质效齐升。持续深化"放管服"改革,实现快递业务经营许可、邮政普遍服务审批等多个涉企事项“全网通办”。包容审慎为企业办理快递服务站、智能快递箱等新业态许可。法治进程加快推进，推动《安徽省邮政条例》出台、修订，高标准编制“十三五”“十四五”邮政业发展规划，市级行业立法成果突出。邮政监管队伍持续壮大，在全国率先实现省、市两级邮政业安全中心全覆盖，累计设立县级邮政监管机构35个，增加事业编制172个。运行机制更加顺畅，交通运输领域财政事权和支出责任划分改革不断深化。

四、快递市场存在的突出问题

发展不平衡不充分，大而不强、快而不优、粗而不精的业情没有根本性转变，结构不优，外向度不强，本土寄递企业发展后续乏力，行业发展质效仍有待提升；供应链物流服务能力弱，行业与现代农业、制造业、现代信息技术融合发展仍有待深化；末端网点稳定性差，快递服务质量仍有待提升；安全监管水平不高，实现高效能治理还要下大气力。

福建省快递市场发展及管理情况

一、快递市场总体发展情况

2022年，福建省快递企业业务量累计完成42.64亿件，同比增长2.74%；业务收入累计完成354.84亿元，同比增长1.02%（表7-13）。全省行业量收四项主要指标全部实现正增长。

表7-13　2022年福建省快递服务企业发展情况

指标	单位	2022年		比上年同期增长(%)		占全部比例(%)	
		累计	12月	累计	12月	累计	12月
快递业务量	万件	426376.55	41219.05	2.74	23.79	100.00	100.00
同城	万件	46526.32	3897.80	9.90	14.74	10.91	9.46
异地	万件	368628.05	36206.16	1.78	24.89	86.46	87.84
国际及港澳台	万件	11222.18	1115.09	6.95	22.71	2.63	2.71
快递业务收入	亿元	354.84	34.20	1.02	26.23	100.00	100.00
同城	亿元	21.81	1.88	-4.83	-13.00	6.15	5.49
异地	亿元	193.91	19.62	1.35	23.81	54.65	57.37
国际及港澳台	亿元	57.17	5.18	-10.03	181.78	16.11	15.13
其他	亿元	81.94	7.53	11.53	3.78	23.09	22.01

二、行业管理工作及主要成效

坚持科学施策，织密织牢疫情防控“安全网”。慎终如始抓好疫情防控工作，坚决杜绝疫情进入寄递渠道传播扩散。行业疫情防控精准高效。在全国首批建成“邮政快递从业人员疫情防控监测系统”，与省数字办实现防疫信息双向联调，对8.4万从业人员的核酸检测、疫苗接种等信息进行采集，第一时间将预警信息定位到人、到企，实现“线上预警、线下处置”和四方责任落实，在疫情防控最吃劲的时候，有力保障行业稳定运行。国家邮政局廖进荣副局长对该项工作予以充分肯定，并建议国家邮政局有关部门推广。推动省政府专题研究行业疫情防控工作，将从业人员纳入优先保障疫苗接种范畴，从业人员加强免疫接种率97%以上。先后开展三轮疫情防控大检查，立案查处涉疫违法行为89起，实现寄递品牌全覆盖、省市邮件快件处理场所全覆盖、执法县域全覆盖。精准高效处置涉疫事件，有效阻断疫情通过寄递渠道扩散。

保通保畅工作平稳有序。建立行业保通保畅工作机制，印发《关于进一步做好疫情期间邮政快递业保通保畅工作的指导意见》等文件，推动出台省级政策文件9份、市级政策文件15份，推动8家寄递企业列入省级重点产业链供应链企业“白名单”，累计办理车辆通行证10918张，有力保障行业平稳运行。福建局在全国行业保通保畅工作会议上做典型经验发言，福建省典型案例——政策先行，打造保通保畅“加速度”在国家邮政局《邮政快递业保通保畅典型案例汇编》上刊登，全省行业保通保畅工作简讯被国家邮政局工作日报登载85次。

助企惠企政策扎实落地。成立全省邮政快递业助企纾困工作领导小组，出台《关于落实扎实稳住经济一揽子政策措施涉邮任务的通知》等政策，参与制定《福建省积极应对疫情影响进一步帮助市场主体纾困解难的若干措施》，全力支持市场主体稳定。举办邮政快递业助企纾困政策宣贯培训班，深入龙岩等地开展政策宣讲活动，利用微信向企业发送助企纾困政策信息30余次，多措并举提升惠企政策的知晓度和覆盖面。2022年，福建省邮政快递企业享受各类减税降费金额达2.3亿元。

坚持综合治理，同心共筑寄递安全“防火墙”。持续强化寄递安全综合治理，加大执法检查的力度、强度，圆满完成党的二十大寄递安保工作任务。行业“三安”水平显著提升。以党的二十大寄递安保工作为主线，打好安全生产“三年行动”收官战，坚决防范化解行业重大风险。连续三年开展“三项制度”专项整治，立案查处“三项制度”案件193起、罚款244万元。推进邮件快件处理场所安全管理规范化提升行动，完成43个省级处理场所规范化提升“回头看”和56个市级处理场所规范化提升工作，全省310个处理场所完成“人车分流”“传送带堵缝”两项任务。深化生产作业场地安全隐患排查整治，突出治理房屋建筑、消防用电、燃气用油、场内行车等安全隐患，对发现的46处重大隐患全部挂账销号。联合省检察院、公安厅印发《关于加强寄递安全管理联合行动方案》，召开以案示警寄递安全管理工作推进会议，共同推动落实“七号检察建议书”。联合省委网信办、公安厅开展邮政快递领域个人信息安全专项治理行动，出动执法1108人次，组织培训639场次，协助公安部门侦破侵犯公民个人信息案件4起，抓获犯罪嫌疑人6人。特别在党的二十大期间，3名省局班子成员带队深入九个地市开展驻点式督查，对督查发现的243个问题分三次进行通报，督促各市局立案查处32起。圆满完成党的二十大、北京冬奥会、冬残奥会等重大活动寄递安保工作。

“科技兴安”战略加快实施。通过科技赋能行业治理创新，持续提升行业监管信息化水平。积极争取省数字办、发改委等部门支持，持续完善“福建省寄递业实名收寄验视综合监管平台”，已生成涵盖视频监控、安检机联网、疫情防控、预警分析等模块的数据100多亿条，通过对数据的汇聚治理，打造“大数据+邮政监管”福建模式。推进“绿盾工程”系统建设，制定实施《视频监控系统巡查工作制度》《邮政快递企业安检机联网管理办法》，开展视频远程巡查点位1978个，发现并处理问题137个。福建省寄递综合实名率99.8%、安检机联网数358台、视频监控联网在线率90%，相关指标排在全国前列。

快递市场秩序逐步规范。联合省市场监管局印发《关于进一步深化快递市场秩序整顿的通知》，共同约谈淘宝、京东等电商平台，要求电商平台不得以“包邮”等营销手段为由，强制快递企业超低价揽收，从源头上加强对快递价格的治理。福州等7个市局联合市场监管部门开展快递市场整顿行动，组织泉州等4个市局加强对省区部企业的行政指导，倡导良性竞争，维护良好的快递市场秩序。开展农村快递网点违规收费整治，专题向省政府报告农村网点违规收费治理情况。强化对未经许可经营快递业务、超许可范围经营快递业务等行为的执法监督，组织对全省处理场地合法经营情况进行拉网式大排查，立案查处9起，罚款62.7万元，督促企业合法合规生产经营。

坚持民生为本，不断增强群众用邮“幸福感”。牢牢把握以人民为中心的发展思想，扎实推进邮政快递业民生实事落地，让人民群众真切感受到行业发展带来的变化。快递进村工程深入推进。推动省政府出台《福建省关于加快农村寄递物流体系建设的实施方案》，协调相关部门出台农村寄递物流体系建设省级政策13件。全面巩固4品牌进村成果，在25个县铺开“6113”全品牌快递进村试点，累计代投进村快件170多万件，“6113”工程推进快递进村被国家邮政局作为优秀做法列入典型案例汇编。与省供销社签订战略合作协议，完善城乡配送体系。联合交通部门制定《福建省深化交邮融合发展实施方案》，加快客货邮融合发展。联合省商务厅、交通运输厅、农业农村厅下发通知，促进快递与农村电商协同发展，推送4个县申报农村电商快递协同发展示范区、10个快递助农项目申报快递服务现代农业示范项目。组织申报一地一品（百万级以上）项目17个、一县一品（十万级以上）项目20个，同比增加6个。

快递员群体合法权益保障有力。推动省市两级全覆盖出台权益保障方案和从业人员优先参加工伤保险政策。实现新增参加工伤保险从业人员1.78万人，占年度任务的118%。向国家邮政局报送《关于快递员群体合法权益保障工作的报告》，获国家邮政局领导批示并要求转发各省学习借鉴。开展全省快递末端派费核算工作。完成快递收派专项职业能力鉴定考核7745人，申报快递工程职称评审220人，超额完成年度任务目标。推进九地市全覆盖开展快递行业集体协商工作，三明市行业协商入选全国“稳就业促发展构和谐”行动计划十佳案例。莆田市实现快递企业工会建会入会100%。全省累计建立“小蜜蜂”驿站1532个，争取关爱资金及物资近300万元，开展慰问活动160场次，覆盖快递员3.2万人，全社会关心关爱快递员的氛围更加浓厚。福建省快递行业1人获评全国邮政行业科技英才、1人获评全国交通技术能手、1人获评省级五一劳动奖章、5人获评省级“金牌工匠”称号。

城市末端基础设施建设试点成效良好。在福州市开展新建住宅小区配建邮政快递基础设施试点，探索形成城市邮政快递基础设施建设的有效机制。推动地方政府在出让国有建设用地使用权公告及出让合同中，明确要求开发商无偿配建邮政快递用房，邮政管理部门全流程参与配建项目的审批、建设、使用、管理等环节的工作，建立邮政管理部门主导、地方单位辅助的配建项目资产管理模式。目前，试点工作取得较好的成效，福州市已无偿配建邮政局所7个总面积1522.31平方米、快递服务用房137个总面积4704.49平方米。

快递包装绿色治理成效凸显。大力实施快递包装治理“9917”工程，全行业新增可循环快递箱（盒）使用量86.69万个，回收复用瓦楞纸箱2610.42万个，采购使用符合标准的包装材料比例达96.32%，按照规范封装操作比例达96.24%，各项指标均达到国家邮政局下达的任务目标。推动省级出台行业生态环保治理财政政策，厦门、漳州两地出台资金申报文件，“真金白银”支持绿色发展。开展快递过度包装和随意包装两个专项治理，抓好塑料污染治理试点，实现网点不再使用不可降解塑料袋的目标。联合省发改委赴宁德、泉州两地开展塑料包装使用专项检查，全年各市局检查快递企业分支机构（营业场所）、末端网点1123个，对企业违法行为立案27起，行业绿色发展步伐进一步加快。

坚持法治先行，全面激活行业发展“驱动力”。积极运用法治思维和法治方式，来处理行业发展中遇到的问题，进一步健全政策法规体系，有力支撑行业健康发展。推动《福建省邮政条例》修订获省人大常委会全票通过，从7月1日起正式施行。条例充分吸收近年来国家邮政局对邮政管理工作的最新要求，新增邮政领域地方政府财政事权支出责任、快递进村、绿色发展、快递员权益保障、末端投递等方面内容，特别是实现"三个明确"：明确住宅建筑工程应按规划配建邮政快递综合服务场所，明确智能信包箱规划、建设、使用和管理规定，明确人社部门应建立从业人员单独办理工伤保险机制。条例的修订实施，为福建省邮政管理工作提供良好的法治保障。

行业发展环境持续优化。大力推进简政放权、放管结合，先后开通快递业务经营许可、分支机构名录申办寄递服务，实现许可申请"一趟不用跑"全流程在线办理。持续优化邮政企业政务服务环境，邮政寄递服务100%进驻全省85个政务服务中心。指导福州、厦门、泉州、晋江做好"中国快递示范城市"复评工作。联合省工信厅，组织各地市申报快递业与制造业融合发展项目44个，指导晋江市申报融合发展试点先行区，福建省快递业融入制造业的工作做法，被国家邮政局列入全国"两进一出"典型案例。联合省商务厅，指导企业在15个县累计获得电子商务进农村补助资金5224.34万元，在12个县获得商业体系建设项目申报支持，涉及补助资金3057万元。开展寄递地址编码试点和快递服务站收投服务规范试点，做好项目验收及成果上报等工作。

财政事权划分改革有效落实。进一步落实地方政府财政事权和支出责任划分改革，推动邮政业发展纳入省政府考核奖励范畴，省财政厅每年拨付不少于200万元用于支持省局邮政领域履职能力建设，省发改委拨付100万元用于开展全省寄递物流体系建设等课题研究，福州市政府拨付88万元用于编制《福州市中心城区邮政设施布局专项规划(2022－2035)》，厦门、泉州、漳州、三明等地市的寄递企业分别获得256万元、328万元、186万元、164万元的财政补助。重大项目建设有序推进，韵达福建(永安)电商产业园一期、龙岩漳平市县乡村三级物流体系投入运营，厦门橙联跨境电商产业园、南平闽北电商快递产业园(一期)完成建设，圆通智慧供应链创新中心落地石狮并开工建设，行业发展基础更加稳固。

坚持全面从严，着力打造党建引领"新高地"。把党的建设摆在重要位置来抓，加强党对邮政管理工作的全面领导，打造"忠诚、专业、务实"的干部队伍。坚定不移推进党的建设。牢固树立政治机关定位，先后深入六个地市督查全面从严治党主体责任落实情况，推动管党治党政治责任有效落实。开展"忠诚在心、岗位奉献"对党忠诚教育，提升干部思想政治觉悟。制定党组会议第一议题制度，修订党组中心组学习规则实施办法，实现政治理论学习规范化开展。出台《学习宣传贯彻党的二十大精神实施方案》，通过举办专题宣讲报告会、党组书记讲党课、青年理论学习小组集中研讨等方式，掀起学习宣传党的二十大精神的热潮。全面落实党的组织路线，开展党支部达标创星考评。做好挂钩帮扶屏南县寿山村工作，协调省财政厅支持寿山村村居环境整治帮扶款30万元、"屏南寿山邮驿臻选直播基地"建设资金30万元，组织认领耕地80亩。扎实做好新闻宣传工作，省政府办就福建局政务信息被国办采纳，向福建局发来感谢信。2022年，全省系统共表彰优秀党员及党务工作者18名、省市两级获评各类集体荣誉17次、党员干部获得个人表彰12人次。

持之以恒强化正风肃纪。上下联动、一体推进中央巡视整改工作，对照国家邮政局党组整改方案排查出来的四个方面37个问题，除需要长期坚持完善的外，其他均已全部整改到位。高度重视建章立制工作，进一步健全《巡察组工作规则》《加强机关纪委建设实施意见》等制度，通过制度来管权管事管人，让权力在阳光下运行。先后对六个市局的班子成员、中层干部进行集体廉政谈话，开展"八闽新风、清廉机关"廉洁文化主题教育，进一步提升干部廉政意识。开展违反中央八项规定精神专项整治、借培训等名义搞公款旅游问题专项整治、参与“影子公司”“影子股东”谋利问题专项整治、干部违规兼职取酬专项清理等行动，下发“禁酒令”，坚决纠治干部队伍的不正之风。全省系统依法依规办理检举控告4件，对2条问题线索进行初核，批评教育2人，纪检监察作用得到有效发挥。

牢固树立选人用人鲜明导向。加强干部培养使用，打造一支有朝气、有活力、能干事、会干事的干部队伍。先后提任省邮政业安全中心和市局副职各1名，局管干部晋升职级6名，11名试用期满的领导干部经考核合格正式任职，省、市局间干部双向交流任职8名，获国家邮政局同意全省系统增加行政编制1名，全省市局班子成员配齐率77.78%，干部队伍结构进一步优化，干部成长渠道进一步畅通。首次以省局名义开展及时奖励工作，对建党100周年寄递安保工作中表现突出的2个集体、2名个人给予嘉奖，有效提振全省系统干事创业的精气神。

三、新时代十年行业发展成就

行业监管体制不断健全完善。全面深化省级以下邮政监管体制改革，推动省、市两级全覆盖成立邮政业安全中心，全省12个县（市、区）设立县级邮政监管机构，38个县（市、区）在交通运输部门增设寄递安全监管机构，合计核定事业干部80余名。邮政行业监管机构和力量得到全面充实，为落实寄递安全监管责任提供强大的支撑。

行业业务规模持续发展壮大。邮政行业业务总量增长5.53倍，邮政业务收入增长5.38倍，快递业务量增长15.66倍，快递业务收入增长7.43倍，行业与地区生产总值的比值从0.4%提升至0.9%，业务量收实现几何级增长。成功打造4个“中国快递示范城市”，数量位居全国前列，泉州、厦门、福州3个的城市快递业务量和业务收入保持在全国城市前50强。

行业服务能力得到明显提升。积极推动邮政快递业融入经济社会发展大局，服务先进制造业、现代农业发展，助力经济产业转型升级。加强邮政服务网络建设，全省1360个邮政普遍服务营业网点法定业务全开办，929个乡镇设立快递服务网点，14383个建制村实现直接通邮、通快递。寄递服务全程时限大幅缩短，人均邮件快件使用量显著增加，邮政快递服务成为老百姓日常生产生活密不可分的重要组成部分。

行业安全基础更加夯实稳固。加强寄递安全监管，加大行政执法力度，推动落实“实名收寄、收寄验视、过机安检”三项制度，维护行业安全平稳的发展态势，先后圆满完成党的十九大、金砖国家领导人厦门会晤、中华人民共和国成立70周年、中国共产党成立100周年、党的二十大等重大活动寄递安保工作任务。慎终如始抓好疫情防控工作，加快构建防疫屏障，坚决杜绝疫情进入寄递渠道传播。

四、快递市场存在的突出问题

行业的供给结构不能完全适应需求结构变化，邮政快递业的发展水平、保障能力、服务质量，还不能完全满足经济社会发展和人民群众美好生活用邮的需要。

江西省快递市场发展及管理情况

一、快递市场总体发展情况

2022年，江西省快递企业业务量累计完成18.2亿件，同比增长13.9%；业务收入累计完成161.7亿元，同比增长12.1%（表7-14）。

表 7-14　2022 年江西省快递服务企业发展情况

指标	单位	2022 年		比上年同期增长(%)		占全部比例(%)	
		累计	12 月	累计	12 月	累计	12 月
快递业务量	万件	182264.74	19503.38	13.85	24 66	100.00	100.00
同城	万件	14740.12	1292.68	13.12	11 10	8.09	6.63
异地	万件	166126.43	18115.80	13.68	25 72	91.15	92.89
国际及港澳台	万件	1398.19	94.91	50.52	30 94	0.77	0.49
快递业务收入	亿元	161.71	16.49	12.05	18 62	100.00	100.00
同城	亿元	7.94	0.74	-2.94	11 70	4.91	4.51
异地	亿元	98.20	11.59	7.20	17 00	60.73	70.32
国际及港澳台	亿元	3.19	-0.74	43.04	20 74	1.97	-4.47
其他	亿元	52.38	4.89	23.84	24 21	32.39	29.64

二、行业管理工作及主要成效

加强政治建设，坚定践行“两个维护”。持续强化理论武装。坚持把深入学习贯彻习近平新时代中国特色社会主义思想作为首要政治任务和长期战略任务，自觉落实党组会第一议题制度，及时组织学习习近平总书记重要讲话重要指示批示精神，形成“关键少数”和“绝大多数”全员共学的浓厚氛围，不断增强党员干部的政治认同、思想认同和情感认同。全面加强党的领导。认真落实关于加强党的政治建设的实施意见，严肃党内政治生活，坚决贯彻民主集中制原则，召开“狠抓工作落实”专题组织生活会。完成机关党委增补工作，强化基层党组织政治功能和组织力。开展处长办事流程“大体验”活动，全力打造让党放心、人民满意模范机关。配合做好中央巡视整改工作，对自查出的 44 个问题分类施策、标本兼治。专题研究部署意识形态工作，切实把责任扛在肩上、落到实处。迅速掀起宣贯热潮。把学习宣传贯彻党的二十大精神作为首要政治任务，在全省系统和行业迅速传达部署，持续在“三个全面”上下功夫，营造了学习宣传贯彻党的二十大精神的浓厚氛围，确保党的二十大提出的目标任务落到实处。

发扬斗争精神，圆满完成安保重任。突出做好党的二十大寄递安保工作。建立分片包干督导工作机制，做到“三个每日”“四个全覆盖”，坚持最高标准、最严要求、最硬措施，以寄递渠道安全和快递员群体稳定为重点，兼顾生产安全、疫情防控和服务保障，全力护航党的二十大、北京冬奥会和冬残奥会胜利召开。省邮政业安全中心强化线上安全巡查，联动市局及时处理问题。南昌局强化检查执法，对党的二十大期间检查发现的问题隐患办案 42 件。全省“扫黄打非”工作成效突出，多个市局、企业和个人被推选参加全国、全省“扫黄打非”先进评选，九江市局获评全市“扫黄打非”工作先进集体。上饶局指导婺源县邮政企业成功堵截禁寄物品，守牢意识形态安全，在全省“扫黄打非”工作会上获省委领导高度肯定。

持续提升重大风险隐患防范治理能力。深入实施寄递安保“一号工程”，开展聚焦收寄验视专项整治行动，严厉惩治“三项制度”执行不力行为，坚决把好收寄关口。开展安全生产专项整治三年行动“巩固提升”攻坚战，狠抓“十五条硬措施”落实，企业安全管理水平整体提升。强化“四不”问题整治和安全生产大检查，联合多部门开展个人信息安全治理专项行动，统筹做好寄递渠道涉枪涉爆、涉毒涉危、打击侵权假冒、野生动植物保护等工作，有力维护公共安全和社会稳定。加强突发事件监测预警，妥善做好应急处突，有序组织“双 11”等旺季服务保障，全年未发生作业场地亡人事故和较大以上安全生产责任事故，行业总体运行平稳。

坚持慎终如始，全力做好防疫保畅。毫不放松抓好疫情防控。加强组织领导，科学精准防控，持续完善联防联控机制，属地联动工作力度空前、成效显著，有效落实了疫情防控四方责任。扎实推进从业人员疫苗接种，从业人员疫苗完成接种率99.6%、加强免疫接种率98.8%，建立行业疫情防控坚实屏障。全省系统严格履行部门监管责任，及时消除疫情传播隐患，妥善处置涉疫突发事件，全行业疫情三年未发生重大聚集性疫情，为经济社会和行业发展提供了坚强保障。南昌局建立《疫情防控工作档案》，实现县区防疫联动机制全覆盖，补强县区监管力量成效明显。景德镇局发动数百名快递小哥投身防疫，充分展现"小蜜蜂"冒疫奔忙的良好形象，为当地疫情防控贡献力量。

全力以赴做好保通保畅。成立保通保畅工作领导小组并纳入省物流保通保畅工作机制，及时向省政府报告行业疫情防控和保通保畅工作，获省政府领导2次批示肯定。协调省疫情防控指挥部，将邮政快递业纳入省重点民生物资运输保障范围，做好重点企业关闭封停的协调指导，加速推动复工达产，将疫情影响降至最低。争取邮件快件进社区、增设无接触投递设施等政策，有效缓解疫情地区投递压力。切实畅通保障民生和医疗物资寄递服务，全力做好农村地区医疗物资寄递服务及应急处置，工作成效获省政府主要领导充分肯定。疫情期间，邮政、顺丰、京东等企业主动承担社会责任，积极运递防疫物资和民生物资，为地方保通保畅工作发挥重要支撑作用。

助企纾困维护市场稳定。印发助企纾困、降税降费相关政策文件，指导各地用足用好中小企业融资补贴、保产业链供应链稳定等政策，为企业争取各项税费减免1.03亿元，提供基础设施、疫情防控、高质量发展等政策资金补贴3669万元。上饶局争取疫情防控复工复产支持资金100万元，南昌、抚州等局联系商业银行争取中小微企业专项贷款超3000万元，有力维护市场主体稳定。

着力保障快递员合法权益。全面开展快递末端派费核算，萍乡局开展快递员劳动定额试点，提高快递员合理收入有一定实效。将快递员培训纳入省重点产业专项技能培训范围，累计培训6524人次，获得财政补贴132万元。115名从业人员通过快递工程技术人员职称评审和认定。新增从业人员优先办理工伤保险19118人。联合总工会、团委等部门持续开展"暖蜂行动"和"快递从业青年服务月"等活动，全省设立快递员爱心驿站、关爱站等服务阵地222个，开展各类慰问活动263次，联合省总工会举行全省快递行业集体合同签约仪式，向快递企业赠送总价值56万元的职工互助保险和物资。首次成功举办"天工杯"全省邮政行业职业技能竞赛，弘扬行业工匠精神。

强化协同发展，有序推动转型升级。持续创优行业发展环境。积极参与地方政策文件制定，对稳经济大盘、促进省内外贸一体化发展、全省重点招商项目清单等30余项政策提出行业意见。主动对接交通、商务等部门，将邮政快递业内容纳入交通强省、商贸物流等政策文件，"快递进村"等工作获政策支持。加强引导创新驱动，与科技、商务等部门共同牵头组建省级产业科技创新联合体。完善全省综合立体交通网规划邮政行业内容，强化交通运输系统内部衔接，持续提升行业网络通达度和运行效率。南昌"中国快递示范城市"创建工作获国家邮政局复评通过，成为全国保留此称号的25个城市之一。

数字赋能基础设施建设。积极宣贯江西"四最"营商环境，全省总部在建和确定投资项目31个，投资总额超112亿元，总用地面积3236亩。江西顺丰丰泰电商产业园正式投入使用，获国家物流枢纽建设专项资金2600万元。菜鸟中国智能骨干网南昌项目标准化供应链仓配服务再升级。全省主要快递品牌企业全部实现自动化分拣作业，配置自动化（半自动化）分拣设备400余套，同比增长32%。全省建成20个具备自动化分拣能力的县级共配中心，南昌经开区快递企业自筹建设专业快递物流园，年处理能力超亿件。全省自营快递网点标准化率超97%，处理场所X光安检机和信息化系统普遍应用。全行业共开通4条全货机航线，顺丰、京东等品牌“高铁+寄递”业务规模持续扩大，寄递综合运输服务效能持续显现。

推进“快递进村”提档升级。将“快递进村”列为年度“一号工程”，全省基本实现“邮政+3个快递品牌及以上”进村全覆盖。各设区市政府基本出台了加快农村寄递物流体系建设的实施意见，全省共建成村级寄递物流综合服务站15681个，实现村级站点全覆盖。完成“交邮融合”推动农村寄递物流高质量发展研究项目，49个县开展交邮合作，开通交邮合作线路72条，11个县入驻交通场站，年上下行邮件快件量达到1000万件，年物流成本下降600万元。鹰潭、新余、萍乡、赣州、上饶5个市局县域三级寄递物流体系建设被评为全省数字乡村优秀创新案例典型。赣州市局助力精准脱贫、服务乡村振兴主题直报工作连续三年获国家邮政局通报表扬。新余市渝水区“整合供销交邮电商资源，助力乡村振兴”项目入选交通运输部、国家邮政局第三批农村物流服务品牌。

示范引领产业协同发展。赣南脐橙、宜春竹木制品、萍乡豆制品入选全国快递服务农业金牌项目。全省打造快递服务现代农业项目64个，业务量超1.5亿件，带动农产品销售额64.7亿元。向国家邮政局报送6个农村电商快递协同发展示范区和20个快递服务现代农业示范项目。落实快递服务先进制造业“5312”工程要求，打造快递服务制造业项目50个，业务量超2亿件，带动制造业产值115.5亿元，业务规模实现较快增长。加快推动“快递出海”，充分发挥“三关合一”优势，促进跨境电商寄递服务高质量发展。2022年，全省国际及港澳台快递业务累计完成1398.19万件，同比增长50.52%，业务收入累计完成3.19亿元，同比增长43.04%，国际快递业务规模持续扩大。

注重法治创新，显著提升治理效能。加快法治型服务型政府建设。推进法治邮政建设，省局获评全面依法治省优秀单位和平安建设工作先进单位。开展涉邮地方性法规清理，协调保障394台邮车高速公路通行政策。推动邮政综合服务平台建设，警邮、税邮、政邮等邮政综合服务实现县区全覆盖。“放管服”改革不断深化，包容审慎推进新业态监管。开展分支机构名录寄递服务，巩固许可备案“一网通办”“一次不跑”成果。持续开展快递市场秩序整顿，斩断快递“黄牛”利益链条。加强对企业履行服务承诺事项监督检查，重点整治末端服务违规收费等突出问题。深入实施“双随机、一公开”监管，强化落实“照单履职”责任，全省办理行政处罚案件370起，有效履行了监管责任。

有序推进行业绿色转型。贯彻落实省发改委等8部门《关于加快推进快递包装绿色转型的若干措施》，制定行业生态环保工作要点，强化快递包装绿色治理，推进包装减量化、标准化、循环化。大力实施“9917”工程，各项指标均超额完成年度目标。鹰潭、萍乡、吉安等市局积极开展碳达峰碳中和培训、宣贯活动，塑料包装治理和垃圾分类工作见成效。加强行业新能源和清洁能源推广应用，强化生态环保执法检查，累计立案查处50起，办案数量位居全国前列。

创新智慧监管支撑体系。加快完善县级机构建设，横峰邮政管理局正式运行，有效提升了赣东北区域快递分拨中心的监管服务水平。持续健全省、市邮政业安全中心体系，强化“绿盾”线上监管运用，印发各类监管信息和行业通报213期，移交疑似违法违规线索1143条。开展实名监管信息监测分析，整治实名收寄问题，全省快递员违规自寄件和实名异常件比例大幅降低。组织企业安检员专项培训3次超150人，颁发省人社厅认证的《邮政快递业安检专项能力证书》。推动邮政业12305申诉热线归并至省12345热线，实现全年“7×24小时”人工服务，制定《江西省12305热线运行规则(试行)》，完善申诉与监管等工作联动机制。及时发布《江西省邮政业消费者申诉情况通告》,全年接受群众来电11万余次,为消费者挽回经济损失219万余元,有效申诉处理满意率98%。

持续加强基础管理工作。继续落实过“紧日子”要求,加强预算绩效管理和节约型机关建设,举办培训班,提升市局综合管理工作水平。强化舆情监测引导,讲好新时代行业故事,新闻宣传工作保持在全国“第一方阵”。持续推动邮政领域省以下财政事权和支出责任划分改革落地,全年争取地方财政补助资金1484.63万元,比去年同期增长76.56%,双重管理机制得到更好落实。

坚持严的基调,全面落实治党责任。压紧压实管党治党责任。推动落实从严管党治党主体责任和“一岗双责”工作要求。严格贯彻落实习近平总书记重要指示批示精神,聚焦快递员群体合法权益保障、农村寄递物流体系建设、寄递安全监管等党中央重大决策部署落实情况,对6个市局开展政治监督现场检查,对赣州局开展第二轮政治巡察,扎实做好“一把手”和领导班子监督。坚持正确选人用人导向,科学开展年轻干部培养选拔,市局班子全部配备到位,为高质量发展夯实了组织保障。推动行业新就业群体党建工作取得突破,成立省快递行业党委和新余市等7个市级行业党委,获得省委“两新工委”阵地建设等专项经费支持。

深化系统党风廉政建设。狠抓党风廉政建设和正风肃纪,开展参与“影子公司”“影子股东”谋利问题、借培训等名义搞公款旅游问题等专项整治,深化运用“四种形态”,精准监督执纪问责。组织学习党内法规,开展警示教育活动,筑牢新时代廉洁文化思想防线。持续开展“五型”政府建设,巩固拓展中央八项规定及其实施细则精神成果,坚决纠治“四风”,持续为基层减负。

巩固行业精神文明成果。开展“社会主义核心价值观主题实践教育月”活动和“喜迎二十大、永远跟党走、奋进新征程”主题教育实践活动。深入开展文明单位、青年文明号创建活动,巩固提升文明单位创建成效。积极培树先进典型,弘扬小蜜蜂精神,推荐8人参选全国“最美快递员”,全省行业1家集体荣获“五一劳动奖状”,5名个人荣获“五一劳动奖章”,3家集体荣获“工人先锋号”,1家集体入选“全国邮政快递业青年安全生产示范岗”。

三、新时代十年行业发展成就

始终坚持党的全面领导,坚持不懈用习近平新时代中国特色社会主义思想凝心铸魂,深刻领悟“两个确立”的决定性意义,坚决做到“两个维护”,坚定不移全面从严治党,坚定不移贯彻落实党中央决策部署,开启了新时代邮政强国建设新征程。

深入贯彻新发展理念,生产自动化、服务智能化、管理信息化水平不断提升,科技持续赋能,网络加速下沉,市场扩大开放,服务显著提升,快递员群体关心关爱和权益保障更加有力,绿色低碳转型发展深入推进,行业安全生产形势稳定,有力保障了党和国家重大活动期间寄递安全,让行业改革发展成果更好惠及广大人民群众。

统筹推进邮政快递网络建设,深度对接地方规划纲要和综合立体交通运输体系,行业数字化发展水平不断提升,服务体系持续健全。邮政普遍服务均等化水平稳步提升,邮政综合服务平台建设成效明显,邮政机要通信万无一失。新冠肺炎疫情期间,毫不放松做好行业疫情防控,全力保障涉疫地区党报党刊、机要邮件、快递服务网络和末端微循环畅通,有效服务产业链供应链稳定畅通。

充分发挥邮政快递业支撑保障作用,大力推动与农村电商融合发展,助力打赢脱贫攻坚战,服务乡村振兴。邮政体制改革持续深入,与综合交通运输管理体制融合更加紧密,完善省级以下邮政监管体制,完成省市级安全中心组建。促进快递业健康发展和推动邮政领域中央与地方财政事权划分改革等重要政策相继出台,“放管服”改革不断深化,统一开放的邮政快递市场正在不断完善。

加快完善跨境寄递业务基础设施。南昌国际邮件互换局、国际快件监管中心相继成立，9610 业务等陆续开通，“三关合一”功效持续显现，国际快递业务规模日益扩大，“快递出海”工程建设迈出坚实步伐。

四、快递市场存在的突出问题

当前全国经济恢复的基础尚不牢固，需求收缩、供给冲击、预期转弱三重压力仍然较大，外部环境动荡不安，全国整体经济下行压力依然较大。江西省经济运行发展能级不够高、市场需求预期总体偏弱等问题为行业发展带来不确定因素。行业发展同样面临诸多困难挑战，发展不平衡不充分的问题仍比较突出，安全稳定形势依然严峻复杂，在推进行业高质量发展、提升治理体系能力现代化等方面还存在不少差距。企业总部和基层网点发展不平衡问题依然严重，末端投递质量和群众用邮体验仍需改善，企业低价竞争趋势未得到根本扭转，新业态监管体系不完善带来新风险新挑战。“三项制度”落实有差距，行业意识形态工作压力仍然较大。

山东省快递市场发展及管理情况

一、快递市场总体发展情况

2022 年，山东省快递企业业务量累计完成 577179.81 万件，同比增长 3.11%；快递业务收入完成 451.83 亿元，同比增长 0.49%（表 7-15）。

表 7-15　2022 年山东省快递服务企业发展情况

指标	单位	2022 年		比上年同期增长(%)		占全部比例(%)	
		累计	12 月	累计	12 月	累计	12 月
快递业务量	万件	577179.81	50304.70	3.11	-9.31	100.00	100.00
同城	万件	53454.79	4808.61	-15.92	-20.50	9.26	9.56
异地	万件	522557.51	45368.43	5.58	-8.00	90.54	90.19
国际及港澳台	万件	1167.50	127.66	-8.12	20.49	0.20	0.25
快递业务收入	亿元	451.83	41.41	0.49	4.72	100.00	100.00
同城	亿元	28.14	2.59	-19.66	-18.81	6.23	6.26
异地	亿元	287.45	26.33	-0.60	-5.27	63.62	63.59
国际及港澳台	亿元	27.26	2.13	1.91	-436.16	6.03	5.14
其他	亿元	108.99	10.35	10.48	13.74	24.12	25.01

二、行业管理工作及主要成效

奋战疫情防控，全力保通保畅。全力以赴科学有效抓好行业疫情防控，坚决服务全省疫情防控大局。2021 年初，山东省疫情突然多点爆发，全省疫情防控压力巨大，邮政快递行业被列为疫情传播重点防控链条，省委、省政府对行业提出了很高的要求，各级邮政管理部门和企业面临前所未有的工作压力。面对紧张形势和艰巨任务，深入研判，迅速应对，根据省委疫情防控指挥部要求和行业特点，第一时间实事求是科学制定行业防控方案和措施，紧扣‘建机制、精准防、严管控”，推动全行业平稳应对疫情冲击。针对困扰行业的核酸检测难、国际件信息推送难、涉疫件追踪难等多重困难，在全国率先成立省市县三级邮件快件疫情防控工作专班，多方协调压实“属地、部门、企业、个人”四方责任，制定并经指挥部同意先后印发了3版《山东省新冠肺炎流行期间国际邮件快件疫情防控技术指引》《山东省国际邮件快件集中静置管理操作规程(试行)》，全面落实疫苗接种“应接尽接”、落实快递员核酸检测频次和邮快件静置、消毒等各环节管控措施，有力推动了行业防控工作有序有力有效进行。制定应急预案，全力抓好涉及山东省的26起邮件快件涉疫突发事件处置，加强疫情防控大排查，各级累计检查邮政快递场所、网点18855家，排查整改隐患4887处，守住了防控底线。省委疫情防控指挥部对工作是满意的，省委主要领导也几次对邮政快递行业防控工作进行肯定表扬。

加大力度克服困难促进行业保通保畅。在坚决抓好防控措施落实基础上，全省有力落实国家邮政局关于行业保通保畅部署，全力打通车辆通行政策堵点和畅通末端服务，组建了省市县三级应急运输保障专班，先后9次协调出台行业保通保畅政策文件，协调争取邮政快递车辆纳入全省重点物资应急运输车辆予以保障通行(累计办理通行证14036张)，使全省网络在整个疫情期间基本保持了正常运行。特别是进入12月份疫情加剧暴发阶段，全行业从业人员集中感染峰值达9.16万人(约占总人数75%)，大量员工不能在岗，人员严重短缺导致全省快件大量积压，省市县局和各级企业聚焦人员和运力不足短板，努力疏堵点、保运行，通过提高补贴待遇、加大招工力度、增加“夜派”、多点接驳分流、错峰进出港等措施，以及建立堵点销号管理和运行数据日通报机制，千方百计重点保障药品、防疫物资、民生物资和重要生产生活物资等配送，积极纾解邮快件积压，至12月底，全省行业员工到岗率恢复到96.35%，快件收寄和投递量均达2000万件以上，同比增长30%，以最短时间恢复、保障了网络畅通和服务畅通，经受住了前所未有的严峻考验，国家邮政局《邮政快递业保通保畅工作日报》多次转载山东省的工作做法。

强化工作推进，行业高质量发展取得新成效。 各级政府促进行业发展力度不减。省委、省政府进一步重视邮政快递行业发展，对各市农村寄递物流体系建设首次纳入工作考核；农村快递站点建设和农村快递量两项扶持补贴政策列入省政府2022年高质量发展政策清单延续实施；县级邮政监管机构全覆盖列入加快建设交通强国山东示范区实施要求。济南、潍坊、德州市政府积极实施“中国快递示范城市”创建并成功入选。各市局加快政策争取和落实，全省兑现财政奖补资金共计6576万元，其中济宁市县两级财政连续列支3580万元，东营、烟台等兑现快递进村财政补贴1670余万元，德州划拨1526个财政保障公益性岗位作为乡村快递员等。在全社会持续抗击疫情、财政资金十分紧张的情况下，各级政府政策扶持、促进行业发展的力度不减，开创了行业发展的新局面。

农村寄递物流体系建设胜利完成年度主要目标。根据省委关于建成县级快递园区80%、乡镇快递共配中心60%的目标任务和省政府“加快贯通县乡村快递物流配送体系”建设方案要求，在2021年完成快递进村全覆盖基础上，去年，全省各级把完善县、乡快递物流两级节点作为重点突破任务，积极依靠各级政府支持，鼓励、引导、推动企业共享共建加快集约发展，大力推动县级快递园区和乡镇快递共配中心建设，建成县级快递园区达95个(不含中心城区)、乡镇共配中心838个，建成率分别达到94.1%、74.6%，超额完成年度目标任务，为省政府提出的“率先建成全国领先寄递物流体系”打下了坚实基础。其中，烟台市财政对达到标准的县级快递园区、乡镇共配中心给予投资金额的30%补贴。

2021年疫情多次反复贯穿全年，绝大多数农村地区实行村庄封控，快递进村受到严重冲击，进村率一度下降严重。这期间，省、市、县局将全面恢复“快递进村”作为突出任务，积极推动恢复提升工作。邮政、顺丰、“三通一达”等9大快递网络品牌省级总部包片负责人下沉到16地市抓落实，省局领导班子分赴8个市随机调研督导，通过采取公交代运、快商、快快合作等多种方式，使快递进村得到了较好恢复，但年底疫情全面暴发又给快递进村带来严重影响，下步任务仍将十分艰巨繁重。

积极服务全省经济发展成效更加凸显。尽管受疫情影响比较严重，但全行业坚持服务全省经济发展不动摇，各项重点工作推进在困难中勇毅前行。快递服务现代农业、助力乡村振兴再创佳绩，在总结前几年创牌工程经验基础上，省局联合农业农村厅、商务厅印发《关于深入实施农产品寄递销售"创牌工程"的通知》，进一步扩大创牌工程组织力度和影响力，以重点培育年寄递量超1000万件的国家级金牌项目和超500万件、100万件的银牌项目、铜牌项目为中心，全面促进农产品寄递销售，积极服务打造乡村振兴齐鲁样板。去年，国家邮政局评选的快递服务现代农业金牌项目，山东省日照海产品、枣庄杂粮、沂蒙蜜桃、泰安桃木等20个超千万件项目入选，占全国总数的1/6，继续保持全国第一，带动全年农产品寄递量达到9.9亿件、销售额超400亿元。快递服务制造业持续发力。聚焦地方制造业优势项目，持续抓好典型服务项目的培育，推动威海渔具、淄博安得医疗等一批项目扩容提速，积极开发青岛海信、海尔电器、德州宁津家具等新型服务项目，全年累计培育入厂物流、仓配一体化、订单末端配送、区域性供应链服务、嵌入式电子商务等项目233个，"快递进厂"领域不断扩大，服务内容更加深入，全年服务制造业快件量达4.61亿件。快递"出海"扩展新通道。立足山东区位优势，重点面向日、韩、欧美拓展跨境快递业务，顺丰国际在威海开通全国首条"中国—韩国"海运电商专递投入使用；菜鸟联合速卖通建立的优选仓直发韩国最快可实现"次日达"；中邮中转仓上线运行，与美国、捷克、加拿大等11个国家的中邮海外仓实现无缝衔接，跨境发展取得新的突破。

高效监管护航发展更加有力。安全监管全面加强。把做好党的二十大、北京冬奥会等重大活动寄递安全保障贯穿始终，以企业安全主体责任落实为载体，围绕寄递安全源头治理和安全生产隐患整治两方面重点，严格执法检查和行政处罚，推动行业保持安全稳定态势，工作成效得到省政府安委会认可，被省政法委推荐为党的二十大安保维稳先进集体。在寄递安全监管方面，深入推进"七号检察建议"落实，突出抓好收寄验视、过机安检，督导企业完善安全管理内控机制，切实将易燃易爆等危险品堵截在寄递渠道之外。在生产安全整治方面，组织企业开展"大学习、大培训、大考试"专项行动，派出三个检查组督导各地落实重大安全风险隐患排查整治工作，依托绿盾工程建立视频巡检隐患整改闭环机制，"绿盾"应用经验被国家邮政局安全中心推广。全省系统累计检查企业3859家，查处违法行为798个，下达责令整改704个，作出行政处罚94起，安全监管高压态势得到巩固。

快递市场监管质效提升。针对快递市场突出问题，把整治低价无序竞争作为重点，不断开展了依法打击"黄牛"倒件、整治超许可地域范围经营等违法行为，进一步规范市场秩序。持之以恒提高服务质量监管质效，做好申诉受理与市场监管工作的衔接和联动，抓好申诉数据监测分析，在全国快递服务满意度调查和时限准时率测试中，山东省区域公众满意度位居全国前列；积极引导企业创建全省放心消费示范单位，3个集体被评为2022年度山东省放心消费示范单位。加快引导快递服务创新提升，加强"三智一码"等科技化推广应用，推动邮政快递业融入城市一刻钟便民生活圈建设试点，快递企业在疫情期间有效承担民生、医疗物资保供配送任务，赢得了地方政府和社会公众一致认可。

邮快合作稳步推进，联合省交通运输厅进一步打造客货邮融合发展样板县，累计争取财政奖补资金1700万元，创建样板县24个，其中德州乐陵"乐快"工程入选交通运输部客货邮融合典型案例。推动邮政与农村电商协同发展，开发菏泽牡丹、莘县香瓜、沾化冬枣等“一市一品”农特产品进城精品项目83个，农特产品交易额8.49亿元，带动邮政包裹5851万件。

行业治理效能进一步提升。县级监管支撑体系建设取得重要突破。在农村寄递物流体系建设和疫情防控等任务越来越重的新的形势和历史条件下，加强县以下行业监管的必要性日益凸显，省市局积极向党委政府汇报争取，省政府把“健全邮政监管机制，实现县级邮政监管机构全覆盖”纳入交通强国山东示范区建设重点任务举措，各市政府对县级邮政监管机构建设给予了大力支持，全省累计已成立和待成立县级监管机构50个（其中13个已进入上报国家邮政局待批复工作程序），成立地方事业编制邮政业发展服务机构90个，数量全国领先，其中济宁、德州、烟台、淄博、济南、青岛、潍坊、日照、临沂9个市已实现所有县域（不含市辖区）邮政业发展服务中心全覆盖，实现了强化邮政监管力量的历史性突破。县级监管力量的增强，有力地促进和支撑了邮政快递行业在农村地区的发展和服务，邮政快递业在服务乡村振兴中的作用正在全面释放和发挥。

快递员权益保障初见成效。认真贯彻国务院7部门工作部署，积极联合人社厅等8个部门扎实推进快递员群体保障工作。以推进基层快递网点优先参加工伤保险为重点，全省新增优先参加工伤保险快递从业人员21029人，从业人员参加社保累计42659人，东营、滨州、菏泽、聊城等16个市基本实现优先参加工伤保险“应保尽保”。积极开展全省邮政快递从业者技能提升工作，通过线上线下相结合，点对点、小班制、培训上门等方式，全年累计完成培训1.7万人次，争取政府补贴资金292.7万元。各级局还通过多种方式，推动企业提高快递基层员工待遇，增加末端派费、疫情防控补贴等等，取得了良好效果，较好地维护了快递员群体权益。

行业生态环保深入推进。积极推动全省邮政快递业绿色发展，重点抓好邮件快件包装绿色化、低碳化、可循环，全省邮政快递企业采购使用符合标准的包装材料比例和按照规范封装操作比例分别达到96.20%、96.54%，未二次包装的电商件比例达到95.5%，可循环快递箱（盒）数量增加到94.5万个，回收复用瓦楞纸箱4844.71万个；在此基础上，省局还联合山东电力签订助力邮政快递业绿色发展战略合作协议，在全省范围内大力推进运输车辆、充电桩等绿色节能基础设施建设，全面夯实行业绿色发展基础。

进一步夯实管理能力基础。面对体制预算收紧、经费十分困难的新情况，各级局加强汇报，积极争取地方财政事权责任落实，努力构建多元化经费保障机制，取得良好成效。省级财政将省局纳入经费补贴范围给予财政支持，淄博、泰安、临沂等9市财政也都落实了财政事权责任，拨付行业管理资金900余万元，形成了多级财政保障邮政管理工作的可喜局面，可以说取得历史性突破，为今后更好地强化行业管理奠定了良好的经费保障基础。立法工作取得新进展，为全省快递业高质量发展进一步提供更好法制条件的《山东省快递业促进条例》经上报省人大同意，已进入立法准备程序，并委托济南大学起草征求意见稿；《潍坊市快递条例》经人大表决通过，成为省内快递领域首部市级立法。为进一步推进依法行政，省局制定《山东省邮政管理系统公职律师管理办法》，加快组建系统内公职律师队伍。泗水县级邮政监管机构执法试点，受到国家邮政局法规司重视关注并被转发全国系统借鉴。新闻宣传和舆论引导成效显著，省局举办山东卫视、《大众日报》、齐鲁电视台等主流新闻媒体新闻发布见面会，《中国邮政快递报》对山东省邮政监管体制改革10周年取得的成效进行整版巡礼宣传。信访、保密、政府信息公开、两会提案建议办理、意识形态等工作稳步推进，为全省行业发展提供了有力保障。

不断强化党的建设，党建引领作用更加突出。掀起党的二十大精神学习宣贯热潮。把深入学习宣传贯彻党的二十大精神作为首要政治任务，印发学习宣贯方案，部署贯彻落实措施。党组理论学习中心组第一时间组织专题研讨学习，举办省局机关县处级干部读书班、全省系统专题辅导报告会、邀请省直机关宣讲团成员开展学习辅导，配发了《党的二十大报告学习辅导百问》《二十大党章修正案学习问答》等学习教材，全系统党员干部聚焦深刻领悟“两个确立”的决定性意义，坚决维护习近平同志党中央的核心、全党的核心地位，牢牢把握新时代新征程党的使命、党的中心任务等重点内容深入开展学习讨论，积极抓好贯彻落实。目前，全省系统各级党组织开展各类学习宣贯活动50余次，营造了学在深处、落在实处的浓厚氛围。

党建主体责任进一步落实。坚持走在前、做表率，落实党组意识形态责任制，以习近平新时代中国特色社会主义思想和习近平总书记关于邮政快递业重要指示精神为重点，加强阵地建设和思想引领，指导机关党委严格落实“三会一课”制度，开展疫情防控、慈心一日捐等主题党日活动20多次。深化拓展新时代精神文明建设，新创建国家级青年文明号2家、省级青年文明号2家、全国青年安全示范岗3家。加强行业非公党建取得突破。成立省快递行业党委、16市级快递行业党委、76个县级快递行业党委和6个快递省级总部党支部，全省建成快递行业党建活动中心46个、打造“暖蜂驿站”2640余处，党建引领行业发展、凝聚服务快递员群体工作初见成效。省委组织部对山东省快递行业党组织建设予以充分肯定，并拨付党建补助经费100万元，各市也都得到市委组织部门的指导帮助和支持。

全面从严治党纵深推进。聚焦“关键少数”，着力压实各级“一把手”主体责任和纪检组长监督责任，加强领导班子自身建设，严格遵守中央八项规定精神，力戒形式主义、官僚主义。抓好中央巡视国家邮政局党组反馈意见整改落实，推动各项整改工作落到实处。持之以恒正风肃纪，组织党员干部到党风廉政教育中心接受现场教育，开展了对东营、滨州等市局党风廉政建设督导检查。深化干部队伍建设，树立积极进取、担当作为的用人导向，干部梯队建设进一步完善；队伍精神面貌经受住考验，在疫情防控特殊时期，许多局的同志连续奋战一两个月，展现了良好的大局意识和不计得失、甘于奉献的工作作风。

三、新时代十年行业发展成就

新时代以来，适应新兴消费、新业态、新模式的快速发展，山东省邮政快递业取得了历史性成就、发生了历史性变革，行业发展步入快车道。

快递与现代农业融合，服务乡村振兴走在前列。全省邮政快递业按照习近平总书记打造乡村振兴“齐鲁样板”的指示要求，立足山东农业大省、农业强省实际，紧扣全省特色农产品众多、网销需求潜力巨大的优势，在加快农村寄递物流体系建设基础上，充分发挥邮政快递网络和渠道优势，从2018年起大力实施快递服务农产品寄递创金银铜牌工程，重点培育年寄递量超1000万件的国家级金牌项目和超500、100万件的银牌、铜牌项目。截至2022年，全省已培育快递服务现代农业金牌项目20个，连续五年保持全国金牌第一，被国家邮政局通报称为“遥遥领先”。其中，乐陵调味品、日照海产品寄递量都在5000万件以上，金乡大蒜寄递量超3000万件。2022年，全年农产品寄递量达9.9亿件，支撑全省农产品网络零售额增长38.4%，是全国平均增速的4倍。邮政快递业有效连接生产和消费，使乡村接入全国大市场，促进城乡双向流通发挥了关键作用，为打造乡村振兴“齐鲁样板”作出了积极贡献。周乃翔省长、省人大常委会杨东奇副主任先后对快递服务现代农业成效批示肯定。

快递嵌入制造业供应链，服务制造业加速拓展。全省邮政快递业立足各地优势制造产业，积极探索快递服务现代制造业新路径，找准寄递服务供给的落脚点，积极拓展嵌入供应链、仓配一体化、互联网+、冷链定制化等各具特色的服务模式，大力服务高端装备制造业、传统产业转型、制造业电商、生物医药及新兴制造业，涌现出快递服务海尔入厂物流、齐鲁制药冷链配送、博山玻璃、德州扒鸡、曲阜印章等116个典型项目，其中寄递超千万件项目30个，超千万收入项目11个，"快递进厂"示范项目数量居全国第一。青岛局推动山东邮政与海尔集团建立战略合作，在胶州市海尔工业园全球备件供应链运营中心，成立海尔物流事业部，提供一体化服务和部分生产线体组配包装工序，以及备件仓储管理和全国运输配送服务，实现制造业降本增效和行业收益的双提升。2022年，全省快递服务制造业快件量达4.61亿件，带动制造业产值达1200亿元，为全省制造业新旧动能转换提供了有力支撑，我省快递服务制造业的做法被国家邮政局转发各省借鉴参考。

"快递出海"助力外贸发展，推动内需、外需高效连接。青岛深入推进跨境电商综试区建设，出台《青岛市关于加快推进跨境电商高质量发展的若干政策措施》，制定《青岛特色产业带跨境电商培育行动实施方案》，目前青岛市在境外设立的公共海外仓超过60个，总面积超31万平方米，服务外贸企业超6000家。青岛上合示范区多式联运中心开行"齐鲁号"中欧班列超200列，顺丰航空复航"青岛—列日"国际货运航线，中外运联合天津货运航空开通青岛—大阪货运航线。日照出台《日照市支持跨境电商和服务贸易发展的若干措施》，积极引导邮政EMS、顺丰速运等快递企业进驻日照跨境电商产业园、日照综保区跨境电商中心等跨境电商园区，为日韩购、海猪购、叁时叁刻等跨境电商平台提供进出口快递服务。烟台积极协调有关部门，打通出海通道，烟台海关采取"无纸化""两步申报""5+2"预约通关服务等便利措施，极大提升了快递出海通关效率。临沂机场航站楼二期改扩建工程开工建设，开通临沂—韩国首条全货机航线。临沂启阳机场设邮政处理中心，设计能力平均为50万件/日。山东邮政国际陆续推出鲁美航空快线优先普货、鲁美航空快线经济普货、鲁韩海运快线(电商专线)等市场化新产品，重点发展日韩美加俄五大路向航空邮件，业务量收增长明显。邮政快递为贸易走出去提供了有力支撑，"快递出海"连接"内外两个市场、两种资源"，推动内需、外需高效连接，对外开放新通道作用凸显。

邮政快递业在增加就业、畅通社会微循环方面发挥重要作用。山东省邮政快递行业从业人员已有26余万人，随着行业快速发展，每年新增用工近万人，特别是伴随行业科技应用、新业态发展、服务延伸和质效提升，邮政、顺丰、京东、菜鸟和通达系品牌企业大量招聘高校毕业生，为大中专院校提供了数量较多的就业岗位，成为稳定增长的就业群体。邮政网络通达城乡、快递服务千家万户，与社会各界和老百姓生活联系日益紧密，作用越来越显著。疫情期间，全省邮政快递业依靠覆盖全国、通达世界的网络，发挥末端优势，畅通社区微循环，全省快递行业近2万辆服务车辆、约15万名快递员，汇聚成强大的保供力量，保障封闭社区百姓基本需求，有效发挥了畅通微循环的积极作用，在保障城市物资供应，平抑封控区域物价上涨、维护社会稳定等方面提供了重要支撑。

四、快递市场存在的突出问题

行业发展面临的内外部环境仍然严峻复杂，从外部看全球经济增长动能持续减弱，我国需求收缩、供给冲击、预期转弱"三重压力"仍然较大；从行业内部看，面临着需求减弱、供应链波动等方面的风险挑战，保持质的有效提升和量的合理增长困难较大。

河南省快递市场发展及管理情况

一、快递市场总体发展情况

2022 年，河南省快递企业业务量累计完成 44.53 亿件，同比增长 2.24%；业务收入累计完成 331.35 亿元，同比增长 3.82%（表 7-16）。

表 7-16　2022 年河南省快递服务企业发展情况

指标	单位	2022 年		比上年同期增长(%)		占全部比例(%)	
		累计	12 月	累计	12 月	累计	12 月
快递业务量	万件	445289.41	39460.19	2.24	-9.93	100.00	100.00
同城	万件	47614.42	3647.69	6.73	-30.47	10.69	9.24
异地	万件	395831.45	35694.62	1.64	-7.15	88.89	90.46
国际及港澳台	万件	1843.54	117.89	23.88	-1.93	0.41	0.30
快递业务收入	亿元	331.35	30.93	3.82	47.49	100.00	100.00
同城	亿元	26.14	2.08	-5.77	-28.23	7.89	6.73
异地	亿元	203.63	20.60	2.21	7.72	61.46	66.60
国际及港澳台	亿元	12.29	1.11	9.10	-118.52	3.71	3.58
其他	亿元	89.29	7.14	10.31	44.67	26.95	23.08

二、行业管理工作及主要成效

坚持政治引领，全面从严治党向纵深推进。以学习宣传贯彻党的二十大精神为主线加强思想政治建设。印发宣贯方案，组织收听收看党的二十大开幕会盛况，省局党组书记带头向全省邮政管理系统党员干部、邮政快递企业宣讲党的二十大精神，组织党组中心组、党支部、快递行业党委学习党的二十大精神和专家专题辅导，开展党的二十大报告原文诵读主题党日活动。严格执行党组会议“第一议题”、党组中心组理论学习制度，及时跟进学习领会习近平新时代中国特色社会主义思想、习近平总书记最新重要讲话精神和关于邮政快递业重要指示批示精神，切实把学习成效转化为提高应对风险挑战、推动行业发展的能力。印发《新时代加强和改进党的思想政治建设的实施意见》，加强思想政治引领。印发《推动党史学习教育常态化长效化实施细则》，巩固深化拓展党史学习教育成果。成立全省邮政管理系统青年干部理论学习小组，进一步加强对青年干部的思想政治教育。

持之以恒正风肃纪。召开党建和党风廉政建设工作会、年中推进会，签订目标责任书，印发《党风廉政建设工作要点》《全面从严治党工作要点》《纪检工作要点》等，压紧压实党风廉政建设主体责任。严格落实中央八项规定及其实施细则精神，印发整治形式主义为基层减负工作要点，坚决纠治形式主义官僚主义。紧盯重要时间节点进行廉政教育提醒，严防“四风”反弹。三是印发《领导班子成员党建工作联系点制度》《干部包联工作制度》，进一步弘扬求真务实的工作作风，密切联系群众，加大对基层帮扶力度。印发《行政效能监察工作实施办法（试行）》，进一步完善办公室督查督办、人事部门提醒函询诫勉、纪检监察部门行政效能监察“三位一体”督查问责体系。深入推进巡视巡察各项工作，结合国家邮政局接受巡视发现问题开展上下联动整改，制定 2022 年巡察工作方案和巡察工作要点，组织巡察专项培训，完成对郑州、许昌等 7 个市局党组的巡察工作。开展“纪律作风能力建设年”活动，制定实施方案，召开“纪律作风能力建设年”暨“对上当好参谋助手，对下做好标兵表率”动员会及豫南豫北片区交流会，组织全省邮政管理系统领导干部开展大讨论，举办23期专题培训。

有序推进行业党建党群工作。持续推进党支部标准化规范化建设，开展“四强”党支部和“四优”党员建设评比。行业党建工作实现新突破。加强与省委组织部、团省委沟通协调，分别获批成立河南省快递行业党委、共青团河南省邮政行业指导和推进委员会。新增安阳、新乡、南阳等8个市快递行业党委，周口、鹤壁、焦作等8个行业团组织，平顶山、驻马店、郑州等9个行业工会，漯河申通等3个非公快递企业党组织，全省非公快递企业党支部实现全覆盖。行业精神文明建设取得新成效。召开行业精神文明建设推进会，开展“快递从业青年服务月”活动，组织参加第五届“中国梦·邮政情　寻找最美快递员”活动并推荐4人（集体）入围决赛，开展全省“最美快递员”事迹宣传展播，组织参加团省委“新青年向未来”活动。周口邮政分公司获“全国五一劳动奖状”，信阳罗山县邮政分公司投递班等7个集体获省级“青年文明号”，鹤壁顺丰快递员霍雷等6人获省级“青年岗位能手”。坚持党管意识形态、党管宣传。印发《意识形态工作实施细则》《新闻宣传工作要点》，召开新闻宣传工作培训会，持续加大对行业改革发展的宣传力度，连续八年荣获国家邮政局系统全部表彰奖项。

坚持大局意识，行业协同服务能力不断增强。行业疫情防控和保通保畅工作有力有序。毫不放松抓好行业疫情防控。认真贯彻赵冲久局长调度河南指示精神，印发行业疫情防控工作方案，召开疫情防控警示教育会、专题政企联席会，加强调度督导，强化薄弱环节管理，开展疫情防控工作大检查，办理涉疫行政处罚案件16起，全省行业从业人员疫苗接种率99%以上，有效阻断疫情通过寄递渠道扩散。全力以赴做好保通保畅工作。推动出台《河南省物流保通保畅促进产业链供应链稳定十六条措施》《河南省进一步提升物流配送服务能力全面畅通微循环十条措施》《关于畅通邮政快递物流服务保障民生物资高效配送的通知》《关于做好全省邮政快递服务防疫情保畅通工作的通知》《关于进一步做好物流末端配送畅通微循环的紧急通知》等多个专项政策，联合省住建厅印发《关于做好疫情防控期间寄递服务保障工作的通知》，省局细化出台《河南省邮政快递业保通保畅十条重点措施》，建立高效的行业保通保畅工作机制。坚持分级分类分区推进，持续跟踪调度，强化部门协作，加强属地协同，及时疏解积压邮件快件，有效解决因疫情造成的不通不畅问题，有力支撑地方民生保供。坚持不懈开展助企纾困工作。落实省政府“1＋1＋N”一揽子政策，省市局上下联动，成立“1＋17”邮政快递平稳健康发展保障专班，加强与地方政府相关部门沟通联系，协调涉邮政策纳入《河南省交通运输业疫情防控工作指南和白名单企业保障办法》，推动省级邮政快递企业及其所属700多家市县企业全部纳入白名单，享受通行费减免20%、赋码保护等多项政策，为企业申领省际车辆通行证3300张，办理电子通行证8203张，全省邮政快递企业减税降费金额近2.5亿元，为行业应对疫情冲击、保持平稳发展提供有力保障。

防范化解重大风险能力持续增强。圆满完成重大活动安全服务保障任务。印发安全服务保障工作方案、专项督导检查方案、领导干部分片包干督导工作方案，以最高标准、最严措施、最周密部署、最佳状态全力保障党的二十大、北京冬奥会和冬残奥会寄递渠道安全平稳畅通。党的二十大期间，联合省委政法委、公安厅、国家安全厅等部门联合执法检查，组成六个检查组对全省邮政市场进行跨区域互查，发现问题线索394条，立案100起。进一步加强寄递渠道安全管理。召开全省寄递安全管理领导小组会议，成立县级领导小组86个，覆盖率达到83.5%。印发《落实最高人民检察院“七号检察建议”进一步加强寄递渠道安全管理工作方案》,联合省人民检察院等印发《加强协作配合共同推进寄递渠道安全监管治理的意见》,联合省禁毒委等开展禁毒宣讲活动。联合公安、网信办等部门开展安全生产大检查,全面排查整治各类风险隐患,打好邮件快件处理场所安全管理规范化提升行动收官战。召开全省邮政快递业个人信息专项整治动员部署会议,开展实名寄递身份证异常和收派员违规自寄件治理,加大信息安全监管力度。对照省反恐办涉恐隐患排查清零工作通报和挂牌督办问题,郑州、开封、焦作、许昌等12个市局立案处罚20起。加快应急管理体系建设,新增洛阳、南阳、信阳、商丘、驻马店等5个市行业应急预案纳入地方政府应急管理体系。巩固"扫黄打非"工作成效,全省未发生非法出版物和政治性非法出版物通过寄递渠道寄递事件。注重发挥安全中心支撑保障作用。对省邮政安全发展中心开展专题调研,不断加强"绿盾"工程信息系统应用管理培训,举办5期"平安寄递大讲堂"专题培训,提升现代管理能力和效率。完成省安全监控中心迁建,做好监控中心值班巡检和行业舆情监测,编发《河南省邮政快递运行和安全信息日报》,为制定决策、促进发展、应急处置提供支撑。

产业协同发展持续深入推进。加快农村寄递物流体系建设,累计建成县级共配中心50个、乡镇共配中心320个,信阳新县"多网融合、智慧集约、普惠生态"、周口西华县"县乡村三级物流网络+客货邮融合"、焦作孟州市"农村客货同网+交邮融合"、三门峡卢氏县"三级节点+信息平台+统一配送"发展模式入选全国第三批农村物流服务品牌。持续推进"快递进村",全省驻村设点行政村覆盖率从47.6%增至64.4%,邮快合作覆盖率从47.34%增至72.77%,推荐南阳艾等11个快递服务现代农业全国金牌项目;培育南阳艾、商丘枣等25个快递服务现代农业省级金牌项目、15个银牌项目、25个铜牌项目,77个邮政"一市一品"优秀精品项目。大力推进"快递进厂",联合省工信厅印发《河南省快递业与制造业融合发展"5352"工程实施方案》,加快培育河南省快递业与制造业深度融合典型项目,打造深度融合发展试点先行区,引导快递企业提升服务制造业适配性,培育洛阳偃师布鞋等33个快递服务制造业省级金牌项目、16个银牌项目、25个铜牌项目,推动快递业与制造业耦合共生、相融相长、高质量发展。创新推进"快递出海",召开国际快递业务运行分析专题座谈会,调研河南保税物流中心等跨境电商服务平台,推动中国(郑州)邮件枢纽口岸业务正式开通并举办开通仪式,启动中国邮政(郑州)逆向海淘重要基地建设,促进全省国际快递业务稳步发展。2022年全省国际寄递业务量1843.54万件,增幅23.88%,高于全国28个百分点;业务收入12.29亿元,增幅9.1%,高于全国9.3个百分点。强化劳动竞赛结果应用和持续性推进,对2021年成绩突出的单位和个人进行表彰,优化方案开展2022年劳动竞赛,推动并指导快递企业增比进位、提质增效。

坚持目标导向,行业发展环境不断优化。突出规划引领。印发省邮政业发展"十四五"规划、邮政强省建设行动计划宣贯实施和任务分工方案,召开宣贯会并在官方网站发布解读稿。指导17个市局联合发改、交通等部门编制并发布邮政业发展"十四五"规划,实现省市行业规划全覆盖。积极推进规划落实,加强省市规划有效衔接,将推进"十四五"规划重大政策、重大工程和重大项目实施列入市局领导班子考核专项内容,建立健全规划实施机制。

强化政策保障。贯彻落实《河南省认真落实习近平总书记重要指示推动邮政快递业高质量发展工作实施方案》,印发任务分解,指导17个市局全部出台配套文件,专题听取省局各处室落实情况汇报,严肃认真开展监督检查,开展落实情况回头看。多次向国家邮政局、省政府领导汇报工作,得到国家邮政局领导、省领导对行业发展、政策文件出台等批示支持。大力推动国家邮政局与省政府部省共建战略合作,目前各项准备工作已基本就绪，将择机签订。印发《关于支持南阳市邮政快递业高质量发展助力建设河南副中心城市的意见》，全方位支持南阳建设省域副中心城市。

注重夯实基础。持续开展求实重效的调研活动，围绕行业发展“焦热痛堵难”问题确定 34 个课题，组织开展 2022 年调研活动。强化成果转化，评选表彰 2021 年优秀调研报告 24 篇，促进对标对表、交流借鉴。积极推进财政事权改革，争取地方资金 907.87 万元，指导安阳、南阳、商丘、许昌、驻马店等 5 市印发财政事权改革方案。扎实推进行业队伍建设。印发人才工作要点及目标分解任务，组织职业技能培训 30319 人次，新增技能人才 6908 人、高技能人才 1241 人，通过初级职称评审 216 人、中级职称评审 15 人。开展第一批全省邮政行业人才培养基地遴选并命名 6 家院校。

有效借势借力。推动“改造提升农村寄递物流基础设施”“邮政快递业职业技能培训”等内容纳入省 2022 年十件重点民生实事，指导 17 个市局将相关内容纳入本市民生实事，结合《2022 年河南省邮政快递业更贴近民生七件实事责任分工方案》，大力推动民生实事落实落地。落实省政府办公厅《河南省加快农村寄递物流体系建设实施方案》，指导鹤壁、焦作等 12 个市出台落实文件；联合省商务厅等印发《关于持续推进农村电商发展加快县乡村快递物流配送体系建设有关工作的通知》，指导南阳、驻马店等 14 个市出台落实文件；联合省交通运输厅等印发《河南省推进县域城乡交通运输一体化实施方案》，指导信阳、洛阳等 14 个市出台落实文件，加快全省农村寄递物流体系基础设施建设。三是联合省自然资源厅、住建厅出台《关于推进河南省智能快件（信包）箱建设的实施意见》，推动将末端快递服务网点、智能快件箱纳入老旧小区改造工程和城市公共服务设施规划，推进形成末端投递多元化格局。四是联合省发改委等出台《关于推进邮政业服务乡村振兴的实施意见》，持续完善农村寄递物流服务体系，提升邮政业服务“三农”能力，加快推进农业农村现代化，积极服务乡村振兴。

坚持统筹推进，行业发展质效稳步提升。行业服务水平明显提高。召开“3·15”主题线上座谈会，引导企业增强服务意识，提升服务水平。针对疫情、节日、恶劣天气等特殊时段，发布消费提示，畅通诉求渠道，做好申诉解释，加强数据解读，切实保障消费者合法权益。消费者对邮政管理部门有效申诉处理工作满意率达到 99.7%，有效申诉率仅百万分之 0.03，为用户挽回经济损失 283.44 万元。做好“12305”与“12345”热线平台联通工作，持续完善申诉举报与市场联动工作，转办线索 124 件，立案查处 20 件。

基础能力建设提质增速。积极推进《河南省邮政业发展“十四五”规划》确定的 37 个总投资 210.69 亿元的重点项目建设，已完成投资 116.2 亿元，其中郑州顺丰丰泰产业园、中通国际业务总部基地港区分拨中心等 9 个项目建成投产，郑州航空邮件处理中心、韵达豫南快递电商总部基地等 15 个项目开工在建。二是支持企业优化基础设施设备。全省新增智能化设施设备 319 台（套），安检机 57 台，其中智能安检机 22 台，干线运输车辆 688 辆，新能源车辆 964 辆，改扩建分拨中心面积 37.8 万平方米。顺丰快递“上车上机”多式联运示范工程获评“河南省多式联运示范工程”。持续推进快递“三化建设”。召开“三化”建设专题推进会，四项建设类型共完成 2885 个，全部完成年度目标，占三年计划的 70.44%。

绿色邮政建设成效明显。高标准开展“9944”工程。全省主要快递企业采购使用符合标准的包装材料比例为 96.86%，规范包装操作比例为 98.04%，可循环快递箱（盒）使用量达 51.66 万个，回收复用瓦楞纸箱数量达 6328 万个，不再二次包装的电商件比例为 98.24%，快递包装标准化、绿色化、循环化水平稳步提升。多举措强化行业绿色发展。印发《2022 年行业生态环境保护工作要点》，建立全省快递包装绿色转型联席会议制度并召开会议动员部署，制定快递企业包装操作规范备案规定，开展行业生态环保法律法规宣贯培训。举办2022第九届郑州物流展暨首届河南邮政快递包装、设备及新能源物流车展览会、“邮政快递业碳达峰碳中和实践与探索”论坛，为行业绿色发展凝聚工作合力。

快递员合法权益保障全面加强。联合省交通运输厅等部门印发《关于落实快递员群体合法权益保障工作实施方案》，省局制定实施方案任务分解，指导南阳、商丘、漯河等10个市局推动出台落实文件，强化政策保障。联合省人社厅印发《扎实推进基层快递网点优先参加工伤保险工作的通知》，指导17个市局与人社部门联合发文，实现省市级政策全覆盖。举办邮政快递企业工伤社保政策专题培训，推动基层快递网点优先参加工伤保险24995人。制定《关于建立邮政快递群体合法权益保障机制》，督促企业有效落实派费调整承诺，完善快递员投诉甄别和心理疏导机制，建立12305快递员申辩受理热线，解决拖欠工资金额70.68万元。组织开展生产旺季慰问和“夏送清凉”“冬送温暖”活动。全年共开展慰问快递小哥活动390次，新增快递员关爱站848个，为快递员提供法律和心理咨询服务3393人次，免费体检义诊20406人次，廉租房32套，购买社会保险或者商业保险112640人次。

坚持依法行政，行业治理效能持续增强。深化法治邮政建设。积极推进邮政业地方立法工作，加快《河南省邮政条例》修订进程，指导鹤壁、漯河、南阳、新乡、商丘、焦作等6个市局出台市级邮政快递管理办法。印发《2022年度推进法治政府部门建设工作方案》，制定《深入推进全省邮政管理部门法治政府建设实施方案》，举办全省邮政管理系统政策法规工作培训班，在“宪法宣传周”活动期间举办全省邮政管理系统法治建设专题培训，积极开展服务型行政执法“比武练兵”，推进行政指导融入行政处罚试点工作。三是做好人大建议办理工作，依法办理行政复议等案件13件。加强执法监督，开展全省邮政行政执法案卷评查，对存在问题进行通报并完成整改。

加强邮政市场监管。印发《河南省2022年度邮政市场监管效能考核办法》，召开省级快递品牌负责人座谈会，全面加强对行业安全管理、疫情防控、生态环保、服务质量、“两进一出”及“寄递＋”金银铜牌项目创建等重点工作落实的督导力度。深化“放管服”改革，进驻省级行政审批服务大厅，坚持和优化快递业务经营许可全程网办，办结快递业务经营许可相关事项1293件。落实“双随机一公开”监管要求，开展邮政市场检查12776人次，检查场所6192个，发现涉嫌违法违规问题1312个，下达责令改正779起，开展行政约谈127起，行政处罚626起，其中周口62起、洛阳52起、焦作50起、新乡49起、信阳45起。开展市场秩序专项治理，明确7个方面22项重点工作，集中纠治“黄牛”等无序竞争问题，加大超许可地域范围经营行为的执法力度，检查3185个场所，发现问题207个，责令改正53起，行政约谈13起，行政处罚171起，其中焦作、漯河、周口、信阳等10个市局对跨区域揽收相关问题立案18起。

强化邮政管理系统自身建设。贯彻落实新时代党的组织路线。坚持从严管理干部，印发《加强对“一把手”和领导班子监督的若干措施》，开展针对市局、省局各处室主要负责人的“一把手”集体谈话，加强对干部特别是“一把手”的全方位管理和经常性监督。落实公务员平时考核制度，修订完善《河南省邮政管理系统领导班子和干部年度综合考核办法(试行)》。配齐建强市局领导班子，开展职级晋升工作，完成2022年公务员招录。持续推进省级以下邮政管理支撑体系建设，新增漯河、商丘等2个市级安全中心，安阳汤阴、商丘宁陵、信阳潢川、南阳镇平、南阳西峡、鹤壁淇县等6个县级机构。新增县级快递协会机构8个，实现全省县级快递协会全覆盖。组织各市局开展统计自查，召开统计工作专题培训，开展统计督查整改“回头看”，开展新业态企业纳统梳理摸底，确保“应统尽统”。加强统计分析，高质量召开邮政行业经济运行分析会。落实“过紧日子”要求，印发《2022年审计工作要点》，完善国有资产清查、费用支出管理等制度，强化预算管理，加强节约型机关建设。

三、新时代十年行业发展成就

统筹推进邮政快递网络建设，人民满意、保障有力有了更加坚实的物质基础。全省邮政普遍服务营业网点2625处，其中农村网点1942处，乡镇覆盖率达到100%，实现“乡乡设所、村村通邮”；农村寄递物流综合服务站28658个；乡镇快递网点4939个，快递网点乡镇覆盖率连续5年保持100%，全省100%的建制村基本实现快递服务覆盖。

持续提升邮政快递服务能力，在当好中国现代化的开路先锋新征程中勇挑畅通重担。持续巩固提升邮政普遍服务均等化水平，投送频次深度、全程时限持续改善，邮政综合服务平台建设成效明显。积极贯通县乡村快递物流配送体系，快递服务能力显著提升，邮政快递连接千城百业、联系千家万户、连通线上线下，实现生产和消费的无缝衔接。新冠肺炎疫情期间，毫不放松做好行业疫情防控，全力保障涉疫地区党报党刊、机要邮件、快递服务网络和末端微循环畅通，有力有效服务产业链供应链稳定畅通。

充分发挥邮政快递业基础性、战略性、先导性作用，邮政快递业在全省经济社会发展大局中的功能作用日益凸显。从2012年到2022年，河南省邮政行业业务总量从69.16亿元到567.2亿元，翻了三番；快递业务量从1.25亿件到44.53亿件，翻了五番。2022年全省邮政行业四项主要统计指标（增幅）除邮政行业业务总量低于全国平均水平0.5百分点，其他三项指标均高于全国平均水平，总体实现稳中有进发展预期。全面打赢邮政快递脱贫攻坚战，服务乡村振兴。邮政快递业已成为农特产品的直通车、制造业的流动库、商品流通的加速器和跨境电商的桥头堡。成功推荐漯河、商丘入选“中国快递示范城市”，全力推动行业环境优化和服务品质提升。

完整、准确、全面贯彻新发展理念，全省邮政快递行业实现更可持续发展。科技创新驱动行业实现跨越式发展，“三智一码”加快推广，先进设施装备迅速应用，生产自动化、服务智能化、管理信息化水平不断提升。“快递小哥”关心关爱和权益保障更加有力，行业从业人员素质显著提升。邮政快递绿色低碳转型发展深入推进，快递包装减量化、标准化、循环化水平稳步提升。邮政快递安全形势总体稳定，落实收寄验视、实名收寄、过机安检“三项制度”，实施“绿盾”工程，有力保障重大活动期间寄递渠道安全。

纵深推进行业改革，治理能力不断提升，营商环境持续优化。深入推进邮政体制改革，与综合交通运输管理体制融合更加紧密，组建市级邮政管理局、省市邮政安全中心、县级邮政管理机构。行业政策体系不断完善，《河南省认真落实习近平总书记重要指示推动邮政快递业高质量发展工作实施方案》《河南省人民政府关于促进快递服务业发展的意见》《河南省加快农村寄递物流体系建设实施方案》《关于加快平台经济健康发展的实施意见》《关于加快现代物流强省建设的若干意见》等利好行业发展政策文件先后出台。深入推进“放管服”改革，优化快递经营业务许可、集邮市场监管审批，包容审慎推进新业态监管，政务服务事项实现全程全网“跨省通办”。

四、快递市场存在的突出问题

行业发展还面临不少困难、存在不少问题。外部环境不确定性因素增多，区域竞争态势日趋激烈，行业恢复的基础尚不牢固，“招工难”“用工荒”现象较为突出，企业在产品结构优化调整、控制运营成本、提高现代化管理水平和服务水平等方面亟待改善。在党的建设方面，有些基层党支部存在重业务轻党建、争先创优不够积极、党员先锋模范作用发挥不够充分的问题。在服务经济社会发展大局和保障行业高质量发展水平方面，很多工作执行不彻底、落实不到位，未能有效实现省市局上下联动同频共振、部门间齐抓共管合力攻坚，应急管理、安全生产等能力建设亟待加强。在干部队伍建设方面，个别党员干部风险意识、斗争精神、专业素养等方面需要不断增强，存在推诿扯皮、懈怠敷衍、在人民群众利益上不维护不作为等问题。

湖北省快递市场发展及管理情况

一、快递市场总体发展情况

2022 年，湖北省快递企业业务量累计完成 32.1 亿件，同比增长 19.3%；业务收入累计完成 267.4 亿元，同比增长 10.8%（表 7-17）。全省快递企业及网点 24887 个，同比新增24.6%；智能快件（信包）箱 1.12 万组，格口数 110 万个。

表 7-17　2022 年湖北省快递服务企业发展情况

指标	单位	2022 年		比上年同期增长(%)		占全部比例(%)	
		累计	12 月	累计	12 月	累计	12 月
快递业务量	万件	321241.55	29448.00	19.27	14.81	100.00	100.00
同城	万件	35074.22	2596.49	3.09	-15.21	10.92	8.82
异地	万件	285419.13	26794.02	21.76	18.84	88.85	90.99
国际及港澳台	万件	748.20	57.49	-17.30	38.80	0.23	0.20
快递业务收入	亿元	267.38	24.24	10.80	11.82	100.00	100.00
同城	亿元	19.50	1.54	-20.34	-30.96	7.29	6.35
异地	亿元	162.39	15.62	11.30	13.55	60.73	64.44
国际及港澳台	亿元	7.15	0.43	-2.66	-174.37	2.67	1.77
其他	亿元	78.35	6.65	23.20	6.06	29.30	27.43

二、行业管理工作及主要成效

坚持政治统领，全面从严治党向纵深推进。 强化政治机关建设。深刻领悟“两个确立”的决定性意义，带头践行“两个维护”，始终把贯彻落实习近平总书记关于邮政快递业重要指示批示精神作为重要的政治责任。牢固树立政治机关意识，强调政治性是第一属性，讲政治是第一要求，推动党建与业务深度融合。

深入推进党的建设。把学习宣传贯彻党的二十大精神作为首要政治任务，第一时间传达学习、制定贯彻实施方案、开展专题宣讲。紧抓党的组织建设，抓好“三会一课”、组织生活会、党建述职评议考核制度落实，开展“两优一先”评选。深入开展党员干部下基层察民情解民忧暖民心实践活动，充分发挥基层党组织战斗堡垒作用和党员先锋模范作用，全力参与社区联防联控。充分发挥“部门搭平台、协会作引导、企业献爱心”机制作用，快递协会、顺丰、中通等快递企业主动参与，扎实做好乡村振兴定点帮扶工作。

扎实推进从严治党。召开全省党风廉政建设工作会议、警示教育大会，持续推进清廉机关建设。着力强化政治监督，对贯彻落实习近平总书记关于邮政快递业重要指示批示精神、快递员群体权益保障、农村寄递物流体系建设等情况开展监督检查。聚焦作风建设，紧盯重要节日及时教育提醒，筑牢思想防线。聚焦监督执纪，完成 16 名党员干部廉政意见回复，处理信访线索核实 11 人次，运用“四种形态”开展批评教育 2 人次、党纪处分 2 人次。上下联动，认真严肃抓好中央巡视国家邮政局反馈意见整改落实。完成对3个市局党组的巡察工作,实现第二轮市(州)局巡察全覆盖,同步开展选人用人专项检查,对部分共性问题进行持续整改巩固提高。

加强干部队伍建设。坚持正确选人用人导向,进一步加强和改进干部选拔任用,市(州)局班子成员提拔任职9人,交流2人,完成晋升职级6人次,试用期满考核9人次。全面完成全省系统养老保险清算缴费和新政策落地。强化干部监督管理,开展借培训名义搞公款旅游和参与“影子公司”等谋利问题排查专项整治,做好领导干部报告个人事项有关工作,严格执行邮政管理系统领导干部经商办企业和在社会团体兼职等相关规定。

强化行业党建。组建成立湖北省快递行业党委,派专班入驻顺丰、京东等重点快递企业开展党建指导,不断扩大党的组织和工作有效覆盖。大力选树和宣传行业先进典型,湖北省3集体、1个人获“中国青年五四奖章”“全国五一劳动奖章”等表彰。组织“中国青年五四奖章”获奖者事迹分享会、“青年文明号活动周”“喜迎二十大、永远跟党走、奋进新征程”主题教育实践活动等,号召向榜样模范看齐,营造学习先进的浓厚氛围。

防范化解重大风险,抓紧抓实行业安全和疫情防控。坚守底线强化寄递安全。强化寄递安全综合治理,增加省检察院为成员单位,召开全省寄递物流安全管理小组会议。联合省检察院、省公安厅印发《关于健全完善寄递渠道安全监管协作配合机制的意见》,开展寄递安全平安建设考评。严格督导企业执行“三项制度”,大力推行上门揽收零散邮件快件开箱验视拍照记录,开展实名异常信息专项整治,扎实开展“互联网+寄递”禁毒、枪爆违法犯罪及“扫黄打非”、打击寄递涉烟违法等专项行动,办理公安、烟草等部门移送的利用寄递渠道违法犯罪案件线索27件。开展行业安全生产大检查、安全生产专项整治三年行动收官、邮件快件处理场所安全管理规范化提升行动,全面排查整治风险隐患。联合公安、网信部门开展邮政快递领域个人信息安全专项治理,严厉打击非法泄露、买卖寄递信息等行为。圆满完成党的二十大等重大活动期间寄递安保工作。

毫不放松抓好行业疫情防控。坚决落实疫情防控部门责任,指导各市(州)局联合属地有关部门开展联合检查。督导企业严格落实重点人群核酸检测、疫苗接种要求,全省从业人员接种加强针次比例达99.4%。开展疫情防控专项大检查,对发现的问题严格依法依规处理,及时堵塞疫情防控漏洞。妥善处置涉疫邮件快件,第一时间向省防指报告处置情况。“新十条”出台后,及时优化调整疫情防控措施,稳妥做好过渡期工作,切实维护行业稳定运行。

全力以赴做好保通保畅工作。强化向省防指汇报沟通,在各级防指、交通运输、商务等部门的支持下,为寄递企业重点物资运输车辆办理通行证921张。“新十条”出台后,坚持“保供应、保畅通、保稳定、保安全”,及时开展工作调度,努力推动分拨中心和营业网点应开尽开、邮件快件积压快速纾解、行业业务量快速回升,有力保障寄递物流畅通稳定、支撑民生保供。

聚焦高质量发展,持续优化发展环境。持续优化营商环境。加强全省邮政业“十四五”规划实施,推动行业重大工程项目实施。推动落实中央和地方稳经济系列政策措施,全省邮政、快递企业税费减免3亿元。落实省优化营商环境领导小组部署,推动直管市邮政体制改革,指导天门市邮政业发展中心完成组建并下放部分监管职能。在全国率先开展“快递公司开办一件事”一事联办,实现快递经营许可与营业执照变更联办。设立线下综合政务服务窗口,实现“一窗受理、综合服务”。加强数字政府建设,省局在全省“高效办成一件事”考核排名不断提升。制定《湖北省邮政快递领域轻微违法行为免予处罚清单》,探索实施包容审慎监管。武汉、鄂州、荆州荣膺“中国快递示范城市”。

持续增强行业服务能力。持续推进快递“进

村”。推动农村寄递物流体系建设纳入全省市县党政领导班子和领导干部推进乡村振兴战略实绩等考核，基本实现市级层面出台支持政策文件全覆盖。与省财政厅、乡村振兴局联合开展农村寄递物流“最后一公里”和“最初一公里”试点，取得良好成效，全省共建设村级服务网点 17039 个，在中部省份走在前列。全省有 6 个快递服务现代农业项目业务量超千万，带动快递业务量 2.35 亿件、业务收入 11 亿元，带动农业产值 154.78 亿元。大力推进“快递进厂”。推动快递服务先进制造业“5312”工程，带动快递业务量 1.1 亿件、业务收入 4.9 亿元，其中 16 个项目年业务量超百万件。稳步推进“快递出海”。鄂州花湖机场正式投运，成为加快建设国内大循环重要节点和国内国际双循环的重要枢纽。菜鸟公司在武汉机场运输跨境电商出口货物逾 1300 吨，实现出口贸易额 1 亿美元。湖北省全年通过中欧班列累计发运邮件集装箱 18 个，带运国际邮件 40087 件，总重量 130 吨，寄达范围覆盖英国、法国和德国等 23 个欧洲国家及“一带一路”沿线国家。

持续推动从业人员合法权益保障。王忠林省长、省人大常委会工作报告充分肯定全省快递员权益保障工作。持续在全省开展“暖蜂行动”“快递从业青年服务月”，争取省总工会拨付专款 40 万元，开展慰问 105 场，为快递员免费体检和义诊 1.2 万人次，建立爱心驿站 1197 处，出台相关政策文件 22 个。全省新增优先参加工伤险 8724 人，累计参加工伤险人数达 1.9 万人，参加社保“五险”人数为 2.1 万人，占比达 90%。持续做好从业人员职业技能培训和快递工程技术人员职称评审，累计培训从业人员 25327 人次，争取政府补贴金额 98 万元，居全系统前列。

忠诚履职尽责，行业治理能力有效提升。强化法治建设。推动《湖北省邮政条例》修改，补充将邮政业应急管理纳入地方应急管理体系有关内容。制定省局重大行政决策程序规定、行政执法监督等实施办法。开展行政处罚案卷评查，依法办理行政复议案件 2 起，未发生行政应诉案件。制定实施《湖北省邮政业法治宣传教育第八个五年规划》等。开展《信访工作条例》、“4·15”国家安全教育日等专题宣传。加强执法队伍建设，襄阳局李娓涵同志获评“全国行政执法先进个人”。

加强邮政市场监管。持续开展快递市场秩序整顿，严肃整治未按名址投递快件、农村快递服务违规收费、超许可地域范围经营、暴力分拣等违法违规行为。全省邮政管理部门累计出动检查人员 1.3 万余人次，检查快递企业 6411 家次，对严重违法违规行为坚决予以处罚。完成全省行业 12305 申诉电话与 12345 市民热线整体归并工作，受理用户申诉 6529 件，为用户挽回经济损失 192 万元。

推动行业绿色发展。贯彻落实省发展改革委等 8 部门《加快推进全省快递包装绿色转型实施意见》，实施行业绿色发展“9917”工程，制定《湖北省邮件快件包装操作规范备案工作实施方案》。实现采购使用符合标准的包装材料比例达 93%，规范包装操作比例达到 94%，电商不再二次包装率达 92%，可循环快递箱达到 54 万个，回收复用瓦楞纸箱 4930 万个。

提升支撑服务水平。建立行业稳增长经济运行月调度月分析机制，加强统计分析研判和数据解读，及时向省政府及有关部门汇报行业发展情况，获省领导肯定。各市（州）局积极推进县级邮政业安全（发展）中心建设，全年新增 29 个县级事业单位。持续推进邮政领域财政事权与支出责任划分改革，省局、各市（州）局共争取到地方资金近 3000 万元，居全系统前列。持续强化预算管理和执行，扎实做好督查、信访、保密、档案管理、政府信息公开、建议提案办理等工作。

三、新时代十年行业发展成就

始终坚持党的全面领导，以“忠专实”作风担当作为。把政治建设摆在首位，坚持不懈用习近平新时代中国特色社会主义思想凝心铸魂，坚定不移全面从严治党，把党的领导贯穿于行业改革发展和管理工作的全过程和各方面。牢记习近平总书记寄予邮政快递业的殷殷嘱托，忠诚捍卫“两个确立”，坚决做到“两个维护”，团结奋进、接续奋斗，为建设新时代邮政强国谱写了壮美的湖北篇章。

行业增长突飞猛进，基础性、战略性、先导性作用日益凸显。全省快递业务量增长26.6倍，年均增幅近40%；邮政行业业务收入占全省生产总值的比重由0.2%上升至0.8%。快递服务能力显著提升，全省最高快件日处理能力超过3000万件，快递业务量收稳居全国第一方阵，全省年人均快件使用量由2件攀升至54件。行业直接吸纳就业10余万人，涌现出一批实力雄厚、充满活力的快递服务主体，有力支撑服务电商平台和关联产业蓬勃发展。

行业高质量发展行稳致远，发展成果更多更公平惠及全省人民。邮政快递服务网络深入乡村，直接惠及湖北5830万人口。顺丰花湖机场等一批分拨枢纽投入运营，成为湖北邮政快递业在新一轮区域一体化发展中的强大动力和引擎。全省共有邮政、快递各类营业网点26594处，实现“乡乡设所、村村通邮”，快递进村稳步推进，助力打赢脱贫攻坚战，服务乡村振兴。

行业保持安全稳定发展，治理能力和治理体系现代化水平不断提升。健全行业监管体制，省级和1个市级（十堰）邮政业安全中心、8个县级机构和47个县级（含4个直管市、林区）安全中心成立。《湖北省邮政条例》发布施行并两次修改，“放管服”改革不断深化，新业态监管包容审慎，监管信息化水平不断提升。严格执行“三项制度”，有序推进“绿盾”工程应用，风险防范和应急处置能力持续增强，有力保障了党和国家重大活动期间寄递安全，未发生重大安全生产责任事故。

行业发展环境持续优化，行业地位与认可度大幅提升。党中央、国务院和社会各界对行业的重视、关注和支持达到了历史新高度，干事创业环境氛围浓厚，队伍精气神大幅提升。从业人员素质显著提高，快递员群体权益保障扎实推进，精神文明建设再上台阶。抗击新冠肺炎疫情期间，以“全球青年抗疫榜样”汪勇为代表的10万快递小哥冒疫奔忙，为打赢湖北新冠疫情防控阻击战、助力疫后经济重振作出了突出贡献，“小蜜蜂”精神备受认可。

四、快递市场存在的突出问题

发展规模与发展质效不平衡，寄递枢纽功能优势未充分发挥，末端基层网络不够稳定。城乡区域发展不协调，农村快递基础设施有待加强。跨境寄递业务发展不足，与湖北改革开放、发展外向型经济的要求不相适应。行业治理能力有待提升，寄递渠道安全管理机制有待完善。

湖南省快递市场发展及管理情况

一、快递市场总体发展情况

2022年，湖南省快递企业业务量累计完成231716.84万件，同比增长17.15%；业务收入累计完成178.68亿元，同比增长9.95%（表7-18）。

表7-18　2022年湖南省快递服务企业发展情况

指标	单位	2022年		比上年同期增长（%）		占全部比例（%）	
		累计	12月	累计	12月	累计	12月
快递业务量	万件	231716.84	23532.30	17.15	17.57	100.00	100.00
同城	万件	23879.32	2572.04	-5.52	0.71	10.31	10.93

续上表

指标	单位	2022年		比上年同期增长(%)		占全部比例(%)	
		累计	12月	累计	12月	累计	12月
异地	万件	206933.79	20885.56	20.73	20.41	89.30	88.75
国际及港澳台	万件	903.73	74.70	-20.28	-35.73	0.39	0.32
快递业务收入	亿元	178.68	18.08	9.95	17.53	100.00	100.00
同城	亿元	12.97	1.34	-11.30	1.62	7.26	7.42
异地	亿元	103.81	10.89	15.15	19.98	58.10	60.25
国际及港澳台	亿元	5.56	0.55	32.03	-321.46	3.11	3.04
其他	亿元	56.34	5.29	5.26	1.19	31.53	29.29

二、行业管理工作及主要成效

不断加强党的领导，党的建设全面深入推进。 牢牢把握政治建设根本。强化政治机关意识教育、理想信念教育、对党忠诚教育，深化“三表率一模范”机关创建，组织“对党忠诚”专题学习研讨交流。坚决把贯彻习近平总书记对邮政快递业重要指示批示精神作为践行“两个维护”的政治要求和实践标准，紧盯全面从严治党、快递员群体权益保障、农村寄递物流体系建设、寄递安全监管、疫情防控等重大任务深化政治监督，确保落实党中央决策部署不偏向、不变通、不走样。党组专题学习研究意识形态工作2次，牢牢把握意识形态工作主动权。

强化思想理论武装头脑。严格落实党组会议“第一议题”制度，及时跟进学习习近平总书记最新讲话指示精神，开展《习近平谈治国理政》第四卷、《习近平新时代中国特色社会主义思想学习纲要》等专题学习研讨15次。开展党组理论中心组集中学习研讨12次，深入学习宣传贯彻党的二十大精神，第一时间召开全省系统学习宣贯动员部署会，班子成员带头讲授专题党课，深入企业一线开展理论宣讲，引领企业思想看齐、发展紧随。出台党史学习教育常态化长效化若干措施，持续提升党史学习教育的针对性和有效性。

增强基层党的组织建设。严格落实“三会一课”等制度，持续深化“五化”，扎实建设“四强”党支部。开展软弱涣散基层党组织专项整顿工作，推进基层党务工作提质增效。加强和改进党对群团组织的领导，有力提升了机关党建对群团建设的带动能力。省级快递企业总部实现党的基层组织全覆盖。省、市两级实现快递行业党委全覆盖。推举圆通快递小哥马石光当选为党的二十大代表。修订完善局党组班子成员党建工作联系点制度。探索非公快递企业党务干部分批分阶段进机关跟班学习制度，培育快递行业非公党建力量。

持续巩固作风建设成果。深入开展全省系统2021年度公务用车、交流干部租房情况自查自纠，对发现问题立行立改。联合省纪委、省委宣传部开展违规征订报刊加重基层负担问题专项整治，解散作用发挥不明显的工作微信群，坚决整治形式主义为基层减负。深入督导整改基层“表格抗疫”“优秀留痕”等形式主义突出问题。深入开展重要节假日“四风”问题提醒监督，组织开展违规收送红包礼金专项整治。出台加强新时代廉洁文化建设的实施方案，深入推进清廉机关建设，着力以良好的党内政治文化涵养风清气正的政治生态。

推动管党治党取得新成效。常态化落实党组会议专题研究全面从严治党工作机制。突出加强对“一把手”和领导班子的监督。开展警示教育活动2次，扎实筑牢党员干部廉洁自律底线意识。严格监督干部选拔任用程序，落实新提拔干部开展任前廉政谈话制度。完成市州局党组班子配备比例要求。举办全省系统党务纪检干部培训班，不断加强干部队伍建设。认真落实巡视整改任务,构建反馈问题上下联动整改机制。完成5个市州局巡察。

坚决落实中央部署,服务社会发展有力有序。圆满完成党的二十大寄递安保任务。两次召开动员部署会议,切实提高全省寄递渠道安保备战等级。盯紧盯牢邮政快递领域重大安全风险隐患,认真落实分片包干责任制度,局领导分别带队深入市州和企业开展穿透式督导,机关干部下沉一线,实行明查暗访常态化,及时交办发现问题线索。严格执行每日调度和当日通报,进一步压实企业主体责任和市州局监管职责,努力做到边查边改、即查即改,全力以赴推进全省行业安全风险防范化解工作,保障寄递渠道安全畅通。“快递进村”持续深入推进。因地制宜推进邮快、快快、快商、交邮等进村模式,做好“快递+”文章。积极推动客货邮融合发展试点任务落地落细,多次实地调度指导试点县市项目推进与验收。客货邮融合发展试点工作获国务院督查组肯定推介,省政府工作报告肯定试点成效,破解快递下乡进村“最后一公里”难题政务信息获国务院领导批示,并在国办综合刊发。全省21215个建制村实现邮快合作,快递服务通达22718个建制村,覆盖率达94.63%。快递员群体合法权益得到有力保障。联合6部门印发《关于做好快递员群体合法权益保障工作的实施方案》,聚焦重点环节和关键问题,拿出扎实举措。督导推广实施《快递企业末端派费核算指引(试行)》,督促企业落实末端派费调整和考核罚款事项削减等要求。联合省人社部门出台基层快递网点优先参加工伤保险文件,参保进度稳步向前。持续开展关爱快递员“暖蜂行动”,开展慰问活动50余次,设立快递员爱心驿站59个,协调公租房、廉租房等192户,推动企业为快递员购买保险3.8万人次。服务乡村振兴成效明显。总结推广快递服务现代农业“一县一品”“一地一品”和金牌项目发展经验,鼓励企业立足特色农产品和现代农业发展需要,为农产品上行提供专业化供应链寄递服务,推动“互联网+”农产品出村进城。全年全省农村地区快递业务量超1.2亿件,同比增长88%,农特产品出村进城销售额超7.7亿元,带动农民增收近5000万元。

政策供给持续发力,行业发展环境进一步优化。农村寄递物流体系建设加快落地。省政府出台《关于加快农村寄递物流体系建设的实施意见》,安排部署八项重点任务,进一步明确了农村寄递物流设施的公共属性,推动建立起“省级统筹、市级督导、县级主抓”的工作体系,为农村寄递物流体系建设搭建起必要的财政保障。省委一号文件、湖南数字乡村发展等省级政策明确支持农村寄递物流体系建设。3个市州相继出台实施方案。规划纲要宣贯措施有力。制定国、省《“十四五”邮政业发展规划》宣贯实施方案和《邮政强国建设行动纲要》重点任务分工方案,举办《规划》解读宣贯培训班,强化规划纲要落实。长沙“邮快跨”业务一站式通关新模式入选制度创新案例,财政奖励200万元。助企纾困解难成效明显。积极协调财税部门,推动全省快递企业落实增值税留抵退税5500万元,税费减免合计1.1亿元,协调对符合条件的快递收派收入免征增值税。推动全省57家邮政快递企业纳入交通运输、物流仓储业1000亿元再贷款“白名单”。依法行政能力稳步提升。出台规范邮政快递市场监督管理委托行政执法工作的指导意见。开展案卷评议,促进严格、规范、公正、文明执法,依法保证市场主体正当权益。坚守法治立场,在“9·6”长沙物流分拨中心爆燃事故调查中主动作为,向省安委办、长沙市事故调查组释明寄递概念的法律边际和邮政管理部门依法行政立场。依法处理行政应诉、行政复议14起。

深入推进结构性改革,高质量发展换挡提速。服务基础能力不断增强。引导骨干大型网络型企业大力发掘冷链专配、仓配一体、同城急配等业务潜力,培育新的业务增长点。京东投资近2亿元建设冷链高标仓库1.3万平方米。全省邮政普遍服务营业场所改新建845处、投递场所改新建337

处,农村单人局所减少至9个,农村新增投递汽车1317辆,汽车投递率达73.51%,建成自提点30915个,基本实现建制村全覆盖。跨境寄递业务保持逆势向好。紧扣湖南自贸区建设,加快完善跨境寄递服务能力,进一步提升通关效率。全年实现进出口邮快件780万件,进出口总额8亿元,国际邮件运输直封线路通达5个国家和地区,其中美国、俄罗斯、日本实现直飞。联合长沙海关协同推进中欧班列9610跨境电商邮快件项目在长沙落地实施。人才队伍建设有力推进。在全国率先出台《邮政快递业职业技能提升工程实施方案》,将快递员、快递处理员和邮件快件安检员纳入政府补贴培训目录。持续开展快递从业人员职业技能培训。2个市州举办快递职业技能竞赛。持续开展快递工程技术人员职称评审。支持省邮政行业职业技能鉴定中心转型发展,委托承担行业人才综合支撑服务。组建湖南省快递业专家委员会,为全省快递行业人才队伍建设提供智力和资源支持。协同发展能力进一步深化。政邮、警邮、税邮等传统邮政综合服务项目保持稳定,服务覆盖率持续优化。警医邮合作取得显著进展,全省8个市州53个区县市覆盖警医邮业务,累计业务量达599.05万件。省邮政分公司联合湖南省高级人民法院共同打造"智能化、集约化、分段化"送达机制,全省143家法院全部实现一体化服务模式签约。

统筹发展和安全,行业综合治理成效持续提升。有序强化常态化疫情防控。坚决落实《新型冠状病毒肺炎防控方案(第九版)》和"四方责任"、"四早"要求,全面抓好行业疫情防控各项常态化措施。认真落实最新版《疫情防控期间邮政快递业生产操作规范建议》,强化进口国际邮件快件、进口货品转寄等管理措施。持续推进从业人员新冠病毒疫苗加强免疫接种。修订完善《湖南省邮政业疫情防控应急预案》,组织主要品牌企业开展综合应急演练或专项演练15次,妥善处理了北京、杭州、山西、内蒙古等多起涉邮疫情感染事件,未发生疫情外溢和感染。

邮政市场监管有力有序。积极对接发改、市场监管等部门,对快递末端服务违规收费开展联合监管执法,坚决斩断企业利益链。抓实开展快递市场秩序整治专项行动,坚决打击快递"黄牛"。推动企业加大隐私面单等应用,建立健全寄递用户信息安全保障制度,加强个人信息安全保护。指导市州局妥善应对司法监督,积极参加快递面单个人信息保护暨寄递安全监管行政公益诉讼案件听证会,为行业发声。

安全监管和应急处置能力有效提升。狠抓"三项制度"落实,收寄实名率稳定在99.80%以上,全国排名第六,726台安检机实现全省县市全覆盖。全省37个省级分拨中心、93个市级分拨中心已基本实现"四个全覆盖、五个必须、六个严禁"治理目标。进一步深化寄递渠道安全监管联合机制,充分发挥平安建设考评"指挥棒"作用。修订完善全省邮政快递业突发事件应急预案。圆满完成重大活动寄递安保任务。省局获评年度安全生产"优秀单位"。

绿色转型发展深入推进。联合7部门印发《加快推进快递包装绿色转型的若干措施》,快递包装绿色转型被纳入湖南省"十四五"循环经济发展行动计划和全省塑料污染治理2022年工作要点。首个地方性标准《可循环快递包装应用规范》正式发布施行。扎实推进"9912"工程,企业使用符合标准的包装材料比例达93.61%,规范包装操作比例达93.56%,投入使用可循环快递箱(盒)11.07万个,未二次包装的电商件比例达90%以上。

基础能力保持稳中有进。积极落实"双重管理"有关要求,建立中央与地方财政资金互为补充的经费保障机制,全省系统争取地方财政补贴资金1325.74万元。加大事权改革、新闻宣传、值班值守等工作督查通报力度,积极引导全省系统构建正向激励良性机制。信访、保密、信息化、政务公开、建议提案办理等工作落实有条不紊。

三、新时代十年行业发展成就

统筹推进邮政快递网络建设，在当好中国现代化的开路先锋新征程中勇挑畅通重担。紧密衔接综合交通运输体系，融入共建“一带一路”，加快城乡物流节点布局建设，基本形成航空、铁路、公路立体交通运输体系，服务网络连接城乡、覆盖全省、连通世界。航空快件绿色通道接连开辟，8 条国际货运航线相继恢复和新增，国际邮件、国际快件、跨境电商实现“三关合一”同场监管，高铁快递进站上车“无缝衔接”，中欧班列开行数量逆势增长加速驰骋。全省行业直接吸纳就业人员 10 万人，为社会和谐稳定作出积极贡献。拥有各类营业网点 2.3 万余处，各类干线、支线和末端运输车辆超万辆，业务收入超过 10 亿元的品牌达到 4 家，降低直接流通成本超百亿元，有效带动要素资源集聚，为湖南经济发展注入新的活力。

持续提升邮政快递服务能力，让行业改革发展成果更好惠及广大人民群众。全省邮政业固定资产投资超 300 亿元，一批强基础、增功能、利长远的重大项目落地实施，重点品牌区域分拣中心全面实现智能化自动化，枢纽作用进一步增强，日处理超 3000 万件、年服务超 50 亿人次的寄递网络构建成型。邮政普遍服务均等化水平巩固，投递频次、深度、时限持续改善，邮政综合服务平台建设成效明显，邮政机要通信万无一失。县乡村快递配送体系加速贯通，乡镇及以下快递服务实现全覆盖。仓配一体化、代收货款、供应链服务等，当日达、次日达等业务种类不断丰富，服务功能和品质持续改善，邮件、快件时限准时率稳步提升，邮政普遍服务和快递服务满意度逐年提高，有效申诉率不到百万分之一。新冠肺炎疫情期间，毫不放松做好行业疫情防控，果断处置涉疫事件，阻断疫情全力保障民生物资、医疗物资、党报党刊、机要邮件及时投递，快递服务网络和末端微循环畅通，有力服务产业链供应链稳定畅通，人民群众用邮获得感、幸福感、安全感明显增强。

充分发挥邮政快递业基础性、战略性、先导性作用，为创造美好生活提供邮政快递保障。十年间，全省邮政行业业务收入年复合增长率达 19.6%，快递业务量和收入年复合增长率分别为 35.1% 和 27.9%，高于规划目标和地区生产总值增速，发展势头强劲，成为中部发展最快、最具活力的新兴寄递市场之一，业务量全国排名前移 2 位。长沙成功创建中国快递示范城市。“怀化冰糖橙”入选全国快递服务现代农业金牌项目，行业下沉服务 79 个农村电商示范县、联通万亿级农产品加工业，对接千亿级新材料、医药等产业。“湘品出湘”拓展到 150 多个品种，县域农村出省快件日均超过 200 万件。“工业品下乡”邮快件比重超过全省派件量的 1/4。行业逐渐成为农特产品的直通车、制造业的流动仓库、商品流通的加速器和跨境电商的桥头堡，为打赢脱贫攻坚战、推动乡村振兴、促进城乡区域发展、做好“六稳”“六保”作出了积极贡献。

深入贯彻落实新发展理念，为服务“三高四新”战略定位和使命任务贡献行业力量。引入北斗应用集成人工智能、物联网、区块链等新技术助力“数字快递农村行动”。企业建成 36 个智能化分拨中心，大数据、云计算、物联网、人工智能、无人仓、无人车等技术装备广泛应用。快递员群体关心关爱和权益保障更加有力，全省新增社保“五险”及优先参加工伤保险人数 24790 人，建立各类快递小哥爱心驿站 623 个。从业人员素质能力显著提升，“快递小哥”马石光入选党的二十大代表，290 名快递员通过快递工程技术人员职称评审，791 人次荣获五一劳动奖章等各项荣誉称号，为自己添彩、为行业赋能。邮政快递绿色低碳转型发展深入推进，快递包装减量化、标准化循环水平稳步提升，邮件快件包装废弃物回收装置成为网点标配，电子运单使用率超 99%，电商件非二次包装率超 90%。邮政快递安全形势总体稳定，收寄验视、实名收寄、过机安检“三项制度”执行到位,党和国家重大活动期间寄递安全保障有力,十年来未发生较大以上安全生产责任事故。

纵深推进邮政改革,中国特色社会主义制度优势更加彰显。深入推进邮政体制改革,与综合交通运输管理体制融合更加紧密,监管支撑体系强化,省以下邮政监管机构逐步完善,省市两级邮政业安全中心实现全覆盖,醴陵、邵东县级邮政监管机构获批成立。《关于促进快递业发展的实施意见》《关于加快农村寄递物流体系建设的实施意见》等重要政策相继出台,交通运输领域省级与市县财政事权和支出责任划分改革稳步实施,行业规划、地方标准不断完善。邮政企业子改分的法人体制调整全面完成,市、县级分支机构顺利更名换牌。“放管服"改革不断深化,快递经营业务许可等政务服务事项纳入地方一体化平台,实现全程网办“零跑腿”,智能快件箱、快递公共服务站等新业态监管包容审慎推进。

矢志不移坚定理想信念,砥砺初心使命,与时代同频共振,切实担当起历史赋予的重任。全省系统党员干部深刻认识到群众路线是党的生命线和根本工作路线,将履职尽责视为践行群众路线的应有之义;带头践行“三严三实”要求自省自励自警,围绕“两学一做”加强思想政治建设,马克思主义立场更加坚定;聚焦贴近民生实事、行业“急难愁盼”问题,寻初心、守初心、践初心,为民服务的理想信念更加坚定。在百年党史中汲取奋勇前进的精神动力,干事创业的积极性进一步增强。对照巡察发现的主要问题抓好整改落实,做到真管真严、敢管敢严、长管长严,推动从严治党从“宽松软”走向“严紧硬”,政治生态持续纯正。充分利用湖南红色资源,组织党员干部参观廉政教育基地、革命遗址遗迹和纪念场馆,进一步强化自我修炼,坚定理想信念,主动担当作为。

四、快递市场存在的突出问题

一是企业合规经营水平不高。由于加盟制企业随意层层加盟或委托经营,导致市场主体未经许可经营快递业务、委托无许可企业经营快递业务等违法行为较为明显。长沙“4·29”望城自建房倒塌事故发生后,许可制度对快递企业经营场所安全提出更高要求,由于用途性质不符合相关规定或无自建房房屋安全鉴定证明,经营快递业务许可、变更和续证申请通过率低,导致无证或过期未换证的情况更加突出。

二是市场经营秩序有待进一步规范。各加盟制企业为追求市场占有率,导致快递“黄牛”、利用快递服务“刷单”、低价无序竞争、末端“违规收费”等现象层出不穷。但“黄牛”“刷单”“价格战”的定义、定位不够清晰,其本身是否违法,现有邮政法律法规尚无相关规定和依据,监管依据不够充分。快递市场作为充分竞争的市场,快递价格不属于政府定价范围,价格主管部门和价格监管部门对快递“价格战”并无监管意图,也未对其定性为违法行为。同时,“黄牛”“刷单”“价格战”“违规收费”等现象问题表现在基层,根子却在企业总部,需加强源头治理,强化对企业总部的行政指导,督导其完善内部制度,强化内控管理。基层在本身依据不足、抓手不够的情况下,虽大力集中整治,但收效不佳,未能触及根本、长效解决。

三是安全监管形势依然严峻复杂。全省邮政快递市场规模不断壮大,线上线下融合日益加深,全省邮政快递业总体保持安全平稳运行态势,但行业平安建设工作仍呈现出“矛盾纠纷易发多发、安全形势不容乐观”的复杂局面。部分企业安全生产主体责任不实、管理本质水平不高,在执行寄递安全管理“三项制度”方面仍存在实名不实、安检虚化等问题,从而导致近年来不法分子利用寄递渠道寄递违禁物品问题较为突出。

广东省快递市场发展及管理情况

一、快递市场总体发展情况

2022 年，广东省快递企业业务量累计完成 301.4 亿件，同比增长 2.3%；业务收入累计完成 2510.3 亿元，同比增长 2.3%（表 7-19）。广东省成为全国快递业务量唯一突破 300 亿件大关的省份。

表 7-19　2022 年广东省快递服务企业发展情况

指标	单位	2022 年		比上年同期增长(%)		占全部比例(%)	
		累计	12 月	累计	12 月	累计	12 月
快递业务量	万件	3013602.76	259100.06	2.30	-7.19	100.00	100.00
同城	万件	337146.52	26668.09	-13.38	-28.53	11.19	10.29
异地	万件	2563168.79	220206.49	5.03	-5.17	85.05	84.99
国际及港澳台	万件	113287.45	12225.49	-2.42	26.60	3.76	4.72
快递业务收入	亿元	2510.30	232.61	2.28	9.93	100.00	100.00
同城	亿元	164.15	13.73	-18.63	-21.39	6.54	5.90
异地	亿元	1455.67	131.03	1.03	2.86	57.99	56.33
国际及港澳台	亿元	537.77	55.69	3.97	49.86	21.42	23.94
其他	亿元	352.71	32.16	19.75	8.69	14.05	13.83

二、行业管理工作及主要成效

做到“两个维护”，坚决把中央重大决策部署落到实处。党的二十大寄递安全服务保障任务圆满完成。会同相关部门以最高标准、最严要求、最强措施严防严控严查严纠，认真做好寄递安全、疫情防控和服务保障各项工作，局领导带队开展包干督导检查，顺利实现“五个严防、三个确保”工作目标。组织对《中国共产党第二十次全国代表大会》纪念邮票发行进行监督检查。党的二十大精神学习宣传贯彻扎实开展。开展“奋进新征程 建功新时代 以模范机关创建实际成效迎接党的二十大胜利召开”主题活动。印发学习宣传贯彻党的二十大精神工作方案，通过党组会、党组理论学习中心组学习会、“三会一课”、专题宣讲、开展访谈等，掀起学习宣传贯彻热潮，教育引导党员、干部把学习成效体现到做好疫情防控、保通保畅、安全生产、助企纾困等各项工作中，确保党的二十大精神落到实处。

快递员群体权益保障进一步加强。联合 6 部门出台并落实《广东省保障快递员群体合法权益若干措施》。完成全省 183 个区域主要快递品牌末端派费核算，落实核算结果总部企业认领与结果运用。做好基层快递网点优先参加工伤保险工作，总体参保率 96.7%。深化行业人才培养，完成政府补贴职业技能培训 10.2 万人次，开展职称评审认定 896 人次。组织开展“暖蜂行动”，慰问快递小哥近 400 场次，协调解决保障房 89 套，新增爱心驿站等服务阵地 2000 余家，通过建立工会等群团组织、开展法律心理咨询、组织免费体检等为快递员送去温暖。

农村寄递物流体系建设有效推进。制定《广东省农村寄递物流县、乡级处理中心和乡镇网点建设指引》，强化专项资金引导，建成 200 余个县级邮件快件处理中心、2 万余个村级站点。持续保持建制村“村村通快递”，实现农村快递服务范围公告全覆盖。邮快合作建制村覆盖率达 61.71%。新增邮路 44 条，农村实施汽车化投递道段占比 82%。

行业绿色转型进一步加快。构建多部门协同

的快递包装治理机制。全省行业采购使用符合标准的包装材料比例、规范包装操作比例、电商快件不再二次包装率均达96%，扎实推进可循环快递包装规模化应用试点，应用规模超230万个，回收复用瓦楞纸箱1.18亿个，新能源、清洁能源汽车保有量达1.09万辆。认真做好邮政业用品用具抽检及名录管理。办理生态环保类案件22件，21个市局全覆盖。协同开展国家生态文明试验区(海南)快递包装绿色治理。

坚持统筹兼顾，坚决把疫情要防住、经济要稳住、发展要安全的重要要求落到实处。疫情防控精准有效。每季度召开专题会议对行业疫情防控工作进行研究部署，强化与省防控指挥办的协调联动，压实各方责任，因时因势调整行业防控措施，服务疫情防控大局。健全进境邮件快件疫情防控专班工作机制，动态管理处理场所、重点岗位从业人员、收件人3个信息库，主动对接卫健、疾控部门，构建全链条防控体系。推行“场所码”“团体码”，强化信息系统建设应用，加强视频巡查和实地检查，督促严格落实常态化防控措施，从业人员全程疫苗接种和定期核酸检测实现“应接尽接”“应检尽检”，省际邮件快件处理中心应急演练全覆盖。对企业和发生本土疫情的地市进行日调度，有效处置广州、深圳等多起本土疫情对行业造成的影响。“新十条”发布后，稳妥做好疫情防控转段工作，维护行业安全稳定运行。副省长陈良贤先后9次到行业调研疫情防控工作，国家邮政局和省委、省政府主要领导对行业防控成效给予充分肯定。

行业保通保畅有力有序。牵头成立全省行业保通保畅工作专班，对接省物流保通保畅工作机制，坚持保通保畅情况日调度，及时化解“梗阻”。做好全省特别是农村地区群众民生物资和医疗物资寄递服务。坚决抓好行业旺季服务保障，副省长陈良贤连续5年在“双11”当天亲临行业一线督导旺季生产，指导做好保通保畅。按“应发尽发”原则累计为企业发放车辆通行证2万余张，落实“白名单”制度。联合住建部门多举措维护末端寄递服务正常运转，协调行业企业参与社区配送和应急物资保供。开展“九不准”自查清理，保障寄递渠道畅通。落实减税降费、纾困解难和稳住经济一揽子政策，行业市场主体获减免税费13亿元，136家中小微快递企业申报交通物流专项再贷款，为企业争取抗原检测试剂54万份，以及防疫用品和药品一批，推动地方政府进一步优化一线从业人员健康筛查规定，减少快递员上岗作业限制。

安全生产责任落实进一步强化。贯彻落实安全生产“15条硬措施”、国家邮政局“14条”和“广东65条”，定期组织召开全省行业安全生产会议，强化工作部署和统筹协调。以督促严格执行“三项制度”为重点，推动最高检“七号检察建议”落实。健全寄递渠道安全管理联席会议制度，做好寄递渠道全链条全环节安全管理，坚决防范涉枪涉爆、涉毒涉危及侵权假冒等违禁物品流入寄递渠道。切实发挥行业安全生产协调领导小组机制作用，开展“安全生产月”、生产作业场所安全风险排查整治等系列活动，做实安全生产培训和应急演练，强化警示教育。联合公安、网信等部门开展邮政快递领域个人信息安全专项治理，办理涉个人信息泄露案件4宗。组织开展邮政快递企业网络安全攻防演练和个人信息安全保护知识培训，引导企业加强技术应用，实现面单信息隐私保护。联合省保密局开展邮政机要通信保密安全专项督导检查，进一步健全与“扫黄打非”部门协同机制。推进“绿盾”工程建设应用，强化信息化巡查。胜利完成北京冬奥会等重大活动会议期间寄递安保任务，有效应对“龙舟水”、台风等恶劣天气影响，做好防汛救灾工作，妥善处置各类突发事件。

着力抓住重点，坚决把推动高质量发展落到实处。行业政策环境不断优化。开展“十四五”规划宣贯实施。将“推动农村水电路气网邮等基础设施提档升级”纳入省第十三次党代会报告。

与海关签署合作备忘录，落实《关于推进粤港澳大湾区邮政业发展的实施意见》。推动落实省政府《关于推进广东省邮政快递业高质量发展的实施方案》等，行业多项重点工作任务纳入省相关规划和有关部门政策文件中。广州、揭阳通过中国快递示范城市复评，佛山、中山顺利纳入第三批。

行业服务能力水平持续提升。协调推进重点项目建设，华南陆路邮件处理中心运能提升，顺丰华南航空枢纽（广州）正式投产，圆通广州白云转运中心扩建升级。服务城乡一刻钟便民生活圈建设，夯实农村邮政服务基础，优化城市邮政服务，邮政综合服务平台完成警医邮等寄递业务量超3000万件，快递末端备案网点2.3万个，投入运营智能快件箱6.4万组。持续推进行业科技创新，无人车、无人机在广深莞佛等地得到推广应用。制定实施《广东省重大专项工作专用邮政信箱邮件寄递服务管理规定（试行）》，联合省教育厅做好高校录取通知书寄递服务保障，扎实办好行业更贴近民生七件实事，人民群众用邮获得感持续增强。

产业联动融合发展凸显成效。联合申报8个农村电商快递协同发展示范区、24个快递服务现代农业示范项目，新增阳江海鲜、普宁青梅2个寄递业务量超千万件项目，全省快递服务现代农业金牌项目8个，梅州兴宁“电商物流＋农村客货同载＋商超联运”获评第三批全国农村物流服务品牌。推动“快递进厂”。联合开展快递业与制造业融合发展项目库建设，完成入库项目申报180个。推进“快递出海”。引导企业参与跨境电商综合试验区建设，争取政策利好。自贸区新增3家许可经营国际快递业务企业，省内总部企业海关监管仓设置超170万平方米。国际/港澳台快递业务量完成11.3亿件，全国占比56%；业务收入完成537.8亿元，全国占比46.3%。支持全国性大型集邮活动——东莞虎门2022第2届粤港澳大湾区集邮展览顺利举办，为粤港澳大湾区文化交流作出新贡献。

治理体系建设持续深化。开展“八五”普法宣传，印发深入推进法治政府建设实施意见和公平竞争审查实施细则，制定实施《广东省快递企业省内总部统一管理责任制实施办法》，指导制定《广州市快递条例（草案）》。深化“放管服”改革，行业政务服务事项与广东政务服务网实现对接，快递企业分支机构名录寄递服务21地市全覆盖。加强统计监测，提升数据质量。进一步落实“过紧日子”措施，全力“保民生、保工资、保运转”。推进财政事权和支出责任划分改革，全省系统争取地方补助资金超5500万元。强化预算绩效管理，不断提升资金使用效率。完善安全监管支撑保障体系，新增广州、茂名、惠州、潮州、云浮、湛江、珠海7市获批组建邮政业安全中心，全省已成立19个市级邮政业安全中心。实现“12305”申诉热线与“12345”政务服务热线双线归并、双号并行，提供“7×24”小时全天候人工服务。

加强党的领导，坚决把全面从严治党的政治责任落到实处。党的建设持续加强。深入学习贯彻习近平新时代中国特色社会主义思想，组织学习《习近平谈治国理政》（第四卷）、《习近平经济思想学习纲要》等，认真执行“两个维护”十项制度机制，不折不扣贯彻落实习近平总书记重要指示批示精神，建立完善党史学习教育常态化长效化制度机制。高质量做好党的二十大代表、省第十三次党代会代表选举和省政协委员人选推荐工作，邮政管理系统内2名干部分别当选为省第十三次党代会代表和十三届省政协委员；行业3名基层快递员当选为省第十三次党代会代表，1名邮政企业基层员工当选为党的二十大代表，全省系统和行业各级党代表33人。深化党支部标准化规范化建设，组织系统清查整治突出问题规范党务工作。引导党员干部向社区报到参加志愿服务，持续唱响“我是党员我带头”。积极参与省委两新党工委增补及行业党委筹建，扩大深圳快递物流业党建工作试点成果，已成立地市级行业党委 11 个、县(区)级行业党委 1 个,企业基层党组织 160 个,覆盖 20 个快递品牌。

干部队伍建设不断加强。贯彻落实党政领导干部选拔任用工作条例,切实选优配强领导班子,市局班子配齐率 85.7%。落实公务员考核激励,进一步做好公务员职务与职级并行制度实施工作,畅通优秀干部晋职晋级通道,全省系统晋升职级人员 65 名。组织做好考试录用公务员和公务员转任工作,全省系统公务员配备率 94.5%。规范公务员工资津补贴管理,统筹推进全省系统清算期养老保险清缴工作。

党风廉政建设有力推进。统筹推进全面从严治党主体责任和监督责任落实。聚焦行业管理工作中的"国之大者",强化政治监督。严格落实中央八项规定及其实施细则精神,做实日常监督,紧盯关键节点,持续纠治"四风"。召开全省系统警示教育会,深化"三不"一体推进,加强对"一把手"和领导班子监督,强化年轻干部教育管理。按照国家邮政局党组要求,上下联动抓好中央巡视整改,做实"后半篇文章"。开展经济责任审计,开展借培训等名义搞公款旅游及参与"影子公司""影子股东"谋利问题专项整治,组织对巡视巡察、审计监督、专项治理等进行回头看。

行业精神文明建设更加深入。定期分析通报全省系统意识形态工作责任制落实情况。大力宣传行业发展成就,凝聚团结奋进力量。大力选树宣传行业先进典型,联合评选省级"最美快递员"个人 10 名、团队 5 个;7 个集体、11 名个人分获全国、全省"五一""五四"表彰;2 名个人入选 2022 年度交通运输青年科技英才名单;3 个集体获评全国邮政快递业"青年安全生产示范岗",省局获评优秀组织奖。

三、新时代十年行业发展成就

牢记使命谋发展,在推进行业高质量发展上走在全国前列。全省邮政快递业拥有各类营业网点 4.1 万处,基本建成连接城乡、覆盖全省、辐射全国、通达世界的邮政快递服务网络,邮政行业业务收入年均增幅达 24.9%,年快递业务量超过 300 亿件,增长了 21.5 倍,连续 14 年稳居全国第一,超过美国等发达国家,行业吸纳就业 40 余万人。当前,广东邮政快递业基本形成了"12345"的发展格局,即全国排名第一、行业收入与全省生产总值比值超过 2%、年均新增就业岗位 3 万个、快递业务量全国占比 1/4 以上、行业业务收入和快递业务收入全国占比 1/5 以上。广东已经成为具有最多市场主体、最大业务体量、最强转运能力、最全网络体系、最高国际化程度、最紧密产业关联度和最前沿科技应用的全国邮政快递业第一大省。广东邮政快递业的"稳",有力支撑了全行业的"进",为广东在新征程中走在全国前列、创造新的辉煌作出积极贡献。

守正创新提质效,在释放市场主体活力上争当表率。修订《广东省快递市场管理办法》,省政府《关于推进广东省邮政快递业高质量发展的实施方案》等利好政策相继出台,行业政策法规体系不断完善。深化"放管服"改革,在全国率先联合市场监管部门发文明确快递末端网点无须办理营业执照,发放全国第一张智能快件箱经营快递业务许可证,并实现 21 个地市邮政快递专用电动三轮车通行政策全覆盖出台、快递企业分支机构名录寄递服务全覆盖开通,行业营商环境不断优化。抢抓粤港澳大湾区建设重大发展机遇,奋力推动行业科技创新走在全国前列,不断增强发展动能。目前,在广东的行业技术研发中心共有 5 家,为行业科技创新水平的持续提升提供了重要支撑和保障。邮政快递绿色低碳转型发展深入推进,快递包装减量化、标准化、循环化水平明显提高,绿色成为广东邮政快递业最亮眼的底色。

协调联动促融合,在服务地方经济社会发展上勇当先锋。立足省情业情,找准行业在打造新发展格局战略支点中的定位,以推动行业积极服务广东制造业、农业、电商和外贸发展为切入口,主动融入经济社会发展大局，增强打通大动脉、畅通微循环的功能，打造高质量发展新的战略优势，在服务粤港澳大湾区、深圳先行示范区“双区”建设和广东省乡村振兴、扩大内需战略，支撑线上新型消费、稳固产业链供应链、抗疫保供、保通保畅等方面发挥着重要作用。围绕“一核一带一区”建设，统筹网络布局，广州白云机场、深圳宝安机场成为国际寄递枢纽，珠三角邮政快递业务核心优势更加明显；潮汕机场快递区域总部聚集效应凸显，粤东成为行业新的增长极；顺丰在湛江吴川机场开通全货机航线，粤西空港物流发展提速；北部生态发展区邮政快递业更加注重生态优先，高质量服务现代农业。邮政快递从积极参与电子商务配送，到如今已经成为电商发展不可或缺的重要一环。行业积极融入供应链、嵌入产业链，有力服务先进制造业，成为服务广东实体经济发展的重要力量。国际快递业务(代理)经营许可审批事项下放广东自贸区，《关于促进粤港澳大湾区邮政业发展的实施意见》落地实施，国际/港澳台快递业务量与跨境电商进出口规模同居全国第一。行业在广东国民经济中的基础性支撑性作用不断强化，年支撑实物商品网上零售额超过 1 万亿元，快递已经成为反映经济活力的“风向标”和经济发展的“晴雨表”。

锐意进取抓改革，在完善行业监管体制机制上做好示范。完善省级以下邮政监管体制，目前已成立 1 个省级邮政业安全中心、19 个市级邮政业安全中心，行业高质量发展、高效能治理的战斗力进一步增强。将解决市局机关办公用房问题作为“一把手”工程持续强力推进。通过几年的不懈努力、攻坚克难，全省从 2017 年以前 6 个市局争取到地方无偿提供的办公用房，到 2020 年 8 月实现 21 个市局的全覆盖，目前全省市局办公用房面积累计达到 2.2 万多平方米，基础配套更优化，部门协同相互支撑更到位，行业监管底气和监管自信切实增强，进一步筑牢了全省邮政管理工作基础。省、市邮政管理部门不断加强与地方相关部门的协作，形成了行业联合监管机制，构建了部门联动、政企协同、多方共治的行业监管格局。将信息化监管作为行业治理体系和治理能力现代化的重要支撑，广东省邮政业信息化监管平台正式投入运作，并推动国家邮政局“绿盾”系统在广东省的建设应用，真正做到一份档案同步全省企业信息、一张图掌握全行业运行动态、一套标准统筹全数据要素交换共享，实现了从“走、跑、看”的传统监管方式到集约化、智能化、现代化监管方式的转变，行业监管效能和本质安全水平得到大幅提升。

践行初心惠民生，在打造共建共治共享治理格局上奋开新局。用心用情用力办好每一件民生实事，着力提升行业从业人员和消费者的获得感、幸福感和满意度，促进行业共建共治共享，在全力服务一系列国家重大发展战略落实落地和保障民生福祉中，拓展行业发展新局面。实现建制村直接通邮，提高了邮政普遍服务能力；推进实施“快递下乡”“快递进村”工程，实现了“村村通快递”；快递员群体合法权益有了更加全面的保障，人才队伍能力素质明显提高；巩固提升邮政普遍服务均等化水平，邮政综合服务平台建设成效明显，邮政机要通信万无一失；行业服务产品不断创新，服务时效不断提升，便利化程度不断提高，人民群众用邮体验不断升级，行业服务千城百业、联系千家万户、连通线上线下的功能也更加凸显，过去“家书抵万金”，如今“快递暖人心”，邮政快递已经成为无处不在、无人不用的生活场景。

四、快递市场存在的突出问题

广东省邮政快递业发展取得显著成绩的同时，也面临不少困难挑战，发展不平衡不充分的问题仍比较突出，安全稳定压力大，推进行业高质量发展、高效能治理任重道远。

广西壮族自治区快递市场发展及管理情况

一、快递市场总体发展情况

2022年，广西壮族自治区快递企业业务量累计完成10.55亿件，同比增长2.62%；业务收入累计完成116.89亿元，同比增长3.67%（表7-20）。

表7-20　2022年广西壮族自治区快递服务企业发展情况

指标	单位	2022年		比上年同期增长(%)		占全部比例(%)	
		累计	12月	累计	12月	累计	12月
快递业务量	万件	105450.86	10676.81	2.62	10.80	100.00	100.00
同城	万件	16489.05	1611.14	3.61	6.78	15.64	15.09
异地	万件	88916.91	9062.54	2.50	11.60	84.32	84.88
国际及港澳台	万件	44.90	3.13	-51.51	-54.09	0.04	0.03
快递业务收入	亿元	116.89	11.45	3.67	13.05	100.00	100.00
同城	亿元	10.97	1.09	2.58	7.45	9.39	9.54
异地	亿元	55.99	5.63	0.39	5.04	47.90	49.19
国际及港澳台	亿元	1.38	0.09	12.87	-120.55	1.18	0.80
其他	亿元	48.55	4.64	7.73	10.42	41.53	40.48

二、行业管理工作及主要成效

坚守政治机关本色，加强党对行业的全面领导。坚决做到“两个维护”。把贯彻落实习近平总书记对邮政快递业重要指示批示精神作为首要政治任务，强化工作督查督办，做到跟进学习与常态落实相结合，贯穿邮政管理工作的全过程、各方面。严格落实“第一议题”制度，深入学习习近平新时代中国特色社会主义思想，及时跟进学习习近平总书记最新重要讲话和指示批示精神，年内党组（扩大）会组织学习29次，理论学习中心组专题学习4次。通过“三会一课”、主题党日、青年理论学习小组等形式，抓实干部队伍学习教育，推动系统上下深刻领悟“两个确立”的决定性意义，增强“四个意识”、坚定“四个自信”、做到“两个维护”。

认真学习宣传贯彻党的二十大精神。组织收看党的二十大开幕盛况。抓好党的二十大报告和习近平总书记重要讲话精神学习，制定学习宣传贯彻方案，丰富学习方式方法，拓展学习深度广度。召开副处级以上党员干部专题研讨班1次，领导班子成员上专题党课2次。开展进企业、进帮扶村宣讲和“奋进新征程、建功新时代”主题宣传。围绕习近平总书记对广西“五个更大”重要要求，制定贯彻落实清单。持续推动党的二十大精神在行业落地生根。

压实管党治党责任。认真落实从严治党主体责任和监督责任。聚焦贯彻落实习近平总书记重要指示批示精神强化政治监督，完成全区邮政管理系统第二轮巡察全覆盖，一体抓好中央巡视国家邮政局反馈意见和巡察发现问题的整改落实。推进机关党建与业务工作深度融合，制定实施方案和清单。加强行业领域党建，全系统新配备党建组织员14名。

贯彻新时代党的组织路线。坚持严管厚爱相结合，坚持正确选人用人导向。对12个市局党组开展选人用人专项检查。年内补充市局领导班子成员3名，市局领导班子配齐率92.86%；补充公务员5名，公务员配齐率98%。用好公务员职务与职级并行政策，新晋升一级调研员1名，三级调研员1名。加强年轻干部培养，选派15名年轻干部参加地方调训，选派8名到国家邮政局、区局跟班学习。

以严的基调强化正风肃纪。持续纠治“四风”特别是整治形式主义、官僚主义。巩固拓展落实中央八项规定及其实施细则精神成果，落实“过紧日子”要求，精简发文，不搞层层加码、痕迹管理，统筹开展督导检查、调研走访，减轻基层减负。推进清廉机关建设，组织党员干部开展“政治体检”，重要节日及时发布廉政提醒。聚焦“关键少数”开展纪检监察，制定对“一把手”和领导班子监督实施办法。开展借培训等名义搞公款旅游、参与“影子公司”“影子股东”谋利问题专项整治。抓好领导干部个人事项报告工作，未发现瞒报情况。

加强行业精神文明建设。开展“我们的节日”“社会主义核心价值观主题实践教育月”“学雷锋志愿服务”等活动，讲好行业故事，展现行业风采。行业年内1人获“全国五一劳动奖章”，4人获“广西五一劳动奖章”，3个集体获“广西工人先锋号”。

坚决防范化解重大风险，安全发展基础进一步夯实。圆满完成党的二十大寄递安保任务。开展全员上阵、全天候在岗在线的监督检查和分片督导，建立企业三级包干负责机制，组织“三项制度”专项执法、实物寄递测试等行动，对进京件专区收寄、专线安检，总结形成“广西经验”，得到国家邮政局主要领导、自治区政府有关领导批示肯定。顺利完成北京冬奥会和冬残奥会、全国两会、第19届中国—东盟博览会等重大安保任务。实现安全事故事件“零发生”。打好安全生产专项整治三年行动收官战，开展安全生产大检查和“回头看”、作业场所安全风险排查、处理场所安全管理规范化等行动。强化安全监测和应急管理，行业组织或参与各类应急演练110场，参与员工3945人次。开展“安全生产月”“消防宣传月”等宣传教育活动。举办习近平总书记关于安全生产重要论述学习活动125场，参与6230人次；组织观看安全生产警示教育片162场，参与11003人次。举办安全管理培训142场，参与5867人次。推动监管重心从管行为向管责任转变。出台企业区域总部未履行统一管理责任认定规则，筑牢“品牌—法人—末端”责任链条。制定坚决防范遏制重特大事故实施意见，修订企业安全生产主体责任落实规范，安全监管责任体系进一步健全。推进寄递安全综合治理。联合自治区检察院、公安厅建立寄递行业监管协作机制。依法履行在“扫黄打非”、反恐禁毒、打击侵权假冒、反走私、野生动植物保护等领域工作职责。认真做好群众来信来访工作，及时回应群众关切。

抓实抓牢疫情防控，保通保畅工作有力有序。坚决落实防疫责任。在区—市—县三级疫情防控指挥部成立邮政快递工作专班。动态调整防疫和应急工作指南，指导各级地方政府履行属地责任，实施行业疫情防控网格化管理，推进快递员核酸检测常态化、标准化、规范化，并承担相关费用。扎实开展防疫专项监督检查，突出抓好国际邮件快件“外防输入”。完成省级邮件快件处理中心防疫应急演练全覆盖。及时妥善处置6起涉疫邮件快件入桂事件。从业人员疫苗接种率、加强免疫接种率超99%。勇挑畅通重担。成立区、市两级邮政快递业保通保畅工作专班，建立问题督办机制。实行每日动态监测，强化指挥调度，及时协调解决运输受阻问题，累计办理邮政快递类通行证3099张。出台稳岗位、稳末端、强运力一揽子措施，处理中心、营业网点应开尽开、能开尽开，广大快递员冒疫奔忙，有力支撑全区民生医疗物资流通。特别是部分地区疫情爆发期间和防疫政策转段后一段时间内，充分发挥了流通主力军作用。千方百计助企纾困。依托邮政快递工作专班机制，报请自治区指挥部出台规范行业基础设施关停关闭程序、畅通邮政快递服务等系列支持政策和便利措施。统筹推进国家、自治区助企纾困、减税降费相关政策文件落地，行业年内实现减税降费1.38亿元,获地方财政资金支持1524万元。

贯彻新发展理念,服务和融入广西发展大局。积极落实广西与国家邮政局战略合作协议。加快推进《促进广西邮政快递业高质量发展实施方案》落地,建立32个部门组成的厅际联席会议机制,召开第一次全体会议。加大行业“十四五”规划宣贯力度,有效衔接地方重点规划。支持南宁成功申创第三批“中国快递示范城市”。持续跟进推动“五网”建设大会战涉邮项目,新投产4个省级快递枢纽。全区共建成省级快递枢纽15个,市级44个,邮件快件日处理能力超2000万件。省际直达陆运路由超120条,联通80多个主要城市,覆盖全国95%的人口。年内行业完成总投资11.42亿元。

“快递进村”助力乡村振兴。推进农村快递物流体系建设,“快递进村”纳入自治区乡村振兴战略实绩考核,建制村快递服务基本全覆盖。快递服务农业能力进一步增强,年内全区寄出水果等农产品快件2亿件,带动产值100亿元。培育5个年寄递量超千万箱的快递服务农业金牌项目。“快递进厂”降本增效。“快递+”生态圈内,螺蛳粉、蛋黄酥等产品畅销全国,贵港运动服饰和木制家具、玉林牛仔服饰年寄递量超千万件。玉林香料、柳州汽车配件、桂林荔浦衣架、梧州人工宝石、来宾瑶医药浴粉等产业寄递规模增长迅速。支持企业积极拓展快运、云仓、供应链管理等综合物流服务。顺丰供应链为柳汽五菱提供综合一体化物流服务,生产效率提升30%,库存大幅降低,操作成本降低10%。岑溪中通枢纽投产后,压缩转运时长20%,降低物流成本20%,将粤西地区小家电产业虹吸到梧州发展。“快递出海”稳步推进。国际货邮服务体系建设加快,开通5条邮政快递跨境全货机航线,行业占南宁机场驻场国际货机数量40%,货邮贡献量30%。推进跨境寄递通道建设,形成以南宁综保区为中心,凭祥、东兴、爱店、龙邦和南宁机场口岸、钦州港口岸为通道的“1+N”出境模式。绿色发展步伐加快。深入实施绿色发展“9917”工程。全区使用符合标准的邮件快件包装材料比率95%,规范包装操作比率96%,可循环快递箱(盒)应用规模73.83万个(年度目标38万个),回收复用瓦楞纸箱2152.23万个(年度目标1800万个)。扎实开展邮件快件包装抽检和包装操作规范备案,实施过度包装和随意包装专项治理。积极融入地方绿色治理体系,联合自治区发改委等8部门出台《广西加快推进快递包装绿色转型实施方案》,行业绿色环保纳入广西“十四五”清洁生产实施范畴。邮政服务更加普惠便民。农村邮快合作覆盖面和代投量实现“双提升”,形成代运代投、代运互运等多种合作模式。农村客货邮融合发展提速,开通合作线路40条,联合自治区交通运输厅开展示范创建,确定农村客货邮融合发展样板创建县5个。

提升行业治理效能,市场秩序更加公平规范。监管力量进一步增强。行业服务地方经济民生、助力守护祖国南大门等相关工作得到自治区蓝天立主席、刘小明副书记、方春明副主席、凌志峰副主席等多位领导批示肯定。自治区政府为邮政管理部门增设专项工作经费预算。广西邮政业安全中心挂牌成立,满编运行。防城港市邮政业安全中心获得批复。邮政领域地方财政事权进一步落实,12个地市出台财政事权划分改革方案,13个市局纳入地方绩效考核。系统年内获地方拨付经费超1400万元。

监管信息化水平稳步提高。视频联网、安检机联网系统在线率持续提升,在线巡查监督实现常态化。完成应急指挥和智能监测平台项目建设,相关经验得到国家邮政局安全中心推广。便企工作走在前列。许可审批提档升级,成为全国首批2个提供许可证预约寄递服务的省局,首个全部市局提供分支机构名录预约寄递服务的省份,签发全国首张快递业务经营许可电子证照,有力提升“不见面”审批水平。依法加强普遍服务行政审批和备案事项管理,分级分类做好仿印邮票图案审批工作。

监督执法严肃有力。共检查邮政快递企业及其分支机构（含末端网点）4233个，出动检查人员11727人次，行政处罚350起，警告12起，下达责令改正通知书404份，约谈企业368家次，停业整顿企业及其分支机构（含末端网点）19家次。重拳整治市场乱象。开展无证经营、低价无序竞争、快递"黄牛"及"刷单"、农村快递服务违规收费、行业领域个人信息保护等专项整治，市场秩序更加公平规范。指导相关企业稳妥推进合并重组，保障网络稳定。依法维护消费者合法权益，处理完结消费申诉4501件，为消费者挽回经济损失156万余元。

切实保障快递员合法权益。认真贯彻落实习近平总书记关心关爱快递员重要指示批示精神。全区基层快递从业人员参加社保"五险"和优先参加工伤保险4.03万人，占总数94.9%，年内新增2.52万人，完成国家邮政局下达任务的139.7%。开展"暖蜂行动""快递从业人员服务月"等慰问活动。推动组建"中国—东盟邮政快递业职业教育联盟"，实施快递员职业技能培训"246"工程，培训5446人次，完成国家邮政局下达任务的272.3%。做好快递行业职称评审工作，高级职称实现零突破。

三、新时代十年行业发展成就

始终坚持党的全面领导，确保邮政快递事业沿着正确方向前进。把政治建设摆在首位，坚持不懈用习近平新时代中国特色社会主义思想凝心铸魂。坚定不移全面从严治党，把党的领导贯穿于行业改革发展和管理工作的全过程各方面，在政治立场、政治方向、政治原则、政治道路上同以习近平同志为核心的党中央保持高度一致。建立了党组专题研究、统筹协调推进、定期听取汇报、持续跟进督导等贯彻落实习近平总书记重要指示批示精神工作机制，以抓铁有痕的作风践行"两个维护"。

着力推进服务能力建设。覆盖城乡、直达全国、连通东盟、功能集成的邮政快递网络基本成型。建制村全部直接通邮，快递服务基本全覆盖。科技创新能力进一步增强，生产自动化、服务智能化、管理信息化水平不断提升。行业业务收入增长超过5倍，业务量增长超过23倍，年均增长超37%。行业年揽投量迈过40亿件大关，人均服务超80件，位居西部第二。邮政快递与全区各族群众的生活已息息相关，密不可分，战略性公共基础设施属性进一步凸显，有力保障党和国家政令畅通，有力保障新冠疫情等突发事件期间民生医疗物资运递通畅，"小快件，大民生"深入人心。

充分推进融合发展，高效赋能产业链、供应链，有力增强全区经济活动。"邮政快递+农业"成为广西金字招牌，年寄递量超千万件的农产品种类全国前列。"快递+制造业"蓬勃发展，螺蛳粉、蛋黄酥等广西特色产品依托快递网络火遍全国，服装、香料、汽配、家具等服务项目方兴未艾。快运、云仓、供应链管理等高端综合物流服务引进步伐加快。更短的物流时间，更少的中转次数，更小的货损比率，更大的销售半径——行业连接生产消费两端，助力降本增效，是最大营商环境的重要作用正成为各界共识。覆盖城乡的邮路已成为乡村致富路、产业振兴路。

树牢底线思维，红线意识，全面贯彻总体国家安全观，抓好寄递渠道安全保障，有效助力守护祖国南大门。安全管理体制进一步完善，安全监管水平进一步提升，部门监管责任、企业主体责任得到有效落实。寄递渠道综合治理能力持续增强，协同打击违法犯罪活动工作机制成熟运转。常态化开展安全生产风险隐患排查治理，坚决防范遏制重特大事故发生；常态化推进"扫黄打非"、反恐禁毒、涉枪涉爆等专项整治，严密防范各类危害国家安全、社会安全和公共安全的违禁品流入寄递渠道。连续十年保持安全生产责任事故和寄递安全责任事故"零发生"。

纵深推进邮政体制改革，不断加强自身能力

建设，在统筹发展和安全各项工作中彰显责任担当。与综合交通运输管理体制融合更加紧密，市级邮政管理体系从无到有，不断成熟完善。自治区邮政业安全中心满编运行，积极推进市级邮政业安全中心和县级监管机构组建。队伍综合管理能力不断提高，促发展、保安全和应急处突等各项工作蹄疾步稳。执法监督能力持续增强，依法打击整治各类行业乱象，有力保障市场平稳规范运行。《广西邮政条例》颁布，《促进广西邮政快递业高质量发展实施方案》《广西统筹推进农村物流高质量发展行动方案（2022—2025年）》等重要政策相继出台，行业法规、规划、标准、政策体系不断完善。“放管服”改革不断深化，持续优化快递业务经营许可、普遍服务行政审批和备案事项管理，包容审慎推进智能快件箱、快递公共服务站等新业态监管，便民便企工作走在全国前列。

四、快递市场存在的突出问题

一是总体规模小。快件业务量在全国占比较低，人均快件量尚未达到全国平均水平。二是结构不平衡。区域上南宁、柳州、玉林3市业务量在全区占比达70%，进出比上进2.5件出1件，结构不合理。三是基础设施滞后。省级分拨中心集中在南宁、柳州2市，且有一半仍是租赁场地，产能饱和，中转多造成逗度慢、成本高。四是产业支撑力不强。农产品冷链和预处理能力不足，快递“进得去”已实现，但“出得来”还存在差距。缺乏面向国际的端到端一体化物流能力，快递服务制造业整体水平还在初级阶段。快递支撑跨境贸易的连接和集散作用发挥不充分。五是安全监管能力不足。广西沿边沿海，情况复杂，但每市仅4～5名专责监管人员，没有县级机构，安全监管力量薄弱。

海南省快递市场发展及管理情况

一、快递市场总体发展情况

2022年，海南省快递企业业务量累计完成1.66亿件，同比增长14.18%；业务收入累计完成29.95亿元，同比增长3.28%（表7-21）。快递业务量累计增速较全国平均水平高出12个百分点，同比增速列全国前5，10月当月快递业务量收增速实现全国“双第一”，快递业务量破亿大关用时从11个月缩短为7个月，海口局辖区快递业务量首次破亿。

表7-21　2022年海南省快递服务企业发展情况

指标	单位	2022年		比上年同期增长（%）		占全部比例（%）	
		累计	12月	累计	12月	累计	12月
快递业务量	万件	16560.98	1654.14	14.18	8.63	100.00	100.00
同城	万件	1846.48	197.91	-4.20	-0.57	11.15	11.96
异地	万件	14710.30	1455.85	17.01	10.02	88.83	88.01
国际及港澳台	万件	4.21	0.38	-12.46	-12.04	0.03	0.02
快递业务收入	亿元	29.95	3.08	3.28	7.78	100.00	100.00
同城	亿元	1.75	0.18	-7.40	-3.43	5.84	5.94
异地	亿元	17.34	1.69	6.02	8.74	57.87	55.00
国际及港澳台	亿元	0.09	0.00	-2.29	-49.00	0.31	0.15
其他	亿元	10.78	1.20	1.02	8.83	35.98	38.91

二、行业管理工作及主要成效

坚持加强党的领导，全面从严治党持续推进。全面加强系统党的建设。坚守政治机关定位，深入学习贯彻习近平新时代中国特色社会主义思想，把学习宣传贯彻党的二十大精神作为首要政治任务，全面部署、扎实推进。坚持以机关处室、市地局和安全中心主要负责同志集中学习模式，围绕党的二十大精神、十九届六中全会精神、《习近平谈治国理政》第四卷、省第八次党代会精神等组织专题研讨4次、培训班3期、中心组学习11次、局党组成员讲党课12次、党员干部撰写体会120余篇、知识测试2次等，推动党史学习教育常态化长效化，加强思想政治工作，引领带动党员干部学思践悟，维护党中央集中统一领导，坚决捍卫"两个确立"。开展党建述职评议和党建工作互查互评，推进支部标准化示范点建设并提炼党支部工作法，对党组织活动场所统一"海南自贸港标识"挂牌，新增中部局获评省直机关创建文明单位示范点。省局获评2022年度省直机关党建工作综合考核"优秀"等次、党建信息报送先进单位、党建论文三等奖，3名同志分别获得全国系统书法比赛一等奖等，1名同志当选省政协委员。

压紧压实管党治党责任。召开党风廉政建设会，印发全面从严治党、整治形式主义为基层减负工作要点和政治监督清单，制定加强对"一把手"和领导班子监督若干措施，落实主体责任、监督责任和"一岗双责"，对党建和年度重点工作进行督导检查监督问效。认真执行民主集中制原则，加固中央八项规定精神堤坝，组织"以案释纪明法、筑牢廉洁本色"为主题的"六个一"廉政警示教育月活动，召开疫情防控、生态环保、失职渎职警示教育会6次，持续纠治"四风"，紧盯重要节点进行廉政教育提醒，对处级、新任职干部和驻村干部廉政谈话实现全覆盖。开展借培训等名义搞公款旅游等问题专项整治，清查整治突出问题规范党务工作。落实中央巡视国家邮政局党组反馈问题整改，开展巡视巡察整改"回头看"，制定党组巡察组工作规定等，对三亚局、中部局开展巡察，两年巡察市地局全覆盖。

持续加强干部队伍建设。加强干部选育管用，组织干部选任、职级晋升、公务员考录等超40人次，市地局班子及内设机构领导基本配齐。开展干部述职评议、季度平时考核，落实选人用人"一报告两评议"，组织个人事项报告"两项法规"学习测试，个人事项查核一致率达100%。开展"能力提升建设年"暨深化拓展"查破促"活动，实施岗位大培训、大练兵、大比武，组织青年干部"比学赶超　奋力做好自己的事情"等学习交流活动8次。完成自2014年10月养老保险制度改革清算，连续第3年争取发放地方绩效奖励。

巩固提升基础能力建设。推进预算管理、开源节流，2021年度财务考核名次再提升5位。探索开展预算执行审计，完成资产清查，优化非税收入管理，推进省局办公楼确权。强化意识形态和新闻宣传工作，通气会3次、专题宣传30多次，宣传报道500多期次，新闻宣传工作得到省委宣传部通报点名肯定，3名同志获国家邮政局邮政快递报社表扬。开展"固成果　促发展　争先进"活动等定点帮扶工作。完善"月汇总季通报年考核"重点工作督办机制，做好统计、保密、提案、政务、信访、老干部和海政通、海易兑平台应用等工作，省局及1名同志获评全省保密工作先进。

贯彻重要指示精神，行业发展质效持续提升。全力确保行业安全。深入开展风险隐患集中排查整治、安全生产专项整治三年行动收官战等，狠抓安全生产大检查和"十五条硬措施"落实，集中整治"四不"问题。持续强化落实"三项制度"，在三亚市试点收寄验视拍照，建立琼粤桂寄递渠道跨省协同监管机制，重点路向进岛邮件快件落地二次安检量超2亿件。强化多部门协同共治，推进落实"7号检察建议"，持续开展个人信息安全、网络安全、涉毒涉危、涉恐涉爆、扫黄打非、自建房整治、消防安全、防风防汛、"双打"等专项工作。西部局、市场处 2 个集体和海口局、三亚局、市场处 3 名同志获全省“禁毒三年大会战”工作先进表彰，1 名同志家庭获评全省禁毒宣传教育模范家庭称号。落实分片包干督导机制，坚持最高标准、最严要求，统筹兼顾生产安全、疫情防控和服务保障，圆满完成党的二十大、北京冬（残）奥会、博鳌论坛年会等重大活动及“双 11”等旺季期间寄递渠道安全服务保障。顺丰海口海垦分公司、三亚邮政海棠湾支局、文昌邮政文建支局获评 2022 年度全国邮政快递业青年安全生产示范岗。

努力保障合法权益。推进行业党组织建设，累计成立三亚市交通运输和快递物流行业党委及 8 个快递党支部，各市县全覆盖成立行业工会或联合会。联合出台优先购买工伤保险政策文件，超 1.7 万人次参保，占比超 97%，基本实现“应保尽保”。开展快递企业末端派费核算，督促企业落实派费调整承诺，保障快递员合理收入。联合省总工会等开展“暖蜂行动”关爱慰问活动 36 次，职业技能培训超 8400 人次，东部局组织技能竞赛活动。推进“会站家”一体化建设，共享全省工会劳动者服务站 395 个。开展寻找“2022 年海南最美快递员”活动，评选最美团队 5 个和最美个人 10 名，三亚局开展首届“最美快递员”评选活动。

推进“快递进村”工程。省政府办公厅印发《海南省加快农村寄递物流体系建设若干措施》，农村寄递物流体系建设、“快递进村”工程等工作被列入省委 1 号文件、省政府工作报告、省乡村建设行动、县域商业体系建设实施方案等重要报告或文件。全省建制村快递服务覆盖率达 99%，邮快合作覆盖率达 95%（居全国前三），县级共配中心覆盖 3/4 县域，约 50% 的建制村建成村级寄递物流综合服务站，2022 年农村地区快递业务量是 2019 年的 3 倍以上。各市地局因地制宜探寻“进村”成熟路径，中部局推动五指山“邮快合作”共配模式获《中国邮政快递报》宣传点赞。

实施绿色转型发展。推动“绿色包装应用”纳入省碳达峰实施方案、打好污染防治攻坚战行动方案等。完善生态环保和碳达峰碳中和工作机制。在推进“9917”工程基础上自我加压实施“1115”工程，符合标准包装材料、规范包装操作、电商邮快件不再二次包装、循环集装袋应用均超 99%，全生物降解包装袋应用达 90%，可循环快递箱（盒）达 18 万个，回收复用瓦楞纸箱超 750 万个，建成绿色网点 51 个、绿色分拨中心 7 个，新能源汽车投入使用达 614 辆。加强寄递入岛“禁塑”管控，与京沪粤等构建“禁塑”跨省协同机制，督促主要品牌全国总部全网禁收禁运名录内塑料制品入琼，邮政、顺丰、京东、韵达获全省电商平台禁塑工作集体或个人表彰。开展绿色宣传和生态环保工作培训，持续加强塑料污染、过度包装和随意包装治理，查处生态环保案件 15 起。在 2022 年 5 月国家邮政局通报的 2021 年生态环保工作评价中位列全国第一，并在全国邮政市场监管工作等会议上交流经验做法。

强化规划政策引领，营商发展环境持续优化。 规划政策协同落地。开展行业规划宣贯实施，推动行业基础设施建设、生态环保建设、智能科技应用等多个领域重点工作纳入《海南省智慧赋能引领新型消费加快发展的实施方案》等 40 余份政策及工作文件。推动行业纳入省促进经济高质量发展若干财政措施支持范畴，联合省发改、财政等部门制定现代物流业发展奖补资金管理实施细则并指导开展申报工作，年度奖补资金预计达 700 万元，海口局争取地方财政奖补资金 117 万元。

助企纾困释放红利。推动行业纳入海南省进一步为中小微企业纾困解难领域范围和降低物流成本纾困扶持措施范畴，列入航空货运发展财政补贴办法、鼓励使用新能源汽车若干措施等政策文件，邮政、顺丰等获得航空补贴超 640 万元。出台行业纾困解难 25 条具体措施，建立省市两级“首席服务专员”助企帮扶机制，组织“政企面对面服务心贴心”活动等政策宣讲超 10 场次，帮助企业享受各类助企纾困、减税降费资金扶持约 7000 万元。

持续优化营商环境。深化“放管服”改革，作为省优化营商环境、省数字化转型工作专班成员单位，对接省政务服务平台实现许可事项“一网通办”，分支机构名录寄递服务实现省内全覆盖。推进“法治政府”建设，制定公平竞争审查方案，开展“八五”普法，建立法律顾问机制，稳妥处理化解邮电大厦民事劳动争议误告案件。推动由地方政府出资购买“不见面审批”邮政综合服务平台100%覆盖全省市县，代办政邮、警邮、税邮、法邮等业务量超180万件。持续优化12305热线“7×24小时”人工服务，累计接转咨询和处理投申诉6万多件，为消费者挽回经济损失200多万元。

事权改革落实有力。推进落实中央财政事权改革，争取地方经费860多万元，其中三亚局、东部局等多渠道沟通争取资金超100万元。安全中心争取财政资金近250万元强化对“绿盾”工程信息系统运维、安全监控中心项目建设和智能语音申投诉项目建设，争取免费纳入省政府视频会议系统。

服务自贸港发展大局，基础支撑作用持续凸显。封关运作准备有序推进。持续推动国家邮政局支持海南邮政业深化改革开放意见落地开花，组织封关运作后邮件快件监管重大课题研究，涉邮领域风险防控措施持续推进。先后牵头制定《海南自由贸易港邮件快件监管中心布局及建设方案》《海口邮件快件监管中心运行测试方案》，已经省长冯飞同志主持召开会议审议通过，相关监管中心项目建设加快落地。推动行业纳入鼓励外商投资产业目录，《海南自由贸易港建设白皮书（2022）》多次提及国家邮政局。

免税寄递服务成效明显。组织离岛免税“套代购”反走私风险专项治理，收寄各类免税品包裹超1400万件，其中离岛免税品包裹超150万件，用时仅8个月即达到政策落地一周年业务量水平，选择“邮寄送达”方式的同期购物旅客占比约1/5。同时，指导菜鸟、民航快递作为首批“9610”“9710”等跨境电商业务试点单位，为跨境企业提供仓储合作、物流配送、代客清关等业务。

基础设施建设相继落地。圆通海南区域总部及航空枢纽项目建成使用，菜鸟智能物流骨干网节点项目、菜鸟海口智慧物流中心项目、京东智能仓项目、京东亚洲一号二期项目、邮政国际仓储物流中心项目等相继落地金马物流园区和海口江东临空经济区等，空港寄递物流枢纽正有序构建。指导菜鸟、顺丰、民航快递等先后开通海口—新加坡、海口—巴黎等4条国际货运航线，邮政、顺丰等开通3条全货机航线。邮政集团、极兔速递等与海航集团签订战略协议加强国内快递、国际跨境等领域合作。

产业协同助力地方经济。持续推进快递与现代农业、制造业等深度融合，开通琼州海峡全货船冷链运输专线、加大投入冷链车、新增冷链直发线路，培育出年收寄量超1000万件“海南芒果”、超600万件“海南菠萝蜜”等农产品项目8个，培育业务收入超十万元的快递服务制造业项目24个。

统筹提升治理能力，保障寄递网络持续畅通。抓实抓细行业疫情防控。落实国家邮政局和地方疫情防控要求，因时因势调整优化防控举措，推动全省从业人员定期核酸检测纳入地方经费保障，加强免疫接种率稳定在99%以上。妥善处置多起涉邮突发疫情，组织省级处理中心全覆盖开展疫情防控应急演练，查处疫情防控类案件23起。全省系统行业特别是三亚局、西部局积极妥善应对省内“0801”最严峻疫情，实现系统机关正常运行、机要通信保持畅通、疫情不外溢内扩、涉邮舆情积极正面、干部队伍得到锤炼，为全行业和全省疫情防控作出积极贡献。省委书记沈晓明、省长冯飞等省领导同志20多人次指导批示行业疫情防控工作。邮政企业1个集体和1名个人受到省委组织部通报表扬，邮政、顺丰、京东、德邦、南丰天天、芝麻供应链等得到省疫情防控指挥部门致信感谢。

推进落实保通保畅保供。推动规范行业基础设施关停关闭处理流程，争取纳入省保通保畅领导小组,列为重点物资运输车辆通行证和保供“白名单”等政策核发单位,累计为企业核发车辆通行证1.4万张次、司乘人员“白名单”3500人。推动顺丰、京东等作为第一批省级保供企业,承运配送疫情防控物资和居民生活物资超1万吨,运送核酸样本超2.3万箱。争取地方防疫部门开辟寄递“绿色通道”,确保高校录取通知书全部妥投,有效确保在严峻疫情下党报党刊、机要邮件、紧急寄递服务等网络畅通,并稳妥做好优化防控措施后医疗物资、民生物资等寄递服务。韵达、京东等送来锦旗表示感谢。

科技赋能强化市场监管。推进做好2022年更贴近民生八件实事,持续开展快递市场秩序整顿,在全省乡镇末端网点开展“服务承诺公告”,集中纠治快递末端服务违规收费等问题。完善“双随机、一公开”监管机制和制度集成创新,建立施行全省系统跨区域综合执法检查长效机制,开展5轮上下联动行政执法检查,覆盖全省3/4市县,共作出行政处罚141起,其中海口局、西部局运用反恐法处罚5起,中部局等办理邮政处罚案件。强化“绿盾”工程应用,建立全省行业运行安全监测预警和信息报送机制,累计巡查点位6000多家次,督促整改安全隐患1800多个。主要品牌企业省级分拨中心使用自动分拣设备和智能安检设备基本全覆盖,“小黄人”智能分拣设备投入使用,15辆无人车在海口、三亚、琼海、陵水常态化投递,其中琼海首个实现无人车市域常态化运营,全省“数字邮政”综合试点取得积极成效。

三、新时代十年行业发展成就

始终坚持加强党的全面领导。把政治建设摆在首位,坚持不懈用习近平新时代中国特色社会主义思想凝心铸魂,坚定不移全面从严治党,把党的领导贯穿于全省行业改革发展和管理工作的全过程各方面,在政治立场、政治方向、政治原则、政治道路上同以习近平同志为核心的党中央保持高度一致。全省系统行业干部职工牢记习近平总书记对邮政快递业的殷殷嘱托,深刻领悟“两个确立”的决定性意义,坚决做到“两个维护”,以团结奋进、接续奋斗的姿态,推动行业规模、创新活力、服务能力、综合实力跃上新台阶,开启了新时代邮政强国建设海南篇章的新征程。

推动行业发展规模不断壮大。行业业务收入从8.66亿元增长至43.78亿元。快递业务量从1123.6万件增长至1.66亿件,年快递业务量增长超14倍,年均增幅达30%;快递业务处理量从2981万件增长到8.63亿件,是原来的30倍。特别是在三年疫情影响、经济下行等多重因素叠加下仍保持两位数增速稳健运转,且在2020年首次突破亿件大关,全省每天有超过1/5人口享受快递服务,行业吸纳稳定就业1.7万人,在地方经济社会发展中的基础性作用显著增强,为做好“六稳”“六保”、助力地方经济发展、促进城乡和区域协调发展、保障改善民生等方面作出了积极贡献。

推进行业服务能力加快提升。深度对接海南省规划纲要和综合交通运输体系,推动一批临空、临港邮件快件分拨中心落地建设或投入运营,首条正班邮航及多条国际国内运递航线开通,航空快递运能逐步增强,智能安检、智能监控、无人仓、无人车、无人机等智能设施装备从无到有加快应用,行业转型升级步履更快。目前,全省共有快递法人企业73家,分支机构487处,快递末端网点超2300个(备案超6000家次),快递网点实现“乡乡设点”,建制村服务覆盖率达99%,快件处理能力从日均8万件提升至230万件。全省村邮站建制村覆盖率和建制村直接通邮率达100%,实现“乡乡设所、村村通邮”,邮政委代办网点改自办、营投合一单人局所实现历史性“双清零”,由政府出资购买政邮服务实现市县全覆盖。推动设立三沙邮政分公司和三沙永兴岛首通航空邮路实现主要党报党刊当日见报,独立设置省级机要通信机构并开通专线机要邮路,有力保障了党和国家政令畅通和人民群众用邮需求,有力有效服务产业链供应链稳定畅通,有力支撑加快构建“双循环”。

推进行业政策环境持续优化。推动海南省人大常委会修订《海南省邮政条例》，推动省政府印发《海南省促进快递业发展实施方案》、省政府办公厅印发《海南省加快农村寄递物流体系建设若干措施》，推动行业纳入海南省促进经济高质量发展若干财政措施等一系列历年来最大政策红利，有效承接国际快递业务经营许可审批，制定出台海南首部快递绿色包装行业标准，推动出台规范全省快递末端服务车辆通行管理指导意见，推动运输车辆便捷过海和机要邮车安全轮渡，破解多年历史“老大难”问题，出台优先购买工伤保险政策，97%以上从业人员受益，基本实现“应保尽保”，行业工会组建实现全省市县全覆盖，等等。逐步构建起与高质量发展相适应的邮政快递法规、规划、政策、标准体系，使行业监管有了明确的法律支持，行业前行有了科学的法治方向，企业发展有了精准的政策支撑，快递员权益有了合理的政策保障，群众用邮有了可靠的法律维护。

发挥行业服务国家战略作用。坚持围绕邮政强国建设和助力海南自贸港建设，推进邮政强国建设纲要和自贸港建设涉邮任务有序落实，项目建设有序拓展。有力有效承接离岛免税购物“邮寄送达”政策，服务运行一周年业务量突破百万件。推进绿色转型，行业发展“绿意盎然”，2021年度生态环保工作评价居全国第一，服务国家生态文明试验区（海南）建设，为海南实现“双碳”目标提供助力。厚植为民情怀，健全完善农村寄递物流体系，深度融合现代农业，打造出年收寄量超千万件“海南芒果”、超百万件“海南菠萝蜜”等项目8个，近三年累计支撑产值超52亿元，有效助力脱贫攻坚和乡村振兴。行业安全形势总体稳定，并众志成城、同舟共济打赢多起突发疫情，特别是战胜“0801”全省最严峻疫情，阻断疫情通过寄递渠道传播，为地方抗疫保供、保通保畅作出行业积极贡献。行业积极融入发展大局，服务经济社会发展，保障社会民生之需等诸多亮点成效，连年尤其是近三年获得国家邮政局党组和省委省政府相关领导高度关注并多次肯定，获得中央、地方众多主流媒体高频点赞。邮政快递已成为反映经济活力的“风向标”和经济发展的“晴雨表”，是经济流通的“大动脉”，也是服务民生的“微循环”，邮政快递已无处不在、无人不用。

加快构建完善监管治理体系。深入推进邮政体制改革，市地级监管机构顺利组建成立，攻坚克难推动设立省邮政业安全保障中心并顺利完成揭牌运行，监管体系不断健全，监管队伍持续壮大。推动中央与地方财政事权支出责任划分改革方案出台落实，三年来全省累计争取到地方财政支持各级邮政管理部门、安全中心推进行业监管和发展工作的专项资金经费达1690万元，推动解决了2014年以来全省系统在职及退休干部职工养老金清算问题，连续三年争取发放地方绩效、高温津贴解决干部职工属地待遇差距，全省5个市地局办公业务用房实现由地方政府无偿调剂使用，多元化资金保障渠道初步形成，邮政快递监管支撑体系初步构建。行业精神文明成果丰硕，累计3个单位获评省直机关文明单位示范点，涌现出1个全国五一劳动奖章、1个全国劳动模范称号、3个全国行业先进集体、2个全国行业先进劳模，以及1家全国行业最美快递员集体等一批先进集体和先进个人，充分展现了全省系统行业广大党员干部职工敢于拼搏、奋勇争先的精气神，担当作为、干事创业成为全员共识。

四、快递市场存在的突出问题

海南自贸港建设背景下风险挑战加大、风险防控任务艰巨，助推实现碳达峰碳中和工作任重道远，利用自贸港政策优势发展跨境寄递业务不够充分，城乡区域发展依旧不够均衡、基础设施网络布局结构不尽合理，行业现代治理能力和治理水平还有待提升。

重庆市快递市场发展及管理情况

一、快递市场总体发展情况

2022年,重庆市快递企业业务量累计完成10.92亿件,同比增长11.48%;业务收入累计完成111.51亿元,同比增长7.81%(表7-22)。

表7-22 2022年重庆市快递服务企业发展情况

指标	单位	2022年		比上年同期增长(%)		占全部比例(%)	
		累计	12月	累计	12月	累计	12月
快递业务量	万件	109176.83	10624.99	11.48	12.96	100.00	100.00
同城	万件	26702.10	2797.25	1.63	15.99	24.46	26.33
异地	万件	82304.58	7813.42	15.16	12.00	75.39	73.54
国际及港澳台	万件	170.15	14.32	-10.62	-21.23	0.16	0.13
快递业务收入	亿元	111.51	10.69	7.81	33.30	100.00	100.00
同城	亿元	18.06	1.98	-8.12	14.46	16.19	18.53
异地	亿元	47.46	4.72	6.94	10.21	42.56	44.16
国际及港澳台	亿元	4.63	0.57	12.92	-143.46	4.16	5.38
其他	亿元	41.36	3.41	17.18	2.50	37.09	31.93

二、行业管理工作及主要成效

巩固行业发展态势。政策供给持续增强。配合国家邮政局与重庆市政府签订《加快重庆邮政快递业高质量发展战略合作协议》。推动市政府出台《关于加快农村寄递物流体系建设的实施意见》。全市共出台行业利好政策90余个。制定17条纾困措施,制作三版稳经济政策包。帮助寄递企业享受各项税费减免1.33亿元。加快服务成渝地区双城经济圈建设。国家邮政局出台《成渝地区双城经济圈邮政业发展规划》。6个行业基础设施建设项目列入2022年市级重大项目,基本覆盖一区两群。法规统计体系不断完善。《重庆市邮政条例》修正立法项目纳入市人大2023年立法计划。联合统计部门开展检查。持续开展统计督查"回头看"工作,全市纳统率达97.87%。快递员合法权益保障不断加强。持续开展"暖蜂行动",启动快递网点优先参加工伤保险工作,推动7870人参保,提前完成全年指标。0.1元派费上调实现全覆盖。3500余名快递员以自有资金缴纳住房公积金。联合市银保监局率先推出针对快递员等新产业新业态从业人员的专属商业养老保险。设置"爱心驿站"2771个、员工休息活动室472间。人才队伍建设不断加强。开展快递从业人员职业技能培训3800余人次,争取补贴资金461万元。125名快递从业人员获得职称。成功举办市邮政业职业技能大赛。指导企业开展高校毕业生网络招聘。第三期中欧班列高级研修项目在重邮成功开班。推报3家企业获全国邮政快递业青年安全生产示范岗,重庆局获优秀组织奖。

圆满完成"两进一出"工程全国试点。深入实施"进村"工程。快递进村实现服务全覆盖,邮快合作服务覆盖率达59.35%。石柱、城口等十个区县开展"交邮快"合作成效明显。成功开通全市首条"脆李航线"。推动市乡村振兴局预算3000万元专项资金共同培育"快递服务现代农业金牌"项目。打造快递服务现代农业项目15个,年业务量超千万件项目3个(奉节脐橙、涪陵榨菜、火锅食材)。全市5个区县纳入全国农村电商快递协同发展示范区项目库管理,7个快递服务现代农业示范项目纳入全国快递服务现代农业示范项目库管理。推动4个区纳入2022年“四好农村路”全国示范县创建单位名单。与酉阳县政府、市政府口岸物流办、京东物流集团共同签署战略合作协议，打造“城乡供应链+乡村振兴商流”循环示范基地成效初显。加快推进“进厂”工程。打造“传统电商+新媒体带货”“股权交换、合作共赢”新模式。其中，年业务量超千万件的项目3个（理文纸业、大足五金、长安汽车配件）。培育快递业与制造业融合发展示范项目25个，带动销售产值近539亿元。大足区申报全国快递业与制造业融合发展第一批试点先行区已通过初审。与大渡口区签订战略协议推动“重庆小面”产业发展。积极推进“出海”工程。持续巩固中欧班列运邮出口常态化成果，回程再测试取得新突破。指导快递企业提升RCEP服务效能，顺丰、韵达国际等企业成功利用西部陆海新通道运输一般贸易商品。先后推动重庆成为“四项首个”城市（首个国际铁路运邮的城市、首个获批开展铁路运邮试点且率先完成双向铁路运邮的城市、首个开展邮包疏运并全国首发“中国邮政号”专列的城市、首个开展中欧班列商业快件运输测试的城市）。经海关总署批复，明确重庆为全国首个可开展中欧班列进口运邮的城市，重庆铁路口岸成为全国首个国际铁路邮件进口第一口岸。

推动行业提质转型发展。产品服务升级持续创新。在全国首先实现法院面单电子化传递功能。创新开展快递服务站收寄和投递邮快件规范试点工作。巩固全市税邮、警邮、政邮合作区县全覆盖，探索叠加医邮合作。科技创新赋能成果显著。召开科技创新座谈会。全市邮政企业视频联网项目视频接入率、摄像头接入在线率均排名全国第一。重庆交通大学、重庆工商大学等四所高校实现无人车投递，日最大投递量超2600件。绿色转型纵深推进。打造绿色分拨中心4个，绿色示范网点22个，新能源汽车保有量1568辆。出台《重庆市邮政快递业包装箱绿色循环工作实施指南》。提前完成国家邮政局下达的“9917”工程年度目标任务。

营造平安寄递发展环境。疫情防控和保通保畅保供保民生有力有效。牵头成立由8个市级部门和主要品牌寄递企业组成的应急保障专班，组织企业建立5430人应急保供后备队伍和市局直接调度的500人应急保供预备队。指导11家市级分拣中心开展专项应急演练。中心城区“疫情歼灭战”期间，重庆局纳入市疫情防控指挥部市场供应保障等五个专项组的成员单位。邮政快递企业纳入全市生活物资保障“白名单”重点保供单位，行业人员纳入全市重点人群核酸检测台账管理系统以及“渝康码电子通行证”系统，实现核酸定期检测全覆盖，办理重点物资车辆通行证4486张、人员电子证1.8万张。联合市总工会、团市委为疫情一线快递小哥送慰问金43万元、帐篷414个。企业主体责任不断压实。落实“三项制度”，落实安全生产“十条措施”和“两清单两卡”工作机制。全市实名信息录入率达99.57%，寄递企业配备安检机266台，10家主要品牌快递企业安检机已接入联网系统。行业监管水平不断提升。持续完善“政府监管+专家会诊”监管模式，组建“应急救援专家库”，开展两轮“专家会诊”。贯彻落实国务院安全生产“十五条硬措施”。持续开展“四不”问题整治和安全生产大检查，打好安全生产专项整治三年行动收官战。圆满完成党的二十大等重大活动期间寄递渠道安保任务和行业安全维稳工作。连续七年获评全市安全生产和自然灾害防治工作先进部门。联合监管持续发力。联合市检察院落实“七号建议”，建立寄递安全监管协作机制，建成7个寄递安全监管示范网点。联合公安、国安等部门，在行业开展禁毒、涉枪涉爆、反恐、“扫黄打非”等专项行动14次。

持续增强行业治理能力。体制机制改革成效显著。印发《重庆市邮政业安全（发展）中心运行管理规范》，财政事权和支出责任划分改革工作进一步深化，成立酉阳、渝中邮政管理局和忠县邮政业发展中心，涪陵、渝北以政府购买服务方式建立邮政业安全发展工作组。快递市场监管不断强化。建立委托区县相关机构执法工作机制。持续开展快递市场秩序整顿工作，开展快递市场违规收费清理整顿“回头看”专项行动。全年立案查处各类违法行为223起。为民服务水平不断提升。持续开展“我为群众办实事”活动，印发更贴近民生八件实事。持续完善申诉中心建设，线路增至10条。全年办理各类群众反映服务质量问题5.2万件，其中咨询类4.3万件、转办企业处理8832件，为消费者挽回经济损失184万元。行业新闻宣传成效显著。完善新闻宣传政企“一对一”联络机制。与《人民日报》《中国邮政快递报》等新闻媒体建立联系机制，报道行业发展、保通保供、先进事迹等200余篇。参加新闻发布会和《重庆之声》广播节目先后4次。推动团市委组织拍摄《一米微光·快递》暖心公益视频，在全市推广播放，反响强烈。

扎实推进从严管党治党。理论学习不断强化。持续贯彻党的二十大精神，印发学习宣传贯彻工作方案。举行全系统全行业党的二十大精神宣讲报告会。贯彻落实习近平总书记对邮政快递业重要指示批示精神并建立台账。开展“树牢底线意识，做到对党绝对忠诚”专题教育。党的建设持续深化。组织开展“喜迎二十大”“四个一”系列活动。完成彭水县善感乡、巫溪县通城镇帮扶资金10万元，消费帮扶111万余元。推进全面从严治党。开展“纪律作风建设年”活动。印发《关于加强机关纪委建设的实施方案》，修订印发《机关纪委责任清单》等5个清单，加强机关纪委建设。深入贯彻落实中央巡视国家邮政局党组反馈意见整改任务，印发《关于加强巡察整改和成果运用的工作方案》，完成集中整改任务。制定派出机构廉政风险手册。完成对3个分局巡察，实现第二轮巡察全覆盖。开展“对照检查、深化整改”活动，梳理整改台账7项。深化“以案四说”活动，邀请市纪委监委专家授课。干部素质持续提升。结合实际开展“学习大讲堂”10次，组织各类培训覆盖400余人次。开展“社会主义核心价值观主题实践教育月”活动。开展“沁润书香 好书共享”系列主题活动。行业党建不断提升。建立“两个机制”，实施“两个工程”，成立市级快递行业党委，直接管理党组织5个。推动渝中区成立新就业群体党建联盟、潼南区成立快递行业党委。累计成立快递行业党组织19个、行业团组织48个、工会组织23个。推动系统和行业78名同志担任各级“两代表一委员”，其中市局主要负责同志担任重庆市第六次党代会党代表。系统及行业72人、16集体获市厅级以上表彰。

三、新时代十年行业发展成就

坚定不移服务重庆市经济社会发展。全市邮政快递业坚定不移贯彻新发展理念，始终保持稳中有进，行业实力不断跃升。十年来，全市邮政行业业务收入从30.49亿元增长至186.96亿元，年均增幅达19.88%，与全市生产总值的比值从0.27%提升至0.68%。快递业务量从0.55亿件增至10.92亿件，增长18.86倍。年人均快递使用量99.2件，快递包裹量从月均揽收460余万件到日均揽收超百万件。2018年，全市邮政行业业务总量和业务收入均突破了百亿大关。2022年12月8日，全市快递业务量首次突破十亿大关。支撑网络零售额超千亿。

优化环境释放市场主体活力。市政府印发了一系列保障行业持续健康发展的重要政策法规文件。从2016年《关于促进快递业发展的实施意见》出台，到2020年《支持邮政快递业服务经济高质量发展若干意见》；从2021年《重庆市推进邮政快递业“两进一出”工程全国试点工作实施方案》，到2022年《关于加快农村寄递物流体系建设的实施意见》。十年来，行业市场主体加快发展壮大，截至目前，全市邮政快递业有许可法人企业、分支机构、末端备案网点等共2.07万余户，新业态新模式层出不穷。行业从业人员也增至近6万人。

加快推进邮政快递网络布局。行业的机构设备和通信网络不断升级。重庆邮路总长度（单程）超过 12.30 万公里，快递服务网路总长度（单程）超过 217.82 万公里。14 个行业基础设施项目纳入市级重大项目，基本覆盖一区两群。拥有快递区域总部 4 个、区域分拨中心 8 个，服务覆盖"一区两群"，辐射周边省市。市级邮件快件处理中心 17 个，县级共配和处理中心共 313 个、乡镇共配中心和服务网点共 2722 个、村级综合便民服务站和服务点 8257 个。基本建成普惠城乡、联通区域、辐射国际、高效衔接的邮政快递三级服务网络。

齐抓共管健全安全监管体系。与市级相关部门和区县政府沟通协作不断深化。2020 年，《邮政寄递安全专项整治三年行动实施方案》以独立子方案的形式纳入重庆市总体方案。"政府监管 + 专家会诊"监管模式更加完善，"平安重庆建设"及"邮路安全监管"两个机制作用充分发挥，构建了部门联动、政企协同、多方共治的行业监管格局。充分运用国家邮政局"绿盾"系统，信息化监管建设不断加强，实现了从传统监管方式到集约化、智能化、现代化监管方式的转变，行业监管效能和安全水平得到大幅提升。连续 10 年，行业未发生重特大安全生产事故，圆满完成了业务旺季和重大活动期间寄递安全服务保障任务。

创新驱动推进行业高质量发展。全市快递包装减量化、标准化、循环化水平明显提高。参与"无废城市"建设成效显著。超指标完成国家邮政局"9571""9792""2582"等一系列工程。行业科技赋能不断深化，主要品牌寄递企业分拣中心基本实现自动化、智能化。顺丰丰鸟落户重庆，并在奉节县成功完成无人机测试。中邮重庆市分公司建设 3 个区县级冷链物流设施，中通冷链西南区公司项目落地沙坪坝区。行业生产自动化、服务智能化、管理信息化水平不断提升。

践行初心提升人民用邮体验。城乡寄递服务均等化水平不断提高，行政村实现 100% 通邮通快递。税邮、警邮、政邮合作实现区县全覆盖。消费者对管理部门年均有效申诉处理满意度超 99%。非公党建取得新突破，市级快递行业党委于 2022 年 11 月 4 日正式挂牌成立。快递员群体权益保障和关心关爱更加有力，行业人员素质能力显著提升，人民群众用邮体验不断升级，行业服务千城百业、联系千家万户、连通线上线下的功能也更加凸显。

持续深化邮政快递体制改革。2012 年 11 月 4 日，7 个地方级派出机构揭牌成立，邮政监管体系得到进一步健全。2016 年，全国直辖市首个县级邮政管理机构——垫江邮政管理局挂牌成立。2018 年，市邮政业安全中心登记成立。2021 年，潼南、奉节、黔江邮政管理局成立。2022 年，酉阳、渝中邮政管理局成立。重庆已获批成立 6 个区县级邮政管理机构和 7 个区县级邮政业安全中心，行业高质量发展、高效能治理的战斗力进一步增强。

四、快递市场存在的突出问题

行业发展不平衡不充分问题依然存在，基础设施还不够完善，行业与电商、制造业深度融合发展还不够，邮政快递企业供应链服务能力还有待进一步提升，数字化建设还有待加强，科技创新成果应用推广成效需进一步提升，在提升治理体系能力现代化等方面还存在不少差距。

四川省快递市场发展及管理情况

一、快递市场总体发展情况

2022 年，四川省快递企业业务量累计完成 28.7 亿件，同比增长 3.1%；业务收入累计完成 278.2 亿元，同比增长 3.8%（表 7-23）。

表 7-23 2022 年四川省快递服务企业发展情况

指标	单位	2022 年		比上年同期增长(%)		占全部比例(%)	
		累计	12 月	累计	12 月	累计	12 月
快递业务量	万件	286917.52	27285.96	3.11	3.02	100.00	100.00
同城	万件	72313.79	6943.43	5.52	-12.49	25.20	25.45
异地	万件	213994.48	20303.92	2.45	9.91	74.58	74.41
国际及港澳台	万件	609.25	38.61	-29.15	-50.07	0.21	0.14
快递业务收入	亿元	278.20	26.83	3.78	10.71	100.00	100.00
同城	亿元	37.74	3.67	-13.71	-18.06	13.57	13.69
异地	亿元	144.70	14.19	1.39	10.41	52.01	52.86
国际及港澳台	亿元	8.34	0.81	6.70	-195.28	3.00	3.02
其他	亿元	87.43	8.16	18.48	5.27	31.42	30.43

二、行业管理工作及主要成效

行业疫情防控和保畅保供工作有力有效。严格规范，毫不放松抓好行业疫情防控。严格执行疫情防控期基本制度及工作规范，认真执行核酸监测频次和疫苗接种要求，从业人员疫苗加强针接种率达98.9%，高于全国平均水平，未出现行业聚集性感染、传播事件。根据疫情变化及时优化调整防控措施，实现了行业平稳运行。主动担当作为，应急保畅保供成效显著。出台多个利于行业物资保障、运输通行、末端配送等文件政策。紧贴企业所需，为企业排忧解难，累计办理车辆通行证明3.7万张。立足末端配送服务需求，组建覆盖到县的行业应急保供专业队伍，得到省指挥部、省政府领导以及省交通运输厅、卫健委等相关部门的大力支持和充分肯定。应急保供配送队伍积极开展核酸样本转运、社区团购保供、教材保送及邮快件投递工作，有力保障了非常情况下的物资配送。依托这些在不懈奋斗中积累的经验和力量，在"新十条"出台后行业出现的新情况面前，我们再次战胜了严峻的挑战，行业保持常态运转，有效满足了极端情况下广大人民群众的寄递需求。

行业高质量发展基础更加牢固、格局更加优化。政策引领支撑更加有力。规划、政策落地更实。省级及全省21个市(州)政府均出台本地寄递物流体系建设实施方案，农村寄递物流体系建设被纳入对市(州)党政和省直部门(单位)领导班子领导干部推进乡村振兴战略实绩考核内容；衔接口岸物流、交通运输、商务、农业农村等多部门，协同推进将邮政快递业发展重点内容纳入17个省级"专项规划"和"工作方案"中；联合重庆局编制《成渝地区双城经济圈邮政业发展规划》，已经国家邮政局审定印发。政策争取更多。与交通运输、商务、农业农村等省级部门联合印发涉及邮政快递业发展政策文件12份，行业重点工作更多地融入全省经济社会发展全局。市场主体发展环境更优。积极推动国务院、省政府扎实稳住经济一揽子政策涉邮任务和优惠措施落实，全年邮政快递企业享受减税降费3.3亿元，获得地方政府专项资金支持860余万元。成都市获评"中国快递示范城市"。

农村寄递物流体系建设进一步加快。交邮商合作快速推进。联合交通、商务部门打造"金通工程·天府交邮通"融合发展品牌，得到交通运输部、国家邮政局的肯定。现已打造27个"乡村运输金通工程样板县"、10个"交商邮"融合发展试点县，邮件快件处理场地入驻区县客运场站27个，建成乡镇综合运输服务站145个，"金通·邮快驿站"8128个，开通交邮合作线路587条，攀枝花交邮合作入选全球减贫案例，乐至县交邮合作入选全国案例，共9个工作案例被交通运输部评定为农村物流服务品牌，数量居全国之首。邮快合作持续深化。支持邮政企业发挥网络较为完善优势，进一步完善乡村服务设施，新建成76个县级仓配处理中心，700个乡镇仓配运营中心，19633处村级综合便民服务站；支持邮政企业兜底推进民族地区、高原地区、边远山区快件进村，全省邮快合作县乡村覆盖率分别为100%、96%、93%，合作代投快件7700余万件，代收近10万件。快快合作取得突破。支持中通、韵达等6家快递企业在全省16个县“揭榜挂帅”，进行快递企业主导的“快递进村”试点，已在试点区县建设村级快递服务精品站188个。通过多形式合作，全省主要快递品牌进村率达到64.7%。

“川货寄递”成效更显、影响更大。政策构建更牢。推动将实施“川货寄递”工程纳入省委经济工作要点，纳入全省“10+3”现代农业产业体系、“5+1”现代产业体系和相关产业发展规划，“川货寄递”成为四川省邮政快递业服务经济发展的特色工程。部门联动更广。协同省商务厅、农业农村厅，共同规划全省“川货寄递”项目；实行省市县三级联动，全省共培育“一县一品”寄递项目409个，县（市、区）覆盖率达94%。项目推进更好。全年实现寄递量超千万件项目14个，较2021年增加3个，超100万件项目69个，较2021年增加17个；川果、川味寄递量实现3.6亿件；国家邮政局通报“快递服务现代农业金牌”项目中，四川省以10个位列全国第3。“快递出海”基础更实。成都铁路口岸设立国际邮（快）件处理中心，天府机场邮件处理中心投入使用，中欧班列（成都—马拉舍维奇）运邮实现常态化，顺丰航空西部基地、DHL西南转运枢纽落户成都。

行业绿色发展持续深入。深化“邮来已久，绿动未来”宣传教育活动，开展快递包装绿色治理，圆满完成“9917”工程目标。强化生态环保日常抽检和专项执法，对行业生态环保领域问题作出行政处罚9起。

推进行业治理现代化，监管效能进一步提升，行业运行更加安全平稳。坚守安全生产底线。安全生产专项整治三年行动平稳收官。编制试行“邮政快递企业安全生产清单共性参考模板2.0版”及企业个性清单，督促企业不断完善安全生产、管理制度体系，企业主责意识有所增强。“四不”问题专项整治进一步深化。全省主要寄递企业110处省市级邮件快件处理场所“四个全覆盖、五个必须、六个严禁”整治目标全面完成。做实做细重点时段、旺季安全生产和服务保障工作，圆满完成党的二十大寄递服务安全保障任务。组织安全生产隐患大排查大整治专项行动，开展跨市（州）联合交叉检查，行业实现安全责任事故“零发生”目标。寄递渠道安全综合治理扎实有力。开展专项整治行动。联合省检察院、省公安厅，协作配合防范打击寄递渠道毒品犯罪；联合省检察院召开新闻发布会，向社会发布8起惩治寄递渠道涉毒违法犯罪典型案例；协同公安、网信等相关部门，开展“三项制度”执行、危化品、缉枪治爆、扫黄打非、用户信息安全等整治行动，净化并稳定了寄递渠道。省局荣获“全省平安建设工作优秀单位”和“安全生产目标管理优秀奖”，内江局荣获“安全生产天府行”先进集体，两快递网点荣获“全国邮政快递行业青年安全生产示范岗”称号。

切实履行市场监管职责。末端服务质量监管更严。坚持落实总部企业统一管理责任和依托地方党委政府综合治理两手抓，规范未按服务约定履行义务行为，查处末端违规行为16起。推进放心舒心快递消费更佳。将快递服务纳入放心舒心消费城市创建，推广信用承诺制度，推动12305邮政业用户申诉专线与12345政务服务便民热线联动，省局12305投诉申诉办理案例入选2022年度全省12345政务服务便民热线十大典型案例。“互联网+监管”应用更全。开展专题培训，加强邮政寄递渠道安全监管“绿盾”工程系统运用，充分运用视频巡查系统实施非现场检查，定期通报情况，实现应用系统登录率全面清零，系统登录、安检员配置率等位居全国前列。

深入推进法治能力提升行动。深化法治宣传

教育,组织行政执法人员全员参与国家工作人员年度学法考法,全部通过考试;联合省总工会、快递协会开展快递员安全健康知识网络竞赛,利用“世界邮政日”“宪法宣传日”等重要时间节点,行业“八五”普法有声有色。印发《四川省邮政管理系统法治政府建设实施方案》《2022 年度法治能力提升行动方案》,编制《法治工作建议》7 期,充实政策法规团队与公职律师团队,开展法律专业人才与市(州)局结对服务,组织全省系统法治能力提升培训,依法办理行政复议、行政应诉案件,组织年度执法案卷评议,促进了全省系统法治能力提升。依法开展行业统计,开展邮政行业新业态企业纳统梳理摸底,统计复核、数据安全和运行分析等工作更加扎实。

切实维护快递员群体合法权益。全面推进基层快递网点优先参加工伤保险,新增参保 22637 人,实现网点“全覆盖”;组织工会与企业开展“工资协商”26 次,新增参加“五险”8720 人;组织快递员参加人大代表、政协委员面对面等活动 56 人次。加强关爱设施建设,新设立爱心驿站等服务阵地 248 个。开展暖蜂慰问行动,为快递员免费体检和义诊 13222 人次,提供法律和心理咨询 404 人次,开展慰问 233 场。强化职业技能培训,争取地方补贴 72.1 万元,组织从业人员培训 12595 人次,开展职业技能大赛 11 场次,获得荣誉称号 117 人次,其中五一劳动奖章 1 人,技术能手 6 人。

落实“两个责任”纵深推进全面从严治党,为行业健康发展平稳运行提供了政治保障。强化理论武装。始终将学习习近平新时代中国特色社会主义思想和习近平总书记对邮政业重要指示批示及来川视察指示精神作为第一主题,以此凝心铸魂。常态化开展党史学习教育,系统学习党纪党规、法律法规,学习业务知识,做到学思用贯通、知信行统一。深入学习宣传贯彻党的二十大精神,深刻领悟“两个确立”的决定性意义,增强“四个意识”,坚定“四个自信”,做到“两个维护”。

深入推进政治机关建设。认真执行民主集中制,梳理制定和完善更新《关于加强模范政治机关建设的实施方案》《局党组讨论和决定的重大问题清单》等,做到目标明确,措施具体,责任压实。坚持党的建设与业务工作深度融合,在重点工作推进中强化政治责任担当,锤炼了邮政管理干部队伍忠诚干净担当的政治品质,省局党组在国家邮政局召开的党组履行主体责任工作会上作交流发言。开展干部素质能力提升行动,常态化开展干部调研及考察考评,加强年轻干部锻炼培养,畅通省市局、市(州)局、系统与地方之间干部交流渠道,提升了队伍政治判断力、政治领悟力、政治执行力。切实加强意识形态工作,梳理领导干部意识形态工作责任清单并开展自查,开展微信使用情况专项清理整顿,局党组强化意识形态工作得到省委督查组肯定。

推动纪律作风建设走向深入。开展经常性廉政教育、警示教育。召开党风廉政建设推进会暨警示教育大会,组织在职党员开展“党内法规集中学习季”活动。严格纪律执行。支持内设纪检机构充分履行监督职能,强化对“一把手”和领导班子的监督;认真处置问题线索,全年处置问题线索 3 件次,函询 1 人次,批评教育 2 人次,回复党员干部党风廉政意见 45 人次。坚决贯彻落实中央八项规定及实施细则精神。完善省局机关发文规范,全年发文同比下降 6.8%;以务实的调查研究和“四不两直”检查改进作风,局党组同志牵头开展专题调研,对市(州)局调研成果进行评比,促进了重点工作开展;坚持不懈反“四风”,公务接待、公车使用费稳步下降。扎实做好定点帮扶工作,省局对口帮扶工作连续三年被省委考评为“好”等次。加强新闻宣传引导,被评为全国邮政管理系统 2022 年度通联工作先进集体并交流发言。

统筹推进巡察和巡视巡察整改、审计、综合检查工作。完善巡察工作制度,完成对市(州)局党组第二轮巡察,共查找出“四个落实”方面的问题 153 个,移交立行立改问题 66 个,均开展了有效整改。开展“对照检查、深化整改”活动,主动认领并落实中央第十二巡视组反馈意见整改；对8人市(州)局主要负责同志开展领导干部经济责任审计，对发现的共性问题综合通报，推动了领导干部经济责任履行规范化。

深化非公党建及行业精神文明建设。全面强化行业非公党建工作。按照“将党员找出来、将机构建起来、将活动开展起来、将党员和党组织作用发挥出来”的思路，系统推进行业非公党建，省快递行业党委获批成立，市(州)级快递行业党委已达19个。加强系统和行业精神文明建设指导。在全省行业开展“社会主义核心价值观主题实践活动月”活动，组织其美多吉先进事迹宣传学习活动，加强行业典型选塑和宣传，其美多吉同志当选党的二十大代表，哈弄夺机、唐建分获“2021年感动交通特别致敬人物”“2021年感动交通年度人物”，全省快递员群体共产生各级党代表12名，人大代表3名，政协委员12名，行业的社会认同度不断提升。

三、新时代十年行业发展成就

始终坚持党的全面领导，确保全省邮政事业沿着正确的方向前进。始终把政治建设摆在首位，坚持不懈用习近平新时代中国特色社会主义思想凝心铸魂，坚定不移全面从严治党，把党的领导贯穿于行业改革发展和管理工作的全过程、各方面。全省系统行业干部职工牢记习近平总书记对邮政快递行业的殷殷嘱托，深刻领悟“两个确立”的决定性意义，坚决做到“两个维护”，以团结奋进、接续奋斗的姿态，推动行业规模、创新活力、服务能力、综合实力跃上新台阶。

不断完善监管机制，锻造了一支忠诚干净担当的监管队伍和勤劳务实奉献的从业者队伍。2012年底，全省21个市(州)邮政管理局相继揭牌成立。推动省市县三级邮政业安全中心及县级邮政管理机构组建，推动县级邮政市场监管职责落实，省级以下邮政监管体制进一步完善。坚持“抓班子带队伍促发展”，不断提升干部队伍思想素质、业务能力和法治水平，为行业高质量发展提供强有力的人才支撑。深化快递员关爱和权益保障，开展最美快递员评选，推出其美多吉、哈弄夺机、唐建等行业先进典型，快递员群体工作生活更有尊严，行业形象大幅提升。

围绕中心，服务大局，行业服务地方经济社会发展能力与作用更加凸显。行业规划、政策体系不断完善，修订《四川省邮政条例》，制发邮政业“十三五”“十四五”规划，省政府先后出台《关于促进快递业健康发展的实施意见》《加快农村寄递物流体系建设的实施方案》等政策文件，行业发展重点任务纳入综合交通、现代物流、现代服务业等专项规划，行业全面融入地方经济社会发展大局。始终坚持发展为要，十年来行业体量迅速增长，全省邮政行业业务总量从72.4亿元增长到403亿元，快递业务量从1.3亿件增长到28.7亿件。以“川货寄递”为抓手，快递服务现代农业、制造业成效明显，“快递服务现代农业”金牌项目位居全国前列。邮政普遍服务均等化水平不断提升，党报党刊发行得到全力保障，投递频次深度、全程时限持续改善，人民用邮更加便捷。

统筹推进基础设施和网络建设，为建设“人民满意、保障有力、世界前列”的邮政强国四川篇章奠定了更加坚实的基础。对接跟踪省市两级相关规划实施，一批枢纽型邮件快件分拨中心投入运营，建成各类分拨中心602个，各级邮政快递服务设施基本完备，运行通畅，邮政快递服务实现进村通达全覆盖，保障政令通畅和人民群众用邮需求。

四、快递市场存在的突出问题

一是企业安全生产基础薄弱与寄递服务重心下移增加了监管难度。快递业从业主体类型多样，企业安全防范能力参差不齐，安全管理能力普遍不足，安全制度建设等工作还有不小缺口。企业寄递服务过程中的交通安全、分拨中心分拣作业操作安全、场地运行安全等安全保障能力与任务要求不相适应。

二是“川货寄递”的广度和服务模式创新不够。“川货寄递”整体推进情况与四川农业大省的地位还不匹配,各地更多的农特产品、名优产品适网销售较为滞后,部门协作、产业协同融合不够,寄递渠道流通占比不高。“川货寄递”服务大多是“产后”环节,市县及以下快递企业难以提供差异化、特色化的寄递服务模式,促进产业协同发展助力乡村振兴的作用还不明显。

三是规范县以下快递末端服务任重而道远。部分市州“一村一站”建设和“快递进村”覆盖面和服务质效还有待提升,未按址投递和末端违规收费等问题时有发生;邮政企业“快递进村”基础性作用发挥不够,自身村级站点不够完善,投递服务与《快递服务》标准规定有差距,邮快合作广度和深度不够;部分快递企业在服务质量方面统一管理责任履行不到位,对县以下末端投递服务支撑保障不够,提升缓慢。

四是生态环保工作还有待进一步强化。快递包装绿色治理用力不足,推动行业绿色发展缺乏有力抓手,与上下游有关部门协同治理不够,未能形成齐抓共管局面。

五是农村寄递物流体系在健全基础设施、畅通三级节点、资源整合和综合利用上等方面还需下大力气推进。农村邮政快递服务基础设施薄弱脆弱依然存在,县乡村三级节点的贯通连通融通不够顺畅,农村寄递物流成本仍然较高,而市场主体对农村末端寄递服务投入保障有限,影响到农村寄递物流体系作用的充分发挥。县乡村三级寄递物流体系对农产品仓储、保鲜、收寄、运转等方面服务能力提升支撑还有待加强。

贵州省快递市场发展及管理情况

一、快递市场总体发展情况

2022年,贵州省快递企业业务量累计完成4.92亿件,同比增长23.67%;业务收入累计完成72.67亿元,同比增长8.98%(表7-24)。

表7-24 2022年贵州省快递服务企业发展情况

指标	单位	2022年		比上年同期增长(%)		占全部比例(%)	
		累计	12月	累计	12月	累计	12月
快递业务量	万件	49204.64	5361.06	23.67	23.70	100.00	100.00
同城	万件	9479.76	1190.55	7.48	33.16	19.27	22.21
异地	万件	39628.77	4156.59	28.21	21.02	80.54	77.53
国际及港澳台	万件	96.11	13.92	64.88	171 86	0.20	0.26
快递业务收入	亿元	72.67	7.45	8.98	12.94	100.00	100.00
同城	亿元	6.13	0.75	-2.53	17.28	8.43	10.11
异地	亿元	33.95	3.54	16.86	14.50	46.72	47.43
国际及港澳台	亿元	0.37	0.04	20.50	69.49	0.50	0.49
其他	亿元	32.23	3.13	3.83	9.35	44.34	41.98

二、行业管理工作及主要成效

坚持党建引领,践行“两个维护”。强化理论学习。聚焦党的二十大精神和党史学习教育,对习近平总书记系列讲话和党中央精神,坚持“第一议题”学习,“第一遵循”贯彻,“第一政治要件”落实。深入学习把握习近平新时代中国特色社会主义思想的世界观和方法论,在重大问题和复杂问题中，坚持好、运用好贯穿其中的立场、观点、方法，分析问题、思考谋划、对标对表，推动邮政管理各项工作落地落实。在各项重点工作中，展示了政治理论指导实践的磅礴伟力。统一思想、凝聚共识。通过政治理论学习，加强理论武装，把贯彻落实习近平总书记重要指示批示精神作为首要政治任务，加强与省委组织部、省总工会、团省委等联系，开展快递行业党、工、团组织建设，推动省邮政业安全中心向地方党委汇报，成立快递物流园区联合党工委，由省邮政业安全中心负责同志担任党工委书记，在疫情防控中发挥党组织战斗堡垒和党员的先进性作用；推动37个县（市）建立快递行业联合工会；贵安邮政事业办党组获批，毕节成立快递行业团工委；与团省委联合举办快递干训班。第一次从一线邮政和快递员中产生了中共贵州省党代表和全国人大代表。行业凝聚力、影响力进一步增强。

担当有为，行业高质量发展富有成效。主动担当作为，推动行业高质量发展。积极争取邮政快递业高质量发展政策支持。争取国家邮政局和省政府分别出台《关于支持贵州邮政快递业高质量发展　助力贵州在新时代西部大开发上闯新路的实施意见》和《省人民政府办公厅关于推动快递业高质量发展的意见》，配套形成支持贵州邮政快递业高质量发展政策，贵阳、六盘水、安顺、铜仁、黔南州、黔西南州等6个市（州）也出台支持当地快递业高质量发展的意见；主动向省委申报深化改革重大调研课题《贵州“快递进村”助力乡村振兴研究》，专项报告已通过省委专家组评审，“快递进村”写入《贵州乡村振兴条例》；联合省发展改革、商务等13个部门印发《贵州省商贸物流高质量发展专项行动工作方案（2022－2025年）》，与省工信厅、金融办等部门开展纺织服装产业政企金运纾困行动，帮助企业产、销、运衔接，部门间协同发力更加有效；高效做好省人大、政协提案办理；制定印发贵州省《快递绿色包装使用与回收规范》，推动贵州省邮政快递业向好向上发展。

助力乡村振兴，支持“黔货出山”卓有成效。跟进贵州省农村产业革命调整战略，坚持产业协同发展，助力乡村振兴，带动茶叶、蜂糖李、柚子、火龙果、橙子及腊肉、羊肉粉、辣椒等农特产品实现产、销、运一体化的黔货出山，全年黔货出山总价68亿元。形成快递服务现代农业年业务量超100万件项目5个，超10万件项目12个，邮政“黔邮乡情”、菜鸟“黔优名品仓”成为服务现代农业“名片”项目。落实“双联双促”工作部署，服务乡村振兴有力。动员快递企业支持天柱县上花村农特产品线上线下销售，6万余斤上花大米通过快递渠道销售，助力当地农业发展和农民增收。多方筹资4万元修缮村民服务中心。

大力实施“9917”工程，加快推进绿色治理。省委将“积极推进绿色快递”写入《中共贵州省委　贵州省人民政府关于在生态文明建设上出新绩的实施意见》，与省发展改革、生态环境、商务、住建等部门协同推进塑料污染治理、“双碳”“无废城市”建设、垃圾分类等工作；研究制定《2022年贵州省邮政业生态环境保护工作实施方案》，推进邮政业绿色网点和绿色分拨中心建设；持续开展重金属、特定物质超标包装和塑料污染专项治理，国家发展改革委4次通报贵州局工作成效。

巩固提高，落实地方财权事权大有进展。发挥双重管理优势，加强与地方汇报沟通，大力争取地方人、财、物支持，进一步巩固提升队伍能力。争取地方支持，行业管理力量进一步充实。争取地方财政支持邮政管理经费超500万元；推动遵义市级邮政业安全中心等14个县（市）安全中心获批成立；贵阳市成立市邮政安全监管工作专班，人员、经费、场地均由地方政府支持解决；黔西南州8个县级邮政快递业监管办公室实现正常履职，毕节等地也在作积极探索。纾困解难，为邮政快递企业争取补贴支持。推动将快递行业困难写入《贵州省促进服务业领域困难行业恢复发展的实施方案》，明确了邮政快递行业减税降费政策，对重点人员定期开展核酸检测进行补贴，累计支持抗原试剂 3.5 万份。推动疫情期间各项纾困解难政策、《贵州省邮政车辆差异化收费实施细则（暂行）》落实，为邮政企业争取过桥过路费优惠，贵阳局争取到一次性医用口罩 19 万个、消毒液 2000 份，毕节局为快递企业争取寄件补贴资金 900 余万元。继续争取政务寄递服务地方财政邮资统付和“防疫包”有偿服务，争取地方财政给予贵阳国际邮件互换局运营资金补贴、交邮融合补贴、县级商务快递电商统配试点建设资金补贴等，全年累计超过 1.5 亿元。

安全稳定，行业疫情防控和保通保畅有力有序。全力以赴打好疫情防控战，8 次配合国家邮政局及相关省份协查、排查、处置涉疫邮件快件，成功追踪涉疫快件近 3 万件，有效排查消除涉疫风险隐患。上海疫情防控期间，积极组织顺丰、中通等快递企业驰援上海，运送贵州省援沪医疗、生活物资等，获省卫健委书信致谢。2022 年 9 月，贵阳、毕节等地相继发生新冠肺炎疫情，贵州省邮政、顺丰、京东等企业“快递小哥”及时补位同城配送，全力协助进行社区配送，满足了社会对医疗防护物资和群众生活物资的配送需求。全行业调配 542 辆大型货运车和 5000 辆三轮车、1 万名快递员全力投入疫区医疗防护物资和群众生活物资运输派送。疫情防控期间，贵州局向省委、省政府提出“蔬菜包”、中秋月饼派送合理建议，得到采纳。全省邮政管理系统抽调精干力量，组成邮政快递业保畅及防控工作专班，在线核发“贵州省重点物资运输车辆通行证”4386 张，有效保障本地居民生活、医疗等物资寄递渠道畅通，顺丰在抗击疫情中获政府部门“抗击疫情爱心企业”各类奖牌、锦旗 10 余次。全力以赴保障党的二十大、省第十三次党代会等重大会议活动期间的寄递安全。严格执行“三项制度”，配合有关部门严厉打击政治性非法出版物的收寄，全力做好行业“扫黄打非”等工作，圆满完成党的二十大、省第十三次党代会等重大会议活动期间的寄递渠道安全保障工作，受到国家邮政局领导批示肯定。

多措并举，推动寄递物流体系建设。大力推进“快递进村”工程，助力乡村振兴全面发展。全省 13299 个建制村，实现两个及两个以上快递品牌服务到村的有 13061 个，覆盖率达到 98.21%。其中贵阳市、六盘水市、毕节市、黔南州已实现快递服务到村全覆盖，相比 2021 年底增加了 1552 个村。推进货运枢纽优化发展。统筹邮政事业和邮政产业双轮驱动要求，大力推进快递货运枢纽集约发展，持续推进贵州省快递物流园区扩容升级，引导企业新增投资 3.6 亿元，顺丰丰泰产业园、圆通智创产业园先后投入运营，顺丰成功申报 5A 级物流企业，贵州省快递物流园区建设向贵阳延伸，“哑铃”式发展格局逐步形成。推动居民生活设施建设。依托 15 分钟生活圈建设，在全省县级以上城市 5000 多个社区点建智能快递箱、快递驿站等，已成为居民生活必不可少设施。

传递关爱，快递员群体合法权益、社保工作稳步推进。联合省人社厅印发《贵州省推进基层快递网点优先参加工伤保险工作方案》，全年新增优先参加工伤保险快递从业人员已超过 5000 人，新增参加社保“五险”“四险”人员超过 6000 人。统筹做好快递系列职称评审工作。大力宣传职称评审政策，动员全省品牌快递企业快递员积极申报职称评审，2022 年 6 名快递员通过专家评审。扎实开展快递从业人员职业技能培训，累计培训超过 4000 人次，争取人社部门培训补贴 88 万余元。指导六盘水、遵义等市（州）完成本地区快递行业职业技能大赛，在全省行业营造“比业务、学技术、赶先进”氛围。争取省总工会关心关爱“快递小哥”专项经费 60 万元；畅通参政议政渠道，积极推荐快递员作为各级“两代表一委员”人选，2022 年全省邮政快递业 17 人成为省、市党代表、人大代表或政协委员。行业发展获多项荣誉，贵州中通、圆通团支部获“五四红旗团支部”表彰，顺丰刘羽获“两红两优”先进个人，韵达快递安保部，邮政兴义分公司机场营业部、瓮安投发班获全国邮政快递业“安全生产岗”荣誉称号。

狠抓落实，行业监督监管扎实推进。深入开展快递市场秩序整顿，持续开展快递“黄牛”“刷单”，无序竞争及快递服务作业不规范、农村快递末端服务违规收费等整治，依法行政，开展快递业务经营许可和快递服务质量监管执法，有力维护了市场秩序；健全完善申诉受理机制，消费者对申诉处理工作的满意度为99.1%。加大对快递末端违规收费问题的监管力度，印发专项行动方案，成立违规收费专项治理小组，先后4次专题会议调度，印发宣传资料6000余份，推动快递企业与邮政企业合作，为邮快合作进村创造了良好的运营环境。

从严管党治党，党风廉政建设永远在路上。纪律作风建设持续加强。持续纠治“四风”，巩固拓展作风建设成效。通过警示教育案例通报、集体廉政谈话、节假日廉洁信息提醒等方式，及时向党员干部打招呼、提要求，督促时刻绷紧纪律规矩这根弦。扎实开展借培训等名义搞公款旅游、参与“影子公司”“影子股东”谋利专项整治，开展领导干部在社会团体违规兼职取酬专项清理等，保持了干部队伍风清气正的干事创业氛围。坚决扛起主体责任，抓好巡视巡察任务整改落实。局党组积极扛起主体责任，党组书记认真履行第一责任人责任，党组成员严格落实“一岗双责”，全面贯彻国家邮政局党组关于巡视巡察工作安排部署，坚持问题导向，对标对表查摆不足，研究制定整改方案，落实整改责任。制定完善《中共贵州省邮政管理局党组巡察工作领导小组工作规则》等三项制度，确保巡视巡察成果落实落地。贯彻落实新时代党的组织路线。加强选人用人谋划，调整前开展大量调研，梳理后备干部的政治“三力”和教育学历、从业经历、管理能力及身体健康状况等，坚决执行此前印发《关于严肃干部调整工作相关纪律的通知》，禁止跑官要官，严格处理不服从调整干部，防止工作中问题发生，坚持德才兼备、以德为先原则，通过驻村帮扶、疫情防控等工作，在急难险重中锻炼人才，培养干部。着力加强市(州)局领导班子建设，研究调整两个市(州)局“一把手”；多形式、多方位开展干部交流，进行政治历练、思想淬炼、实践锻炼。

三、新时代十年行业发展成就

扎实开展群众路线教育实践活动及“三严三实”“两学一做”“不忘初心、牢记使命”、党史学习主题教育等活动。全面落实党组主体责任，切实履行“一岗双责”，党组指导支部、支部带动党员、党员带动群众，工作逐级抓，一级抓一级，层层抓落实。常态化开展政治生态分析研判，扎实抓好巡视巡察反馈问题整改。严格落实意识形态工作责任制，着力把方向、抓导向、管阵地、强队伍，形成共同维护意识形态安全的强大合力。持之以恒贯彻中央八项规定及其实施细则精神，深入开展警示教育、廉政谈话，深入推进党风廉政建设和反腐败斗争。全省邮政管理系统风清气正的政治生态持续向好、整体向好、越来越好。

积极争取政策支持，为行业改革发展注入更加强劲动力。十年前，国务院出台国发2号文件，将加强贵州“邮政普遍服务设施建设”写入文件，从国务院层面明文支持一个省的邮政普遍服务设施建设，至今全国也是仅此一例，至此翻开了贵州邮政农村基础设施建设的新篇章。同时，贵州局积极向国家邮政局争取，出台配套文件，支持贵州邮政业又好又快发展。2022年，国务院出台新国发2号文件，支持贵州在新时代西部大开发上闯新路，贵州局再次全力争取国家邮政局配套出台文件，支持贵州邮政快递业高质量发展。十年间，国家邮政局和省委、省政府多位领导对贵州邮政快递业发展作出指示批示，给贵州局注入了巨大能量，成为贵州省邮政快递行业发展的强劲动力。

着力加强邮政快递网络建设，进一步巩固完善基础设施，逐步建成人民满意的贵州邮政快递网络体系。主动参与“双龙”临空经济区建设，将省快递物流园区建设纳入规划并推动实施，建成全国第一个省级快递物流园区，并成功入选第三批国家示范物流园区，进一步优化快递物流园核心功能作用，十年来，中央电视台等国家级媒体数十次报道园区的建设和发展，让贵州省快递物流园区成为中国快递十年发展史上最耀眼的一颗星星。将邮政网点空白乡镇补建工作写入省“四在农家·美丽乡村”基础设施建设六项行动中，借助双重管理优势，推动全省658个乡镇邮政局所补建，完成了空白数居全国第四的补建工作；分步推进“快递下乡”“行政村直接通邮”“快递进村”等，依托15分钟城市生活圈建设，建立快递智能箱、驿站等，成为居民生活配套必备设施，更好服务贵州人民美好生活需求。贵州一个最完善的县、乡、村三级快递物流体系已经形成。

积极参与脱贫攻坚工作，服务地方经济发展，助力疫情防控。十年间，贵州邮政行业业务收入年均增长19.61%，2022年与2012年相比，快递业务增长了18倍，全省行业稳定提供5万余人的就业岗位，并在省外争取了10万名快递员的就业岗位，为贵州省脱贫攻坚消化农村转移劳动力、稳定社会作出了应有的贡献。与贫困地区百姓血肉相连、鱼水相依，在人员十分紧张的情况下，先后派出八批人员参加驻村帮扶，成为全国邮政管理系统最早派员参与地方驻村帮扶的省份。与发展改革、商务、农业农村、交通等部门合作，构建了覆盖面最广、线上线下协同、多部门参与、城乡双向流通的寄递服务网络。为支撑农业产业发展、城镇化建设，推动“黔货出山”产运销一体化，帮助农民实现增收，深度参与打赢脱贫攻坚战，为贵州彻底撕掉千百年来的绝对贫困标签发挥了有效作用。在打赢疫情防控阻击战的3年中，全行业勇担民生物资、医疗防护物资保通保畅使命任务。承运了贵州省90%以上的援鄂防疫物资和全省80%“健康包”配送。最早参与政务服务，在强化警邮、税邮等合作基础上，与省财政厅协商，用“快递跑”代替“群众跑”，将邮资由用户承担改为财政统付，打造“贵人服务”品牌，提升贵州“放管服”水平，得到国务院领导肯定和国家邮政局的总结推广。

着力统筹发展与安全，行业安全环境持续稳定。始终以习近平总书记关于安全生产重要论述武装头脑、指导实践，坚持树牢总体国家安全观，建立完善寄递安全、“三管三必须”的配套制度。制定《邮件快件检查级别分类和禁寄物品的处理指引》等系列寄递渠道安全管理制度，进一步规范寄递企业安检执行标准；严格督促执行实名收寄执法力度，狠抓“三项制度”落地落实，实名收寄信息化率实现全覆盖；在全省范围开展了庆祝新中国成立70周年，建党一百周年，党的十九大、二十大等寄递渠道安全服务保障和寄递渠道涉枪涉爆、禁毒大扫除、“扫黄打非”、危化品整治、消防安全治理、个人信息安全治理、疫情防控等专项行动工作，相关快递企业在涉毒、涉黄、涉非、涉假等工作中获得表彰；积极争取安检机配置资金补贴，全省邮政快递行业安全设施投入超过2亿元。十年间，还争取成立了省邮政业安全中心等3个正处级事业单位。扎实推进贵州省邮政快递业安全生产治理体系和治理能力现代化，行业事故总量、亡人事故数、死亡人数“三下降”，重特大安全事故“零发生”，机要通信实现31年质量全红，安全生产整体水平明显提升，全省邮政快递业安全生产稳中加固、稳中向好。

完整、准确、全面贯彻新发展理念，服务高质量发展作用更加突显。始终把创新作为引领发展的第一动力，加强创新体系和创新能力建设，大力发展现代化邮政和快递，推动行业由依附客机、火车等外部运输能力，向全干线自主运输发展；由人工分拣向机械分拣、智能分拣升级；由手写面单向电子面单、网络运单转变；数字信息化统计分析更加精准。坚持绿色发展不动摇，将“绿色邮政”融入贵州生态文明建设和沿长江经济带发展中，持续优化运输结构，加快推进快递包装减量化、标准化、循环化，实现减排降耗，推动赤水河特色产业和黔茶、黔果等卖得更多、卖得更远、卖得更好，真正充当贵州“绿水青山”变“金山银山”的转换器。同时，还在国家邮政局绿色快递业生态发展会上提出了城市社区接收点建设，提高快递一次妥投率，降低车辆道路占用和碳排放等行业环保可行新思路，得到与会者一致好评。

全省行业涌现了一大批先进典型事迹，赓续了红色血脉，弘扬了行业文化。大力宣扬长征精神、遵义会议精神、三线建设精神、脱贫攻坚精神，涌现了一大批基层快递员先进事迹。毕节中通张连波代表西部快递行业与武汉抗疫快递小哥汪勇一行五人，同台参加了中宣部主办的“中外记者见面会”，贵州快递小哥第一次面对世界舞台；务川京东“快递救火队”、石阡极兔雷浩关爱老人、印江中通无偿为退伍军人寄递等事迹广为传颂，顺丰、中通等快递企业在贵州援建4所希望小学。

四、快递市场存在的突出问题

快递派费下调导致末端网点运营难。我省作为快递投递大省，投递费是企业运转的重要保障。近年来，随着全国快递资费不断降低，各大快递公司纷纷下调投递费用，从原来的1.2元/件下调到1元/件，甚至更低，部分派件已经降至0.8元/件。该费用包含从快递企业总部—县（市）网点分拣—乡镇网点—村的所有运输、租房及人工成本，经过层层消耗，基层网点实得派费已经所剩无几，很多末端处于亏损状态，过高的服务成本致使农村快递点和快递员队伍不稳定。

末端网点缺乏较稳定的补贴措施。近年来，快递覆盖面不断扩大，快递行业增速始终在20%以上，县及县以上快递服务基本能够靠市场化手段实现良性竞争，但在县以下乡、镇、村地区，特别是偏远农村，必须依赖政府部门牵头，合作推进尤其是行业开展快递进村的初期，尚未形成内生动力良性循环，需要相关扶持。各地均在支持农村电商发展，匹配电子商务示范县等方面也有相关支持资金，支持物流体系建设，但作为农村小件物流“主力军”的快递物流，却大多数网点未享受相关补贴政策。电子商务示范县补贴资金往往选择由第三方物流企业承接，该类物流企业普遍规模小，未经许可备案，极易出现二次收费、不实名、不验视等违规行为，存在较大安全隐患。

云南省快递市场发展及管理情况

一、快递市场总体发展情况

2022年，云南省快递企业业务量累计完成8.88亿件，同比增长5.45%；业务收入累计完成98.78亿元，同比增长8.74%（表7-25）。

表7-25　2022年云南省快递服务企业发展情况

指标	单位	2022年		比上年同期增长(%)		占全部比例(%)	
		累计	12月	累计	12月	累计	12月
快递业务量	万件	88781.78	8303.49	5.45	14.80	100.00	100.00
同城	万件	13165.09	995.43	0.66	15.67	14.83	11.99
异地	万件	75603.18	7306.87	6.91	15.04	85.16	88.00
国际及港澳台	万件	13.50	1.20	-96.55	-94.31	0.02	0.01
快递业务收入	亿元	98.78	9.04	8.74	21.24	100.00	100.00
同城	亿元	8.86	0.68	0.46	-3525.79	8.97	7.55
异地	亿元	53.01	4.96	12.48	11.54	53.67	54.81
国际及港澳台	亿元	0.91	0.12	13.01	-145.83	0.92	1.37
其他	亿元	36.00	3.28	5.61	-0.75	36.45	36.27

二、行业管理工作及主要成效

持续优化行业发展环境。做好规划发布和衔接落实。联合省市交通运输部门编制云南省邮政业"十四五"规划并发布，全力融入《云南省综合立体交通网规划纲要》《云南省"十四五"综合交通运输发展规划》和地方发展规划，推进主要任务和重大工程落地见效。推进农村寄递物流体系建设。省市两级全面落实《云南省加快农村寄递物流体系建设实施意见》，全省累计建设县级寄递共配中心64个、村级寄递服务站5333个。持续推进邮政领域财权事权划分改革。2022年全省系统共计争取到地方财政资金支持2089.78万元，较2021年增长超过88%，新获批成立1个州市级邮政业安全发展中心、11个县级支撑机构。全力支持市场主体稳定。落实行业助企纾困6个方面23项具体措施，全省行业市场主体累计减税降费1.89亿元。继续完善许可证"政务＋寄递"服务试点，实现不见面全网办理。

有效提升寄递服务能力。加快推进"快递进村"。推动将"快递进村"工作纳入省政府多个政策文件，协调主要快递企业总部加大对云南省快递进村的政策支持力度，坚持月统计、月通报工作制度，全省快递服务进村数量达到10999个，覆盖率为89.82%。打造邮政快递服务现代农业金银铜牌项目，目前全省共有2个金牌项目、7个银牌项目、48个铜牌项目。大力推进"快递进厂"。引导快递企业进驻产业园区，提供优质便捷寄递服务，联合工信部门打造快递业与制造业融合发展重点项目8个，产生寄递业务量1343.13万件，实现业务收入1.02亿元，支撑制造业产值64.07亿元。稳步推动"快递出海"。组织召开跨境寄递座谈会，推进瑞丽、磨憨、河口国际快件监管中心稳步运营，牵头召开两次通过中老铁路推进邮快件中转集拼业务工作会议，推动引导主要快递品牌继续深耕拓展东南亚市场，加快网络站点布局，全省邮件快件进出境1648.69万件（其中海关通关28.69万件，"边民互市"通关1620万件）。持续提升服务质效。巩固建制村直接通邮成果，印发《云南省抵边自然村邮政普遍覆盖三年行动方案（2022－2024年）》，第一阶段312个抵边自然村实现通邮。组织开展快递市场专项整治行动，实施重点地区"品牌包保"制度，落实"双名录"监管方式改革，稳步提升快递服务质量。做好消费者申诉处理工作，共受理申诉24639件，为用户挽回经济损失123.2万元。

有效提升行业安全水平。扎实推进平安寄递建设。深入开展邮政快递业安全生产专项整治三年行动及邮件快件处理场所安全管理规范化提升行动，组织开展行业隐患排查整治和安全生产大检查，狠抓寄递安全"三项制度"落实。推进西双版纳州"人证核验"试点，与公安禁毒部门开展联合数据研判及信息推送共享，寄递渠道禁毒工作取得显著成效。依托绿盾工程两联系统开展巡查抽查，有效提升"四率"应用水平，形成闭环管理。健全联合监管机制，发挥寄递渠道安全管理领导小组联席会议、寄递渠道安全监管协作机制作用。做好党的二十大、北京冬奥会等重大活动寄递安保，组织开展为期一个月的全覆盖安全综合执法检查。全省行业未发生较大以上安全生产事故。毫不松懈抓好疫情防控。成立全省行业疫情防控工作专班，定期进行工作调度。严格落实行业疫情防控制度规范，压实企业主体责任，坚持从业人员"一防一证一检二码"上岗，严格实行核酸检测、"持证上岗""扫健康码和行程码"等管理措施。重点对"8个边境州市＋昆明"的邮政快递经营场所与国际邮件快件处理场所开展常态化检查。加强与省疫情防控指挥部协调配合，妥善做好涉疫快件的应急处置。全力以赴做好保通保畅工作。参加省政府保通保畅工作专班，成立全省行业保通保畅工作机制，为企业办理重点物资运输车辆通行证，联合商务部门做好医疗物资供应配送，开展每日调度，加强督导检查，确保寄递网络畅通、城乡循环有序。

提升行业监管效能。强化邮政市场监管。全面清查整顿快递市场各类违法违规行为，重点开展违规收费集中整治，完成全省末端派费核算，重点地区违规收费投申诉案件线索明显下降。“包容审慎”推进快递业务经营许可规范审批，组织对13家网络型品牌快递企业负责人年度履职情况进行综合评价，完成法人企业信用评定管理。以实现“两不”“三保”为目标，扎实推进旺季服务保障。落实“双随机一公开”监管，加大执法检查力度，全省系统共出动执法人员11255人次，检查市场主体3812家次，约谈告诫171次，责令整改599次，行政处罚229起，处罚金额267.1万元。推进绿色邮政建设。成立全省邮政快递业碳达峰碳中和工作领导小组，行业环保内容纳入《云南省固体废物污染环境防治条例》，在昆明开展“无废城市”建设试点。“9917”工程取得明显成效，推动采购使用符合标准的包装材料比例90.91%，规范包装操作比例91.58%，可循环快递箱2.13万个，回收复用瓦楞纸箱1554万个，新能源汽车保有量1172辆。

加强党的领导和党的建设。压紧压实管党治党责任。制定实施《党建工作要点》《党风廉政工作要点》《理论中心组学习计划》《基层党建重点任务项目清单》《全面从严治党工作要点》，印发党组书记抓基层党建工作责任清单，发挥党组中心组集中学习的龙头示范作用，巩固拓展党史学习教育成果。提升“三会一课”质量，持续巩固党支部规范化建设成果。稳步推动非公党建工作，累计组建成立1个省级、12个州市级快递行业党委。切实加强党风廉政建设。扎实开展作风革命、效能革命，全面完成“三服务”清单工作目标。在全省系统开展“对照检查、深化整改”活动，开展群众评议省级机关作风活动。开展重要节点监督检查和提醒，组织全省系统以案释纪警示教育大会，组织开展专项检查、离任审计、财务检查，妥善处置问题线索。加强干部队伍建设。选优配强州市局领导班子，继续实施干部交流锻炼，加强巡察和选人用人专项检查问题整改，加强后备干部选拔储备和干部教育培训。完善行业人才支撑体系。完成职业技能培训1.1万余人次、争取资金123万元，新增参加工伤保险1.4万余人，完成年度快递工程技术人员职称评审工作，与省总工会联合开展云南省“最美快递员”选树表彰活动。

三、新时代十年行业发展成就

行业发展保持良好态势。十年来，全省邮政快递业量收规模持续高速增长，2015年全省快递业务量突破1亿件，2016年全省邮政业务总量、业务收入均突破50亿元，2019年全省邮政业务总量突破100亿元，2020年全省邮政业务收入突破100亿元，实现了行业规模的大幅跨越。2022年全省邮政行业量收较2012年分别增长6.14倍、5.16倍。尤其是全省快递业的发展更为迅猛，2022年快递业务量收较2012年分别增长22.37倍、10.57倍。全省邮政快递业稳定就业8万余人。

行业服务能力显著增强。十年来，全省系统着力推进邮政基础设施建设，通过强化干线运输能力、推动设备升级改造、实施邮政快递“网络覆盖”，逐步构建起覆盖城乡、通达世界的高效寄递网络，寄递服务能力有了明显提升。干线服务能力不断增强，省市级快递物流园区、县级集散中心建设稳步推进，航空运输、干线运输能力显著增强，当日达、即日达的覆盖区域大幅增加。设备升级改造加快推进，分拣作业机械化和自动化操作广泛普及，处理设备和运输设备不断更新，人工智能、大数据、物联网、区块链和北斗导航等新技术新产品加快应用。实施邮政快递“网络覆盖”工程，实现了邮政企业网点乡镇覆盖率、建制村直接通邮率、快递网点乡镇覆盖率三个100%，建制村快递服务覆盖率接近90%。

有效助力全省经济社会发展。全省邮政快递业着力加强与上下游产业的协调联动、融合发展，利用全程全网优势，实施“两进一出”工程，致力于将邮政快递业打造成为农特产品的直通车、制造业的流动仓库、商品流通的加速器、跨境电商的桥头堡。深度服务高原特色农业,全力打造邮政快递+金银铜牌项目,年助力农产品销售产生邮件快件6.04亿件,带动农业产值超过362亿元。强力支撑农产品进城和工业品下乡双向流通,2022年快递进出港量突破30.27亿件,全省年人均使用快件量超过60件,年支撑网络零售额超过1300亿元、全网交易额超过3500亿元。

行业监管能力有效提升。自身能力建设取得良好成效,组建成立16个州市邮政管理机构,成立1个省级、5个州市级邮政业安全发展中心,在普洱、西双版纳、保山、楚雄等地成立22个县级支撑机构。加快推进“绿盾”工程、“数字邮管”建设,通过信息化手段提升行业监管效能。省市邮政管理部门作为安全生产、反恐怖工作、禁毒工作、扫黄打非、打击侵权假冒等领导小组的成员单位,坚决履行行业安全监管责任。全面落实收寄验视、实名收寄和过机安检“三项制度”,推进行业安全生产标准化建设,加大执法检查力度,强化安全风险管控和预防措施。通过有效监管举措的落实,确保了全省邮政快递业的安全平稳运行。

四、快递市场存在的突出问题

全省快递基础设施建设还存在短板,市场低价同质竞争仍然存在,快递企业对电商议价能力偏弱,收派不平衡的情况没有根本改变,末端稳定运行机制不健全。邮政快递业与综合交通、乡村振兴、电子商务、高原特色农业、制造业的协同发展还不够,有效嵌入供应链产业链存在短板。农村寄递服务能力欠缺仍然是制约双向流通的堵点,全省“快递进村”质量还不够高,进村品牌数量、站点进村占比都需要持续发力。

西藏自治区快递市场发展及管理情况

一、快递市场总体发展情况

2022年,西藏自治区快递企业业务量累计完成1219.31万件,同比减少17.9%;业务收入累计完成4.48亿元,同比减少9.45%(表7-26)。

表7-26 2022年西藏自治区快递服务企业发展情况

指标	单位	2022年		比上年同期增长(%)		占全部比例(%)	
		累计	12月	累计	12月	累计	12月
快递业务量	万件	1219.31	128.38	-17.90	-14.87	100.00	100.00
同城	万件	356.46	38.51	-6.33	-17.42	29.23	29.99
异地	万件	862.77	89.87	-21.89	-13.71	70.76	70.00
国际及港澳台	万件	0.08	0.00	-7.57	-77.69	0.01	0.00
快递业务收入	亿元	4.48	0.44	-9.45	-12.23	100.00	100.00
同城	亿元	0.68	0.04	-10.64	-53.50	15.11	9.33
异地	亿元	2.15	0.23	-18.18	-13.09	47.97	52.12
国际及港澳台	亿元	0.00	0.00	-57.13	-74.88	0.09	0.16
其他	亿元	1.65	0.17	6.18	20.06	36.84	38.39

二、行业管理工作及主要成效

加强党的全面领导,提供行业发展坚强保障。深化党的建设。深刻领会“两个确立”的决定性意义,增强“四个意识”、坚定“四个自信”、做到“两个维护”,认真学习贯彻党的二十大精神,抓好政治建设第一任务。深刻把握“五期叠加”新的阶段性特征,认真开展党员思想动态分析工作,牢牢掌握意识形态工作领导权和主动权。制定完善党建工作制度，扎实开展模范机关创建，持续推进行业党组织建设，推进规范化标准化支部建设。坚定不移正风肃纪。出台加强对“一把手”和领导班子监督的实施意见，抓领导干部个人事项报告，开展违规兼职取酬谋利、参与“影子公司”“影子股东”等专项整治和离任审计，完成对市(地)局巡察全覆盖。加强党员干部“八小时以外”监督，紧盯重要节点，严防“四风”变异反弹，营造风清气正的政治生态。开展警示教育，进一步坚定党员干部的理想信念，始终存戒惧、知敬畏。全年受理信访举报2件，处置问题线索2件，初步核实、予以了结2件，谈话提醒1人次，廉政谈话41人次。

改进作风狠抓落实。积极参与自治区党委进一步改进作风狠抓落实工作，迅速作出安排部署，明确责任、细化措施，推动各项工作落地见效。以进一步改进作风狠抓落实为契机，把对国家邮政局党组巡视反馈意见作为“一把手”工程，将4大类42个问题进行细分化解，明确具体责任领导、责任部门、责任人和整改时限，慎终如始抓好常态化长效化整改。督促市(地)局做实第二轮巡察发现的5大类270个问题整改工作，进一步巩固和拓展巡视巡察反馈意见整改成果。坚决贯彻落实中央八项规定精神及其实施细则，大力精文简会为基层减负。疫情期间，全行业主动担当作为，积极响应号召奔赴一线保障民生，以实际行动彰显作风建设成效。

加强行业精神文明建设。切实加强新闻宣传工作，成功举办“西藏这十年”系列“党的十八大以来西藏邮政快递业发展成就”新闻发布会，区内、区外多家主流媒体予以报道。以社会主义核心价值观为统领，持续加强行业精神文明建设，大力弘扬伟大建党精神、“小蜜蜂”精神、“两路精神”和“老西藏精神”。全区2个集体获区级五一劳动奖状，2名快递员获区五一劳动奖章，2名快递员获市级劳动模范荣誉称号，3个集体荣获“2022年度全国邮政快递业青年安全生产示范岗”称号。

加强班子和干部人才队伍建设。坚持正确选人用人导向，补充3个市(地)局班子，充实5个班子成员，实现市(地)局主要负责同志兼任地方交通运输部门副职全覆盖。充分发挥职务职级并行作用，加强优秀年轻干部培养选拔。多方调剂完成2014年10月至2020年12月养老保险清算1678.2万元，协调划转50.84万元，争取经费28.98万元保障7个市(地)局工资及社保待遇，切实保障干部职工权益。

大力提升行业发展质效，助力高原经济高质量发展。“快递进村”工程深入实施。与自治区商务厅协同推进三级物流体系建设，出台《关于加快农村寄递物流体系建设的实施意见》，建成柳梧仓储物流中心(约5000平方米)和山南物流仓储场地(约1100平方米)。与交通运输厅协同推进交邮融合发展，在山南乃东区、琼结县和日喀则定日县积极开展“交邮合作”试点工程，当前投递频次由每周五班提升至每周六班，实现提能增效。

快递服务消费环境持续优化。持续开展市场秩序整顿，依法严肃查处违法违规经营行为。大力纠治“黄牛”“刷单炒信”行为。加强对企业履行服务承诺事项监督检查，重点治理不按公示价格提供服务、“掐尖揽件”、附加不合理条件等问题。强化末端服务质量监管，加大未按名址投递快件行为查处力度，严肃查处农村快递服务违规“二次收费”问题，保障用户合法权益。今年消费者申诉中心有效申诉155件，全部妥善处理，为消费者挽回经济损失38.28万元，消费者对邮政管理部门工作满意率为99.6%。

寄递渠道安全持续强化。以“十五条硬措施”为抓手，持续推进安全生产三年专项行动集中攻坚，重点加强对禁限寄物品的查验把关，严抓寄递安全“三项制度”落实。昌都局推动“7号检察建议”落实落地，强化寄递渠道安全。集中治理邮政快递领域个人信息安全突出问题，提升行业网络和数据安全管理水平，山南市已实现隐私面单全覆盖。成立自治区邮政业安全中心，提升监管力量。会同相关部门投入20余万元开展安全教育培训达4800人次，实现安全教育培训全覆盖，进一步提升从业人员的安全意识水平和能力，保障寄递渠道安全。圆满完成北京冬奥会、全国两会、党的二十大期间寄递安保任务，旺季实现“两不”“三保”目标。

快递员（投递员）权益不断加强。快递员参保购险有突破，“暖蜂行动”有特色。全区参加“五险”768人，优先参加工伤保险654人，山南、那曲购险率达100%。全区邮政乡镇营业人员提高服务费每人300元/月。拉萨市全年开展慰问金额达21万元，日喀则市快递小哥当选青联委员，林芝市社区设置“青年饮水站”，开展免费观影、体检，那曲市组建“骑士加油站”，阿里建起快递企业职工书屋。完成职业技能培训1341人次，持续开展职称评审工作，提升快递员发展空间。

地方支持力度加大。6部门联合出台《关于中国邮政集团西藏分公司存在困难问题的支持意见》，支持邮政基层网点基础设施提质改造。争取到自治区财政对农牧区邮政基层网点运营补贴资金4200万元，“十四五”邮政建设项目组织实施，进一步强化全区邮政普遍服务保障。各级邮政管理部门争取地方支持有成效，争取自治区财政拨付全区邮政监管专项经费174.28万元，各市（地）争取地方支持累计135.5万元。

行业抗疫成果突出。疫情发生后，全行业闻令而动，严格落实疫情防控“四方责任”，全力保障防疫物资和居民基本生活物资运递。共派出保通保畅车辆2307辆，运输物资1.79万吨，运输总里程160万公里。紧急配送群众生活物资37.9万单，特需用品1.46万件。全区高校录取通知书和学生档案100%妥投，发布涉疫宣传信息600余条，配合新闻发布会10场。全行业争取各类物资价值约900万元，各类药品4.62万盒。争取各级补贴89.45万元用于助企留工。全行业在降低病毒传播风险、保障防疫物资运输寄递、维系社会正常运行等方面发挥了重要作用，得到各级党委、政府的高度肯定。

持续推动行业绿色高质量发展，助力创建国家生态文明高地。联合公安厅、市场监管局、林草局开展高黎贡山（伯舒拉岭）生态保护专项检查，确保形成行业生态安全高压管控态势，巩固好西藏国家生态安全屏障战略地。完成“9917”工程，全力推进快递包装减量化、标准化、循环化，推动行业绿色高质量发展。三市（地）局积极参与“十四五”时期“无废城市”建设工作，进一步抓实行业生态环保工作，为推进绿色治理贡献行业力量。

统筹团结发展，助力民族团结进步示范区创建。统筹谋划抓团结。始终把维护祖国统一、加强民族团结作为西藏工作的着眼点和着力点，以铸牢中华民族共同体意识为主线，把民族团结进步创建工作融入全区邮政快递业发展大局一体推进，深入开展社会主义核心价值观教育，“三个离不开”“团结稳定是福、分裂动乱是祸”教育，切实增强干部职工、各族群众的“五个认同”，形成“共同团结奋斗、共同繁荣发展”的良好局面。

邮政“政”的属性促团结。扎实开展“扫黄打非”工作，落实“百村+寺庙”日督办工作机制，保障全区乡镇、建制村和主要寺庙党报党刊的投递，巩固党报党刊传递党的声音的主导地位，守好寄递渠道意识形态阵地安全。督促邮政企业持续加大投入，全面优化邮政寄递网路，加密邮运班期及投递频次实现压时提速。全区县至乡农村邮路均已实现汽车化，农村地区邮路汽车化率达到50.49%，拉萨、阿里、林芝农村地区邮路汽车化率达到100%。

服务乡村振兴助团结。巩固发展“一市一品”农特产品进城项目，进一步深化交快、邮快合作，服务乡村振兴积极推动“工业品下乡，农产品进城”双向流通。与农业农村厅协同推进3个区域级、2个国家级“益农合作社”项目建设，全区依托邮政快递服务网络助力销售49种农特产品，产生邮政快递业务收入182.98万元，那曲虫草季寄递服务为百姓增收近1亿元。拉萨达孜区以同城快递模式，为29种蔬果开辟保供“绿色通道”，解决农特产品寄递“最后一公里”问题，切实发挥了邮政快递业优势积极服务乡村振兴战略。

加快推进边境邮政设施建设，助力创建国家固边兴边富民行动示范区。制定《抵边自然村邮政普遍服务覆盖三年行动方案（2022－2024）》加快推进边境邮政快递服务网络建设，推进抵边自然村邮政服务普遍覆盖。当前，全区21个边境县及乡镇邮政网点全覆盖，通过邮快合作能实现快递投递服务全覆盖，优先保障边境地区邮政服务。边境地区624个建制村全部通邮，投递频次均达到每周三次，138个抵边自然村全部实现邮政服务普遍覆盖。支持邮政企业积极与相关部门沟通协商，实现吉隆口岸跨境业务办理。山南局争取5万元地方财政资金用于边境县民营快递网点补贴，进一步推动《关于鼓励抵边安居的若干优惠政策》落实落地，切实为固边兴边富民贡献行业力量。

三、新时代十年行业发展成就

始终坚持党对邮政快递业工作的全面领导。全行业始终把党的领导贯彻落实到邮政快递业改革发展全过程和各个方面，自觉在思想上政治上行动上同以习近平同志为核心的党中央保持高度一致，全区全行业深刻领悟“两个确立”的决定性意义，坚决做到“两个维护”，以团结奋进、接续奋斗的姿态深入贯彻落实国家邮政局党组和自治区党委、政府的决策部署，不断增强各级党组织的创造力、凝聚力和战斗力，为我区邮政快递业始终沿着正确方向前进提供了坚强的政治保障。

行业规模不断扩大。行业业务总量由2013年的2.09亿元增长到2022年的4.72亿元；业务收入由2013年的4.72亿元增长到2022年的7.44亿元。这十年，西藏邮政快递业的发展增速远高于同期经济增速，邮政快递业已成为生产生活不可或缺的组成部分，成为产业间、区域间联系的重要纽带。

行业基础设施和终端服务体系不断完善。邮政普遍服务均等化和快递下乡稳步推进，极大改善了全区各族群众的用邮环境，服务网络通达城乡，为服务三农、助力脱贫攻坚、推进乡村振兴打下了坚实基础。截至2022年底，全区共有汽车邮路92条，单程里程2.32万公里；铁路邮路2条（拉萨至西宁），单程里程3944公里；航空邮路15条，单程里程3.01万公里；快递服务网点424个，邮政普遍服务营业网点754个，村邮站4626个，全区建制村直接通邮率达100%，邮政普遍服务乡（镇）至建制村全部达到每周3班，邮件快件可以通达全区21个边境县所有自然村，大幅度提升了全区邮政普遍服务水平，推进了邮政公共服务均等化，有效保障了基层农牧民群众的基本用邮需求。

行业安全形势持续巩固。争取到邮政快递业配置安检机补贴资金3588万元，区、市、县三级邮政快递企业运转中心均配齐安检机，有效提升了治理能力。全区邮政管理部门与公安、国安、消防、市场监管等相关部门建立、巩固联合执法长效机制，严格落实企业安全生产主体责任，强化快递加盟企业上级管理责任，健全完善寄递渠道安全责任体系，不断提高全区邮政快递业突发事件应急处置能力。集中力量对重点问题、重点区域、重点环节进行集中整治，扎实开展邮政快递市场安全生产监管工作，有效预防邮政快递业安全事故的发生，全力以赴做好重大活动、重要节点和业务旺季期间寄递安全保障工作，确保寄递渠道绝对安全，实现了持续稳定、长期稳定、全面稳定的目标。

行业作用日益凸显。西藏邮政快递业深入践行“人民邮政为人民”的服务宗旨，不断满足全区各族群众日益增长的美好生活寄递需求。全区邮政营业网点业务功能不断拓展，并逐步拓展便民服务，拓宽了群众改善生产生活条件渠道。发扬拥军优良传统，深化“军民鱼水情”，全力做好国防交通运输保障等任务，为固边稳藏、构筑国家安全屏障贡献力量。积极服务脱贫攻坚和乡村振兴，利用行业优势促进“藏货出藏”，将波密藏天麻、那曲虫草、墨脱石锅、林芝松茸、察隅猕猴桃等产品推向全国。新冠疫情发生以来，全区邮政快递业坚决贯彻落实习近平总书记关于疫情防控的重要讲话重要指示精神，积极响应自治区党委、政府和行业党委号召，积极为全区疫情防控工作助力，为全区各族群众生产生活寄递需求服务，在降低病毒传播风险、保障防疫物资运输寄递、维系社会正常运行、促进生产流通和居民消费等方面发挥了重要作用。

四、快递市场存在的突出问题

行业发展不平衡不充分。一是区域发展不协调，拉萨市“虹吸效应”明显，其他地区行业发展数量、效益总和不及拉萨市行业发展水平；行业发展不平衡，受地区经济发展影响，我区邮政快递业效益产出不高，尤其是民营快递基层网点持续运营面临挑战、服务时限难保障等短板弱项突出。二是行业治理体系和治理能力与中国式现代化的要求不相适应。行业总体处于发展转型阶段，治理资源与规模任务不匹配，治理能力与发展形势不适应，制度刚性韧性不足，监管力量不足，监管盲点交叉点并存，新信息技术监管应用成效不足。市（地）级交通领域财政事权和支出责任划分改革工作进度缓慢，缺乏邮政业监管工作保障机制，邮政业安全中心组建工作还需持续推进。部门沟通协作机制有待进一步完善，产业联动、资源整合、降本增效成效不明显，深化融合发展推动农村寄递物流体系建设成效需进一步提高。行业新业态发展相对缓慢，对于新业态发展的思路不够明确，管理不够规范，整合资源和创新能力不够。三是全区邮政业寄递安全形势严峻复杂。百年变局加速演进，地缘政治影响，全区内外部环境更加严峻和不确定，寄递渠道安全形势日趋复杂。邮政、快递服务过程具有环节多、服务网点多、人货分离、科技含量不高、从业人员素质不一等特点，易产生风险隐患。从全国范围看，随着行业的快速发展，各类安全隐患、安全事故也逐年增加，行业安全问题呈多发、频发态势，生产安全、信息安全隐患日趋突出。四是企业经营管理粗放，行业文明有待提升，绿色转型任务艰巨，从业人员权益保障有待提高。

陕西省快递市场发展及管理情况

一、快递市场总体发展情况

2022年，陕西省快递企业业务量累计完成11.28亿件，同比增长0.91%；业务收入累计完成125.12亿元，同比增长3.41%（表7-27）。

表7-27　2022年陕西省快递企业发展情况

指标	单位	2022年		比上年同期增长（%）		占全部比例（%）	
		累计	12月	累计	12月	累计	12月
快递业务量	万件	112826.15	10181.61	0.91	21.86	100.00	100.00
同城	万件	24702.65	1969.15	-14.50	-2.10	21.89	19.34
异地	万件	87970.01	8197.94	6.43	29.60	77.97	80.52
国际及港澳台	万件	153.49	14.53	-40.87	-19.82	0.14	0.14
快递业务收入	亿元	125.12	11.54	3.41	24.75	100.00	100.00
同城	亿元	15.88	1.19	-26.75	-19.44	12.69	10.32

续上表

指标	单位	2022 年		比上年同期增长(%)		占全部比例(%)	
		累计	12 月	累计	12 月	累计	12 月
异地	亿元	64.86	6.41	6.42	37.44	51.84	55.56
国际及港澳台	亿元	4.98	0.58	7.87	53.48	3.98	5.00
其他	亿元	39.40	3.36	16.76	23.07	31.49	29.12

二、行业管理工作及主要成效

党的全面领导不断加强。把党的政治建设摆在首位。始终坚持党对邮政事业的领导，坚持政治机关定位，落实党组全面从严治党主体责任，深刻领悟“两个确立”的决定性意义，树牢“四个意识”、坚定“四个自信”、做到“两个维护”，持续把学思践悟习近平新时代中国特色社会主义思想作为首要政治任务，常态长效巩固拓展党史学习教育成果。坚持局党组中心组带头学习党的理论政策，带头贯彻党的决策部署。深入学习贯彻党的二十大精神。精心组织全省系统、行业广大党员干部职工收听收看党的二十大盛况。迅速召开党组会议传达学习党的二十大精神，及时安排部署、学习宣传。充分发挥中心组学习引领示范带动作用，列出专题进行交流研讨，通过组织参加中央和属地宣讲团专题宣讲、网上培训、开展党组书记集中宣讲等活动，切实把党员干部思想和行动统一到党的二十大精神和确定的宏伟蓝图上来。充分利用各种宣传形式和载体，深层次多角度宣传全系统、全行业党员干部学习贯彻党的二十大精神的生动实践和典型事迹，引导党员干部坚定信心、同心同德，埋头苦干、奋勇前进。

狠抓党风廉政和纪律作风建设。深化运用监督执纪“四种形态”，驰而不息整治“四风”，盯紧元旦春节、五一端午、中秋国庆等重要时段和重点人员，驰而不息纠治“四风”。依规依纪处置问题线索 4 起，查处党员干部违规违纪案件 2 起。认真开展社团违规兼职取筹专项治理，借培训等名义搞公款旅游问题专项整治和参与“影子公司”“影子股东”谋利问题专项整治。扎实开展中央巡视国家邮政局党组反馈意见整改，确保全面整改、彻底整改。加强领导班子和干部队伍建设。坚持重实干、重实绩、重担当的鲜明选人用人导向，完善干部交流机制、拓宽选人用人视野，持续优化年龄和专业结构，增强班子集体功能，市局班子配备率达到 90%。以巡视整改为契机，推动省、市主要负责人兼任同级交通运输部门副职，已有 7 个市局完成兼任工作。梳理分析全省系统职务职级并行进展情况，细化明确相关政策措施，切实加强对各市局工作指导，不断畅通优秀干部职级晋升通道，持续加大培养选拔优秀年轻干部力度。

加强快递行业党的建设。制定全省快递行业党建工作计划和重点任务清单，建立健全行业党建工作台账，积极组织参加各类非公党建业务培训，提升非公快递企业党建工作水平。加快推动省、市行业党委组建工作，推动人员、经费、阵地三落实，省级快递行业党委和 7 个市级快递行业党委获批成立。加强行业团建，深化快递从业青年思想政治引领，大力弘扬“小蜜蜂”精神，全省全行业 1 人获评“陕西青年五四奖章”，1 人荣获“陕西省优秀共青团员”称号。

行业疫情防控和保通保畅有力有效。毫不放松防疫情。妥善应对处置全年多轮次本土疫情，细化分类管控措施，制定出台一系列指导性政策文件，在全国行业疫情防控工作中形成示范作用。加强日常管理、强化预防为主、突出重点环节预防，守住不发生聚集性疫情底线，筑牢防控屏障。制定下发全省行业疫情防控应急处置工作方案，进一步规范应对处置工作。及时协调处置浙江余杭顺丰、山西清徐韵达、北京韵达、内蒙古邮政等多轮次输入涉疫邮件快件。针对性地加强涉疫执法指导,共办理行业涉疫违法案件20起。

多措并举保畅通。充分发挥全省物流保通保畅工作机制成员单位的职责作用,积极为行业保通保畅做好支撑。制定下发文件规范行业基础设施关停流程,保障行业运行稳定。将邮政快递车辆纳入保障重点物资运输车辆通行范畴,统一办理车辆通行证,指导邮政快递企业科学复工复产,优先为邮政快递人员核酸检测,采取有效措施支持在疫情较重地区设立接驳设施,为全省邮政业平稳有序运行提供有力保障。全省共为邮政快递企业办理车辆通行证1.6万张,有效解决了邮政快递车辆跨省通行难问题,确保疫情期间寄递渠道正常运转。指导企业做好人力、运力储备,统筹考虑群众疫情期间寄递服务需求,落实落细工作措施,发挥了行业保民生、保供应、保畅通的积极作用。

行业高质量发展成效显著。深入推进农村寄递物流体系建设。紧抓省政府实施意见出台后的政策窗口期,推动成立全省农村寄递物流体系建设工作领导小组,建立省局和省交通运输厅双组长机制。制定《陕西省农村寄递物流体系建设考核指标建议》,将相关指标纳入全省乡村振兴实绩考核,压实各级政府工作职责。加强统筹协调和督导指导,督促各级政府加快推动体系建设进度,进一步夯实工作基础。9个市出台本地区工作方案,推动工作落实,取得积极成效。全省实现"邮政EMS、顺丰、京东"三个品牌进村全覆盖,其他主要品牌综合覆盖率达到98%,其中邮快合作模式占比52.6%,建成村级"一点多能"寄递物流综合服务站4874个。加强与交通运输部门的协同联动,持续推动客货邮融合发展,继续创建打造客货邮融合发展样板县,为6个样板县争取资金补贴1399万元。联合国家统计局陕西调查总队对陕西省快递进村情况进行调查分析,形成的调查材料受到省政府领导批示肯定,有力助推全省农村寄递物流体系建设。农村寄递物流体系建设工作专报受到国家邮政局、省政府主要领导批示肯定。

持续抓好"快递进厂"和"快递出海"。紧密结合地方特色产业资源,组织开展快递服务制造业融合发展项目库建设及第一批融合发展试点先行区申报工作,为工业企业提供"仓储+配送""订单末端"配送等定制化服务,促进快递业与制造业深度融合发展。持续推动西安国际邮政快递枢纽集群建设,成立省局推进枢纽建设工作领导小组,开展相关课题研究,高起点科学谋划枢纽建设工作。推进邮件快件上中欧班列,陕西邮政中欧班列"长安号"国际运邮专线首发测试,实现了"长安号"干线通道优势和万国邮联网络的互补结合,当年累计向欧洲36国发运集装箱194个,货物3103吨。

有效助力乡村振兴战略。积极培育快递服务现代农业项目,延安苹果等5个项目年度业务量突破1000万件,申创"全国快递服务现代农业金牌项目";渭南冬枣等3个项目业务量超过300万件,榆林米脂小米等16个项目业务量超过50万件;商洛柞水木耳等10个国、省乡村振兴重点帮扶县项目业务量超过10万件;快递服务现代农业项目总业务量1.56亿件,带动农产品销售额63.1亿元。累计培育"一市一品"精品项目31个,农特产品销售额31.5亿元。开展全国电商快递协同发展示范区、快递服务现代农业示范项目创建工作,联合推荐5个县区、13个项目参与入库评定。

全力推动行业绿色发展。实施绿色发展"99112"工程,加强全省快递包装治理。开展邮件快件包装重金属和特定物质超标专项治理,委托第三方检测机构对12家品牌企业的包装材料进行抽样检测,对抽样不合格的企业及时督促整改。强化部门协同,落实环境污染治理属地责任,扎实推进行业塑料污染治理,共同推动行业节能减排,促进行业绿色发展。加大监督执法力度,推动企业生态环保主体责任落实。全省行业采购使用符合标准的包装材料应用比例98.95%,按照规范封装操作比例97.27%,可循环快递箱(盒)使用量14.32万个,回收复用瓦楞纸箱2811.9万个,超额完成国家邮政局年度目标任务，上年度生态环保评价排名全国第七。陕西邮政快递业塑料治理工作作为典型经验材料被国家发改委向全国推广。

保障快递员群体合法权益。保障派费水平稳定、优化考核指标、建立申辩机制、推动缴纳工伤保险。全省快递从业人员参加“五险”及工伤保险人数达到4.5万人，基层快递从业人员参加工伤保险基本实现全覆盖。7名邮政快递从业人员当选各级“两代表一委员”，丰富了行业参政议政渠道。全省行业7人荣获2022年陕西省劳动模范。强化行业人才队伍建设，开展快递从业人员职业技能培训，全年累计完成培训12232人次，争取补贴资金184.54万元；开展行业职业技能评审，全年累计通过职称认定336人。对行业符合学历提升条件的50名从业人员争取补助金5万元。

行业高效能治理能力显著提升。完善治理体系建设。《陕西省邮政条例》修订被省人大纳入年度立法调研项目，修订工作按程序稳步推进。制定《邮政快递业安全评估体系》和《邮政快递企业安全生产等级评定技术规范》，不断强化行业安全治理。持续推动行业安全监管支撑体系建设，联合省交通运输厅对县区级邮政监管机构组建、运行和管理中的相关问题开展调研，加快推进陕西省县级邮政监管支撑保障体系建设。全省已有6个市成立了市级邮政业安全中心，宝鸡眉县、陇县、千阳，延安甘泉等邮政业发展服务中心获批成立，榆林市12个区县邮政业安全发展中心成立工作取得积极进展。财政事权划分改革成效显著，省本级和10个市局争取到各类地方财政资金共计1852.84万元，争取行业发展资金930.73万元，争取资金位居西部首位、全国前列，切实保障了全省邮政快递业各项工作的有效开展。

提升科技监管能力。建设陕西省邮政业申诉数据综合分析系统，打通申诉系统与12345平台数据壁垒，增强数据关联分析，申诉热线归并后效能持续提升，受到国家邮政局领导批示肯定并全国推广学习。健全“绿盾”系统信息化应用管理体系，有序推广“绿盾”系统应用，加快形成“数据监测—执法检查—整改提升”工作闭环，有力促进监管水平效能提升。三是守牢行业安全底线。持续增强防范化解重大风险能力，推动落实最高检察院“七号检察建议”，不断加强寄递渠道安全管理。制定实施《快递企业在陕总部统一管理责任清单》，有效落实企业安全生产和寄递安全主体责任。稳步推进邮政快递业安全生产专项整治三年行动巩固提升。对近年开展的安全生产检查整改落实情况进行“回头看”，确保发现的隐患问题及时得到整改落实。联合省公安厅、省网信办开展邮政快递领域个人信息安全专项治理工作，全面规范行业领域个人信息安全保护，办理泄露个人信息案件1起。以最高标准、最严要求有效服务保障党的二十大、北京冬（残）奥会胜利召开，重大活动安全服务保障任务圆满完成。行业全年未发生重大安全事故，省局获评上年度平安陕西建设先进单位。

优化行业发展环境做好民生服务保障。积极为企业纾困解难。落实国家邮政局助企纾困6个方面23项具体措施和省政府稳经济一揽子政策，结合行业实际配套出台22条助企纾困解难稳定行业发展态势一揽子措施。通过微信平台、视频会议培训、进厂入企宣讲等多种形式广泛开展政策宣贯，确保各项政策红利得到充分释放，全省寄递企业减税降费总金额超1.5亿元。优化行政许可和备案办理。积极实施快递服务站、智能快件箱许可，简化两类新业态许可备案的操作流程和具体要求。开通许可证线上自主寄递服务，加强许可备案证照闭环管理，加强事中事后监管。受理快递业务许可申请240件，发放许可证53件；受理许可变更申请266件，同意变更209件；注销、作废许可63件。切实维护消费者合法权益。完善陕西省邮政快递业消费者申诉工作体系，强化邮政快递业消费者申诉处理工作，消费者申诉处理满意率不断提高。及时处理局长信箱、省长热线及12345转办件，做到件件有落实。2022年以来,通过各类平台累计结案处理申诉3317件,帮助消费者挽回经济损失91.37万元。

加强机关服务保障能力建设。持续推动落实"过紧日子"要求,加强财务预决算管理,加强内控管理。委托第三方机构开展项目绩效评估,有效提升财务管理水平。高质量做好统计,协助国家邮政局完成全国《经济运行分析报告》。积极推进全省退休干部准备期养老金的清算和陕西省公务员养老保险2019－2022年清算缴费工作。提升宣传工作水平,紧紧围绕学习贯彻党的二十大精神、行业疫情防控保通保畅、快递员典型事迹等开展形式多样的宣传报道,讲好行业故事,采编信息600篇,国家邮政局采用200篇,超额完成国家邮政局考核指标。与陕西网、华商报等地方主流媒体建立沟通机制,有效开展行业舆情监控。扎实做好信访、保密、档案管理、值班值守、政务信息公开、建议提案办理、后勤管理等工作。

三、新时代十年行业发展成就

始终坚持党对邮政事业的全面领导。始终坚持以习近平新时代中国特色社会主义思想为指导,坚持以党的全面建设统领推动行业健康稳定发展,坚定不移全面从严治党,把党的领导贯穿于行业改革发展和管理工作的全过程和各方面。以党的十八大、十九大精神为引领,积极开展"两学一做",扎实开展"不忘初心、牢记使命"主题教育,深入开展党史学习教育。扎实推进行业党建工作,推动快递企业党组织应建尽建,把快递员群体紧紧团结凝聚在党的周围。积极引导快递企业党组织和党员在防范化解行业重大安全生产风险隐患、促进行业绿色发展、维护和保障快递员合法权益、推进农村寄递物流体系建设、做好疫情防控等重点工作上发挥政治引领作用。

始终把为人民提供更便捷的用邮服务作为各项工作的出发点和落脚点。2014年完成空白乡镇邮政局所补建,实现乡镇邮政网点全覆盖,2017年在西部十二省率先实现建制村全部直接通邮,2018年县级党政机关党报党刊当日见报率实现100%,2018年实现乡镇快递网点全覆盖,至2022年实现3个品牌快递进村服务覆盖率100%,其他品牌综合覆盖率98%,城市主要品牌快递企业城区自营网点标准化率达96%以上,2022年营投合一单人局所全部清零,邮政快递业服务人民群众的能力不断提升,人民群众用邮的便捷性、获得感、体验感全面加强。我们积极维护消费者合法权益,推动邮政业申诉热线12305与市民服务热线12345实行双号并行,并行后来电受理从"7×8小时"间歇性服务升级为"7×24小时"全天候人工服务,热线接通率由原来的30%快速提升至98%,群众诉求工单办理时限由原来的30日缩短到7个工作日,群众对各企业申诉处理满意率提高至95.40%。

始终围绕高质量发展这一主题,不断提升行业发展质效。全省邮政快递行业年业务总量从28.89亿元增长至168.51亿元,增长5.8倍;快递业务量从0.4亿件增长至11.28亿件,增长28倍,快递年复合增长39.55%。邮政快递业业务收入占全省生产总值比重从2.3‰增长至6‰,增长了3.7个千分点。从业人员从不足2万人增长至6.93万人。邮政快递业与现代农业融合发展成效显著,5个项目获全国服务农业金牌项目。快递服务制造业强国战略取得长足进展,实现"寄递＋制造业"多点突破,快递电商协同持续深化。邮政、快递航空网络加密,尝试开展高铁运输。智能仓储初具规模,干线、支线、末端三级"无人机＋通航"的智慧物流体系推广应用。生态环保理念深入贯彻,绿色发展各项指标体系成型,成效显现。

始终聚焦高效能治理,精准施策构建治理体系。全面完成全省10个地市邮政管理局组建工作,积极协调属地政府,推动成立了省邮政业安全中心、6个市级邮政业安全中心、17个县级监管机构,全省邮政管理系统力量得到显著增强。推动省政府出台促进快递业发展实施意见、联合多部门印发落实习近平总书记重要指示推动邮政快递业高质量发展的实施意见，为全省邮政快递业高质量发展提供政策保障。积极推动中央关于地市局办公用房解决、交通运输领域财政事权和支出责任改革等利好政策在陕西省落地落实，全省10个市局稳定的办公用房均得到有效解决。以“绿盾”工程项目全面推广建设运用为依托，深入推进智慧精准监管，推动行业向科技化信息化转变，加大科技监管手段在行业的普及和运用，提升监管效能。积极推行“双随机、一公开”执法模式，不断规范执法全过程。快递业务经营许可实现全程网上办理，用户从至少跑一次到一次不用跑，审批工作效率大幅提高，企业设立成本有效降低。加快行业信用体系建设，出台陕西省邮政业违法失信黑名单管理办法，完善失信惩戒机制，构建以信用为核心的新型市场监管模式。

始终牢牢守住安全底线，把行业安全稳定抓紧抓实。认真贯彻执行《中华人民共和国安全生产法》，通过开展安全生产专项整治三年行动、行业涉枪涉爆专项整治、安全生产大检查、邮件快件生产作业场所建筑物安全整治、作业场所“四不”问题整治、传送带堵缝、人车分流、消防安全整治等系列活动，确保行业安全形势得到有效巩固和持续提升。督促邮政快递企业严格执行禁止寄递物品管理规定和实名收寄、收寄验视、过机安检“三项制度”等规章制度，推动严的氛围基本形成。邮政管理部门监管责任深入落实，紧盯重点环节、重点领域，有侧重、有针对性做好监管工作。制定实施《快递企业在陕总部统一管理责任清单》，企业安全生产主体责任有效落实，各企业主动落实主体责任意识不断增强，企业内部安全管理制度和应急处理预案不断完善。与公安、国安、应急等相关部门建立常态化工作机制，开展联合执法，进一步完善了在寄递渠道应急、安全生产、维护经营秩序、打击侵权假冒及消防安全方面的部门协同能力，积极推动地方政府落实安全生产“属地管理”责任，确保各方责任落实，形成部门协同共治格局。以实际行动确保了新中国成立70周年、建党100周年等系列重大活动期间寄递渠道安全和服务保障工作。

始终用心用情维护快递员合法权益。制定了做好快递员群体合法权益保障工作实施方案，安排部署基层快递网点参加工伤保险，实现快递员工伤保险全省全覆盖。推动非公快递企业群团及工会组织建设，成立共青团陕西省快递行业工作委员会，成立基层团组织9个，纳入团组织管理团员6096人；累计成立快递行业工会联合会8个、工会组织70余个，吸纳快递从业人员1.5万余名。持续开展“夏日送清凉”“暖蜂行动”“快递从业青年服务月”、节日慰问、体检等活动，组织各类关心慰问活动200余次。积极评选表彰优秀快递员、优秀快递网点，积极推动企业为快递员缴纳工伤保险，促进快递员工作生活环境改善，推动企业内部罚款减少三分之一，建立投诉甄别机制，保障快递从业人员有更多获得感。持续开展快递员职业技能提升，促进快递员职业发展，完成3.5万人的技能提升培训。加大职称评审工作力度，2917人通过职称评审认定，通过评审人次居全国第五位。畅通参政议政渠道，多名快递从业人员当选地方各级“两代表一委员”。邮政快递行业涌现出了全国优秀共产党员赵明翠、全国劳模张忠海、全国五一劳动奖章获得者罗明等行业标兵，7人荣获2022年陕西省劳动模范，彰显行业风采。

四、快递市场存在的突出问题

行业高质量发展基础薄弱，农村寄递物流体系建设不平衡、不充分，“快递进村”稳得住、可持续任务艰巨，高效共配的末端机制还未建成；快递服务制造业的模式尚停留在初级阶段，协同发展有待进一步深化；快递出海模式单一、成效不明显；对新业态新模式监管还存在短板。

行业绿色发展任重道远，与碳达峰碳中和要求还有差距，压实企业绿色发展责任、过度包装治理等工作缺乏强制标准。

行业发展缺乏核心竞争优势，陕西省主要寄

递业务以农特产品为主,呈现明显的季节性,农特产品容易受到天气变化等自然环境的影响,业务产品单一,依赖性强,业务波动性大,持续较快增长动力不足。

行业监管信息化、数字化及智能化发展滞后,信息化建设应用不充分,专业技术人才薄弱,部分信息系统利用率不高,无法满足行业监管的需要。

行业安全生产形势依然严峻,快递企业安全生产投入不足,安全教育规范化水平有待提高,"底线"意识淡薄,安全隐患和安全漏洞依然不同程度存在,末端网络不稳定因素依然较多。

甘肃省快递市场发展及管理情况

一、快递市场总体发展情况

2022 年,甘肃省快递企业业务量累计完成 19588.30 亿件,同比增长 6.12%;业务收入累计完成 38.16 亿元,同比增长 3.23%(表 7-28)。

表 7-28　2022 年甘肃省快递服务企业发展情况

指标	单位	2022 年		比上年同期增长(%)		占全部比例(%)	
		累计	12 月	累计	12 月	累计	12 月
快递业务量	万件	19588.30	1616.17	6.12	-18.99	100.00	100.00
同城	万件	2653.89	236.15	-16.06	-33.47	13.55	14.61
异地	万件	16932.56	1379.82	10.72	-15.86	86.44	85.38
国际及港澳台	万件	1.86	0.20	-29.41	-10.19	0.01	0.01
快递业务收入	亿元	38.16	3.54	3.23	-8.06	100.00	100.00
同城	亿元	2.72	0.29	-8.90	-15.82	7.14	8.33
异地	亿元	20.51	2.02	11.95	-0.96	53.76	57.06
国际及港澳台	亿元	0.08	0.01	-23.41	46.19	0.21	0.34
其他	亿元	14.84	1.21	-4.53	-16.47	38.90	34.27

二、行业管理工作及主要成效

旗帜鲜明讲政治,铸魂固本领航向,党的建设从严从实。坚持以习近平新时代中国特色社会主义思想凝心聚魂,坚持党组会议第一议题制度,及时跟进学习贯彻习近平总书记最新重要讲话和重要指示批示精神。牢固树立政治机关意识,坚持把学习宣传贯彻党的二十大精神作为首要政治任务,制定学习宣贯方案、组织收听收看党的二十大开幕盛况,组织学习报告原文、扎实开展研讨交流,"五项行动"推动党的二十大学习走深走实。扎实做好国家邮政局党组巡视反馈意见整改"后半篇文章"。组织开展"庆七一""喜迎党的二十大"和纪念市州局成立十周年系列活动。组织开展"党旗引领战疫情、旺季保障显担当"行动。赴南梁等红色圣地开展党性教育、表彰先进。组织召开系统青年干部座谈会。深入推进党风廉政建设,组织开展系统警示教育、纪检业务培训、廉政谈话;对 12 个市州局党组进行巡察,实现党的十九大以来全省系统两轮巡察全覆盖;开展干部违规兼职取酬、参与"影子公司""影子股东"谋利、借培训等名义搞公款旅游问题等专项清理整治工作。成立全国首个由省委批复的快递行业党委,市州快递行业党委全覆盖,县级行业党组织有效突破,落实党建经费 65 万元。全力以赴做好定点帮扶工作。积极挖掘行业典型,讲好行业故事,农村寄递物流体系建设、快递服务现代农业、率先复工复产等行业重点工作和发展成效被各类主流媒体广泛宣传报道。

因时因势防疫情，保通保供显担当，复工复产可圈可点。系统行业疫情防控、保通保供、复工复产等工作受到时任省委省政府主要领导及省政府分管领导多次批示肯定。面对多轮疫情冲击，系统行业扁平高效指挥、一线调度，寄递企业冒疫前行，采取网络会商、闭环管理、应急储备等措施精准防控；干部职工集中办公、连续作战，应急处置不分昼夜，杭州、北京等地涉疫邮快件24251件稳妥处置。同交通运输、商务、市场监管等部门建立协同机制，核发“重点物资运输车辆通行证”6029张，配送急需医疗、生活物资2300多万件，彰显了系统行业的责任担当。应对难题奏响“复工、招聘、关爱”“三部曲”，率先复工复产，开展邮政快递专场招聘，落实323.38万元专项资金及物资用于快递员关心关爱，在一周内实现了“快件无积压、场所无关停、网络不限流”的复工复产阶段性目标任务，12月下旬省级分拨中心单日处理量连续跨越400万、500万、600万件，不断刷新历史数据，为全省经济社会复苏作出了行业贡献。

聚焦堵点出实招，谋篇布局促发展，重大任务落地落细。出台《甘肃省加快农村寄递物流体系建设行动方案》，14个市州59个县区政府出台落实文件，组织现场观摩，召开推进会。与定西市政府、团省委分别就大物流建设、助力乡村振兴签订战略合作框架协议；与省商务、邮储、邮政企业签订合作协议。申报国家县域商业体系建设项目394个，落地11个。建立惠企纾困服务专班，89家寄递企业享受减免税费6140万元，39家寄递企业申请物流专项贷款。邮政企业打造农村寄递物流体系建设示范县16个、标准化建设重点县50个。打造客货邮融合发展样板县3个、示范线路38条。快递进村率达95%以上。“邮快合作”覆盖率达74%，代投量达2018.8万件，增长了4倍。协调顺丰全货机落地敦煌。培育申报5个农村电商快递协同发展示范区和20个快递服务现代农业示范项目，寄递农特产品3092.6万件，助力农产品销售额达52.7亿元。

紧盯重点抓整治，协同挖潜严监管，行业治理有序有力。压紧压实安全生产各方责任，四级联动排查整治风险隐患3612个，33个大型邮件快件处理场所“传输带堵缝、人车分流”目标任务基本完成，全面实现“四个全覆盖、五个必须、六个严禁”。全面落实“7七号检察建议”，协同检察、公安、国安、网信等部门开展寄递渠道安全整治各项工作，严格落实安全管理“三项制度”，全力护航党的二十大胜利召开。完成机要通信两轮全覆盖检查。“扫黄打非”工作站实现基层网点全覆盖。扎实开展“普服监管每周八件事”。实现许可证和分支机构名录寄递服务全覆盖。组织“双随机”专项督导检查，立案处罚181起。稳步推进“9917”工程，生态环保类行政处罚9起。邮政业安全中心有效发挥“绿盾”工程“千里眼”作用，发现、督促整改违规情况349起。12305云客服完成建设投入运行。完成22家僵尸企业注销工作。全面完成末端派费核算试点任务，经验做法获得国家邮政局肯定。

凝心聚力带队伍，提能塑形建机构，自身建设出新出彩。省、市（含兰州新区）1+15邮政业安全中心格局正式确立，联合省交通运输厅共同推动规范管理运行。10个市州成立县级监管机构55个，其中8个市州实现全覆盖，争取地方财政经费500.4万元。系统行业共有19人当选省市县各级党代表、人大代表、政协委员。制定《关于加强对“一把手”和领导班子监督工作的具体措施》紧抓“关键少数”。积极接收安置军转干部。完成干部人事档案数字化工作和省市局养老保险清算工作。《甘肃省邮政条例》修订发布。全省24610名基层从业人员参加工伤保险全覆盖，完成技能培训11883人次、落实补贴资金346.12万元，职称评审643人，6个市州举办职业技能竞赛。

三、新时代十年行业发展成就

上下贯通、左右联通的党建工作格局初步构

建。始终把政治建设摆在首位,坚持不懈用习近平新时代中国特色社会主义思想凝心铸魂,坚定不移全面从严治党,党的领导贯穿于邮政快递业发展和管理工作的各方面全过程,在政治立场、政治方向、政治原则、政治道路上同以习近平同志为核心的党中央保持高度一致。着力构建了省市局上下贯通,邮政管理部门和属地党工委有效联通的系统党建格局。初步形成了省市快递行业党委全覆盖、部门和企业有效联动的快递行业党建新模式,党对邮政快递业的领导更加坚强有力。

改革创新、质效并举的行业发展动能更加强劲。全省业务总量和快递业务量分别从 2012 年的 11.68 亿元和 1470.28 万件增长至 2022 年的 49.45 亿元和 1.96 亿件,分别增长 3.23 倍和 13.3 倍,行业业务总量占全省生产总值的比值较 2012 年翻了两番。登记备案企业及营业网点从 2012 年的 1584 家增长到了现在的 6879 家,增长了 3 倍多,国有、民营、外资多主体并存,即时配送、末端共享、智能收投等多业态共生,"铁公机"运输方式齐头并进,智能收投设施、快递超市遍布大街小巷和校园社区,市场规模持续扩大,行业面貌焕然一新。

覆盖城乡、便民惠民的邮政快递网络日趋完善。优化网络布局,促进区域协调,深入实施"两进一出"工程,扎实推动邮政、快递网络"双下沉",乡镇邮政局所补白、快递下乡、建制村直接通邮三大工程如期完成,95%的建制村实现"快递进村",构建起了覆盖城乡、惠及全民的邮政快递网络体系,全省邮政快递业连接千城百业、联系千家万户,畅通生产与消费重要渠道的作用进一步凸显。

省内一体、央地联动的行业监管体系逐步健全。以机构建设、经费保障、地方考核"三个全面覆盖"统领治理体系完善和治理能力提升,管理机构由省扩展到市延伸到县区,55 个县级邮政业安全(发展)中心获批,邮政管理工作和属地管理责任有序衔接;全省系统干部队伍由 10 人扩充到 416 人。全省系统行业争取财政项目补助、监管补助、地方事权支出补助资金和各类专项经费的多渠道保障机制初步形成,省市局均纳入地方政府工作实绩考核,行业发展全面融入地方经济社会发展大局,央地共同推动邮政快递业有序健康发展的监督管理体系不断完善。

政治过硬、实干担当的邮政管理铁军锻造成型。认真贯彻落实新时代党的组织路线,大力倡导"平常时刻看得出来、关键时刻冲得上去、危难关头豁得出来"识人用人导向和"为干事创业者、敢为人先者、冲锋在前者撑腰鼓劲"鲜明激励导向,打通"冲、挪、熬"三条正路,堵住"拉、要、搅"三条"邪路",真正让干部"感到公平、看到希望、得到回报"。建成涵盖 6 个专业、16 个方向、覆盖全员的全省邮政管理系统人才库,锻造了忠诚干净担当的高素质邮政管理干部队伍,用行动诠释了甘肃省邮政管理系统"骆驼精神"。

四、快递市场存在的突出问题

发展不平衡、不充分的矛盾依然存在。收派比长期处于 1:6 以上,导致行业基础设施落后、管理能力低下、末端生存困难、企业发展乏力、产业升级缓慢、创新动力不足,全省行业发展与中东部省份差距越拉越大。城乡发展不平衡,服务乡村振兴后劲不足,农村基础设施薄弱、末端服务能力欠缺、发展不可持续,快递进村还停留在"数字进村""协议进村"层面,大量优质农特产品出村进城渠道仍然不宽不畅。快递企业快而不优,闯的意愿不强、投资的动力不足、做大的魄力不够,自动化、智能化、集约化程度偏低,企业管理规范化、标准化水平不高,结构性就业矛盾突出,人才吸引力不强,创新创业环境不优,目前仍然处在"汗水快递"阶段,对标"智慧快递"差距还很大。

青海省快递市场发展及管理情况

一、快递市场总体发展情况

2022 年,青海省快递企业业务量累计完成 3103.61 万件,同比下降 15.82%;业务收入累计累计完成 8.31 亿元,同比下降 17.71%(表 7-29)。

表 7-29　2022 年青海省快递服务企业发展情况

指标	单位	2022 年		比上年同期增长(%)		占全部比例(%)	
		累计	12 月	累计	12 月	累计	12 月
快递业务量	万件	3103.61	278.09	-15.82	-30.22	100.00	100.00
同城	万件	508.88	45.68	-10.56	-22.18	16.40	16.43
异地	万件	2594.67	232.4	-16.78	-31.6	83.60	83.57
国际及港澳台	万件	0.06	0.00	-47.61	-62.79	0.00	0.00
快递业务收入	亿元	8.31	0.86	-17.71	-21.15	100.00	100.00
同城	亿元	0.46	0.04	-22.61	-32.22	5.53	4.52
异地	亿元	4.37	0.53	-14.36	-13.28	52.68	62.12
国际及港澳台	亿元	0.00	0.00	-31.40	-69.13	0.03	0.01
其他	亿元	3.47	0.29	-20.92	-31.21	41.76	33.34

二、行业管理工作及主要成效

聚力提站位、转作风,党的建设焕发新气象。政治建设更加有力。依托党组会议“第一议题”制度、中心组学习、支部集中学习、青年理论学习、网络平台学习、专题研讨交流等方式,深入学习贯彻党的十九届六中全会、党的二十大、习近平总书记重要讲话指示批示、省第十四次党代会精神,切实在学深悟透中坚定拥护“两个确立”、坚决做到“两个维护”。围绕贯彻落实习近平总书记关于邮政快递业重要指示批示精神,聚焦农村寄递物流体系建设、快递员群体合法权益保障、快递包装绿色治理、寄递安全等,先后召开 6 次党组会、4 次局务会研究部署、推动落实。持续巩固拓展党史学习教育成果,推动党史学习教育常态化长效化。严格落实意识形态工作责任制,抓实寄递渠道“扫黄打非”工作,切实维护意识形态领域安全。基层组织更加过硬。落实党组成员联系基层支部制度,完成省局机关党支部换届,持续规范组织生活,基层党组织的政治功能和组织力不断增强。坚持“抓行业必须抓党建”,联合省委组织部召开快递行业党建工作座谈会,开展快递行业党建工作调研,推动新成立 5 个非公快递行业党支部。聚焦“建起来、转起来、强起来”目标,指导快递行业党组织健全各项制度、规范组织生活,党组织在行业的政治引领作用日渐发挥,在促进行业健康有序发展、强化快递员权益保障等方面的效能逐步显现。正风肃纪更加深入。印发《关于加强对“一把手”和领导班子监督的措施》,切实加强对“一把手”和领导班子的监督。完成 4 名领导干部离任经济责任审计。扎实推进借培训等名义搞公款旅游问题、参与“影子公司”“影子股东”谋利问题专项整治及公车使用专项治理“回头看”、干部违规兼职取酬专项清理。强化日常监督,抓实警示教育,约谈 1 个单位,提醒谈话 6 人次,不敢腐、不能腐、不想腐机制不断完善。深入推进中央巡视组巡视国家邮政局党组反馈意见整改,完成 3 个市州局党组巡察任务。坚持不懈落实中央八项规定及其实施细则精神,深入开展“转作风、勇争先”作风建设行动,驰而不息纠“四风”树新风。

聚力优政策、激活力,发展环境有了新改善。政策赋能增动力。全力推进财政事权和支出责任划分改革,争取地方财政资金903万元,其中省级财政资金268万元,均用于扶持行业发展、支撑行业治理,多元化资金保障渠道逐步健全。会同相关部门举办政策宣讲会,指导帮助寄递企业享受各类税费减免1329万元。行业发展相关内容被纳入《省第十四次党代会重点任务分工方案》《青海省2022年民生实事工程》等15份省级政策文件,协调出台行业政策文件31份。《青海省邮政业发展"十四五"规划》宣贯全面实施,《西宁市"十四五"邮政业发展规划》顺利发布。优化服务添活力。持续深化寄递领域"放管服"改革,深入推进"证照分离"改革、社会信用体系建设。依法办理行政许可审批事项,注销快递法人企业4家,完成3家智能快件箱运营企业许可及所属末端备案。进一步优化农村地区快递业务经营许可,简化快递末端网点备案手续,实施末端网点批量在线备案。有序推开快递业务经营许可证、分支机构名录寄递服务,逐步实现"不见面审批"。

聚力补短板、破难题,服务民生达到新水平。寄递物流体系加快完善。会同商务、财政等部门印发2份三级物流体系建设政策文件,推动6个市州出台农村寄递物流体系建设方案,13个县级政府印发三级物流体系建设方案,落实补贴资金395万元。引导邮政企业建成16个县级仓配中心。推动农村邮路基本实现汽车化。联合省委组织部合力推进"快递进村",依托村级党群服务中心建成快递综合服务站116个,为"快递进村"注入了"红色动力"。邮快、快快、快商、交快等合作持续深化。全省"快递进村"覆盖率达78%,较上年提高11个百分点,带动农村快递业务量增长19%;乡村振兴重点帮扶县市覆盖率达81%。培育农村电商快递协同发展示范项目、服务现代农业示范项目各8个,助力打造绿色有机农畜产品输出地,有力彰显行业在全面乡村振兴、实现共同富裕中的价值担当。末端投递服务多元便捷。邮政进军营持续推进,政邮、警邮、税邮、医邮等合作更加深入,邮政综合服务平台建设成果不断拓展。推动落实"成本分区、服务分层、产品分类",稳妥推进约定投递、改址投递、改时投递等精准服务。积极发展无接触投递,新增快递服务站312个、智能快件(信包)箱142组,宅递、箱递、站递为主的多元末端投递体系加快健全。

聚力防疫情、保畅通,应急保障取得新成效。靶向用力防疫情。面对省内多轮疫情,抓实抓细调度研判、教育培训、部门联动、监督检查,压紧压实"四方责任"。狠抓消毒消杀、人员管理、涉疫邮快件拦截处置等疫情防控措施落实。推动落实核酸检测要求,依托信康码监测平台加强从业人员核酸检测筛查督导。持续推进从业人员疫苗接种,加强免疫接种率达99.8%。紧跟疫情防控政策调整,及时优化行业疫情防控措施,全力维护行业稳定运行。深化联动保畅通。坚持问题导向,加强汇报沟通,协调省疫情防控指挥部办公室、省物流保通保畅工作领导小组先后出台行业保通保畅文件3份,推动解决疫情期间行业运行堵点问题。全力保障疫情期间邮政机要通信顺畅,圆满完成高校录取通知书寄递任务。全力以赴疏解积压邮快件,着力畅通末端"微循环",及时回应社会关切,全省行业整体平稳畅通。担当作为助民生。疫情期间,动员组织寄递企业协助运送各类物资1000余吨,在特殊时期彰显了行业特殊使命,赢得地方党委政府和社会大众广泛赞誉、高度肯定。疫情政策调整转段后,组织寄递企业克服人力不足、工作负荷重、投递压力大等实际困难,全力保障服务畅通;广大快递小哥不惧严寒、不辞辛劳,以最短时间把包裹快递送到千家万户,为畅通经济社会循环、兜住民生底线提供了有力支持。

聚力防风险、护稳定,发展底板得到新加强。安全监管责任压紧压实。深化"三管三必须"原则,坚持季度党组会专题研究、半年安全管理工作联席会共同研究、年度安全生产协调领导小组会协商研究,制定安全生产"十六条"措施,协同检察院落实“7 号检察建议”。强化安全教育培训，全省系统举办各类培训、演练 80 余次。紧盯寄递安全“三项制度”落实、消防、道路交通、恶劣气候等风险隐患，强化企业自查、交叉互查、部门联查、系统巡查、监督员辅查，统筹抓好寄递安全、生产安全、信息安全和应急处置，安全生产企业主体、部门监管、属地管理“三个责任”全面发力、全面见效。安全专项整治扎实有效。组织开展行业安全生产大检查，1126 个问题隐患均已整改完毕。深入推进“防风险、保安全、护稳定”安全生产大督查大整治，建立定期分析调度、分片包干督导工作机制，圆满完成党的二十大寄递安保任务，省安委会办公室高度肯定并致信感谢。县级邮快件处理场所安全管理规范化比例达 98%。寄递领域个人信息安全治理、反恐、禁毒、“扫黄打非”等专项行动抓深抓细。一年来，全省行业未发生较大以上安全生产责任事故，行业安全生产专项整治三年行动完美收官。

聚力强素质、维权益，队伍建设迈出新步伐。 干部队伍结构明显优化。调整优化 7 个市州局领导班子，市州局班子配齐率提至 63%；调整、提拔、晋升干部 28 人次。加强年轻干部培养使用，提拔 1 名年轻干部担任省局内设机构副职、6 名年轻干部担任市州局副职或党组成员。创新年轻干部选拔方式，在全省系统公开选拔 3 名公务员充实到省局机关。完成 2022 年度公务员招录。加强干部关心关爱，强化干部教育培训，完善干部平时考核机制。一年来，先后荣获国家邮政局和地方党委政府表彰奖励 9 人次，干部队伍的激情更饱满、干劲更充足、素质更过硬、归属更强烈。快递小哥获得感明显提升。推动 4 个市州出台快递员群体合法权益保障工作方案。协同人社部门累计为 8696 名快递员办理工伤保险，基本实现参保全覆盖，完善快递员群体常态化动态参保机制。督导落实派费调整和罚款削减要求，推广实施快递企业末端派费核算指引。联合省气象局开通快递员直通式气象信息服务。深入实施“151”行业职业技能提升行动，培训 758 人次。大力开展“暖蜂行动”，推动发放稳岗补贴，慰问快递小哥 40 余场次。1 名从业人员当选党的二十大代表。

聚力严监管、促规范，治理效能实现新提升。 绿色邮政建设不断深入。聚焦标准化、减量化、循环化“三化”要求，大力实施“9917”工程，采购使用符合标准的包装材料比例、规范包装操作比例均达到 98%以上，可循环快递包装箱保有量达到 1.52 万个，回收复用瓦楞纸箱 234 万个。累计建成 139 个绿色网点、9 个绿色分拨中心。强化绿色邮政宣传引导和监督执法，行业绿色底蕴持续厚植。邮政市场监管不断加强。扎实推进快递市场秩序整顿，严肃查处超许可范围经营等违法违规行为，有效纠治各类无序竞争问题。强化末端服务质量监管，加大未按名址投递行为查处力度，切实维护消费者合法权益。不断改进优化申诉工作，全省邮政业消费者申诉处理满意率达 99.8%。法治邮政建设不断深化。完成《青海省邮政条例》首次修订。扎实推进“八五”普法。完成 48 名公务员新版执法证换领，全省系统公务员新版执法证持证率达 100%。深入推进行政执法领域执法不公、选择性执法、随意性执法等问题专项整治。组织开展各类执法检查 1269 次，查处违法行为 302 个，下达处罚决定 23 份。监管基础保障不断夯实。成功举行“青海这十年”邮政管理专场新闻发布会，全力讲好行业故事，新闻宣传量质齐升。“绿盾”工程建设成果有效运用，应用系统登录率稳步提升，信息化监管能力不断增强，省邮政业安全监测中心助力行业监管效果凸显。乡村振兴定点帮扶、财务集中报账、统计分析、值班值守等工作稳步推进，行业治理基础进一步巩固、治理能力进一步提升。

三、新时代十年行业发展成就

坚持发展为要，完整准确全面贯彻新发展理念，行业从高速发展向高质量发展全面迈进。全省邮政行业业务总量和业务收入分别增长 4.5 倍和5.7倍,年均增速分别达16.3%和18.8%;业务收入是地区生产总值增速的2倍多,与地区生产总值比值由1.7‰提升至4.5‰。从业人员增加2.5倍,营业网点增加3.7倍,运输投递车辆翻两番。年业务收入超亿元的快递品牌达4个、业务量超千万件的快递品牌达2个。行业与交通运输、电子商务、农牧业、制造业、旅游业等关联产业协同发展不断深化,产业链条不断拓展,服务上下游能力显著提高。新业态新模式不断涌现,新技术新设备加快推广,智慧邮政建设稳步推进。"9571""9792""2582""9917"等行业生态环保工程相继实施,绿色邮政建设步伐加快。快递员群体合法权益保障和素质提升扎实推进,行业高质量发展人才支撑更加坚实。

坚持民生为本,着力办好邮政业贴近民生实事,人民群众用邮的获得感幸福感全面增强。西宁航空快递枢纽承载量加大,省内航班邮路开通,"公铁航"多式联运取得突破,行业与综合交通运输体系融合更加深入。建成省级处理中心9处、县级处理场所88处;邮政"乡乡设所、村村通邮"基本实现;快递服务实现市州、县区、乡镇全覆盖,建制村覆盖率大幅提升,农村寄递物流体系更加健全,行业助力脱贫攻坚和乡村振兴成效明显。建成村级邮政便民综合服务站2944个、快递综合服务站865个、智能快件(信包)箱1772组,末端投递"最后一公里""最后一百米"更加便捷高效。行业枢纽、骨干和末端能力显著增强,覆盖全省、遍布城乡、联通全国的寄递网络基本形成。行业服务时限大幅压减,服务环境更加优质,服务满意度逐年上升,"小快递"服务"大民生"日益凸显。

坚持安全为基,坚决贯彻落实总体国家安全观,寄递安全防控和应急保障能力全面夯实。寄递渠道纳入社会治安综合治理和平安青海建设考评体系,安全管理联席会议制度、安全生产协调领导小组会议制度建立健全,各司其职、各尽其责、齐抓共管的安全监管机制日趋成熟。寄递安全"三项制度"执行更加规范,重大活动、业务旺季寄递安保任务高质量完成,"绿盾"工程建设稳步推进,寄递渠道防疫屏障持续巩固,安全综合治理和企业安全防控"两个能力"不断增强。十年来,全省行业保持重特大安全事故"零发生",寄递渠道安全稳定畅通,为维护社会稳定和长治久安作出了积极贡献。多次荣获全国"扫黄打非"先进集体、全省安全生产工作先进单位、全省禁毒工作先进单位等荣誉表彰。

坚持改革为重,大力推进监管体制改革,行业治理体系和治理能力现代化水平全面提升。邮政管理体制由中央垂直管理调整为中央和地方双重管理,新组建8个市州邮政管理部门,新增70名公务员编制,省、市两级邮政管理体制逐步健全,监管力量显著增强。邮政快递业纳入综合交通运输体系和地方财政事权范围,双重管理体制优势日益显现。省邮政业安全监测中心获批设立,省快递协会运行逐步规范,《青海省邮政条例》颁布施行。"放管服"改革不断深化,快递末端网点、公共服务站、智能快件箱等新业态监管稳妥推进,政务服务事项实现"一网通办""跨省通办"。成立1个非公快递行业党委、8个非公快递行业党支部,组建25个非公快递行业工会,党群组织助力行业治理提质增效。

四、快递市场存在的突出问题

行业发展不平衡、不充分、不协调、不规范、不精细的矛盾仍较突出,畅通循环能力、服务全领域能力、末端投递能力亟待增强。行业监管形势复杂、任务繁重与监管能力、监管力量难以有效匹配,双重管理体制优势发挥不够、协同发力不足、责任压得不实等问题依然不同程度存在,在绿色治理、安全治理、应急管理等方面仍需持续用力、久久为功。队伍建设任重道远,激发担当作为、提振干事热情、强化权益保障、增强能力素质、保持队伍稳定依然是今后重要课题。

宁夏回族自治区快递市场发展及管理情况

一、快递市场总体发展情况

2022年，宁夏回族自治区快递企业业务量累计完成9905.90万件，同比下降0.57%；业务收入累计完成15.62亿元，同比增长1.39%（表7-30）。全区邮政营业网点331处，建制村直接通邮率100%；全区快递服务网点3886个，建制村快递服务通达率94%。

表7-30 2022年宁夏回族自治区快递服务企业发展情况

指标	单位	2022年		比去年同期增长(%)		比占全部比例(%)	
		累计	12月	累计	12月	累计	12月
快递业务量	万件	9905.90	812.78	-0.57	-19.32	100.00	100.00
同城	万件	1682.69	108.71	-24.31	-47.89	16.99	13.37
异地	万件	8211.88	703.40	6.92	-11.66	82.90	86.54
国际及港澳台	万件	11.33	0.68	-81.05	-73.43	0.11	0.08
快递业务收入	亿元	15.62	1.60	1.39	8.80	100.00	100.00
同城	亿元	1.14	0.10	-31.66	-24.47	7.29	6.22
异地	亿元	8.32	0.96	11.53	17.06	53.25	60.02
国际及港澳台	亿元	0.08	0.01	90.72	-113.29	0.53	0.45
其他	亿元	6.08	0.53	-2.54	-7.00	38.92	33.31

二、行业管理工作及主要成效

坚决贯彻习近平总书记关于邮政快递业重要指示批示精神。始终把贯彻落实习近平总书记关于邮政快递业重要指示精神作为首要政治任务，按照国家邮政局部署要求，结合落实自治区第十三次党代会涉邮任务分工，推进各项部署落地。农村寄递物流体系不断健全。推动出台并认真落实自治区政府办公厅《加快全区农村寄递物流体系建设实施方案》，召开全区农村寄递物流体系建设现场会，推动快递服务网络向农村延伸。全区建立县域共配中心21个，192个乡镇全部设立寄递物流服务站点。行业生产安全平稳有序。压实企业主体责任，履行部门监管责任，坚决打好行业安全生产专项整治三年行动收官战。圆满完成北京冬奥会、党的二十大等重大活动期间寄递安全服务保障任务，常态化督导保障重要节日和快递业务旺季寄递安全。快递员群体权益保障持续推进。自治区11部门联合印发《关于做好快递员群体合法权益保障工作的实施意见》，多措并举开展关爱快递小哥“暖蜂行动”。全区建成快递员暖心驿站186个，开展从业人员技能培训1298人次，评审快递行业技术人才初级职称12人，从业人员“五险”覆盖率达78%，创建全国行业青年安全生产示范岗3个，获评全区“五一劳动奖章”3人，选树“塞上江南最美骑士”70人。行业绿色发展成效明显。深入实施行业绿色发展“9917”宁夏工程，压实企业主体责任和属地责任，推动邮件快件包装减量化标准化循环化。2022年底，全区邮政快递业采购使用符合标准包装材料比例91.5%，规范封装操作比例92.2%，电商件不再二次包装比例97%。

持续优化行业发展环境。聚焦国家邮政局确定的重点任务目标和自治区第十三次党代会涉邮重点任务分工，推动行业发展环境优化。强化规划引领。大力宣贯宁夏邮政业发展“十四五”规划，主动融入自治区综合立体交通网、现代物流等专项规划。自治区政府印发《宁夏综合立体交通网规划(2021－2035年)》,确立构建宁夏"一核四极多点"邮政快递枢纽体系和"一轴一廊多通道"综合邮路通道发展格局。重点建设项目中通快递宁夏分拨中心投入运营。加大政策供给。自治区政府审议印发《加快全区农村寄递物流体系建设实施方案》。邮政快递业发展被纳入自治区第十三次党代会报告任务分工、《促进商贸物流高质量发展的实施意见》《现代物流业高质量发展实施方案》等政策体系。区局制定《自治区第十三次党代会报告涉邮重点任务分工落实台账》。指导邮政企业、快递企业用足稳经济一揽子政策,全区行业减税降费1873万元。

强化邮政快递服务网络建设。大力推进"快递进村"工程。推动深化"邮快合作",补齐服务短板,2022年底全区开展邮快合作的建制村1278个,覆盖率58%。支持农村客货邮商融合发展,建成乡镇邮政综合便民服务站14个,开通客货邮商公交线17条。引导快递服务现代农业发展,培育"一市一品"项目16个,带动农产品销售7781万元。积极推进"快递进厂",加强与自治区工信厅对接,实施快递服务先进制造业"5312"工程。

统筹行业疫情防控和保通保畅。认真贯彻"疫情要防住、经济要稳住、发展要安全"要求,落实国家邮政局和自治区党委政府部署,毫不放松抓好行业疫情防控,全力以赴做好保通保畅工作,促进行业平稳发展。切实抓好行业疫情防控。督促邮政企业、快递企业落实《疫情防控期间邮政快递业生产操作规范建议(第九版)》《关于加强宁夏邮政快递业疫情防控期间常态化防控管理的实施意见》,加强人员防护及邮件快件、作业场所等消杀。加大国际寄递业务督导,确保进口邮件安全。配合妥善处置浙江余杭顺丰、北京房山韵达等涉疫突发事件。坚持"应接尽接",2022年底全区符合接种条件的从业人员两剂次疫苗接种率达98%,加强针接种率达96%。"新十条"出台后,及时优化调整行业疫情防控措施,稳妥做好过渡期工作,切实维护行业稳定运行。切实保障寄递渠道畅通。将邮政管理部门纳入了自治区保通保畅工作机制。强化行业疫情防控措施,储备《宁夏邮政快递业从业人员疫情防控通勤证明制度》。自治区印发《关于进一步提升物流配送服务能力切实畅通微循环有关工作的通知》,将邮政企业、快递企业纳入自治区"白名单"储备。按照"非必要不阻断"原则,累计为寄递车辆办理通行证2607张。加强指挥调度,强化提级管控,有力保障同心"5·30"、沙坡头"8·04"、中宁"9·20"等突发疫情管控期间寄递畅通。"新十条"出台后,坚持"保供应、保畅通、保民生、保安全",加强工作调度,快速纾解积压邮件快件,推动行业业务量快速回升。切实保障防疫药品和民生物资投递。加强与自治区工信、卫健等部门协调,支持邮政企业与宁夏医科大学总医院等医疗机构合作,推动邮政寄递服务进驻医院,开展"线上购药+线下配送"便民寄递服务。引导邮政企业、快递企业加强与远程医疗机构对接,积极推动"远程医疗+药品快递"服务,对医疗物资和民生物资快件优先处理,有效满足城乡群众"足不出户"购药和购物需求。特别是2022年后两个月,全区邮政企业、快递企业累计配送药品50万余件,投递民生物资1200余万件。

强化行业治理能力和安全建设。坚持守土有责、守土负责、守土尽责,认真履行全区邮政快递行业监管职责,强化法律法规和制度约束的刚性,保障行业安全、健康、平稳运行。持续强化市场监管。抓好《快递业务操作指导规范》《邮政业寄递安全监督管理办法》落实,督导快递企业进一步提升服务质量水平。认真做好集邮市场监管工作。开展快递市场秩序清理整顿。全年累计检查企业1200家次,出动执法人员2400余人次,立案处罚48起。强化服务质效提升,深化"放管服"改革,推行"最多跑一次"和证照办理邮寄送达模式,核发快递经营许可证43张,核准许可变更190项,注销快递经营许可证71张。扎实做好12305申诉工作,累计受理有效申诉114件,为寄递用户挽回经济损失19万元,申诉处理满意率95%以上。

切实维护行业安全。扎实开展邮件快件处理场所“四不”问题整治“回头看”、寄递领域个人信息安全治理行动。开展分拨中心人车分流整治，巩固传送带堵缝隐患整治成果。落实寄递安全“三项制度”，坚决杜绝禁寄物品流入寄递渠道。发挥寄递安全联合监管机制作用，开展寄递渠道涉枪涉爆整治、禁毒“净边”、扫黄打非等专项行动。加强“绿盾”系统应用，提升“两联”项目效用，推动视频巡查和安检机联网系统应用，全区设立视频巡查点位420个，实现重点分拨中心基本覆盖，视频在线率达85%，设置安检机智能分析仪20台，进一步夯实寄递渠道信息化监管的基础。持续推动行业安全监管支撑体系建设，自治区及五市邮政业安全中心实现设立全覆盖。2022年全区行业保持安全零事故。

纵深推进党的建设和全面从严治党。紧紧围绕国家邮政局党组、驻部纪检监察组和自治区党委、自治区纪委部署，着力打造风清气正干事创业环境。着力强化党的建设。把学习贯彻党的二十大精神作为当前和今后一个时期的首要政治任务，第一时间传达学习、制定贯彻落实方案、在系统内和深入快递企业开展专题宣讲，确保党的二十大提出的目标任务落到实处。落实党建工作责任制，坚持机关党建、系统党建和行业党建一体统筹推进。严格落实党组主体责任、党组书记“第一责任人”责任和班子成员“一岗双责”，研究印发《宁夏邮政管理局2022年党建工作要点》，明确任务分工，推动工作落实。落实自治区“三强九严”要求，提升“三会一课”质量，推进机关党建标准化规范化。高质量召开专题民主生活会、组织生活会，开展民主评议党员，落实谈心谈话及主题党日等制度。落实“双强双带”机制和在职党员“双报到、双报告”制度。加强机关党建阵地建设，建成区局机关党建活动室、图书室、荣誉室、党建文化长廊。深入开展书香机关建设。落实意识形态责任制，加大全区行业宣传报道，大力营造奋进新征程、建功新时代的浓厚氛围。2022年，依托中央、地方媒体及行业“一报一刊一网”发布全区行业宣传报道稿件400余篇。加强与自治区党委组织部、编办、团委等对接，积极稳妥推进快递行业党委、团工委组建工作。

着力强化日常监督。牢固树立邮政管理部门首先是政治机关的定位，推动政治监督常态化。落实中央八项规定精神和自治区“八条禁令”，持之以恒纠治“四风”，一体推进不敢腐、不能腐、不想腐。及时组织召开全区系统作风建设暨廉政警示教育大会，以案示警，以案明纪。综合运用“四种形态”，聚焦每一个节日，紧盯重要岗位、重点人员，强化警示提醒，区局党组书记与所属单位“一把手”开展集中廉政谈话。对2020年以来突出问题专项整治开展“回头看”。同时，深刻吸取浙江杭州、北京房山等行业疫情防控违纪违规教训，开展全区行业疫情防控警示教育和自查自纠。

全力做好巡视巡察工作。全力配合中央巡视组对国家邮政局党组巡视工作，主动对照认领，抓好巡视反馈意见整改。开展“对照检查、深化整改”活动，印发加强全区系统巡视巡察上下联动措施，推进全区系统巡视巡察工作上水平。2022年4月中旬，实现全区5个市局第二轮政治巡察全覆盖。针对巡察发现的共性问题，督导各市局加强巡察整改和成果运用。加强干部队伍建设。坚持正确用人导向，进一步加强和改进干部选拔任用，区局的管理干部提拔、晋升职级7人次，交流4人。全面完成全区系统养老保险清算任务和新政策落地。完善领导班子和领导干部年度考核工作。强化干部监督管理，开展借培训之名搞公款旅游、参与“影子公司”“影子股东”谋利问题专项整治，做好领导干部报告个人事项有关工作，严格执行邮政管理系统领导干部经商办企业和社会团体兼职等相关规定。

三、新时代十年行业发展成就

全面贯彻新发展理念，行业发展规模实现历

史性跨越。全区邮政快递行业克服疫情影响，持续保持快速增长态势，行业业务收入年均增长13.5%，快递业务收入年均增长19.3%，邮政快递业在服务自治区重大发展战略、抗疫保供、保通保畅等方面发挥了重要作用，全区行业正在高质量发展的道路上谱写邮政强国建设宁夏新篇章。

推进建设人民满意邮政，行业服务水平实现整体性提升。深度融入自治区综合立体交通网发展体系，推动邮政快递上飞机、上高铁，建成了一批邮件快件分拨中心。推动快递“进村”“进厂”“出海”和智能投递设施建设，切实有效解决城市末端投递“最后一公里”难题。持之以恒推进“邮政在乡、快递下乡”、建制村直接通邮、快递进村等系列工程，不断健全完善县乡村三级寄递物流体系，进一步畅通农产品进城、工业品下乡双向渠道，人民群众用邮幸福感、获得感、安全感更加充实、更有保障。

全面深化行业改革，监管支撑体系更加健全完善。邮政领域中央和地方财政事权改革取得初步成效，充分发挥邮政管理部门双重管理优势，持续推进行业安全监管能力建设，自治区及五市邮政业安全中心实现全覆盖。压实属地快递生态环保、末端建设责任，强化规划引领，政策扶持，推动部门协同共建共治。落实“放管服”改革要求，持续精简优化许可备案事项，大力推行“双随机一公开”监管模式，行业发展环境持续优化。

全面加强党的建设，政治生态得到系统性改善。始终把抓好党建作为最大的政绩，进一步压实党建工作责任，扎实推进党的各方面建设，以务实过硬的举措推动党建工作上水平。深刻汲取违纪违规案例教训，以最坚决的态度强化党风廉政建设，以最严格的制度预防腐败，以最果断的措施遏制违纪违规现象，进一步健全完善民主决策机制，完善内控管理制度，强化巡视巡察上下联动，全区系统政治生态全面净化修复，干部队伍干事创业活力竞相迸发。

四、快递市场存在的突出问题

发展不平衡不充分仍然是我区快递业面临的主要问题，其本质上是发展质量不高，行业大而不强、快而不优、粗而不精；业务结构方面，我区快递业过度依赖电子商务，服务现代农业和制造业水平不高，主动承接自治区九大产业发展的意识不强、办法不多，综合竞争力仍显不强；发展方式方面，快递业将在较长周期内保持中高速增长，但供给结构调整偏慢、供给能力短板突出、低端同质化竞争严重，影响了行业高质量发展的势头，真正实现发展质量、行业结构、规模效益、企业安全的有机统一任重而道远；在治理能力方面，邮政市场监管工作虽然为行业健康发展保驾护航发挥了积极作用，但在推动农村寄递物流体系建设、保障从业人员合法权益、提升末端服务水平、加快行业绿色转型升级、提升行业本质安全水平等方面面对的新问题层出不穷，形势日益严峻复杂，行业治理体系和治理能力尚有很大提升空间。

新疆维吾尔自治区快递市场发展及管理情况

一、快递市场总体发展情况

2022年，新疆维吾尔自治区快递企业业务量累计完成16216.50亿件，同比增长0.19%；业务收入累计完成34.87亿元，同比下降7.31%（表7-31）。支撑网络零售额超1216亿元。

表 7-31 2022 年新疆维吾尔自治区快递服务企业发展情况

指标	单位	2022 年		比上年同期增长(%)		占全部比例(%)	
		累计	12 月	累计	12 月	累计	12 月
快递业务量	万件	16216.50	2038.25	0.19	8.10	100.00	100.00
同城	万件	2778.73	382.49	-5.29	16.95	17.14	18.77
异地	万件	13352.92	1648.56	1.09	5.91	82.34	80.88
国际及港澳台	万件	84.85	7.20	96.41	297.89	0.52	0.35
快递业务收入	亿元	34.87	4.25	-7.31	7.42	100.00	100.00
同城	亿元	2.80	0.32	-19.82	-9.29	8.02	7.62
异地	亿元	19.56	2.69	-9.80	5.13	56.08	63.39
国际及港澳台	亿元	0.80	0.02	111.05	-109.29	2.30	0.40
其他	亿元	11.72	1.21	-2.95	-0.56	33.61	28.59

二、行业管理工作及主要成效

强化政治引领，突出党的领导，全面从严治党再上新台阶。认真学习宣传贯彻党的二十大精神。深入开展喜迎党的二十大主题实践活动，组织全系统党员干部集中收看党的二十大开幕盛况，全面安排部署学习宣传贯彻工作。各级党组织把学习宣传贯彻党的二十大精神作为首要政治任务，以党组理论学习中心组、党支部“三会一课”和青年理论学习小组等形式深入交流研讨学习。党组主要负责同志和班子成员带头开展宣讲。坚持网上网下一体推进，发挥“学习强国”“法宣在线”等平台作用，推动学习不断深入，利用官方网站、微信公众号等平台推送理论文章、宣传经验做法。弘扬理论联系实际的优良学风，扎实做好行业疫情防控、保通保畅、安全生产、乡村振兴、助企纾困等各项工作，切实把学习宣传贯彻党的二十大精神成果转化为工作实效。

扎实有效推进党建工作。深入学习贯彻落实习近平总书记关于邮政快递业重要指示批示精神。发挥党组示范带动作用，全系统开展党组会议学习 43 次，党组理论学习中心组学习 38 次，印发习近平总书记关于邮政快递业重要指示批示摘编。开展“对照检查、深化整改”专项活动，聚焦重点任务，加强研究部署，压实工作责任，推进习近平总书记关于邮政快递业重要指示批示精神贯彻落实。建强基层组织。深化“让党中央放心、让人民群众满意”模范机关建设，创建“五个好”标准化规范化党支部 10 个，完成 10 个党支部换届选举，改选 8 名党支部书记，增配 5 个党支部副书记。抓实“三学三亮三比”，加强“四个合格”党员队伍建设。高质量做好发展党员工作，确定 20 名入党积极分子，接收 14 名预备党员，7 名预备党员按期转正。哈密局被市直机关工委评为“八星级党组织”。扎实开展“访惠聚”驻村、“民族团结一家亲”和民族团结联谊活动，深化“一联双促”工作，进一步增强基层党组织的凝聚力、创造力、战斗力，推动巩固拓展脱贫攻坚成果同乡村振兴工作有效衔接。坚持党建带群建，乌鲁木齐局指导 4 家快递企业成立团支部。行业党建工作取得突破。新疆快递行业党委批复成立，乌鲁木齐、昌吉、巴州、阿勒泰开展行业党委组建试点。加强对新疆快递行业协会党总支指导，统筹推进社会组织党建提质增效。塔城、喀什局联合有关部门出台加强快递行业党建工作措施。坚持党管意识形态。切实抓好《党委（党组）意识形态责任制实施办法》的落实，强化网络安全宣传引导和意识形态阵地管理。编发微信公众号 147 条、官方微博 191 条，国家邮政局网站、行业“一报”“一刊”采用稿件 109 篇。在省部级以上新闻媒体刊发对行业改革发展报道 67 篇，其中宣传“小蜜蜂”精神 42 篇，区局机关、克州局、塔城局 3 名信息员获国家邮政局优秀通讯员表彰。

持续加强干部队伍建设。加强地州市局领导班子配备，调整补充11个地州市局领导班子。加大选人用人工作力度，选拔任用和职级晋升干部67人次，开展干部交流14人次，首次采取挂职形式选派干部到基层一线培养锻炼。继续实施“X1015”培养计划，更新地州市局领导班子后备干部人才库，优秀年轻干部数量稳步增加。持续壮大公务员队伍，招录3名公务员，转任1名干部。对5个地州市局党组开展选人用人专项检查，完成中央巡视选人用人专项检查反馈意见整改工作，对4个地州市局主要领导开展离任经济责任审计。区局和7个地州市局纳入地方绩效考核。玉素甫·艾力同志获评全国“人民满意公务员”。区局办公室获评自治区民族团结、乡村振兴先进集体，3名同志获评自治区民族团结、平安建设先进个人。

推动全面从严治党向纵深发展。压实“两个责任”，制定《关于加强对“一把手”和领导班子监督的若干措施》，开展集体廉政谈话和下级单位部门“一把手”任前谈话，改选区局机关党委专职副书记、机关纪委书记。巩固落实中央八项规定及其实施细则精神成果，开展借培训之名搞公款旅游等违规违纪问题、参与“影子公司”“影子股东”谋利问题专项整治，坚决防止“四风”反弹回潮。加强对选人用人的监督，实行“凡提必查”，出具廉政意见67人次。强化监督执纪，做好政治巡察、领导干部离任经济责任审计发现问题的处置，批评教育7人次，谈话提醒6人次。深化纪规教育，召开39次警示教育大会。做好信访举报调查处理，接访4件，办结3个。认真做好中央巡视组巡视反馈意见整改，制定整改措施93条，全部完成整改。完成5个地州市局党组政治巡察，实现党的十九大以来第二轮政治巡察全覆盖。

强化新发展理念，突出引领推动，优化行业发展环境取得新成效。争取政策支持，优化行业环境。12个地州市印发加快农村寄递物流体系建设落实方案，为农村寄递物流体系建设提供有力政策支撑。加强产业协同发展政策研究，联合工信厅印发《自治区邮政快递业服务葡萄酒产业发展实施意见》，提高邮政快递业与地方特色产业融合发展水平。发挥政协委员参政议政作用，围绕快递“双枢纽”建设、农村物流体系建设，提交提案建言献策，为行业发展营造良好环境。

推动法制建设，强化规划引领。推进巴州、克州、博州、昌吉州邮政地方立法工作。印发深入推进邮政管理部门法治政府建设的实施方案。落实重大执法决定法制审查制度，开展执法案卷评议，建立和壮大公职律师队伍，依法办理行政复议案件。落实交通强国战略，印发贯彻落实邮政强国建设行动纲要重点任务分工方案。加强“十四五”邮政业发展规划的宣贯，成立领导小组，召开宣贯会议，解读重点任务。将邮政业发展规划目标与年度重点工作有机结合，会同发改、交通、商务等部门推进重点工程和项目的实施。开展规划实施动态监测评估。

深化“放管服”改革，增强发展新动能。落实快递许可审批全流程网上办理，实现“一次都不用跑”，地州市分支机构名录寄递服务全覆盖。有序开展开办末端服务站、运营智能快件箱等新业态的许可，引导规范新业态发展，完成138家快递企业信用评定评级。落实国家邮政局、自治区扎实稳住经济一揽子政策措施涉邮任务，推动快递收派服务免征增值税、增值税留抵退税等政策落地，帮助企业纾困解难，全行业累计享受税费减免2.67亿元。

加强行业文化建设，彰显行业形象。培育践行邮政行业核心价值理念，开展邮政快递业青年安全生产示范岗、青年文明号创建活动，推选10名快递员参加“最美快递员”评选，创建3个全国邮政快递业青年安全生产示范岗、15个地州市级青年文明号和11个青年安全生产示范岗。挖掘和选树行业先进典型，弘扬“小蜜蜂”精神，乌鲁木齐邮政企业1个集体获评全国“工人先锋号”，乌鲁木齐顺丰、阿勒泰邮政企业分别荣获“产业工人队伍建设改革最佳实践单位”“开发建设新疆奖章”。塔城邮政企业1名个人获评“全国五一劳动奖章”,全行业6名快递员荣获“最美退役军人”“开发建设新疆奖章”,5名青年当选自治区第十届青联委员,有效扩大行业影响力。

强化支撑保障,突出固本强基,行业服务能力建设取得新进展。推进邮政服务能力建设。加快乌鲁木齐、阿克苏省级快递分拨处理“双枢纽”战略实施。会同商务厅推进县域商业体系建设,实现县级邮件处理中心升级改造全覆盖。巩固建制村通邮成果,加强村级邮政快递服务站建设,农村邮路汽车化率达到75%,建制村周三班及以上投递频次达到98.34%。制定三年行动规划,推进抵边村邮政普遍覆盖。加强邮政综合服务平台建设,促进警邮、税邮、医邮等合作,服务覆盖范围不断扩大。强化冷链寄递基础设施建设,全区设置农产品产地冷藏保鲜设施累计超过700个。稳步推进邮政快递服务进军营,哈密局推动解决巴里坤县边防部队通邮问题。

推进“两进一出”工程。开展巩固提升“快递进村”工作成效专项行动,推动邮快、快快、快商、交快等合作进一步深化,全区建制村快递服务通达率达96.19%,建设村级邮政快递服务站8517处。强化“邮快合作”的兜底保障作用,邮快合作覆盖率位列全国第七。加快客货邮深入融合发展,累计建成交邮合作站点129处、客运班车代运邮路118条。实施快递业与制造业融合发展“5312”工程,挖掘培育“两业融合发展”典型项目49个,其中26个项目已纳入国家项目库,形成快递业务量211.52万件,实现业务收入2794.75万元,支撑制造业产值2.96亿元。稳步推进“快递出海”,邮政企业分别与乌鲁木齐、喀什、霍尔果斯综合保税区管委会、吉木乃边境经济合作区管委会签订战略合作协议,加快推动跨境寄递服务发展。持续推动中欧班列常态化运输邮(快)件。

推进服务乡村振兴战略。贯彻落实《关于推进邮政业服务乡村振兴的意见》,推动与电子商务协同融合,培育快递服务现代农业项目36个,实现业务量1321.72万件,带动农业总产值13.49亿元;“一市一品”农特产品进城精品项目37个,销售农特产品7521.65万元。评选业务量超30万件银牌项目11个,推荐快递服务现代农业示范项目20个,农村快递与电商协同发展示范区5个。认真做好定点帮扶和助力示范包联工作。

推进先进科技推广应用。鼓励企业加大科技投入,加快推广数字化、可视化、智能化寄递网络,推进智能收投、仓储、分拣等智能装备设施使用,提升行业科技应用水平。全行业应用智能分拣线84条、智能分拣格口6542个、智能无人投递车辆9辆、智能安检设备94台,有力提高了装备水平和作业效率。

强化责任落实,突出多点发力,重点工作推进实现新突破。行业疫情防控和保通保畅工作有力有效。毫不放松抓好行业疫情防控,全面加强场所管控,做好从业人员防护,全区邮政快递从业人员加强免疫接种率达99.84%,全行业未发生聚集性疫情。全力推动行业畅通运行,主动向自治区汇报行业整体运行情况和存在的问题,得到自治区政府领导高度重视,对保障行业运行多次作出专门批示。推动自治区疫情指挥部、保通保畅指挥部出台保障行业正常运行的支持政策5份,行业纳入自治区重点物资企业和保供“白名单”,办理各类通行证9000余张,全力打通堵点、卡点,保障邮政快递车辆顺畅通行,推动分拨中心和末端网点有序运转,有效解决因疫情原因造成的邮件快件积压问题;确保机要邮路畅通,有序投递高考录取通知书20万余件。组织寄递企业发挥行业优势,积极参与地方保供,为全区运输投递防疫物资、急救药品、母婴用品等重要物资60.44万件,运输农特产品101.52万件,在畅通防疫及生活物资运输配送渠道,打好疫情防控攻坚战方面贡献行业力量。

持续深入做好快递员群体合法权益保障工

作。实现地州市出台快递员群体合法权益保障政策全覆盖。深入开展快递企业末端派费核算、调查等工作,督促指导企业全面落实提高末端派费和降低服务类罚款要求。会同工会部门开展行业集体协商试点,保障快递员基本劳动所得。大力推进基层快递网点优先参加工伤保险,新增参保4164人。加强关心关爱,为快递员协调解决公租廉租房159套,新增爱心驿站等服务阵地255个,组织参与免费体检和义诊3820人次,开展慰问活动124场。重点关注疫情期间快递员基本生活保障,推动纳入工会、人社部门疫工补、留工补发放范围,累计获得补助资金687.51万元。新疆快递行业协会充分发挥劳动争议调解委员会作用,获得人社部、全国总工会等四部门通报表扬。突出职业关爱,90人取得快递工程专业职称(其中中级17人),完成职业技能培训7776人次,争取补贴151.47万元。哈密局推动成立高校毕业生就业见习基地、物流实训基地,为行业发展储备人才。

全面推动行业绿色转型发展。推动行业生态环保纳入自治区促进绿色消费措施和"十四五"塑料污染治理行动方案,会同自治区住建厅联合印发《关于加强快递包装废弃物回收工作的通知》,推进行业绿色低碳发展。积极配合开展自治区新能源汽车推广和"无废城市"建设工作,为提高行业绿色发展水平提供有力保障。全面完成"9917"工程目标,采购使用符合标准的包装材料比例92%,规范包装操作比例93%,电商件不再二次包装比例91%,寄递企业使用可循环箱(盒)3.62万个,回收复用瓦楞纸箱370.71万个。建立塑料污染专项治理重点工作月调度报送制度,取得成效在国家发展改革委月报中两次呈现。强化生态环保督导检查,依法办理生态环保类案件12起,罚款4.2万元。

强化依法行政,突出高效统筹,行业治理能力获得新提升。夯实行业安全基础。全力做好党的二十大寄递渠道安保工作,以最高标准、最严要求,强化寄递渠道安全风险防范,全行业未发生禁寄物品进京和重大群体性事件。发挥寄递安全联合监管机制作用,落实部门监管责任和相关单位协管责任,开展寄递物流专项整治、个人用户信息安全等专项行动,形成齐抓共管、综合治理的整体合力。深入推进安全生产专项整治三年行动,狠抓安全生产大检查和"十五条硬措施"、自治区70条细化措施落实,强化"四不"问题整治,全行业未发生安全生产事故。从严抓好"扫黄打非"工作,积极推进"扫黄打非"进基层,昌吉州1处邮政网点获评自治区级"扫黄打非基层示范点"。行业应急机制保持高效运转,教育培训、信息报告等制度有效落实,快速对接、有序部署,妥善做好浙江余杭、北京房山等行业涉疫事件中进疆快件的核查、处置工作,行业应急处突能力有效提升。依托"绿盾"工程信息系统,发挥大数据作用,不断强化寄递渠道安全风险分析、监测预警、执法联动,全年编发各类通报73期,指导地州市局约谈企业8家次,整改问题229个,"绿盾"工程助力安全监管效能持续提升。

提升支撑保障能力。牢固树立"过紧日子"意识,积极统筹资金、开源节流,切实提高预算资金使用效益。组织开展财务检查、经济责任审计,强化全系统办公与业务用房维修项目的管理,开展固定资产清查和报废工作,财务管理制度化规范化科学化水平得到明显提升。积极推动财政事权和支出责任划分改革,全系统争取地方各类资金529.10万元,喀什、巴州、塔城出台改革方案。稳步推进邮政监管支撑体系建设,巴州实现县级邮政快递业安全监管力量配置全覆盖;阿克苏县级邮政业安全中心人员全部到位。做好工会、团委、保密、统计、新闻宣传、档案管理、老干部工作,为机关运转、行业发展提供有力支撑。

三、新时代十年行业发展成就

始终将发展摆在首要位置,行业发展成果更多惠及广大人民群众。行业保持快速发展态势。

2022年，全区邮政业寄递业务量和业务收入是2012年的1.44倍和2.93倍，快递业务收入和业务量是2012年的6.73倍和4.86倍。业务收入在自治区生产总值中占比由0.27%提升至0.39%。年均支撑网络零售额超800亿元，年人均快件量约24.3件。行业规模持续扩大。全区营业网点3208个，新增快递末端网点4288处，运输车辆5500余辆，开通杭州—兰州—乌鲁木齐航空货运专线。全行业吸纳就业超3万人，比2012年增加1.5万余人。行业作用更加突显。企业实力显著增强，市场竞争充分有序，服务水平显著提升，服务网络加速下沉，先进科技广泛应用，绿色转型明显加快，邮政快递在服务国家重大战略、自治区重要产业、抗疫保供、保通保畅等方面发挥着重要作用，全行业正在高质量发展道路上奋力谱写邮政强国建设的新疆篇章。

不断完善行业治理体系，为行业发展提供了坚实的基础保障。完善邮政监管体制。组建14个地州市邮政管理局，推动成立自治区和14个地州市邮政业安全中心，完成36个县（市）邮政业安全监管力量配置，邮政管理机构进一步健全，邮政业安全支撑保障机制进一步完善。健全行业法律法规体系。《新疆邮政条例》修订和颁布施行，《伊犁州邮政管理条例》《乌鲁木齐市邮政管理条例》先后颁布实施，邮政地方立法取得积极进展。制订实施行业发展规划。联合自治区发展改革委印发"十三五""十四五"邮政业发展规划，"快递下乡""快递进村"等重点工作纳入自治区规划纲要。营造良好行业发展环境。推动自治区人民政府出台关于促进快递业发展、农村寄递物流体系建设等系列政策性文件，邮政快递业受到各级党委政府的高度重视和大力支持，行业发展政策环境持续向好。

深入推进基础设施建设，初步建成功能完善、快捷高效的邮政快递网络。邮政设施不断完善，实现乡乡设所、村村通邮，农村邮政基础设施建设迈上新台阶。快递设施明显改善。全区各类快递网点达到5966处，是2012年的17.7倍。省级、地州市级分拨中心总面积约46万平方米，是2012年的13倍，建成自动化分拣线84条，快件日处理量300余万件，分拨处理能力大幅提升。快递网点实现乡镇全覆盖，村级邮政快递服务站建设取得重要突破。枢纽建设取得积极成效。乌鲁木齐、昌吉快递核心枢纽作用不断提升，阿克苏省级快递枢纽建设稳步推进，以"双枢纽"为核心，节点城市区域枢纽为支撑，辐射全区、东联国内主要城市、西达中亚主要国家的寄递服务体系初步形成。

持续提升邮政快递服务能力，有力保障了党和国家政令畅通和人民群众用邮需求。农村邮政服务能力大幅提升，成为行业服务农村发展、推进乡村振兴的主力军。积极推进"邮政在乡"，布点建设邮乐购等站点，农村邮政、电商协同发展取得实效。快递服务能力显著增强。"快递进村"取得阶段性重要成果，县乡村快递物流配送体系初步贯通，快递服务地方经济社会发展的广度和深度不断拓展。快递产品体系不断丰富，快递服务站、智能快件箱、即时寄递、仓配一体等新业态迅速发展，快递末端服务能力显著增强。快递与制造业、现代农业等的融合发展初见成效，积极争取政策推进"快递出海"。有效保障供应链、产业链稳定。统筹疫情防控和保通保畅，切实保障寄递网络稳定和末端微循环畅通，保障民生需求和群众正常生产生活。

深入贯彻新发展理念，行业高质量发展更加有力有效。"放管服"改革深入推进。优化快递业务经营许可审批流程，实现"一次都不用跑"。加强行业新业态监管，将快递末端服务站、智能快件箱纳入快递许可范围，促进新业态有序发展。科技创新驱动明显加快。智能分拣、智能安检等技术广泛应用，无人仓、无人车、无人机等设施装备逐步推广，邮政快递生产自动化、服务智能化、管理信息化水平不断提升。绿色邮政建设有序推进。完善行业绿色发展工作机制，狠抓快递包装治理。组织实施“9571”“9792”“2582”“9917”等工程，电子运单、循环中转袋、包装物回收箱、瘦身胶带等基本实现全面应用，邮件快件过度包装、过度使用塑料包装情况得到有效遏制。关爱快递小哥工作不断深入。建立关爱快递员工作机制，常态化开展“快递从业青年服务月”“暖蜂行动”等活动，帮助解决住房、子女入学、医疗等实际困难，有效增强快递员群体的获得感、幸福感，行业从业人员素质能力显著提升。

持续深化安全监管机制，寄递渠道安全维稳取得积极成效。牢牢扭住新疆工作总目标。将寄递安全融入自治区反恐维稳大局，坚守安全底线红线，坚持依法从严监管，防范化解行业各类风险隐患，坚决维护国家安全和新疆社会大局稳定。统筹推进寄递安全综合治理。推动建立由政法、公安、国家安全等部门参加的寄递安全联合监管机制，共同研究寄递安全重大事项，各部门齐抓共管、协同共治的机制持续深化。夯实行业安全基础。严格落实寄递安全“三项制度”，推动实现实名收寄信息化，推进安检机联网，推广智能安检设备，争取安检机财政补贴资金8551万元。有效落实企业安全主体责任，行业安全形势持续向好。深入实施“绿盾”工程，实现行业重点场所、重要环节可视化、信息化、智能化监管。圆满完成重大活动期间专项寄递安保任务。十年来未发生安全责任事故。

四、快递市场存在的突出问题

快递业务种类和区域发展不平衡；农村地区短板弱项比较明显，网络布局不够完善，加快推进三级寄递物流体系建设压力较大；寄递业务体量较小，同质化低价竞争问题依然突出，扩大行业发展规模、提升服务能力等难度较大；行业治理能力和现代化水平有待提升。

第八篇　协会工作

踔厉奋发　勇毅前行
为谱写交通强国邮政新篇章贡献力量

2022年是党和国家历史上极为重要的一年，党的二十大胜利召开，描绘了全面建设社会主义现代化国家的宏伟蓝图。这一年也是邮政快递业历史上极不平凡的一年，全行业深入贯彻习近平总书记关于邮政快递业重要指示批示精神和党中央、国务院决策部署，在疫情防控、保通保畅、保障民生等方面充分发挥了作用，为经济社会发展作出了突出贡献。中国快递协会始终按照国家邮政局推动行业向高质量发展的工作思路，充分发挥桥梁纽带作用，加快自身转型发展，积极反映行业诉求，维护行业权益，全心全力服务会员企业，助推快递业高质量发展，助力加快建设交通强国邮政新篇章。

一、2022年工作总结

（一）聚焦关键，努力营造良好行业发展环境

助力政府决策。积极参加发展改革委、交通运输部、民政部、商务部等部门组织的会议，就相关法规立法需求、保通保畅、促进就业、农村电子商务和快递物流配送体系建设、即时配送服务等工作，反映行业情况，提出政策建议。就会员单位反映的税收执行政策相关诉求，迅速开展调查并形成专题报告，向国家邮政局汇报，经协调问题得以妥善解决。参加国务院研究室关于脱钩行业协会调研座谈，为行业组织改革发展建言献策。

为行业发展建言献策。积极参与相关政策法规的制修订工作。就《快递暂行条例》《快递市场管理办法》《快递服务》等政策法规和国家标准，广泛深入听取会员企业意见，组织多轮研讨，提出意见建议报国家邮政局。参与40多个相关政策文件的意见征求工作，代表企业向相关部门反馈意见建议，争取政策支持，维护行业权益。就企业被市场监管部门认定为违反商业特许经营管理相关规定，未向商务部门进行加盟网点信息备案而被罚一事开展调研，并向国家邮政局提出相关建议，有效维护了行业权益。

扎实开展行业问题研究。关注行业热点，研究相关法规政策，提出合理合规建议，促进企业合规经营，服务行业发展。组织召开快递业法律研讨会暨快递沙龙，对分支机构设立、快递服务公示方式、活体动物寄递等行业热点问题进行深入研讨。收集200余份相关政策文件形成《2021年快递行业新增法规文件汇编》。就规范快递末端市场秩序等问题，开展调研并起草专门报告。为贯彻落实《个人信息保护法》，梳理出快递企业应落实的67项义务清单，提供给会员企业开展信息保护方面工作，通过媒体发布《保护21项个人信息权利》，提示行业关

注用户个人信息保护。

(二)服务大局,推动行业稳中向好发展

毫不放松抓好常态化疫情防控。2022年新冠肺炎疫情复发多发成为行业发展面临的最大困难。协会按照国家邮政局的部署,引导企业落实落细相关工作要求,坚决做好疫情防控工作。上半年疫情防控形势严峻,企业面临重重困难,协会向发展改革委积极反映疫情对快递行业影响的突出问题和快递企业参与抗疫保供相关情况,并提出政策诉求和建议,推动加快解决快递业在干线运输和末端投递等方面亟待解决的难点与堵点,助力保通保畅工作。关注新疆快递企业的经营困难情况,帮助向企业总部协调争取相关扶持政策。收集汇总快递企业在疫情防控常态化下的车辆通行、防疫成本、进口物品管控等问题,向相关部门予以反映。开展行业疫情防控先进事迹宣传工作,对快递企业参与医疗防疫和生活物资运输、组织快递小哥在封控区参与志愿服务,完成末端投递等工作进行大力宣传,并向冒疫奔忙的快递小哥发出公开慰问信。

持续推进快递员权益保障工作。协会制定《快递员劳动定额》标准和试点方案,配合国家邮政局在吉林等四省开展试点工作,为试点地市开展测算培训。就协会关于《快递企业完善快递员考核机制拓宽申诉渠道自律指引》发布一年来的成效进行调研,企业在快递员申诉救济渠道方面不仅进行了大力拓展,并且有效开展了申诉解决与协调工作,切实让快递员"苦有所诉、忧有所解"。继续联合全总职工书屋领导小组为21家会员单位200个快递网点和优秀个人再次配发万余册书籍,使快递行业职工书屋、阅读点建设工作初见成效,同时也丰富了快递从业人员的精神文化生活。持续推进"寻找好心快递小哥"公益活动,对征集到的热心助人、有善心之举的"好心小哥"及时报道宣传,并为他们送上爱心大礼包,向社会传递行业正能量。支持中邮保险公司推出的快递员专属意外保险。

全力保障快递网络平稳有序运行。组织快递业务旺季服务保障工作协调动员会,对快递业务旺季服务保障工作作出明确部署。主要快递企业和平台企业介绍了旺季服务筹备情况,部分省、市级快递协会就做好旺季保障工作进行了交流。收集快递业务旺季高峰时段预测数据,为统筹调度提供数据支撑。联合12个省(区、市)快递协会共同开展旺季服务保障调研慰问工作,委托相关省级快递协会代为采购慰问品,走访当地快递企业分拨中心、一线网点,看望慰问奋战在一线的快递从业人员,将关怀与问候送达基层,持续打造"暖心旺季"。配合国家邮政局,在全行业有序开展《快递企业末端派费核算指引》推广实施工作,协助市场司收集汇总各省末端派费核算数据以及企业总部对各地派费的核定工作。组织试点省份快递协会分享测算经验,对重点问题和核算的方式方法进行分析指导。跟踪省级快递协会参与派费核算工作开展情况,组织参加国家邮政局相关培训会。

(三)立足长远,服务行业高质量发展

推动国际业务的发展。承接国家邮政局"快递出海"品牌创建工作,制定创建工作方案、创建项目申报书以及创建工作相关通知,并听取了快递企业意见,对创建方案进行了完善。关注疫情下的快递国际业务发展情况,组织有关机构和相关企业召开国际业务研讨会、外资企业座谈会等,就疫情防控背景下,入境快件消毒、静置等防疫管理要求的统一以及疫情期间的上门服务等问题进行交流,并将相关困难和诉求向相关部门反映。协会加入全球服务贸易联盟,成为首批会员单位,并应邀出席联盟举办的"全球服务贸易企业家峰会"。在第9届亚太邮联邮政产业论坛上,协会推荐副会长单位顺丰集团参会,发言得到了与会代表的一致好评。

推进行业绿色转型发展。组织召开快递业生态环保政策宣贯会，邀请相关专家就“十四五”绿色相关规划等政策和工作重点进行分析解读，引导企业把握发展机遇，加快推进快递业绿色低碳发展。开展绿色典型示范案例征集活动，对企业参选的绿色快递示范站点、示范产品和示范项目开展网络投票和公示活动，以典型示范引领和推动邮政快递业绿色发展。组织召开2022年可持续发展系列研讨会，就快递业发展趋势与市场需求、温室气体排放测量与管理解决方案等方面进行分享和交流。发布“双11”绿色倡议成果。参与中消协联合多单位共同发布的反对过度包装倡议活动，倡导供需相关企业积极履行社会责任，向市场供给更加绿色环保低碳的产品。

开展邮政快递行业科技奖评奖。就第三届邮政行业科学技术奖评奖工作方案向国家邮政局报告，并与政策法规司共同研究相关工作推进情况。本届科技奖评选共收到百余个申报项目，协会认真组织完成了形式审查、预审及专业评审组初评工作，并将初评结果报国家邮政局。下一步将组织完成答辩、评委会投票确定本届评选结果、公示以及颁奖等工作。组织快递数据保护与信息共享座谈会，为行业信息安全要求提出建设性意见。

持续推进标准体系建设。积极参与邮标委相关国家标准和行业标准的制修订工作，参加《快递电子运单》《快件高铁运输信息交换规范》等12项标准的研讨会并代表企业提出意见建议。2022年团体标准工作取得突破性进展，第一批立项标准中《贵重物品寄递服务规范》等5项团标已完成，3个项目完成专家预审工作。第二批团标有《电商冷链快递服务管理规范》等8个项目完成立项，第三批团标立项正在征集中。

创建行业安全应急和纠纷调解工作机制。为探索建设行业内纠纷调解工作机制，经征集企业意见、制定相关方案后，协会于7月正式成立调解委员会。调解委成立以来，以上海青浦为试点地区，不断摸索完善快递业的调解工作模式，联合当地法院和司法部门组织多次研讨，就调解工作多方进行积极沟通。11月筹备成立了安全应急专委会，将围绕快递业安全自律、网络数据信息安全等开展一系列行业规范工作。

（四）提高服务意识，不断提升协会服务能力

迎难而上开展会展服务。在国家邮政局的指导下，提前谋划服贸会工作，与组委会和会员企业积极协调沟通，经过紧张有序的组织安排，共有8家会员单位联合参展，顺利完成本届服贸会上快递服务板块的精彩亮相。参展企业还积极参与服贸会各项重大活动，顺丰、中通的两个服务项目入选“服贸会示范案例”，邮政速递等四家企业在服贸会上举行了专场发布会，并通过服贸会国家级宣传矩阵进行直播和报道。与交科院密切沟通，组织筹备“第十五届国际交通技术与设备展览会”邮政快递展区活动。

开拓创新不断拓展服务范围。探索为会员企业提供技术咨询等服务，为圆通、中通等三家会员单位提供全流程的团标制定技术指导、咨询和协作事务。就快递员权益保障工作与全总邮电工会达成合作协议。承接桐庐民营快递文化展示中心文案策划项目，制定了项目实施方案，组建大纲编写团队，搜集大量素材，组织四次策展大纲编写研讨会，基本完成了本次策划工作。赴浙江多地调研走访多家会员企业，加强相互了解与深入沟通，听取企业需求与建议，进一步夯实服务会员的基础。帮助快递企业拓展业务范围。组织预制菜市场发展研讨会，吸引了快递企业多个业务部门的积极参与，对接预制菜相关博览会，建立交流合作渠道，促成快递企业与预制菜生产企业的业务对接。

搭建公益服务平台。发布《中国快递业社会贡献报告2021》，展现快递业社会价值和行业贡献。参与人社部组织的网络招聘专项行动，广泛收集快递企业岗位需求，通过多方联动

网络招聘平台，集中开展以线上为主的快递专场招聘、直播带岗等服务，共组织40余企业提供了近6000个工作岗位，有效促进了高校毕业生、农民工等重点群体就业。按照国家邮政局部署，持续推进定点帮扶地区发展，与圆通、极兔、菜鸟等5家公司签订捐赠协议，做好会员企业捐赠资金的管理工作，严格按程序拨付项目资金。

多渠道宣传发声。持续加大宣传力度，围绕行业发展、政策宣传、疫情防控、协会动态、会员企业产品服务推介等重点工作，通过公众号、抖音号、视频号和网站等媒体渠道对外发声和宣传，就行业旺季服务、社会贡献报告等重点工作，通过中央和行业媒体加大对外宣传，努力展示行业形象，传递行业正能量，提升协会影响力。新增绿专委、科专委、安专委三个专委会微信公众号。与相关公益组织联合发起公益传播活动，邀请野生救援公益大使黄轩参与快递行业拒收非法野生动物的宣传片录制，相关视频和海报得到广泛推广传播，在保护濒危野生动物的同时提升快递业形象。

（五）党建引领，完善制度加强自身体系建设

扎实推进党建工作。协会党支部始终坚持以习近平新时代中国特色社会主义思想为指导，全面落实新时代党的建设总要求，以党的政治建设为统领，落实全面从严治党的政治责任。在中央和国家机关行业协会商会党委的指导下，积极开展党建工作质量三年攻坚行动，印发行动方案，按照支部标准化规范化建设，推动党建工作取得新成效。制定学习宣贯党的二十大精神工作方案，持续组织党员及员工学习贯彻党的二十大精神。与全总职工书屋建设领导小组联合举办“学习党的二十大精神知识竞赛邮政快递专场”活动，全行业共有58852人参与答题竞赛，并由中国邮政速递派代表参加全国总决赛。与国防邮电工会就非公快递行业建会入会等达成推进意见，形成工作合力。

稳步推进自身建设。组织修订脱钩后新的《中国快递协会章程》，完善相关管理制度，起草《会员管理办法》等多项制度。以通讯形式组织召开三次常务理事会，审议通过14家企业的入会申请和两个分支机构的设立等。开展社会团体分支机构自查自纠工作和收费专项整治工作，在民政部年检工作中顺利通过。召开工会成立大会。加强与省级协会的工作联动，征集省级协会优秀工作案例，形成工作经验交流材料汇编。

当前，世界之变、时代之变、历史之变正以前所未有的方式展开，我国经济恢复的基础尚不牢固，外部环境动荡不安，给我国经济带来的影响加深。邮政快递业发展同样面临诸多困难挑战，发展不平衡不充分的问题仍比较突出，去年快递业务增速明显下降，企业经营面临不少问题，安全稳定形势依然严峻复杂，在推动行业高质量发展方面还有不少差距。同时要看到，我国经济韧性强、潜力大、活力足，长期向好的基本面没有变，各项政策效果持续显现，2023年经济运行将总体回升，全社会对快递服务的需求依然旺盛，随着疫情防控进入新阶段，快递业也将伴随我国经济的复苏，开启新的发展阶段。

二、2023年工作思路

2023年是贯彻党的二十大精神的开局之年，是实施“十四五”规划的承上启下之年。中国快递协会将以习近平新时代中国特色社会主义思想为指导，全面学习宣传贯彻党的二十大精神，按照国家邮政局的部署，着力推动快递业高质量发展，更好统筹疫情防控和行业发展，团结带领广大会员企业，真抓实干，务求实效，重点开展以下四个方面的工作。

（一）坚持党建引领，认真学习贯彻落实党的二十大会议精神

进一步加强党的建设。深入学习贯彻党的二十大精神，把思想和行动统一到党的二十大精神上来，把力量凝聚到党的二十大确定的各项目标任务上来，

确保在政治立场、政治方向、政治原则、政治道路上同以习近平同志为核心的党中央保持高度一致，以新气象新作为推动快递行业高质量发展。协会党支部将进一步落实从严治党主体责任，抓好各项工作落实，深入推进党建与业务深度融合，为推动协会事业高质量发展奠定坚实的组织基础。

加强行业精神文明建设。持续弘扬“小蜜蜂”精神，深入推进快递员群体权益保障各项工作，制定行业职业道德规范。大力选树和宣传“好心小哥”事迹，开展年度评选及颁奖活动。联合全国总工会持续开展职工书屋和阅读点建设，与中国邮政快递报社联合开展“小哥读书计划”等系列活动，鼓励快递从业人员学习专业技能、提升个人素质、激发创造活力，更好地为企业服务。组织“民营快递30年”系列宣传活动，激发行业奋进力量。积极搭建公益服务平台，做好定点帮扶捐赠资金的接收和管理工作，协调有关企业继续参与平泉的帮扶项目，组织捐资企业调研慰问，助力乡村振兴。

（二）发挥优势，提升行业发展质效

营造良好行业发展环境。积极参与行业立法、规划、标准、统计等工作，在服务国家重大战略和国家邮政局重点工作中，充分发挥行业组织的作用。持续跟进参与邮政法、快递暂行条例、快递市场管理办法等法规的修订工作，充分听取企业意见，代表行业反映诉求。做好法专委相关工作，组织沙龙活动，与企业及业内外专家交流法律工作经验，探讨快递领域的核心和热点法律问题。为企业提供政策法律咨询，继续探索调解委员会调解工作模式。开展行业发展政策诉求专题调研，征集促进快递业高质量发展政策需求与建议。制定快递行业职业道德规范，助力行业现代化治理体系的完善。

促进行业平稳安全发展。组织协调快递企业全力做好旺季服务保障工作，开展旺季调研慰问，保障业务高峰安全平稳运行。关注疫情对行业的影响，及时向相关部门反映企业防疫生产相关诉求。按照国家邮政局工作部署，协同各省级快递协会，持续推进《快递末端派费核算指引》的实施工作，督促企业有效落实派费调整承诺。通过安专委相关活动，继续对隐私面单、末端共配信息系统需求等开展调研，组织快递安全培训工作，助力提升行业安全发展。

切实保障快递员合法权益。落实落细各项举措，着力保障快递员群体的合法权益。配合做好《快递员劳动定额》标准的试点以及推广实施工作，切实保障快递员的劳动权益。持续拓宽快递员申诉救济渠道，宣传推广优秀经验，推动企业进一步完善快递员考核机制。发布推广快递服务合作协议，规范企业加盟和用工管理。完善快递员权益保障法规汇编。配合中国国防邮电工会持续推进非公快递企业职工工会建设，采取多种形式落实对快递员的关心关爱工作，增强其职业认同感和归属感。

（三）真抓实干，助推行业健康可持续发展

加强标准建设工作。积极参与行标委相关工作，在相关国标、行标制定过程中充分发挥行业协会的职责与作用。持续推进团体标准建设，开展2023年的团标征集工作，做好相关立项、预审、征求意见、技术审查、发布等组织工作。组织召开团体标准相关研讨会议和团标培训工作。积极向团标项目参编单位提供技术咨询等服务。

推动行业科技创新。坚持创新驱动发展，落实第三届邮政行业科学技术奖获奖成果宣传推广和应用转化，研究修订邮政行业科学技术奖奖励办法及实施细则。发挥科技创新专业委员会的资源优势，深入开展服务会员、服务行业的相关工作。通过智能配送专委会，搭建智能末端科技交流平台，支持推广无人车、无人机运输投递，推动配套场地和设施建设。

助推行业绿色发展。持续推进行业绿色发展，对征集的绿色快递示范优秀案例进行宣传，筹办中国快递绿色科技发展大会，帮助会员单位推广优质绿色产品和服务。对末端快递揽投车辆开展需求、政策及标准研究。举办快递业绿色环保主题的可持续发展系列研讨会，编撰绿色包装法规及标准汇编。

加强行业自律工作。在快递从业人员权益保障、末端网点稳定、安全生产等方面积极开展自律工作，重点督导企业对自律工作的落实和执行情况。组织寄递企业、包装企业发布快递业限制快递过度包装自律公约。联合相关国际公益组织开展“快递业拒绝寄递非法野生动植物及其制品自律公约”回顾活动，展现快递业野生动植物保护、遏制非法贸易等方面所取得成效以及为我国生态文明建设所作出的贡献。

（四）坚持改革创新，拓展协会发展新路径

开拓会员服务渠道。充分发挥协会组织的凝聚力和全体会员的创造力，增强会员单位对协会工作的参与度，密切会员间的联系，积极为会员企业间的交流与合作搭建平台。开展会员需求调研工作，深入走访，组织开展更有针对性和个性化会员服务工作，满足会员企业发展需求。继续组织快递企业参与人社部组织的全年招聘就业系列活动，结合会员企业用工需求，组织快递物流专场招聘活动，为企业提供应届毕业生、农村务工等劳动力资源，缓解企业招聘用工压力。开展直播带岗服务，推介会员企业，吸引高端人才。组织开展人力资源专业研讨等会议，加强交流，为行业人力资源管理拓展新思路。

持续做强会展服务品牌。加强与相关机构的对接联络，适时组织快递及上下游企业参加相关展览展示活动，展现快递行业发展成果，重点推进快递业与上下游企业的合作平台，组织各类推介、洽谈活动，促进交流与研讨。组织第五届中国（杭州）国际快递业大会，参与第十五届国际交通技术与设备展览会等会展活动。牵头组织快递企业参加“服贸会”，为会员企业争取更多参与国际会展活动的机会。组织参加预制菜博览会等专业会展活动，帮助快递企业深入拓展业务服务领域，联合会员企业举办助农活动等。

深入推进快递业“走出去”。进一步加强与各级友好协会、各级政府部门和机构的交流沟通。着力推动中国快递“走出去”，按照国家邮政局的部署，积极参与万国邮联、亚太邮联组织的相关活动，推动“快递出海”相关工作。充分利用全球服务贸易联盟、服贸会、进博会等组织资源，搭建国际交流合作新桥梁，助力会员单位更大范围、更高水平、更深层次地开展国际业务。

不断强化协会自身能力建设。坚持社会化、市场化改革方向，深入挖掘行业协会的发展潜力，不断提升自身服务能力。创新服务模式，广泛吸纳新会员，扩大会员规模，不断优化和丰富会员结构。组织好理事会、常务理事会等会议，做好换届筹备工作。组织省级快递协会工作交流，推广优秀经验与做法。优化协会网站、公众号等传播效力，创建协会宣传工作机制，加强与主流媒体沟通力度，开拓更多传播渠道，传递行业正能量，提升行业和协会形象。完善协会内部各项管理制度，完善考核机制和激励办法，全面提升综合能力。

2023 年中国快递协会将在国家邮政局的指导下，立足全行业改革发展实际，坚定不移落实好党的二十大作出的重大决策部署。协会将不负使命，担当作为，带领广大会员企业凝聚行业力量，踔厉奋发、勇毅前行、团结奋斗，助力快递业高质量发展迈上新台阶，为谱写交通强国邮政新篇章贡献力量。

第九篇 人 物 志

王卫:未来三年,公司管理层要“脱层皮”

一出手就是现实的最紧要处。

2021 年 12 月 3 日,国家邮政局召开企业座谈会,第一个发言的是顺丰董事长王卫,他提出“利润来源回归共同富裕”“挤水分”。

2021 年 12 月 14 日,顺丰同城上市,王卫在上市仪式现场表示,“企业经营回归商业本质”。

“两个回归”,是顺丰在2021 年所追求的道与术的平衡。

有道无术,术尚可求;有术无道,止于术。

这么多年来,在数据笼统的整体下,有哪些表象下的细节被掩盖;从痛苦地清除“地毯上的灰”和自我转变的“崭新革命”,到底哪次迭代最痛;2022 年的高质量发展,答案在哪里。王卫依然是坦诚的自己,不回避,不掩饰,不推脱,甚至称自己“以前不是个性,是任性”。

“要先知先觉,不能后知后觉,更不能不知不觉,把反思作为改进的起点,这是好事,但不是要通过不断犯错来成长”。

28 年过去了,2021 年,王卫一直找寻的,是什么样的本源和方法?

一年一度,如约而至。这一年,王卫在说什么?

客户、公司和员工

2021 年,疫情卡住了空间运转的齿轮,但没有给时间按下暂停键。运转中的行业,时刻面对市场中的每一次共振和交锋。

2021 年 4 月,顺丰控股发布公告,第一季度以 9 亿元至11 亿元的预计净亏损额度,一下子引爆市场。

浓眉大眼的白马股顺丰跌了。谁都不知道,这样的亏损,到底是前奏还是余韵。

这场声讨一出场就是短兵相接。

王卫在 2021 年 4 月 9 日召开的 2020 年度股东大会上道歉,坦陈在管理上有疏忽,“一把手出来道歉是真心要改进,而不是道歉之后还是之前的结果”。

2015 年,由于底盘战略的失误,顺丰增长缓滞,王卫开启架构改革,于 2016 年在内部公开道歉。在国家邮政局汇报工作时,王卫称过去的很多问题,就像是“地毯上的灰尘浸入了缝隙,所以需要大刀阔斧地改革”。

而今,谈到这两次道歉的痛,王卫说:“两次都很痛,两次成长都很大。上次是对同事道歉,这次是对股民道歉,这个层面更大,压力巨大,这次的痛会更痛。马上反思,针对整改,务必在第二季度能够转亏为盈。”但面对当时的大盘子,短期扭转的挑战可想而知,4 月和 5 月,王卫和他的团队是焦虑的,但步骤是稳的。重新审视各业务线的资源投放,加速速运网络、快运网络、仓储网络等场地、线路等资源整合优化,并持续开展中转场自动化设备升级改造,逐步突破产能瓶颈。2021 年 8 月 22 日发布的 2021 年上半年财报显示,第二季度归母净利润 17.49 亿元。

沉得住气,才能发得了力。3 个月内的转变,王卫唯有感谢。他很真诚地说:“感谢管理团队一起努力克服挑战。”

2021 年 12 月 20 日,顺丰控股公告显示,11 月合计收入 258.56 亿元,同比增长 68.19%,主要原因是合并嘉里物流的相关业务使收入大增。

从当年 2 月 9 日顺丰控股发布公告以现金 175.55 亿元港币要约收购联交所公司嘉里物流 51.5% 的股份开始,顺丰用 9 个月时间,就为国际市场的拓展建立起新的信任与联结。

对于嘉里,如何协同发挥更大价值,会有不同的理解和声音,但规则只有三点:第一,客户为先;第二,公司利益价值最大化;第三,员工在这个过程中得到回报。所有的协同和整合,这三点是要义。

嘉里的航空、货代、海运、国际合同物流,顺丰的快递和电商快递,服务管理理念和经营理念毕竟不同。如何找到一个平衡点,把大家的价值观统一起来?短板如何补位?长板如何拉伸?两边的团队士气如何发挥?

“嘉里在全球的历史,在每个国家市场和客户中的深度,比顺丰的理解更深,落地性会更强,无形中会帮助顺丰更好地走到每个国家的市场。现在我们要做的,就是围绕要义,精简部门,把重复的功能去掉,把机制打磨得更加符合需要。接下来半年的磨合和业务规划的落地至关重要。”

内部与外部,国内与国际,没有哪一次结果是水到渠成的,架构的调整改革,利润的扭亏为盈,团队的协同作战。内与外,道是大局,术是实践。

彼得 · 德鲁克在《创新与企业家精神》中说,所谓创新,就是赋予资源创造财富的新能力的行为。

在时代的河流中,看着潮水的方向,去承担落实的责任,那些我们真切付出过的努力,才能为你交出的答卷提供源源不断的势能。

机会隐藏在麻烦背后

在企业座谈会上,王卫说“挤水分”。

国家邮政局局长马军胜问:“水分多吗?”

“不但多,而且相当多”。

成本如何管控,不同部门如何协同作战,这是在下了多盘“大棋”之后,市场对顺丰的最大忧虑。

身处其中,王卫自然深知。

因此他将 2022 年的口号拟定为“可持续健康发展”。

如何进,又如何收?

国内经济形势、行业竞争环境、国际形势、疫情防控形势之下,王卫要做的,首先是着眼于人,改善薪酬制度,加大社保投入力度,增加发展培训机会,增加一线关怀，增加管理激励，让利润来源回归到共同富裕之中。其次是放眼于基建，鄂州货运机场的基础配套、产业引进；农村网络的布局完善，与城市网络的配套协调；国际网络产品的重新规划，国际快递和电商快递的进一步走出，与不同国家资本或者快递物流公司的合作，与国内同行对国际市场的携手开拓。再次是广开言路，聚集不同渠道的声音到管理层去讨论，不断改进自身；更多从用户层面出发，从四面八方中找到方向。还有科技层面的更多赋能。

真正的管理，是度与度的丈量，精而进的方向，是从数量转向质量的实质变化，是内部的整合，是人力财力营运 IT 底盘的共享和协同，是开源节流，是劳动强度的降低，是工作时长的缩短，是大家齐步往前走的一致信念。

随着顺丰同城的上市，顺丰控股旗下已有顺丰速运、顺丰房托、嘉里物流、顺丰同城 4 家上市公司。

“有多家上市公司并不能代表公司的强大，关键是这些公司要整体形成合力，能够在市场上形成竞争优势。未来还会有更多的公司出现，还需要提升竞争力和规模，只有这样才能使顺丰在战略上取得总优势，而不仅仅是追求有多少上市公司。”

因为有先有后，所以大家自然会在心中排序。但王卫坦陈：“不是看公司里的排序和优先战略，更多是看在整个行业里面，哪些领先，哪些落后。趋势就是战略，从大趋势来讲，大家对于传递的时限是以日为单位跳到小时和分钟，所以要把资源投入到不同领域，然后结合在一起，形成一个战略链，形成一个战略的护城河，不足的部分以资本的模式补上。看先后，是看大趋势的顺其自然，希望和更多的队友一起，满足一、二、三产业供应链体系的需要。”

茨威格在《人类群星闪耀中》说，人生最大的幸事，莫过于在富有创造力的壮年发现自己的使命。

往前走，就是为了争取更多可以实现的选择，如企业经营回归商业本质，利润来源回归共同富裕，有正确的商业定位，有优质的团队资源，有长久的盈利模式，有同奋斗共进取的小哥队伍，有不断更新的商业模式，能满足用户更多的需求，让更多人生活美好。

机会隐藏在麻烦背后，任何新事物如果有前途，一定是因为它解决了现实世界的什么问题。一个人，一个企业要履行自己的使命，必然秉承着坚定的长期主义信念。

这个长期，是看远处，穿透荆棘，望到豁然开朗处；是看近处，向着极致，重复做正确的事。进与收，道是规律，术是方法。

未来三年是整合时代

我们沉浸在一个信息和数据汹涌的环境之中，变化一直在悄然发生。衍变与冲撞中，顺丰一直在变化。

有些变化既给发展带来益处，也会带来困惑，首先要拆掉思维里的墙。

王卫认为，最根本的是理念变化，这个变化使顺丰更加成熟。“以前我们认为做好服务质量、做好经营结果，只做自己就是对的。但作为一个公众公司，有责任在不违背公司利益的前提下把公司情况报告给所有的客户、所有的投资人。”

对于记者提问中的“成就”二字，王卫替换成了“成熟”。“做企业，必须让员工有成就、客户有成就感、投资人有回报。如果大家都没有成功，我们就没有所谓的‘成就’。”

王卫眼中的快递业，是星辰大海。“如果你不热爱这个行业，一是你就很难去和企业、行业谈恋爱，如果没有恋爱的投入，就只会去追求自身利益；二是你不会发现如何去改良行业，实现企业和行业的良性互动，韧性成长。”

2022年，行业发展的关键词是“高质量”。提出问题是方向，但如何做到高质量可持续健康发展，站在量与质的交汇点上，理想主义与现实主义在现实中相遇。未来充满想象，人人跃跃欲试；现实焦灼迷茫，一毛派费可能带来手足无措。

“同城、速运、冷运、医药、仓储，盘子这么大，利润这么薄，如果不做整合，不挤水分，就没法向投资人交代。”

“企业的应变能力很重要，企业越大，要求应变能力越高。”

“高质量是可持续健康成长的高质量，没有透支折扣，没有透支品牌，没有透支体力劳动，如果他们都不可持续，那就没法健康。”

“公司管理层都要‘脱层皮’。”

“如何让小哥感受到公司在和他一起努力共同富裕；如何做到环保可循环；如何做快递，做供应链；如何做到国际端到端的管理。”

王卫自己提出问题，也和团队一起在未来摸索答案。

“知道能做到才是真本事。最主要的是质量，经营的质量，健康的质量，比市占率，比所谓的收入增长更重要。”

顺丰正在通过公司文化大讲堂推动企业文化和经营管理的融合。王卫自己数次亲自讲课，激励员工在工作岗位上追求卓越，并据此制定考核和选人、育人、用人、淘汰人的指标规则。“人卓越才能管理卓越，如果人不够卓越，那追求卓越的过程就是一句口号，就不能做到卓越。”

“未来三年是整合的时代”，带着永远向前的少年感，王卫睁大眼睛，放眼天下，看到更广博的世界。

麦克卢汉说：“我不知道这个世界上谁最先发现了水，但肯定不是鱼。”

人用眼睛洞察外物，但不能用眼睛洞察眼睛。环境的左右冲击，水位的高低起伏，都需要在变化中寻找新的平衡。在变化的现实中实现理想的机遇，在不确定性中寻找确定性，一起完成中国快递业的转型升级。守和变，道是遵循，术是技巧。

我们说发出这篇稿子的时候，临近新年，也请王卫为快递小哥送来了自己的祝福。

打开口袋，我们一起装好哦。

“我们行业的快递小哥都在做很伟大的事，我们把所有人想得到的东西，不管是线上线下，不管是2B、2C，在指定的时间指定的地点交给指定的人，不要把自己做的事认为是很琐碎的事。新的一年，首先要学会尊重自己。只有尊重自己，所有的客户才会尊重你；只有尊重自己，行业才会更受尊重。其次要保护自己，我们在疫情防控中冲在前面，在疫情中把祝福和希望送到客户当中，一定要保护好自己。最后保护好身边的人，不要乱冲乱撞，看到老人孩子开慢一点，晚一点点没关系。”

送完祝福，挥手道别，我分明看到他双眼晶亮。

赖梅松：中通20岁，更有使命担当

楼下新装了一组“兔喜”快递柜。

2022年北京的第一场雪，扑簌簌地，让那只作为标志的“小兔子”跳得越发欢脱。

作为中通末端体系建设的

重要部分，兔喜生活+和兔喜快递柜已经布局全国，它未来的方向，是社区生活基础设施。

看似一个极小的聚焦，却纵深着整个公司的发展。扫描中通生态圈，固本和强末，是在成立20周年之时，中通给自己出的一道贯通题。

行业在机遇中萌芽，数据在历史中成长，中国快递业发展的高光，是时代光芒的照射和行业能量的迸发。2022年，站在"十四五"发展的关键之年，站在中通成立20周年的"二次创业"元年，企业将如何审题、解题、答题？

中通快递董事长赖梅松在给全体中通人的新春贺词中给出了关键词：不忘初心、居安思进、更加自信、使命担当。

好的问题就是一半的答案，剩下一半答案就是奋斗。

激发每个人的内生动力

减负增收。

关于快递小哥的权益保障，贯穿在中通发展的整个运营体系之中。

减少罚款项目，搭建快递员成长体系，推行高星级快递员优先采信免责罚款机制，帮助快递员从就业走向创业，挖掘内生动力。

"小哥是企业最宝贵的财富。"赖梅松带领中通所推行的一系列保障快递小哥权益的条款，源自四个字，"感同身受"。

"我们自己本来也是找工作很难的人，可以帮助他们，可以大家一起成长，是我今天能够理解的幸福。"小哥高兴—客户满意—网点稳定—公司发展，这是赖梅松内心最朴素的生态链条。

另外一张生态版图，是由中通快递、中通快运、中通国际、中通云仓、中通兔喜、中通冷链、中通星联、中通金融、中快传媒、中通智能等板块共同构建的生态布局。"未来的竞争一定是综合物流服务的竞争，是全链路的竞争。快递单打独斗没有未来，协同更多业态就是为了让资源效率最大化，降低成本，提高质效"。从一开始，赖梅松心中就藏着大格局。

中通在快递生态这一方向上叠加的进步，正在形成有价值的积累。

而从一开始，中通就埋下了伏笔。每一个中转中心，每一处园区，资源的复用从土地开始，到云仓、分拨、数据中心、商业，甚至是食堂等，都要做到资源集约化和生态化。中通倡导的同建共享不仅在人身上，更是在整个生态体系的打造上，共享品牌，共创价值。

这种共享是一种"资源集约化"。中通的快递板块已经走向资本市场，后面进来的板块享有品牌的红利，同建共享始终在品牌之中贯穿，即使来得晚也一样感受得到，享受得到。

大生态之下，是基础的稳固。"我们的加盟网就是一个创业的平台，创业就要有回报。我们要做的就是一个穿透式打通的通道，激发每个人的内生动力。服务质量、用户的信任和业务员的稳定性成正比，要让别人离不开你。"

真正的吸引是什么，不是"一心想来"，而是"不愿离开"。包括用户，包括员工。

这是彼此相互扶持协同的成长。赖梅松一直都相信，这个时代不会亏待愿意真心付出努力的人，无论是公司、网点，还是快递员。快递与用户的接触和感知更多是在末端，末端能否建设好，关系着前端能否运转流畅。

兔喜从"驿站"改为"生活+"是一个小切口，除了帮助快递员做起单量，构建商业叠加的通道,还要服务周边的社区消费群体。这是一个大工程,对于消费者注意力的争夺,一直是商业的原动力。中通的目标是做基础设施,让末端成为商品、用户的门户和桥梁,送快件、送商品、制造快件,这个基础从总部到省区,成为中通的主要战略之一。

每年增加两三万个,这是目前的打法。“一个一个来,每一个都要做实。”

能人要肯下笨劲。曾国藩说:唯天下之至拙,能胜天下之至巧。所以真正的安全感,来自你对自己的信心和一点点地下笨功夫,因为你最大的对手永远是自己。

近几年我们一直在讨论摆脱路径依赖,但人类社会中的技术演进或制度变迁,都会有或好或坏的惯性依存。摆脱是件痛苦事,更不用说在这个摆脱的过程中,你可能会面临更多不确定性。

中通在尝试从内部打破,丰富已有快递产品生态。

但行动总会有评判。即使有着数次的推盘和分析,你也不能完全保证你所朝向的市场完全按照预先方向演进。所以在中通推出标快产品的时候,行业的观点分为两种,一个是正当其时,一个是步人后尘。

支持和反对,总是在一念间。但撒出去的网,不可能来回翻烙饼。

“大家就觉得通达是电商快递,是经济型的,欠缺服务中高端的能力,我们怎么能去做承诺达。”

从这样的刻板印象出发,中通尝试去改变自己的路径依赖,不管是标快还是冷链,中通都给出三个字:“确定性”。

一年不到,标快开通 300 个城市,冷链开通 200 多个城市。中通向上的力量,就是面对变化,进窄门,走远路,见微光。

企业实实在在的自觉行动,何尝不是全国邮政管理工作会议提出的“成本分区、服务分层、产品分类”的更硬底气。

雪隐鹭鸶,企业在某些时候隐去的自我痕迹和色彩,保障的是更多人的利益和价值。

利社会—利他—利己

快递业的本质,是连接。

第一阶段的连接是距离的缩短,第二阶段是创造和传递价值。站在第二阶段转型升级的快递业,对企业的战略和管理给出了新的命题。

从高质量发展的路径来看,旧的商业模型正在被打破,全国邮政管理工作会议发力“三治”,旗帜鲜明地反对“内卷”,旗帜鲜明地反对损害行业利益、员工利益和消费者合法权益的行为,旗帜鲜明地维护市场秩序。我们不仅是与野蛮生长的时代作别,更是在构建新的商业范式和行为规范,生态化全域增长和品牌成长,成为未来行业文明的重要范畴。从关注眼前利益到重视价值创造,需要放眼全局。

进村、进厂和出海,“两进一出”战略中,绿色低碳行动中,中通一直在积极作为。

扩大进村覆盖面,服务乡村振兴;复制目前的服务制造业模板,进入到更多垂类;迈开脚,抓住 RCEP 生效实施的机遇,绿色低碳循环发展,中通努力抓住高数量到高质量转变的关键机会。

“不管是进村、进厂,还是出海,我们首先都要想到为了谁,服务谁,进村我们已经建成比较成熟的网络,农产品和工业品的上行下行愈加通畅;在服务制造业层面也有很多做得好的案例,服务进厂的支撑点也日渐丰满,我们联合快运、云仓一起服务工厂制造,为更多行业节约成本、提升效率、创造价值。”

企业发展的本源,首先是让别人获益。

用户获益,黏性更强;员工

获益，动力更足；社会获益，有更多机会窗口。更多人团结在身边的时候，所有人都更希望他成功，才有一大群人更愿意和他一起往前走。

赖梅松用“务实”两个字来概括中通：“虽然短板也很多，但我们解决问题非常快。”“一家企业的未来，就要看你如何专注于提升企业的内生动力。中通是一家非常平凡的企业，但是我们的任务，就是为社会为客户持续创造价值，这也是我们的初心使命。”

“亏本件是不能进入网络流通的，你没有盈利就没有持续发展的动力。从任何行业的历史来看，通过亏本和烧钱这种模式成长起来的行业，基本挺不过第二个成长阶段。”

赖梅松的信心来自 4 个层面：一是国家宏观发展和行业作用发挥的新机遇；二是中通目前的发展势头，现金流充足，规模优势明显，资产自有率高；三是网点稳定，基础实在；四是团队战斗力、执行力强，稳定性高。

下一盘五年的棋，落好第一年的子。2022 年的目标，是实现“五个确保”：一是确保市场份额稳步提升，二是确保全网盈利能力稳健增长，三是确保服务质量行业领先，四是确保全网寄递、生产、信息三项安全，五是确保生态体系建设有序推进。

赖梅松说：“中通团队的命运和中通紧紧绑定在一起。”对市场变化主动响应，对业务结构不断创新，用最高的效率和最低的成本持续创新生态，创造与传递价值，这是中通一直在致力打造的护城河。

“护城河”是在一场又一场的战役中逐渐巩固加深的。赖梅松要带领团队打好三大战役，一场持久战，致力于服务品质持续提升，形成多类型、多层次、定制化的服务体系，为客户提供稳定、高效、安全、便捷、高品质的服务体验，打造可靠、确定、优质的中通品牌印象；一场保卫战，保障市场份额优势，效率更高、成本更低、竞争力更强；一场攻坚战，奔着提质增效的目标，从粗放式向集约化、精细化转变，用提质增效促能力提升。

网络赋能、精细管理、服务能力、数智建设、能力建设、安全保障、组织建设、生态协同、品牌文化，每一个目标，都细化为具体的工程，脚踏实地。

彼得·德鲁克关于企业成长有一个说法：一个组织只能在其价值观内成长，一家企业的成长受限于其所能达到的价值观。

企业的成长受限于企业经营者的思维空间，想得到有时可能不一定做得到，但想不到就一定做不到。

给自己两个字，“匠心”

站在远处，往近处看；站在当下，往未来看。时间是动态和演化的，我们对未来预见性的维度中，时间维度至关重要。反观 20 年前，赖梅松在创业期最重要的方法论，是找赛道和战略。因为一开始踏准了这个机会，在每个关键节点都作出了正确的选择，才有了 20 年后中通蓝的熠熠生辉。

时间回到 2002 年，赖梅松没有资源，没有背景，没太多钱。

本来就无所畏惧，就算搞砸了，大不了回去卖木材，还能损失什么呢？在那个年代，每一个崛起的企业家，骨子里都有这样的义无反顾。

赖梅松觉得能成，就是因为相信自己、相信伙伴。因为相信的力量。做好了，就成了。所以，并没有得天独厚，只有势在必得的破釜沉舟。

20 年，如何评价自己。赖梅松思忖片刻，给了自己两个字，“匠心”。面对诱惑，不为所动，始终坚守住发展的核心和关键；面对未知，提高认知，逼自己到一个信息密度、人才密度、交流密度更高的地方去学习；面对利益，不贪不嗔，抓住每一个关键节点，在改制的时候把大家的利益捆绑在一起；面对变化，积极向前，用每个员工的变化和努力去产出新的价值。

他把自己的今天归为运气。在重要的年份遇到一个非常好的行业，在重要的节点有管理部门设定了未来路径，在重要变化时保持了良好的定力。

但什么是运气？运气不是凭空而降的，而是你在关键的时候，有了把握运气的能力，才能在面对变化时，在海量看似随机的“物竞”中，有着应对“天择”的力量。

20 年会遇到很多难题，把心放下，多为对方想一想，很多问题就迎刃而解了。“把自己当别人，把别人当自己”，他说如果有经验可以分享的话，“那就是把一群非常平凡的人拢在一起，用心做事，用大家的智慧，走向前的路；用大家的力量，走坚实的路。如果从一开始你就只把企业当成自己的，那你就永远走不到前面。”对于从一无所有走到今天的赖梅松来说，他心里装的是大格局，要的是未来。他一直相信，稳健的基础，是脚下的踏实大地。大地不会随时波动，但它一直活在时代的波动里。

在带领企业实现可持续发展，领头人到底需要做什么的问题中，经济学家陈春花给出了四个方面的工作，坚持明确且专注的核心事业战略，持续符合顾客期望并创造顾客价值，构建动态与开放的组织能力，建立共生与向善的企业文化。用这四个方面来反观中通，赖梅松走过的路可以一一映照。

在中通的对外文化传播体系中，我们经常能看到关于“人”的故事，因为一个企业的发展，真正的故事，往往藏在最细致入微处。可能是一个人，甚至可能只是人的一个瞬间。但这个瞬间却呈现出他在公司这个大体系中，所经历的命运、成长，还有曾经有过的犹豫、彷徨。谁都想复制好的结果，但却是他们一路走来的迈向更好的过程，一起组成了今天的中通蓝。

2022 年，是虎年。20 岁的中通，朝着虎山行。

崔维星：把主业做深做透做细

对于雪友来说，这个雪季最新的依赖，是德邦快递。

在家下单、安全包装、直达雪场、免费暂存 7 天，德邦的雪具寄递业务，目前在国内人气 TOP17 滑雪场已全部入驻开点。3 亿人民上冰雪，燃情冬奥向未来，在冰雪运动普及的大背景下，德邦这一举措深谙人心。

长跑和滑雪，最爱哪一个？

德邦快递董事长崔维星选择了坚韧与激情并行。

“和做企业一样，要讲究长短结合，要有长期战略，对未来有定式；要有目标分解，在横向、纵向和时序上分解到各层次各个人。”

德邦的长期目标，是专业服务的“深透细”。2022 年的棋子，是推进网络变革和流程变革，落地“薪酬包”制度，深化人才的“之”字形发展。

管事、分钱和育人，崔维星一直如此坚持。

还有刀刃向内的自我反思，他称自己逆流而上。

从一开始就找准自己的节奏

采访的时候，崔维星的桌子旁边放着德邦蓝色的重型卡车模型，2019 年 3 月启用的新标识，呈现着动态的沟通与进击之势。

从零担进入快递，崔维星一直率性果敢。敢说善想肯做，找准了方向，就要用力往里扎。

当初决定做快递时，德邦物流花了三年的时间来论证。如今回想这三年是不是机会的丧失。

“机会永远都有，最重要的是怎么抓住未来。”“没什么后悔。如果说后悔，我现在后悔的是没有更仔细地研究，对快递不够敬畏。”

“做一个新东西，一定要认真研究、计划周密，磨刀不误砍柴工，慢就是快。”

“经常说剑走偏锋，那是对能力的最高要求，因为一点偏差就是断崖。”

所以崔维星在乎的两个字，是“稳”和“准”。他看准的机会在未来，“要迅速进步迎头赶上，要品牌体验客户至上，要站稳脚跟效益增进，要专心服务专注细分。”

“把主业做深做透做细”，这是德邦自成立以来的主旨，崔维星内心对标的国际伙伴，是美国的 ODFL，“收入不是很高，但是利润很健康。”Old Dominion Freight Line（ODFL）成立于 1934 年，是美国一家专注于零担货运的物流企业，过去 30 年公司常年保持 10% 以上的营收规模增速，被称为美股中的长跑冠军。

利润健康，这是德邦的管理红线。“德邦一直遵循的是高质量的收入增长，重点在提高品质、提升服务，追求为客户提供更具性价比的产品，保持价格相对稳定。”众所周知，大件领域与小件快递的核心竞争力略有区别，小件在同质化竞争下价格相对更加关键。但大件领域，服务质量稳定与增值服务也很重要，这也奠定了德邦竞争策略的基础。

彼得·德鲁克说，所谓战略，不是研究我们未来做什么。而是，今天做了什么，我们才能有未来。

所以从进入 3～60 公斤大件快递领域开始，德邦就秉持了这种稳和准，可以说是在综合考虑了行业发展阶段的特征、市场竞争格局和公司自身优势等基础之上，定义并开拓了大件快递的市场。这既是深耕大件配送领域丰富运作、经营经验的延伸，也是在直营体系之上，场景化解决方案的最好落地。

商业世界，没有什么一招制敌，从来都是千锤百炼，这些基本功更不能速成。

“客户要求越来越细，你要眼里是需求，心里是客户，在客户开口前，准确给出想要的东西。”存量竞争，短兵相接，精修内力，方能破局。德邦正在加强营运底盘建设、系统建设、客户获取和维护能力建设，针对性投入资源支持，完善交付能力，努力提升客户黏性。拓展增量，只有凭借真本事，踏踏实实满足客户需求，用心打磨产品，才能经得起市场检验。

不管是存量还是增量，走的都是从满足需求到符合期望再到创造价值的道路。

持续胜利者都是坚持明确且专注的核心事业战略，从一开始，德邦就找出属于自己的节奏。

做一点减法

管理工作的核心是工作目标和人的价值,在这一点上,德邦一直目标清晰。他们将自己的专业节奏,融入行业的“两进一出”大局中。

服务B端客户为主的德邦,具有先天的进厂基因,多年来陪伴众多企业不断成长,在产业集群、工业园区等布局网点、配备人员,为客户提供定制化包装、专业化服务,为工业制造业的生产流通作着相应贡献。随着科技创新企业迅猛发展,公司与华为、大疆、中国联通、东风商用车等企业也开展了不同程度的合作。

进村的场景,正在深入到农村的广阔天地。金秋时节,江西省的赣南脐橙结出累累硕果,德邦的蓝色工装处处活跃。为助力江西省乡村振兴发展,德邦快递为赣南脐橙量身定制运输方案,成立三大独立的脐橙分拨中心,提高运输时效,保障水果运输安全;同时分拨中心可直发9省14市,大大降低了运输风险;实现从农田到餐桌点对点的精准服务,让果农与消费者都放心、满意;打通农产品市场340余个,服务农户40余万个,带动农户创收30多亿元。这是德邦在2021年交出的进村答卷。

而在出海层面,从2016年上线跨境业务开始,德邦开辟国际快件、FBA进仓、国际联运、电商小包等产品,全程跟踪并提供多种增值服务。在新冠肺炎疫情影响空运、海运的情况下,德邦开通的中欧班列“图定快线”累计服务亚马逊中小跨境电商上千家。

德邦与韵达的合作也在进一步推进之中。借助2022年快递“春节不打烊”的契机,双方结合各自在大小件领域的优势,加强了在服务产品、末端门店、运力资源、客群服务等方面的合作,并尝试结合前期的合作经验,共同打造面向客户的差异化服务产品。

在专业化快递服务道路上一直都是优等生的德邦,在激烈竞争的快递业中同样有着彷徨。“进入一个激烈竞争的市场,如何在竞争中存活,是首先要考虑的问题。”崔维星对目前的处境有着清醒的认知。

在春节前写给全体德邦人的一封信中,崔维星说:“2021年,机遇与挑战并存”“2022年,我们要在压力和竞争中谋求更好的发展,持续推动变革。”不可否认,2021年德邦在零担和快递业务上两手抓、两侧推,在快递业迎来千亿时代之时两面承压,所以2022年,无论从外部环境还是内部生态看,德邦都面临更大的挑战。

低垂的果实早已没有。换个角度看,行业高质量发展转型对德邦来说更是一种机会。作为少数直营模式的快递企业,聚焦大件寄递领域,给客户带来更好的体验,是德邦2022年的核心任务。

“做一点减法,聚大件快递,不过度摇摆,提时效,增体验。”这是必须攻下的山头。

“希望我们能够通过不断梳理流程,使流程更加顺畅并推动流程系统化,达到效率提升,让快递员、理货员、司机等广大基层员工的薪资水平得到提升,实现多劳多得,提高大家的幸福感和满意度。我们将继续优化快递员区域划分,为我们的快递员兄弟提供能够做到‘用双手改变命运,用双脚改变社区’的平台。希望客服部门能够更精准地获取客户的需求,更懂业务、懂客户、懂一线。”

说到底,还在于人。

秀才打成兵

“人”，一直是崔维星最用心之处。从2006年开始进行校招，育人机制成为德邦的特色。崔维星一直坚持，人的成长是一个成为自己的过程，是对自身对他人不断探索认同的过程。

16年来，这些校招力量一直是德邦的中坚力量。以内部培养为主，以外部招聘为辅，互相结合，彼此支持的人才政策，形成了德邦年轻化的管理队伍。德邦的中高层一般都是30来岁，显性成果是沟通成本低，步调一致。

在过去的一年里，针对中国人才市场的新变化，德邦的触角延伸得更为广泛，招聘了大量的留学生进入公司。能吃苦、更踏实、视野宽，这是崔维星对目前公司内二三百名留学生的认知。“在外面闯荡的经历让他们更加踏实，知识学习也可以为企业未来的发展开拓新的边界。多招一些学习供应链和管理专业的留学生，是快递物流企业一个新的人才通道，对快递企业和留学生来说都是好事情。因为人口红利已经消失殆尽，而人才的红利会为这个行业带来勃勃生机。”

德邦为此专门制定了留学生梯度培养计划，专人跟进。不变的宗旨是沉到一线锻炼，三个月换一次岗位，把“秀才打成兵”。“成长走不了捷径。不了解市场如何打仗，没打过仗怎么去指挥打仗，只有在一线才能发现个人和企业成长的真正路径。”在春节致辞中，崔维星也更多地讲到“人”，公司要发展，始终把“人”的要素放在第一位，强调人才是可以依靠的核心竞争力，深化人才的“之”字形发展，要深潜一线更懂一线。

“之”字形的人才成长理论来自华为，对员工的培养不仅是直线型成长，还要经过多个岗位的锻造历练，丰富的工作经历会促使其更多次从全局、全流程考虑解决问题，更好地培养将帅之才。

自德邦成立开始，崔维星在各种场合都说，自己一直在学华为。

有人问任正非，如何用几个字概括他在华为的主要角色，任正非的回答是两个字：分钱。所以优秀的企业家，总是想方设法地“给”，而不是一个劲地“拿”。

崔维星说自己主要学的也是分钱。自2015年以来，德邦连续推出长期激励、考核变革、超利润分享、职级薪酬体系等一系列措施，不断完善差异化的员工激励体系，向华为学习他们的管理，人力资源、组织架构，包括怎么开会、上班怎么打卡、奖金怎么发、年会怎么开等。

不但学华为，请咨询公司指点，崔维星还在学顺丰，学所有优秀的同行。“我们学顺丰，学华为，向更多好的企业学习，一是迎头赶上，二是不能和别人一样。一直跟着别人跑，你永远落后于别人。”

学习的意义，不是寻找相似，而是收获不同。

在同与不同中，走出自己的路。

在企业发展史上，德邦都是主动出击。2001年空运业务高歌猛进之时转型公路零担，2006年实现零担业务超越；2013年主动进入快递领域，2015—2018年年均复合增速85.88%；2018年战略重心聚焦大件快递，打造出公司新的业绩增长点。

2019年之后，有点像过山车，有激荡有加速有碰撞。

崔维星刀刃向内，自我反思。

“我过去有点骄傲了，之前德邦一心想要做大，要快增长，要做规模，但长远看还是要做专。”从本质上来说，反思像是企业撰写的错题本,用得好可提质可增效。因为发展有周期,理解了自身所处的某个阶段,可以更好地理解当下的行业环境和格局,更好地制定战略打法。

崔维星的目标是"2022 年能够让客户体验上一个台阶。客户不是因为价格而考虑我,而是因为我的服务能够更好地去留住他们"。

所以在商业世界,你的对手不是你的同行,而是客户心中更好的解决方案。在崔维星看来,眼睛首先盯着客户,心中更好装着员工,更好的产品、更优的服务和更有效的管理,才是企业发展的底层代码。预变而变,每家企业、每个管理者,都是在不断变化中推倒自己周围的高墙,在战胜一次次考验中坚韧成长。

培根说:人类最重要的发展,是人们难以预料的,是在想象之外。

行业发展如此迅猛,没有谁能肯定地给未来一个笃定的答案。刚柔并济的崔维星,带领德邦,持续稳定地朝着预期方向。相信德邦正在水滴石穿、日复一日的坚持中,锚定长坡厚雪,不断迭代出一个更好版本。

寒冷的冬季,心有猛虎的人,正在向外看,向内求,向前走。

喻渭蛟:"世界物流看中国"

在快递的江湖里,圆通速递董事长喻渭蛟一直是最"敢为人先"的那个,敢说,敢干,而且是"说干就干",身体里总有使不完的力气。

他的脑子里,总有各种新想法,关于搭建走向世界的物流体系,他一直奋力地去够。

第一也好,第二也罢,他在乎又不在乎。向前,困住,跳出,再往上弹跳……那些曾经走过的路,那些撞到南墙总结的经验,每一步盘算下来,都是累积冲向目标的台阶。

2021 年,无论是在业务发展还是在品牌影响力层面,圆通都在向上生长。喻渭蛟说,这是外部压力和内在渴望的共同作用。

2022 年,圆通又将如何斩获新的走向?

看准周期机遇

"闯一代"从来不缺少传说,更不缺乏年少成名的样本,但喻渭蛟不属于此列。他出道比别人早,很早就出来谋生活,经历了更多未知中的风险、渴望中的焦灼和困境中的抗争。

这也让他养成了一个习惯,"多想一点"。所以你任何时候见到他,都能听到他的各种新想法。有的基于现实,有的天马行空,但细一琢磨,每个都有来处,也有归途。

最爱谈的是科技,喻渭蛟一直认为自己从骨子里爱科技。所以早在 2010 年 1 月,圆通即与 IBM 签署"管理优化及信息化建设战略合作"协议,三年规划四步走,打造核心业务系统"金刚”。投资1.2亿元，这在当时绝对是大手笔，花钱花得让大家惊讶，反对声自然不绝于耳。

喻渭蛟坚持。

因为在当时他就意识到“一个肩扛手提的发展周期即将结束，新技术将带来新的驱动力”。直到今天，喻渭蛟的发展理念都建立在科技之上，“向科技要生产力，以科技创新引领圆通未来，科技圆通的核心就是要实现数字化、可视化、实时化、移动化、自动化、智能化”。

数字化是核心基础，可视化是实现每一票快件全生命周期可视可控，实时化全面从事后管控转向实时管控、过程管理，移动化实现足不出户的管理，自动化提升各工作环节的标准化和模块化，智能化进一步连接客户、企业、消费者。

数字化转型，这是圆通2019年至今的主打道路。

在埃森哲发布的“中国企业数字化转型指南”中，领军企业的数字化转型不仅是单一职能或业务线的数字化部署，而且是在着力打通企业内部壁垒，实现全业务全流程的贯通。同时注重企业上下游、外部生态的数字协同和价值创造。

非常写实。

数字化转型牵一发而动全身，一定是一把手工程，而负责人必须同时对技术、对管理和对业务有深刻的理解。内与外，上和下，前和后，圆通在数字化转型中秉持这个方向去赢取未来5至10年的竞争力。借助数字化管控和成本管控能力的持续提升，聚焦末端，赋能网络，实现时效和服务质量显著改善，围绕时效和客户体验不断打造差异化产品，满足不同客户的精准需求。

呈现在具体的数据上，是数字化完成后，6个月内圆通全网的卸车效率提升50%。全网任何一个车没卸下来，任何一个包没拆掉，等了多长时间，移动端都显示得清清楚楚，任何一个中心的一点点问题，所有人都能同步看到。

所有人都看到了圆通数字化转型带来的降本增效—业绩快报显示，2021年公司营收为451.31亿元，同比增长29.29%；归属于上市公司股东净利润为20.92亿元，同比增长18.42%；2022年延续“开门红”，前两个月实现营业收入约76.24亿元，同比增长39.28%；实现归属于上市公司股东的净利润约5.45亿元，同比增长达186.36%。这样的表现，在全行业极为亮眼。

2021年12月3日国家邮政局召开企业座谈会，会上，喻渭蛟称正在通过标准化和数字化建设打造“非直营的直营体系”，以围绕分公司数字化系统建设为基础，帮助实现分公司经营管理及系统运营的标准化，降本增效，提升客户体验。喻渭蛟反复强调“网络分公司是根”“小河有水大河满”，“分公司的标准化和数字化”，被确定为圆通2022年的“一号工程”。

这一举动被大家寄予解决“加而不盟，连而不锁”难题的厚望。总部和网点，说到底不是管理上的单向强制，不是惺惺相惜的相互依偎，而是平行线上的默契和生长。

等待时间验收

对于站在舞台中央的执念，喻渭蛟一直都很明晰。他是事事追求完美的那一个，“就喜欢体面整齐，出去给别人拎包，自己也是最细致的。这也是对别人的尊重”。

他的热情被快递点着后，一出来就是大开大合，事事都喜欢抢在前面。这种明亮和果敢，最终和他的一个个试验场成了互文。服务民生，服务经济社会，快递业需要这种看准了方向，就要在那里使劲地坚定不移。

图之于未萌,虑之于未有。过去成功不保证未来成功,只有洞察行业本质,深刻理解未来,在变化到来之前,努力洞察,排兵布阵,严阵以待,才有机会活得更好。

2017 年 11 月,圆通战略并购香港上市公司先达国际,完成快递行业首例大规模跨境并购。喻渭蛟一直认为"中国快递是全球最有竞争力的快递,成本低,效率高,具有走向国际的先决条件。发展国际业务是企业立足新发展阶段、贯彻新发展理念、服务新发展格局、响应'两进一出'国家战略的要求使然"。

2 月 22 日,在与中国民航信息网络有限公司签署战略合作协议时,喻渭蛟更是坦言"世界物流看中国"。圆通国际跟着"一带一路"走出去,跟着华人中企走出去,跟着跨境电商走出去。圆通国际、圆通航空的重点任务,是整合国内、国际、航空、仓储、关务、信息系统等一系列综合性服务能力,打造综合性的国际供应链体系。

我们仅看 RCEP 的数据。据统计,到 2030 年,RCEP 有望带动成员国出口净增加 5190 亿美元,国民收入净增加 1860 亿美元。

向外走,一切皆可望,一切皆可期。

喻渭蛟一直有一个航空梦。在以往媒体的报道中,大家最喜欢引用他的一句话,"没有飞机的快递公司不是真正的快递公司",一如既往的心直口快。

买飞机。建机场。

2012 年 6 月,一架波音 737 圆通全货机包机在杭州萧山国际机场腾空而起飞往深圳;2014 年 7 月,中国民用航空局运输司发布《关于拟批准杭州圆通货运航空有限公司筹建的公示》公告;2015 年 9 月,圆通航空公司首架自有全货机抵达杭州。2018 年 7 月,圆通与嘉兴市政府签署战略投资协议,将投资 122 亿元在嘉兴机场建设全球航空物流枢纽,打造立足长三角、联通全国、辐射全球的超级共享联运中心和商贸集散中心。2020 年 6 月,全球航空物流枢纽项目实质性投资落户。2021 年 8 月,嘉兴机场项目可行性研究报告获国家层面正式批复。喻渭蛟将嘉兴机场项目命名为"东方天地港",它承载着"全球物流梦"。

一步又一步。起身,改变,领跑。

在后来的数次聊天中,喻渭蛟云淡风轻。

无论是个人生活还是公司运营,当那些左右你一生,本该惊天动地的大事发生时,你面对真实的自己,不是欢呼大叫,而是轻轻地对自己说,做吧。

做了就做了。尊重市场的前提不是迎合,而是洞察和行动,甘于寂寞、甘于等待时间去验收。

真实,不造作,这种真性情,打造出来有着喻渭蛟自己风格的圆通。他爱行业,爱圆通,"这是个适合长期投资的好行业,圆通的基底需要进一步夯实,为价值提升带动品牌溢价提升奋斗,是每个圆通人的目标"。

杂音和质疑也会有,比如圆通的管理层的人员变革。

喻渭蛟不这么看,"人尽其才,要放到合适的岗位上,要在合适的时间发挥最大的价值"。资源要素总是向经济最活跃、效率最高的地方流动,人也不例外。很多时候,在谈到某个人在某个位置上恰如其分的时候,他的高兴透在眉眼里,"等着看好吧"。

走在正中间

平日如果有空闲,喻渭蛟会看剧,还有军事节目。一个里面是人生,一个里面是布局,有真实世界运行的规则，还有价值序列的重新排序。

世界一直在变化，行业一直在进化。

时间是最大的变量，考卷越来越难，对选手的要求也越来越高。

在喻渭蛟看来，中国快递在2021年树立了两个非常重要的里程碑，件量突破1000亿件，收入突破1万亿元。“这标志着中国快递从做大迈向做强。高质量发展需要进一步加强基础能力建设，坚定落实服务质量战略，聚焦深化成本管控、打造差异化产品与服务体系，夯实市场核心竞争力。”

“中国城市化、工业化进程已经进入中后期，2025年中国服务业增加值占GDP比重将升至60%，未来是消费服务业崛起的时代，未来经济发展的动力是内需和消费驱动，是创新和效率驱动。”

企业家精神的本质是创新。

经济学家熊彼特认为创新就是要“建立一种新的生产函数”，包括生产新产品、使用新方法、获得新原料、开辟新市场、建立新组织等。

“快递行业的竞争已经从价格竞争转向价值竞争，国家邮政局提出的‘成本分区、服务分层、产品分类’三分战术，就是每家企业要努力的方向，在普遍服务上有竞争力，在产品分层分级有差异化。”

“未来的快递一定是向综合物流方向演化，快运、仓配、供应链、冷链，要主动发现需求，主动靠拢需求，企业的目的就是用户。”见过了星辰大海，谁还甘愿去做尘泥。

“兴起于草莽，受惠于时代。”

22年来，喻渭蛟一直认为，“没有成功的企业，只有时代的企业。做企业要紧跟时代、紧跟国家、紧跟行业，创造优势，深挖‘护城河’，走正道、守底线，道路才能稳、前程才够远”。对时代的责任和担当，督促着他一路向前。

“不仅是为了圆通发展，我们更要为行业、为社会、为国家贡献力量。”

2021年，圆通牵手杭州亚运会，成为杭州2022年第19届亚运会官方物流服务赞助商；同年，圆通与中国残联开展战略合作，启动创业就业助残项目—“圆梦行动”，帮助更多残疾人“自信自强、创造人生”，为共同富裕添砖加瓦。助残，喻渭蛟是真干—“圆梦行动”将通过“圆梦家园”和“云客服”两大平台，通过3年时间，为2万至3万名残疾人及其家属提供就业、创业岗位。

“绿水青山就是金山银山。绿色发展是快递行业践行新发展理念，贯彻落实党中央、国务院关于碳达峰、碳中和决策部署的政治任务，也是企业高质量发展的内在要求。”在这一点上，喻渭蛟一直坚持“绿色圆通”的发展战略。“我们的理念是‘服务社会、强企为国’，那就要从多方面践行，运输、配送、包装、作业、办公等一个环节都不能少。”

“两进”同样走出了自己的步伐。圆通响应国家乡村振兴战略，有计划有步骤地推进快递进村。不仅要进，还要提升农村地区快递服务水平，助力农民增收创收。在服务制造业方面，圆通也在探索解决商品在生产、加工、物流、销售等流通过程当中的信息传递和信任问题，为供应链服务进行长远布局。

身为中国光彩事业促进会理事、北京浙江企业商会会长，喻渭蛟对新时代中国企业的社会责任认识更深，“服务社会强企为国”的使命感正转化为更多实实在在的行动。

万物有所生，而独知守其根。生长如树，企业只有守住基底，心存定力，不断进化，才能找到自己的力量，才能看清时代逻辑。

22年，喻渭蛟依然梦想炽热。那就朝着广阔天地去寻找答案吧，因为任何事情，在这个青春的行业里下定论都为时尚早。

往前走，这个世界真大。

不断往前走，这个世界好小。

高木兴顺:登高望远,下一个25年更精彩

“百姓需要快递,快递转型升级需要大量资金,我们愿为中国快递业的发展贡献一份力量。”环宇邮电国际租赁有限公司董事长杨连祥的话语背后,是公司每年十亿以上的资金支持邮政快递企业发展。

“我在中国待了26年了,中国快递规模全球第一,价格比日本实惠很多很多……”电话里,丝毫听不出环宇邮电国际租赁有限公司总经理高木兴顺是一位外国人,但能听出他是一位地道的行业人。

“2007年以后,中国快递业飞跃式快速发展起来,这让我很吃惊。15年间,中国快递量从比日本少,发展到规模超过日本20倍以上,很荣幸见证和体验了这种高速发展。”高木兴顺说,50多年来,从来没有经历过任何一个如此快速发展的行业,只有中国快递,发展速度之快、规模之大,均为全球第一。

大鹏展翅因风起,扶摇直上九万里。这风中,有一股来自资金流的特殊力量。

25年,踏波起飞

25年前。1996年12月,原中国邮电部和日本电报电话公司(NTT)牵头成立了一家中外合资公司——环宇邮电国际租赁有限公司(以下简称“环宇公司”)。如今,这家公司由中国邮政集团有限公司、中国联合网络通信集团有限公司、中邮普泰通信服务有限公司和日本NTT金融株式会社、株式会社瑞穗银行共同出资,专门为企业引入先进技术设备开展融资租赁服务。

“初期,环宇公司主要服务于外汇资金需求大的通信公司开展设备进口业务,2007年邮政成为中方企业的牵头股东,公司开始聚焦邮政领域的融资租赁业务。”也是在2007年,高木兴顺被日本NTT金融派任环宇公司。

从这一年开始,环宇公司随中国快递业腾飞的步伐在融资租赁业中逐渐踏波而起。

“租赁一般分为两种,经营租赁和融资租赁。经营租赁在租期内用户拥有设备物品的使用权,但没有所有权。而融资租赁在租期结束后,用户将享有设备物品的所有权。融资租赁是以租赁资产为名进行的资金融通活动。”高木兴顺介绍,环宇公司的融资租赁业务范围为国内外各种先进(适用)的生产装备,包括信息通信设备、医疗设备、科研设备、检验检测设备、工程机械、交通运输工具等及其附带技术的各种形式的本外币融资租赁业务;与时俱进,环宇租赁(天津)有限公司的业务范围在母公司业务的基础上增加了公共设施、房屋、基础设施租赁和保理业务。

资金链、盈利能力、股东背景、风控水平等是评判一家融资租赁公司能否持续发展的核心能力。“环宇公司的业务主要集中在中方股东,主要为邮政、联通、邮电器材公司提供邮政、电信设备融资租赁服务。非股东业务主要分布在股东周边以及医疗、自动售货机、日资企业

等领域。”高木兴顺说，邮政成为公司中方牵头股东后，公司服务邮政的力度不断加大，先后提供了飞机、分拣设备、车辆、支局所不动产、ATM、CRS及其他金融终端设备等累计近百亿元的资金融通服务。

目前，市场上融资租赁企业的资金来源以银行信贷为主。高木兴顺介绍，环宇公司项目资金主要由日方股东NTT金融、瑞穗银行及其他日资银行提供。由于日方股东在国际资本市场上拥有良好的信用资质，融资渠道快捷有效，加之公司近年来采取了多种创新融资模式，环宇公司的筹资成本远低于市场成本。

“2008年北京奥运会举办时，看到满街跑的邮政货车换成了我们融资租赁的新车子，很有成就感。”2007年底，为邮政更新适应新环境标准的货车，是高木兴顺接手的第一项业务。他回忆，这笔订单是用美元外汇做的，当时5年贷款基准利率是7.74%，环宇公司从国外贷来的美元利率约为2%，在扣除成本后给股东带来了很大的利差空间。

“2009年，邮政航空通过融资租赁第一次拥有了享有所有权的两架737货机。此后我们陆续为邮航提供了12架波音飞机，融资金额累计1.59亿美元。”高木兴顺表示，而2010年在天津东疆综合保税港区开展的4架波音737-400型飞机美元融资租赁项目获得了“中国首单SPV借用外债大飞机租赁交易创新奖”，更是为天津东疆综合保税港区的飞机租赁业务开了先河。

如何完成飞机的融资租赁？高木兴顺表示，首先飞机承租人针对想买的飞机谈好价格及购入条件，评估公司进行估价确认后，买、卖、租三方签署合同协议，账款由环宇公司（出租人）支付，所有权属于环宇公司，承租人拥有使用权；租期结束后，使用权和所有权都归承租人；转让期间飞机产生的问题，由飞机卖家负责解决；同时，承租人与环宇公司签署一份租赁合同，承租人定期向环宇公司支付租金，类似于分期付款，全部完成后所有权交给承租人。如果需要客改货，还涉及与改装企业的签约，全过程再多一项飞机改装费用和相应的时间周期。

“随着快递业务量持续增大，快递分拣设备的更新换代、末端投递方式工具的升级，都需要大量的资金投入。”高木兴顺介绍，2015年，环宇公司为邮政18个省（区、市）公司包件分拣机项目提供了融资租赁服务，资金规模总计10.07亿元；2017年以来，为中邮智递、丰巢科技提供了智能包裹柜和小黄筒的直租、售后回租服务，并为湘邮科技公司邮车定位、中邮科技公司分拣设备生产等相关供货商提供了相关商业保理服务，累计融资规模19.4亿元，有力地支持了这些企业的经营发展。

“未来，我们将探索快递机器人、无人机、AI设备、5G物流园等新领域。跟随时代进步和产业变革的步伐，我们希望抓住快递业每一次迭代升级的机遇，发挥更多新作用，作出更多新贡献。”对高木兴顺来说，过去的15年，他见证了中国快递业从货车到飞机、分拣机、智能快件箱的升级发展，不断帮邮政插上腾飞的翅膀。他说，自己的下一个15年，也必定是陪伴行业成长、更加骄傲自豪的15年。

又一个25年，登高望远

2021年12月，25年的合资期满。“去年年底，日方2家股东与中方3家股东意见达成一致，继续合作经营，开启又一个25年。”电话里，听得出环宇公司董事长杨连祥信心十足。

中国融资租赁起源于改革开放初期，时任全国政协副主席的荣毅仁提出创办国际租赁业务，以开辟利用外资的新渠道。1981 年 4 月，中国国际信托投资公司与日本合资成立中国东方租赁有限公司，同年 7 月成立中国租赁有限公司，两家租赁公司的设立标志着我国融资租赁业的兴起和现代租赁制度的建立。此后，融资租赁作为一个新兴产业快速发展。

2020 年之前，中国融资租赁行业处于高速增长阶段。相关数据显示，目前全国共有融资租赁公司超过 1.2 万家，而这一数据在 2011 年时还不到 300 家，融资租赁行业用近 10 年的时间实现了爆发式增长。自 2020 年开始，随着国家监管政策的调整，融资租赁行业进入了“减量增质”的新发展阶段。未来，融资租赁行业将更多回归服务实体经济本源。

“融资租赁在中国市场潜力巨大。”杨连祥介绍，去年全国融资租赁企业业务合同余额约为 66000 亿元，市场渗透率约为 12%，与发达国家相比处于较低水平。我国经济总体向好，企业数量众多，在经济转型中有大量的资金需求。银行贷款、信托、发债、基金筹资及融资租赁等融资方式各有特点，其中，手续简便、成本较低是融资租赁的明显优势。从需求侧与供给侧分析，融资租赁市场均有较大发展空间。

在杨连祥看来，当下，融资租赁作为我国金融业的重要支柱之一，在支持实体经济发展、拓宽企业融资渠道、降低企业负债成本等方面发挥了重要的作用。尤其在新冠肺炎疫情暴发后，中国经济面临的内外部环境复杂多变，地方实体经济发展面临下行压力，融资租赁公司作为金融体系的重要力量，能够在拓宽中小微企业融资渠道、助力企业走出疫情困境、服务地方实体经济实现恢复性增长等方面发挥更大作用。

“过去 25 年，我们在熟悉的行业中稳扎稳打，实现公司持续良好运营。”杨连祥用 12 个字总结了其中的秘诀：管理卓越，运营稳健，特色鲜明。他说，防范风险是金融企业第一位的，环宇公司找准切入点，寻找有信誉、有长期合作关系的行业和企业，依托股东逐渐发展到股东周边，如快递物流、交通运输、信息通信、医疗仪器等领域。规模大、风险低、成长性好及基础性产业是这些领域企业的特点。

回顾过去，展望未来，两个 25 年的发展图景徐徐展开。

1996 年成立以来，环宇公司从电信行业逐渐向邮政行业转型。从干线运输车辆到货运飞机，从深入小区的智能快递柜到银行网点的 ATM 机，从快递分拣设备到石油开采顶驱设备，从手机、计算机等电子设备到医疗器械及耗材……环宇公司运用灵活多样的筹集方式融通国内外资金，以最优的方案让用户通过租赁及保理等方式引入先进的技术和设备。顺应国家金融政策引导，环宇公司将逐渐向非股东行业及企业发展，更加开放面向市场和社会。

“下一个 25 年，登高望远，环宇公司将以促进经济发展为己任，适应经济新常态，利用好自身资金优势，积极与更多有优势、有潜力、国家大力倡导发展的行业、企业开展合作，为他们的发展提供资金支持，实现共赢。”杨连祥说。

3 月，春雷响万物生。在中日之间、在资金流和快递物流之中，又一个 25 年合资期拉开序幕。

赖建法：打造“数字快运” 坚持“同建共享”

2016年8月，中通快运正式起网。成立以来，中通快运董事长赖建法多次接受《快递》杂志记者的专访。2022年12月，他再次做客“会客室”栏目，讲述中通快运的发展与变革。

《快递》杂志：您觉得企业自新冠肺炎疫情发生以来最大的变化是什么？这种变化对企业发展有什么影响？

赖建法：变化是全方位的、多面性的，主要可以概括为以下3个方面：

一是需求应对之变。疫情前，物流运作体系更适用于一般场景运输，但疫情的发生要求快运乃至整个物流行业都要具备更大的弹性和更高的协同性，要适用更广阔的环境和场景。

二是发展路径之变。突发事件要求物流组织方式要更进一步地转型升级。这种转型升级向上要能延伸到生产制造领域，向下能与终端客户直接对接。在形成供应链之后，突破模块化管理，形成流程化管理，在流程化管理过程中实现物流真正的转型升级。

三是经营策略之变。后疫情时代，我们需要更贴近客户，需要深度理解客户需求的新变化、新趋势，推出更个性化、人性化、多样化的产品，进一步提升、丰富物流的功能和服务能力。

《快递》杂志：您如何利用自己的跨行业工作经验，帮助中通拓展快运市场？

赖建法：拓展快运市场，要明确行业痛点，研究消费者的消费习惯和消费趋势，做到对内加强管理、对外果断出击，多措并举，兼顾多元。主要可以概括为以下几个方面：

一是以服务和时效为中心。坚持客户至上，以客户体验为中心，完善服务体系，创新智能化服务模式。根据现有客户画像、急件状态、投诉类型等进行数据分析，发现服务流程和客户体验中的问题，提升客户体验。同时，不断提升运输时效，基于不同行业、客群、场景的多样化需求，提供“端”到“端”的一体化服务，以服务和时效吸引客户。

二是坚持数字化发展道路。通过技术赋能业务，不断优化全环节营运模式，持续增强综合物流服务能力，通过成本精细化管理实现全流程智能管控和办公协同数字化，持续推动运营效率、品质同步提升，不断巩固提升核心竞争力，全方位提升运营品质。

三是积极拥抱电商市场。近年来，在市场驱动下，网购逐渐延伸到家居、建材类等大件领域，电商大件成为新增量中的“明星”支柱。我们以市场需求为导向，丰富产品线，对接电商平台，保护存量、扩大增量。

其实，无论是企业的技术进步还是结构调整，出发点与落脚点都在于提高客户留存率、满意度。市场的竞争究其本质依然是服务品质的竞争，因此如何为客户提供更优质、更有温度的服务，是中通快运扩展市场的永恒方向与命题。

《快递》杂志：近年来，中通快运不断提升数字化运营水平。您如何看待数字化运营对企业的影响？

赖建法：中通快运在成立之初就确定了“科技引领、数据支撑、人才保证、智慧运营”的战略发展方针。在数字化的发展浪潮之下，中通快运率先在行业内提出“数字快运”理念，初步构建了“数字快运”体系建设标准，坚持信息主导、科技赋能，着力提升数字科技渗透率。

我们通过建设数字网络、数字运营、数字服务平台，通过

"业信融合"手段,赋能各大业务板块与生产管理各环节,有序推进信息线上化、管理网格化、风险管控化、预警前置化、运营精细化,实现人、车、货的全面互联和高效协同,进一步提高物流效率、降低物流成本、提升客户体验。此外,通过搭建数字决策、办公协同管理平台,建立办公协同管理系统、"快运+"移动应用程序、小程序等,推动办公流程线上化、实现移动数字化办公,进一步提升管理质效。

数字化将是企业转型与变革的一个重要趋势,它能够以数据化解复杂系统的不确定性,优化资源配置效率,构建企业新型竞争优势。面对当前复杂多变的市场环境和瞬息万变的技术革新,企业应准确把握方向,谋篇布局,通过数字化升级,推动可持续发展,持续为客户提供高质量、一体化的物流解决方案。

《快递》杂志:自成立以来,中通快运始终坚持提高标准化水平。未来还将采取哪些措施继续提高标准化水平?

赖建法:提高标准化水平是企业实现管理现代化的基础和重要手段,我们将重心放在设施设备标准化、服务产品标准化、企业形象标准化的打造上。

我们与相关企业合作研发大型智能分拣设备,加大对数智化分拨、可控化运输、协同化办公的投入力度,通过科技创新手段,让智能化、标准化的设施设备和技术等"智慧物流"要素逐步替代传统的"汗水物流",有效提升运营质量和产能。我们注重自建自营,购地建设自有分拨,自购车辆,在全国范围内形成服务能力标准化的基础设施配置。

优质服务是企业发展的生命线。我们始终牢固树立服务意识,紧抓揽收、转运、派送三大环节,严抠细节,提高全链路服务水平;建立并完善流程标准,确保干有榜样、学有标准,打造特色"服务文化";加大各节点从业人员专业技能培训,打造高素质、高水平的标准化服务团队;并积极推动服务分层、产品分类,不断丰富产品线;通过实施产品多元化经营战略,为客户提供量身定制的物流解决方案,进一步稳定个性化、客制化产品的服务水平。

品牌建设是企业重要的无形资产。所以我们在品牌形象建设方面,注重品牌视觉识别系统的打造与优化,通过建立统一的门店形象、分拨中心标识牌、包装纸箱、办公常用物品及办公区域导视系统,创建规范有序的管理运营环境,展现企业良好形象,进而提升品牌的美誉度和知名度。

未来,中通快运将全面贯彻落实国家相关要求,充分发挥标准化在创新驱动、企业转型、绿色发展中的基础性、引领性作用,继续完善服务标准体系建设,优化品牌形象标准化打造,助推"数字快运"科技成果转化应用,为企业高质量发展注入标准动能。

《快递》杂志:您如何看待网点发展对中通快运发展的影响?与快递网点管理相比,快运网点管理有哪些相同和不同之处?

赖建法:我们的管理模式是"中心直营+网点加盟"。对我们来说,网点是发展的根基,是业务增量、质量改变的关键所在,网点稳则网络稳,网络稳则发展稳。

与快递网点管理相比,快运虽然同为物流领域,但属性不同,两者的服务体系不一样。快运主要服务B端客户,需要更加个性化、柔性化、定制化的服务。随着末端智能快件箱、驿站的发展,快递的服务模式逐渐转变为"收转运放",而快运依然是门到门的"收转运派";并且,快递与快运网点经营所需要的硬件设备也不相同,快递网点更多需要小型三轮车,快运网点更多需要4.2米厢式货车。另外,与快递网点讲究规模效应不同,快运网点的经营管理更像是一场马拉松,比拼的是"综合体质"。

《快递》杂志:请您分享一些令您印象深刻的工作经验?

赖建法:我认为,中通快运的核心元素是中通"同建共享"的企业文化。"同建共享"可以解释为责任共担、成果共享。在中通快运成立早期，管理团队中有能力者都有一定的原始股权，为公司发展作出积极贡献的员工也会获得股权激励。我们通过一系列措施提升员工的主人翁意识。

其次是公平，加盟政策的公平性对于快运企业至关重要。在中通快运这个平台，加盟商作为平台的参与者和建设者，需要感受到政策的公开、透明。同时，我们在制定加盟政策的时候，也充分考虑到公司产品、市场环境等因素，根据市场因地制宜定政策，做到差异化的“公平”。

最后是创造价值。企业发展的本源是要“利他利己利社会”。首要是让客户获益，黏性更强；让员工获益，动力更足；让社会获益，就有更多机会窗口。近年来，中通快运在用心经营主营零担业务的同时，自建网络货运平台、大客户服务平台，并积极探索制造业和服务业深度融合，致力于打造一个综合型的物流服务平台，帮助客户降本增效。同时，不断扩大进村力度，服务三农，助力乡村振兴；聚焦“双碳”，积极探索绿色低碳循环发展；参与抗震救灾、抗疫、扶贫帮困、助农助学、免费寄递等活动，回报社会，创造社会价值，履行企业社会责任。

第十篇　行业展望

2023年中国快递市场发展趋势

2023年的开端，与往年有着太多的不一样，如何找到更多的确定性，在驶入更大海域之前，我们需要更系统、更理性的方向去支撑，更鲜活、更进步的方式去探索，更踏实、更有节奏的规律去前进。在不同的地方看同一时间，感受不同。把时间拉长，站在5年后去看现在要走的路，看明白"百年大变局"的内在逻辑和趋势，也知道了下一步怎样才能更好成长。

新节奏　恢复增长高质量发展

稳中求进，行业高质量发展扎实推进。全面落实"三新一高"的战略部署，行业将实现质的有效提升和量的合理增长。2023年，行业坚持以推动高质量发展为主题，把实施扩大内需战略同深化供给侧结构性改革有机结合起来，激发各类市场主体活力，提振市场信心，助力国家经济运行整体好转。

2023年，我国将推出一揽子扩大内需的经济复苏计划，快递业也必将迎来恢复式增长。数据显示，2023年前5天，全国快递业务量日均数据已达到3.7亿件，与去年同期相比增长了16.7%，实现了开门红。业内普遍认为，快递业在2023年有望保持10%～15%的良好增长态势。预计2023年邮政行业寄递业务量持续增长，满足人民群众更好用邮需求的能力持续增强；行业业务收入完成1.43万亿元，同比增长6%左右。其中，快递业务收入完成1.13万亿元，同比增长7%左右。邮政、快递服务满意度稳步提高。

新竞争　快递生态加速布局

疫情3年，快递业的白热化竞争有所缓和。随着2023年行业加快复苏，快递企业对市场份额的关注将明显提升，或进一步加速市场存量竞争。但非理性价格战不利于疫后恢复，难以长久持续，强有力的行业监管将继续保障市场竞争环境的健康，良性竞争与自我调整将成为2023年的行业竞争主基调。

与此同时，对快递行业来说，未来的竞争一定是综合物流能力的竞争，生态竞争仍会是快递企业在新一年的竞争重点。快递企业在做好传统快递业务复苏的基础上，势必会加大对快运、云仓、国际、冷链、末端门店等生态板块的建设力度，加大对末端“最后一公里”服务的提升力度，争取协同效应最大化，只有这样，才能在未来竞争中获得领先优势。产业链条加速整合，提升面向电子商务、现代农业和先进制造业的综合服务能力。做大市场，做强主业，加快形成具有全球竞争力的快递物流企业，深度参与全球产业分工和合作。

新结构　区域发展更加优化

长期以来，东部沿海地区的快递业务量在全国的占比较高。随着中西部地区经济的快速崛起，东部的部分产业开始向中西部转移，也让快递的区域结构更加优化。根据国家邮政局发布的数据，2022 年前三季度，中部地区快递业务量同比增速超过 10%，是全国增速的 3 倍。其中，湖南、湖北增速超 20%；快递业务量占全国比重为15.6%，与上年同期相比上升 1.3 个百分点。西部地区也实现了稳定增长。2023 年，中西部的快递业有望继续保持高增长态势。

此外，快递在主要城市的发展也将更加均衡。长三角、粤港澳、京津冀和成渝等四大城市群业务量仍将占据主要份额，但增速放缓、适当外移的特点越发明显。2022 年，快递业务量排名前 50 位城市快递业务量增长已低于全国平均增速，省会城市快递业务量占全国的比重呈延续下降态势，广东揭阳、汕头以及山东临沂等城市增长明显。2023 年，这一趋势将进一步得到强化，二、三线城市正在逐步崛起。

新模式　产业融合更具活力

快递联系千城百业，在贯通生产、流通与消费等方面具有明显优势。2023 年，在我国各行各业加快复苏的同时，快递也必将增强服务的专业化、精细化，进一步推进与其他产业的融合发展。

与电商协同发展方面，快递企业将深化与短视频直播电商等新兴平台合作，创新“直播 + 寄递”方案，推动业务量从单峰值向多高点转变，支撑生鲜、农村、跨境等多领域电商蓬勃发展。与现代农业协同发展方面，将完善农产品寄递解决方案，增强服务的深度和广度，持续培育快递服务现代农业金牌项目，加速释放农村市场潜力活力，支撑服务乡村振兴。与制造业协同发展方面，加快推进“快递进厂”工程“5312”实施方案，推出一批快递服务先进制造业深度融合典型项目和试点先行区。快递企业积极发展供应链管理、快运等业务，推动快递功能进园区、入厂区，形成更加匹配制造企业快递物流需求的服务能力。

新想象　科技引领创新发展

近年来，5G、云计算、人工智能、区块链等信息技术在快递物流领域深入应用，催生了大量丰富的应用场景，无人机、无人车、自动化分拨中心等智慧物流新模式新业态不断涌现，推动行业向智能化、数字化方向转型升级。

2023 年，科技创新必将加速赋能行业发展，自动化、智能化、数字化应用更加广泛，实现前端精准预测、中端实时跟踪、后端动态对接。“三智一码”等先进适用科技持续推广。自动分拣设备将在县域小型分拨中心和揽收端加快推广应用，六面扫描仪、RFID 接收器、机械手臂等设备在无人仓、智慧枢纽加速投用，大数据、云计算等技术应用持续深化，以提升全流程运营效率。此外，在人力成本日渐升高的背景下，快递企业持续推动无人车、无人机多场景运营和加大自动化分拣设备和智能客服的投入，以实现提质增效发展。

新图景　跨境业务加速拓展

2023 年全国多地恢复通关，取消相应的入境隔离政策，有利于中外经济文化的交流。快递企业的跨境业务在经过疫情防控期间的调整，也必将在 2023 年加速恢复，持续布局国际航线，加速建设无人仓和物流枢纽，加强与国际电商物流企业的合作，强化全链条的跨境服务，为保障国际供应链安全、构建新发展图景注入新的发展动力。

2023 年，积极推进“快递出海”工程，持续加大跨境网络建设力度，加快打造现代化国际化快递物流企业。推动设立连云港、兰州、苏州国际邮件互换局（交换站），持续推动中欧班列常态化运输邮件和跨境电商商品。探索建立快递企业国际合作保障工作机制，开展“快递出海”品牌创建活动，引导企业继续完善境外枢纽和地面网络布局，增强国际网络的连通性和稳定性。

新玩法　农村末端持续多元

加快农村寄递物流体系建设，是“十四五”期间邮政快递业的重点任务。全行业一直积极完善三级寄递物流体系建设，开展农村电商协同示范，深化农村邮政、快递、交通合作，畅通工业品下乡农产品进城双向流通渠道，进一步拓宽农民增收致富的渠道，带动脱贫群众就业增收，促进脱贫地区产业结构优化。

2023 年，巩固“快递进村”三年行动成果。面对农村快递末端成本高、收益低的实际，农村市场的多元化玩法持续涌现，例如资源整合共享，推动交邮、邮快、快快、快商等合作形式，促进农村“客货邮”融合发展，推进农村邮路汽车化，发展共同配送等。同时，大力推进村级寄递物流综合服务站建设，村邮站、菜鸟驿站、兔喜超市、妈妈驿站等快递自建末端将不断下沉至农村市场，提升村民对快递服务的感知度。

新基建　夯实品质服务基础

疫情防控期间，消费者对快递服务的期待和要求不断提高，不仅要保证基本时效，而且对送货上门等末端服务的要求进行升级。

2023年，为不断提升服务品质，快递企业必将加大基础能力建设。在网络枢纽建设方面，快递企业将不断健全快递枢纽网络，加大智慧枢纽、智能产业园等新型分拨中心建设，提高干线转运与分拨能力。在综合运能建设方面，邮政、顺丰、京东、圆通将提升航空货运能力，优化国内外货运航线，并完善建设南京、鄂州、南通、嘉兴等地的航空枢纽。快递企业还持续扩大公路与铁路运力规模，稳步增加高铁运输快递线路，优化中转路线，提升陆运能力。在末端服务方面，快递企业将加快转型升级，整合末端网点，加快驿站等末端门店建设，提升“最后一公里”的配送能力。

新标配　绿色安全全新升级

安全生产责任重于泰山，安全是快递行业生存的根基。随着寄递服务与人民群众生产生活和经济社会发展联系日益紧密，社会各界对快递安全的期盼越来越高，特别是对寄递渠道安全、用户信息安全、生产安全等有了更高要求。2023年，全行业将持续建立健全安全管理力量体系、制度体系、技术支撑体系、风险发现和排除体系、应急体系，以更高标准、更严要求、更大力度强化行业安全生产，确保安全平稳运行。

从“9571”“9792”“2582”“9917”工程到2023年实施“9218”工程，快递业一直在大力推进绿色转型。2023年，行业将继续开展绿色网点、绿色分拨中心试点，稳步提升可循环快递包装应用比例。继续推广新能源和清洁能源车辆。形成广泛社会共识，凝聚全社会力量推进行业绿色发展。

新关怀　让小哥更有认同感

疫情3年，让外界对快递行业和快递小哥有了全新认识。如何维护快递员群体的合法权益，已不仅是快递行业亟待解决的难题，更成为全社会共同关注的话题。过去数年，在社会各界的共同努力下，快递小哥的工作时间、劳动强度、劳动关系、职业保障、社会认同等问题也得到了逐步优化解决。

新的一年，对快递小哥的关怀仍将是行业发展的重大命题。相关部门会优化管理方式，针对劳动保障、社会保险等问题，健全政策法规，拓展新模式。快递企业强化主体责任，加强对加盟、承包、代理网点的管理，优化派送模式，建立快递员投诉申辩受理和心理疏导专线，提升快递小哥福利待遇。快递行业工会更会进一步发挥作用，在工资薪酬、福利待遇、劳动强度等方面保障快递小哥权益，提高他们的社会认同感和职业自信心，让他们更开心、更安心、更舒心。

附　　录

相关文件（索引）

• 中共中央办公厅　国务院办公厅印发《关于推进以县城为重要载体的城镇化建设的意见》
https://www.gov.cn/zhengce/2022-05/06/content_5688895.htm

• 中共中央办公厅　国务院办公厅印发《乡村建设行动实施方案》
https://www.gov.cn/zhengce/2022-05/23/content_5691881.htm

• 国务院关于同意在廊坊等33个城市和地区设立跨境电子商务综合试验区的批复
https://www.gov.cn/zhengce/content/2022-11/24/content_5728554.htm

• 商务部办公厅关于用好服务贸易创新发展引导基金支持贸易新业态新模式发展的通知
http://www.mofcom.gov.cn/article/bnjg/202203/20220303286101.shtml

• 商务部等22部门关于印发《"十四五"国内贸易发展规划》的通知
http://www.mofcom.gov.cn/article/ghjh/202201/20220103236795.shtml

• 关于支持加快农产品供应链体系建设 进一步促进冷链物流发展的通知
http://jjs.mof.gov.cn/tongzhigonggao/202205/t20220526_3813208.htm

• 财政部　交通运输部关于支持国家综合货运枢纽补链强链的通知
https://xxgk.mot.gov.cn/2020/jigou/zhghs/202207/t20220708_3660844.html

• 国家发展改革委关于进一步完善政策环境加大力度支持民间投资发展的意见
https://www.ndrc.gov.cn/xxgk/zcfb/tz/202211/t20221107_1340900_ext.html

• 国家发展改革委办公厅关于推进现代冷链物流体系建设工作的通知
https://mp.weixin.qq.com/s?__biz=Mzg3ODYxNjk0OA==&mid=2247563425&idx=1&sn=

1ddd8d5a6db44de42f30da91d108e49d&chksm = cf12b0baf86539ac6b32240d81ae40974b8824fb6b05219743c43a286aeff8bc507a15e2939c&scene = 27

• 国家发展改革委办公厅　财政部办公厅　银保监会办公厅关于推广疫情防控保险助力做好保市场主体保就业保民生工作的通知

https://www.gov.cn/zhengce/zhengceku/2022-07/02/content_5698938.htm

• 国家发展改革委等 14 部门印发《关于促进服务业领域困难行业恢复发展的若干政策》的通知

http://www.chinatax.gov.cn/chinatax/n359/c5172973/content.html

• 国家发展改革委　国家统计局　生态环境部印发《关于加快建立统一规范的碳排放统计核算体系实施方案》的通知

https://www.ndrc.gov.cn/xxgk/zcfb/tz/202208/t20220819_1333231.html

• 现代综合交通枢纽体系“十四五”发展规划

https://www.mot.gov.cn/zhuanti/shisiwujtysfzgh/202201/t20220129_3639070.html? eqid = f040a9260009be680000000664617eec

• 交通运输部　自然资源部　国家铁路局　中国民用航空局　国家邮政局关于印发《综合客运枢纽投资补助项目管理办法》的通知

https://www.gov.cn/zhengce/zhengceku/2022-09/28/content_5713332.htm

• 交通运输部　国家铁路局　中国民用航空局　国家邮政局贯彻落实《中共中央　国务院关于完整准确全面贯彻新发展理念做好碳达峰碳中和工作的意见》的实施意见

https://www.ndrc.gov.cn/fggz/hjyzy/tdftzh/202207/t20220714_1330511.html

• 交通运输部　科学技术部关于印发《交通领域科技创新中长期发展规划纲要（2021－2035 年）》的通知

https://www.gov.cn/zhengce/zhengceku/2022-04/06/content_5683595.htm

• 交通运输部　国家标准化管理委员会关于印发《交通运输智慧物流标准体系建设指南》的通知

https://xxgk.mot.gov.cn/2020/jigou/kjs/202210/t20221024_3699366.html

• 交通运输部　国家铁路局　中国民用航空局　国家邮政局关于加快建设国家综合立体交通网主骨架的意见

https://xxgk.mot.gov.cn/2020/jigou/zhghs/202210/t20221021_3698097.html

• 关于做好 2022 年服务业小微企业和个体工商户房租减免工作的通知

https://www.gov.cn/zhengce/zhengceku/2022-03/28/content_5682038.htm

• 关于推进政策性开发性金融支持农业农村基础设施建设的通知

http://www.moa.gov.cn/nybgb/2022/202208/202208/t20220830_6408145.htm

• 关于推进新时代和谐劳动关系创建活动的意见

https://www.yn.gov.cn/ztgg/lqhm/lqzc/gbhqwj/202301/t20230105_252701.html

• 无人机物流配送运行要求

https://jtst.mot.gov.cn/hb/search/stdHBDetailed? id = deb836eba355a49a38de6a57ec830ec3

• 乡镇运输服务站运营服务规范

https://jtst.mot.gov.cn/hb/search/stdHBDetailed? id = d43f866778333cf12926b8fb313e375e